COLLINS

DIZIONARIO INGLESE TASCABILE

COLLINS

DIZIONARIO INGLESE TASCABILE

ITALIANO ▶ INGLESE   INGLESE ▶ ITALIANO

Collins
An Imprint of HarperCollins*Publishers*

MONDADORI

third edition/terza edizione 1999

HarperCollins Publishers
P.O. Box, Glasgow G4 0NB, Great Britain
ISBN 0 00 470772-9

Pubblicato in Italia dalla
Arnoldo Mondadori Editore, Milano
ISBN 88-04-41581-9

Catherine E. Love • Michela Clari

with/hanno collaborato
Gabriella Bacchelli • Loredana Riu
Bob Grossmith

editorial staff/segreteria di redazione
Joyce Littlejohn • Isobel Gordon

series editor/collana a cura di
Lorna Sinclair Knight

Typeset by Morton Word Processing Ltd, Scarborough

*Printed and bound in Great Britain by
Caledonian International Book Manufacturing Ltd, Glasgow, G64*

INDICE/CONTENTS

Introduzione — vii
Come usare il dizionario — vii
Introduction — ix
Using your Collins Pocket Dictionary — ix
Abbreviazioni/Abbreviations — xi
Trascrizione fonetica/Phonetic transcription — xiv
Italian pronunciation — xv
ITALIANO-INGLESE/ITALIAN-ENGLISH — 1-283
GUIDA ALL'USO DEL DIZIONARIO/
 PUZZLES AND WORDGAMES — 285-334
ENGLISH-ITALIAN/INGLESE-ITALIANO — 337-614
Italian verbs — 616
Verbi inglesi — 618
I Numeri/Numbers — 620
L'Ora/The Time — 622

INTRODUZIONE

Il dizionario Tascabile Collins Mondadori è stato concepito e scritto per chi vuole imparare l'inglese per motivi di studio, lavoro o turismo.

La modernità e la ricchezza del lemmario e della fraseologia, l'elegante presentazione delle voci, l'uso del colore e il pratico formato fanno di questo dizionario un'opera unica nel suo genere.

Grazie ai giochi e agli esercizi che troverete nell'originale supplemento vi riuscirà facile e divertente imparare ad usare il dizionario così da trarne il massimo vantaggio.

I dizionari Collins Mondadori sono sinonimo di qualità e modernità: vi ringraziamo di aver scelto il dizionario inglese Tascabile che siamo certi si rivelerà uno strumento di lavoro utile e piacevole da usarsi in ogni occasione.

COME USARE IL DIZIONARIO

Per imparare ad usare in modo efficace il dizionario è importante comprendere la funzione delle differenziazioni tipografiche, dei simboli e delle abbreviazioni usati nel testo. Vi forniamo pertanto qui di seguito alcuni chiarimenti in merito a tali convenzioni.

I lemmi

Sono le parole in **rosso** elencate in ordine alfabetico. Il primo e l'ultimo lemma di ciascuna pagina appaiono al margine superiore.

Dove opportuno, informazioni sull'ambito d'uso o sul livello di formalità di certe parole vengono fornite tra parentesi in corsivo e spesso in forma abbreviata dopo la trascrizione fonetica (es. (COMM), (inf)).

In certi casi più parole con radice comune sono raggruppate sotto lo stesso lemma. Tali parole appaiono in rosso ma in un carattere leggermente ridotto (es. **dolce, dolcezza; accept, acceptance**).

Esempi d'uso del lemma sono a loro volta in neretto ma in un carattere diverso dal lemma (es. **to be cold**).

La trascrizione fonetica

La trascrizione fonetica che illustra la corretta pronuncia del lemma è in parentesi quadra e segue immediatamente il lemma (es. **mezzo** ['mɛddzo]; **knead** [niːd]). L'elenco dei simboli fonetici è alle pagine xiv-xv.

Le traduzioni

Le traduzioni sono in carattere tondo e se si riferiscono a diversi significati del lemma sono separate da un punto e virgola. Spesso diverse traduzioni di un lemma sono introdotte da una o più parole in corsivo in parentesi tonda: la loro funzione è di chiarire a quale significato del lemma si riferisce la traduzione. Possono essere sinonimi, indicazioni di ambito d'uso o di registro del lemma (es. **party** (*POL*) (*team*) o (*celebration*), **laid back** (*inf*) etc.).

Le "parole chiave"

Un trattamento particolare è stato riservato a quelle parole che, per frequenza d'uso o complessità, necessitano una strutturazione più chiara ed esauriente (es. **da, di, avere** in italiano, **at, to, be, this** in inglese). Il simbolo ♦ e i numeri sono usati per guidarvi attraverso le varie distinzioni grammaticali e di significato. Dove necessario, ulteriori informazioni sono fornite in corsivo tra parentesi.

Informazioni grammaticali

Le parti del discorso (noun, adjective ecc.) sono espresse da abbreviazioni convenzionali in corsivo (*n, adj* ecc) e seguono la trascrizione fonetica del lemma.

Eventuali ulteriori informazioni grammaticali, come ad esempio le forme di un verbo irregolare o il plurale irregolare di un sostantivo, precedono tra parentesi la parte del discorso (es. **fall** (*pt* **fell**, *pp* **fallen**) *n*; **man** (*pl* **men**) *n*).

INTRODUCTION

We are delighted that you have decided to buy the Collins Pocket Italian Dictionary, and hope you will enjoy and benefit from using it at home, at school, on holiday or at work.

The innovative use of colour guides you quickly and efficiently to the word you want, and the comprehensive wordlist provides a wealth of modern and idiomatic phrases not normally found in a dictionary this size.

In addition, the supplement provides you with guidance on using the dictionary, along with entertaining ways of improving your dictionary skills.

We hope that you will enjoy using it and that it will significantly enhance your language studies.

USING YOUR COLLINS POCKET DICTIONARY

A wealth of information is presented in the dictionary, using various typefaces, sizes of type, symbols, abbreviations and brackets. The conventions and symbols used are explained in the following sections.

Headwords
The words you look up in a dictionary — "headwords" — are listed alphabetically. They are printed in **red type** for rapid identification. The two headwords appearing at the top of each page indicate the first and last word dealt with on the page in question.

Information about the usage or form of certain headwords is given in brackets after the phonetic spelling. This usually appears in abbreviated form and in italics (e.g. *(fam)*, *(comm)*).

Where appropriate, words related to headwords are grouped in the same entry (**illustrare, illustrazione; accept, acceptance**) in a slightly smaller red type than the headword.

Common expressions in which the headword appears are shown in a different bold roman type (e.g. **aver freddo**).

Phonetic spellings

Where the phonetic spelling of headwords (indicating their pronunciation) is given, it will appear in square brackets immediately after the headword (e.g. **calza** ['kaltsa]; **knead** [ni:d]). A list of these symbols is given on pages xiv-xv.

Translations

Headword translations are given in ordinary type and, where more than one meaning or usage exists, these are separated by a semi-colon. You will often find other words in italics in brackets before the translations. These offer suggested contexts in which the headword might appear (e.g. **duro** (*pietra*) or (*lavoro*)) or provide synonyms (e.g. **duro** (*ostinato*)).

"Key" words

Special status is given to certain Italian and English words which are considered as "key" words in each language. They may, for example, occur very frequently or have several types of usage (e.g. **da, di, avere; at, to, be, this**). A combination of lozenges and numbers helps you to distinguish different parts of speech and different meanings. Further helpful information is provided in brackets and in italics.

Grammatical information

Parts of speech are given in abbreviated form in italics after the phonetic spellings of headwords (e.g. *vt, av, cong*).

Genders of Italian nouns are indicated as follows: *sm* for a masculine and *sf* for a feminine noun. Feminine and irregular plural forms of nouns are also shown (**dottore, essa; droga, ghe**).

Feminine adjective endings are given as are plural forms (**opaco, a, chi, che**).

ABBREVIAZIONI

ABBREVIATIONS

abbreviazione	abbr	abbreviation
aggettivo	adj	adjective
amministrazione	ADMIN	administration
avverbio	adv	adverb
aeronautica, viaggi aerei	AER	flying, air travel
aggettivo	ag	adjective
agricoltura	AGR	agriculture
amministrazione	AMM	administration
anatomia	ANAT	anatomy
architettura	ARCHIT	architecture
articolo indeterminativo	art indet	indefinite article
attributivo	attrib	attributive
ausiliare	aus, aux	auxiliary
l'automobile	AUT	the motor car and motoring
avverbio	av	adverb
aeronautica, viaggi aerei	AVIAT	flying, air travel
biologia	BIOL	biology
botanica	BOT	botany
inglese della Gran Bretagna	BRIT	British English
consonante	C	consonant
chimica	CHIM, CHEM	chemistry
commercio, finanza, banca	COMM	commerce, finance, banking
comparativo	compar	comparative
informatica	COMPUT	computers
congiunzione	cong, conj	conjunction
edilizia	CONSTR	building
sostantivo usato come aggettivo, non può essere usato né come attributo, né dopo il sostantivo qualificato	cpd	compound element: noun used as adjective and which cannot follow the noun it qualifies
cucina	CUC, CULIN	cookery
davanti a	dav	before
articolo determinativo	def art	definite article
determinativo: articolo, aggettivo dimostrativo o indefinito etc	det	determiner: article, demonstrative etc
diminutivo	dimin	diminutive
diritto	DIR	law
economia	ECON	economics
edilizia	EDIL	building
elettricità, elettronica	ELETTR, ELEC	electricity, electronics
esclamazione	escl, excl	exclamation
femminile	f	feminine
familiare (! da evitare)	fam(!)	informal usage (! particularly offensive)
ferrovia	FERR	railways
figurato	fig	figurative use

fisiologia	FISIOL	physiology
fotografia	FOT	photography
(verbo inglese) la cui particella è inseparabile dal verbo	fus	(phrasal verb) where the particle cannot be separated from main verb
nella maggior parte dei sensi; generalmente	gen	in most or all senses; generally
geografia, geologia	GEO	geography, geology
geometria	GEOM	geometry
impersonale	impers	impersonal
articolo indeterminativo	indef art	indefinite article
familiare (! da evitare)	inf(!)	informal usage (! particularly offensive)
infinito	infin	infinitive
informatica	INFORM	computers
insegnamento, sistema scolastico e universitario	INS	schooling, schools and universities
invariabile	inv	invariable
irregolare	irreg	irregular
grammatica, linguistica	LING	grammar, linguistics
maschile	m	masculine
matematica	MAT(H)	mathematics
termine medico, medicina	MED	medical term, medicine
il tempo, meteorologia	METEOR	the weather, meteorology
maschile o femminile, secondo il sesso	m/f	either masculine or feminine depending on sex
esercito, linguaggio militare	MIL	military matters
musica	MUS	music
sostantivo	n	noun
nautica	NAUT	sailing, navigation
numerale (aggettivo, sostantivo)	num	numeral adjective or noun
	o.s.	oneself
peggiorativo	peg, pej	derogatory, pejorative
fotografia	PHOT	photography
fisiologia	PHYSIOL	physiology
plurale	pl	plural
politica	POL	politics
participio passato	pp	past participle
preposizione	prep	preposition
pronome	pron	pronoun
psicologia, psichiatria	PSIC, PSYCH	psychology, psychiatry
tempo passato	pt	past tense
qualcosa	qc	
qualcuno	qn	
religione, liturgia	REL	religions, church service
sostantivo	s	noun
	sb	somebody

ABBREVIAZIONI

ABBREVIATIONS

insegnamento, sistema scolastico e universitario	SCOL	schooling, schools and universities
singolare	sg	singular
soggetto (grammaticale)	sog	(grammatical) subject
	sth	something
congiuntivo	sub	subjunctive
soggetto (grammaticale)	subj	(grammatical) subject
superlativo	superl	superlative
termine tecnico, tecnologia	TECN, TECH	technical term, technology
telecomunicazioni	TEL	telecommunications
tipografia	TIP	typography, printing
televisione	TV	television
tipografia	TYP	typography, printing
inglese degli Stati Uniti	US	American English
vocale	V	vowel
verbo	vb	verb
verbo o gruppo verbale con funzione intransitiva	vi	verb or phrasal verb used intransitively
verbo riflessivo	vr	reflexive verb
verbo o gruppo verbale con funzione transitiva	vt	verb or phrasal verb used transitively
zoologia	ZOOL	zoology
marchio registrato	®	registered trademark
introduce un'equivalenza culturale	≈	introduces a cultural equivalent

TRASCRIZIONE FONETICA

PHONETIC TRANSCRIPTION

Consonants   Consonanti

Vowels   Vocali

NB p, b, t, d, k, g are not aspirated in Italian/sono seguite da un'aspirazione in inglese.

NB The pairing of some vowel sounds only indicates approximate equivalence./La messa in equivalenza di certi suoni indica solo una rassomiglianza approssimativa.

*pu*ppy	p	*p*adre
*b*aby	b	*b*ambino
*t*en*t*	t	*t*u*tt*o
*d*a*dd*y	d	*d*a*d*o
*c*ork *k*iss	k	*c*ane *ch*e
*ch*ord		
*g*a*g g*uess	g	*g*ola *gh*iro
*s*o ri*c*e ki*ss*	s	*s*ano
cou*s*in bu*zz*	z	*s*vago e*s*ame
*sh*eep *s*ugar	ʃ	*sc*ena
plea*s*ure bei*g*e	ʒ	*g*arage
*ch*ur*ch*	tʃ	pe*c*e lan*c*iare
*j*udge *g*eneral	dʒ	*g*iro *gi*oco
*f*arm ra*ff*le	f	a*f*a *f*aro
*v*ery re*v*	v	*v*ero bra*v*o
*th*in ma*th*s	θ	
*th*at o*th*er	ð	
*l*ittle ba*ll*	l	*l*etto a*l*a
	ʎ	g*li*
*r*at b*r*at	r	*r*ete a*r*co
*mum*my co*mb*	m	*r*a*m*o *m*adre
*n*o ra*n*	n	*n*o fu*n*ante
	ɲ	*gn*omo
si*ng*ing ba*n*k	ŋ	
*h*at re*h*eat	h	
*y*et	j	bu*i*o p*i*acere
*w*all be*w*ail	w	*u*omo g*u*aio
lo*ch*	x	

*hee*l b*ea*d	iː i	v*i*no *i*dea
h*i*t p*i*ty	ɪ	
	e	st*e*lla *e*dera
s*e*t t*e*nt	ɛ	*e*poca ecc*e*tto
*a*pple b*a*t	æ a	m*a*mma
		*a*more
*a*fter c*a*r c*a*lm	ɑː	
f*u*n c*ou*sin	ʌ	
*o*ver ab*o*ve	ə	
*u*rn f*er*n w*or*k	əː	
w*a*sh p*o*t	ɔ	r*o*sa *o*cchio
b*or*n c*or*k	ɔː	
	o	p*o*nte ogn*u*no
	ø	f*ö*hn
f*u*ll s*oo*t	u	*u*tile z*u*cca
b*oo*n l*ew*d	uː	

Diphthongs   Dittonghi

ɪə	b*ee*r t*i*er
ɛə	t*ear* f*air* th*ere*
eɪ	d*a*te pl*ai*ce
	d*ay*
aɪ	l*i*fe b*uy* cr*y*
au	*ow*l f*ou*l n*ow*
əu	l*ow* n*o*
ɔɪ	b*oi*l b*oy* o*i*ly
uə	p*oor* t*our*

Miscellaneous   Varie

* per l'inglese: la "r" finale viene pronunciata se seguita da una vocale.

' precedes the stressed syllable/precede la sillaba accentata.

ITALIAN PRONUNCIATION

Vowels

Where the vowel e or the vowel o appears in a stressed syllable it can be either open [ɛ], [ɔ] or closed [e], [o]. As the open or closed pronunciation of these vowels is subject to regional variation, the distinction is of little importance to the user of this dictionary. Phonetic transcription for headwords containing these vowels will therefore only appear where other pronunciation difficulties are present.

Consonants

c before "e" or "i" is pronounced *tch*.

ch is pronounced like the "k" in "kit".

g before "e" or "i" is pronounced like the "j" in "jet".

gh is pronounced like the "g" in "get".

gl before "e" or "i" is normally pronounced like the "lli" in "million", and in a few cases only like the "gl" in "glove".

gn is pronounced like the "ny" in "canyon".

sc before "e" or "i" is pronounced *sh*.

z is pronounced like the "ts" in "stetson", or like the "d's" in "bird's-eye".

Headwords containing the above consonants and consonantal groups have been given full phonetic transcription in this dictionary.

NB All double written consonants in Italian are fully sounded: e.g. the "tt" in "tutto" is pronounced as in "ha*t t*rick".

ITALIANO – INGLESE
ITALIAN – ENGLISH

A, a

A *abbr* (= *autostrada*) ≈ M (= *motorway*)

PAROLA CHIAVE

a (*a+il* = **al**, *a+lo* = **allo**, *a+l'* = **all'**, *a+la* = **alla**, *a+i* = **ai**, *a+gli* = **agli**, *a+le* = **alle**) *prep* **1** (*stato in luogo*) at; (: *in*) in; **essere alla stazione** to be at the station; **essere ~ casa/~ scuola/~ Roma** to be at home/at school/in Rome; **è ~ 10 km da qui** it's 10 km from here, it's 10 km away
2 (*moto a luogo*) to; **andare ~ casa/~ scuola** to go home/to school
3 (*tempo*) at; (: *epoca, stagione*) in; **alle cinque** at five (o'clock); **~ mezzanotte/Natale** at midnight/Christmas; **al mattino** in the morning; **~ maggio/primavera** in May/spring; **~ cinquant'anni** at fifty (years of age); **~ domani!** see you tomorrow!
4 (*complemento di termine*) to; **dare qc ~ qn** to give sth to sb
5 (*mezzo, modo*) with, by; **~ piedi/cavallo** on foot/horseback; **fatto ~ mano** made by hand, handmade; **una barca ~ motore** a motorboat; **~ uno ~ uno** one by one; **all'italiana** the Italian way, in the Italian fashion
6 (*rapporto*) a, per; (: *con prezzi*) at; **prendo 500.000 lire al mese** I get 500,000 lire a *o* per month; **pagato ~ ore** paid by the hour; **vendere qc ~ 2500 lire il chilo** to sell sth at 2,500 lire a *o* per kilo

---

abbacchi'ato, a [abbak'kjato] *ag* downhearted, in low spirits
abbagli'ante [abbaʎ'ʎante] *ag* dazzling; ~i *smpl* (*AUT*): **accendere gli ~i** to put one's headlights on full (*BRIT*) *o* high (*US*) beam
abbagli'are [abbaʎ'ʎare] *vt* to dazzle; (*illudere*) to delude; **ab'baglio** *sm* blunder; **prendere un abbaglio** to blunder, make a blunder
abbai'are *vi* to bark
abba'ino *sm* dormer window; (*soffitta*) attic room
abbando'nare *vt* to leave, abandon, desert; (*trascurare*) to neglect; (*rinunciare a*) to abandon, give up; **~rsi** *vr* to let o.s. go; **~rsi a** (*ricordi, vizio*) to give o.s. up to; **abban'dono** *sm* abandonment; neglect; (*SPORT*) withdrawal; (*fig*) abandon; **in abbandono** (*edificio, giardino*) neglected
abbas'sare *vt* to lower; (*radio*) to turn down; **~rsi** *vr* (*chinarsi*) to stoop; (*livello, sole*) to go down; (*fig: umiliarsi*) to demean o.s.; **~ i fari** (*AUT*) to dip *o* dim (*US*) one's lights
ab'basso *escl*: **~ il re!** down with the king!
abbas'tanza [abbas'tantsa] *av* (*a sufficienza*) enough; (*alquanto*) quite, rather, fairly; **non è ~ furbo** he's not shrewd enough; **un vino ~ dolce** quite a sweet wine; **averne ~ di qn/qc** to have had enough of sb/sth
ab'battere *vt* (*muro, casa*) to pull down; (*ostacolo*) to knock down; (*albero*) to fell; (: *sog: vento*) to bring down; (*bestie da macello*) to slaughter; (*cane, cavallo*) to destroy, put down; (*selvaggina, aereo*) to shoot down; (*fig: sog: malattia, disgrazia*) to lay low; **~rsi** *vr* (*avvilirsi*) to lose heart; **abbat'tuto, a** *ag* (*fig*) depressed
abba'zia [abbat'tsia] *sf* abbey
abbece'dario [abbetʃe'darjo] *sm* primer
abbel'lire *vt* (*ornare*) to embellish
abbeve'rare *vt* to water; **~rsi** *vr* to drink
'abbia *etc vb vedi* **avere**
abbicci [abbit'tʃi] *sm inv* alphabet; (*sillabario*) primer; (*fig*) rudiments *pl*
abbi'enti *smpl*: **gli ~** the well-to-do
abbiglia'mento [abbiʎʎa'mento] *sm* dress

no pl; (*indumenti*) clothes *pl*; (*industria*) clothing industry

abbigli'are [abbiʎ'ʎare] *vt* to dress up

abbi'nare *vt*: **~ (a)** to combine (with)

abbindo'lare *vt* (*fig*) to cheat, trick

abbocca'mento *sm* talks *pl*, meeting

abbocca'care *vi* (*pesce*) to bite; (*tubi*) to join; **~ (all'amo)** (*fig*) to swallow the bait

abboc'cato, a *ag* (*vino*) sweetish

abbona'mento *sm* subscription; (*alle ferrovie etc*) season ticket; **fare l'~** to take out a subscription (*o* season ticket)

abbo'narsi *vr*: **~ a un giornale** to take out a subscription to a newspaper; **~ al teatro/alle ferrovie** to take out a season ticket for the theatre/the train; **abbo'nato, a** *sm/f* subscriber; season-ticket holder

abbon'dante *ag* abundant, plentiful; (*giacca*) roomy

abbon'danza [abbon'dantsa] *sf* abundance, plenty

abbon'dare *vi* to abound, be plentiful; **~ in** *o* **di** to be full of, abound in

abbor'dabile *ag* (*persona*) approachable; (*prezzo*) reasonable

abbor'dare *vt* (*nave*) to board; (*persona*) to approach; (*argomento*) to tackle

abbotto'nare *vt* to button up, do up

abboz'zare [abbot'tsare] *vt* to sketch, outline; (*SCULTURA*) to rough-hew; **~ un sorriso** to give a hint of a smile; **ab'bozzo** *sm* sketch, outline; (*DIR*) draft

abbracci'are [abbrat'tʃare] *vt* to embrace; (*persona*) to hug, embrace; (*professione*) to take up; (*contenere*) to include; **~rsi** *vr* to hug *o* embrace (one another); **ab'braccio** *sm* hug, embrace

abbrevi'are *vt* to shorten; (*parola*) to abbreviate

abbreviazi'one [abbrevjat'tsjone] *sf* abbreviation

abbron'zante [abbron'dzante] *ag* tanning, sun *cpd*

abbron'zare [abbron'dzare] *vt* (*pelle*) to tan; (*metalli*) to bronze; **~rsi** *vr* to tan, get a tan; **abbronza'tura** *sf* tan, suntan

abbrusto'lire *vt* (*pane*) to toast; (*caffè*) to roast

abbru'tire *vt* to exhaust; to degrade

abbu'ono *sm* (*COMM*) allowance, discount; (*SPORT*) handicap

abdi'care *vi* to abdicate; **~ a** to give up, renounce

aberrazi'one [aberrat'tsjone] *sf* aberration

a'bete *sm* fir (tree); **~ rosso** spruce

abi'etto, a *ag* despicable, abject

'abile *ag* (*idoneo*): **~ (a qc/a fare qc)** fit (for sth/to do sth); (*capace*) able; (*astuto*) clever; (*accorto*) skilful; **~ al servizio militare** fit for military service; **abilità** *inv* ability; cleverness; skill

abili'tato, a *ag* qualified; (*TEL*) which has an outside line; **abilitazi'one** *sf* qualification

a'bisso *sm* abyss, gulf

abi'tacolo *sm* (*AER*) cockpit; (*AUT*) inside; (*: di camion*) cab

abi'tante *sm/f* inhabitant

abi'tare *vt* to live in, dwell in ♦ *vi*: **~ in campagna/a Roma** to live in the country/in Rome; **abi'tato, a** *ag* inhabited; lived in ♦ *sm* (*anche*: **centro abitato**) built-up area; **abitazi'one** *sf* residence; house

'abito *sm* dress *no pl*; (*da uomo*) suit; (*da donna*) dress; (*abitudine, disposizione, REL*) habit; **~i** *smpl* (*vestiti*) clothes; **in ~ da sera** in evening dress

abitu'ale *ag* usual, habitual; (*cliente*) regular

abitu'are *vt*: **~ qn a** to get sb used *o* accustomed to; **~rsi a** to get used to, accustom o.s. to

abitudi'nario, a *ag* of fixed habits ♦ *sm/f* regular customer

abi'tudine *sf* habit; **aver l'~ di fare qc** to be in the habit of doing sth; **d'~** usually; **per ~** from *o* out of habit

abo'lire *vt* to abolish; (*DIR*) to repeal

abomi'nevole *ag* abominable

abo'rigeno [abo'ridʒeno] *sm* aborigine

abor'rire *vt* to abhor, detest

abor'tire *vi* (*MED*) to miscarry, have a

miscarriage; (: *deliberatamente*) to have an abortion; (*fig*) to miscarry, fail; **a'borto** *sm* miscarriage; abortion

abrasi'one *sf* abrasion; **abra'sivo, a** *ag, sm* abrasive

abro'gare *vt* to repeal, abrogate

A'bruzzo *sm*: **l'~, gli ~i** the Abruzzi

'abside *sf* apse

a'bulico, a, ci, che *ag* lacking in will power

abu'sare *vi*: **~ di** to abuse, misuse; (*alcool*) to take to excess; (*approfittare, violare*) to take advantage of; **a'buso** *sm* abuse, misuse; excessive use

a.C. *av abbr* (= *avanti Cristo*) B.C.

a'cacia, cie [a'katʃa] *sf* (*BOT*) acacia

'acca *sf* letter H; **non capire un'~** not to understand a thing

acca'demia *sf* (*società*) learned society; (*scuola: d'arte, militare*) academy; **acca'demico, a, ci, che** *ag* academic ♦ *sm* academician

acca'dere *vb impers* to happen, occur; **acca'duto** *sm*: **raccontare l'accaduto** to describe what has happened

accalappi'are *vt* to catch

accal'carsi *vr*: **~ (in)** to crowd (into)

accal'darsi *vr* to grow hot

accalo'rarsi *vr* (*fig*) to get excited

accampa'mento *sm* camp

accam'pare *vt* to encamp; (*fig*) to put forward, advance; **~rsi** *vr* to camp

accani'mento *sm* fury; (*tenacia*) tenacity, perseverance

acca'nirsi *vr* (*infierire*) to rage; (*ostinarsi*) to persist; **acca'nito, a** *ag* (*odio, gelosia*) fierce, bitter; (*lavoratore*) assiduous, dogged; (*fumatore*) inveterate

ac'canto *av* near, nearby; **~ a** *prep* near, beside, close to

accanto'nare *vt* (*problema*) to shelve; (*somma*) to set aside

accapar'rare *vt* (*COMM*) to corner, buy up; **~rsi qc** (*fig: simpatia, voti*) to secure sth (for o.s.)

accapigli'arsi [akkapiʎ'ʎarsi] *vr* to come to blows; (*fig*) to quarrel

accappa'toio *sm* bathrobe

accappo'nare *vi*: **far ~ la pelle a qn** to bring sb out in goose pimples

accarez'zare [akkaret'tsare] *vt* to caress, stroke, fondle; (*fig*) to toy with

acca'sarsi *vr* to set up house; to get married

accasci'arsi [akkaʃ'ʃarsi] *vr* to collapse; (*fig*) to lose heart

accat'tone, a *sm/f* beggar

accaval'lare *vt* (*gambe*) to cross; **~rsi** *vr* (*sovrapporsi*) to overlap; (*addensarsi*) to gather

acce'care [attʃe'kare] *vt* to blind ♦ *vi* to go blind

ac'cedere [at'tʃedere] *vi*: **~ a** to enter; (*richiesta*) to grant, accede to

accele'rare [attʃele'rare] *vt* to speed up ♦ *vi* (*AUT*) to accelerate; **~ il passo** to quicken one's pace; **accele'rato** *sm* (*FERR*) slow train; **accelera'tore** *sm* (*AUT*) accelerator; **accelerazi'one** *sf* acceleration

ac'cendere [at'tʃendere] *vt* (*fuoco, sigaretta*) to light; (*luce, televisione*) to put on, switch on, turn on; (*AUT: motore*) to switch on; (*COMM: conto*) to open; (*fig: suscitare*) to inflame, stir up; **~rsi** *vr* (*luce*) to come o go on; (*legna*) to catch fire, ignite; **accen'dino** *sm*, **accendi'sigaro** *sm* (cigarette) lighter

accen'nare [attʃen'nare] *vt* (*MUS*) to pick out the notes of; to hum ♦ *vi*: **~ a** (*fig: alludere a*) to hint at; (: *far atto di*) to make as if; **~ un saluto** (*con la mano*) to make as if to wave; (*col capo*) to half nod; **accenna a piovere** it looks as if it's going to rain

ac'cenno [at'tʃenno] *sm* (*cenno*) sign; nod; (*allusione*) hint

accensi'one [attʃen'sjone] *sf* (*vedi accendere*) lighting; switching on; opening; (*AUT*) ignition

accen'tare [attʃen'tare] *vt* (*parlando*) to stress; (*scrivendo*) to accent

ac'cento [at'tʃento] *sm* accent; (*FONETICA, fig*) stress; (*inflessione*) tone (of voice)

accen'trare [attʃen'trare] *vt* to centralize

accentu'are [attʃentu'are] vt to stress, emphasize; **~rsi** vr to become more noticeable

accerchi'are [attʃer'kjare] vt to surround, encircle

accerta'mento [attʃerta'mento] sm check; assessment

accer'tare [attʃer'tare] vt to ascertain; (verificare) to check; (reddito) to assess; **~rsi** vr: **~rsi (di)** to make sure (of)

ac'ceso, a [at'tʃeso] pp di **accendere** ♦ ag lit; on; open; (colore) bright

acces'sibile [attʃes'sibile] ag (luogo) accessible; (persona) approachable; (prezzo) reasonable

ac'cesso [at'tʃesso] sm (anche INFORM) access; (MED) attack, fit; (impulso violento) fit, outburst

acces'sorio, a [attʃes'sɔrjo] ag secondary, of secondary importance; **~i** smpl accessories

ac'cetta [at'tʃetta] sf hatchet

accet'tabile [attʃet'tabile] ag acceptable

accet'tare [attʃet'tare] vt to accept; **~ di fare qc** to agree to do sth; **accettazi'one** sf acceptance; (locale di servizio pubblico) reception; **accettazione bagagli** (AER) check-in (desk)

ac'cetto, a [at'tʃetto] ag: **(ben) ~** welcome; (persona) well-liked

accezi'one [attʃet'tsjone] sf meaning

acchiap'pare [akkjap'pare] vt to catch

acci'acco, chi [at'tʃakko] sm ailment

acciaie'ria [attʃaje'ria] sf steelworks sg

acci'aio [at'tʃajo] sm steel

acciden'tale [attʃiden'tale] ag accidental

acciden'tato, a [attʃiden'tato] ag (terreno etc) uneven

acci'dente [attʃi'dente] sm (caso imprevisto) accident; (disgrazia) mishap; **non si capisce un ~** it's as clear as mud; **~i!** (fam: per rabbia) damn (it)!; (: per meraviglia) good heavens!

accigli'ato, a [attʃiʎ'ʎato] ag frowning

ac'cingersi [at'tʃindʒersi] vr: **~ a fare qc** to be about to do sth

acciuf'fare [attʃuf'fare] vt to seize, catch

acci'uga, ghe [at'tʃuga] sf anchovy

accla'mare vt (applaudire) to applaud; (eleggere) to acclaim; **acclamazi'one** sf applause; acclamation

acclima'tare vt to acclimatize; **~rsi** vr to become acclimatized

ac'cludere vt to enclose; **ac'cluso, a** pp di **accludere** ♦ ag enclosed

accoccol'arsi vr to crouch

accogli'ente [akkoʎ'ʎɛnte] ag welcoming, friendly; **accogli'enza** sf reception; welcome

ac'cogliere [ak'kɔʎʎere] vt (ricevere) to receive; (dare il benvenuto) to welcome; (approvare) to agree to, accept; (contenere) to hold, accommodate

accol'lato, a ag (vestito) high-necked

accoltel'lare vt to knife, stab

ac'colto, a pp di **accogliere**

accoman'dita sf (DIR) limited partnership

accomia'tare vt to dismiss; **~rsi** vr: **~rsi (da)** to take one's leave (of)

accomoda'mento sm agreement, settlement

accomo'dante ag accommodating

accomo'dare vt (aggiustare) to repair, mend; (riordinare) to tidy; (conciliare) to settle; **~rsi** vr (sedersi) to sit down; **s'accomodi!** (venga avanti) come in!; (si sieda) take a seat!

accompagna'mento [akkompaɲɲa'mento] sm (MUS) accompaniment

accompa'gnare [akkompaɲ'ɲare] vt to accompany, come o go with; (MUS) to accompany; (unire) to couple; **~ la porta** to close the door gently

accompagna'tore, trice sm/f companion; **~ turistico** courier

accomu'nare vt to pool, share; (avvicinare) to unite

acconcia'tura [akkontʃa'tura] sf hairstyle

accondi'scendere [akkondiʃ'ʃendere] vi: **~ a** to agree o consent to; **accondi'sceso, a** pp di **accondiscendere**

acconsen'tire vi: **~ (a)** to agree o consent (to)

acconten'tare *vt* to satisfy; **~rsi di** to be satisfied with, content o.s. with

ac'conto *sm* part payment; **pagare una somma in ~** to pay a sum of money as a deposit

accoppi'are *vt* to couple, pair off; (*BIOL*) to mate; **~rsi** *vr* to pair off; to mate

acco'rato, a *ag* heartfelt

accorci'are [akkor'tʃare] *vt* to shorten; **~rsi** *vr* to become shorter

accor'dare *vt* to reconcile; (*colori*) to match; (*MUS*) to tune; (*LING*): **~ qc con qc** to make sth agree with sth; (*DIR*) to grant; **~rsi** *vr* to agree, come to an agreement; (*colori*) to match

ac'cordo *sm* agreement; (*armonia*) harmony; (*MUS*) chord; **essere d'~** to agree; **andare d'~** to get on well together; **d'~!** all right!, agreed!

ac'corgersi [ak'kɔrdʒersi] *vr*: **~ di** to notice; (*fig*) to realize; **accorgi'mento** *sm* shrewdness *no pl*; (*espediente*) trick, device

ac'correre *vi* to run up

ac'corso, a *pp di* **accorrere**

ac'corto, a *pp di* **accorgersi** ♦ *ag* shrewd; **stare ~** to be on one's guard

accos'tare *vt* (*avvicinare*): **~ qc a** to bring sth near to, put sth near to; (*avvicinarsi a*) to approach; (*socchiudere: imposte*) to half-close; (: *porta*) to leave ajar ♦ *vi* (*NAUT*) to come alongside; **~rsi a** to draw near, approach; (*fig*) to support

accovacci'arsi [akkovat'tʃarsi] *vr* to crouch

accoz'zaglia [akkot'tsaʎʎa] (*peg*) *sf* (*di idee, oggetti*) jumble, hotchpotch

accredi'tare *vt* (*notizia*) to confirm the truth of; (*COMM*) to credit; (*diplomatico*) to accredit; **~rsi** *vr* (*fig*) to gain credit

ac'crescere [ak'kreʃʃere] *vt* to increase; **~rsi** *vr* to increase, grow; **accresci'tivo, a** *ag, sm* (*LING*) augmentative; **accresci'uto, a** *pp di* **accrescere**

accucci'arsi [akkut'tʃarsi] *vr* (*cane*) to lie down

accu'dire *vt* (*anche: vi*: **~ a**) to attend to

accumu'lare *vt* to accumulate

accumula'tore *sm* (*ELETTR*) accumulator

accura'tezza [akkura'tettsa] *sf* care; accuracy

accu'rato, a *ag* (*diligente*) careful; (*preciso*) accurate

ac'cusa *sf* accusation; (*DIR*) charge; **la pubblica ~** the prosecution

accu'sare *vt*: **~ qn di qc** to accuse sb of sth; (*DIR*) to charge sb with sth; **~ ricevuta di** (*COMM*) to acknowledge receipt of

accu'sato, a *sm/f* accused; defendant

accusa'tore, 'trice *sm/f* accuser ♦ *sm* (*DIR*) prosecutor

a'cerbo, a [a'tʃerbo] *ag* bitter; (*frutta*) sour, unripe; (*persona*) immature

'acero ['atʃero] *sm* maple

a'cerrimo, a [a'tʃerrimo] *ag* very fierce

a'ceto [a'tʃeto] *sm* vinegar

ace'tone [atʃe'tone] *sm* nail varnish remover

A.C.I. ['atʃi] *sigla m* = *Automobile Club d'Italia*

'acido, a ['atʃido] *ag* (*sapore*) acid, sour; (*CHIM*) acid ♦ *sm* (*CHIM*) acid

'acino ['atʃino] *sm* berry; **~ d'uva** grape

'acne *sf* acne

'acqua *sf* water; (*pioggia*) rain; **~e** *sfpl* (*di mare, fiume etc*) waters; **fare ~** (*NAUT*) to leak, take in water; **~ in bocca!** mum's the word!; **~ corrente** running water; **~ dolce** fresh water; **~ minerale** mineral water; **~ potabile** drinking water; **~ salata** salt water; **~ tonica** tonic water

acqua'forte (*pl* **acque'forti**) *sf* etching

a'cquaio *sm* sink

acqua'ragia [akkwa'radʒa] *sf* turpentine

a'cquario *sm* aquarium; (*dello zodiaco*): **A~** Aquarius

acqua'santa *sf* holy water

ac'quatico, a, ci, che *ag* aquatic; (*SPORT, SCIENZA*) water *cpd*

acqua'vite *sf* brandy

acquaz'zone [akkwat'tsone] *sm* cloudburst, heavy shower

acque'dotto *sm* aqueduct; waterworks *pl*, water system

'acqueo, a *ag*: **vapore ~** water vapour

acque'rello *sm* watercolour

acqui'rente *sm/f* purchaser, buyer

acqui'sire *vt* to acquire

acquis'tare *vt* to purchase, buy; (*fig*) to gain; **a'cquisto** *sm* purchase; **fare acquisti** to go shopping

acqui'trino *sm* bog, marsh

acquo'lina *sf*: **far venire l'~ in bocca a qn** to make sb's mouth water

a'cquoso, a *ag* watery

'acre *ag* acrid, pungent; (*fig*) harsh, biting

a'crobata, i, e *sm/f* acrobat

acu'ire *vt* to sharpen

a'culeo *sm* (*ZOOL*) sting; (*BOT*) prickle

a'cume *sm* acumen, perspicacity

a'custica *sf* (*scienza*) acoustics *sg*; (*di una sala*) acoustics *pl*

a'cuto, a *ag* (*appuntito*) sharp, pointed; (*suono, voce*) shrill, piercing; (*MAT, LING, MED*) acute; (*MUS*) high-pitched; (*fig: dolore, desiderio*) intense; (*: perspicace*) acute, keen

ad (*before V*) *prep* = **a**

adagi'are [ada'dʒare] *vt* to lay *o* set down carefully; **~rsi** *vr* to lie down, stretch out

a'dagio [a'dadʒo] *av* slowly ♦ *sm* (*MUS*) adagio; (*proverbio*) adage, saying

adatta'mento *sm* adaptation

adat'tare *vt* to adapt; (*sistemare*) to fit; **~rsi (a)** (*ambiente, tempi*) to adapt (to); (*essere adatto*) to be suitable (for)

a'datto, a *ag*: **~ (a)** suitable (for), right (for)

addebi'tare *vt*: **~ qc a qn** to debit sb with sth

ad'debito *sm* (*COMM*) debit

adden'sare *vt* to thicken; **~rsi** *vr* to thicken; (*nuvole*) to gather

adden'tare *vt* to bite into

adden'trarsi *vr*: **~ in** to penetrate, go into

ad'dentro *av*: **essere molto ~ in qc** to be well-versed in sth

addestra'mento *sm* training

addes'trare *vt* to train; **~rsi** *vr* to train; **~rsi in qc** to practise (*BRIT*) *o* practice (*US*) sth

ad'detto, a *ag*: **~ a** (*persona*) assigned to; (*oggetto*) intended for ♦ *sm* employee; (*funzionario*) attaché; **~ commerciale/**

stampa commercial/press attaché; **gli ~i ai lavori** authorized personnel; (*fig*) those in the know

addì *av* (*AMM*): **~ 3 luglio 1999** on the 3rd of July 1999 (*BRIT*), on July 3rd 1999 (*US*)

addi'accio [ad'djattʃo] *sm* (*MIL*) bivouac; **dormire all'~** to sleep in the open

addi'etro *av* (*indietro*) behind; (*nel passato, prima*) before, ago

ad'dio *sm, escl* goodbye, farewell

addirit'tura *av* (*veramente*) really, absolutely; (*perfino*) even; (*direttamente*) directly, right away

ad'dirsi *vr*: **~ a** to suit, be suitable for

addi'tare *vt* to point out; (*fig*) to expose

addi'tivo *sm* additive

addizio'nare [addittsjo'nare] *vt* (*MAT*) to add (up); **addizi'one** *sf* addition

addob'bare *vt* to decorate; **ad'dobbo** *sm* decoration

addol'cire [addol'tʃire] *vt* (*caffè etc*) to sweeten; (*acqua, fig: carattere*) to soften; **~rsi** *vr* (*fig*) to mellow, soften

addolo'rare *vt* to pain, grieve; **~rsi (per)** to be distressed (by)

ad'dome *sm* abdomen

addomesti'care *vt* to tame

addormen'tare *vt* to put to sleep; **~rsi** *vr* to fall asleep, go to sleep

addos'sare *vt* (*appoggiare*): **~ qc a qc** to lean sth against sth; (*fig*): **~ la colpa a qn** to lay the blame on sb; **~rsi qc** (*responsabilità etc*) to shoulder sth

ad'dosso *av* on; **mettersi ~ il cappotto** to put one's coat on; **~ a** (*sopra*) on; (*molto vicino*) right next to; **stare ~ a qn** (*fig*) to breathe down sb's neck; **dare ~ a qn** (*fig*) to attack sb

ad'dotto, a *pp di* **addurre**

ad'durre *vt* (*DIR*) to produce; (*citare*) to cite

adegu'are *vt*: **~ qc a** to adjust *o* relate sth to; **~rsi** *vr* to adapt; **adegu'ato, a** *ag* adequate; (*conveniente*) suitable; (*equo*) fair

a'dempiere *vt* to fulfil, carry out

adem'pire *vt* = **adempiere**

ade'rente *ag* adhesive; (*vestito*) close-fitting ♦ *sm/f* follower; **ade'renza** *sf* adhesion; **aderenze** *sfpl* connections, contacts

ade'rire *vi* (*stare attaccato*) to adhere, stick; ~ **a** to adhere to, stick to; (*fig: società, partito*) to support; (: *opinione*) to support; (*richiesta*) to agree to

ades'care *vt* to lure, entice

adesi'one *sf* adhesion; (*fig*) agreement, acceptance; **ade'sivo, a** *ag, sm* adhesive

a'desso *av* (*ora*) now; (*or ora, poco fa*) just now; (*tra poco*) any moment now

adia'cente [adja'tʃɛnte] *ag* adjacent

adi'bire *vt* (*usare*): ~ **qc a** to turn sth into

adi'rarsi *vr*: ~ **(con** *o* **contro qn per qc)** to get angry (with sb over sth)

a'dire *vt* (*DIR*): ~ **le vie legali** to take legal proceedings

'adito *sm*: **dare** ~ **a** to give rise to

adocchi'are [adok'kjare] *vt* (*scorgere*) to catch sight of; (*occhieggiare*) to eye

adole'scente [adoleʃ'ʃɛnte] *ag, sm/f* adolescent; **adole'scenza** *sf* adolescence

adope'rare *vt* to use; **~rsi** *vr* to strive; **~rsi per qn/qc** to do one's best for sb/sth

ado'rare *vt* to adore; (*REL*) to adore, worship

adot'tare *vt* to adopt; (*decisione, provvedimenti*) to pass; **adot'tivo, a** *ag* (*genitori*) adoptive; (*figlio, patria*) adopted; **adozi'one** *sf* adoption

adri'atico, a, ci, che *ag* Adriatic ♦ *sm*: **l'A~, il mare A~** the Adriatic, the Adriatic Sea

adu'lare *vt* to adulate, flatter

adulte'rare *vt* to adulterate

adul'terio *sm* adultery

a'dulto, a *ag* adult; (*fig*) mature ♦ *sm* adult, grown-up

adu'nanza [adu'nantsa] *sf* assembly, meeting

adu'nare *vt* to assemble, gather; **~rsi** *vr* to assemble, gather; **adu'nata** *sf* (*MIL*) parade, muster

a'dunco, a, chi, che *ag* hooked

a'ereo, a *ag* air *cpd*; (*radice*) aerial ♦ *sm* aerial; (*aeroplano*) plane; ~ **a reazione** jet (plane); ~ **da caccia** fighter (plane); ~ **di**

linea airliner; **ae'robica** *sf* aerobics *sg*;

aerodi'namica *sf* aerodynamics *sg*;

aerodi'namico, a, ci, che *ag* aerodynamic; (*affusolato*) streamlined;

aero'nautica *sf* (*scienza*) aeronautics *sg*;

aeronautica militare air force;

aero'plano *sm* (aero)plane (*BRIT*), (air)plane (*US*)

aero'porto *sm* airport

aero'sol *sm inv* aerosol

'afa *sf* sultriness

af'fabile *ag* affable

affaccen'dato, a [affattʃen'dato] *ag* (*persona*) busy

affacci'arsi [affat'tʃarsi] *vr*: ~ **(a)** to appear (at)

affa'mato, a *ag* starving; (*fig*): ~ **(di)** eager (for)

affan'nare *vt* to leave breathless; (*fig*) to worry; **~rsi** *vr*: **~rsi per qn/qc** to worry about sb/sth; **af'fanno** *sm* breathlessness; (*fig*) anxiety, worry; **affan'noso, a** *ag* (*respiro*) difficult; (*fig*) troubled, anxious

af'fare *sm* (*faccenda*) matter, affair; (*COMM*) piece of business, (business) deal; (*occasione*) bargain; (*DIR*) case; (*fam: cosa*) thing; **~i** *smpl* (*COMM*) business *sg*; **Ministro degli A~i esteri** Foreign Secretary (*BRIT*), Secretary of State (*US*); **affa'rista, i** *sm* profiteer, unscrupulous businessman

affasci'nante [affaʃʃi'nante] *ag* fascinating

affasci'nare [affaʃʃi'nare] *vt* to bewitch; (*fig*) to charm, fascinate

affati'care *vt* to tire; **~rsi** *vr* (*durar fatica*) to tire o.s. out

af'fatto *av* completely; **non ...** ~ not ... at all; **niente** ~ not at all

affer'mare *vt* (*dichiarare*) to maintain, affirm; **~rsi** *vr* to assert o.s., make one's name known; **affermazi'one** *sf* affirmation, assertion; (*successo*) achievement

affer'rare *vt* to seize, grasp; (*fig: idea*) to grasp; **~rsi** *vr*: **~rsi a** to cling to

affet'tare *vt* (*tagliare a fette*) to slice; (*ostentare*) to affect; **affet'tato, a** *ag* sliced; affected ♦ *sm* sliced cold meat

affet'tivo, a *ag* emotional, affective
af'fetto *sm* affection; **affettu'oso, a** *ag* affectionate
affezio'narsi [affettsjo'narsi] *vr*: ~ **a** to grow fond of
affian'care *vt* to place side by side; (MIL) to flank; (*fig*) to support; ~ **qc a qc** to place sth next to *o* beside sth; **~rsi a qn** to stand beside sb
affia'tato, a *ag*: **essere molto ~i** to get on very well
affibbi'are *vt* (*fig: dare*) to give
affi'dabile *ag* reliable
affida'mento *sm* (DIR: *di bambino*) custody; (*fiducia*): **fare ~ su qn** to rely on sb; **non dà nessun ~** he's not to be trusted
affi'dare *vt*: ~ **qc** *o* **qn a qn** to entrust sth *o* sb to sb; **~rsi** *vr*: **~rsi a** to place one's trust in
affievo'lirsi *vr* to grow weak
af'figgere [af'fiddʒere] *vt* to stick up, post up
affi'lare *vt* to sharpen
affili'arsi *vr*: ~ **a** to become affiliated to
affi'nare *vt* to sharpen
affinché [affin'ke] *cong* in order that, so that
af'fine *ag* similar; **affinità** *sf inv* affinity
affio'rare *vi* to emerge
affissi'one *sf* billposting
af'fisso, a *pp di* **affiggere** ♦ *sm* bill, poster; (LING) affix
affit'tare *vt* (*dare in affitto*) to let, rent (out); (*prendere in affitto*) to rent; **af'fitto** *sm* rent; (*contratto*) lease
af'fliggere [af'fliddʒere] *vt* to torment; **~rsi** *vr* to grieve; **af'flitto, a** *pp di* **affliggere**; **afflizi'one** *sf* distress, torment
afflosci'arsi [afflɔʃ'farsi] *vr* to go limp
afflu'ente *sm* tributary; **afflu'enza** *sf* flow; (*di persone*) crowd
afflu'ire *vi* to flow; (*fig: merci, persone*) to pour in; **af'flusso** *sm* influx
affo'gare *vt, vi* to drown; **~rsi** *vr* to drown; (*deliberatamente*) to drown o.s.
affol'lare *vt* to crowd; **~rsi** *vr* to crowd;

affol'lato, a *ag* crowded
affon'dare *vt* to sink
affran'care *vt* to free, liberate; (AMM) to redeem; (*lettera*) to stamp; (: *meccanicamente*) to frank (BRIT), meter (US); **~rsi** *vr* to free o.s.; **affranca'tura** *sf* (*di francobollo*) stamping; franking (BRIT), metering (US); (*tassa di spedizione*) postage
af'franto, a *ag* (*esausto*) worn out; (*abbattuto*) overcome
af'fresco, schi *sm* fresco
affret'tare *vt* to quicken, speed up; **~rsi** *vr* to hurry; **~rsi a fare qc** to hurry *o* hasten to do sth
affron'tare *vt* (*pericolo etc*) to face; (*nemico*) to confront; **~rsi** *vr* (*reciproco*) to come to blows
af'fronto *sm* affront, insult
affumi'care *vt* to fill with smoke; to blacken with smoke; (*alimenti*) to smoke
affuso'lato, a *ag* tapering
a'foso, a *ag* sultry, close
'Africa *sf*: **l'~** Africa; **afri'cano, a** *ag, sm/f* African
afrodi'siaco, a, ci, che *ag, sm* aphrodisiac
a'genda [a'dʒɛnda] *sf* diary
a'gente [a'dʒɛnte] *sm* agent; ~ **di cambio** stockbroker; ~ **di polizia** police officer; **agen'zia** *sf* agency; (*succursale*) branch; **agenzia di collocamento** employment agency; **agenzia immobiliare** estate agent's (office) (BRIT), real estate office (US); **agenzia pubblicitaria / viaggi** advertising / travel agency
agevo'lare [adʒevo'lare] *vt* to facilitate, make easy
a'gevole [a'dʒevole] *ag* easy; (*strada*) smooth
agganci'are [aggan'tʃare] *vt* to hook up; (FERR) to couple
ag'geggio [ad'dʒeddʒo] *sm* gadget, contraption
agget'tivo [addʒet'tivo] *sm* adjective
agghiacci'ante [aggjat'tʃante] *ag* chilling
agghin'darsi [aggin'darsi] *vr* to deck o.s. out

aggior'nare [addʒor'nare] vt (opera, manuale) to bring up-to-date; (seduta etc) to postpone; ~rsi vr to bring (o keep) o.s. up-to-date; aggior'nato, a ag up-to-date

aggi'rare [addʒi'rare] vt to go round; (fig: ingannare) to trick; ~rsi vr to wander about; il prezzo s'aggira sul milione the price is around the million mark

aggiudi'care [addʒudi'kare] vt to award; (all'asta) to knock down; ~rsi qc to win sth

aggi'ungere [ad'dʒundʒere] vt to add; aggi'unta sf addition; aggi'unto, a pp di aggiungere ♦ ag assistant cpd ♦ sm assistant

aggius'tare [addʒus'tare] vt (accomodare) to mend, repair; (riassettare) to adjust; (fig: lite) to settle; ~rsi vr (arrangiarsi) to make do; (con senso reciproco) to come to an agreement

agglome'rato sm (di rocce) conglomerate; (di legno) chipboard; ~ urbano built-up area

aggrap'parsi vr: ~ a to cling to

aggra'vare vt (aumentare) to increase; (appesantire: anche fig) to weigh down, make heavy; (pena) to make worse; ~rsi vr to worsen, become worse

aggrazi'ato, a [aggrat'tsjato] ag graceful

aggre'dire vt to attack, assault

aggre'gare vt: ~ qn a qc to admit sb to sth; ~rsi vr to join; ~rsi a to join, become a member of

aggressi'one sf aggression; (atto) attack, assault

aggres'sivo, a ag aggressive

aggrot'tare vt: ~ le sopracciglia to frown

aggrovigli'are [aggroviʎ'ʎare] vt to tangle; ~rsi vr (fig) to become complicated

agguan'tare vt to catch, seize

aggu'ato sm trap; (imboscata) ambush; tendere un ~ a qn to set a trap for sb

agguer'rito, a ag fierce

agi'ato, a [a'dʒato] ag (vita) easy; (persona) well-off, well-to-do

'agile ['adʒile] ag agile, nimble; agilità sf agility, nimbleness

'agio ['adʒo] sm ease, comfort; mettersi a

proprio ~ to make o.s. at home o comfortable

a'gire [a'dʒire] vi to act; (esercitare un'azione) to take effect; (TECN) to work, function; ~ contro qn (DIR) to take action against sb

agi'tare [adʒi'tare] vt (bottiglia) to shake; (mano, fazzoletto) to wave; (fig: turbare) to disturb; (: incitare) to stir (up); (: dibattere) to discuss; ~rsi vr (mare) to be rough; (malato, dormitore) to toss and turn; (bambino) to fidget; (emozionarsi) to get upset; (POL) to agitate; agi'tato, a ag rough; restless; fidgety; upset, perturbed; agitazi'one sf agitation; (POL) unrest, agitation; mettere in agitazione qn to upset o distress sb

'agli ['aʎʎi] prep + det vedi a

'aglio ['aʎʎo] sm garlic

a'gnello [aɲ'ɲello] sm lamb

'ago (pl 'aghi) sm needle

ago'nia sf agony

ago'nistico, a, ci, che ag athletic; (fig) competitive

agoniz'zare [agonid'dzare] vi to be dying

agopun'tura sf acupuncture

a'gosto sm August

a'graria sf agriculture

a'grario, a ag agrarian, agricultural; (riforma) land cpd

a'gricolo, a ag agricultural, farm cpd; agricol'tore sm farmer; agricol'tura sf agriculture, farming

agri'foglio [agri'fɔʎʎo] sm holly

agrimen'sore sm land surveyor

agritu'rismo sm farm holidays pl

'agro, a ag sour, sharp; ~dolce ag bittersweet; (salsa) sweet and sour

a'grume sm (spesso al pl: pianta) citrus; (: frutto) citrus fruit

aguz'zare [agut'tsare] vt to sharpen; ~ gli orecchi to prick up one's ears

a'guzzo, a [a'guttso] ag sharp

'ai prep + det vedi a

'Aia sf: l'~ the Hague

'aia sf threshing floor

AIDS sigla f o m AIDS

ai'rone *sm* heron

aiu'ola *sf* flower bed

aiu'tante *sm/f* assistant ♦ *sm* (MIL) adjutant; (NAUT) master-at-arms; ~ **di campo** aide-de-camp

aiu'tare *vt* to help; ~ **qn (a fare)** to help sb (to do)

ai'uto *sm* help, assistance, aid; (*aiutante*) assistant; **venire in ~ di qn** to come to sb's aid; ~ **chirurgo** assistant surgeon

aiz'zare [ait'tsare] *vt* to incite; ~ **i cani contro qn** to set the dogs on sb

al *prep* + *det vedi* **a**

'ala (*pl* 'ali) *sf* wing; **fare ~** to fall back, make way; ~ **destra/sinistra** (SPORT) right/left wing

'alacre *ag* quick, brisk

a'lano *sm* Great Dane

a'lare *ag* wing *cpd*

'alba *sf* dawn

Alba'nia *sf*: l'~ Albania

'albatro *sm* albatross

albeggi'are [albed'dʒare] *vi, vb impers* to dawn

alberghi'ero, a [alber'gjɛro] *ag* hotel *cpd*

al'bergo, ghi *sm* hotel; ~ **della gioventù** youth hostel

'albero *sm* tree; (NAUT) mast; (TECN) shaft; ~ **genealogico** family tree; ~ **a gomiti** crankshaft; ~ **di Natale** Christmas tree; ~ **maestro** mainmast; ~ **di trasmissione** transmission shaft

albi'cocca, che *sf* apricot; albi'cocco, chi *sm* apricot tree

'albo *sm* (*registro*) register, roll; (AMM) notice board

'album *sm* album; ~ **da disegno** sketch book

al'bume *sm* albumen

'alce ['altʃe] *sm* elk

al'colico, a, ci, che *ag* alcoholic ♦ *sm* alcoholic drink

alcoliz'zato, a [alkolid'dzato] *sm/f* alcoholic

'alcool *sm* alcohol; alco'olico *etc* = alcolico *etc*

al'cuno, a (*det: dav sm*: **alcun** +C, V,

alcuno +*s impura, gn, pn, ps, x, z; dav sf:* **alcuna** +C, **alcun'** +V) *det* (*nessuno*): **non ... ~** no, not any; **~i, e** *det pl* some, a few; **non c'è ~a fretta** there's no hurry, there isn't any hurry; **senza alcun riguardo** without any consideration ♦ *pron pl*: **~i, e** some, a few

aldilà *sm*: l'~ the after-life

alfa'beto *sm* alphabet

alfi'ere *sm* standard-bearer; (MIL) ensign; (SCACCHI) bishop

'alga, ghe *sf* seaweed *no pl*, alga

'algebra ['aldʒebra] *sf* algebra

Alge'ria [aldʒe'ria] *sf*: l'~ Algeria

ali'ante *sm* (AER) glider

'alibi *sm inv* alibi

a'lice [a'litʃe] *sf* anchovy

alie'nare *vt* (DIR) to alienate, transfer; (*rendere ostile*) to alienate; **~rsi qn** to alienate sb; **alie'nato, a** *ag* alienated; transferred; (*fuor di senno*) insane ♦ *sm* lunatic, insane person; **alienazi'one** *sf* alienation; transfer; insanity

ali'eno, a *ag* (*avverso*): ~ **(da)** opposed (to), averse (to) ♦ *sm/f* alien

alimen'tare *vt* to feed; (TECN) to feed; to supply; (*fig*) to sustain ♦ *ag* food *cpd*; **~i** *smpl* foodstuffs; (*anche*: **negozio di ~i**) grocer's shop; **alimentazi'one** *sf* feeding; supplying; sustaining; (*gli alimenti*) diet

ali'mento *sm* food; **~i** *smpl* (*cibo*) food *sg*; (DIR) alimony

a'liquota *sf* share; (*d'imposta*) rate

alis'cafo *sm* hydrofoil

'alito *sm* breath

all. *abbr* (= *allegato*) encl.

'alla *prep* + *det vedi* **a**

allacci'are [allat'tʃare] *vt* (*scarpe*) to tie, lace (up); (*cintura*) to do up, fasten; (*luce, gas*) to connect; (*amicizia*) to form

alla'gare *vt* to flood; **~rsi** *vr* to flood

allar'gare *vt* to widen; (*vestito*) to let out; (*aprire*) to open; (*fig: dilatare*) to extend

allar'mare *vt* to alarm

al'larme *sm* alarm; ~ **aereo** air-raid warning

allar'mismo *sm* scaremongering

allat'tare *vt* to feed

'alle *prep + det vedi* **a**

alle'anza [alle'antsa] *sf* alliance

alle'arsi *vr* to form an alliance; alle'ato, a *ag* allied ♦ *sm/f* ally

alle'gare *vt* (*accludere*) to enclose; (*DIR: citare*) to cite, adduce; (*denti*) to set on edge; alle'gato, a *ag* enclosed ♦ *sm* enclosure; **in allegato** enclosed

allegge'rire [alleddʒe'rire] *vt* to lighten, make lighter; (*fig: lavoro, tasse*) to reduce

alle'gria *sf* gaiety, cheerfulness

al'legro, a *ag* cheerful, merry; (*un po' brillo*) merry, tipsy; (*vivace: colore*) bright ♦ *sm* (*MUS*) allegro

allena'mento *sm* training

alle'nare *vt* to train; ~rsi *vr* to train; allena'tore *sm* (*SPORT*) trainer, coach

allen'tare *vt* to slacken; (*disciplina*) to relax; ~rsi *vr* to become slack; (*ingranaggio*) to work loose

aller'gia, 'gie [aller'dʒia] *sf* allergy; al'lergico, a, ci, che *ag* allergic

alles'tire *vt* (*cena*) to prepare; (*esercito, nave*) to equip, fit out; (*spettacolo*) to stage

allet'tare *vt* to lure, entice

alleva'mento *sm* breeding, rearing; (*luogo*) stock farm

alle'vare *vt* (*animale*) to breed, rear; (*bambino*) to bring up

allevi'are *vt* to alleviate

alli'bito, a *ag* astounded

allibra'tore *sm* bookmaker

allie'tare *vt* to cheer up, gladden

alli'evo *sm* pupil; (*apprendista*) apprentice; (*MIL*) cadet

alliga'tore *sm* alligator

alline'are *vt* (*persone, cose*) to line up; (*TIP*) to align; (*fig: economia, salari*) to adjust, align; ~rsi *vr* to line up; (*fig: a idee*): ~rsi a to come into line with

'allo *prep + det vedi* **a**

al'locco, a, chi, che *sm* tawny owl ♦ *sm/f* oaf

allocuzi'one [allokut'tsjone] *sf* address, solemn speech

al'lodola *sf* (sky)lark

alloggi'are [allod'dʒare] *vt* to accommodate ♦ *vi* to live; al'loggio *sm* lodging, accommodation (*BRIT*), accommodations (*US*)

allontana'mento *sm* removal; dismissal

allonta'nare *vt* to send away, send off; (*impiegato*) to dismiss; (*pericolo*) to avert, remove; (*estraniare*) to alienate; ~rsi *vr*: ~rsi (da) to go away (from); (*estraniarsi*) to become estranged (from)

al'lora *av* (*in quel momento*) then ♦ *cong* (*in questo caso*) well then; (*dunque*) well then, so; **la gente d'~** people then *o* in those days; **da ~ in poi** from then on

allor'ché [allor'ke] *cong* (*formale*) when, as soon as

al'loro *sm* laurel

'alluce ['allutʃe] *sm* big toe

alluci'nante [allutʃi'nante] *ag* awful; (*fam*) amazing

allucinazi'one [allutʃinat'tsjone] *sf* hallucination

al'ludere *vi*: ~ **a** to allude to, hint at

allu'minio *sm* aluminium (*BRIT*), aluminum (*US*)

allun'gare *vt* to lengthen; (*distendere*) to prolong, extend; (*diluire*) to water down; ~rsi *vr* to lengthen; (*ragazzo*) to stretch, grow taller; (*sdraiarsi*) to lie down, stretch out

allusi'one *sf* hint, allusion

al'luso, a *pp di* **alludere**

alluvi'one *sf* flood

al'meno *av* at least ♦ *cong*: **(se)** ~ if only; **(se)** ~ **piovesse!** if only it would rain!

a'logeno, a [a'lɔdʒeno] *ag*: **lampada ~a** halogen lamp

a'lone *sm* halo

'Alpi *sfpl*: **le ~** the Alps

alpi'nismo *sm* mountaineering, climbing; alpi'nista, i, e *sm/f* mountaineer, climber

al'pino, a *ag* Alpine; mountain *cpd*

al'quanto *av* rather, a little; ~, a *det* a certain amount of, some ♦ *pron* a certain amount, some; **~i, e** *det pl*, *pron pl* several, quite a few

alt *escl* halt!, stop!
alta'lena *sf* (*a funi*) swing; (*in bilico, anche fig*) seesaw
al'tare *sm* altar
alte'rare *vt* to alter, change; (*cibo*) to adulterate; (*registro*) to falsify; (*persona*) to irritate; **~rsi** *vr* to alter; (*cibo*) to go bad; (*persona*) to lose one's temper
al'terco, chi *sm* altercation, wrangle
alter'nare *vt* to alternate; **~rsi** *vr* to alternate; **alterna'tiva** *sf* alternative; **alterna'tivo, a** *ag* alternative; **alter'nato, a** *ag* alternate; (*ELETTR*) alternating; **alterna'tore** *sm* alternator
al'terno, a *ag* alternate; **a giorni ~i** on alternate days, every other day
al'tezza [al'tettsa] *sf* height; width, breadth; depth; pitch; (*GEO*) latitude; (*titolo*) highness; (*fig: nobiltà*) greatness; **essere all'~ di** to be on a level with; (*fig*) to be up to *o* equal to; **altez'zoso, a** *ag* haughty
al'ticcio, a, ci, ce [al'tittʃo] *ag* tipsy
altipi'ano *sm* = **altopiano**
alti'tudine *sf* altitude
'alto, a *ag* high; (*persona*) tall; (*tessuto*) wide, broad; (*sonno, acque*) deep; (*suono*) high-(pitched); (*GEO*) upper; (*: settentrionale*) northern ♦ *sm* top (part) ♦ *av* high; (*parlare*) aloud, loudly; **il palazzo è ~ 20 metri** the building is 20 metres high; **ad ~a voce** aloud; **a notte ~a** in the dead of night; **in ~** up, upwards; at the top; **dall'~ in** *o* **al basso** up and down; **degli ~i e bassi** (*fig*) ups and downs; **~a fedeltà** high fidelity, hi-fi; **~a finanza** high finance; **~a moda** haute couture; **~a società** high society
alto'forno *sm* blast furnace
altolo'cato, a *ag* of high rank
altopar'lante *sm* loudspeaker
altopi'ano (*pl* **altipi'ani**) *sm* plateau, upland plain
altret'tanto, a *ag, pron* as much; (*pl*) as many ♦ *av* equally; **tanti auguri! - grazie, ~** all the best! — thank you, the same to you
'altri *pron inv* (*qualcuno*) somebody; (*: in espressioni negative*) anybody; (*un'altra persona*) another (person)
altri'menti *av* otherwise

PAROLA CHIAVE

'altro, a *det* **1** (*diverso*) other, different; **questa è un'~a cosa** that's another *o* a different thing
2 (*supplementare*) other; **prendi un ~ cioccolatino** have another chocolate; **hai avuto ~e notizie?** have you had any more *o* any other news?
3 (*nel tempo*): **l'~ giorno** the other day; **l'altr'anno** last year; **l'~ ieri** the day before yesterday; **domani l'~** the day after tomorrow; **quest'~ mese** next month
4: **d'~a parte** on the other hand
♦ *pron* **1** (*persona, cosa diversa o supplementare*): **un ~, un'~a** another (one); **lo farà un ~** someone else will do it; **~i, e others; gli ~i** (*la gente*) others, other people; **l'uno e l'~** both (of them); **aiutarsi l'un l'~** to help one another; **da un giorno all'~** from day to day; (*nel giro di 24 ore*) from one day to the next; (*da un momento all'altro*) any day now
2 (*sostantivato: solo maschile*) something else; (*: in espressioni interrogative*) anything else; **non ho ~ da dire** I have nothing else *o* I don't have anything else to say; **più che ~** above all; **se non ~** at least; **tra l'~** among other things; **ci mancherebbe ~!** that's all we need!; **non faccio ~ che lavorare** I do nothing but work; **contento? - ~ che!** are you pleased? — and how!; *vedi* **senza; noialtri; voialtri; tutto**

---

al'tronde *av*: **d'~** on the other hand
al'trove *av* elsewhere, somewhere else
al'trui *ag inv* other people's ♦ *sm*: **l'~** other people's belongings *pl*
altru'ista, i, e *ag* altruistic
al'tura *sf* (*rialto*) height, high ground; (*alto mare*) open sea; **pesca d'~** deep-sea fishing
a'lunno, a *sm/f* pupil

alve'are *sm* hive

'alveo *sm* riverbed

al'zare [al'tsare] *vt* to raise, lift; (*issare*) to hoist; (*costruire*) to build, erect; **~rsi** *vr* to rise; (*dal letto*) to get up; (*crescere*) to grow tall (*o* taller); **~ le spalle** to shrug one's shoulders; **~rsi in piedi** to stand up, get to one's feet; **al'zata** *sf* lifting, raising; **un'alzata di spalle** a shrug

a'mabile *ag* lovable; (*vino*) sweet

a'maca, che *sf* hammock

amalga'mare *vt* to amalgamate

a'mante *ag*: **~ di** (*musica etc*) fond of ♦ *sm/f* lover/mistress

a'mare *vt* to love; (*amico, musica, sport*) to like

amareggi'ato, a [amared'dʒato] *ag* upset, saddened

ama'rena *sf* sour black cherry

ama'rezza [ama'rettsa] *sf* bitterness

a'maro, a *ag* bitter ♦ *sm* bitterness; (*liquore*) bitters *pl*

ambasci'ata [ambaʃ'ʃata] *sf* embassy; (*messaggio*) message; **ambascia'tore, 'trice** *sm/f* ambassador/ambassadress

ambe'due *ag inv*: **~ i ragazzi** both boys ♦ *pron inv* both

ambien'tare *vt* to acclimatize; (*romanzo, film*) to set; **~rsi** *vr* to get used to one's surroundings

ambi'ente *sm* environment; (*fig: insieme di persone*) milieu; (*stanza*) room

am'biguo, a *ag* ambiguous

am'bire *vt* (*anche: vi*: **~ a**) to aspire to

'ambito *sm* sphere, field

ambizi'one [ambit'tsjone] *sf* ambition; **ambizi'oso, a** *ag* ambitious

'ambo *ag inv* both ♦ (*al gioco*) double

'ambra *sf* amber; **~ grigia** ambergris

ambu'lante *ag* itinerant ♦ *sm* peddler

ambu'lanza [ambu'lantsa] *sf* ambulance

ambula'torio *sm* (*studio medico*) surgery

a'meno, a *ag* pleasant; (*strano*) funny

A'merica *sf*: **l'~** America; **l'~ latina** Latin America; **ameri'cano, a** *ag*, *sm/f* American

ami'anto *sm* asbestos

a'mica *sf vedi* amico

ami'chevole [ami'kevole] *ag* friendly

ami'cizia [ami'tʃittsja] *sf* friendship; **~e** *sfpl* (*amici*) friends

a'mico, a, ci, che *sm/f* friend; (*fidanzato*) boyfriend/girlfriend; **~ del cuore** *o* **intimo** bosom friend

'amido *sm* starch

ammac'care *vt* (*pentola*) to dent; (*persona*) to bruise; **~rsi** *vr* to bruise

ammaes'trare *vt* (*animale*) to train

ammai'nare *vt* to lower, haul down

amma'larsi *vr* to fall ill; **amma'lato, a** *ag* ill, sick ♦ *sm/f* sick person; (*paziente*) patient

ammali'are *vt* (*fig*) to enchant, charm

am'manco, chi *sm* deficit

ammanet'tare *vt* to handcuff

ammas'sare *vt* (*ammucchiare*) to amass; (*raccogliere*) to gather together; **~rsi** *vr* to pile up; to gather; **am'masso** *sm* mass; (*mucchio*) pile, heap; (*ECON*) stockpile

ammat'tire *vi* to go mad

ammaz'zare [ammat'tsare] *vt* to kill; **~rsi** *vr* (*uccidersi*) to kill o.s.; (*rimanere ucciso*) to be killed; **~rsi di lavoro** to work o.s. to death

am'menda *sf* amends *pl*; (*DIR, SPORT*) fine

am'messo, a *pp di* **ammettere** ♦ *cong*: **~ che** supposing that

am'mettere *vt* to admit; (*riconoscere: fatto*) to acknowledge, admit; (*permettere*) to allow, accept; (*supporre*) to suppose

ammez'zato [ammed'dzato] *sm* (*anche*: **piano ~**) mezzanine, entresol

ammic'care *vi* (**~ a**) to wink (at)

ammini'strare *vt* to run, manage; (*REL, DIR*) to administer; **amministra'tivo, a** *ag* administrative; **amministra'tore** *sm* administrator; (*di condominio*) flats manager; **amministratore delegato** managing director; **amministrazi'one** *sf* management; administration

ammiragli'ato [ammiraʎ'ʎato] *sm* admiralty

ammi'raglio [ammi'raʎʎo] *sm* admiral

ammi'rare *vt* to admire; **ammira'tore, 'trice** *sm/f* admirer; **ammirazi'one** *sf*

admiration
ammissi'one *sf* admission
ammobili'ato, a *ag* furnished
am'modo *av* properly ♦ *ag inv* respectable, nice
am'mollo *sm*: **lasciare in ~** to leave to soak
ammo'niaca *sf* ammonia
ammoni'mento *sm* warning; admonishment
ammo'nire *vt* (*avvertire*) to warn; (*rimproverare*) to admonish; (*DIR*) to caution
ammon'tare *vi*: **~ a** to amount to ♦ *sm* (*total*) amount
ammorbi'dente *sm* fabric conditioner
ammorbi'dire *vt* to soften
ammortiz'zare [ammortid'dzare] *vt* (*ECON*) to pay off, amortize; (: *spese d'impianto*) to write off; (*AUT, TECN*) to absorb, deaden; **ammortizza'tore** *sm* (*AUT, TECN*) shock-absorber
ammucchi'are [ammuk'kjare] *vt* to pile up, accumulate
ammuf'fire *vi* to go mouldy (*BRIT*) *o* moldy (*US*)
ammutina'mento *sm* mutiny
ammuto'lire *vi* to be struck dumb
amnis'tia *sf* amnesty
'amo *sm* (*PESCA*) hook; (*fig*) bait
a'modo *av* = **ammodo**
a'more *sm* love; **~i** *smpl* love affairs; **il tuo bambino è un ~** your baby's a darling; **fare l'~** *o* **all'~** to make love; **per ~ o per forza** by hook or by crook; **amor proprio** self-esteem, pride; **amo'revole** *ag* loving, affectionate
a'morfo, a *ag* amorphous; (*fig: persona*) lifeless
amo'roso, a *ag* (*affettuoso*) loving, affectionate; (*d'amore: sguardo*) amorous; (: *poesia, relazione*) love *cpd*
ampi'ezza [am'pjettsa] *sf* width, breadth; spaciousness; (*fig: importanza*) scale, size
'ampio, a *ag* wide, broad; (*spazioso*) spacious; (*abbondante: vestito*) loose; (: *gonna*) full; (: *spiegazione*) ample, full
am'plesso *sm* intercourse

ampli'are *vt* (*ingrandire*) to enlarge; (*allargare*) to widen
amplifi'care *vt* to amplify; **amplifica'tore** *sm* (*TECN, MUS*) amplifier
am'polla *sf* (*vasetto*) cruet
ampu'tare *vt* (*MED*) to amputate
amu'leto *sm* lucky charm
anabbagli'ante [anabbaʎ'ʎante] *ag* (*AUT*) dipped (*BRIT*), dimmed (*US*); **~i** *smpl* dipped (*BRIT*) *o* dimmed (*US*) headlights
a'nagrafe *sf* (*registro*) register of births, marriages and deaths; (*ufficio*) registry office (*BRIT*), office of vital statistics (*US*)
anal'colico, a, ci, che *ag* non-alcoholic ♦ *sm* soft drink
analfa'beta, i, e *ag, sm/f* illiterate
anal'gesico, a, ci, che [anal'dʒɛziko] *ag, sm* analgesic
a'nalisi *sf inv* analysis; (*MED: esame*) test; **~ grammaticale** parsing; **ana'lista, i, e** *sm/f* analyst; (*PSIC*) (psycho)analyst
analiz'zare [analid'dzare] *vt* to analyse; (*MED*) to test
analo'gia, 'gie [analo'dʒia] *sf* analogy
a'nalogo, a, ghi, ghe *ag* analogous
'ananas *sm inv* pineapple
anar'chia [anar'kia] *sf* anarchy; **a'narchico, a, ci, che** *ag* anarchic(al) ♦ *sm/f* anarchist
'ANAS *sigla f* (= *Azienda Nazionale Autonoma delle Strade*) national roads department
anato'mia *sf* anatomy; **ana'tomico, a, ci, che** *ag* anatomical; (*sedile*) contoured
'anatra *sf* duck
'anca, che *sf* (*ANAT*) hip
'anche ['anke] *cong* (*inoltre, pure*) also, too; (*perfino*) even; **vengo anch'io** I'm coming too; **~ se** even if
an'cora[1] *av* still; (*di nuovo*) again; (*di più*) some more; (*persino*) ~ **più forte** even stronger; **non ~** not yet; **~ una volta** once more, once again; **~ un po'** a little more; (*di tempo*) a little longer
'ancora[2] *sf* anchor; **gettare/levare l'~** to cast/weigh anchor; **anco'raggio** *sm* anchorage; **anco'rare** *vt* to anchor;

ancorarsi *vr* to anchor

anda'mento *sm* progress, movement; course; state

an'dante *ag* (*corrente*) current; (*di poco pregio*) cheap, second-rate ♦ *sm* (*MUS*) andante

an'dare *sm*: **a lungo ~** in the long run ♦ *vi* to go; (*essere adatto*): **~ a** to suit; (*piacere*): **il suo comportamento non mi va** I don't like the way he behaves; **ti va di andare al cinema?** do you feel like going to the cinema?; **andarsene** to go away; **questa camicia va lavata** this shirt needs a wash *o* should be washed; **~ a cavallo** to ride; **~ in macchina/aereo** to go by car/plane; **~ a fare qc** to go and do sth; **~ a pescare/ sciare** to go fishing/skiing; **~ a male** to go bad; **come va?** (*lavoro, progetto*) how are things?; **come va? — bene, grazie!** how are you? — fine, thanks!; **va fatto entro oggi** it's got to be done today; **ne va della nostra vita** our lives are at stake; **an'data** *sf* going; (*viaggio*) outward journey; **biglietto di sola andata** single (*BRIT*) *o* one-way ticket; **biglietto di andata e ritorno** return (*BRIT*) *o* round-trip (*US*) ticket; **anda'tura** *sf* (*modo di andare*) walk, gait; (*SPORT*) pace; (*NAUT*) tack

an'dazzo [an'dattso] (*peg*) *sm*: **prendere un brutto ~** to take a turn for the worse

andirivi'eni *sm inv* coming and going

'andito *sm* corridor, passage

an'drone *sm* entrance hall

a'neddoto *sm* anecdote

ane'lare *vi*: **~ a** to long for, yearn for

a'nelito *sm* (*fig*): **~ di** longing *o* yearning for

a'nello *sm* ring; (*di catena*) link

a'nemico, a, ci, che *ag* anaemic

a'nemone *sm* anemone

aneste'sia *sf* anaesthesia; **anes'tetico, a, ci, che** *ag, sm* anaesthetic

anfite'atro *sm* amphitheatre

an'fratto *sm* ravine

an'gelico, a, ci, che [an'dʒɛliko] *ag* angelic(al)

'angelo ['andʒelo] *sm* angel; **~ custode** guardian angel

anghe'ria [ange'ria] *sf* vexation

an'gina [an'dʒina] *sf* tonsillitis; **~ pectoris** angina

angli'cano, a *ag* Anglican

angli'cismo [angli'tʃizmo] *sm* anglicism

anglo'sassone *ag* Anglo-Saxon

ango'lare *ag* angular

angolazi'one [angolat'tsjone] *sf* (*FOT etc, fig*) angle

'angolo *sm* corner; (*MAT*) angle

an'goscia, sce [an'gɔʃʃa] *sf* deep anxiety, anguish *no pl*; **angosci'oso, a** *ag* (*d'angoscia*) anguished; (*che dà angoscia*) distressing, painful

angu'illa *sf* eel

an'guria *sf* watermelon

an'gustia *sf* (*ansia*) anguish, distress; (*povertà*) poverty, want

angusti'are *vt* to distress; **~rsi** *vr*: **~rsi (per)** to worry (about)

an'gusto, a *ag* (*stretto*) narrow

'anice ['anitʃe] *sm* (*CUC*) aniseed; (*BOT*) anise

a'nidride *sf* (*CHIM*): **~ carbonica/solforosa** carbon/sulphur dioxide

'anima *sf* soul; (*abitante*) inhabitant; **non c'era ~ viva** there wasn't a living soul

ani'male *sm, ag* animal; **~ domestico** pet

ani'mare *vt* to give life to, liven up; (*incoraggiare*) to encourage; **~rsi** *vr* to become animated, come to life; **ani'mato, a** *ag* animate; (*vivace*) lively, animated; (*: strada*) busy; **anima'tore, 'trice** *sm/f* guiding spirit; (*CINEMA*) animator; (*di festa*) life and soul; **animazi'one** *sf* liveliness; (*di strada*) bustle; (*CINEMA*) animation; **animazione teatrale** amateur dramatics

'animo *sm* (*mente*) mind; (*cuore*) heart; (*coraggio*) courage; (*disposizione*) character, disposition; **avere in ~ di fare qc** to intend *o* have a mind to do sth; **perdersi d'~** to lose heart

'anitra *sf* = **anatra**

anna'cquare *vt* to water down, dilute

annaffi'are *vt* to water; **annaffia'toio** *sm* watering can an'nali *smpl* annals

annas'pare *vi* to flounder

an'nata *sf* year; (*importo annuo*) annual amount; **vino d'~** vintage wine

annebbi'are *vt* (*fig*) to cloud; **~rsi** *vr* to become foggy; (*vista*) to become dim

annega'mento *sm* drowning

anne'gare *vt, vi* to drown; **~rsi** *vr* (*accidentalmente*) to drown; (*deliberatamente*) to drown o.s.

anne'rire *vt* to blacken ♦ *vi* to become black

an'nesso, a *pp di* annettere ♦ *ag* attached; (*POL*) annexed; **... e tutti gli ~i e connessi** and so on and so forth

an'nettere *vt* (*POL*) to annex; (*accludere*) to attach

annichi'lire [anniki'lire] *vt* = annichilare

anni'darsi *vr* to nest

annien'tare *vt* to annihilate, destroy

anniver'sario *sm* anniversary

'anno *sm* year; **ha 8 ~i** he's 8 (years old)

anno'dare *vt* to knot, tie; (*fig: rapporto*) to form

annoi'are *vt* to bore; (*seccare*) to annoy; **~rsi** *vr* to be bored; to be annoyed

an'noso, a *ag* (*problema etc*) age-old

anno'tare *vt* (*registrare*) to note, note down; (*commentare*) to annotate; **annotazi'one** *sf* note; annotation

annove'rare *vt* to number

annu'ale *ag* annual

annu'ario *sm* yearbook

annu'ire *vi* to nod; (*acconsentire*) to agree

annul'lare *vt* to annihilate, destroy; (*contratto, francobollo*) to cancel; (*matrimonio*) to annul; (*sentenza*) to quash; (*risultati*) to declare void

annunci'are *vt* to announce; (*dar segni rivelatori*) to herald; **annuncia'tore, 'trice** *sm/f* (*RADIO, TV*) announcer; **l'Annunciazi'one** *sf* the Annunciation

an'nuncio [an'nuntʃo] *sm* announcement; (*fig*) sign; **~ pubblicitario** advertisement; **~i economici** classified advertisements, small ads

'annuo, a *ag* annual, yearly

annu'sare *vt* to sniff, smell; **~ tabacco** to take snuff

'ano *sm* anus

anoma'lia *sf* anomaly

a'nomalo, a *ag* anomalous

a'nonimo, a *ag* anonymous ♦ *sm* (*autore*) anonymous writer (*o painter etc*); **società ~a** (*COMM*) joint stock company

anores'sia *sf* anorexia

anor'male *ag* abnormal ♦ *sm/f* subnormal person

ANSA *sigla f* (= *Agenzia Nazionale Stampa Associata*) press agency

'ansa *sf* (*manico*) handle; (*di fiume*) bend, loop

'ansia *sf* anxiety

ansietà *sf* = ansia

ansi'mare *vi* to pant

ansi'oso, a *ag* anxious

'anta *sf* (*di finestra*) shutter; (*di armadio*) door

antago'nismo *sm* antagonism

an'tartico, a, ci, che *ag* Antarctic ♦ *sm*: **l'A~** the Antarctic

An'tartide *sf*: **l'~** Antarctica

ante'cedente [antetʃe'dɛnte] *ag* preceding, previous

ante'fatto *sm* previous events *pl*; previous history

antegu'erra *sm* pre-war period

ante'nato *sm* ancestor, forefather

an'tenna *sf* (*RADIO, TV*) aerial; (*ZOOL*) antenna, feeler; (*NAUT*) yard; **~ parabolica** satellite dish

ante'prima *sf* preview

anteri'ore *ag* (*ruota, zampa*) front; (*fatti*) previous, preceding

antia'ereo, a *ag* anti-aircraft

antia'tomico, a, ci, che *ag* anti-nuclear; **rifugio ~** fallout shelter

antibi'otico, a, ci, che *ag, sm* antibiotic

anti'camera *sf* anteroom; **fare ~** to wait (for an audience)

antichità [antiki'ta] *sf inv* antiquity; (*oggetto*) antique

antici'pare [antitʃi'pare] *vt* (*consegna,*

visita) to bring forward, anticipate; (*somma di denaro*) to pay in advance; (*notizia*) to disclose ♦ *vi* to be ahead of time;
anticipazi'one *sf* anticipation; (*di notizia*) advance information; (*somma di denaro*) advance; **an'ticipo** *sm* anticipation; (*di denaro*) advance; **in anticipo** early, in advance
an'tico, a, chi, che *ag* (*quadro, mobili*) antique; (*dell'antichità*) ancient; **all'~a** old-fashioned
anticoncezio'nale [antikontʃettsjo'nale] *sm* contraceptive
anticonfor'mista, i, e *ag, sm/f* nonconformist
anti'corpo *sm* antibody
an'tidoto *sm* antidote
anti'furto *sm* anti-theft device
anti'gelo [anti'dʒelo] *ag inv:* **(liquido) ~** (*per motore*) antifreeze; (*per cristalli*) de-icer
An'tille *sfpl:* **le ~** the West Indies
antin'cendio [antin'tʃendjo] *ag inv* fire cpd
antio'rario [antio'rarjo] *ag:* **in senso ~** anticlockwise
anti'pasto *sm* hors d'œuvre
antipa'tia *sf* antipathy, dislike; **anti'patico, a, ci, che** *ag* unpleasant, disagreeable
antiquari'ato *sm* antique trade; **un oggetto d'~** an antique
anti'quario *sm* antique dealer
anti'quato, a *ag* antiquated, old-fashioned
antise'mita, i, e *ag* anti-Semitic
anti'settico, a, ci, che *ag, sm* antiseptic
antista'minico, a, ci, che *ag, sm* antihistamine
antolo'gia, 'gie [antolo'dʒia] *sf* anthology
anu'lare *ag* ring cpd ♦ *sm* third finger
'anzi ['antsi] *av* (*invece*) on the contrary; (*o meglio*) or rather, or better still
anziani'tà [antsjani'ta] *sf* old age; (*AMM*) seniority
anzi'ano, a [an'tsjano] *ag* old; (*AMM*) senior ♦ *sm/f* old person; senior member
anziché [antsi'ke] *cong* rather than
anzi'tutto [antsi'tutto] *av* first of all
apa'tia *sf* apathy, indifference

a'patico, a, ci, che *ag* apathetic
'ape *sf* bee
aperi'tivo *sm* apéritif
a'perto, a *pp di* aprire ♦ *ag* open; all'~ in the open (air)
aper'tura *sf* opening; (*ampiezza*) width; (*FOT*) aperture; ~ alare wing span
'apice ['apitʃe] *sm* apex; (*fig*) height
ap'nea *sf:* immergersi in ~ to dive without breathing apparatus
a'postolo *sm* apostle
a'postrofo *sm* apostrophe
appa'gare *vt* to satisfy
ap'palto *sm* (*COMM*) contract; dare/prendere in ~ un lavoro to let out/undertake a job on contract
appan'nare *vt* (*vetro*) to mist; (*vista*) to dim; ~rsi *vr* to mist over; to grow dim
appa'rato *sm* equipment, machinery; (*ANAT*) apparatus; ~ scenico (*TEATRO*) props *pl*
apparecchi'are [apparek'kjare] *vt* to prepare; (*tavola*) to set ♦ *vi* to set the table; apparecchia'tura *sf* equipment; (*macchina*) machine, device
appa'recchio [appa'rekkjo] *sm* piece of apparatus, device; (*aeroplano*) aircraft *inv*; ~ televisivo/telefonico television set/telephone
appa'rente *ag* apparent; appa'renza *sf* appearance; in o all'apparenza apparently
appa'rire *vi* to appear; (*sembrare*) to seem, appear; appari'scente *ag* (*colore*) garish, gaudy; (*bellezza*) striking
ap'parso, a *pp di* apparire
apparta'mento *sm* flat (*BRIT*), apartment (*US*)
appar'tarsi *vr* to withdraw; appar'tato, a *ag* (*luogo*) secluded
apparte'nere *vi:* ~ a to belong to
appassio'nare *vt* to thrill; (*commuovere*) to move; ~rsi a qc to take a great interest in sth; appassio'nato, a *ag* passionate; (*entusiasta*): appassionato (di) keen (on)
appas'sire *vi* to wither
appel'larsi *vr* (*ricorrere*): ~ a to appeal to; (*DIR*): ~ contro to appeal against; ap'pello

sm roll-call; (*implorazione, DIR*) appeal; **fare appello a** to appeal to

ap'pena *av* (*a stento*) hardly, scarcely; (*solamente, da poco*) just ♦ *cong* as soon as; **(non) ~ furono arrivati ...** as soon as they had arrived ...; **~ ... che** *o* **quando** no sooner ... than

ap'pendere *vt* to hang (up)

appen'dice [appen'ditʃe] *sf* appendix; **romanzo d'~** popular serial

appendi'cite [appendi'tʃite] *sf* appendicitis

Appen'nini *smpl*: **gli ~** the Apennines

appesan'tire *vt* to make heavy; **~rsi** *vr* to grow stout

ap'peso, a *pp di* **appendere**

appe'tito *sm* appetite; **appeti'toso, a** *ag* appetising; (*fig*) attractive, desirable

appia'nare *vt* to level; (*fig*) to smooth away, iron out

appiat'tire *vt* to flatten; **~rsi** *vr* to become flatter; (*farsi piatto*) to flatten o.s.; **~rsi al suolo** to lie flat on the ground

appic'care *vt*: **~ il fuoco a** to set fire to, set on fire

appicci'care [appittʃi'kare] *vt* to stick; **~rsi** *vr* to stick; (*fig: persona*) to cling

appi'eno *av* fully

appigli'arsi [appiʎ'ʎarsi] *vr*: **~ a** (*afferrarsi*) to take hold of; (*fig*) to cling to; **ap'piglio** *sm* hold; (*fig*) pretext

appiso'larsi *vr* to doze off

applau'dire *vt, vi* to applaud; **ap'plauso** *sm* applause

appli'care *vt* to apply; (*regolamento*) to enforce; **~rsi** *vr* to apply o.s.; **applicazi'one** *sf* application; enforcement

appoggi'are [appod'dʒare] *vt* (*mettere contro*): **~ qc a qc** to lean *o* rest sth against sth; (*fig: sostenere*) to support; **~rsi** *vr*: **~rsi a** to lean against; (*fig*) to rely upon; **ap'poggio** *sm* support

appollai'arsi *vr* (*anche fig*) to perch

ap'porre *vt* to affix

appor'tare *vt* to bring

apposita'mente *av* specially; (*apposta*) on purpose

ap'posito, a *ag* appropriate

ap'posta *av* on purpose, deliberately

appos'tarsi *vr* to lie in wait

ap'prendere *vt* (*imparare*) to learn

appren'dista, i, e *sm/f* apprentice

apprensi'one *sf* apprehension; appren'sivo, a *ag* apprehensive

ap'presso *av* (*accanto, vicino*) close by, near; (*dietro*) behind; (*dopo, più tardi*) after, later ♦ *ag inv* (*dopo*): **il giorno ~** the next day; **~ a** (*vicino a*) near, close to

appres'tare *vt* to prepare, get ready; **~rsi** *vr*: **~rsi a fare qc** to prepare *o* get ready to do sth

ap'pretto *sm* starch

apprezza'mento [apprettsa'mento] *sm* appreciation; (*giudizio*) opinion

apprez'zare [appret'tsare] *vt* to appreciate

ap'proccio [ap'prottʃo] *sm* approach

appro'dare *vi* (*NAUT*) to land; (*fig*): **non ~ a nulla** to come to nothing; **ap'prodo** *sm* landing; (*luogo*) landing-place

approfit'tare *vi*: **~ di** to make the most of; (*peg*) to take advantage of

approfon'dire *vt* to deepen; (*fig*) to study in depth

appropri'ato, a *ag* appropriate

approssi'marsi *vr*: **~ a** to approach

approssima'tivo, a *ag* approximate, rough; (*impreciso*) inexact, imprecise

appro'vare *vt* (*condotta, azione*) to approve of; (*candidato*) to pass; (*progetto di legge*) to approve; **approvazi'one** *sf* approval

approvvigio'nare [approvvidʒo'nare] *vt* to supply

appunta'mento *sm* appointment; (*amoroso*) date; **darsi ~** to arrange to meet (one another)

appun'tato *sm* (*CARABINIERI*) corporal

ap'punto *sm* note; (*rimprovero*) reproach ♦ *av* (*proprio*) exactly, just; **per l'~!, ~!** exactly!

appu'rare *vt* to check, verify

apribot'tiglie [apribot'tiʎʎe] *sm inv* bottle opener

a'prile *sm* April

a'**prire** *vt* to open; (*via, cadavere*) to open up; (*gas, luce, acqua*) to turn on ♦ *vi* to open; **~rsi** *vr* to open; **~rsi a qn** to confide in sb, open one's heart to sb

apris'**catole** *sm inv* tin (*BRIT*) *o* can opener

a'**quario** *sm* = **acquario**

'**aquila** *sf* (*ZOOL*) eagle; (*fig*) genius

aqui'**lone** *sm* (*giocattolo*) kite; (*vento*) North wind

A'**rabia Sau'dita** *sf*: l'**~** Saudi Arabia

'**arabo, a** *ag, sm/f* Arab ♦ *sm* (*LING*) Arabic

a'**rachide** [a'rakide] *sf* peanut

ara'**gosta** *sf* crayfish; lobster

a'**rancia, ce** [a'rantʃa] *sf* orange; aranci'**ata** *sf* orangeade; a'**rancio** *sm* (*BOT*) orange tree; (*colore*) orange ♦ *ag inv* (*colore*) orange; aranci'**one** *ag inv*: (**color**) **arancione** bright orange

a'**rare** *vt* to plough (*BRIT*), plow (*US*)

a'**ratro** *sm* plough (*BRIT*), plow (*US*)

a'**razzo** [a'rattso] *sm* tapestry

arbi'**trare** *vt* (*SPORT*) to referee; to umpire; (*DIR*) to arbitrate

arbi'**trario, a** *ag* arbitrary

ar'**bitrio** *sm* will; (*abuso, sopruso*) arbitrary act

'**arbitro** *sm* arbiter, judge; (*DIR*) arbitrator; (*SPORT*) referee; (: *TENNIS, CRICKET*) umpire

ar'**busto** *sm* shrub

'**arca, che** *sf* (*sarcofago*) sarcophagus; l'**~ di Noè** Noah's ark

ar'**cangelo** [ar'kandʒelo] *sm* archangel

ar'**cata** *sf* (*ARCHIT, ANAT*) arch; (*ordine di archi*) arcade

archeolo'**gia** [arkeolo'dʒia] *sf* arch(a)eology; arche'**ologo, a, gi, ghe** *sm/f* arch(a)eologist

ar'**chetto** [ar'ketto] *sm* (*MUS*) bow

archi'**tettare** [arkitet'tare] *vt* (*fig: ideare*) to devise; (: *macchinare*) to plan, concoct

archi'**tetto** [arki'tetto] *sm* architect; architet'**tura** *sf* architecture

ar'**chivio** [ar'kivjo] *sm* archives *pl*; (*INFORM*) file

arci'**ere** [ar'tʃere] *sm* archer

arci'**cigno, a** [ar'tʃiɲɲo] *ag* grim, severe

arci'**vescovo** [artʃi'veskovo] *sm* archbishop

'**arco** *sm* (*arma, MUS*) bow; (*ARCHIT*) arch; (*MAT*) arc

arcoba'**leno** *sm* rainbow

arcu'**ato, a** *ag* curved, bent

ar'**dente** *ag* burning; (*fig*) burning, ardent

'**ardere** *vt, vi* to burn

ar'**desia** *sf* slate

ar'**dire** *vi* to dare ♦ *sm* daring; ar'**dito, a** *ag* brave, daring, bold; (*sfacciato*) bold

ar'**dore** *sm* blazing heat; (*fig*) ardour, fervour

'**arduo, a** *ag* arduous, difficult

'**area** *sf* area; (*EDIL*) land, ground

a'**rena** *sf* arena; (*per corride*) bullring; (*sabbia*) sand

are'**narsi** *vr* to run aground

areo'**plano** *sm* = **aeroplano**

'**argano** *sm* winch

argente'**ria** [ardʒente'ria] *sf* silverware, silver

Argen'**tina** [ardʒen'tina] *sf*: l'**~** Argentina; argen'**tino, a** *ag, sm/f* Argentinian

ar'**gento** [ar'dʒento] *sm* silver; **~ vivo** quicksilver

ar'**gilla** [ar'dʒilla] *sf* clay

'**argine** ['ardʒine] *sm* embankment, bank; (*diga*) dyke, dike

argo'**mento** *sm* argument; (*motivo*) motive; (*materia, tema*) subject

argu'**ire** *vt* to deduce

ar'**guto, a** *ag* sharp, quick-witted; ar'**guzia** *sf* wit; (*battuta*) witty remark

'**aria** *sf* air; (*espressione, aspetto*) air, look; (*MUS: melodia*) tune; (: *di opera*) aria; **mandare all'~ qc** to ruin *o* upset sth; **all'~ aperta** in the open (air)

'**arido, a** *ag* arid

arieggi'**are** [arjed'dʒare] *vt* (*cambiare aria*) to air; (*imitare*) to imitate

ari'**ete** *sm* ram; (*MIL*) battering ram; (*dello zodiaco*): **A~** Aries

a'**ringa, ghe** *sf* herring *inv*

'**arista** *sf* (*CUC*) chine of pork

aristo'**cratico, a, ci, che** *ag* aristocratic

arit'**metica** *sf* arithmetic

arlec'**chino** [arlek'kino] *sm* harlequin

'**arma, i** *sf* weapon, arm; (*parte*

dell'esercito) arm; **chiamare alle ~i** to call up (*BRIT*), draft (*US*); **sotto le ~i** in the army (*o* forces); **alle ~i!** to arms!; **~ da fuoco** firearm

ar'madio *sm* cupboard; (*per abiti*) wardrobe; **~ a muro** built-in cupboard

armamen'tario *sm* equipment

arma'mento *sm* (*MIL*) armament; (*: materiale*) arms *pl*, weapons *pl*; (*NAUT*) fitting out; manning

ar'mare *vt* to arm; (*arma da fuoco*) to cock; (*NAUT: nave*) to rig, fit out; to man; (*EDIL: volta, galleria*) to prop up, shore up; **~rsi** *vr* to arm o.s.; (*MIL*) to take up arms; **ar'mata** *sf* (*MIL*) army; (*NAUT*) fleet; **arma'tore** *sm* shipowner; **arma'tura** *sf* (*struttura di sostegno*) framework; (*impalcatura*) scaffolding; (*STORIA*) armour *no pl*, suit of armour

armeggi'are [armed'dʒare] *vi*: **~ (intorno a qc)** to mess about (with)

armis'tizio [armis'tittsjo] *sm* armistice

armo'nia *sf* harmony; **ar'monica, che** *sf* (*MUS*) harmonica; **~ a bocca** mouth organ; **ar'monico, a, ci, che** *ag* harmonic; (*fig*) harmonious; **armoni'oso, a** *ag* harmonious

armoniz'zare [armonid'dzare] *vt* to harmonize; (*colori, abiti*) to match ♦ *vi* to be in harmony; to match

ar'nese *sm* tool, implement; (*oggetto indeterminato*) thing, contraption; **male in ~** (*malvestito*) badly dressed; (*di salute malferma*) in poor health; (*di condizioni economiche*) down-at-heel

'arnia *sf* hive

a'roma, i *sm* aroma; fragrance; **~i** *smpl* (*CUC*) herbs and spices; **aromatera'pia** *sf* aromatherapy; **aro'matico, a, ci, che** *ag* aromatic; (*cibo*) spicy

'arpa *sf* (*MUS*) harp

ar'peggio [ar'peddʒo] *sm* (*MUS*) arpeggio

ar'pia *sf* (*anche fig*) harpy

arpi'one *sm* (*gancio*) hook; (*cardine*) hinge; (*PESCA*) harpoon

arrabat'tarsi *vr* to do all one can, strive

arrabbi'are *vi* (*cane*) to be affected with

rabies; **~rsi** *vr* (*essere preso dall'ira*) to get angry, fly into a rage; **arrabbi'ato, a** *ag* rabid, with rabies; furious, angry

arraf'fare *vt* to snatch, seize; (*sottrarre*) to pinch

arrampi'carsi *vr* to climb (up)

arran'care *vi* to limp, hobble

arran'giare [arran'dʒare] *vt* to arrange; **~rsi** *vr* to manage, do the best one can

arre'care *vt* to bring; (*causare*) to cause

arreda'mento *sm* (*studio*) interior design; (*mobili etc*) furnishings *pl*

arre'dare *vt* to furnish; **arreda'tore, 'trice** *sm/f* interior designer; **ar'redo** *sm* fittings *pl*, furnishings *pl*

ar'rendersi *vr* to surrender

arres'tare *vt* (*fermare*) to stop, halt; (*catturare*) to arrest; **~rsi** *vr* (*fermarsi*) to stop; **ar'resto** *sm* (*cessazione*) stopping; (*fermata*) stop; (*cattura, MED*) arrest; **subire un arresto** to come to a stop *o* standstill; **mettere agli arresti** to place under arrest; **arresti domiciliari** house arrest *sg*

arre'trare *vt, vi* to withdraw; **arre'trato, a** *ag* (*lavoro*) behind schedule; (*paese, bambino*) backward; (*numero di giornale*) back *cpd*; **arretrati** *smpl* arrears

arric'chire [arrik'kire] *vt* to enrich; **~rsi** *vr* to become rich

arricci'are [arrit'tʃare] *vt* to curl

ar'ringa, ghe *sf* harangue; (*DIR*) address by counsel

arrischi'are [arris'kjare] *vt* to risk; **~rsi** *vr* to venture, dare; **arrischi'ato, a** *ag* risky; (*temerario*) reckless, rash

arri'vare *vi* to arrive; (*accadere*) to happen, occur; **~ a** (*livello, grado etc*) to reach; **lui arriva a Roma alle 7** he gets to *o* arrives at Rome at 7; **non ci arrivo** I can't reach it; (*fig: non capisco*) I can't understand it

arrive'derci [arrive'dertʃi] *escl* goodbye!

arrive'derla *escl* (*forma di cortesia*) goodbye!

arri'vista, i, e *sm/f* go-getter

ar'rivo *sm* arrival; (*SPORT*) finish, finishing line

arro'gante *ag* arrogant

arro'lare *vb* = **arruolare**

arros'sire *vi* (*per vergogna, timidezza*) to blush, flush; (*per gioia, rabbia*) to flush

arros'tire *vt* to roast; (*pane*) to toast; (*ai ferri*) to grill

ar'rosto *sm, ag inv* roast

arro'tare *vt* to sharpen; (*investire con un veicolo*) to run over

arroto'lare *vt* to roll up

arroton'dare *vt* (*forma, oggetto*) to round; (*stipendio*) to add to; (*somma*) to round off

arrovel'larsi *vr* to rack one's brains

arruf'fare *vt* to ruffle; (*fili*) to tangle; (*fig: questione*) to confuse

arruggi'nire [arruddʒi'nire] *vt* to rust; **~rsi** *vr* to rust; (*fig*) to become rusty

arruo'lare *vt* (*MIL*) to enlist; **~rsi** *vr* to enlist, join up

arse'nale *sm* (*MIL*) arsenal; (*cantiere navale*) dockyard

'arso, a *pp di* **ardere ♦** *ag* (*bruciato*) burnt; (*arido*) dry; **ar'sura** *sf* (*calore opprimente*) burning heat; (*siccità*) drought

'arte *sf* art; (*abilità*) skill

arte'fatto, a *ag* (*cibo*) adulterated; (*fig: modi*) artificial

ar'tefice [ar'tefitfe] *sm/f* craftsman/woman; (*autore*) author

ar'teria *sf* artery

'artico, a, ci, che *ag* Arctic

artico'lare *ag* (*ANAT*) of the joints, articular **♦** *vt* to articulate; (*suddividere*) to divide, split up; **articolazi'one** *sf* articulation; (*ANAT, TECN*) joint

ar'ticolo *sm* article; **~ di fondo** (*STAMPA*) leader, leading article

'Artide *sm*: **l'~** the Arctic

artifici'ale [artifi'tʃale] *ag* artificial

arti'ficio [arti'fitʃo] *sm* (*espediente*) trick, artifice; (*ricerca di effetto*) artificiality

artigia'nato [artidʒa'nato] *sm* craftsmanship; craftsmen *pl*

artigi'ano, a [arti'dʒano] *sm/f* craftsman/ woman

artiglie'ria [artiʎʎe'ria] *sf* artillery

ar'tiglio [ar'tiʎʎo] *sm* claw; (*di rapaci*) talon

ar'tista, i, e *sm/f* artist; **ar'tistico, a, ci,** **che** *ag* artistic

'arto *sm* (*ANAT*) limb

ar'trite *sf* (*MED*) arthritis

ar'trosi *sf* osteoarthritis

ar'zillo, a [ar'dzillo] *ag* lively, sprightly

a'scella [aʃ'ʃella] *sf* (*ANAT*) armpit

ascen'dente [aʃʃen'dente] *sm* ancestor; (*fig*) ascendancy; (*ASTR*) ascendant

ascensi'one [aʃʃen'sjone] *sf* (*ALPINISMO*) ascent; (*REL*): **l'A~** the Ascension

ascen'sore [aʃʃen'sore] *sm* lift

a'scesa [aʃ'ʃesa] *sf* ascent; (*al trono*) accession

a'scesso [aʃ'ʃesso] *sm* (*MED*) abscess

'ascia ['aʃʃa] (*pl* **'asce**) *sf* axe

asciugaca'pelli [aʃʃugaka'pelli] *sm* hair-dryer

asciuga'mano [aʃʃuga'mano] *sm* towel

asciu'gare [aʃʃu'gare] *vt* to dry; **~rsi** *vr* to dry o.s.; (*diventare asciutto*) to dry

asci'utto, a [aʃ'ʃutto] *ag* dry; (*fig: magro*) lean; (*: burbero*) curt; **restare a bocca ~a** (*fig*) to be disappointed

ascol'tare *vt* to listen to; **ascolta'tore,** **'trice** *sm/f* listener; **as'colto** *sm*: **essere** *o* **stare in ascolto** to be listening; **dare** *o* **prestare ascolto (a)** to pay attention (to)

as'falto *sm* asphalt

asfissi'are *vt* to suffocate

'Asia *sf*: **l'~** Asia; **asi'atico, a, ci, che** *ag*, *sm/f* Asiatic, Asian

a'silo *sm* refuge, sanctuary; **~ (d'infanzia)** nursery(-school); **~ nido** crèche; **~ politico** political asylum

'asino *sm* donkey, ass

'asma *sf* asthma

'asola *sf* buttonhole

as'parago, gi *sm* asparagus *no pl*

aspet'tare *vt* to wait for; (*anche COMM*) to await; (*aspettarsi*) to expect **♦** *vi* to wait; **~rsi** *vr* to expect; **~ un bambino** to be expecting (a baby); **questo non me** **l'aspettavo** I wasn't expecting this; **aspetta'tiva** *sf* wait; expectation; **inferiore all'aspettativa** worse than expected; **essere in aspettativa** (*AMM*) to be on leave of absence

as'petto *sm* (*apparenza*) aspect, appearance, look; (*punto di vista*) point of view; **di bell'~** good-looking

aspi'rante *ag* (*attore etc*) aspiring ♦ *sm/f* candidate, applicant

aspira'polvere *sm inv* vacuum cleaner

aspi'rare *vt* (*respirare*) to breathe in, inhale; (*sog: apparecchi*) to suck (up) ♦ *vi*: **~ a** to aspire to; **aspira'tore** *sm* extractor fan

aspi'rina *sf* aspirin

aspor'tare *vt* (*anche MED*) to remove, take away

'aspro, a *ag* (*sapore*) sour, tart; (*odore*) acrid, pungent; (*voce, clima, fig*) harsh; (*superficie*) rough; (*paesaggio*) rugged

assaggi'are [assad'dʒare] *vt* to taste

assag'gini [assad'dʒini] *smpl* (*CUC*) selection of first courses

as'sai *av* (*molto*) a lot, much; (: *con ag*) very; (*a sufficienza*) enough ♦ *ag inv* (*quantità*) a lot of, much; (*numero*) a lot of, many; **~ contento** very pleased

assa'lire *vt* to attack, assail

as'salto *sm* attack, assault

assapo'rare *vt* to savour

assassi'nare *vt* to murder; to assassinate; (*fig*) to ruin; **assas'sinio** *sm* murder; assassination; **assas'sino, a** *ag* murderous ♦ *sm/f* murderer; assassin

'asse *sm* (*TECN*) axle; (*MAT*) axis ♦ *sf* board; **~ sf da stiro** ironing board

assedi'are *vt* to besiege; **as'sedio** *sm* siege

asse'gnare [assen'ɲare] *vt* to assign, allot; (*premio*) to award

as'segno [as'seɲɲo] *sm* allowance; (*anche*: **~ bancario**) cheque (*BRIT*), check (*US*); **contro ~** cash on delivery; **~ circolare** bank draft; **~ sbarrato** crossed cheque; **~ di viaggio** traveller's cheque; **~ a vuoto** dud cheque; **~i familiari** ≈ child benefit *no pl*

assem'blea *sf* assembly

assen'nato, a *ag* sensible

as'senso *sm* assent, consent

as'sente *ag* absent; (*fig*) faraway, vacant;

as'senza *sf* absence

asses'sore *sm* (*POL*) councillor

asses'tare *vt* (*mettere in ordine*) to put in order, arrange; **~rsi** *vr* to settle in; **~ un colpo a qn** to deal sb a blow

asse'tato, a *ag* thirsty, parched

as'setto *sm* order, arrangement; (*NAUT, AER*) trim; **in ~ di guerra** on a war footing

assicu'rare *vt* (*accertare*) to ensure; (*infondere certezza*) to assure; (*fermare, legare*) to make fast, secure; (*fare un contratto di assicurazione*) to insure; **~rsi** *vr* (*accertarsi*): **~rsi (di)** to make sure (of); (*contro il furto etc*): **~rsi (contro)** to insure o.s. (against); **assicu'rata** *sf* (*anche*: **lettera assicurata**) registered letter; **assicu'rato, a** *ag* insured; **assicurazi'one** *sf* assurance; insurance

assidera'mento *sm* exposure

as'siduo, a *ag* (*costante*) assiduous; (*frequentatore etc*) regular

assi'eme *av* (*insieme*) together; **~ a** (together) with

assil'lare *vt* to pester, torment

as'sillo *sm* (*fig*) worrying thought

as'sise *sfpl* (*DIR*) assizes; **Corte** *sf* **d'A~** Court of Assizes, ≈ Crown Court (*BRIT*)

assis'tente *sm/f* assistant; **~ sociale** social worker; **~ di volo** (*AER*) steward/stewardess

assis'tenza [assis'tentsa] *sf* assistance; **~ ospedaliera** free hospital treatment; **~ sanitaria** health service; **~ sociale** welfare services *pl*

as'sistere *vt* (*aiutare*) to assist, help; (*curare*) to treat ♦ *vi*: **~ (a qc)** (*essere presente*) to be present (at sth), to attend (sth)

'asso *sm* ace; **piantare qn in ~** to leave sb in the lurch

associ'are [asso'tʃare] *vt* to associate; **~rsi** *vr* to enter into partnership; **~rsi a** to become a member of, join; (*dolori, gioie*) to share in; **~ qn alle carceri** to take sb to prison

associazi'one [assotʃat'tsjone] *sf* association; (*COMM*) association, society; **~ a delinquere** (*DIR*) criminal association asso'dato, a *ag* well-founded

assogget'tare [assoddʒet'tare] *vt* to subject, subjugate

asso'lato, a *ag* sunny

assol'dare *vt* to recruit

as'solto, a *pp di* **assolvere**

assoluta'mente *av* absolutely

asso'luto, a *ag* absolute

assoluzi'one [assolut'tsjone] *sf* (*DIR*) acquittal; (*REL*) absolution

as'solvere *vt* (*DIR*) to acquit; (*REL*) to absolve; (*adempiere*) to carry out, perform

assomigli'are [assomiʎ'ʎare] *vi*: ~ **a** to resemble, look like

asson'nato, a *ag* sleepy

asso'pirsi *vr* to doze off

assor'bente *ag* absorbent ♦ *sm*: ~ **igienico** sanitary towel; ~ **interno** tampon

assor'bire *vt* to absorb

assor'dare *vt* to deafen

assorti'mento *sm* assortment

assor'tito, a *ag* assorted; matched, matching

as'sorto, a *ag* absorbed, engrossed

assottigli'are [assotti'ʎare] *vt* to make thin, to thin; (*aguzzare*) to sharpen; (*ridurre*) to reduce; **~rsi** *vr* to grow thin; (*fig: ridursi*) to be reduced

assue'fare *vt* to accustom; **~rsi a** to get used to, accustom o.s. to

as'sumere *vt* (*impiegato*) to take on, engage; (*responsabilità*) to assume, take upon o.s.; (*contegno, espressione*) to assume, put on; (*droga*) to consume; **as'sunto, a** *pp di* **assumere** ♦ *sm* (*tesi*) proposition

assurdità *sf inv* absurdity; **dire delle ~** to talk nonsense

as'surdo, a *ag* absurd

'asta *sf* pole; (*vendita*) auction

astan'te'ria *sf* casualty department

as'temio, a *ag* teetotal ♦ *sm/f* teetotaller

aste'nersi *vr*: ~ **(da)** to abstain (from), refrain (from); (*POL*) to abstain (from)

aste'risco, schi *sm* asterisk

'astice ['astitʃe] *sm* lobster

asti'nenza [asti'nentsa] *sf* abstinence;

essere in crisi di ~ to suffer from withdrawal symptoms

'astio *sm* rancour, resentment

as'tratto, a *ag* abstract

'astro *sm* star

'astro... *prefisso*: **astrolo'gia** [astrolo'dʒia] *sf* astrology; **as'trologo, a, ghi, ghe** *sm/f* astrologer; **astro'nauta, i, e** *sm/f* astronaut; **astro'nave** *sf* space ship; **astrono'mia** *sf* astronomy; **astro'nomico, a, ci, che** *ag* astronomic(al)

as'tuccio [as'tuttʃo] *sm* case, box, holder

as'tuto, a *ag* astute, cunning, shrewd; **as'tuzia** *sf* astuteness, shrewdness; (*azione*) trick

A'tene *sf* Athens

ate'neo *sm* university

'ateo, a *ag, sm/f* atheist

at'lante *sm* atlas

at'lantico, a, ci, che *ag* Atlantic ♦ *sm*: **l'A~, l'Oceano A~** the Atlantic, the Atlantic Ocean

at'leta, i, e *sm/f* athlete; **at'letica** *sf* athletics *sg*; **atletica leggera** track and field events *pl*; **atletica pesante** weightlifting and wrestling

atmos'fera *sf* atmosphere

a'tomico, a, ci, che *ag* atomic; (*nucleare*) atomic, atom *cpd*, nuclear

'atomo *sm* atom

'atrio *sm* entrance hall, lobby

a'troce [a'trotʃe] *ag* (*che provoca orrore*) dreadful; (*terribile*) atrocious

attacca'mento *sm* (*fig*) attachment, affection

attacca'panni *sm* hook, peg; (*mobile*) hall stand

attac'care *vt* (*unire*) to attach; (*cucendo*) to sew on; (*far aderire*) to stick (on); (*appendere*) to hang (up); (*assalire: anche fig*) to attack; (*iniziare*) to begin, start; (*fig: contagiare*) to pass on ♦ *vi* to stick, adhere; **~rsi** *vr* to stick, adhere; (*trasmettersi per contagio*) to be contagious; (*afferrarsi*): **~rsi (a)** to cling (to); (*fig: affezionarsi*): **~rsi (a)** to become attached (to); ~ **discorso** to

start a conversation; **at'tacco, chi** *sm*
(*azione offensiva: anche fig*) attack; (*MED*)
attack, fit; (*SCI*) binding; (*ELETTR*) socket

atteggia'mento [atteddʒa'mento] *sm*
attitude

atteggi'arsi [atted'dʒarsi] *vr*: ~ **a** to pose as

attem'pato, a *ag* elderly

at'tendere *vt* to wait for, await ♦ *vi*: ~ **a**
to attend to

atten'dibile *ag* (*storia*) credible;
(*testimone*) reliable

atte'nersi *vr*: ~ **a** to keep *o* stick to

atten'tare *vi*: ~ **a** to make an attempt on;
atten'tato *sm* attack; **attentato alla vita
di qn** attempt on sb's life

at'tento, a *ag* attentive; (*accurato*) careful,
thorough; **stare ~ a qc** to pay attention to
sth; **~!** be careful!

attenu'ante *sf* (*DIR*) extenuating
circumstance

attenu'are *vt* to attenuate; (*dolore, rumore*)
to lessen, deaden; (*pena, tasse*) to alleviate;
~rsi *vr* to ease, abate

attenzi'one [atten'tsjone] *sf* attention; **~!**
watch out!, be careful!

atter'raggio [atter'raddʒo] *sm* landing

atter'rare *vt* to bring down ♦ *vi* to land

atter'rire *vt* to terrify

at'tesa *sf* waiting; (*tempo trascorso
aspettando*) wait; **essere in attesa di qc** to
be waiting for sth

at'teso, a *pp di* **attendere**

attes'tato *sm* certificate

'attico, ci *sm* attic

at'tiguo, a *ag* adjacent, adjoining

attil'lato, a *ag* (*vestito*) close-fitting

'attimo *sm* moment; **in un ~** in a moment

atti'nente *ag*: ~ **a** relating to, concerning

atti'rare *vt* to attract

atti'tudine *sf* (*disposizione*) aptitude;
(*atteggiamento*) attitude

atti'vare *vt* to activate; (*far funzionare*) to
set going, start

attività *sf inv* activity; (*COMM*) assets *pl*

at'tivo, a *ag* active; (*COMM*) profit-making,
credit *cpd* ♦ *sm* (*COMM*) assets *pl*; **in ~** in
credit

attiz'zare [attit'tsare] *vt* (*fuoco*) to poke

'atto *sm* act; (*azione, gesto*) action, act,
deed; (*DIR: documento*) deed, document; **~i**
smpl (*di congressi etc*) proceedings;
mettere in ~ to put into action; **fare ~ di
fare qc** to make as if to do sth

at'tonito, a *ag* dumbfounded, astonished

attorcigli'are [attortʃiʎ'ʎare] *vt* to twist;
~rsi *vr* to twist

at'tore, 'trice *sm/f* actor/actress

at'torno *av* round, around, about; ~ **a**
round, around, about

at'tracco, chi *sm* (*NAUT*) docking *no pl*;
berth

attra'ente *ag* attractive

at'trarre *vt* to attract; **attrat'tiva** *sf* (*fig:
fascino*) attraction, charm; **at'tratto, a** *pp
di* **attrarre**

attraversa'mento *sm*: ~ **pedonale**
pedestrian crossing

attraver'sare *vt* to cross; (*città, bosco, fig:
periodo*) to go through; (*sog: fiume*) to run
through

attra'verso *prep* through; (*da una parte
all'altra*) across

attrazi'one [attrat'tsjone] *sf* attraction

attrez'zare [attret'tsare] *vt* to equip; (*NAUT*)
to rig; **attrezza'tura** *sf* equipment *no pl*;
rigging; **at'trezzo** *sm* tool, instrument;
(*SPORT*) piece of equipment

attribu'ire *vt*: ~ **qc a qn** (*assegnare*) to
give *o* award sth to sb; (*quadro etc*) to
attribute sth to sb; **attri'buto** *sm* attribute

at'trice [at'tritʃe] *sf vedi* **attore**

at'trito *sm* (*anche fig*) friction

attu'ale *ag* (*presente*) present; (*di attualità*)
topical; (*che è in atto*) actual; **attualità** *sf
inv* topicality; (*avvenimento*) current event;
attual'mente *av* at the moment, at
present

attu'are *vt* to carry out; **~rsi** *vr* to be
realized

attu'tire *vt* to deaden, reduce

au'dace [au'datʃe] *ag* audacious, daring,
bold; (*provocante*) provocative; (*sfacciato*)
impudent, bold; **au'dacia** *sf* audacity,
daring; boldness; provocativeness;

impudence

audiovi'sivo, a *ag* audiovisual

audizi'one [audit'tsjone] *sf* hearing; (*MUS*) audition

'**auge** ['audʒe] *sf*: **in ~** popular

augu'rare *vt* to wish; **~rsi qc** to hope for sth

au'gurio *sm* (*presagio*) omen; (*voto di benessere altrui*) (good) wish; **essere di buon/cattivo ~** to be of good omen/be ominous; **fare gli ~i a qn** to give sb one's best wishes; **tanti ~i!** all the best!

'**aula** *sf* (*scolastica*) classroom; (*universitaria*) lecture theatre; (*di edificio pubblico*) hall

aumen'tare *vt, vi* to increase; **au'mento** *sm* increase

au'reola *sf* halo

au'rora *sf* dawn

ausili'are *ag, sm, sm/f* auxiliary

aus'picio [aus'pitʃo] *sm* omen; (*protezione*) patronage; **sotto gli ~i di** under the auspices of

aus'tero, a *ag* austere

Aus'tralia *sf*: **l'~** Australia; **australi'ano, a** *ag, sm/f* Australian

'**Austria** *sf*: **l'~** Austria; **aus'triaco, a, ci, che** *ag, sm/f* Austrian

au'tentico, a, ci, che *ag* authentic, genuine

au'tista, i *sm* driver

'**auto** *sf inv* car

autoade'sivo, a *ag* self-adhesive ♦ *sm* sticker

autobiogra'fia *sf* autobiography

auto'botte *sf* tanker

'**autobus** *sm inv* bus

auto'carro *sm* lorry (*BRIT*), truck

autocorri'era *sf* coach, bus

au'tografo, a *ag, sm* autograph

auto'grill ® *sm inv* motorway restaurant

autogrù *sf inv* breakdown van

auto'linea *sf* bus company

au'toma, i *sm* automaton

auto'matico, a, ci, che *ag* automatic ♦ *sm* (*bottone*) snap fastener; (*fucile*) automatic

automazi'one [automat'tsjone] *sf* automation

auto'mezzo [auto'meddzo] *sm* motor vehicle

auto'mobile *sf* (motor) car

automobi'lista, i, e *sm/f* motorist

autono'leggio *sm* car hire

autono'mia *sf* autonomy; (*di volo*) range

au'tonomo, a *ag* autonomous, independent

autop'sia *sf* post-mortem, autopsy

auto'radio *sf inv* (*apparecchio*) car radio; (*autoveicolo*) radio car

au'tore, 'trice *sm/f* author

auto'revole *ag* authoritative; (*persona*) influential

autori'messa *sf* garage

autorità *sf inv* authority

autoriz'zare [autorid'dzare] *vt* (*permettere*) to authorize; (*giustificare*) to allow, sanction; **autorizzazi'one** *sf* authorization

autoscu'ola *sf* driving school

autos'top *sm* hitchhiking; **autostop'pista, i, e** *sm/f* hitchhiker

autos'trada *sf* motorway (*BRIT*), highway (*US*)

auto'treno *sm* articulated lorry (*BRIT*), semi (trailer) (*US*)

autove'icolo *sm* motor vehicle

auto'velox *sm inv* (police) speed camera

autovet'tura *sf* (motor) car

au'tunno *sm* autumn

avam'braccio [avam'brattʃo] (*pl* (*f*) **-cia**) *sm* forearm

avangu'ardia *sf* vanguard

a'vanti *av* (*stato in luogo*) in front; (*moto: andare, venire*) forward; (*tempo: prima*) before ♦ *prep* (*luogo*): **~ a** before, in front of; (*tempo*): **~ Cristo** before Christ ♦ *escl* (*entrate*) come (o go) in!; (*MIL*) forward!; (*coraggio*) come on! ♦ *sm inv* (*SPORT*) forward; **~ e indietro** backwards and forwards; **andare ~** to go forward; (*continuare*) to go on; (*precedere*) to go (on) ahead; (*orologio*) to be fast; **essere ~ negli studi** to be well advanced with one's studies

avanza'mento [avantsa'mento] *sm* progress; promotion

avan'zare [avan'tsare] *vt* (*spostare in avanti*) to move forward, advance; (*domanda*) to put forward; (*promuovere*) to promote; (*essere creditore*): **~ qc da qn** to be owed sth by sb ♦ *vi* (*andare avanti*) to move forward, advance; (*progredire*) to make progress; (*essere d'avanzo*) to be left, remain; **avan'zata** *sf* (*MIL*) advance; **a'vanzo** *sm* (*residuo*) remains *pl*, left-overs *pl*; (*MAT*) remainder; (*COMM*) surplus; **averne d'avanzo di qc** to have more than enough of sth; **avanzo di galera** jailbird

ava'ria *sf* (*guasto*) damage; (: *meccanico*) breakdown

a'varo, a *ag* avaricious, miserly ♦ *sm* miser

a'vena *sf* oats *pl*

PAROLA CHIAVE

---

a'vere *sm* (*COMM*) credit; **gli ~i** (*ricchezze*) wealth *sg*

♦ *vt* **1** (*possedere*) to have; **ha due bambini/una bella casa** she has (got) two children/a lovely house; **ha i capelli lunghi** he has (got) long hair; **non ho da mangiare/bere** I've (got) nothing to eat/drink, I don't have anything to eat/drink

2 (*indossare*) to wear, have on; **aveva una maglietta rossa** he was wearing *o* he had on a red tee-shirt; **ha gli occhiali** he wears *o* has glasses

3 (*ricevere*) to get; **hai avuto l'assegno?** did you get *o* have you had the cheque?

4 (*età, dimensione*) to be; **ha 9 anni** he is 9 (years old); **la stanza ha 3 metri di lunghezza** the room is 3 metres in length; *vedi* **fame; paura** *etc*

5 (*tempo*): **quanti ne abbiamo oggi?** what's the date today?; **ne hai per molto?** will you be long?

6 (*fraseologia*): **avercela con qn** to be angry with sb; **cos'hai?** what's wrong *o* what's the matter (with you)?; **non ha niente a che vedere** *o* **fare con me** it's got nothing to do with me

♦ *vb aus* **1** to have; **aver bevuto/**

mangiato to have drunk/eaten

2 (+*da* +*infinito*): **~ da fare qc** to have to do sth; **non hai che da chiederlo** you only have to ask him

---

'avi *smpl* ancestors, forefathers

aviazi'one [avjat'tsjone] *sf* aviation; (*MIL*) air force

avidità *sf* eagerness; greed

'avido, a *ag* eager; (*peg*) greedy

avo'cado *sm* avocado

a'vorio *sm* ivory

Avv. *abbr* = **avvocato**

avvalla'mento *sm* sinking *no pl*; (*effetto*) depression

avvalo'rare *vt* to confirm

avvam'pare *vi* (*incendio*) to flare up

avvantaggi'are [avvantad'dʒare] *vt* to favour; **~rsi** *vr*: **~rsi negli affari/sui concorrenti** to get ahead in business/of one's competitors

avvele'nare *vt* to poison

avve'nente *ag* attractive, charming

avveni'mento *sm* event

avve'nire *vi, vb impers* to happen, occur ♦ *sm* future

avven'tarsi *vr*: **~ su** *o* **contro qn/qc** to hurl o.s. *o* rush at sb/sth

avven'tato, a *ag* rash, reckless

avven'tizio, a [avven'tittsjo] *ag* (*impiegato*) temporary; (*guadagno*) casual

av'vento *sm* advent, coming; (*REL*): **l'A~** Advent

avven'tore *sm* (regular) customer

avven'tura *sf* adventure; (*amorosa*) affair

avventu'rarsi *vr* to venture

avventu'roso, a *ag* adventurous

avve'rarsi *vr* to come true

av'verbio *sm* adverb

avver'sario, a *ag* opposing ♦ *sm* opponent, adversary

av'verso, a *ag* (*contrario*) contrary; (*sfavorevole*) unfavourable

avver'tenza [avver'tentsa] *sf* (*ammonimento*) warning; (*cautela*) care; (*premessa*) foreword; **~e** *sfpl* (*istruzioni per l'uso*) instructions

avverti'mento *sm* warning

avver'tire *vt* (*avvisare*) to warn; (*rendere consapevole*) to inform, notify; (*percepire*) to feel

av'vezzo, a [av'vettso] *ag*: ~ **a** used to

avvia'mento *sm* (*atto*) starting; (*effetto*) start; (*AUT*) starting; (: *dispositivo*) starter; (*COMM*) goodwill

avvi'are *vt* (*mettere sul cammino*) to direct; (*impresa, trattative*) to begin, start; (*motore*) to start; **~rsi** *vr* to set off, set out

avvicen'darsi [avvitʃen'darsi] *vr* to alternate

avvici'nare [avvitʃi'nare] *vt* to bring near; (*trattare con: persona*) to approach; **~rsi** *vr*: **~rsi (a qn/qc)** to approach (sb/sth), draw near (to sb/sth)

avvi'lire *vt* (*umiliare*) to humiliate; (*degradare*) to disgrace; (*scoraggiare*) to dishearten, discourage; **~rsi** *vr* (*abbattersi*) to lose heart

avvilup'pare *vt* (*avvolgere*) to wrap up

avvinaz'zato, a [avvinat'tsato] *ag* drunk

avvin'cente *ag* captivating

av'vincere [av'vintʃere] *vt* to charm, enthral

avvinghi'are [avvin'gjare] *vt* to clasp; **~rsi** *vr*: **~rsi a** to cling to

avvi'sare *vt* (*far sapere*) to inform; (*mettere in guardia*) to warn; **av'viso** *sm* warning; (*annuncio*) announcement; (: *affisso*) notice; (: *inserzione pubblicitaria*) advertisement; **a mio avviso** in my opinion; **avviso di chiamata** (*TEL*) call waiting service

avvis'tare *vt* to sight

avvi'tare *vt* to screw down (*o* in)

avviz'zire [avvit'tsire] *vi* to wither

avvo'cato, 'essa *sm/f* (*DIR*) barrister (*BRIT*), lawyer; (*fig*) defender, advocate

av'volgere [av'voldʒere] *vt* to roll up; (*avviluppare*) to wrap up; **~rsi** *vr* (*avvilupparsi*) to wrap o.s. up;

avvol'gibile *sm* roller blind (*BRIT*), blind

avvol'toio *sm* vulture

azi'enda [ad'dzjɛnda] *sf* business, firm, concern; **~ agricola** farm

azio'nare [attsjo'nare] *vt* to activate

azi'one [at'tsjone] *sf* action; (*COMM*) share; **azio'nista, i, e** *sm/f* (*COMM*) shareholder

a'zoto [ad'dzɔto] *sm* nitrogen

azzan'nare [attsan'nare] *vt* to sink one's teeth into

azzar'darsi [addzar'darsi] *vr*: **~ a fare** to dare (to) do; **azzar'dato, a** *ag* (*impresa*) risky; (*risposta*) rash

az'zardo [ad'dzardo] *sm* risk

azzec'care [attsek'kare] *vt* (*risposta etc*) to get right

azzuf'farsi [attsuf'farsi] *vr* to come to blows

az'zurro, a [ad'dzurro] *ag* blue ♦ *sm* (*colore*) blue; **gli ~i** (*SPORT*) the Italian national team

B, b

bab'beo *sm* simpleton

'babbo *sm* (*fam*) dad, daddy; **B~ Natale** Father Christmas

bab'buccia, ce [bab'buttʃa] *sf* slipper; (*per neonati*) bootee

ba'bordo *sm* (*NAUT*) port side

ba'cato, a *ag* worm-eaten, rotten

'bacca, che *sf* berry

baccalà *sm* dried salted cod; (*fig: peg*) dummy

bac'cano *sm* din, clamour

bac'cello [bat'tʃɛllo] *sm* pod

bac'chetta [bak'ketta] *sf* (*verga*) stick, rod; (*di direttore d'orchestra*) baton; (*di tamburo*) drumstick; **~ magica** magic wand

baci'are [ba'tʃare] *vt* to kiss; **~rsi** *vr* to kiss (one another)

baci'nella [batʃi'nɛlla] *sf* basin

ba'cino [ba'tʃino] *sm* basin; (*MINERALOGIA*) field, bed; (*ANAT*) pelvis; (*NAUT*) dock

'bacio ['batʃo] *sm* kiss

'baco, chi *sm* worm; **~ da seta** silkworm

ba'dare *vi* (*fare attenzione*) to take care, be careful; (*occuparsi di*): **~ a** to look after, take care of; (*dar ascolto*): **~ a** to pay attention to; **bada ai fatti tuoi!** mind your own business!

ba'dia *sf* abbey

ba'dile *sm* shovel

'baffi *smpl* moustache *sg*; (*di animale*) whiskers; **ridere sotto i ~** to laugh up one's sleeve; **leccarsi i ~** to lick one's lips

ba'gagli [ba'gaʎʎi] *smpl* luggage *sg*; **fare i ~** to pack

bagagli'aio [bagaʎ'ʎajo] *sm* luggage van (*BRIT*) *o* car (*US*); (*AUT*) boot (*BRIT*), trunk (*US*)

bagli'ore [baʎ'ʎore] *sm* flash, dazzling light; **un ~ di speranza** a ray of hope

ba'gnante [ban'nante] *sm/f* bather

ba'gnare [ban'nare] *vt* to wet; (*inzuppare*) to soak; (*innaffiare*) to water; (*sog: fiume*) to flow through; (*: mare*) to wash, bathe; **~rsi** *vr* to get wet; (*al mare*) to go swimming *o* bathing; (*in vasca*) to have a bath

ba'gnato, a [ban'nato] *ag* wet

ba'gnino [ban'nino] *sm* lifeguard

'bagno ['banno] *sm* bath; (*locale*) bathroom; **~i** *smpl* (*stabilimento*) baths; **fare il ~** to have a bath; (*nel mare*) to go swimming *o* bathing; **fare il ~ a qn** to give sb a bath; **mettere a ~** to soak; **~ schiuma** bubble bath

bagnoma'ria [bannoma'ria] *sm*: **cuocere a ~** to cook in a double saucepan

'baia *sf* bay

baio'netta *sf* bayonet

balbet'tare *vi* to stutter, stammer; (*bimbo*) to babble ♦ *vt* to stammer out

balbuzi'ente [balbut'tsjɛnte] *ag* stuttering, stammering

bal'cone *sm* balcony

baldac'chino [baldak'kino] *sm* canopy

bal'danza [bal'dantsa] *sf* self-confidence

'baldo, a *ag* bold, daring

bal'doria *sf*: **fare ~** to have a riotous time

ba'lena *sf* whale

bale'nare *vb impers*: **balena** there's lightning ♦ *vi* to flash; **mi balenò un'idea** an idea flashed through my mind; **ba'leno** *sm* flash of lightning; **in un baleno** in a flash

ba'lestra *sf* crossbow

ba'lia *sf*: **in ~ di** at the mercy of

'balla *sf* (*di merci*) bale; (*fandonia*) (tall) story

bal'lare *vt*, *vi* to dance; **bal'lata** *sf* ballad

balle'rina *sf* dancer; ballet dancer; (*scarpa*) ballet shoe

balle'rino *sm* dancer; ballet dancer

bal'letto *sm* ballet

'ballo *sm* dance; (*azione*) dancing *no pl*; **essere in ~** (*fig: persona*) to be involved; (*: cosa*) to be at stake

ballot'taggio [ballot'taddʒo] *sm* (*POL*) second ballot

balne'are *ag* seaside *cpd*; (*stagione*) bathing

balneazi'one *sf* bathing; **è vietata la ~** bathing strictly prohibited

ba'locco, chi *sm* toy

ba'lordo, a *ag* stupid, senseless

'balsamo *sm* (*aroma*) balsam; (*lenimento, fig*) balm

balu'ardo *sm* bulwark

'balza ['baltsa] *sf* (*dirupo*) crag; (*di stoffa*) frill

bal'zare [bal'tsare] *vi* to bounce; (*lanciarsi*) to jump, leap; **'balzo** *sm* bounce; jump, leap; (*del terreno*) ridge

bam'bagia [bam'badʒa] *sf* (*ovatta*) cotton wool (*BRIT*), absorbent cotton (*US*); (*cascame*) cotton waste

bam'bina *ag*, *sf vedi* **bambino**

bambi'naia *sf* nanny, nurse(maid)

bam'bino, a *sm/f* child

bam'boccio [bam'bɔttʃo] *sm* plump child; (*pupazzo*) rag doll

'bambola *sf* doll

bambù *sm* bamboo

ba'nale *ag* banal, commonplace

ba'nana *sf* banana; **ba'nano** *sm* banana tree

'banca, che *sf* bank; **~ dei dati** data bank

banca'rella *sf* stall

ban'cario, a *ag* banking, bank *cpd* ♦ *sm* bank clerk

banca'rotta *sf* bankruptcy; **fare ~** to go bankrupt

ban'chetto [ban'ketto] *sm* banquet
banchi'ere [ban'kjere] *sm* banker
ban'china [ban'kina] *sf* (*di porto*) quay; (*per pedoni, ciclisti*) path; (*di stazione*) platform; **~ cedevole** (*AUT*) soft verge (*BRIT*) *o* shoulder (*US*)
'banco, chi *sm* bench; (*di negozio*) counter; (*di mercato*) stall; (*di officina*) (work-)bench; (*GEO, banca*) bank; **~ di corallo** coral reef; **~ degli imputati** dock; **~ dei pegni** pawnshop; **~ di nebbia** bank of fog; **~ di prova** (*fig*) testing ground; **~ dei testimoni** witness box
'Bancomat ® *sm inv* automated banking; (*tessera*) cash card
banco'nota *sf* banknote
'banda *sf* band; (*di stoffa*) band, stripe; (*lato, parte*) side; **~ perforata** punch tape
banderu'ola *sf* (*METEOR*) weathercock
bandi'era *sf* flag, banner
ban'dire *vt* to proclaim; (*esiliare*) to exile; (*fig*) to dispense with
ban'dito *sm* outlaw, bandit
bandi'tore *sm* (*di aste*) auctioneer
'bando *sm* proclamation; (*esilio*) exile, banishment; **~ alle chiacchiere!** that's enough talk!
'bandolo *sm*: **il ~ della matassa** (*fig*) the key to the problem
bar *sm inv* bar
'bara *sf* coffin
ba'racca, che *sf* shed, hut; (*peg*) hovel; **mandare avanti la ~** to keep things going
bara'onda *sf* hubbub, bustle
ba'rare *vi* to cheat
'baratro *sm* abyss
barat'tare *vt*: **~ qc con** to barter sth for, swap sth for; **ba'ratto** *sm* barter
ba'rattolo *sm* (*di latta*) tin; (*di vetro*) jar; (*di coccio*) pot
'barba *sf* beard; **farsi la ~** to shave; **farla in ~ a qn** (*fig*) to do sth to sb's face; **che ~!** what a bore!
barbabi'etola *sf* beetroot (*BRIT*), beet (*US*); **~ da zucchero** sugar beet
bar'barico, a, ci, che *ag* barbarian; barbaric

'barbaro, a *ag* barbarous; **~i** *smpl* barbarians
barbi'ere *sm* barber
bar'bone *sm* (*cane*) poodle; (*vagabondo*) tramp
bar'buto, a *ag* bearded
'barca, che *sf* boat; **~ a remi** rowing boat; **~ a vela** sail(ing) boat; **barcai'olo** *sm* boatman
barcol'lare *vi* to stagger
bar'cone *sm* (*per ponti di barche*) pontoon
ba'rella *sf* (*lettiga*) stretcher
ba'rile *sm* barrel, cask
ba'rista, i, e *sm/f* barman/maid; (*proprietario*) bar owner
ba'ritono *sm* baritone
bar'lume *sm* glimmer, gleam
ba'rocco, a, chi, che *ag, sm* baroque
ba'rometro *sm* barometer
ba'rone *sm* baron; **baro'nessa** *sf* baroness
'barra *sf* bar; (*NAUT*) helm; (*linea grafica*) line, stroke
barri'care *vt* to barricade; **barri'cata** *sf* barricade
barri'era *sf* barrier; (*GEO*) reef
ba'ruffa *sf* scuffle
barzel'letta [bardzel'letta] *sf* joke, funny story
ba'sare *vt* to base, found; **~rsi** *vr*: **~rsi su** (*sog: fatti, prove*) to be based *o* founded on; (*: persona*) to base one's arguments on
'basco, a, schi, sche *ag* Basque ♦ *sm* (*copricapo*) beret
'base *sf* base; (*fig: fondamento*) basis; (*POL*) rank and file; **di ~** basic; **in ~ a** on the basis of, according to; **a ~ di caffè** coffee-based
ba'setta *sf* sideburn
ba'silica, che *sf* basilica
ba'silico *sm* basil
bassi'fondi *smpl*: **i ~** the slums
'basso, a *ag* low; (*di statura*) short; (*meridionale*) southern ♦ *sm* bottom, lower part; (*MUS*) bass; **la ~a Italia** southern Italy
bassorili'evo *sm* bas-relief
'basta *escl* (that's) enough!, that will do!
bas'tardo, a *ag* (*animale, pianta*) hybrid,

crossbreed; (*persona*) illegitimate, bastard (*peg*) ♦ *sm/f* illegitimate child, bastard (*peg*)

bas'tare *vi, vb impers* to be enough, be sufficient; **~ a qn** to be enough for sb; **basta chiedere** *o* **che chieda a un vigile** you have only to *o* need only ask a policeman

basti'mento *sm* ship, vessel

basto'nare *vt* to beat, thrash

baston'cino [baston'tʃino] *sm* (*SCI*) ski pole; **~i di pesce** fish fingers

bas'tone *sm* stick; **~ da passeggio** walking stick

bat'taglia [bat'taʎʎa] *sf* battle; fight

bat'taglio [bat'taʎʎo] *sm* (*di campana*) clapper; (*di porta*) knocker

battagli'one [battaʎ'ʎone] *sm* battalion

bat'tello *sm* boat

bat'tente *sm* (*imposta: di porta*) wing, flap; (*: di finestra*) shutter; (*batacchio: di porta*) knocker; (*: di orologio*) hammer; **chiudere i ~i** (*fig*) to shut up shop

'battere *vt* to beat; (*grano*) to thresh; (*percorrere*) to scour ♦ *vi* (*bussare*) to knock; (*urtare*): **~ contro** to hit *o* strike against; (*pioggia, sole*) to beat down; (*cuore*) to beat; (*TENNIS*) to serve; **~rsi** *vr* to fight; **~ le mani** to clap; **~ i piedi** to stamp one's feet; **~ a macchina** to type; **~ bandiera italiana** to fly the Italian flag; **~ in testa** (*AUT*) to knock; **in un batter d'occhio** in the twinkling of an eye

bat'teri *smpl* bacteria

batte'ria *sf* battery; (*MUS*) drums *pl*

bat'tesimo *sm* (*rito*) baptism; christening

battez'zare [batted'dzare] *vt* to baptize; to christen

batticu'ore *sm* palpitations *pl*

batti'mano *sm* applause

batti'panni *sm inv* carpet-beater

battis'tero *sm* baptistry

battis'trada *sm inv* (*di pneumatico*) tread; (*di gara*) pacemaker

battitap'peto *sm* vacuum cleaner

'battito *sm* beat, throb; **~ cardiaco** heartbeat

bat'tuta *sf* blow; (*di macchina da scrivere*) stroke; (*MUS*) bar; beat; (*TEATRO*) cue; (*frase spiritosa*) witty remark; (*di caccia*) beating; (*POLIZIA*) combing, scouring; (*TENNIS*) service

ba'ule *sm* trunk; (*AUT*) boot (*BRIT*), trunk (*US*)

'bava *sf* (*di animale*) slaver, slobber; (*di lumaca*) slime; (*di vento*) breath

bava'glino [bavaʎ'ʎino] *sm* bib

ba'vaglio [ba'vaʎʎo] *sm* gag

'bavero *sm* collar

Bavi'era *sf* Bavaria

ba'zar [bad'dzar] *sm inv* bazaar

baz'zecola [bad'dzekola] *sf* trifle

bazzi'care [battsi'kare] *vt* to frequent ♦ *vi*: **~ in/con** to frequent

be'ato, a *ag* blessed; (*fig*) happy; **~ te!** lucky you!

bebè *sm inv* baby

bec'caccia, ce [bek'kattʃa] *sf* woodcock

bec'care *vt* to peck; (*fig: raffreddore*) to catch; **~rsi qc** to catch sth

bec'cata *sf* peck

becceggi'are [bekked'dʒare] *vi* to pitch

bec'chino [bek'kino] *sm* gravedigger

'becco, chi *sm* beak, bill; (*di caffettiera etc*) spout; lip

Be'fana *sf* old woman who, according to legend, brings children their presents at the Epiphany; (*Epifania*) Epiphany; (*donna brutta*): **b~** hag, witch

Befana

ⓘ The **Befana** is a national holiday on the feast of the Epiphany. It takes its name from a legendary old woman, **la Befana**, who comes down the chimney during the night leaving gifts for children who have been good, and coal for those who have not.

'beffa *sf* practical joke; **farsi ~e di qn** to make a fool of sb; **bef'fardo, a** *ag* scornful, mocking; **bef'fare** *vt* (*anche:* **beffarsi di**) to make a fool of, mock

'bega, ghe *sf* quarrel

'begli ['beʎʎi] ag vedi bello
'bei ag vedi bello
bel ag vedi bello
be'lare vi to bleat
'belga, gi, ghe ag, sm/f Belgian
'Belgio ['bɛldʒo] sm: il ~ Belgium
bel'lezza [bel'lettsa] sf beauty
'bella sf (SPORT) decider; vedi anche bello

PAROLA CHIAVE

'bello, a (ag: dav sm bel +C, bell' +V,
  bello +s impura, gn, pn, ps, x, z, pl bei +C,
  begli +s impura etc o V) ag 1 (oggetto,
  donna, paesaggio) beautiful, lovely; (uomo)
  handsome; (tempo) beautiful, fine, lovely;
  le belle arti fine arts
  2 (quantità): una ~a cifra a considerable
  sum of money; un bel niente absolutely
  nothing
  3 (rafforzativo): è una truffa ~a e buona!
  it's a real fraud!; è bell'e finito it's already
  finished
  ♦ sm 1 (bellezza) beauty; (tempo) fine
  weather
  2: adesso viene il ~ now comes the best
  bit; sul più ~ at the crucial point; cosa fai
  di ~? are you doing anything interesting?
  ♦ av: fa ~ the weather is fine, it's fine

'belva sf wild animal
belve'dere sm inv panoramic viewpoint
ben'ché [ben'ke] cong although
'benda sf bandage; (per gli occhi) blindfold;
  ben'dare vt to bandage; to blindfold
'bene av well; (completamente, affatto): è
  ben difficile it's very difficult ♦ ag inv:
  gente ~ well-to-do people ♦ sm good; ~i
  smpl (averi) property sg, estate sg; io sto
  ~/poco ~ I'm well/not very well; va ~ all
  right; volere un ~ dell'anima a qn to love
  sb very much; un uomo per ~ a
  respectable man; fare ~ to do the right
  thing; fare ~ a (salute) to be good for; fare
  del ~ a qn to do sb a good turn; ~i di
  consumo consumer goods
bene'detto, a pp di benedire ♦ ag
  blessed, holy

bene'dire vt to bless; to consecrate;
  benedizi'one sf blessing
benedu'cato, a ag well-mannered
benefi'cenza [benefi'tʃentsa] sf charity
bene'ficio [bene'fitʃo] sm benefit; con ~
  d'inventario (fig) with reservations
be'nefico, a, ci, che ag beneficial;
  charitable
beneme'renza [beneme'rentsa] sf merit
bene'merito, a ag meritorious
be'nessere sm well-being
benes'tante ag well-to-do
benes'tare sm consent, approval
be'nevolo, a ag benevolent
be'nigno, a [be'niɲɲo] ag kind, kindly;
  (critica etc) favourable; (MED) benign
benin'teso av of course
ben'sì cong but (rather)
benve'nuto, a ag, sm welcome; dare il ~
  a qn to welcome sb
ben'zina [ben'dzina] sf petrol (BRIT), gas
  (US); fare ~ to get petrol (BRIT) o gas (US); ~
  verde unleaded (petrol); benzi'naio sm
  petrol (BRIT) o gas (US) pump attendant
'bere vt to drink; darla a ~ a qn (fig) to
  fool sb
ber'lina sf (AUT) saloon (car) (BRIT), sedan
  (US)
Ber'lino sf Berlin
ber'noccolo sm bump; (inclinazione) flair
ber'retto sm cap
bersagli'are [bersaʎ'ʎare] vt to shoot at;
  (colpire ripetutamente, fig) to bombard
ber'saglio [ber'saʎʎo] sm target
bes'temmia sf curse; (REL) blasphemy
bestemmi'are vt to curse, swear; to
  blaspheme ♦ vt to curse, swear at; to
  blaspheme
'bestia sf animal; andare in ~ (fig) to fly
  into a rage; besti'ale ag beastly; animal
  cpd; (fam): fa un freddo bestiale it's
  bitterly cold; besti'ame sm livestock;
  (bovino) cattle pl
'bettola (peg) sf dive
be'tulla sf birch
be'vanda sf drink, beverage
bevi'tore, 'trice sm/f drinker

be'vuta *sf* drink

be'vuto, a *pp di* **bere**

bi'ada *sf* fodder

bianche'ria [bjanke'ria] *sf* linen; ~ **intima** underwear; ~ **da donna** ladies' underwear, lingerie

bi'anco, a, chi, che *ag* white; (*non scritto*) blank ♦ *sm* white; (*intonaco*) whitewash ♦ *sm/f* white, white man/ woman; **in** ~ (*foglio, assegno*) blank; (*notte*) sleepless; **in** ~ **e nero** (*TV, FOT*) black and white; **mangiare in** ~ to follow a bland diet; **pesce in** ~ boiled fish; **andare in** ~ (*non riuscire*) to fail; ~ **dell'uovo** egg-white

biasi'mare *vt* to disapprove of, censure; **bi'asimo** *sm* disapproval, censure

'bibbia *sf* (*anche fig*) bible

bibe'ron *sm inv* feeding bottle

'bibita *sf* (soft) drink

biblio'teca, che *sf* library; (*mobile*) bookcase; **bibliote'cario, a** *sm/f* librarian

bicarbo'nato *sm*: ~ **(di sodio)** bicarbonate (of soda)

bicchi'ere [bik'kjere] *sm* glass

bici'cletta [bitʃi'kletta] *sf* bicycle; **andare in** ~ to cycle

bidé *sm inv* bidet

bi'dello, a *sm/f* (*INS*) janitor

bi'done *sm* drum, can; (*anche*: ~ **dell'immondizia**) (dust)bin; (*fam: truffa*) swindle; **fare un** ~ **a qn** (*fam*) to let sb down; to cheat sb

bien'nale *ag* biennial

Biennale di Venezia

i The **Biennale di Venezia** is an international contemporary art festival, which takes place every two years at Giardini. In its current form, it includes exhibits from the countries taking part, a thematic exhibition and a section for young artists.

---

bi'ennio *sm* period of two years

bi'etola *sf* beet

bifor'carsi *vr* to fork; **biforcazi'one** *sf* fork

bighello'nare [bigello'nare] *vi* to loaf (about)

bigiotte'ria [bidʒotte'ria] *sf* costume jewellery; (*negozio*) jeweller's (*selling only costume jewellery*)

bigli'ardo [biʎ'ʎardo] *sm* = **biliardo**

bigliet'taio, a *sm/f* (*in treno*) ticket inspector; (*in autobus*) conductor

bigliette'ria [biʎʎette'ria] *sf* (*di stazione*) ticket office; booking office; (*di teatro*) box office

bigli'etto [biʎ'ʎetto] *sm* (*per viaggi, spettacoli etc*) ticket; (*cartoncino*) card; (*anche*: ~ **di banca**) (bank)note; ~ **d'auguri/da visita** greetings/visiting card; ~ **d'andata e ritorno** return (ticket), round-trip ticket (*US*)

bignè [biɲ'ɲe] *sm inv* cream puff

bigo'dino *sm* roller, curler

bi'gotto, a *ag* over-pious ♦ *sm/f* church fiend

bi'lancia, ce [bi'lantʃa] *sf* (*pesa*) scales *pl*; (*: di precisione*) balance; (*dello zodiaco*): **B~** Libra; ~ **commerciale/dei pagamenti** balance of trade/payments; **bilanci'are** *vt* (*pesare*) to weigh; (*: fig*) to weigh up; (*pareggiare*) to balance

bi'lancio [bi'lantʃo] *sm* (*COMM*) balance (-sheet); (*statale*) budget; **fare il** ~ **di** (*fig*) to assess; ~ **consuntivo** (final) balance; ~ **preventivo** budget

'bile *sf* bile; (*fig*) rage, anger

bili'ardo *sm* billiards *sg*; billiard table

'bilico, chi *sm*: **essere in** ~ to be balanced; **tenere qn in** ~ (*fig*) to keep sb in suspense

bi'lingue *ag* bilingual

bili'one *sm* (*mille milioni*) thousand million; (*milione di milioni*) billion (*BRIT*), trillion (*US*)

'bimbo, a *sm/f* little boy/girl

bimen'sile *ag* fortnightly

bimes'trale *ag* two-monthly, bimonthly

bi'nario, a *ag* (*sistema*) binary ♦ *sm* (*railway*) track *o* line; (*piattaforma*) platform; ~ **morto** dead-end track

bi'nocolo *sm* binoculars *pl*

bio... *prefisso*: **bio'chimica** [bio'kimika] *sf*

biochemistry; **biodegra'dabile** *ag*
biodegradable; **biogra'fia** *sf* biography;
biolo'gia *sf* biology; **bio'logico, a, ci,
che** *ag* biological
bi'ondo, a *ag* blond, fair
bir'bante *sm* rogue, rascal
biri'chino, a [biri'kino] *ag* mischievous
♦ *sm/f* scamp, little rascal
bi'rillo *sm* skittle (*BRIT*), pin (*US*); **~i** *smpl*
(*gioco*) skittles *sg* (*BRIT*), bowling (*US*)
'biro ® *sf inv* biro ®
'birra *sf* beer; **a tutta ~** (*fig*) at top speed;
birra chiara ≈ lager; **birra scura** ≈ stout;
birre'ria *sf* ≈ bierkeller
bis *escl, sm inv* encore
bis'betico, a, ci, che *ag* ill-tempered,
crabby
bisbigli'are [bisbi'ʎare] *vt, vi* to whisper
'bisca, sche *sf* gambling-house
'biscia, sce ['biʃʃa] *sf* snake; **~ d'acqua**
grass snake
bis'cotto *sm* biscuit
bises'tile *ag*: **anno ~** leap year
bis'lungo, a, ghi, ghe *ag* oblong
bis'nonno, a *sm/f* great grandfather/
grandmother
biso'gnare [bizoɲ'ɲare] *vb impers*: **bisogna
che tu parta/lo faccia** you'll have to go/
do it; **bisogna parlargli** we'll (*o* I'll) have
to talk to him
bi'sogno [bi'zoɲɲo] *sm* need; **~i** *smpl*: **fare
i propri ~i** to relieve o.s.; **avere ~ di qc/di
fare qc** to need sth/to do sth; **al ~, in
caso di ~** if need be; **biso'gnoso, a** *ag*
needy, poor; **bisognoso di** in need of,
needing
bis'tecca, che *sf* steak, beefsteak
bisticci'are [bistit'tʃare] *vi* to quarrel,
bicker; **~rsi** *vr* to quarrel, bicker;
bis'ticcio *sm* quarrel, squabble; (*gioco di
parole*) pun
'bisturi *sm* scalpel
bi'sunto, a *ag* very greasy
'bitter *sm inv* bitters *pl*
bi'vacco, chi *sm* bivouac
'bivio *sm* fork; (*fig*) dilemma
'bizza ['biddza] *sf* tantrum; **fare le ~e**

(*bambino*) to be naughty
biz'zarro, a [bid'dzarro] *ag* bizarre, strange
biz'zeffe [bid'dzeffe]: **a ~** *av* in plenty,
galore
blan'dire *vt* to soothe; to flatter
'blando, a *ag* mild, gentle
bla'sone *sm* coat of arms
blate'rare *vi* to chatter
blin'dato, a *ag* armoured
bloc'care *vt* to block; (*isolare*) to isolate,
cut off; (*porto*) to blockade; (*prezzi, beni*) to
freeze; (*meccanismo*) to jam; **~rsi** *vr*
(*motore*) to stall; (*freni, porta*) to jam, stick;
(*ascensore*) to stop, get stuck
bloc'chetto [blok'ketto] *sm* notebook; (*di
biglietti*) book
'blocco, chi *sm* block; (*MIL*) blockade; (*dei
fitti*) restriction; (*quadernetto*) pad; (*fig:
unione*) coalition; (*il bloccare*) blocking;
isolating, cutting-off; blockading; freezing;
jamming; **in ~** (*nell'insieme*) as a whole;
(*COMM*) in bulk; **~ cardiaco** cardiac arrest
blu *ag inv, sm* dark blue
'blusa *sf* (*camiciotto*) smock; (*camicetta*)
blouse
'boa *sm inv* (*ZOOL*) boa constrictor; (*sciarpa*)
feather boa ♦ *sf* buoy
bo'ato *sm* rumble, roar
bo'bina *sf* reel, spool; (*di pellicola*) spool;
(*di film*) reel; (*ELETTR*) coil
'bocca, che *sf* mouth; **in ~ al lupo!** good
luck!
boc'caccia, ce [bok'kattʃa] *sf* (*malalingua*)
gossip; **fare le ~ce** to pull faces
boc'cale *sm* jug; **~ da birra** tankard
boc'cetta [bot'tʃetta] *sf* small bottle
boccheggi'are [bokked'dʒare] *vi* to gasp
boc'chino [bok'kino] *sm* (*di sigaretta,
sigaro: cannella*) cigarette-holder; cigar-
holder; (*di pipa, strumenti musicali*)
mouthpiece
'boccia, ce ['bottʃa] *sf* bottle; (*da vino*)
decanter, carafe; (*palla*) bowl; **gioco delle
~ce** bowls *sg*
bocci'are [bot'tʃare] *vt* (*proposta, progetto*)
to reject; (*INS*) to fail; (*BOCCE*) to hit;
boccia'tura *sf* failure

bocci'olo [bot'tʃɔlo] *sm* bud

boc'cone *sm* mouthful, morsel

boc'coni *av* face downwards

'boia *sm inv* executioner; hangman

boi'ata *sf* botch

boicot'tare *vt* to boycott

'bolide *sm* meteor; **come un ~** like a flash, at top speed

'bolla *sf* bubble; (*MED*) blister; **~ papale** papal bull; **~ di consegna** (*COMM*) delivery note

bol'lare *vt* to stamp; (*fig*) to brand

bol'lente *ag* boiling; boiling hot

bol'letta *sf* bill; (*ricevuta*) receipt; **essere in ~** to be hard up

bollet'tino *sm* bulletin; (*COMM*) note; **~ meteorologico** weather report; **~ di spedizione** consignment note

bol'lire *vt, vi* to boil; **bol'lito** *sm* (*CUC*) boiled meat

bolli'tore *sm* (*CUC*) kettle; (*per riscaldamento*) boiler

'bollo *sm* stamp; **~ per patente** driving licence tax

'bomba *sf* bomb; **~ atomica** atom bomb

bombarda'mento *sm* bombardment; bombing

bombar'dare *vt* to bombard; (*da aereo*) to bomb

bombardi'ere *sm* bomber

bom'betta *sf* bowler (hat)

'bombola *sf* cylinder

bo'naccia, ce [bo'nattʃa] *sf* dead calm

bo'nario, a *ag* good-natured, kind

bo'nifica, che *sf* reclamation; reclaimed land

bo'nifico, ci *sm* (*riduzione, abbuono*) discount; (*versamento a terzi*) credit transfer

bontà *sf* goodness; (*cortesia*) kindness; **aver la ~ di fare qc** to be good o kind enough to do sth

borbot'tare *vi* to mumble

'borchia ['borkja] *sf* stud

borda'tura *sf* (*SARTORIA*) border, trim

bor'deaux [bor'do] *ag inv, sm inv* maroon

'bordo *sm* (*NAUT*) ship's side; (*orlo*) edge; (*striscia di guarnizione*) border, trim; **a ~ di**

(*nave, aereo*) aboard, on board; (*macchina*) in

bor'gata *sf* (*in campagna*) hamlet

bor'ghese [bor'geze] *ag* (*spesso peg*) middle-class; bourgeois; **abito ~** civilian dress; **borghe'sia** *sf* middle classes *pl*; bourgeoisie

'borgo, ghi *sm* (*paesino*) village; (*quartiere*) district; (*sobborgo*) suburb

'boria *sf* self-conceit, arrogance

boro'talco *sm* talcum powder

bor'raccia, ce [bor'rattʃa] *sf* canteen, water-bottle

'borsa *sf* bag; (*anche: ~ da signora*) handbag; (*ECON*): **la B~ (valori)** the Stock Exchange; **~ nera** black market; **~ della spesa** shopping bag; **~ di studio** grant; **borsai'olo** *sm* pickpocket; **borsel'lino** *sm* purse; **bor'setta** *sf* handbag; **bor'sista, i, e** *sm/f* (*ECON*) speculator; (*INS*) grant-holder

bos'caglia [bos'kaʎʎa] *sf* woodlands *pl*

boscai'olo *sm* woodcutter; forester

'bosco, schi *sm* wood; **bos'coso, a** *ag* wooded

'bossolo *sm* cartridge-case

bo'tanica *sf* botany

bo'tanico, a, ci, che *ag* botanical ♦ *sm* botanist

'botola *sf* trap door

'botta *sf* blow; (*rumore*) bang

'botte *sf* barrel, cask

bot'tega, ghe *sf* shop; (*officina*) workshop; **botte'gaio, a** *sm/f* shopkeeper; **botte'ghino** *sm* ticket office; (*del lotto*) public lottery office

bot'tiglia [bot'tiʎʎa] *sf* bottle; **bottiglie'ria** *sf* wine shop

bot'tino *sm* (*di guerra*) booty; (*di rapina, furto*) loot

'botto *sm* bang; crash; **di ~** suddenly

bot'tone *sm* button; **attaccare ~ a qn** (*fig*) to buttonhole sb

bo'vino, a *ag* bovine; **~i** *smpl* cattle

boxe [bɔks] *sf* boxing

'bozza ['bɔttsa] *sf* draft; sketch; (*TIP*) proof; **boz'zetto** *sm* sketch 'bozzolo ['bɔttsolo] *sm* cocoon

BR *sigla fpl* = **Brigate Rosse**

brac'care *vt* to hunt

brac'cetto [brat'tʃetto] *sm*: **a ~** arm in arm

bracci'ale [brat'tʃale] *sm* bracelet; (*distintivo*) armband; **braccia'letto** *sm* bracelet, bangle

bracci'ante [brat'tʃante] *sm* (*AGR*) day labourer

bracci'ata [brat'tʃata] *sf* (*nel nuoto*) stroke

'braccio ['brattʃo] (*pl(f)* **braccia**) *sm* (*ANAT*) arm; (*pl(m)* **bracci**: *di gru, fiume*) arm; (: *di edificio*) wing; **~ di mare** sound; **bracci'olo** *sm* (*appoggio*) arm

'bracco, chi *sm* hound

bracconi'ere *sm* poacher

'brace ['bratʃe] *sf* embers *pl*; **braci'ere** *sm* brazier

braci'ola [bra'tʃɔla] *sf* (*CUC*) chop

bra'mare *vt*: **~ qc/di fare** to long for sth/to do

'branca, che *sf* branch

'branchia ['brankja] *sf* (*ZOOL*) gill

'branco, chi *sm* (*di cani, lupi*) pack; (*di pecore*) flock; (*peg: di persone*) gang, pack

branco'lare *vi* to grope, feel one's way

'branda *sf* camp bed

bran'dello *sm* scrap, shred; **a ~i** in tatters, in rags

bran'dire *vt* to brandish

'brano *sm* piece; (*di libro*) passage

bra'sato *sm* braised beef

Bra'sile *sm*: **il ~** Brazil; **brasili'ano, a** *ag, sm/f* Brazilian

'bravo, a *ag* (*abile*) clever, capable, skilful; (*buono*) good, honest; (: *bambino*) good; (*coraggioso*) brave; **~!** well done!; (*a teatro*) bravo!

bra'vura *sf* cleverness, skill

'breccia, ce ['brettʃa] *sf* breach

bre'tella *sf* (*AUT*) link; **~e** *sfpl* (*di calzoni*) braces

'breve *ag* brief, short; **in ~** in short

brevet'tare *vt* to patent

bre'vetto *sm* patent; **~ di pilotaggio** pilot's licence (*BRIT*) *o* license (*US*)

'brezza ['breddza] *sf* breeze

'bricco, chi *sm* jug; **~ del caffè** coffeepot

bric'cone, a *sm/f* rogue, rascal

'briciola ['britʃola] *sf* crumb

'briciolo ['britʃolo] *sm* (*specie fig*) bit

'briga, ghe *sf* (*fastidio*) trouble, bother; **pigliarsi la ~ di fare qc** to take the trouble to do sth

brigadi'ere *sm* (*dei carabinieri etc*) ≈ sergeant

bri'gante *sm* bandit

bri'gata *sf* (*MIL*) brigade; (*gruppo*) group, party; **B~e Rosse** (*POL*) Red Brigades

'briglia ['briʎʎa] *sf*: **a ~ sciolta** at full gallop; (*fig*) at full speed

bril'lante *ag* bright; (*anche fig*) brilliant; (*che luccica*) shining ♦ *sm* diamond

bril'lare *vi* to shine; (*mina*) to blow up ♦ *vt* (*mina*) to set off

'brillo, a *ag* merry, tipsy

'brina *sf* hoarfrost

brin'dare *vi*: **~ a qn/qc** to drink to *o* toast sb/sth

'brindisi *sm inv* toast

'brio *sm* liveliness, go

bri'oche [bri'ɔʃ] *sf inv* brioche

bri'oso, a *ag* lively

bri'tannico, a, ci, che *ag* British

'brivido *sm* shiver; (*di ribrezzo*) shudder; (*fig*) thrill

brizzo'lato, a [brittso'lato] *ag* (*persona*) going grey; (*barba, capelli*) greying

'brocca, che *sf* jug

broc'cato *sm* brocade

'broccolo *sm* broccoli *sg*

'brodo *sm* broth; (*per cucinare*) stock; **~ ristretto** consommé

brogli'accio [broʎ'ʎattʃo] *sm* scribbling pad

'broglio ['brɔʎʎo] *sm*: **~ elettorale** gerrymandering

bron'chite [bron'kite] *sf* (*MED*) bronchitis

'broncio ['brontʃo] *sm* sulky expression; **tenere il ~** to sulk

'bronco, chi *sm* bronchial tube

bronto'lare *vi* to grumble; (*tuono, stomaco*) to rumble

'bronzo ['brondzo] *sm* bronze

bru'care *vt* to browse on, nibble at

brucia'pelo [brutʃa'pelo]: **a ~** av point-blank

bruci'are [bru'tʃare] vt to burn; (*scottare*) to scald ♦ vi to burn; **brucia'tore** sm burner; **brucia'tura** sf (*atto*) burning no pl; (*segno*) burn; (*scottatura*) scald; **bruci'ore** sm burning o smarting sensation; **bruciore di stomaco** heartburn

'bruco, chi sm caterpillar; grub

brughi'era [bru'gjera] sf heath, moor

bruli'care vi to swarm

'brullo, a ag bare, bleak

'bruma sf mist

'bruno, a ag brown, dark; (*persona*) dark(-haired)

'brusco, a, schi, sche ag (*sapore*) sharp; (*modi, persona*) brusque, abrupt; (*movimento*) abrupt, sudden

bru'sio sm buzz, buzzing

bru'tale ag brutal

'bruto, a ag (*forza*) brute cpd ♦ sm brute

brut'tezza [brut'tettsa] sf ugliness

'brutto, a ag ugly; (*cattivo*) bad; (*malattia, strada, affare*) nasty, bad; **~ tempo** bad weather; **brut'tura** sf (*cosa brutta*) ugly thing; (*sudiciume*) filth; (*azione meschina*) mean action

Bru'xelles [bry'sɛl] sf Brussels

bub'bone sm swelling

'buca, che sf hole; (*avvallamento*) hollow; **~ delle lettere** letterbox

buca'neve sm inv snowdrop

bu'care vt (*forare*) to make a hole (o holes) in; (*pungere*) to pierce; (*biglietto*) to punch; **~rsi** vr (*di eroina*) to mainline; **~ una gomma** to have a puncture

bu'cato sm (*operazione*) washing; (*panni*) wash, washing

'buccia, ce ['buttʃa] sf skin, peel

bucherel'lare [bukerel'lare] vt to riddle with holes

'buco, chi sm hole

bu'dello sm (ANAT: pl(f) **~a**) bowel, gut; (*fig: tubo*) tube; (*vicolo*) alley

bu'dino sm pudding

'bue sm ox; **carne di ~** beef

'bufalo sm buffalo

bu'fera sf storm

buf'fetto sm: **fare un ~ sulla guancia a qn** to give sb an affectionate pinch on the cheek

'buffo, a ag funny; (TEATRO) comic

buf'fone sm buffoon; (*peg*) clown

bu'gia, 'gie [bu'dʒia] sf lie; **dire una ~** to tell a lie; **bugi'ardo, a** ag lying, deceitful ♦ sm/f liar

bugi'gattolo [budʒi'gattolo] sm poky little room

'buio, a ag dark ♦ sm dark, darkness

'bulbo sm (BOT) bulb; **~ oculare** eyeball

Bulga'ria sf: **la ~** Bulgaria

bul'lone sm bolt

buona'notte escl good night! ♦ sf: **dare la ~ a** to say good night to

buona'sera escl good evening!

buongi'orno [bwon'dʒorno] escl good morning (o afternoon)!

buongus'taio, a sm/f gourmet

buon'gusto sm good taste

PAROLA CHIAVE

bu'ono, a (*ag: dav sm* **buon** +C o V, **buono** +s impura, gn, pn, ps, x, z; *dav sf* **buon'** +V) ag **1** (*gen*) good; **un buon pranzo/ristorante** a good lunch/restaurant; **(stai) ~!** behave!

2 (*benevolo*): **~ (con)** good (to), kind (to)

3 (*giusto, valido*) right; **al momento ~** at the right moment

4 (*adatto*): **~ a/da** fit for/to; **essere ~ a nulla** to be no good o use at anything

5 (*auguri*): **buon anno!** happy New Year!; **buon appetito!** enjoy your meal!; **buon compleanno!** happy birthday!; **buon divertimento!** have a nice time!; **~a fortuna!** good luck!; **buon riposo!** sleep well!; **buon viaggio!** bon voyage!, have a good trip!

6: **a buon mercato** cheap; **di buon'ora** early; **buon senso** common sense; **alla ~a** ag simple ♦ av in a simple way, without any fuss

♦ sm **1** (*bontà*) goodness, good

2 (COMM) voucher, coupon; **~ di cassa**

cash voucher; **~ di consegna** delivery note; **~ del Tesoro** Treasury bill

buontem'pone, a *sm/f* jovial person

burat'tino *sm* puppet

'burbero, a *ag* surly, gruff

'burla *sf* prank, trick; **bur'lare** *vt*: **burlare qc/qn, burlarsi di qc/qn** to make fun of sth/sb

burocra'zia [burokrat'tsia] *sf* bureaucracy

bur'rasca, sche *sf* storm

'burro *sm* butter

bur'rone *sm* ravine

bus'care *vt* (*anche*: **~rsi**: *raffreddore*) to get, catch; **buscarle** (*fam*) to get a hiding

bus'sare *vi* to knock

'bussola *sf* compass

'busta *sf* (*da lettera*) envelope; (*astuccio*) case; **in ~ aperta/chiusa** in an unsealed/ sealed envelope; **~ paga** pay packet

busta'rella *sf* bribe, backhander

'busto *sm* bust; (*indumento*) corset, girdle; **a mezzo ~** (*foto*) half-length

buttafu'ori *sm inv* bouncer

but'tare *vt* to throw; (*anche*: **~ via**) to throw away; **~ giù** (*scritto*) to scribble down; (*cibo*) to gulp down; (*edificio*) to pull down, demolish; (*pasta, verdura*) to put into boiling water

C, c

ca'bina *sf* (*di nave*) cabin; (*da spiaggia*) beach hut; (*di autocarro, treno*) cab; (*di aereo*) cockpit; (*di ascensore*) cage; **~ telefonica** call *o* (tele)phone box; **cabi'nato** *sm* cabin cruiser

ca'cao *sm* cocoa

'caccia ['kattʃa] *sf* hunting; (*con fucile*) shooting; (*inseguimento*) chase; (*cacciagione*) game ♦ *sm inv* (*aereo*) fighter; (*nave*) destroyer; **~ grossa** big-game hunting; **~ all'uomo** manhunt

cacciabombardi'ere [kattʃabombar'djere] *sm* fighter-bomber

cacciagi'one [kattʃa'dʒone] *sf* game

cacci'are [kat'tʃare] *vt* to hunt; (*mandar via*) to chase away; (*ficcare*) to shove, stick ♦ *vi* to hunt; **~rsi** *vr*: **dove s'è cacciata la mia borsa?** where has my bag got to?; **~rsi nei guai** to get into trouble; **~ fuori qc** to whip *o* pull sth out; **~ un urlo** to let out a yell; **caccia'tore** *sm* hunter; **cacciatore di frodo** poacher

caccia'vite [kattʃa'vite] *sm inv* screwdriver

'cactus *sm inv* cactus

ca'davere *sm* (dead) body, corpse

ca'dente *ag* falling; (*casa*) tumbledown

ca'denza [ka'dentsa] *sf* cadence; (*ritmo*) rhythm; (*MUS*) cadenza

ca'dere *vi* to fall; (*denti, capelli*) to fall out; (*tetto*) to fall in; **questa gonna cade bene** this skirt hangs well; **lasciar ~** (*anche fig*) to drop; **~ dal sonno** to be falling asleep on one's feet; **~ dalle nuvole** (*fig*) to be taken aback

ca'detto, a *ag* younger; (*squadra*) junior *cpd* ♦ *sm* cadet

ca'duta *sf* fall; **la ~ dei capelli** hair loss

caffè *sm inv* coffee; (*locale*) café; **~ macchiato** coffee with a dash of milk; **~ macinato** ground coffee

caffel'latte *sm inv* white coffee

caffetti'era *sf* coffeepot

cagio'nare [kadʒo'nare] *vt* to cause

cagio'nevole [kadʒo'nevole] *ag* delicate, weak

cagli'are [kaʎ'ʎare] *vi* to curdle

'cagna ['kaɲɲa] *sf* (*ZOOL, peg*) bitch

ca'gnesco, a, schi, sche [kaɲ'ɲesko] *ag* (*fig*): **guardare qn in ~** to scowl at sb

cala'brone *sm* hornet

cala'maio *sm* inkpot; inkwell

cala'maro *sm* squid

cala'mita *sf* magnet

calamità *sf inv* calamity, disaster

ca'lare *vt* (*far discendere*) to lower; (*MAGLIA*) to decrease ♦ *vi* (*discendere*) to go (*o* come) down; (*tramontare*) to set, go down; **~ di peso** to lose weight

'calca *sf* throng, press

cal'cagno [kal'kaɲɲo] *sm* heel

cal'care *sm* limestone ♦ *vt* (*premere coi*

piedi) to tread, press down; (*premere con forza*) to press down; (*mettere in rilievo*) to stress; **~ la mano** to overdo it, exaggerate

'**calce** ['kaltʃe] *sm*: **in ~** at the foot of the page ♦ *sf* lime; **~ viva** quicklime

calces'truzzo [kaltʃes'truttso] *sm* concrete

calci'are [kal'tʃare] *vt, vi* to kick; **calcia'tore** *sm* footballer

'**calcio** ['kaltʃo] *sm* (*pedata*) kick; (*sport*) football, soccer; (*di pistola, fucile*) butt; (*CHIM*) calcium; **~ d'angolo** (*SPORT*) corner (kick); **~ di punizione** (*SPORT*) free kick

'**calco, chi** *sm* (*ARTE*) casting, moulding; cast, mould

calco'lare *vt* to calculate, work out, reckon; (*ponderare*) to weigh (up); **calcola'tore, 'trice** *ag* calculating ♦ *sm* calculator; (*fig*) calculating person; **calcolatore elettronico** computer; **calcola'trice** *sf* calculator

'**calcolo** *sm* (*anche MAT*) calculation; (*infinitesimale etc*) calculus; (*MED*) stone; **fare i propri ~i** (*fig*) to weigh the pros and cons; **per ~** out of self-interest

cal'daia *sf* boiler

caldeggi'are [kalded'dʒare] *vt* to support

'**caldo, a** *ag* warm; (*molto ~*) hot; (*fig: appassionato*) keen; hearty ♦ *sm* heat; **ho ~** I'm warm; I'm hot; **fa ~** it's warm; it's hot

calen'dario *sm* calendar

'**calibro** *sm* (*di arma*) calibre, bore; (*TECN*) callipers *pl*; (*fig*) calibre; **di grosso ~** (*fig*) prominent

'**calice** ['kalitʃe] *sm* goblet; (*REL*) chalice

ca'ligine [ka'lidʒine] *sf* fog; (*mista con fumo*) smog

'**callo** *sm* callus; (*ai piedi*) corn

'**calma** *sf* calm

cal'mante *sm* tranquillizer

cal'mare *vt* to calm; (*lenire*) to soothe; **~rsi** *vr* to grow calm, calm down; (*vento*) to abate; (*dolori*) to ease

calmi'ere *sm* controlled price

'**calmo, a** *ag* calm, quiet

'**calo** *sm* (*COMM: di prezzi*) fall; (*: di volume*) shrinkage; (*: di peso*) loss

ca'lore *sm* warmth; heat; **in ~** (*ZOOL*) on heat

calo'ria *sf* calories

calo'roso, a *ag* warm

calpes'tare *vt* to tread on, trample on; **"è vietato ~ l'erba"** "keep off the grass"

ca'lunnia *sf* slander; (*scritta*) libel

cal'vario *sm* (*fig*) affliction, cross

cal'vizie [kal'vittsje] *sf* baldness

'**calvo, a** *ag* bald

'**calza** ['kaltsa] *sf* (*da donna*) stocking; (*da uomo*) sock; **fare la ~** to knit; **~e di nailon** nylons, (nylon) stockings

cal'zare [kal'tsare] *vt* (*scarpe, guanti: mettersi*) to put on; (*: portare*) to wear ♦ *vi* to fit; **calza'tura** *sf* footwear

calzet'tone [kaltset'tone] *sm* heavy knee-length sock

cal'zino [kal'tsino] *sm* sock

calzo'laio [kaltso'lajo] *sm* shoemaker; (*che ripara scarpe*) cobbler; **calzole'ria** *sf* (*negozio*) shoe shop

calzon'cini [kaltson'tʃini] *smpl* shorts

cal'zone [kal'tsone] *sm* trouser leg; (*CUC*) savoury turnover made with pizza dough; **~i** *smpl* (*pantaloni*) trousers (*BRIT*), pants (*US*)

cambi'ale *sf* bill (of exchange); (*pagherò cambiario*) promissory note

cambia'mento *sm* change

cambi'are *vt* to change; (*modificare*) to alter, change; (*barattare*): **~ (qc con qn/ qc)** to exchange (sth with sb/for sth) ♦ *vi* to change, alter; **~rsi** *vr* (*d'abito*) to change; **~ casa** to move (house); **~ idea** to change one's mind; **~ treno** to change trains

'**cambio** *sm* change; (*modifica*) alteration, change; (*scambio, COMM*) exchange; (*corso dei cambi*) rate (of exchange); (*TECN, AUT*) gears *pl*; **in ~ di** in exchange for; **dare il ~ a qn** to take over from sb

'**camera** *sf* room; (*anche*: **~ da letto**) bedroom; (*POL*) chamber, house; **~ ardente** mortuary chapel; **~ d'aria** inner tube; (*di pallone*) bladder; **C~ di Commercio** Chamber of Commerce; **C~ dei Deputati** Chamber of Deputies, ≈ House of

Commons (*BRIT*), ≈ House of Representatives (*US*); **~ a gas** gas chamber; **~ a un letto/a due letti/matrimoniale** single/twin-bedded/double room; **~ oscura** (*FOT*) dark room

came'rata, i, e *sm/f* companion, mate
♦ *sf* dormitory

cameri'era *sf* (*domestica*) maid; (*che serve a tavola*) waitress; (*che fa le camere*) chambermaid

cameri'ere *sm* (man)servant; (*di ristorante*) waiter

came'rino *sm* (*TEATRO*) dressing room

'camice ['kamitʃe] *sm* (*REL*) alb; (*per medici etc*) white coat

cami'cetta [kami'tʃetta] *sf* blouse

ca'micia, cie [ka'mitʃa] *sf* (*da uomo*) shirt; (*da donna*) blouse; **~ di forza** straitjacket

camí'netto *sm* hearth, fireplace

ca'mino *sm* chimney; (*focolare*) fireplace, hearth

'camion *sm inv* lorry (*BRIT*), truck (*US*); camion'cino *sm* van

cam'mello *sm* (*ZOOL*) camel; (*tessuto*) camel hair

cammi'nare *vi* to walk; (*funzionare*) to work, go; cammi'nata *sf* walk

cam'mino *sm* walk; (*sentiero*) path; (*itinerario, direzione, tragitto*) way; **mettersi in ~** to set *o* start off

camo'milla *sf* camomile; (*infuso*) camomile tea

ca'morra *sf* camorra; racket

ca'moscio [ka'moʃʃo] *sm* chamois; **di ~** (*scarpe, borsa*) suede *cpd*

cam'pagna [kam'panna] *sf* country, countryside; (*POL, COMM, MIL*) campaign; **in ~** in the country; **andare in ~** to go to the country; **fare una ~** to campaign; campa'gnola *sf* (*AUT*) cross-country vehicle; campa'gnolo, a *ag* country *cpd*

cam'pale *ag* field *cpd*; (*fig*): **una giornata ~** a hard day

cam'pana *sf* bell; (*anche*: **~ di vetro**) bell jar; campa'nella *sf* small bell; (*di tenda*) curtain ring; campa'nello *sm* (*all'uscio, da tavola*) bell

campa'nile *sm* bell tower, belfry; campani'lismo *sm* parochialism

cam'pare *vi* to live; (*tirare avanti*) to get by, manage

cam'pato, a *ag*: **~ in aria** unfounded

campeggi'are [kamped'dʒare] *vi* to camp; (*risaltare*) to stand out; campeggia'tore, 'trice *sm/f* camper; cam'peggio *sm* camping; (*terreno*) camp site; **fare (del) campeggio** to go camping

cam'pestre *ag* country *cpd*, rural

Campidoglio

i The **Campidoglio**, one of the Seven Hills of Rome, is the site of the Comune di Roma.

---

campio'nario, a *ag*: **fiera ~a** trade fair
♦ *sm* collection of samples

campio'nato *sm* championship

campi'one, 'essa *sm/f* (*SPORT*) champion
♦ *sm* (*COMM*) sample

'campo *sm* field; (*MIL*) field; (*: accampamento*) camp; (*spazio delimitato: sportivo etc*) ground; field; (*di quadro*) background; **i ~i** (*campagna*) the countryside; **~ da aviazione** airfield; **~ di battaglia** (*MIL, fig*) battlefield; **~ di golf** golf course; **~ da tennis** tennis court; **~ visivo** field of vision

campo'santo (*pl* campisanti) *sm* cemetery

camuf'fare *vt* to disguise

'Canada *sm*: **il ~** Canada; cana'dese *ag*, *sm/f* Canadian ♦ *sf* (*anche*: **tenda canadese**) ridge tent

ca'naglia [ka'naʎʎa] *sf* rabble, mob; (*persona*) scoundrel, rogue

ca'nale *sm* (*anche fig*) channel; (*artificiale*) canal

'canapa *sf* hemp; **~ indiana** (*droga*) cannabis

cana'rino *sm* canary

cancel'lare [kantʃel'lare] *vt* (*con la gomma*) to rub out, erase; (*con la penna*) to strike out; (*annullare*) to annul, cancel; (*disdire*) to cancel

cancelle'ria [kantʃelleˈria] *sf* chancery; (*materiale per scrivere*) stationery

cancelli'ere [kantʃelˈljere] *sm* chancellor; (*di tribunale*) clerk of the court

can'cello [kanˈtʃello] *sm* gate

can'crena *sf* gangrene

'cancro *sm* (*MED*) cancer; (*dello zodiaco*): **C~** Cancer

candeg'gina [kandedˈdʒina] *sf* bleach

can'dela *sf* candle; **~ (di accensione)** (*AUT*) spark(ing) plug

cande'labro *sm* candelabra

candeli'ere *sm* candlestick

candi'dato, a *sm/f* candidate; (*aspirante a una carica*) applicant

'candido, a *ag* white as snow; (*puro*) pure; (*sincero*) sincere, candid

can'dito, a *ag* candied

can'dore *sm* brilliant white; purity; sincerity, candour

'cane *sm* dog; (*di pistola, fucile*) cock; **fa un freddo ~** it's bitterly cold; **non c'era un ~** there wasn't a soul; **~ da caccia/uardia** hunting/guard dog; **~ lupo** alsatian

ca'nestro *sm* basket

'canfora *sf* camphor

cangi'ante [kanˈdʒante] *ag* iridescent

can'guro *sm* kangaroo

ca'nile *sm* kennel; (*di allevamento*) kennels *pl*; **~ municipale** dog pound

ca'nino, a *ag, sm* canine

'canna *sf* (*pianta*) reed; (*: indica, da zucchero*) cane; (*bastone*) stick, cane; (*di fucile*) barrel; (*di organo*) pipe; (*fam: droga*) joint; **~ da pesca** (fishing) rod; **~ da zucchero** sugar cane

can'nella *sf* (*CUC*) cinnamon

cannel'loni *smpl pasta tubes stuffed with sauce and baked*

cannocchi'ale [kannokˈkjale] *sm* telescope

can'none *sm* (*MIL*) gun; (*: STORIA*) cannon; (*tubo*) pipe, tube; (*piega*) box pleat; (*fig*) ace

can'nuccia, ce [kanˈnuttʃa] *sf* (drinking) straw

ca'noa *sf* canoe

'canone *sm* canon, criterion; (*mensile, annuo*) rent; fee

ca'nonico, ci *sm* (*REL*) canon

ca'noro, a *ag* (*uccello*) singing, song *cpd*

canot'taggio [kanotˈtaddʒo] *sm* rowing

canot'tiera *sf* vest

ca'notto *sm* small boat, dinghy; canoe

cano'vaccio [kanoˈvattʃo] *sm* (*tela*) canvas; (*strofinaccio*) duster; (*trama*) plot

can'tante *sm/f* singer

can'tare *vt, vi* to sing; **cantau'tore, 'trice** *sm/f* singer-composer

canti'ere *sm* (*EDIL*) (building) site; (*anche:* **~ navale**) shipyard

canti'lena *sf* (*filastrocca*) lullaby; (*fig*) sing-song voice

can'tina *sf* cellar; (*bottega*) wine shop

'canto *sm* song; (*arte*) singing; (*REL*) chant; chanting; (*poesia*) poem, lyric; (*parte di una poesia*) canto; (*parte, lato*): **da un ~** on the one hand; **d'altro ~** on the other hand

canto'nata *sf* corner; **prendere una ~** (*fig*) to blunder

can'tone *sm* (*in Svizzera*) canton

can'tuccio [kanˈtuttʃo] *sm* corner, nook

canzo'nare [kantsoˈnare] *vt* to tease

can'zone [kanˈtsone] *sf* song; (*POESIA*) canzone; **canzoni'ere** *sm* (*MUS*) songbook; (*LETTERATURA*) collection of poems

'caos *sm inv* chaos; **ca'otico, a, ci, che** *ag* chaotic

C.A.P. *sigla m* = **codice di avviamento postale**

ca'pace [kaˈpatʃe] *ag* able, capable; (*ampio, vasto*) large, capacious; **sei ~ di farlo?** can you *o* are you able to do it?; **capacità** *sf inv* ability; (*DIR, di recipiente*) capacity; **capaci'tarsi** *vr* to understand

ca'panna *sf* hut

capan'none *sm* (*AGR*) barn; (*fabbricato industriale*) (factory) shed

ca'parbio, a *ag* stubborn

ca'parra *sf* deposit, down payment

ca'pello *sm* hair; **~i** *smpl* (*capigliatura*) hair *sg*

capez'zale [kapetˈtsale] *sm* bolster; (*fig*)

bedside
ca'pezzolo [ka'pettsolo] *sm* nipple
capi'enza [ka'pjɛntsa] *sf* capacity
capiglia'tura [kapiʎʎa'tura] *sf* hair
ca'pire *vt* to understand
capi'tale *ag* (*mortale*) capital;
(*fondamentale*) main, chief ♦ *sf* (*città*)
capital ♦ *sm* (ECON) capital; **capita'lismo**
sm capitalism; **capita'lista, i, e** *ag, sm/f*
capitalist
capitane'ria *sf*: ~ **di porto** port authorities
pl
capi'tano *sm* captain
capi'tare *vi* (*giungere casualmente*) to
happen to go, find o.s.; (*accadere*) to
happen; (*presentarsi: cosa*) to turn up,
present itself ♦ *vb impers* to happen; **mi è**
capitato un guaio I've had a spot of
trouble
capi'tello *sm* (ARCHIT) capital
ca'pitolo *sm* chapter
capi'tombolo *sm* headlong fall, tumble
'capo *sm* head; (*persona*) head, leader; (: *in*
ufficio) head, boss; (: *in tribù*) chief; (*di*
oggetti) head; top; end; (GEO) cape; **andare**
a ~ to start a new paragraph; **da** ~ over
again; ~ **di bestiame** head *inv* of cattle; ~
di vestiario item of clothing
'capo... *prefisso*: **capocu'oco, chi** *sm*
head cook; **Capo'danno** *sm* New Year;
capo'fitto: a capofitto *av* headfirst,
headlong; **capo'giro** *sm* dizziness *no pl*;
capola'voro, i *sm* masterpiece;
capo'linea (*pl* **capi'linea**) *sm* terminus;
capo'lino *sm*: **fare capolino** to peep out
(*o in etc*); **capolu'ogo** (*pl* **-ghi** *o*
capilu'oghi) *sm* chief town, administrative
centre
capo'rale *sm* (MIL) lance corporal (BRIT),
private first class (US)
'capo... *prefisso*: **capostazi'one** (*pl*
capistazi'one) *sm* station master;
capo'treno (*pl* **capi'treno** *o* **capo'treni**)
sm guard
capo'volgere [kapo'vɔldʒere] *vt* to
overturn; (*fig*) to reverse; **~rsi** *vr* to
overturn; (*barca*) to capsize; (*fig*) to be

reversed; **capo'volto, a** *pp di*
capovolgere
'cappa *sf* (*mantello*) cape, cloak; (*del*
camino) hood
cap'pella *sf* (REL) chapel; **cappel'lano** *sm*
chaplain
cap'pello *sm* hat
'cappero *sm* caper
cap'pone *sm* capon
cap'potto *sm* (over)coat
cappuc'cino [kapput'tʃino] *sm* (*frate*)
Capuchin monk; (*bevanda*) cappuccino,
frothy white coffee
cap'puccio [kap'puttʃo] *sm* (*copricapo*)
hood; (*della biro*) cap
'capra *sf* (she-)goat; **ca'pretto** *sm* kid
ca'priccio [ka'prittʃo] *sm* caprice, whim;
(*bizza*) tantrum; **fare i ~i** to be very
naughty; **capricci'oso, a** *ag* capricious,
whimsical; naughty
Capri'corno *sm* Capricorn
capri'ola *sf* somersault
capri'olo *sm* roe deer
'capro *sm*: ~ **espiatorio** scapegoat
'capsula *sf* capsule; (*di arma, per bottiglie*)
cap
cap'tare *vt* (RADIO, TV) to pick up;
(*cattivarsi*) to gain, win
cara'bina *sf* rifle
carabini'ere *sm* member of Italian
military police force

---
carabinieri
---

i Originally part of the armed forces, the
carabinieri *are police who now perform*
both military and civil duties and include
paratroop units and mounted divisions.

---

ca'raffa *sf* carafe
cara'mella *sf* sweet
ca'rattere *sm* character; (*caratteristica*)
characteristic, trait; **avere un buon** ~ to be
good-natured; **caratte'ristica, che** *sf*
characteristic, trait, peculiarity;
caratte'ristico, a, ci, che *ag*
characteristic; **caratteriz'zare** *vt* to
characterize

car'bone *sm* coal

carbu'rante *sm* (motor) fuel

carbura'tore *sm* carburettor

car'cassa *sf* carcass; (*fig: peg: macchina etc*) (old) wreck

carce'rato, a [kartʃe'rato] *sm/f* prisoner

'carcere ['kartʃere] *sm* prison; (*pena*) imprisonment

carci'ofo [kar'tʃɔfo] *sm* artichoke

car'diaco, a, ci, che *ag* cardiac, heart *cpd*

cardi'nale *ag, sm* cardinal

'cardine *sm* hinge

'cardo *sm* thistle

ca'renza [ka'rɛntsa] *sf* lack, scarcity; (*vitaminica*) deficiency

cares'tia *sf* famine; (*penuria*) scarcity, dearth

ca'rezza [ka'rettsa] *sf* caress; **carez'zare** *vt* to caress, stroke

'carica, che *sf* (*mansione ufficiale*) office, position; (*MIL, TECN, ELETTR*) charge; **ha una forte ~ di simpatìa** he's very likeable; *vedi anche* **carico**

cari'care *vt* to load; (*orologio*) to wind up; (*batteria, MIL*) to charge

'carico, a, chi, che *ag* (*che porta un peso*): **~ di** loaded *o* laden with; (*fucile*) loaded; (*orologio*) wound up; (*batteria*) charged; (*colore*) deep; (*caffè, tè*) strong ♦ *sm* (*il caricare*) loading; (*ciò che si carica*) load; (*fig: peso*) burden, weight; **persona a ~ dependent**; **essere a ~ di qn** (*spese etc*) to be charged to sb

'carie *sf* (*dentaria*) decay

ca'rino, a *ag* (*grazioso*) lovely, pretty, nice; (*riferito a uomo, anche simpatico*) nice

carità *sf* charity; **per ~!** (*escl di rifiuto*) good heavens, no!

carnagi'one [karna'dʒone] *sf* complexion

car'nale *ag* (*amore*) carnal

'carne *sf* flesh; (*bovina, ovina etc*) meat; **~ di manzo/maiale/pecora** beef/pork/ mutton; **~ tritata** mince (*BRIT*), hamburger meat (*US*), minced (*BRIT*) *o* ground (*US*) meat

car'nefice [kar'nefitʃe] *sm* executioner; (*alla forca*) hangman

carne'vale *sm* carnival

---

carnevale

i **Carnevale** *is the period between Epiphany (Jan. 6th) and the beginning of Lent. People wear fancy dress, and there are parties, processions of floats and bonfires. It culminates immediately before Lent in the festivities of* **martedì grasso** *(Shrove Tuesday).*

---

car'noso, a *ag* fleshy

'caro, a *ag* (*amato*) dear; (*costoso*) dear, expensive

ca'rogna [ka'roɲɲa] *sf* carrion; (*fig: fam*) swine

ca'rota *sf* carrot

caro'vana *sf* caravan

caro'vita *sm* high cost of living

carpenti'ere *sm* carpenter

car'pire *vt*: **~ qc a qn** (*segreto etc*) to get sth out of sb

car'poni *av* on all fours

car'rabile *ag* suitable for vehicles; **"passo ~"** "keep clear"

car'raio, a *ag*: **passo ~** driveway

carreggi'ata [karred'dʒata] *sf* carriageway (*BRIT*), (road)way

car'rello *sm* trolley; (*AER*) undercarriage; (*CINEMA*) dolly; (*di macchina da scrivere*) carriage

carri'era *sf* career; **fare ~** to get on; **a gran ~** at full speed

carri'ola *sf* wheelbarrow

'carro *sm* cart, wagon; **~ armato** tank; **~ attrezzi** breakdown van

car'rozza [kar'rɔttsa] *sf* carriage, coach

carrozze'ria [karrottse'ria] *sf* body, coachwork (*BRIT*); (*officina*) coachbuilder's workshop (*BRIT*), body shop

carroz'zina [karrot'tsina] *sf* pram (*BRIT*), baby carriage (*US*)

'carta *sf* paper; (*al ristorante*) menu; (*GEO*) map; plan; (*documento, da gioco*) card; (*costituzione*) charter; **~e** *sfpl* (*documenti*) papers, documents; **alla ~** (*al ristorante*) à

la carte; ~ **assegni** bank card; ~
assorbente blotting paper; ~ **bollata** *o* **da
bollo** official stamped paper; ~ **di credito**
credit card; ~ **(geografica)** map; ~
d'identità identity card; ~ **igienica** toilet
paper; ~ **d'imbarco** (*AER, NAUT*) boarding
card; ~ **da lettere** writing paper; ~ **libera**
(*AMM*) unstamped paper; ~ **da parati**
wallpaper; ~ **stradale** road map; ~ **verde**
(*AUT*) green card; ~ **vetrata** sandpaper; ~
da visita visiting card

cartacar'bone (*pl* **cartecar'bone**) *sf*
carbon paper

car'taccia, ce [kar'tattʃa] *sf* waste paper

carta'pecora *sf* parchment

carta'pesta *sf* papier-mâché

car'teggio [kar'teddʒo] *sm* correspondence

car'tella *sf* (*scheda*) card; (*custodia: di
cartone*) folder; (*: di uomo d'affari etc*)
briefcase; (*: di scolaro*) schoolbag, satchel;
~ **clinica** (*MED*) case sheet

car'tello *sm* sign; (*pubblicitario*) poster;
(*stradale*) sign, signpost; (*ECON*) cartel; (*in
dimostrazioni*) placard; **cartel'lone** *sm*
(*pubblicitario*) advertising poster; (*della
tombola*) scoring frame; (*TEATRO*) playbill;
tenere il cartellone (*spettacolo*) to have a
long run

carti'era *sf* paper mill

car'tina *sf* (*AUT, GEO*) map

car'toccio [kar'tɔttʃo] *sm* paper bag

cartole'ria *sf* stationer's (shop)

carto'lina *sf* postcard; ~ **postale** ready-
stamped postcard

car'tone *sm* cardboard; (*ARTE*) cartoon; ~**i
animati** *smpl* (*CINEMA*) cartoons

car'tuccia, ce [kar'tuttʃa] *sf* cartridge

'casa *sf* house; (*in senso astratto*) home;
(*COMM*) firm, house; **essere a ~** to be at
home; **vado a ~ mia/tua** I'm going
home/to your house; ~ **di cura** nursing
home; ~ **dello studente** student hostel; ~**e
popolari** ≈ council houses (*o* flats) (*BRIT*),
≈ public housing units (*US*); **vino della ~**
house wine

ca'sacca, che *sf* military coat; (*di fantino*)
blouse

casa'linga, ghe *sf* housewife

casa'lingo, a, ghi, ghe *ag* household,
domestic; (*fatto a casa*) home-made;
(*semplice*) homely; (*amante della casa*)
home-loving; ~**ghi** *smpl* household articles;
cucina ~**a** plain home cooking

cas'care *vi* to fall; **cas'cata** *sf* fall;
(*d'acqua*) cascade, waterfall

ca'scina [kaʃ'ʃina] *sf* farmstead

'casco, schi *sm* helmet; (*del parrucchiere*)
hair-dryer; (*di banane*) bunch

casei'ficio [kazei'fitʃo] *sm* creamery

ca'sella *sf* pigeon-hole; ~ **postale** post
office box

casel'lario *sm* filing cabinet; ~ **giudiziale**
court records *pl*

ca'sello *sm* (*di autostrada*) toll-house

ca'serma *sf* barracks *pl*

ca'sino (*fam*) *sm* brothel; (*confusione*) row,
racket

casinò *sm inv* casino

'caso *sm* chance; (*fatto, vicenda*) event,
incident; (*possibilità*) possibility; (*MED, LING*)
case; **a ~** at random; **per ~** by chance, by
accident; **in ogni ~, in tutti i ~i** in any case,
at any rate; **al ~** should the opportunity
arise; **nel ~ che** in case; ~ **mai** if by
chance; ~ **limite** borderline case

caso'lare *sm* cottage

'cassa *sf* case, crate, box; (*bara*) coffin;
(*mobile*) chest; (*involucro: di orologio etc*)
case; (*macchina*) cash register, till; (*luogo di
pagamento*) checkout (counter); (*fondo*)
fund; (*istituto bancario*) bank; ~
automatica prelievi cash dispenser; ~
continua night safe; ~ **integrazione:
mettere in ~ integrazione** ≈ to lay off; ~
mutua *o* **malattia** health insurance
scheme; ~ **di risparmio** savings bank; ~
toracica (*ANAT*) chest

cassa'forte (*pl* **casse'forti**) *sf* safe

cassa'panca (*pl* **cassa'panche** *o*
casse'panche) *sf* settle

casse'rola *sf* = **casseruola**

casseru'ola *sf* saucepan

cas'setta *sf* box; (*per registratore*) cassette;
(*CINEMA, TEATRO*) box-office takings *pl*; **film**

di ~ box-office draw; **~ di sicurezza** strongbox; **~ delle lettere** letterbox

cas'setto *sm* drawer; casset'tone *sm* chest of drawers

cassi'ere, a *sm/f* cashier; (*di banca*) teller

casso'netto *sm* wheelie-bin

'casta *sf* caste

cas'tagna [kas'taɲɲa] *sf* chestnut

cas'tagno [kas'taɲɲo] *sm* chestnut (tree)

cas'tano, a *ag* chestnut (brown)

cas'tello *sm* castle; (*TECN*) scaffolding

casti'gare *vt* to punish; cas'tigo, ghi *sm* punishment

castità *sf* chastity

cas'toro *sm* beaver

cas'trare *vt* to castrate; to geld; to doctor (*BRIT*), fix (*US*)

casu'ale *ag* chance *cpd*; (*INFORM*) random *cpd*

cata'comba *sf* catacomb

ca'talogo, ghi *sm* catalogue

catarifran'gente [katarifran'dʒɛnte] *sm* (*AUT*) reflector

ca'tarro *sm* catarrh

ca'tasta *sf* stack, pile

ca'tasto *sm* land register; land registry office

ca'tastrofe *sf* catastrophe, disaster

catego'ria *sf* category

ca'tena *sf* chain; **~ di montaggio** assembly line; **~e da neve** (*AUT*) snow chains; cate'naccio *sm* bolt

cate'ratta *sf* cataract; (*chiusa*) sluice-gate

cati'nella *sf*: **piovere a ~e** to pour

ca'tino *sm* basin

ca'trame *sm* tar

'cattedra *sf* teacher's desk; (*di docente*) chair

catte'drale *sf* cathedral

catti'veria *sf* malice, spite; naughtiness; (*atto*) spiteful act; (*parole*) malicious *o* spiteful remark

cattività *sf* captivity

cat'tivo, a *ag* bad; (*malvagio*) bad, wicked; (*turbolento: bambino*) bad, naughty; (: *mare*) rough; (*odore, sapore*) nasty, bad

cat'tolico, a, ci, che *ag*, *sm/f* (Roman) Catholic

cat'tura *sf* capture

cattu'rare *vt* to capture

caucciù [kaut'tʃu] *sm* rubber

'causa *sf* cause; (*DIR*) lawsuit, case, action; **a ~ di, per ~ di** because of; **fare** *o* **muovere ~ a qn** to take legal action against sb

cau'sare *vt* to cause

cau'tela *sf* caution, prudence

caute'lare *vt* to protect; **~rsi** *vr*: **~rsi (da)** to take precautions (against)

'cauto, a *ag* cautious, prudent

cauzi'one [kaut'tsjone] *sf* security; (*DIR*) bail

cav. *abbr* = cavaliere

'cava *sf* quarry

caval'care *vt* (*cavallo*) to ride; (*muro*) to sit astride; (*sog: ponte*) to span; caval'cata *sf* ride; (*gruppo di persone*) riding party

cavalca'via *sm inv* flyover

cavalci'oni [kaval'tʃoni]: **a ~ di** *prep* astride

cavali'ere *sm* rider; (*feudale, titolo*) knight; (*soldato*) cavalryman; (*al ballo*) partner; cavalle'resco, a, schi, sche *ag* chivalrous; cavalle'ria *sf* (*di persona*) chivalry; (*milizia a cavallo*) cavalry

cavalle'rizzo, a [kavalle'rittso] *sm/f* riding instructor; circus rider

caval'letta *sf* grasshopper

caval'letto *sm* (*FOT*) tripod; (*da pittore*) easel

ca'vallo *sm* horse; (*SCACCHI*) knight; (*AUT: anche: ~ vapore*) horsepower; (*dei pantaloni*) crotch; **a ~** on horseback; **a ~ di** astride, straddling; **~ di battaglia** (*fig*) hobby-horse; **~ da corsa** racehorse

ca'vare *vt* (*togliere*) to draw out, extract, take out; (: *giacca, scarpe*) to take off; (: *fame, sete, voglia*) to satisfy; **cavarsela** to manage, get on all right; (*scamparla*) to get away with it

cava'tappi *sm inv* corkscrew

ca'verna *sf* cave

'cavia *sf* guinea pig

cavi'ale *sm* caviar

ca'viglia [ka'viʎʎa] *sf* ankle

ca'villo *sm* quibble

'cavo, a *ag* hollow ♦ *sm* (*ANAT*) cavity; (*corda, ELETTR, TEL*) cable

cavolfi'ore *sm* cauliflower

'cavolo *sm* cabbage; (*fam*): non m'importa un ~ I don't give a damn; ~ di Bruxelles Brussels sprout

cazzu'ola [kat'tswɔla] *sf* trowel

c/c *abbr* = conto corrente

CD *sm inv* CD

CD-ROM [tʃidi'rom] *sm inv* CD-ROM

C.E. [tʃe] *sigla f* (= *Comunità Europea*) EC

ce [tʃe] *pron, av vedi* ci

'cece ['tʃetʃe] *sm* chickpea

cecità [tʃetʃi'ta] *sf* blindness

'ceco, a ['tʃɛko] *ag, sm/f* Czech; la Repubblica ~a the Czech Republic

Cecoslo'vacchia [tʃekoslo'vakkja] *sf*: la ~ Czechoslovakia

'cedere ['tʃɛdere] *vt* (*concedere: posto*) to give up; (*DIR*) to transfer, make over ♦ *vi* (*cadere*) to give way, subside; ~ (a) to surrender (to), yield (to), give in (to); ce'devole *ag* (*terreno*) soft; (*fig*) yielding

'cedola ['tʃɛdola] *sf* (*COMM*) coupon; voucher

'cedro ['tʃɛdro] *sm* cedar; (*albero da frutto, frutto*) citron

'ceffo ['tʃɛffo] (*peg*) *sm* ugly mug

cef'fone [tʃef'fone] *sm* slap, smack

ce'lare [tʃe'lare] *vt* to conceal; ~rsi to hide

cele'brare [tʃele'brare] *vt* to celebrate; celebrazi'one *sf* celebration

'celebre ['tʃɛlebre] *ag* famous, celebrated; celebrità *sf inv* fame; (*persona*) celebrity

'celere ['tʃɛlere] *ag* fast, swift; (*corso*) crash *cpd*

ce'leste [tʃe'lɛste] *ag* celestial; heavenly; (*colore*) sky-blue

'celibe ['tʃɛlibe] *ag* single, unmarried

'cella ['tʃɛlla] *sf* cell

'cellula ['tʃɛllula] *sf* (*BIOL, ELETTR, POL*) cell; cellu'lare *sm* cellphone

cellu'lite [tʃellu'lite] *sf* cellulite

cemen'tare [tʃemen'tare] *vt* (*anche fig*) to cement

ce'mento [tʃe'mento] *sm* cement; ~ armato reinforced concrete

'cena ['tʃena] *sf* dinner; (*leggera*) supper

ce'nare [tʃe'nare] *vi* to dine, have dinner

'cencio ['tʃentʃo] *sm* piece of cloth, rag; (*per spolverare*) duster

'cenere ['tʃenere] *sf* ash

'cenno ['tʃenno] *sm* (*segno*) sign, signal; (*gesto*) gesture; (*col capo*) nod; (*con la mano*) wave; (*allusione*) hint, mention; (*breve esposizione*) short account; far ~ di sì/no to nod (one's head)/shake one's head

censi'mento [tʃensi'mento] *sm* census

cen'sura [tʃen'sura] *sf* censorship; censor's office; (*fig*) censure

cente'nario, a [tʃente'narjo] *ag* (*che ha cento anni*) hundred-year-old; (*che ricorre ogni cento anni*) centennial, centenary *cpd* ♦ *sm/f* centenarian ♦ *sm* centenary

cen'tesimo, a [tʃen'tezimo] *ag, sm* hundredth

cen'tigrado, a [tʃen'tigrado] *ag* centigrade; 20 gradi ~i 20 degrees centigrade

cen'timetro [tʃen'timetro] *sm* centimetre

centi'naio [tʃenti'najo] (*pl(f)* -aia) *sm*: un ~ (di) a hundred; about a hundred

'cento ['tʃento] *num* a hundred, one hundred

cen'trale [tʃen'trale] *ag* central ♦ *sf*: ~ telefonica (telephone) exchange; ~ elettrica electric power station; centrali'nista *sm/f* operator; centra'lino (telephone) exchange; (*di albergo etc*) switchboard

cen'trare [tʃen'trare] *vt* to hit the centre of; (*TECN*) to centre

cen'trifuga [tʃen'trifuga] *sf* spin-dryer

'centro ['tʃentro] *sm* centre; ~ civico civic centre; ~ commerciale shopping centre; (*città*) commercial centre

'ceppo ['tʃeppo] *sm* (*di albero*) stump; (*pezzo di legno*) log

'cera ['tʃera] *sf* wax; (*aspetto*) appearance

ce'ramica, che [tʃe'ramika] *sf* ceramic; (*ARTE*) ceramics *sg*

cerbi'atto [tʃer'bjatto] *sm* (*ZOOL*) fawn

'cerca ['tʃerka] *sf*: in o alla ~ di in search of

cer'care [tʃer'kare] *vt* to look for, search for

♦ vi: ~ **di fare qc** to try to do sth
'**cerchia** ['tʃerkja] sf circle
'**cerchio** ['tʃerkjo] sm circle; (giocattolo, di
botte) hoop
cere'ale [tʃere'ale] sm cereal
ceri'monia [tʃeri'mɔnja] sf ceremony
ce'rino [tʃe'rino] sm wax match
'**cernia** ['tʃernja] sf (ZOOL) stone bass
cerni'era [tʃer'njera] sf hinge; ~ **lampo** zip
(fastener) (BRIT), zipper (US)
'**cernita** ['tʃernita] sf selection
'**cero** ['tʃero] sm (church) candle
ce'rotto [tʃe'rɔtto] sm sticking plaster
certa'mente [tʃerta'mente] av certainly
cer'tezza [tʃer'tettsa] sf certainty
certifi'cato sm certificate; ~ **medico/di
nascita** medical/birth certificate

___PAROLA CHIAVE___

'**certo, a** ['tʃerto] ag (sicuro): ~ **(di/che)**
certain o sure (of/that)
♦ det 1 (tale) certain; **un ~ signor Smith** a
(certain) Mr Smith
2 (qualche; con valore intensivo) some;
dopo un ~ tempo after some time; **un
fatto di una ~a importanza** a matter of
some importance; **di una ~a età** past one's
prime, not so young
♦ pron: ~**i, e** pl some
♦ av (certamente) certainly; (senz'altro) of
course; **di ~** certainly; **no (di) ~!, ~ che no!**
certainly not!; **sì ~** yes indeed, certainly

cer'vello, i [tʃer'vello] (ANAT: pl(f) **-a**) sm
brain
'**cervo, a** ['tʃervo] sm/f stag/doe ♦ sm deer;
~ **volante** stag beetle
ce'sello [tʃe'zello] sm chisel
ce'soie [tʃe'zoje] sfpl shears
ces'puglio [tʃes'puʎʎo] sm bush
ces'sare [tʃes'sare] vi, vt to stop, cease; ~
di fare qc to stop doing sth
'**cesso** ['tʃesso] (fam) sm (gabinetto) bog
'**cesta** ['tʃesta] sf (large) basket
ces'tino [tʃes'tino] sm basket; (per la carta
straccia) wastepaper basket; ~ **da viaggio**
(FERR) packed lunch (o dinner)

'**cesto** ['tʃesto] sm basket
'**ceto** ['tʃeto] sm (social) class
cetrio'lino [tʃetrio'lino] sm gherkin
cetri'olo [tʃetri'ɔlo] sm cucumber
CFC sm inv (= clorofluorocarburo) CFC
cfr. abbr (= confronta) cf
CGIL sigla f (= Confederazione Generale
Italiana del Lavoro) trades union
organization

___PAROLA CHIAVE___

che [ke] pron 1 (relativo: persona: soggetto)
who; (: oggetto) whom; (: cosa,
animale) which, that; **il ragazzo ~ è
venuto** the boy who came; **l'uomo ~ io
vedo** the man (whom) I see; **il libro ~ è
sul tavolo** the book which o that is on the
table; **il libro ~ vedi** the book (which o
that) you see; **la sera ~ ti ho visto** the
evening I saw you
2 (interrogativo, esclamativo) what; ~
(cosa) fai? what are you doing?; **a ~
(cosa) pensi?** what are you thinking
about?; **non sa ~ (cosa) fare** he doesn't
know what to do; **ma ~ dici!** what are you
saying!
3 (indefinito): **quell'uomo ha un ~ di
losco** there's something suspicious about
that man; **un certo non so ~** an
indefinable something
♦ det 1 (interrogativo: tra tanti) what; (: tra
pochi) which; ~ **tipo di film preferisci?**
what sort of film do you prefer?; ~ **vestito
ti vuoi mettere?** what (o which) dress do
you want to put on?
2 (esclamativo: seguito da aggettivo) how;
(: seguito da sostantivo) what; ~ **buono!**
how delicious!; ~ **bel vestito!** what a lovely
dress!
♦ cong 1 (con proposizioni subordinate)
that; **credo ~ verrà** I think he'll come;
voglio ~ tu studi I want you to study; **so ~
tu c'eri** I know (that) you were there; **non
~: non ~ sia sbagliato, ma ...** not that it's
wrong, but ...
2 (finale) so that; **vieni qua, ~ ti veda**
come here, so (that) I can see you

3 (*temporale*): **arrivai ~ eri già partito** you had already left when I arrived; **sono anni ~ non lo vedo** I haven't seen him for years
4 (*in frasi imperative, concessive*): **~ venga pure!** let him come by all means!; **~ tu sia benedetto!** may God bless you!
5 (*comparativo: con più, meno*) than; *vedi anche* **più; meno; così** *etc*

cheti'chella [keti'kɛlla]: **alla ~** *av* stealthily, unobtrusively

---

PAROLA CHIAVE

chi [ki] *pron* **1** (*interrogativo: soggetto*) who; (: *oggetto*) who, whom; **~ è?** who is it?; **di ~ è questo libro?** whose book is this?, whose is this book?; **con ~ parli?** who are you talking to?; **a ~ pensi?** who are you thinking about?; **~ di voi?** which of you?; **non so a ~ rivolgermi** I don't know who to ask
2 (*relativo*) whoever, anyone who; **dillo a ~ vuoi** tell whoever you like
3 (*indefinito*): **~ ... ~ ...** some ... others ...; **~ dice una cosa, ~ dice un'altra** some say one thing, others say another

---

chiacchie'rare [kjakkje'rare] *vi* to chat; (*discorrere futilmente*) to chatter; (*far pettegolezzi*) to gossip; **chiacchie'rata** *sf* chat; **chi'acchiere** *sfpl*: **fare due** *o* **quattro chiacchiere** to have a chat; **chiacchie'rone, a** *ag* talkative, chatty; gossipy ♦ *sm/f* chatterbox; gossip
chia'mare [kja'mare] *vt* to call; (*rivolgersi a qn*) to call (in), send for; **~rsi** *vr* (*aver nome*) to be called; **mi chiamo Paolo** my name is Paolo, I'm called Paolo; **~ alle armi** to call up; **~ in giudizio** to summon; **chia'mata** *sf* (*TEL*) call; (*MIL*) call-up
chia'rezza [kja'rettsa] *sf* clearness; clarity
chia'rire [kja'rire] *vt* to make clear; (*fig: spiegare*) to clear up, explain; **~rsi** *vr* to become clear
chi'aro, a ['kjaro] *ag* clear; (*luminoso*) clear, bright; (*colore*) pale, light
chiaroveg'gente [kjaroved'dʒɛnte] *sm/f*

clairvoyant
chi'asso ['kjasso] *sm* uproar, row; **chias'soso, a** *ag* noisy, rowdy; (*vistoso*) showy, gaudy
chi'ave ['kjave] *sf* key ♦ *ag inv* key *cpd*; **~ d'accensione** (*AUT*) ignition key; **~ inglese** monkey wrench; **~ di volta** keystone; **chiavis'tello** *sm* bolt
chi'azza ['kjattsa] *sf* stain; splash
'chicco, chi ['kikko] *sm* grain; (*di caffè*) bean; **~ d'uva** grape
chi'edere ['kjɛdere] *vt* (*per sapere*) to ask; (*per avere*) to ask for ♦ *vi*: **~ di qn** to ask after sb; (*al telefono*) to ask for *o* want sb; **~ qc a qn** to ask sb sth; to ask sb for sth
chi'erico, ci ['kjɛriko] *sm* cleric; altar boy
chi'esa ['kjɛza] *sf* church
chi'esto, a *pp di* **chiedere**
'chiglia ['kiʎʎa] *sf* keel
'chilo ['kilo] *sm* kilo; **chilo'grammo** *sm* kilogram(me); **chilome'traggio** *sm* ≈ mileage; **~metraggio illimitato** unlimited mileage; **chi'lometro** *sm* kilometre
'chimica ['kimika] *sf* chemistry
'chimico, a, ci, che ['kimiko] *ag* chemical ♦ *sm/f* chemist
'china ['kina] *sf* (*pendio*) slope, descent; (*inchiostro*) Indian ink
chi'nare [ki'nare] *vt* to lower, bend; **~rsi** *vr* to stoop, bend
chi'nino [ki'nino] *sm* quinine
chi'occiola ['kjɔttʃola] *sf* snail; **scala a ~** spiral staircase
chi'odo ['kjɔdo] *sm* nail; (*fig*) obsession
chi'oma ['kjɔma] *sf* (*capelli*) head of hair
chi'osco, schi ['kjɔsko] *sm* kiosk, stall
chi'ostro ['kjɔstro] *sm* cloister
chiro'mante [kiro'mante] *sm/f* palmist
chirur'gia [kirur'dʒia] *sf* surgery; **~ estetica** cosmetic surgery; **chi'rurgo, ghi** *o* **gi** *sm* surgeon
chissà [kis'sa] *av* who knows, I wonder
chi'tarra [ki'tarra] *sf* guitar
chi'udere ['kjudere] *vt* to close, shut; (*luce, acqua*) to put off, turn off; (*definitivamente: fabbrica*) to close down, shut down;

(strada) to close; (recingere) to enclose; (porre termine a) to end ♦ vi to close, shut; to close down, shut down; to end; **~rsi** vr to shut, close; (ritirarsi: anche fig) to shut o.s. away; (ferita) to close up

chi'unque [ki'unkwe] pron (relativo) whoever; (indefinito) anyone, anybody; **~ sia** whoever it is

chi'uso, a ['kjuso] pp di **chiudere** ♦ sf (di corso d'acqua) sluice, lock; (recinto) enclosure; (di discorso etc) conclusion, ending; **chiu'sura** sf (vedi **chiudere**) closing; shutting; closing o shutting down; enclosing; putting o turning off; ending; (dispositivo) catch; fastening; fastener

---
PAROLA CHIAVE
---

ci [tʃi] (dav lo, la, li, le, ne diventa **ce**) pron
1 (personale: complemento oggetto) us; (: a noi: complemento di termine) (to) us; (: riflessivo) ourselves; (: reciproco) each other, one another; (impersonale): **~ si veste** we get dressed; **~ ha visti** he's seen us; **non ~ ha dato niente** he gave us nothing; **~ vestiamo** we get dressed; **~ amiamo** we love one another o each other
2 (dimostrativo: di ciò, su ciò, in ciò etc) about (o on o of) it; **non so cosa far~** I don't know what to do about it; **che c'entro io?** what have I got to do with it?
♦ av (qui) here; (lì) there; (moto attraverso luogo): **~ passa sopra un ponte** a bridge passes over it; **non ~ passa più nessuno** nobody comes this way any more; **esser~** vedi **essere**

---

cia'batta [tʃa'batta] sf slipper; (pane) ciabatta

ci'alda ['tʃalda] sf (CUC) wafer

ciam'bella [tʃam'bella] sf (CUC) ring-shaped cake; (salvagente) rubber ring

ci'ao ['tʃao] escl (all'arrivo) hello!; (alla partenza) cheerio! (BRIT), bye!

cias'cuno, a [tʃas'kuno] (det: dav sm: **ciascun** +C, V, **ciascuno** +s impura, gn, pn, ps, x, z; dav sf: **ciascuna** +C, **ciascun'** +V) det every, each; (ogni) every ♦ pron each

(one); (tutti) everyone, everybody

ci'barie [tʃi'barje] sfpl foodstuffs

'cibo ['tʃibo] sm food

ci'cala [tʃi'kala] sf cicada

cica'trice [tʃika'tritʃe] sf scar

'cicca ['tʃikka] sf cigarette end

'ciccia ['tʃittʃa] (fam) sf fat

cice'rone [tʃitʃe'rone] sm guide

ci'clismo [tʃi'klizmo] sm cycling; **ci'clista, i, e** sm/f cyclist

'ciclo ['tʃiklo] sm cycle; (di malattia) course

ciclomo'tore [tʃiklomo'tore] sm moped

ci'clone [tʃi'klone] sm cyclone

ci'cogna [tʃi'koɲɲa] sf stork

ci'coria [tʃi'kɔrja] sf chicory

ci'eco, a, chi, che ['tʃɛko] ag blind ♦ sm/f blind man/woman

ci'elo ['tʃɛlo] sm sky; (REL) heaven

'cifra ['tʃifra] sf (numero) figure; numeral; (somma di denaro) sum, figure; (monogramma) monogram, initials pl; (codice) code, cipher

'ciglio, i ['tʃiʎʎo] (delle palpebre: pl(f) **ciglia**) sm (margine) edge, verge; (eye)lash; (eye)lid; (sopracciglio) eyebrow

'cigno ['tʃiɲɲo] sm swan

cigo'lare [tʃigo'lare] vi to squeak, creak

'Cile ['tʃile] sm: **il ~** Chile

ci'lecca [tʃi'lekka] sf: **far ~** to fail

cili'egia, gie o ge [tʃi'ljedʒa] sf cherry; **cili'egio** sm cherry tree

cilin'drata [tʃilin'drata] sf (AUT) (cubic) capacity; **una macchina di grossa ~** a big-engined car

ci'lindro [tʃi'lindro] sm cylinder; (cappello) top hat

'cima ['tʃima] sf (sommità) top; (di monte) top, summit; (estremità) end; **in ~ a** at the top of; **da ~ a fondo** from top to bottom; (fig) from beginning to end

'cimice ['tʃimitʃe] sf (ZOOL) bug; (puntina) drawing pin (BRIT), thumbtack (US)

cimi'niera [tʃimi'njera] sf chimney; (di nave) funnel

cimi'tero [tʃimi'tero] sm cemetery

'Cina ['tʃina] sf: **la ~** China

cin'cin [tʃin'tʃin] escl cheers!

cin cin [tʃin'tʃin] *escl* = **cincin**

cinema ['tʃinema] *sm inv* cinema; **cine'presa** *sf* cine-camera

ci'nese [tʃi'nese] *ag, sm/f, sm* Chinese *inv*

cingere ['tʃindʒere] *vt* (*attorniare*) to surround, encircle

cinghia ['tʃingja] *sf* strap; (*cintura, TECN*) belt

cinghi'ale [tʃin'gjale] *sm* wild boar

cinguet'tare [tʃingwet'tare] *vi* to twitter

cinico, a, ci, che ['tʃiniko] *ag* cynical ♦ *sm/f* cynic; **ci'nismo** *sm* cynicism

cin'quanta [tʃin'kwanta] *num* fifty; **cinquan'tesimo, a** *num* fiftieth

cinquan'tina [tʃinkwan'tina] *sf* (*serie*): **una ~ (di)** about fifty; (*età*): **essere sulla ~** to be about fifty

cinque ['tʃinkwe] *num* five; **avere ~ anni** to be five (years old); **il ~ dicembre 1999** the fifth of December 1999; **alle ~ (ora)** at five (o'clock)

cinque'cento [tʃinkwe'tʃento] *num* five hundred ♦ *sm*: **il C~** the sixteenth century

cinto, a ['tʃinto] *pp di* **cingere**

cin'tura [tʃin'tura] *sf* belt; **~ di salvataggio** lifebelt (*BRIT*), life preserver (*US*); **~ di sicurezza** (*AUT, AER*) safety *o* seat belt

ciò [tʃɔ] *pron* this; that; **~ che** what; **~ nonostante** *o* **nondimeno** nevertheless, in spite of that

ci'occa, che ['tʃɔkka] *sf* (*di capelli*) lock

ciocco'lata [tʃokko'lata] *sf* chocolate; (*bevanda*) (hot) chocolate; **cioccola'tino** *sm* chocolate; **ciocco'lato** *sm* chocolate

cioè [tʃo'ɛ] *av* that is (to say)

ciondo'lare [tʃondo'lare] *vi* to dangle; (*fig*) to loaf (about); **ci'ondolo** *sm* pendant

ci'otola ['tʃɔtola] *sf* bowl

ci'ottolo ['tʃɔttolo] *sm* pebble; (*di strada*) cobble(stone)

ci'polla [tʃi'polla] *sf* onion; (*di tulipano etc*) bulb

ci'presso [tʃi'presso] *sm* cypress (tree)

cipria ['tʃiprja] *sf* (face) powder

Cipro ['tʃipro] *sm* Cyprus

circa ['tʃirka] *av* about, roughly ♦ *prep* about, concerning; **a mezzogiorno ~** about midday

circo, chi ['tʃirko] *sm* circus

circo'lare [tʃirko'lare] *vi* to circulate; (*AUT*) to drive (along), move (along) ♦ *ag* circular ♦ *sf* (*AMM*) circular; (*di autobus*) circle (line); **circolazi'one** *sf* circulation; (*AUT*): **la circolazione** (the) traffic

circolo ['tʃirkolo] *sm* circle

circon'dare [tʃirkon'dare] *vt* to surround

circonfe'renza [tʃirkonfe'rɛntsa] *sf* circumference

circonvallazi'one [tʃirkonvallat'tsjone] *sf* ring road (*BRIT*), beltway (*US*); (*per evitare una città*) by-pass

circos'critto, a [tʃirkos'kritto] *pp di* **circoscrivere**

circos'crivere [tʃirkos'krivere] *vt* to circumscribe; (*fig*) to limit, restrict; **circoscrizi'one** *sf* (*AMM*) district, area; **circoscrizione elettorale** constituency

circos'petto, a [tʃirkos'petto] *ag* circumspect, cautious

circos'tante [tʃirkos'tante] *ag* surrounding, neighbouring

circos'tanza [tʃirkos'tantsa] *sf* circumstance; (*occasione*) occasion

cir'cuito [tʃir'kuito] *sm* circuit

CISL *sigla f* (= *Confederazione Italiana Sindacati Lavoratori*) trades union organization

ciste ['tʃiste] *sf* = **cisti**

cis'terna [tʃis'tɛrna] *sf* tank, cistern

cisti ['tʃisti] *sf* cyst

C.I.T. [tʃit] *sigla f* = **Compagnia Italiana Turismo**

ci'tare [tʃi'tare] *vt* (*DIR*) to summon; (*autore*) to quote; (*a esempio, modello*) to cite; **citazi'one** *sf* summons *sg*; quotation; (*di persona*) mention

ci'tofono [tʃi'tɔfono] *sm* entry phone; (*in uffici*) intercom

città [tʃit'ta] *sf inv* town; (*importante*) city; **~ universitaria** university campus

cittadi'nanza [tʃittadi'nantsa] *sf* citizens *pl*; (*DIR*) citizenship

citta'dino, a [tʃitta'dino] *ag* town *cpd*; city *cpd* ♦ *sm/f* (*di uno Stato*) citizen; (*abitante* *di città)* townsman, city dweller

ci'uco, a, chi, che ['tʃuko] *sm/f* ass, donkey

ci'uffo ['tʃuffo] *sm* tuft

ci'vetta [tʃi'vetta] *sf (ZOOL)* owl; *(fig: donna)* coquette, flirt ♦ *ag inv*: **auto/nave ~** decoy car/ship

'civico, a, ci, che ['tʃiviko] *ag* civic; *(museo)* municipal, town *cpd*; city *cpd*

ci'vile [tʃi'vile] *ag* civil; *(non militare)* civilian; *(nazione)* civilized ♦ *sm* civilian

civilizzazi'one [tʃiviliddzat'tsjone] *sf* civilization

civiltà [tʃivil'ta] *sf* civilization; *(cortesia)* civility

'clacson *sm inv (AUT)* horn

cla'more *sm (frastuono)* din, uproar, clamour; *(fig)* outcry; **clamo'roso, a** *ag* noisy; *(fig)* sensational

clandes'tino, a *ag* clandestine; *(POL)* underground, clandestine ♦ *sm/f* stowaway

clari'netto *sm* clarinet

'classe *sf* class; **di ~** *(fig)* with class; of excellent quality

'classico, a, ci, che *ag* classical; *(tradizionale: moda)* classic(al) ♦ *sm* classic; classical author

clas'sifica *sf* classification; *(SPORT)* placings *pl*

classifi'care *vt* to classify; *(candidato, compito)* to grade; **~rsi** *vr* to be placed

'clausola *sf (DIR)* clause

'clava *sf* club

clavi'cembalo [klavi'tʃembalo] *sm* harpsichord

cla'vicola *sf (ANAT)* collar bone

cle'mente *ag* merciful; *(clima)* mild; **cle'menza** *sf* mercy, clemency; mildness

'clero *sm* clergy

cli'ente *sm/f* customer, client; **clien'tela** *sf* customers *pl*, clientèle

'clima, i *sm* climate; **cli'matico, a, ci, che** *ag* climatic; **stazione climatica** health resort; **climatizzatore** *sm* air conditioning system; **climatizzazi'one** *sf (TECN)* air conditioning

'clinica, che *sf (scienza)* clinical medicine;

(casa di cura) clinic, nursing home; *(settore d'ospedale)* clinic

'clinico, a, ci, che *ag* clinical ♦ *sm (medico)* clinician

clo'aca, che *sf* sewer

'cloro *sm* chlorine

cloro'formio *sm* chloroform

club *sm inv* club

c.m. *abbr* = **corrente mese**

coabi'tare *vi* to live together

coagu'lare *vt* to coagulate ♦ *vi* to coagulate; *(latte)* to curdle; **~rsi** *vr* to coagulate; to curdle

coalizi'one [koalit'tsjone] *sf* coalition

co'atto, a *ag (DIR)* compulsory, forced

'COBAS *sigla mpl (= Comitati di base) independent trades unions*

Coca'Cola ® *sf* Coca-Cola ®

coca'ina *sf* cocaine

cocci'nella [kottʃi'nella] *sf* ladybird *(BRIT)*, ladybug *(US)*

'coccio ['kottʃo] *sm* earthenware; *(vaso)* earthenware pot; **~i** *smpl (frammenti)* fragments (of pottery)

cocci'uto, a [kot'tʃuto] *ag* stubborn, pigheaded

'cocco, chi *sm (pianta)* coconut palm; *(frutto)*: **noce di ~** coconut ♦ *sm/f (fam)* darling

cocco'drillo *sm* crocodile

cocco'lare *vt* to cuddle, fondle

co'cente [ko'tʃente] *ag (anche fig)* burning

co'comero *sm* watermelon

co'cuzzolo [ko'kuttsolo] *sm* top; *(di capo, cappello)* crown

'coda *sf* tail; *(fila di persone, auto)* queue *(BRIT)*, line *(US)*; *(di abiti)* train; **con la ~ dell'occhio** out of the corner of one's eye; **mettersi in ~** to queue (up) *(BRIT)*, line up *(US)*; to join the queue *(BRIT)* *o* line *(US)*; **~ di cavallo** *(acconciatura)* ponytail

co'dardo, a *ag* cowardly ♦ *sm/f* coward

'codice ['koditʃe] *sm* code; **~ di avviamento postale** postcode *(BRIT)*, zip code *(US)*; **~ fiscale** tax code; **~ della strada** highway code

coe'rente *ag* coherent; **coe'renza** *sf*

coherence

coe'taneo, a *ag, sm/f* contemporary

'**cofano** *sm* (*AUT*) bonnet (*BRIT*), hood (*US*); (*forziere*) chest

'**cogli** ['kɔʎʎi] *prep* + *det* = **con** + **gli**; *vedi* **con**

'**cogliere** ['kɔʎʎere] *vt* (*fiore, frutto*) to pick, gather; (*sorprendere*) to catch, surprise; (*bersaglio*) to hit; (*fig: momento opportuno etc*) to grasp, seize, take; (*: capire*) to grasp; **~ qn in flagrante** *o* **in fallo** to catch sb red-handed

co'gnato, a [koɲ'ɲato] *sm/f* brother-/sister-in-law

co'gnome [koɲ'ɲome] *sm* surname

'**coi** *prep* + *det* = **con** + **i**; *vedi* **con**

coinci'denza [kointʃi'dɛntsa] *sf* coincidence; (*FERR, AER, di autobus*) connection

coin'cidere [koin'tʃidere] *vi* to coincide; **coin'ciso, a** *pp di* **coincidere**

coin'volgere [koin'vɔldʒere] *vt*: **~ in** to involve vt; **coin'volto, a** *pp di* **coinvolgere**

col *prep* + *det* = **con** + **il**; *vedi* **con**

cola'brodo *sm inv* strainer

cola'pasta *sm inv* colander

co'lare *vt* (*liquido*) to strain; (*pasta*) to drain; (*oro fuso*) to pour ♦ *vi* (*sudore*) to drip; (*botte*) to leak; (*cera*) to melt; **~ a picco** *vt, vi* (*nave*) to sink

co'lata *sf* (*di lava*) flow; (*FONDERIA*) casting

colazi'one [kolat'tsjone] *sf* (*anche:* **prima ~**) breakfast; (*anche:* **seconda ~**) lunch; **fare ~** to have breakfast (*o* lunch)

co'lei *pron vedi* **colui**

co'lera *sm* (*MED*) cholera

'**colica** *sf* (*MED*) colic

'**colla** *sf* glue; (*di farina*) paste

collabo'rare *vi* to collaborate; **~ a** to collaborate on; (*giornale*) to contribute to; **collabora'tore, 'trice** *sm/f* collaborator; contributor

col'lana *sf* necklace; (*collezione*) collection, series

col'lant [kɔ'lɑ̃] *sm inv* tights *pl*

col'lare *sm* collar

col'lasso *sm* (*MED*) collapse

collau'dare *vt* to test, try out; **col'laudo** *sm* testing *no pl*; test

'**colle** *sm* hill

col'lega, ghi, ghe *sm/f* colleague

collega'mento *sm* connection; (*MIL*) liaison

colle'gare *vt* to connect, join, link; **~rsi** *vr* (*RADIO, TV*) to link up; **~rsi con** (*TEL*) to get through to

col'legio [kol'lɛdʒo] *sm* college; (*convitto*) boarding school; **~ elettorale** (*POL*) constituency

'**collera** *sf* anger

col'lerico, a, ci, che *ag* quick-tempered, irascible

col'letta *sf* collection

collettività *sf* community

collet'tivo, a *ag* collective; (*interesse*) general, everybody's; (*biglietto, visita etc*) group *cpd* ♦ *sm* (*POL*) (political) group

col'letto *sm* collar

collezio'nare [kollettsjo'nare] *vt* to collect

collezi'one [kollet'tsjone] *sf* collection

colli'mare *vi* to correspond, coincide

col'lina *sf* hill

col'lirio *sm* eyewash

collisi'one *sf* collision

'**collo** *sm* neck; (*di abito*) neck, collar; (*pacco*) parcel; **~ del piede** instep

colloca'mento *sm* (*impiego*) employment; (*disposizione*) placing, arrangement

collo'care *vt* (*libri, mobili*) to place; (*COMM: merce*) to find a market for

col'loquio *sm* conversation, talk; (*ufficiale, per un lavoro*) interview; (*INS*) preliminary oral exam

col'mare *vt*: **~ di** (*anche fig*) to fill with; (*dare in abbondanza*) to load *o* overwhelm with; '**colmo, a** *ag*: **colmo (di)** full (of) ♦ *sm* summit, top; (*fig*) height; **al colmo della disperazione** in the depths of despair; **è il colmo!** it's the last straw!

co'lombo, a *sm/f* dove; pigeon

co'lonia *sf* colony; (*per bambini*) holiday camp; (**acqua di**) **~** (eau de) cologne; **coloni'ale** *ag* colonial ♦ *sm/f* colonist, settler

co'lonna *sf* column; **~ vertebrale** spine, spinal column

colon'nello *sm* colonel

co'lono *sm* (*coltivatore*) tenant farmer

colo'rante *sm* colouring

colo'rare *vt* to colour; (*disegno*) to colour in

co'lore *sm* colour; **a ~i** in colour, colour *cpd*; **farne di tutti i ~i** to get up to all sorts of mischief

colo'rito, a *ag* coloured; (*viso*) rosy, pink; (*linguaggio*) colourful ♦ *sm* (*tinta*) colour; (*carnagione*) complexion

co'loro *pron pl vedi* **colui**

co'losso *sm* colossus

'colpa *sf* fault; (*biasimo*) blame; (*colpevolezza*) guilt; (*azione colpevole*) offence; (*peccato*) sin; **di chi è la ~?** whose fault is it?; **per ~ sua** it's his fault; **per ~ di** through, owing to; **col'pevole** *ag* guilty

col'pire *vt* to hit, strike; (*fig*) to strike; **rimanere colpito da qc** to be amazed *o* struck by sth

'colpo *sm* (*urto*) knock; (: *affettivo*) blow, shock; (: *aggressivo*) blow; (*di pistola*) shot; (*MED*) stroke; (*rapina*) raid; **di ~** suddenly; **fare ~** to make a strong impression; **~ di grazia** coup de grâce; **~ di scena** (*TEATRO*) coup de théâtre; (*fig*) dramatic turn of events; **~ di sole** sunstroke; **~ di Stato** coup d'état; **~ di telefono** phone call; **~ di testa** (sudden) impulse *o* whim; **~ di vento** gust (of wind)

coltel'lata *sf* stab

col'tello *sm* knife; **~ a serramanico** clasp knife

colti'vare *vt* to cultivate; (*verdura*) to grow, cultivate; **coltiva'tore** *sm* farmer; **coltivazi'one** *sf* cultivation; growing

'colto, a *pp di* **cogliere** ♦ *ag* (*istruito*) cultured, educated

'coltre *sf* blanket

col'tura *sf* cultivation

co'lui (*f* co'lei, *pl* co'loro) *pron* the one; **~ che parla** the one *o* the man *o* the person who is speaking; **colei che amo** the one *o*

the woman *o* the person (whom) I love

'coma *sm inv* coma

comanda'mento *sm* (*REL*) commandment

coman'dante *sm* (*MIL*) commander, commandant; (*di reggimento*) commanding officer; (*NAUT*, *AER*) captain

coman'dare *vi* to be in command ♦ *vt* to command; (*imporre*) to order, command; **~ a qn di fare** to order sb to do; **co'mando** *sm* (*ingiunzione*) order, command; (*autorità*) command; (*TECN*) control

co'mare *sf* (*madrina*) godmother

combaci'are [komba'tʃare] *vi* to meet; (*fig: coincidere*) to coincide

com'battere *vt*, *vi* to fight; **combatti'mento** *sm* fight; fighting *no pl*; (*di pugilato*) match

combi'nare *vt* to combine; (*organizzare*) to arrange; (*fam: fare*) to make, cause; **combinazi'one** *sf* combination; (*caso fortuito*) coincidence; **per combinazione** by chance

combus'tibile *ag* combustible ♦ *sm* fuel

com'butta (*peg*) *sf*: **in ~** in league

PAROLA CHIAVE

'come *av* **1** (*alla maniera di*) like; **ti comporti ~ lui** you behave like him *o* like he does; **bianco ~ la neve** (as) white as snow; **~ se** as if, as though

2 (*in qualità di*) as a; **lavora ~ autista** he works as a driver

3 (*interrogativo*) how; **~ ti chiami?** what's your name?; **~ sta?** how are you?; **com'è il tuo amico?** what is your friend like?; **~?** (*prego?*) pardon?, sorry?; **~ mai?** how come?; **~ mai non ci hai avvertiti?** why on earth didn't you warn us?

4 (*esclamativo*): **~ sei bravo!** how clever you are!; **~ mi dispiace!** I'm terribly sorry!

♦ *cong* **1** (*in che modo*) how; **mi ha spiegato ~ l'ha conosciuto** he told me how he met him

2 (*correlativo*) as; (*con comparativi di maggioranza*) than; **non è bravo ~ pensavo** he isn't as clever as I thought; **è meglio di ~ pensassi** it's better than I thought

3 (*appena che, quando*) as soon as; ~ **arrivò, iniziò a lavorare** as soon as he arrived, he set to work; *vedi* **così**; **tanto**

'**comico, a, ci, che** *ag* (*TEATRO*) comic; (*buffo*) comical ♦ *sm* (*attore*) comedian, comic actor

co'**mignolo** [ko'miɲɲolo] *sm* chimney top

comin'**ciare** [komin'tʃare] *vt, vi* to begin, start; ~ **a fare/col fare** to begin to do/by doing

comi'**tato** *sm* committee

comi'**tiva** *sf* party, group

co'**mizio** [ko'mittsjo] *sm* (*POL*) meeting, assembly

com'**mando** *sm inv* commando (squad)

com'**media** *sf* comedy; (*opera teatrale*) play; (: *che fa ridere*) comedy; (*fig*) playacting *no pl*; **commedi'ante** (*peg*) *sm/f* third-rate actor/actress; (*fig*) sham

commemo'**rare** *vt* to commemorate

commenda'**tore** *sm* official title awarded for services to one's country

commen'**tare** *vt* to comment on; (*testo*) to annotate; (*RADIO, TV*) to give a commentary on; **commenta'tore, 'trice** *sm/f* commentator; **com'mento** *sm* comment; (*a un testo, RADIO, TV*) commentary

commerci'**ale** [kommer'tʃale] *ag* commercial, trading; (*peg*) commercial

commerci'**ante** [kommer'tʃante] *sm/f* trader, dealer; (*negoziante*) shopkeeper

commerci'**are** [kommer'tʃare] *vt, vi*: ~ **in** to deal *o* trade in

com'**mercio** [kom'mertʃo] *sm* trade, commerce; **essere in** ~ (*prodotto*) to be on the market *o* on sale; **essere nel** ~ (*persona*) to be in business

com'**messa** *sf* (*COMM*) order

com'**messo, a** *pp di* **commettere** ♦ *sm/f* shop assistant (*BRIT*), sales clerk (*US*) ♦ *sm* (*impiegato*) clerk; ~ **viaggiatore** commercial traveller

commes'**tibile** *ag* edible; ~**i** *smpl* foodstuffs

com'**mettere** *vt* to commit

com'**miato** *sm* leave-taking

commi'**nare** *vt* (*DIR*) to threaten; to inflict

commissari'**ato** *sm* (*AMM*) commissionership; (: *sede*) commissioner's office; (: *di polizia*) police station

commis'**sario** *sm* commissioner; (*di pubblica sicurezza*) ≈ (police) superintendent (*BRIT*), (police) captain (*US*); (*SPORT*) steward; (*membro di commissione*) member of a committee *o* board

commissio'**nario** *sm* (*COMM*) agent, broker

commissi'**one** *sf* (*incarico*) errand; (*comitato, percentuale*) commission; (*COMM: ordinazione*) order

commit'**tente** *sm/f* (*COMM*) purchaser, customer

com'**mosso, a** *pp di* **commuovere**

commo'**vente** *ag* moving

commozi'**one** [kommot'tsjone] *sf* emotion, deep feeling; ~ **cerebrale** (*MED*) concussion

commu'**overe** *vt* to move, affect; ~**rsi** *vr* to be moved

commu'**tare** *vt* (*pena*) to commute; (*ELETTR*) to change *o* switch over

co**mò** *sm inv* chest of drawers

como'**dino** *sm* bedside table

comodità *sf inv* comfort; convenience

'**comodo, a** *ag* comfortable; (*facile*) easy; (*conveniente*) convenient; (*utile*) useful, handy ♦ *sm* comfort; convenience; **con** ~ at one's convenience *o* leisure; **fare il proprio** ~ to do as one pleases; **far** ~ to be useful *o* handy

compae'**sano, a** *sm/f* fellow countryman; person from the same town

com'**pagine** [kom'padʒine] *sf* (*squadra*) team

compa'**gnia** [kompaɲ'ɲia] *sf* company; (*gruppo*) gathering

com'**pagno, a** [kom'paɲɲo] *sm/f* (*di classe, gioco*) companion; (*POL*) comrade

compa'**rare** *vt* to compare

compara'**tivo, a** *ag, sm* comparative

compa'**rire** *vi* to appear; **com'parsa** *sf* appearance; (*TEATRO*) walk-on; (*CINEMA*)

extra; **comparso, a** *pp di* **comparire**
compartecipazi'one [kompar-
tetʃipat'tsjone] *sf* sharing; (*quota*) share; ~
agli utili profit-sharing
comparti'mento *sm* compartment;
(AMM) district
compas'sato, a *ag* (*persona*) composed
compassi'one *sf* compassion, pity; **avere**
~ **di qn** to feel sorry for sb, to pity sb
com'passo *sm* (pair of) compasses *pl*;
callipers *pl*
compa'tibile *ag* (*scusabile*) excusable;
(*conciliabile*, INFORM) compatible
compa'tire *vt* (*aver compassione di*) to
sympathize with, feel sorry for; (*scusare*) to
make allowances for
com'patto, a *ag* compact; (*roccia*) solid;
(*folla*) dense; (*fig: gruppo, partito*) united
com'pendio *sm* summary; (*libro*)
compendium
compen'sare *vt* (*equilibrare*) to
compensate for, make up for; ~ **qn di**
(*rimunerare*) to pay *o* remunerate sb for;
(*risarcire*) to pay compensation to sb for;
(*fig: fatiche, dolori*) to reward sb for;
com'penso *sm* compensation; payment,
remuneration; reward; **in compenso**
(*d'altra parte*) on the other hand
'compera *sf* (*acquisto*) purchase; **fare le**
~**e** to do the shopping
compe'rare *vt* = **comprare**
compe'tente *ag* competent; (*mancia*) apt,
suitable; **compe'tenza** *sf* competence;
competenze *sfpl* (*onorari*) fees
com'petere *vi* to compete, vie; (DIR:
spettare): ~ **a** to lie within the competence
of; **competizi'one** *sf* competition
compia'cente [kompja'tʃɛnte] *ag*
courteous, obliging; **compia'cenza** *sf*
courtesy
compia'cere [kompja'tʃere] *vi*: ~ **a** to
gratify, please ♦ *vt* to please; ~**rsi** *vr*
(*provare soddisfazione*): ~**rsi di** *o* **per qc** to
be delighted at sth; (*rallegrarsi*): ~**rsi con**
qn to congratulate sb; (*degnarsi*): ~**rsi di**
fare to be so good as to do;
compiaci'uto, a *pp di* **compiacere**

compi'angere [kom'pjandʒere] *vt* to
sympathize with, feel sorry for;
compi'anto, a *pp di* **compiangere**
'compiere *vt* (*concludere*) to finish,
complete; (*adempiere*) to carry out, fulfil;
~**rsi** *vr* (*avverarsi*) to be fulfilled, come true;
~ **gli anni** to have one's birthday
compi'lare *vt* (*modulo*) to fill in;
(*dizionario, elenco*) to compile
com'pire *vt* = **compiere**
compi'tare *vt* to spell out
'compito *sm* (*incarico*) task, duty; (*dovere*)
duty; (INS) exercise; (: *a casa*) piece of
homework; **fare i ~i** to do one's homework
com'pito, a *ag* well-mannered, polite
comple'anno *sm* birthday
complemen'tare *ag* complementary;
(INS: *materia*) subsidiary
comple'mento *sm* complement; (MIL)
reserve (troops); ~ **oggetto** (LING) direct
object
complessità *sf* complexity
comples'sivo, a *ag* (*globale*)
comprehensive, overall; (*totale: cifra*) total
com'plesso, a *ag* complex ♦ *sm* (PSIC,
EDIL) complex; (MUS: *corale*) ensemble;
(: *orchestrina*) band; (: *di musica pop*)
group; **in** *o* **nel** ~ on the whole
comple'tare *vt* to complete
com'pleto, a *ag* complete; (*teatro,*
autobus) full ♦ *sm* suit; **al** ~ full; (*tutti*
presenti) all present
compli'care *vt* to complicate; ~**rsi** *vr* to
become complicated; **complicazi'one** *sf*
complication
'complice ['kɔmplitʃe] *sm/f* accomplice
complimen'tarsi *vr*: ~ **con** to
congratulate
compli'mento *sm* compliment; ~**i** *smpl*
(*cortesia eccessiva*) ceremony *sg*; (*ossequi*)
regards, compliments; ~**i!** congratulations!;
senza ~i! don't stand on ceremony!; make
yourself at home!; help yourself!
complot'tare *vi* to plot, conspire
com'plotto *sm* plot, conspiracy
compo'nente *sm/f* member ♦ *sm*
component

componi'mento *sm* (*DIR*) settlement; (*INS*) composition; (*poetico, teatrale*) work

com'porre *vt* (*musica, testo*) to compose; (*mettere in ordine*) to arrange; (*DIR: lite*) to settle; (*TIP*) to set; (*TEL*) to dial

comporta'mento *sm* behaviour

compor'tare *vt* (*implicare*) to involve; **~rsi** *vr* to behave

composi'tore, 'trice *sm/f* composer; (*TIP*) compositor, typesetter

composizi'one [kompozit'tsjone] *sf* composition; (*DIR*) settlement

com'posta *sf* (*CUC*) stewed fruit *no pl*; (*AGR*) compost; *vedi anche* **composto**

compos'tezza [kompos'tettsa] *sf* composure; decorum

com'posto, a *pp di* **comporre** ♦ *ag* (*persona*) composed, self-possessed; (*: decoroso*) dignified; (*formato da più elementi*) compound *cpd* ♦ *sm* compound

com'prare *vt* to buy; **compra'tore, 'trice** *sm/f* buyer, purchaser

com'prendere *vt* (*contenere*) to comprise, consist of; (*capire*) to understand

comprensi'one *sf* understanding

compren'sivo, a *ag* (*prezzo*): **~ di** inclusive of; (*indulgente*) understanding

com'preso, a *pp di* **comprendere** ♦ *ag* (*incluso*) included

com'pressa *sf* (*MED: garza*) compress; (*: pastiglia*) tablet; *vedi anche* **compresso**

compressi'one *sf* compression

com'presso, a *pp di* **comprimere** ♦ *ag* (*vedi comprimere*) pressed; compressed; repressed

com'primere *vt* (*premere*) to press; (*FISICA*) to compress; (*fig*) to repress

compro'messo, a *pp di* **compromettere** ♦ *sm* compromise

compro'mettere *vt* to compromise

compro'vare *vt* to confirm

com'punto, a *ag* contrite

compu'tare *vt* to calculate

com'puter *sm inv* computer

computiste'ria *sf* accounting, book-keeping

'computo *sm* calculation

comu'nale *ag* municipal, town *cpd*, ≈ borough *cpd*

co'mune *ag* common; (*consueto*) common, everyday; (*di livello medio*) average; (*ordinario*) ordinary ♦ *sm* (*AMM*) town council; (*: sede*) town hall ♦ *sf* (*di persone*) commune; **fuori del ~** out of the ordinary; **avere in ~** to have in common, share; **mettere in ~** to share

comuni'care *vt* (*notizia*) to pass on, convey; (*malattia*) to pass on; (*ansia etc*) to communicate; (*trasmettere: calore etc*) to transmit, communicate; (*REL*) to administer communion to ♦ *vi* to communicate; **~rsi** *vr* (*propagarsi*): **~rsi a** to spread to; (*REL*) to receive communion

comuni'cato *sm* communiqué; **~ stampa** press release

comunicazi'one [komunikat'tsjone] *sf* communication; (*annuncio*) announcement; (*TEL*): **~ (telefonica)** (telephone) call; **dare la ~ a qn** to put sb through; **ottenere la ~** to get through

comuni'one *sf* communion; **~ di beni** (*DIR*) joint ownership of property

comu'nismo *sm* communism; **comu'nista, i, e** *ag, sm/f* communist

comunità *sf inv* community; **C~ Europea** European Community

co'munque *cong* however, no matter how ♦ *av* (*in ogni modo*) in any case; (*tuttavia*) however, nevertheless

con *prep* with; **partire col treno** to leave by train; **~ mio grande stupore** to my great astonishment; **~ tutto ciò** for all that

co'nato *sm*: **~ di vomito** retching

'conca, che *sf* (*GEO*) valley

con'cedere [kon'tʃedere] *vt* (*accordare*) to grant; (*ammettere*) to admit, concede; **~rsi qc** to treat o.s. to sth, to allow o.s. sth

concentra'mento [kontʃentra'mento] *sm* concentration

concen'trare *vt* to concentrate; **~rsi** *vr* to concentrate; **concentrazi'one** *sf* concentration

conce'pire [kontʃe'pire] *vt* (*bambino*) to conceive; (*progetto, idea*) to conceive (of);

(*metodo, piano*) to devise
con'cernere [kon'tʃɛrnere] *vt* to concern
concer'tare [kontʃer'tare] *vt* (*MUS*) to harmonize; (*ordire*) to devise, plan; **~rsi** *vr* to agree
con'certo [kon'tʃɛrto] *sm* (*MUS*) concert; (: *componimento*) concerto
concessio'nario [kontʃessjo'narjo] *sm* (*COMM*) agent, dealer
con'cesso, a [kon'tʃɛsso] *pp di* **concedere**
con'cetto [kon'tʃetto] *sm* (*pensiero, idea*) concept; (*opinione*) opinion
concezi'one [kontʃet'tsjone] *sf* conception
con'chiglia [kon'kiʎʎa] *sf* shell
'concia ['kontʃa] *sf* (*di pelle*) tanning; (*di tabacco*) curing; (*sostanza*) tannin
conci'are [kon'tʃare] *vt* (*pelli*) to tan; (*tabacco*) to cure; (*fig: ridurre in cattivo stato*) to beat up; **~rsi** *vr* (*sporcarsi*) to get in a mess; (*vestirsi male*) to dress badly
concili'are [kontʃi'ljare] *vt* to reconcile; (*contravvenzione*) to pay on the spot; (*sonno*) to be conducive to, induce; **~rsi qc** to gain *o* win sth (for o.s.); **~rsi qn** to win sb over; **~rsi con** to be reconciled with; **conciliazi'one** *sf* reconciliation; (*DIR*) settlement
con'cilio [kon'tʃiljo] *sm* (*REL*) council
con'cime [kon'tʃime] *sm* manure; (*chimico*) fertilizer
con'ciso, a [kon'tʃizo] *ag* concise, succinct
conci'tato, a [kontʃi'tato] *ag* excited, emotional
concitta'dino, a [kontʃitta'dino] *sm/f* fellow citizen
con'cludere *vt* to conclude; (*portare a compimento*) to conclude, finish, bring to an end; (*operare positivamente*) to achieve ♦ *vi* (*essere convincente*) to be conclusive; **~rsi** *vr* to come to an end, close; **conclusi'one** *sf* conclusion; (*risultato*) result; **conclu'sivo, a** *ag* conclusive; (*finale*) final; **con'cluso, a** *pp di* **concludere**
concor'danza [konkor'dantsa] *sf* (*anche LING*) agreement
concor'dare *vt* (*tregua, prezzo*) to agree

on; (*LING*) to make agree ♦ *vi* to agree; **concor'dato** *sm* agreement; (*REL*) concordat
con'corde *ag* (*d'accordo*) in agreement; (*simultaneo*) simultaneous
concor'rente *sm/f* competitor; (*INS*) candidate; **concor'renza** *sf* competition
con'correre *vi*: **~ (in)** (*MAT*) to converge *o* meet (in); **~ (a)** (*competere*) to compete (for); (: *INS: a una cattedra*) to apply (for); (*partecipare: a un'impresa*) to take part (in), contribute (to); **con'corso, a** *pp di* **concorrere** ♦ *sm* competition; (*INS*) competitive examination; **concorso di colpa** (*DIR*) contributory negligence
con'creto, a *ag* concrete
concussi'one (*DIR*) extortion
con'danna *sf* sentence; conviction; condemnation
condan'nare *vt* (*DIR*): **~ a** to sentence to; **~ per** to convict of; (*disapprovare*) to condemn; **condan'nato, a** *sm/f* convict
conden'sare *vt* to condense; **~rsi** *vr* to condense; **condensazi'one** *sf* condensation
condi'mento *sm* seasoning; dressing
con'dire *vt* to season; (*insalata*) to dress
condi'videre *vt* to share; **condi'viso, a** *pp di* **condividere**
condizio'nale [kondittsjo'nale] *ag* conditional ♦ *sm* (*LING*) conditional ♦ *sf* (*DIR*) suspended sentence
condizio'nare [kondittsjo'nare] *vt* to condition; **ad aria condizionata** air-conditioned; **condiziona'tore** *sm* air conditioner
condizi'one [kondit'tsjone] *sf* condition; **~i** *sfpl* (*di pagamento etc*) terms, conditions; **a ~ che** on condition that, provided that
condogli'anze [kondoʎ'ʎantse] *sfpl* condolences
condo'minio *sm* joint ownership; (*edificio*) jointly-owned building
condo'nare *vt* (*DIR*) to remit; **con'dono** *sm* remission; **condono fiscale** *conditional amnesty for people evading tax*
con'dotta *sf* (*modo di comportarsi*)

conduct, behaviour; (*di un affare etc*) handling; (*di acqua*) piping; (*incarico sanitario*) *country medical practice controlled by a local authority*

con'dotto, a *pp di* condurre ♦ *ag*: **medico** ~ *local authority doctor* (*in country district*) ♦ *sm* (*canale, tubo*) pipe, conduit; (*ANAT*) duct

condu'cente [kondu'tʃɛnte] *sm* driver

con'durre *vt* to conduct; (*azienda*) to manage; (*accompagnare: bambino*) to take; (*automobile*) to drive; (*trasportare: acqua, gas*) to convey, conduct; (*fig*) to lead ♦ *vi* to lead; **condursi** *vr* to behave, conduct o.s.

condut'tore *ag*: filo ~ (*fig*) thread ♦ *sm* (*di mezzi pubblici*) driver; (*FISICA*) conductor

con'farsi *vr*: ~ a to suit, agree with

confederazi'one [konfederat'tsjone] *sf* confederation

confe'renza [konfe'rɛntsa] *sf* (*discorso*) lecture; (*riunione*) conference; ~ **stampa** press conference; conferenzi'ere, a *sm/f* lecturer

confe'rire *vt*: ~ **qc a qn** to give sth to sb, bestow sth on sb ♦ *vi* to confer

con'ferma *sf* confirmation

confer'mare *vt* to confirm

confes'sare *vt* to confess; ~rsi *vr* to confess; **andare a ~rsi** (*REL*) to go to confession; confessio'nale *ag, sm* confessional; confessi'one *sf* confession; (*setta religiosa*) denomination; confes'sore *sm* confessor

con'fetto *sm* sugared almond; (*MED*) pill

confezio'nare [konfettsjo'nare] *vt* (*vestito*) to make (up); (*merci, pacchi*) to package

confezi'one [konfet'tsjone] *sf* (*di abiti: da uomo*) tailoring; (: *da donna*) dressmaking; (*imballaggio*) packaging; ~ **regalo** gift pack; **~i per signora** ladies' wear; **~i da uomo** menswear

confic'care *vt*: ~ **qc in** to hammer *o* drive sth into; ~rsi *vr* to stick

confi'dare *vi*: ~ **in** to confide in, rely on ♦ *vt* to confide; ~rsi **con qn** to confide in sb; confi'dente *sm/f* (*persona amica*)

confidant/confidante; (*informatore*) informer; confi'denza *sf* (*familiarità*) intimacy, familiarity; (*fiducia*) trust, confidence; (*rivelazione*) confidence; confidenzi'ale *ag* familiar, friendly; (*segreto*) confidential

configu'rarsi *vr*: ~ **a** to assume the shape *o* form of

confi'nare *vi*: ~ **con** to border on ♦ *vt* (*POL*) to intern; (*fig*) to confine; ~rsi *vr* (*isolarsi*): ~rsi **in** to shut o.s. up in

Confin'dustria *sigla f* (= *Confederazione Generale dell'Industria Italiana*) *employers' association*, ≈ CBI (*BRIT*)

con'fine *sm* boundary; (*di paese*) border, frontier

con'fino *sm* internment

confis'care *vt* to confiscate

con'flitto *sm* conflict

conflu'enza [konflu'ɛntsa] *sf* (*di fiumi*) confluence; (*di strade*) junction

conflu'ire *vi* (*fiumi*) to flow into each other, meet; (*strade*) to meet

con'fondere *vt* to mix up, confuse; (*imbarazzare*) to embarrass; ~rsi *vr* (*mescolarsi*) to mingle; (*turbarsi*) to be confused; (*sbagliare*) to get mixed up

confor'mare *vt* (*adeguare*): ~ **a** to adapt *o* conform to; ~rsi *vr*: ~rsi **(a)** to conform (to)

confor'tare *vt* to comfort, console; confor'tevole *ag* (*consolante*) comforting; (*comodo*) comfortable; con'forto *sm* comfort, consolation

confron'tare *vt* to compare

con'fronto *sm* comparison; **in** *o* **a ~ di** in comparison with, compared to; **nei miei** (*o* **tuoi** *etc*) **~i** towards me (*o* you *etc*)

confusi'one *sf* confusion; (*chiasso*) racket, noise; (*imbarazzo*) embarrassment

con'fuso, a *pp di* confondere ♦ *ag* (*vedi confondere*) confused; embarrassed

confu'tare *vt* to refute

conge'dare [kondʒe'dare] *vt* to dismiss; (*MIL*) to demobilize; ~rsi *vr* to take one's leave; con'gedo *sm* (*anche MIL*) leave; **prendere congedo da qn** to take one's leave of sb; **congedo assoluto** (*MIL*) discharge

conge'gnare [kondʒeɲ'nare] *vt* to construct, put together; **con'gegno** *sm* device, mechanism

conge'lare [kondʒe'lare] *vt* to freeze; **~rsi** *vr* to freeze; **congela'tore** *sm* freezer

congestio'nare [kondʒestjo'nare] *vt* to congest

congesti'one [kondʒes'tjone] *sf* congestion

conget'tura [kondʒet'tura] *sf* conjecture

con'giungere [kon'dʒundʒere] *vt* to join (together); **~rsi** *vr* to join (together)

congiunti'vite [kondʒunti'vite] *sf* conjunctivitis

congiun'tivo [kondʒun'tivo] *sm* (*LING*) subjunctive

congi'unto, a [kon'dʒunto] *pp di* **congiungere** ♦ *ag* (*unito*) joined ♦ *sm/f* relative

congiun'tura [kondʒun'tura] *sf* (*giuntura*) junction, join; (*ANAT*) joint; (*circostanza*) juncture; (*ECON*) economic situation

congiunzi'one [kondʒun'tsjone] *sf* (*LING*) conjunction

congi'ura [kon'dʒura] *sf* conspiracy; **congiu'rare** *vi* to conspire

conglome'rato *sm* (*GEO*) conglomerate; (*fig*) conglomeration; (*EDIL*) concrete

congratu'larsi *vr*: **~ con qn per qc** to congratulate sb on sth

congratulazi'oni [kongratulat'tsjoni] *sfpl* congratulations

con'grega, ghe *sf* band, bunch

con'gresso *sm* congress

congu'aglio [kon'gwaʎʎo] *sm* balancing, adjusting; (*somma di denaro*) balance

coni'are *vt* to mint, coin; (*fig*) to coin

co'niglio [ko'niʎʎo] *sm* rabbit

coniu'gare *vt* (*LING*) to conjugate; **~rsi** *vr* to get married; **coniu'gato, a** *ag* (*sposato*) married; **coniugazi'one** *sf* (*LING*) conjugation

'coniuge ['kɔnjudʒe] *sm/f* spouse

connazio'nale [konnattsjo'nale] *sm/f* fellow-countryman/woman

connessi'one *sf* connection

con'nesso, a *pp di* **connettere**

con'nettere *vt* to connect, join ♦ *vi* (*fig*) to think straight

conni'vente *ag* conniving

conno'tati *smpl* distinguishing marks

'cono *sm* cone; **~ gelato** ice-cream cone

cono'scente [konoʃ'ʃente] *sm/f* acquaintance

cono'scenza [konoʃ'ʃentsa] *sf* (*il sapere*) knowledge *no pl*; (*persona*) acquaintance; (*facoltà sensoriale*) consciousness *no pl*; **perdere ~** to lose consciousness

co'noscere [ko'noʃʃere] *vt* to know; **ci siamo conosciuti a Firenze** we (first) met in Florence; **conosci'tore, 'trice** *sm/f* connoisseur; **conosci'uto, a** *pp di* **conoscere** ♦ *ag* well-known

con'quista *sf* conquest

conquis'tare *vt* to conquer; (*fig*) to gain, win

consa'crare *vt* (*REL*) to consecrate; (*: sacerdote*) to ordain; (*dedicare*) to dedicate; (*fig: uso etc*) to sanction; **~rsi a** to dedicate o.s. to

consangu'ineo, a *sm/f* blood relation

consa'pevole *ag*: **~ di** aware *o* conscious of; **consapevo'lezza** *sf* awareness, consciousness

'conscio, a, sci, sce ['kɔnʃo] *ag*: **~ di** aware *o* conscious of

consecu'tivo, a *ag* consecutive; (*successivo: giorno*) following, next

con'segna [kon'seɲɲa] *sf* delivery; (*merce consegnata*) consignment; (*custodia*) care, custody; (*MIL: ordine*) orders *pl*; (*: punizione*) confinement to barracks; **pagamento alla ~** cash on delivery; **dare qc in ~ a qn** to entrust sth to sb

conse'gnare [konseɲ'nare] *vt* to deliver; (*affidare*) to entrust, hand over; (*MIL*) to confine to barracks

consegu'enza [konse'gwentsa] *sf* consequence; **per** *o* **di ~** consequently

consegu'ire *vt* to achieve ♦ *vi* to follow

con'senso *sm* approval, consent

consen'tire *vi*: **~ a** to consent *o* agree to ♦ *vt* to allow, permit con'serva *sf* (CUC) preserve; ~ **di frutta** jam; ~ **di pomodoro** tomato purée

conser'vare *vt* (CUC) to preserve; (*custodire*) to keep; (: *dalla distruzione etc*) to preserve, conserve; ~**rsi** *vr* to keep

conserva'tore, 'trice *sm/f* (POL) conservative

conservazi'one [konservat'tsjone] *sf* preservation; conservation

conside'rare *vt* to consider; (*reputare*) to consider, regard; **considerazi'one** *sf* consideration; (*stima*) regard, esteem; **prendere in considerazione** to take into consideration; **conside'revole** *ag* considerable

consigli'are [konsiʎ'ʎare] *vt* (*persona*) to advise; (*metodo, azione*) to recommend, advise, suggest; ~**rsi** *vr*: ~**rsi con qn** to ask sb for advice; **consigli'ere, a** *sm/f* adviser ♦ *sm*: **consigliere d'amministrazione** board member; **consigliere comunale** town councillor; **con'siglio** *sm* (*suggerimento*) advice *no pl*, piece of advice; (*assemblea*) council; **consiglio d'amministrazione** board; **il Consiglio dei Ministri** (POL) ≈ the Cabinet; **Consiglio d'Europa** Council of Europe

consis'tente *ag* thick; solid; (*fig*) sound, valid; **consis'tenza** *sf* consistency, thickness; solidity; validity

con'sistere *vi*: ~ **in** to consist of; **consis'tito, a** *pp di* **consistere**

conso'lare *ag* consular ♦ *vt* (*confortare*) to console, comfort; (*rallegrare*) to cheer up; ~**rsi** *vr* to be comforted; to cheer up

conso'lato *sm* consulate

consolazi'one [konsolat'tsjone] *sf* consolation, comfort

'console¹ *sm* consul

con'sole² [kon'sɔl] *sf* (*quadro di comando*) console

conso'nante *sf* consonant

'consono, a *ag*: ~ **a** consistent with, consonant with

con'sorte *sm/f* consort

con'sorzio [kon'sɔrtsjo] *sm* consortium

con'stare *vi*: ~ **di** to consist of ♦ *vb impers*: **mi consta che** it has come to my knowledge that, it appears that

consta'tare *vt* to establish, verify; **constatazi'one** *sf* observation; **constatazione amichevole** *jointly-agreed statement for insurance purposes*

consu'eto, a *ag* habitual, usual; **consue'tudine** *sf* habit, custom; (*usanza*) custom

consu'lente *sm/f* consultant; **consu'lenza** *sf* consultancy

consul'tare *vt* to consult; ~**rsi** *vr*: ~**rsi con qn** to seek the advice of sb; **consultazi'one** *sf* consultation; **consultazioni** *sfpl* (POL) talks, consultations

consul'torio *sm*: ~ **familiare** family planning clinic

consu'mare *vt* (*logorare: abiti, scarpe*) to wear out; (*usare*) to consume, use up; (*mangiare, bere*) to consume; (DIR) to consummate; ~**rsi** *vr* to wear out; to be used up; (*anche fig*) to be consumed; (*combustibile*) to burn out; **consuma'tore** *sm* consumer; **consumazi'one** *sf* (*bibita*) drink; (*spuntino*) snack; (DIR) consummation; **consu'mismo** *sm* consumerism; **con'sumo** *sm* consumption; wear; use

consun'tivo *sm* (ECON) final balance

con'tabile *ag* accounts *cpd*, accounting ♦ *sm/f* accountant; **contabilità** *sf* (*attività, tecnica*) accounting, accountancy; (*insieme dei libri etc*) books *pl*, accounts *pl*; (*ufficio*) accounts department

contachi'lometri [kontaki'lɔmetri] *sm inv* ≈ mileometer

conta'dino, a *sm/f* countryman/woman; farm worker; (*peg*) peasant

contagi'are [konta'dʒare] *vt* to infect

con'tagio [kon'tadʒo] *sm* infection; (*per contatto diretto*) contagion; (*epidemia*) epidemic; **contagi'oso, a** *ag* infectious; contagious

conta'gocce [konta'gottʃe] *sm inv* (MED) dropper

contami'nare *vt* to contaminate

con'tante *sm* cash; **pagare in ~i** to pay cash

con'tare *vt* to count; (*considerare*) to consider ♦ *vi* to count, be of importance; **~ su qn** to count *o* rely on sb; **~ di fare qc** to intend to do sth; **conta'tore** *sm* meter

contat'tare *vt* to contact

con'tatto *sm* contact

'conte *sm* count

conteggi'are [konted'dʒare] *vt* to charge, put on the bill; **con'teggio** *sm* calculation

con'tegno [kon'teɲɲo] *sm* (*comportamento*) behaviour; (*atteggiamento*) attitude; **darsi un ~** to act nonchalant; to pull o.s. together

contem'plare *vt* to contemplate, gaze at; (*DIR*) to make provision for

contemporanea'mente *av* simultaneously; at the same time

contempo'raneo, a *ag*, *sm/f* contemporary

conten'dente *sm/f* opponent, adversary

con'tendere *vi* (*competere*) to compete; (*litigare*) to quarrel ♦ *vt*: **~ qc a qn** to contend with *o* be in competition with sb for sth

conte'nere *vt* to contain; **conteni'tore** *sm* container

conten'tare *vt* to please, satisfy; **~rsi di** to be satisfied with, content o.s. with

conten'tezza [konten'tettsa] *sf* contentment

con'tento, a *ag* pleased, glad; **~ di** pleased with

conte'nuto *sm* contents *pl*; (*argomento*) content

con'tesa *sf* dispute, argument

con'teso, a *pp di* **contendere**

con'tessa *sf* countess

contes'tare *vt* (*DIR*) to notify; (*fig*) to dispute; **contestazi'one** *sf* (*DIR*) notification; dispute; (*protesta*) protest

con'testo *sm* context

con'tiguo, a *ag*: **~ (a)** adjacent (to)

continen'tale *ag*, *sm/f* continental

conti'nente *ag* continent ♦ *sm* (*GEO*) continent; (*: terra ferma*) mainland

contin'gente [kontin'dʒente] *ag* contingent ♦ *sm* (*COMM*) quota; (*MIL*) contingent; **contin'genza** *sf* circumstance; (*ECON*): **(indennità di) contingenza** cost-of-living allowance

continu'are *vt* to continue (with), go on with ♦ *vi* to continue, go on; **~ a fare qc** to go on *o* continue doing sth; **continuazi'one** *sf* continuation

continuità *sf* continuity

con'tinuo, a *ag* (*numerazione*) continuous; (*pioggia*) continual, constant; (*ELETTR*): **corrente ~a** direct current; **di ~** continually

'conto *sm* (*calcolo*) calculation; (*COMM*, *ECON*) account; (*di ristorante, albergo*) bill; (*fig: stima*) consideration, esteem; **fare i ~i con qn** to settle one's account with sb; **fare ~ su qn/qc** to count *o* rely on sb; **rendere ~ a qn di qc** to be accountable to sb for sth; **tener ~ di qn/qc** to take sb/sth into account; **per ~ di** on behalf of; **per ~ mio** as far as I'm concerned; **a ~i fatti, in fin dei ~i** all things considered; **~ corrente** current account; **~ alla rovescia** countdown

con'torcere [kon'tortʃere] *vt* to twist; **~rsi** *vr* to twist, writhe

contor'nare *vt* to surround

con'torno *sm* (*linea*) outline, contour; (*ornamento*) border; (*CUC*) vegetables *pl*

con'torto, a *pp di* **contorcere**

contrabbandi'ere, a *sm/f* smuggler

contrab'bando *sm* smuggling, contraband; **merce di ~** contraband, smuggled goods *pl*

contrab'basso *sm* (*MUS*) (double) bass

contraccambi'are *vt* (*favore etc*) to return

contraccet'tivo, a [kontrattʃet'tivo] *ag*, *sm* contraceptive

contrac'colpo *sm* rebound; (*di arma da fuoco*) recoil; (*fig*) repercussion

con'trada *sf* street; district

contrad'detto, a *pp di* **contraddire**

contrad'dire *vt* to contradict; **contraddit'torio, a** *ag* contradictory; (*sentimenti*) conflicting ♦ *sm* (*DIR*) cross-examination; **contraddizi'one** *sf* contradiction

contraf'fare *vt* (*persona*) to mimic; (*alterare: voce*) to disguise; (*firma*) to forge, counterfeit; **contraf'fatto, a** *pp di* **contraffare** ♦ *ag* counterfeit; **contraffazi'one** *sf* mimicking *no pl*; disguising *no pl*; forging *no pl*; (*cosa contraffatta*) forgery

contrap'peso *sm* counterbalance, counterweight

contrap'porre *vt*: ~ **qc a qc** to counter sth with sth; (*paragonare*) to compare sth with sth; **contrap'posto, a** *pp di* **contrapporre**

contraria'mente *av*: ~ **a** contrary to

contrari'are *vt* (*contrastare*) to thwart, oppose; (*irritare*) to annoy, bother; **~rsi** *vr* to get annoyed

contrarietà *sf* adversity; (*fig*) aversion

con'trario, a *ag* opposite; (*sfavorevole*) unfavourable ♦ *sm* opposite; **essere ~ a qc** (*persona*) to be against sth; **in caso ~** otherwise; **avere qc in ~** to have some objection; **al ~** on the contrary

con'trarre *vt* to contract; **contrarsi** *vr* to contract

contrasse'gnare [kontrasseɲ'ɲare] *vt* to mark; **contras'segno** *sm* (*distintivo*) distinguishing mark; **spedire in contrassegno** to send C.O.D.

contras'tare *vt* (*avversare*) to oppose; (*impedire*) to bar; (*negare: diritto*) to contest, dispute ♦ *vi*: ~ (**con**) (*essere in disaccordo*) to contrast (with); (*lottare*) to struggle (with); **con'trasto** *sm* contrast; (*conflitto*) conflict; (*litigio*) dispute

contrat'tacco *sm* counterattack

contrat'tare *vt*, *vi* to negotiate

contrat'tempo *sm* hitch

con'tratto, a *pp di* **contrarre** ♦ *sm* contract; **contrattu'ale** *ag* contractual

contravvenzi'one [kontravven'tsjone] *sf* contravention; (*ammenda*) fine

contrazi'one [kontrat'tsjone] *sf* contraction; (*di prezzi etc*) reduction

contribu'ente *sm/f* taxpayer; ratepayer

(*BRIT*), property tax payer (*US*)

contribu'ire *vi* to contribute; **contri'buto** *sm* contribution; (*tassa*) tax

'contro *prep* against; ~ **di me/lui** against me/him; **pastiglie ~ la tosse** throat lozenges; ~ **pagamento** (*COMM*) on payment ♦ *prefisso*: **contro'battere** *vt* (*fig: a parole*) to answer back; (: *confutare*) to refute; **controfi'gura** *sf* (*CINEMA*) double; **controfir'mare** *vt* to countersign

control'lare *vt* (*accertare*) to check; (*sorvegliare*) to watch, control; (*tenere nel proprio potere, fig: dominare*) to control; **con'trollo** *sm* check; watch; control; **controllo delle nascite** birth control; **control'lore** *sm* (*FERR, AUTOBUS*) (ticket) inspector

controprodu'cente [kontroprodu'tʃɛnte] *ag* counterproductive

contro'senso *sm* (*contraddizione*) contradiction in terms; (*assurdità*) nonsense

controspio'naggio [kontrospio'naddʒo] *sm* counterespionage

contro'versia *sf* controversy; (*DIR*) dispute

contro'verso, a *ag* controversial

contro'voglia [kontro'vɔʎʎa] *av* unwillingly

contu'macia [kontu'matʃa] *sf* (*DIR*) default

contusi'one *sf* (*MED*) bruise

convale'scente [konvaleʃ'ʃɛnte] *ag*, *sm/f* convalescent; **convale'scenza** *sf* convalescence

convali'dare *vt* (*AMM*) to validate; (*fig: sospetto, dubbio*) to confirm

con'vegno [kon'veɲɲo] *sm* (*incontro*) meeting; (*congresso*) convention, congress; (*luogo*) meeting place

conve'nevoli *smpl* civilities

conveni'ente *ag* suitable; (*vantaggioso*) profitable; (: *prezzo*) cheap; **conveni'enza** *sf* suitability; advantage; cheapness; **le convenienze** *sfpl* social conventions

conve'nire *vi* (*riunirsi*) to gather, assemble; (*concordare*) to agree; (*tornare utile*) to be worthwhile ♦ *vb impers*: **conviene fare questo** it is advisable to do this; **conviene andarsene** we should go; **ne convengo** I agree

con'vento *sm* (*di frati*) monastery; (*di suore*) convent

convenzio'nale [konventsjo'nale] *ag* conventional

convenzi'one [konven'tsjone] *sf* (*DIR*) agreement; (*nella società*) convention; **le ~i** *sfpl* social conventions

conver'sare *vi* to have a conversation, converse

conversazi'one [konversat'tsjone] *sf* conversation; **fare ~** to chat, have a chat

conversi'one *sf* conversion; **~ ad U** (*AUT*) U-turn

conver'tire *vt* (*trasformare*) to change; (*POL, REL*) to convert; **~rsi** *vr*: **~rsi (a)** to be converted (to)

con'vesso, a *ag* convex

con'vincere [kon'vintfere] *vt* to convince; **~ qn di qc** to convince sb of sth; **~ qn a fare qc** to persuade sb to do sth; **con'vinto, a** *pp di* **convincere**; **convinzi'one** *sf* conviction, firm belief

convis'suto, a *pp di* **convivere**

con'vivere *vi* to live together

convo'care *vt* to call, convene; (*DIR*) to summon; **convocazi'one** *sf* meeting; summons *sg*

convogli'are [konvoʎ'ʎare] *vt* to convey; (*dirigere*) to direct, (*send*); **con'voglio** *sm* (*di veicoli*) convoy; (*FERR*) train

convulsi'one *sf* convulsion; **con'vulso, a** *ag* (*pianto*) violent, convulsive; (*attività*) feverish

coope'rare *vi*: **~ (a)** to cooperate (in); **coopera'tiva** *sf* cooperative; **cooperazi'one** *sf* cooperation

coordi'nare *vt* to coordinate; **coordi'nate** *sfpl* (*MAT, GEO*) coordinates; **coordi'nati** *smpl* (*MODA*) coordinates

co'perchio [ko'perkjo] *sm* cover; (*di pentola*) lid

co'perta *sf* cover; (*di lana*) blanket; (*da viaggio*) rug; (*NAUT*) deck

coper'tina *sf* (*STAMPA*) cover, jacket

co'perto, a *pp di* **coprire** ♦ *ag* covered; (*cielo*) overcast ♦ *sm* place setting; (*posto a*

tavola) place; (*al ristorante*) cover charge; **~ di** covered in *o* with

coper'tone *sm* (*AUT*) rubber tyre

coper'tura *sf* (*anche ECON, MIL*) cover; (*di edificio*) roofing

'copia *sf* copy; **brutta/bella ~** rough/final copy

copi'are *vt* to copy; **copia'trice** *sf* copier, copying machine

copi'one *sm* (*CINEMA, TEATRO*) script

'coppa *sf* (*bicchiere*) goblet; (*per frutta, gelato*) dish; (*trofeo*) cup, trophy; **~ dell'olio** oil sump (*BRIT*) *o* pan (*US*)

'coppia *sf* (*di persone*) couple; (*di animali, SPORT*) pair

coprifu'oco, chi *sm* curfew

copri'letto *sm* bedspread

co'prire *vt* to cover; (*occupare: carica, posto*) to hold; **~rsi** *vr* (*cielo*) to cloud over; (*vestirsi*) to wrap up, cover up; (*ECON*) to cover o.s.; **~rsi di** (*macchie, muffa*) to become covered in

co'raggio [ko'raddʒo] *sm* courage, bravery; **~!** (*forza!*) come on!; (*animo!*) cheer up!; **coraggi'oso, a** *ag* courageous, brave

co'rallo *sm* coral

co'rano *sm* (*REL*) Koran

co'razza [ko'rattsa] *sf* armour; (*di animali*) carapace, shell; (*MIL*) armour(-plating); **coraz'zata** *sf* battleship

corbelle'ria *sf* stupid remark; **~e** *sfpl* nonsense *no pl*

'corda *sf* cord; (*fune*) rope; (*spago, MUS*) string; **dare ~ a qn** to let sb have his (*o* her) way; **tenere sulla ~ qn** to keep sb on tenterhooks; **tagliare la ~** to slip away, sneak off; **~e vocali** vocal cords

cordi'ale *ag* cordial, warm ♦ *sm* (*bevanda*) cordial

cor'doglio [kor'dɔʎʎo] *sm* grief; (*lutto*) mourning

cor'done *sm* cord, string; (*linea: di polizia*) cordon; **~ ombelicale** umbilical cord

Co'rea *sf*: **la ~** Korea

coreogra'fia *sf* choreography

cori'andolo *sm* (*BOT*) coriander; **~i** *smpl* confetti *sg*

cori'carsi *vr* to go to bed

'**corna** *sfpl vedi* **corno**

cor'**nacchia** [kor'nakkja] *sf* crow

corna'**musa** *sf* bagpipes *pl*

cor'**netta** *sf* (*MUS*) cornet; (*TEL*) receiver

cor'**netto** *sm* (*CUC*) croissant; (*gelato*) cone

cor'**nice** [kor'nitʃe] *sf* frame; (*fig*) setting, background

cornici'**one** [korni'tʃone] *sm* (*di edificio*) ledge; (*ARCHIT*) cornice

'**corno** (*pl(f)* **-a**) *sm* (*ZOOL*) horn; (*pl(m)* **-i**: *MUS*) horn; **fare le ~a a qn** to be unfaithful to sb

Corno'**vaglia** [korno'vaʎʎa] *sf*: **la ~** Cornwall

cor'**nuto, a** *ag* (*con corna*) horned; (*fam!: marito*) cuckolded ♦ *sm* (*fam!*) cuckold; (: *insulto*) bastard (!)

'**coro** *sm* chorus; (*REL*) choir

co'**rona** *sf* crown; (*di fiori*) wreath; **coro'nare** *vt* to crown

'**corpo** *sm* body; (*militare, diplomatico*) corps *inv*; **prendere ~** to take shape; **a ~ a ~** hand-to-hand; **~ di ballo** corps de ballet; **~ insegnante** teaching staff

corpo'**rale** *ag* bodily; (*punizione*) corporal

corpora'**tura** *sf* build, physique

corporazi'**one** [korporat'tsjone] *sf* corporation

corpu'**lento, a** *ag* stout

corre'**dare** *vt*: **~ di** to provide *o* furnish with; **cor'redo** *sm* equipment; (*di sposa*) trousseau

cor'**reggere** [kor'reddʒere] *vt* to correct; (*compiti*) to correct, mark

cor'**rente** *ag* (*acqua: di fiume*) flowing; (: *di rubinetto*) running; (*moneta, prezzo*) current; (*comune*) everyday ♦ *sm*: **essere al ~ (di)** to be well-informed (about); **mettere al ~ (di)** to inform (of) ♦ *sf* (*d'acqua*) current, stream; (*spiffero*) draught; (*ELETTR, METEOR*) current; (*fig*) trend, tendency; **la vostra lettera del 5 ~ mese** (*COMM*) your letter of the 5th of this month; **corrente'mente** *av* commonly; **parlare una lingua correntemente** to speak a language fluently

'**correre** *vi* to run; (*precipitarsi*) to rush; (*partecipare a una gara*) to race, run; (*fig: diffondersi*) to go round ♦ *vt* (*SPORT: gara*) to compete in; (*rischio*) to run; (*pericolo*) to face; **~ dietro a qn** to run after sb; **corre voce che ...** it is rumoured that ...

cor'**retto, a** *pp di* **correggere** ♦ *ag* (*comportamento*) correct, proper; **caffè ~ al cognac** coffee laced with brandy

correzi'**one** [korret'tsjone] *sf* correction; marking; **~ di bozze** proofreading

corri'**doio** *sm* corridor

corri'**dore** *sm* (*SPORT*) runner; (: *su veicolo*) racer

corri'**era** *sf* coach (*BRIT*), bus

corri'**ere** *sm* (*diplomatico, di guerra, postale*) courier; (*COMM*) carrier

corrispet'**tivo** *sm* (*somma*) amount due

corrispon'**dente** *ag* corresponding ♦ *sm/f* correspondent

corrispon'**denza** [korrispon'dentsa] *sf* correspondence

corris'**pondere** *vi* (*equivalere*): **~ (a)** to correspond (to) ♦ *vt* (*stipendio*) to pay; (*fig: amore*) to return; **corris'posto, a** *pp di* **corrispondere**

corrobo'**rare** *vt* to strengthen, fortify; (*fig*) to corroborate, bear out

cor'**rodere** *vt* to corrode; **~rsi** *vr* to corrode

cor'**rompere** *vt* to corrupt; (*comprare*) to bribe

corrosi'**one** *sf* corrosion

cor'**roso, a** *pp di* **corrodere**

cor'**rotto, a** *pp di* **corrompere** ♦ *ag* corrupt

corrucci'**arsi** [korrut'tʃarsi] *vr* to grow angry *o* vexed

corru'**gare** *vt* to wrinkle; **~ la fronte** to knit one's brows

corruzi'**one** [korrut'tsjone] *sf* corruption; bribery

'**corsa** *sf* running *no pl*; (*gara*) race; (*di autobus, taxi*) journey, trip; **fare una ~** to run, dash; (*SPORT*) to run a race

cor'**sia** *sf* (*AUT, SPORT*) lane; (*di ospedale*) ward

cor'sivo *sm* cursive (writing); (*TIP*) italics *pl*

'corso, a *pp di* correre ♦ *sm* course; (*strada cittadina*) main street; (*di unità monetaria*) circulation; (*di titoli, valori*) rate, price; **in ~** in progress, under way; (*annata*) current; **~ d'acqua** river, stream; (*artificiale*) waterway; **~ d'aggiornamento** refresher course; **~ serale** evening class

'corte *sf* (court)yard; (*DIR, regale*) court; **fare la ~ a qn** to court sb; **~ marziale** court-martial

cor'teccia, ce [kor'tettʃa] *sf* bark

corteggi'are [korted'dʒare] *vt* to court

cor'teo *sm* procession

cor'tese *ag* courteous; corte'sia *sf* courtesy; **per cortesia ...** excuse me, please ...

cortigi'ana [korti'dʒana] *sf* courtesan

cortigi'ano, a [korti'dʒano] *sm/f* courtier

cor'tile *sm* (court)yard

cor'tina *sf* curtain; (*anche fig*) screen

'corto, a *ag* short; **essere a ~ di qc** to be short of sth; **~ circuito** short-circuit

'corvo *sm* raven

'cosa *sf* thing; (*faccenda*) affair, matter, business *no pl*; **(che) ~?** what?; **(che) cos'è?** what is it?; **a ~ pensi?** what are you thinking about?

'coscia, sce ['kɔʃʃa] *sf* thigh; **~ di pollo** (*CUC*) chicken leg

cosci'ente [koʃ'ʃɛnte] *ag* conscious; **~ di** conscious *o* aware of; cosci'enza *sf* conscience; (*consapevolezza*) consciousness; coscienzi'oso, a *ag* conscientious

cosci'otto [koʃ'ʃɔtto] *sm* (*CUC*) leg

cos'critto *sm* (*MIL*) conscript

PAROLA CHIAVE

co'sì *av* 1 (*in questo modo*) like this, (in) this way; (*in tal modo*) so; **le cose stanno ~** this is the way things stand; **non ho detto ~!** I didn't say that!; **come stai? – (e) ~** how are you? — so-so; **e ~ via** and so on; **per ~ dire** so to speak

2 (*tanto*) so; **~ lontano** so far away; **un ragazzo ~ intelligente** such an intelligent boy

♦ *ag inv* (*tale*): **non ho mai visto un film ~** I've never seen such a film

♦ *cong* 1 (*perciò*) so, therefore

2: **~ ... come** as ... as; **non è ~ bravo come te** he's not as good as you; **~ ... che** so ... that

---

cosid'detto, a *ag* so-called

cos'metico, a, ci, che *ag, sm* cosmetic

cos'pargere [kos'pardʒere] *vt*: **~ di** to sprinkle with; cos'parso, a *pp di* cospargere

cos'petto *sm*: **al ~ di** in front of; in the presence of

cos'picuo, a *ag* considerable, large

cospi'rare *vi* to conspire; cospirazi'one *sf* conspiracy

'costa *sf* (*tra terra e mare*) coast(line); (*litorale*) shore; (*ANAT*) rib; **la C~ Azzurra** the French Riviera

cos'tante *ag* constant; (*persona*) steadfast ♦ *sf* constant

cos'tare *vi, vt* to cost; **~ caro** to be expensive, cost a lot

cos'tata *sf* (*CUC*) large chop

cos'tato *sm* (*ANAT*) ribs *pl*

costeggi'are [kosted'dʒare] *vt* to be close to; to run alongside

cos'tei *pron vedi* costui

costi'era *sf* stretch of coast

costi'ero, a *ag* coastal, coast *cpd*

costitu'ire *vt* (*comitato, gruppo*) to set up, form; (*sog: elementi, parti: comporre*) to make up, constitute; (*rappresentare*) to constitute; (*DIR*) to appoint; **~rsi alla polizia** to give o.s. up to the police

costituzio'nale [kostitutsjo'nale] *ag* constitutional

costituzi'one [kostitut'tsjone] *sf* setting up; building up; constitution

'costo *sm* cost; **a ogni *o* qualunque ~, a tutti i ~i** at all costs

'costola *sf* (*ANAT*) rib

cos'toro *pron pl vedi* costui

cos'toso, a *ag* expensive, costly

cos'tretto, a *pp di* costringere

cos'tringere [kos'trindʒere] *vt*: **~ qn a fare**

qc to force sb to do sth; **costrizi'one** *sf* coercion

costru'ire *vt* to construct, build; **costruzi'one** *sf* construction, building

cos'tui (*f* **cos'tei**, *pl* **cos'toro**) *pron* (*soggetto*) he/she; *pl* they; (*complemento*) him/her; *pl* them; **si può sapere chi è ~?** (*peg*) just who is that fellow?

cos'tume *sm* (*uso*) custom; (*foggia di vestire, indumento*) costume; **~i** *smpl* (*condotta morale*) morals, morality *sg*; **~ da bagno** bathing *o* swimming costume (*BRIT*), swimsuit; (*da uomo*) bathing *o* swimming trunks *pl*

co'tenna *sf* bacon rind

co'togna [ko'toɲɲa] *sf* quince

coto'letta *sf* (*di maiale, montone*) chop; (*di vitello, agnello*) cutlet

co'tone *sm* cotton; **~ idrofilo** cotton wool (*BRIT*), absorbent cotton (*US*)

'cotta *sf* (*fam: innamoramento*) crush

'cottimo *sm*: **lavorare a ~** to do piecework

'cotto, a *pp di* **cuocere** ♦ *ag* cooked; (*fam: innamorato*) head-over-heels in love; **ben ~** (*carne*) well done

cot'tura *sf* cooking; (*in forno*) baking; (*in umido*) stewing

co'vare *vt* to hatch; (*fig: malattia*) to be sickening for; (: *odio, rancore*) to nurse ♦ *vi* (*fuoco, fig*) to smoulder

'covo *sm* den

co'vone *sm* sheaf

'cozza ['kɔttsa] *sf* mussel

coz'zare [kot'tsare] *vi*: **~ contro** to bang into, collide with

C.P. *abbr* (= *casella postale*) P.O. Box

crack [kræk] *sm inv* (*droga*) crack

'crampo *sm* cramp

'cranio *sm* skull

cra'tere *sm* crater

cra'vatta *sf* tie

cre'anza [kre'antsa] *sf* manners *pl*

cre'are *vt* to create; **cre'ato** *sm* creation; **crea'tore, 'trice** *ag* creative ♦ *sm* creator; **crea'tura** *sf* creature; (*bimbo*) baby, infant; **creazi'one** *sf* creation; (*fondazione*) foundation, establishment

cre'dente *sm/f* (*REL*) believer

cre'denza [kre'dentsa] *sf* belief; (*armadio*) sideboard

credenzi'ali [kreden'tsjali] *sfpl* credentials

'credere *vt* to believe ♦ *vi*: **~ in, ~ a** to believe in; **~ qn onesto** to believe sb (to be) honest; **~ che** to believe *o* think that; **~rsi furbo** to believe one is clever

'credito *sm* (*anche COMM*) credit; (*reputazione*) esteem, repute; **comprare a ~** to buy on credit

'credo *sm inv* creed

'crema *sf* cream; (*con uova, zucchero etc*) custard; **~ solare** sun cream

cre'mare *vt* to cremate

Crem'lino *sm*: **il ~** the Kremlin

'crepa *sf* crack

cre'paccio [kre'pattʃo] *sm* large crack, fissure; (*di ghiacciaio*) crevasse

crepacu'ore *sm* broken heart

cre'pare *vi* (*fam: morire*) to snuff it, kick the bucket; **~ dalle risa** to split one's sides laughing

crepi'tare *vi* (*fuoco*) to crackle; (*pioggia*) to patter

cre'puscolo *sm* twilight, dusk

'crescere ['kreʃʃere] *vi* to grow ♦ *vt* (*figli*) to raise; **'crescita** *sf* growth; **cresci'uto, a** *pp di* **crescere**

'cresima *sf* (*REL*) confirmation

'crespo, a *ag* (*capelli*) frizzy; (*tessuto*) puckered ♦ *sm* crêpe

'cresta *sf* crest; (*di polli, uccelli*) crest, comb

'creta *sf* chalk; clay

cre'tino, a *ag* stupid ♦ *sm/f* idiot, fool

cric *sm inv* (*TECN*) jack

'cricca, che *sf* clique

cri'ceto [kri'tʃɛto] *sm* hamster

crimi'nale *ag, sm/f* criminal

'crimine *sm* (*DIR*) crime

'crine *sm* horsehair; **crini'era** *sf* mane

crisan'temo *sm* chrysanthemum

'crisi *sf inv* crisis; (*MED*) attack, fit; **~ di nervi** attack *o* fit of nerves

cristalliz'zare [kristalid'dzare] *vi* to crystallize; (*fig*) to become fossilized; **~rsi**

cristallo → cui

vr to crystallize; to become fossilized

cris'tallo *sm* crystal

cristia'nesimo *sm* Christianity

cristi'ano, a *ag, sm/f* Christian

'Cristo *sm* Christ

cri'terio *sm* criterion; (*buon senso*) (common) sense

'critica, che *sf* criticism; **la ~** (*attività*) criticism; (*persone*) the critics *pl*; *vedi anche* **critico**

criti'care *vt* to criticize

'critico, a, ci, che *ag* critical ♦ *sm* critic

Croa'zia [kroa'ttsja] *sf* Croatia

croc'cante *ag* crisp, crunchy

'croce ['krotʃe] *sf* cross; **in ~** (*di traverso*) crosswise; (*fig*) on tenterhooks; **la C~ Rossa** the Red Cross

croce'figgere *etc* [krotʃe'fiddʒere] = **crocifiggere** *etc*

croce'via *sm inv* crossroads *sg*

croci'ata [kro'tʃata] *sf* crusade

cro'cicchio [kro'tʃikkjo] *sm* crossroads *sg*

croci'era [kro'tʃera] *sf* (*viaggio*) cruise; (*ARCHIT*) transept

croci'figgere [krotʃi'fiddʒere] *vt* to crucify; **crocifissi'one** *sf* crucifixion; **croci'fisso, a** *pp di* **crocifiggere**

crogi'olo [kro'dʒɔlo] *sm* (*fig*) melting pot

crol'lare *vi* to collapse; **'crollo** *sm* collapse; (*di prezzi*) slump, sudden fall

cro'mato, a *ag* chromium-plated

'cromo *sm* chrome, chromium

'cronaca, che *sf* (*STAMPA*) news *sg*; (: *rubrica*) column; (*TV, RADIO*) commentary; **fatto** *o* **episodio di ~** news item; **~ nera** crime news *sg*; crime column

'cronico, a, ci, che *ag* chronic

cro'nista, i *sm* (*STAMPA*) reporter

cronolo'gia [kronolo'dʒia] *sf* chronology

cro'nometro *sm* chronometer; (*a scatto*) stopwatch

'crosta *sf* crust

cros'tacei [kros'tatʃei] *smpl* shellfish

cros'tata *sf* (*CUC*) tart

cros'tino *sm* (*CUC*) croûton; (: *da antipasto*) canapé

'cruccio ['kruttʃo] *sm* worry, torment

cruci'verba *sm inv* crossword (puzzle)

cru'dele *ag* cruel; **crudeltà** *sf* cruelty

'crudo, a *ag* (*non cotto*) raw; (*aspro*) harsh, severe

cru'miro (*peg*) *sm* blackleg (*BRIT*), scab

'crusca *sf* bran

crus'cotto *sm* (*AUT*) dashboard

CSI *sigla f inv* (= *Comunità Stati Indipendenti*) CIS

'Cuba *sf* Cuba

cu'betto *sm*: **~ di ghiaccio** ice cube

'cubico, a, ci, che *ag* cubic

'cubo, a *ag* cubic ♦ *sm* cube; **elevare al ~** (*MAT*) to cube

cuc'cagna [kuk'kaɲɲa] *sf*: **paese della ~** land of plenty; **albero della ~** greasy pole (*fig*)

cuc'cetta [kut'tʃetta] *sf* (*FERR*) couchette; (*NAUT*) berth

cucchiai'ata [kukja'jata] *sf* spoonful

cucchia'ino [kukkja'ino] *sm* teaspoon; coffee spoon

cucchi'aio [kuk'kjajo] *sm* spoon

'cuccia, ce ['kuttʃa] *sf* dog's bed; **a ~!** down!

'cucciolo ['kuttʃolo] *sm* cub; (*di cane*) puppy

cu'cina [ku'tʃina] *sf* (*locale*) kitchen; (*arte culinaria*) cooking, cookery; (*le vivande*) food, cooking; (*apparecchio*) cooker; **~ componibile** fitted kitchen; **cuci'nare** *vt* to cook

cu'cire [ku'tʃire] *vt* to sew, stitch; **cuci'trice** *sf* stapler; **cuci'tura** *sf* sewing, stitching; (*costura*) seam

cucù *sm inv* = **cuculo**

cu'culo *sm* cuckoo

'cuffia *sf* bonnet, cap; (*da infermiera*) cap; (*da bagno*) (bathing) cap; (*per ascoltare*) headphones *pl*, headset

cu'gino, a [ku'dʒino] *sm/f* cousin

PAROLA CHIAVE

'cui *pron* **1** (*nei complementi indiretti: persona*) whom; (: *oggetto, animale*) which; **la persona/le persone a ~ accennavi** the person/people you were referring to *o* to

whom you were referring; **i libri di ~ parlavo** the books I was talking about *o* about which I was talking; **il quartiere in ~ abito** the district where I live; **la ragione per ~** the reason why
2 (*inserito tra articolo e sostantivo*) whose; **la donna i ~ figli sono scomparsi** the woman whose children have disappeared; **il signore, dal ~ figlio ho avuto il libro** the man from whose son I got the book

---

culi'naria *sf* cookery
'culla *sf* cradle
cul'lare *vt* to rock
culmi'nare *vi*: **~ con** to culminate in
'culmine *sm* top, summit
'culo (*fam!*) *sm* arse (*Brit!*), ass (*US!*); (*fig: fortuna*): **aver ~** to have the luck of the devil
'culto *sm* (*religione*) religion; (*adorazione*) worship, adoration; (*venerazione: anche fig*) cult
cul'tura *sf* culture; education, learning; **cultu'rale** *ag* cultural
cumula'tivo, a *ag* cumulative; (*prezzo*) inclusive; (*biglietto*) group *cpd*
'cumulo *sm* (*mucchio*) pile, heap; (*METEOR*) cumulus
'cuneo *sm* wedge
cu'netta *sf* (*avvallamento*) dip; (*di scolo*) gutter
cu'oca *sf vedi* **cuoco**
cu'ocere ['kwɔtʃere] *vt* (*alimenti*) to cook; (*mattoni etc*) to fire ♦ *vi* to cook; **~ al forno** (*pane*) to bake; (*arrosto*) to roast; **cu'oco, a, chi, che** *sm/f* cook; (*di ristorante*) chef
cu'oio *sm* leather; **~ capelluto** scalp
cu'ore *sm* heart; **~i** *smpl* (*CARTE*) hearts; **avere buon ~** to be kind-hearted; **stare a ~ a qn** to be important to sb
cupi'digia [kupi'didʒa] *sf* greed, covetousness
'cupo, a *ag* dark; (*suono*) dull; (*fig*) gloomy, dismal
'cupola *sf* dome; cupola
'cura *sf* care; (*MED: trattamento*) (course of) treatment; **aver ~ di** (*occuparsi di*) to look

after; **a ~ di** (*libro*) edited by; **~ dimagrante** diet
cu'rare *vt* (*malato, malattia*) to treat; (*: guarire*) to cure; (*aver cura di*) to take care of; (*testo*) to edit; **~rsi** *vr* to take care of o.s.; (*MED*) to follow a course of treatment; **~rsi di** to pay attention to
cu'rato *sm* parish priest; (*protestante*) vicar, minister
cura'tore, 'trice *sm/f* (*DIR*) trustee; (*di antologia etc*) editor
curio'sare *vi* to look round, wander round; (*tra libri*) to browse; **~ nei negozi** to look *o* wander round the shops
curiosità *sf inv* curiosity; (*cosa rara*) curio, curiosity
curi'oso, a *ag* curious; **essere ~ di** to be curious about
cur'sore *sm* (*INFORM*) cursor
'curva *sf* curve; (*stradale*) bend, curve
cur'vare *vt* to bend ♦ *vi* (*veicolo*) to take a bend; (*strada*) to bend, curve; **~rsi** *vr* to bend; (*legno*) to warp
'curvo, a *ag* curved; (*piegato*) bent
cusci'netto [kuʃʃi'netto] *sm* pad; (*TECN*) bearing ♦ *ag inv*: **stato ~** buffer state; **~ a sfere** ball bearing
cu'scino [kuʃ'ʃino] *sm* cushion; (*guanciale*) pillow
'cuspide *sf* (*ARCHIT*) spire
cus'tode *sm/f* keeper, custodian
cus'todia *sf* care; (*DIR*) custody; (*astuccio*) case, holder
custo'dire *vt* (*conservare*) to keep; (*assistere*) to look after, take care of; (*fare la guardia*) to guard
'cute *sf* (*ANAT*) skin
C.V. *abbr* (= *cavallo vapore*) h.p.

D, d

PAROLA CHIAVE

---

da (*da+il* = **dal**, *da+lo* = **dallo**, *da+l'* = **dall'**, *da+la* = **dalla**, *da+i* = **dai**, *da+gli** = **dagli**, *da+le* = **dalle**) *prep* **1** (*agente*) by;

dipinto ~ un grande artista painted by a great artist
2 (*causa*) with; **tremare dalla paura** to tremble with fear
3 (*stato in luogo*) at; **abito ~ lui** I'm living at his house *o* with him; **sono dal giornalaio/~ Francesco** I'm at the newsagent's/Francesco's (house)
4 (*moto a luogo*) to; (*moto per luogo*) through; **vado ~ Pietro/dal giornalaio** I'm going to Pietro's (house)/to the newsagent's; **sono passati dalla finestra** they came in through the window
5 (*provenienza, allontanamento*) from; **arrivare/partire ~ Milano** to arrive/depart from Milan; **scendere dal treno/dalla macchina** to get off the train/out of the car; **si trova a 5 km ~ qui** it's 5 km from here
6 (*tempo: durata*) for; (*: a partire da: nel passato*) since; (*: nel futuro*) from; **vivo qui ~ un anno** I've been living here for a year; **è dalle 3 che ti aspetto** I've been waiting for you since 3 (o'clock); **~ oggi in poi** from today onwards; **~ bambino** as a child, when I (*o* he *etc*) was a child
7 (*modo, maniera*) like; **comportarsi ~ uomo** to behave like a man; **l'ho fatto ~ me** I did it (by) myself
8 (*descrittivo*): **una macchina ~ corsa** a racing car; **una ragazza dai capelli biondi** a girl with blonde hair; **un vestito ~ 100.000 lire** a 100,000 lire dress

---

da 'capo *av* = **daccapo**
dac'capo *av* (*di nuovo*) (once) again; (*dal principio*) all over again, from the beginning
'**dado** *sm* (*da gioco*) dice *o* die; (*CUC*) stock (*BRIT*) *o* bouillon (*US*) cube; (*TECN*) (screw)nut; **giocare a ~i** to play dice
daf'fare *sm* work, toil
'**dagli** [ˈdaʎʎi] *prep + det vedi* **da**
'**dai** *prep + det vedi* **da**
'**daino** *sm* (fallow) deer *inv*; (*pelle*) buckskin
dal *prep + det vedi* **da**
dall' *prep + det vedi* **da**

'**dalla** *prep + det vedi* **da**
'**dalle** *prep + det vedi* **da**
'**dallo** *prep + det vedi* **da**
dal'tonico, a, ci, che *ag* colour-blind
'**dama** *sf* lady; (*nei balli*) partner; (*gioco*) draughts *sg* (*BRIT*), checkers *sg* (*US*)
damigi'ana [dami'dʒana] *sf* demijohn
da'naro *sm* = **denaro**
da'nese *ag* Danish ♦ *sm/f* Dane ♦ *sm* (*LING*) Danish
Dani'marca *sf*: **la ~** Denmark
dan'nare *vt* (*REL*) to damn; **~rsi** *vr* (*fig: tormentarsi*) to be worried to death; **far ~ qn** to drive sb mad; **dannazi'one** *sf* damnation
danneggi'are [danned'dʒare] *vt* to damage; (*rovinare*) to spoil; (*nuocere*) to harm
'**danno** *sm* damage; (*a persona*) harm, injury; **~i** *smpl* (*DIR*) damages; **dan'noso, a** *ag*: **dannoso (a, per)** harmful (to), bad (for)
Da'nubio *sm*: **il ~** the Danube
'**danza** [ˈdantsa] *sf*: **la ~** dancing; **una ~** a dance
dan'zare [dan'tsare] *vt, vi* to dance
dapper'tutto *av* everywhere
dap'poco *ag inv* inept, worthless
dap'prima *av* at first
'**dare** *sm* (*COMM*) debit ♦ *vt* to give; (*produrre: frutti, suono*) to produce ♦ *vi* (*guardare*): **~ su** to look (out) onto; **~rsi** *vr*: **~rsi a** to dedicate o.s. to; **~rsi al commercio** to go into business; **~rsi al bere** to take to drink; **~ da mangiare a qn** to give sb sth to eat; **~ per certo qc** to consider sth certain; **~ per morto qn** to give sb up for dead; **~rsi per vinto** to give in
'**darsena** *sf* dock; dockyard
'**data** *sf* date; **~ di nascita** date of birth
da'tare *vt* to date ♦ *vi*: **~ da** to date from
'**dato, a** *ag* (*stabilito*) given ♦ *sm* datum; **~i** *smpl* data *pl*; **~ che** given that; **un ~ di fatto** a fact
da'tore, trice *sm/f*: **~ di lavoro** employer
'**dattero** *sm* date

dattilogra'fare *vt* to type; **dattilogra'fia** *sf* typing; **datti'lografo, a** *sm/f* typist

da'vanti *av* in front; (*dirimpetto*) opposite ♦ *ag inv* front ♦ *sm* front; **~ a** in front of; facing, opposite; (*in presenza di*) before, in front of

davan'zale [davan'tsale] *sm* windowsill

d'a'vanzo [da'vantso] *av* more than enough

dav'vero *av* really, indeed

'dazio ['dattsjo] *sm* (*somma*) duty; (*luogo*) customs *pl*

DC *sigla f* = **Democrazia Cristiana**

d. C. *ad abbr* (= *dopo Cristo*) A.D.

'dea *sf* goddess

'debito, a *ag* due, proper ♦ *sm* debt; (*COMM: dare*) debit; **a tempo ~** at the right time; **debi'tore, 'trice** *sm/f* debtor

'debole *ag* weak, feeble; (*suono*) faint; (*luce*) dim ♦ *sm* weakness; **debo'lezza** *sf* weakness

debut'tare *vi* to make one's début; **de'butto** *sm* début

deca'denza [deka'dɛntsa] *sf* decline; (*DIR*) loss, forfeiture

decaffei'nato, a *ag* decaffeinated

decan'tare *vt* to praise, sing the praises of

decapi'tare *vt* to decapitate

decappot'tabile *ag*, *sf* convertible

dece'duto, a [detʃe'duto] *ag* deceased

de'cennio [de'tʃɛnnjo] *sm* decade

de'cente [de'tʃɛnte] *ag* decent, respectable, proper; (*accettabile*) satisfactory, decent

de'cesso [de'tʃɛsso] *sm* death

de'cidere [de'tʃidere] *vt*: **~ qc** to decide on sth; (*questione, lite*) to settle sth; **~ di fare/che** to decide to do/that; **~ di qc** (*sog: cosa*) to determine sth; **~rsi (a fare)** to decide (to do), make up one's mind (to do)

deci'frare [detʃi'frare] *vt* to decode; (*fig*) to decipher, make out

deci'male [detʃi'male] *ag* decimal

'decimo, a ['dɛtʃimo] *num* tenth

de'cina [de'tʃina] *sf* ten; (*circa dieci*): **una ~ (di)** about ten

decisi'one [detʃi'zjone] *sf* decision;

prendere una ~ to make a decision

de'ciso, a [de'tʃizo] *pp di* **decidere**

declas'sare *vt* to downgrade; to lower in status

decli'nare *vi* (*pendio*) to slope down; (*fig: diminuire*) to decline ♦ *vt* to decline

declinazi'one *sf* (*LING*) declension

de'clino *sm* decline

decodifica'tore *sm* (*TEL*) decoder

decol'lare *vi* (*AER*) to take off; **de'collo** *sm* take-off

decolo'rare *vt* to bleach

decom'porre *vt* to decompose; **decomporsi** *vr* to decompose; **decom'posto, a** *pp di* **decomporre**

deconge'lare [dekondʒe'lare] *vt* to defrost

deco'rare *vt* to decorate; **decora'tore, 'trice** *sm/f* (*interior*) decorator; **decorazi'one** *sf* decoration

de'coro *sm* decorum; **deco'roso, a** *ag* decorous, dignified

de'correre *vi* to pass, elapse; (*avere effetto*) to run, have effect; **de'corso, a** *pp di* **decorrere** ♦ *sm* (*evoluzione: anche MED*) course

de'crepito, a *ag* decrepit

de'crescere [de'kreʃʃere] *vi* (*diminuire*) to decrease, diminish; (*acque*) to subside, go down; (*prezzi*) to go down; **decresci'uto, a** *pp di* **decrescere**

de'creto *sm* decree; **~ legge** *decree with the force of law*

'dedalo *sm* maze, labyrinth

'dedica, che *sf* dedication

dedi'care *vt* to dedicate

'dedito, a *ag*: **~ a** (*studio etc*) dedicated *o* devoted to; (*vizio*) addicted to

de'dotto, a *pp di* **dedurre**

de'durre *vt* (*concludere*) to deduce; (*defalcare*) to deduct; **deduzi'one** *sf* deduction

defal'care *vt* to deduct

defe'rente *ag* respectful, deferential

defe'rire *vt*: **~ a** (*DIR*) to refer to

defezi'one [defet'tsjone] *sf* defection, desertion

defici'ente [defi'tʃɛnte] *ag* (*mancante*): **~ di**

deficient in; (*insufficiente*) insufficient
♦ *sm/f* mental defective; (*peg: cretino*) idiot
'**deficit** ['defitʃit] *sm inv* (ECON) deficit
defi'nire *vt* to define; (*risolvere*) to settle;
defini'tivo, a *ag* definitive, final;
definizi'one *sf* definition; settlement
deflet'tore *sm* (AUT) quarter-light
de'flusso *sm* (*della marea*) ebb
defor'mare *vt* (*alterare*) to put out of
shape; (*corpo*) to deform; (*pensiero, fatto*)
to distort; ~**rsi** *vr* to lose its shape
de'forme *ag* deformed; disfigured;
deformità *sf inv* deformity
defrau'dare *vt*: ~ **qn di qc** to defraud sb
of sth, cheat sb out of sth
de'funto, a *ag* late *cpd* ♦ *sm/f* deceased
degene'rare [dedʒene'rare] *vi* to
degenerate; **de'genere** *ag* degenerate
de'gente [de'dʒɛnte] *sm/f* (*in ospedale*) in-
patient
'**degli** ['deʎʎi] *prep + det vedi* **di**
de'gnarsi [deɲ'ɲarsi] *vr*: ~ **di fare** to deign
o condescend to do
'**degno, a** [deɲɲo, a] *ag* dignified; ~ **di** worthy of; ~
di lode praiseworthy
degra'dare *vt* (MIL) to demote; (*privare
della dignità*) to degrade; ~**rsi** *vr* to
demean o.s.
degustazi'one [degustat'tsjone] *sf*
sampling, tasting
'**dei** *prep + det vedi* **di**
del *prep + det vedi* **di**
dela'tore, 'trice *sm/f* police informer
'**delega, ghe** *sf* (*procura*) proxy
dele'gare *vt* to delegate; **dele'gato** *sm*
delegate
dele'terio, a *ag* damaging; (*per salute etc*)
harmful
del'fino *sm* (ZOOL) dolphin; (STORIA)
dauphin; (*fig*) probable successor
delibe'rare *vt* to come to a decision on
♦ *vi* (DIR): ~ (**su qc**) to rule (on sth)
delica'tezza [delika'tettsa] *sf* delicacy;
frailty; thoughtfulness; tactfulness
deli'cato, a *ag* delicate; (*salute*) delicate,
frail; (*fig: gentile*) thoughtful, considerate;
(: *che dimostra tatto*) tactful

deline'are *vt* to outline; ~**rsi** *vr* to be
outlined; (*fig*) to emerge
delin'quente *sm/f* criminal, delinquent; ~
abituale regular offender, habitual
offender; **delin'quenza** *sf* criminality,
delinquency; **delinquenza minorile**
juvenile delinquency
deli'rare *vi* to be delirious, rave; (*fig*) to
rave
de'lirio *sm* delirium; (*ragionamento
insensato*) raving; (*fig*): **andare/mandare
in** ~ to go/send into a frenzy
de'litto *sm* crime
de'lizia [de'littsja] *sf* delight; **delizi'oso, a**
ag delightful; (*cibi*) delicious
dell' *prep + det vedi* **di**
'**della** *prep + det vedi* **di**
'**delle** *prep + det vedi* **di**
'**dello** *prep + det vedi* **di**
delta'plano *sm* hang-glider; **volo col** ~
hang-gliding
de'ludere *vt* to disappoint; **delusi'one** *sf*
disappointment; **de'luso, a** *pp di*
deludere
de'manio *sm* state property
de'menza [de'mɛntsa] *sf* dementia;
(*stupidità*) foolishness
demo'cratico, a, ci, che *ag* democratic
democra'zia [demokrat'tsia] *sf* democracy
democristi'ano, a *ag, sm/f* Christian
Democrat
demo'lire *vt* to demolish
'**demone** *sm* demon
de'monio *sm* demon, devil; **il D~** the Devil
de'naro *sm* money
denomi'nare *vt* to name;
denominazi'one *sf* name;
denomination; **denominazione d'origine
controllata** *label guaranteeing the quality
and origin of a wine*
densità *sf inv* density
'**denso, a** *ag* thick, dense
den'tale *ag* dental
'**dente** *sm* tooth; (*di forchetta*) prong; **al** ~
(CUC: *pasta*) al dente; ~**i del giudizio**
wisdom teeth; **denti'era** *sf* (set of) false
teeth *pl*

denti'fricio [denti'fritʃo] *sm* toothpaste
den'tista, i, e *sm/f* dentist
'dentro *av* inside; (*in casa*) indoors; (*fig: nell'intimo*) inwardly ♦ *prep*: ~ (a) in; **piegato in ~** folded over; **qui/là ~** in here/there; ~ **di sé** (*pensare, brontolare*) to oneself
de'nuncia, ce *o* cie [de'nuntʃa] *sf* denunciation; declaration; ~ **dei redditi** (income) tax return
denunci'are [denun'tʃare] *vt* to denounce; (*dichiarare*) to declare
de'nunzia *etc* [de'nuntsja] = **denuncia** *etc*
denutrizi'one [denutrit'tsjone] *sf* malnutrition
deodo'rante *sm* deodorant
depe'rire *vi* to waste away
depila'torio, a *ag* hair-removing *cpd*, depilatory
dépli'ant [depli'ɑ̃] *sm inv* leaflet; (*opuscolo*) brochure
deplo'revole *ag* deplorable
de'porre *vt* (*depositare*) to put down; (*rimuovere: da una carica*) to remove; (*: re*) to depose; (*DIR*) to testify
depor'tare *vt* to deport
deposi'tare *vt* (*gen, GEO, ECON*) to deposit; (*lasciare: merci*) to store
de'posito *sm* deposit; (*luogo*) warehouse; depot; (*: MIL*) depot; ~ **bagagli** left-luggage office
deposizi'one [depozit'tsjone] *sf* deposition; (*da una carica*) removal
de'posto, a *pp di* **deporre**
depra'vato, a *ag* depraved ♦ *sm/f* degenerate
depre'dare *vt* to rob, plunder
depressi'one *sf* depression
de'presso, a *pp di* **deprimere** ♦ *ag* depressed
deprez'zare [depret'tsare] *vt* (*ECON*) to depreciate
de'primere *vt* to depress
depu'rare *vt* to purify
depu'tato *sm* (*POL*) deputy, ≈ Member of Parliament (*BRIT*), ≈ Member of Congress (*US*)

deragli'are [deraʎ'ʎare] *vi* to be derailed; **far ~** to derail
dere'litto, a *ag* derelict
dere'tano (*fam*) *sm* bottom, buttocks *pl*
de'ridere *vt* to mock, deride; **de'riso, a** *pp di* **deridere**
de'riva *sf* (*NAUT, AER*) drift; **andare alla ~** (*anche fig*) to drift
deri'vare *vi*: ~ **da** to derive from ♦ *vt* to derive; (*corso d'acqua*) to divert; **derivazi'one** *sf* derivation; diversion
derma'tologo, a, gi, ghe *sm/f* dermatologist
der'rate *sfpl*: ~ **alimentari** foodstuffs
deru'bare *vt* to rob
des'critto, a *pp di* **descrivere**
des'crivere *vt* to describe; **descrizi'one** *sf* description
de'serto, a *ag* deserted ♦ *sm* (*GEO*) desert; **isola ~a** desert island
deside'rare *vt* to want, wish for; (*sessualmente*) to desire; ~ **fare/che qn faccia** to want *o* wish to do/sb to do; **desidera fare una passeggiata?** would you like to go for a walk?
desi'derio *sm* wish; (*più intenso, carnale*) desire
deside'roso, a *ag*: ~ **di** longing *o* eager for
desi'nenza [dezi'nentsa] *sf* (*LING*) ending, inflexion
de'sistere *vi*: ~ **da** to give up, desist from; **desis'tito, a** *pp di* **desistere**
deso'lato, a *ag* (*paesaggio*) desolate; (*persona: spiacente*) sorry
des'tare *vt* to wake (up); (*fig*) to awaken, arouse; **~rsi** *vr* to wake (up)
desti'nare *vt* to destine; (*assegnare*) to appoint, assign; (*indirizzare*) to address; ~ **qc a qn** to intend to give sth to sb, intend sb to have sth; **destina'tario, a** *sm/f* (*di lettera*) addressee
destinazi'one [destinat'tsjone] *sf* destination; (*uso*) purpose
des'tino *sm* destiny, fate
destitu'ire *vt* to dismiss, remove
'desto, a *ag* (wide) awake

'**destra** *sf (mano)* right hand; *(parte)* right (side); *(POL)*: **la ~** the Right; **a ~** *(essere)* on the right; *(andare)* to the right

destreggi'arsi [destred'dʒarsi] *vr* to manoeuvre *(BRIT)*, maneuver *(US)*

des'trezza [des'trettsa] *sf* skill, dexterity

'**destro, a** *ag* right, right-hand

dete'nere *vt (incarico, primato)* to hold; *(proprietà)* to have, possess; *(in prigione)* to detain, hold; **dete'nuto, a** *sm/f* prisoner; **detenzi'one** *sf* holding; possession; detention

deter'gente [deter'dʒente] *ag* detergent; *(crema, latte)* cleansing ♦ *sm* detergent

deterio'rare *vt* to damage; **~rsi** *vr* to deteriorate

determi'nare *vt* to determine; **determinazi'one** *sf* determination; *(decisione)* decision

deter'sivo *sm* detergent

detes'tare *vt* to detest, hate

de'trarre *vt*: **~ (da)** to deduct (from), take away (from); **de'tratto, a** *pp di* **detrarre; detrazi'one** *sf* deduction; **detrazione d'imposta** tax allowance

de'trito *sm (GEO)* detritus

'**detta** *sf*: **a ~ di** according to

dettagli'are [dettaʎ'ʎare] *vt* to detail, give full details of

det'taglio [det'taʎʎo] *sm* detail; *(COMM)*: **il ~** retail; **al ~** *(COMM)* retail; separately

det'tare *vt* to dictate; **~ legge** *(fig)* to lay down the law; **det'tato** *sm* dictation; **detta'tura** *sf* dictation

'**detto, a** *pp di* **dire** ♦ *ag (soprannominato)* called, known as; *(già nominato)* above-mentioned ♦ *sm* saying; **~ fatto** no sooner said than done

detur'pare *vt* to disfigure; *(moralmente)* to sully

devas'tare *vt* to devastate; *(fig)* to ravage

devi'are *vi*: **~ (da)** to turn off (from) ♦ *vt* to divert; **deviazi'one** *sf (anche AUT)* diversion

devo'luto, a *pp di* **devolvere**

devoluzi'one [devolut'tsjone] *sf (DIR)* devolution, transfer

de'volvere *vt (DIR)* to transfer, devolve

de'voto, a *ag (REL)* devout, pious; *(affezionato)* devoted

devozi'one [devot'tsjone] *sf* devoutness; *(anche REL)* devotion

---

| PAROLA CHIAVE |

di *(di+il* = **del***, di+lo* = **dello***, di+l'* = **dell'***, di+la* = **della***, di+i* = **dei***, di+gli* = **degli***, di+le* = **delle***) prep* **1** *(possesso, specificazione)* of; *(composto da, scritto da)* by; **la macchina ~ Paolo/mio fratello** Paolo's/my brother's car; **un amico ~ mio fratello** a friend of my brother's, one of my brother's friends; **un quadro ~ Botticelli** a painting by Botticelli

2 *(caratterizzazione, misura)* of; **una casa ~ mattoni** a brick house, a house made of bricks; **un orologio d'oro** a gold watch; **un bimbo ~ 3 anni** a child of 3, a 3-year-old child

3 *(causa, mezzo, modo)* with; **tremare ~ paura** to tremble with fear; **morire ~ cancro** to die of cancer; **spalmare ~ burro** to spread with butter

4 *(argomento)* about, of; **discutere ~ sport** to talk about sport

5 *(luogo: provenienza)* from; out of; **essere ~ Roma** to be from Rome; **uscire ~ casa** to come out of *o* leave the house

6 *(tempo)* in; **d'estate/d'inverno** in (the) summer/winter; **~ notte** by night, at night; **~ mattina/sera** in the morning/evening; **~ lunedì** on Mondays

♦ *det (una certa quantità di)* some; *(: negativo)* any; *(: interrogativo)* any, some; **del pane** (some) bread; **delle caramelle** (some) sweets; **degli amici miei** some friends of mine; **vuoi del vino?** do you want some *o* any wine?

---

dia'bete *sm* diabetes *sg*

di'acono *sm (REL)* deacon

dia'dema, i *sm* diadem; *(di donna)* tiara

dia'framma, i *sm (divisione)* screen; *(ANAT, FOT, contraccettivo)* diaphragm

di'agnosi [di'aɲɲozi] *sf* diagnosis *sg*

diago'nale *ag, sf* diagonal

dia'gramma, i *sm* diagram

dia'letto *sm* dialect

di'alisi *sf* dialysis *sg*

di'alogo, ghi *sm* dialogue

dia'mante *sm* diamond

di'ametro *sm* diameter

di'amine *escl*: **che ~ ...?** what on earth ...?

diaposi'tiva *sf* transparency, slide

di'ario *sm* diary

diar'rea *sf* diarrhoea

di'avolo *sm* devil

di'battere *vt* to debate, discuss; **~rsi** *vr* to struggle; **di'battito** *sm* debate, discussion

dicas'tero *sm* ministry

di'cembre [di'tʃembre] *sm* December

dice'ria [ditʃe'ria] *sf* rumour, piece of gossip

dichia'rare [dikja'rare] *vt* to declare; **dichiarazi'one** *sf* declaration

dician'nove [ditʃan'nɔve] *num* nineteen

dicias'sette [ditʃas'sette] *num* seventeen

dici'otto [di'tʃɔtto] *num* eighteen

dici'tura [ditʃi'tura] *sf* words *pl*, wording

di'eci ['djetʃi] *num* ten; **die'cina** *sf* = **decina**

'diesel ['dizəl] *sm inv* diesel engine

di'eta *sf* diet; **essere a ~** to be on a diet

di'etro *av* behind; (*in fondo*) at the back ♦ *prep* behind; (*tempo: dopo*) after ♦ *sm* back, rear ♦ *ag inv* back *cpd*; **le zampe di ~** the hind legs; **~ richiesta** on demand; (*scritta*) on application

di'fatti *cong* in fact, as a matter of fact

di'fendere *vt* to defend; **difen'sivo, a** *ag* defensive ♦ *sf*: **stare sulla difensiva** (*anche fig*) to be on the defensive; **difen'sore, a** *sm/f* defender; **avvocato difensore** counsel for the defence; **di'fesa** *sf* defence; **di'feso, a** *pp di* **difendere**

difet'tare *vi* to be defective; **~ di** to be lacking in, lack; **difet'tivo, a** *ag* defective

di'fetto *sm* (*mancanza*): **~ di** lack of; shortage of; (*di fabbricazione*) fault, flaw, defect; (*morale*) fault, failing, defect; (*fisico*) defect; **far ~** to be lacking; **in ~** at fault; in the wrong; **difet'toso, a** *ag* defective, faulty

diffa'mare *vt* to slander; to libel

diffe'rente *ag* different

diffe'renza [diffe'rɛntsa] *sf* difference; **a ~ di** unlike

differenzi'are [differen'tsjare] *vt* to differentiate; **~rsi da** to differentiate o.s. from; to differ from

diffe'rire *vt* to postpone, defer ♦ *vi* to be different

dif'ficile [dif'fitʃile] *ag* difficult; (*persona*) hard to please, difficult (to please); (*poco probabile*): **è ~ che sia libero** it is unlikely that he'll be free ♦ *sm* difficult part; difficulty; **difficoltà** *sf inv* difficulty

dif'fida *sf* (*DIR*) warning, notice

diffi'dare *vi*: **~ di** to be suspicious *o* distrustful of ♦ *vt* (*DIR*) to warn; **~ qn dal fare qc** to warn sb not to do sth, caution sb against doing sth; **diffi'dente** *ag* suspicious, distrustful; **diffi'denza** *sf* suspicion, distrust

dif'fondere *vt* (*luce, calore*) to diffuse; (*notizie*) to spread, circulate; **~rsi** *vr* to spread; **diffusi'one** *sf* diffusion; spread; (*anche di giornale*) circulation; (*FISICA*) scattering; **dif'fuso, a** *pp di* **diffondere** ♦ *ag* (*malattia, fenomeno*) widespread

diffi'lato *av* (*direttamente*) straight, directly; (*subito*) straight away

difte'rite *sf* (*MED*) diphtheria

'diga, ghe *sf* dam; (*portuale*) breakwater

dige'rente [didʒe'rɛnte] *ag* (*apparato*) digestive

dige'rire [didʒe'rire] *vt* to digest; **digesti'one** *sf* digestion; **diges'tivo, a** *ag* digestive ♦ *sm* (after-dinner) liqueur

digi'tale [didʒi'tale] *ag* digital; (*delle dita*) finger *cpd*, digital ♦ *sf* (*BOT*) foxglove

digi'tare [didʒi'tare] *vt, vi* (*INFORM*) to key (in)

digiu'nare [didʒu'nare] *vi* to starve o.s.; (*REL*) to fast; **digi'uno, a** *ag*: **essere digiuno** not to have eaten ♦ *sm* fast; **a digiuno** on an empty stomach

dignità [diɲɲi'ta] *sf inv* dignity; **digni'toso, a** *ag* dignified

'DIGOS ['digɔs] *sigla f* (= *Divisione*

Investigazioni Generali e Operazioni Speciali) police department dealing with political security

digri'gnare [digriɲ'ɲare] *vt*: ~ **i denti** to grind one's teeth

dila'gare *vi* to flood; *(fig)* to spread

dilani'are *vt (preda)* to tear to pieces

dilapi'dare *vt* to squander, waste

dila'tare *vt* to dilate; *(gas)* to cause to expand; *(passaggio, cavità)* to open (up); **~rsi** *vr* to dilate; *(FISICA)* to expand

dilazio'nare [dilattsjo'nare] *vt* to delay, defer; **dilazi'one** *sf* delay; *(COMM: di pagamento etc)* extension; *(rinvio)* postponement

dilegu'are *vi* to vanish, disappear; **~rsi** *vr* to vanish, disappear

di'lemma, i *sm* dilemma

dilet'tante *sm/f* dilettante; *(anche SPORT)* amateur

dilet'tare *vt* to give pleasure to, delight; **~rsi** *vr*: **~rsi di** to take pleasure in, enjoy

di'letto, a *ag* dear, beloved ♦ *sm* pleasure, delight

dili'gente [dili'dʒɛnte] *ag (scrupoloso)* diligent; *(accurato)* careful, accurate; **dili'genza** *sf* diligence; care; *(carrozza)* stagecoach

dilu'ire *vt* to dilute

dilun'garsi *vr (fig)*: ~ **su** to talk at length on *o* about

diluvi'are *vb impers* to pour (down)

di'luvio *sm* downpour; *(inondazione, fig)* flood

dima'grire *vi* to get thinner, lose weight

dime'nare *vt* to wave, shake; **~rsi** *vr* to toss and turn; *(fig)* to struggle; ~ **la coda** *(sog: cane)* to wag its tail

dimensi'one *sf* dimension; *(grandezza)* size

dimenti'canza [dimenti'kantsa] *sf* forgetfulness; *(errore)* oversight, slip; **per ~** inadvertently

dimenti'care *vt* to forget; **~rsi di qc** to forget sth

di'messo, a *pp di* **dimettere** ♦ *ag (voce)* subdued; *(uomo, abito)* modest, humble

dimesti'chezza [dimesti'kettsa] *sf* familiarity

di'mettere *vt*: ~ **qn da** to dismiss sb from; *(dall'ospedale)* to discharge sb from; **~rsi (da)** to resign (from)

dimez'zare [dimed'dzare] *vt* to halve

diminu'ire *vt* to reduce, diminish; *(prezzi)* to bring down, reduce ♦ *vi* to decrease, diminish; *(rumore)* to die down, die away; *(prezzi)* to fall, go down; **diminuzi'one** *sf* decreasing, diminishing

dimissi'oni *sfpl* resignation *sg*; **dare** *o* **presentare le ~** to resign, hand in one's resignation

di'mora *sf* residence

dimo'rare *vi* to reside

dimos'trare *vt* to demonstrate, show; *(provare)* to prove, demonstrate; **~rsi** *vr*: **~rsi molto abile** to show o.s. *o* prove to be very clever; **dimostra 30 anni** he looks about 30 (years old); **dimostrazi'one** *sf* demonstration; proof

di'namica *sf* dynamics *sg*

di'namico, a, ci, che *ag* dynamic

dina'mite *sf* dynamite

'dinamo *sf inv* dynamo

di'nanzi [di'nantsi]: ~ **a** *prep* in front of

dini'ego, ghi *sm* refusal; denial

dinocco'lato, a *ag* lanky

din'torno *av* round, (round) about; **~i** *smpl* outskirts; **nei ~i di** in the vicinity *o* neighbourhood of

'dio *(pl* **'dei)** *sm* god; **D~** God; **gli dei** the gods; **D~ mio!** my goodness!, my God!

di'ocesi [di'ɔtʃezi] *sf inv* diocese

dipa'nare *vt (lana)* to wind into a ball; *(fig)* to disentangle, sort out

diparti'mento *sm* department

dipen'dente *ag* dependent ♦ *sm/f* employee; **dipen'denza** *sf* dependence; **essere alle dipendenze di qn** to be employed by sb *o* in sb's employ

di'pendere *vi*: ~ **da** to depend on; *(finanziariamente)* to be dependent on; *(derivare)* to come from, be due to; **di'peso, a** *pp di* **dipendere**

di'pingere [di'pindʒere] *vt* to paint;

di'pinto, a *pp di* **dipingere** ♦ *sm* painting

di'ploma, i *sm* diploma

diplo'mare *vt* to award a diploma to, graduate (*US*); ~**rsi** *vr* to obtain a diploma, graduate (*US*)

diplo'matico, a, ci, che *ag* diplomatic ♦ *sm* diplomat

diploma'zia [diplomat'tsia] *sf* diplomacy

di'porto: **imbarcazione da** ~ *sf* pleasure craft

dira'dare *vt* to thin (out); (*visite*) to reduce, make less frequent; ~**rsi** *vr* to disperse; (*nebbia*) to clear (up)

dira'mare *vt* to issue ♦ *vi* (*strade*) to branch; ~**rsi** *vr* to branch

'dire *vt* to say; (*segreto, fatto*) to tell; ~ **qc a qn** to tell sb sth; ~ **a qn di fare qc** to tell sb to do sth; ~ **di sì/no** to say yes/no; **si dice che ...** they say that ...; **si direbbe che ...** it looks (*o* sounds) as though ...; **dica, signora?** (*in un negozio*) yes, Madam, can I help you?

di'retto, a *pp di* **dirigere** ♦ *ag* direct ♦ *sm* (*FERR*) through train

diret'tore, 'trice *sm/f* (*di azienda*) director; manager/ess; (*di scuola elementare*) head (teacher) (*BRIT*), principal (*US*); ~ **d'orchestra** conductor; ~ **vendite** sales director *o* manager

direzi'one [diret'tsjone] *sf* board of directors; management; (*senso di movimento*) direction; **in** ~ **di** in the direction of, towards

diri'gente [diri'dʒɛnte] *sm/f* executive; (*POL*) leader ♦ *ag*: **classe** ~ ruling class

di'rigere [di'ridʒere] *vt* to direct; (*impresa*) to run, manage; (*MUS*) to conduct; ~**rsi** *vr*: ~**rsi verso** *o* **a** to make *o* head for

dirim'petto *av* opposite; ~ **a** opposite, facing

di'ritto, a *ag* straight; (*onesto*) straight, upright ♦ *av* straight, directly; **andare** ~ to go straight on ♦ *sm* right side; (*TENNIS*) forehand; (*MAGLIA*) plain stitch; (*prerogativa*) right; (*leggi, scienza*): **il** ~ law; **~i** *smpl* (*tasse*) duty *sg*; **stare** ~ to stand up straight; **aver** ~ **a qc** to be entitled to sth;

~**i d'autore** royalties

dirit'tura *sf* (*SPORT*) straight; (*fig*) rectitude

diroc'cato, a *ag* tumbledown, in ruins

dirot'tare *vt* (*nave, aereo*) to change the course of; (*aereo: sotto minaccia*) to hijack; (*traffico*) to divert ♦ *vi* (*nave, aereo*) to change course; **dirotta'tore, 'trice** *sm/f* hijacker

di'rotto, a *ag* (*pioggia*) torrential; (*pianto*) unrestrained; **piovere a** ~ to pour; **piangere a** ~ to cry one's heart out

di'rupo *sm* crag, precipice

disabi'tato, a *ag* uninhabited

disabitu'arsi *vr*: ~ **a** to get out of the habit of

disac'cordo *sm* disagreement

disadat'tato, a *ag* (*PSIC*) maladjusted

disa'dorno, a *ag* plain, unadorned

disagi'ato, a [diza'dʒato] *ag* poor, needy; (*vita*) hard

di'sagio [di'zadʒo] *sm* discomfort; (*disturbo*) inconvenience; (*fig: imbarazzo*) embarrassment; **essere a** ~ to be ill at ease

disappro'vare *vt* to disapprove of; **disapprovazi'one** *sf* disapproval

disap'punto *sm* disappointment

disar'mare *vt, vi* to disarm; **di'sarmo** *sm* (*MIL*) disarmament

di'sastro *sm* disaster

disat'tento, a *ag* inattentive; **disattenzi'one** *sf* carelessness, lack of attention

disa'vanzo [diza'vantso] *sm* (*ECON*) deficit

disavven'tura *sf* misadventure, mishap

dis'brigo, ghi *sm* (*prompt*) clearing up *o* settlement

dis'capito *sm*: **a** ~ **di** to the detriment of

dis'carica, che *sf* (*di rifiuti*) rubbish tip *o* dump

discen'dente [diʃʃen'dɛnte] *ag* descending ♦ *sm/f* descendant

di'scendere [diʃ'ʃɛndere] *vt* to go (*o* come) down ♦ *vi* to go (*o* come) down; (*strada*) to go down; (*smontare*) to get off; ~ **da** (*famiglia*) to be descended from; ~ **dalla macchina/dal treno** to get out of the car/out of *o* off the train; ~ **da cavallo** to dismount, get off one's horse

di'scepolo, a [diʃʃepolo] *sm/f* disciple

di'scernere [diʃʃernere] *vt* to discern

di'scesa [diʃʃesa] *sf* descent; (*pendio*) slope; **in ~** (*strada*) downhill *cpd*, sloping; **~ libera** (*SCI*) downhill (race)

di'sceso, a [diʃʃeso] *pp di* **discendere**

disci'ogliere [diʃʃɔʎʎere] *vt* to dissolve; (*fondere*) to melt; **~rsi** *vr* to dissolve; to melt; **disci'olto, a** *pp di* **disciogliere**

disci'plina [diʃʃiʼplina] *sf* discipline; **discipli'nare** *ag* disciplinary ♦ *vt* to discipline

'disco, schi *sm* disc; (*SPORT*) discus; (*fonografico*) record; (*INFORM*) disk; **~ orario** (*AUT*) parking disc; **~ rigido** (*INFORM*) hard disk; **~ volante** flying saucer

discol'pare *vt* to clear of blame

disco'noscere [diskoʼnoʃʃere] *vt* (*figlio*) to disown; (*meriti*) to ignore, disregard; **disconosci'uto, a** *pp di* **disconoscere**

dis'corde *ag* conflicting, clashing; **dis'cordia** *sf* discord; (*dissidio*) disagreement, clash

dis'correre *vi*: **~ (di)** to talk (about)

dis'corso, a *pp di* **discorrere** ♦ *sm* speech; (*conversazione*) conversation, talk

dis'costo, a *ag* faraway, distant ♦ *av* far away; **~ da** far from

disco'teca, che *sf* (*raccolta*) record library; (*locale*) disco

discre'panza [diskreʼpantsa] *sf* disagreement

dis'creto, a *ag* discreet; (*abbastanza buono*) reasonable, fair; **discrezi'one** *sf* discretion; (*giudizio*) judgment, discernment; **a discrezione di** at the discretion of

discriminazi'one [diskriminatʼtsjone] *sf* discrimination

discussi'one *sf* discussion; (*litigio*) argument; **fuori ~** out of the question

dis'cusso, a *pp di* **discutere**

dis'cutere *vt* to discuss, debate; (*contestare*) to question ♦ *vi* (*conversare*): **~ (di)** to discuss; (*litigare*) to argue

disde'gnare [disdeɲʼɲare] *vt* to scorn

dis'detta *sf* (*di prenotazione etc*) cancellation; (*sfortuna*) bad luck

dis'detto, a *pp di* **disdire**

dis'dire *vt* (*prenotazione*) to cancel; (*DIR*): **~ un contratto d'affitto** to give notice (to quit)

dise'gnare [diseɲʼɲare] *vt* to draw; (*progettare*) to design; (*fig*) to outline

disegna'tore, 'trice *sm/f* designer

di'segno [diʼseɲɲo] *sm* drawing; design; outline; **~ di legge** (*DIR*) bill

diser'bante *sm* weed-killer

diser'tare *vt, vi* to desert; **diser'tore** *sm* (*MIL*) deserter

dis'fare *vt* to undo; (*valigie*) to unpack; (*meccanismo*) to take to pieces; (*neve*) to melt; **~rsi** *vr* to come undone; (*neve*) to melt; **~ il letto** to strip the bed; **~rsi di qn** (*liberarsi*) to get rid of sb; **dis'fatta** *sf* (*sconfitta*) rout; **dis'fatto, a** *pp di* **disfare**

dis'gelo [diz'dʒelo] *sm* thaw

dis'grazia [diz'grattsja] *sf* (*sventura*) misfortune; (*incidente*) accident, mishap; **disgrazi'ato, a** *ag* unfortunate ♦ *sm/f* wretch

disgre'gare *vt* to break up; **~rsi** *vr* to break up

disgu'ido *sm* hitch; **~ postale** error in postal delivery

disgus'tare *vt* to disgust; **~rsi** *vr*: **~rsi di** to be disgusted by

dis'gusto *sm* disgust; **disgus'toso, a** *ag* disgusting

disidra'tare *vt* to dehydrate

disil'ludere *vt* to disillusion, disenchant

disimpa'rare *vt* to forget

disinfet'tante *ag, sm* disinfectant

disinfet'tare *vt* to disinfect

disini'bito, a *ag* uninhibited

disinte'grare *vt, vi* to disintegrate

disinteres'sarsi *vr*: **~ di** to take no interest in

disinte'resse *sm* indifference; (*generosità*) unselfishness

disintossi'care *vt* (*alcolizzato, drogato*) to treat for alcoholism (*o drug addiction*); **~ l'organismo** to clear out one's system

disin'volto, a *ag* casual, free and easy; disinvol'tura *sf* casualness, ease

disles'sia *sf* dyslexia

dislo'care *vt* to station, position

dismi'sura *sf* excess; a ~ to excess, excessively

disobbe'dire *etc* = disubbidire *etc*

disoccu'pato, a *ag* unemployed ♦ *sm/f* unemployed person; disoccupazi'one *sf* unemployment

diso'nesto, a *ag* dishonest

diso'nore *sm* dishonour, disgrace

di'sopra *av* (*con contatto*) on top; (*senza contatto*) above; (*al piano superiore*) upstairs ♦ *ag inv* (*superiore*) upper ♦ *sm inv* top, upper part

disordi'nato, a *ag* untidy; (*privo di misura*) irregular, wild

di'sordine *sm* (*confusione*) disorder, confusion; (*sregolatezza*) debauchery

disorien'tare *vt* to disorientate; ~rsi *vr* (*fig*) to get confused, lose one's bearings

di'sotto *av* below, underneath; (*in fondo*) at the bottom; (*al piano inferiore*) downstairs ♦ *ag inv* (*inferiore*) lower; bottom *cpd* ♦ *sm inv* (*parte inferiore*) lower part; bottom

dis'paccio [dis'pattʃo] *sm* dispatch

'dispari *ag inv* odd, uneven

dis'parte: in ~ *av* (*da lato*) aside, apart; tenersi *o* starsene in ~ to keep to o.s., hold o.s. aloof

dispendi'oso, a *ag* expensive

dis'pensa *sf* pantry, larder; (*mobile*) sideboard; (*DIR*) exemption; (*REL*) dispensation; (*fascicolo*) number, issue

dispen'sare *vt* (*elemosine, favori*) to distribute; (*esonerare*) to exempt

dispe'rare *vi*: ~ (di) to despair (of); ~rsi *vr* to despair; dispe'rato, a *ag* (*persona*) in despair; (*caso, tentativo*) desperate; disperazi'one *sf* despair

dis'perdere *vt* (*disseminare*) to disperse; (*MIL*) to scatter, rout; (*fig: consumare*) to waste, squander; ~rsi *vr* to disperse; to scatter; dis'perso, a *pp di* disperdere ♦ *sm/f* missing person

dis'petto *sm* spite *no pl*, spitefulness *no pl*; fare un ~ a qn to play a (nasty) trick on sb; a ~ di in spite of; dispet'toso, a *ag* spiteful

dispia'cere [dispja'tʃere] *sm* (*rammarico*) regret, sorrow; (*dolore*) grief; ~i *smpl* (*preoccupazioni*) troubles, worries ♦ *vi*: ~ a to displease ♦ *vb impers*: mi dispiace (che) I am sorry (that); se non le dispiace, me ne vado adesso if you don't mind, I'll go now; dispiaci'uto, a *pp di* dispiacere ♦ *ag* sorry

dispo'nibile *ag* available; disponibilità *sf inv* (*di biglietti, camere*) availability; (*gentilezza*) helpfulness; (*spec pl*: FIN) liquid assets *pl*

dis'porre *vt* (*sistemare*) to arrange; (*preparare*) to prepare; (*DIR*) to order; (*persuadere*): ~ qn a to incline *o* dispose sb towards ♦ *vi* (*decidere*) to decide; (*usufruire*): ~ di to use, have at one's disposal; (*essere dotato*): ~ di to have; disporsi *vr* (*ordinarsi*) to place o.s., arrange o.s.

disposi'tivo *sm* (*meccanismo*) device

disposizi'one [dispozit'tsjone] *sf* arrangement, layout; (*stato d'animo*) mood; (*tendenza*) bent, inclination; (*comando*) order; (*DIR*) provision, regulation; a ~ di qn at sb's disposal

dis'posto, a *pp di* disporre

disprez'zare [dispret'tsare] *vt* to despise

dis'prezzo [dis'prettso] *sm* contempt

'disputa *sf* dispute, quarrel

dispu'tare *vt* (*contendere*) to dispute, contest; (*gara*) to take part in ♦ *vi* to quarrel; ~ di to discuss; ~rsi qc to fight for sth

dissan'guare *vt* (*fig: persona*) to bleed white; (*: patrimonio*) to suck dry; ~rsi *vr* (MED) to lose blood; (*fig: rovinarsi*) to ruin o.s.

dissec'care *vt* to dry up; ~rsi *vr* to dry up

dissemi'nare *vt* to scatter; (*fig: notizie*) to spread

dis'senso *sm* dissent; (*disapprovazione*) disapproval

dissente'ria *sf* dysentery

dissen'tire *vi*: ~ **(da)** to disagree (with)

dissertazi'one [dissertat'tsjone] *sf* dissertation

disser'vizio [disser'vittsjo] *sm* inefficiency

disses'tare *vt* (ECON) to ruin; **dis'sesto** *sm* (financial) ruin

disse'tante *ag* refreshing

dis'sidio *sm* disagreement

dis'simile *ag* different, dissimilar

dissimu'lare *vt* (*fingere*) to dissemble; (*nascondere*) to conceal

dissi'pare *vt* to dissipate; (*scialacquare*) to squander, waste

dis'solto, a *pp di* **dissolvere**

disso'luto, a *pp di* **dissolvere** ♦ *ag* dissolute, licentious

dis'solvere *vt* to dissolve; (*neve*) to melt; (*fumo*) to disperse; ~**rsi** *vr* to dissolve; to melt; to disperse

dissu'adere *vt*: ~ **qn da** to dissuade sb from; **dissu'aso, a** *pp di* **dissuadere**

distac'care *vt* to detach, separate; (SPORT) to leave behind; ~**rsi** *vr* to be detached; (*fig*) to stand out; ~**rsi da** (*fig: allontanarsi*) to grow away from

dis'tacco, chi *sm* (*separazione*) separation; (*fig: indifferenza*) detachment; (SPORT): **vincere con un ~ di ...** to win by a distance of ...

dis'tante *av* far away ♦ *ag*: ~ **(da)** distant (from), far away (from)

dis'tanza [dis'tantsa] *sf* distance

distanzi'are [distan'tsjare] *vt* to space out, place at intervals; (SPORT) to outdistance; (*fig: superare*) to outstrip, surpass

dis'tare *vi*: **distiamo pochi chilometri da Roma** we are only a few kilometres (away) from Rome

dis'tendere *vt* (*coperta*) to spread out; (*gambe*) to stretch (out); (*mettere a giacere*) to lay; (*rilassare: muscoli, nervi*) to relax; ~**rsi** *vr* (*rilassarsi*) to relax; (*sdraiarsi*) to lie down; **distensi'one** *sf* stretching; relaxation; (POL) détente

dis'tesa *sf* expanse, stretch

dis'teso, a *pp di* **distendere**

distil'lare *vt* to distil

distille'ria *sf* distillery

dis'tinguere *vt* to distinguish

dis'tinta *sf* (*nota*) note; (*elenco*) list

distin'tivo, a *ag* distinctive; distinguishing ♦ *sm* badge

dis'tinto, a *pp di* **distinguere** ♦ *ag* (*dignitoso ed elegante*) distinguished; ~**i saluti** (*in lettera*) yours faithfully

distinzi'one [distin'tsjone] *sf* distinction

dis'togliere [dis'tɔʎʎere] *vt*: ~ **da** to take away from; (*fig*) to dissuade from; **dis'tolto, a** *pp di* **distogliere**

distorsi'one *sf* (MED) sprain; (FISICA, OTTICA) distortion

dis'trarre *vt* to distract; (*divertire*) to entertain, amuse; **distrarsi** *vr* (*non fare attenzione*) to be distracted, let one's mind wander; (*svagarsi*) to amuse *o* enjoy o.s.; **dis'tratto, a** *pp di* **distrarre** ♦ *ag* absent-minded; (*disattento*) inattentive; **distrazi'one** *sf* absent-mindedness; inattention; (*svago*) distraction, entertainment

dis'tretto *sm* district

distribu'ire *vt* to distribute; (CARTE) to deal (out); (*posta*) to deliver; (*lavoro*) to allocate, assign; (*ripartire*) to share out; **distribu'tore** *sm* (*di benzina*) petrol (BRIT) *o* gas (US) pump; (AUT, ELETTR) distributor; (*automatico*) vending machine; **distribuzi'one** *sf* distribution; delivery

distri'care *vt* to disentangle, unravel

dis'truggere [dis'truddʒere] *vt* to destroy; **dis'trutto, a** *pp di* **distruggere**; **distruzi'one** *sf* destruction

distur'bare *vt* to disturb, trouble; (*sonno, lezioni*) to disturb, interrupt; ~**rsi** *vr* to put o.s. out

dis'turbo *sm* trouble, bother, inconvenience; (*indisposizione*) (slight) disorder, ailment; ~**i** *smpl* (RADIO, TV) static *sg*

disubbidi'ente *ag* disobedient; **disubbidi'enza** *sf* disobedience

disubbi'dire *vi*: ~ **(a qn)** to disobey (sb)

disugu'ale *ag* unequal; (*diverso*) different;

(*irregolare*) uneven

disu'mano, a *ag* inhuman

di'suso *sm*: andare *o* cadere in ~ to fall into disuse

'dita *fpl di* dito

di'tale *sm* thimble

'dito (*pl*(*f*) 'dita) *sm* finger; (*misura*) finger, finger's breadth; ~ (del piede) toe

'ditta *sf* firm, business

ditta'tore *sm* dictator

ditta'tura *sf* dictatorship

dit'tongo, ghi *sm* diphthong

di'urno, a *ag* day *cpd*, daytime *cpd*

'diva *sf vedi* divo

diva'gare *vi* to digress

divam'pare *vi* to flare up, blaze up

di'vano *sm* sofa; divan

divari'care *vt* to open wide

di'vario *sm* difference

dive'nire *vi* = diventare

diven'tare *vi* to become; ~ famoso/ professore to become famous/a teacher

dive'nuto, a *pp di* divenire

di'verbio *sm* altercation

di'vergere [di'vɛrdʒere] *vi* to diverge

diversifi'care *vt* to diversify, vary; to differentiate

diversi'one *sf* diversion

diversità *sf inv* difference, diversity; (*varietà*) variety

diver'sivo *sm* diversion, distraction

di'verso, a *ag* (*differente*): ~ (da) different (from); ~i, e *det pl* several, various; (*COMM*) sundry ♦ *pron pl* several (people), many (people)

diver'tente *ag* amusing

diverti'mento *sm* amusement, pleasure; (*passatempo*) pastime, recreation

diver'tire *vt* to amuse, entertain; ~rsi *vr* to amuse *o* enjoy o.s.

divi'dendo *sm* dividend

di'videre *vt* (*anche MAT*) to divide; (*distribuire, ripartire*) to divide (up), split (up); ~rsi *vr* (*separarsi*) to separate; (*strade*) to fork

divi'eto *sm* prohibition; "~ di sosta" (*AUT*) "no parking"

divinco'larsi *vr* to wriggle, writhe

divinità *sf inv* divinity

di'vino, a *ag* divine

di'visa *sf* (*MIL etc*) uniform; (*COMM*) foreign currency

divisi'one *sf* division

di'viso, a *pp di* dividere

'divo, a *sm/f* star

divo'rare *vt* to devour

divorzi'are [divor'tsjare] *vi*: ~ (da qn) to divorce (sb); divorzi'ato, a *sm/f* divorcee

di'vorzio [di'vɔrtsjo] *sm* divorce

divul'gare *vt* to divulge, disclose; (*rendere comprensibile*) to popularize; ~rsi *vr* to spread

dizio'nario [ditsjo'narjo] *sm* dictionary

dizi'one [dit'tsjone] *sf* diction; pronunciation

do *sm* (*MUS*) C; (: *solfeggiando*) do(h)

DOC [dɔk] *abbr* (= *denominazione di origine controllata*) *label guaranteeing the quality of wine*

'doccia, ce ['dottʃa] *sf* (*bagno*) shower; fare la ~ to have a shower

do'cente [do'tʃɛnte] *ag* teaching ♦ *sm/f* teacher; (*di università*) lecturer

'docile ['dɔtʃile] *ag* docile

documen'tare *vt* to document; ~rsi *vr*: ~rsi (su) to gather information *o* material (about)

documen'tario *sm* documentary

docu'mento *sm* document; ~i *smpl* (*d'identità etc*) papers

'dodici ['doditʃi] *num* twelve

do'gana *sf* (*ufficio*) customs *pl*; (*tassa*) (customs) duty; passare la ~ to go through customs; doga'nale *ag* customs *cpd*; dogani'ere *sm* customs officer

'doglie ['dɔʎʎe] *sfpl* (*MED*) labour *sg*, labour pains

'dolce ['doltʃe] *ag* sweet; (*carattere, persona*) gentle, mild; (*fig: mite: clima*) mild; (*non ripido: pendio*) gentle ♦ *sm* (*sapore dolce*) sweetness, sweet taste; (*CUC: portata*) sweet, dessert; (: *torta*) cake; dol'cezza *sf* sweetness; softness; mildness; gentleness; dolcifi'cante *sm* sweetener; dolci'umi *smpl* sweets

do'lente *ag* sorrowful, sad

do'lere *vi* to be sore, hurt, ache; **~rsi** *vr* to complain; (*essere spiacente*): **~rsi di** to be sorry for; **mi duole la testa** my head aches, I've got a headache

'dollaro *sm* dollar

'dolo *sm* (*DIR*) malice

Dolo'miti *sfpl*: **le ~** the Dolomites

do'lore *sm* (*fisico*) pain; (*morale*) sorrow, grief; **dolo'roso, a** *ag* painful; sorrowful, sad

do'loso, a *ag* (*DIR*) malicious

do'manda *sf* (*interrogazione*) question; (*richiesta*) demand; (: *cortese*) request; (*DIR*: *richiesta scritta*) application; (*ECON*): **la ~** demand; **fare una ~** to ask sb a question; **fare ~ (per un lavoro)** to apply (for a job)

doman'dare *vt* (*per avere*) to ask for; (*per sapere*) to ask; (*esigere*) to demand; **~rsi** *vr* to wonder; to ask o.s.; **~ qc a qn** to ask sb for sth; to ask sb sth

do'mani *av* tomorrow ♦ *sm*: **il ~** (*il futuro*) the future; (*il giorno successivo*) the next day; **~ l'altro** the day after tomorrow

do'mare *vt* to tame

domat'tina *av* tomorrow morning

do'menica, che *sf* Sunday; **di** *o* **la ~ on** Sundays; **domeni'cale** *ag* Sunday *cpd*

do'mestica, che *sf vedi* **domestico**

do'mestico, a, ci, che *ag* domestic ♦ *sm/f* servant, domestic

domi'cilio [domi't∫iljo] *sm* (*DIR*) domicile, place of residence

domi'nare *vt* to dominate; (*fig: sentimenti*) to control, master ♦ *vi* to be in the dominant position; **~rsi** *vr* (*controllarsi*) to control o.s.; **~ su** (*fig*) to surpass, outclass; **dominazi'one** *sf* domination

do'minio *sm* dominion; (*fig: campo*) field, domain

do'nare *vt* to give, present; (*per beneficenza etc*) to donate ♦ *vi* (*fig*): **~ a** to suit, become; **~ sangue** to give blood; **dona'tore, 'trice** *sm/f* donor; **donatore di sangue/di organi** blood/organ donor

dondo'lare *vt* (*cullare*) to rock; **~rsi** *vr* to swing, sway; '**dondolo** *sm*: **sedia/cavallo a dondolo** rocking chair/horse

'donna *sf* woman; **~ di casa** housewife; home-loving woman; **~ di servizio** maid

donnai'olo *sm* ladykiller

'donnola *sf* weasel

'dono *sm* gift

'dopo *av* (*tempo*) afterwards; (: *più tardi*) later; (*luogo*) after, next ♦ *prep* after ♦ *cong* (*temporale*): **~ aver studiato** after having studied; **~ mangiato va a dormire** after having eaten *o* after a meal he goes for a sleep ♦ *ag inv*: **il giorno ~** the following day; **un anno ~** a year later; **~ di me/lui** after me/him

dopo'barba *sm inv* after-shave

dopodo'mani *av* the day after tomorrow

dopogu'erra *sm* postwar years *pl*

dopo'pranzo [dopo'prandzo] *av* after lunch (*o* dinner)

doposcì [dopo'∫i] *sm inv* après-ski outfit

doposcu'ola *sm inv* school club offering extra tuition and recreational facilities

dopo'sole *sm inv* aftersun (lotion)

dopo'tutto *av* (*tutto considerato*) after all

doppi'aggio [dop'pjadd3o] *sm* (*CINEMA*) dubbing

doppi'are *vt* (*NAUT*) to round; (*SPORT*) to lap; (*CINEMA*) to dub

'doppio, a *ag* double; (*fig: falso*) double-dealing, deceitful ♦ *sm* (*quantità*): **il ~ (di)** twice as much (*o* many), double the amount (*o* number) of; (*SPORT*) doubles *pl* ♦ *av* double

doppi'one *sm* duplicate (copy)

doppio'petto *sm* double-breasted jacket

do'rare *vt* to gild; (*CUC*) to brown; **do'rato, a** *ag* golden; (*ricoperto d'oro*) gilt, gilded; **dora'tura** *sf* gilding

dormicchi'are [dormik'kjare] *vi* to doze

dormigli'one, a [dormiλ'λone] *sm/f* sleepyhead

dor'mire *vt, vi* to sleep; **andare a ~** to go to bed; **dor'mita** *sf*: **farsi una dormita** to have a good sleep

dormi'torio *sm* dormitory

dormi'veglia [dormi'veʎʎa] *sm* drowsiness

'dorso *sm* back; (*di montagna*) ridge, crest; (*di libro*) spine; **a ~ di cavallo** on horseback

do'sare *vt* to measure out; (*MED*) to dose

'dose *sf* quantity, amount; (*MED*) dose

'dosso *sm* (*rilievo*) rise; (*di strada*) bump; (*dorso*): **levarsi di ~ i vestiti** to take one's clothes off

do'tare *vt*: **~ di** to provide *o* supply with; **dotazi'one** *sf* (*insieme di beni*) endowment; (*di macchine etc*) equipment

'dote *sf* (*di sposa*) dowry; (*assegnata a un ente*) endowment; (*fig*) gift, talent

Dott. *abbr* (= *dottore*) Dr.

'dotto, a *ag* (*colto*) learned ♦ *sm* (*sapiente*) scholar; (*ANAT*) duct

dotto'rato *sm* degree; **~ di ricerca** doctorate, doctor's degree

dot'tore, essa *sm/f* doctor

dot'trina *sf* doctrine

Dott.ssa *abbr* (= *dottoressa*) Dr.

'dove *av* (*gen*) where; (*in cui*) where, in which; (*dovunque*) wherever ♦ *cong* (*mentre, laddove*) whereas; **~ sei?/vai?** where are you?/are you going?; **dimmi dov'è** tell me where it is; **di ~ sei?** where are you from?; **per ~ si passa?** which way should we go?; **la città ~ abito** the town where *o* in which I live; **siediti ~ vuoi** sit wherever you like

do'vere *sm* (*obbligo*) duty ♦ *vt* (*essere debitore*): **~ qc (a qn)** to owe (sb) sth ♦ *vi* (*seguito dall'infinito: obbligo*) to have to; **rivolgersi a chi di ~** to apply to the appropriate authority *o* person; **lui deve farlo** he has to do it, he must do it; **è dovuto partire** he had to leave; **ha dovuto pagare** he had to pay; (*: intenzione*): **devo partire domani** I'm (due) to leave tomorrow; (*: probabilità*): **dev'essere tardi** it must be late; **come si deve** (*lavorare, comportarsi*) properly; **una persona come si deve** a respectable person

dove'roso, a *ag* (right and proper)

do'vunque *av* (*in qualunque luogo*) wherever; (*dappertutto*) everywhere; **~ io**

vada wherever I go

do'vuto, a *ag* (*causato*): **~ a** due to

doz'zina [dod'dzina] *sf* dozen; **una ~ di uova** a dozen eggs

dozzi'nale [doddzi'nale] *ag* cheap, second-rate

dra'gare *vt* to dredge

'drago, ghi *sm* dragon

'dramma, i *sm* drama; (*fig*) drama; **dram'matico, a, ci, che** *ag* dramatic; **drammatiz'zare** *vt* to dramatize; **dramma'turgo, ghi** *sm* playwright, dramatist

drappeggi'are [draped'dʒare] *vt* to drape

drap'pello *sm* (*MIL*) squad; (*gruppo*) band, group

'drastico, a, ci, che *ag* drastic

dre'naggio [dre'naddʒo] *sm* drainage

dre'nare *vt* to drain

'dritto, a *ag, av* = **diritto**

driz'zare [drit'tsare] *vt* (*far tornare dritto*) to straighten; (*innalzare: antenna, muro*) to erect; **~rsi** *vr*: **~rsi (in piedi)** to stand up; **~ le orecchie** to prick up one's ears

'droga, ghe *sf* (*sostanza aromatica*) spice; (*stupefacente*) drug; **dro'gare** *vt* to season, spice; to drug, dope; **drogarsi** *vr* to take drugs; **dro'gato, a** *sm/f* drug addict

droghe'ria [droge'ria] *sf* grocer's shop (*BRIT*), grocery (store) (*US*)

'dubbio, a *ag* (*incerto*) doubtful, dubious; (*ambiguo*) dubious ♦ *sm* (*incertezza*) doubt; **avere il ~ che** to be afraid that, suspect that; **mettere in ~ qc** to question sth; **dubbi'oso, a** *ag* doubtful, dubious

dubi'tare *vi*: **~ di** to doubt; (*risultato*) to be doubtful of

Dub'lino *sf* Dublin

'duca, chi *sm* duke

du'chessa [du'kessa] *sf* duchess

'due *num* two

due'cento [due'tʃento] *num* two hundred ♦ *sm*: **il D~** the thirteenth century

due'pezzi [due'pettsi] *sm* (*costume da bagno*) two-piece swimsuit; (*abito femminile*) two-piece suit

du'etto *sm* duet

'**dunque** *cong* (*perciò*) so, therefore; (*riprendendo il discorso*) well (then) ♦ *sm inv*: **venire al ~** to come to the point

du'**omo** *sm* cathedral

'**duplex** *sm inv* (*TEL*) party line

dupli'**cato** *sm* duplicate

'**duplice** ['duplitʃe] *ag* double, twofold; **in ~ copia** in duplicate

du'**rante** *prep* during

du'**rare** *vi* to last; **~ fatica a** to have difficulty in; **du'rata** *sf* length (of time); duration; **dura'turo, a** *ag* lasting

du'**rezza** [du'rettsa] *sf* hardness; stubbornness; harshness; toughness

'**duro, a** *ag* (*pietra, lavoro, materasso, problema*) hard; (*persona: ostinato*) stubborn, obstinate; (*: severo*) harsh, hard; (*voce*) harsh; (*carne*) tough ♦ *sm* hardness; (*difficoltà*) hard part; (*persona*) tough guy; **tener ~** to stand firm, hold out; **~ d'orecchi** hard of hearing

du'**rone** *sm* hard skin

E, e

e (*dav V spesso* **ed**) *cong* and; **~ lui?** what about him?; **~ compralo!** well buy it then!

E. *abbr* (= *est*) E

è *vb vedi* **essere**

'**ebano** *sm* ebony

eb'**bene** *cong* well (then)

eb'**brezza** [eb'brettsa] *sf* intoxication

'**ebbro, a** *ag* drunk; **~ di** (*gioia etc*) beside o.s. o wild with

'**ebete** *ag* stupid, idiotic

ebollizi'**one** [ebollit'tsjone] *sf* boiling; **punto di ~** boiling point

e'**braico, a, ci, che** *ag* Hebrew, Hebraic ♦ *sm* (*LING*) Hebrew

e'**breo, a** *ag* Jewish ♦ *sm/f* Jew/Jewess

'**Ebridi** *sfpl*: **le (isole) ~** the Hebrides

ecc *av abbr* (= *eccetera*) etc

ecce'**denza** [ettʃe'dɛntsa] *sf* excess, surplus

ec'**cedere** [et'tʃɛdere] *vt* to exceed ♦ *vi* to go too far; **~ nel bere/mangiare** to indulge in drink/food to excess

eccel'**lente** [ettʃel'lɛnte] *ag* excellent; **eccel'lenza** *sf* excellence; (*titolo*) Excellency

ec'**cellere** [et'tʃellere] *vi*: **~ (in)** to excel (at); **ec'celso, a** *pp di* **eccellere**

ec'**centrico, a, ci, che** [et'tʃɛntriko] *ag* eccentric

ecces'**sivo, a** [ettʃes'sivo] *ag* excessive

ec'**cesso** [et'tʃɛsso] *sm* excess; **all'~** (*gentile, generoso*) to excess, excessively; **~ di velocità** (*AUT*) speeding

ec'**cetera** [et'tʃetera] *av* et cetera, and so on

ec'**cetto** [et'tʃɛtto] *prep* except, with the exception of; **~ che** except, other than; **~ che (non)** unless

eccettu'**are** [ettʃettu'are] *vt* to except

eccezio'**nale** [ettʃetsjo'nale] *ag* exceptional

eccezi'**one** [ettʃet'tsjone] *sf* exception; (*DIR*) objection; **a ~ di** with the exception of, except for; **d'~** exceptional

ec'**cidio** [et'tʃidio] *sm* massacre

ecci'**tare** [ettʃi'tare] *vt* (*curiosità, interesse*) to excite, arouse; (*folla*) to incite; **~rsi** *vr* to get excited; (*sessualmente*) to become aroused; **eccitazi'one** *sf* excitement

'**ecco** *av* (*per dimostrare*): **~ il treno!** here's o here comes the train!; (*dav pron*): **~mi!** here I am!; **~ne uno!** here's one (of them)!; (*dav pp*): **~ fatto!** there, that's it done!

echeggi'**are** [eked'dʒare] *vi* to echo

e'**clissi** *sf* eclipse

'**eco** (*pl(m)* '**echi**) *sm* o *f* echo

ecogra'**fia** *sf* (*MED*) scan

ecolo'**gia** [ekolo'dʒia] *sf* ecology

econo'**mia** *sf* economy; (*scienza*) economics *sg*; (*risparmio: azione*) saving; **fare ~** to economize, make economies; **eco'nomico, a, ci, che** *ag* economic; (*poco costoso*) economical; **econo'mista, i** *sm* economist; **economiz'zare** *vt, vi* to save; **e'conomo, a** *ag* thrifty ♦ *sm/f* (*INS*) bursar

E'CU ['eku] *sm inv* (= *Unità monetaria europea*) ECU *n*

ed *cong vedi* **e**

'**edera** *sf* ivy

e'dicola *sf* newspaper kiosk *o* stand (*US*)
edifi'care *vt* to build; (*fig: teoria, azienda*)
to establish; (*indurre al bene*) to edify
edi'ficio [edi'fitʃo] *sm* building
e'dile *ag* building *cpd*; edi'lizia *sf* building,
building trade; edi'lizio, a *ag* building
cpd
Edim'burgo *sf* Edinburgh
edi'tore, 'trice *ag* publishing *cpd* ♦ *sm/f*
publisher; (*curatore*) editor; edito'ria *sf*
publishing; editori'ale *ag* publishing *cpd*
♦ *sm* editorial, leader
edizi'one [edit'tsjone] *sf* edition; (*tiratura*)
printing
edu'care *vt* to educate; (*gusto, mente*) to
train; **~ qn a fare** to train sb to do;
edu'cato, a *ag* polite, well-mannered;
educazi'one *sf* education; (*familiare*)
upbringing; (*comportamento*) (good)
manners *pl*; **educazione fisica** (*INS*)
physical training *o* education
effemi'nato, a *ag* effeminate
effet'tivo, a *ag* (*reale*) real, actual;
(*impiegato, professore*) permanent; (*MIL*)
regular ♦ *sm* (*MIL*) strength; (*di patrimonio
etc*) sum total
ef'fetto *sm* effect; (*COMM: cambiale*) bill;
(*fig: impressione*) impression; **in ~i** in fact,
actually; **~ serra** greenhouse effect;
effettu'are *vt* to effect, carry out
effi'cace [effi'katʃe] *ag* effective
effici'ente [effi'tʃɛnte] *ag* efficient;
effici'enza *sf* efficiency
ef'fimero, a *ag* ephemeral
E'geo [e'dʒɛo] *sm*: **l'~, il mare ~** the Aegean
(Sea)
E'gitto [e'dʒitto] *sm*: **l'~** Egypt
egizi'ano, a [edʒit'tsjano] *ag, sm/f*
Egyptian
egli ['eʎʎi] *pron* he; **~ stesso** he himself
ego'ismo *sm* selfishness, egoism;
ego'ista, i, e *ag* selfish, egoistic ♦ *sm/f*
egoist
egr. *abbr* = egregio
e'gregio, a, gi, gie [e'grɛdʒo] *ag* (*nelle
lettere*): **E~ Signore** Dear Sir
eguagli'anza *etc* [egwaʎ'ʎantsa]

= **uguaglianza** *etc*
E.I. *abbr* = **Esercito Italiano**
elabo'rare *vt* (*progetto*) to work out,
elaborate; (*dati*) to process; elabora'tore
sm (*INFORM*): **elaboratore elettronico**
computer; elaborazi'one *sf* elaboration;
elaborazione dei dati data processing
elasticiz'zato, a [elastitʃid'dzato] *ag*
stretch *cpd*
e'lastico, a, ci, che *ag* elastic; (*fig:
andatura*) springy; (*: decisione, vedute*)
flexible ♦ *sm* (*di gomma*) rubber band; (*per
il cucito*) elastic *no pl*
ele'fante *sm* elephant
ele'gante *ag* elegant
e'leggere [e'lɛddʒere] *vt* to elect
elemen'tare *ag* elementary; **le (scuole) ~i**
sfpl primary (*BRIT*) *o* grade (*US*) school
ele'mento *sm* element; (*parte componente*)
element, component, part; **~i** *smpl* (*della
scienza etc*) elements, rudiments
ele'mosina *sf* charity, alms *pl*; **chiedere
l'~** to beg
elen'care *vt* to list
e'lenco, chi *sm* list; **~ telefonico**
telephone directory
e'letto, a *pp di* **eleggere** ♦ *sm/f*
(*nominato*) elected member; eletto'rale
ag electoral, election *cpd*; eletto'rato *sm*
electorate; elet'tore, 'trice *sm/f* voter,
elector
elet'trauto *sm inv* workshop for car
electrical repairs; (*tecnico*) car electrician
elettri'cista, i [elettri'tʃista] *sm* electrician
elettricità [elettritʃi'ta] *sf* electricity
e'lettrico, a, ci, che *ag* electric(al)
elettriz'zare [elettrid'dzare] *vt* to electrify
e'lettro... *prefisso*: elettrocar-
dio'gramma, i *sm* electrocardiogram;
elettrodo'mestico, a, ci, che *ag*:
apparecchi elettrodomestici domestic
(electrical) appliances; elet'trone *sm*
electron; elet'tronica *sf* electronics
sg; elet'tronico, a, ci, che *ag*
electronic
ele'vare *vt* to raise; (*edificio*) to erect;
(*multa*) to impose

elezi'one [elet'tsjone] *sf* election; **~i** *sfpl* (POL) election(s)

'elica, che *sf* propeller

eli'cottero *sm* helicopter

elimi'nare *vt* to eliminate; **elimina'toria** *sf* eliminating round

'elio *sm* helium

'ella *pron* she; (*forma di cortesia*) you; **~ stessa** she herself; you yourself

el'metto *sm* helmet

e'logio [e'lɔdʒo] *sm* (*discorso, scritto*) eulogy; (*lode*) praise (*di solito no pl*)

elo'quente *ag* eloquent

e'ludere *vt* to evade; **elu'sivo, a** *ag* evasive

ema'nare *vt* to send out, give off; (*fig: leggi, decreti*) to issue ♦ *vi*: **~ da** to come from

emanci'pare [emantʃi'pare] *vt* to emancipate; **~rsi** *vr* (*fig*) to become liberated *o* emancipated

embri'one *sm* embryo

emenda'mento *sm* amendment

emen'dare *vt* to amend

emer'genza [emer'dʒentsa] *sf* emergency; **in caso di ~** in an emergency

e'mergere [e'mɛrdʒere] *vi* to emerge; (*sommergibile*) to surface; (*fig: distinguersi*) to stand out; **e'merso, a** *pp di* **emergere**

e'messo, a *pp di* **emettere**

e'mettere *vt* (*suono, luce*) to give out, emit; (*onde radio*) to send out; (*assegno, francobollo, ordine*) to issue

emi'crania *sf* migraine

emi'grare *vi* to emigrate; **emigrazi'one** *sf* emigration

emi'nente *ag* eminent, distinguished

emis'fero *sm* hemisphere; **~ boreale / australe** northern/southern hemisphere

emissi'one *sf* (*vedi emettere*) emission; sending out; issue; (*RADIO*) broadcast

emit'tente *ag* (*banca*) issuing; (*RADIO*) broadcasting, transmitting ♦ *sf* (*RADIO*) transmitter

emorra'gia, 'gie [emorra'dʒia] *sf* haemorrhage

emor'roidi *sfpl* haemorrhoids *pl* (*BRIT*), hemorrhoids *pl* (*US*)

emo'tivo, a *ag* emotional

emozio'nante [emottsjo'nante] *ag* exciting, thrilling

emozio'nare [emottsjo'nare] *vt* (*appassionare*) to thrill, excite; (*commuovere*) to move; (*innervosire*) to upset; **~rsi** *vr* to be excited; to be moved; to be upset

emozi'one [emot'tsjone] *sf* emotion; (*agitazione*) excitement

'empio, a *ag* (*sacrilego*) impious; (*spietato*) cruel, pitiless; (*malvagio*) wicked, evil

emulsi'one *sf* emulsion

enciclope'dia [entʃiklope'dia] *sf* encyclopaedia

endove'noso, a *ag* (*MED*) intravenous

'ENEL ['enel] *sigla m* (= *Ente Nazionale per l'Energia Elettrica*) national electricity company

ener'gia, 'gie [ener'dʒia] *sf* (*FISICA*) energy; (*fig*) energy, strength, vigour; **~ eolica** wind power; **~ solare** solar energy, solar power; **e'nergico, a, ci, che** *ag* energetic, vigorous

'enfasi *sf* emphasis; (*peg*) bombast, pomposity; **en'fatico, a, ci, che** *ag* emphatic; pompous

en'nesimo, a *ag* (*MAT, fig*) nth; **per l'~a volta** for the umpteenth time

e'norme *ag* enormous, huge; **enormità** *sf inv* enormity, huge size; (*assurdità*) absurdity; **non dire enormità!** don't talk nonsense!

'ente *sm* (*istituzione*) body, board, corporation; (*FILOSOFIA*) being

en'trambi, e *pron pl* both (of them) ♦ *ag pl*: **~ i ragazzi** both boys, both of the boys

en'trare *vi* to go (*o* come) in; (*luogo*) to enter, go (*o* come) into; (*trovar posto, poter stare*) to fit into; (*essere ammesso a: club etc*) to join, become a member of; **~ in automobile** to get into the car; **~ qn** (*visitatore etc*) to show sb in; **questo non c'entra** (*fig*) that's got nothing to do with it; **en'trata** *sf* entrance, entry; **entrate** *sfpl* (*COMM*) receipts, takings; (*ECON*) income *sg*

'entro *prep (temporale)* within

entusias'mare *vt* to excite, fill with enthusiasm; ~rsi (per qc/qn) to become enthusiastic (about sth/sb); entusi'asmo *sm* enthusiasm; entusi'asta, i, e *ag* enthusiastic ♦ *sm/f* enthusiast; entusi'astico, a, ci, che *ag* enthusiastic

enunci'are [enun'tʃare] *vt (teoria)* to set out

epa'tite *sf* hepatitis

'epico, a, ci, che *ag* epic

epide'mia *sf* epidemic

epi'dermide *sf* skin, epidermis

Epifa'nia *sf* Epiphany

epiles'sia *sf* epilepsy

e'pilogo, ghi *sm* conclusion

epi'sodio *sm* episode

e'piteto *sm* epithet

'epoca, che *sf (periodo storico)* age, era; *(tempo)* time; *(GEO)* age

ep'pure *cong* and yet, nevertheless

equa'tore *sm* equator

equazi'one [ekwat'tsjone] *sf (MAT)* equation

e'questre *ag* equestrian

equi'latero, a *ag* equilateral

equili'brare *vt* to balance; equi'librio *sm* balance, equilibrium; perdere l'~ to lose one's balance

e'quino, a *ag* horse *cpd*, equine

equipaggi'are [ekwipad'dʒare] *vt (di persone)* to man; *(di mezzi)* to equip; equi'paggio *sm* crew

equipa'rare *vt* to make equal

equità *sf* equity, fairness

equitazi'one [ekwitat'tsjone] *sf* (horse-)riding

equiva'lente *ag, sm* equivalent; equiva'lenza *sf* equivalence

equivo'care *vi* to misunderstand; e'quivoco, a, ci, che *ag* equivocal, ambiguous; *(sospetto)* dubious ♦ *sm* misunderstanding; a scanso di equivoci to avoid any misunderstanding; giocare sull'equivoco to equivocate

'equo, a *ag* fair, just

'era *sf* era

'erba *sf* grass; *(aromatica, medicinale)* herb;

in ~ *(fig)* budding; er'baccia, ce *sf* weed

e'rede *sm/f* heir; eredità *sf (DIR)* inheritance; *(BIOL)* heredity; lasciare qc in eredità a qn to leave *o* bequeath sth to sb; eredi'tare *vt* to inherit; eredi'tario, a *ag* hereditary

ere'mita, i *sm* hermit

ere'sia *sf* heresy; e'retico, a, ci, che *ag* heretical ♦ *sm/f* heretic

e'retto, a *pp di* erigere ♦ *ag* erect, upright; erezi'one *sf (FISIOL)* erection

er'gastolo *sm (DIR: pena)* life imprisonment

'erica *sf* heather

e'rigere [e'ridʒere] *vt* to erect, raise; *(fig: fondare)* to found

ERM *sigla (= Meccanismo dei tassi di cambio)* ERM *n*

ermel'lino *sm* ermine

er'metico, a, ci, che *ag* hermetic

'ernia *sf (MED)* hernia

e'roe *sm* hero

ero'gare *vt (somme)* to distribute; *(gas, servizi)* to supply

e'roico, a, ci, che *ag* heroic

ero'ina *sf* heroine; *(droga)* heroin

ero'ismo *sm* heroism

erosi'one *sf* erosion

e'rotico, a, ci, che *ag* erotic

er'rare *vi (vagare)* to wander, roam; *(sbagliare)* to be mistaken

er'rore *sm* error, mistake; *(morale)* error; per ~ by mistake

'erta *sf* steep slope; stare all'~ to be on the alert

erut'tare *vt (sog: vulcano)* to throw out, belch

eruzi'one [erut'tsjone] *sf* eruption

esacer'bare [ezatʃer'bare] *vt* to exacerbate

esage'rare [ezadʒe'rare] *vt* to exaggerate ♦ *vi* to exaggerate; *(eccedere)* to go too far; esagerazi'one *sf* exaggeration

e'sagono *sm* hexagon

esal'tare *vt* to exalt; *(entusiasmare)* to excite, stir; esal'tato, a *sm/f* fanatic

e'same *sm* examination; *(INS)* exam, examination; fare *o* dare un ~ to sit *o* take

an exam; ~ **del sangue** blood test
esami'nare *vt* to examine
e'sanime *ag* lifeless
esaspe'rare *vt* to exasperate; to exacerbate; **~rsi** *vr* to become annoyed *o* exasperated; **esasperazi'one** *sf* exasperation
esatta'mente *av* exactly; accurately, precisely
esat'tezza [ezat'tettsa] *sf* exactitude, accuracy, precision
e'satto, a *pp di* **esigere** ♦ *ag* (*calcolo, ora*) correct, right, exact; (*preciso*) accurate, precise; (*puntuale*) punctual
esat'tore *sm* (*di imposte etc*) collector
esau'dire *vt* to grant, fulfil
esauri'ente *ag* exhaustive
esauri'mento *sm* exhaustion; ~ **nervoso** nervous breakdown
esau'rire *vt* (*stancare*) to exhaust, wear out; (*provviste, miniera*) to exhaust; **~rsi** *vr* to exhaust o.s., wear o.s. out; (*provviste*) to run out; **esau'rito, a** *ag* exhausted; (*merci*) sold out; **registrare il tutto esaurito** (*TEATRO*) to have a full house; **e'sausto, a** *ag* exhausted
'esca (*pl* **'esche**) *sf* bait
escande'scenza [eskandeʃ'ʃentsa] *sf*: **dare in ~e** to lose one's temper, fly into a rage
'esce *etc* ['eʃe] *vb vedi* **uscire**
eschi'mese [eski'mese] *ag, sm/f* Eskimo
escla'mare *vi* to exclaim, cry out; **esclamazi'one** *sf* exclamation
es'cludere *vt* to exclude
esclu'siva *sf* (*DIR, COMM*) exclusive *o* sole rights *pl*
esclu'sivo, a *ag* exclusive
es'cluso, a *pp di* **escludere**
'esco *etc vb vedi* **uscire**
escogi'tare [eskodʒi'tare] *vt* to devise, think up
escursi'one *sf* (*gita*) excursion, trip; (: *a piedi*) hike, walk; (*METEOR*) range
ese'crare *vt* to loathe, abhor
esecu'tivo, a *ag, sm* executive
esecu'tore, 'trice *sm/f* (*MUS*) performer; (*DIR*) executor

esecuzi'one [ezekut'tsjone] *sf* execution, carrying out; (*MUS*) performance; ~ **capitale** execution
esegu'ire *vt* to carry out, execute; (*MUS*) to perform, execute
e'sempio *sm* example; **per ~** for example, for instance; **fare un ~** to give an example; **esem'plare** *ag* exemplary ♦ *sm* example; (*copia*) copy; **esemplifi'care** *vt* to exemplify
esen'tare *vt*: ~ **qn/qc da** to exempt sb/ sth from
e'sente *ag*: ~ **da** (*dispensato da*) exempt from; (*privo di*) free from; **esenzi'one** *sf* exemption
e'sequie *sfpl* funeral rites; funeral service *sg*
eser'cente [ezer'tʃente] *sm/f* trader, dealer; shopkeeper
eserci'tare [ezertʃi'tare] *vt* (*professione*) to practise (*BRIT*), practice (*US*); (*allenare: corpo, mente*) to exercise, train; (*diritto*) to exercise; (*influenza, pressione*) to exert; **~rsi** *vr* to practise; **~rsi alla lotta** to practise fighting; **esercitazi'one** *sf* (*scolastica, militare*) exercise
e'sercito [e'zɛrtʃito] *sm* army
eser'cizio [ezer'tʃittsjo] *sm* practice; exercising; (*fisico, di matematica*) exercise; (*ECON*) financial year; (*azienda*) business, concern; **in ~** (*medico etc*) practising
esi'bire *vt* to exhibit, display; (*documenti*) to produce, present; **~rsi** *vr* (*attore*) to perform; (*fig*) to show off; **esibizi'one** *sf* exhibition; (*di documento*) presentation; (*spettacolo*) show, performance
esi'gente [ezi'dʒente] *ag* demanding; **esi'genza** *sf* demand, requirement
e'sigere [e'zidʒere] *vt* (*pretendere*) to demand; (*richiedere*) to demand, require; (*imposte*) to collect
e'siguo, a *ag* small, slight
e'sile *ag* (*persona*) slender, slim; (*stelo*) thin; (*voce*) faint
esili'are *vt* to exile; **e'silio** *sm* exile
e'simere *vt*: ~ **qn/qc da** to exempt sb/sth from; **~rsi** *vr*: **~rsi da** to get out of

esis'tenza [ezis'tɛntsa] *sf* existence

e'sistere *vi* to exist

esis'tito, a *pp di* **esistere**

esi'tare *vi* to hesitate; **esitazi'one** *sf* hesitation

'esito *sm* result, outcome

'esodo *sm* exodus

esone'rare *vt* to exempt

e'sordio *sm* début

esor'tare *vt*: **~ qn a fare** to urge sb to do

e'sotico, a, ci, che *ag* exotic

es'pandere *vt* to expand; (*confini*) to extend; (*influenza*) to extend, spread; **~rsi** *vr* to expand; **espansi'one** *sf* expansion; **espan'sivo, a** *ag* expansive, communicative

espatri'are *vi* to leave one's country

espedi'ente *sm* expedient

es'pellere *vt* to expel

esperi'enza [espe'rjɛntsa] *sf* experience

esperi'mento *sm* experiment

es'perto, a *ag, sm* expert

espi'are *vt* to atone for

espi'rare *vt, vi* to breathe out

espli'care *vt* (*attività*) to carry out, perform

es'plicito, a [es'plitʃito] *ag* explicit

es'plodere *vi* (*anche fig*) to explode ♦ *vt* to fire

esplo'rare *vt* to explore; **esplora'tore** *sm* explorer; **giovane esploratore** (boy) scout

esplosi'one *sf* explosion; **esplo'sivo, a** *ag, sm* explosive; **es'ploso, a** *pp di* **esplodere**

espo'nente *sm/f* (*rappresentante*) representative

es'porre *vt* (*merci*) to display; (*quadro*) to exhibit, show; (*fatti, idee*) to explain, set out; (*porre in pericolo*, FOT) to expose

espor'tare *vt* to export; **esportazi'one** *sf* exportation; export

esposizi'one [espozit'tsjone] *sf* displaying; exhibiting; setting out; (*anche* FOT) exposure; (*mostra*) exhibition; (*narrazione*) explanation, exposition

es'posto, a *pp di* **esporre** ♦ *ag*: **~ a nord** facing north ♦ *sm* (AMM) statement, account; (: *petizione*) petition

espressi'one *sf* expression

espres'sivo, a *ag* expressive

es'presso, a *pp di* **esprimere** ♦ *ag* express ♦ *sm* (*lettera*) express letter; (*anche*: **treno ~**) express train; (*anche*: **caffè ~**) espresso

es'primere *vt* to express

espulsi'one *sf* expulsion; **es'pulso, a** *pp di* **espellere**

'essa (*pl* **'esse**) *pron f vedi* **esso**

es'senza [es'sɛntsa] *sf* essence; **essenzi'ale** *ag* essential; **l'essenziale** the main *o* most important thing

---
PAROLA CHIAVE

'essere *sm* being; **~ umano** human being ♦ *vb copulativo* **1** (*con attributo, sostantivo*) to be; **sei giovane/simpatico** you are *o* you're young/nice; **è medico** he is *o* he's a doctor

2 (+*di: appartenere*) to be; **di chi è la penna?** whose pen is it?; **è di Carla** it is *o* it's Carla's, it belongs to Carla

3 (+*di: provenire*) to be; **è di Venezia** he is *o* he's from Venice

4 (*data, ora*): **è il 15 agosto/lunedì** it is *o* it's the 15th of August/Monday; **che ora è?, che ore sono?** what time is it?; **è l'una** it is *o* it's one o'clock; **sono le due** it is *o* it's two o'clock

5 (*costare*): **quant'è?** how much is it?; **sono 20.000 lire** it's 20,000 lire

♦ *vb aus* **1** (*attivo*): **~ arrivato/venuto** to have arrived/come; **è già partita** she has already left

2 (*passivo*) to be; **~ fatto da** to be made by; **è stata uccisa** she has been killed

3 (*riflessivo*): **si sono lavati** they washed, they got washed

4 (+*da +infinito*): **è da farsi subito** it must be *o* it has to be done immediately

♦ *vi* **1** (*esistere, trovarsi*) to be; **sono a casa** I'm at home; **~ in piedi/seduto** to be standing/sitting

2: **esserci**: **c'è** there is; **ci sono** there are;

che c'è? what's the matter?, what is it?; **ci sono!** (fig: ho capito) I get it!; vedi anche **ci** ♦ vb impers: **è tardi/Pasqua** it's late/ Easter; **è possibile che venga** he may come; **è così** that's the way it is

'**esso, a** pron it; (riferito a persona: soggetto) he/she; (: complemento) him/her; ~**i, e** pron pl they; (complemento) them

est sm east

'**estasi** sf ecstasy

es'tate sf summer

es'tendere vt to extend; ~**rsi** vr (diffondersi) to spread; (territorio, confini) to extend; **estensi'one** sf extension; (di superficie) expanse; (di voce) range

esteri'ore ag outward, external

ester'nare vt to express

es'terno, a ag (porta, muro) outer, outside; (scala) outside; (alunno, impressione) external ♦ sm outside, exterior ♦ sm/f (allievo) day pupil; **per uso ~** for external use only

'**estero, a** ag foreign ♦ sm: **all'~** abroad

es'teso, a pp di **estendere** ♦ ag extensive, large; **scrivere per ~** to write in full

es'tetico, a, ci, che ag aesthetic ♦ sf (disciplina) aesthetics sg; (bellezza) attractiveness; **este'tista, i, e** sm/f beautician

'**estimo** sm valuation; (disciplina) surveying

es'tinguere vt to extinguish, put out; (debito) to pay off; ~**rsi** vr to go out; (specie) to become extinct; **es'tinto, a** pp di **estinguere**; **estin'tore** sm (fire) extinguisher; **estinzi'one** sf putting out; (di specie) extinction

estir'pare vt (pianta) to uproot, pull up; (fig: vizio) to eradicate

es'tivo, a ag summer cpd

es'torcere [es'tɔrtʃere] vt: ~ **qc (a qn)** to extort sth (from sb); **es'torto, a** pp di **estorcere**

estradizi'one [estradit'tsjone] sf extradition

es'traneo, a ag foreign ♦ sm/f stranger; **rimanere ~ a qc** to take no part in sth

es'trarre vt to extract; (minerali) to mine; (sorteggiare) to draw; **es'tratto, a** pp di **estrarre** ♦ sm extract; (di documento) abstract; **estratto conto** statement of account; **estratto di carne** (CUC) meat extract; **estratto di nascita** birth certificate; **estrazi'one** sf extraction; mining; drawing no pl; draw

estremità sf inv extremity, end ♦ sfpl (ANAT) extremities

es'tremo, a ag extreme; (ultimo: ora, tentativo) final, last ♦ sm extreme; (di pazienza, forze) limit, end; ~**i** smpl (AMM: dati essenziali) details, particulars; **l'~ Oriente** the Far East

'**estro** sm (capriccio) whim, fancy; (ispirazione creativa) inspiration; **es'troso, a** ag whimsical, capricious; inspired

estro'verso, a ag, sm extrovert

'**esule** sm/f exile

età sf inv age; **all'~ di 8 anni** at the age of 8, at 8 years of age; **ha la mia ~** he (o she) is the same age as me o as I am; **raggiungere la maggiore ~** to come of age; **essere in ~ minore** to be under age

'**etere** sm ether; **e'tereo, a** ag ethereal

eternità sf eternity

e'terno, a ag eternal

etero'geneo, a [etero'dʒeneo] ag heterogeneous

'**etica** sf ethics sg; vedi anche **etico**

eti'chetta [eti'ketta] sf label; (cerimoniale): **l'~** etiquette

'**etico, a, ci, che** ag ethical

etimolo'gia, 'gie [etimolo'dʒia] sf etymology

Eti'opia sf: **l'~** Ethiopia

'**Etna** sm: **l'~** Etna

'**etnico, a, ci, che** ag ethnic

e'trusco, a, schi, sche ag, sm/f Etruscan

'**ettaro** sm hectare (= 10,000 m²)

'**etto** sm abbr = **ettogrammo**

etto'grammo sm hectogram(me) (= 100 grams)

Eucaris'tia sf: **l'~** the Eucharist

eurocity [euro'siti] sm international express

train

Eu'ropa *sf*: **l'~** Europe; **euro'peo**, **a** *ag*, *sm/f* European

evacu'are *vt* to evacuate

e'vadere *vi* (*fuggire*): **~ da** to escape from ♦ *vt* (*sbrigare*) to deal with, dispatch; (*tasse*) to evade

evan'gelico, **a**, **ci**, **che** [evan'dʒɛliko] *ag* evangelical

evapo'rare *vi* to evaporate; **evaporazi'one** *sf* evaporation

evasi'one *sf* (*vedi* evadere) escape; dispatch; **~ fiscale** tax evasion

eva'sivo, **a** *ag* evasive

e'vaso, **a** *pp di* **evadere** ♦ *sm* escapee

eveni'enza [eve'njɛntsa] *sf*: **pronto(a) per ogni ~** ready for any eventuality

e'vento *sm* event

eventu'ale *ag* possible

eventual'mente *av* if necessary

evi'dente *ag* evident, obvious; **evi'denza** *sf* obviousness; **mettere in evidenza** to point out, highlight; **evidenzi'are** *vt* to emphasize; (*con evidenziatore*) to highlight; **evidenzia'tore** *sm* highlighter

evi'tare *vt* to avoid; **~ di fare** to avoid doing; **~ qc a qn** to spare sb sth

'evo *sm* age, epoch

evo'care *vt* to evoke

evo'luto, **a** *pp di* **evolvere** ♦ *ag* (*civiltà*) (highly) developed, advanced; (*persona*) independent

evoluzi'one [evolut'tsjone] *sf* evolution

e'volversi *vr* to evolve

ev'viva *escl* hurrah!; **~ il re!** long live the king!, hurrah for the king!

ex *prefisso* ex, former

'extra *ag inv* first-rate; top-quality ♦ *sm inv* extra; **extracomuni'tario**, **a** *ag* from outside the EC ♦ *sm/f* non-EC citizen; **extraconiu'gale** *ag* extramarital

F, f

fa *vb vedi* **fare** ♦ *sm inv* (*MUS*) F; (: *solfeggiando la scala*) fa ♦ *av*: **10 anni ~** 10 years ago

fabbi'sogno [fabbi'zoɲɲo] *sm* needs *pl*, requirements *pl*

'fabbrica *sf* factory; **fabbri'cante** *sm* manufacturer, maker; **fabbri'care** *vt* to build; (*produrre*) to manufacture, make; (*fig*) to fabricate, invent

'fabbro *sm* (black)smith

fac'cenda [fat'tʃɛnda] *sf* matter, affair; (*cosa da fare*) task, chore

fac'chino [fak'kino] *sm* porter

'faccia, **ce** [fat'tʃa] *sf* face; (*di moneta, medaglia*) side; **~ a ~** face to face

facci'ata [fat'tʃata] *sf* façade; (*di pagina*) side

'faccio ['fattʃo] *vb vedi* **fare**

'facile ['fatʃile] *ag* easy; (*disposto*): **~ a** inclined to, prone to; (*probabile*): **è ~ che piova** it's likely to rain; **facilità** *sf* easiness; (*disposizione, dono*) aptitude; **facili'tare** *vt* to make easier

facino'roso, **a** [fatʃino'roso] *ag* violent

facoltà *sf inv* faculty; (*autorità*) power

facolta'tivo, **a** *ag* optional; (*fermata d'autobus*) request *cpd*

fac'simile *sm* facsimile

'faggio ['faddʒo] *sm* beech

fagi'ano [fa'dʒano] *sm* pheasant

fagio'lino [fadʒo'lino] *sm* French (*BRIT*) o string bean

fagi'olo [fa'dʒolo] *sm* bean

fa'gotto *sm* bundle; (*MUS*) bassoon; **far ~** (*fig*) to pack up and go

'fai *vb vedi* **fare**

'falce ['faltʃe] *sf* scythe; **falci'are** *vt* to cut; (*fig*) to mow down

'falco, **chi** *sm* hawk

fal'cone *sm* falcon

'falda *sf* layer, stratum; (*di cappello*) brim; (*di cappotto*) tails *pl*; (*di monte*) lower slope; (*di tetto*) pitch

fale'gname [faleɲˈɲame] sm joiner
fal'lace [falˈlatʃe] ag misleading
falli'mento sm failure; bankruptcy
fal'lire vi (non riuscire): ~ (in) to fail (in); (DIR) to go bankrupt ♦ vt (colpo, bersaglio) to miss; fal'lito, a ag unsuccessful; bankrupt ♦ sm/f bankrupt
'fallo sm error, mistake; (imperfezione) defect, flaw; (SPORT) foul; fault; senza ~ without fail
falò sm inv bonfire
fal'sare vt to distort, misrepresent; fal'sario sm forger; counterfeiter; falsifi'care vt to forge; (monete) to forge, counterfeit
'falso, a ag false; (errato) wrong; (falsificato) forged; fake; (: oro, gioielli) imitation cpd ♦ sm forgery; giurare il ~ to commit perjury
'fama sf fame; (reputazione) reputation, name
'fame sf hunger; aver ~ to be hungry; fa'melico, a, ci, che ag ravenous
fa'miglia [faˈmiʎʎa] sf family
famili'are ag (della famiglia) family cpd; (ben noto) familiar; (rapporti, atmosfera) friendly; (LING) informal, colloquial ♦ sm/f relative, relation; familiarità sf familiarity; friendliness; informality
fa'moso, a ag famous, well-known
fa'nale sm (AUT) light, lamp (BRIT); (luce stradale, NAUT) light; (di faro) beacon
fa'natico, a, ci, che ag fanatical; (del teatro, calcio etc): ~ di o per mad o crazy about ♦ sm/f fanatic; (tifoso) fan
fanci'ullo, a [fanˈtʃullo] sm/f child
fan'donia sf tall story; ~e sfpl (assurdità) nonsense sg
fan'fara sf (musica) fanfare
'fango, ghi sm mud; fan'goso, a ag muddy
'fanno vb vedi fare
fannul'lone, a sm/f idler, loafer
fantasci'enza [fantaʃˈʃɛntsa] sf science fiction
fanta'sia sf fantasy, imagination; (capriccio) whim, caprice ♦ ag inv: vestito ~

patterned dress
fan'tasma, i sm ghost, phantom
fan'tastico, a, ci, che ag fantastic; (potenza, ingegno) imaginative
'fante sm infantryman; (CARTE) jack, knave (BRIT); fante'ria sf infantry
fan'toccio [fanˈtɔttʃo] sm puppet
fara'butto sm crook
fard sm inv blusher
far'dello sm bundle; (fig) burden

─────────────
PAROLA CHIAVE
─────────────

'fare sm 1 (modo di fare): con ~ distratto absent-mindedly; ha un ~ simpatico he has a pleasant manner
2: sul far del giorno/della notte at daybreak/nightfall
♦ vt 1 (fabbricare, creare) to make; (: casa) to build; (: assegno) to make out; ~ un pasto/una promessa/un film to make a meal/a promise/a film; ~ rumore to make a noise
2 (effettuare: lavoro, attività, studi) to do; (: sport) to play; cosa fa? (adesso) what are you doing?; (di professione) what do you do?; ~ psicologia/italiano (INS) to do psychology/Italian; ~ un viaggio to go on a trip o journey; ~ una passeggiata to go for a walk; ~ la spesa to do the shopping
3 (funzione) to be; (TEATRO) to play, be; ~ il medico to be a doctor; ~ il malato (fingere) to act the invalid
4 (suscitare: sentimenti): ~ paura a qn to frighten sb; (non) fa niente (non importa) it doesn't matter
5 (ammontare): 3 più 3 fa 6 3 and 3 are o make 6; fanno 6.000 lire that's 6,000 lire; Roma fa 2.000.000 di abitanti Rome has 2,000,000 inhabitants; che ora fai? what time do you make it?
6 (+infinito): far ~ qc a qn (obbligare) to make sb do sth; (permettere) to let sb do sth; fammi vedere let me see; far partire il motore to start (up) the engine; far riparare la macchina/costruire una casa to get o have the car repaired/a house built
7: ~rsi: ~rsi una gonna to make o.s. a

skirt; **~rsi un nome** to make a name for o.s.; **~rsi la permanente** to get a perm; **~rsi tagliare i capelli** to get one's hair cut; **~rsi operare** to have an operation
8 (*fraseologia*): **farcela** to succeed, manage; **non ce la faccio più** I can't go on; **ce la faremo** we'll make it; **me l'hanno fatta!** (*imbrogliare*) I've been done!; **lo facevo più giovane** I thought he was younger; **fare sì/no con la testa** to nod/shake one's head
♦ *vi* 1 (*agire*) to act, do; **fate come volete** do as you like; **~ presto** to be quick; **~ da** to act as; **non c'è niente da ~** it's no use; **saperci ~ con qn/qc** to know how to deal with sb/sth; **faccia pure!** go ahead!
2 (*dire*) to say; **"davvero?" fece** "really?" he said
3: **~ per** (*essere adatto*) to be suitable for; **~ per ~ qc** to be about to do sth; **fece per andarsene** he made as if to leave
4: **~rsi: si fa così** you do it like this, this is the way it's done; **non si fa così!** (*rimprovero*) that's no way to behave!; **la festa non si fa** the party is off
5: **~ a gara con qn** to compete *o* vie with sb; **~ a pugni** to come to blows; **~ in tempo a ~** to be in time to do
♦ *vb impers*: **fa bel tempo** the weather is fine; **fa caldo/freddo** it's hot/cold; **fa notte** it's getting dark
♦ *vr*: **~rsi** 1 (*diventare*) to become; **~rsi prete** to become a priest; **~rsi grande/vecchio** to grow tall/old
2 (*spostarsi*): **~rsi avanti/indietro** to move forward/back
3 (*fam: drogarsi*) to be a junkie

far'falla *sf* butterfly
fa'rina *sf* flour
farma'cia, 'cie [farma'tʃia] *sf* pharmacy; (*negozio*) chemist's (shop) (*BRIT*), pharmacy; **farma'cista, i, e** *sm/f* chemist (*BRIT*), pharmacist
'farmaco, ci *o* **chi** *sm* drug, medicine
'faro *sm* (*NAUT*) lighthouse; (*AER*) beacon; (*AUT*) headlight

'farsa *sf* farce
'fascia, sce ['faʃʃa] *sf* band, strip; (*MED*) bandage; (*di sindaco, ufficiale*) sash; (*parte di territorio*) strip, belt; (*di contribuenti etc*) group, band; **essere in ~sce** (*anche fig*) to be in one's infancy; **~ oraria** time band
fasci'are [faʃ'ʃare] *vt* to bind; (*MED*) to bandage
fa'scicolo [faʃ'ʃikolo] *sm* (*di documenti*) file, dossier; (*di rivista*) issue, number; (*opuscolo*) booklet, pamphlet
fascino ['faʃʃino] *sm* charm, fascination
'fascio ['faʃʃo] *sm* bundle, sheaf; (*di fiori*) bunch; (*di luce*) beam; (*POL*): **il F~** the Fascist Party
fa'scismo [faʃ'ʃizmo] *sm* fascism
'fase *sf* phase; (*TECN*) stroke; **fuori ~** (*motore*) rough
fas'tidio *sm* bother, trouble; **dare ~ a qn** to bother *o* annoy sb; **sento ~ allo stomaco** my stomach's upset; **avere ~i con la polizia** to have trouble *o* bother with the police; **fastidi'oso, a** *ag* annoying, tiresome
'fasto *sm* pomp, splendour
'fata *sf* fairy
fa'tale *ag* fatal; (*inevitabile*) inevitable; (*fig*) irresistible; **fatalità** *sf inv* inevitability; (*avversità*) misfortune; (*fato*) fate, destiny
fa'tica, che *sf* hard work, toil; (*sforzo*) effort; (*di metalli*) fatigue; **a ~** with difficulty; **~ a fare qc** to have a job doing sth; **fati'care** *vi* to toil; **faticare a fare qc** to have difficulty doing sth; **fati'coso, a** *ag* tiring, exhausting; (*lavoro*) laborious
'fato *sm* fate, destiny
'fatto, a *pp di* **fare** ♦ *ag*: **un uomo ~** a grown man; **~ a mano/in casa** hand-/home-made ♦ *sm* fact; (*azione*) deed; (*avvenimento*) event, occurrence; (*di romanzo, film*) action, story; **cogliere qn sul ~** to catch sb red-handed; **il ~ sta** *o* **è che** the fact remains *o* is that; **in ~ di** as for, as far as ... is concerned
fat'tore *sm* (*AGR*) farm manager; (*MAT, elemento costitutivo*) factor

fatto'ria *sf* farm; farmhouse

fatto'rino *sm* errand-boy; (*di ufficio*) office-boy; (*d'albergo*) porter

fat'tura *sf* (COMM) invoice; (*di abito*) tailoring; (*malia*) spell

fattu'rare *vt* (COMM) to invoice

fattu'rato *sm* (COMM) turnover

'fatuo, a *ag* vain, fatuous

'fauna *sf* fauna

fau'tore, trice *sm/f* advocate, supporter

fa'villa *sf* spark

'favola *sf* (*fiaba*) fairy tale; (*d'intento morale*) fable; (*fandonia*) yarn; **favo'loso, a** *ag* fabulous; (*incredibile*) incredible

fa'vore *sm* favour; **per ~** please; **fare un ~ a qn** to do sb a favour; **favo'revole** *ag* favourable

favo'rire *vt* to favour; (*il commercio, l'industria, le arti*) to promote, encourage; **vuole ~?** won't you help yourself?; **favorisca in salotto** please come into the sitting room; **favo'rito, a** *ag, sm/f* favourite

fazzo'letto [fattso'letto] *sm* handkerchief; (*per la testa*) (head)scarf; **~ di carta** tissue

feb'braio *sm* February

'febbre *sf* fever; **aver la ~** to have a high temperature; **~ da fieno** hay fever; **feb'brile** *ag* (*anche fig*) feverish

'feccia, ce ['fettʃa] *sf* dregs *pl*

'fecola *sf* potato flour

fecondazi'one [fekondat'tsjone] *sf* fertilization; **~ artificiale** artificial insemination

fe'condo, a *ag* fertile

'fede *sf* (*credenza*) belief, faith; (REL) faith; (*fiducia*) faith, trust; (*fedeltà*) loyalty; (*anello*) wedding ring; (*attestato*) certificate; **aver ~ in qn** to have faith in sb; **in buona/cattiva ~** in good/bad faith; **"in ~"** (DIR) "in witness whereof"; **fe'dele** *ag*: **fedele (a)** faithful (to) ♦ *sm/f* follower; **i fedeli** (REL) the faithful; **fedeltà** *sf* faithfulness; (*coniugale*) fidelity; **alta fedeltà** (RADIO) high fidelity

'federa *sf* pillowslip, pillowcase

fede'rale *ag* federal

'fegato *sm* liver; (*fig*) guts *pl*, nerve

'felce ['feltʃe] *sf* fern

fe'lice [fe'litʃe] *ag* happy; (*fortunato*) lucky; **felicità** *sf* happiness

felici'tarsi [felitʃi'tarsi] *vr* (*congratularsi*): **~ con qn per qc** to congratulate sb on sth

fe'lino, a *ag, sm* feline

'felpa *sf* sweatshirt

'feltro *sm* felt

'femmina *sf* (ZOOL, TECN) female; (*figlia*) girl, daughter; (*spesso peg*) woman; **femmi'nile** *ag* feminine; (*sesso*) female; (*lavoro, giornale, moda*) woman's ♦ *sm* (LING) feminine; **femmi'nismo** *sm* feminism

'fendere *vt* to cut through; **fendi'nebbia** *sm inv* (AUT) fog lamp

fe'nomeno *sm* phenomenon

'feretro *sm* coffin

feri'ale *ag*: **giorno ~** weekday

'ferie *sfpl* holidays (BRIT), vacation *sg* (US); **andare in ~** to go on holiday *o* vacation

fe'rire *vt* to injure; (*deliberatamente*: MIL etc) to wound; (*colpire*) to hurt; **fe'rita** *sf* injury, wound; **fe'rito, a** *sm/f* wounded *o* injured man/woman

'ferma *sf* (MIL) (period of) service; (CACCIA): **cane da ~** pointer

fer'maglio [fer'maʎʎo] *sm* clasp; (*per documenti*) clip

fer'mare *vt* to stop, halt; (POLIZIA) to detain, hold ♦ *vi* to stop; **~rsi** *vr* to stop, halt; **~rsi a fare qc** to stop to do sth

fer'mata *sf* stop; **~ dell'autobus** bus stop

fer'mento *sm* (*anche fig*) ferment; (*lievito*) yeast

fer'mezza [fer'mettsa] *sf* (*fig*) firmness, steadfastness

'fermo, a *ag* still, motionless; (*veicolo*) stationary; (*orologio*) not working; (*saldo*: *anche fig*) firm; (*voce, mano*) steady ♦ *escl* stop!; keep still! ♦ *sm* (*chiusura*) catch, lock; (DIR): **~ di polizia** police detention

'fermo 'posta *av, sm inv* poste restante (BRIT), general delivery (US)

fe'roce [fe'rɔtʃe] *ag* (*animale*) fierce, ferocious; (*persona*) cruel, fierce; (*fame,*

dolore) raging; **le bestie ~i** wild animals
ferra'gosto *sm* (*festa*) feast of the
Assumption; (*periodo*) August holidays *pl*

---
ferragosto

ⓘ **Ferragosto** *is a national holiday which
falls on 15 August and is the most
important holiday of the summer season.
Most people extend it by taking the days
around the 15th off too. Consequently
during this period, most of industry and
commerce is at a standstill.*

---

ferra'menta *sfpl*: **negozio di ~**
ironmonger's (*BRIT*), hardware shop *o* store
(*US*)
fer'rato, a *ag* (*FERR*): **strada ~a** railway
(*BRIT*) *o* railroad (*US*) line; (*fig*): **essere ~ in**
to be well up in
'**ferro** *sm* iron; **una bistecca ai ~i** a grilled
steak; **~ battuto** wrought iron; **~ da calza**
knitting needle; **~ di cavallo** horseshoe; **~
da stiro** iron
ferro'via *sf* railway (*BRIT*), railroad (*US*);
ferrovi'ario, a *ag* railway *cpd* (*BRIT*),
railroad *cpd* (*US*); **ferrovi'ere** *sm*
railwayman (*BRIT*), railroad man (*US*)
'**fertile** *ag* fertile; **fertiliz'zante** *sm*
fertilizer
'**fervido, a** *ag* fervent
fer'vore *sm* fervour, ardour
'**fesso, a** *pp di* **fendere** ♦ *ag* (*fam: sciocco*)
crazy, cracked
fes'sura *sf* crack, split; (*per gettone,
moneta*) slot
'**festa** *sf* (*religiosa*) feast; (*pubblica*) holiday;
(*compleanno*) birthday; (*onomastico*) name
day; (*ricevimento*) celebration, party; **far ~**
to have a holiday; to live it up; **far ~ a qn**
to give sb a warm welcome

---
festa della Repubblica

ⓘ *The* **festa della Repubblica**, *which
takes place on 2 June, celebrates the
founding of the Italian Republic after the
fall of the monarchy and the subsequent
referendum in 1946. It is marked by*

---

military parades and political speeches.

---

festeggi'are [fested'dʒare] *vt* to celebrate;
(*persona*) to have a celebration for
fes'tino *sm* party; (*con balli*) ball
fes'tivo, a *ag* (*atmosfera*) festive; **giorno ~**
holiday
fes'toso, a *ag* merry, joyful
fe'ticcio [fe'tittʃo] *sm* fetish
'**feto** *sm* foetus (*BRIT*), fetus (*US*)
'**fetta** *sf* slice
fettuc'cine [fettut'tʃine] *sfpl* (*CUC*) ribbon-
shaped pasta
FF.SS. *abbr* = **Ferrovie dello Stato**
fi'aba *sf* fairy tale
fi'acca *sf* weariness; (*svogliatezza*)
listlessness
fiac'care *vt* to weaken
fi'acco, a, chi, che *ag* (*stanco*) tired,
weary; (*svogliato*) listless; (*debole*) weak;
(*mercato*) slack
fi'accola *sf* torch
fi'ala *sf* phial
fi'amma *sf* flame
fiam'mante *ag* (*colore*) flaming; **nuovo ~**
brand new
fiam'mifero *sm* match
fiam'mingo, a, ghi, ghe *ag* Flemish
♦ *sm/f* Fleming ♦ *sm* (*LING*) Flemish; **i
F~ghi** the Flemish
fiancheggi'are [fjanked'dʒare] *vt* to
border; (*fig*) to support, back (up); (*MIL*) to
flank
fi'anco, chi *sm* side; (*MIL*) flank; **di ~**
sideways, from the side; **a ~ a ~** side by
side
fi'asco, schi *sm* flask; (*fig*) fiasco; **fare ~**
to fail
fi'ato *sm* breath; (*resistenza*) stamina; **avere
il ~ grosso** to be out of breath; **prendere
~** to catch one's breath; **~i** *smpl* (*MUS*)
wind instruments; **strumento a ~** wind
instrument
'**fibbia** *sf* buckle
'**fibra** *sf* fibre; (*fig*) constitution
fic'care *vt* to push, thrust, drive; **~rsi** *vr*
(*andare a finire*) to get to

'**fico, chi** *sm* (*pianta*) fig tree; (*frutto*) fig; ~ **d'India** prickly pear; ~ **secco** dried fig

fidanza'mento [fidantsa'mento] *sm* engagement

fidan'zarsi [fidan'tsarsi] *vr* to get engaged; **fidan'zato, a** *sm/f* fiancé/fiancée

fi'darsi *vr*: ~ **di** to trust; **fi'dato, a** *ag* reliable, trustworthy

'**fido, a** *ag* faithful, loyal ♦ *sm* (COMM) credit

fi'ducia [fi'dutʃa] *sf* confidence, trust; **incarico di** ~ position of trust, responsible position; **persona di** ~ reliable person

fi'ele *sm* (*fig*) bitterness

fie'nile *sm* barn; hayloft

fi'eno *sm* hay

fi'era *sf* fair

fie'rezza [fje'rettsa] *sf* pride

fi'ero, a *ag* proud; (*audace*) bold

'**fifa** (*fam*) *sf*: **aver** ~ to have the jitters

'**figlia** ['fiʎʎa] *sf* daughter

figli'astro, a [fiʎ'ʎastro] *sm/f* stepson/daughter

'**figlio** ['fiʎʎo] *sm* son; (*senza distinzione di sesso*) child; ~ **di papà** spoilt, wealthy young man; ~ **unico** only child; **figli'occio, a, ci, ce** *sm/f* godchild, godson/daughter

fi'gura *sf* figure; (*forma, aspetto esterno*) form, shape; (*illustrazione*) picture, illustration; **far** ~ to look smart; **fare una brutta** ~ to make a bad impression

figu'rare *vi* to appear ♦ *vt*: ~**rsi qc** to imagine sth; ~**rsi** *vr*: **figurati!** imagine that!; **ti do noia? — ma figurati!** am I disturbing you? — not at all!

figura'tivo, a *ag* figurative

figu'rina *sf* figurine; (*cartoncino*) picture card

'**fila** *sf* row, line; (*coda*) queue; (*serie*) series, string; **di** ~ in succession; **fare la** ~ to queue; **in** ~ **indiana** in single file

filantro'pia *sf* philanthropy

fi'lare *vt* to spin ♦ *vi* (*baco, ragno*) to spin; (*formaggio fuso*) to go stringy; (*discorso*) to hang together; (*fam: amoreggiare*) to go steady; (*muoversi a forte velocità*) to go at full speed; ~ **diritto** (*fig*) to toe the line; ~ **via** to dash off

filas'trocca, che *sf* nursery rhyme

filate'lia *sf* philately, stamp collecting

fi'lato, a *ag* spun ♦ *sm* yarn; **3 giorni ~i** 3 days running *o* on end

fi'letto *sm* (*di vite*) thread; (*di carne*) fillet

fili'ale *ag* filial ♦ *sf* (*di impresa*) branch

fili'grana *sf* (*in oreficeria*) filigree; (*su carta*) watermark

film *sm inv* film; **fil'mare** *vt* to film

'**filo** *sm* (*anche fig*) thread; (*filato*) yarn; (*metallico*) wire; (*di lama, rasoio*) edge; **per** ~ **e per segno** in detail; ~ **d'erba** blade of grass; ~ **interdentale** dental floss; ~ **di perle** string of pearls; ~ **spinato** barbed wire; **con un** ~ **di voce** in a whisper

'**filobus** *sm inv* trolley bus

filon'cino [filon'tʃino] *sm* ≈ French stick

fi'lone *sm* (*di minerali*) seam, vein; (*pane*) ≈ Vienna loaf; (*fig*) trend

filoso'fia *sf* philosophy; **fi'losofo, a** *sm/f* philosopher

fil'trare *vt, vi* to filter

'**filtro** *sm* filter; ~ **dell'olio** (AUT) oil filter

fin *av, prep* = **fino**

fi'nale *ag* final ♦ *sm* (*di opera*) end, ending; (: *MUS*) finale ♦ *sf* (*SPORT*) final; **finalità** *sf* (*scopo*) aim, purpose; **final'mente** *av* finally, at last

fi'nanza [fi'nantsa] *sf* finance; ~**e** *sfpl* (*di individuo, Stato*) finances; **finanzi'ario, a** *ag* financial; **finanzi'ere** *sm* financier; (*doganale*) customs officer; (*della tributaria*) inland revenue official

finché [fin'ke] *cong* (*per tutto il tempo che*) as long as; (*fino al momento in cui*) until; **aspetta** ~ **io (non) sia ritornato** wait until I get back

'**fine** *ag* (*lamina, carta*) thin; (*capelli, polvere*) fine; (*vista, udito*) keen, sharp; (*persona: raffinata*) refined, distinguished; (*osservazione*) subtle ♦ *sf end* ♦ *sm* aim, purpose; (*esito*) result, outcome; **secondo** ~ ulterior motive; **in** *o* **alla** ~ in the end, finally; ~ **settimana** *sm o f inv* weekend

fi'nestra *sf* window; **fines'trino** *sm* (*di*

treno, auto) window

'fingere ['find3ere] *vt* to feign; (*supporre*) to imagine, suppose; ~rsi *vr*: ~rsi ubriaco/ pazzo to pretend to be drunk/mad; ~ di fare to pretend to do

fini'mondo *sm* pandemonium

fi'nire *vt* to finish ♦ *vi* to finish, end; ~ di fare (*compiere*) to finish doing; (*smettere*) to stop doing; ~ in galera to end up *o* finish up in prison; fini'tura *sf* finish

finlan'dese *ag, sm* (LING) Finnish ♦ *sm/f* Finn

Fin'landia *sf*: la ~ Finland

'fino, a *ag* (*capelli, seta*) fine; (*oro*) pure; (*fig: acuto*) shrewd ♦ *av* (*spesso troncato in* fin: *pure, anche*) even ♦ *prep* (*spesso troncato in* fin: *tempo*): fin quando? till when?; (: *luogo*): fin qui as far as here; ~ a (*tempo*) until, till; (*luogo*) as far as, (up) to; fin da domani from tomorrow onwards; fin da ieri since yesterday; fin dalla nascita from *o* since birth

fi'nocchio [fi'nɔkkjo] *sm* fennel; (*fam: peg: omosessuale*) queer

fi'nora *av* up till now

'finta *sf* pretence, sham; (SPORT) feint; far ~a (di fare) to pretend (to do)

'finto, a *pp di* fingere ♦ *ag* false; artificial

finzi'one [fin'tsjone] *sf* pretence, sham

fi'occo, chi *sm* (*di nastro*) bow; (*di stoffa, lana*) flock; (*di neve*) flake; (NAUT) jib; coi ~chi (*fig*) first-rate; ~chi di granoturco cornflakes

fi'ocina ['fjɔtʃina] *sf* harpoon

fi'oco, a, chi, che *ag* faint, dim

fi'onda *sf* catapult

fio'raio, a *sm/f* florist

fi'ore *sm* flower; ~i *smpl* (CARTE) clubs; a fior d'acqua on the surface of the water; avere i nervi a fior di pelle to be on edge

fioren'tino, a *ag* Florentine

fio'retto *sm* (SCHERMA) foil

fio'rire *vi* (*rosa*) to flower; (*albero*) to blossom; (*fig*) to flourish

Fi'renze [fi'rentse] *sf* Florence

'firma *sf* signature

fir'mare *vt* to sign; un abito firmato a designer suit

fisar'monica, che *sf* accordion

fis'cale *ag* fiscal, tax *cpd*; medico ~ doctor employed by Social Security to verify cases of sick leave

fischi'are [fis'kjare] *vi* to whistle ♦ *vt* to whistle; (*attore*) to boo, hiss

'fischio ['fiskjo] *sm* whistle

'fisco *sm* tax authorities *pl*, ≈ Inland Revenue (BRIT), ≈ Internal Revenue Service (US)

'fisica *sf* physics *sg*

'fisico, a, ci, che *ag* physical ♦ *sm/f* physicist ♦ *sm* physique

fisiolo'gia [fizjolo'dʒia] *sf* physiology

fisiono'mia *sf* face, physiognomy

fisiotera'pia *sf* physiotherapy

fis'sare *vt* to fix, fasten; (*guardare intensamente*) to stare at; (*data, condizioni*) to fix, establish, set; (*prenotare*) to book; ~rsi su (*sog: sguardo, attenzione*) to focus on; (*fig: idea*) to become obsessed with; fissazi'one *sf* (PSIC) fixation

'fisso, a *ag* fixed; (*stipendio, impiego*) regular ♦ *av*: guardare ~ qc/qn to stare at sth/sb

'fitta *sf* sharp pain; *vedi anche* fitto

fit'tizio, a *ag* fictitious, imaginary

'fitto, a *ag* thick, dense; (*pioggia*) heavy ♦ *sm* depths *pl*, middle; (*affitto, pigione*) rent

fi'ume *sm* river

fiu'tare *vt* to smell, sniff; (*sog: animale*) to scent; (*fig: inganno*) to get wind of, smell; ~ tabacco/cocaina to take snuff/cocaine; fi'uto *sm* (sense of) smell; (*fig*) nose

fla'gello [fla'dʒɛllo] *sm* scourge

fla'grante *ag*: cogliere qn in ~ to catch sb red-handed

fla'nella *sf* flannel

flash [flaʃ] *sm inv* (FOT) flash; (*giornalistico*) newsflash

'flauto *sm* flute

'flebile *ag* faint, feeble

'flemma *sf* (*calma*) coolness, phlegm

fles'sibile *ag* pliable; (*fig: che si adatta*) flexible

'**flesso, a** *pp di* **flettere**

flessu'oso, a *ag* supple, lithe

'**flettere** *vt* to bend

'**flipper** *sm inv* pinball machine

F.lli *abbr* (= *fratelli*) Bros.

'**flora** *sf* flora

flo'rido, a *ag* flourishing; (*fig*) glowing with health

'**floscio, a, sci, sce** ['flɔʃʃo] *ag* (*cappello*) floppy, soft; (*muscoli*) flabby

'**flotta** *sf* fleet

'**fluido, a** *ag, sm* fluid

flu'ire *vi* to flow

flu'oro *sm* fluorine

fluo'ruro *sm* fluoride

'**flusso** *sm* flow; (*FISICA, MED*) flux; **~ e riflusso** ebb and flow

fluttu'are *vi* (*mare*) to rise and fall; (*ECON*) to fluctuate

fluvi'ale *ag* river *cpd*, fluvial

'**foca, che** *sf* (*ZOOL*) seal

fo'caccia, ce [fo'kattʃa] *sf* kind of pizza; (*dolce*) bun

'**foce** ['fotʃe] *sf* (*GEO*) mouth

foco'laio *sm* (*MED*) centre of infection; (*fig*) hotbed

foco'lare *sm* hearth, fireside; (*TECN*) furnace

'**fodera** *sf* (*di vestito*) lining; (*di libro, poltrona*) cover; **fode'rare** *vt* to line; to cover

'**fodero** *sm* (*di spada*) scabbard; (*di pugnale*) sheath; (*di pistola*) holster

'**foga** *sf* enthusiasm, ardour

'**foggia, ge** ['fɔddʒa] *sf* (*maniera*) style; (*aspetto*) form, shape

'**foglia** ['fɔʎʎa] *sf* leaf; **~ d'argento/d'oro** silver/gold leaf; **fogli'ame** *sm* foliage, leaves *pl*

'**foglio** ['fɔʎʎo] *sm* (*di carta*) sheet (of paper); (*di metallo*) sheet; **~ rosa** (*AUT*) provisional licence; **~ di via** (*DIR*) expulsion order; **~ volante** pamphlet

'**fogna** ['fɔɲɲa] *sf* drain, sewer; **fogna'tura** *sf* drainage, sewerage

föhn [føːn] *sm inv* hair dryer

folgo'rare *vt* (*sog: fulmine*) to strike down;

(: *alta tensione*) to electrocute

'**folla** *sf* crowd, throng

'**folle** *ag* mad, insane; (*TECN*) idle; **in ~** (*AUT*) in neutral

fol'lia *sf* folly, foolishness; foolish act; (*pazzia*) madness, lunacy

'**folto, a** *ag* thick

fomen'tare *vt* to stir up, foment

fon *sm inv* hair dryer

fondamen'tale *ag* fundamental, basic

fonda'mento *sm* foundation; **~a** *sfpl* (*EDIL*) foundations

fon'dare *vt* to found; (*fig: dar base*): **~ qc su** to base sth on; **fondazi'one** *sf* foundation

'**fondere** *vt* (*neve*) to melt; (*metallo*) to fuse, melt; (*fig: colori*) to merge, blend; (: *imprese, gruppi*) to merge ♦ *vi* to melt; **~rsi** *vr* to melt; (*fig: partiti, correnti*) to unite, merge; **fonde'ria** *sf* foundry

'**fondo, a** *ag* deep ♦ *sm* (*di recipiente, pozzo*) bottom; (*di stanza*) back; (*quantità di liquido che resta, deposito*) dregs *pl*; (*sfondo*) background; (*unità immobiliare*) property, estate; (*somma di denaro*) fund; (*SPORT*) long-distance race; **~i** *smpl* (*denaro*) funds; **a notte ~a** at dead of night; **in ~ a** at the bottom of; at the back of; (*strada*) at the end of; **andare a ~** (*nave*) to sink; **conoscere a ~** to know inside out; **dar ~ a** (*fig: provviste, soldi*) to use up; **in ~** (*fig*) after all, all things considered; **andare fino in ~ a** (*fig*) to examine thoroughly; **a ~ perduto** (*COMM*) without security; **~i di caffè** coffee grounds; **~i di magazzino** old *o* unsold stock *sg*

fo'netica *sf* phonetics *sg*

fon'tana *sf* fountain

'**fonte** *sf* spring, source; (*fig*) source ♦ *sm*: **~ battesimale** (*REL*) font

fon'tina *sm* sweet full-fat hard cheese from Val d'Aosta

fo'raggio [fo'raddʒo] *sm* fodder, forage

fo'rare *vt* to pierce, make a hole in; (*pallone*) to burst; (*biglietto*) to punch; **~ una gomma** to burst a tyre (*BRIT*) *o* tire (*US*)

'**forbici** [ˈfɔrbitʃi] *sfpl* scissors
'**forca, che** *sf* (*AGR*) fork, pitchfork;
(*patibolo*) gallows *sg*
for'**cella** [forˈtʃɛlla] *sf* (*TECN*) fork; (*di monte*)
pass
for'**chetta** [forˈketta] *sf* fork
for'**cina** [forˈtʃina] *sf* hairpin
'**forcipe** [ˈfɔrtʃipe] *sm* forceps *pl*
fo'**resta** *sf* forest
foresti'**ero, a** *ag* foreign ♦ *sm/f* foreigner
'**forfora** *sf* dandruff
forgi'**are** *vt* to forge
'**forma** *sf* form; (*aspetto esteriore*) form,
shape; (*DIR: procedura*) procedure; (*per
calzature*) last; (*stampo da cucina*) mould;
~**e** *sfpl* (*del corpo*) figure, shape; **le ~e**
(*convenzioni*) appearances; **essere in ~** to
be in good shape
formag'**gino** [formadˈdʒino] *sm* processed
cheese
for'**maggio** [forˈmaddʒo] *sm* cheese
for'**male** *ag* formal; **formalità** *sf inv*
formality
for'**mare** *vt* to form, shape, make; (*numero
di telefono*) to dial; (*fig: carattere*) to form,
mould; ~**rsi** *vr* to form, take shape;
for'**mato** *sm* format, size; **formazi'one**
sf formation; (*fig: educazione*) training
for'**mica, che** *sf* ant; **formi'caio** *sm*
anthill
formico'**lare** *vi* (*anche fig*): ~ **di** to be
swarming with; **mi formicola la gamba**
I've got pins and needles in my leg;
formico'lio *sm* pins and needles *pl*;
swarming
formi'**dabile** *ag* powerful, formidable;
(*straordinario*) remarkable
'**formula** *sf* formula; ~ **di cortesia** courtesy
form
formu'**lare** *vt* to formulate; to express
for'**nace** [forˈnatʃe] *sf* (*per laterizi etc*) kiln;
(*per metalli*) furnace; ~ **a microonde**
microwave oven
for'**naio** *sm* baker
for'**nello** *sm* (*elettrico, a gas*) ring; (*di pipa*)
bowl
for'**nire** *vt*: ~ **qn di qc**, ~ **qc a qn** to
provide *o* supply sb with sth, to supply sth
to sb
'**forno** *sm* (*di cucina*) oven; (*panetteria*)
bakery; (*TECN: per calce etc*) kiln; (*: per
metalli*) furnace; ~ **a microonde** microwave
oven
'**foro** *sm* (*buco*) hole; (*STORIA*) forum;
(*tribunale*) (law) court
'**forse** *av* perhaps, maybe; (*circa*) about;
essere in ~ to be in doubt
forsen'**nato, a** *ag* mad, insane
'**forte** *ag* strong; (*suono*) loud; (*spesa*)
considerable, great; (*passione, dolore*) great,
deep ♦ *av* strongly; (*velocemente*) fast; (*a
voce alta*) loud(ly); (*violentemente*) hard
♦ *sm* (*edificio*) fort; (*specialità*) forte, strong
point; **essere ~ in qc** to be good at sth
for'**tezza** [forˈtettsa] *sf* (*morale*) strength;
(*luogo fortificato*) fortress
for'**tuito, a** *ag* fortuitous, chance
for'**tuna** *sf* (*destino*) fortune, luck; (*buona
sorte*) success, fortune; (*eredità, averi*)
fortune; **per ~** luckily, fortunately; **di ~**
makeshift, improvised; **atterraggio di ~**
emergency landing; **fortu'nato, a** *ag*
lucky, fortunate; (*coronato da successo*)
successful
'**forza** [ˈfɔrtsa] *sf* strength; (*potere*) power;
(*FISICA*) force; ~**e** *sfpl* (*fisiche*) strength *sg*;
(*MIL*) forces ♦ *escl* come on!; **per ~** against
one's will; (*naturalmente*) of course; **a viva
~** by force; **a ~ di** by dint of; ~ **maggiore**
circumstances beyond one's control; **la ~
pubblica** the police *pl*; **le ~e armate** the
armed forces; ~**e dell'ordine** the forces of
law and order
for'**zare** [forˈtsare] *vt* to force; ~ **qn a fare**
to force sb to do; **for'zato, a** *ag* forced
♦ *sm* (*DIR*) prisoner sentenced to hard
labour
fos'**chia** [fosˈkia] *sf* mist, haze
'**fosco, a, schi, sche** *ag* dark, gloomy
'**fosforo** *sm* phosphorous
'**fossa** *sf* pit; (*di cimitero*) grave; ~ **biologica**
septic tank
fos'**sato** *sm* ditch; (*di fortezza*) moat
fos'**setta** *sf* dimple

'fossile *ag*, *sm* fossil

'fosso *sm* ditch; (*MIL*) trench

'foto *sf* photo ♦ *prefisso*: foto'copia *sf* photocopy; fotocopi'are *vt* to photocopy; fotogra'fare *vt* to photograph; fotogra'fia *sf* (*procedimento*) photography; (*immagine*) photograph; fare una fotografia to take a photograph; una fotografia a colori/in bianco e nero a colour/black and white photograph; fo'tografo, a *sm/f* photographer; fotoro'manzo *sm* romantic picture story; foto'tessera *sf* passport-size photo

fra *prep* = tra

fracas'sare *vt* to shatter, smash; ~rsi *vr* to shatter, smash; (*veicolo*) to crash; fra'casso *sm* smash; crash; (*baccano*) din, racket

'fradicio, a, ci, ce ['fraditʃo] *ag* (*molto bagnato*) soaking (wet); ubriaco ~ blind drunk

'fragile ['fradʒile] *ag* fragile; (*fig: salute*) delicate

'fragola *sf* strawberry

fra'gore *sm* roar; (*di tuono*) rumble

frago'roso, a *ag* deafening

fra'grante *ag* fragrant

frain'tendere *vt* to misunderstand; frain'teso, a *pp di* fraintendere

fram'mento *sm* fragment

'frana *sf* landslide; (*fig: persona*): essere una ~ to be useless; fra'nare *vi* to slip, slide down

fran'cese [fran'tʃeze] *ag* French ♦ *sm/f* Frenchman/woman ♦ *sm* (*LING*) French; i F~i the French

fran'chezza [fran'kettsa] *sf* frankness, openness

'Francia ['frantʃa] *sf*: la ~ France

'franco, a, chi, che *ag* (*COMM*) free; (*sincero*) frank, open, sincere ♦ *sm* (*moneta*) franc; farla ~a (*fig*) to get off scot-free; ~ di dogana duty-free; prezzo ~ fabbrica ex-works price; ~ tiratore *sm* sniper

franco'bollo *sm* (postage) stamp

fran'gente [fran'dʒɛnte] *sm* (*onda*) breaker;

(*scoglio emergente*) reef; (*circostanza*) situation, circumstance

'frangia, ge ['frandʒa] *sf* fringe

frantu'mare *vt* to break into pieces, shatter; ~rsi *vr* to break into pieces, shatter

frap'pé *sm* milk shake

'frasca, sche *sf* (leafy) branch

'frase *sf* (*LING*) sentence; (*locuzione, espressione, MUS*) phrase; ~ fatta set phrase

'frassino *sm* ash (tree)

frastagli'ato, a [frasta'ʎʎato] *ag* (*costa*) indented, jagged

frastor'nare *vt* to daze; to befuddle

frastu'ono *sm* hubbub, din

'frate *sm* friar, monk

fratel'lanza [fratel'lantsa] *sf* brotherhood; (*associazione*) fraternity

fratel'lastro *sm* stepbrother

fra'tello *sm* brother; ~i *smpl* brothers; (*nel senso di fratelli e sorelle*) brothers and sisters

fra'terno, a *ag* fraternal, brotherly

frat'tanto *av* in the meantime, meanwhile

frat'tempo *sm*: nel ~ in the meantime, meanwhile

frat'tura *sf* fracture; (*fig*) split, break

frazi'one [frat'tsjone] *sf* fraction; (*di comune*) small town

'freccia, ce ['frettʃa] *sf* arrow; ~ di direzione (*AUT*) indicator

fred'dare *vt* to shoot dead

fred'dezza [fred'dettsa] *sf* coldness

'freddo, a *ag*, *sm* cold; fa ~ it's cold; aver ~ to be cold; a ~ (*fig*) deliberately; freddo'loso, a *ag* sensitive to the cold

fred'dura *sf* pun

fre'gare *vt* to rub; (*fam: truffare*) to take in, cheat; (: *rubare*) to swipe, pinch; fregarsene (*fam!*): chi se ne frega? who gives a damn (about it)?

fre'gata *sf* rub; (*fam*) swindle; (*NAUT*) frigate

'fregio ['fredʒo] *sm* (*ARCHIT*) frieze; (*ornamento*) decoration

'fremere *vi*: ~ di to tremble *o* quiver with; 'fremito *sm* tremor, quiver

fre'nare *vt* (*veicolo*) to slow down; (*cavallo*) to rein in; (*lacrime*) to restrain, hold back

♦ *vi* to brake; **~rsi** *vr* (*fig*) to restrain o.s., control o.s.; **fre'nata** *sf*: **fare una frenata** to brake

frene'sia *sf* frenzy

'freno *sm* brake; (*morso*) bit; **~ a disco** disc brake; **~ a mano** handbrake; **tenere a ~** to restrain

frequen'tare *vt* (*scuola, corso*) to attend; (*locale, bar*) to go to, frequent; (*persone*) to see (often)

fre'quente *ag* frequent; **di ~** frequently; **fre'quenza** *sf* frequency; (*INS*) attendance

fres'chezza [fres'kettsa] *sf* freshness

'fresco, a, schi, sche *ag* fresh; (*temperatura*) cool; (*notizia*) recent, fresh ♦ *sm*: **godere il ~** to enjoy the cool air; **stare ~** (*fig*) to be in for it; **mettere al ~** to put in a cool place

'fretta *sf* hurry, haste; **in ~** in a hurry; **in ~ e furia** in a mad rush; **aver ~** to be in a hurry; **fretto'loso, a** *ag* (*persona*) in a hurry; (*lavoro etc*) hurried, rushed

fri'abile *ag* (*terreno*) friable; (*pasta*) crumbly

'friggere ['friddʒere] *vt* to fry ♦ *vi* (*olio etc*) to sizzle

'frigido, a ['fridʒido] *ag* (*MED*) frigid

'frigo *sm* fridge

frigo'rifero, a *ag* refrigerating ♦ *sm* refrigerator

fringu'ello *sm* chaffinch

frit'tata *sf* omelette; **fare una ~** (*fig*) to make a mess of things

frit'tella *sf* (*CUC*) fritter

'fritto, a *pp di* **friggere** ♦ *ag* fried ♦ *sm* fried food; **~ misto** mixed fry

frit'tura *sf* (*CUC*): **~ di pesce** mixed fried fish

'frivolo, a *ag* frivolous

frizi'one [frit'tsjone] *sf* friction; (*di pelle*) rub, rub-down; (*AUT*) clutch

friz'zante [frid'dzante] *ag* (*anche fig*) sparkling

fro'dare *vt* to defraud, cheat

'frode *sf* fraud; **~ fiscale** tax evasion

'frollo, a *ag* (*carne*) tender; (: *di selvaggina*) high; **pasta ~a** short(crust) pastry

'fronda *sf* (leafy) branch; (*di partito politico*) internal opposition

fron'tale *ag* frontal; (*scontro*) head-on

'fronte *sf* (*ANAT*) forehead; (*di edificio*) front, façade ♦ *sm* (*MIL, POL, METEOR*) front; **a ~**, **di ~** facing, opposite; **di ~ a** (*posizione*) opposite, facing, in front of; (*a paragone di*) compared with

fronteggi'are [fronted'dʒare] *vt* (*avversari, difficoltà*) to face, stand up to; (*spese*) to cope with

fronti'era *sf* border, frontier

'fronzolo ['frondzolo] *sm* frill

'frottola *sf* fib; **~e** *sfpl* (*assurdità*) nonsense *sg*

fru'gare *vi* to rummage ♦ *vt* to search

frul'lare *vt* (*CUC*) to whisk ♦ *vi* (*uccelli*) to flutter; **frul'lato** *sm* milk shake; fruit drink; **frulla'tore** *sm* electric mixer; **frul'lino** *sm* whisk

fru'mento *sm* wheat

fru'scio [fruʃ'ʃio] *sm* rustle; rustling; (*di acque*) murmur

'frusta *sf* whip; (*CUC*) whisk

frus'tare *vt* to whip

frus'tino *sm* riding crop

frus'trare *vt* to frustrate

'frutta *sf* fruit; (*portata*) dessert; **~ candita/secca** candied/dried fruit

frut'tare *vi* to bear dividends, give a return

frut'teto *sm* orchard

frutti'vendolo, a *sm/f* greengrocer (*BRIT*), produce dealer (*US*)

'frutto *sm* fruit; (*fig: risultato*) result(s); (*ECON: interesse*) interest; (: *reddito*) income; **~i di mare** seafood *sg*

FS *abbr* = **Ferrovie dello Stato**

fu *vb vedi* **essere** ♦ *ag inv*: **il ~ Paolo Bianchi** the late Paolo Bianchi

fuci'lare [futʃi'lare] *vt* to shoot; **fuci'lata** *sf* rifle shot

fu'cile [fu'tʃile] *sm* rifle, gun; (*da caccia*) shotgun, gun

fu'cina [fu'tʃina] *sf* forge

'fuga *sf* escape, flight; (*di gas, liquidi*) leak; (*MUS*) fugue; **~ di cervelli** brain drain

fu'gace [fu'gatʃe] *ag* fleeting, transient

fuggevole → **fusto**

fug'gevole [fud'dʒevole] *ag* fleeting
fuggi'asco, a, schi, sche [fud'dʒasko] *ag, sm/f* fugitive
fuggi'fuggi [fuddʒi'fuddʒi] *sm* scramble, stampede
fug'gire [fud'dʒire] *vi* to flee, run away; (*fig: passar veloce*) to fly ♦ *vt* to avoid;
fuggi'tivo, a *sm/f* fugitive, runaway
ful'gore *sm* brilliance, splendour
fu'liggine [fu'liddʒine] *sf* soot
fulmi'nare *vt* (*sog: fulmine*) to strike; (*: elettricità*) to electrocute; (*con arma da fuoco*) to shoot dead; (*fig: con lo sguardo*) to look daggers at
'fulmine *sm* thunderbolt; lightning *no pl*
fu'mare *vi* to smoke; (*emettere vapore*) to steam ♦ *vt* to smoke; **fu'mata** *sf* (*segnale*) smoke signal; **farsi una fumata** to have a smoke; **fuma'tore, 'trice** *sm/f* smoker
fu'metto *sm* comic strip; **giornale** *sm* **a ~i** comic
'fumo *sm* smoke; (*vapore*) steam; (*il fumare tabacco*) smoking; **~i** *smpl* (*industriali etc*) fumes; **i ~i dell'alcool** the after-effects of drink; **vendere ~** to deceive, cheat; **~ passivo** passive smoking; **fu'moso, a** *ag* smoky; (*fig*) muddled
fu'nambolo, a *sm/f* tightrope walker
'fune *sf* rope, cord; (*più grossa*) cable
'funebre *ag* (*rito*) funeral; (*aspetto*) gloomy, funereal
fune'rale *sm* funeral
'fungere ['fundʒere] *vi*: **~ da** to act as
'fungo, ghi *sm* fungus; (*commestibile*) mushroom; **~ velenoso** toadstool
funico'lare *sf* funicular railway
funi'via *sf* cable railway
funzio'nare [funtsjo'nare] *vi* to work, function; (*fungere*): **~ da** to act as
funzio'nario [funtsjo'narjo] *sm* official
funzi'one [fun'tsjone] *sf* function; (*carica*) post, position; (*REL*) service; **in ~** (*meccanismo*) in operation; **in ~ di** (*come*) as; **fare la ~ di qn** (*farne le veci*) to take sb's place
fu'oco, chi *sm* fire; (*fornello*) ring; (*FOT, FISICA*) focus; **dare ~ a qc** to set fire to sth;

far ~ (*sparare*) to fire; **~ d'artificio** firework
fuorché [fwor'ke] *cong, prep* except
fu'ori *av* outside; (*all'aperto*) outdoors, outside; (*fuori di casa, SPORT*) out; (*esclamativo*) get out! ♦ *prep*: **~ (di)** out of, outside ♦ *sm* outside; **lasciar ~ qc/qn** to leave sth/sb out; **far ~ qn** (*fam*) to kill sb, do sb in; **essere ~ di sé** to be beside o.s.; **~ luogo** (*inopportuno*) out of place, uncalled for; **~ mano** out of the way, remote; **~ pericolo** out of danger; **~ uso** old-fashioned; obsolete
fu'ori... *prefisso*: **fuori'bordo** *sm inv* speedboat (with outboard motor); outboard motor; **fuori'classe** *sm/f inv* (undisputed) champion; **fuorigi'oco** *sm* offside; **fuori'legge** *sm/f inv* outlaw; **fuori'serie** *ag inv* (*auto etc*) custom-built ♦ *sf* custom-built car; **fuori'strada** *sm* (*AUT*) cross-country vehicle; **fuor(i)u'scito, a** *sm/f* exile; **fuorvi'are** *vt* to mislead; (*fig*) to lead astray ♦ *vi* to go astray
'furbo, a *ag* clever, smart; (*peg*) cunning
fu'rente *ag*: **~ (contro)** furious (with)
fur'fante *sm* rascal, scoundrel
fur'gone *sm* van
'furia *sf* (*ira*) fury, rage; (*fig: impeto*) fury, violence; (*fretta*) rush; **a ~ di** by dint of; **andare su tutte le ~e** to get into a towering rage; **furi'bondo, a** *ag* furious
furi'oso, a *ag* furious
fu'rore *sm* fury; (*esaltazione*) frenzy; **far ~** to be all the rage
fur'tivo, a *ag* furtive
'furto *sm* theft; **~ con scasso** burglary
'fusa *sfpl*: **fare le ~** to purr
fu'sibile *sm* (*ELETTR*) fuse
fusi'one *sf* (*di metalli*) fusion, melting; (*colata*) casting; (*COMM*) merger; (*fig*) merging
'fuso, a *pp di* **fondere** ♦ *sm* (*FILATURA*) spindle; **~ orario** time zone
fus'tagno [fus'taɲɲo] *sm* corduroy
fus'tino *sm* (*di detersivo*) tub
'fusto *sm* stem; (*ANAT, di albero*) trunk; (*recipiente*) drum, can

fu'turo, a *ag, sm* future

G, g

gab'bare *vt* to take in, dupe; **~rsi** *vr*: **~rsi di qn** to make fun of sb

'gabbia *sf* cage; (*da imballaggio*) crate; **~ dell'ascensore** lift (*BRIT*) *o* elevator (*US*) shaft; **~ toracica** (*ANAT*) rib cage

gabbi'ano *sm* (sea)gull

gabi'netto *sm* (*MED etc*) consulting room; (*POL*) ministry; (*WC*) toilet, lavatory; (*INS: di fisica etc*) laboratory

'gaffe [gaf] *sf inv* blunder

gagli'ardo, a [gaʎˈʎardo] *ag* strong, vigorous

'gaio, a *ag* cheerful, gay

'gala *sf* (*sfarzo*) pomp; (*festa*) gala

ga'lante *ag* gallant, courteous; (*avventura*) amorous; **galante'ria** *sf* gallantry

galantu'omo (*pl* galantu'omini) *sm* gentleman

ga'lassia *sf* galaxy

gala'teo *sm* (*good*) manners *pl*

gale'otto *sm* (*rematore*) galley slave; (*carcerato*) convict

ga'lera *sf* (*NAUT*) galley; (*prigione*) prison

'galla *sf*: **a ~** afloat; **venire a ~** to surface, come to the surface; (*fig: verità*) to come out

galleggi'ante [galledˈdʒante] *ag* floating ♦ *sm* (*di pescatore, lenza, TECN*) float

galleggi'are [galledˈdʒare] *vi* to float

galle'ria *sf* (*traforo*) tunnel; (*ARCHIT, d'arte*) gallery; (*TEATRO*) circle; (*strada coperta con negozi*) arcade

'Galles *sm*: **il ~** Wales; **gal'lese** *ag, sm* (*LING*) Welsh ♦ *sm/f* Welshman/woman

gal'letta *sf* cracker

gal'lina *sf* hen

'gallo *sm* cock

gal'lone *sm* piece of braid; (*MIL*) stripe; (*unità di misura*) gallon

galop'pare *vi* to gallop

ga'loppo *sm* gallop; **al** *o* **di ~** at a gallop

'gamba *sf* leg; (*asta: di lettera*) stem; **in ~** (*in buona salute*) well; (*bravo, sveglio*) bright, smart; **prendere qc sotto ~** (*fig*) to treat sth too lightly

gambe'retto *sm* shrimp

'gambero *sm* (*di acqua dolce*) crayfish; (*di mare*) prawn

'gambo *sm* stem; (*di frutta*) stalk

'gamma *sf* (*MUS*) scale; (*di colori, fig*) range

ga'nascia, sce [gaˈnaʃʃa] *sf* jaw; **~sce del freno** (*AUT*) brake shoes

'gancio ['gantʃo] *sm* hook

'gangheri ['gangeri] *smpl*: **uscire dai ~** (*fig*) to fly into a temper

'gara *sf* competition; (*SPORT*) competition; contest; match; (*: corsa*) race; **fare a ~** to compete, vie

ga'rage [gaˈraʒ] *sm inv* garage

garan'tire *vt* to guarantee; (*debito*) to stand surety for; (*dare per certo*) to assure

garan'zia [garanˈtsia] *sf* guarantee; (*pegno*) security

gar'bato, a *ag* courteous, polite

'garbo *sm* (*buone maniere*) politeness, courtesy; (*di vestito etc*) grace, style

gareggi'are [garedˈdʒare] *vi* to compete

garga'rismo *sm* gargle; **fare i ~i** to gargle

ga'rofano *sm* carnation; **chiodo di ~** clove

'garza ['gardza] *sf* (*per bende*) gauze

gar'zone [garˈdzone] *sm* (*di negozio*) boy

gas *sm inv* gas; **a tutto ~** at full speed; **dare ~** (*AUT*) to accelerate

ga'solio *sm* diesel (oil)

ga's(s)ato, a *ag* (*bibita*) aerated, fizzy

gas'sosa *sf* fizzy drink

gas'soso, a *ag* gaseous; gassy

gastrono'mia *sf* gastronomy

gat'tino *sm* kitten

'gatto, a *sm/f* cat, tomcat/she-cat; **~ selvatico** wildcat; **~ delle nevi** (*AUT, SCI*) snowcat

gatto'pardo *sm*: **~ africano** serval; **~ americano** ocelot

'gaudio *sm* joy, happiness

ga'vetta *sf* (*MIL*) mess tin; **venire dalla ~** (*MIL, fig*) to rise from the ranks

'gazza ['gaddza] *sf* magpie

gaz'zella [gad'dzɛlla] *sf* gazelle

gaz'zetta [gad'dzetta] *sf* news sheet; **G~ Ufficiale** *official publication containing details of new laws*

gel [dʒɛl] *sm inv* gel

ge'lare [dʒe'lare] *vt, vi, vb impers* to freeze; **ge'lata** *sf* frost

gelate'ria [dʒelate'ria] *sf* ice-cream shop

gela'tina [dʒela'tina] *sf* gelatine; **~ esplosiva** dynamite; **~ di frutta** fruit jelly

ge'lato, a [dʒe'lato] *ag* frozen ♦ *sm* ice cream

'gelido, a ['dʒɛlido] *ag* icy, ice-cold

'gelo ['dʒɛlo] *sm* (*temperatura*) intense cold; (*brina*) frost; (*fig*) chill; **ge'lone** *sm* chilblain

gelo'sia [dʒelo'sia] *sf* jealousy

ge'loso, a [dʒe'loso] *ag* jealous

'gelso ['dʒɛlso] *sm* mulberry (tree)

gelso'mino [dʒelso'mino] *sm* jasmine

ge'mello, a [dʒe'mello] *ag, sm/f* twin; **~i** *smpl* (*di camicia*) cufflinks; (*dello zodiaco*): **G~i** Gemini *sg*

ge'mere ['dʒɛmere] *vi* to moan, groan; (*cigolare*) to creak; **'gemito** *sm* moan, groan

'gemma ['dʒɛmma] *sf* (*BOT*) bud; (*pietra preziosa*) gem

gene'rale [dʒene'rale] *ag, sm* general; **in ~** (*per sommi capi*) in general terms; (*di solito*) usually, in general; **generalità** *sfpl* (*dati d'identità*) particulars; **generaliz'zare** *vt, vi* to generalize; **general'mente** *av* generally

gene'rare [dʒene'rare] *vt* (*dar vita*) to give birth to; (*produrre*) to produce; (*causare*) to arouse; (*TECN*) to produce, generate; **genera'tore** *sm* (*TECN*) generator; **generazi'one** *sf* generation

'genere ['dʒɛnere] *sm* kind, type, sort; (*BIOL*) genus; (*merce*) article, product; (*LING*) gender; (*ARTE, LETTERATURA*) genre; **in ~** generally, as a rule; **il ~ umano** mankind; **~i alimentari** foodstuffs

ge'nerico, a, ci, che [dʒe'nɛriko] *ag* generic; (*vago*) vague, imprecise

'genero ['dʒɛnero] *sm* son-in-law

generosità [dʒenerosi'ta] *sf* generosity

gene'roso, a [dʒene'roso] *ag* generous

ge'netica [dʒe'nɛtika] *sf* genetics *sg*

ge'netico, a, ci, che [dʒe'nɛtiko] *ag* genetic

gen'giva [dʒen'dʒiva] *sf* (*ANAT*) gum

geni'ale [dʒen'jale] *ag* (*persona*) of genius; (*idea*) ingenious, brilliant

'genio ['dʒɛnjo] *sm* genius; **andare a ~ a qn** to be to sb's liking, appeal to sb

geni'tale [dʒeni'tale] *ag* genital; **~i** *smpl* genitals

geni'tore [dʒeni'tore] *sm* parent, father *o* mother; **i miei ~i** my parents, my father and mother

gen'naio [dʒen'najo] *sm* January

'Genova ['dʒɛnova] Genoa

gen'taglia [dʒen'taʎʎa] (*peg*) *sf* rabble

'gente ['dʒɛnte] *sf* people *pl*

gen'tile [dʒen'tile] *ag* (*persona, atto*) kind; (: *garbato*) courteous, polite; (*nelle lettere*): **G~ Signore** Dear Sir; (: *sulla busta*): **G~ Signor Fernando Villa** Mr Fernando Villa; **genti'lezza** *sf* kindness; courtesy, politeness; **per gentilezza** (*per favore*) please

gentilu'omo [dʒenti'lwɔmo] (*pl* **gentilu'omini**) *sm* gentleman

genu'ino, a [dʒenu'ino] *ag* (*prodotto*) natural; (*persona, sentimento*) genuine, sincere

geogra'fia [dʒeogra'fia] *sf* geography

geolo'gia [dʒeolo'dʒia] *sf* geology

ge'ometra, i, e [dʒe'ɔmetra] *sm/f* (*professionista*) surveyor

geome'tria [dʒeome'tria] *sf* geometry; **geo'metrico, a, ci, che** *ag* geometric(al)

gerar'chia [dʒerar'kia] *sf* hierarchy

ge'rente [dʒe'rɛnte] *sm/f* manager/ manageress

'gergo, ghi ['dʒɛrgo] *sm* jargon; slang

geria'tria [dʒerja'tria] *sf* geriatrics *sg*

Ger'mania [dʒer'manja] *sf*: **la ~** Germany; **la ~ occidentale/orientale** West/East Germany

'germe ['dʒɛrme] *sm* germ; (*fig*) seed

germogli'are [dʒermoʎˈʎare] *vi* to sprout; to germinate; **ger'moglio** *sm* shoot; bud
gero'glifico, ci [dʒeroˈglifiko] *sm* hieroglyphic
'**gesso** [ˈdʒɛsso] *sm* chalk; (*SCULTURA, MED, EDIL*) plaster; (*statua*) plaster figure; (*minerale*) gypsum
gesti'one [dʒesˈtjone] *sf* management
ges'tire [dʒesˈtire] *vt* to run, manage
'**gesto** [ˈdʒɛsto] *sm* gesture
ges'tore [dʒesˈtore] *sm* manager
Gesù [dʒeˈzu] *sm* Jesus
gesu'ita, i [dʒezuˈita] *sm* Jesuit
get'tare [dʒetˈtare] *vt* to throw; (*anche:* **~ via**) to throw away *o* out; (*SCULTURA*) to cast; (*EDIL*) to lay; (*acqua*) to spout; (*grido*) to utter; **~rsi** *vr:* **~rsi in** (*sog: fiume*) to flow into; **~ uno sguardo su** to take a quick look at; **get'tata** *sf* (*di cemento, gesso, metalli*) cast; (*diga*) jetty
'**getto** [ˈdʒɛtto] *sm* (*di gas, liquido, AER*) jet; **a ~ continuo** uninterruptedly; **di ~** (*fig*) straight off, in one go
get'tone [dʒetˈtone] *sm* token; (*per giochi*) counter; (: *roulette etc*) chip; **~ telefonico** telephone token
ghiacci'aio [gjatˈtʃajo] *sm* glacier
ghiacci'are [gjatˈtʃare] *vt* to freeze; (*fig*): **~ qn** to make sb's blood run cold ♦ *vi* to freeze, ice over; **ghiacci'ato, a** *ag* frozen; (*bevanda*) ice-cold
ghi'accio [ˈgjattʃo] *sm* ice
ghiacci'olo [gjatˈtʃɔlo] *sm* icicle; (*tipo di gelato*) ice lolly (*BRIT*), popsicle (*US*)
ghi'aia [ˈgjaja] *sf* gravel
ghi'anda [ˈgjanda] *sf* (*BOT*) acorn
ghi'andola [ˈgjandola] *sf* gland
ghigliot'tina [giʎʎotˈtina] *sf* guillotine
ghi'gnare [ɲinˈɲare] *vi* to sneer
ghi'otto, a [ˈgjotto] *ag* greedy; (*cibo*) delicious, appetizing; **ghiot'tone, a** *sm/f* glutton
ghiri'goro [giriˈgɔro] *sm* scribble, squiggle
ghir'landa [girˈlanda] *sf* garland, wreath
'**ghiro** [ˈgiro] *sm* dormouse
'**ghisa** [ˈgiza] *sf* cast iron
già [dʒa] *av* already; (*ex, in precedenza*)

formerly ♦ *escl* of course!, yes indeed!
gi'acca, che [ˈdʒakka] *sf* jacket; **~ a vento** windcheater (*BRIT*), windbreaker (*US*)
giacché [dʒakˈke] *cong* since, as
giac'chetta [dʒakˈketta] *sf* (light) jacket
gia'cenza [dʒaˈtʃɛntsa] *sf*: **merce in ~** goods in stock; **~e di magazzino** unsold stock
gia'cere [dʒaˈtʃere] *vi* to lie; **giaci'mento** *sm* deposit
gia'cinto [dʒaˈtʃinto] *sm* hyacinth
gi'ada [ˈdʒada] *sf* jade
giaggi'olo [dʒadˈdʒɔlo] *sm* iris
giagu'aro [dʒaˈgwaro] *sm* jaguar
gi'allo [ˈdʒallo] *ag* yellow; (*carnagione*) sallow ♦ *sm* yellow; (*anche:* **romanzo ~**) detective novel; (*anche:* **film ~**) detective film; **~ dell'uovo** yolk
giam'mai [dʒamˈmai] *av* never
Giap'pone [dʒapˈpone] *sm* Japan; **giappo'nese** *ag, sm/f, sm* Japanese *inv*
gi'ara [ˈdʒara] *sf* jar
giardi'naggio [dʒardiˈnaddʒo] *sm* gardening
giardini'era [dʒardiˈnjera] *sf* (*misto di sottaceti*) mixed pickles *pl*
giardini'ere, a [dʒardiˈnjere] *sm/f* gardener
giar'dino [dʒarˈdino] *sm* garden; **~ d'infanzia** nursery school; **~ pubblico** public gardens *pl*, (*public*) park; **~ zoologico** zoo
giarretti'era [dʒarretˈtjera] *sf* garter
giavel'lotto [dʒavelˈlɔtto] *sm* javelin
gi'gante, 'essa [dʒiˈgante] *sm/f* giant ♦ *ag* giant, gigantic; (*COMM*) giant-size; **gigan'tesco, a, schi, sche** *ag* gigantic
'**giglio** [ˈdʒiʎʎo] *sm* lily
gilè [dʒiˈle] *sm inv* waistcoat
gin [dʒin] *sm inv* gin
gine'cologo, a, gi, ghe [dʒineˈkɔlogo] *sm/f* gynaecologist
gi'nepro [dʒiˈnepro] *sm* juniper
gi'nestra [dʒiˈnestra] *sf* (*BOT*) broom
Gi'nevra [dʒiˈnevra] *sf* Geneva
gingil'larsi [dʒindʒilˈlarsi] *vr* to fritter away one's time; (*giocare*): **~ con** to fiddle with

gin'gillo [dʒin'dʒillo] *sm* plaything

gin'nasio [dʒin'nazjo] *sm* the 4th and 5th year of secondary school in Italy

gin'nasta, i, e [dʒin'nasta] *sm/f* gymnast; **gin'nastica** *sf* gymnastics *sg*; *(esercizio fisico)* keep-fit exercises; *(INS)* physical education

gi'nocchio [dʒi'nɔkkjo] *(pl(m)* **gi'nocchi** *o pl(f)* **gi'nocchia)** *sm* knee; **stare in ~** to kneel, be on one's knees; **mettersi in ~** to kneel (down); **ginocchi'oni** *av* on one's knees

gio'care [dʒo'kare] *vt* to play; *(scommettere)* to stake, wager, bet; *(ingannare)* to take in ♦ *vi* to play; *(a roulette etc)* to gamble; *(fig)* to play a part, be important; **~ a** *(gioco, sport)* to play; *(cavalli)* to bet on; **~rsi la carriera** to put one's career at risk; **gioca'tore, 'trice** *sm/f* player; gambler

gio'cattolo [dʒo'kattolo] *sm* toy

gio'chetto [dʒo'ketto] *sm (tranello)* trick; *(fig)*: **è un ~** it's child's play

gi'oco, chi ['dʒɔko] *sm* game; *(divertimento, TECN)* play; *(al casinò)* gambling; *(CARTE)* hand; *(insieme di pezzi etc necessari per un gioco)* set; **per ~** for fun; **fare il doppio ~ con qn** to double-cross sb; **~ d'azzardo** game of chance; **~ degli scacchi** chess set; **i Giochi Olimpici** the Olympic Games

giocoli'ere [dʒoko'ljere] *sm* juggler

gio'coso, a [dʒo'koso] *ag* playful, jesting

gi'ogo, ghi ['dʒɔgo] *sm* yoke

gi'oia ['dʒɔja] *sf* joy, delight; *(pietra preziosa)* jewel, precious stone

gioielle'ria [dʒojelle'ria] *sf* jeweller's craft; jeweller's (shop)

gioielli'ere, a [dʒojel'ljere] *sm/f* jeweller

gioi'ello [dʒo'jɛllo] *sm* jewel, piece of jewellery; **i miei ~i** my jewels *o* jewellery

gioi'oso, a [dʒo'joso] *ag* joyful

Gior'dania [dʒor'danja] *sf*: **la ~** Jordan

giorna'laio, a [dʒorna'lajo] *sm/f* newsagent *(BRIT)*, newsdealer *(US)*

gior'nale [dʒor'nale] *sm* newspaper; *(diario)* journal, diary; *(COMM)* journal; **~ di bordo** log; **~ radio** news news *sg*

giornali'ero, a [dʒorna'ljero] *ag* daily; *(che varia: umore)* changeable ♦ *sm* day labourer

giorna'lismo [dʒorna'lizmo] *sm* journalism

giorna'lista, i, e [dʒorna'lista] *sm/f* journalist

gior'nata [dʒor'nata] *sf* day; **~ lavorativa** working day

gi'orno ['dʒorno] *sm* day; *(opposto alla notte)* day, daytime; *(luce del ~)* daylight; **al ~** per day; **di ~** by day; **al ~ d'oggi** nowadays

---

giorno dei morti

> *Il giorno dei Morti*, All Souls' Day, falls on 2 November. On that day, relatives make a special visit to the graves of loved ones, to lay flowers.

---

gi'ostra ['dʒɔstra] *sf (per bimbi)* merry-go-round; *(torneo storico)* joust

gi'ovane ['dʒovane] *ag* young; *(aspetto)* youthful ♦ *sm/f* youth/girl, young man/woman; **i ~i** young people; **giova'nile** *ag* youthful; *(scritti)* early; *(errore)* of youth; **giova'notto** *sm* young man

gio'vare [dʒo'vare] *vi*: **~ a** *(essere utile)* to be useful to; *(far bene)* to be good for ♦ *vb impers (essere bene, utile)* to be useful; **~rsi di qc** to make use of sth

giovedì [dʒove'di] *sm inv* Thursday; **di** *o* **il ~** on Thursdays

gioven'tù [dʒoven'tu] *sf (periodo)* youth; *(i giovani)* young people *pl*, youth

giovi'ale [dʒo'vjale] *ag* jovial, jolly

giovi'nezza [dʒovi'nettsa] *sf* youth

gira'dischi [dʒira'diski] *sm inv* record player

gi'raffa [dʒi'raffa] *sf* giraffe

gi'randola [dʒi'randola] *sf (fuoco d'artificio)* Catherine wheel; *(giocattolo)* toy windmill; *(banderuola)* weather vane, weathercock

gi'rare [dʒi'rare] *vt (far ruotare)* to turn; *(percorrere, visitare)* to go round; *(CINEMA)* to shoot; to make; *(COMM)* to endorse ♦ *vi* to turn; *(più veloce)* to spin; *(andare in giro)* to wander, go around; **~rsi** *vr* to turn; **~**

attorno a to go round; to revolve round; **far ~ la testa a qn** to make sb dizzy; (*fig*) to turn sb's head

girar'rosto [dʒirar'rɔsto] *sm* (*CUC*) spit

gira'sole [dʒira'sole] *sm* sunflower

gi'rata [dʒi'rata] *sf* (*passeggiata*) stroll; (*con veicolo*) drive; (*COMM*) endorsement

gira'volta [dʒira'vɔlta] *sf* twirl, turn; (*curva*) sharp bend; (*fig*) about-turn

gi'revole [dʒi'revole] *ag* revolving, turning

gi'rino [dʒi'rino] *sm* tadpole

'giro ['dʒiro] *sm* (*circuito, cerchio*) circle; (*di chiave, manovella*) turn; (*viaggio*) tour, excursion; (*passeggiata*) stroll, walk; (*in macchina*) drive; (*in bicicletta*) ride; (*SPORT: della pista*) lap; (*di denaro*) circulation; (*CARTE*) hand; (*TECN*) revolution; **prendere in ~ qn** (*fig*) to pull sb's leg; **fare un ~** to go for a walk (*o* a drive *o* a ride); **andare in ~** to go about, walk around; **a stretto ~ di posta** by return of post; **nel ~ di un mese** in a month's time; **essere nel ~** (*fig*) to belong to a circle (of friends); **~ d'affari** (*COMM*) turnover; **~ di parole** circumlocution; **~ di prova** (*AUT*) test drive; **~ turistico** sightseeing tour; **giro'collo** *sm*: **a girocollo** crew-neck *cpd*

gironzo'lare [dʒirondzo'lare] *vi* to stroll about

'gita ['dʒita] *sf* excursion, trip; **fare una ~** to go for a trip, go on an outing

gi'tano, a [dʒi'tano] *sm/f* gipsy

giù [dʒu] *av* down; (*dabbasso*) downstairs; **in ~** downwards, down; **~ di lì** (*pressappoco*) thereabouts; **bambini dai 6 anni in ~** children aged 6 and under; **~ per: cadere ~ per le scale** to fall down the stairs; **essere ~** (*fig: di salute*) to be run down; (*: di spirito*) to be depressed

giub'botto [dʒub'bɔtto] *sm* jerkin; **~ antiproiettile** bulletproof vest

gi'ubilo ['dʒubilo] *sm* rejoicing

giudi'care [dʒudi'kare] *vt* to judge; (*accusato*) to try; (*lite*) to arbitrate in; **~ qn/qc bello** to consider sb/sth (to be) beautiful

gi'udice ['dʒuditʃe] *sm* judge; **~**

conciliatore justice of the peace; **~ istruttore** examining (*BRIT*) *o* committing (*US*) magistrate; **~ popolare** member of a jury

giu'dizio [dʒu'dittsjo] *sm* judgment; (*opinione*) opinion; (*DIR*) judgment, sentence; (*: processo*) trial; (*: verdetto*) verdict; **aver ~** to be wise *o* prudent; **citare in ~** to summons; **giudizi'oso, a** *ag* prudent, judicious

gi'ugno ['dʒuɲɲo] *sm* June

giul'lare [dʒul'lare] *sm* jester

giu'menta [dʒu'menta] *sf* mare

gi'unco, chi ['dʒunko] *sm* rush

gi'ungere ['dʒundʒere] *vi* to arrive ♦ *vt* (*mani etc*) to join; **~ a** to arrive at, reach

gi'ungla ['dʒungla] *sf* jungle

gi'unta ['dʒunta] *sf* addition; (*organo esecutivo, amministrativo*) council, board; **per ~a** into the bargain, in addition; **~a militare** military junta

gi'unto, a ['dʒunto] *pp di* **giungere** ♦ *sm* (*TECN*) coupling, joint; **giun'tura** *sf* joint

giuo'care [dʒwo'kare] *etc* = **giocare** *etc*

giura'mento [dʒura'mento] *sm* oath; **~ falso** perjury

giu'rare [dʒu'rare] *vt* to swear ♦ *vi* to swear, take an oath; **giu'rato, a** *ag*: **nemico giurato** sworn enemy ♦ *sm/f* juror, juryman/woman

giu'ria [dʒu'ria] *sf* jury

giu'ridico, a, ci, che [dʒu'ridiko] *ag* legal

giustifi'care [dʒustifi'kare] *vt* to justify; **giustificazi'one** *sf* justification; (*INS*) (note of) excuse

gius'tizia [dʒus'tittsja] *sf* justice; **giustizi'are** *vt* to execute, put to death; **giustizi'ere** *sm* executioner

gi'usto, a ['dʒusto] *ag* (*equo*) fair, just; (*vero*) true, correct; (*adatto*) right, suitable; (*preciso*) exact, correct ♦ *av* (*esattamente*) exactly, precisely; (*per l'appunto, appena*) just; **arrivare ~** to arrive just in time; **ho ~ bisogno di te** you're just the person I need

glaci'ale [gla'tʃale] *ag* glacial

gli [ʎi] (*dav V, s impura, gn, pn, ps, x, z*) *det mpl* the ♦ *pron* (*a lui*) to him; (*a esso*) to it; (*in coppia con lo, la, li, le, ne: a lui, a lei, a loro etc*): **gliele do** I'm giving them to him (*o* her *o* them); *vedi anche* **il**

gli'ela ['ʎela] *etc vedi* **gli**

glo'bale *ag* overall

'globo *sm* globe

'globulo *sm* (ANAT): ~ **rosso/bianco** red/white corpuscle

'gloria *sf* glory; glori'oso, a *ag* glorious

glos'sario *sm* glossary

'gnocchi ['ɲɔkki] *smpl* (CUC) small dumplings made of semolina pasta or potato

'gobba *sf* (ANAT) hump; (*protuberanza*) bump

'gobbo, a *ag* hunchbacked; (*ricurvo*) round-shouldered ♦ *sm/f* hunchback

'goccia, ce ['gottʃa] *sf* drop; goccio'lare *vi, vt* to drip

go'dere *vi* (*compiacersi*): ~ **(di)** to be delighted (at), rejoice (at); (*trarre vantaggio*): ~ **di** to enjoy, benefit from ♦ *vt* to enjoy; ~**rsi la vita** to enjoy life; ~**sela** to have a good time, enjoy o.s.; godi'mento *sm* enjoyment

'goffo, a *ag* clumsy, awkward

'gola *sf* (ANAT) throat; (*golosità*) gluttony, greed; (*di camino*) flue; (*di monte*) gorge; **fare ~** (*anche fig*) to tempt

golf *sm inv* (SPORT) golf; (*maglia*) cardigan

'golfo *sm* gulf

go'loso, a *ag* greedy

'gomito *sm* elbow; (*di strada etc*) sharp bend

go'mitolo *sm* ball

'gomma *sf* rubber; (*per cancellare*) rubber, eraser; (*di veicolo*) tyre (BRIT), tire (US); ~ **americana** *o* **da masticare** chewing gum; ~ **a terra** flat tyre (BRIT) *o* tire (US); gommapi'uma ® *sf* foam rubber; gom'mone *sm* rubber dinghy

'gondola *sf* gondola; gondoli'ere *sm* gondolier

gonfa'lone *sm* banner

gonfi'are *vt* (*pallone*) to blow up, inflate; (*dilatare, ingrossare*) to swell; (*fig: notizia*) to exaggerate; ~**rsi** *vr* to swell; (*fiume*) to

rise; 'gonfio, a *ag* swollen; (*stomaco*) bloated; (*vela*) full; gonfi'ore *sm* swelling

gongo'lare *vi* to look pleased with o.s.; ~ **di gioia** to be overjoyed

'gonna *sf* skirt; ~ **pantalone** culottes *pl*

'gonzo ['gondzo] *sm* simpleton, fool

gorgheggi'are [gorged'dʒare] *vi* to warble; to trill

'gorgo, ghi *sm* whirlpool

gorgogli'are [gorgoʎ'ʎare] *vi* to gurgle

go'rilla *sm inv* gorilla; (*guardia del corpo*) bodyguard

'gotta *sf* gout

gover'nante *sm/f* ruler ♦ *sf* (*di bambini*) governess; (*donna di servizio*) housekeeper

gover'nare *vt* (*stato*) to govern, rule; (*pilotare, guidare*) to steer; (*bestiame*) to tend, look after; governa'tivo, a *ag* government *cpd*; governa'tore *sm* governor

go'verno *sm* government

gozzovigli'are [gottsoviʎ'ʎare] *vi* to make merry, carouse

gracchi'are [grak'kjare] *vi* to caw

graci'dare [gratʃi'dare] *vi* to croak

'gracile ['gratʃile] *ag* frail, delicate

gra'dasso *sm* boaster

gradazi'one [gradat'tsjone] *sf* (*sfumatura*) gradation; ~ **alcolica** alcoholic content, strength

gra'devole *ag* pleasant, agreeable

gradi'mento *sm* pleasure, satisfaction; **è di suo ~?** is it to your liking?

gradi'nata *sf* flight of steps; (*in teatro, stadio*) tiers *pl*

gra'dino *sm* step; (ALPINISMO) foothold

gra'dire *vt* (*accettare con piacere*) to accept; (*desiderare*) to wish, like; **gradisce una tazza di tè?** would you like a cup of tea?; gra'dito, a *ag* pleasing; welcome

'grado *sm* (MAT, FISICA etc) degree; (*stadio*) degree, level; (MIL, sociale) rank; **essere in ~ di fare** to be in a position to do

gradu'ale *ag* gradual

gradu'are *vt* to grade; gradu'ato, a *ag* (*esercizi*) graded; (*scala, termometro*) graduated ♦ *sm* (MIL) non-commissioned officer

'graffa *sf* (*gancio*) clip; (*segno grafico*) brace

graffi'are *vt* to scratch

'graffio *sm* scratch

gra'fia *sf* spelling; (*scrittura*) handwriting

'grafica *sf* graphic arts *pl*

'grafico, a, ci, che *ag* graphic ♦ *sm* graph; (*persona*) graphic designer

gra'migna [gra'miɲɲa] *sf* weed; couch grass

gram'matica, che *sf* grammar; **grammati'cale** *ag* grammatical

'grammo *sm* gram(me)

gran *ag vedi* **grande**

'grana *sf* (*granello, di minerali, corpi spezzati*) grain; (*fam: seccatura*) trouble; (: *soldi*) cash ♦ *sm inv* Parmesan (cheese)

gra'naio *sm* granary, barn

gra'nata *sf* (*proiettile*) grenade

Gran Bre'tagna [-bre'taɲɲa] *sf*: **la ~** Great Britain

'granchio ['grankjo] *sm* crab; (*fig*) blunder; **prendere un ~** (*fig*) to blunder

grandango'lare *sm* wide-angle lens *sg*

'grande (*qualche volta* **gran** +*C*, **grand'** +*V*) *ag* (*grosso, largo, vasto*) big, large; (*alto*) tall; (*lungo*) long; (*in sensi astratti*) great ♦ *sm/f* (*persona adulta*) adult, grown-up; (*chi ha ingegno e potenza*) great man/ woman; **fare le cose in ~** to do things in style; **una gran bella donna** a very beautiful woman; **non è una gran cosa** *o* **un gran che** it's nothing special; **non ne so gran che** I don't know very much about it

grandeggi'are [grande'dʒare] *vi* (*emergere per grandezza*): **~ su** to tower over; (*darsi arie*) to put on airs

gran'dezza [gran'dettsa] *sf* (*dimensione*) size; magnitude; (*fig*) greatness; **in ~ naturale** lifesize

grandi'nare *vb impers* to hail

'grandine *sf* hail

gran'duca, chi *sm* grand duke

gra'nello *sm* (*di cereali, uva*) seed; (*di frutta*) pip; (*di sabbia, sale etc*) grain

gra'nita *sf* kind of water ice

gra'nito *sm* granite

'grano *sm* (*in quasi tutti i sensi*) grain; (*frumento*) wheat; (*di rosario, collana*) bead; **~ di pepe** peppercorn

gran'turco *sm* maize

'grappa *sf* rough, strong brandy

'grappolo *sm* bunch, cluster

gras'setto *sm* (*TIP*) bold (type)

'grasso, a *ag* fat; (*cibo*) fatty; (*pelle*) greasy; (*terreno*) rich; (*fig: guadagno, annata*) plentiful ♦ *sm* (*di persona, animale*) fat; (*sostanza che unge*) grease; **gras'soccio, a, ci, ce** *ag* plump

'grata *sf* grating

gra'ticola *sf* grill

gra'tifica, che *sf* bonus

'gratis *av* free, for nothing

grati'tudine *sf* gratitude

'grato, a *ag* grateful; (*gradito*) pleasant, agreeable

gratta'capo *sm* worry, headache

grattaci'elo [gratta'tʃɛlo] *sm* skyscraper

grat'tare *vt* (*pelle*) to scratch; (*raschiare*) to scrape; (*pane, formaggio, carote*) to grate; (*fam: rubare*) to pinch ♦ *vi* (*stridere*) to grate; (*AUT*) to grind; **~rsi** *vr* to scratch o.s.; **gratta e vinci** ≈ scratch card

grat'tugia, gie [grat'tudʒa] *sf* grater; **pane grattugiato** breadcrumbs *pl*

gra'tuito, a *ag* free; (*fig*) gratuitous

gra'vare *vt* to burden ♦ *vi*: **~ su** to weigh on

'grave *ag* (*danno, pericolo, peccato etc*) grave, serious; (*responsabilità*) heavy, grave; (*contegno*) grave, solemn; (*voce, suono*) deep, low-pitched; (*LING*): **accento ~** grave accent; **un malato ~** a person who is seriously ill

gravi'danza [gravi'dantsa] *sf* pregnancy

'gravido, a *ag* pregnant

gravità *sf* seriousness; (*anche FISICA*) gravity

gra'voso, a *ag* heavy, onerous

'grazia ['grattsja] *sf* grace; (*favore*) favour; (*DIR*) pardon; **grazi'are** *vt* (*DIR*) to pardon

'grazie ['grattsje] *escl* thank you!; **~ mille!** *o* **tante!** *o* **infinite!** thank you very much!; **~**

a thanks to

grazi'oso, a [grat'tsjoso] *ag* charming, delightful; (*gentile*) gracious

'Grecia ['grɛtʃa] *sf*: **la ~** Greece; **'greco, a, ci, che** *ag, sm/f, sm* Greek

'gregge ['greddʒe] (*pl(f)* **-i**) *sm* flock

'greggio, gi ['greddʒo] *sm* (*anche*: **petrolio ~**) crude (oil)

grembi'ule *sm* apron; (*sopravveste*) overall

'grembo *sm* lap; (*ventre della madre*) womb

gre'mito, a *ag*: **~ (di)** packed *o* crowded (with)

'gretto, a *ag* mean, stingy; (*fig*) narrow-minded

'greve *ag* heavy

'grezzo, a ['greddʒo] *ag* raw, unrefined; (*diamante*) rough, uncut; (*tessuto*) unbleached

gri'dare *vi* (*per chiamare*) to shout, cry (out); (*strillare*) to scream, yell ♦ *vt* to shout (out), yell (out); **~ aiuto** to cry *o* shout for help

'grido (*pl(m)* **-i** *o pl(f)* **-a**) *sm* shout, cry; scream, yell; (*di animale*) cry; **di ~** famous

'grigio, a, gi, gie ['gridʒo] *ag, sm* grey

'griglia ['griʎʎa] *sf* (*per arrostire*) grill; (*ELETTR*) grid; (*inferriata*) grating; **alla ~** (*CUC*) grilled; **grigli'ata** *sf* (*CUC*) grill

gril'letto *sm* trigger

'grillo *sm* (*ZOOL*) cricket; (*fig*) whim

grimal'dello *sm* picklock

'grinta *sf* grim expression; (*SPORT*) fighting spirit

'grinza ['grintsa] *sf* crease, wrinkle; (*ruga*) wrinkle; **non fare una ~** (*fig: ragionamento*) to be faultless; **grin'zoso, a** *ag* creased; wrinkled

gris'sino *sm* bread-stick

'gronda *sf* eaves *pl*

gron'daia *sf* gutter

gron'dare *vi* to pour; (*essere bagnato*): **~ di** to be dripping with ♦ *vt* to drip with

'groppa *sf* (*di animale*) back, rump; (*fam: dell'uomo*) back, shoulders *pl*

'groppo *sm* tangle; **avere un ~ alla gola** (*fig*) to have a lump in one's throat

gros'sezza [gros'settsa] *sf* size; thickness

gros'sista, i, e [gros'sista] *sm/f* (*COMM*) wholesaler

'grosso, a *ag* big, large; (*di spessore*) thick; (*grossolano: anche fig*) coarse; (*grave, insopportabile*) serious, great; (*tempo, mare*) rough ♦ *sm*: **il ~ di** the bulk of; **un pezzo ~** (*fig*) a VIP, a bigwig; **farla ~a** to do something very stupid; **dirle ~e** to tell tall stories; **sbagliarsi di ~** to be completely wrong

grosso'lano, a *ag* rough, coarse; (*fig*) coarse, crude; (*: errore*) stupid

grosso'modo *av* roughly

'grotta *sf* cave; grotto

grot'tesco, a, schi, sche *ag* grotesque

grovi'era *sm o f* gruyère (cheese)

gro'viglio [gro'viʎʎo] *sm* tangle; (*fig*) muddle

gru *sf inv* crane

'gruccia, ce ['gruttʃa] *sf* (*per camminare*) crutch; (*per abiti*) coat-hanger

gru'gnire [grupˈɲire] *vi* to grunt; **gru'gnito** *sm* grunt

'grugno ['grupɲo] *sm* snout; (*fam: faccia*) mug

'grullo, a *ag* silly, stupid

'grumo *sm* (*di sangue*) clot; (*di farina etc*) lump

'gruppo *sm* group; **~ sanguigno** blood group

gruvi'era *sm o f* = **groviera**

guada'gnare [gwadaɲˈɲare] *vt* (*ottenere*) to gain; (*soldi, stipendio*) to earn; (*vincere*) to win; (*raggiungere*) to reach

gua'dagno [gwaˈdaɲɲo] *sm* earnings *pl*; (*COMM*) profit; (*vantaggio, utile*) advantage, gain; **~ lordo/netto** gross/net earnings *pl*

gu'ado *sm* ford; **passare a ~** to ford

gu'ai *escl*: **~ a te** (*o* **lui** *etc*)! woe betide you (*o him etc*)!

gua'ina *sf* (*fodero*) sheath; (*indumento per donna*) girdle

gu'aio *sm* trouble, mishap; (*inconveniente*) trouble, snag

gua'ire *vi* to whine, yelp

gu'ancia, ce ['gwantʃa] *sf* cheek

guanci'ale [gwanˈtʃale] *sm* pillow

gu'anto *sm* glove

gu'arda... *prefisso*: ~'boschi *sm inv* forester; ~'caccia *sm inv* gamekeeper; ~'coste *sm inv* coastguard; (*nave*) coastguard patrol vessel; ~'linee *sm inv* (*SPORT*) linesman

guar'dare *vt* (*con lo sguardo: osservare*) to look at; (*film, televisione*) to watch; (*custodire*) to look after, take care of ♦ *vi* to look; (*badare*): ~ **a** to pay attention to; (*luoghi: esser orientato*): ~ **a** to face; ~**rsi** *vr* to look at o.s.; ~**rsi da** (*astenersi*) to refrain from; (*stare in guardia*) to beware of; ~**rsi dal fare** to take care not to do; **guarda di non sbagliare** try not to make a mistake; ~ **a vista qn** to keep a close watch on sb

guarda'roba *sm inv* wardrobe; (*locale*) cloakroom; **guardarobi'ere, a** *sm/f* cloakroom attendant

gu'ardia *sf* (*individuo, corpo*) guard; (*sorveglianza*) watch; **fare la ~ a qc/qn** to guard sth/sb; **stare in ~** (*fig*) to be on one's guard; **di ~** (*medico*) on call; ~ **carceraria** (*prison*) warder; ~ **del corpo** bodyguard; ~ **di finanza** (*corpo*) customs *pl*; (*persona*) customs officer; ~ **medica** emergency doctor service

---

Guardia di finanza

ⓘ The **Guardia di finanza** *is a military body which deals with infringements of the laws relating to income tax and monopolies. It reports to the Ministers of Finance, Justice or Agriculture.*

---

guardi'ano, a *sm/f* (*di carcere*) warder; (*di villa etc*) caretaker; (*di museo*) custodian; (*di zoo*) keeper; ~ **notturno** night watchman

guar'dingo, a, ghi, ghe *ag* wary, cautious

guardi'ola *sf* porter's lodge; (*MIL*) look-out tower

guard'rail ['ga:dreil] *sm inv* crash barrier

guarigi'one [gwari'dʒone] *sf* recovery

gua'rire *vt* (*persona, malattia*) to cure; (*ferita*) to heal ♦ *vi* to recover, be cured; to heal (up)

guarnigi'one [gwarni'dʒone] *sf* garrison

guar'nire *vt* (*ornare: abiti*) to trim; (*CUC*) to garnish; **guarnizi'one** *sf* trimming; garnish; (*TECN*) gasket

guasta'feste *sm/f inv* spoilsport

guas'tare *vt* to spoil, ruin; (*meccanismo*) to break; ~**rsi** *vr* (*cibo*) to go bad; (*meccanismo*) to break down; (*tempo*) to change for the worse

gu'asto, a *ag* (*non funzionante*) broken; (: *telefono etc*) out of order; (*andato a male*) bad, rotten; (: *dente*) decayed, bad; (*fig: corrotto*) depraved ♦ *sm* breakdown; (*avaria*) failure; ~ **al motore** engine failure

gu'ercio, a, ci, ce ['gwertʃo] *ag* cross-eyed

gu'erra *sf* war; (*tecnica: atomica, chimica etc*) warfare; **fare la ~ (a)** to wage war (against); ~ **mondiale** world war; **guerri'ero, a** *ag* warlike ♦ *sm* warrior; **guer'riglia** *sf* guerrilla warfare; **guerrigli'ero** *sm* guerrilla

'gufo *sm* owl

gu'ida *sf* guidebook; (*comando, direzione*) guidance, direction; (*AUT*) driving; (*tappeto, di tenda, cassetto*) runner; ~ **a destra/sinistra** (*AUT*) right-/left-hand drive; ~ **telefonica** telephone directory; ~ **turistica** tourist guide

gui'dare *vt* to guide; (*squadra, rivolta*) to lead; (*auto*) to drive; (*aereo, nave*) to pilot; **sai ~?** can you drive?; **guida'tore, trice** *sm/f* (*conducente*) driver

guin'zaglio [gwin'tsaʎʎo] *sm* leash, lead

gu'isa *sf*: **a ~ di** like, in the manner of

guiz'zare [gwit'tsare] *vi* to dart; to flicker; to leap

'guscio ['guʃʃo] *sm* shell

gus'tare *vt* (*cibi*) to taste; (: *assaporare con piacere*) to enjoy, savour; (*fig*) to enjoy, appreciate ♦ *vi*: ~ **a** to please; **non mi gusta affatto** I don't like it at all

'gusto *sm* taste; (*sapore*) flavour; (*godimento*) enjoyment; **al ~ di fragola** strawberry-flavoured; **mangiare di ~** to eat heartily; **prenderci ~: ci ha preso ~** he's

acquired a taste for it, he's got to like it;
gus'toso, a *ag* tasty; (*fig*) agreeable

H, h

h *abbr* = **ora; altezza**
ha *etc* [a] *vb vedi* **avere**
ha'cker [hæ'kə*] *sm inv* hacker
hall [hɔl] *sf inv* hall, foyer
'handicap ['handikap] *sm inv* handicap;
  handicap'pato, a *ag* handicapped
  ♦ *sm/f* handicapped person, disabled
  person
'hanno ['anno] *vb vedi* **avere**
'hascisc ['haʃiʃ] *sm* hashish
'herpes ['ɛrpes] *sm* (*MED*) herpes *sg*; ~
  zoster shingles *sg*
ho [ɔ] *vb vedi* **avere**
'hobby ['hɔbi] *sm inv* hobby
'hockey ['hɔki] *sm* hockey; ~ **su ghiaccio**
  ice hockey
'hostess ['houstis] *sf inv* air hostess (*BRIT*) *o*
  stewardess
ho'tel *sm inv* hotel

I, i

i *det mpl* the
i'ato *sm* hiatus
ibernazi'one [ibernat'tsjone] *sf* hibernation
'ibrido, a *ag*, *sm* hybrid
Id'dio *sm* God
i'dea *sf* idea; (*opinione*) opinion, view;
  (*ideale*) ideal; **dare l'~ di** to seem, look like;
  ~ **fissa** obsession; **neanche** *o* **neppure per**
  ~! certainly not!
ide'ale *ag*, *sm* ideal
ide'are *vt* (*immaginare*) to think up,
  conceive; (*progettare*) to plan
i'dentico, a, ci, che *ag* identical
identifi'care *vt* to identify;
  identificazi'one *sf* identification
identità *sf inv* identity
ideolo'gia, 'gie [ideolo'dʒia] *sf* ideology
idi'oma, i *sm* idiom, language;

idio'matico, a, ci, che *ag* idiomatic;
  frase idiomatica idiom
idi'ota, i, e *ag* idiotic ♦ *sm/f* idiot
idola'trare *vt* to worship; (*fig*) to idolize
'idolo *sm* idol
idoneità *sf* suitability
i'doneo, a *ag*: ~ **a** suitable for, fit for; (*MIL*)
  fit for; (*qualificato*) qualified for
i'drante *sm* hydrant
idra'tante *ag* moisturizing ♦ *sm*
  moisturizer
i'draulica *sf* hydraulics *sg*
i'draulico, a, ci, che *ag* hydraulic ♦ *sm*
  plumber
idroe'lettrico, a, ci, che *ag*
  hydroelectric
i'drofilo, a *ag vedi* **cotone**
i'drogeno [i'drɔdʒeno] *sm* hydrogen
idros'calo *sm* seaplane base
idrovo'lante *sm* seaplane
i'ena *sf* hyena
i'eri *av*, *sm* yesterday; **il giornale di** ~
  yesterday's paper; ~ **l'altro** the day before
  yesterday; ~ **sera** yesterday evening
igi'ene [i'dʒɛne] *sf* hygiene; ~ **pubblica**
  public health; **igi'enico, a, ci, che** *ag*
  hygienic; (*salubre*) healthy
i'gnaro, a [iɲ'ɲaro] *ag*: ~ **di** unaware of,
  ignorant of
i'gnobile [iɲ'ɲɔbile] *ag* despicable, vile
igno'rante [iɲɲo'rante] *ag* ignorant
igno'rare [iɲɲo'rare] *vt* (*non sapere,
  conoscere*) to be ignorant *o* unaware of, not
  to know; (*fingere di non vedere, sentire*) to
  ignore
i'gnoto, a [iɲ'ɲɔto] *ag* unknown

┌─────────────────────┐
│ *PAROLA CHIAVE* │
└─────────────────────┘

il (*pl* (*m*) **i**; *diventa* **lo** (*pl* **gli**) *davanti a s
  impura, gn, pn, ps, x, z*; *f* **la** (*pl* **le**)) *det m*
  1 the; ~ **libro/lo studente/l'acqua** the
  book/the student/the water; **gli scolari** the
  pupils
  2 (*astrazione*): ~ **coraggio/l'amore/la
  giovinezza** courage/love/youth
  3 (*tempo*): ~ **mattino/la sera** in the
  morning/evening; ~ **venerdì** *etc*

(*abitualmente*) on Fridays *etc*; (*quel giorno*) on (the) Friday *etc*; **la settimana prossima** next week

4 (*distributivo*) a, an; **2.500 lire ~ chilo/paio** 2,500 lire a *o* per kilo/pair

5 (*partitivo*) some, any; **hai messo lo zucchero?** have you added sugar?; **hai comprato ~ latte?** did you buy (some *o* any) milk?

6 (*possesso*): **aprire gli occhi** to open one's eyes; **rompersi la gamba** to break one's leg; **avere i capelli neri/~ naso rosso** to have dark hair/a red nose

7 (*con nomi propri*): **~ Petrarca** Petrarch; **~ Presidente Clinton** President Clinton; **dov'è la Francesca?** where's Francesca?

8 (*con nomi geografici*): **~ Tevere** the Tiber; **l'Italia** Italy; **~ Regno Unito** the United Kingdom; **l'Everest** Everest

---

'**ilare** *ag* cheerful; **ilarità** *sf* hilarity, mirth

illazi'one [illat'tsjone] *sf* inference, deduction

ille'gale *ag* illegal

illeg'gibile [illed'dʒibile] *ag* illegible

ille'gittimo, a [ille'dʒittimo] *ag* illegitimate

il'leso, a *ag* unhurt, unharmed

illi'bato, a *ag*: **donna ~a** virgin

illimi'tato, a *ag* boundless; unlimited

ill.mo *abbr* = **illustrissimo**

il'ludere *vt* to deceive, delude; **~rsi** *vr* to deceive o.s., delude o.s.

illumi'nare *vt* to light up, illuminate; (*fig*) to enlighten; **~rsi** *vr* to light up; **~ a giorno** to floodlight; **illuminazi'one** *sf* lighting; illumination; floodlighting; (*fig*) flash of inspiration

illusi'one *sf* illusion; **farsi delle ~i** to delude o.s.

illusio'nismo *sm* conjuring

il'luso, a *pp di* **illudere**

illus'trare *vt* to illustrate; **illustra'tivo, a** *ag* illustrative; **illustrazi'one** *sf* illustration

il'lustre *ag* eminent, renowned; **illus'trissimo, a** *ag* (*negli indirizzi*) very revered

imbacuc'care *vt* to wrap up; **~rsi** *vr* to

wrap up

imbal'laggio [imbal'laddʒo] *sm* packing *no pl*

imbal'lare *vt* to pack; (*AUT*) to race; **~rsi** *vr* (*AUT*) to race

imbalsa'mare *vt* to embalm

imban'dire *vt*: **~ un pranzo** to prepare a lavish meal

imbaraz'zare [imbarat'tsare] *vt* (*mettere a disagio*) to embarrass; (*ostacolare: movimenti*) to hamper

imba'razzo [imba'rattso] *sm* (*disagio*) embarrassment; (*perplessità*) puzzlement, bewilderment; **~ di stomaco** indigestion

imbarca'dero *sm* landing stage

imbar'care *vt* (*passeggeri*) to embark; (*merci*) to load; **~rsi** *vr*: **~rsi su** to board; **~rsi per l'America** to sail for America; **~rsi in** (*fig: affare etc*) to embark on

imbarcazi'one [imbarkat'tsjone] *sf* (small) boat, (small) craft *inv*; **~ di salvataggio** lifeboat

im'barco, chi *sm* embarkation; loading; boarding; (*banchina*) landing stage

imbas'tire *vt* (*cucire*) to tack; (*fig: abbozzare*) to sketch, outline

im'battersi *vr*: **~ in** (*incontrare*) to bump *o* run into

imbat'tibile *ag* unbeatable, invincible

imbavagli'are [imbavaʎ'ʎare] *vt* to gag

imbec'cata *sf* (*TEATRO*) prompt

imbe'cille [imbe'tʃille] *ag* idiotic ♦ *sm/f* idiot; (*MED*) imbecile

imbel'lire *vt* to adorn, embellish ♦ *vi* to grow more beautiful

im'berbe *ag* beardless

im'bevere *vt* to soak; **~rsi** *vr*: **~rsi di** to soak up, absorb

imbian'care *vt* to whiten; (*muro*) to whitewash ♦ *vi* to become *o* turn white

imbian'chino [imbjan'kino] *sm* (house) painter, painter and decorator

imboc'care *vt* (*bambino*) to feed; (*entrare: strada*) to enter, turn into

imbocca'tura *sf* mouth; (*di strada, porto*)

entrance; (*MUS, del morso*) mouthpiece
im'bocco, chi *sm* entrance
imbos'care *vt* to hide; **~rsi** *vr* (*MIL*) to evade military service
imbos'cata *sf* ambush
imbottigli'are [imbottiʎ'ʎare] *vt* to bottle; (*NAUT*) to blockade; (*MIL*) to hem in; **~rsi** *vr* to be stuck in a traffic jam
imbot'tire *vt* to stuff; (*giacca*) to pad; **imbot'tita** *sf* quilt; **imbot'tito, a** *ag* stuffed; (*giacca*) padded; **panino imbottito** filled roll; **imbotti'tura** *sf* stuffing; padding
imbrat'tare *vt* to dirty, smear, daub
imbrigli'are [imbriʎ'ʎare] *vt* to bridle
imbroc'care *vt* (*fig*) to guess correctly
imbrogli'are [imbroʎ'ʎare] *vt* to mix up; (*fig: raggirare*) to deceive, cheat; (: *confondere*) to confuse, mix up; **~rsi** *vr* to get tangled; (*fig*) to become confused; **im'broglio** *sm* (*groviglio*) tangle; (*situazione confusa*) mess; (*truffa*) swindle, trick; **imbrogli'one, a** *sm/f* cheat, swindler
imbronci'ato, a *ag* sulky
imbru'nire *vi, vb impers* to grow dark; **all'~** at dusk
imbrut'tire *vt* to make ugly ♦ *vi* to become ugly
imbu'care *vt* to post
imbur'rare *vt* to butter
im'buto *sm* funnel
imi'tare *vt* to imitate; (*riprodurre*) to copy; (*assomigliare*) to look like; **imitazi'one** *sf* imitation
immaco'lato, a *ag* spotless; immaculate
immagazzi'nare [immagaddzi'nare] *vt* to store
immagi'nare [immadʒi'nare] *vt* to imagine; (*supporre*) to suppose; (*inventare*) to invent; **s'immagini!** don't mention it!, not at all!; **immagi'nario, a** *ag* imaginary; **immaginazi'one** *sf* imagination; (*cosa immaginata*) fancy
im'magine [im'madʒine] *sf* image; (*rappresentazione grafica, mentale*) picture
imman'cabile *ag* certain; unfailing

im'mane *ag* (*smisurato*) enormous; (*spaventoso*) terrible
immangi'abile [imman'dʒabile] *ag* inedible
immatrico'lare *vt* to register; **~rsi** *vr* (*INS*) to matriculate, enrol; **immatricolazi'one** *sf* registration; matriculation, enrolment
imma'turo, a *ag* (*frutto*) unripe; (*persona*) immature; (*prematuro*) premature
immedesi'marsi *vr:* **~ in** to identify with
immediata'mente *av* immediately, at once
immedi'ato, a *ag* immediate
im'memore *ag:* **~ di** forgetful of
im'menso, a *ag* immense
im'mergere [im'mɛrdʒere] *vt* to immerse, plunge; **~rsi** *vr* to plunge; (*sommergibile*) to dive, submerge; (*dedicarsi a*): **~rsi in** to immerse o.s. in
immeri'tato, a *ag* undeserved
immeri'tevole *ag* undeserving, unworthy
immersi'one *sf* immersion; (*di sommergibile*) submersion, dive; (*di palombaro*) dive
im'merso, a *pp di* **immergere**
im'mettere *vt:* **~ (in)** to introduce (into); **~ dati in un computer** to enter data on a computer
immi'grato, a *sm/f* immigrant; **immigrazi'one** *sf* immigration
immi'nente *ag* imminent
immischi'are [immis'kjare] *vt:* **~ qn in** to involve sb in; **~rsi in** to interfere *o* meddle in
immissi'one *sf* (*di aria, gas*) intake; **~ di dati** (*INFORM*) data entry
im'mobile *ag* motionless, still; **~i** *smpl* (*anche:* **beni ~i**) real estate *sg*; **immobili'are** *ag* (*DIR*) property *cpd*; **immobilità** *sf* stillness; immobility
immo'desto, a *ag* immodest
immo'lare *vt* to sacrifice, immolate
immon'dizia [immon'dittsja] *sf* dirt, filth; (*spesso al pl: spazzatura, rifiuti*) rubbish *no pl*, refuse *no pl*
im'mondo, a *ag* filthy, foul
immo'rale *ag* immoral
immor'tale *ag* immortal

im'mune *ag* (*esente*) exempt; (*MED, DIR*) immune; immunità *sf* immunity; immunità parlamentare parliamentary privilege

immu'tabile *ag* immutable; unchanging

impacchet'tare [impakket'tare] *vt* to pack up

impacci'are [impat'tʃare] *vt* to hinder, hamper; impacci'ato, a *ag* awkward, clumsy; (*imbarazzato*) embarrassed; im'paccio *sm* obstacle; (*imbarazzo*) embarrassment; (*situazione imbarazzante*) awkward situation

im'pacco, chi *sm* (*MED*) compress

impadro'nirsi *vr*: ~ di to seize, take possession of; (*fig: apprendere a fondo*) to master

impa'gabile *ag* priceless

impagi'nare [impadʒi'nare] *vt* (*TIP*) to paginate, page (up)

impagli'are [impaʎ'ʎare] *vt* to stuff (with straw)

impa'lato, a *ag* (*fig*) stiff as a board

impalca'tura *sf* scaffolding

impalli'dire *vi* to turn pale; (*fig*) to fade

impa'nare *vt* (*CUC*) to dip in breadcrumbs

impanta'narsi *vr* to sink (in the mud); (*fig*) to get bogged down

impappi'narsi *vr* to stammer, falter

impa'rare *vt* to learn

imparen'tarsi *vr*: ~ con to marry into

'impari *ag inv* (*disuguale*) unequal; (*dispari*) odd

impar'tire *vt* to bestow, give

imparzi'ale [impar'tsjale] *ag* impartial, unbiased

impas'sibile *ag* impassive

impas'tare *vt* (*pasta*) to knead

im'pasto *sm* (*l'impastare: di pane*) kneading; (: *di cemento*) mixing; (*pasta*) dough; (*anche fig*) mixture

im'patto *sm* impact

impau'rire *vt* to scare, frighten ♦ *vi* (*anche: ~rsi*) to become scared o frightened

im'pavido, a *ag* intrepid, fearless

impazi'ente [impat'tsjente] *ag* impatient; impazi'enza *sf* impatience

impaz'zata [impat'tsata] *sf*: all'~ (*precipitosamente*) at breakneck speed

impaz'zire [impat'tsire] *vi* to go mad; ~ per qn/qc to be crazy about sb/sth

impec'cabile *ag* impeccable

impedi'mento *sm* obstacle, hindrance

impe'dire *vt* (*vietare*): ~ a qn di fare to prevent sb from doing; (*ostruire*) to obstruct; (*impacciare*) to hamper, hinder

impe'gnare [impeɲ'ɲare] *vt* (*dare in pegno*) to pawn; (*onore etc*) to pledge; (*prenotare*) to book, reserve; (*obbligare*) to oblige; (*occupare*) to keep busy; (*MIL: nemico*) to engage; ~rsi *vr* (*vincolarsi*): ~rsi a fare to undertake to do; (*mettersi risolutamente*): ~rsi in qc to devote o.s. to sth; ~rsi con qn (*accordarsi*) to come to an agreement with sb; impegna'tivo, a *ag* binding; (*lavoro*) demanding, exacting; impe'gnato, a *ag* (*occupato*) busy; (*fig: romanzo, autore*) committed, engagé

im'pegno [im'peɲɲo] *sm* (*obbligo*) obligation; (*promessa*) promise, pledge; (*zelo*) diligence, zeal; (*compito, d'autore*) commitment

impel'lente *ag* pressing, urgent

impene'trabile *ag* impenetrable

impen'narsi *vr* (*cavallo*) to rear up; (*AER*) to nose up; (*fig*) to bridle

impen'sato, a *ag* unforeseen, unexpected

impensie'rire *vt* to worry; ~rsi *vr* to worry

impe'rare *vi* (*anche fig*) to reign, rule

impera'tivo, a *ag, sm* imperative

impera'tore, 'trice *sm/f* emperor/empress

imperdo'nabile *ag* unforgivable, unpardonable

imper'fetto, a *ag* imperfect ♦ *sm* (*LING*) imperfect (tense); imperfezi'one *sf* imperfection

imperi'ale *ag* imperial

imperi'oso, a *ag* (*persona*) imperious; (*motivo, esigenza*) urgent, pressing

impe'rizia [impe'rittsja] *sf* lack of experience

imperma'lirsi *vr* to take offence

imperme'abile *ag* waterproof ♦ *sm* raincoat

imperni'are *vt*: ~ **qc su** to hinge sth on; *(fig)* to base sth on; **~rsi** *vr (fig)*: **~rsi su** to be based on

im'pero *sm* empire; *(forza, autorità)* rule, control

imperscru'tabile *ag* inscrutable

imperso'nale *ag* impersonal

imperso'nare *vt* to personify; *(TEATRO)* to play, act (the part of)

imperter'rito, a *ag* fearless, undaunted; impassive

imperti'nente *ag* impertinent

imperver'sare *vi* to rage

'impeto *sm (moto, forza)* force, impetus; *(assalto)* onslaught; *(fig: impulso)* impulse; *(: slancio)* transport; **con ~** energetically; vehemently

impet'tito, a *ag* stiff, erect

impetu'oso, a *ag (vento)* strong, raging; *(persona)* impetuous

impian'tare *vt (motore)* to install; *(azienda, discussione)* to establish, start

impi'anto *sm (installazione)* installation; *(apparecchiature)* plant; *(sistema)* system; ~ **elettrico** wiring; ~ **sportivo** sports complex; **~i di risalita** *(SCI)* ski lifts

impiastricci'are [impjastrit'tʃare] *vt* = **impiastrare**

impi'astro *sm* poultice

impic'care *vt* to hang; **~rsi** *vr* to hang o.s.

impicci'are [impit'tʃare] *vt* to hinder, hamper; **~rsi** *vr* to meddle, interfere; **im'piccio** *sm (ostacolo)* hindrance; *(seccatura)* trouble, bother; *(affare imbrogliato)* mess; **essere d'impiccio** to be in the way

impie'gare *vt (usare)* to use, employ; *(spendere: denaro, tempo)* to spend; *(investire)* to invest; **impie'gato, a** *sm/f* employee

impi'ego, ghi *sm (uso)* use; *(occupazione)* employment; *(posto di lavoro)* (regular) job, post; *(ECON)* investment

impieto'sire *vt* to move to pity; **~rsi** *vr* to be moved to pity

impie'trire *vt (fig)* to petrify

impigli'are [impiʎ'ʎare] *vt* to catch, entangle; **~rsi** *vr* to get caught up *o* entangled

impi'grire *vt* to make lazy ♦ *vi (anche:* **~rsi***)* to grow lazy

impli'care *vt* to imply; *(coinvolgere)* to involve; **implicazi'one** *sf* implication

im'plicito, a [im'plitʃito] *ag* implicit

implo'rare *vt* to implore; *(pietà etc)* to beg for

impolve'rare *vt* to cover with dust; **~rsi** *vr* to get dusty

impo'nente *ag* imposing, impressive

impo'nibile *ag* taxable ♦ *sm* taxable income

impopo'lare *ag* unpopular

im'porre *vt* to impose; *(costringere)* to force, make; *(far valere)* to impose, enforce; **imporsi** *vr (persona)* to assert o.s.; *(cosa: rendersi necessario)* to become necessary; *(aver successo: moda, attore)* to become popular; ~ **a qn di fare** to force sb to do, make sb do

impor'tante *ag* important; **impor'tanza** *sf* importance; **dare importanza a qc** to attach importance to sth; **darsi importanza** to give o.s. airs

impor'tare *vt (introdurre dall'estero)* to import ♦ *vi* to matter, be important ♦ *vb impers (essere necessario)* to be necessary; *(interessare)* to matter; **non importa!** it doesn't matter!; **non me ne importa!** I don't care!; **importazi'one** *sf* importation; *(merci importate)* imports *pl*

im'porto *sm (total)* amount

importu'nare *vt* to bother

impor'tuno, a *ag* irksome, annoying

imposizi'one [impozit'tsjone] *sf* imposition; order, command; *(onere, imposta)* tax

imposses'sarsi *vr*: ~ **di** to seize, take possession of

impos'sibile *ag* impossible; **fare l'~** to do one's utmost, do all one can; **impossibilità** *sf* impossibility; **essere nell'impossibilità di fare qc** to be unable to do sth

im'posta *sf* (*di finestra*) shutter; (*tassa*) tax; ~ **sul reddito** income tax; ~ **sul valore aggiunto** value added tax (*BRIT*), sales tax (*US*)

impos'tare *vt* (*imbucare*) to post; (*preparare*) to plan, set out; (*avviare*) to begin, start off; (*voce*) to pitch

im'posto, a *pp di* imporre

impo'tente *ag* weak, powerless; (*anche MED*) impotent

impove'rire *vt* to impoverish ♦ *vi* (*anche*: ~rsi) to become poor

imprati'cabile *ag* (*strada*) impassable; (*campo da gioco*) unplayable

imprati'chirsi [imprati'kirsi] *vr*: ~rsi in qc to practise (*BRIT*) o practice (*US*) sth

impre'gnare [impreɲ'ɲare] *vt*: ~ **(di)** (*imbevere*) to soak o impregnate (with); (*riempire*: *anche fig*) to fill (with)

imprendi'tore *sm* (*industriale*) entrepreneur; (*appaltatore*) contractor; **piccolo** ~ small businessman

im'presa *sf* (*iniziativa*) enterprise; (*azione*) exploit; (*azienda*) firm, concern

impre'sario *sm* (*TEATRO*) manager, impresario; ~ **di pompe funebri** funeral director

imprescin'dibile [impreʃʃin'dibile] *ag* not to be ignored

impressio'nante *ag* impressive; upsetting

impressio'nare *vt* (*turbare*) to impress, (*turbare*) to upset; (*FOT*) to expose; ~rsi *vr* to be easily upset

impressi'one *sf* impression; (*fig*: *sensazione*) sensation, feeling; (*stampa*) printing; **fare** ~ (*colpire*) to impress; (*turbare*) to frighten, upset; **fare buona/cattiva** ~ **a** to make a good/bad impression on

im'presso, a *pp di* imprimere

impres'tare *vt*: ~ qc a qn to lend sth to sb

impreve'dibile *ag* unforeseeable; (*persona*) unpredictable

imprevi'dente *ag* lacking in foresight

impre'visto, a *ag* unexpected, unforeseen ♦ *sm* unforeseen event; **salvo** ~i unless anything unexpected happens

imprigio'nare [impridʒo'nare] *vt* to imprison

im'primere *vt* (*anche fig*) to impress, stamp; (*comunicare*: *movimento*) to transmit, give

impro'babile *ag* improbable, unlikely

im'pronta *sf* imprint, impression, sign; (*di piede, mano*) print; (*fig*) mark, stamp; ~ **digitale** fingerprint

impro'perio *sm* insult

im'proprio, a *ag* improper; **arma** ~a offensive weapon

improvvisa'mente *av* suddenly; unexpectedly

improvvi'sare *vt* to improvise; ~rsi *vr*: ~rsi cuoco to (decide to) act as cook; improvvi'sata *sf* (pleasant) surprise

improv'viso, a *ag* (*imprevisto*) unexpected; (*subitaneo*) sudden; **all'**~ unexpectedly; suddenly

impru'dente *ag* unwise, rash

impu'dente *ag* impudent

impu'dico, a, chi, che *ag* immodest

impu'gnare [impuɲ'ɲare] *vt* to grasp, grip; (*DIR*) to contest

impul'sivo, a *ag* impulsive

im'pulso *sm* impulse

impun'tarsi *vr* to stop dead, refuse to budge; (*fig*) to be obstinate

impu'tare *vt* (*ascrivere*): ~ qc a to attribute sth to; (*DIR*: *accusare*): ~ qn di to charge sb with, accuse sb of; impu'tato, a *sm/f* (*DIR*) accused, defendant; imputazi'one *sf* (*DIR*) charge

imputri'dire *vi* to rot

PAROLA CHIAVE

in (*in+il* = **nel**, *in+lo* = **nello**, *in+l'* = **nell'**, *in+la* = **nella**, *in+i* = **nei**, *in+gli* = **negli**, *in+le* = **nelle**) *prep* **1** (*stato in luogo*) in; **vivere** ~ **Italia/città** to live in Italy/town; **essere** ~ **casa/ufficio** to be at home/the office; **se fossi** ~ **te** if I were you
2 (*moto a luogo*) to; (: *dentro*) into; **andare** ~ **Germania/città** to go to Germany/

town; **andare ~ ufficio** to go to the office; **entrare ~ macchina/casa** to get into the car/go into the house

3 (*tempo*) in; **nel 1999** in 1999; **~ giugno/estate** in June/summer

4 (*modo, maniera*) in; **~ silenzio** in silence; **~ abito da sera** in evening dress; **~ guerra** at war; **~ vacanza** on holiday; **Maria Bianchi ~ Rossi** Maria Rossi née Bianchi

5 (*mezzo*) by; **viaggiare ~ autobus/treno** to travel by bus/train

6 (*materia*) made of; **~ marmo** made of marble, marble *cpd*; **una collana ~ oro** a gold necklace

7 (*misura*) in; **siamo ~ quattro** there are four of us; **~ tutto** in all

8 (*fine*): **dare ~ dono** to give as a gift; **spende tutto ~ alcool** he spends all his money on drink; **~ onore di** in honour of

inabi'tabile *ag* uninhabitable
inacces'sibile [inattʃes'sibile] *ag* (*luogo*) inaccessible; (*persona*) unapproachable
inaccet'tabile [inattʃet'tabile] *ag* unacceptable
ina'datto, a *ag*: **~ (a)** unsuitable *o* unfit (for)
inadegu'ato, a *ag* inadequate
inadempi'enza [inadem'pjentsa] *sf*: **~ (a)** non-fulfilment (of)
inaffer'rabile *ag* elusive; (*concetto, senso*) difficult to grasp
inalbe'rarsi *vr* (*fig*) to flare up, fly off the handle
inalte'rabile *ag* unchangeable; (*colore*) fast, permanent; (*affetto*) constant
inalte'rato, a *ag* unchanged
inami'dato, a *ag* starched
inani'mato, a *ag* inanimate; (*senza vita: corpo*) lifeless
inappa'gabile *ag* insatiable
inappel'labile *ag* (*decisione*) final, irrevocable; (*DIR*) final, not open to appeal
inappe'tenza [inappe'tentsa] *sf* (*MED*) lack of appetite
inappun'tabile *ag* irreproachable

inar'care *vt* (*schiena*) to arch; (*sopracciglia*) to raise; **~rsi** *vr* to arch
inari'dire *vt* to make arid, dry up ♦ *vi* (*anche:* **~rsi**) to dry up, become arid
inaspet'tato, a *ag* unexpected
inas'prire *vt* (*disciplina*) to tighten up, make harsher; (*carattere*) to embitter; **~rsi** *vr* to become harsher; to become bitter; to become worse
inattac'cabile *ag* (*anche fig*) unassailable; (*alibi*) cast-iron
inatten'dibile *ag* unreliable
inat'teso, a *ag* unexpected
inattu'abile *ag* impracticable
inau'dito, a *ag* unheard of
inaugu'rare *vt* to inaugurate, open; (*monumento*) to unveil
inavver'tenza [inavver'tentsa] *sf* carelessness, inadvertence
incagli'are [inkaʎ'ʎare] *vi* (*NAUT: anche:* **~rsi**) to run aground
incal'lito, a *ag* calloused; (*fig*) hardened, inveterate; (: *insensibile*) hard
incal'zare [inkal'tsare] *vt* to follow *o* pursue closely; (*fig*) to press ♦ *vi* (*urgere*) to be pressing; (*essere imminente*) to be imminent
incammi'nare *vt* (*fig: avviare*) to start up; **~rsi** *vr* to set off
incande'scente [inkandeʃ'ʃente] *ag* incandescent, white-hot
incan'tare *vt* to enchant, bewitch; **~rsi** *vr* (*rimanere intontito*) to be spellbound; to be in a daze; (*meccanismo: bloccarsi*) to jam; **incanta'tore, 'trice** *ag* enchanting, bewitching ♦ *sm/f* enchanter/enchantress; **incan'tesimo** *sm* spell, charm; **incan'tevole** *ag* charming, enchanting
in'canto *sm* spell, charm, enchantment; (*asta*) auction; **come per ~** as if by magic; **mettere all'~** to put up for auction
inca'pace [inka'patʃe] *ag* incapable; **incapacità** *sf* inability; (*DIR*) incapacity
incapo'nirsi *vr* to be stubborn, be determined
incap'pare *vi*: **~ in qc/qn** (*anche fig*) to run into sth/sb

incapricci'arsi [inkaprit'tʃarsi] *vr*: ~ **di** to take a fancy to *o* for

incapsu'lare *vt* (*dente*) to crown

incarce'rare [inkartʃe'rare] *vt* to imprison

incari'care *vt*: ~ **qn di fare** to give sb the responsibility of doing; **~rsi di** to take care *o* charge of; **incari'cato, a** *ag*: **incaricato (di)** in charge (of), responsible (for) ♦ *sm/f* delegate, representative; **professore incaricato** *teacher with a temporary appointment*

in'carico, chi *sm* task, job

incar'nare *vt* to embody; **~rsi** *vr* to be embodied; (*REL*) to become incarnate

incarta'mento *sm* dossier, file

incar'tare *vt* to wrap (in paper)

incas'sare *vt* (*merce*) to pack (in cases); (*gemma: incastonare*) to set; (*ECON: riscuotere*) to collect; (*PUGILATO: colpi*) to take, stand up to; **in'casso** *sm* cashing, encashment; (*introito*) takings *pl*

incasto'nare *vt* to set; **incastona'tura** *sf* setting

incas'trare *vt* to fit in, insert; (*fig: intrappolare*) to catch; **~rsi** *vr* (*combaciare*) to fit together; (*restare bloccato*) to become stuck; **in'castro** *sm* slot, groove; (*punto di unione*) joint

incate'nare *vt* to chain up

incatra'mare *vt* to tar

incatti'vire *vt* to make wicked; **~rsi** *vr* to turn nasty

in'cauto, a *ag* imprudent, rash

inca'vare *vt* to hollow out; **in'cavo** *sm* hollow; (*solco*) groove

incendi'are [intʃen'djare] *vt* to set fire to; **~rsi** *vr* to catch fire, burst into flames

incendi'ario, a [intʃen'djarjo] *ag* incendiary ♦ *sm/f* arsonist

in'cendio [in'tʃendjo] *sm* fire

incene'rire [intʃene'rire] *vt* to burn to ashes, incinerate; (*cadavere*) to cremate; **~rsi** *vr* to be burnt to ashes

in'censo [in'tʃenso] *sm* incense

incensu'rato, a [intʃensu'rato] *ag* (*DIR*): **essere ~** to have a clean record

incen'tivo [intʃen'tivo] *sm* incentive

incep'pare [intʃep'pare] *vt* to obstruct, hamper; **~rsi** *vr* to jam

ince'rata [intʃe'rata] *sf* (*tela*) tarpaulin; (*impermeabile*) oilskins *pl*

incer'tezza [intʃer'tettsa] *sf* uncertainty

in'certo, a [in'tʃerto] *ag* uncertain; (*irrisoluto*) undecided, hesitating ♦ *sm* uncertainty

in'cetta [in'tʃetta] *sf* buying up; **fare ~ di qc** to buy up sth

inchi'esta [in'kjesta] *sf* investigation, inquiry

inchi'nare [inki'nare] *vt* to bow; **~rsi** *vr* to bend down; (*per riverenza*) to bow; (: *donna*) to curtsy; **in'chino** *sm* bow; curtsy

inchio'dare [inkjo'dare] *vt* to nail (down); **~ la macchina** (*AUT*) to jam on the brakes

inchi'ostro [in'kjɔstro] *sm* ink; **~ simpatico** invisible ink

inciam'pare [intʃam'pare] *vi* to trip, stumble

inci'ampo [in'tʃampo] *sm* obstacle; **essere d'~ a qn** (*fig*) to be in sb's way

inci'dente [intʃi'dente] *sm* accident; **~ d'auto** car accident

inci'denza [intʃi'dentsa] *sf* incidence; **avere una forte ~ su qc** to affect sth greatly

in'cidere [in'tʃidere] *vi*: **~ su** to bear upon, affect ♦ *vt* (*tagliare incavando*) to cut into; (*ARTE*) to engrave; to etch; (*canzone*) to record

in'cinta [in'tʃinta] *ag f* pregnant

incipri'are [intʃi'prjare] *vt* to powder

in'circa [in'tʃirka] *av*: **all'~** more or less, very nearly

incisi'one [intʃi'zjone] *sf* cut; (*disegno*) engraving; etching; (*registrazione*) recording; (*MED*) incision

in'ciso, a [in'tʃizo] *pp di* **incidere** ♦ *sm*: **per ~** incidentally, by the way

inci'tare [intʃi'tare] *vt* to incite

inci'vile [intʃi'vile] *ag* uncivilized; (*villano*) impolite

incl. *abbr* (= *incluso*) encl.

incli'nare *vt* to tilt; **~rsi** *vr* (*barca*) to list; (*aereo*) to bank; **incli'nato, a** *ag* sloping; **inclinazi'one** *sf* slope; (*fig*) inclination,

tendency; in'cline *ag*: **incline a** inclined to
in'cludere *vt* to include; (*accludere*) to enclose; in'cluso, a *pp di* **includere** ♦ *ag* included; enclosed
incoe'rente *ag* incoherent; (*contraddittorio*) inconsistent
in'cognita [in'koɲnita] *sf* (MAT, *fig*) unknown quantity
in'cognito, a [in'koɲnito] *ag* unknown ♦ *sm*: **in ~** incognito
incol'lare *vt* to glue, gum; (*unire con colla*) to stick together
incolon'nare *vt* to draw up in columns
inco'lore *ag* colourless
incol'pare *vt*: **~ qn di** to charge sb with
in'colto, a *ag* (*terreno*) uncultivated; (*trascurato: capelli*) neglected; (*persona*) uneducated
in'colume *ag* safe and sound, unhurt
incom'benza [inkom'bentsa] *sf* duty, task
in'combere *vi* (*sovrastare minacciando*): **~ su** to threaten, hang over
incominci'are [inkomin'tʃare] *vi, vt* to begin, start
in'comodo *sm* inconvenience
incompe'tente *ag* incompetent
incompi'uto, a *ag* unfinished, incomplete
incom'pleto, a *ag* incomplete
incompren'sibile *ag* incomprehensible
incom'preso, a *ag* not understood; misunderstood
inconce'pibile [inkontʃe'pibile] *ag* inconceivable
inconcili'abile [inkontʃi'ljabile] *ag* irreconcilable
inconclu'dente *ag* inconclusive; (*persona*) ineffectual
incondizio'nato, a [inkondittsjo'nato] *ag* unconditional
inconfu'tabile *ag* irrefutable
incongru'ente *ag* inconsistent
inconsa'pevole *ag*: **~ di** unaware of, ignorant of
in'conscio, a, sci, sce [in'kɔnʃo] *ag* unconscious ♦ *sm* (PSIC): **l'~** the unconscious

inconsis'tente *ag* insubstantial; unfounded
inconsu'eto, a *ag* unusual
incon'sulto, a *ag* rash
incon'trare *vt* to meet; (*difficoltà*) to meet with; **~rsi** *vr* to meet
incontras'tabile *ag* incontrovertible, indisputable
in'contro *av*: **~ a** (*verso*) towards ♦ *sm* meeting; (SPORT) match; meeting; **~ di calcio** football match
inconveni'ente *sm* drawback, snag
incoraggia'mento [inkoraddʒa'mento] *sm* encouragement
incoraggi'are [inkorad'dʒare] *vt* to encourage
incornici'are [inkorni'tʃare] *vt* to frame
incoro'nare *vt* to crown; incoronazi'one *sf* coronation
incorpo'rare *vt* to incorporate; (*fig: annettere*) to annex
in'correre *vi*: **~ in** to meet with, run into
incosci'ente [inkoʃʃente] *ag* (*inconscio*) unconscious; (*irresponsabile*) reckless, thoughtless; incosci'enza *sf* unconsciousness; recklessness, thoughtlessness
incre'dibile *ag* incredible, unbelievable
in'credulo, a *ag* incredulous, disbelieving
incremen'tare *vt* to increase; (*dar sviluppo a*) to promote
incre'mento *sm* (*sviluppo*) development; (*aumento numerico*) increase, growth
incresci'oso, a [inkreʃ'ʃoso] *ag* (*incidente etc*) regrettable
incres'parsi *vr* (*acqua*) to ripple; (*capelli*) to go frizzy; (*pelle, tessuto*) to wrinkle
incrimi'nare *vt* (DIR) to charge
incri'nare *vt* to crack; (*fig: rapporti, amicizia*) to cause to deteriorate; **~rsi** *vr* to crack; to deteriorate; incrina'tura *sf* crack; (*fig*) rift
incroci'are [inkro'tʃare] *vt* to cross; (*incontrare*) to meet ♦ *vi* (NAUT, AER) to cruise; **~rsi** *vr* (*strade*) to cross, intersect; (*persone, veicoli*) to pass each other; **~ le braccia/le gambe** to fold one's arms/cross

one's legs; **incrocia'tore** *sm* cruiser

in'**crocio** [in'krɔtʃo] *sm* (*anche* FERR)
crossing; (*di strade*) crossroads

incros'tare *vt* to encrust

incuba'trice [inkuba'tritʃe] *sf* incubator

'**incubo** *sm* nightmare

in'**cudine** *sf* anvil

incu'rante *ag*: ~ **(di)** heedless (of), careless
(of)

incurio'sire *vt* to make curious; **~rsi** *vr* to
become curious

incursi'one *sf* raid

incur'vare *vt* to bend, curve; **~rsi** *vr* to
bend, curve

in'**cusso, a** *pp di* **incutere**

incusto'dito, a *ag* unguarded,
unattended

in'**cutere** *vt*: ~ **timore/rispetto a qn** to
strike fear into sb/command sb's respect

'**indaco** *sm* indigo

indaffa'rato, a *ag* busy

inda'gare *vt* to investigate

in'**dagine** [in'dadʒine] *sf* investigation,
inquiry; (*ricerca*) research, study

indebi'tarsi *vr* to run *o* get into debt

in'**debito, a** *ag* undue; undeserved

indebo'lire *vt*, *vi* (*anche*: **~rsi**) to weaken

inde'cente [inde'tʃɛnte] *ag* indecent;
inde'cenza *sf* indecency

inde'ciso, a [inde'tʃizo] *ag* indecisive;
(*irresoluto*) undecided

inde'fesso, a *ag* untiring, indefatigable

indefi'nito, a *ag* (*anche* LING) indefinite;
(*impreciso, non determinato*) undefined

in'**degno, a** [in'deɲɲo] *ag* (*atto*) shameful;
(*persona*) unworthy

indelica'tezza [indelika'tettsa] *sf*
tactlessness

indemoni'ato, a *ag* possessed (by the
devil)

in'**denne** *ag* unhurt, uninjured; **indennità**
sf inv (*rimborso: di spese*) allowance; (*: di
perdita*) compensation, indemnity;
indennità di contingenza cost-of-living
allowance; **indennità di trasferta** travel
expenses *pl*

indenniz'zare [indennid'dzare] *vt* to

compensate; **inden'nizzo** *sm* (*somma*)
compensation, indemnity

indero'gabile *ag* binding

'**India** *sf*: **l'~** India; **indi'ano, a** *ag* Indian
♦ *sm/f* (*d'India*) Indian; (*d'America*) Native
American, (American) Indian

indiavo'lato, a *ag* possessed (by the
devil); (*vivace, violento*) wild

indi'care *vt* (*mostrare*) to show, indicate;
(*: col dito*) to point to, point out; (*consigliare*) to suggest, recommend; **indica'tivo,
a** *ag* indicative ♦ *sm* (LING) indicative
(mood); **indica'tore** *sm* (*elenco*) guide;
directory; (TECN) gauge; indicator;
indicatore di velocità (AUT) speedometer;
indicatore della benzina fuel gauge;
indicazi'one *sf* indication; (*informazione*)
piece of information

'**indice** ['inditʃe] *sm* index; (*fig*) sign; (*dito*)
index finger, forefinger; **~ di gradimento**
(RADIO, TV) popularity rating

indi'cibile [indi'tʃibile] *ag* inexpressible

indietreggi'are [indietred'dʒare] *vi* to draw
back, retreat

indi'**etro** *av* back; (*guardare*) behind, back;
(*andare, cadere: anche*: **all'~**) backwards;
rimanere ~ to be left behind; **essere ~**
(*col lavoro*) to be behind; (*orologio*) to be
slow; **rimandare qc ~** to send sth back

indi'**feso, a** *ag* (*città etc*) undefended;
(*persona*) defenceless

indiffe'rente *ag* indifferent; **indiffe'renza**
sf indifference

in'**digeno, a** [in'didʒeno] *ag* indigenous,
native ♦ *sm/f* native

indi'**gente** [indi'dʒɛnte] *ag* poverty-stricken,
destitute; **indi'genza** *sf* extreme poverty

indigesti'one [indidʒes'tjone] *sf*
indigestion

indi'**gesto, a** [indi'dʒɛsto] *ag* indigestible

indi'**gnare** [indiɲ'ɲare] *vt* to fill with
indignation; **~rsi** *vr* to get indignant

indimenti'cabile *ag* unforgettable

indipen'dente *ag* independent;
indipen'denza *sf* independence

in'**dire** *vt* (*concorso*) to announce; (*elezioni*)
to call

indi'retto, a *ag* indirect

indiriz'zare [indirit'tsare] *vt* (*dirigere*) to direct; (*mandare*) to send; (*lettera*) to address

indi'rizzo [indi'rittso] *sm* address; (*direzione*) direction; (*avvio*) trend, course

indis'creto, a *ag* indiscreet

indis'cusso, a *ag* unquestioned

indispen'sabile *ag* indispensable, essential

indispet'tire *vt* to irritate, annoy ♦ *vi* (*anche:* ~**rsi**) to get irritated *o* annoyed

in'divia *sf* endive

individu'ale *ag* individual; individualità *sf* individuality

individu'are *vt* (*dar forma distinta a*) to characterize; (*determinare*) to locate; (*riconoscere*) to single out

indi'viduo *sm* individual

indizi'ato, a *ag* suspected ♦ *sm/f* suspect

in'dizio [in'dittsjo] *sm* (*segno*) sign, indication; (*POLIZIA*) clue; (*DIR*) piece of evidence

'indole *sf* nature, character

indolen'zito, a [indolen'tsito] *ag* stiff, aching; (*intorpidito*) numb

indo'lore *ag* painless

indo'mani *sm*: l'~ the next day, the following day

Indo'nesia *sf*: l'~ Indonesia

indos'sare *vt* (*mettere indosso*) to put on; (*avere indosso*) to have on; indossa'tore, 'trice *sm/f* model

in'dotto, a *pp di* indurre

indottri'nare *vt* to indoctrinate

indovi'nare *vt* (*scoprire*) to guess; (*immaginare*) to imagine, guess; (*il futuro*) to foretell; indovi'nato, a *ag* successful; (*scelta*) inspired; indovi'nello *sm* riddle; indo'vino, a *sm/f* fortuneteller

indubbia'mente *av* undoubtedly

in'dubbio, a *ag* certain, undoubted

indugi'are [indu'dʒare] *vi* to take one's time, delay

in'dugio [in'dudʒo] *sm* (*ritardo*) delay; senza ~ without delay

indul'gente [indul'dʒɛnte] *ag* indulgent;

(*giudice*) lenient; indul'genza *sf* indulgence; leniency

in'dulgere [in'duldʒere] *vi*: ~ **a** (*accondiscendere*) to comply with; (*abbandonarsi*) to indulge in; in'dulto, a *pp di* indulgere ♦ *sm* (*DIR*) pardon

indu'mento *sm* article of clothing, garment; ~**i** *smpl* (*vestiti*) clothes

indu'rire *vt* to harden ♦ *vi* (*anche:* ~**rsi**) to harden, become hard

in'durre *vt*: ~ **qn a fare qc** to induce *o* persuade sb to do sth; ~ **qn in errore** to mislead sb

in'dustria *sf* industry; industri'ale *ag* industrial ♦ *sm* industrialist

industri'arsi *vr* to do one's best, try hard

industri'oso, a *ag* industrious, hardworking

induzi'one [indut'tsjone] *sf* induction

inebe'tito, a *ag* dazed, stunned

inebri'are *vt* (*anche fig*) to intoxicate; ~**rsi** *vr* to become intoxicated

inecce'pibile [inettʃe'pibile] *ag* unexceptionable

i'nedia *sf* starvation

i'nedito, a *ag* unpublished

ineffi'cace [ineffi'katʃe] *ag* ineffective

ineffici'ente [ineffi'tʃɛnte] *ag* inefficient

inegu'ale *ag* unequal; (*irregolare*) uneven

ine'rente *ag*: ~ **a** concerning, regarding

i'nerme *ag* unarmed; defenceless

inerpi'carsi *vr*: ~ (**su**) to clamber (up)

i'nerte *ag* inert; (*inattivo*) indolent, sluggish; i'nerzia *sf* inertia; indolence, sluggishness

ine'satto, a *ag* (*impreciso*) inexact; (*erroneo*) incorrect; (*AMM: non riscosso*) uncollected

inesis'tente *ag* non-existent

inesperi'enza [inespe'rjɛntsa] *sf* inexperience

ines'perto, a *ag* inexperienced

i'netto, a *ag* (*incapace*) inept; (*che non ha attitudine*): ~ (**a**) unsuited (to)

ine'vaso, a *ag* (*ordine, corrispondenza*) outstanding

inevi'tabile *ag* inevitable

i'nezia [i'nettsja] *sf* trifle, thing of no

importance

infagot'tare *vt* to bundle up, wrap up; **~rsi** *vr* to wrap up

infal'libile *ag* infallible

infa'mante *ag* defamatory

in'fame *ag* infamous; (*fig: cosa, compito*) awful, dreadful

infan'gare *vt* to cover with mud; (*fig: reputazione*) to sully

infan'tile *ag* child *cpd*; childlike; (*adulto, azione*) childish; **letteratura ~** children's books *pl*

in'fanzia [in'fantsja] *sf* childhood; (*bambini*) children *pl*; **prima ~** babyhood, infancy

infari'nare *vt* to cover with (*o* sprinkle with *o* dip in) flour; **infarina'tura** *sf* (*fig*) smattering

in'farto *sm* (MED) heart attack

infasti'dire *vt* to annoy, irritate; **~rsi** *vr* to get annoyed *o* irritated

infati'cabile *ag* tireless, untiring

in'fatti *cong* as a matter of fact, in fact, actually

infatu'arsi *vr*: **~ di** to become infatuated with, fall for; **infatuazi'one** *sf* infatuation

in'fausto, a *ag* unpropitious, unfavourable

infe'condo, a *ag* infertile

infe'dele *ag* unfaithful; **infedeltà** *sf* infidelity

infe'lice [infe'litʃe] *ag* unhappy; (*sfortunato*) unlucky, unfortunate; (*inopportuno*) inopportune, ill-timed; (*mal riuscito: lavoro*) bad, poor; **infelicità** *sf* unhappiness

inferi'ore *ag* lower; (*per intelligenza, qualità*) inferior ♦ *sm/f* inferior; **~ a** (*numero, quantità*) less *o* smaller than; (*meno buono*) inferior to; **~ alla media** below average; **inferiorità** *sf* inferiority

inferme'ria *sf* infirmary; (*di scuola, nave*) sick bay

infermi'ere, a *sm/f* nurse

infermità *sf inv* illness; infirmity

in'fermo, a *ag* (*ammalato*) ill; (*debole*) infirm

infer'nale *ag* infernal; (*proposito, complotto*) diabolical

in'ferno *sm* hell

inferri'ata *sf* grating

infervo'rarsi *vr* to get excited, get carried away

infes'tare *vt* to infest

infet'tare *vt* to infect; **~rsi** *vr* to become infected; **infet'tivo, a** *ag* infectious; **in'fetto, a** *ag* infected; (*acque*) polluted, contaminated; **infezi'one** *sf* infection

infiac'chire [infjak'kire] *vt* to weaken ♦ *vi* (*anche:* **~rsi**) to grow weak

infiam'mabile *ag* inflammable

infiam'mare *vt* to set alight; (*fig*, MED) to inflame; **~rsi** *vr* to catch fire; (MED) to become inflamed; **infiammazi'one** *sf* (MED) inflammation

in'fido, a *ag* unreliable, treacherous

infie'rire *vi*: **~ su** (*fisicamente*) to attack furiously; (*verbalmente*) to rage at

in'figgere [in'fiddʒere] *vt*: **~ qc in** to thrust *o* drive sth into

infi'lare *vt* (*ago*) to thread; (*mettere: chiave*) to insert; (*: anello, vestito*) to slip *o* put on; (*strada*) to turn into, take; **~rsi** *vr*: **~rsi in** to slip into; (*indossare*) to slip on; **~ l'uscio** to slip in; to slip out

infil'trarsi *vr* to penetrate, seep through; (MIL) to infiltrate; **infiltrazi'one** *sf* infiltration

infil'zare [infil'tsare] *vt* (*infilare*) to string together; (*trafiggere*) to pierce

'infimo, a *ag* lowest

in'fine *av* finally; (*insomma*) in short

infinità *sf* infinity; (*in quantità*): **un'~ di** an infinite number of

infi'nito, a *ag* infinite; (LING) infinitive ♦ *sm* infinity; (LING) infinitive; **all'~** (*senza fine*) endlessly

infinocchi'are [infinok'kjare] (*fam*) *vt* to hoodwink

infischi'arsi [infis'kjarsi] *vr*: **~ di** not to care about

in'fisso, a *pp di* **infiggere** ♦ *sm* fixture; (*di porta, finestra*) frame

infit'tire *vt, vi* (*anche:* **~rsi**) to thicken

inflazi'one [inflat'tsjone] *sf* inflation

in'fliggere [in'fliddʒere] *vt* to inflict; **in'flitto, a** *pp di* **infliggere**

influ'ente *ag* influential; **influ'enza** *sf* influence; (*MED*) influenza, flu
influ'ire *vi*: ~ **su** to influence
in'flusso *sm* influence
infol'tire *vt*, *vi* to thicken
infon'dato, a *ag* unfounded, groundless
in'fondere *vt*: ~ **qc in qn** to instill sth in sb
infor'care *vt* to fork (up); (*bicicletta, cavallo*) to get on; (*occhiali*) to put on
infor'mare *vt* to inform, tell; ~**rsi** *vr*: ~**rsi (di** *o* **su)** to inquire (about)
infor'matica *sf* computer science
informa'tivo, a *ag* informative
informa'tore *sm* informer
informazi'one [informat'tsjone] *sf* piece of information; **prendere ~i sul conto di qn** to get information about sb; **chiedere un'~** to ask for (some) information
in'forme *ag* shapeless
informico'larsi *vr* = **informicolirsi**
informico'lirsi *vr* to have pins and needles
infor'tunio *sm* accident; ~ **sul lavoro** industrial accident, accident at work
infos'sarsi *vr* (*terreno*) to sink; (*guance*) to become hollow; **infos'sato, a** *ag* hollow; (*occhi*) deep-set; (*: per malattia*) sunken
in'frangere [in'frandʒere] *vt* to smash; (*fig: legge, patti*) to break; ~**rsi** *vr* to smash, break; **infran'gibile** *ag* unbreakable; **in'franto, a** *pp di* **infrangere ♦** *ag* broken
infrazi'one [infrat'tsjone] *sf*: ~ **a** breaking of, violation of
infredda'tura *sf* slight cold
infreddo'lito, a *ag* cold, chilled
infruttu'oso, a *ag* fruitless
infu'ori *av* out; **all'~** outwards; **all'~ di** (*eccetto*) except, with the exception of
infuri'are *vi* to rage; ~**rsi** *vr* to fly into a rage
infusi'one *sf* infusion
in'fuso, a *pp di* **infondere ♦** *sm* infusion
Ing. *abbr* = **ingegnere**
ingabbi'are *vt* to cage
ingaggi'are [ingad'dʒare] *vt* (*assumere con compenso*) to take on, hire; (*SPORT*) to sign on; (*MIL*) to engage; **in'gaggio** *sm* hiring;

signing on
ingan'nare *vt* to deceive; (*fisco*) to cheat; (*eludere*) to dodge, elude; (*fig: tempo*) to while away ♦ *vi* (*apparenza*) to be deceptive; ~**rsi** *vr* to be mistaken, be wrong; **ingan'nevole** *ag* deceptive
in'ganno *sm* deceit, deception; (*azione*) trick; (*menzogna, frode*) cheat, swindle; (*illusione*) illusion
ingarbugli'are [ingarbuʎ'ʎare] *vt* to tangle; (*fig*) to confuse, muddle; ~**rsi** *vr* to become confused *o* muddled
inge'gnarsi [indʒen'narsi] *vr* to do one's best, try hard; ~ **per vivere** to live by one's wits
inge'gnere [indʒen'ɲere] *sm* engineer; ~ **civile/navale** civil/naval engineer; **ingegne'ria** *sf* engineering; ~ **genetica** genetic engineering
in'gegno [in'dʒeɲɲo] *sm* (*intelligenza*) intelligence, brains *pl*; (*capacità creativa*) ingenuity; (*disposizione*) talent; **inge'gnoso, a** *ag* ingenious, clever
ingelo'sire [indʒelo'zire] *vt* to make jealous ♦ *vi* (*anche*: ~**rsi**) to become jealous
in'gente [in'dʒente] *ag* huge, enormous
ingenuità [indʒenui'ta] *sf* ingenuousness
in'genuo, a [in'dʒenuo] *ag* ingenuous, naïve
inge'rire [indʒe'rire] *vt* to ingest
inges'sare [indʒes'sare] *vt* (*MED*) to put in plaster; **ingessa'tura** *sf* plaster
Inghil'terra [ingil'terra] *sf*: **l'~** England
inghiot'tire [ingjot'tire] *vt* to swallow
ingial'lire [indʒal'lire] *vi* to go yellow
ingigan'tire [indʒigan'tire] *vt* to enlarge, magnify ♦ *vi* to become gigantic *o* enormous
inginocchi'arsi [indʒinok'kjarsi] *vr* to kneel (down)
ingiù [in'dʒu] *av* down, downwards
ingiunzi'one [indʒun'tsjone] *sf* injunction
ingi'uria [in'dʒurja] *sf* insult; (*fig: danno*) damage; **ingiuri'are** *vt* to insult, abuse; **ingiuri'oso, a** *ag* insulting, abusive
ingius'tizia [indʒus'tittsja] *sf* injustice
ingi'usto, a [in'dʒusto] *ag* unjust, unfair

in'glese *ag* English ♦ *sm/f* Englishman/
woman ♦ *sm* (*LING*) English; **gli I~i** the
English; **andarsene** *o* **filare all'~** to take
French leave

ingoi'are *vt* to gulp (down); (*fig*) to
swallow (up)

ingol'fare *vt* (*motore*) to flood; **~rsi** *vr* to
flood

ingom'brante *ag* cumbersome

ingom'brare *vt* (*strada*) to block; (*stanza*)
to clutter up; in'gombro, a *ag* (*strada,
passaggio*) blocked ♦ *sm* obstacle; **essere
d'ingombro** to be in the way

in'gordo, a *ag*: **~ di** greedy for

in'gorgo, ghi *sm* blockage, obstruction;
(*anche*: **~ stradale**) traffic jam

ingoz'zare [ingot'tsare] *vt* (*animali*) to
fatten; (*fig: persona*) to stuff; **~rsi** *vr*: **~rsi
(di)** to stuff o.s. (with)

ingra'naggio [ingra'naddʒo] *sm* (*TECN*)
gear; (*di orologio*) mechanism; **gli ~i della
burocrazia** the bureaucratic machinery

ingra'nare *vi* to mesh, engage ♦ *vt* to
engage; **~ la marcia** to get into gear

ingrandi'mento *sm* enlargement;
extension

ingran'dire *vt* (*anche FOT*) to enlarge;
(*estendere*) to extend; (*OTTICA, fig*) to
magnify ♦ *vi* (*anche*: **~rsi**) to become
larger *o* bigger; (*aumentare*) to grow,
increase; (*espandersi*) to expand

ingras'sare *vt* to make fat; (*animali*) to
fatten; (*lubrificare*) to oil, lubricate ♦ *vi*
(*anche*: **~rsi**) to get fat, put on weight

in'grato, a *ag* ungrateful; (*lavoro*)
thankless, unrewarding

ingredi'ente *sm* ingredient

in'gresso *sm* (*porta*) entrance; (*atrio*) hall;
(*l'entrare*) entrance, entry; (*facoltà di
entrare*) admission; **"~ libero"** "admission
free"

ingros'sare *vt* to increase; (*folla, livello*) to
swell ♦ *vi* (*anche*: **~rsi**) to increase; to
swell

in'grosso *av*: **all'~** (*COMM*) wholesale;
(*all'incirca*) roughly, about

ingua'ribile *ag* incurable

'inguine *sm* (*ANAT*) groin

ini'bire *vt* to forbid, prohibit; (*PSIC*) to
inhibit; **inibizi'one** *sf* prohibition;
inhibition

iniet'tare *vt* to inject; **~rsi** *vr*: **~rsi di
sangue** (*occhi*) to become bloodshot;
iniezi'one *sf* injection

inimi'carsi *vr*: **~ con qn** to fall out with sb

ininter'rotto, a *ag* unbroken;
uninterrupted

iniquità *sf inv* iniquity; (*atto*) wicked action

inizi'ale [init'tsjale] *ag, sf* initial

inizi'are [init'tsjare] *vi, vt* to begin, start; **~
qn a** to initiate sb into; (*pittura etc*) to
introduce sb to; **~ a fare qc** to start doing
sth

inizia'tiva [inittsja'tiva] *sf* initiative; **~
privata** private enterprise

i'nizio [i'nittsjo] *sm* beginning; **all'~** at the
beginning, at the start; **dare ~ a qc** to start
sth, get sth going

innaffi'are *etc* = **annaffiare** *etc*

innal'zare [innal'tsare] *vt* (*sollevare, alzare*)
to raise; (*rizzare*) to erect; **~rsi** *vr* to rise

innamo'rarsi *vr*: **~ (di qn)** to fall in love
(with sb); **innamo'rato, a** *ag* (*che nutre
amore*): **innamorato (di)** in love (with);
(*appassionato*): **innamorato di** very fond of
♦ *sm/f* lover; sweetheart

in'nanzi [in'nantsi] *av* (*stato in luogo*) in
front, ahead; (*moto a luogo*) forward, on;
(*tempo: prima*) before ♦ *prep* (*prima*)
before; **~ a** in front of; **innanzi'tutto** *av*
first of all

in'nato, a *ag* innate

innatu'rale *ag* unnatural

inne'gabile *ag* undeniable

innervo'sire *vt*: **~ qn** to get on sb's
nerves; **~rsi** *vr* to get irritated *o* upset

innes'care *vt* to prime

innes'tare *vt* (*BOT, MED*) to graft; (*TECN*) to
engage; (*inserire: presa*) to insert; in'nesto
sm grafting *no pl*; (*TECN*) clutch;
(*ELETTR*) connection

'inno *sm* hymn; **~ nazionale** national
anthem

inno'cente [inno'tʃɛnte] *ag* innocent;

inno'cenza *sf* innocence
in'nocuo, a *ag* innocuous, harmless
innova'tivo, a *ag* innovative
innume'revole *ag* innumerable
ino'doro, a *ag* odourless
inol'trare *vt* (*AMM*) to pass on, forward;
~**rsi** *vr* (*addentrarsi*) to advance, go
forward
i'noltre *av* besides, moreover
inon'dare *vt* to flood; **inondazi'one** *sf*
flooding *no pl*; flood
inope'roso, a *ag* inactive, idle
inoppor'tuno, a *ag* untimely, ill-timed;
inappropriate; (*momento*) inopportune
inorgo'glire [inorgoʎ'ʎire] *vt* to make
proud ♦ *vi* (*anche:* ~**rsi**) to become proud;
~**rsi di qc** to pride o.s. on sth
inorri'dire *vt* to horrify ♦ *vi* to be horrified
inospi'tale *ag* inhospitable
inosser'vato, a *ag* (*non notato*)
unobserved; (*non rispettato*) not observed,
not kept
inossi'dabile *ag* stainless
inqua'drare *vt* (*foto, immagine*) to frame;
(*fig*) to situate, set
inquie'tare *vt* (*turbare*) to disturb, worry;
~**rsi** *vr* to worry, become anxious;
(*impazientirsi*) to get upset
inqui'eto, a *ag* restless; (*preoccupato*)
worried, anxious; **inquie'tudine** *sf*
anxiety, worry
inqui'lino, a *sm/f* tenant
inquina'mento *sm* pollution
inqui'nare *vt* to pollute
inqui'sire *vt, vi* to investigate;
inquisi'tore, 'trice *ag* (*sguardo*)
inquiring; **inquisizi'one** *sf* (*STORIA*)
inquisition
insabbi'are *vt* (*fig: pratica*) to shelve; ~**rsi**
vr (*arenarsi: barca*) to run aground; (*fig:
pratica*) to be shelved
insac'cati *smpl* (*CUC*) sausages
insa'lata *sf* salad; ~ **mista** mixed salad;
insalati'era *sf* salad bowl
insa'lubre *ag* unhealthy
insa'nabile *ag* (*piaga*) which cannot be
healed; (*situazione*) irremediable; (*odio*)

implacable
insangui'nare *vt* to stain with blood
insa'puta *sf*: **all'~ di qn** without sb
knowing
insce'nare [inʃe'nare] *vt* (*TEATRO*) to stage,
put on; (*fig*) to stage
insedi'are *vt* to install; ~**rsi** *vr* to take up
office; (*popolo, colonia*) to settle
in'segna [in'seɲɲa] *sf* sign; (*emblema*) sign,
emblem; (*bandiera*) flag, banner; ~**e** *sfpl*
(*decorazioni*) insignia *pl*
insegna'mento [inseɲɲa'mento] *sm*
teaching
inse'gnante [inseɲ'ɲante] *ag* teaching
♦ *sm/f* teacher
inse'gnare [inseɲ'ɲare] *vt, vi* to teach; ~ **a
qn qc** to teach sb sth; ~ **a qn a fare qc** to
teach sb (how) to do sth
insegui'mento *sm* pursuit, chase
insegu'ire *vt* to pursue, chase
inselvati'chire [inselvati'kire] *vi* (*anche:*
~**rsi**) to grow wild
insena'tura *sf* inlet, creek
insen'sato, a *ag* senseless, stupid
insen'sibile *ag* (*nervo*) insensible;
(*persona*) indifferent
inse'rire *vt* to insert; (*ELETTR*) to connect;
(*allegare*) to enclose; (*annuncio*) to put in,
place; ~**rsi** *vr* (*fig*): ~**rsi in** to become part
of; **in'serto** *sm* (*pubblicazione*) insert
inservi'ente *sm/f* attendant
inserzi'one [inser'tsjone] *sf* insertion;
(*avviso*) advertisement; **fare un'~ sul
giornale** to put an advertisement in the
paper
insetti'cida, i [insetti'tʃida] *sm* insecticide
in'setto *sm* insect
insi'curo, a *ag* insecure
in'sidia *sf* snare, trap; (*pericolo*) hidden
danger; **insidi'are** *vt*: ~ **la vita di qn** to
make an attempt on sb's life
insi'eme *av* together ♦ *prep*: ~ **a** *o* **con**
together with ♦ *sm* whole; (*MAT, servizio,
assortimento*) set; (*MODA*) ensemble, outfit;
tutti ~ all together; **tutto** ~ all together; (*in
una volta*) at one go; **nell'~** on the whole;
d'~ (*veduta etc*) overall

in'signe [in'siɲɲe] *ag* (*persona*) famous, distinguished; (*città, monumento*) notable

insignifi'cante [insiɲɲifi'kante] *ag* insignificant

insi'gnire [insiɲ'ɲire] *vt*: ~ **qn di** to honour *o* decorate sb with

insin'cero, a [insin'tʃɛro] *ag* insincere

insinda'cabile *ag* unquestionable

insinu'are *vt* (*introdurre*): ~ **qc in** to slip *o* slide sth into; (*fig*) to insinuate, imply; **~rsi** *vr*: **~rsi in** to seep into; (*fig*) to creep into; to worm one's way into

in'sipido, a *ag* insipid

insis'tente *ag* insistent; persistent

in'sistere *vi*: ~ **su qc** to insist on sth; ~ **in qc/a fare** (*perseverare*) to persist in sth/in doing; **insis'tito, a** *pp di* **insistere**

insoddis'fatto, a *ag* dissatisfied

insoffe'rente *ag* intolerant

insolazi'one [insolat'tsjone] *sf* (*MED*) sunstroke

inso'lente *ag* insolent; **insolen'tire** *vi* to grow insolent ♦ *vt* to insult, be rude to

in'solito, a *ag* unusual, out of the ordinary

inso'luto, a *ag* (*non risolto*) unsolved

in'somma *av* (*in conclusione*) in short; (*dunque*) well ♦ *escl* for heaven's sake!

in'sonne *ag* sleepless; **in'sonnia** *sf* insomnia, sleeplessness

insonno'lito, a *ag* sleepy, drowsy

insoppor'tabile *ag* unbearable

in'sorgere [in'sɔrdʒere] *vi* (*ribellarsi*) to rise up, rebel; (*apparire*) to come up, arise

in'sorto, a *pp di* **insorgere** ♦ *sm/f* rebel, insurgent

insospet'tire *vt* to make suspicious ♦ *vi* (*anche*: **~rsi**) to become suspicious

inspi'rare *vt* to breathe in, inhale

in'stabile *ag* (*carico, indole*) unstable; (*tempo*) unsettled; (*equilibrio*) unsteady

instal'lare *vt* to install; **~rsi** *vr* (*sistemarsi*): **~rsi in** to settle in; **installazi'one** *sf* installation

instan'cabile *ag* untiring, indefatigable

instau'rare *vt* to introduce, institute

instra'dare *vt*: ~ **(verso)** to direct (towards)

insuc'cesso [insut'tʃɛsso] *sm* failure, flop

insudici'are [insudi'tʃare] *vt* to dirty; **~rsi** *vr* to get dirty

insuffici'ente [insuffi'tʃɛnte] *ag* insufficient; (*compito, allievo*) inadequate; **insuffi-ci'enza** *sf* insufficiency; inadequacy; (*INS*) fail

insu'lare *ag* insular

insu'lina *sf* insulin

in'sulso, a *ag* (*sciocco*) inane, silly; (*persona*) dull, insipid

insul'tare *vt* to insult, affront

in'sulto *sm* insult, affront

insussis'tente *ag* non-existent

intac'care *vt* (*fare tacche*) to cut into; (*corrodere*) to corrode; (*fig: cominciare ad usare: risparmi*) to break into; (*: ledere*) to damage

intagli'are [intaʎ'ʎare] *vt* to carve; **in'taglio** *sm* carving

intan'gibile [intan'dʒibile] *ag* untouchable; inviolable

in'tanto *av* (*nel frattempo*) meanwhile, in the meantime; (*per cominciare*) just to begin with; ~ **che** while

in'tarsio *sm* inlaying *no pl*, marquetry *no pl*; inlay

inta'sare *vt* to choke (up), block (up); (*AUT*) to obstruct, block; **~rsi** *vr* to become choked *o* blocked

intas'care *vt* to pocket

in'tatto, a *ag* intact; (*puro*) unsullied

intavo'lare *vt* to start, enter into

inte'grale *ag* complete; (*pane, farina*) wholemeal (*BRIT*), whole-wheat (*US*); (*MAT*): **calcolo** ~ integral calculus

inte'grante *ag*: **parte** ~ integral part

inte'grare *vt* to complete; (*MAT*) to integrate; **~rsi** *vr* (*persona*) to become integrated

integrità *sf* integrity

'integro, a *ag* (*intatto, intero*) complete, whole; (*retto*) upright

intelaia'tura *sf* frame; (*fig*) structure, framework

intel'letto *sm* intellect; **intellettu'ale** *ag*, *sm/f* intellectual

intelli'gente [intelli'dʒɛnte] *ag* intelligent; **intelli'genza** *sf* intelligence
intem'perie *sfpl* bad weather *sg*
intempes'tivo, a *ag* untimely
inten'dente *sm*: ~ **di Finanza** inland (*BRIT*) *o* internal (*US*) revenue officer; **inten'denza** *sf*: **intendenza di Finanza** inland (*BRIT*) *o* internal (*US*) revenue office
in'tendere *vt* (*avere intenzione*): ~ **a** to intend *o* mean to do sth; (*comprendere*) to understand; (*udire*) to hear; (*significare*) to mean; ~**rsi** *vr* (*conoscere*): ~**rsi di** to know a lot about, be a connoisseur of; (*accordarsi*) to get on (well); **intendersela con qn** (*avere una relazione amorosa*) to have an affair with sb; **intendi'mento** *sm* (*intelligenza*) understanding; (*proposito*) intention; **intendi'tore, 'trice** *sm/f* connoisseur, expert
intene'rire *vt* (*fig*) to move (to pity); ~**rsi** *vr* (*fig*) to be moved
inten'sivo, a *ag* intensive
in'tenso, a *ag* intense
in'tento, a *ag* (*teso, assorto*): ~ **(a)** intent (on), absorbed (in) ♦ *sm* aim, purpose
intenzio'nale [intentsjo'nale] *ag* intentional
intenzi'one [inten'tsjone] *sf* intention; (*DIR*) intent; **avere** ~ **di fare qc** to intend *o* do sth, have the intention of doing sth
interat'tivo, a *ag* interactive
interca'lare *sm* pet phrase, stock phrase ♦ *vt* to insert
interca'pedine *sf* gap, cavity
intercet'tare [intertʃet'tare] *vt* to intercept
intercity [intəsi'ti] *sm inv* (*FERR*) ≈ intercity (train)
inter'detto, a *pp di* **interdire** ♦ *ag* forbidden, prohibited; (*sconcertato*) dumbfounded ♦ *sm* (*REL*) interdict
inter'dire *vt* to forbid, prohibit, ban; (*REL*) to interdict; (*DIR*) to deprive of civil rights; **interdizi'one** *sf* prohibition, ban
interessa'mento *sm* interest
interes'sante *ag* interesting; **essere in stato** ~ to be expecting (a baby)
interes'sare *vt* to interest; (*concernere*) to concern, be of interest to; (*far intervenire*):

~ **qn a** to draw sb's attention to ♦ *vi*: ~ **a** to interest, matter to; ~**rsi** *vr* (*mostrare interesse*): ~**rsi a** to take an interest in, be interested in; (*occuparsi*): ~**rsi di** to take care of
inte'resse *sm* (*anche* COMM) interest
inter'faccia, ce [inter'fattʃa] *sf* (*INFORM*) interface
interfe'renza [interfe'rentsa] *sf* interference
interfe'rire *vi* to interfere
interiezi'one [interjet'tsjone] *sf* exclamation, interjection
interi'ora *sfpl* entrails
interi'ore *ag* interior, inner, inside, internal; (*fig*) inner
inter'ludio *sm* (*MUS*) interlude
inter'medio, a *ag* intermediate
inter'mezzo [inter'mɛddzo] *sm* (*intervallo*) interval; (*breve spettacolo*) intermezzo
inter'nare *vt* (*arrestare*) to intern; (*MED*) to commit (to a mental institution)
internazio'nale [internattsjo'nale] *ag* international
in'terno, a *ag* (*di dentro*) internal, interior, inner; (*: mare*) inland; (*nazionale*) domestic; (*allievo*) boarding ♦ *sm* inside, interior; (*di paese*) interior; (*fodera*) lining; (*di appartamento*) flat (number); (*TEL*) extension ♦ *sm/f* (*INS*) boarder; ~**i** *smpl* (*CINEMA*) interior shots; **all'** ~ inside; **Ministero degli I~i** Ministry of the Interior, ≈ Home Office (*BRIT*), Department of the Interior (*US*)
in'tero, a *ag* (*integro, intatto*) whole, entire; (*completo, totale*) complete; (*numero*) whole; (*non ridotto: biglietto*) full; (*latte*) full-cream
interpel'lare *vt* to consult
inter'porre *vt* (*ostacolo*): ~ **qc a qc** to put sth in the way of sth; (*influenza*) to use; **interporsi** *vr* to intervene; **interporsi fra** (*mettersi in mezzo*) to come between; **inter'posto, a** *pp di* **interporre**
interpre'tare *vt* to interpret; **in'terprete** *sm/f* interpreter; (*TEATRO*) actor/actress, performer; (*MUS*) performer
interregio'nale [interredʒo'nale] *sm* long

distance train (*stopping frequently*)

interro'gare *vt* to question; (*INS*) to test; **interroga'tivo, a** *ag* (*occhi, sguardo*) questioning, inquiring; (*LING*) interrogative ♦ *sm* question; (*fig*) mystery; **interroga'torio, a** *ag* interrogatory, questioning ♦ *sm* (*DIR*) questioning *no pl*; **interrogazi'one** *sf* questioning *no pl*; (*INS*) oral test

inter'rompere *vt* to interrupt; (*studi, trattative*) to break off, interrupt; **~rsi** *vr* to break off, stop; **inter'rotto, a** *pp di* **interrompere**

interrut'tore *sm* switch

interruzi'one [interrut'tsjone] *sf* interruption; break

interse'care *vt* to intersect; **~rsi** *vr* to intersect

inter'stizio [inter'stittsjo] *sm* interstice, crack

interur'bana *sf* trunk *o* long-distance call

interur'bano, a *ag* inter-city; (*TEL: chiamata*) trunk *cpd*, long-distance; (*: telefono*) long-distance

inter'vallo *sm* interval; (*spazio*) space, gap

interve'nire *vi* (*partecipare*): **~ a** to take part in; (*intromettersi: anche POL*) to intervene; (*MED: operare*) to operate; **inter'vento** *sm* participation; (*intromissione*) intervention; (*MED*) operation; **fare un intervento nel corso di** (*dibattito, programma*) to take part in

inter'vista *sf* interview; **intervis'tare** *vt* to interview

in'tesa *sf* understanding; (*accordo*) agreement, understanding

in'teso, a *pp di* **intendere** ♦ *ag* agreed; **siamo ~i?** OK?

intes'tare *vt* (*lettera*) to address; (*proprietà*): **~ a** to register in the name of; **~ un assegno a qn** to make out a cheque to sb; **intestazi'one** *sf* heading; (*su carta da lettere*) letterhead

intes'tino, a *ag* (*lotte*) internal, civil ♦ *sm* (*ANAT*) intestine

inti'mare *vt* to order, command; **intimazi'one** *sf* order, command

intimidazi'one [intimidat'tsjone] *sf* intimidation

intimi'dire *vt* to intimidate ♦ *vi* (*anche:* **~rsi**) to grow shy

intimità *sf* intimacy; privacy; (*familiarità*) familiarity

'intimo, a *ag* intimate; (*affetti, vita*) private; (*fig: profondo*) inmost ♦ *sm* (*persona*) intimate *o* close friend; (*dell'animo*) bottom, depths *pl*; **parti ~e** (*ANAT*) private parts

intimo'rire *vt* to frighten; **~rsi** *vr* to become frightened

in'tingolo *sm* sauce; (*pietanza*) stew

intiriz'zire [intirid'dzire] *vt* to numb ♦ *vi* (*anche:* **~rsi**) to go numb

intito'lare *vt* to give a title to; (*dedicare*) to dedicate

intolle'rabile *ag* intolerable

intolle'rante *ag* intolerant

in'tonaco, ci *o* **chi** *sm* plaster

into'nare *vt* (*canto*) to start to sing; (*armonizzare*) to match; **~rsi** *vr* (*colori*) to go together; **~rsi a** (*carnagione*) to suit; (*abito*) to go with, match

inton'tire *vt* to stun, daze ♦ *vi* (*anche:* **~rsi**) to be stunned *o* dazed

in'torno *av* around; **~ a** (*attorno a*) around; (*riguardo, circa*) about

intorpi'dire *vt* to numb; (*fig*) to make sluggish ♦ *vi* (*anche:* **~rsi**) to grow numb; (*fig*) to become sluggish

intossi'care *vt* to poison; **intossicazi'one** *sf* poisoning

intralci'are [intral'tʃare] *vt* to hamper, hold up

intransi'tivo, a *ag, sm* intransitive

intrapren'dente *ag* enterprising, go-ahead

intra'prendere *vt* to undertake

intrat'tabile *ag* intractable

intratte'nere *vt* to entertain; to engage in conversation; **~rsi** *vr* to linger; **~rsi su qc** to dwell on sth

intrave'dere *vt* to catch a glimpse of; (*fig*) to foresee

intrecci'are [intret'tʃare] vt (*capelli*) to plait, braid; (*intessere: anche fig*) to weave, interweave, intertwine; **~rsi** vr to intertwine, become interwoven; **~ le mani** to clasp one's hands; **in'treccio** sm (*fig: trama*) plot, story

intri'gare vi to manoeuvre (*BRIT*), maneuver (*US*), scheme; **in'trigo, ghi** sm plot, intrigue

in'trinseco, a, ci, che ag intrinsic

in'triso, a ag: **~ (di)** soaked (in)

intro'durre vt to introduce; (*chiave etc*): **~ qc in** to insert sth into; (*persone: far entrare*) to show in; **introdursi** vr (*moda, tecniche*) to be introduced; **introdursi in** (*persona: penetrare*) to enter; (*: entrare furtivamente*) to steal o slip into; **introduzi'one** sf introduction

in'troito sm income, revenue

intro'mettersi vr to interfere, meddle; (*interporsi*) to intervene

in'truglio [in'truʎʎo] sm concoction

intrusi'one sf intrusion; interference

in'truso, a sm/f intruder

intu'ire vt to perceive by intuition; (*rendersi conto*) to realize; **in'tuito** sm intuition; (*perspicacia*) perspicacity; **intuizi'one** sf intuition

inu'mano, a ag inhuman

inumi'dire vt to dampen, moisten; **~rsi** vr to become damp o wet

i'nutile ag useless; (*superfluo*) pointless, unnecessary; **inutilità** sf uselessness; pointlessness

inutil'mente av unnecessarily; (*senza risultato*) in vain

inva'dente ag (*fig*) interfering, nosey

in'vadere vt to invade; (*affollare*) to swarm into, overrun; (*sog: acque*) to flood

inva'ghirsi [inva'girsi] vr: **~ di** to take a fancy to

invalidità sf infirmity; disability; (*DIR*) invalidity

in'valido, a ag (*infermo*) infirm, invalid; (*al lavoro*) disabled; (*DIR: nullo*) invalid ♦ sm/f invalid; disabled person

in'vano av in vain

invasi'one sf invasion

in'vaso, a pp di **invadere**

inva'sore, invadi'trice [invadi'tritʃe] ag invading ♦ sm invader

invecchi'are [invek'kjare] vi (*persona*) to grow old; (*vino, popolazione*) to age; (*moda*) to become dated ♦ vt to age; (*far apparire più vecchio*) to make look older

in'vece [in'vetʃe] av instead; (*al contrario*) on the contrary; **~ di** instead of

inve'ire vi: **~ contro** to rail against

inven'tare vt to invent; (*pericoli, pettegolezzi*) to make up, invent

inven'tario sm inventory; (*COMM*) stocktaking no pl

inven'tivo, a ag inventive ♦ sf inventiveness

inven'tore sm inventor

invenzi'one [inven'tsjone] sf invention; (*bugia*) lie, story

inver'nale ag winter cpd; (*simile all'inverno*) wintry

in'verno sm winter

invero'simile ag unlikely

inversi'one sf inversion; reversal; **"divieto d'~"** (*AUT*) "no U-turns"

in'verso, a ag opposite; (*MAT*) inverse ♦ sm contrary, opposite; **in senso ~** in the opposite direction; **in ordine ~** in reverse order

inver'tire vt to invert, reverse; **~ la marcia** (*AUT*) to do a U-turn; **inver'tito, a** sm/f homosexual

investi'gare vt, vi to investigate; **investiga'tore, trice** sm/f investigator, detective; **investigazi'one** sf investigation, inquiry

investi'mento sm (*ECON*) investment

inves'tire vt (*denaro*) to invest; (*sog: veicolo: pedone*) to knock down; (*: altro veicolo*) to crash into; (*apostrofare*) to assail; (*incaricare*): **~ qn di** to invest sb with

invi'are vt to send; **invi'ato, a** sm/f envoy; (*STAMPA*) correspondent

in'vidia sf envy; **invidi'are** vt: **invidiare qn (per qc)** to envy sb for sth; **invidiare qc a qn** to envy sb sth; **invidi'oso, a** ag envious

in'vio, 'vii *sm* sending; (*insieme di merci*) consignment

invipe'rito, a *ag* furious

invischi'are [invis'kjare] *vt* (*fig*): ~ **qn in** to involve sb in; **~rsi** *vr*: **~rsi (con qn/in qc)** to get mixed up *o* involved (with sb/in sth)

invi'sibile *ag* invisible

invi'tare *vt* to invite; ~ **qn a fare** to invite sb to do; **invi'tato, a** *sm/f* guest; **in'vito** *sm* invitation

invo'care *vt* (*chiedere: aiuto, pace*) to cry out for; (*appellarsi: la legge, Dio*) to appeal to, invoke

invogli'are [invoʎ'ʎare] *vt*: ~ **qn a fare** to tempt sb to do, induce sb to do

involon'tario, a *ag* (*errore*) unintentional; (*gesto*) involuntary

invol'tino *sm* (*CUC*) roulade

in'volto *sm* (*pacco*) parcel; (*fagotto*) bundle

in'volucro *sm* cover, wrapping

involuzi'one [involut'tsjone] *sf* (*di stile*) convolutedness; (*regresso*): **subire un'~** to regress

inzacche'rare [intsakke'rare] *vt* to spatter with mud

inzup'pare [intsup'pare] *vt* to soak; **~rsi** *vr* to get soaked

'io *pron* ♦ *sm inv*: **l'~** the ego, the self; ~ **stesso(a)** I myself

i'odio *sm* iodine

l'onio *sm*: **lo ~, il mar ~** the Ionian (Sea)

ipermer'cato *sm* hypermarket

ipertensi'one *sf* high blood pressure, hypertension

ip'nosi *sf* hypnosis; **ipno'tismo** *sm* hypnotism; **ipnotiz'zare** *vt* to hypnotize

ipocri'sia *sf* hypocrisy

i'pocrita, i, e *ag* hypocritical ♦ *sm/f* hypocrite

ipo'teca, che *sf* mortgage; **ipote'care** *vt* to mortgage

i'potesi *sf inv* hypothesis; **ipo'tetico, a, ci, che** *ag* hypothetical

'ippica *sf* horseracing

'ippico, a, ci, che *ag* horse *cpd*

ippocas'tano *sm* horse chestnut

ip'podromo *sm* racecourse

ippo'potamo *sm* hippopotamus

'ira *sf* anger, wrath

l'ran *sm*: **l'~** Iran

l'raq *sm*: **l'~** Iraq

'iride *sf* (*arcobaleno*) rainbow; (*ANAT, BOT*) iris

Ir'landa *sf*: **l'~** Ireland; **l'~ del Nord** Northern Ireland, Ulster; **la Repubblica d'~** Eire, the Republic of Ireland; **irlan'dese** *ag* Irish ♦ *sm/f* Irishman/woman; **gli Irlandesi** the Irish

iro'nia *sf* irony; **i'ronico, a, ci, che** *ag* ironic(al)

irradi'are *vt* to radiate; (*sog: raggi di luce: illuminare*) to shine on ♦ *vi* (*diffondersi: anche: ~rsi*) to radiate

irragio'nevole [irradʒo'nevole] *ag* irrational; unreasonable

irrazio'nale [irrattsjo'nale] *ag* irrational

irre'ale *ag* unreal

irrecupe'rabile *ag* irretrievable; (*fig: persona*) irredeemable

irrecu'sabile *ag* (*offerta*) not to be refused; (*prova*) irrefutable

irrego'lare *ag* irregular; (*terreno*) uneven

irremo'vibile *ag* (*fig*) unshakeable, unyielding

irrepa'rabile *ag* irreparable; (*fig*) inevitable

irrepe'ribile *ag* nowhere to be found

irrequi'eto, a *ag* restless

irresis'tibile *ag* irresistible

irrespon'sabile *ag* irresponsible

irridu'cibile [irridu'tʃibile] *ag* irreducible; (*fig*) indomitable

irri'gare *vt* (*annaffiare*) to irrigate; (*sog: fiume etc*) to flow through; **irrigazi'one** *sf* irrigation

irri'gidire [irridʒi'dire] *vt* to stiffen; **~rsi** *vr* to stiffen

irri'sorio, a *ag* derisory

irri'tare *vt* (*mettere di malumore*) to irritate, annoy; (*MED*) to irritate; **~rsi** *vr* (*stizzirsi*) to become irritated *o* annoyed; (*MED*) to become irritated; **irritazi'one** *sf* irritation; annoyance

ir'rompere *vi*: ~ **in** to burst into

irro'rare *vt* to sprinkle; (*AGR*) to spray

irru'ente *ag* (*fig*) impetuous, violent

irruzi'one [irrut'tsjone] *sf*: **fare ~ in** to burst into; (*sog: polizia*) to raid

'irto, a *ag* bristly; **~ di** bristling with

is'critto, a *pp di* **iscrivere ♦** *sm/f* member; **per** *o* **in ~** in writing

is'crivere *vt* to register, enter; (*persona*): **~ (a)** to register (in), enrol (in); **~rsi** *vr*: **~rsi (a)** (*club, partito*) to join; (*università*) to register *o* enrol (at); (*esame, concorso*) to register *o* enter (for); **iscrizi'one** *sf* (*epigrafe etc*) inscription; (*a scuola, società*) enrolment, registration; (*registrazione*) registration

Is'lam *sm*: **l'~** Islam

Is'landa *sf*: **l'~** Iceland

'isola *sf* island; **~ pedonale** (*AUT*) pedestrian precinct

isola'mento *sm* isolation; (*TECN*) insulation

iso'lante *ag* insulating ♦ *sm* insulator

iso'lare *vt* to isolate; (*TECN*) to insulate; (: *acusticamente*) to soundproof; **iso'lato, a** *ag* isolated; insulated ♦ *sm* (*gruppo di edifici*) block

ispetto'rato *sm* inspectorate

ispet'tore *sm* inspector

ispezio'nare [ispettsjo'nare] *vt* to inspect; **ispezi'one** *sf* inspection

'ispido, a *ag* bristly, shaggy

ispi'rare *vt* to inspire; **~rsi** *vr*: **~rsi a** to draw one's inspiration from

Isra'ele *sm*: **l'~** Israel; **israeli'ano, a** *ag*, *sm/f* Israeli

is'sare *vt* to hoist

istan'taneo, a *ag* instantaneous ♦ *sf* (*FOT*) snapshot

is'tante *sm* instant, moment; **all'~, sull'~** instantly, immediately

is'tanza [is'tantsa] *sf* petition, request

is'terico, a, ci, che *ag* hysterical

iste'rismo *sm* hysteria

isti'gare *vt* to incite; **istigazi'one** *sf* incitement; **istigazione a delinquere** (*DIR*) incitement to crime

is'tinto *sm* instinct

istitu'ire *vt* (*fondare*) to institute, found;

(*porre: confronto*) to establish; (*intraprendere: inchiesta*) to set up

isti'tuto *sm* institute; (*di università*) department; (*ente, DIR*) institution; **~ di bellezza** beauty salon

istituzi'one [istitut'tsjone] *sf* institution

'istmo *sm* (*GEO*) isthmus

'istrice ['istritʃe] *sm* porcupine

istri'one (*peg*) *sm* ham actor

istru'ire *vt* (*insegnare*) to teach; (*ammaestrare*) to train; (*informare*) to instruct, inform; (*DIR*) to prepare; **istrut'tore, 'trice** *sm/f* instructor ♦ *ag*: **giudice istruttore** *vedi* **giudice**; **istrut'toria** *sf* (*DIR*) (preliminary) investigation and hearing; (*direttiva*) education; training; (*direttiva*) instruction

I'talia *sf*: **l'~** Italy

itali'ano, a *ag* Italian ♦ *sm/f* Italian ♦ *sm* (*LING*) Italian; **gli I~i** the Italians

itine'rario *sm* itinerary

itte'rizia [itte'rittsja] *sf* (*MED*) jaundice

'ittico, a, ci, che *ag* fish *cpd*; fishing *cpd*

Iugos'lavia *etc* = **Jugoslavia** *etc*

i'uta *sf* jute

I.V.A. ['iva] *sigla f* (= *imposta sul valore aggiunto*) VAT

J, j

jazz [dʒaz] *sm* jazz

jeans [dʒinz] *smpl* jeans

Jugos'lavia [jugoz'lavja] *sf*: **la ~** Yugoslavia; **la ex-~** former Yugoslavia; **jugos'lavo, a** *ag*, *sm/f* Yugoslav(ian)

'juta ['juta] *sf* = **iuta**

K, k

K *abbr* (*INFORM*) K

k *abbr* (= *kilo*) k

karatè *sm* karate

Kg *abbr* (= *chilogrammo*) kg

'killer *sm inv* gunman, hired gun

'kiwi ['kiwi] *sm inv* kiwi fruit

km *abbr* (= *chilometro*) km

'**krapfen** *sm inv* (*CUC*) doughnut

L, l

l' *det vedi* **la; lo; il**

la[1] (*dav V l'*) *det f* the ♦ *pron* (*oggetto: persona*) her; (: *cosa*) it; (: *forma di cortesia*) you; *vedi anche* **il**

la[2] *sm inv* (*MUS*) A; (: *solfeggiando*) la

là *av* there; **di ~** (*da quel luogo*) from there; (*in quel luogo*) in there; (*dall'altra parte*) over there; **di ~ di** beyond; **per di ~** that way; **più in ~** further on; (*tempo*) later on; **fatti in ~** move up; **~ dentro/sopra/sotto** in/up (*o* on)/under there; *vedi anche* **quello**

'**labbro** (*pl*(*f*): **labbra**: *solo nel senso* ANAT) *sm* lip

labi'rinto *sm* labyrinth, maze

labora'torio *sm* (*di ricerca*) laboratory; (*di arti, mestieri*) workshop; **~ linguistico** language laboratory

labori'oso, a *ag* (*faticoso*) laborious; (*attivo*) hard-working

labu'rista, i, e *ag* Labour (*BRIT*) *cpd* ♦ *sm/f* Labour Party member (*BRIT*)

'**lacca, che** *sf* lacquer

'**laccio** ['lattʃo] *sm* noose; (*legaccio, tirante*) lasso; (*di scarpa*) lace; **~ emostatico** tourniquet

lace'rare [latʃe'rare] *vt* to tear to shreds, lacerate; **~rsi** *vr* to tear; '**lacero, a** *ag* (*logoro*) torn, tattered; (*MED*) lacerated

'**lacrima** *sf* tear; **in ~e** in tears; **lacri'mare** *vi* to water; **lacri'mogeno, a** *ag*: **gas lacrimogeno** tear gas

la'cuna *sf* (*fig*) gap

'**ladro** *sm* thief; **ladro'cinio** *sm* theft, larceny

laggiù [lad'dʒu] *av* down there; (*di là*) over there

la'gnarsi [laɲ'ɲarsi] *vr*: **~ (di)** to complain (about)

'**lago, ghi** *sm* lake

la'guna *sf* lagoon

'**laico, a, ci, che** *ag* (*apostolato*) lay; (*vita*) secular; (*scuola*) non-denominational ♦ *sm/f* layman/woman

'**lama** *sm inv* (*ZOOL*) llama; (*REL*) lama ♦ *sf* blade

lam'bire *vt* to lick; to lap

lamen'tare *vt* to lament; **~rsi** *vr* (*emettere lamenti*) to moan, groan; (*rammaricarsi*): **~rsi (di)** to complain (about); **lamen'tela** *sf* complaining *no pl*; **lamen'tevole** *ag* (*voce*) complaining, plaintive; (*destino*) pitiful; **la'mento** *sm* moan, groan; wail; **lamen'toso, a** *ag* plaintive

la'metta *sf* razor blade

lami'era *sf* sheet metal

'**lamina** *sf* (*lastra sottile*) thin sheet (*o* layer *o* plate); **~ d'oro** gold leaf; gold foil; **lami'nare** *vt* to laminate; **lami'nato, a** *ag* laminated; (*tessuto*) lamé ♦ *sm* laminate

'**lampada** *sf* lamp; **~ a gas** gas lamp; **~ da tavolo** table lamp

lampa'dario *sm* chandelier

lampa'dina *sf* light bulb; **~ tascabile** pocket torch (*BRIT*) *o* flashlight (*US*)

lam'pante *ag* (*fig: evidente*) crystal clear, evident

lampeggi'are [lamped'dʒare] *vi* (*luce, fari*) to flash ♦ *vb impers*: **lampeggia** there's lightning; **lampeggi'atore** *sm* (*AUT*) indicator

lampi'one *sm* street light *o* lamp (*BRIT*)

'**lampo** *sm* (*METEOR*) flash of lightning; (*di luce, fig*) flash; **~i** *smpl* lightning *no pl* ♦ *ag inv*: **cerniera ~** zip (fastener) (*BRIT*), zipper (*US*); **guerra ~** blitzkrieg

lam'pone *sm* raspberry

'**lana** *sf* wool; **~ d'acciaio** steel wool; **pura ~ vergine** pure new wool; **~ di vetro** glass wool

lan'cetta [lan'tʃetta] *sf* (*indice*) pointer, needle; (*di orologio*) hand

'**lancia** ['lantʃa] *sf* (*arma*) lance; (: *picca*) spear; (*di pompa antincendio*) nozzle; (*imbarcazione*) launch

lanciafi'amme [lantʃa'fjamme] *sm inv* flamethrower

lanci'are [lan'tʃare] *vt* to throw, hurl, fling;

(*SPORT*) to throw; (*far partire: automobile*) to get up to full speed; (*bombe*) to drop; (*razzo, prodotto, moda*) to launch; **~rsi** *vr*: **~rsi contro/su** to throw *o* hurl *o* fling o.s. against/on; **~rsi in** (*fig*) to embark on

lanci'nante [lantʃi'nante] *ag* (*dolore*) shooting, throbbing; (*grido*) piercing

'lancio ['lantʃo] *sm* throwing *no pl*; throw; dropping *no pl*; drop; launching *no pl*; launch; **~ del peso** putting the shot

'landa *sf* (*GEO*) moor

'languido, a *ag* (*fiacco*) languid, weak; (*tenero, malinconico*) languishing

langu'ore *sm* weakness, languor

lani'ficio [lani'fitʃo] *sm* woollen mill

la'noso, a *ag* woolly

lan'terna *sf* lantern; (*faro*) lighthouse

la'nugine [la'nudʒine] *sf* down

lapi'dario, a *ag* (*fig*) terse

'lapide *sf* (*di sepolcro*) tombstone; (*commemorativa*) plaque

'lapis *sm inv* pencil

Lap'ponia *sf* Lapland

'lapsus *sm inv* slip

'laptop ['læptɔp] *sm inv* laptop (computer)

'lardo *sm* bacon fat, lard

lar'ghezza [lar'gettsa] *sf* width; breadth; looseness; generosity; **~ di vedute** broad-mindedness

'largo, a, ghi, ghe *ag* wide; broad; (*maniche*) wide; (*abito: troppo ampio*) loose; (*fig*) generous ♦ *sm* width; breadth; (*mare aperto*): **il ~** the open sea ♦ *sf*: **stare o tenersi alla ~a (da qn/qc)** to keep one's distance (from sb/sth), keep away (from sb/sth); **~ due metri** two metres wide; **~ di spalle** broad-shouldered; **di ~ghe vedute** broad-minded; **su ~a scala** on a large scale; **di manica ~a** generous, open-handed; **al ~ di Genova** off (the coast of) Genoa; **farsi ~ tra la folla** to push one's way through the crowd

'larice ['laritʃe] *sm* (*BOT*) larch

larin'gite [larin'dʒite] *sf* laryngitis

'larva *sf* larva; (*fig*) shadow

la'sagne [la'zaɲɲe] *sfpl* lasagna *sg*

lasci'are [laʃ'ʃare] *vt* to leave;

(*abbandonare*) to leave, abandon, give up; (*cessare di tenere*) to let go of ♦ *vb aus*: **~ fare qn** to let sb do; **~ andare** *o* **correre** *o* **perdere** to let things go their own way; **~ stare qc/qn** to leave sth/sb alone; **~rsi** *vr* (*persone*) to part; (*coppia*) to split up; **~rsi andare** to let o.s. go

'lascito ['laʃʃito] *sm* (*DIR*) legacy

'laser ['lazer] *ag, sm inv*: **(raggio) ~** laser (beam)

lassa'tivo, a *ag, sm* laxative

'lasso *sm*: **~ di tempo** interval, lapse of time

lassù *av* up there

'lastra *sf* (*di pietra*) slab; (*di metallo, FOT*) plate; (*di ghiaccio, vetro*) sheet; (*radiografica*) X-ray (plate)

lastri'cato *sm* paving

late'rale *ag* lateral, side *cpd*; (*uscita, ingresso etc*) side *cpd* ♦ *sm* (*CALCIO*) half-back

late'rizio [late'rittsjo] *sm* (perforated) brick

lati'fondo *sm* large estate

la'tino, a *ag, sm* Latin; **~-ameri'cano, a** *ag* Latin-American

lati'tante *sm/f* fugitive (from justice)

lati'tudine *sf* latitude

'lato, a *ag* (*fig*) wide, broad ♦ *sm* side; (*fig*) aspect, point of view; **in senso ~** broadly speaking

la'trare *vi* to bark

la'trina *sf* public lavatory

'latta *sf* tin (plate); (*recipiente*) tin, can

lat'taio, a *sm/f* milkman/woman; dairyman/woman

lat'tante *ag* unweaned

'latte *sm* milk; **~ detergente** cleansing milk *o* lotion; **~ in polvere** dried *o* powdered milk; **~ scremato** skimmed milk; **latte'ria** *sf* dairy; **latti'cini** *smpl* dairy products

lat'tina *sf* (*di birra etc*) can

lat'tuga, ghe *sf* lettuce

'laurea *sf* degree; **laurearsi** *vr* to graduate; **laure'ato, a** *ag, sm/f* graduate

'lauro *sm* laurel

'lauto, a *ag* (*pranzo, mancia*) lavish

'lava *sf* lava

la'vabo *sm* washbasin

la'vaggio [la'vaddʒo] *sm* washing *no pl;* ~ **del cervello** brainwashing *no pl*

la'vagna [la'vaɲɲa] *sf* (*GEO*) slate; (*di scuola*) blackboard

la'vanda *sf* (*anche MED*) wash; (*BOT*) lavender; **lavan'daia** *sf* washerwoman; **lavande'ria** *sf* laundry; **lavanderia automatica** launderette; **lavanderia a secco** dry-cleaner's; **lavan'dino** *sm* sink

lavapi'atti *sm/f* dishwasher

la'vare *vt* to wash; ~**rsi** *vr* to wash, have a wash; ~ **a secco** to dry-clean; ~**rsi le mani/i denti** to wash one's hands/clean one's teeth

lava'secco *sm o f inv* drycleaner's

lavasto'viglie [lavasto'viʎʎe] *sm o f inv* (*macchina*) dishwasher

lava'trice [lava'tritʃe] *sf* washing machine

lava'tura *sf* washing *no pl;* ~ **di piatti** dishwater

lavo'rante *sm/f* worker

lavo'rare *vi* to work; (*fig: bar, studio etc*) to do good business ♦ *vt* to work; ~**rsi qn** (*persuaderlo*) to work on sb; ~ **a** to work on; ~ **a maglia** to knit; **lavora'tivo, a** *ag* working; **lavora'tore, 'trice** *sm/f* worker ♦ *ag* working; **lavorazi'one** *sf* (*gen*) working; (*di legno, pietra*) carving; (*di film*) making; (*di prodotto*) manufacture; (*modo di esecuzione*) workmanship; **lavo'rio** *sm* intense activity

la'voro *sm* work; (*occupazione*) job, work *no pl;* (*opera*) piece of work, job; (*ECON*) labour; ~**i forzati** hard labour *sg;* ~**i pubblici** public works

le *det fpl* the ♦ *pron* (*oggetto*) them; (: *a lei, a essa*) (to) her; (: *forma di cortesia*) (to) you; *vedi anche* **il**

le'ale *ag* loyal; (*sincero*) sincere; (*onesto*) fair; **lealtà** *sf* loyalty; sincerity; fairness

'lebbra *sf* leprosy

'lecca 'lecca *sm inv* lollipop

leccapi'edi (*peg*) *sm/f inv* toady, bootlicker

lec'care *vt* to lick; (*sog: gatto: latte etc*) to lick *o* lap up; (*fig*) to flatter; ~**rsi i baffi** to lick one's lips

'leccio [lettʃo] *sm* holm oak, ilex

leccor'nia *sf* titbit, delicacy

'lecito, a ['lɛtʃito] *ag* permitted, allowed

'ledere *vt* to damage, injure

'lega, ghe *sf* league; (*di metalli*) alloy

le'gaccio [le'gattʃo] *sm* string, lace

le'gale *ag* legal ♦ *sm* lawyer; **legaliz'zare** *vt* to authenticate; (*regolarizzare*) to legalize

le'game *sm* (*corda, fig: affettivo*) tie, bond; (*nesso logico*) link, connection

le'gare *vt* (*prigioniero, capelli, cane*) to tie (up); (*libro*) to bind; (*CHIM*) to alloy; (*fig: collegare*) to bind, join ♦ *vi* (*far lega*) to unite; (*fig*) to get on well

le'gato *sm* (*REL*) legate; (*DIR*) legacy, bequest

lega'tura *sf* (*di libro*) binding; (*MUS*) ligature

le'genda [le'dʒɛnda] *sf* (*di carta geografica etc*) = **leggenda**

'legge ['leddʒe] *sf* law

leg'genda [led'dʒɛnda] *sf* (*narrazione*) legend; (*di carta geografica etc*) key, legend

'leggere ['lɛddʒere] *vt, vi* to read

legge'rezza [leddʒe'rettsa] *sf* lightness; thoughtlessness; fickleness

leg'gero, a [led'dʒɛro] *ag* light; (*agile, snello*) nimble, agile, light; (*tè, caffè*) weak; (*fig: non grave, piccolo*) slight; (: *spensierato*) thoughtless; (: *incostante*) fickle; free and easy; **alla ~a** thoughtlessly

leggi'adro, a [led'dʒadro] *ag* pretty, lovely; (*movimenti*) graceful

leg'gio, 'gii [led'dʒio] *sm* lectern; (*MUS*) music stand

legisla'tura [ledʒizla'tura] *sf* legislature

legislazi'one [ledʒizlat'tsjone] *sf* legislation

le'gittimo, a [le'dʒittimo] *ag* legitimate; (*fig: giustificato, lecito*) justified, legitimate; ~**a difesa** (*DIR*) self-defence

'legna ['leɲɲa] *sf* firewood; **le'gname** *sm* wood, timber

'legno ['leɲɲo] *sm* wood; (*pezzo di* ~) piece of wood; **di** ~ wooden; ~ **compensato** plywood; **le'gnoso, a** *ag* wooden; woody; *(carne)* tough

le'gumi *smpl (BOT)* pulses

'lei *pron (soggetto)* she; *(oggetto: per dare rilievo, con preposizione)* her; *(forma di cortesia: anche:* **L~**) you ♦ *sm:* **dare del ~ a qn** to address sb as "lei"; **~ stessa** she herself; you yourself

'lembo *sm (di abito, strada)* edge; *(striscia sottile: di terra)* strip

'lemma, i *sm* headword

'lemme 'lemme *av* (very) very slowly

'lena *sf (fig)* energy, stamina

le'nire *vt* to soothe

lenta'mente *av* slowly

'lente *sf (OTTICA)* lens *sg;* **~ d'ingran-dimento** magnifying glass; **~i a contatto** *o* **corneali** contact lenses

len'tezza [len'tettsa] *sf* slowness

len'ticchia [len'tikkja] *sf (BOT)* lentil

len'tiggine [len'tiddʒine] *sf* freckle

'lento, a *ag* slow; *(molle: fune)* slack; *(non stretto: vite, abito)* loose ♦ *sm (ballo)* slow dance

'lenza ['lentsa] *sf* fishing-line

lenzu'olo [len'tswɔlo] *sm* sheet; **~a** *sfpl* pair of sheets

le'one *sm* lion; *(dello zodiaco):* **L~** Leo

lepo'rino, a *ag:* **labbro ~** harelip

'lepre *sf* hare

'lercio, a, ci, cie ['lertʃo] *ag* filthy

'lesbica, che *ag* lesbian

lesi'nare *vt* to be stingy with ♦ *vi:* **~ (su)** to skimp (on), be stingy (with)

lesi'one *sf (MED)* lesion; *(DIR)* injury, damage; *(EDIL)* crack

'leso, a *pp di* **ledere** ♦ *ag (offeso)* injured; **parte ~a** *(DIR)* injured party

les'sare *vt (CUC)* to boil

'lessico, ci *sm* vocabulary; lexicon

'lesso, a *ag* boiled ♦ *sm* boiled meat

'lesto, a *ag* quick; *(agile)* nimble; **~ di mano** *(per rubare)* light-fingered; *(per picchiare)* free with one's fists

le'tale *ag* lethal; fatal

leta'maio *sm* dunghill

le'tame *sm* manure, dung

le'targo, ghi *sm* lethargy; *(ZOOL)* hibernation

le'tizia [le'tittsja] *sf* joy, happiness

'lettera *sf* letter; **~e** *sfpl (letteratura)* literature *sg;* *(studi umanistici)* arts *(subjects);* **alla ~** literally; **in ~e** in words, in full; **lette'rale** *ag* literal

lette'rario, a *ag* literary

lette'rato, a *ag* well-read, scholarly

lettera'tura *sf* literature

let'tiga, ghe *sf (barella)* stretcher

let'tino *sm* cot *(BRIT),* crib *(US)*

'letto, a *pp di* **leggere** ♦ *sm* bed; **andare a ~** to go to bed; **~ a castello** bunk beds *pl;* **~ a una piazza/a due piazze** *o* **matrimoniale** single/double bed

let'tore, 'trice *sm/f* reader; *(INS)* (foreign language) assistant *(BRIT),* (foreign) teaching assistant *(US)* ♦ *sm (TECN):* **~ ottico** optical character reader

let'tura *sf* reading

leuce'mia [leutʃe'mia] *sf* leukaemia

'leva *sf* lever; *(MIL)* conscription; **far ~ su qn** to work on sb; **~ del cambio** *(AUT)* gear lever

le'vante *sm* east; *(vento)* East wind; **il L~** the Levant

le'vare *vt (occhi, braccio)* to raise; *(sollevare, togliere: tassa, divieto)* to lift; *(indumenti)* to take off, remove; *(rimuovere)* to take away; *(: dal di sopra)* to take off; *(: dal di dentro)* to take out; **~rsi** *vr* to get up; *(sole)* to rise; **le'vata** *sf (di posta)* collection

leva'toio, a *ag:* **ponte ~** drawbridge

leva'tura *sf* intelligence, mental capacity

levi'gare *vt* to smooth; *(con carta vetrata)* to sand

levri'ere *sm* greyhound

lezi'one [let'tsjone] *sf* lesson; *(UNIV)* lecture; **fare ~** to teach; to lecture; **dare una ~ a qn** to teach sb a lesson

lezi'oso, a [let'tsjoso] *ag* affected; simpering

'lezzo ['leddzo] *sm* stench, stink

li *pron pl (oggetto)* them

lì *av* there; **di** *o* **da ~** from there; **per di ~** that way; **di ~ a pochi giorni** a few days later; ~ **per** ~ there and then; at first; **essere** ~ **(~) per fare** to be on the point of doing, be about to do; ~ **dentro** in there; ~ **sotto** under there; ~ **sopra** on there; up there; *vedi anche* **quello**

liba'nese *ag, sm/f* Lebanese *inv*

Li'bano *sm:* **il** ~ the Lebanon

'libbra *sf (peso)* pound

li'beccio [li'bettʃo] *sm* south-west wind

li'bello *sm* libel

li'bellula *sf* dragonfly

libe'rale *ag, sm/f* liberal

liberaliz'zare [liberalid'dzare] *vt* to liberalize

libe'rare *vt (rendere libero: prigioniero)* to release; (: *popolo*) to free, liberate; *(sgombrare: passaggio)* to clear; (: *stanza*) to vacate; *(produrre: energia)* to release; **~rsi** *vr:* **~rsi di qc/qn** to get rid of sth/sb; **libera'tore, 'trice** *ag* liberating ♦ *sm/f* liberator; **liberazi'one** *sf* liberation, freeing; release; rescuing

---

Liberazione

> 🛈 The **Liberazione** is a national holiday which falls on 25 April. It commemorates the liberation of Italy at the end of the Second World War.

'libero, a *ag* free; *(strada)* clear; *(non occupato: posto etc)* vacant; not taken; empty; not engaged; ~ **di fare qc** free to do sth; ~ **da** free from; ~ **arbitrio** free will; ~ **professionista** self-employed professional person; ~ **scambio** free trade; **libertà** *sf inv* freedom, *(tempo disponibile)* free time ♦ *sfpl (licenza)* liberties; **in libertà provvisoria/vigilata** released without bail/on probation

'Libia *sf:* **la** ~ Libya; **'libico, a, ci, che** *ag, sm/f* Libyan

li'bidine *sf* lust

li'braio *sm* bookseller

li'brarsi *vr* to hover

libre'ria *sf (bottega)* bookshop; *(stanza)* library; *(mobile)* bookcase;

li'bretto *sm* booklet; *(taccuino)* notebook;

(MUS) libretto; ~ **degli assegni** cheque book; ~ **di circolazione** *(AUT)* logbook; ~ **di risparmio** *(savings)* bank-book, passbook; ~ **universitario** student's report book

'libro *sm* book; ~ **di cassa** cash book; ~ **mastro** ledger; ~ **paga** payroll; ~ **di testo** textbook

li'cenza [li'tʃɛntsa] *sf (permesso)* permission, leave; *(di pesca, caccia, circolazione)* permit, licence; *(MIL)* leave; *(INS)* school leaving certificate; *(libertà)* liberty; licence; licentiousness; **andare in** ~ *(MIL)* to go on leave

licenzia'mento [litʃentsja'mento] *sm* dismissal

licenzi'are [litʃen'tsjare] *vt (impiegato)* to dismiss; *(COMM: per eccesso di personale)* to make redundant; *(INS)* to award a certificate to; **~rsi** *vr (impiegato)* to resign, hand in one's notice; *(INS)* to obtain one's school-leaving certificate

li'ceo [li'tʃɛo] *sm (INS)* secondary *(BRIT)* o high *(US)* school *(for 14- to 19-year-olds)*

'lido *sm* beach, shore

li'eto, a *ag* happy, glad; **"molto ~"** *(nelle presentazioni)* "pleased to meet you"

li'eve *ag* light; *(di poco conto)* slight; *(sommesso: voce)* faint, soft

lievi'tare *vi (anche fig)* to rise ♦ *vt* to leaven

li'evito *sm* yeast; ~ **di birra** brewer's yeast

'ligio, a, gi, gie ['lidʒo] *ag* faithful, loyal

'lilla *sm inv* lilac

'lillà *sm inv* lilac

'lima *sf* file

limacci'oso, a [limat'tʃoso] *ag* slimy; muddy

li'mare *vt* to file (down); *(fig)* to polish

'limbo *sm (REL)* limbo

li'metta *sf* nail file

limi'tare *vt* to limit, restrict; *(circoscrivere)* to bound, surround; **limita'tivo, a** *ag* limiting, restricting; **limi'tato, a** *ag* limited, restricted

'limite *sm* limit; *(confine)* border, boundary; ~ **di velocità** speed limit

li'mitrofo, a *ag* neighbouring

limo'nata *sf* lemonade (*BRIT*), (lemon) soda (*US*); lemon squash (*BRIT*), lemonade (*US*)

li'mone *sm* (*pianta*) lemon tree; (*frutto*) lemon

'limpido, a *ag* clear; (*acqua*) limpid, clear

'lince ['lintʃe] *sf* lynx

linci'are *vt* to lynch

'lindo, a *ag* tidy, spick and span; (*biancheria*) clean

'linea *sf* line; (*di mezzi pubblici di trasporto: itinerario*) route; (: *servizio*) service; **a grandi ~e** in outline; **mantenere la ~** to look after one's figure; **aereo di ~** airliner; **nave di ~** liner; **volo di ~** scheduled flight; **~ aerea** airline; **~ di partenza/d'arrivo** (*SPORT*) starting/finishing line; **~ di tiro** line of fire

linea'menti *smpl* features; (*fig*) outlines

line'are *ag* linear; (*fig*) coherent, logical

line'etta *sf* (*trattino*) dash; (*d'unione*) hyphen

lin'gotto *sm* ingot, bar

'lingua *sf* (*ANAT, CUC*) tongue; (*idioma*) language; **mostrare la ~** to stick out one's tongue; **di ~ italiana** Italian-speaking; **~ madre** mother tongue; **una ~ di terra** a spit of land

lingu'aggio [lin'gwaddʒo] *sm* language

lingu'etta *sf* (*di strumento*) reed; (*di scarpa, TECN*) tongue; (*di busta*) flap

lingu'istica *sf* linguistics *sg*

'lino *sm* (*pianta*) flax; (*tessuto*) linen

li'noleum *sm inv* linoleum, lino

liposuzi'one [liposut'tsjone] *sf* liposuction

lique'fare *vt* (*render liquido*) to liquefy; (*fondere*) to melt; **~rsi** *vr* to liquefy; to melt

liqui'dare *vt* (*società, beni; persona: uccidere*) to liquidate; (*persona: sbarazzarsene*) to get rid of; (*conto, problema*) to settle; (*COMM: merce*) to sell off, clear; **liquidazi'one** *sf* liquidation; settlement; clearance sale

liquidità *sf* liquidity

'liquido, a *ag, sm* liquid; **~ per freni** brake fluid

liqui'rizia [likwi'rittsja] *sf* liquorice

li'quore *sm* liqueur

'lira *sf* (*unità monetaria*) lira; (*MUS*) lyre; **~ sterlina** pound sterling

'lirica, che *sf* (*poesia*) lyric poetry; (*componimento poetico*) lyric; (*MUS*) opera

'lirico, a, ci, che *ag* lyric(al); (*MUS*) lyric; **cantante/teatro ~** opera singer/house

'lisca, sche *sf* (*di pesce*) fishbone

lisci'are [liʃ'ʃare] *vt* to smooth; (*fig*) to flatter

'liscio, a, sci, sce ['liʃʃo] *ag* smooth; (*capelli*) straight; (*mobile*) plain; (*bevanda alcolica*) neat; (*fig*) straightforward, simple ♦ *av*: **andare ~** to go smoothly; **passarla ~a** to get away with it

'liso, a *ag* worn out, threadbare

'lista *sf* (*elenco*) list; **~ elettorale** electoral roll; **~ delle vivande** menu; **~ delle spese** shopping list

lis'tino *sm* list; **~ dei cambi** (foreign) exchange rate; **~ dei prezzi** price list

Lit. *abbr* = **lire italiane**

'lite *sf* quarrel, argument; (*DIR*) lawsuit

liti'gare *vi* to quarrel; (*DIR*) to litigate

li'tigio [li'tidʒo] *sm* quarrel; **litigi'oso, a** *ag* quarrelsome; (*DIR*) litigious

litogra'fia *sf* (*sistema*) lithography; (*stampa*) lithograph

lito'rale *ag* coastal, coast *cpd* ♦ *sm* coast

'litro *sm* litre

livel'lare *vt* to level, make level; **~rsi** *vr* to become level; (*fig*) to level out, balance out

li'vello *sm* level; (*fig*) level, standard; **ad alto ~** (*fig*) high-level; **~ del mare** sea level

'livido, a *ag* livid; (*per percosse*) bruised, black and blue; (*cielo*) leaden ♦ *sm* bruise

li'vore *sm* malice, spite

Li'vorno *sf* Livorno, Leghorn

li'vrea *sf* livery

'lizza ['littsa] *sf* lists *pl*; **scendere in ~** (*anche fig*) to enter the lists

lo (*dav s impura, gn, pn, ps, x, z; dav V* **l'**) *det m* the ♦ *pron* (*oggetto: persona*) him; (: *cosa*) it; **~ sapevo** I knew it; **~ so** I know; **sii buono, anche se lui non ~ è** be good, even if he isn't; *vedi anche* **il**

lo'cale *ag* local ♦ *sm* room; (*luogo pubblico*) premises *pl*; **~ notturno** nightclub;

località *sf inv* locality; **localiz'zare** *vt*
(*circoscrivere*) to confine, localize;
(*accertare*) to locate, place
lo'canda *sf* inn; **locandi'ere, a** *sm/f*
innkeeper
loca'tario, a *sm/f* tenant
loca'tore, 'trice *sm/f* landlord/lady
locazi'one [lokat'tsjone] *sf* (*da parte del
locatario*) renting *no pl*; (*da parte del
locatore*) renting out *no pl*, letting *no pl*;
(contratto di) ~ lease; **(canone di)** ~ rent;
dare in ~ to rent out, let
locomo'tiva *sf* locomotive
locomo'tore *sm* electric locomotive
locomozi'one [lokomot'tsjone] *sf*
locomotion; **mezzi di** ~ vehicles, means of
transport
lo'custa *sf* locust
locuzi'one [lokut'tsjone] *sf* phrase,
expression
lo'dare *vt* to praise
'lode *sf* praise; (*INS*): **laurearsi con 110 e** ~
≈ to graduate with a first-class honours
degree (*BRIT*), graduate summa cum laude
(*US*)
'loden *sm inv* (*stoffa*) loden; (*cappotto*)
loden overcoat
lo'devole *ag* praiseworthy
loga'ritmo *sm* logarithm
'loggia, ge ['lɔddʒa] *sf* (*ARCHIT*) loggia;
(*circolo massonico*) lodge; **loggi'one** *sm*
(*di teatro*): **il loggione** the Gods *sg*
'logica *sf* logic
'logico, a, ci, che ['lɔdʒiko] *ag* logical
logo'rare *vt* to wear out; (*sciupare*) to
waste; **~rsi** *vr* to wear out; (*fig*) to wear
o.s. out
logo'rio *sm* wear and tear; (*fig*) strain
lo'goro, a *ag* (*stoffa*) worn out, threadbare;
(*persona*) worn out
lom'baggine [lom'baddʒine] *sf* lumbago
Lombar'dia *sf*: **la** ~ Lombardy
lom'bata *sf* (*taglio di carne*) loin
'lombo *sm* (*ANAT*) loin
lom'brico, chi *sm* earthworm
londi'nese *ag* London *cpd* ♦ *sm/f*
Londoner

'Londra *sf* London
lon'gevo, a [lon'dʒevo] *ag* long-lived
longi'tudine [londʒi'tudine] *sf* longitude
lonta'nanza [lonta'nantsa] *sf* distance;
absence
lon'tano, a *ag* (*distante*) distant, faraway;
(*assente*) absent; (*vago: sospetto*) slight,
remote; (*tempo: remoto*) far-off, distant;
(*parente*) distant, remote ♦ *av* far; **è ~a la
casa?** is it far to the house?, is the house
far from here?; **è ~ un chilometro** it's a
kilometre away *o* a kilometre from here;
più ~ farther; **da** *o* **di** ~ from a distance; ~
da a long way from; **alla ~a** slightly,
vaguely
'lontra *sf* otter
lo'quace [lo'kwatʃe] *ag* talkative,
loquacious; (*fig: gesto etc*) eloquent
'lordo, a *ag* dirty, filthy; (*peso, stipendio*)
gross
'loro *pron pl* (*oggetto, con preposizione*)
them; (*complemento di termine*) to them;
(*soggetto*) they; (*forma di cortesia: anche:
L~*) you; to you; **il(la)** ~, **i(le)** ~ *det* their;
(*forma di cortesia: anche: L~*) your ♦ *pron*
theirs; (*forma di cortesia: anche: L~*) yours;
~ **stessi(e)** they themselves; you yourselves
'losco, a, schi, sche *ag* (*fig*) shady,
suspicious
'lotta *sf* struggle, fight; (*SPORT*) wrestling; ~
libera all-in wrestling; **lot'tare** *vi* to fight,
struggle; to wrestle; **lotta'tore, trice** *sm/f*
wrestler
lotte'ria *sf* lottery; (*di gara ippica*)
sweepstake
'lotto *sm* (*gioco*) (state) lottery; (*parte*) lot;
(*EDIL*) site
lozi'one [lot'tsjone] *sf* lotion
lubrifi'cante *sm* lubricant
lubrifi'care *vt* to lubricate
luc'chetto [luk'ketto] *sm* padlock
lucci'care [luttʃi'kare] *vi* to sparkle, glitter,
twinkle
'luccio ['luttʃo] *sm* (*ZOOL*) pike
'lucciola ['luttʃola] *sf* (*ZOOL*) firefly;
glowworm
'luce ['lutʃe] *sf* light; (*finestra*) window; **alla**

~ **di** by the light of; **fare ~ su qc** (*fig*) to shed *o* throw light on sth; ~ **del sole/della luna** sun/moonlight; **lu'cente** *ag* shining

lucer'nario [lutʃer'narjo] *sm* skylight

lu'certola [lu'tʃertola] *sf* lizard

luci'dare [lutʃi'dare] *vt* to polish

lucida'trice [lutʃida'tritʃe] *sf* floor polisher

'lucido, a ['lutʃido] *ag* shining, bright; (*lucidato*) polished; (*fig*) lucid ♦ *sm* shine, lustre, (*per scarpe etc*) polish; (*disegno*) tracing

'lucro *sm* profit, gain; **lu'croso, a** *ag* lucrative, profitable

'luglio ['luʎʎo] *sm* July

'lugubre *ag* gloomy

'lui *pronome* (*soggetto*) he; (*oggetto: per dare rilievo, con preposizione*) him; ~ **stesso** he himself

lu'maca, che *sf* slug; (*chiocciola*) snail

'lume *sm* light; (*lampada*) lamp; (*fig*): **chiedere ~i a qn** to ask sb for advice; **a ~ di naso** (*fig*) by rule of thumb

lumi'naria *sf* (*per feste*) illuminations *pl*

lumi'noso, a *ag* (*che emette luce*) luminous; (*cielo, colore, stanza*) bright; (*sorgente*) of light, light *cpd*; (*fig: sorriso*) bright, radiant

'luna *sf* moon; ~ **nuova/piena** new/full moon; ~ **di miele** honeymoon

'luna park *sm inv* amusement park, funfair

lu'nare *ag* lunar, moon *cpd*

lu'nario *sm* almanac; **sbarcare il ~** to make ends meet

lu'natico, a, ci, che *ag* whimsical, temperamental

lunedì *sm inv* Monday; **di** *o* **il ~** on Mondays

lun'gaggine [lun'gaddʒine] *sf* slowness; **~i della burocrazia** red tape

lun'ghezza [lun'gettsa] *sf* length; ~ **d'onda** (*FISICA*) wavelength

'lungi ['lundʒi]: ~ **da** *prep* far from

'lungo, a, ghi, ghe *ag* long; (*lento: persona*) slow; (*diluito: caffè, brodo*) weak, watery, thin ♦ *sm* length ♦ *prep* along; ~ **3 metri** 3 metres long; **a ~** for a long time; **a ~ andare** in the long run; **di gran ~a**

(*molto*) by far; **andare in ~** *o* **per le lunghe** to drag on; **saperla ~a** to know what's what; **in ~ e in largo** far and wide, all over; ~ **il corso dei secoli** throughout the centuries

lungo'mare *sm* promenade

lu'notto *sm* (*AUT*) rear *o* back window; ~ **termico** heated rear window

lu'ogo, ghi *sm* place; (*posto: di incidente etc*) scene, site; (*punto, passo di libro*) passage; **in ~ di** instead of; **in primo ~** in the first place; **aver ~** to take place; **dar ~ a** to give rise to; ~ **comune** commonplace; ~ **di nascita** birthplace; (*AMM*) place of birth; ~ **di provenienza** place of origin

luogote'nente *sm* (*MIL*) lieutenant

lu'para *sf* sawn-off shotgun

'lupo, a *sm/f* wolf

'luppolo *sm* (*BOT*) hop

'lurido, a *ag* filthy

lu'singa, ghe *sf* (*spesso al pl*) flattery *no pl*

lusin'gare *vt* to flatter; **lusinghi'ero, a** *ag* flattering, gratifying

lus'sare *vt* (*MED*) to dislocate

Lussem'burgo *sm* (*stato*): **il ~** Luxembourg ♦ *sf* (*città*) Luxembourg

'lusso *sm* luxury; **di ~** luxury *cpd*; **lussu'oso, a** *ag* luxurious

lussureggi'ante [lussured'dʒante] *ag* luxuriant

lus'suria *sf* lust

lus'trare *vt* to polish, shine

lustras'carpe *sm/f inv* shoeshine

lus'trino *sm* sequin

'lustro, a *ag* shiny; (*pelo*) glossy ♦ *sm* shine, gloss; (*fig*) prestige, glory; (*quinquennio*) five-year period

'lutto *sm* mourning; **essere in/portare il ~** to be in/wear mourning; **luttu'oso, a** *ag* mournful, sad

M, m

ma *cong* but; ~ **insomma!** for goodness sake!; ~ **no!** of course not!

'macabro, a *ag* gruesome, macabre

macché [mak'ke] *escl* not at all!, certainly not!

macche'roni [makke'roni] *smpl* macaroni *sg*

'macchia ['makkja] *sf* stain, spot; (*chiazza di diverso colore*) spot; splash, patch; (*tipo di boscaglia*) scrub; **alla ~** (*fig*) in hiding; **macchi'are** *vt* (*sporcare*) to stain, mark; **macchiarsi** *vr* (*persona*) to get o.s. dirty; (*stoffa*) to stain; to get stained *o* marked

'macchina ['makkina] *sf* machine; (*motore, locomotiva*) engine; (*automobile*) car; (*fig: meccanismo*) machinery; **andare in ~** (*AUT*) to go by car; (*STAMPA*) to go to press; **~ da cucire** sewing machine; **~ fotografica** camera; **~ da presa** cine *o* movie camera; **~ da scrivere** typewriter; **~ a vapore** steam engine

macchi'nare [makki'nare] *vt* to plot

macchi'nario [makki'narjo] *sm* machinery

macchi'netta [makki'netta] *sf* (*fam*) (*caffettiera*) percolator; (*accendino*) lighter

macchi'nista, i [makki'nista] *sm* (*di treno*) engine-driver; (*di nave*) engineer

macchi'noso, a [makki'noso] *ag* complex, complicated

mace'donia [matʃe'dɔnja] *sf* fruit salad

macel'laio [matʃel'lajo] *sm* butcher

macel'lare [matʃel'lare] *vt* to slaughter, butcher; **macelle'ria** *sf* butcher's (shop); **ma'cello** *sm* (*mattatoio*) slaughterhouse, abattoir (*BRIT*); (*fig*) slaughter, massacre; (*: disastro*) shambles *sg*

mace'rare [matʃe'rare] *vt* to macerate; (*CUC*) to marinate; **~rsi** *vr* (*fig*): **~rsi in** to be consumed with

ma'cerie [ma'tʃerje] *sfpl* rubble *sg*, debris *sg*

ma'cigno [ma'tʃinno] *sm* (*masso*) rock, boulder

'macina ['matʃina] *sf* (*pietra*) millstone;

(*macchina*) grinder; **macinacaffè** *sm inv* coffee grinder; **macina'pepe** *sm inv* peppermill

maci'nare [matʃi'nare] *vt* to grind; (*carne*) to mince (*BRIT*), grind (*US*); **maci'nato** *sm* meal, flour; (*carne*) minced (*BRIT*) *o* ground (*US*) meat

maci'nino [matʃi'nino] *sm* coffee grinder; peppermill

'madido, a *ag*: ~ **(di)** wet *o* moist (with)

Ma'donna *sf* (*REL*) Our Lady

mador'nale *ag* enormous, huge

'madre *sf* mother; (*matrice di bolletta*) counterfoil ♦ *ag inv* mother *cpd*; **ragazza ~** unmarried mother; **scena ~** (*TEATRO*) principal scene; (*fig*) terrible scene

madre'lingua *sf* mother tongue, native language

madre'perla *sf* mother-of-pearl

ma'drina *sf* godmother

maestà *sf inv* majesty; **maes'toso, a** *ag* majestic

ma'estra *sf vedi* **maestro**

maes'trale *sm* north-west wind, mistral

maes'tranze [maes'trantse] *sfpl* workforce *sg*

maes'tria *sf* mastery, skill

ma'estro, a *sm/f* (*INS: anche*: ~ **di scuola** *o* **elementare**) primary (*BRIT*) *o* grade school (*US*) teacher; (*esperto*) expert ♦ *sm* (*artigiano, fig: guida*) master; (*MUS*) maestro ♦ *ag* (*principale*) main; (*di grande abilità*) masterly, skilful; **~a d'asilo** nursery teacher; **~ di cerimonie** master of ceremonies

'mafia *sf* Mafia; **mafi'oso** *sm* member of the Mafia

'maga *sf* sorceress

ma'gagna [ma'gaɲɲa] *sf* defect, flaw, blemish; (*noia, guaio*) problem

ma'gari *escl* (*esprime desiderio*): ~ **fosse vero!** if only it were true!; **ti piacerebbe andare in Scozia?** — ~! would you like to go to Scotland? — and how! ♦ *av* (*anche*) even; (*forse*) perhaps

magaz'zino [magad'dzino] *sm* warehouse; **grande ~** department store

'maggio ['maddʒo] *sm* May

maggio'rana [maddʒo'rana] *sf* (*BOT*) (sweet) marjoram

maggio'ranza [maddʒo'rantsa] *sf* majority

maggio'rare [maddʒo'rare] *vt* to increase, raise

maggior'domo [maddʒor'dɔmo] *sm* butler

maggi'ore [mad'dʒore] *ag* (*comparativo: più grande*) bigger, larger; taller; greater; (*: più vecchio: sorella, fratello*) older, elder; (*: di grado superiore*) senior; (*: più importante, MIL, MUS*) major; (*superlativo*) biggest, largest; tallest; greatest; oldest, eldest ♦ *sm/f* (*di grado*) superior; (*di età*) elder; (*MIL*) major; (*: AER*) squadron leader; **la maggior parte** the majority; **andare per la ~** (*cantante etc*) to be very popular; **maggio'renne** *ag* of age ♦ *sm/f* person who has come of age; **maggior'mente** *av* much more; (*con senso superlativo*) most

ma'gia [ma'dʒia] *sf* magic; **'magico, a, ci, che** *ag* magic; (*fig*) fascinating, charming, magical

'magio ['madʒo] *sm* (*REL*): **i re Magi** the Magi, the Three Wise Men

magis'tero [madʒis'tero] *sm*: **facoltà di M~** ≈ teachers' training college; **magis'trale** *ag* primary (*BRIT*) *o* grade school (*US*) teachers', primary (*BRIT*) *o* grade school (*US*) teaching *cpd*; skilful

magis'trato [madʒis'trato] *sm* magistrate; **magistra'tura** *sf* magistrature; (*magistrati*): **la magistratura** the Bench

'maglia ['maʎʎa] *sf* stitch; (*lavoro ai ferri*) knitting *no pl*; (*tessuto, SPORT*) jersey; (*maglione*) jersey, sweater; (*di catena*) link; (*di rete*) mesh; ♦ **diritta/rovescia** plain/ purl; **maglie'ria** *sf* knitwear; (*negozio*) knitwear shop; **magli'etta** *sf* (*canottiera*) vest; (*tipo camicia*) T-shirt; **magli'ficio** *sm* knitwear factory

'maglio ['maʎʎo] *sm* (*macchina*) power hammer

magli'one *sm* sweater, jumper

ma'gnanimo, a [man'ɲanimo, a] *ag* magnanimous

ma'gnete [man'ɲete] *sm* magnet; **ma'gnetico, a, ci, che** *ag* magnetic

magne'tofono [maɲɲe'tɔfono] *sm* tape recorder

ma'gnifico, a, ci, che [man'ɲifiko] *ag* magnificent, splendid; (*ospite*) generous

'magno, a ['maɲɲo] *ag*: **aula ~a** main hall!

ma'gnolia [man'ɲɔlja] *sf* magnolia

'mago, ghi *sm* (*stregone*) magician, wizard; (*illusionista*) magician

ma'grezza [ma'grettsa] *sf* thinness

'magro, a *ag* (*very*) thin, skinny; (*carne*) lean; (*formaggio*) low-fat; (*fig: scarso, misero*) meagre, poor; (*: meschino: scusa*) poor, lame; **mangiare di ~** not to eat meat

'mai *av* (*nessuna volta*) never; (*talvolta*) ever; **non ... ~** never; **~ più** never again; **come ~?** why (*o* how) on earth?; **chi/dove/ quando ~?** whoever/wherever/whenever?

mai'ale *sm* (*ZOOL*) pig; (*carne*) pork

maio'nese *sf* mayonnaise

'mais *sm inv* maize

mai'uscola *sf* capital letter

mai'uscolo, a *ag* (*lettera*) capital; (*fig*) enormous, huge

mal *av, sm vedi* **male**

malac'corto, a *ag* rash, careless

mala'fede *sf* bad faith

mala'lingua (*pl* **male'lingue**) *sf* gossip(monger)

mala'mente *av* badly; dangerously

malan'dato, a *ag* (*persona: di salute*) in poor health; (*: di condizioni finanziarie*) badly off; (*trascurato*) shabby

ma'lanno *sm* (*disgrazia*) misfortune; (*malattia*) ailment

mala'pena *sf*: **a ~** hardly, scarcely

ma'laria *sf* (*MED*) malaria

mala'sorte *sf* bad luck

mala'ticcio, a [mala'tittʃo] *ag* sickly

ma'lato, a *ag* ill, sick; (*gamba*) bad; (*pianta*) diseased ♦ *sm/f* sick person; (*in ospedale*) patient; **malat'tia** *sf* (*infettiva etc*) illness, disease; (*cattiva salute*) illness, sickness; (*di pianta*) disease

malau'gurio *sm* bad *o* ill omen

mala'vita *sf* underworld

mala'voglia [mala'vɔʎʎa] *sf*: **di ~** unwillingly, reluctantly

mal'concio, a, ci, ce [mal'kontʃo] *ag* in a sorry state

malcon'tento *sm* discontent

malcos'tume *sm* immorality

mal'destro, a *ag* (*inabile*) inexpert, inexperienced; (*goffo*) awkward

maldi'cenza [maldi'tʃɛntsa] *sf* malicious gossip

maldis'posto, a *ag*: ~ (**verso**) ill-disposed (towards)

'male *av* badly ♦ *sm* (*ciò che è ingiusto, disonesto*) evil; (*danno, svantaggio*) harm; (*sventura*) misfortune; (*dolore fisico, morale*) pain, ache; **di ~ in peggio** from bad to worse; **sentirsi ~** to feel ill; **far ~** (*dolere*) to hurt; **far ~ alla salute** to be bad for one's health; **far del ~ a qn** to hurt *o* harm sb; **restare** *o* **rimanere ~** to be sorry; to be disappointed; to be hurt; **andare a ~** to go bad; **come va? — non c'è ~** how are you? — not bad; **mal di cuore** heart trouble; **~ di dente** toothache; **mal di mare** seasickness; **avere mal di gola/testa** to have a sore throat/a headache; **aver ~ ai piedi** to have sore feet

male'detto, a *pp di* **maledire** ♦ *ag* cursed, damned; (*fig: fam*) damned, blasted

male'dire *vt* to curse; **maledizi'one** *sf* curse; **maledizione!** damn it!

maledu'cato, a *ag* rude, ill-mannered

male'fatta *sf* misdeed

male'ficio [male'fitʃo] *sm* witchcraft

ma'lefico, a, ci, che *ag* (*influsso, azione*) evil

ma'lessere *sm* indisposition, slight illness; (*fig*) uneasiness

ma'levolo, a *ag* malevolent

malfa'mato, a *ag* notorious

mal'fatto, a *ag* (*persona*) deformed; (*oggetto*) badly made; (*lavoro*) badly done

malfat'tore, 'trice *sm/f* wrongdoer

mal'fermo, a *ag* unsteady, shaky; (*salute*) poor, delicate

malformazi'one [malformat'tsjone] *sf* malformation

malgo'verno *sm* maladministration

mal'grado *prep* in spite of, despite ♦ *cong* although; **mio** (*o* **tuo** *etc*) ~ against my (*o* your *etc*) will

mali'gnare [maliɲ'ɲare] *vi*: ~ **su** to malign, speak ill of

ma'ligno, a [ma'liɲɲo] *ag* (*malvagio*) malicious, malignant; (*MED*) malignant

malinco'nia *sf* melancholy, gloom; **malin'conico, a, ci, che** *ag* melancholy

malincu'ore: **a ~** *av* reluctantly, unwillingly

malintenzio'nato, a [malintentsjo'nato] *ag* ill-intentioned

malin'teso, a *ag* misunderstood; (*riguardo, senso del dovere*) mistaken, wrong ♦ *sm* misunderstanding

ma'lizia [ma'littsja] *sf* (*malignità*) malice; (*furbizia*) cunning; (*espediente*) trick; **malizi'oso, a** *ag* malicious; cunning; (*vivace, birichino*) mischievous

mal'loppo *sm* (*involto*) bundle; (*fam: refurtiva*) loot

malme'nare *vt* to beat up

mal'messo, a *ag* shabby

malnu'trito, a *ag* undernourished

ma'locchio [ma'lɔkkjo] *sm* evil eye

ma'lora *sf*: **andare in ~** to go to the dogs

ma'lore *sm* (*sudden*) illness

mal'sano, a *ag* unhealthy

malsi'curo, a *ag* unsafe

'Malta *sf* Malta

'malta *sf* (*EDIL*) mortar

mal'tempo *sm* bad weather

'malto *sm* malt

maltrat'tare *vt* to ill-treat

malu'more *sm* bad mood; (*irritabilità*) bad temper; (*discordia*) ill feeling; **di ~** in a bad mood

mal'vagio, a, gi, gie [mal'vadʒo] *ag* wicked, evil

malversazi'one [malversat'tsjone] *sf* (*DIR*) embezzlement

mal'visto, a *ag*: ~ (**da**) disliked (by), unpopular (with)

malvi'vente *sm* criminal

malvolenti'eri *av* unwillingly, reluctantly

'mamma *sf* mummy, mum; ~ **mia!** my

goodness!

mam'mella *sf* (ANAT) breast; (*di vacca, capra etc*) udder

mam'mifero *sm* mammal

'mammola *sf* (BOT) violet

ma'nata *sf* (*colpo*) slap; (*quantità*) handful

'manca *sf* left (hand); **a destra e a ~** left, right and centre, on all sides

man'canza [man'kantsa] *sf* lack; (*carenza*) shortage, scarcity; (*fallo*) fault; (*imperfezione*) failing, shortcoming; **per ~ di tempo** through lack of time; **in ~ di meglio** for lack of anything better

man'care *vi* (*essere insufficiente*) to be lacking; (*venir meno*) to fail; (*sbagliare*) to be wrong, make a mistake; (*non esserci*) to be missing, not to be there; (*essere lontano*): **~ (da)** to be away (from) ♦ *vt* to miss; **~ di** to lack; **~ a** (*promessa*) to fail to keep; **tu mi manchi** I miss you; **mancò poco che morisse** he very nearly died; **mancano ancora 10 sterline** we're still £10 short; **manca un quarto alle 6** it's a quarter to 6; **man'cato, a** *ag* (*tentativo*) unsuccessful; (*artista*) failed

'mancia, ce ['mantʃa] *sf* tip; **~ competente** reward

manci'ata [man'tʃata] *sf* handful

man'cino, a [man'tʃino] *ag* (*braccio*) left; (*persona*) left-handed; (*fig*) underhand

'manco *av* (*nemmeno*): **~ per sogno** *o* **per idea!** not on your life!

man'dante *sm/f* (*di delitto*) instigator

manda'rancio [manda'rantʃo] *sm* clementine

man'dare *vt* to send; (*far funzionare: macchina*) to drive; (*emettere*) to send out; (: *grido*) to give, utter, let out; **~ a chiamare qn** to send for sb; **~ avanti** (*fig: famiglia*) to provide for; (: *fabbrica*) to run, look after; **~ giù** to send down; (*anche fig*) to swallow; **~ via** to send away; (*licenziare*) to fire

manda'rino *sm* mandarin (orange); (*cinese*) mandarin

man'data *sf* (*quantità*) lot, batch; (*di chiave*) turn; **chiudere a doppia ~** to double-lock

man'dato *sm* (*incarico*) commission; (DIR: *provvedimento*) warrant; (*di deputato etc*) mandate; (*ordine di pagamento*) postal *o* money order; **~ d'arresto** warrant for arrest

man'dibola *sf* mandible, jaw

'mandorla *sf* almond; **'mandorlo** *sm* almond tree

'mandria *sf* herd

maneggi'are [maned'dʒare] *vt* (*creta, cera*) to mould, work, fashion; (*arnesi, utensili*) to handle; (: *adoperare*) to use; (*fig: persone, denaro*) to handle, deal with; **ma'neggio** *sm* moulding; handling; use; (*intrigo*) plot, scheme; (*per cavalli*) riding school

ma'nesco, a, schi, sche *ag* free with one's fists

ma'nette *sfpl* handcuffs

manga'nello *sm* club

manga'nese *sm* manganese

mange'reccio, a, ci, ce [mandʒe'rettʃo] *ag* edible

mangi'are [man'dʒare] *vt* to eat; (*intaccare*) to eat into *o* away; (CARTE, SCACCHI etc) to take ♦ *vi* to eat ♦ *sm* eating; (*cibo*) food; (*cucina*) cooking; **~rsi le parole** to mumble; **~rsi le unghie** to bite one's nails; **mangia'toia** *sf* feeding-trough

man'gime [man'dʒime] *sm* fodder

'mango, ghi *sm* mango

ma'nia *sf* (PSIC) mania; (*fig*) obsession, craze; **ma'niaco, a, ci, che** *ag* suffering from a mania; **maniaco (di)** obsessed (by), crazy (about)

'manica *sf* sleeve; (*fig: gruppo*) gang, bunch; (GEO): **la M~, il Canale della M~** the (English) Channel; **essere di ~ larga/ stretta** to be easy-going/strict; **~ a vento** (AER) wind sock

mani'chino [mani'kino] *sm* (*di sarto, vetrina*) dummy

'manico, ci *sm* handle; (MUS) neck

mani'comio *sm* mental hospital; (*fig*) madhouse

mani'cotto *sm* muff; (TECN) coupling; sleeve

mani'cure *sm o f inv* manicure ♦ *sf inv* manicurist

mani'era *sf* way, manner; (*stile*) style, manner; **~e** *sfpl* (*comportamento*) manners; **in ~ che** so that; **in ~ da** so as to; **in tutte le ~e** at all costs

manie'rato, a *ag* affected

manifat'tura *sf* (*lavorazione*) manufacture; (*stabilimento*) factory

manifes'tare *vt* to show, display; (*esprimere*) to express; (*rivelare*) to reveal, disclose ♦ *vi* to demonstrate; **~rsi** *vr* to show o.s.; **~rsi amico** to prove o.s. (to be) a friend; **manifestazi'one** *sf* show, display; expression; (*sintomo*) sign, symptom; (*dimostrazione pubblica*) demonstration; (*cerimonia*) event

mani'festo, a *ag* obvious, evident ♦ *sm* poster, bill; (*scritto ideologico*) manifesto

ma'niglia [ma'niʎʎa] *sf* handle; (*sostegno: negli autobus etc*) strap

manipo'lare *vt* to manipulate; (*alterare: vino*) to adulterate; **manipolazi'one** *sf* manipulation; adulteration

---

mani pulite

ⓘ **Mani pulite** *is a term used to describe the judicial operation which identified, gathered evidence against, and brought to trial a number of politicians and industrialists implicated in bribery and corruption scandals. See also* **Tangentopoli**.

'manna *sf* (*REL*) manna; (*fig*) godsend

man'naia *sf* (*del boia*) (executioner's) axe; (*per carni*) cleaver

man'naro: **lupo ~** *sm* werewolf

'mano, i *sf* hand; (*strato: di vernice etc*) coat; **di prima ~** (*notizia*) first-hand; **di seconda ~** second-hand; **man ~** little by little, gradually; **man ~ che** as; **darsi o stringersi la ~** to shake hands; **mettere le ~i avanti** (*fig*) to safeguard o.s.; **restare a ~i vuote** to be left empty-handed; **venire alle ~i** to come to blows; **a ~** by hand; **~i in alto!** hands up!

mano'dopera *sf* labour

mano'messo, a *pp di* **manomettere**

ma'nometro *sm* gauge, manometer

mano'mettere *vt* (*alterare*) to tamper with; (*aprire indebitamente*) to break open illegally

ma'nopola *sf* (*dell'armatura*) gauntlet; (*guanto*) mitt; (*di impugnatura*) hand-grip; (*pomello*) knob

manos'critto, a *ag* handwritten ♦ *sm* manuscript

mano'vale *sm* labourer

mano'vella *sf* handle; (*TECN*) crank

ma'novra *sf* manoeuvre (*BRIT*), maneuver (*US*); (*FERR*) shunting; **mano'vrare** *vt* (*veicolo*) to manoeuvre (*BRIT*), maneuver (*US*); (*macchina, congegno*) to operate; (*fig: persona*) to manipulate ♦ *vi* to manoeuvre

manro'vescio [manro'veʃʃo] *sm* slap (*with back of hand*)

man'sarda *sf* attic

mansi'one *sf* task, duty, job

mansu'eto, a *ag* gentle, docile

man'tello *sm* cloak; (*fig: di neve etc*) blanket, mantle; (*ZOOL*) coat

mante'nere *vt* to maintain; (*adempiere: promesse*) to keep, abide by; (*provvedere a*) to support, maintain; **~rsi** *vr*: **~rsi calmo/ giovane** to stay calm/young; **manteni'mento** *sm* maintenance

'mantice ['mantitʃe] *sm* bellows *pl*

'manto *sm* cloak; **~ stradale** road surface

manu'ale *ag* manual ♦ *sm* (*testo*) manual, handbook

ma'nubrio *sm* handle; (*di bicicletta etc*) handlebars *pl*; (*SPORT*) dumbbell

manu'fatto *sm* manufactured article

manutenzi'one [manuten'tsjone] *sf* maintenance, upkeep; (*d'impianti*) maintenance, servicing

'manzo ['mandzo] *sm* (*ZOOL*) steer; (*carne*) beef

'mappa *sf* (*GEO*) map; **mappa'mondo** *sm* map of the world; (*globo girevole*) globe

mara'tona *sf* marathon

'marca, che *sf* (*COMM: di prodotti*) brand; (*contrassegno, scontrino*) ticket, check;

prodotto di ~ (*di buona qualità*) high-class product; **~ da bollo** official stamp

mar'care *vt* (*munire di contrassegno*) to mark; (*a fuoco*) to brand; (*SPORT: gol*) to score; (*: avversario*) to mark; (*accentuare*) to stress; **~ visita** (*MIL*) to report sick

'Marche ['marke] *sfpl*: **le ~** the Marches (*region of central Italy*)

mar'chese, a [mar'keze] *sm/f* marquis *o* marquess/marchioness

marchi'are [mar'kjare] *vt* to brand; 'marchio *sm* (*di bestiame, COMM, fig*) brand; **marchio depositato** registered trademark; **marchio di fabbrica** trademark

'marcia, ce ['martʃa] *sf* (*anche MUS, MIL*) march; (*funzionamento*) running; (*il camminare*) walking; (*AUT*) gear; **mettere in ~** to start; **mettersi in ~** to get moving; **far ~ indietro** (*AUT*) to reverse; (*fig*) to back-pedal

marciapi'ede [martʃa'pjɛde] *sm* (*di strada*) pavement (*BRIT*), sidewalk (*US*); (*FERR*) platform

marci'are [mar'tʃare] *vi* to march; (*andare: treno, macchina*) to go; (*funzionare*) to run, work

'marcio, a, ci, ce ['martʃo] *ag* (*frutta, legno*) rotten, bad; (*MED*) festering; (*fig*) corrupt, rotten

mar'cire [mar'tʃire] *vi* (*andare a male*) to go bad, rot; (*suppurare*) to fester; (*fig*) to rot, waste away

'marco, chi *sm* (*unità monetaria*) mark

'mare *sm* sea; **in ~** at sea; **andare al ~** (*in vacanza etc*) to go to the seaside; **il M~ del Nord** the North Sea

ma'rea *sf* tide; **alta/bassa ~** high/low tide

mareggi'ata [mared'dʒata] *sf* heavy sea

mare'moto *sm* seaquake

maresci'allo [mareʃ'ʃallo] *sm* (*MIL*) marshal; (*: sottufficiale*) warrant officer

marga'rina *sf* margarine

marghe'rita [marge'rita] *sf* (ox-eye) daisy, marguerite; (*di stampante*) daisy wheel

'margine ['mardʒine] *sm* margin; (*di bosco, via*) edge, border

ma'rina *sf* navy; (*costa*) coast; (*quadro*)

seascape; **~ militare/mercantile** navy/ merchant navy (*BRIT*) *o* marine (*US*)

mari'naio *sm* sailor

mari'nare *vt* (*CUC*) to marinate; **~ la scuola** to play truant; **mari'nata** *sf* marinade

ma'rino, a *ag* sea *cpd*, marine

mario'netta *sf* puppet

mari'tare *vt* to marry; **~rsi** *vr*: **~rsi a** *o* **con qn** to marry sb, get married to sb

ma'rito *sm* husband

ma'rittimo, a *ag* maritime, sea *cpd*

mar'maglia [mar'maʎʎa] *sf* mob, riff-raff

marmel'lata *sf* jam; (*di agrumi*) marmalade

mar'mitta *sf* (*recipiente*) pot; (*AUT*) silencer; **~ catalitica** catalytic converter

'marmo *sm* marble

mar'mocchio [mar'mɔkkjo] (*fam*) *sm* tot, kid

mar'motta *sf* (*ZOOL*) marmot

Ma'rocco *sm*: **il ~** Morocco

mar'rone *ag inv* brown ♦ *sm* (*BOT*) chestnut

mar'sala *sm inv* (*vino*) Marsala

mar'sina *sf* tails *pl*, tail coat

mar'supio *sm* pouch; (*per denaro*) bum bag; (*per neonato*) sling

marte'dì *sm inv* Tuesday; **di** *o* **il ~** on Tuesdays; **~ grasso** Shrove Tuesday

martel'lare *vt* to hammer ♦ *vi* (*pulsare*) to throb; (*: cuore*) to thump

mar'tello *sm* hammer; (*di uscio*) knocker

marti'netto *sm* (*TECN*) jack

mar'tire *sm/f* martyr; mar'tirio *sm* martyrdom; (*fig*) agony, torture

'martora *sf* marten

martori'are *vt* to torment, torture

mar'xista, i, e *ag, sm/f* Marxist

marza'pane [martsa'pane] *sm* marzipan

'marzo ['martso] *sm* March

mascal'zone [maskal'tsone] *sm* rascal, scoundrel

ma'scella [maʃ'ʃella] *sf* (*ANAT*) jaw

'maschera ['maskera] *sf* mask; (*travestimento*) disguise; (*: per un ballo etc*) fancy dress; (*TEATRO, CINEMA*) usher/

usherette; (*personaggio del teatro*) stock character; **masche'rare** *vt* to mask; (*travestire*) to disguise; to dress up; (*fig: celare*) to hide, conceal; (*MIL*) to camouflage; **~rsi da** to disguise o.s. as; to dress up as; (*fig*) to masquerade as

mas'chile [mas'kile] *ag* masculine; (*sesso, popolazione*) male; (*abiti*) men's; (*per ragazzi: scuola*) boys'

'**maschio, a** ['maskjo] *ag* (*BIOL*) male; (*virile*) manly ♦ *sm* (*anche ZOOL, TECN*) male; (*uomo*) man; (*ragazzo*) boy; (*figlio*) son

masco'lino, a *ag* masculine

'**massa** *sf* mass; (*di errori etc*): **una ~ di** heaps of, masses of; (*di gente*) mass, multitude; (*ELETTR*) earth; **in ~** (*COMM*) in bulk; (*tutti insieme*) en masse; **adunata in ~** mass meeting; **di ~** (*cultura, manifestazione*) mass *cpd*

mas'sacro *sm* massacre, slaughter; (*fig*) mess, disaster

mas'saggio [mas'saddʒo] *sm* massage

mas'saia *sf* housewife

masse'rizie [masse'rittsje] *sfpl* (household) furnishings

mas'siccio, a, ci, ce [mas'sittʃo] *ag* (*oro, legno*) solid; (*palazzo*) massive; (*corporatura*) stout ♦ *sm* (*GEO*) massif

'**massima** *sf* (*sentenza, regola*) maxim; (*METEOR*) maximum temperature; **in linea di ~** generally speaking; *vedi anche* **massimo**

massi'male *sm* maximum

'**massimo, a** *ag, sm* maximum; **al ~** at (the) most

'**masso** *sm* rock, boulder

mas'sone *sm* freemason; **massone'ria** *sf* freemasonry

mas'tello *sm* tub

masti'care *vt* to chew

'**mastice** ['mastitʃe] *sm* mastic; (*per vetri*) putty

mas'tino *sm* mastiff

ma'tassa *sf* skein

mate'matica *sf* mathematics *sg*

mate'matico, a, ci, che *ag*

mathematical ♦ *sm/f* mathematician

materas'sino *sm* mat; (*gonfiabile*) air bed

mate'rasso *sm* mattress; **~ a molle** spring *o* interior-sprung mattress

ma'teria *sf* (*FISICA*) matter; (*TECN, COMM*) material, matter *no pl*; (*disciplina*) subject; (*argomento*) subject matter, material; **~e prime** raw materials; **in ~ di** (*per quanto concerne*) on the subject of

materi'ale *ag* material; (*fig: grossolano*) rough, rude ♦ *sm* material; (*insieme di strumenti etc*) equipment *no pl*, materials *pl*

maternità *sf* motherhood, maternity; (*reparto*) maternity ward

ma'terno, a *ag* (*amore, cura etc*) maternal, motherly; (*nonno*) maternal; (*lingua, terra*) mother *cpd*

ma'tita *sf* pencil

ma'trice [ma'tritʃe] *sf* matrix; (*COMM*) counterfoil; (*fig: origine*) background

ma'tricola *sf* (*registro*) register; (*numero*) registration number; (*nell'università*) freshman, fresher

ma'trigna [ma'triɲɲa] *sf* stepmother

matrimoni'ale *ag* matrimonial, marriage *cpd*

matri'monio *sm* marriage, matrimony; (*durata*) marriage, married life; (*cerimonia*) wedding

ma'trona *sf* (*fig*) matronly woman

mat'tina *sf* morning; **matti'nata** *sf* morning; (*spettacolo*) matinée, afternoon performance; **mattini'ero, a** *ag*: **essere mattiniero** to be an early riser

mat'tino *sm* morning

'**matto, a** *ag* mad, crazy; (*fig: falso*) false, imitation ♦ *sm/f* madman/woman; **avere una voglia ~a di qc** to be dying for sth

mat'tone *sm* brick; (*fig*): **questo libro/film è un ~** this book/film is heavy going

matto'nella *sf* tile

matu'rare *vi* (*anche: ~rsi*) (*frutta, grano*) to ripen; (*ascesso*) to come to a head; (*fig: persona, idea, ECON*) to mature ♦ *vt* to ripen; to (make) mature

maturità *sf* maturity; (*di frutta*) ripeness, maturity; (*INS*) school-leaving examination,

≈ GCE A-levels (*BRIT*)

ma'turo, a *ag* mature; (*frutto*) ripe, mature

maxiprocesso *n criminal trial involving large numbers of co-accused*

'mazza ['mattsa] *sf* (*bastone*) club; (*martello*) sledge-hammer; (*SPORT*: *da golf*) club; (*: da baseball, cricket*) bat

maz'zata [mat'tsata] *sf* (*anche fig*) heavy blow

'mazzo ['mattso] *sm* (*di fiori, chiavi etc*) bunch; (*di carte da gioco*) pack

me *pron* me; ~ **stesso(a)** myself; **sei bravo quanto ~** you are as clever as I (am) *o* as me

me'andro *sm* meander

mec'canica, che *sf* mechanics *sg*; (*attività tecnologica*) mechanical engineering; (*meccanismo*) mechanism

mec'canico, a, ci, che *ag* mechanical ♦ *sm* mechanic

mecca'nismo *sm* mechanism

me'daglia [me'daʎʎa] *sf* medal; medagli'one *sm* (*ARCHIT*) medallion; (*gioiello*) locket

me'desimo, a *ag* same; (*in persona*): **io ~** I myself

'media *sf* average; (*MAT*) mean; (*INS*: *voto*) end-of-term average; **in ~** on average; *vedi anche* **medio**

medi'ano, a *ag* median; (*valore*) mean ♦ *sm* (*CALCIO*) half-back

medi'ante *prep* by means of

medi'are *vt* (*fare da mediatore*) to act as mediator in; (*MAT*) to average

media'tore, 'trice *sm/f* mediator; (*COMM*) middle man, agent

medica'mento *sm* medicine, drug

medi'care *vt* to treat; (*ferita*) to dress; medicazi'one *sf* treatment, medication; dressing

medi'cina [medi't∫ina] *sf* medicine; ~ **legale** forensic medicine; medici'nale *ag* medicinal ♦ *sm* drug, medicine

'medico, a, ci, che *ag* medical ♦ *sm* doctor; ~ **generico** general practitioner, GP

medie'vale *ag* medieval

'medio, a *ag* average; (*punto, ceto*) middle;

(*altezza, statura*) medium ♦ *sm* (*dito*) middle finger; **licenza ~a** *leaving certificate awarded at the end of 3 years of secondary education;* **scuola ~a** *first 3 years of secondary school*

medi'ocre *ag* mediocre, poor

medioe'vale *ag* = **medievale**

medio'evo *sm* Middle Ages *pl*

medi'tare *vt* to ponder over, meditate on; (*progettare*) to plan, think out ♦ *vi* to meditate

mediter'raneo, a *ag* Mediterranean; **il (mare) M~** the Mediterranean (Sea)

me'dusa *sf* (*ZOOL*) jellyfish

me'gafono *sm* megaphone

'meglio ['meʎʎo] *av, ag inv* better; (*con senso superlativo*) best ♦ *sm* (*la cosa migliore*): **il ~** the best (thing); **faresti ~ ad andartene** you had better leave; **alla ~** as best one can; **andar di bene in ~** to get better and better; **fare del proprio ~** to do one's best; **per il ~** for the best; **aver la ~ su qn** to get the better of sb

'mela *sf* apple; ~ **cotogna** quince

mela'grana *sf* pomegranate

melan'zana [melan'dzana] *sf* aubergine (*BRIT*), eggplant (*US*)

me'lenso, a *ag* dull, stupid

mel'lifluo, a (*peg*) *ag* sugary, honeyed

'melma *sf* mud, mire

'melo *sm* apple tree

melo'dia *sf* melody

me'lone *sm* (*musk*)melon

'membro *sm* member; (*pl(f)* ~**a**: *arto*) limb

memo'randum *sm inv* memorandum

me'moria *sf* memory; ~**e** *sfpl* (*opera autobiografica*) memoirs; **a ~** (*imparare, sapere*) by heart; **a ~ d'uomo** within living memory; memori'ale *sm* (*raccolta di memorie*) memoirs *pl*; (*DIR*) memorial

mena'dito: **a ~** *av* perfectly, thoroughly; **sapere qc a ~** to have sth at one's fingertips

me'nare *vt* to lead; (*picchiare*) to hit, beat; (*dare: colpi*) to deal; ~ **la coda** (*cane*) to wag its tail

mendi'cante *sm/f* beggar

mendi'care *vt* to beg for ♦ *vi* to beg

PAROLA CHIAVE

'**meno** *av* **1** (*in minore misura*) less;
dovresti mangiare ~ you should eat less,
you shouldn't eat so much
2 (*comparativo*): **~ ... di** not as ... as, less ...
than; **sono ~ alto di te** I'm not as tall as
you (are), I'm less tall than you (are); **~ ...
che** not as ... as, less ... than; **~ che mai**
less than ever; **è ~ intelligente che ricco**
he's more rich than intelligent; **~ fumo più
mangio** the less I smoke the more I eat
3 (*superlativo*) least; **il ~ dotato degli
studenti** the least gifted of the students; **è
quello che compro ~ spesso** it's the one
I buy least often
4 (*MAT*) minus; **8 ~ 5** 8 minus 5, 8 take
away 5; **sono le 8 ~ un quarto** it's a
quarter to 8; **~ 5 gradi** 5 degrees below
zero, minus 5 degrees; **mille lire in ~** a
thousand lire less
5 (*fraseologia*): **quanto ~ poteva
telefonare** he could at least have phoned;
non so se accettare o ~ I don't know
whether to accept or not; **fare a ~ di qc/
qn** to do without sth/sb; **non potevo fare
a ~ di ridere** I couldn't help laughing; **~
male!** thank goodness!; **~ male che sei
arrivato** it's a good job that you've come
♦ *ag inv* (*tempo, denaro*) less; (*errori,
persone*) fewer; **ha fatto ~ errori di tutti** he
made fewer mistakes than anyone, he
made the fewest mistakes of all
♦ *sm inv* **1**: **il ~** (*il minimo*) the least;
parlare del più e del ~ to talk about this
and that
2 (*MAT*) minus
♦ *prep* (*eccetto*) except (for), apart from; **a
~ che, a ~ di** unless; **a ~ che non piova**
unless it rains; **non posso, a ~ di
prendere ferie** I can't, unless I take some
leave

---

meno'mare *vt* (*danneggiare*) to maim,
disable
meno'pausa *sf* menopause

'**mensa** *sf* (*locale*) canteen; (: *MIL*) mess;
(: *nelle università*) refectory
men'sile *ag* monthly ♦ *sm* (*periodico*)
monthly (magazine); (*stipendio*) monthly
salary
'**mensola** *sf* bracket; (*ripiano*) shelf;
(*ARCHIT*) corbel
'**menta** *sf* mint; (*anche*: **~ piperita**)
peppermint; (*bibita*) peppermint cordial;
(*caramella*) mint, peppermint
men'tale *ag* mental; **mentalità** *sf inv*
mentality
'**mente** *sf* mind; **imparare/sapere qc a ~**
to learn/know sth by heart; **avere in ~ qc**
to have sth in mind; **passare di ~ a qn** to
slip sb's mind
men'tire *vi* to lie
'**mento** *sm* chin
men'tolo *sm* menthol
'**mentre** *cong* (*temporale*) while;
(*avversativo*) whereas
menù *sm inv* menu; **~ turistico** set menu
menzio'nare [mentsjo'nare] *vt* to mention
menzi'one [men'tsjone] *sf* mention; **fare ~
di** to mention
men'zogna [men'tsɔɲɲa] *sf* lie
mera'viglia [mera'viʎʎa] *sf* amazement,
wonder; (*persona, cosa*) marvel, wonder; **a
~ perfectly**, wonderfully; **meravigli'are** *vt*
to amaze, astonish; **meravigliarsi (di)** to
marvel (at); (*stupirsi*) to be amazed (at), be
astonished (at); **meravigli'oso, a** *ag*
wonderful, marvellous
mer'cante *sm* merchant; **~ d'arte** art
dealer; **mercanteggi'are** *vt* (*onore, voto*)
to sell ♦ *vi* to bargain, haggle;
mercan'tile *ag* commercial, mercantile;
(*nave, marina*) merchant *cpd* ♦ *sm* (*nave*)
merchantman; **mercan'zia** *sf*
merchandise, goods *pl*
mer'cato *sm* market; **~ dei cambi**
exchange market; **~ nero** black market
'**merce** ['mertʃe] *sf* goods *pl*, merchandise;
~ deperibile perishable goods *pl*
mercé [mer'tʃe] *sf* mercy
merce'nario, a [mertʃe'narjo] *ag, sm*
mercenary

merce'ria [mertʃe'ria] *sf* (*articoli*) haberdashery (*BRIT*), notions *pl* (*US*); (*bottega*) haberdasher's shop (*BRIT*), notions store (*US*)

mercoledì *sm inv* Wednesday; **di** *o* **il ~** on Wednesdays; **~ delle Ceneri** Ash Wednesday

---
mercoledì delle ceneri
---

i **Mercoledì delle ceneri**, *in the Catholic Church, marks the beginning of Lent. On that day, people go to church and are marked on the forehead with ash from the burning of the blessed olive branch. Ash Wednesday is a day of fasting, abstinence and penitence.*

---

mer'curio *sm* mercury

'merda (*fam!*) *sf* shit (!)

me'renda *sf* afternoon snack

meridi'ana *sf* (*orologio*) sundial

meridi'ano, a *ag* meridian; midday *cpd*, noonday ♦ *sm* meridian

meridio'nale *ag* southern ♦ *sm/f* southerner

meridi'one *sm* south

me'ringa, ghe *sf* (*CUC*) meringue

meri'tare *vt* to deserve, merit ♦ *vb impers*: **merita andare** it's worth going

meri'tevole *ag* worthy

'merito *sm* merit; (*valore*) worth; **in ~ a** as regards, with regard to; **dare ~ a qn di** to give sb credit for; **finire a pari ~** to finish joint first (*o* second *etc*); to tie; **meri'torio, a** *ag* praiseworthy

mer'letto *sm* lace

'merlo *sm* (*ZOOL*) blackbird; (*ARCHIT*) battlement

mer'luzzo [mer'luttso] *sm* (*ZOOL*) cod

mes'chino, a [mes'kino] *ag* wretched; (*scarso*) scanty, poor; (*persona: gretta*) mean; (*: limitata*) narrow-minded, petty

mesco'lanza [mesko'lantsa] *sf* mixture

mesco'lare *vt* to mix; (*vini, colori*) to blend; (*mettere in disordine*) to mix up, muddle up; (*carte*) to shuffle; **~rsi** *vr* to mix; to blend; to get mixed up; (*fig*): **~rsi**

in to get mixed up in, meddle in

'mese *sm* month

'messa *sf* (*REL*) mass; (*il mettere*): **~ in moto** starting; **~ in piega** set; **~ a punto** (*TECN*) adjustment; (*AUT*) tuning; (*fig*) clarification; **~ in scena** = **messinscena**

messag'gero [messad'dʒero] *sm* messenger

mes'saggio [mes'saddʒo] *sm* message

mes'sale *sm* (*REL*) missal

'messe *sf* harvest

Mes'sia *sm inv* (*REL*): **il ~** the Messiah

'Messico *sm*: **il ~** Mexico

messin'scena [messin'ʃena] *sf* (*TEATRO*) production

'messo, a *pp di* **mettere** ♦ *sm* messenger

mesti'ere *sm* (*professione*) job; (*: manuale*) trade; (*: artigianale*) craft; (*fig: abilità nel lavoro*) skill, technique; **essere del ~** to know the tricks of the trade

'mesto, a *ag* sad, melancholy

'mestolo *sm* (*CUC*) ladle

mestruazi'one [mestruat'tsjone] *sf* menstruation

'meta *sf* destination; (*fig*) aim, goal

metà *sf inv* half; (*punto di mezzo*) middle; **dividere qc a** *o* **per ~** to divide sth in half, halve sth; **fare a ~ (di qc con qn)** to go halves (with sb in sth); **a ~ prezzo** at half price; **a ~ strada** halfway

me'tafora *sf* metaphor

me'tallico, a, ci, che *ag* (*di metallo*) metal *cpd*; (*splendore, rumore etc*) metallic

me'tallo *sm* metal

metalmec'canico, a, ci, che *ag* engineering *cpd* ♦ *sm* engineering worker

me'tano *sm* methane

meteorolo'gia [meteorolo'dʒia] *sf* meteorology; **meteoro'logico, a, ci, che** *ag* meteorological, weather *cpd*

me'ticcio, a, ci, ce [me'tittʃo] *sm/f* half-caste, half-breed

me'todico, a, ci, che *ag* methodical

'metodo *sm* method

'metrica *sf* metrics *sg*; **'metrico, a, ci, che** *ag* metric; (*POESIA*) metrical

'metro *sm* metre; (*nastro*) tape measure;

(*asta*) (*metre*) rule

metropoli'tana *sf* underground, subway

metropoli'tano, a *ag* metropolitan

'**mettere** *vt* to put; (*abito*) to put on; (: *portare*) to wear; (*installare: telefono*) to put in; (*fig: provocare*): **~ fame/allegria a qn** to make sb hungry/happy; (*supporre*): **mettiamo che ...** let's suppose *o* say that ... ; **~rsi** *vr* (*persona*) to put o.s.; (*oggetto*) to go; (*disporsi: faccenda*) to turn out; **~rsi a sedere** to sit down; **~rsi a letto** to get into bed; (*per malattia*) to take to one's bed; **~rsi il cappello** to put on one's hat; **~rsi a** (*cominciare*) to begin to, start to; **~rsi al lavoro** to set to work; **~rsi con qn** (*in società*) to team up with sb; (*in coppia*) to start going out with sb; **~rci molta cura/molto tempo** to take a lot of care/a lot of time; **ci ho messo 3 ore per venire** it's taken me 3 hours to get here; **~rcela tutta** to do one's best; **~ a tacere qn/qc** to keep sb/sth quiet; **~ su casa** to set up house; **~ su un negozio** to start a shop; **~ via** to put away

'**mezza** ['mɛddza] *sf*: **la ~** half-past twelve (*in the afternoon*); *vedi anche* **mezzo**

mez'zadro [med'dzadro] *sm* (*AGR*) sharecropper

mezza'luna [meddza'luna] *sf* half-moon; (*dell'islamismo*) crescent; (*coltello*) (*semicircular*) chopping knife

mezza'nino [meddza'nino] *sm* mezzanine (*floor*)

mez'zano, a [med'dzano] *ag* (*medio*) average, medium; (*figlio*) middle *cpd* ♦ *sm/f* (*ruffiano*) pimp

mezza'notte [meddza'nɔtte] *sf* midnight

'**mezzo, a** ['mɛddzo] *ag* half; **un ~ litro/panino** a litre/roll ♦ *av* half-; **~ morto** half-dead ♦ *sm* (*metà*) half; (*parte centrale: di strada etc*) middle; (*per raggiungere un fine*) means *sg*; (*veicolo*) vehicle; (*nell'indicare l'ora*): **le nove e ~** half past nine; **mezzogiorno e ~** half past twelve; **~i** *smpl* (*possibilità economiche*) means; **di ~a età** middle-aged; **un soprabito di ~a stagione** a spring (*o* autumn) coat; **di ~**

middle, in the middle; **andarci di ~** (*patir danno*) to suffer; **levarsi** *o* **togliersi di ~** to get out of the way; **in ~ a** in the middle of; **per** *o* **a ~ di** by means of; **~i di comunicazione di massa** mass media *pl*; **~i pubblici** public transport *sg*; **~i di trasporto** means of transport

mezzogi'orno [meddzo'dʒorno] *sm* midday, noon; **a ~** at 12 (o'clock) *o* midday *o* noon; **il ~ d'Italia** southern Italy

mez'z'ora [med'dzora] *sf* half-hour, half an hour

mi (*dav lo, la, li, le, ne diventa* **me**) *pron* (*oggetto*) me; (*complemento di termine*) to me; (*riflessivo*) myself ♦ *sm* (*MUS*) E; (: *solfeggiando la scala*) mi

'**mia** *vedi* **mio**

miago'lare *vi* to miaow, mew

'**mica** *av* (*fam*): **non ... ~** not ... at all; **non sono ~ stanco** I'm not a bit tired; **non sarà ~ partito?** he wouldn't have left, would he?; **~ male** not bad

'**miccia, ce** ['mittʃa] *sf* fuse

micidi'ale [mitʃi'djale] *ag* fatal; (*dannosissimo*) deadly

mi'crofono *sm* microphone

micros'copio *sm* microscope

mi'dollo (*pl(f)* **~a**) *sm* (*ANAT*) marrow; **~ osseo** bone marrow

'**mie** *vedi* **mio**

mi'ei *vedi* **mio**

mi'ele *sm* honey

mi'etere *vt* (*AGR*) to reap, harvest; (*fig: vite*) to take, claim

'**miglia** ['miʎʎa] *sfpl di* **miglio**

migli'aio [miʎ'ʎajo] (*pl(f)* **~a**) *sm* thousand; **un ~ (di)** about a thousand; **a ~a** by the thousand, in thousands

'**miglio** ['miʎʎo] *sm* (*BOT*) millet; (*pl(f)* **~a**: *unità di misura*) mile; **~ marino** *o* **nautico** nautical mile

migliora'mento [miʎʎora'mento] *sm* improvement

miglio'rare [miʎʎo'rare] *vt, vi* to improve

migli'ore [miʎ'ʎore] *ag* (*comparativo*) better; (*superlativo*) best ♦ *sm*: **il ~** the best (*thing*) ♦ *sm/f*: **il(la) ~** the best (*person*); **il**

miglior vino di questa regione the best wine in this area

'**mignolo** ['miɲɲolo] *sm* (ANAT) little finger, pinkie; (: *dito del piede*) little toe

mi'**grare** *vi* to migrate

'**mila** *pl di* **mille**

Mi'**lano** *sf* Milan

miliar'**dario, a** *sm/f* millionaire

mili'**ardo** *sm* thousand million, billion (US)

mili'**are** *ag*: **pietra ~** milestone

mili'**one** *sm* million; **due ~i di lire** two million lire

mili'**tante** *ag, sm/f* militant

mili'**tare** *vi* (MIL) to be a soldier, serve; (*fig*: *in un partito*) to be a militant ♦ *ag* military ♦ *sm* serviceman; **fare il ~** to do one's military service

'**milite** *sm* soldier

millanta'**tore**, '**trice** *sm/f* boaster

'**mille** (*pl* **mila**) *num* a o one thousand; **dieci mila** ten thousand

mille'**foglie** [mille'fɔʎʎe] *sm inv* (CUC) cream o vanilla slice

mil'**lennio** *sm* millennium

millepi'**edi** *sm inv* centipede

mil'**lesimo, a** *ag, sm* thousandth

milli'**grammo** *sm* milligram(me)

mil'**limetro** *sm* millimetre

'**milza** ['miltsa] *sf* (ANAT) spleen

mimetiz'**zare** [mimetid'dzare] *vt* to camouflage; **~rsi** *vr* to camouflage o.s.

'**mimica** *sf* (*arte*) mime

'**mimo** *sm* (*attore, componimento*) mime

mi'**mosa** *sf* mimosa

'**mina** *sf* (*esplosiva*) mine; (*di matita*) lead

mi'**naccia, ce** [mi'nattʃa] *sf* threat; **minacci'are** *vt* to threaten; **minacciare qn di morte** to threaten to kill sb; **minacciare di fare qc** to threaten to do sth; **minacci'oso, a** *ag* threatening

mi'**nare** *vt* (MIL) to mine; (*fig*) to undermine

mina'**tore** *sm* miner

mina'**torio, a** *ag* threatening

mine'**rale** *ag, sm* mineral

mine'**rario, a** *ag* (*delle miniere*) mining; (*dei minerali*) ore *cpd*

mi'**nestra** *sf* soup; **~ in brodo/di verdure** noodle/vegetable soup; **mines'trone** *sm* thick vegetable and pasta soup

mingher'**lino, a** [minger'lino] *ag* thin, slender

'**mini** *ag inv* mini ♦ *sf inv* miniskirt

minia'**tura** *sf* miniature

mini'**era** *sf* mine

mini'**gonna** *sf* miniskirt

'**minimo, a** *ag* minimum, least, slightest; (*piccolissimo*) very small, slight; (*il più basso*) lowest, minimum ♦ *sm* minimum; **al ~** at least; **girare al ~** (AUT) to idle

minis'**tero** *sm* (POL, REL) ministry; (*governo*) government; **M~ delle Finanze** Ministry of Finance, ≈ Treasury

mi'**nistro** *sm* (POL, REL) minister

mino'**ranza** [mino'rantsa] *sf* minority

mino'**rato, a** *ag* handicapped ♦ *sm/f* physically (*o* mentally) handicapped person

mi'**nore** *ag* (*comparativo*) less; (*più piccolo*) smaller; (*numero*) lower; (*inferiore*) lower, inferior; (*meno importante*) minor; (*più giovane*) younger; (*superlativo*) least; smallest; lowest; youngest ♦ *sm/f* = **minorenne**

mino'**renne** *ag* under age ♦ *sm/f* minor, person under age

mi'**nuscolo, a** *ag* (*scrittura, carattere*) small; (*piccolissimo*) tiny ♦ *sf* small letter

mi'**nuta** *sf* rough copy, draft

mi'**nuto, a** *ag* tiny, minute; (*pioggia*) fine; (*corporatura*) delicate, fine ♦ *sm* (*unità di misura*) minute; **al ~** (COMM) retail

'**mio** (*f* '**mia**, *pl* **mi'ei**, '**mie**) *det*: **il ~, la mia** *etc* my ♦ *pron*: **il ~, la mia** *etc* mine; **i miei** my family; **un ~ amico** a friend of mine

'**miope** *ag* short-sighted

'**mira** *sf* (*anche fig*) aim; **prendere la ~** to take aim; **prendere di ~ qn** (*fig*) to pick on sb

mi'**rabile** *ag* admirable, wonderful

mi'**racolo** *sm* miracle

mi'**raggio** [mi'raddʒo] *sm* mirage

mi'**rare** *vi*: **~ a** to aim at

mi'**rino** *sm* (TECN) sight; (FOT) viewer, viewfinder

mir'tillo *sm* bilberry (*BRIT*), blueberry (*US*), whortleberry

mi'scela [miʃʃela] *sf* mixture; (*di caffè*) blend

miscel'lanea [miʃʃel'lanea] *sf* miscellany

'mischia ['miskja] *sf* scuffle; (*RUGBY*) scrum, scrummage

mischi'are [mis'kjare] *vt* to mix, blend; **~rsi** *vr* to mix, blend

mis'cuglio [mis'kuʎʎo] *sm* mixture, hotchpotch, jumble

mise'rabile *ag* (*infelice*) miserable, wretched; (*povero*) poverty-stricken; (*di scarso valore*) miserable

mi'seria *sf* extreme poverty; (*infelicità*) misery; **~e** *sfpl* (*del mondo etc*) misfortunes, troubles; **porca ~!** (*fam*) blast!, damn!

miseri'cordia *sf* mercy, pity

'misero, a *ag* miserable, wretched; (*povero*) poverty-stricken; (*insufficiente*) miserable

mis'fatto *sm* misdeed, crime

mi'sogino [mi'zɔdʒino] *sm* misogynist

'missile *sm* missile

missio'nario, a *ag*, *sm/f* missionary

missi'one *sf* mission

misteri'oso, a *ag* mysterious

mis'tero *sm* mystery

'misto, a *ag* mixed; (*scuola*) mixed, coeducational ♦ *sm* mixture

mis'tura *sf* mixture

mi'sura *sf* measure; (*misurazione, dimensione*) measurement; (*taglia*) size; (*provvedimento*) measure, step; (*moderazione*) moderation; (*MUS*) time; (: *divisione*) bar; (*fig: limite*) bounds *pl*, limit; **nella ~ in cui** inasmuch as, insofar as; **(fatto) su ~** made to measure

misu'rare *vt* (*ambiente, stoffa*) to measure; (*terreno*) to survey; (*abito*) to try on; (*pesare*) to weigh; (*fig: parole etc*) to weigh up; (: *spese, cibo*) to limit ♦ *vi* to measure; **~rsi** *vr*: **~rsi con qn** to have a confrontation with sb; to compete with sb; misu'rato, a *ag* (*ponderato*) measured; (*moderato*) moderate

'mite *ag* mild

miti'gare *vt* to mitigate, lessen; (*lenire*) to soothe, relieve; **~rsi** *vr* (*odio*) to subside; (*tempo*) to become milder

'mito *sm* myth; mitolo'gia, 'gie *sf* mythology

'mitra *sf* (*REL*) mitre ♦ *sm inv* (*arma*) sub-machine gun

mitraglia'trice [mitraʎʎa'tritʃe] *sf* machine gun

mit'tente *sm/f* sender

'mobile *ag* mobile; (*parte di macchina*) moving; (*DIR: bene*) movable, personal ♦ *sm* (*arredamento*) piece of furniture; **~i** *smpl* (*mobilia*) furniture *sg*

mo'bilia *sf* furniture

mobili'are *ag* (*DIR*) personal, movable

mo'bilio *sm* = **mobilia**

mobili'tare *vt* to mobilize

mocas'sino *sm* moccasin

mocci'oso, a [mot'tʃoso, a] *sm/f* (*peg*) snotty(-nosed) kid

'moccolo *sm* (*di candela*) candle-end; (*fam: bestemmia*) oath; (: *moccio*) snot; **reggere il ~** to play gooseberry (*BRIT*), act as chaperon

'moda *sf* fashion; **alla ~, di ~** fashionable, in fashion

modalità *sf inv* formality

mo'della *sf* model

model'lare *vt* (*creta*) to model, shape; **~rsi** *vr*: **~rsi su** to model o.s. on

mo'dello *sm* model; (*stampo*) mould ♦ *ag inv* model *cpd*

'modem *sm inv* modem

mode'rare *vt* to moderate; **~rsi** *vr* to restrain o.s.; mode'rato, a *ag* moderate

modera'tore, 'trice *sm/f* moderator

mo'derno, a *ag* modern

mo'destia *sf* modesty

mo'desto, a *ag* modest

'modico, a, ci, che *ag* reasonable, moderate

mo'difica, che *sf* modification

modifi'care *vt* to modify, alter; **~rsi** *vr* to alter, change

mo'dista *sf* milliner

'modo *sm* way, manner; (*mezzo*) means,

way; (*occasione*) opportunity; (*LING*) mood; (*MUS*) mode; **~i** *smpl* (*comportamento*) manners; **a suo ~, a ~ suo** in his own way; **ad** *o* **in ogni ~** anyway; **di** *o* **in ~ che** so that; **in ~ da** so as to; **in tutti i ~i** at all costs; (*comunque sia*) anyway; (*in ogni caso*) in any case; **in qualche ~** somehow or other; **~ di dire** turn of phrase; **per ~ di dire** so to speak

modu'lare *vt* to modulate; modulazi'one *sf* modulation; **modulazione di frequenza** frequency modulation

'modulo *sm* (*modello*) form; (*ARCHIT, lunare, di comando*) module

'mogano *sm* mahogany

'mogio, a, gi, gie ['mɔdʒo] *ag* down in the dumps, dejected

'moglie ['moʎʎe] *sf* wife

mo'ine *sfpl* cajolery *sg*; (*leziosità*) affectation *sg*

'mola *sf* millstone; (*utensile abrasivo*) grindstone

mo'lare *sm* (*dente*) molar

'mole *sf* mass; (*dimensioni*) size; (*edificio grandioso*) massive structure

moles'tare *vt* to bother, annoy; mo'lestia *sf* annoyance, bother; **recar molestia a qn** to bother sb; mo'lesto, a *ag* annoying

'molla *sf* spring; **~e** *sfpl* (*per camino*) tongs

mol'lare *vt* to release, let go; (*NAUT*) to ease; (*fig: ceffone*) to give ♦ *vi* (*cedere*) to give in

'molle *ag* soft; (*muscoli*) flabby

mol'letta *sf* (*per capelli*) hairgrip; (*per panni stesi*) clothes peg

'mollica, che *sf* crumb, soft part

mol'lusco, schi *sm* mollusc

'molo *sm* mole, breakwater; jetty

mol'teplice [mol'teplitʃe] *ag* (*formato di più elementi*) complex; **~i** *pl* (*svariati: interessi, attività*) numerous, various

moltipli'care *vt* to multiply; **~rsi** *vr* to multiply; to increase in number; moltiplicazi'one *sf* multiplication

---

PAROLA CHIAVE

'molto, a *det* (*quantità*) a lot of, much; (*numero*) a lot of, many; **~ pane/carbone** a lot of bread/coal; **~a gente** a lot of people, many people; **~i libri** a lot of books, many books; **non ho ~ tempo** I haven't got much time; **per ~ (tempo)** for a long time

♦ *av* **1** a lot, (very) much; **viaggia ~** he travels a lot; **non viaggia ~** he doesn't travel much *o* a lot

2 (*intensivo: con aggettivi, avverbi*) very; (: *con participio passato*) (very) much; **~ buono** very good; **~ migliore, ~ meglio** much *o* a lot better

♦ *pron* much, a lot; **~i, e** *pron pl* many, a lot; **~i pensano che ...** many (people) think ...

---

momen'taneo, a *ag* momentary, fleeting

mo'mento *sm* moment; **da un ~ all'altro** at any moment; (*all'improvviso*) suddenly; **al ~ di fare** just as I was (*o* you were *o* he was *etc*) doing; **per il ~** for the time being; **dal ~ che** ever since; (*dato che*) since; **a ~i** (*da un ~ all'altro*) any time *o* moment now; (*quasi*) nearly

'monaca, che *sf* nun

'Monaco *sf* Monaco; **~ (di Baviera)** Munich

'monaco, ci *sm* monk

mo'narca, chi *sm* monarch; monar'chia *sf* monarchy

monas'tero *sm* (*di monaci*) monastery; (*di monache*) convent; mo'nastico, a, ci, che *ag* monastic

'monco, a, chi, che *ag* maimed; (*fig*) incomplete

mon'dano, a *ag* (*anche fig*) worldly; (*dell'alta società*) society *cpd*; fashionable

mon'dare *vt* (*frutta, patate*) to peel; (*piselli*) to shell; (*pulire*) to clean

mondi'ale *ag* (*campionato, popolazione*) world *cpd*; (*influenza*) world-wide

'mondo *sm* world; (*grande quantità*): **un ~ di** lots of, a host of; **il bel ~** high society mo'nello, a *sm/f* street urchin; (*ragazzo vivace*) scamp, imp

mo'neta *sf* coin; (*ECON: valuta*) currency; (*denaro spicciolo*) (small) change; ~ **estera** foreign currency; ~ **legale** legal tender; **mone'tario, a** *ag* monetary

mongo'loide *ag, sm/f* (*MED*) mongol

'monito *sm* warning

'monitor *sm inv* (*TECN, TV*) monitor

monolo'cale *sm* studio flat

mono'polio *sm* monopoly

mo'notono, a *ag* monotonous

monsi'gnore [monsiɲ'ɲore] *sm* (*REL: titolo*) Your (*o* His) Grace

mon'sone *sm* monsoon

monta'carichi [monta'kariki] *sm inv* hoist, goods lift

mon'taggio [mon'taddʒo] *sm* (*TECN*) assembly; (*CINEMA*) editing

mon'tagna [mon'taɲɲa] *sf* mountain; (*zona montuosa*): **la ~** the mountains *pl*; **andare in ~** to go to the mountains; **~e russe** roller coaster *sg*, big dipper *sg* (*BRIT*); **monta'gnoso, a** *ag* mountainous

monta'naro, a *ag* mountain *cpd* ♦ *sm/f* mountain dweller

mon'tano, a *ag* mountain *cpd*; alpine

mon'tare *vt* to go (*o* come) up; (*cavallo*) to ride; (*apparecchiatura*) to set up, assemble; (*CUC*) to whip; (*ZOOL*) to cover; (*incastonare*) to mount, set; (*CINEMA*) to edit; (*FOT*) to mount ♦ *vi* to go (*o* come) up; (*a cavallo*): ~ **bene/male** to ride well/badly; (*aumentare di livello, volume*) to rise; **~rsi** *vr* to become big-headed; ~ **qc** to exaggerate sth; ~ **qn** *o* **la testa a qn** to turn sb's head; ~ **in bicicletta/macchina/treno** to get on a bicycle/into a car/on a train; ~ **a cavallo** to get on *o* mount a horse

monta'tura *sf* assembling *no pl*; (*di occhiali*) frames *pl*; (*di gioiello*) mounting, setting; (*fig*): ~ **pubblicitaria** publicity stunt

'monte *sm* mountain; **a ~** upstream; **mandare a ~ qc** to upset sth, cause sth to fail; **il M~ Bianco** Mont Blanc; ~ **di pietà** pawnshop

mon'tone *sm* (*ZOOL*) ram; **carne di ~** mutton

montu'oso, a *ag* mountainous

monu'mento *sm* monument

mo'quette [mɔ'kɛt] *sf inv* fitted carpet

'mora *sf* (*del rovo*) blackberry; (*del gelso*) mulberry; (*DIR*) delay; (*: somma*) arrears *pl*

mo'rale *ag* moral ♦ *sf* (*scienza*) ethics *sg*, moral philosophy; (*complesso di norme*) moral standards *pl*, morality; (*condotta*) morals *pl*; (*insegnamento morale*) moral ♦ *sm* morale; **essere giù di ~** to be feeling down; **moralità** *sf* morality; (*condotta*) morals *pl*

'morbido, a *ag* soft; (*pelle*) soft, smooth

mor'billo *sm* (*MED*) measles *sg*

'morbo *sm* disease

mor'boso, a *ag* (*fig*) morbid

mor'dace [mor'datʃe] *ag* biting, cutting

mor'dente *sm* (*fig: di satira, critica*) bite; (*: di persona*) drive

'mordere *vt* to bite; (*addentare*) to bite into

mori'bondo, a *ag* dying, moribund

morige'rato, a [moridʒe'rato] *ag* of good morals

mo'rire *vi* to die; (*abitudine, civiltà*) to die out; ~ **di fame** to die of hunger; (*fig*) to be starving; ~ **di noia/paura** to be bored/scared to death; **fa un caldo da ~** it's terribly hot

mormo'rare *vi* to murmur; (*brontolare*) to grumble

'moro, a *ag* dark(-haired); dark(-complexioned); **i M~i** *smpl* (*STORIA*) the Moors

mo'roso, a *ag* in arrears ♦ *sm/f* (*fam: innamorato*) sweetheart

'morsa *sf* (*TECN*) vice; (*fig: stretta*) grip

morsi'care *vt* to nibble (at), gnaw (at); (*sog: insetto*) to bite

'morso, a *pp di* **mordere** ♦ *sm* bite; (*di insetto*) sting; (*parte della briglia*) bit; **~i della fame** pangs of hunger

mor'taio *sm* mortar

mor'tale *ag, sm* mortal; **mortalità** *sf* mortality, death rate

'morte *sf* death

mortifi'care *vt* to mortify

'morto, a *pp di* morire ♦ *ag* dead ♦ *sm/f* dead man/woman; i ~i the dead; fare il ~ (*nell'acqua*) to float on one's back; il Mar M~ the Dead Sea

mor'torio *sm* (*anche fig*) funeral

mo'saico, ci *sm* mosaic

'Mosca *sf* Moscow

'mosca, sche *sf* fly; ~ cieca blind-man's-buff

mos'cato *sm* muscatel (wine)

mosce'rino [moʃʃeˈrino] *sm* midge, gnat

mos'chea [mosˈkea] *sf* mosque

mos'chetto [mosˈketto] *sm* musket

'moscio, a, sci, sce [ˈmɔʃʃo] *ag* (*fig*) lifeless

mos'cone *sm* (*ZOOL*) bluebottle; (*barca*) pedalo; (: *a remi*) *kind of pedalo with oars*

'mossa *sf* movement; (*nel gioco*) move

'mosso, a *pp di* muovere ♦ *ag* (*mare*) rough; (*capelli*) wavy; (*FOT*) blurred

mos'tarda *sf* mustard

'mostra *sf* exhibition, show; (*ostentazione*) show; in ~ on show; far ~ di (*fingere*) to pretend; far ~ di sé to show off

mos'trare *vt* to show; ~rsi *vr* to appear

'mostro *sm* monster; mostru'oso, a *ag* monstrous

mo'tel *sm inv* motel

moti'vare *vt* (*causare*) to cause; (*giustificare*) to justify, account for; motivazi'one *sf* justification; motive; (*PSIC*) motivation

mo'tivo *sm* (*causa*) reason, cause; (*movente*) motive; (*letterario*) (central) theme; (*disegno*) motif, design, pattern; (*MUS*) motif; per quale ~? why?, for what reason?

'moto *sm* (*anche FISICA*) motion; (*movimento, gesto*) movement; (*esercizio fisico*) exercise; (*sommossa*) rising, revolt; (*commozione*) feeling, impulse ♦ *sf inv* (*motocicletta*) motorbike; mettere in ~ to set in motion; (*AUT*) to start up

motoci'cletta [mototʃiˈkletta] *sf* motorcycle; motoci'clismo *sm*

motorcycling, motorcycle racing; motoci'clista, i, e *sm/f* motorcyclist

mo'tore, 'trice *ag* motor; (*TECN*) driving ♦ *sm* engine, motor; a ~ motor *cpd*, power-driven; ~ a combustione interna/a reazione internal combustion/jet engine; moto'rino *sm* moped; motorino di avviamento (*AUT*) starter; motoriz'zato, a *ag* (*truppe*) motorized; (*persona*) having a car *o* transport

motos'cafo *sm* motorboat

'motto *sm* (*battuta scherzosa*) witty remark; (*frase emblematica*) motto, maxim

mo'vente *sm* motive

movimen'tare *vt* to liven up

movi'mento *sm* movement; (*fig*) activity, hustle and bustle; (*MUS*) tempo, movement

mozi'one [motˈtsjone] *sf* (*POL*) motion

moz'zare [motˈtsare] *vt* to cut off; (*coda*) to dock; ~ il fiato *o* il respiro a qn (*fig*) to take sb's breath away

mozza'rella [mottsaˈrɛlla] *sf* mozzarella (*a moist Neapolitan curd cheese*)

mozzi'cone [mottsiˈkone] *sm* stub, butt, end; (*anche*: ~ di sigaretta) cigarette end

'mozzo [ˈmottso] *sm* (*NAUT*) ship's boy

'mucca, che *sf* cow

'mucchio [ˈmukkjo] *sm* pile, heap; (*fig*): un ~ di lots of, heaps of

'muco, chi *sm* mucus

'muffa *sf* mould, mildew

mug'gire [mudˈdʒire] *vi* (*vacca*) to low, moo; (*toro*) to bellow; (*fig*) to roar; mug'gito *sm* low, moo; bellow; roar

mu'ghetto [muˈgetto] *sm* lily of the valley

mu'gnaio, a [muɲˈɲajo] *sm/f* miller

mugo'lare *vi* (*cane*) to whimper, whine; (*fig: persona*) to moan

muli'nare *vi* to whirl, spin (round and round)

muli'nello *sm* (*moto vorticoso*) eddy, whirl; (*di canna da pesca*) reel

mu'lino *sm* mill; ~ a vento windmill

'mulo *sm* mule

'multa *sf* fine; mul'tare *vt* to fine

'multiplo, a *ag*, *sm* multiple

multiproprietà *sf inv* time-share

'**mummia** *sf* mummy

'**mungere** ['mundʒere] *vt* (*anche fig*) to milk

munici'pale [munitʃi'pale] *ag* municipal; town *cpd*

muni'cipio [muni'tʃipjo] *sm* town council, corporation; (*edificio*) town hall

mu'nire *vt*: ~ **qc/qn di** to equip sth/sb with

munizi'oni [munit'tsjoni] *sfpl* (*MIL*) ammunition *sg*

'**munto, a** *pp di* **mungere**

mu'overe *vt* to move; (*ruota, macchina*) to drive; (*sollevare: questione, obiezione*) to raise, bring up; (: *accusa*) to make, bring forward; ~**rsi** *vr* to move; **muoviti!** hurry up!, get a move on!

'**mura** *sfpl vedi* **muro**

mu'raglia [mu'raʎʎa] *sf* (high) wall

mu'rale *ag* wall *cpd*; mural

mu'rare *vt* (*persona, porta*) to wall up

mura'tore *sm* mason; bricklayer

'**muro** *sm* wall; ~**a** *sfpl* (*cinta cittadina*) walls; **a** ~ wall *cpd*; (*armadio etc*) built-in; ~ **del suono** sound barrier; **mettere al** ~ (*fucilare*) to shoot *o* execute (by firing squad)

'**muschio** ['muskjo] *sm* (*ZOOL*) musk; (*BOT*) moss

musco'lare *ag* muscular, muscle *cpd*

'**muscolo** *sm* (*ANAT*) muscle

mu'seo *sm* museum

museru'ola *sf* muzzle

'**musica** *sf* music; ~ **da ballo/camera** dance/chamber music; **musi'cale** *ag* musical; **musi'cista, i, e** *sm/f* musician

'**muso** *sm* muzzle; (*di auto, aereo*) nose; **tenere il** ~ to sulk; **mu'sone, a** *sm/f* sulky person

'**muta** *sf* (*di animali*) moulting; (*di serpenti*) sloughing; (*per immersioni subacquee*) diving suit; (*gruppo di cani*) pack

muta'mento *sm* change

mu'tande *sfpl* (*da uomo*) (under) pants; **mutan'dine** *sfpl* (*da donna, bambino*) pants (*BRIT*), briefs

mu'tare *vt, vi* to change, alter; **mutazi'one** *sf* change, alteration; (*BIOL*)

mutation; **mu'tevole** *ag* changeable

muti'lare *vt* to mutilate, maim; (*fig*) to mutilate, deface; **muti'lato, a** *sm/f* disabled person (*through loss of limbs*)

mu'tismo *sm* (*MED*) mutism; (*atteggiamento*) (stubborn) silence

'**muto, a** *ag* (*MED*) dumb; (*emozione, dolore, CINEMA*) silent; (*LING*) silent, mute; (*carta geografica*) blank; ~ **per lo stupore** *etc* speechless with amazement *etc*

'**mutua** *sf* (*anche: cassa* ~) health insurance scheme

mutu'are *vt* (*fig*) to borrow

mutu'ato, a *sm/f* member of a health insurance scheme

'**mutuo, a** *ag* (*reciproco*) mutual ♦ *sm* (*ECON*) (long-term) loan

N, n

N. *abbr* (= *nord*) N

'**nacchere** ['nakkere] *sfpl* castanets

'**nafta** *sf* naphtha; (*per motori diesel*) diesel oil

nafta'lina *sf* (*CHIM*) naphthalene; (*tarmicida*) mothballs *pl*

'**naia** *sf* (*MIL*) *slang term for national service*

'**nailon** *sm* nylon

'**nanna** *sf* (*linguaggio infantile*): **andare a** ~ to go to beddy-byes

'**nano, a** *ag, sm/f* dwarf

napole'tano, a *ag, sm/f* Neapolitan

'**Napoli** *sf* Naples

'**nappa** *sf* tassel

nar'ciso [nar'tʃizo] *sm* narcissus

nar'cosi *sf* narcosis

nar'cotico, ci *sm* narcotic

na'rice [na'ritʃe] *sf* nostril

nar'rare *vt* to tell the story of, recount; **narra'tiva** *sf* (*branca letteraria*) fiction; **narra'tivo, a** *ag* narrative; **narra'tore, 'trice** *sm/f* narrator; **narrazi'one** *sf* narration; (*racconto*) story, tale

na'sale *ag* nasal

'**nascere** ['naʃʃere] *vi* (*bambino*) to be born; (*pianta*) to come *o* spring up; (*fiume*) to rise, have its source; (*sole*) to rise; (*dente*) to come through; (*fig: derivare, conseguire*): ~ **da** to arise from, be born out of; **è nata nel 1952** she was born in 1952; **'nascita** *sf* birth

nas'condere *vt* to hide, conceal; **~rsi** *vr* to hide; **nascon'diglio** *sm* hiding place; **nascon'dino** *sm* (*gioco*) hide-and-seek; **nas'costo, a** *pp di* **nascondere** ♦ *ag* hidden; **di nascosto** secretly

na'sello *sm* (*ZOOL*) hake

'naso *sm* nose

'nastro *sm* ribbon; (*magnetico, isolante, SPORT*) tape; ~ **adesivo** adhesive tape; ~ **trasportatore** conveyor belt

nas'turzio [nas'turtsjo] *sm* nasturtium

na'tale *ag* of one's birth ♦ *sm* (*REL*): **N~** Christmas; (*giorno della nascita*) birthday; **natalità** *sf* birth rate; **nata'lizio, a** *ag* (*del Natale*) Christmas *cpd*

na'tante *sm* craft *inv*, boat

'natica, che [*ANAT*] buttock

na'tio, a, 'tii, 'tie *ag* native

Natività *sf* (*REL*) Nativity

na'tivo, a *ag, sm/f* native

'nato, a *pp di* **nascere** ♦ *ag*: **un attore** ~ a born actor; **~a Pieri** née Pieri

na'tura *sf* nature; **pagare in** ~ to pay in kind; ~ **morta** still life

natu'rale *ag* natural; **natura'lezza** *sf* naturalness; **natura'lista, i, e** *sm/f* naturalist

naturaliz'zare [naturalid'dzare] *vt* to naturalize

natural'mente *av* naturally; (*certamente, sì*) of course

naufra'gare *vi* (*nave*) to be wrecked; (*persona*) to be shipwrecked; (*fig*) to fall through; **nau'fragio** *sm* shipwreck; (*fig*) ruin, failure; **'naufrago, ghi** *sm* castaway, shipwreck victim

'nausea *sf* nausea; **nausea'bondo, a** *ag* nauseating, sickening; **nause'are** *vt* to nauseate, make (feel) sick

'nautica *sf* (art of) navigation

'nautico, a, ci, che *ag* nautical

na'vale *ag* naval

na'vata *sf* (*anche:* ~ **centrale**) nave; (*anche:* ~ **laterale**) aisle

'nave *sf* ship, vessel; ~ **cisterna** tanker; ~ **da guerra** warship; ~ **passeggeri** passenger ship

na'vetta *sf* shuttle; (*servizio di collegamento*) shuttle (service)

navi'cella [navi't∫ɛlla] *sf* (*di aerostato*) gondola; ~ **spaziale** spaceship

navi'gare *vi* to sail; ~ **in Internet** to surf the Net; **navigazi'one** *sf* navigation

na'viglio [na'viʎʎo] *sm* (*canale artificiale*) canal; ~ **da pesca** fishing fleet

nazio'nale [nattsjo'nale] *ag* national ♦ *sf* (*SPORT*) national team; **naziona'lismo** *sm* nationalism; **nazionalità** *sf inv* nationality

nazi'one [nat'tsjone] *sf* nation

PAROLA CHIAVE

ne *pron* **1** (*di lui, lei, loro*) of him/her/them; about him/her/them; ~ **riconosco la voce** I recognize his (*o* her) voice

2 (*di questa, quella cosa*) of it; about it; ~ **voglio ancora** I want some more (of it *o* them); **non parliamone più!** let's not talk about it any more!

3 (*con valore partitivo*): **hai dei libri? – sì, ~ ho** have you any books? — yes, I have (some); **hai del pane? – no, non ~ ho** have you any bread? — no, I haven't any; **quanti anni hai? – ~ ho 17** how old are you? — I'm 17

♦ *av* (*moto da luogo: da lì*) from there; ~ **vengo ora** I've just come from there

---

né *cong*: ~ ... ~ neither ... nor; ~ **l'uno l'altro lo vuole** neither of them wants it; **non parla** ~ **l'italiano** ~ **il tedesco** he speaks neither Italian nor German, he doesn't speak either Italian or German; **non piove** ~ **nevica** it isn't raining or snowing

ne'anche [ne'anke] *av, cong* not even; **non ... ~** not even; ~ **se volesse potrebbe venire** he couldn't come even if he wanted to; **non l'ho visto — ~ io** I didn't see him — neither did I *o* I didn't either; ~ **per idea** *o* **sogno!** not on your life!

'**nebbia** *sf* fog; (*foschia*) mist; **nebbi'oso, a** *ag* foggy; misty

nebu'loso, a *ag* (*atmosfera*) hazy; (*fig*) hazy, vague

necessaria'mente [netʃessarjaˈmente] *av* necessarily

neces'sario, a [netʃesˈsarjo] *ag* necessary

necessità [netʃessiˈta] *sf inv* necessity; (*povertà*) need, poverty; **necessi'tare** *vt* to require ♦ *vi* (*aver bisogno*): **necessitare di** to need

necro'logio [nekroˈlɔdʒo] *sm* obituary notice

ne'fando, a *ag* infamous, wicked

ne'fasto, a *ag* inauspicious, ill-omened

ne'gare *vt* to deny; (*rifiutare*) to deny, refuse; **~ di aver fatto/che** to deny having done/that; **nega'tivo, a** *ag, sf, sm* negative; **negazi'one** *sf* negation

ne'gletto, a *ag* (*trascurato*) neglected

'**negli** [ˈneʎʎi] *prep +det vedi* **in**

negli'gente [negliˈdʒɛnte] *ag* negligent, careless; **negli'genza** *sf* negligence, carelessness

negozi'ante [negotˈtsjante] *sm/f* trader, dealer; (*bottegaio*) shopkeeper (*BRIT*), storekeeper (*US*)

negozi'are [negotˈtsjare] *vt* to negotiate ♦ *vi*: **~ in** to trade *o* deal in; **negozi'ato** *sm* negotiation

ne'gozio [neˈgɔttsjo] *sm* (*locale*) shop (*BRIT*), store (*US*)

'**negro, a** *ag, sm/f* Negro

'**nei** *prep +det vedi* **in**

nel *prep +det vedi* **in**

nell' *prep +det vedi* **in**

'**nella** *prep +det vedi* **in**

'**nelle** *prep +det vedi* **in**

'**nello** *prep +det vedi* **in**

'**nembo** *sm* (*METEOR*) nimbus

ne'mico, a, ci, che *ag* hostile; (*MIL*) enemy *cpd* ♦ *sm/f* enemy; **essere ~ di** to be strongly averse *o* opposed to

nem'meno *av, cong* = **neanche**

'**nenia** *sf* dirge; (*motivo monotono*) monotonous tune

'**neo** *sm* mole; (*fig*) (slight) flaw

'**neo...** *prefisso* neo...

'**neon** *sm* (*CHIM*) neon

neo'nato, a *ag* newborn ♦ *sm/f* newborn baby

neozelan'dese [neoddzelanˈdese] *ag* New Zealand *cpd* ♦ *sm/f* New Zealander

nep'pure *av, cong* = **neanche**

'**nerbo** *sm* lash; (*fig*) strength, backbone; **nerbo'ruto, a** *ag* muscular; robust

ne'retto *sm* (*TIP*) bold type

'**nero, a** *ag* black; (*scuro*) dark ♦ *sm* black; **il Mar N~** the Black Sea

nerva'tura *sf* (*ANAT*) nervous system; (*BOT*) veining; (*ARCHIT, TECN*) rib

'**nervo** *sm* (*ANAT*) nerve; (*BOT*) vein; **avere i ~i** to be on edge; **dare sui ~i a qn** to get on sb's nerves; **ner'voso, a** *ag* nervous; (*irritabile*) irritable ♦ *sm* (*fam*): **far venire il nervoso a qn** to get on sb's nerves

'**nespola** *sf* (*BOT*) medlar; (*fig*) blow, punch; '**nespolo** *sm* medlar tree

'**nesso** *sm* connection, link

PAROLA CHIAVE
---

nes'suno, a (*det: dav sm* **nessun** +*C, V*, **nessuno** +*s impura, gn, pn, ps, x, z; dav sf* **nessuna** +*C*, **nessun'** +*V*) *det* 1 (*non uno*) no, *espressione negativa* +any; **non c'è nessun libro** there isn't any book, there is no book; **nessun altro** no one else, nobody else; **nessun'altra cosa** nothing else; **in nessun luogo** nowhere

2 (*qualche*) any; **hai ~a obiezione?** do you have any objections?

♦ *pron* 1 (*non uno*) no one, nobody, *espressione negativa* +any(one); (*: cosa*) none, *espressione negativa* +any; **~ è venuto, non è venuto ~** nobody came

2 (*qualcuno*) anyone, anybody; **ha telefonato ~?** did anyone phone?

---

net'tare¹ *vt* to clean

'**nettare**² *sm* nectar

net'tezza [netˈtettsa] *sf* cleanness, cleanliness; **~ urbana** cleansing department

'**netto, a** *ag* (*pulito*) clean; (*chiaro*) clear, clear-cut; (*deciso*) definite; (*ECON*) net

nettur'bino *sm* dustman (*BRIT*), garbage collector (*US*)

neu'rosi *sf* = **nevrosi**

neu'trale *ag* neutral; **neutralità** *sf* neutrality; **neutraliz'zare** *vt* to neutralize

'neutro, a *ag* neutral; (*LING*) neuter ♦ *sm* (*LING*) neuter

'neve *sf* snow; **nevi'care** *vb impers* to snow; **nevi'cata** *sf* snowfall

ne'vischio [ne'viskjo] *sm* sleet

ne'voso, a *ag* snowy; snow-covered

nevral'gia [nevral'dʒia] *sf* neuralgia

nevras'tenico, a, ci, che *ag* (*MED*) neurasthenic; (*fig*) hot-tempered

ne'vrosi *sf* neurosis

'nibbio *sm* (*ZOOL*) kite

'nicchia ['nikkja] *sf* niche; (*naturale*) cavity, hollow

nicchi'are [nik'kjare] *vi* to shilly-shally, hesitate

'nichel ['nikel] *sm* nickel

nico'tina *sf* nicotine

'nido *sm* nest; **a ~ d'ape** (*tessuto etc*) honeycomb *cpd*

PAROLA CHIAVE

ni'ente *pron* **1** (*nessuna cosa*) nothing; **~ può fermarlo** nothing can stop him; **~ di ~** absolutely nothing; **nient'altro** nothing else; **nient'altro che** nothing but, just, only; **~ affatto** not at all, not in the least; **come se ~ fosse** as if nothing had happened; **cose da ~** trivial matters; **per ~** (*gratis, invano*) for nothing

2 (*qualcosa*): **hai bisogno di ~?** do you need anything?

3: **non ... ~** nothing, *espressione negativa* +anything; **non ho visto ~** I saw nothing, I didn't see anything; **non ho ~ da dire** I have nothing *o* haven't anything to say ♦ *sm* nothing; **un bel ~** absolutely nothing; **basta un ~ per farla piangere** the slightest thing is enough to make her cry ♦ *av* (*in nessuna misura*): **non ... ~ not ...** at all; **non è (per) ~ buono** it isn't good at all

---

nientedi'meno *av* actually, even ♦ *escl* really!, I say!

niente'meno *av, escl* = **nientedimeno**

'Nilo *sm*: **il ~** the Nile

'ninfa *sf* nymph

nin'fea *sf* water lily

ninna-'nanna *sf* lullaby

'ninnolo *sm* (*gingillo*) knick-knack

ni'pote *sm/f* (*di zii*) nephew/niece; (*di nonni*) grandson/daughter, grandchild

'nitido, a *ag* clear; (*specchio*) bright

ni'trato *sm* nitrate

'nitrico, a, ci, che *ag* nitric

ni'trire *vi* to neigh

ni'trito *sm* (*di cavallo*) neighing *no pl*; neigh; (*CHIM*) nitrite

nitroglice'rina [nitroglitʃe'rina] *sf* nitroglycerine

no *av* (*risposta*) no; **vieni o ~?** are you coming or not?; **perché ~?** why not?; **lo conosciamo? — tu ~ ma io sì** do we know him? — you don't but I do; **verrai, ~?** you'll come, won't you?

'nobile *ag* noble ♦ *sm/f* noble, nobleman/woman; **nobili'are** *ag* noble; **nobiltà** *sf* nobility; (*di azione*) nobleness

'nocca, che [k] *sf* (*ANAT*) knuckle

nocci'ola [not'tʃɔla] *ag inv* (*colore*) hazel, light brown ♦ *sf* hazelnut

noccio'lina [nottʃo'lina] *sf*: **~ americana** peanut

'nocciolo¹ ['nɔttʃolo] *sm* (*di frutto*) stone; (*fig*) heart, core

noc'ciolo² [not'tʃɔlo] *sm* (*albero*) hazel

'noce ['notʃe] *sm* (*albero*) walnut tree ♦ *sf* (*frutto*) walnut; **~ moscata** nutmeg

no'civo, a [no'tʃivo] *ag* harmful, noxious

'nodo *sm* (*di cravatta, legname, NAUT*) knot; (*AUT, FERR*) junction; (*MED, ASTR, BOT*) node; (*fig: legame*) bond, tie; (*: punto centrale*) heart, crux; **avere un ~ alla gola** to have a lump in one's throat; **no'doso, a** *ag* (*tronco*) gnarled

'noi *pron* (*soggetto*) we; (*oggetto: per dare rilievo, con preposizione*) us; **~ stessi(e)** we ourselves; (*oggetto*) ourselves '**noia** *sf* boredom; (*disturbo, impaccio*) bother *no pl*, trouble *no pl*; **avere qn/qc a ~** not to like sb/sth; **mi è venuto a ~** I'm tired of it; **dare ~ a** to annoy; **avere delle ~e con qn** to have trouble with sb

noi'altri *pron* we

noi'oso, a *ag* boring; (*fastidioso*) annoying, troublesome

noleggi'are [noled'dʒare] *vt* (*prendere a noleggio*) to hire (BRIT), rent; (*dare a noleggio*) to hire out (BRIT), rent (out); (*aereo, nave*) to charter; **no'leggio** *sm* hire (BRIT), rental; charter

'**nolo** *sm* hire (BRIT), rental; charter; (*per trasporto merci*) freight; **prendere/dare a ~ qc** to hire/hire out sth

'**nomade** *ag* nomadic ♦ *sm/f* nomad

'**nome** *sm* name; (LING) noun; **in/a ~ di** in the name of; **di o per ~** (*chiamato*) called, named; **conoscere qn di ~** to know sb by name; **~ d'arte** stage name; **~ di battesimo** Christian name; **~ di famiglia** surname

no'mea *sf* notoriety

no'mignolo [no'miɲɲolo] *sm* nickname

'**nomina** *sf* appointment

nomi'nale *ag* nominal; (LING) noun *cpd*

nomi'nare *vt* to name; (*eleggere*) to appoint; (*citare*) to mention

nomina'tivo, a *ag* (LING) nominative; (ECON) registered ♦ *sm*: (LING: *anche:* **caso ~**) nominative (case); (AMM) name

non *av* not ♦ *prefisso* non-; *vedi* **affatto; appena** *etc*

nonché [non'ke] *cong* (*tanto più, tanto meno*) let alone; (*e inoltre*) as well as

noncu'rante *ag*: **~ (di)** careless (of), indifferent (to); **noncu'ranza** *sf* carelessness, indifference

nondi'meno *cong* (*tuttavia*) however; (*nonostante*) nevertheless

'**nonno, a** *sm/f* grandfather/mother; (*in senso più familiare*) grandma/grandpa; **~i** *smpl* grandparents

non'nulla *sm inv*: **un ~** nothing, a trifle

'**nono, a** *ag, sm* ninth

nonos'tante *prep* in spite of, notwithstanding ♦ *cong* although, even though

nontiscordardimé *sm inv* (BOT) forget-me-not

nord *sm* North ♦ *ag inv* north; northern; **il Mare del N~** the North Sea; **nor'dest** *sm* north-east; '**nordico, a, ci, che** *ag* nordic, northern European; **nor'dovest** *sm* north-west

'**norma** *sf* (*principio*) norm; (*regola*) regulation, rule; (*consuetudine*) custom, rule; **a ~ di legge** according to law, as laid down by law

nor'male *ag* normal; standard *cpd*; **normalità** *sf* normality; **normaliz'zare** *vt* to normalize, bring back to normal

normal'mente *av* normally

norve'gese [norve'dʒese] *ag, sm/f, sm* Norwegian

Nor'vegia [nor'vedʒa] *sf*: **la ~** Norway

nostal'gia [nostal'dʒia] *sf* (*di casa, paese*) homesickness; (*del passato*) nostalgia; **nos'talgico, a, ci, che** *ag* homesick; nostalgic

nos'trano, a *ag* local; national; home-produced

'**nostro, a** *det*: **il(la) ~(a)** *etc* our ♦ *pron*: **il(la) ~(a)** *etc* ours ♦ *sm*: **il ~** our money; our belongings; **i ~i** our family; our own people; **è dei ~i** he's one of us

'**nota** *sf* (*segno*) mark; (*comunicazione scritta*, MUS) note; (*fattura*) bill; (*elenco*) list; **degno di ~** noteworthy, worthy of note

no'tabile *ag* notable ♦ *sm* prominent citizen

no'taio *sm* notary

no'tare *vt* (*segnare: errori*) to mark; (*registrare*) to note (down), write down; (*rilevare, osservare*) to note, notice; **farsi ~** to get o.s. noticed

no'tevole *ag* (*talento*) notable, remarkable; (*peso*) considerable

noti'fica, che *sf* notification

notifi'care *vt* (DIR): **~ qc a qn** to notify sb of sth, give sb notice of sth

no'tizia [no'tittsja] *sf* (piece of) news *sg*; (*informazione*) piece of information; **~e** *sfpl*

(*informazioni*) news *sg*; information *sg*;
notizi'ario *sm* (RADIO, TV, STAMPA) news *sg*
'**noto, a** *ag* (well-)known
notorietà *sf* fame; notoriety
no'torio, a *ag* well-known; (*peg*) notorious
not'tambulo, a *sm/f* night-bird (*fig*)
not'tata *sf* night
'**notte** *sf* night; **di** ~ at night; (*durante la notte*) in the night, during the night; ~ **bianca** sleepless night; **notte'tempo** *av* at night; during the night
not'turno, a *ag* nocturnal; (*servizio, guardiano*) night *cpd*
no'vanta *num* ninety; **novan'tesimo, a** *num* ninetieth; **novan'tina** *sf*: **una novantina (di)** about ninety
'**nove** *num* nine
nove'cento [nove'tʃɛnto] *num* nine hundred ♦ *sm*: **il N~** the twentieth century
no'vella *sf* (LETTERATURA) short story
novel'lino, a *ag* (*pivello*) green, inexperienced
no'vello, a *ag* (*piante, patate*) new; (*insalata, verdura*) early; (*sposo*) newly-married
no'vembre *sm* November
novi'lunio *sm* (ASTR) new moon
novità *sf inv* novelty; (*innovazione*) innovation; (*cosa originale, insolita*) something new; (*notizia*) (piece of) news *sg*; **le ~ della moda** the latest fashions
no'vizio, a [no'vittsjo] *sm/f* (REL) novice; (*tirocinante*) beginner, apprentice
nozi'one [not'tsjone] *sf* notion, idea; **~i** *sfpl* (*rudimenti*) basic knowledge *sg*, rudiments
'**nozze** ['nɔttse] *sfpl* wedding *sg*, marriage *sg*; ~ **d'argento/d'oro** silver/golden wedding *sg*
ns. *abbr* (COMM) = **nostro**
'**nube** *sf* cloud; **nubi'fragio** *sm* cloudburst
'**nubile** *ag* (*donna*) unmarried, single
'**nuca** *sf* nape of the neck
nucle'are *ag* nuclear
'**nucleo** *sm* nucleus; (*gruppo*) team, unit, group; (MIL, POLIZIA) squad; **il ~ familiare** the family unit
nu'dista, i, e *sm/f* nudist

'**nudo, a** *ag* (*persona*) bare, naked, nude; (*membra*) bare, naked; (*montagna*) bare ♦ *sm* (ARTE) nude
'**nugolo** *sm*: **un ~ di** a whole host of
'**nulla** *pron, av* = **niente** ♦ *sm*: **il ~** nothing
nulla'osta *sm inv* authorization
nullità *sf inv* nullity; (*persona*) nonentity
'**nullo, a** *ag* useless, worthless; (DIR) null (and void); (SPORT): **incontro** ~ draw
nume'rale *ag, sm* numeral
nume'rare *vt* to number; **numerazi'one** *sf* numbering; (*araba, decimale*) notation
nu'merico, a, ci, che *ag* numerical
'**numero** *sm* number; (*romano, arabo*) numeral; (*di spettacolo*) act, turn; ~ **civico** house number; ~ **di telefono** telephone number; **nume'roso, a** *ag* numerous, many; (*con sostantivo sg*) large
'**nunzio** ['nuntsjo] *sm* (REL) nuncio
nu'ocere ['nwɔtʃere] *vi*: ~ **a** to harm, damage; **nuoci'uto, a** *pp di* **nuocere**
nu'ora *sf* daughter-in-law
nuo'tare *vi* to swim; (*galleggiare: oggetti*) to float; **nuota'tore, 'trice** *sm/f* swimmer; **nu'oto** *sm* swimming
nu'ova *sf* (*notizia*) (piece of) news *sg*; *vedi anche* **nuovo**
nuova'mente *av* again
Nu'ova Ze'landa [-dze'landa] *sf*: **la ~** New Zealand
nu'ovo, a *ag* new; **di** ~ again; ~ **fiammante** *o* **di zecca** brand-new
nutri'ente *ag* nutritious, nourishing
nutri'mento *sm* food, nourishment
nu'trire *vt* to feed; (*fig: sentimenti*) to harbour, nurse; **nutri'tivo, a** *ag* nutritional; (*alimento*) nutritious; **nutrizi'one** *sf* nutrition
'**nuvola** *sf* cloud; **nuvo'loso, a** *ag* cloudy
nuzi'ale [nut'tsjale] *ag* nuptial; wedding *cpd*

O, o

o (*dav V spesso* **od**) *cong* or; **~ ... ~** either ... or; **~ l'uno ~ l'altro** either (of them)

O. *abbr* (= *ovest*) W

'oasi *sf inv* oasis

obbedi'ente *etc* = **ubbidiente** *etc*

obbli'gare *vt* (*costringere*): **~ qn a fare** to force *o* oblige sb to do; (*DIR*) to bind; **~rsi** *vr*: **~rsi a fare** to undertake to do; **obbli'gato, a** *ag* (*costretto, grato*) obliged; (*percorso, tappa*) set, fixed; **obbliga'torio, a** *ag* compulsory, obligatory; **obbligazi'one** *sf* (*COMM*) bond, debenture; **'obbligo, ghi** *sm* obligation; (*dovere*) duty; **avere l'obbligo di fare** to be obliged to do; **essere d'obbligo** (*discorso, applauso*) to be called for

ob'brobrio *sm* disgrace; (*fig*) eyesore

o'beso, a *ag* obese

obiet'tare *vt*: **~ che** to object that; **~ su qc** to object to sth, raise objections concerning sth

obiet'tivo, a *ag* objective ♦ *sm* (*OTTICA, FOT*) lens *sg*, objective; (*MIL, fig*) objective

obiet'tore *sm* objector; **~ di coscienza** conscientious objector

obiezi'one *sf* [objet'tsjone] *sf* objection

obi'torio *sm* morgue, mortuary

o'bliquo, a *ag* oblique; (*inclinato*) slanting; (*fig*) devious, underhand

oblite'rare *vt* (*biglietto*) to stamp; (*francobollo*) to cancel

oblò *sm inv* porthole

o'blungo, a, ghi, ghe *ag* oblong

'oboe *sm* (*MUS*) oboe

'oca (*pl* **'oche**) *sf* goose

occasi'one *sf* (*caso favorevole*) opportunity; (*causa, motivo, circostanza*) occasion; (*COMM*) bargain; **d'~** (*a buon prezzo*) bargain *cpd*; (*usato*) secondhand

occhi'aia [ok'kjaja] *sf* eye socket; **avere le ~e** to have shadows under one's eyes

occhi'ali [ok'kjali] *smpl* glasses, spectacles;

~ da sole sunglasses; **~ da vista** (prescription) glasses

occhi'ata [ok'kjata] *sf* look, glance; **dare un'~ a** to have a look at

occhi'ello [ok'kjɛllo] *sm* buttonhole; (*asola*) eyelet

'occhio ['ɔkkjo] *sm* eye; **~!** careful!, watch out!; **a ~ nudo** with the naked eye; **a quattr'~i** privately, tête-à-tête; **dare all'~** *o* **nell'~ a qn** to catch sb's eye; **fare l'~ a qc** to get used to sth; **tenere d'~ qn** to keep an eye on sb; **vedere di buon/mal ~ qc** to look favourably/unfavourably on sth

occhio'lino [okkjo'lino] *sm*: **fare l'~ a qn** to wink at sb

occiden'tale [ottʃiden'tale] *ag* western ♦ *sm/f* Westerner

occi'dente [ottʃi'dɛnte] *sm* west; (*POL*): **l'O~** the West; **a ~** in the west

oc'cipite [ot'tʃipite] *sm* back of the head, occiput

oc'cludere *vt* to block; **occlusi'one** *sf* blockage, obstruction; **oc'cluso, a** *pp di* **occludere**

occor'rente *ag* necessary ♦ *sm* all that is necessary

occor'renza [okkor'rentsa] *sf* necessity, need; **all'~** in case of need

oc'correre *vi* to be needed, be required ♦ *vb impers*: **occorre farlo** it must be done; **occorre che tu parta** you must leave, you'll have to leave; **mi occorrono i soldi** I need the money; **mi oc'corso, a** *pp di* **occorrere**

occul'tare *vt* to hide, conceal

oc'culto, a *ag* hidden, concealed; (*scienze, forze*) occult

occu'pare *vt* to occupy; (*manodopera*) to employ; (*ingombrare*) to occupy, take up; **~rsi** *vr* to occupy o.s., keep o.s. busy; (*impiegarsi*) to get a job; **~rsi di** (*interessarsi*) to take an interest in; (*prendersi cura di*) to look after, take care of; **occu'pato, a** *ag* (*MIL, POL*) occupied; (*persona: affaccendato*) busy; (*posto, sedia*) taken; (*toilette, TEL*) engaged; **occupazi'one** *sf* occupation; (*impiego,* *lavoro*) job; (*ECON*) employment

o'**ceano** [o'tʃeano] *sm* ocean

'**ocra** *sf* ochre

ocu'**lare** *ag* ocular, eye *cpd*; **testimone ~** eye witness

ocu'**lato, a** *ag* (*attento*) cautious, prudent; (*accorto*) shrewd

ocu'**lista, i, e** *sm/f* eye specialist, oculist

'**ode** *sf* ode

odi'**are** *vt* to hate, detest

odi'**erno, a** *ag* today's, of today; (*attuale*) present

'**odio** *sm* hatred; **avere in ~ qc/qn** to hate *o* detest sth/sb; **odi'oso, a** *ag* hateful, odious

odo'**rare** *vt* (*annusare*) to smell; (*profumare*) to perfume, scent ♦ *vi*: **~ (di)** to smell (of); **odo'rato** *sm* sense of smell

o'**dore** *sm* smell; **gli ~i** *smpl* (*CUC*) (aromatic) herbs; **odo'roso, a** *ag* sweet-smelling

of'**fendere** *vt* to offend; (*violare*) to break, violate; (*insultare*) to insult; (*ferire*) to hurt; **~rsi** *vr* (*con senso reciproco*) to insult one another; (*risentirsi*): **~rsi (di)** to take offence (at), be offended (by); **offen'sivo, a** *ag, sf* offensive

offe'**rente** *sm* (*in aste*): **al maggior ~** to the highest bidder

of'**ferta** *sf* offer; (*donazione, anche REL*) offering; (*in gara d'appalto*) tender; (*in aste*) bid; (*ECON*) supply; **"~e d'impiego"** "situations vacant"; **fare un'~a** to make an offer; to tender; to bid

of'**frire** *vt* *a pp di* **offrire**

of'**fesa** *sf* insult, affront; (*MIL*) attack; (*DIR*) offence; *vedi anche* **offeso**

of'**feso, a** *pp di* **offendere** ♦ *ag* offended; (*fisicamente*) hurt, injured ♦ *sm/f* offended party; **essere ~ con qn** to be annoyed with sb; **parte ~a** (*DIR*) plaintiff

offi'**cina** [offi'tʃina] *sf* workshop

of'**frire** *vt* to offer; **~rsi** *vr* (*proporsi*) to offer (o.s.), volunteer; (*occasione*) to present itself; (*esporsi*): **~rsi a** to expose o.s. to; **ti offro da bere** I'll buy you a drink

offus'**care** *vt* to obscure, darken; (*fig:*

intelletto) to dim, cloud; (*: fama*) to obscure, overshadow; **~rsi** *vr* to grow dark; to cloud, grow dim; to be obscured

ogget'**tivo, a** [oddʒet'tivo] *ag* objective

og'**getto** [od'dʒetto] *sm* object; (*materia, argomento*) subject (matter); **~i smarriti** lost property *sg*

'**oggi** ['ɔddʒi] *av, sm* today; **~ a otto** a week today; **oggigi'orno** *av* nowadays

'**ogni** ['oɲɲi] *det* every, each; (*tutti*) all; (*con valore distributivo*) every; **~ uomo è mortale** all men are mortal; **viene ~ due giorni** he comes every two days; **~ cosa** everything; **ad ~ costo** at all costs, at any price; **in ~ luogo** everywhere; **~ tanto** every so often; **~ volta che** every time that

Ognis'**santi** [oɲɲis'santi] *sm* All Saints' Day

o'**gnuno** [oɲ'ɲuno] *pron* everyone, everybody

'**ohi** *escl* oh!; (*esprimere dolore*) ow!

ohi**mè** *escl* oh dear!

O'**landa** *sf*: **l'~** Holland; **olan'dese** *ag* Dutch ♦ *sm* (*LING*) Dutch ♦ *sm/f* Dutchman/woman; **gli Olandesi** the Dutch

oleo'**dotto** *sm* oil pipeline

ole'**oso, a** *ag* oily; (*che contiene olio*) oil-yielding

ol'**fatto** *sm* sense of smell

oli'**are** *vt* to oil

oli'**era** *sf* oil cruet

olim'**piadi** *sfpl* Olympic games; o'**limpico, a, ci, che** *ag* Olympic

'**olio** *sm* oil; **sott'~** (*CUC*) in oil; **~ di fegato di merluzzo** cod liver oil; **~ d'oliva** olive oil; **~ di semi** vegetable oil

o'**liva** *sf* olive; **oli'vastro, a** *ag* olive(-coloured); (*carnagione*) sallow; **oli'veto** *sm* olive grove; o'**livo** *sm* olive tree

'**olmo** *sm* elm

oltraggi'**are** [oltrad'dʒare] *vt* to outrage; to offend gravely

ol'**traggio** [ol'traddʒo] *sm* outrage; offence, insult; **~ a pubblico ufficiale** (*DIR*) insulting a public official; **~ al pudore** (*DIR*) indecent behaviour; **oltraggi'oso, a** *ag* offensive

ol'**tralpe** *av* beyond the Alps

ol'**tranza** [ol'trantsa] *sf*: **a ~** to the last, to

the bitter end

'**oltre** *av* (*più in là*) further; (*di più: aspettare*) longer, more ♦ *prep* (*di là da*) beyond, over, on the other side of; (*più di*) more than, over; (*in aggiunta a*) besides; (*eccetto*): ~ **a** except, apart from; **oltre'mare** *av* overseas; **oltre'modo** *av* extremely; **oltrepas'sare** *vt* to go beyond, exceed

o'**maggio** [o'maddʒo] *sm* (*dono*) gift; (*segno di rispetto*) homage, tribute; ~**i** *smpl* (*complimenti*) respects; **rendere ~ a** to pay homage *o* tribute to; **in ~** (*copia, biglietto*) complimentary

ombe'**lico, chi** *sm* navel

'**ombra** *sf* (*zona non assolata, fantasma*) shade; (*sagoma scura*) shadow; **sedere all'~** to sit in the shade; **restare nell'~** (*fig*) to remain in obscurity

om'**brello** *sm* umbrella; **ombrel'lone** *sm* beach umbrella

om'**bretto** *sm* eyeshadow

om'**broso, a** *ag* shady, shaded; (*cavallo*) nervous, skittish; (*persona*) touchy, easily offended

ome'**lia** *sf* (*REL*) homily, sermon

omeopa'**tia** *sf* homoeopathy

omertà *sf* conspiracy of silence

o'**messo, a** *pp di* **omettere**

o'**mettere** *vt* to omit, leave out; ~ **di fare** to omit *o* fail to do

omi'**cida, i, e** [omi'tʃida] *ag* homicidal, murderous ♦ *sm/f* murderer/eress

omi'**cidio** [omi'tʃidjo] *sm* murder; ~ **colposo** culpable homicide

omissi'**one** *sf* omission; ~ **di soccorso** (*DIR*) failure to stop and give assistance

omogeneiz'**zato** [omodʒeneid'dzato] *sm* baby food

omo'**geneo, a** [omo'dʒεneo] *ag* homogeneous

omolo'**gare** *vt* to approve, recognize; to ratify

o'**monimo, a** *sm/f* namesake ♦ *sm* (*LING*) homonym

omosessu'**ale** *ag, sm/f* homosexual

'**oncia, ce** ['ontʃa] *sf* ounce

'**onda** *sf* wave; **mettere** *o* **mandare in ~** (*RADIO, TV*) to broadcast; **andare in ~** (*RADIO, TV*) to go on the air; ~**e corte/medie/lunghe** short/medium/long wave; **on'data** *sf* wave, billow; (*fig*) wave, surge; **a ondate** in waves; **ondata di caldo** heatwave

ondeggi'**are** [onded'dʒare] *vi* (*acqua*) to ripple; (*muoversi sulle onde: barca*) to rock, roll; (*fig: muoversi come le onde, barcollare*) to sway; (: *essere incerto*) to waver

'**onere** *sm* burden; ~**i fiscali** taxes; one'**roso, a** *ag* (*fig*) heavy, onerous

onestà *sf* honesty

o'**nesto, a** *ag* (*probo, retto*) honest; (*giusto*) fair; (*casto*) chaste, virtuous

'**onice** ['ɔnitʃe] *sf* onyx

onnipo'**tente** *ag* omnipotent

ono'**mastico, ci** *sm* name-day

ono'**ranze** [ono'rantse] *sfpl* honours; ~ **funebri** funeral (service)

ono'**rare** *vt* to honour; (*far onore a*) to do credit to; ~**rsi** *vr*: ~**rsi di** to feel honoured at, be proud of

ono'**rario, a** *ag* honorary ♦ *sm* fee

o'**nore** *sm* honour; **in ~ di** in honour of; **fare gli ~i di casa** to play host (*o* hostess); **fare ~ a** to honour; (*pranzo*) to do justice to; (*famiglia*) to be a credit to; **farsi ~** to distinguish o.s.; ono'**revole** *ag* honourable ♦ *sm/f* (*POL*) ≈ Member of Parliament (*BRIT*), ≈ Congressman/woman (*US*); onorifi'**cenza** *sf* honour; decoration; ono'**rifico, a, ci, che** *ag* honorary

'**onta** *sf* shame, disgrace

on'**tano** *sm* (*BOT*) alder

'**O.N.U.** ['ɔnu] *sigla f* (= *Organizzazione delle Nazioni Unite*) UN, UNO

o'**paco, a, chi, che** *ag* (*vetro*) opaque; (*metallo*) dull, matt

o'**pale** *sm o f* opal

'**opera** *sf* work; (*azione rilevante*) action, deed, work; (*MUS*) work; opus; (: *melodramma*) opera; (: *teatro*) opera house; (*ente*) institution, organization; ~ **d'arte** work of art; ~ **lirica** (grand) opera;

~e pubbliche public works
ope'raio, a *ag* working-class; workers'
♦ *sm/f* worker; **classe ~a** working class
ope'rare *vt* to carry out, make; (*MED*) to
operate on ♦ *vi* to operate, work; (*rimedio*)
to act, work; (*MED*) to operate; **~rsi** *vr*
(*MED*) to have an operation; **~rsi**
d'appendicite to have one's appendix out;
opera'tivo, a *ag* operative, operating;
opera'tore, 'trice *sm/f* operator; (*TV*,
CINEMA) cameraman; **operatore**
economico agent, broker; **operatore**
turistico tour operator; **opera'torio, a** *ag*
(*MED*) operating; **operazi'one** *sf*
operation
ope'retta *sf* (*MUS*) operetta, light opera
ope'roso, a *ag* busy, active, hard-working
opini'one *sf* opinion; **~ pubblica** public
opinion
'oppio *sm* opium
oppo'nente *ag* opposing ♦ *sm/f* opponent
op'porre *vt* to oppose; **opporsi** *vr*:
opporsi (a qc) to oppose (sth); to object
(to sth); **~ resistenza/un rifiuto** to offer
resistance/refuse
opportu'nista, i, e *sm/f* opportunist
opportunità *sf inv* opportunity;
(*convenienza*) opportuneness, timeliness
oppor'tuno, a *ag* timely, opportune
opposi'tore, 'trice *sm/f* opposer,
opponent
opposizi'one [oppozit'tsjone] *sf*
opposition; (*DIR*) objection
op'posto, a *pp di* **opporre** ♦ *ag* opposite;
(*opinioni*) conflicting ♦ *sm* opposite,
contrary; **all'~** on the contrary
oppressi'one *sf* oppression
oppres'sivo, a *ag* oppressive
op'presso, a *pp di* **opprimere**
oppres'sore *sm* oppressor
op'primere *vt* (*premere, gravare*) to weigh
down; (*estenuare: sog: caldo*) to suffocate,
oppress; (*tiranneggiare: popolo*) to oppress
op'pure *cong* or (else)
op'tare *vi*: **~ per** to opt for
o'puscolo *sm* booklet, pamphlet
opzi'one [op'tsjone] *sf* option

'ora¹ *sf* (*60 minuti*) hour; (*momento*) time;
che ~ è?, che ~e sono? what time is it?;
non veder l'~ di fare to long to do, look
forward to doing; **di buon'~** early; **alla**
buon'~! at last!; **~ di cena** dinner time; **~**
legale *o* **estiva** summer time (*BRIT*),
daylight saving time (*US*); **~ locale** local
time; **~ di pranzo** lunchtime; **~ di punta**
(*AUT*) rush hour
ora² *av* (*adesso*) now; (*poco fa*): **è uscito**
proprio ~ he's just gone out; (*tra poco*)
presently, in a minute; (*correlativo*): **~ ... ~**
now ... now; **d'~ in avanti** *o* **poi** from now
on; **or ~** just now, a moment ago; **5 anni**
or sono 5 years ago; **~ come ~** right now,
at present
o'racolo *sm* oracle
'orafo *sm* goldsmith
o'rale *ag, sm* oral
ora'mai *av* = **ormai**
o'rario, a *ag* hourly; (*fuso, segnale*) time
cpd; (*velocità*) per hour ♦ *sm* timetable,
schedule; (*di ufficio, visite etc*) hours *pl*,
time(s *pl*); **in ~** on time
o'rata *sf* (*ZOOL*) sea bream
ora'tore, 'trice *sm/f* speaker; orator
ora'toria *sf* (*arte*) oratory
ora'torio, a *ag* oratorical ♦ *sm* (*REL*)
oratory; (*MUS*) oratorio
ora'zione [orat'tsjone] *sf* (*REL*) prayer;
(*discorso*) speech, oration
or'bene *cong* so, well (then)
'orbita *sf* (*ASTR, FISICA*) orbit; (*ANAT*)
(eye-)socket
or'chestra [or'kɛstra] *sf* orchestra;
orches'trare *vt* to orchestrate; (*fig*) to
mount, stage-manage
orchi'dea [orki'dɛa] *sf* orchid
'orco, chi *sm* ogre
'orda *sf* horde
or'digno [or'diɲɲo] *sm* (*esplosivo*) explosive
device
ordi'nale *ag, sm* ordinal
ordina'mento *sm* order, arrangement;
(*regolamento*) regulations *pl*, rules *pl*; **~**
scolastico/giuridico education/legal
system

ordi'nanza [ordi'nantsa] sf (DIR, MIL) order; (persona: MIL) orderly, batman; d'~ (MIL) regulation cpd

ordi'nare vt (mettere in ordine) to arrange, organize; (COMM) to order; (prescrivere: medicina) to prescribe; (comandare): ~ a qn di fare qc to order o command sb to do sth; (REL) to ordain

ordi'nario, a ag (comune) ordinary; everyday; standard; (grossolano) coarse, common ♦ sm ordinary; (INS: di università) full professor

ordi'nato, a ag tidy, orderly

ordinazi'one [ordinat'tsjone] sf (COMM) order; (REL) ordination; eseguire qc su ~ to make sth to order

'ordine sm order; (carattere): d'~ pratico of a practical nature; all'~ (COMM: assegno) to order; di prim'~ first-class; fino a nuovo ~ until further notice; essere in ~ (documenti) to be in order; (stanza, persona) to be tidy; mettere in ~ to put in order, tidy (up); ~ del giorno (di seduta) agenda; (MIL) order of the day; ~ di pagamento (COMM) order for payment; l'~ pubblico law and order; ~i (sacri) (REL) holy orders

or'dire vt (fig) to plot, scheme; or'dito sm (di tessuto) warp

orec'chino [orek'kino] sm earring

o'recchio [o'rekkjo] (pl(f) o'recchie) sm (ANAT) ear

orecchi'oni [orek'kjoni] smpl (MED) mumps sg

o'refice [o'refitʃe] sm goldsmith; jeweller; orefice'ria sf (arte) goldsmith's art; (negozio) jeweller's (shop)

'orfano, a ag orphan(ed) ♦ sm/f orphan; ~ di padre/madre fatherless/motherless; orfano'trofio sm orphanage

orga'netto sm barrel organ; (fam: armonica a bocca) mouth organ; (: fisarmonica) accordion

or'ganico, a ci, che ag organic ♦ sm personnel, staff

organi'gramma, i sm organization chart

orga'nismo sm (BIOL) organism; (corpo umano) body; (AMM) body, organism

organiz'zare [organid'dzare] vt to organize; ~rsi vr to get organized; organizza'tore, 'trice ag organizing ♦ sm/f organizer; organizzazi'one sf organization

'organo sm organ; (di congegno) part; (portavoce) spokesman, mouthpiece

or'gasmo sm (FISIOL) orgasm; (fig) agitation, anxiety

'orgia, ge ['ɔrdʒa] sf orgy

or'goglio [or'gɔʎʎo] sm pride; orgogli'oso, a ag proud

orien'tale ag oriental; eastern; east

orienta'mento sm positioning; orientation; direction; senso di ~ sense of direction; perdere l'~ to lose one's bearings; ~ professionale careers guidance

orien'tare vt (situare) to position; (fig) to direct, orientate; ~rsi vr to find one's bearings; (fig: tendere) to tend, lean; (: indirizzarsi): ~rsi verso to take up, go in for

ori'ente sm east; l'O~ the East, the Orient; a ~ in the east

o'rigano sm oregano

origi'nale [oridʒi'nale] ag original; (bizzarro) eccentric ♦ sm original; originalità sf originality; eccentricity

origi'nare [oridʒi'nare] vt to bring about, produce ♦ vi: ~ da to arise o spring from

origi'nario, a [oridʒi'narjo] ag original; essere ~ di to be a native of; (provenire da) to originate from; to be native to

o'rigine [o'ridʒine] sf origin; all'~ originally; d'~ inglese of English origin; dare ~ a to give rise to

origli'are [oriʎ'ʎare] vi: ~ (a) to eavesdrop (on)

o'rina sf urine

ori'nare vi to urinate ♦ vt to pass; orina'toio sm (public) urinal

ori'undo, a ag: essere ~ di Milano etc to be of Milanese etc extraction o origin ♦ sm/f person of foreign extraction o origin

orizzon'tale [oriddzon'tale] ag horizontal

oriz'zonte [orid'dzonte] sm horizon

or'lare vt to hem

'orlo *sm* edge, border; (*di recipiente*) rim, brim; (*di vestito etc*) hem

'orma *sf* (*di persona*) footprint; (*di animale*) track; (*impronta, traccia*) mark, trace

or'mai *av* by now, by this time; (*adesso*) now; (*quasi*) almost, nearly

ormeggi'are [ormed'dʒare] *vt* (*NAUT*) to moor; or'meggio *sm* (*atto*) mooring *no pl*; (*luogo*) moorings *pl*

or'mone *sm* hormone

ornamen'tale *ag* ornamental, decorative

orna'mento *sm* ornament, decoration

or'nare *vt* to adorn, decorate; ~rsi *vr*: ~rsi (di) to deck o.s. (out) (with); or'nato, a *ag* ornate

ornitolo'gia [ornitolo'dʒia] *sf* ornithology

'oro *sm* gold; d'~, in ~ gold *cpd*; d'~ (*colore, occasione*) golden; (*persona*) marvellous

orologe'ria [orolodʒe'ria] *sf* watchmaking *no pl*; watchmaker's (shop); clockmaker's (shop); bomba a ~ time bomb

orologi'aio [orolo'dʒajo] *sm* watchmaker; clockmaker

oro'logio [oro'lɔdʒo] *sm* clock; (*da tasca, da polso*) watch; ~ da polso wristwatch; ~ al quarzo quartz watch

o'roscopo *sm* horoscope

or'rendo, a *ag* (*spaventoso*) horrible, awful; (*bruttissimo*) hideous

or'ribile *ag* horrible

'orrido, a *ag* fearful, horrid

orripi'lante *ag* hair-raising, horrifying

or'rore *sm* horror; avere in ~ qn/qc to loathe *o* detest sb/sth; mi fanno ~ I loathe *o* detest them

orsacchi'otto [orsak'kjɔtto] *sm* teddy bear

'orso *sm* bear; ~ bruno/bianco brown/polar bear

or'taggio [or'taddʒo] *sm* vegetable

or'tensia *sf* hydrangea

or'tica, che *sf* (*stinging*) nettle

orti'caria *sf* nettle rash

'orto *sm* vegetable garden, kitchen garden; (*AGR*) market garden (*BRIT*), truck farm (*US*)

orto'dosso, a *ag* orthodox

ortogra'fia *sf* spelling

orto'lano, a *sm/f* (*venditore*) greengrocer (*BRIT*), produce dealer (*US*)

ortope'dia *sf* orthopaedics *sg*; orto'pedico, a, ci, che *ag* orthopaedic ♦ *sm* orthopaedic specialist

orzai'olo [ordza'jɔlo] *sm* (*MED*) stye

or'zata [or'dzata] *sf* barley water

'orzo ['ordzo] *sm* barley

o'sare *vt, vi* to dare; ~ fare to dare (to) do

oscenità [oʃʃeni'ta] *sf inv* obscenity

o'sceno, a [oʃ'ʃeno] *ag* obscene; (*ripugnante*) ghastly

oscil'lare [oʃʃil'lare] *vi* (*pendolo*) to swing; (*dondolare: al vento etc*) to rock; (*variare*) to fluctuate; (*TECN*) to oscillate; (*fig*): ~ fra to waver *o* hesitate between; oscillazi'one *sf* oscillation; (*di prezzi, temperatura*) fluctuation

oscura'mento *sm* darkening; obscuring; (*in tempo di guerra*) blackout

oscu'rare *vt* to darken, obscure; (*fig*) to obscure; ~rsi *vr* (*cielo*) to darken, cloud over; (*persona*): si oscurò in volto his face clouded over

os'curo, a *ag* dark; (*fig*) obscure; humble, lowly ♦ *sm*: all'~ in the dark; tenere qn all'~ di qc to keep sb in the dark about sth

ospe'dale *sm* hospital; ospedali'ero, a *ag* hospital *cpd*

ospi'tale *ag* hospitable; ospitalità *sf* hospitality

ospi'tare *vt* to give hospitality to; (*sog: albergo*) to accommodate

'ospite *sm/f* (*persona che ospita*) host/hostess; (*persona ospitata*) guest

os'pizio [os'pittsjo] *sm* (*per vecchi etc*) home

'ossa *sfpl vedi* osso

ossa'tura *sf* (*ANAT*) skeletal structure, frame; (*TECN, fig*) framework

'osseo, a *ag* bony; (*tessuto etc*) bone *cpd*

os'sequio *sm* deference, respect; ~i *smpl* (*saluto*) respects, regards; ossequi'oso, a *ag* obsequious

osser'vanza [osser'vantsa] *sf* observance

osser'vare *vt* to observe, watch; (*esaminare*) to examine; (*notare, rilevare*) to notice, observe; (*DIR: la legge*) to observe, respect; (*mantenere: silenzio*) to keep, observe; **far ~ qc a qn** to point sth out to sb; **osserva'tore, 'trice** *ag* observant, perceptive ♦ *sm/f* observer;

osserva'torio *sm* (*ASTR*) observatory; (*MIL*) observation post; **osservazi'one** *sf* observation; (*di legge etc*) observance; (*considerazione critica*) observation, remark; (*rimprovero*) reproof; **in osservazione** under observation

ossessio'nare *vt* to obsess, haunt; (*tormentare*) to torment, harass

ossessi'one *sf* obsession

os'sesso, a *ag* (*spiritato*) possessed

os'sia *cong* that is, to be precise

ossi'buchi [ossi'buki] *smpl di* **ossobuco**

ossi'dare *vt* to oxidize; **~rsi** *vr* to oxidize

'ossido *sm* oxide; **~ di carbonio** carbon monoxide

ossige'nare [ossidʒe'nare] *vt* to oxygenate; (*decolorare*) to bleach; **acqua ossigenata** hydrogen peroxide

os'sigeno *sm* oxygen

'osso (*pl(f)* **ossa** *nel senso ANAT*) *sm* bone; **d'~** (*bottone etc*) of bone, bone *cpd*

osso'buco (*pl* **ossi'buchi**) *sm* (*CUC*) marrowbone; (: *piatto*) stew made with knuckle of veal in tomato sauce

os'suto, a *ag* bony

ostaco'lare *vt* to block, obstruct

os'tacolo *sm* obstacle; (*EQUITAZIONE*) hurdle, jump

os'taggio [os'taddʒo] *sm* hostage

'oste, os'tessa *sm/f* innkeeper

osteggi'are [osted'dʒare] *vt* to oppose, be opposed to

os'tello *sm*: **~ della gioventù** youth hostel

osten'tare *vt* to make a show of, flaunt; **ostentazi'one** *sf* ostentation, show

oste'ria *sf* inn

os'tessa *sf vedi* **oste**

os'tetrica *sf* midwife; **os'tetrico, a, ci, che** *ag* obstetric ♦ *sm* obstetrician

'ostia *sf* (*REL*) host; (*per medicinali*) wafer

'ostico, a, ci, che *ag* (*fig*) harsh; hard, difficult; unpleasant

os'tile *ag* hostile; **ostilità** *sf inv* hostility ♦ *sfpl* (*MIL*) hostilities

osti'narsi *vr* to insist, dig one's heels in; **~ a fare** to persist (obstinately) in doing;

osti'nato, a *ag* (*caparbio*) obstinate; (*tenace*) persistent, determined;

ostinazi'one *sf* obstinacy; persistence

'ostrica, che *sf* oyster

ostru'ire *vt* to obstruct, block; **ostruzi'one** *sf* obstruction, blockage

'otre *sm* (*recipiente*) goatskin

ottago'nale *ag* octagonal

ot'tagono *sm* octagon

ot'tanta *num* eighty; **ottan'tesimo, a** *num* eightieth; **ottan'tina** *sf*: **una ottantina (di)** about eighty

ot'tava *sf* octave

ot'tavo, a *num* eighth

ottempe'rare *vi*: **~ a** to comply with, obey

otte'nere *vt* to obtain, get; (*risultato*) to achieve, obtain

'ottica *sf* (*scienza*) optics *sg*; (*FOT: lenti, prismi etc*) optics *pl*

'ottico, a, ci, che *ag* (*della vista: nervo*) optic; (*dell'ottica*) optical ♦ *sm* optician

ottima'mente *av* excellently, very well

otti'mismo *sm* optimism; **otti'mista, i, e** *sm/f* optimist

'ottimo, a *ag* excellent, very good

'otto *num* eight

ot'tobre *sm* October

otto'cento [otto'tʃento] *num* eight hundred ♦ *sm*: **l'O~** the nineteenth century

ot'tone *sm* brass; **gli ~i** (*MUS*) the brass

ottu'rare *vt* to close (up); (*dente*) to fill; **ottura'tore** *sm* (*FOT*) shutter; (*nelle armi*) breechblock; **otturazi'one** *sf* closing (up); (*dentaria*) filling

ot'tuso, a *ag* (*MAT, fig*) obtuse; (*suono*) dull

o'vaia *sf* (*ANAT*) ovary

o'vale *ag, sm* oval

o'vatta *sf* cotton wool; (*per imbottire*) padding, wadding; **ovat'tare** *vt* (*fig: smorzare*) to muffle

ovazi'one [ovat'tsjone] *sf* ovation

over'dose ['ouvədous] *sf inv* overdose

'ovest *sm* west

o'vile *sm* pen, enclosure

o'vino, a *ag* sheep *cpd*, ovine

ovulazi'one [ovulat'tsjone] *sf* ovulation

'ovulo *sm* (FISIOL) ovum

o'vunque *av* = **dovunque**

ov'vero *cong* (*ossia*) that is, to be precise; (*oppure*) or (else)

ovvi'are *vi*: ~ **a** to obviate

'ovvio, a *ag* obvious

ozi'are [ot'tsjare] *vi* to laze, idle

'ozio ['ɔttsjo] *sm* idleness; (*tempo libero*) leisure; **ore d'~** leisure time; **stare in ~** to be idle; **ozi'oso, a** *ag* idle

o'zono [o'dzɔno] *sm* ozone

P, p

P *abbr* (= *parcheggio*) P; (*AUT:* = *principiante*) L

pa'cato, a *ag* quiet, calm

'pacca *sf* pat

pac'chetto [pak'ketto] *sm* packet; ~ **azionario** (COMM) shareholding

pacchi'ano, a [pak'kjano] *ag* vulgar

'pacco, chi *sm* parcel; (*involto*) bundle

'pace ['patʃe] *sf* peace; **darsi ~** to resign o.s.; **fare la ~ con** to make it up with

pacifi'care [patʃifi'kare] *vt* (*riconciliare*) to reconcile, make peace between; (*mettere in pace*) to pacify

pa'cifico, a, ci, che [pa'tʃifiko] *ag* (*persona*) peaceable; (*vita*) peaceful; (*fig: indiscusso*): (: *ovvio*) obvious, clear ♦ *sm*: **il P~, l'Oceano P~** the Pacific (Ocean)

paci'fista, i, e [patʃi'fista] *sm/f* pacifist

pa'della *sf* frying pan; (*per infermi*) bedpan

padigli'one [padiʎ'ʎone] *sm* pavilion

'Padova *sf* Padua

'padre *sm* father; **~i** *smpl* (*antenati*) forefathers

pa'drino *sm* godfather

padro'nanza [padro'nantsa] *sf* command, mastery

pa'drone, a *sm/f* master/mistress; (*proprietario*) owner; (*datore di lavoro*) employer; **essere ~ di sé** to be in control of o.s.; **~ di casa** (*ospite*) host/hostess; (*per gli inquilini*) landlord/lady; **padroneggi'are** *vt* (*fig: sentimenti*) to master, control; (: *materia*) to master, know thoroughly; **padroneggiarsi** *vr* to control o.s.

pae'saggio [pae'zaddʒo] *sm* landscape

pae'sano, a *ag* country *cpd* ♦ *sm/f* villager; countryman/woman

pa'ese *sm* (*nazione*) country, nation; (*terra*) country, land; (*villaggio*) village; (*small*) town; ~ **di provenienza** country of origin; **i P~i Bassi** the Netherlands

paf'futo, a *ag* chubby, plump

'paga, ghe *sf* pay, wages *pl*

paga'mento *sm* payment

pa'gano, a *ag, sm/f* pagan

pa'gare *vt* to pay; (*acquisto, fig: colpa*) to pay for; (*contraccambiare*) to repay, pay back ♦ *vi* to pay; **quanto l'hai pagato?** how much did you pay for it?; ~ **con carta di credito** to pay by credit card; ~ **in contanti** to pay cash

pa'gella [pa'dʒella] *sf* (INS) report card

'paggio ['paddʒo] *sm* page(boy)

pagherò [page'rɔ] *sm inv* acknowledgement of a debt, IOU

'pagina ['padʒina] *sf* page; **~e gialle** Yellow Pages

'paglia ['paʎʎa] *sf* straw

pagliac'cetto [paʎʎat'tʃetto] *sm* (*per bambini*) rompers *pl*

pagli'accio [paʎ'ʎattʃo] *sm* clown

pagli'etta [paʎ'ʎetta] *sf* (*cappello per uomo*) (straw) boater; (*per tegami etc*) steel wool

pa'gnotta [pan'nɔtta] *sf* round loaf

'paio (*pl(f)* **'paia**) *sm* pair; **un ~ di** (*alcuni*) a couple of

pai'olo *sm* (copper) pot

'pala *sf* shovel; (*di remo, ventilatore, elica*) blade; (*di ruota*) paddle

pa'lato *sm* palate

pa'lazzo [pa'lattso] *sm* (*reggia*) palace; (*edificio*) building; ~ **di giustizia** courthouse; ~ **dello sport** sports stadium

---

palazzi

i Rome has a number of **palazzi**, which are now associated with various government departments and political figures or groups. **Palazzo Chigi**, in Piazza Colonna, dates from the 16th century and has, since 1961, been the Prime Minister's office and the place where the cabinet meets. **Palazzo Madama**, also built in the 16th century, has been the seat of the Senate since 1871. **Palazzo di Montecitorio**, which was completed in 1694, has housed the **Camera dei deputati** since 1870. **Palazzo Viminale**, which takes its name from the hill in Rome on which it stands, is the home of the Ministry of the Interior.

'**palco, chi** *sm* (TEATRO) box; (*tavolato*) platform, stand; (*ripiano*) layer

palco'scenico, ci [palkoʃʃeniko] *sm* (TEATRO) stage

pale'sare *vt* to reveal, disclose; **~rsi** *vr* to reveal *o* show o.s.

pa'lese *ag* clear, evident

Pales'tina *sf*: **la ~** Palestine

pa'lestra *sf* gymnasium; (*esercizio atletico*) exercise; (*fig*) training ground, school

pa'letta *sf* spade; (*per il focolare*) shovel; (*del capostazione*) signalling disc

pa'letto *sm* stake, peg; (*spranga*) bolt

'**palio** *sm* (*gara*): **il P~** horse race run at Siena; **mettere qc in ~** to offer sth as a prize

---

palio

i The **palio** is a horse race which takes place in a number of Italian towns, the most famous being the one in Siena. This is usually held twice a year on 2 July and 16 August in the Piazza del Campo, Siena. 10 of the 17 **contrade** or districts take part, each represented by a horse and rider. The winner is the first horse to complete the course, whether it has a rider or not.

'**palla** *sf* ball; (*pallottola*) bullet; **~ canestro** *sm* basketball; **~ nuoto** *sm* water polo; **~ ovale** rugby ball; **~ volo** *sm* volleyball

palleggi'are [palled'dʒare] *vi* (CALCIO) to practise with the ball; (TENNIS) to knock up

pallia'tivo *sm* palliative; (*fig*) stopgap measure

'**pallido, a** *ag* pale

pal'lina *sf* (*bilia*) marble

pallon'cino [pallon'tʃino] *sm* balloon; (*lampioncino*) Chinese lantern

pal'lone *sm* (*palla*) ball; (CALCIO) football; (*aerostato*) balloon; **gioco del ~** football

pal'lore *sm* pallor, paleness

pal'lottola *sf* pellet; (*proiettile*) bullet

'**palma** *sf* (ANAT) = **palmo**; (BOT, *simbolo*) palm; **~ da datteri** date palm

'**palmo** *sm* (ANAT) palm; **restare con un ~ di naso** to be badly disappointed

'**palo** *sm* (*legno appuntito*) stake; (*sostegno*) pole; **fare da** *o* **il ~** (*fig*) to act as look-out

palom'baro *sm* diver

pa'lombo *sm* (*pesce*) dogfish

pal'pare *vt* to feel, finger

'**palpebra** *sf* eyelid

palpi'tare *vi* (*cuore, polso*) to beat; (: *più forte*) to pound, throb; (*fremere*) to quiver; '**palpito** *sm* (*del cuore*) beat; (*fig: d'amore etc*) throb

paltò *sm inv* overcoat

pa'lude *sf* marsh, swamp; **palu'doso, a** *ag* marshy, swampy

pa'lustre *ag* marsh *cpd*, swamp *cpd*

pam'pino *sm* vine leaf

'**panca, che** *sf* bench

pancarrè *sm* sliced square bread

pan'cetta [pan'tʃetta] *sf* (CUC) bacon

pan'chetto [pan'ketto] *sm* stool; footstool

pan'china [pan'kina] *sf* garden seat; (*di giardino pubblico*) (park) bench

'**pancia, ce** ['pantʃa] *sf* belly, stomach; **mettere** *o* **fare ~** to be getting a paunch; **avere mal di ~** to have stomachache *o* a sore stomach

panci'otto [pan'tʃɔtto] *sm* waistcoat

'pancreas *sm inv* pancreas

'panda *sm inv* panda

pande'monio *sm* pandemonium

'pane *sm* bread; (*pagnotta*) loaf (of bread); (*forma*): un ~ di burro a pat of butter; guadagnarsi il ~ to earn one's living; ~ a cassetta sliced bread; ~ di Spagna sponge cake; ~ integrale wholemeal bread; ~ tostato toast

panette'ria *sf* (*forno*) bakery; (*negozio*) baker's (shop), bakery

panetti'ere, a *sm/f* baker

panet'tone *sm* a kind of spiced brioche with sultanas, eaten at Christmas

'panfilo *sm* yacht

pangrat'tato *sm* breadcrumbs *pl*

'panico, a, ci, che *ag, sm* panic

pani'ere *sm* basket

pani'ficio [pani'fitʃo] *sm* (*forno*) bakery; (*negozio*) baker's (shop), bakery

pa'nino *sm* roll; ~ caldo toasted sandwich; ~ imbottito filled roll; sandwich; panino'teca *sf* sandwich bar

'panna *sf* (*CUC*) cream; (*TECN*) = panne; ~ da cucina cooking cream; ~ montata whipped cream

'panne *sf inv*: essere in ~ (*AUT*) to have broken down

pan'nello *sm* panel; ~ solare solar panel

'panno *sm* cloth; ~i *smpl* (*abiti*) clothes; mettiti nei miei ~i (*fig*) put yourself in my shoes

pan'nocchia [pan'nɔkkja] *sf* (*di mais etc*) ear

panno'lino *sm* (*per bambini*) nappy (*BRIT*), diaper (*US*)

pano'rama, i *sm* panorama; pano'ramico, a, ci, che *ag* panoramic; strada panoramica scenic route

panta'loni *smpl* trousers (*BRIT*), pants (*US*), pair *sg* of trousers *o* pants

pan'tano *sm* bog

pan'tera *sf* panther

pan'tofola *sf* slipper

panto'mima *sf* pantomime

pan'zana [pan'tsana] *sf* fib, tall story

pao'nazzo, a [pao'nattso] *ag* purple

'papa, i *sm* pope

papà *sm inv* dad(dy)

pa'pale *ag* papal

pa'pato *sm* papacy

pa'pavero *sm* poppy

'papera *sf* (*fig*) slip of the tongue, blunder; *vedi anche* papero

'papero, a *sm/f* (*ZOOL*) gosling

pa'piro *sm* papyrus

'pappa *sf* baby cereal

pappa'gallo *sm* parrot; (*fig: uomo*) Romeo, wolf

pappa'gorgia, ge [pappa'gɔrdʒa] *sf* double chin

pap'pare *vt* (*fam: anche*: ~rsi) to gobble up

'para *sf*: suole di ~ crepe soles

pa'rabola *sf* (*MAT*) parabola; (*REL*) parable

para'brezza [para'breddza] *sm inv* (*AUT*) windscreen (*BRIT*), windshield (*US*)

paraca'dute *sm inv* parachute

para'carro *sm* kerbstone (*BRIT*), curbstone (*US*)

para'diso *sm* paradise

parados'sale *ag* paradoxical

para'dosso *sm* paradox

para'fango, ghi *sm* mudguard

paraf'fina *sf* paraffin, paraffin wax

para'fulmine *sm* lightning conductor

pa'raggi [pa'raddʒi] *smpl*: nei ~ in the vicinity, in the neighbourhood

parago'nare *vt*: ~ con/a to compare with/to

para'gone *sm* comparison; (*esempio analogo*) analogy, parallel; reggere al ~ to stand comparison

pa'ragrafo *sm* paragraph

pa'ralisi *sf* paralysis; para'litico, a, ci, che *ag, sm/f* paralytic

paraliz'zare [paralid'dzare] *vt* to paralyze

paral'lela *sf* parallel (line); ~e *sfpl* (*attrezzo ginnico*) parallel bars

paral'lelo, a *ag* parallel ♦ *sm* (*GEO*) parallel; (*comparazione*): fare un ~ tra to draw a parallel between

para'lume *sm* lampshade

pa'rametro *sm* parameter

para'noia *sf* paranoia; para'noico, a, ci, che *ag, sm/f* paranoid

para'occhi [para'ɔkki] *smpl* blinkers

para'petto *sm* balustrade

para'piglia [para'piʎʎa] *sm* commotion, uproar

pa'rare *vt* (*addobbare*) to adorn, deck; (*proteggere*) to shield, protect; (*scansare: colpo*) to parry; (*CALCIO*) to save ♦ *vi*: **dove vuole andare a ~?** what are you driving at?; **~rsi** *vr* (*presentarsi*) to appear, present o.s.

para'sole *sm inv* parasol, sunshade

paras'sita, i *sm* parasite

pa'rata *sf* (*SPORT*) save; (*MIL*) review, parade

para'tia *sf* (*di nave*) bulkhead

para'urti *sm inv* (*AUT*) bumper

para'vento *sm* folding screen; **fare da ~ a qn** (*fig*) to shield sb

par'cella [par'tʃɛlla] *sf* account, fee (*of lawyer etc*)

parcheggi'are [parked'dʒare] *vt* to park; par'cheggio *sm* parking *no pl*; (*luogo*) car park; (*singolo posto*) parking space

par'chimetro [par'kimetro] *sm* parking meter

'parco¹, chi *sm* park; (*spazio per deposito*) depot; (*complesso di veicoli*) fleet

'parco², a, chi, che *ag*: **~ (in)** (*sobrio*) moderate (in); (*avaro*) sparing (with)

pa'recchio, a [pa'rekkjo] *det* quite a lot of; (*tempo*) quite a lot of, a long; **~i, e** *det pl* quite a lot of, several ♦ *pron* quite a lot, quite a bit; (*tempo*) quite a while, a long time; **~i, e** *pron pl* quite a lot, several ♦ *av* (*con ag*) quite, rather; (*con vb*) quite a lot, quite a bit

pareggi'are [pared'dʒare] *vt* to make equal; (*terreno*) to level, make level; (*bilancio, conti*) to balance ♦ *vi* (*SPORT*) to draw; pa'reggio *sm* (*ECON*) balance; (*SPORT*) draw

pa'rente *sm/f* relative, relation

paren'tela *sf* (*vincolo di sangue, fig*) relationship

pa'rentesi *sf* (*segno grafico*) bracket, parenthesis; (*frase incisa*) parenthesis; (*digressione*) parenthesis, digression

pa'rere *sm* (*opinione*) opinion; (*consiglio*) advice, opinion; **a mio ~** in my opinion ♦ *vi* to seem, appear ♦ *vb impers*: **pare che** it seems *o* appears that, they say that; **mi pare che** it seems to me that; **mi pare di sì** I think so; **fai come ti pare** do as you like; **che ti pare del mio libro?** what do you think of my book?

pa'rete *sf* wall

'pari *ag inv* (*uguale*) equal, same; (*in giochi*) equal; drawn, tied; (*MAT*) even ♦ *sm inv* (*POL: di Gran Bretagna*) peer ♦ *sm/f inv* peer, equal; **copiato ~ ~** copied word for word; **alla ~** on the same level; **ragazza alla ~** au pair girl; **mettersi alla ~ con** to place o.s. on the same level as; **mettersi in ~ con** to catch up with; **andare di ~ passo con qn** to keep pace with sb

Pa'rigi [pa'ridʒi] *sf* Paris

pa'riglia [pa'riʎʎa] *sf* pair; **rendere la ~** to give tit for tat

parità *sf* parity, equality; (*SPORT*) draw, tie

parlamen'tare *ag* parliamentary ♦ *sm/f* ≈ Member of Parliament (*BRIT*), ≈ Congressman/woman (*US*) ♦ *vi* to negotiate, parley

parla'mento *sm* parliament

parlan'tina (*fam*) *sf* talkativeness; **avere ~** to have the gift of the gab

par'lare *vi* to speak, talk; (*confidare cose segrete*) to talk ♦ *vt* to speak; **~ (a qn) di** to speak *o* talk (to sb) about; **parla'torio** *sm* (*di carcere etc*) visiting room; (*REL*) parlour

parmigi'ano [parmi'dʒano] *sm* (*grana*) Parmesan (*cheese*)

paro'dia *sf* parody

pa'rola *sf* word; (*facoltà*) speech; **~e** *sfpl* (*chiacchiere*) talk *sg*; **chiedere la ~** to ask permission to speak; **prendere la ~** to take the floor; **~ d'onore** word of honour; **~ d'ordine** (*MIL*) password; **~e incrociate** crossword (puzzle) *sg*; **paro'laccia, ce** *sf* bad word, swearword

par'rocchia [par'rɔkkja] *sf* parish; parish church

'parroco, ci *sm* parish priest

par'rucca, che *sf* wig

parrucchi'ere, a [parruk'kjɛre] *sm/f* hairdresser ♦ *sm* barber

parsi'monia *sf* frugality, thrift

'parso, a *pp di* **parere**

'parte *sf* part; (*lato*) side; (*quota spettante a ciascuno*) share; (*direzione*) direction; (*POL*) party; faction; (*DIR*) party; **a ~** *ag* separate ♦ *av* separately; **scherzi a ~** joking aside; **a ~ ciò** apart from that; **da ~** (*in disparte*) to one side, aside; **d'altra ~** on the other hand; **da ~ di** (*per conto di*) on behalf of; **da ~ mia** as far as I'm concerned, as for me; **da ~ a ~** right through; **da ogni ~** on all sides, everywhere; (*moto da luogo*) from all sides; **da nessuna ~** nowhere; **da questa ~** (*in questa direzione*) this way; **prendere ~ a qc** to take part in sth; **mettere da ~** to put aside; **mettere qn a ~ di** to inform sb of

parteci'pare [partetʃi'pare] *vi*: **~ a** to take part in, participate in; (*utili etc*) to share in; (*spese etc*) to contribute to; (*dolore, successo di qn*) to share (in); **partecipazi'one** *sf* participation; sharing; (*ECON*) interest; **partecipazione agli utili** profit-sharing; **partecipazioni di nozze** *wedding announcement card*; **par'tecipe** *ag* participating; **essere partecipe di** to take part in, participate in; to share (in); (*consapevole*) to be aware of

parteggi'are [parted'dʒare] *vi*: **~ per** to side with, be on the side of

par'tenza [par'tɛntsa] *sf* departure; (*SPORT*) start; **essere in ~** to be about to leave, be leaving

parti'cella [parti'tʃella] *sf* particle

parti'cipio [parti'tʃipjo] *sm* participle

partico'lare *ag* (*specifico*) particular; (*proprio*) personal, private; (*speciale*) special, particular; (*caratteristico*) distinctive, characteristic; (*fuori dal comune*) peculiar ♦ *sm* detail, particular; **in ~** in particular, particularly; **particolarità** *sf inv* particularity; detail; characteristic, feature

partigi'ano, a [parti'dʒano] *ag* partisan ♦ *sm* (*MIL*) partisan

par'tire *vi* to go, leave; (*allontanarsi*) to go (*o drive etc*) away *o* off; (*petardo, colpo*) to go off; (*fig: avere inizio, SPORT*) to start; **sono partita da Roma alle 7** I left Rome at 7; **il volo parte da Ciampino** the flight leaves from Ciampino; **a ~ da** from

par'tita *sf* (*COMM*) lot, consignment; (*ECON: registrazione*) entry, item; (*CARTE, SPORT: gioco*) game; (*: competizione*) match, game; **~ di caccia** hunting party; **~ IVA** VAT registration number

par'tito *sm* (*POL*) party; (*decisione*) decision, resolution; (*persona da maritare*) match

parti'tura *sf* (*MUS*) score

'parto *sm* (*MED*) delivery, (child)birth; labour; **parto'rire** *vt* to give birth to; (*fig*) to produce

parzi'ale [par'tsjale] *ag* (*limitato*) partial; (*non obiettivo*) biased, partial

'pascere ['paʃʃere] *vt* (*brucare*) to graze on; (*far pascolare*) to graze, pasture; **pasci'uto, a** *pp di* **pascere**

pasco'lare *vt*, *vi* to graze

'pascolo *sm* pasture

'Pasqua *sf* Easter; **pas'quale** *ag* Easter *cpd*; **Pas'quetta** *sf* Easter Monday

pas'sabile *ag* fairly good, passable

pas'saggio [pas'saddʒo] *sm* passing *no pl*, passage; (*traversata*) crossing *no pl*, passage; (*luogo, prezzo della traversata, brano di libro etc*) passage; (*su veicolo altrui*) lift (*BRIT*), ride; (*SPORT*) pass; **di ~** (*persona*) passing through; **~ pedonale/a livello** pedestrian/level (*BRIT*) *o* grade (*US*) crossing

passamon'tagna [passamon'taɲɲa] *sm inv* balaclava

pas'sante *sm/f* passer-by ♦ *sm* loop

passa'porto *sm* passport

pas'sare *vi* (*andare*) to go; (*veicolo, pedone*) to pass (by), go by; (*fare una breve sosta: postino etc*) to come, call; (*: amico: per fare una visita*) to call *o* drop in; (*sole, aria, luce*) to get through; (*trascorrere: giorni, tempo*) to pass, go by; (*fig: proposta di legge*) to be passed; (*: dolore*) to pass, go away; (*CARTE*) to pass ♦ *vt* (*attraversare*) to cross; (*trasmettere: messaggio*): **~ qc a qn**

to pass sth on to sb; (*dare*): **~ qc a qn** to pass sth to sb, give sb sth; (*trascorrere*: *tempo*) to spend; (*superare*: *esame*) to pass; (*triturare*: *verdura*) to strain; (*approvare*) to pass, approve; (*oltrepassare, sorpassare*: *anche fig*) to go beyond, pass; (*fig*: *subire*) to go through; **~ da ... a** to pass from ... to; **~ di padre in figlio** to be handed down *o* to pass from father to son; **~ per** (*anche fig*) to go through; **~ per stupido/un genio** to be taken for a fool/a genius; **~ sopra** (*anche fig*) to pass over; **~ attraverso** (*anche fig*) to go through; **~ alla storia** to pass into history; **~ a un esame** to go up (to the next class) after an exam; **~ inosservato** to go unnoticed; **~ di moda** to go out of fashion; **le passo il Signor X** (*al telefono*) here is Mr X; I'm putting you through to Mr X; **lasciar ~ qn/qc** to let sb/sth through; **come te la passi?** how are you getting on *o* along?

pas'sata *sf*: **dare una ~ di vernice a qc** to give sth a coat of paint; **dare una ~ al giornale** to have a look at the paper, skim through the paper

passa'tempo *sm* pastime, hobby

pas'sato, a *ag* past; (*sfiorito*) faded ♦ *sm* past; (*LING*) past (tense); **~ prossimo** (*LING*) present perfect; **~ remoto** (*LING*) past historic; **~ di verdura** (*CUC*) vegetable purée

passaver'dura *sm inv* vegetable mill

passeg'gero, a [passed'dʒero] *ag* passing ♦ *sm/f* passenger

passeggi'are [passed'dʒare] *vi* to go for a walk; (*in veicolo*) to go for a drive; **passeggi'ata** *sf* walk; drive; (*luogo*) promenade; **fare una passeggiata** to go for a walk *o* drive; **passeg'gino** *sm* pushchair (*BRIT*), stroller (*US*); **pas'seggio** *sm* walk, stroll; (*luogo*) promenade

passe'rella *sf* footbridge; (*di nave, aereo*) gangway; (*pedana*) catwalk

'passero *sm* sparrow

pas'sibile *ag*: **~ di** liable to

passi'one *sf* passion

pas'sivo, a *ag* passive ♦ *sm* (*LING*) passive;

(*ECON*) debit; (: *complesso dei debiti*) liabilities *pl*

'passo *sm* step; (*andatura*) pace; (*rumore*) (foot)step; (*orma*) footprint; (*passaggio, fig*: *brano*) passage; (*valico*) pass; **a ~ d'uomo** at walking pace; **~ (a) ~** step by step; **fare due *o* quattro ~i** to go for a walk *o* a stroll; **di questo ~** at this rate; **"~ carraio"** "vehicle entrance — keep clear"

'pasta *sf* (*CUC*) dough; (: *impasto per dolce*) pastry; (: *anche*: **~ alimentare**) pasta; (*massa molle di materia*) paste; (*fig*: *indole*) nature; **~e** *sfpl* (*pasticcini*) pastries; **~ in brodo** noodle soup

pastasci'utta [pastaʃ'ʃutta] *sf* pasta

pas'tella *sf* batter

pas'tello *sm* pastel

pas'ticca, che *sf* = **pastiglia**

pasticce'ria [pastittʃe'ria] *sf* (*pasticcini*) pastries *pl*, cakes *pl*; (*negozio*) cake shop; (*arte*) confectionery

pasticci'are [pastit'tʃare] *vt* to mess up, make a mess of ♦ *vi* to make a mess

pasticci'ere, a [pastit'tʃɛre] *sm/f* pastrycook; confectioner

pas'ticcio [pas'tittʃo] *sm* (*CUC*) pie; (*lavoro disordinato, imbroglio*) mess; **trovarsi nei ~i** to get into trouble

pasti'ficio [pasti'fitʃo] *sm* pasta factory

pas'tiglia [pas'tiʎʎa] *sf* pastille, lozenge

pas'tina *sf* small pasta shapes used in soup

'pasto *sm* meal

pas'tore *sm* shepherd; (*REL*) pastor, minister; (*anche*: **cane ~**) sheepdog; **~ tedesco** (*ZOOL*) Alsatian, German shepherd

pastoriz'zare [pastorid'dzare] *vt* to pasteurize

pas'toso, a *ag* doughy; pasty; (*fig*: *voce, colore*) mellow, soft

pas'trano *sm* greatcoat

pa'tata *sf* potato; **~e fritte** chips (*BRIT*), French fries; **pata'tine** *sfpl* (potato) crisps; **~ fritte** chips

pata'trac *sm* (*crollo*: *anche fig*) crash

paté *sm inv* pâté

pa'tella *sf* (*ZOOL*) limpet

pa'tema, i *sm* anxiety, worry

pa'tente *sf* licence; (*anche*: **~ di guida**) driving licence (*BRIT*), driver's license (*US*)

paternità *sf* paternity, fatherhood

pa'terno, a *ag* (*affetto, consigli*) fatherly; (*casa, autorità*) paternal

pa'tetico, a, ci, che *ag* pathetic; (*commovente*) moving, touching

pa'tibolo *sm* gallows *sg*, scaffold

'patina *sf* (*su rame etc*) patina; (*sulla lingua*) fur, coating

pa'tire *vt, vi* to suffer

pa'tito, a *sm/f* enthusiast, fan, lover

patolo'gia [patolo'dʒia] *sf* pathology; pato'logico, a, ci, che *ag* pathological

'patria *sf* homeland

patri'arca, chi *sm* patriarch

pa'trigno [pa'triɲɲo] *sm* stepfather

patri'monio *sm* estate, property; (*fig*) heritage

patri'ota, i, e *sm/f* patriot; patri'ottico, a, ci, che *ag* patriotic; patriot'tismo *sm* patriotism

patroci'nare [patrotʃi'nare] *vt* (*DIR: difendere*) to defend; (*sostenere*) to sponsor, support; patro'cinio *sm* defence; support, sponsorship

patro'nato *sm* patronage; (*istituzione benefica*) charitable institution *o* society

pa'trono *sm* (*REL*) patron saint; (*socio di patronato*) patron; (*DIR*) counsel

'patta *sf* flap; (*dei pantaloni*) fly

patteggia'mento [patteddʒa'mento] *sm* (*DIR*) plea bargaining

patteggi'are [patted'dʒare] *vt, vi* to negotiate; (*DIR*) to plea-bargain

patti'naggio [patti'naddʒo] *sm* skating

patti'nare *vi* to skate; **~ sul ghiaccio** to ice-skate; pattina'tore, 'trice *sm/f* skater; 'pattino[1] *sm* skate; (*di slitta*) runner; (*AER*) skid; (*TECN*) sliding block; **pattini (da ghiaccio)** (ice) skates; **pattini a rotelle** roller skates; pat'tino[2] *sm* (*barca*) kind of pedalo with oars

'patto *sm* (*accordo*) pact, agreement; (*condizione*) term, condition; **a ~ che** on condition that

pat'tuglia [pat'tuʎʎa] *sf* (*MIL*) patrol

pattu'ire *vt* to reach an agreement on

pattumi'era *sf* (dust)bin (*BRIT*), ashcan (*US*)

pa'ura *sf* fear; **aver ~ di/di fare/che** to be frightened *o* afraid of/of doing/that; **far ~ a** to frighten; **per ~ di/che** for fear of/that; **pau'roso, a** *ag* (*che fa paura*) frightening; (*che ha paura*) fearful, timorous

'pausa *sf* (*sosta*) break; (*nel parlare, MUS*) pause

pavi'mento *sm* floor

pa'vone *sm* peacock; pavoneggi'arsi *vr* to strut about, show off

pazien'tare [pattsjen'tare] *vi* to be patient

pazi'ente [pat'tsjɛnte] *ag, sm/f* patient; pazi'enza *sf* patience

paz'zesco, a, schi, sche [pat'tsesko] *ag* mad, crazy

paz'zia [pat'tsia] *sf* (*MED*) madness, insanity; (*azione*) folly; (*di azione, decisione*) madness, folly

'pazzo, a ['pattso] *ag* (*MED*) mad, insane; (*strano*) wild, mad ♦ *sm/f* madman/woman; **~ di** (*gioia, amore etc*) mad *o* crazy with; **~ per qc/qn** mad *o* crazy about sth/sb

PCI *sigla m* = **Partito Comunista Italiano**

'pecca, che *sf* defect, flaw, fault

peccami'noso, a *ag* sinful

pec'care *vi* to sin; (*fig*) to err

pec'cato *sm* sin; **è un ~ che** it's a pity that; **che ~!** what a shame *o* pity!

pecca'tore, 'trice *sm/f* sinner

'pece ['petʃe] *sf* pitch

Pe'chino [pe'kino] *sf* Beijing

'pecora *sf* sheep; peco'raio *sm* shepherd; peco'rino *sm* sheep's milk cheese

peculi'are *ag*: **~ di** peculiar to

pe'daggio [pe'daddʒo] *sm* toll

pedago'gia [pedago'dʒia] *sf* pedagogy, educational methods *pl*

peda'lare *vi* to pedal; (*andare in bicicletta*) to cycle

pe'dale *sm* pedal

pe'dana *sf* footboard; (*SPORT: nel salto*) springboard; (: *nella scherma*) piste

pe'dante *ag* pedantic ♦ *sm/f* pedant

pe'data *sf* (*impronta*) footprint; (*colpo*) kick; **prendere a ~e qn/qc** to kick sb/sth

pede'rasta, i *sm* pederast; homosexual

pedi'atra, i, e *sm/f* paediatrician; **pedia'tria** *sf* paediatrics *sg*

pedi'cure *sm/f inv* chiropodist

pe'dina *sf* (*della dama*) draughtsman (*BRIT*), draftsman (*US*); (*fig*) pawn

pedi'nare *vt* to shadow, tail

pedo'nale *ag* pedestrian

pe'done, a *sm/f* pedestrian ♦ *sm* (*SCACCHI*) pawn

'peggio ['pɛddʒo] *av, ag inv* worse ♦ *sm o f*: **il** *o* **la ~** the worst; **alla ~** at worst, if the worst comes to the worst; **peggiora'mento** *sm* worsening; **peggio'rare** *vt* to make worse, worsen ♦ *vi* to grow worse, worsen; **peggiora'tivo, a** *ag* pejorative; **peggi'ore** *ag* (*comparativo*) worse; (*superlativo*) worst ♦ *sm/f*: **il(la) peggiore** the worst (person)

'pegno ['peɲɲo] *sm* (*DIR*) security, pledge; (*nei giochi di società*) forfeit; (*fig*) pledge, token; **dare in ~ qc** to pawn sth

pe'lare *vt* (*spennare*) to pluck; (*spellare*) to skin; (*sbucciare*) to peel; (*fig*) to make pay through the nose; **~rsi** *vr* to go bald

pe'lato, a *ag*: **pomodori ~i** tinned tomatoes

pel'lame *sm* skins *pl*, hides *pl*

'pelle *sf* skin; (*di animale*) skin, hide; (*cuoio*) leather; **avere la ~ d'oca** to have goose pimples *o* goose flesh

pellegri'naggio [pellegri'naddʒo] *sm* pilgrimage

pelle'grino, a *sm/f* pilgrim

pelle'rossa (*pl* **pelli'rosse**) *sm/f* Red Indian

pellette'ria *sf* leather goods *pl*; (*negozio*) leather goods shop

pelli'cano *sm* pelican

pellicce'ria [pellittʃe'ria] *sf* (*negozio*) furrier's (shop)

pel'liccia, ce [pel'littʃa] *sf* (*mantello di animale*) coat, fur; (*indumento*) fur coat

pel'licola *sf* (*membrana sottile*) film, layer; (*FOT, CINEMA*) film

'pelo *sm* hair; (*pelame*) coat, hair; (*pelliccia*) fur; (*di tappeto*) pile; (*di liquido*) surface; **per un ~: per un ~ non ho perduto il treno** I very nearly missed the train; **c'è mancato un ~ che affogasse** he escaped drowning by the skin of his teeth; **pe'loso, a** *ag* hairy

'peltro *sm* pewter

pe'luria *sf* down

'pena *sf* (*DIR*) sentence; (*punizione*) punishment; (*sofferenza*) sadness *no pl*, sorrow; (*fatica*) trouble *no pl*, effort; (*difficoltà*) difficulty; **far ~** to be pitiful; **mi fai ~** I feel sorry for you; **prendersi** *o* **darsi la ~ di fare** to go to the trouble of doing; **~ di morte** death sentence; **~ pecuniaria** fine; **pe'nale** *ag* penal; **penalità** *sf inv* penalty; **penaliz'zare** *vt* (*SPORT*) to penalize

pe'nare *vi* (*patire*) to suffer; (*faticare*) to struggle

pen'dente *ag* hanging; leaning ♦ *sm* (*ciondolo*) pendant; (*orecchino*) drop earring; **pen'denza** *sf* slope, slant; (*grado d'inclinazione*) gradient; (*ECON*) outstanding account

'pendere *vi* (*essere appeso*): **~ da** to hang from; (*essere inclinato*) to lean; (*fig: incombere*): **~ su** to hang over

pen'dice [pen'ditʃe] *sf*: **alle ~i del monte** at the foot of the mountain

pen'dio, 'dii *sm* slope, slant; (*luogo in pendenza*) slope

'pendola *sf* pendulum clock

pendo'lare *sm/f* commuter

pendo'lino *sm* high-speed train

'pendolo *sm* (*peso*) pendulum; (*anche*: **orologio a ~**) pendulum clock

'pene *sm* penis

pene'trante *ag* piercing, penetrating

pene'trare *vi* to come *o* get in ♦ *vt* to penetrate; **~ in** to enter; (*sog: proiettile*) to penetrate; (: *acqua, aria*) to go *o* come into

penicil'lina [penitʃil'lina] *sf* penicillin

pe'nisola *sf* peninsula

peni'tenza [peni'tɛntsa] *sf* penitence;

(*punizione*) penance
penitenzi'ario [peniten'tsjarjo] *sm* prison
'penna *sf* (*di uccello*) feather; (*per scrivere*)
pen; **~e** *sfpl* (*CUC*) quills (*type of pasta*); **~
stilografica/a sfera** fountain/ballpoint pen
penna'rello *sm* felt(-tip) pen
pennel'lare *vi* to paint
pen'nello *sm* brush; (*per dipingere*)
(paint)brush; **a ~** (*perfettamente*) to
perfection, perfectly; **~ per la barba**
shaving brush
pen'nino *sm* nib
pen'none *sm* (*NAUT*) yard; (*stendardo*)
banner, standard
pe'nombra *sf* half-light, dim light
pe'noso, a *ag* painful, distressing;
(*faticoso*) tiring, laborious
pen'sare *vi* to think ♦ *vt* to think;
(*inventare, escogitare*) to think out; **~ a** to
think of; (*amico, vacanze*) to think of *o*
about; (*problema*) to think about; **~ di fare
qc** to think of doing sth; **ci penso io** I'll
see to *o* take care of it
pensi'ero *sm* thought; (*modo di pensare,
dottrina*) thinking *no pl*; (*preoccupazione*)
worry, care, trouble; **stare in ~ per qn** to
be worried about sb; **pensie'roso, a** *ag*
thoughtful
'pensile *ag* hanging
pensi'lina *sf* (*per autobus*) bus shelter
pensio'nante *sm/f* (*presso una famiglia*)
lodger; (*di albergo*) guest
pensio'nato, a *sm/f* pensioner
pensi'one *sf* (*al prestatore di lavoro*)
pension; (*vitto e alloggio*) board and
lodging; (*albergo*) boarding house; **andare
in ~** to retire; **mezza ~** half board; **~
completa** full board
pen'soso, a *ag* thoughtful, pensive, lost in
thought
pentapar'tito *sm* five-party government
Pente'coste *sf* Pentecost, Whit Sunday
(*BRIT*)
penti'mento *sm* repentance, contrition
pen'tirsi *vr:* **~ di** to repent of;
(*rammaricarsi*) to regret, be sorry for
'pentola *sf* pot; **~ a pressione** pressure

cooker
pe'nultimo, a *ag* last but one (*BRIT*), next
to last, penultimate
pe'nuria *sf* shortage
penzo'lare [pendzo'lare] *vi* to dangle, hang
loosely; **penzo'loni** *av* dangling, hanging
down; **stare penzoloni** to dangle, hang
down
'pepe *sm* pepper; **~ macinato/in grani**
ground/whole pepper
pepero'nata *sf* (*CUC*) stewed peppers,
tomatoes and onions
pepe'rone *sm* pepper, capsicum;
(*piccante*) chili
pe'pita *sf* nugget

┌─────────────────────────┐
│ *PAROLA CHIAVE* │
└─────────────────────────┘

per *prep* **1** (*moto attraverso luogo*) through; **i
ladri sono passati ~ la finestra** the
thieves got in (*o* out) through the window;
l'ho cercato ~ tutta la casa I've searched
the whole house *o* all over the house for it
2 (*moto a luogo*) for, to; **partire ~ la
Germania/il mare** to leave for Germany/
the sea; **il treno ~ Roma** the Rome train,
the train for *o* to Rome
3 (*stato in luogo*): **seduto/sdraiato ~ terra**
sitting/lying on the ground
4 (*tempo*) for; **~ anni/lungo tempo** for
years/a long time; **~ tutta l'estate**
throughout the summer, all summer long;
lo rividi ~ Natale I saw him again at
Christmas; **lo faccio ~ lunedì** I'll do it for
Monday
5 (*mezzo, maniera*) by; **~ lettera/via
aerea/ferrovia** by letter/airmail/rail;
prendere qn ~ un braccio to take sb by
the arm
6 (*causa, scopo*) for; **assente ~ malattia**
absent because of *o* through *o* owing to
illness; **ottimo ~ il mal di gola** excellent for
sore throats
7 (*limitazione*) for; **è troppo difficile ~ lui**
it's too difficult for him; **~ quel che mi
riguarda** as far as I'm concerned; **~ poco
che sia** however little it may be; **~ questa
volta ti perdono** I'll forgive you this time

8 (*prezzo, misura*) for; (*distributivo*) a, per; **venduto ~ 3 milioni** sold for 3 million; **1000 lire ~ persona** 1000 lire a *o* per person; **uno ~ volta** one at a time; **uno ~ uno** one by one; **5 ~ cento** 5 per cent; **3 ~ 4 fa 12** 3 times 4 equals 12; **dividere/moltiplicare 12 ~ 4** to divide/multiply 12 by 4

9 (*in qualità di*) as; (*al posto di*) for; **avere qn ~ professore** to have sb as a teacher; **ti ho preso ~ Mario** I mistook you for Mario, I thought you were Mario; **dare ~ morto qn** to give sb up for dead

10 (*seguito da vb: finale*): **~ fare qc** (so as) to do sth, in order to do sth; (: *causale*): **~ aver fatto qc** for having done sth; (: *consecutivo*): **è abbastanza grande ~ andarci da solo** he's big enough to go on his own

'**pera** *sf* pear
pe'**raltro** *av* moreover, what's more
per'**bene** *ag inv* respectable, decent ♦ *av* (*con cura*) properly, well
percentu'**ale** [pertʃentu'ale] *sf* percentage
perce'**pire** [pertʃe'pire] *vt* (*sentire*) to perceive; (*ricevere*) to receive;
percezi'**one** *sf* perception

───────────────
PAROLA CHIAVE
───────────────

perché [per'ke] *av* why; **~ no?** why not?; **~ non vuoi andarci?** why don't you want to go?; **spiegami ~ l'hai fatto** tell me why you did it

♦ *cong* **1** (*causale*) because; **non posso uscire ~ ho da fare** I can't go out because *o* as I've a lot to do

2 (*finale*) in order that, so that; **te lo do ~ tu lo legga** I'm giving it to you so (that) you can read it

3 (*consecutivo*): **è troppo forte ~ si possa batterlo** he's too strong to be beaten

♦ *sm inv* reason; **il ~ di** the reason for

perciò [per'tʃɔ] *cong* so, for this (*o* that) reason
per'**correre** *vt* (*luogo*) to go all over;

(: *paese*) to travel up and down, go all over; (*distanza*) to cover
per'**corso, a** *pp di* **percorrere** ♦ *sm* (*tragitto*) journey; (*tratto*) route
per'**cossa** *sf* blow
per'**cosso, a** *pp di* **percuotere**
percu'**otere** *vt* to hit, strike
percussi'**one** *sf* percussion; **strumenti a ~** (*MUS*) percussion instruments
'**perdere** *vt* to lose; (*lasciarsi sfuggire*) to miss; (*sprecare: tempo, denaro*) to waste ♦ *vi* to lose; (*serbatoio etc*) to leak; **~rsi** *vr* (*smarrirsi*) to get lost; (*svanire*) to disappear, vanish; **saper ~** to be a good loser; **lascia ~!** forget it!, never mind!
perdigi'**orno** [perdi'dʒorno] *sm/f inv* idler, waster
'**perdita** *sf* loss; (*spreco*) waste; (*fuoriuscita*) leak; **siamo in ~** (*COMM*) we are running at a loss; **a ~ d'occhio** as far as the eye can see
perdo'**nare** *vt* to pardon, forgive; (*scusare*) to excuse, pardon
per'**dono** *sm* forgiveness; (*DIR*) pardon
perdu'**rare** *vi* to go on, last
perduta'**mente** *av* desperately, passionately
per'**duto, a** *pp di* **perdere**
peregri'**nare** *vi* to wander, roam
pe'**renne** *ag* eternal, perpetual, perennial; (*BOT*) perennial
peren'**torio, a** *ag* peremptory; (*definitivo*) final
per'**fetto, a** *ag* perfect ♦ *sm* (*LING*) perfect (tense)
perfezio'**nare** [perfettsjo'nare] *vt* to improve, perfect; **~rsi** *vr* to improve
perfezi'**one** [perfet'tsjone] *sf* perfection
'**perfido, a** *ag* perfidious, treacherous
per'**fino** *av* even
perfo'**rare** *vt* to perforate; to punch a hole (*o* holes) in; (*banda, schede*) to punch; (*trivellare*) to drill; **perfora'trice** *sf* (*TECN*) boring *o* drilling machine; (*INFORM*) card punch; **perforazi'one** *sf* perforation; punching; drilling; (*INFORM*) punch; (*MED*) perforation

perga'mena *sf* parchment

'pergola *sf* (*per rampicanti*) pergola

perico'lante *ag* precarious

pe'ricolo *sm* danger; **mettere in ~** to endanger, put in danger; **perico'loso, a** *ag* dangerous

perife'ria *sf* (*di città*) outskirts *pl*

pe'rifrasi *sf* circumlocution

pe'rimetro *sm* perimeter

peri'odico, a, ci, che *ag* periodic(al); (*MAT*) recurring ♦ *sm* periodical

pe'riodo *sm* period

peripe'zie [peripet'tsie] *sfpl* ups and downs, vicissitudes

pe'rire *vi* to perish, die

pe'rito, a *ag* expert, skilled ♦ *sm/f* expert; (*agronomo, navale*) surveyor; **un ~ chimico** a qualified chemist

pe'rizia [pe'rittsja] *sf* (*abilità*) ability; (*giudizio tecnico*) expert opinion; expert's report

'perla *sf* pearl; **per'lina** *sf* bead

perlus'trare *vt* to patrol

perma'loso, a *ag* touchy

perma'nente *ag* permanent ♦ *sf* permanent wave, perm; **perma'nenza** *sf* permanence; (*soggiorno*) stay

perma'nere *vi* to remain

perme'are *vt* to permeate

per'messo, a *pp di* **permettere** ♦ *sm* (*autorizzazione*) permission, leave; (*dato a militare, impiegato*) leave; (*licenza*) licence, permit; (*MIL: foglio*) pass; **~?, è ~?** (*posso entrare?*) may I come in?; (*posso passare?*) excuse me; **~ di lavoro/pesca** work/ fishing permit; **~ di soggiorno** residence permit

per'mettere *vt* to allow, permit; **~ a qn qc/di fare** to allow sb sth/to do; **~rsi qc/ di fare** to allow o.s. sth/to do; (*avere la possibilità*) to afford sth/to do

per'nacchia [per'nakkja] (*fam*) *sf*: **fare una ~** to blow a raspberry

per'nice [per'nitʃe] *sf* partridge

'perno *sm* pivot

pernot'tare *vi* to spend the night, stay overnight

'pero *sm* pear tree

però *cong* (*ma*) but; (*tuttavia*) however, nevertheless

pero'rare *vt* (*DIR, fig*): **~ la causa di qn** to plead sb's case

perpendico'lare *ag, sf* perpendicular

perpe'trare *vt* to perpetrate

perpetu'are *vt* to perpetuate

per'petuo, a *ag* perpetual

per'plesso, a *ag* perplexed; uncertain, undecided

perqui'sire *vt* to search; **perquisizi'one** *sf* (*police*) search

persecu'tore *sm* persecutor

persecuzi'one [persekut'tsjone] *sf* persecution

persegu'ire *vt* to pursue

persegui'tare *vt* to persecute

perseve'rante *ag* persevering

perseve'rare *vi* to persevere

'Persia *sf*: **la ~** Persia

persi'ana *sf* shutter; **~ avvolgibile** roller shutter

persi'ano, a *ag, sm/f* Persian

'persico, a, ci, che *ag*: **il golfo P~** the Persian Gulf

per'sino *av* = **perfino**

persis'tente *ag* persistent

per'sistere *vi* to persist; **~ a fare** to persist in doing; **persis'tito, a** *pp di* **persistere**

'perso, a *pp di* **perdere**

per'sona *sf* person; (*qualcuno*): **una ~** someone, somebody, *espressione interrogativa* +anyone *o* anybody; **~e** *sfpl* people; **non c'è ~ che ...** there's nobody who ..., there isn't anybody who ...

perso'naggio [perso'naddʒo] *sm* (*persona ragguardevole*) personality, figure; (*tipo*) character, individual; (*LETTERATURA*) character

perso'nale *ag* personal ♦ *sm* staff; personnel; (*figura fisica*) build

personalità *sf inv* personality

personifi'care *vt* to personify; to embody

perspi'cace [perspi'katʃe] *ag* shrewd, discerning

persu'adere *vt*: **~ qn (di qc/a fare)** to

persuade sb (of sth/to do); **persuasi'one** *sf* persuasion; **persua'sivo, a** *ag* persuasive; **persu'aso, a** *pp di* **persuadere**

per'tanto *cong* (*quindi*) so, therefore

'pertica, che *sf* pole

perti'nente *ag*: ~ (a) relevant (to), pertinent (to)

per'tosse *sf* whooping cough

per'tugio [per'tudʒo] *sm* hole, opening

perturbazi'one [perturbat'tsjone] *sf* disruption; perturbation; ~ **atmosferica** atmospheric disturbance

per'vadere *vt* to pervade; **per'vaso, a** *pp di* **pervadere**

perve'nire *vi*: ~ **a** to reach, arrive at, come to; (*venire in possesso*): **gli pervenne una fortuna** he inherited a fortune; **far ~ qc a** to have sth sent to; **perve'nuto, a** *pp di* **pervenire**

per'verso, a *ag* depraved; perverse

p. es. *abbr* (= *per esempio*) e.g.

'pesa *sf* weighing *no pl*; weighbridge

pe'sante *ag* heavy

pe'sare *vt* to weigh ♦ *vi* (*avere un peso*) to weigh; (*essere pesante*) to be heavy; (*fig*) to carry weight; ~ **su** (*fig*) to lie heavy on; to influence; to hang over

'pesca (*pl* pesche: *frutto*) *sf* peach; (*il pescare*) fishing; **andare a ~** to go fishing; ~ **di beneficenza** (*lotteria*) lucky dip; ~ **con la lenza** angling

pes'care *vt* (*pesce*) to fish for; to catch; (*qc nell'acqua*) to fish out; (*fig: trovare*) to get hold of, find; **andare a ~** to go fishing

pesca'tore *sm* fisherman; angler

'pesce ['peʃʃe] *sm* fish *gen inv*; **P~i** (*dello zodiaco*) Pisces; ~ **d'aprile!** April Fool!; ~ **spada** swordfish; **pesce'cane** *sm* shark

┌─── pesce d'aprile ───┐

(i) Il pesce d'aprile *is a practical joke played on 1 April. It takes its name from the traditional prank of surreptitiously sticking a paper fish on someone's back.*

└──────────────────────┘

pesche'reccio [peske'rettʃo] *sm* fishing

boat

pesche'ria [peske'ria] *sf* fishmonger's (shop) (*BRIT*), fish store (*US*)

pesci'vendolo, a [peʃʃi'vendolo] *sm/f* fishmonger (*BRIT*), fish merchant (*US*)

'pesco, schi *sm* peach tree

pes'coso, a *ag* abounding in fish

'peso *sm* weight; (*SPORT*) shot; **rubare sul ~** to give short weight; **essere di ~ a qn** (*fig*) to be a burden to sb; ~ **lordo/netto** gross/net weight; ~ **piuma/mosca/gallo/ medio/massimo** (*PUGILATO*) feather/fly/ bantam/middle/heavyweight

pessi'mismo *sm* pessimism; **pessi'mista, i, e** *ag* pessimistic ♦ *sm/f* pessimist

'pessimo, a *ag* very bad, awful

pes'tare *vt* to tread on, trample on; (*sale, pepe*) to grind; (*uva, aglio*) to crush; (*fig: picchiare*): ~ **qn** to beat sb up

'peste *sf* plague; (*persona*) nuisance, pest

pes'tello *sm* pestle

pesti'lenza [pesti'lentsa] *sf* pestilence; (*fetore*) stench

'pesto, a *ag*: **c'è buio ~** it's pitch-dark; **occhio ~** black eye ♦ *sm* (*CUC*) sauce made with basil, garlic, cheese and oil

'petalo *sm* (*BOT*) petal

pe'tardo *sm* firecracker, banger (*BRIT*)

petizi'one [petit'tsjone] *sf* petition

'peto (*fam!*) *sm* fart (*!*)

petrol'chimica [petrol'kimika] *sf* petrochemical industry

petroli'era *sf* (*nave*) oil tanker

petro'lifero, a *ag* oil-bearing; oil *cpd*

pe'trolio *sm* oil, petroleum; (*per lampada, fornello*) paraffin

pettego'lare *vi* to gossip

pettego'lezzo [pettego'leddzo] *sm* gossip *no pl*; **fare ~i** to gossip

pet'tegolo, a *ag* gossipy ♦ *sm/f* gossip

petti'nare *vt* to comb (the hair of); **~rsi** *vr* to comb one's hair; **pettina'tura** *sf* (*acconciatura*) hairstyle

'pettine *sm* comb; (*ZOOL*) scallop

petti'rosso *sm* robin

'petto *sm* chest; (*seno*) breast, bust; (*CUC: di*

carne bovina) brisket; (: *di pollo etc*) breast;
a doppio ~ (*abito*) double-breasted;
petto'ruto, a *ag* broad-chested; full-
breasted

petu'lante *ag* insolent

pe'tunia *sf* (*BOT*) petunia

'pezza ['pɛttsa] *sf* piece of cloth; (*toppa*)
patch; (*cencio*) rag, cloth

pez'zato, a [pet'tsato] *ag* piebald

pez'zente [pet'tsɛnte] *sm/f* beggar

'pezzo ['pɛttso] *sm* (*gen*) piece; (*brandello,
frammento*) piece, bit; (*di macchina, arnese
etc*) part; (*STAMPA*) article; (*di tempo*):
aspettare un ~ to wait quite a while *o*
some time; **in** *o* **a ~i** in pieces; **andare in
~i** to break into pieces; **un bel ~ d'uomo** a
fine figure of a man; **abito a due ~i** two-
piece suit; **~ di cronaca** (*STAMPA*) report; **~
grosso** (*fig*) bigwig; **~ di ricambio** spare
part

pia'cente [pja'tʃɛnte] *ag* attractive

pia'cere [pja'tʃere] *vi* to please; **una
ragazza che piace** a likeable girl; an
attractive girl; **~ a: mi piace** I like it; **quei
ragazzi non mi piacciono** I don't like
those boys; **gli piacerebbe andare al
cinema** he would like *o* to go to the cinema
♦ *sm* pleasure; (*favore*) favour; **"~!"** (*nelle
presentazioni*) "pleased to meet you!"; **con
~** certainly, with pleasure; **per ~!** please;
fare un ~ a qn to do sb a favour;
pia'cevole *ag* pleasant, agreeable;
piaci'uto, a *pp di* **piacere**

pi'aga, ghe *sf* (*lesione*) sore; (*ferita: anche
fig*) wound; (*fig: flagello*) scourge, curse;
(: *persona*) pest, nuisance

piagnis'teo [pjaɲɲis'tɛo] *sm* whining,
whimpering

piagnuco'lare [pjaɲɲuko'lare] *vi* to
whimper

pi'alla *sf* (*arnese*) plane; **pial'lare** *vt* to
plane

pi'ana *sf* stretch of level ground; (*più
estesa*) plain

pianeggi'ante [pjaned'dʒante] *ag* flat, level

piane'rottolo *sm* landing

pia'neta *sm* (*ASTR*) planet

pi'angere ['pjandʒere] *vi* to cry, weep;
(*occhi*) to water ♦ *vt* to cry, weep;
(*lamentare*) to bewail, lament; **~ la morte
di qn** to mourn sb's death

pianifi'care *vt* to plan; **pianificazi'one**
sf planning

pia'nista, i, e *sm/f* pianist

pi'ano, a *ag* (*piatto*) flat, level; (*MAT*) plane;
(*chiaro*) clear, plain ♦ *av* (*adagio*) slowly; (*a
bassa voce*) softly; (*con cautela*) slowly,
carefully ♦ *sm* (*MAT*) plane; (*GEO*) plain;
(*livello*) level, plane; (*di edificio*) floor;
(*programma*) plan; (*MUS*) piano; **pian ~** very
slowly; (*poco a poco*) little by little; **in
primo / secondo ~** in the foreground/
background; **di primo ~** (*fig*) prominent,
high-ranking

piano'forte *sm* piano, pianoforte

pi'anta *sf* (*BOT*) plant; (*ANAT: anche*: **~ del
piede**) sole (of the foot); (*grafico*) plan;
(*topografica*) map; **in ~ stabile** on the
permanent staff; **piantagi'one** *sf*
plantation; **pian'tare** *vt* to plant;
(*conficcare*) to drive *o* hammer in; (*tenda*)
to put up, pitch; (*fig: lasciare*) to leave,
desert; **~rsi** *vr*: **~rsi davanti a qn** to plant
o.s. in front of sb; **piantala!** (*fam*) cut it
out!

pianter'reno *sm* ground floor

pian'tina *sf* (*carta*) map

pi'anto, a *pp di* **piangere** ♦ *sm* tears *pl*,
crying

pian'tone *sm* (*vigilante*) sentry, guard;
(*soldato*) orderly; (*AUT*) steering column

pia'nura *sf* plain

pi'astra *sf* plate; (*di pietra*) slab; (*di fornello*)
hotplate; **~ di registrazione** tape deck;
panino alla ~ ≈ toasted sandwich

pias'trella *sf* tile

pias'trina *sf* (*MIL*) identity disc

piatta'forma *sf* (*anche fig*) platform

piat'tino *sm* saucer

pi'atto, a *ag* flat; (*fig: scialbo*) dull ♦ *sm*
(*recipiente, vivanda*) dish; (*portata*) course;
(*parte piana*) flat (part); **~i** *smpl* (*MUS*)
cymbals; **~ fondo** soup dish; **~ forte** main
course; **~ del giorno** dish of the day, plat

du jour; **~ del giradischi** turntable

pi'azza ['pjattsa] *sf* square; (*COMM*) market; **far ~ pulita** to make a clean sweep; **~ d'armi** (*MIL*) parade ground; **piaz'zale** *sm* (*large*) square

piaz'zare [pjat'tsare] *vt* to place; (*COMM*) to market, sell; **~rsi** *vr* (*SPORT*) to be placed

piaz'zista, i [pjat'tsista] *sm* (*COMM*) commercial traveller

piaz'zola [pjat'tsɔla] *sf* (*AUT*) lay-by

'picca, che *sf* pike; **~che** *sfpl* (*CARTE*) spades

pic'cante *ag* hot, pungent; (*fig*) racy; biting

pic'carsi *vr*: **~ di fare** to pride o.s. on one's ability to do; **~ per qc** to take offence at sth

pic'chetto [pik'ketto] *sm* (*MIL, di scioperanti*) picket; (*di tenda*) peg

picchi'are [pik'kjare] *vt* (*persona: colpire*) to hit, strike; (*: prendere a botte*) to beat (up); (*battere*) to beat; (*sbattere*) to bang ♦ *vi* (*bussare*) to knock; (*: con forza*) to bang; (*colpire*) to hit, strike; (*sole*) to beat down; **picchi'ata** *sf* (*AER*) dive

picchiet'tare [pikkjet'tare] *vt* (*punteggiare*) to spot, dot; (*colpire*) to tap

'picchio ['pikkjo] *sm* woodpecker

pic'cino, a [pit'tʃino] *ag* tiny, very small

piccio'naia [pittʃo'naja] *sf* pigeon-loft; (*TEATRO*): **la ~** the gods *sg*

picci'one [pit'tʃone] *sm* pigeon

'picco, chi *sm* peak; **a ~** vertically

'piccolo, a *ag* small; (*oggetto, mano, di età: bambino*) small, little (*dav sostantivo*); (*di breve durata: viaggio*) short; (*fig*) mean, petty ♦ *sm/f* child, little one; **~i** *smpl* (*di animale*) young *pl*; **in ~** in miniature

pic'cone *sm* pick(-axe)

pic'cozza [pik'kɔttsa] *sf* ice-axe

pic'nic *sm inv* picnic

pi'docchio [pi'dokkjo] *sm* louse

pi'ede *sm* foot; (*di mobile*) leg; **in ~i** standing; **a ~i** on foot; **a ~i nudi** barefoot; **su due ~i** (*fig*) at once; **prendere ~** (*fig*) to gain ground, catch on; **sul ~ di guerra** (*MIL*) ready for action; **~ di porco** crowbar

piedes'tallo *sm* pedestal

piedipi'atti *sm inv* (*peg*) cop

pi'ega, ghe *sf* (*piegatura, GEO*) fold; (*di gonna*) pleat; (*di pantaloni*) crease; (*grinza*) wrinkle, crease; **prendere una brutta ~** (*fig*) to take a turn for the worse

pie'gare *vt* to fold; (*braccia, gambe, testa*) to bend ♦ *vi* to bend; **~rsi** *vr* to bend; (*fig*): **~rsi (a)** to yield (to), submit (to); **pieghet'tare** *vt* to pleat; **pie'ghevole** *ag* pliable, flexible; (*porta*) folding

Pie'monte *sm*: **il ~** Piedmont

pi'ena *sf* (*di fiume*) flood, spate

pi'eno, a *ag* full; (*muro, mattone*) solid ♦ *sm* (*colmo*) height, peak; (*carico*) full load; **~ di** full of; **in ~ giorno** in broad daylight; **fare il ~** (*di benzina*) to fill up (with petrol)

pietà *sf* pity; (*REL*) piety; **senza ~** pitiless, merciless; **avere ~ di** (*compassione*) to pity, feel sorry for; (*misericordia*) to have pity o mercy on

pie'tanza [pje'tantsa] *sf* dish, course

pie'toso, a *ag* (*compassionevole*) pitying, compassionate; (*che desta pietà*) pitiful

pi'etra *sf* stone; **~ preziosa** precious stone, gem; **pie'traia** *sf* (*terreno*) stony ground; **pietrifi'care** *vt* to petrify; (*fig*) to transfix, paralyze

'piffero *sm* (*MUS*) pipe

pi'giama, i [pi'dʒama] *sm* pyjamas *pl*

'pigia 'pigia ['pidʒa'pidʒa] *sm* crowd, press

pigi'are [pi'dʒare] *vt* to press

pigi'one [pi'dʒone] *sf* rent

pigli'are [piʎ'ʎare] *vt* to take, grab; (*afferrare*) to catch

'piglio ['piʎʎo] *sm* look, expression

pig'meo *a sm/f* pygmy

'pigna ['piɲɲa] *sf* pine cone

pi'gnolo, a [piɲ'ɲɔlo] *ag* pernickety

pigno'rare [piɲɲo'rare] *vt* to distrain

pigo'lare *vi* to cheep, chirp

pi'grizia [pi'grittsja] *sf* laziness

'pigro, a *ag* lazy

'pila *sf* (*catasta, di ponte*) pile; (*ELETTR*) battery; (*torcia*) torch (*BRIT*), flashlight

pi'lastro *sm* pillar

'**pillola** *sf* pill; **prendere la ~** to be on the pill

pi'lone *sm* (*di ponte*) pier; (*di linea elettrica*) pylon

pi'lota, i, e *sm/f* pilot; (*AUT*) driver ♦ *ag inv* pilot *cpd*; **~ automatico** automatic pilot; **pilo'tare** *vt* to pilot; to drive

pinaco'teca, che *sf* art gallery

pi'neta *sf* pinewood

ping-'pong [piŋ'pɔŋ] *sm* table tennis

'**pingue** *ag* fat, corpulent

pingu'ino *sm* (*ZOOL*) penguin

'**pinna** *sf* (*di pesce*) fin; (*di cetaceo, per nuotare*) flipper

'**pino** *sm* pine (tree); **pi'nolo** *sm* pine kernel

'**pinza** ['pintsa] *sf* pliers *pl*; (*MED*) forceps *pl*; (*ZOOL*) pincer

pinzette [pin'tsette] *sfpl* tweezers

'**pio, a, 'pii, 'pie** *ag* pious; (*opere, istituzione*) charitable, charity *cpd*

pi'oggia, ge ['pjɔddʒa] *sf* rain; **~ acida** acid rain

pi'olo *sm* peg; (*di scala*) rung

piom'bare *vi* to fall heavily; (*gettarsi con impeto*): **~ su** to fall upon, assail ♦ *vt* (*dente*) to fill; **piomba'tura** *sf* (*di dente*) filling

piom'bino *sm* (*sigillo*) (lead) seal; (*del filo a piombo*) plummet; (*PESCA*) sinker

pi'ombo *sm* (*CHIM*) lead; **a ~** (*cadere*) straight down; **senza ~** (*benzina*) unleaded

pioni'ere, a *sm/f* pioneer

pi'oppo *sm* poplar

pi'overe *vb impers* to rain ♦ *vi* (*fig: scendere dall'alto*) to rain down; (*lettere, regali*) to pour into; **pioviggi'nare** *vb impers* to drizzle; **pio'voso, a** *ag* rainy

pi'ovra *sf* octopus

'**pipa** *sf* pipe

pipì (*fam*) *sf*: **fare ~** to have a wee (wee)

pipis'trello *sm* (*ZOOL*) bat

pi'ramide *sf* pyramid

pi'rata, i *sm* pirate; **~ della strada** hit-and-run driver

Pire'nei *smpl*: **i ~** the Pyrenees

'**pirico, a, ci, che** *ag*: **polvere ~a**

gunpowder

pi'rite *sf* pyrite

pi'rofilo, a *ag* heat-resistant; **pi'rofila** *sf* heat-resistant dish

pi'roga, ghe *sf* dug-out canoe

pi'romane *sm/f* pyromaniac; arsonist

pi'roscafo *sm* steamer, steamship

pisci'are [piʃʃare] (*fam!*) *vi* to piss (*!*), pee (*!*)

pi'scina [piʃʃina] *sf* (swimming) pool; (*stabilimento*) (swimming) baths *pl*

pi'sello *sm* pea

piso'lino *sm* nap

'**pista** *sf* (*traccia*) track, trail; (*di stadio*) track; (*di pattinaggio*) rink; (*da sci*) run; (*AER*) runway; (*di circo*) ring; **~ da ballo** dance floor

pis'tacchio [pis'takkjo] *sm* pistachio (tree); pistachio (nut)

pis'tola *sf* pistol, gun

pis'tone *sm* piston

pi'tone *sm* python

pit'tore, 'trice *sm/f* painter; **pitto'resco, a, schi, sche** *ag* picturesque

pit'tura *sf* painting; **pittu'rare** *vt* to paint

PAROLA CHIAVE

più *av* **1** (*in maggiore quantità*) more; **~ del solito** more than usual; **in ~, di ~** more; **ne voglio di ~** I want some more; **ci sono 3 persone in *o* di ~** there are 3 more *o* extra people; **~ o meno** more or less; **per di ~** (*inoltre*) what's more, moreover

2 (*comparativo*) more, *aggettivo corto* +...er; **~ ... di/che** more ... than; **lavoro ~ di te/Paola** I work harder than you/Paola; **è ~ intelligente che ricco** he's more intelligent than rich

3 (*superlativo*) most, *aggettivo corto* +...est; **il ~ grande/intelligente** the biggest/most intelligent; **è quello che compro ~ spesso** that's the one I buy most often; **al ~ presto** as soon as possible; **al ~ tardi** at the latest

4 (*negazione*): **non ... ~** no more, no longer; **non ho ~ soldi** I've got no more money, I don't have any more money; **non**

lavoro ~ I'm no longer working, I don't work any more; **a ~ non posso** (*gridare*) at the top of one's voice; (*correre*) as fast as one can

5 (*MAT*) plus; **4 ~ 5 fa 9** 4 plus 5 equals 9; **~ 5 gradi** 5 degrees above freezing, plus 5 ♦ *prep* plus

♦ *ag inv* **1**: **~ ... (di)** more ... (than); **~ denaro/tempo** more money/time; **~ persone di quante ci aspettassimo** more people than we expected

2 (*numerosi, diversi*) several; **l'aspettai per ~ giorni** I waited for it for several days ♦ *sm* **1** (*la maggior parte*): **il ~ è fatto** most of it is done

2 (*MAT*) plus (sign)

3: **i ~** the majority

piucchepper'fetto [pjukkepper'fetto] *sm* (*LING*) pluperfect, past perfect

pi'uma *sf* feather; **piu'maggio** *sm* plumage, feathers *pl*; **piu'mino** *sm* (*eider*)down; (*per letto*) eiderdown; (: *tipo danese*) duvet, continental quilt; (*giacca*) quilted jacket (*with goose-feather padding*); (*per cipria*) powder puff; (*per spolverare*) feather duster

piut'tosto *av* rather; **~ che** (*anziché*) rather than

pi'vello, a *sm/f* greenhorn

'pizza ['pittsa] *sf* pizza; **pizze'ria** *sf* place where pizzas are made, sold or eaten

pizzi'cagnolo, a [pittsi'kannolo] *sm/f* specialist grocer

pizzi'care [pittsi'kare] *vt* (*stringere*) to nip, pinch; (*pungere*) to sting; to bite; (*MUS*) to pluck ♦ *vi* (*prudere*) to itch, be itchy; (*cibo*) to be hot *o* spicy

pizziche'ria [pittsike'ria] *sf* delicatessen (shop)

'pizzico, chi ['pittsiko] *sm* (*pizzicotto*) pinch, nip; (*piccola quantità*) pinch, dash; (*d'insetto*) sting; bite

pizzi'cotto [pittsi'kotto] *sm* pinch, nip

'pizzo ['pittso] *sm* (*merletto*) lace; (*barbetta*) goatee beard

pla'care *vt* to placate, soothe; **~rsi** *vr* to

calm down

'placca, che *sf* plate; (*con iscrizione*) plaque; (*anche*: **~ dentaria**) (dental) plaque; **plac'care** *vt* to plate; **placcato in oro/argento** gold-/silver-plated

'placido, a ['platʃido] *ag* placid, calm

plagi'are [pla'dʒare] *vt* (*copiare*) to plagiarize; **'plagio** *sm* plagiarism

pla'nare *vi* (*AER*) to glide

'plancia, ce ['plantʃa] *sf* (*NAUT*) bridge

plane'tario, a *ag* planetary ♦ *sm* (*locale*) planetarium

'plasma *sm* plasma

plas'mare *vt* to mould, shape

'plastica, che *sf* (*arte*) plastic arts *pl*; (*MED*) plastic surgery; (*sostanza*) plastic

'plastico, a, ci, che *ag* plastic ♦ *sm* (*rappresentazione*) relief model; (*esplosivo*): **bomba al ~** plastic bomb

plasti'lina ® *sf* plasticine ®

'platano *sm* plane tree

pla'tea *sf* (*TEATRO*) stalls *pl*

'platino *sm* platinum

pla'tonico, a, ci, che *ag* platonic

plau'sibile *ag* plausible

'plauso *sm* (*fig*) approval

ple'baglia [ple'baʎʎa] (*peg*) *sf* rabble, mob

'plebe *sf* common people; **ple'beo, a** *ag* plebeian; (*volgare*) coarse, common

ple'nario, a *ag* plenary

pleni'lunio *sm* full moon

'plettro *sm* plectrum

pleu'rite *sf* pleurisy

'plico, chi *sm* (*pacco*) parcel; **in ~ a parte** (*COMM*) under separate cover

plo'tone *sm* (*MIL*) platoon; **~ d'esecuzione** firing squad

'plumbeo, a *ag* leaden

plu'rale *ag, sm* plural; **pluralità** *sf* plurality; (*maggioranza*) majority

plusva'lore *sm* (*ECON*) surplus

pneu'matico, a, ci, che *ag* inflatable; (*pneumatico*) *sm* (*AUT*) tyre (*BRIT*), tire (*US*)

po' *av, sm vedi* **poco**

PAROLA CHIAVE

'poco, a, chi, che *ag* (*quantità*) little, not

much; (*numero*) few, not many; **~ pane/
denaro/spazio** little *o* not much bread/
money/space; **~che persone/idee** few *o*
not many people/ideas; **ci vediamo tra ~**
(*sottinteso: tempo*) see you soon
♦ *av* 1 (*in piccola quantità*) little, not much;
(*numero limitato*) few, not many;
guadagna ~ he doesn't earn much, he
earns little
2 (*con ag, av*) (a) little, not very; **sta ~
bene** he isn't very well; **è ~ più vecchia di
lui** she's a little *o* slightly older than him
3 (*tempo*): **~ dopo/prima** shortly
afterwards/before; **il film dura ~** the film
doesn't last very long; **ci vediamo molto ~**
we don't see each other very often, we
hardly ever see each other
4: **un po'** a little, a bit; **è un po' corto** it's
a little *o* a bit short; **arriverà fra un po'**
he'll arrive shortly *o* in a little while
5: **a dir ~** to say the least; **a ~ a ~** little by
little; **per ~ non cadevo** I nearly fell; **è una
cosa da ~** it's nothing, it's of no
importance; **una persona da ~** a
worthless person
♦ *pron* (a) little; **~chi, che** *pron pl* (*persone*)
few (people); (*cose*) few
♦ *sm* 1 little; **vive del ~ che ha** he lives on
the little he has
2: **un po'** a little; **un po' di zucchero** a
little sugar; **un bel po' di denaro** quite a
lot of money; **un po' per ciascuno** a bit
each

po'dere *sm* (*AGR*) farm
pode'roso, a *ag* powerful
podestà *sm inv* (*nel fascismo*) podesta,
mayor
'podio *sm* dais, platform; (*MUS*) podium
po'dismo *sm* (*SPORT*) track events *pl*
po'ema, i *sm* poem
poe'sia *sf* (*arte*) poetry; (*componimento*)
poem
po'eta, 'essa *sm/f* poet/poetess;
po'etico, a, ci, che *ag* poetic(al)
poggi'are [pod'dʒare] *vt* to lean, rest;
(*posare*) to lay, place; **poggia'testa** *sm*

inv (*AUT*) headrest
'poggio ['pɔddʒo] *sm* hillock, knoll
poggi'olo [pod'dʒɔlo] *sm* balcony
'poi *av* then; (*alla fine*) finally, at last; **e ~**
(*inoltre*) and besides; **questa ~ (è bella)!**
(*ironico*) that's a good one!
poiché [poi'ke] *cong* since, as
'poker *sm* poker
po'lacco, a, chi, che *ag* Polish ♦ *sm/f*
Pole
po'lare *ag* polar
po'lemica, che *sf* controversy
po'lemico, a, ci, che *ag* polemic(al),
controversial
po'lenta *sf* (*CUC*) sort of thick porridge
made with maize flour
poliambula'torio *sm* health centre
poli'clinico, ci *sm* general hospital,
polyclinic
poli'estere *sm* polyester
'polio(mie'lite) *sf* polio(myelitis)
'polipo *sm* polyp
polisti'rolo *sm* polystyrene
poli'tecnico, ci *sm* postgraduate
technical college
po'litica, che *sf* politics *sg*; (*linea di
condotta*) policy; *vedi anche* **politico**
politiciz'zare [polititʃid'dzare] *vt* to
politicize
po'litico, a, ci, che *ag* political ♦ *sm/f*
politician
poli'zia [polit'tsia] *sf* police; **~ giudiziaria**
≈ Criminal Investigation Department (*BRIT*),
≈ Federal Bureau of Investigation (*US*); **~
stradale** traffic police; **polizi'esco, a,
schi, sche** *ag* police *cpd*; (*film, romanzo*)
detective *cpd*; **polizi'otto** *sm* policeman;
cane poliziotto police dog; **donna
poliziotto** policewoman

---

polizia di stato

i The function of the **polizia di stato** is
to maintain public order, to uphold the
law and prevent and investigate crime. They
are a civil body, reporting to the Minister of
the Interior.

'poliz za ['polittsa] sf (COMM) bill; ~ di
   assicurazione insurance policy; ~ di
   carico bill of lading
pol'laio sm henhouse
pol'lame sm poultry
pol'lastro sm (ZOOL) cockerel
'pollice ['pollitʃe] sm thumb
'polline sm pollen
'pollo sm chicken
pol'mone sm lung; ~ d'acciaio (MED) iron
   lung; polmo'nite sf pneumonia
'polo sm (GEO, FISICA) pole; (gioco) polo; il ~
   sud/nord the South/North Pole
Po'lonia sf: la ~ Poland
'polpa sf flesh, pulp; (carne) lean meat
pol'paccio [pol'pattʃo] sm (ANAT) calf
polpas'trello sm fingertip
pol'petta sf (CUC) meatball; polpet'tone
   sm (CUC) meatloaf
'polpo sm octopus
pol'poso, a ag fleshy
pol'sino sm cuff
'polso sm (ANAT) wrist; (pulsazione) pulse;
   (fig: forza) drive, vigour
pol'tiglia [pol'tiʎʎa] sf (composto) mash,
   mush; (di fango e neve) slush
pol'trire vi to laze about
pol'trona sf armchair; (TEATRO: posto) seat
   in the front stalls (BRIT) o orchestra (US)
pol'trone ag lazy, slothful
'polvere sf dust; (anche: ~ da sparo)
   (gun)powder; (sostanza ridotta minutissima)
   powder, dust; latte in ~ dried o powdered
   milk; caffè in ~ instant coffee; sapone in ~
   soap powder; polveri'era sf (MIL) (gun)-
   powder magazine; polveriz'zare vt to
   pulverize; (nebulizzare) to atomize; (fig) to
   crush, pulverize; to smash; polve'rone sm
   thick cloud of dust; polve'roso, a ag
   dusty
po'mata sf ointment, cream
po'mello sm knob
pomeridi'ano, a ag afternoon cpd; nelle
   ore ~e in the afternoon
pome'riggio [pome'riddʒo] sm afternoon
'pomice ['pomitʃe] sf pumice
'pomo sm (mela) apple; (ornamentale)

knob; (di sella) pommel; ~ d'Adamo (ANAT)
   Adam's apple
pomo'doro sm tomato
'pompa sf pump; (sfarzo) pomp (and
   ceremony); ~e funebri funeral parlour sg
   (BRIT), undertaker's sg; pom'pare vt to
   pump; (trarre) to pump out; (gonfiare
   d'aria) to pump up
pom'pelmo sm grapefruit
pompi'ere sm fireman
pom'poso, a ag pompous
ponde'rare vt to ponder over, consider
   carefully
ponde'roso, a ag (anche fig) weighty
po'nente sm west
'ponte sm bridge; (di nave) deck; (: anche:
   ~ di comando) bridge; (impalcatura)
   scaffold; fare il ~ (fig) to take the extra day
   off (between 2 public holidays); governo ~
   interim government; ~ aereo airlift; ~
   sospeso suspension bridge
pon'tefice [pon'tefitʃe] sm (REL) pontiff
pontifi'care vi (anche fig) to pontificate
ponti'ficio, a, ci, cie [ponti'fitʃo] ag
   papal
popo'lano, a ag popular, of the people
popo'lare ag popular; (quartiere, clientela)
   working-class ♦ vt (rendere abitato) to
   populate; ~rsi vr to fill with people, get
   crowded; popolarità sf popularity;
   popolazi'one sf population
'popolo sm people; popo'loso, a ag
   densely populated
'poppa sf (di nave) stern; (seno) breast
pop'pare vt to suck
poppa'toio sm (feeding) bottle
porcel'lana [portʃel'lana] sf porcelain,
   china; piece of china
porcel'lino [portʃel'lino] sm/f piglet
porche'ria [porke'ria] sf filth, muck; (fig:
   oscenità) obscenity; (: azione disonesta)
   dirty trick; (: cosa mal fatta) rubbish
por'cile [por'tʃile] sm pigsty
por'cino, a [por'tʃino] ag of pigs, pork cpd
   ♦ sm (fungo) type of edible mushroom
'porco, ci sm pig; (carne) pork
porcos'pino sm porcupine

'porgere ['pɔrdʒere] vt to hand, give; (tendere) to hold out

pornogra'fia sf pornography; porno'grafico, a, ci, che ag pornographic

'poro sm pore; po'roso, a ag porous

'porpora sf purple

'porre vt (mettere) to put; (collocare) to place; (posare) to lay (down), put (down); (fig: supporre): poniamo (il caso) che ... let's suppose that ...; porsi vr (mettersi): porsi a sedere/in cammino to sit down/ set off; ~ una domanda a qn to ask sb a question, put a question to sb

'porro sm (BOT) leek; (MED) wart

'porta sf door; (SPORT) goal; ~e sfpl (di città) gates; a ~e chiuse (DIR) in camera

porta... prefisso: portaba'gagli sm inv (facchino) porter; (AUT, FERR) luggage rack; porta'cenere sm inv ashtray; portachi'avi sm inv keyring; porta'cipria sm inv powder compact; porta'erei sf inv (nave) aircraft carrier; portafi'nestra (pl portefi'nestre) sf French window; porta'foglio sm wallet; (POL, BORSA) portfolio; portafor'tuna sm inv lucky charm; mascot; portagi'oie sm inv jewellery box

porta'lettere sm/f inv postman/woman (BRIT), mailman/woman (US)

porta'mento sm carriage, bearing

portamo'nete sm inv purse

por'tante ag (muro etc) supporting, load-bearing

portan'tina sf sedan chair; (per ammalati) stretcher

por'tare vt (sostenere, sorreggere: peso, bambino, pacco) to carry; (indossare: abito, occhiali, o: capelli lunghi) to have; (avere: nome, titolo) to have, bear; (recare): ~ qc a qn to take (o bring) sth to sb; (fig: sentimenti) to bear; ~rsi vr (recarsi) to go; ~ avanti (discorso, idea) to pursue; ~ via to take away; (rubare) to take; ~ i bambini a spasso to take the children for a walk; ~ fortuna to bring good luck

portasiga'rette sm inv cigarette case

por'tata sf (vivanda) course; (AUT) carrying (o loading) capacity; (di arma) range; (volume d'acqua) (rate of) flow; (fig: limite) scope, capability; (: importanza) impact, import; alla ~ di tutti (conoscenza) within everybody's capabilities; (prezzo) within everybody's means; a/fuori ~ (di) within/out of reach (of); a ~ di mano within (arm's) reach

por'tatile ag portable

por'tato, a ag (incline): ~ a inclined o apt to

porta'tore, 'trice sm/f (anche COMM) bearer; (MED) carrier

portau'ovo sm inv eggcup

porta'voce [porta'votʃe] sm/f inv spokesman/woman

por'tento sm wonder, marvel

porticci'olo [portit'tʃolo] sm marina

'portico, ci sm portico

porti'era sf (AUT) door

porti'ere sm (portinaio) concierge, caretaker; (di hotel) porter; (nel calcio) goalkeeper

porti'naio, a sm/f concierge, caretaker

portine'ria sf caretaker's lodge

'porto, a pp di porgere ♦ sm (NAUT) harbour, port ♦ sm inv port (wine); ~ d'armi (documento) gun licence

Porto'gallo sm: il ~ Portugal; porto'ghese [porto'geze] ag, sm/f, sm Portuguese inv

por'tone sm main entrance, main door

portu'ale ag harbour cpd, port cpd ♦ sm dock worker

porzi'one [por'tsjone] sf portion, share; (di cibo) portion, helping

'posa sf (FOT) exposure; (atteggiamento, di modello) pose

posa'cenere [posa'tʃenere] sm inv ashtray

po'sare vt to put (down), lay (down) ♦ vi (ponte, edificio, teoria): ~ su to rest on; (FOT, atteggiarsi) to pose; ~rsi vr (aereo) to land; (uccello) to alight; (sguardo) to settle

po'sata sf piece of cutlery; ~e sfpl (servizio) cutlery sg

po'sato, a ag serious

pos'critto sm postscript

posi'tivo, a *ag* positive

posizi'one [pozit'tsjone] *sf* position;
prendere ~ (*fig*) to take a stand; **luci di ~**
(*AUT*) sidelights

posolo'gia, 'gie [pozolo'dʒia] *sf* dosage,
directions *pl* for use

pos'porre *vt* to place after; (*differire*) to
postpone, defer; **pos'posto, a** *pp di*
posporre

posse'dere *vt* to own, possess; (*qualità,
virtù*) to have, possess; **possedi'mento**
sm possession

posses'sivo, a *ag* possessive

pos'sesso *sm* ownership *no pl*; possession

posses'sore *sm* owner

pos'sibile *ag* possible ♦ *sm*: **fare tutto il ~**
to do everything possible; **nei limiti del ~**
as far as possible; **al più tardi ~** as late as
possible; **possibilità** *sf inv* possibility
♦ *sfpl* (*mezzi*) means; **aver la possibilità di
fare** to be in a position to do; to have the
opportunity to do

possi'dente *sm/f* landowner

'posta *sf* (*servizio*) post, postal service;
(*corrispondenza*) post, mail; (*ufficio postale*)
post office; (*nei giochi d'azzardo*) stake; **~e**
sfpl (*amministrazione*) post office; **~ aerea**
airmail; **~ elettronica** E-mail, e-mail,
electronic mail; **ministro delle P~e e
Telecomunicazioni** Postmaster General;
posta'giro *sm* post office cheque, postal
giro (*BRIT*); **pos'tale** *ag* postal, post office
cpd

post'bellico, a, ci, che *ag* postwar

posteggi'are [posted'dʒare] *vt, vi* to park;
posteggia'tore, trice *sm/f* car park
attendant; **pos'teggio** *sm* car park (*BRIT*),
parking lot (*US*); (*di taxi*) rank (*BRIT*), stand
(*US*)

postelegra'fonico, a, ci, che *ag*
postal and telecommunications *cpd*

'poster *sm inv* poster

posteri'ore *ag* (*dietro*) back; (*dopo*) later
♦ *sm* (*fam: sedere*) behind

pos'ticcio, a, ci, ce [pos'tittʃo] *ag* false
♦ *sm* hairpiece

postici'pare [postitʃi'pare] *vt* to defer,

postpone

pos'tilla *sf* marginal note

pos'tino *sm* postman (*BRIT*), mailman (*US*)

'posto, a *pp di* **porre** ♦ *sm* (*sito, posizione*)
place; (*impiego*) job; (*spazio libero*) room,
space; (*di parcheggio*) space; (*sedile: al
teatro, in treno etc*) seat; (*MIL*) post; **a ~** (*in
ordine*) in place, tidy; (*fig*) settled;
(: *persona*) reliable; **al ~ di** in place of; **sul
~** on the spot; **mettere a ~** to tidy (up),
put in order; (*faccende*) to straighten out; **~
di blocco** roadblock; **~ di polizia** police
station

pos'tribolo *sm* brothel

'postumo, a *ag* posthumous; (*tardivo*)
belated; **~i** *smpl* (*conseguenze*) after-
effects, consequences

po'tabile *ag* drinkable; **acqua ~** drinking
water

po'tare *vt* to prune

po'tassio *sm* potassium

po'tente *ag* (*nazione*) strong, powerful;
(*veleno, farmaco*) potent, strong; **po'tenza**
sf power; (*forza*) strength

potenzi'ale [poten'tsjale] *ag, sm* potential

PAROLA CHIAVE

---

po'tere *sm* power; **al ~** (*partito etc*) in
power; **~ d'acquisto** purchasing power
♦ *vb aus* **1** (*essere in grado di*) can, be able
to; **non ha potuto ripararlo** he couldn't *o*
he wasn't able to repair it; **non è potuto
venire** he couldn't *o* he wasn't able to
come; **spiacente di non poter aiutare**
sorry not to be able to help

2 (*avere il permesso*) can, may, be allowed
to; **posso entrare?** can *o* may I come in?;
si può sapere dove sei stato? where on
earth have you been?

3 (*eventualità*) may, might, could;
potrebbe essere vero it might *o* could be
true; **può aver avuto un incidente** he may
o might *o* could have had an accident; **può
darsi** perhaps; **può darsi *o* essere che
non venga** he may *o* might not come

4 (*augurio*): **potessi almeno parlargli!** if
only I could speak to him!

5 (*suggerimento*): **potresti almeno scusarti!** you could at least apologize! ♦ *vt* can, be able to; **può molto per noi** he can do a lot for us; **non ne posso più** (*per stanchezza*) I'm exhausted; (*per rabbia*) I can't take any more

potestà *sf* (*potere*) power; (*DIR*) authority

'povero, a *ag* poor; (*disadorno*) plain, bare ♦ *sm/f* poor man/woman; **i ~i** the poor; **~ di** lacking in, having little; **povertà** *sf* poverty

'pozza ['pottsa] *sf* pool

poz'zanghera [pot'tsangera] *sf* puddle

'pozzo ['pottso] *sm* well; (*cava: di carbone*) pit; (*di miniera*) shaft; **~ petrolifero** oil well

pran'zare [pran'dzare] *vi* to dine, have dinner; to lunch, have lunch

'pranzo ['prandzo] *sm* dinner; (*a mezzogiorno*) lunch

'prassi *sf* usual procedure

'pratica, che *sf* practice; (*esperienza*) experience; (*conoscenza*) knowledge, familiarity; (*tirocinio*) training, practice; (*AMM: affare*) matter, case; (*: incartamento*) file, dossier; **in ~** (*praticamente*) in practice; **mettere in ~** to put into practice

prati'cabile *ag* (*progetto*) practicable, feasible; (*luogo*) passable, practicable

prati'cante *sm/f* apprentice, trainee; (*REL*) (regular) churchgoer

prati'care *vt* to practise; (*SPORT: tennis etc*) to play; (*: nuoto, scherma etc*) to go in for; (*eseguire: apertura, buco*) to make; **~ uno sconto** to give a discount

'pratico, a, ci, che *ag* practical; **~ di** (*esperto*) experienced *o* skilled in; (*familiare*) familiar with

'prato *sm* meadow; (*di giardino*) lawn

preav'viso *sm* notice; **telefonata con ~** personal *o* person to person call

pre'cario, a *ag* precarious; (*INS*) temporary

precauzi'one [prekaut'tsjone] *sf* caution, care; (*misura*) precaution

prece'dente [pretʃe'dɛnte] *ag* previous ♦ *sm* precedent; **il discorso/film ~** the previous *o* preceding speech/film; **senza ~i**

unprecedented; **~i penali** criminal record *sg*; **prece'denza** *sf* priority, precedence; (*AUT*) right of way

pre'cedere [pre'tʃɛdere] *vt* to precede, go (*o* come) before

pre'cetto [pre'tʃetto] *sm* precept; (*MIL*) call-up notice

precet'tore [pretʃet'tore] *sm* (*private*) tutor

precipi'tare [pretʃipi'tare] *vi* (*cadere*) to fall headlong; (*fig: situazione*) to get out of control ♦ *vt* (*gettare dall'alto in basso*) to hurl, fling; (*fig: affrettare*) to rush; **~rsi** *vr* (*gettarsi*) to hurl *o* fling o.s.; (*affrettarsi*) to rush; **precipitazi'one** *sf* (*METEOR*) precipitation; (*fig*) haste; **precipi'toso, a** *ag* (*caduta, fuga*) headlong; (*fig: avventato*) rash, reckless; (*: affrettato*) hasty, rushed

preci'pizio [pretʃi'pittsjo] *sm* precipice; **a ~** (*fig: correre*) headlong

preci'sare [pretʃi'zare] *vt* to state, specify; (*spiegare*) to explain (in detail)

precisi'one [pretʃi'zjone] *sf* precision; accuracy

pre'ciso, a [pre'tʃizo] *ag* (*esatto*) precise; (*accurato*) accurate, precise; (*deciso: idee*) precise, definite; (*uguale*): **2 vestiti ~i** 2 dresses exactly the same; **sono le 9 ~e** it's exactly 9 o'clock

pre'cludere *vt* to block, obstruct; **pre'cluso, a** *pp di* **precludere**

pre'coce [pre'kɔtʃe] *ag* early; (*bambino*) precocious; (*vecchiaia*) premature

precon'cetto [prekon'tʃetto] *sm* preconceived idea, prejudice

precur'sore *sm* forerunner, precursor

'preda *sf* (*bottino*) booty; (*animale, fig*) prey; **essere ~ di** to fall prey to; **essere in ~ a** to be prey to; **preda'tore** *sm* predator

predeces'sore, a [predetʃes'sore] *sm/f* predecessor

predesti'nare *vt* to predestine

pre'detto, a *pp di* **predire**

'predica, che *sf* sermon; (*fig*) lecture, talking-to

predi'care *vt, vi* to preach

predi'cato *sm* (*LING*) predicate

predi'letto, a *pp di* **prediligere** ♦ *ag, sm/f* favourite

predilezi'one [predilet'tsjone] *sf* fondness, partiality; **avere una ~ per qc/qn** to be partial to sth/fond of sb

predi'ligere [predi'lidʒere] *vt* to prefer, have a preference for

pre'dire *vt* to foretell, predict

predis'porre *vt* to get ready, prepare; **~ qn a qc** to predispose sb to sth; **predis'posto**, a *pp di* **predisporre**

predizi'one [predit'tsjone] *sf* prediction

predomi'nare *vi* to predominate; **predo'minio** *sm* predominance; supremacy

prefabbri'cato, a *ag* (EDIL) prefabricated

prefazi'one [prefat'tsjone] *sf* preface, foreword

prefe'renza [prefe'rentsa] *sf* preference; **preferenzi'ale** *ag* preferential; **corsia ~** bus and taxi lane

prefe'rire *vt* to prefer, like better; **~ il caffè al tè** to prefer coffee to tea, like coffee better than tea; **prefe'rito**, a *ag* favourite

pre'fetto *sm* prefect; **prefet'tura** *sf* prefecture

pre'figgersi [pre'fiddʒersi] *vr*: **~ uno scopo** to set o.s. a goal

pre'fisso, a *pp di* **prefiggere** ♦ *sm* (LING) prefix; (TEL) dialling (BRIT) o dial (US) code

pre'gare *vi* to pray ♦ *vt* (REL) to pray to; (*implorare*) to beg; (*chiedere*): **~ qn di fare** to ask sb to do; **farsi ~** to need coaxing o persuading

pre'gevole [pre'dʒevole] *ag* valuable

preghi'era [pre'gjera] *sf* (REL) prayer; (*domanda*) request

pregi'ato, a [pre'dʒato] *ag* (*di valore*) valuable; **vino ~** vintage wine

'pregio ['predʒo] *sm* (*stima*) esteem, regard; (*qualità*) (good) quality, merit; (*valore*) value, worth

pregiudi'care [predʒudi'kare] *vt* to prejudice, harm, be detrimental to; **pregiudi'cato**, a *sm/f* (DIR) previous offender

pregiu'dizio [predʒu'dittsjo] *sm* (*idea errata*) prejudice; (*danno*) harm *no pl*

'pregno, a ['preŋŋo] *ag* (*saturo*): **~ di** full of, saturated with

'prego *escl* (*a chi ringrazia*) don't mention it!; (*invitando qn ad accomodarsi*) please sit down!; (*invitando qn ad andare prima*) after you!

pregus'tare *vt* to look forward to

preis'torico, a, ci, che *ag* prehistoric

pre'lato *sm* prelate

prele'vare *vt* (*denaro*) to withdraw; (*campione*) to take; (*sog: polizia*) to take, capture

preli'evo *sm* (*di denaro*) withdrawal; (MED): **fare un ~ (di)** to take a sample of

prelimi'nare *ag* preliminary; **~i** *smpl* preliminary talks; preliminaries

pre'ludio *sm* prelude

pré-ma'man [prema'mã] *sm inv* maternity dress

prema'turo, a *ag* premature

premeditazi'one [premeditat'tsjone] *sf* (DIR) premeditation; **con ~** *ag* premeditated ♦ *av* with intent

'premere *vt* to press ♦ *vi*: **~ su** to press down on; (*fig*) to put pressure on; **~ a** (*fig: importare*) to matter to

pre'messa *sf* introductory statement, introduction

pre'messo, a *pp di* **premettere**

pre'mettere *vt* to put before; (*dire prima*) to start by saying, state first

premi'are *vt* to give a prize to; (*fig: merito, onestà*) to reward

'premio *sm* prize; (*ricompensa*) reward; (COMM) premium; (AMM: *indennità*) bonus

premu'nirsi *vr*: **~ di** to provide o.s. with; **~ contro** to protect o.s. from, guard o.s. against

pre'mura *sf* (*fretta*) haste, hurry; (*riguardo*) attention, care; **premu'roso**, a *ag* thoughtful, considerate

prena'tale *ag* antenatal

'prendere *vt* to take; (*andare a prendere*) to get, fetch; (*ottenere*) to get; (*guadagnare*) to get, earn; (*catturare: ladro,*

pesce) to catch; (*collaboratore, dipendente*)
to take on; (*passeggero*) to pick up;
(*chiedere: somma, prezzo*) to charge, ask;
(*trattare: persona*) to handle ♦ *vi* (*colla,
cemento*) to set; (*pianta*) to take; (*fuoco: nel
camino*) to catch; (*voltare*): ~ **a destra** to
turn (to the) right; **~rsi** *vr* (*azzuffarsi*): **~rsi
a pugni** to come to blows; **prendi
qualcosa?** (*da bere, da mangiare*) would
you like something to eat (*o* drink)?;
prendo un caffè I'll have a coffee; ~ **qn/
qc per** (*scambiare*) to take sb/sth for; ~
fuoco to catch fire; ~ **parte a** to take part
in; **~rsi cura di qn/qc** to look after sb/sth;
prendersela (*adirarsi*) to get annoyed;
(*preoccuparsi*) to get upset, worry
prendi'sole *sm inv* sundress
preno'tare *vt* to book, reserve;
prenotazi'one *sf* booking, reservation
preoccu'pare *vt* to worry; to preoccupy;
~rsi *vr*: **~rsi di qn/qc** to worry about sb/
sth; **~rsi per qn** to be anxious for sb;
preoccupazi'one *sf* worry, anxiety
prepa'rare *vt* to prepare; (*esame,
concorso*) to prepare for; **~rsi** *vr* (*vestirsi*) to
get ready; **~rsi a qc/a fare** to get ready *o*
prepare (o.s.) for sth/to do; ~ **da mangiare**
to prepare a meal; **prepara'tivi** *smpl*
preparations; **prepa'rato** *sm* (*prodotto*)
preparation; **preparazi'one** *sf*
preparation
preposizi'one [prepozit'tsjone] *sf* (*LING*)
preposition
prepo'tente *ag* (*persona*) domineering,
arrogant; (*bisogno, desiderio*)
overwhelming, pressing ♦ *sm/f* bully;
prepo'tenza *sf* arrogance; arrogant
behaviour
'presa *sf* taking *no pl*; catching *no pl*; (*di
città*) capture; (*indurimento: di cemento*)
setting; (*appiglio, SPORT*) hold; (*di acqua,
gas*) (supply) point; (*ELETTR*): ~ **(di
corrente)** socket; (: *al muro*) point; (*piccola
quantità: di sale etc*) pinch; (*CARTE*) trick; **far
~** (*colla*) to set; **far ~ sul pubblico** to catch
the public's imagination; ~ **d'aria** air inlet;
essere alle ~e con (*fig*) to be struggling

with
pre'sagio [pre'zadʒo] *sm* omen
presa'gire [preza'dʒire] *vt* to foresee
'presbite *ag* long-sighted
presbi'terio *sm* presbytery
pre'scindere [preʃ'ʃindere] *vi*: ~ **da** to
leave out of consideration; **a ~ da** apart
from
pres'critto, a *pp di* **prescrivere**
pres'crivere *vt* to prescribe;
prescrizi'one *sf* (*MED, DIR*) prescription;
(*norma*) rule, regulation
presen'tare *vt* to present; (*far conoscere*):
~ **qn (a)** to introduce sb (to); (*AMM:
inoltrare*) to submit; **~rsi** *vr* (*recarsi, farsi
vedere*) to present o.s., appear; (*farsi
conoscere*) to introduce o.s.; (*occasione*) to
arise; **~rsi come candidato** (*POL*) to stand
as a candidate; **~rsi bene/male** to have a
good/poor appearance; **presentazi'one**
sf presentation; introduction
pre'sente *ag* present; (*questo*) this ♦ *sm*
present; **i ~i** those present; **aver ~ qc/qn**
to remember sth/sb
presenti'mento *sm* premonition
pre'senza [pre'zɛntsa] *sf* presence; (*aspetto
esteriore*) appearance; ~ **di spirito** presence
of mind
pre'sepe, pre'sepio *sm* crib
preser'vare *vt* to protect; to save;
preserva'tivo *sm* sheath, condom
'preside *sm/f* (*INS*) head (teacher) (*BRIT*),
principal (*US*); (*di facoltà universitaria*)
dean
presi'dente *sm* (*POL*) president; (*di
assemblea, COMM*) chairman; ~ **del
consiglio** prime minister;
presiden'tessa *sf* president; president's
wife; chairwoman; **presi'denza** *sf*
presidency; office of president;
chairmanship
presidi'are *vt* to garrison; **pre'sidio** *sm*
garrison
presi'edere *vt* to preside over ♦ *vi*: ~ **a** to
direct, be in charge of
'preso, a *pp di* **prendere**
'pressa *sf* (*TECN*) press

pressap'poco *av* about, roughly

pres'sare *vt* to press

pressi'one *sf* pressure; **far ~ su qn** to put pressure on sb; **~ sanguigna** blood pressure

'presso *av* (*vicino*) nearby, close at hand ♦ *prep* (*vicino a*) near; (*accanto a*) beside, next to; (*in casa di*): **~ qn** at sb's home; (*nelle lettere*) care of, c/o; (*alle dipendenze di*): **lavora ~ di noi** he works for *o* with us ♦ *smpl*: **nei ~i di** near, in the vicinity of

pressuriz'zare [pressurid'dzare] *vt* to pressurize

presta'nome (*peg*) *sm/f inv* figurehead

pres'tante *ag* good-looking

pres'tare *vt*: **~ (qc a qn)** to lend (sb sth *o* sth to sb); **~rsi** *vr* (*offrirsi*): **~rsi a fare** to offer to do; (*essere adatto*): **~rsi a** to lend itself to, be suitable for; **~ aiuto** to lend a hand; **~ attenzione** to pay attention; **~ fede a qc/qn** to give credence to sth/sb; **~ orecchio** to listen; **prestazi'one** *sf* (*TECN, SPORT*) performance; **prestazioni** *sfpl* (*di persona: servizi*) services

prestigia'tore, 'trice [prestidʒa'tore] *sm/f* conjurer

pres'tigio [pres'tidʒo] *sm* (*fama*) prestige; (*illusione*) **gioco di ~** conjuring trick

'prestito *sm* lending *no pl*; loan; **dar in ~** to lend; **prendere in ~** to borrow

'presto *av* (*tra poco*) soon; (*in fretta*) quickly; (*di buon'ora*) early; **a ~** see you soon; **fare ~ a fare qc** to hurry up and do sth; (*non costare fatica*) to have no trouble doing sth; **si fa ~ a criticare** it's easy to criticize

pre'sumere *vt* to presume, assume; **pre'sunto, a** *pp di* **presumere**

presuntu'oso, a *ag* presumptuous

presunzi'one [prezun'tsjone] *sf* presumption

presup'porre *vt* to suppose; to presuppose

'prete *sm* priest

preten'dente *sm/f* pretender ♦ *sm* (*corteggiatore*) suitor

pre'tendere *vt* (*esigere*) to demand, require; (*sostenere*): **~ che** to claim that; **pretende di aver sempre ragione** he thinks he's always right

pretenzi'oso, a [preten'tsjoso] *ag* pretentious

pre'tesa *sf* (*esigenza*) claim, demand; (*presunzione, sfarzo*) pretentiousness; **senza ~e** unpretentious

pre'teso, a *pp di* **pretendere**

pre'testo *sm* pretext, excuse

pre'tore *sm* magistrate; **pre'tura** *sf* magistracy; (*sede*) magistrate's court

preva'lente *ag* prevailing; **preva'lenza** *sf* predominance

preva'lere *vi* to prevail; **pre'valso, a** *pp di* **prevalere**

preve'dere *vt* (*indovinare*) to foresee; (*presagire*) to foretell; (*considerare*) to make provision for

pre'vendita *sf* advance booking

preve'nire *vt* (*anticipare*) to forestall; to anticipate; (*evitare*) to avoid, prevent

preven'tivo, a *ag* preventive ♦ *sm* (*COMM*) estimate

prevenzi'one [preven'tsjone] *sf* prevention; (*preconcetto*) prejudice

previ'dente *ag* showing foresight; prudent; **previ'denza** *sf* foresight; **istituto di previdenza** provident institution; **previdenza sociale** social security (*BRIT*), welfare (*US*)

previsi'one *sf* forecast, prediction; **~i meteorologiche** *o* **del tempo** weather forecast *sg*

pre'visto, a *pp di* **prevedere** ♦ *sm*: **più/meno del ~** more/less than expected

prezi'oso, a [pret'tsjoso] *ag* precious; invaluable ♦ *sm* jewel; valuable

prez'zemolo [pret'tsemolo] *sm* parsley

'prezzo ['prettso] *sm* price; **~ d'acquisto / di vendita** buying/selling price

prigi'one [pri'dʒone] *sf* prison; **prigio'nia** *sf* imprisonment; **prigioni'ero, a** *ag* captive ♦ *sm/f* prisoner

'prima *sf* (*TEATRO*) first night; (*CINEMA*) première; (*AUT*) first gear; *vedi anche* **primo** ♦ *av* before; (*in anticipo*) in advance, beforehand; (*per l'addietro*) at one time, formerly; (*più presto*) sooner, earlier; (*in primo luogo*) first ♦ *cong*: ~ **di fare/che parta** before doing/he leaves; ~ **di** before; ~ **o poi** sooner or later

pri'mario, a *ag* primary; (*principale*) chief, leading, primary ♦ *sm* (*MED*) chief physician

pri'mato *sm* supremacy; (*SPORT*) record

prima'vera *sf* spring; **primave'rile** *ag* spring *cpd*

primeggi'are [primed'dʒare] *vi* to excel, be one of the best

primi'tivo, a *ag* primitive; original

pri'mizie [pri'mittsje] *sfpl* early produce *sg*

'primo, a *ag* first; (*fig*) initial; basic; prime ♦ *sm/f* first (one) ♦ *sm* (*CUC*) first course; (*in date*): **il ~ luglio** the first of July; **le ~e ore del mattino** the early hours of the morning; **ai ~i di maggio** at the beginning of May; **viaggiare in ~a** to travel first-class; **in ~ luogo** first of all, in the first place; **di prim'ordine** *o* **~a qualità** first-class, first-rate; **in un ~ tempo** at first; **~a donna** leading lady; (*di opera lirica*) prima donna

primo'genito, a [primo'dʒɛnito] *ag, sm/f* firstborn

primordi'ale *ag* primordial

'primula *sf* primrose

princi'pale [printʃi'pale] *ag* main, principal ♦ *sm* manager, boss

princi'pato [printʃi'pato] *sm* principality

'principe ['printʃipe] *sm* prince; ~ **ereditario** crown prince; **princi'pessa** *sf* princess

principi'ante [printʃi'pjante] *sm/f* beginner

prin'cipio [prin'tʃipjo] *sm* (*inizio*) beginning, start; (*origine*) origin, cause; (*concetto, norma*) principle; **al** *o* **in** ~ at first; **per** ~ on principle

pri'ore *sm* (*REL*) prior

priorità *sf* priority

'prisma, i *sm* prism

pri'vare *vt*: ~ **qn di** to deprive sb of; ~**rsi di** to go *o* do without

pri'vato, a *ag* private ♦ *sm/f* private citizen; **in** ~ in private

privazi'one [privat'tsjone] *sf* privation,

hardship

privilegi'are [privile'dʒare] *vt* to grant a privilege to

privi'legio [privi'ledʒo] *sm* privilege

'privo, a *ag*: ~ **di** without, lacking

pro *prep* for, on behalf of ♦ *sm inv* (*utilità*) advantage, benefit; **a che ~?** what's the use?; **il ~ e il contro** the pros and cons

pro'babile *ag* probable, likely; **probabilità** *sf inv* probability

pro'blema, i *sm* problem

pro'boscide [pro'bɔʃʃide] *sf* (*di elefante*) trunk

procacci'are [prokat'tʃare] *vt* to get, obtain

pro'cedere [pro'tʃedere] *vi* to proceed; (*comportarsi*) to behave; (*iniziare*): ~ **a** to start; ~ **contro** (*DIR*) to start legal proceedings against; **procedi'mento** *sm* (*modo di condurre*) procedure; (*di avvenimenti*) course; (*TECN*) process; **procedimento penale** (*DIR*) criminal proceedings; **proce'dura** *sf* (*DIR*) procedure

proces'sare [protʃes'sare] *vt* (*DIR*) to try

processi'one [protʃes'sjone] *sf* procession

pro'cesso [pro'tʃesso] *sm* (*DIR*) trial; proceedings *pl*; (*metodo*) process

pro'cinto [pro'tʃinto] *sm*: **in ~ di fare** about to do, on the point of doing

pro'clama, i *sm* proclamation

procla'mare *vt* to proclaim

procre'are *vt* to procreate

pro'cura *sf* (*DIR*) proxy; power of attorney; (*ufficio*) attorney's office

procu'rare *vt*: ~ **qc a qn** (*fornire*) to get *o* obtain sth for sb; (*causare: noie etc*) to bring *o* give sb sth

procura'tore, 'trice *sm/f* (*DIR*) ≈ solicitor; (*: chi ha la procura*) attorney, proxy; ~ **generale** (*in corte d'appello*) public prosecutor; (*in corte di cassazione*) Attorney General; ~ **della Repubblica** (*in corte d'assise, tribunale*) public prosecutor

prodi'gare *vt* to be lavish with; ~**rsi per qn** to do all one can for sb

pro'digio [pro'didʒo] *sm* marvel, wonder; (*persona*) prodigy; **prodigi'oso, a** *ag* prodigious; phenomenal

'prodigo, a, ghi, ghe *ag* lavish, extravagant

pro'dotto, a *pp di* **produrre** ♦ *sm* product; **~i agricoli** farm produce *sg*

pro'durre *vt* to produce; **produttività** *sf* productivity; **produt'tivo, a** *ag* productive; **produt'tore, 'trice** *sm/f* producer; **produzi'one** *sf* production; (*rendimento*) output

pro'emio *sm* introduction, preface

Prof. *abbr* (= *professore*) Prof

profa'nare *vt* to desecrate

pro'fano, a *ag* (*mondano*) secular; profane; (*sacrilego*) profane

profe'rire *vt* to utter

profes'sare *vt* to profess; (*medicina etc*) to practise

professio'nale *ag* professional

professi'one *sf* profession; **professio'nista, i, e** *sm/f* professional

profes'sore, 'essa *sm/f* (*INS*) teacher; (: *di università*) lecturer; (: *titolare di cattedra*) professor

pro'feta, i *sm* prophet; **profe'zia** *sf* prophecy

pro'ficuo, a *ag* useful, profitable

profi'larsi *vr* to stand out, be silhouetted; to loom up

profi'lattico *sm* condom

pro'filo *sm* profile; (*breve descrizione*) sketch, outline; **di ~** in profile

pro'fitto *sm* advantage, profit, benefit; (*fig*: *progresso*) progress; (*COMM*) profit

profondità *sf inv* depth

pro'fondo, a *ag* deep; (*rancore, meditazione*) profound ♦ *sm* depth(s *pl*), bottom; **~ 8 metri** 8 metres deep

'profugo, a, ghi, ghe *sm/f* refugee

profu'mare *vt* to perfume ♦ *vi* to be fragrant; **~rsi** *vr* to put on perfume *o* scent

profume'ria *sf* perfumery; (*negozio*) perfume shop

pro'fumo *sm* (*prodotto*) perfume, scent; (*fragranza*) scent, fragrance

profusi'one *sf* profusion; **a ~** in plenty

proget'tare [prodʒet'tare] *vt* to plan; (*edificio*) to plan, design; **pro'getto** *sm* plan; (*idea*) plan, project; **progetto di legge** bill

pro'gramma, i *sm* programme; (*TV, RADIO*) programmes *pl*; (*INS*) syllabus, curriculum; (*INFORM*) program; **program'mare** *vt* (*TV, RADIO*) to put on; (*INFORM*) to program; (*ECON*) to plan; **programma'tore, 'trice** *sm/f* (*INFORM*) computer programmer

progre'dire *vi* to progress, make progress

progres'sivo, a *ag* progressive

pro'gresso *sm* progress *no pl*; **fare ~i** to make progress

proi'bire *vt* to forbid, prohibit; **proibi'tivo, a** *ag* prohibitive; **proibizi'one** *sf* prohibition

proiet'tare *vt* (*gen, GEOM, CINEMA*) to project; (: *presentare*) to show, screen; (*luce, ombra*) to throw, cast, project; **proi'ettile** *sm* projectile, bullet (*o* shell *etc*); **proiet'tore** *sm* (*CINEMA*) projector; (*AUT*) headlamp; (*MIL*) searchlight; **proiezi'one** *sf* (*CINEMA*) projection; showing

'prole *sf* children *pl*, offspring

prole'tario, a *ag, sm* proletarian

prolife'rare *vi* (*fig*) to proliferate

pro'lisso, a *ag* verbose

'prologo, ghi *sm* prologue

pro'lunga, ghe *sf* (*di cavo etc*) extension

prolun'gare *vt* (*discorso, attesa*) to prolong; (*linea, termine*) to extend

prome'moria *sm inv* memorandum

pro'messa *sf* promise

pro'messo, a *pp di* **promettere**

pro'mettere *vt* to promise ♦ *vi* to be *o* look promising; **~ a qn di fare** to promise sb that one will do

promi'nente *ag* prominent

promiscuità *sf* promiscuousness

promon'torio *sm* promontory, headland

pro'mosso, a *pp di* **promuovere**

promo'tore, trice *sm/f* promoter, organizer

promozi'one [promot'tsjone] *sf* promotion

promul'gare *vt* to promulgate

promu'overe vt to promote

proni'pote sm/f (di nonni) great-grandchild, great-grandson/granddaughter; (di zii) great-nephew/niece; **~i** smpl (discendenti) descendants

pro'nome sm (LING) pronoun

pro'nostico, ci sm forecast, prediction

pron'tezza [pron'tettsa] sf readiness; quickness, promptness

'pronto, a ag ready; (rapido) fast, quick, prompt; **~!** (TEL) hello!; **~ all'ira** quick-tempered; **~ soccorso** first aid

prontu'ario sm manual, handbook

pro'nuncia [pro'nuntʃa] sf pronunciation

pronunci'are [pronun'tʃare] vt (parola, sentenza) to pronounce; (dire) to utter; (discorso) to deliver; **~rsi** vr to declare one's opinion; **pronunci'ato, a** ag (spiccato) pronounced, marked; (sporgente) prominent

pro'nunzia etc [pro'nuntsja] = **pronuncia** etc

propa'ganda sf propaganda

propa'gare vt (notizia, malattia) to spread; (REL, BIOL) to propagate; **~rsi** vr to spread; (BIOL) to propagate; (FISICA) to be propagated

pro'pendere vi: **~ per** to favour, lean towards; **propensi'one** sf inclination, propensity; **pro'penso, a** pp di **propendere**

propi'nare vt to administer

pro'pizio, a [pro'pittsjo] ag favourable

pro'porre vt (suggerire): **~ qc (a qn)** to suggest sth (to sb); (candidato) to put forward; (legge, brindisi) to propose; **~ di fare** to suggest o propose doing; **proporsi di fare** to propose o intend to do; **proporsi una meta** to set o.s. a goal

proporzio'nale [proportsjo'nale] ag proportional

proporzio'nare [proportsjo'nare] vt: **~ qc a** to proportion o adjust sth to

proporzi'one [propor'tsjone] sf proportion; **in ~ a** in proportion to

pro'posito sm (intenzione) intention, aim; (argomento) subject, matter; **a ~ di** regarding, with regard to; **di ~** (apposta) deliberately, on purpose; **a ~** by the way; **capitare a ~** (cosa, persona) to turn up at the right time

proposizi'one [propozit'tsjone] sf (LING) clause; (: periodo) sentence

pro'posta sf proposal; (suggerimento) suggestion; **~a di legge** bill

pro'posto, a pp di **proporre**

proprietà sf inv (ciò che si possiede) property gen no pl, estate; (caratteristica) property; (correttezza) correctness; **proprie'tario, a** sm/f owner; (di albergo etc) proprietor, owner; (per l'inquilino) landlord/lady

'proprio, a ag (possessivo) own; (: impersonale) one's; (esatto) exact, correct, proper; (senso, significato) literal; (LING: nome) proper; (particolare): **~ di** characteristic of, peculiar to ♦ av (precisamente) just, exactly; (davvero) really; (affatto): **non ... ~** not ... at all; **l'ha visto con i (suoi) ~i occhi** he saw it with his own eyes

'prora sf (NAUT) bow(s pl), prow

'proroga, ghe sf extension; postponement; **proro'gare** vt to extend; (differire) to postpone, defer

pro'rompere vi to burst out; **pro'rotto, a** pp di **prorompere**

'prosa sf prose; **pro'saico, a, ci, che** ag (fig) prosaic, mundane

pro'sciogliere [proʃ'ʃɔʎʎere] vt to release; (DIR) to acquit; **prosci'olto, a** pp di **prosciogliere**

prosciu'gare [proʃʃu'gare] vt (terreni) to drain, reclaim; **~rsi** vr to dry up

prosci'utto [proʃ'ʃutto] sm ham; **~ cotto/crudo** cooked/cured ham

prosegui'mento sm continuation; **buon ~!** all the best!; (a chi viaggia) enjoy the rest of your journey!

prosegu'ire vt to carry on with, continue ♦ vi to carry on, go on

prospe'rare vi to thrive; **prosperità** sf prosperity; **'prospero, a** ag (fiorente) flourishing, thriving, prosperous;

prospe'roso, a *ag (robusto)* hale and hearty; (: *ragazza*) buxom

prospet'tare *vt (esporre)* to point out, show; **~rsi** *vr* to look, appear

prospet'tiva *sf (ARTE)* perspective; (*veduta*) view; (*fig: previsione, possibilità*) prospect

pros'petto *sm (DISEGNO)* elevation; (*veduta*) view, prospect; (*facciata*) façade, front; (*tabella*) table; (*sommario*) summary

prospici'ente [prospi'tʃɛnte] *ag*: **~ qc** facing *o* overlooking sth

prossimità *sf* nearness, proximity; **in ~ di** near (to), close to

'prossimo, a *ag (vicino)*: **~ a** near (to), close to; (*che viene subito dopo*) next; (*parente*) close ♦ *sm* neighbour, fellow man

prosti'tuta *sf* prostitute; **prostituzi'one** *sf* prostitution

pros'trare *vt (fig)* to exhaust, wear out; **~rsi** *vr (fig)* to humble o.s.

protago'nista, i, e *sm/f* protagonist

pro'teggere [pro'tɛddʒere] *vt* to protect

proteggi'slip [protɛddʒi'zlip] *sm inv* panty liner

prote'ina *sf* protein

pro'tendere *vt* to stretch out; **pro'teso, a** *pp di* **protendere**

pro'testa *sf* protest

protes'tante *ag, sm/f* Protestant

protes'tare *vt, vi* to protest; **~rsi** *vr*: **~rsi innocente** *etc* to protest one's innocence *o* that one is innocent *etc*

protet'tivo, a *ag* protective

pro'tetto, a *pp di* **proteggere**

protet'tore, 'trice *sm/f* protector; (*sostenitore*) patron

protezi'one [protet'tsjone] *sf* protection; (*patrocinio*) patronage

protocol'lare *vt* to register ♦ *ag* formal; of protocol; **proto'collo** *sm* protocol; (*registro*) register of documents

pro'totipo *sm* prototype

pro'trarre *vt (prolungare)* to prolong; **pro'tratto, a** *pp di* **protrarre**

protube'ranza [protube'rantsa] *sf* protuberance, bulge

'prova *sf (esperimento, cimento)* test, trial; (*tentativo*) attempt, try; (*MAT, testimonianza, documento etc*) proof; (*DIR*) evidence *no pl*, proof; (*INS*) exam, test; (*TEATRO*) rehearsal; (*di abito*) fitting; **a ~ di** (*in testimonianza di*) as proof of; **a ~ di fuoco** fireproof; **fino a ~ contraria** until it is proved otherwise; **mettere alla ~** to put to the test; **giro di ~** test *o* trial run; **~ generale** (*TEATRO*) dress rehearsal

pro'vare *vt (sperimentare)* to test; (*tentare*) to try, attempt; (*assaggiare*) to try, taste; (*sperimentare in sé*) to experience; (*sentire*) to feel; (*cimentare*) to put to the test; (*dimostrare*) to prove; (*abito*) to try on; **~ a fare** to try *o* attempt to do

proveni'enza [prove'njɛntsa] *sf* origin, source

prove'nire *vi*: **~ da** to come from

pro'venti *smpl* revenue *sg*

prove'nuto, a *pp di* **provenire**

pro'verbio *sm* proverb

pro'vetta *sf* test tube; **bambino in ~** test-tube baby

pro'vetto, a *ag* skilled, experienced

pro'vincia, ce *o* **cie** [pro'vintʃa] *sf* province; **provinci'ale** *ag* provincial; **(strada) provinciale** main road (*BRIT*), highway (*US*)

pro'vino *sm (CINEMA)* screen test; (*campione*) specimen

provo'cante *ag (attraente)* provocative

provo'care *vt (causare)* to cause, bring about; (*eccitare: riso, pietà*) to arouse; (*irritare, sfidare*) to provoke; **provoca'torio, a** *ag* provocative; **provocazi'one** *sf* provocation

provve'dere *vi (disporre)*: **~ (a)** to provide (for); (*prendere un provvedimento*) to take steps, act; **provvedi'mento** *sm* measure; (*di previdenza*) precaution

provvi'denza [provvi'dɛntsa] *sf*: **la ~** providence; **provvidenzi'ale** *ag* providential

provvigi'one [provvi'dʒone] *sf (COMM)* commission

provvi'sorio, a *ag* temporary

prov'vista *sf* provision, supply

'prua *sf* (*NAUT*) = prora

pru'dente *ag* cautious, prudent; (*assennato*) sensible, wise; pru'denza *sf* prudence, caution; wisdom

'prudere *vi* to itch, be itchy

'prugna ['pruɲɲa] *sf* plum; ~ secca prune

prurigi'noso, a [pruridʒi'noso] *ag* itchy

pru'rito *sm* itchiness *no pl*; itch

P.S. *abbr* (= *postscriptum*) P.S.; (*POLIZIA*) = Pubblica Sicurezza

pseu'donimo *sm* pseudonym

PSI *sigla m* = Partito Socialista Italiano

psicana'lista, i, e *sm/f* psychoanalyst

'psiche ['psike] *sf* (*PSIC*) psyche

psichi'atra, i, e [psi'kjatra] *sm/f* psychiatrist; psichi'atrico, a, ci, che *ag* psychiatric

'psichico, a, ci, che ['psikiko] *ag* psychological

psicolo'gia [psikolo'dʒia] *sf* psychology; psico'logico, a, ci, che *ag* psychological; psi'cologo, a, gi, ghe *sm/f* psychologist

psico'patico, a, ci, che *ag* psychopathic ♦ *sm/f* psychopath

P.T. *abbr* = Posta e Telegrafi

pubbli'care *vt* to publish

pubblicazi'one [pubblikat'tsjone] *sf* publication; ~i (matrimoniali) *sfpl* (marriage) banns

pubbli'cista, i, e [pubbli'tʃista] *sm/f* (*STAMPA*) occasional contributor

pubblicità [pubbli
tʃi'ta] *sf* (*diffusione*) publicity; (*attività*) advertising; (*annunci nei giornali*) advertisements *pl*; pubblici'tario, a *ag* advertising *cpd*; (*trovata, film*) publicity *cpd*

'pubblico, a, ci, che *ag* public; (*statale: scuola etc*) state *cpd* ♦ *sm* public; (*spettatori*) audience; in ~ in public; ~ funzionario civil servant; P~ Ministero Public Prosecutor's Office; la P~a Sicurezza the police

'pube *sm* (*ANAT*) pubis

pubertà *sf* puberty

'pudico, a, ci, che *ag* modest

pu'dore *sm* modesty

puericul'tura *sf* paediatric nursing; infant care

pue'rile *ag* childish

pugi'lato [pudʒi'lato] *sm* boxing

'pugile ['pudʒile] *sm* boxer

pugna'lare [puɲɲa'lare] *vt* to stab

pu'gnale [puɲ'ɲale] *sm* dagger

'pugno ['puɲɲo] *sm* fist; (*colpo*) punch; (*quantità*) fistful

'pulce ['pultʃe] *sf* flea

pul'cino [pul'tʃino] *sm* chick

pu'ledro, a *sm/f* colt/filly

pu'leggia, ge [pu'leddʒa] *sf* pulley

pu'lire *vt* to clean; (*lucidare*) to polish; pu'lita *sf* quick clean; pu'lito, a *ag* (*anche fig*) clean; (*ordinato*) neat, tidy; puli'tura *sf* cleaning; pulitura a secco dry cleaning; puli'zia *sf* cleaning; cleanness; fare le pulizie to do the cleaning *o* the housework

'pullman *sm inv* coach

pul'lover *sm inv* pullover, jumper

pullu'lare *vi* to swarm, teem

pul'mino *sm* minibus

'pulpito *sm* pulpit

pul'sante *sm* (push-)button

pul'sare *vi* to pulsate, beat; pulsazi'one *sf* beat

pul'viscolo *sm* fine dust

'puma *sm inv* puma

pun'gente [pun'dʒente] *ag* prickly; stinging; (*anche fig*) biting

'pungere ['pundʒere] *vt* to prick; (*sog: insetto, ortica*) to sting; (: *freddo*) to bite

pungigli'one [pundʒiʎ'ʎone] *sm* sting

pu'nire *vt* to punish; punizi'one *sf* punishment; (*SPORT*) penalty

'punta *sf* point; (*parte terminale*) tip, end; (*di monte*) peak; (*di costa*) promontory; (*minima parte*) touch, trace; in ~ di piedi on tip-toe; ore di ~ peak hours; uomo di ~ front-rank *o* leading man

pun'tare *vt* (*piedi a terra, gomiti sul tavolo*) to plant; (*dirigere: pistola*) to point; (*scommettere*) to bet ♦ *vi* (*mirare*): ~ a to aim at; ~ su (*dirigersi*) to head *o* make for; (*fig: contare*) to count *o* rely on

pun'tata *sf* (*gita*) short trip; (*scommessa*) bet; (*parte di opera*) instalment; **romanzo a ~e** serial

punteggia'tura [punteddʒa'tura] *sf* (LING) punctuation

pun'teggio [pun'teddʒo] *sm* score

puntel'lare *vt* to support

pun'tello *sm* prop, support

puntigli'oso, a [puntiʎ'ʎoso] *ag* punctilious

pun'tina *sf*: **~ da disegno** drawing pin

pun'tino *sm* dot; **fare qc a ~** to do sth properly

'punto, a *pp di* **pungere** ♦ *sm* (*segno, macchiolina*) dot; (LING) full stop; (MAT, *momento, di punteggio*, fig: *argomento*) point; (*posto*) spot; (*a scuola*) mark; (*nel cucire, nella maglia*, MED) stitch ♦ *av*: **non ... ~** not at all; **due ~i** *sm* (LING) colon; **sul ~ di fare** (just) about to do; **fare il ~** (NAUT) to take a bearing; (*fig*): **fare il ~ della situazione** to take stock of the situation; to sum up the situation; **alle 6 in ~** at 6 o'clock sharp *o* on the dot; **essere a buon ~** to have reached a satisfactory stage; **mettere a ~** to adjust; (*motore*) to tune; (*cannocchiale*) to focus; (*fig*) to settle; **di ~ in bianco** point-blank; **~ cardinale** point of the compass, cardinal point; **~ debole** weak point; **~ esclamativo/ interrogativo** exclamation/question mark; **~ di riferimento** landmark; (*fig*) point of reference; **~ di vendita** retail outlet; **~ e virgola** semicolon; **~ di vista** (*fig*) point of view; **~i di sospensione** suspension points

puntu'ale *ag* punctual; **puntualità** *sf* punctuality

pun'tura *sf* (*di ago*) prick; (*di insetto*) sting, bite; (MED) puncture; (: *iniezione*) injection; (*dolore*) sharp pain

punzecchi'are [puntsek'kjare] *vt* to prick; (*fig*) to tease

'pupa *sf* doll

pu'pazzo [pu'pattso] *sm* puppet

pu'pilla *sf* (ANAT) pupil

pu'pillo, a *sm/f* (DIR) ward; (*prediletto*) favourite, pet

purché [pur'ke] *cong* provided that, on condition that

'pure *cong* (*tuttavia*) and yet, nevertheless; (*anche se*) even if ♦ *av* (*anche*) too, also; **pur di** (*al fine di*) just to; **faccia ~!** go ahead!, please do!

purè *sm* (CUC) purée; (: *di patate*) mashed potatoes

pu'rea *sf* = **purè**

pu'rezza [pu'rettsa] *sf* purity

'purga, ghe *sf* (MED) purging *no pl*; purge; (POL) purge

pur'gante *sm* (MED) purgative, purge

pur'gare *vt* (MED, POL) to purge; (*pulire*) to clean

purga'torio *sm* purgatory

purifi'care *vt* to purify; (*metallo*) to refine

puri'tano, a *ag, sm/f* puritan

'puro, a *ag* pure; (*acqua*) clear, limpid; (*vino*) undiluted; **puro'sangue** *sm/f inv* thoroughbred

pur'troppo *av* unfortunately

'pustola *sf* pimple

puti'ferio *sm* rumpus, row

putre'fare *vi* to putrefy, rot; **putre'fatto, a** *pp di* **putrefare**

'putrido, a *ag* putrid, rotten

put'tana (*fam!*) *sf* whore (!)

'puzza ['puttsa] *sf* = **puzzo**

puz'zare [put'tsare] *vi* to stink

'puzzo ['puttso] *sm* stink, foul smell

'puzzola ['puttsola] *sf* polecat

puzzo'lente [puttso'lɛnte] *ag* stinking

Q, q

qua *av* here; **in ~** (*verso questa parte*) this way; **da un anno in ~** for a year now; **da quando in ~?** since when?; **per di ~** (*passare*) this way; **al di ~ di** (*fiume, strada*) on this side of; **~ dentro/fuori** *etc* in/out here *etc*; *vedi anche* **questo**

qua'derno *sm* notebook; (*per scuola*) exercise book

qua'drante *sm* quadrant; (*di orologio*) face

qua'drare *vi* (*bilancio*) to balance, tally;

(*descrizione*) to correspond ♦ *vt* (*MAT*) to square; **non mi quadra** I don't like it; **qua'drato, a** *ag* square; (*fig: equilibrato*) level-headed, sensible; (: *peg*) square ♦ *sm* (*MAT*) square; (*PUGILATO*) ring; **5 al quadrato** 5 squared

qua'dretto *sm:* **a ~i** (*tessuto*) checked; (*foglio*) squared

quadri'foglio [kwadri'fɔʎʎo] *sm* four-leaf clover

'quadro *sm* (*pittura*) painting, picture; (*quadrato*) square; (*tabella*) table, chart; (*TECN*) board, panel; (*TEATRO*) scene; (*fig: scena, spettacolo*) sight; (: *descrizione*) outline, description; **~i** *smpl* (*POL*) party organizers; (*MIL*) cadres; (*COMM*) managerial staff; (*CARTE*) diamonds

'quadruplo, a *ag, sm* quadruple

quaggiù [kwad'dʒu] *av* down here

'quaglia ['kwaʎʎa] *sf* quail

'qualche ['kwalke] *det* **1** (*interrogativo*) some, a few; (*in interrogative*) any; **ho comprato ~ libro** I've bought some *o* a few books; **~ volta** sometimes; **hai ~ sigaretta?** have you any cigarettes?

2 (*uno*): **c'è ~ medico?** is there a doctor?; **in ~ modo** somehow

3 (*un certo, parecchio*) some; **un personaggio di ~ rilievo** a figure of some importance

4: **~ cosa = qualcosa**

qualche'duno [kwalke'duno] *pron* = **qualcuno**

qual'cosa *pron* something; (*in espressioni interrogative*) anything; **qualcos'altro** something else; anything else; **~ di nuovo** something new; anything new; **~ da mangiare** something to eat; anything to eat; **c'è ~ che non va?** is there something *o* anything wrong?

qual'cuno *pron* (*persona*) someone, somebody; (: *in espressioni interrogative*) anyone, anybody; (*alcuni*) some; **~ è favorevole a noi** some are on our side;

qualcun altro someone *o* somebody else; anyone *o* anybody else

'quale (*spesso troncato in* **qual**) *det*
1 (*interrogativo*) what; (: *scegliendo tra due o più cose o persone*) which; **~ uomo/denaro?** what man/money?; which man/money?; **~i sono i tuoi programmi?** what are your plans?; **~ stanza preferisci?** which room do you prefer?

2 (*relativo: come*): **il risultato fu ~ ci si aspettava** the result was as expected

3 (*esclamativo*) what; **~ disgrazia!** what bad luck!

♦ *pron* **1** (*interrogativo*) which; **~ dei due scegli?** which of the two do you want?

2 (*relativo*): **il(la) ~** (*persona: soggetto*) who; (: *oggetto, con preposizione*) whom; (*cosa*) which; (*possessivo*) whose; **suo padre, il ~ è avvocato, ...** his father, who is a lawyer, ...; **il signore con il ~ parlavo** the gentleman to whom I was speaking; **l'albergo al ~ ci siamo fermati** the hotel where we stayed *o* which we stayed at; **la signora della ~ ammiriamo la bellezza** the lady whose beauty we admire

3 (*relativo: in elenchi*) such as, like; **piante ~i l'edera** plants like *o* such as ivy; **~ sindaco di questa città** as mayor of this town

quali'fica, che *sf* qualification; (*titolo*) title

qualifi'care *vt* to qualify; (*definire*): **~ qn/qc come** to describe sb/sth as; **~rsi** *vr* (*anche SPORT*) to qualify; **qualifica'tivo, a** *ag* qualifying; **qualificazi'one** *sf*: **gara di qualificazione** (*SPORT*) qualifying event

qualità *sf inv* quality; **in ~ di** in one's capacity as

qua'lora *cong* in case, if

qual'siasi *det inv* = **qualunque**

qua'lunque *det inv* any; (*quale che sia*) whatever; (*discriminativo*) whichever; (*posposto: mediocre*) poor, indifferent; ordinary; **mettiti un vestito ~** put on any old dress; **~ cosa** anything; **~ cosa**

accada whatever happens; **a ~ costo** at any cost, whatever the cost; **l'uomo ~** the man in the street; **~ persona** anyone, anybody

'**quando** *cong, av* when; **~ sarò ricco** when I'm rich; **da ~** (*dacché*) since; (*interrogativo*): **da ~ sei qui?** how long have you been here?; **quand'anche** even if

quantità *sf inv* quantity; (*gran numero*): **una ~ di** a great deal of; a lot of; **in grande ~** in large quantities; **quanti'tativo** *sm* (COMM) amount, quantity

┌─── PAROLA CHIAVE ───

'**quanto, a** *det* **1** (*interrogativo: quantità*) how much; (: *numero*) how many; **~ pane/denaro?** how much bread/money?; **~i libri/ragazzi?** how many books/boys?; **~ tempo?** how long?; **~i anni hai?** how old are you?

2 (*esclamativo*): **~e storie!** what a lot of nonsense!; **~ tempo sprecato!** what a waste of time!

3 (*relativo: quantità*) as much ... as; (: *numero*) as many ... as; **ho ~ denaro mi occorre** I have as much money as I need; **prendi ~i libri vuoi** take as many books as you like

♦ *pron* **1** (*interrogativo: quantità*) how much; (: *numero*) how many; (: *tempo*) how long; **~ mi dai?** how much will you give me?; **~i me ne hai portati?** how many did you bring me?; **da ~ sei qui?** how long have you been here?; **~i ne abbiamo oggi?** what's the date today?

2 (*relativo: quantità*) as much as; (: *numero*) as many as; **farò ~ posso** I'll do as much as I can; **possono venire ~i sono stati invitati** all those who have been invited can come

♦ *av* **1** (*interrogativo: con ag, av*) how; (: *con vb*) how much; **~ stanco ti sembrava?** how tired did he seem to you?; **~ corre la tua moto?** how fast can your motorbike go?; **~ costa?** how much

does it cost?; **quant'è?** how much is it?

2 (*esclamativo: con ag, av*) how; (: *con vb*) how much; **~ sono felice!** how happy I am!; **sapessi ~ abbiamo camminato!** if you knew how far we've walked!; **studierò ~ posso** I'll study as much as *o* all I can; **~ prima** as soon as possible

3: **in ~** (*in qualità di*) as; (*perché, per il fatto che*) as, since; **(in) ~ a** (*per ciò che riguarda*) as for, as regards

4: **per ~** (*nonostante, anche se*) however; **per ~ si sforzi, non ce la farà** try as he may, he won't manage it; **per ~ sia brava, fa degli errori** however good she may be, she makes mistakes; **per ~ io sappia** as far as I know

quan'tunque *cong* although, though
qua'ranta *num* forty
quaran'tena *sf* quarantine
quaran'tesimo, a *num* fortieth
quaran'tina *sf*: **una ~ (di)** about forty
qua'resima *sf*: **la ~** Lent
'**quarta** *sf* (AUT) fourth (gear); *vedi anche* **quarto**
quar'tetto *sm* quartet(te)
quarti'ere *sm* district, area; (MIL) quarters *pl*; **~ generale** headquarters *pl*
'**quarto, a** *ag* fourth ♦ *sm* fourth; (*quarta parte*) quarter; **le 6 e un ~** a quarter past six; **~ d'ora** quarter of an hour; **~i di finale** quarter final
'**quarzo** ['kwartso] *sm* quartz
'**quasi** *av* almost, nearly ♦ *cong* (*anche*: **~ che**) as if; **(non) ... ~ mai** hardly ever; **~ ~ me ne andrei** I've half a mind to leave
quas'sù *av* up here
'**quatto, a** *ag* crouched, squatting; (*silenzioso*) silent; **~ ~** very quietly; stealthily
quat'tordici [kwat'torditʃi] *num* fourteen
quat'trini *smpl* money *sg*, cash *sg*
'**quattro** *num* four; **in ~ e quattr'otto** in less than no time; **quattro'cento** *num* four hundred ♦ *sm*: **il Quattrocento** the fifteenth century; **quattro'mila** *num* four thousand

---

PAROLA CHIAVE

'**quello, a** (*dav sm* **quel** +*C*, **quell'** +*V*, **quello** +*s impura, gn, pn, ps, x, z; pl* **quei** +*C*, **quegli** +*V o s impura, gn, pn, ps, x, z; dav sf* **quella** +*C*, **quell'** +*V; pl* **quelle**) *det* that; those *pl;* ~**a casa** that house; **quegli uomini** those men; **voglio ~a camicia** (lì *o* là) I want that shirt
♦ *pron* **1** (*dimostrativo*) that (one); those (ones) *pl;* (*ciò*) that; **conosci ~a?** do you know that woman?; **prendo ~ bianco** I'll take the white one; **chi è ~?** who's that?; **prendi ~** (lì *o* là) take that one (there)
2 (*relativo*): ~**(a) che** (*persona*) the one (who); (*cosa*) the one (which), the one (that); ~**i(e) che** (*persone*) those who; (*cose*) those which; **è lui ~ che non voleva venire** he's the one who didn't want to come; **ho fatto ~ che potevo** I did what I could

---

'**quercia, ce** ['kwertʃa] *sf* oak (tree); (*legno*) oak
que'**rela** *sf* (*DIR*) (legal) action; **quere'lare** *vt* to bring an action against
que'**sito** *sm* question, query; problem
questio'**nario** *sm* questionnaire
questi'**one** *sf* problem, question; (*controversia*) issue; (*litigio*) quarrel; **in ~** in question; **è ~ di tempo** it's a matter *o* question of time

---

PAROLA CHIAVE

'**questo, a** *det* **1** (*dimostrativo*) this; these *pl;* ~ **libro** (qui *o* qua) this book; **io prendo ~ cappotto, tu quello** I'll take this coat, you take that one; **quest'oggi** today; ~**a sera** this evening
2 (*enfatico*): **non fatemi più prendere di ~e paure** don't frighten me like that again
♦ *pron* (*dimostrativo*) this (one); these (ones) *pl;* (*ciò*) this; **prendo ~** (qui *o* qua) I'll take this one; **preferisci ~i o quelli?** do you prefer these (ones) or those (ones)?; ~ **intendevo io** this is what I meant; **vengono Paolo e Luca:** ~ **da Roma,**

quello da Palermo Paolo and Luca are coming: the former from Palermo, the latter from Rome

---

ques'**tore** *sm* ≈ chief constable (*BRIT*), ≈ police commissioner (*US*)
'**questua** *sf* collection (of alms)
ques'**tura** *sf* police headquarters *pl*
qui *av* here; **da** *o* **di ~** from here; **di ~ in avanti** from now on; **di ~ a poco/una settimana** in a little while/a week's time; ~ **dentro/sopra/vicino** in/up/near here; *vedi anche* **questo**
quie'**tanza** [kwje'tantsa] *sf* receipt
quie'**tare** *vt* to calm, soothe
qui'**ete** *sf* quiet, quietness; calmness; stillness; peace
qui'**eto, a** *ag* quiet; (*notte*) calm, still; (*mare*) calm
'**quindi** *av* then ♦ *cong* therefore, so
'**quindici** ['kwinditʃi] *num* fifteen; ~ **giorni** a fortnight (*BRIT*), two weeks
quindi'**cina** [kwindi'tʃina] *sf* (*serie*): **una ~** (**di**) about fifteen; **fra una ~ di giorni** in a fortnight
quin'**quennio** *sm* period of five years
quin'**tale** *sm* quintal (*100 kg*)
'**quinte** *sfpl* (*TEATRO*) wings
'**quinto, a** *num* fifth

Quirinale

i The **Quirinale**, which takes its name from the hill in Rome on which it stands, is the official residence of the *Presidente della Repubblica*.

'**quota** *sf* (*parte*) quota, share; (*AER*) height, altitude; (*IPPICA*) odds *pl;* **prendere/ perdere ~** (*AER*) to gain/lose height *o* altitude; ~ **d'iscrizione** enrolment fee; (*a club*) membership fee
quo'**tare** *vt* (*BORSA*) to quote; **quotazi'one** *sf* quotation
quotidi'**ano, a** *ag* daily; (*banale*) everyday ♦ *sm* (*giornale*) daily (paper)
quozi'**ente** [kwot'tsjente] *sm* (*MAT*) quotient; ~ **d'intelligenza**

intelligence quotient, IQ

R, r

ra'barbaro *sm* rhubarb

'rabbia *sf (ira)* anger, rage; *(accanimento, furia)* fury; *(MED: idrofobia)* rabies *sg*

rab'bino *sm* rabbi

rabbi'oso, a *ag* angry, furious; *(facile all'ira)* quick-tempered; *(forze, acqua etc)* furious, raging; *(MED)* rabid, mad

rabbo'nire *vt* to calm down; ~**rsi** *vr* to calm down

rabbrivi'dire *vi* to shudder, shiver

rabbui'arsi *vr* to grow dark

raccapez'zarsi [rakkapet'tsarsi] *vr*: **non ~** to be at a loss

raccapricci'ante [rakkaprit'tʃante] *ag* horrifying

raccatta'palle *sm inv (SPORT)* ballboy

raccat'tare *vt* to pick up

rac'chetta [rak'ketta] *sf (per tennis)* racket; *(per ping-pong)* bat; ~ **da neve** snowshoe; ~ **da sci** ski stick

racchi'udere [rak'kjudere] *vt* to contain; **racchi'uso, a** *pp di* **racchiudere**

rac'cogliere [rak'kɔʎʎere] *vt* to collect; *(raccattare)* to pick up; *(frutti, fiori)* to pick, pluck; *(AGR)* to harvest; *(approvazione, voti)* to win; ~**rsi** *vr* to gather; *(fig)* to gather one's thoughts; to meditate; **raccogli'mento** *sm* meditation; **raccogli'tore** *sm (cartella)* folder, binder; **raccoglitore ad anelli** ring binder

rac'colta *sf* collecting *no pl*; collection; *(AGR)* harvesting *no pl*, gathering *no pl*; harvest, crop; *(adunata)* gathering

rac'colto, a *pp di* **raccogliere** ♦ *ag (persona: pensoso)* thoughtful; *(luogo: appartato)* secluded, quiet ♦ *sm (AGR)* crop, harvest

raccoman'dare *vt* to recommend; *(affidare)* to entrust; *(esortare)*: ~ **a qn di non fare** to tell *o* warn sb not to do; ~**rsi** *vr*: ~**rsi a qn** to commend o.s. to sb; **mi raccomando!** don't forget!;

raccoman'data *sf (anche: **lettera raccomandata**)* recorded-delivery letter; **raccomandazi'one** *sf* recommendation

raccon'tare *vt*: ~ **(a qn)** *(dire)* to tell (sb); *(narrare)* to relate (to sb), tell (sb) about; **rac'conto** *sm* telling *no pl*, relating *no pl*; *(fatto raccontato)* story, tale

raccorci'are [rakkor'tʃare] *vt* to shorten

rac'cordo *sm (TECN: giunto)* connection, joint; *(AUT: di autostrada)* slip road *(BRIT)*, entrance *(o exit)* ramp *(US)*; ~ **anulare** *(AUT)* ring road *(BRIT)*, beltway *(US)*

ra'chitico, a, ci, che [ra'kitiko] *ag* suffering from rickets; *(fig)* scraggy, scrawny

racimo'lare *vt (fig)* to scrape together, glean

'rada *sf (natural)* harbour

'radar *sm* radar

raddol'cire [raddol'tʃire] *vt (persona, carattere)* to soften; ~**rsi** *vr (tempo)* to grow milder; *(persona)* to soften, mellow

raddoppi'are *vt, vi* to double

raddriz'zare [raddrit'tsare] *vt* to straighten; *(fig: correggere)* to put straight, correct

'radere *vt (barba)* to shave off; *(mento)* to shave; *(fig: rasentare)* to graze; to skim; ~**rsi** *vr* to shave (o.s.); ~ **al suolo** to raze to the ground

radi'are *vt* to strike off

radia'tore *sm* radiator

radiazi'one [radjat'tsjone] *sf (FISICA)* radiation; *(cancellazione)* striking off

radi'cale *ag* radical ♦ *sm (LING)* root

ra'dicchio [ra'dikkjo] *sm* chicory

ra'dice [ra'ditʃe] *sf* root

'radio *sf inv* radio ♦ *sm (CHIM)* radium; **radioat'tivo, a** *ag* radioactive; **radiodiffusi'one** *sf (radio)* broadcasting; **radiogra'fare** *vt* to X-ray; **radiogra'fia** *sf* radiography; *(foto)* X-ray photograph

radi'oso, a *ag* radiant

'rado, a *ag (capelli)* sparse, thin; *(visite)* infrequent; **di ~** rarely

radu'nare *vt*, to gather, assemble; ~**rsi** *vr* to gather, assemble; **ra'duno** *sm* meeting

ra'dura *sf* clearing

raffazzo'nato [raffattso'nato] *ag* patched up

raf'fermo, a *ag* stale

'raffica, che *sf* (*METEOR*): gust (of wind); (*di colpi: scarica*) burst of gunfire

raffigu'rare *vt* to represent

raffi'nare *vt* to refine; **raffina'tezza** *sf* refinement; **raffi'nato, a** *ag* refined; **raffine'ria** *sf* refinery

raffor'zare [raffor'tsare] *vt* to reinforce

raffredda'mento *sm* cooling

raffred'dare *vt* to cool; (*fig*) to dampen, have a cooling effect on; **~rsi** *vr* to grow cool *o* cold; (*prendere un raffreddore*) to catch a cold; (*fig*) to cool (off)

raffred'dato, a *ag* (*MED*): **essere ~** to have a cold

raffred'dore *sm* (*MED*) cold

raf'fronto *sm* comparison

'rafia *sf* (*fibra*) raffia

ra'gazzo, a [ra'gattso] *sm/f* boy/girl; (*fam: fidanzato*) boyfriend/girlfriend

raggi'ante [rad'dʒante] *ag* radiant, shining

'raggio ['raddʒo] *sm* (*di sole etc*) ray; (*MAT, distanza*) radius; (*di ruota etc*) spoke; **~ d'azione** range; **~i X** X-rays

raggi'rare [raddʒi'rare] *vt* to take in, trick; **rag'giro** *sm* trick

raggi'ungere [rad'dʒundʒere] *vt* to reach; (*persona: riprendere*) to catch up (with); (*bersaglio*) to hit; (*fig: meta*) to achieve; **raggi'unto, a** *pp di* **raggiungere**

raggomito'larsi *vr* to curl up

raggranel'lare *vt* to scrape together

raggrup'pare *vt* to group (together)

raggu'aglio [rag'gwaʎʎo] *sm* (*informazione*) piece of information

ragguar'devole *ag* (*degno di riguardo*) distinguished, notable; (*notevole: somma*) considerable

ragiona'mento [radʒona'mento] *sm* reasoning *no pl*; arguing *no pl*; argument

ragio'nare [radʒo'nare] *vi* to reason; **~ di** (*discorrere*) to talk about

ragi'one [ra'dʒone] *sf* reason; (*dimostrazione, prova*) argument, reason; (*diritto*) right; **aver ~** to be right; **aver ~ di**

qn to get the better of sb; **dare ~ a qn** to agree with sb; to prove sb right; **perdere la ~** to become insane; (*fig*) to take leave of one's senses; **in ~ di** at the rate of; to the amount of; according to; **a** *o* **con ~** rightly, justly; **~ sociale** (*COMM*) corporate name; **a ragion veduta** after due consideration

ragione'ria [radʒone'ria] *sf* accountancy; accounts department

ragio'nevole [radʒo'nevole] *ag* reasonable

ragioni'ere, a [radʒo'njere] *sm/f* accountant

ragli'are [raʎ'ʎare] *vi* to bray

ragna'tela [raɲɲa'tela] *sf* cobweb, spider's web

'ragno ['raɲɲo] *sm* spider

ragù *sm inv* (*CUC*) meat sauce; stew

RAI-TV [raiti'vu] *sigla f* = **Radio televisione italiana**

rallegra'menti *smpl* congratulations

ralle'grare *vt* to cheer up; **~rsi** *vr* to cheer up; (*provare allegrezza*) to rejoice; **~rsi con qn** to congratulate sb

rallen'tare *vt* to slow down; (*fig*) to lessen, slacken ♦ *vi* to slow down

raman'zina [raman'dzina] *sf* lecture, telling-off

'rame *sm* (*CHIM*) copper

rammari'carsi *vr*: **~ (di)** (*rincrescersi*) to be sorry (about), regret; (*lamentarsi*) to complain (about); **ram'marico, chi** *sm* regret

rammen'dare *vt* to mend; (*calza*) to darn; **ram'mendo** *sm* mending *no pl*; darning *no pl*; mend; darn

rammen'tare *vt* to remember, recall; (*richiamare alla memoria*): **~ qc a qn** to remind sb of sth; **~rsi** *vr*: **~rsi (di qc)** to remember (sth)

rammol'lire *vt* to soften ♦ *vi* (*anche: ~rsi*) to go soft

'ramo *sm* branch

ramo'scello [ramoʃ'ʃello] *sm* twig

'rampa *sf* flight (of stairs); **~ di lancio** launching pad

rampi'cante *ag* (*BOT*) climbing

ram'pone *sm* harpoon; (*ALPINISMO*) crampon

'rana *sf* frog

'rancido, a ['rantʃido] *ag* rancid

ran'core *sm* rancour, resentment

ran'dagio, a, gi, gie *o* **ge** [ran'dadʒo] *ag* (*gatto, cane*) stray

ran'dello *sm* club, cudgel

'rango, ghi *sm* (*condizione sociale, MIL: riga*) rank

rannicchi'arsi [rannik'kjarsi] *vr* to crouch, huddle

rannuvo'larsi *vr* to cloud over, become overcast

ra'nocchio [ra'nɔkkjo] *sm* (edible) frog

'rantolo *sm* wheeze; (*di agonizzanti*) death rattle

'rapa *sf* (*BOT*) turnip

ra'pace [ra'patʃe] *ag* (*animale*) predatory; (*fig*) rapacious, grasping ♦ *sm* bird of prey

ra'pare *vt* (*capelli*) to crop, cut very short

'rapida *sf* (*di fiume*) rapid; *vedi anche* **rapido**

rapida'mente *av* quickly, rapidly

rapidità *sf* speed

'rapido, a *ag* fast; (*esame, occhiata*) quick, rapid ♦ *sm* (*FERR*) express (train)

rapi'mento *sm* kidnapping; (*fig*) rapture

ra'pina *sf* robbery; **~ a mano armata** armed robbery; **rapi'nare** *vt* to rob; **rapina'tore, 'trice** *sm/f* robber

ra'pire *vt* (*cose*) to steal; (*persone*) to kidnap; (*fig*) to enrapture, delight; **rapi'tore, 'trice** *sm/f* kidnapper

rappor'tare *vt* (*confrontare*) to compare; (*riprodurre*) to reproduce

rap'porto *sm* (*resoconto*) report; (*legame*) relationship; (*MAT, TECN*) ratio; **~i** *smpl* (*fra persone, paesi*) relations; **~i sessuali** sexual intercourse *sg*

rap'prendersi *vr* to coagulate, clot; (*latte*) to curdle

rappre'saglia [rappre'saʎʎa] *sf* reprisal, retaliation

rappresen'tante *sm/f* representative; **rappresen'tanza** *sf* delegation, deputation; (*COMM: ufficio, sede*) agency

rappresen'tare *vt* to represent; (*TEATRO*) to perform; **rappresentazi'one** *sf* representation; performing *no pl*; (*spettacolo*) performance

rap'preso, a *pp di* **rapprendere**

rapso'dia *sf* rhapsody

rara'mente *av* seldom, rarely

rare'fatto, a *ag* rarefied

'raro, a *ag* rare

ra'sare *vt* (*barba etc*) to shave off; (*siepi, erba*) to trim, cut; **~rsi** *vr* to shave (o.s.)

raschi'are [ras'kjare] *vt* to scrape; (*macchia, fango*) to scrape off ♦ *vi* to clear one's throat

rasen'tare *vt* (*andar rasente*) to keep close to; (*sfiorare*) to skim along (*o* over); (*fig*) to border on

ra'sente *prep*: **~ (a)** close to, very near

'raso, a *pp di* **radere** ♦ *ag* (*barba*) shaved; (*capelli*) cropped; (*con misure di capacità*) level; (*pieno: bicchiere*) full to the brim ♦ *sm* (*tessuto*) satin; **~ terra** close to the ground; **un cucchiaio ~** a level spoonful

ra'soio *sm* razor; **~ elettrico** electric shaver *o* razor

ras'segna [ras'seɲɲa] *sf* (*MIL*) inspection, review; (*esame*) inspection; (*resoconto*) review, survey; (*pubblicazione letteraria etc*) review; (*mostra*) exhibition, show; **passare in ~** (*MIL, fig*) to review

rasse'gnare [rassen'ɲare] *vt*: **le dimissioni** to resign, hand in one's resignation; **~rsi** *vr* (*accettare*): **~rsi (a qc/ a fare)** to resign o.s. (to sth/to doing); **rassegnazi'one** *sf* resignation

rasse'renarsi *vr* (*tempo*) to clear up

rasset'tare *vt* to tidy, put in order; (*aggiustare*) to repair, mend

rassicu'rare *vt* to reassure

rasso'dare *vt* to harden, stiffen

rassomigli'anza [rassomiʎ'ʎantsa] *sf* resemblance

rassomigli'are [rassomiʎ'ʎare] *vi*: **~ a** to resemble, look like

rastrel'lare *vt* to rake; (*fig: perlustrare*) to comb

rastrelli'era *sf* rack; (*per piatti*) dish rack

ras'trello *sm* rake

'rata *sf* (*quota*) instalment; **pagare a ~e** to pay by instalments *o* on hire purchase (*BRIT*)

ratifi'care *vt* (*DIR*) to ratify

'ratto *sm* (*DIR*) abduction; (*ZOOL*) rat

rattop'pare *vt* to patch; **rat'toppo** *sm* patching *no pl*; patch

rattrap'pirsi *vr* to get stiff

rattris'tare *vt* to sadden; **~rsi** *vr* to become sad

'rauco, a, chi, che *ag* hoarse

rava'nello *sm* radish

ravi'oli *smpl* ravioli *sg*

ravve'dersi *vr* to mend one's ways

ravvici'nare [ravvit∫i'nare] *vt* (*avvicinare*): **~ qc a** to bring sth nearer to; (: *due tubi*) to bring closer together; (*riconciliare*) to reconcile, bring together

ravvi'sare *vt* to recognize

ravvi'vare *vt* to revive; (*fig*) to brighten up, enliven; **~rsi** *vr* to revive; to brighten up

razio'cinio [ratsjo't∫injo] *sm* reasoning *no pl*; reason; (*buon senso*) common sense

razio'nale [rattsjo'nale] *ag* rational

razio'nare [rattsjo'nare] *vt* to ration

razi'one [rat'tsjone] *sf* ration; (*porzione*) portion, share

'razza ['rattsa] *sf* race; (*ZOOL*) breed; (*discendenza, stirpe*) stock, race; (*sorta*) sort, kind

raz'zia [rat'tsia] *sf* raid, foray

razzi'ale [rat'tsjale] *ag* racial

raz'zismo [rat'tsizmo] *sm* racism, racialism

raz'zista, i, e [rat'tsista] *ag, sm/f* racist, racialist

'razzo ['raddzo] *sm* rocket

razzo'lare [rattso'lare] *vi* (*galline*) to scratch about

re *sm inv* king; (*MUS*) D; (: *solfeggiando*) re

rea'gire [rea'dʒire] *vi* to react

re'ale *ag* real; (*di, da re*) royal ♦ *sm*: **il ~** reality; **rea'lismo** *sm* realism; **rea'lista, i, e** *sm/f* realist; (*POL*) royalist

realiz'zare [realid'dzare] *vt* (*progetto etc*) to realize, carry out; (*sogno, desiderio*) to realize, fulfil; (*scopo*) to achieve; (*COMM: titoli etc*) to realize; (*CALCIO etc*) to score; **~rsi** *vr* to be realized; **realizzazi'one** *sf* realization; fulfilment; achievement

real'mente *av* really, actually

realtà *sf inv* reality

re'ato *sm* offence

reat'tore *sm* (*FISICA*) reactor; (*AER: aereo*) jet; (: *motore*) jet engine

reazio'nario, a [reattsjo'narjo] *ag* (*POL*) reactionary

reazi'one [reat'tsjone] *sf* reaction

recapi'tare *vt* to deliver

re'capito *sm* (*indirizzo*) address; (*consegna*) delivery

re'care *vt* (*portare*) to bring; (*avere su di sé*) to carry, bear; (*cagionare*) to cause, bring; **~rsi** *vr* to go

re'cedere [re't∫edere] *vi* to withdraw

recensi'one [ret∫en'sjone] *sf* review; **recen'sire** *vt* to review

re'cente [re't∫ente] *ag* recent; **di ~** recently; **recente'mente** *av* recently

recessi'one [ret∫es'sjone] *sf* (*ECON*) recession

re'cidere [re't∫idere] *vt* to cut off, chop off

reci'divo, a [ret∫i'divo] *sm/f* (*DIR*) second (*o* habitual) offender, recidivist

re'cinto [re't∫into] *sm* enclosure; (*ciò che recinge*) fence; surrounding wall

recipi'ente [ret∫i'pjente] *sm* container

re'ciproco, a, ci, che [re't∫iproko] *ag* reciprocal

re'ciso, a [re't∫izo] *pp di* **recidere**

'recita ['ret∫ita] *sf* performance

reci'tare [ret∫i'tare] *vt* (*poesia, lezione*) to recite; (*dramma*) to perform; (*ruolo*) to play *o* act (the part of); **recitazi'one** *sf* recitation; (*di attore*) acting

recla'mare *vi* to complain ♦ *vt* (*richiedere*) to demand

ré'clame [re'klam] *sf inv* advertising *no pl*; advertisement; advert (*BRIT*), ad (*fam*)

re'clamo *sm* complaint

reclusi'one *sf* (*DIR*) imprisonment

'recluta *sf* recruit; **reclu'tare** *vt* to recruit

re'condito, a *ag* secluded; (*fig*) secret,

hidden

recriminazi'one [rekriminat'tsjone] *sf* recrimination

recrude'scenza [rekrudeʃ'ʃentsa] *sf* fresh outbreak

recupe'rare *vt* = **ricuperare**

redargu'ire *vt* to rebuke

re'datto, a *pp di* **redigere**; **redat'tore, 'trice** *sm/f* (STAMPA) editor; (: *di articolo*) writer; (*di dizionario etc*) compiler; **redattore capo** chief editor; **redazi'one** *sf* editing; writing; (*sede*) editorial office(s); (*personale*) editorial staff; (*versione*) version

reddi'tizio, a [reddi'tittsjo] *ag* profitable

'reddito *sm* income; (*dello Stato*) revenue; (*di un capitale*) yield

re'dento, a *pp di* **redimere**

redenzi'one [reden'tsjone] *sf* redemption

re'digere [re'didʒere] *vt* to write; (*contratto*) to draw up

'redini *sfpl* reins

'reduce ['redutʃe] *ag*: ~ **da** returning from, back from ♦ *vi* (*resistere*) ~ **a** *sm/f* survivor

refe'rendum *sm inv* referendum

refe'renza [refe'rentsa] *sf* reference

re'ferto *sm* medical report

refet'torio *sm* refectory

refrat'tario, a *ag* refractory

refrige'rare [refridʒe'rare] *vt* to refrigerate; (*rinfrescare*) to cool, refresh

rega'lare *vt* to give (as a present), make a present of

re'gale *ag* regal

re'galo *sm* gift, present

re'gata *sf* regatta

reg'gente [red'dʒɛnte] *sm/f* regent

'reggere ['reddʒere] *vt* (*tenere*) to hold; (*sostenere*) to support, bear, hold up; (*portare*) to carry, bear; (*resistere*) to withstand; (*dirigere: impresa*) to manage, run; (*governare*) to rule, govern; (LING) to take, be followed by ♦ *vi* (*resistere*): ~ **a** to stand up to, hold out against; (*sopportare*): ~ **a** to stand; (*durare*) to last; (*fig: teoria etc*) to hold water; **~rsi** *vr* (*stare ritto*) to stand

'reggia, ge ['reddʒa] *sf* royal palace

reggi'calze [reddʒi'kaltse] *sm inv* suspender belt

reggi'mento [reddʒi'mento] *sm* (MIL) regiment

reggi'petto [reddʒi'petto] *sm* bra

reggi'seno [reddʒi'seno] *sm* bra

re'gia, 'gie [re'dʒia] *sf* (TV, CINEMA *etc*) direction

re'gime [re'dʒime] *sm* (POL) regime; (DIR: *aureo, patrimoniale etc*) system; (MED) diet; (TECN) (engine) speed

re'gina [re'dʒina] *sf* queen

'regio, a, gi, gie [re'dʒo] *ag* royal

regio'nale [redʒo'nale] *ag* regional ♦ *sm* local train (*stopping frequently*)

regi'one [re'dʒone] *sf* region; (*territorio*) region, district, area

re'gista, i, e [re'dʒista] *sm/f* (TV, CINEMA *etc*) director

regis'trare [redʒis'trare] *vt* (AMM) to register; (COMM) to enter; (*notare*) to note, take note of; (*canzone, conversazione, sog: strumento di misura*) to record; (*mettere a punto*) to adjust, regulate; (*bagagli*) to check in; **registra'tore** *sm* (*strumento*) recorder, register; (*magnetofono*) tape recorder; **registratore di cassa** cash register; **registrazi'one** *sf* recording; (AMM) registration; (COMM) entry; (*di bagagli*) check-in

re'gistro [re'dʒistro] *sm* (*libro*, MUS, TECH) register; ledger; logbook; (DIR) registry

re'gnare [reɲ'ɲare] *vi* to reign, rule

'regno ['reɲɲo] *sm* kingdom; (*periodo*) reign; (*fig*) realm; **il ~ animale/vegetale** the animal/vegetable kingdom; **il R~ Unito** the United Kingdom

'regola *sf* rule; **a ~ d'arte** duly; perfectly; **in ~** in order

rego'labile *ag* adjustable

regola'mento *sm* (*complesso di norme*) regulations *pl*; (*di debito*) settlement; **~ di conti** (*fig*) settling of scores

rego'lare *ag* regular; (*in regola: domanda*) in order, lawful ♦ *vt* to regulate, control; (*apparecchio*) to adjust, regulate; (*questione, conto, debito*) to settle; **~rsi** *vr* (*moderarsi*): **~rsi nel bere/nello spendere** to control one's drinking/spending; (*comportarsi*) to behave, act; **regolarità** *sf inv* regularity

'regolo *sm* ruler; **~ calcolatore** slide rule

reinte'grare *vt* (*energie*) to recover; (*in una carica*) to reinstate

rela'tivo, a *ag* relative

relazi'one [relat'tsjone] *sf* (*fra cose, persone*) relation(ship); (*resoconto*) report, account; **~i** *sfpl* (*conoscenze*) connections

rele'gare *vt* to banish; (*fig*) to relegate

religi'one [reli'dʒone] *sf* religion; **religi'oso, a** *ag* religious ♦ *sm/f* monk/nun

re'liquia *sf* relic

re'litto *sm* wreck; (*fig*) down-and-out

re'mare *vi* to row

remini'scenze [reminiʃ'ʃɛntse] *sfpl* reminiscences

remissi'one *sf* remission

remis'sivo, a *ag* submissive, compliant

'remo *sm* oar

re'moto, a *ag* remote

'rendere *vt* (*ridare*) to return, give back; (: *saluto etc*) to return; (*produrre*) to yield, bring in; (*esprimere, tradurre*) to render; **~ qc possibile** to make sth possible; **~rsi utile** to make o.s. useful; **~rsi conto di qc** to realize sth

rendi'conto *sm* (*rapporto*) report, account; (*AMM, COMM*) statement of account

rendi'mento *sm* (*reddito*) yield; (*di manodopera, TECN*) efficiency; (*capacità di produrre*) output; (*di studenti*) performance

'rendita *sf* (*di individuo*) private *o* unearned income; (*COMM*) revenue; **~ annua** annuity

'rene *sm* kidney

'reni *sfpl* back *sg*

reni'tente *ag* reluctant, unwilling; **~ ai consigli di qn** unwilling to follow sb's advice; **essere ~ alla leva** (*MIL*) to fail to report for military service

'renna *sf* reindeer *inv*

'Reno *sm*: **il ~** the Rhine

'reo, a *sm/f* (*DIR*) offender

re'parto *sm* department, section; (*MIL*) detachment

repel'lente *ag* repulsive

repen'taglio [repen'taʎʎo] *sm*: **mettere a ~** to jeopardize, risk

repen'tino, a *ag* sudden, unexpected

repe'rire *vt* to find, trace

re'perto *sm* (*ARCHEOLOGIA*) find; (*MED*) report; (*DIR: anche*: **~ giudiziario**) exhibit

reper'torio *sm* (*TEATRO*) repertory; (*elenco*) index, (alphabetical) list

'replica, che *sf* repetition; reply, answer; (*obiezione*) objection; (*TEATRO, CINEMA*) repeat performance; (*copia*) replica

repli'care *vt* (*ripetere*) to repeat; (*rispondere*) to answer, reply

repressi'one *sf* repression

re'presso, a *pp di* **reprimere**

re'primere *vt* to suppress, repress

re'pubblica, che *sf* republic; **repubbli'cano, a** *ag, sm/f* republican

repu'tare *vt* to consider, judge

reputazi'one [reputat'tsjone] *sf* reputation

'requie *sf*: **senza ~** unceasingly

requi'sire *vt* to requisition

requi'sito *sm* requirement

'resa *sf* (*l'arrendersi*) surrender; (*restituzione, rendimento*) return; **~ dei conti** rendering of accounts; (*fig*) day of reckoning

resi'dente *ag* resident; **resi'denza** *sf* residence; **residenzi'ale** *ag* residential

re'siduo, a *ag* residual, remaining ♦ *sm* remainder; (*CHIM*) residue

'resina *sf* resin

resis'tente *ag* (*che resiste*): **~ a** resistant to; (*forte*) strong; (*duraturo*) long-lasting, durable; **~ al caldo** heat-resistant; **resis'tenza** *sf* resistance; (*di persona: fisica*) stamina, endurance; (: *mentale*) endurance, resistance

---

Resistenza

---

i The **Resistenza** in Italy fought against the Nazis and the Fascists during the Second World War. Members of the Resistance spanned a wide political spectrum and played a vital role in the Liberation and in the formation of the new democratic government at the end of the war.

re'sistere vi to resist; ~ a (assalto, tentazioni) to resist; (dolore, sog: pianta) to withstand; (non patir danno) to be resistant to; resis'tito, a pp di resistere

'reso, a pp di rendere

reso'conto sm report, account

res'pingere [res'pindʒere] vt to drive back, repel; (rifiutare) to reject; (INS: bocciare) to fail; res'pinto, a pp di respingere

respi'rare vi to breathe; (fig) to get one's breath; to breathe again ♦ vt to breathe (in), inhale; respira'tore sm respirator; respirazi'one sf breathing; respirazione artificiale artificial respiration; res'piro sm breathing no pl; (singolo atto) breath; (fig) respite, rest; mandare un respiro di sollievo to give a sigh of relief

respon'sabile ag responsible ♦ sm/f person responsible; (capo) person in charge; ~ di responsible for; (DIR) liable for; responsabilità sf inv responsibility; (legale) liability

res'ponso sm answer

'ressa sf crowd, throng

res'tare vi (rimanere) to remain, stay; (avanzare) to be left, remain; ~ orfano/cieco to become o be left an orphan/become blind; ~ d'accordo to agree; non resta più niente there's nothing left; restano pochi giorni there are only a few days left

restau'rare vt to restore; restaurazi'one sf (POL) restoration; res'tauro sm (di edifici etc) restoration

res'tio, a, 'tii, 'tie ag: ~ a reluctant to

restitu'ire vt to return, give back; (energie, forze) to restore

'resto sm remainder, rest; (denaro) change; (MAT) remainder; ~i smpl (di cibo) leftovers; (di città) remains; del ~ moreover, besides; ~i mortali (mortal) remains

res'tringere [res'trindʒere] vt to reduce; (vestito) to take in; (stoffa) to shrink; (fig) to restrict, limit; ~rsi vr (strada) to narrow; (stoffa) to shrink; restrizi'one sf

restriction

'rete sf net; (fig) trap, snare; (di recinzione) wire netting; (AUT, FERR, di spionaggio etc) network; segnare una ~ (CALCIO) to score a goal; ~ del letto (sprung) bed base

reti'cente [reti'tʃɛnte] ag reticent

retico'lato sm grid; (rete) wire netting; (di filo spinato) barbed wire (fence)

'retina sf (ANAT) retina

re'torica sf rhetoric

re'torico, a, ci, che ag rhetorical

retribu'ire vt to pay; retribuzi'one sf payment

'retro sm inv back ♦ av (dietro): vedi ~ see over(leaf)

retro'cedere [retro'tʃɛdere] vi to withdraw ♦ vt (CALCIO) to relegate; (MIL) to degrade

re'trogrado, a ag (fig) reactionary, backward-looking

retro'marcia [retro'martʃa] sf (AUT) reverse; (: dispositivo) reverse gear

retro'scena [retroʃ'ʃena] sm inv (TEATRO) backstage; i ~ (fig) the behind-the-scenes activities

retrospet'tivo, a ag retrospective

retrovi'sore sm (AUT) (rear-view) mirror

'retta sf (MAT) straight line; (di convitto) charge for bed and board; (fig: ascolto): dar ~ a to listen to, pay attention to

rettango'lare ag rectangular

ret'tangolo, a ag right-angled ♦ sm rectangle

ret'tifica, che sf rectification, correction

rettifi'care vt (curva) to straighten; (fig) to rectify, correct

'rettile sm reptile

retti'lineo, a ag rectilinear

retti'tudine sf rectitude, uprightness

'retto, a pp di reggere ♦ ag straight; (MAT): angolo ~ right angle; (onesto) honest, upright; (giusto, esatto) correct, proper, right

ret'tore sm (REL) rector; (di università) ≈ chancellor

reuma'tismo sm rheumatism

reve'rendo, a ag: il ~ padre Belli the Reverend Father Belli

rever'sibile *ag* reversible

revisio'nare *vt* (*conti*) to audit; (*TECN*) to overhaul, service; (*DIR: processo*) to review

revisi'one *sf* auditing *no pl*; audit; servicing *no pl*; overhaul; review; revision

revi'sore *sm*: ~ **di conti/bozze** auditor/proofreader

'revoca *sf* revocation

revo'care *vt* to revoke

re'volver *sm inv* revolver

riabili'tare *vt* to rehabilitate

riagganci'are [riaggan'tʃare] *vt* (*TEL*) to hang up

rial'zare [rial'tsare] *vt* to raise, lift; (*alzare di più*) to heighten, raise; (*aumentare: prezzi*) to increase, raise ♦ *vi* (*prezzi*) to rise, increase; **ri'alzo** *sm* (*di prezzi*) increase, rise; (*sporgenza*) rise

rianimazi'one [rianimat'tsjone] *sf* (*MED*) resuscitation; **centro di** ~ intensive care unit

riap'pendere *vt* to rehang; (*TEL*) to hang up

ria'prire *vt* to reopen, open again; **~rsi** *vr* to reopen, open again

ri'armo *sm* (*MIL*) rearmament

rias'setto *sm* (*di stanza etc*) rearrangement; (*ordinamento*) reorganization

rias'sumere *vt* (*riprendere*) to resume; (*impiegare di nuovo*) to re-employ; (*sintetizzare*) to summarize; **rias'sunto, a** *pp di* **riassumere** ♦ *sm* summary

ria'vere *vt* to have again; (*avere indietro*) to get back; (*riacquistare*) to recover; **~rsi** *vr* to recover

riba'dire *vt* (*fig*) to confirm

ri'balta *sf* flap; (*TEATRO: proscenio*) front of the stage; (*fig*) limelight; **luci della** ~ footlights *pl*

ribal'tabile *ag* (*sedile*) tip-up

ribal'tare *vt, vi* (*anche: ~rsi*) to turn over, tip over

ribas'sare *vt* to lower, bring down ♦ *vi* to come down, fall; **ri'basso** *sm* reduction, fall

ri'battere *vt* to return, hit back; (*confutare*)

to refute; ~ **che** to retort that

ribel'larsi *vr*: ~ **(a)** to rebel (against); **ri'belle** *ag* (*soldati*) rebel; (*ragazzo*) rebellious ♦ *sm/f* rebel; **ribelli'one** *sf* rebellion

'ribes *sm inv* currant; ~ **nero** blackcurrant; ~ **rosso** redcurrant

ribol'lire *vi* (*fermentare*) to ferment; (*fare bolle*) to bubble, boil; (*fig*) to seethe

ri'brezzo [ri'breddzo] *sm* disgust, loathing; **far** ~ **a** to disgust

ribut'tante *ag* disgusting, revolting

rica'dere *vi* to fall again; (*scendere a terra, fig: nel peccato etc*) to fall back; (*vestiti, capelli etc*) to hang (down); (*riversarsi: fatiche, colpe*): ~ **su** to fall on; **rica'duta** *sf* (*MED*) relapse

rical'care *vt* (*disegni*) to trace; (*fig*) to follow faithfully

rica'mare *vt* to embroider

ricambi'are *vt* to change again; (*contraccambiare*) to repay, return; **ri'cambio** *sm* exchange, return; (*FISIOL*) metabolism; **ricambi** *smpl* (*TECN*) spare parts

ri'camo *sm* embroidery

ricapito'lare *vt* to recapitulate, sum up

ricari'care *vt* (*arma, macchina fotografica*) to reload; (*pipa*) to refill; (*orologio*) to rewind; (*batteria*) to recharge

ricat'tare *vt* to blackmail; **ricatta'tore, 'trice** *sm/f* blackmailer; **ri'catto** *sm* blackmail

rica'vare *vt* (*estrarre*) to draw out, extract; (*ottenere*) to obtain, gain; **ri'cavo** *sm* proceeds *pl*

ric'chezza [rik'kettsa] *sf* wealth; (*fig*) richness; **~e** *sfpl* (*beni*) wealth *sg*, riches

'riccio, a ['rittʃo] *ag* curly ♦ *sm* (*ZOOL*) hedgehog; (: *anche*: ~ **di mare**) sea urchin; **'ricciolo** *sm* curl; **ricci'uto, a** *ag* curly

'ricco, a, chi, che *ag* rich; (*persona, paese*) rich, wealthy ♦ *sm/f* rich man/woman; **i ~chi** the rich; ~ **di** full of; rich in

ri'cerca, che [ri'tʃerka] *sf* search; (*indagine*) investigation, inquiry; (*studio*): **la** ~ research; **una** ~ piece of research

ricer'care [ritʃer'kare] *vt* (*motivi, cause*) to look for, try to determine; (*successo, piacere*) to pursue; (*onore, gloria*) to seek; **ricer'cato, a** *ag* (*apprezzato*) much sought-after; (*affettato*) studied, affected ♦ *sm/f* (*POLIZIA*) wanted man/woman

ri'cetta [ri'tʃetta] *sf* (*MED*) prescription; (*CUC*) recipe

ricettazi'one [ritʃettat'tsjone] *sf* (*DIR*) receiving (stolen goods)

ri'cevere [ri'tʃevere] *vt* to receive; (*stipendio, lettera*) to get, receive; (*accogliere: ospite*) to welcome; (*vedere: cliente, rappresentante etc*) to see; **ricevi'mento** *sm* receiving *no pl*; (*festa*) reception; **ricevi'tore** *sm* (*TECN*) receiver; **ricevito'ria** *sf* lottery *o* pools office; **rice'vuta** *sf* receipt; **ricevuta fiscale** receipt for tax purposes; **ricezi'one** *sf* (*RADIO, TV*) reception

richia'mare [rikja'mare] *vt* (*chiamare indietro, ritelefonare*) to call back; (*ambasciatore, truppe*) to recall; (*rimproverare*) to reprimand; (*attirare*) to attract, draw; **~rsi a** (*riferirsi a*) to refer to; **richi'amo** *sm* call; recall; reprimand; attraction

richi'edere [ri'kjedere] *vt* to ask again for; (*chiedere indietro*): **~ qc** to ask for sth back; (*chiedere: per sapere*) to ask; (*: per avere*) to ask for; (*AMM: documenti*) to apply for; (*esigere*) to need, require; **richi'esta** *sf* (*domanda*) request; (*AMM*) application, request; (*esigenza*) demand, request; **a richiesta** on request; **richi'esto, a** *pp di* **richiedere**

rici'clare [ritʃi'klare] *vt* to recycle

'ricino ['ritʃino] *sm*: **olio di ~** castor oil

ricognizi'one [rikoɲɲit'tsjone] *sf* (*MIL*) reconnaissance; (*DIR*) recognition, acknowledgement

ricomin'ciare [rikomin'tʃare] *vt, vi* to start again, begin again

ricom'pensa *sf* reward

ricompen'sare *vt* to reward

riconcili'are [rikontʃi'ljare] *vt* to reconcile; **~rsi** *vr* to be reconciled; **riconciliazi'one** *sf* reconciliation

ricono'scente [rikonoʃ'ʃente] *ag* grateful; **ricono'scenza** *sf* gratitude

rico'noscere [riko'noʃʃere] *vt* to recognize; (*DIR: figlio, debito*) to acknowledge; (*ammettere: errore*) to admit, acknowledge; **riconosci'mento** *sm* recognition; acknowledgement; (*identificazione*) identification; **riconosci'uto, a** *pp di* **riconoscere**

ricopi'are *vt* to copy

rico'prire *vt* (*coprire*) to cover; (*occupare: carica*) to hold

ricor'dare *vt* to remember, recall; (*richiamare alla memoria*): **~ qc a qn** to remind sb of sth; **~rsi** *vr*: **~rsi (di)** to remember; **~rsi di qc/di aver fatto** to remember sth/having done

ri'cordo *sm* memory; (*regalo*) keepsake, souvenir; (*di viaggio*) souvenir; **~i** *smpl* (*memorie*) memoirs

ricor'rente *ag* recurrent, recurring; **ricor'renza** *sf* recurrence; (*festività*) anniversary

ri'correre *vi* (*ripetersi*) to recur; **~ a** (*rivolgersi*) to turn to; (*: DIR*) to appeal to; (*servirsi di*) to have recourse to; **ri'corso, a** *pp di* **ricorrere** ♦ *sm* recurrence; (*DIR*) appeal; **far ricorso a** = **ricorrere a**

ricostitu'ente *ag* (*MED*): **cura ~** tonic

ricostru'ire *vt* (*casa*) to rebuild; (*fatti*) to reconstruct; **ricostruzi'one** *sf* rebuilding *no pl*; reconstruction

ri'cotta *sf* soft white unsalted cheese made from sheep's milk

ricove'rare *vt* to give shelter to; **~ qn in ospedale** to admit sb to hospital

ri'covero *sm* shelter, refuge; (*MIL*) shelter; (*MED*) admission (to hospital)

ricre'are *vt* to recreate; (*fig: distrarre*) to amuse

ricreazi'one [rikreat'tsjone] *sf* recreation, entertainment; (*INS*) break

ri'credersi *vr* to change one's mind

ricupe'rare *vt* (*rientrare in possesso di*) to recover, get back; (*tempo perduto*) to make up for; (*NAUT*) to salvage; (*: naufraghi*) to rescue; (*delinquente*) to rehabilitate; **~ lo**

svantaggio (*SPORT*) to close the gap

ridacchi'are [ridak'kjare] *vi* to snigger

ri'dare *vt* to return, give back

'**ridere** *vi* to laugh; (*deridere, beffare*): ~ **di** to laugh at, make fun of

ri'detto, a *pp di* **ridire**

ri'dicolo, a *ag* ridiculous, absurd

ridimensio'nare *vt* to reorganize; (*fig*) to see in the right perspective

ri'dire *vt* to repeat; (*criticare*) to find fault with; to object to; **trova sempre qualcosa da** ~ he always manages to find fault

ridon'dante *ag* redundant

ri'dotto, a *pp di* **ridurre** ♦ *ag* (*biglietto*) reduced; (*formato*) small

ri'durre *vt* (*anche CHIM, MAT*) to reduce; (*prezzo, spese*) to cut, reduce; (*accorciare*: *opera letteraria*) to abridge; (: *RADIO, TV*) to adapt; **ridursi** *vr* (*diminuirsi*) to be reduced, shrink; **ridursi a** to be reduced to; **ridursi pelle e ossa** to be reduced to skin and bone; **ridut'tore** *sm* (*ELEC*) adaptor; **riduzi'one** *sf* reduction; abridgement; adaptation

riem'pire *vt* to fill (up); (*modulo*) to fill in *o* out; ~**rsi** *vr* to fill (up); ~ **qc di** to fill sth (up) with

rien'tranza [rien'trantsa] *sf* recess; indentation

rien'trare *vi* (*entrare di nuovo*) to go (*o* come) back in; (*tornare*) to return; (*fare una rientranza*) to go in, curve inwards; to be indented; (*riguardare*): ~ **in** to be included among, form part of; **ri'entro** *sm* (*ritorno*) return; (*di astronave*) re-entry

riepilo'gare *vt* to summarize ♦ *vi* to recapitulate

ri'fare *vt* to do again; (*ricostruire*) to make again; (*nodo*) to tie again, do up again; (*imitare*) to imitate, copy; ~**rsi** *vr* (*risarcirsi*): ~**rsi di** to make up for; (*vendicarsi*): ~**rsi di qc su qn** to get one's own back on sb for sth; (*riferirsi*): ~**rsi a** to go back to; to follow; ~ **il letto** to make the bed; ~**rsi una vita** to make a new life for o.s.; **ri'fatto, a** *pp di* **rifare**

riferi'mento *sm* reference; **in** *o* **con** ~ **a**

with reference to

rife'rire *vt* (*riportare*) to report ♦ *vi* to do a report; ~**rsi** *vr*: ~**rsi a** to refer to

rifi'nire *vt* to finish off, put the finishing touches to; **rifini'tura** *sf* finishing touch; **rifiniture** *sfpl* (*di mobile, auto*) finish *sg*

rifiu'tare *vt* to refuse; ~ **di fare** to refuse to do; **rifi'uto** *sm* refusal; **rifiuti** *smpl* (*spazzatura*) rubbish *sg*, refuse *sg*

riflessi'one *sf* (*FISICA, meditazione*) reflection; (*il pensare*) thought, reflection; (*osservazione*) remark

rifles'sivo, a *ag* (*persona*) thoughtful, reflective; (*LING*) reflexive

ri'flesso, a *pp di* **riflettere** ♦ *sm* (*di luce, allo specchio*) reflection; (*FISIOL*) reflex; **di** *o* **per** ~ indirectly

ri'flettere *vt* to reflect ♦ *vi* to think; ~**rsi** *vr* to be reflected; ~ **su** to think over

riflet'tore *sm* reflector; (*proiettore*) floodlight; searchlight

ri'flusso *sm* flowing back; (*della marea*) ebb; **un'epoca di** ~ an era of nostalgia

ri'fondere *vt* to refund, repay

ri'forma *sf* reform; **la R**~ (*REL*) the Reformation

rifor'mare *vt* to re-form; (*REL, POL*) to reform; (*MIL: recluta*) to declare unfit for service; (: *soldato*) to invalid out, discharge; **riforma'torio** *sm* (*DIR*) community home (*BRIT*), reformatory (*US*)

riforni'mento *sm* supplying, providing; restocking; ~**i** *smpl* (*provviste*) supplies, provisions

rifor'nire *vt* (*provvedere*): ~ **di** to supply *o* provide with; (*fornire di nuovo: casa etc*) to restock

rifrazi'one [rifrat'tsjone] *sf* refraction

rifug'gire [rifud'dʒire] *vi* to escape again; (*fig*): ~ **da** to shun

rifugi'arsi [rifu'dʒarsi] *vr* to take refuge; **rifugi'ato, a** *sm/f* refugee

ri'fugio [ri'fudʒo] *sm* refuge, shelter; (*in montagna*) shelter; ~ **antiaereo** air-raid shelter

'**riga, ghe** *sf* line; (*striscia*) stripe; (*di persone, cose*) line, row; (*regolo*) ruler;

(*scriminatura*) parting; **mettersi in ~** to line up; **a ~ghe** (*foglio*) lined; (*vestito*) striped

ri'gagnolo [ri'gaɲɲolo] *sm* rivulet

ri'gare *vt* (*foglio*) to rule ♦ *vi*: **~ diritto** (*fig*) to toe the line

rigatti'ere *sm* junk dealer

riget'tare [ridʒet'tare] *vt* (*gettare indietro*) to throw back; (*fig: respingere*) to reject; (*vomitare*) to bring *o* throw up; **ri'getto** *sm* (*anche MED*) rejection

rigidità [ridʒidi'ta] *sf* rigidity; stiffness; severity, rigours *pl*; strictness

'rigido, a ['ridʒido] *ag* rigid, stiff; (*membra etc: indurite*) stiff; (*METEOR*) harsh, severe; (*fig*) strict

rigi'rare [ridʒi'rare] *vt* to turn; **~rsi** *vr* to turn round; (*nel letto*) to turn over; **~ qc tra le mani** to turn sth over in one's hands; **~ il discorso** to change the subject

'rigo, ghi *sm* line; (*MUS*) staff, stave

rigogli'oso, a [rigoʎ'ʎoso] *ag* (*pianta*) luxuriant; (*fig: commercio, sviluppo*) thriving

ri'gonfio, a *ag* swollen

ri'gore *sm* (*METEOR*) harshness, rigours *pl*; (*fig*) severity, strictness; (*anche:* **calcio di ~**) penalty; **di ~** compulsory; **a rigor di termini** strictly speaking; **rigo'roso, a** *ag* (*severo: persona, ordine*) strict; (*preciso*) rigorous

rigover'nare *vt* to wash (up)

riguar'dare *vt* to look at again; (*considerare*) to regard, consider; (*concernere*) to regard, concern; **~rsi** *vr* (*aver cura di sé*) to look after o.s.

rigu'ardo *sm* (*attenzione*) care; (*considerazione*) regard, respect; **~ a** concerning, with regard to; **non aver ~i nell'agire/nel parlare** to act/speak freely

rilasci'are [rilaʃ'ʃare] *vt* (*rimettere in libertà*) to release; (*AMM: documenti*) to issue; **ri'lascio** *sm* release; issue

rilas'sare *vt* to relax; **~rsi** *vr* to relax; (*fig: disciplina*) to become slack

rile'gare *vt* (*libro*) to bind; **rilega'tura** *sf* binding

ri'leggere [ri'leddʒere] *vt* to reread, read again; (*rivedere*) to read over

ri'lento: a ~ *av* slowly

rileva'mento *sm* (*topografico, statistico*) survey; (*NAUT*) bearing

rile'vante *ag* considerable; important

rile'vare *vt* (*ricavare*) to find; (*notare*) to notice; (*mettere in evidenza*) to point out; (*venire a conoscere: notizia*) to learn; (*raccogliere: dati*) to gather, collect; (*TOPOGRAFIA*) to survey; (*MIL*) to relieve; (*COMM*) to take over

rili'evo *sm* (*ARTE, GEO*) relief; (*fig: rilevanza*) importance; (*TOPOGRAFIA*) survey; **dar ~ a** *o* **mettere in ~ qc** (*fig*) to bring sth out, highlight sth

rilut'tante *ag* reluctant; **rilut'tanza** *sf* reluctance

'rima *sf* rhyme; (*verso*) verse

riman'dare *vt* to send again; (*restituire, rinviare*) to send back, return; (*differire*): **~ qc (a)** to postpone sth *o* put sth off (till); (*fare riferimento*): **~ qn a** to refer sb to; **essere rimandato** (*INS*) to have to repeat one's exams

ri'mando *sm* (*rinvio*) return; (*dilazione*) postponement; (*riferimento*) cross-reference

rima'nente *ag* remaining ♦ *sm* rest, remainder; **i ~i** (*persone*) the rest of them, the others; **rima'nenza** *sf* rest, remainder; **rimanenze** *sfpl* (*COMM*) unsold stock *sg*

rima'nere *vi* (*restare*) to remain, stay; (*avanzare*) to be left, remain; (*restare stupito*) to be amazed; (*restare, mancare*): **rimangono poche settimane a Pasqua** there are only a few weeks left till Easter; **rimane da vedere se** it remains to be seen whether; (*diventare*): **~ vedovo** to be left a widower; (*trovarsi*): **~ sorpreso** to be surprised

ri'mare *vt, vi* to rhyme

rimargi'nare [rimardʒi'nare] *vt, vi* (*anche:* **~rsi**) to heal

ri'masto, a *pp di* **rimanere**

rima'sugli [rima'suʎʎi] *smpl* leftovers

rimbal'zare [rimbal'tsare] *vi* to bounce back, rebound; (*proiettile*) to ricochet; **rim'balzo** *sm* rebound; ricochet

rimbam'bito, a *ag* senile, in one's dotage

rimboc'care *vt (coperta)* to tuck in; *(maniche, pantaloni)* to turn *o* roll up

rimbom'bare *vi* to resound

rimbor'sare *vt* to pay back, repay; **rim'borso** *sm* repayment

rimedi'are *vi*: ~ **a** to remedy ♦ *vt (fam: procurarsi)* to get *o* scrape together

ri'medio *sm (medicina)* medicine; *(cura, fig)* remedy, cure

rimesco'lare *vt* to mix well, stir well; *(carte)* to shuffle; **sentirsi ♦ il sangue** *(per paura)* to feel one's blood run cold; *(per rabbia)* to feel one's blood boil

ri'messa *sf (locale: per veicoli)* garage; *(: per aerei)* hangar; *(COMM: di merce)* consignment; *(: di denaro)* remittance; *(TENNIS)* return; *(CALCIO: anche:* ~ **in gioco)** throw-in

ri'messo, a *pp di* **rimettere**

ri'mettere *vt (mettere di nuovo)* to put back; *(indossare di nuovo):* ~ **qc** to put sth back on, put sth on again; *(affidare)* to entrust; *(: decisione)* to refer; *(condonare)* to remit; *(COMM: merci)* to deliver; *(: denaro)* to remit; *(vomitare)* to bring up; *(perdere: anche:* **rimetterci)** to lose; **~rsi al bello** *(tempo)* to clear up; **~rsi in salute** to get better, recover one's health

'rimmel ® *sm inv* mascara

rimoder'nare *vt* to modernize

rimon'tare *vt (meccanismo)* to reassemble; *(: tenda)* to put up again ♦ *vi (salire di nuovo):* ~ **in** *(macchina, treno)* to get back into; *(SPORT)* to close the gap

rimorchi'are [rimor'kjare] *vt* to tow; *(fig: ragazza)* to pick up; **rimorchia'tore** *sm* *(NAUT)* tug(boat)

ri'morchio [ri'mɔrkjo] *sm* tow; *(veicolo)* trailer

ri'morso *sm* remorse

rimozi'one [rimot'tsjone] *sf* removal; *(da un impiego)* dismissal; *(PSIC)* repression

rim'pasto *sm (POL)* reshuffle

rimpatri'are *vi* to return home ♦ *vt* to repatriate; **rim'patrio** *sm* repatriation

rimpi'angere [rim'pjandʒere] *vt* to regret; *(persona)* to miss; **rimpi'anto, a** *pp di*

rimpiangere ♦ *sm* regret

rimpiat'tino *sm* hide-and-seek

rimpiaz'zare [rimpjat'tsare] *vt* to replace

rimpiccio'lire [rimpittʃo'lire] *vt* to make smaller ♦ *vi (anche:* **~rsi)** to become smaller

rimpin'zare [rimpin'tsare] *vt*: ~ **di** to cram *o* stuff with

improve'rare *vt* to rebuke, reprimand; **rim'provero** *sm* rebuke, reprimand

rimugi'nare [rimudʒi'nare] *vt (fig)* to turn over in one's mind

rimunerazi'one [rimunerat'tsjone] *sf* remuneration; *(premio)* reward

rimu'overe *vt* to remove; *(destituire)* to dismiss

Rinasci'mento [rinaʃʃi'mento] *sm*: **il ~** the Renaissance

ri'nascita [ri'naʃʃita] *sf* rebirth, revival

rinca'rare *vt* to increase the price of ♦ *vi* to go up, become more expensive

rinca'sare *vi* to go home

rinchi'udere [rin'kjudere] *vt* to shut *(o* lock) up; **~rsi** *vr*: **~rsi in** to shut o.s. up in; **~rsi in se stesso** to withdraw into o.s.; **rinchi'uso, a** *pp di* **rinchiudere**

rin'correre *vt* to chase, run after; **rin'corsa** *sf* short run; **rin'corso, a** *pp di* **rincorrere**

rin'crescere [rin'kreʃʃere] *vb impers*: **mi rincresce che / di non poter fare** I'm sorry that / I can't do, I regret that / being unable to do; **rincresci'mento** *sm* regret; **rincresci'uto, a** *pp di* **rincrescere**

rincu'lare *vi (arma)* to recoil

rinfacci'are [rinfat'tʃare] *vt (fig):* ~ **qc a qn** to throw sth in sb's face

rinfor'zare [rinfor'tsare] *vt* to reinforce, strengthen ♦ *vi (anche:* **~rsi)** to grow stronger; **rin'forzo** *sm*: **mettere un rinforzo a** to strengthen; **di rinforzo** *(asse, sbarra)* strengthening; *(esercito)* supporting; *(personale)* extra, additional; **rinforzi** *smpl (MIL)* reinforcements

rinfran'care *vt* to encourage, reassure

rinfres'care *vt (atmosfera, temperatura)* to cool (down); *(abito, pareti)* to freshen up

♦ *vi* (*tempo*) to grow cooler; **~rsi** *vr* (*ristorarsi*) to refresh o.s.; (*lavarsi*) to freshen up; **rin'fresco, schi** *sm* (*festa*) party; **rinfreschi** *smpl* refreshments

rin'fusa *sf*: **alla ~** in confusion, higgledy-piggledy

ringhi'are [rin'gjare] *vi* to growl, snarl

ringhi'era [rin'gjera] *sf* railing; (*delle scale*) banister(s *pl*)

ringiova'nire [rindʒova'nire] *vt* (*sog: vestito, acconciatura etc*): **~ qn** to make sb look younger; (*: vacanze etc*) to rejuvenate ♦ *vi* (*anche:* **~rsi**) to become (*o* look) younger

ringrazia'mento [ringrattsja'mento] *sm* thanks *pl*

ringrazi'are [ringrat'tsjare] *vt* to thank; **~ qn di qc** to thank sb for sth

rinne'gare *vt* (*fede*) to renounce; (*figlio*) to disown, repudiate; **rinne'gato, a** *sm/f* renegade

rinnova'mento *sm* renewal; (*economico*) revival

rinno'vare *vt* to renew; (*ripetere*) to repeat, renew; **rin'novo** *sm* (*di contratto*) renewal; **"chiuso per rinnovo dei locali"** "closed for alterations"

rinoce'ronte [rinotʃe'ronte] *sm* rhinoceros

rino'mato, a *ag* renowned, celebrated

rinsal'dare *vt* to strengthen

rintoc'care *vi* (*campana*) to toll; (*orologio*) to strike

rintracci'are [rintrat'tʃare] *vt* to track down

rintro'nare *vi* to boom, roar ♦ *vt* (*assordare*) to deafen; (*stordire*) to stun

ri'nuncia [ri'nuntʃa] *etc* = **rinunzia** *etc*

ri'nunzia [ri'nuntsja] *sf* renunciation

rinunzi'are [rinun'tsjare] *vi*: **~ a** to give up, renounce

rinve'nire *vt* to find, recover; (*scoprire*) to discover, find out ♦ *vi* (*riprendere i sensi*) to come round; (*fiori*) to revive

rinvi'are *vt* (*rimandare indietro*) to send back, return; (*differire*): **~ qc (a)** to postpone sth *o* put sth off (till); to adjourn sth (till); (*fare un rimando*): **~ qn a** to refer sb to

rinvigo'rire *vt* to strengthen

rin'vio, 'vii *sm* (*rimando*) return; (*differimento*) postponement; (*: di seduta*) adjournment; (*in un testo*) cross-reference

ri'one *sm* district, quarter

riordi'nare *vt* (*rimettere in ordine*) to tidy; (*riorganizzare*) to reorganize

riorganiz'zare [riorganid'dzare] *vt* to reorganize

ripa'gare *vt* to repay

ripa'rare *vt* (*proteggere*) to protect, defend; (*correggere: male, torto*) to make up for; (*: errore*) to put right; (*aggiustare*) to repair ♦ *vi* (*mettere rimedio*): **~ a** to make up for; **~rsi** *vr* (*rifugiarsi*) to take refuge *o* shelter; **riparazi'one** *sf* (*di un torto*) reparation; (*di guasto, scarpe*) repairing *no pl*; repair; (*risarcimento*) compensation

ri'paro *sm* (*protezione*) shelter, protection; (*rimedio*) remedy

ripar'tire *vt* (*dividere*) to divide up; (*distribuire*) to share out ♦ *vi* to set off again; to leave again

ripas'sare *vi* to come (*o* go) back ♦ *vt* (*scritto, lezione*) to go over (again); **ri'passo** *sm* revision (*BRIT*), review (*US*)

ripen'sare *vi* to think; (*cambiare pensiero*) to change one's mind; (*tornare col pensiero*): **~ a** to recall

ripercu'otersi *vr*: **~ su** (*fig*) to have repercussions on

ripercussi'one *sf* (*fig*): **avere una ~** *o* **delle ~i su** to have repercussions on

ripes'care *vt* (*pesce*) to catch again; (*persona, cosa*) to fish out; (*fig: ritrovare*) to dig out

ri'petere *vt* to repeat; (*ripassare*) to go over; **ripetizi'one** *sf* repetition; (*di lezione*) revision; **ripetizioni** *sfpl* (*INS*) private tutoring *o* coaching *sg*

ripi'ano *sm* (*di mobile*) shelf

ri'picca *sf*: **per ~** out of spite

'ripido, a *ag* steep

ripie'gare *vt* to refold; (*piegare più volte*) to fold (up) ♦ *vi* (*MIL*) to retreat, fall back; (*fig: accontentarsi*): **~ su** to make do with; **~rsi** *vr* to bend; **ripi'ego, ghi** *sm* expedient

ripi'eno, a *ag* full; (*CUC*) stuffed; (: *panino*) filled ♦ *sm* (*CUC*) stuffing

ri'porre *vt* (*porre al suo posto*) to put back, replace; (*mettere via*) to put away; (*fiducia, speranza*): ~ **qc in qn** to place *o* put sth in sb

ripor'tare *vt* (*portare indietro*) to bring (*o* take) back; (*riferire*) to report; (*citare*) to quote; (*vittoria*) to gain; (*successo*) to have; (*MAT*) to carry; **~rsi a** (*anche fig*) to go back to; (*riferirsi a*) to refer to; ~ **danni** to suffer damage

ripo'sare *vt, vi* to rest; **~rsi** *vr* to rest; **ri'poso** *sm* rest; (*MIL*): **riposo!** at ease!; **a riposo** (*in pensione*) retired; **giorno di riposo** day off

ripos'tiglio [ripos'tiʎʎo] *sm* lumber-room

ri'posto, a *pp di* **riporre**

ri'prendere *vt* (*prigioniero, fortezza*) to recapture; (*prendere indietro*) to take back; (*ricominciare: lavoro*) to resume; (*andare a prendere*) to fetch, come back for; (*riassumere: impiegati*) to take on again, re-employ; (*rimproverare*) to tell off; (*restringere: abito*) to take in; (*CINEMA*) to shoot; **~rsi** *vr* to recover; (*correggersi*) to correct o.s.; **ri'presa** *sf* recapture; resumption; (*economica, da malattia, emozione*) recovery; (*AUT*) acceleration *no pl*; (*TEATRO, CINEMA*) rerun; (*CINEMA: presa*) shooting *no pl*; shot; (*SPORT*) second half; (: *PUGILATO*) round; **a più riprese** on several occasions, several times; **ripreso, a** *pp di* **riprendere**

ripristi'nare *vt* to restore

ripro'durre *vt* to reproduce; **riprodursi** *vr* (*BIOL*) to reproduce; (*riformarsi*) to form again; **riproduzi'one** *sf* reproduction; **riproduzione vietata** all rights reserved

ripudi'are *vt* to repudiate, disown

ripu'gnante [ripuɲ'ɲante] *ag* disgusting, repulsive

ripu'gnare [ripuɲ'ɲare] *vi*: ~ **a qn** to repel *o* disgust sb

ripu'lire *vt* to clean up; (*sog: ladri*) to clean out; (*perfezionare*) to polish, refine

ri'quadro *sm* square; (*ARCHIT*) panel

ri'saia *sf* paddy field

risa'lire *vi* (*ritornare in su*) to go back up; ~ **a** (*ritornare con la mente*) to go back to; (*datare da*) to date back to, go back to

risal'tare *vi* (*fig: distinguersi*) to stand out; (*ARCHIT*) to project, jut out; **ri'salto** *sm* prominence; (*sporgenza*) projection; **mettere** *o* **porre in risalto qc** to make sth stand out

risa'nare *vt* (*guarire*) to heal, cure; (*palude*) to reclaim; (*economia*) to improve; (*bilancio*) to reorganize

risa'puto, a *ag*: **è ~ che ...** everyone knows that ..., it is common knowledge that ...

risarci'mento [risartʃi'mento] *sm*: ~ **(di)** compensation (for)

risar'cire [risar'tʃire] *vt* (*cose*) to pay compensation for; (*persona*): ~ **qn di qc** to compensate sb for sth

ri'sata *sf* laugh

riscalda'mento *sm* heating; ~ **centrale** central heating

riscal'dare *vt* (*scaldare*) to heat; (: *mani, persona*) to warm; (*minestra*) to reheat; **~rsi** *vr* to warm up

riscat'tare *vt* (*prigioniero*) to ransom, pay a ransom for; (*DIR*) to redeem; **~rsi** *vr* (*da disonore*) to redeem o.s.; **ris'catto** *sm* ransom; redemption

rischia'rare [riskja'rare] *vt* (*illuminare*) to light up; (*colore*) to make lighter; **~rsi** *vr* (*tempo*) to clear up; (*cielo*) to clear; (*fig: volto*) to brighten up; **~rsi la voce** to clear one's throat

rischi'are [ris'kjare] *vt* to risk ♦ *vi*: ~ **di fare qc** to risk *o* run the risk of doing sth

'rischio ['riskjo] *sm* risk; **rischi'oso, a** *ag* risky, dangerous

risciac'quare [riʃʃa'kware] *vt* to rinse

riscon'trare *vt* (*rilevare*) to find; **ris'contro** *sm* confirmation; (*lettera di risposta*) reply

ris'cossa *sf* (*riconquista*) recovery, reconquest; *vedi anche* **riscosso**

riscossi'one *sf* collection

ris'cosso, a *pp di* **riscuotere**

ris'cuotere *vt* (*ritirare: somma*) to collect; (: *stipendio*) to draw, collect; (*assegno*) to cash; (*fig: successo etc*) to win, earn; **~rsi** *vr*: **~rsi (da)** to shake o.s. (out of), rouse o.s. (from)

risenti'mento *sm* resentment

risen'tire *vt* to hear again; (*provare*) to feel ♦ *vi*: **~ di** to feel (*o* show) the effects of; **~rsi** *vr*: **~rsi di** *o* **per** to take offence at, resent

risen'tito, a *ag* resentful

ri'serbo *sm* reserve

ri'serva *sf* reserve; (*di caccia, pesca*) preserve; (*restrizione, di indigeni*) reservation; **di ~** (*provviste etc*) in reserve

riser'vare *vt* (*tenere in serbo*) to keep, put aside; (*prenotare*) to book, reserve; **~rsi** *vr*: **~rsi di fare qc** to intend to do sth

riserva'tezza *sf* reserve

riser'vato, a *ag* (*prenotato, fig: persona*) reserved; (*confidenziale*) confidential

risi'edere *vi*: **~ a** *o* **in** to reside in

'risma *sf* (*di carta*) ream; (*fig*) kind, sort

'riso (*pl(f)* **~a**: *il ridere*) *sm*: **il ~** laughter; (*pianta*) rice ♦ *pp di* **ridere**

riso'lino *sm* snigger

ri'solto, a *pp di* **risolvere**

risolu'tezza [risolu'tettsa] *sf* determination

riso'luto, a *ag* determined, resolute

risoluzi'one [risolut'tsjone] *sf* solving *no pl*; (*MAT*) solution; (*decisione, di immagine*) resolution

ri'solvere *vt* (*difficoltà, controversia*) to resolve; (*problema*) to solve; (*decidere*): **~ di fare** to resolve to do; **~rsi** *vr* (*decidersi*): **~rsi a fare** to make up one's mind to do; (*andare a finire*): **~rsi in** to end up, turn out; **~rsi in nulla** to come to nothing

riso'nanza [riso'nantsa] *sf* resonance; **aver vasta ~** (*fig: fatto etc*) to be known far and wide

riso'nare *vt, vi* = **risuonare**

ri'sorgere [ri'sordʒere] *vi* to rise again; **risorgi'mento** *sm* revival; **il Risorgimento** (*STORIA*) the Risorgimento

---

Risorgimento

ⓘ The **Risorgimento** *was the political movement which led to the proclamation of the Kingdom of Italy in 1861, and eventually to unification (1871).*

---

ri'sorsa *sf* expedient, resort; **~e** *sfpl* (*naturali, finanziarie etc*) resources; **persona piena di ~e** resourceful person

ri'sorto, a *pp di* **risorgere**

ri'sotto *sm* (*CUC*) risotto

risparmi'are *vt* to save; (*non uccidere*) to spare ♦ *vi* to save; **~ qc a qn** to spare sb sth

ris'parmio *sm* saving *no pl*; (*denaro*) savings *pl*

rispec'chiare [rispek'kjare] *vt* to reflect

rispet'tabile *ag* respectable

rispet'tare *vt* to respect; **farsi ~** to command respect

rispet'tivo, a *ag* respective

ris'petto *sm* respect; **~i** *smpl* (*saluti*) respects, regards; **~ a** (*in paragone a*) compared to; (*in relazione a*) as regards, as for; **rispet'toso, a** *ag* respectful

ris'plendere *vi* to shine

ris'pondere *vi* to answer, reply; (*freni*) to respond; **~ a** (*domanda*) to answer, reply to; (*persona*) to answer; (*invito*) to reply to; (*provocazione, sog: veicolo, apparecchio*) to respond to; (*corrispondere a*) to correspond to; (: *speranze, bisogno*) to answer; **~ di** to answer for; **ris'posta** *sf* answer, reply; **in risposta a** in reply to; **risposto, a** *pp di* **rispondere**

'rissa *sf* brawl

ristabi'lire *vt* to re-establish, restore; (*persona: sog: riposo etc*) to restore to health; **~rsi** *vr* to recover

rista'gnare [ristaɲ'ɲare] *vi* (*acqua*) to become stagnant; (*sangue*) to cease flowing; (*fig: industria*) to stagnate; **ris'tagno** *sm* stagnation

ris'tampa *sf* reprinting *no pl*; reprint

risto'rante *sm* restaurant

risto'rarsi *vr* to have something to eat and

drink; (*riposarsi*) to rest, have a rest;
ris'toro *sm* (*bevanda, cibo*) refreshment;
servizio di ristoro (*FERR*) refreshments *pl*
ristret'tezza [ristret'tettsa] *sf* (*strettezza*)
narrowness; (*fig: scarsezza*) scarcity, lack;
(*: meschinità*) meanness; **~e** *sfpl* (*povertà*)
financial straits
ris'tretto, a *pp di* **restringere** ♦ *ag*
(*racchiuso*) enclosed, hemmed in; (*angusto*)
narrow; (*limitato*) ~ **(a)** restricted *o* limited
(to); (*CUC: brodo*) thick; (*: caffè*) extra
strong
risucchi'are [risuk'kjare] *vt* to suck in
risul'tare *vi* (*dimostrarsi*) to prove (to be),
turn out (to be); (*riuscire*): ~ **vincitore** to
emerge as the winner; ~ **da** (*provenire*) to
result from, be the result of; **mi risulta che
...** I understand that ...; **non mi risulta** not
as far as I know; **risul'tato** *sm* result
risuo'nare *vi* (*rimbombare*) to resound
risurrezi'one [risurret'tsjone] *sf* (*REL*)
resurrection
risusci'tare [risuʃʃi'tare] *vt* to resuscitate,
restore to life; (*fig*) to revive, bring back
♦ *vi* to rise (from the dead)
ris'veglio [riz'veʎʎo] *sm* waking up; (*fig*)
revival
ris'volto *sm* (*di giacca*) lapel; (*di
pantaloni*) turn-up; (*di manica*) cuff; (*di
tasca*) flap; (*di libro*) inside flap; (*fig*)
implication
ritagli'are [ritaʎ'ʎare] *vt* (*tagliar via*) to cut
out; **ri'taglio** *sm* (*di giornale*) cutting,
clipping; (*di stoffa etc*) scrap; **nei ritagli di
tempo** in one's spare time
ritar'dare *vi* (*persona, treno*) to be late;
(*orologio*) to be slow ♦ *vt* (*rallentare*) to
slow down; (*impedire*) to delay, hold up;
(*differire*) to postpone, delay;
ritarda'tario, a *sm/f* latecomer
ri'tardo *sm* delay; (*di persona aspettata*)
lateness *no pl*; (*fig: mentale*) backwardness;
in ~ late
ri'tegno [ri'teɲɲo] *sm* restraint
rite'nere *vt* (*trattenere*) to hold back;
(*: somma*) to deduct; (*giudicare*) to
consider, believe; **rite'nuta** *sf* (*sul salario*)

deduction
riti'rare *vt* to withdraw; (*POL: richiamare*) to
recall; (*andare a prendere: pacco etc*) to
collect, pick up; **~rsi** *vr* to withdraw; (*da
un'attività*) to retire; (*stoffa*) to shrink;
(*marea*) to recede; **riti'rata** *sf* (*MIL*) retreat;
(*latrina*) lavatory; **ri'tiro** *sm* withdrawal;
recall; collection; (*luogo appartato*) retreat
'ritmo *sm* rhythm; (*fig*) rate; (*: della vita*)
pace, tempo
'rito *sm* rite; **di ~** usual, customary
ritoc'care *vt* (*disegno, fotografia*) to touch
up; (*testo*) to alter; **ri'tocco, chi** *sm*
touching up *no pl*; alteration
ritor'nare *vi* to return, go (*o come*) back;
(*ripresentarsi*) to recur; (*ridiventare*): ~ **ricco**
to become rich again ♦ *vt* (*restituire*) to
return, give back
ritor'nello *sm* refrain
ri'torno *sm* return; **essere di ~** to be back;
avere un ~ di fiamma (*AUT*) to backfire;
(*fig: persona*) to be back in love again
ritorsi'one *sf* retaliation
ri'trarre *vt* (*trarre indietro, via*) to withdraw;
(*distogliere: sguardo*) to turn away;
(*rappresentare*) to portray, depict; (*ricavare*)
to get, obtain
ritrat'tare *vt* (*disdire*) to retract, take back;
(*trattare nuovamente*) to deal with again
ri'tratto, a *pp di* **ritrarre** ♦ *sm* portrait
ri'troso, a *ag* (*restio*): ~ **(a)** reluctant (to);
(*schivo*) shy; **andare a ~** to go backwards
ritro'vare *vt* to find; (*salute*) to regain;
(*persona*) to find; to meet again; **~rsi** *vr*
(*essere, capitare*) to find o.s.; (*raccapezzarsi*)
to find one's way; (*con senso reciproco*) to
meet (again); **ri'trovo** *sm* meeting place;
ritrovo notturno night club
'ritto, a *ag* (*in piedi*) standing, on one's
feet; (*levato in alto*) erect, raised; (*: capelli*)
standing on end; (*posto verticalmente*)
upright
ritu'ale *ag, sm* ritual
riuni'one *sf* (*adunanza*) meeting;
(*riconciliazione*) reunion
riu'nire *vt* (*ricongiungere*) to join (together);
(*riconciliare*) to reunite, bring together

(again); **~rsi** *vr* (*adunarsi*) to meet; (*tornare insieme*) to be reunited

riu'scire [riuʃʃire] *vi* (*uscire di nuovo*) to go out again, go back out; (*aver esito: fatti, azioni*) to go, turn out; (*aver successo*) to succeed, be successful; (*essere, apparire*) to be, prove; (*raggiungere il fine*) to manage, succeed; **~ a fare qc** to manage to do *o* succeed in doing *o* be able to do sth; riu'scita *sf* (*esito*) result, outcome; (*buon esito*) success

'riva *sf* (*di fiume*) bank; (*di lago, mare*) shore

ri'vale *sm/f* rival; rivalità *sf* rivalry

ri'valsa *sf* (*rivincita*) revenge

rivalu'tare *vt* (ECON) to revalue

rivan'gare *vt* (*ricordi etc*) to dig up (again)

rive'dere *vt* to see again; (*ripassare*) to revise; (*verificare*) to check

rive'lare *vt* to reveal; (*divulgare*) to reveal, disclose; (*dare indizio*) to reveal, show; **~rsi** *vr* (*manifestarsi*) to be revealed; **~rsi onesto** *etc* to prove to be honest *etc*; rivela'tore *sm* (TECN) detector; (FOT) developer; rivelazi'one *sf* revelation

rivendi'care *vt* to claim, demand

ri'vendita *sf* (*bottega*) retailer's (shop)

rivendi'tore, 'trice *sm/f* retailer; **~ autorizzato** (COMM) authorized dealer

ri'verbero *sm* (*di luce, calore*) reflection; (*di suono*) reverberation

rive'renza [rive'rɛntsa] *sf* reverence; (*inchino*) bow; curtsey

rive'rire *vt* (*rispettare*) to revere; (*salutare*) to pay one's respects to

river'sare *vt* (*anche fig*) to pour; **~rsi** *vr* (*fig: persone*) to pour out

rivesti'mento *sm* covering; coating

rives'tire *vt* to dress again; (*ricoprire*) to cover; to coat; (*fig: carica*) to hold; **~rsi** *vr* to get dressed again; to change (one's clothes)

rivi'era *sf* coast; **la ~ ligure** the Italian Riviera

ri'vincita [ri'vintʃita] *sf* (SPORT) return match; (*fig*) revenge

rivis'suto, a *pp di* rivivere

ri'vista *sf* review; (*periodico*) magazine, review; (TEATRO) revue; variety show

ri'vivere *vi* (*riacquistare forza*) to come alive again; (*tornare in uso*) to be revived ♦ *vt* to relive

ri'volgere [ri'vɔldʒere] *vt* (*attenzione, sguardo*) to turn, direct; (*parole*) to address; **~rsi** *vr* to turn round; (*fig: dirigersi per informazioni*): **~rsi a** to go and see, go and speak to; (: *ufficio*) to enquire at

ri'volta *sf* revolt, rebellion

rivol'tare *vt* to turn over; (*con l'interno all'esterno*) to turn inside out; (*disgustare: stomaco*) to upset, turn; **~rsi** *vr* (*ribellarsi*): **~rsi (a)** to rebel (against)

rivol'tella *sf* revolver

ri'volto, a *pp di* rivolgere

rivoluzio'nare [rivoluttsjo'nare] *vt* to revolutionize

rivoluzio'nario, a [rivoluttsjo'narjo] *ag*, *sm/f* revolutionary

rivoluzi'one [rivolut'tsjone] *sf* revolution

riz'zare [rit'tsare] *vt* to raise, erect; **~rsi** *vr* to stand up; (*capelli*) to stand on end

'roba *sf* stuff, things *pl*; (*possessi, beni*) belongings *pl*, things *pl*, possessions *pl*; **~ da mangiare** things *pl* to eat, food; **~ da matti** sheer madness *o* lunacy

'robot *sm inv* robot

ro'busto, a *ag* robust, sturdy; (*solido: catena*) strong

'rocca, che *sf* fortress

rocca'forte *sf* stronghold

roc'chetto [rok'ketto] *sm* reel, spool

'roccia, ce ['rɔttʃa] *sf* rock; **fare ~** (SPORT) to go rock climbing; roc'cioso, a *ag* rocky

ro'daggio [ro'daddʒo] *sm* running (BRIT) *o* breaking (US) in; **in ~** running (BRIT) *o* breaking (US) in

'Rodano *sm*: **il ~** the Rhone

'rodere *vt* to gnaw (at); (*distruggere poco a poco*) to eat into

rodi'tore *sm* (ZOOL) rodent

rodo'dendro *sm* rhododendron

'rogna ['rɔɲɲa] *sf* (MED) scabies *sg*; (*fig*) bother, nuisance

ro'gnone [roɲˈɲone] *sm* (CUC) kidney
'rogo, ghi *sm* (*per cadaveri*) (funeral) pyre;
(*supplizio*): **il ~** the stake
rol'lio *sm* roll(ing)
'Roma *sf* Rome
Roma'nia *sf:* **la ~** Romania
ro'manico, a, ci, che *ag* Romanesque
ro'mano, a *ag, sm/f* Roman
romanti'cismo [romantiˈtʃizmo] *sm*
romanticism
ro'mantico, a, ci, che *ag* romantic
ro'manza [roˈmandza] *sf* (MUS, LETTERATURA)
romance
roman'zesco, a, schi, sche
[romanˈdzesko] *ag* (*stile, personaggi*)
fictional; (*fig*) storybook *cpd*
romanzi'ere [romanˈdzjere] *sm* novelist
ro'manzo, a [roˈmandzo] *ag* (LING)
romance *cpd* ♦ *sm* novel; **~ d'appendice**
serial (story)
rom'bare *vi* to rumble, thunder, roar
'rombo *sm* rumble, thunder, roar; (MAT)
rhombus; (ZOOL) turbot; brill
ro'meno, a *ag, sm/f, sm* = **rumeno, a**
'rompere *vt* to break; (*fidanzamento*) to
break off ♦ *vi* to break; **~rsi** *vr* to break; **mi**
rompe le scatole (*fam*) he (*o* she) is a pain
in the neck; **~rsi un braccio** to break an
arm; **rompi'capo** *sm* worry, headache;
(*indovinello*) puzzle; (*in enigmistica*)
brainteaser; **rompighi'accio** *sm* (NAUT)
icebreaker; **rompis'catole** (*fam*) *sm/f inv*
pest, pain in the neck
'ronda *sf* (MIL) rounds *pl*, patrol
ron'della *sf* (TECN) washer
'rondine *sf* (ZOOL) swallow
ron'done *sm* (ZOOL) swift
ron'zare [ronˈdzare] *vi* to buzz, hum
ron'zino [ronˈdzino] *sm* (*peg: cavallo*) nag
ron'zio [ronˈdzio] *sm* buzzing
'rosa *sf* rose ♦ *ag inv, sm* pink; **ro'saio** *sm*
(*pianta*) rosebush, rose tree; (*giardino*) rose
garden; **ro'sario** *sm* (REL) rosary; **ro'sato,**
a *ag* pink, rosy ♦ *sm* (*vino*) rosé (wine);
ro'seo, a *ag* (*anche fig*) rosy
rosicchi'are [rosikˈkjare] *vt* to gnaw (at);
(*mangiucchiare*) to nibble (at)

rosma'rino *sm* rosemary
'roso, a *pp di* **rodere**
roso'lare *vt* (CUC) to brown
roso'lia *sf* (MED) German measles *sg*,
rubella
ro'sone *sm* rosette; (*vetrata*) rose window
'rospo *sm* (ZOOL) toad
ros'setto *sm* (*per labbra*) lipstick
'rosso, a *ag, sm, sm/f* red; **il mar R~** the
Red Sea; **~ d'uovo** egg yolk; **ros'sore** *sm*
flush, blush
rosticce'ria [rostittʃeˈria] *sf* shop selling
roast meat and other cooked food
ro'tabile *ag* (*percorribile*): **strada ~**
roadway; (FERR): **materiale ~** rolling stock
ro'taia *sf* rut, track; (FERR) rail
ro'tare *vt, vi* to rotate; **rotazi'one** *sf*
rotation
rote'are *vt, vi* to whirl; **~ gli occhi** to roll
one's eyes
ro'tella *sf* small wheel; (*di mobile*) castor
roto'lare *vt, vi* to roll; **~rsi** *vr* to roll
(about)
'rotolo *sm* roll; **andare a ~i** (*fig*) to go to
rack and ruin
ro'tonda *sf* rotunda
ro'tondo, a *ag* round
'rotta *sf* (AER, NAUT) course, route; (MIL)
rout; **a ~ di collo** at breakneck speed;
essere in ~ con qn to be on bad terms
with sb
rot'tame *sm* fragment, scrap, broken bit;
~i *smpl* (*di nave, aereo etc*) wreckage *sg*
'rotto, a *pp di* **rompere** ♦ *ag* broken;
(*calzoni*) torn, split; **per il ~ della cuffia** by
the skin of one's teeth
rot'tura *sf* breaking *no pl*; break; breaking
off; (MED) fracture, break
rou'lotte [ruˈlɔt] *sf* caravan
ro'vente *ag* red-hot
'rovere *sm* oak
rovesci'are [roveʃˈʃare] *vt* (*versare in giù*) to
pour; (: *accidentalmente*) to spill;
(*capovolgere*) to turn upside down; (*gettare*
a terra) to knock down; (: *fig: governo*) to
overthrow; (*piegare all'indietro: testa*) to
throw back; **~rsi** *vr* (*sedia, macchina*) to

overturn; (*barca*) to capsize; (*liquido*) to spill; (*fig: situazione*) to be reversed

ro'vescio, sci [ro'veʃʃo] *sm* other side, wrong side; (*della mano*) back; (*di moneta*) reverse; (*pioggia*) sudden downpour; (*fig*) setback; (*MAGLIA: anche:* **punto ~**) purl (stitch); (*TENNIS*) backhand (stroke); **a ~** upside-down; inside-out; **capire qc a ~** to misunderstand sth

ro'vina *sf* ruin; **andare in ~** (*andare a pezzi*) to collapse; (*fig*) to go to rack and ruin

rovi'nare *vi* to collapse, fall down ♦ *vt* (*danneggiare, fig*) to ruin; rovi'noso, a *ag* disastrous; damaging; violent

rovis'tare *vt* (*casa*) to ransack; (*tasche*) to rummage in (*o* through)

'rovo *sm* (*BOT*) blackberry bush, bramble bush

'rozzo, a ['roddzo] *ag* rough, coarse

'ruba *sf*: **andare a ~** to sell like hot cakes

ru'bare *vt* to steal; **~ qc a qn** to steal sth from sb

rubi'netto *sm* tap, faucet (*US*)

ru'bino *sm* ruby

ru'brica, che *sf* (*STAMPA*) column; (*quadernetto*) index book; address book

'rude *ag* tough, rough

'rudere *sm* (*rovina*) ruins *pl*

rudimen'tale *ag* rudimentary, basic

rudi'menti *smpl* rudiments; basic principles; basic knowledge *sg*

ruffi'ano *sm* pimp

'ruga, ghe *sf* wrinkle

'ruggine ['ruddʒine] *sf* rust

rug'gire [rud'dʒire] *vi* to roar

rugi'ada [ru'dʒada] *sf* dew

ru'goso, a *ag* wrinkled

rul'lare *vi* (*tamburo, nave*) to roll; (*aereo*) to taxi

rul'lino *sm* (*FOT*) spool; (: *pellicola*) film

'rullo *sm* (*di tamburi*) roll; (*arnese cilindrico, TIP*) roller; **~ compressore** steam roller; **~ di pellicola** roll of film

rum *sm* rum

ru'meno, a *ag, sm/f, sm* Romanian

rumi'nare *vt* (*ZOOL*) to ruminate

ru'more *sm*: **un ~** a noise, a sound; (*fig*) a rumour; **il ~** noise; rumo'roso, a *ag* noisy

ru'olo *sm* (*TEATRO, fig*) role, part; (*elenco*) roll, register, list; **di ~** permanent, on the permanent staff

ru'ota *sf* wheel; **~ anteriore/posteriore** front/back wheel; **~ di scorta** spare wheel

ruo'tare *vt, vi* = rotare

'rupe *sf* cliff

ru'rale *ag* rural, country *cpd*

ru'scello [ruʃ'ʃɛllo] *sm* stream

'ruspa *sf* excavator

rus'sare *vi* to snore

'Russia *sf*: **la ~** Russia; 'russo, a *ag, sm/f, sm* Russian

'rustico, a, ci, che *ag* rustic; (*fig*) rough, unrefined

rut'tare *vi* to belch; 'rutto *sm* belch

'ruvido, a *ag* rough, coarse

ruzzo'lare [ruttso'lare] *vi* to tumble down; ruzzo'loni *av*: **cadere ruzzoloni** to tumble down

S, s

S. *abbr* (= *sud*) S

sa *vb vedi* sapere

'sabato *sm* Saturday; **di** *o* **il ~** on Saturdays

'sabbia *sf* sand; **~e mobili** quicksand(s); sabbi'oso, a *ag* sandy

sabo'taggio [sabo'taddʒo] *sm* sabotage

sabo'tare *vt* to sabotage

'sacca, che *sf* bag; (*bisaccia*) haversack; **~ da viaggio** travelling bag

sacca'rina *sf* saccharin(e)

sac'cente [sat'tʃɛnte] *sm/f* know-all (*BRIT*), know-it-all (*US*)

saccheggi'are [sakked'dʒare] *vt* to sack, plunder; sac'cheggio *sm* sack(ing)

sac'chetto [sak'ketto] *sm* (small) bag; (small) sack

'sacco, chi *sm* bag; (*per carbone etc*) sack; (*ANAT, BIOL*) sac; (*tela*) sacking; (*saccheggio*) sack(ing); (*fig: grande quantità*): **un ~ di** lots of, heaps of; **~ a pelo** sleeping bag; **~ per i rifiuti** bin bag

sacer'dote [satʃer'dɔte] *sm* priest;
  sacer'dozio *sm* priesthood
sacra'mento *sm* sacrament
sacrifi'care *vt* to sacrifice; **~rsi** *vr* to
  sacrifice o.s.; (*privarsi di qc*) to make
  sacrifices
sacri'ficio [sakri'fitʃo] *sm* sacrifice
sacri'legio [sakri'ledʒo] *sm* sacrilege
'sacro, a *ag* sacred
'sadico, a, ci, che *ag* sadistic ♦ *sm/f*
  sadist
sa'etta *sf* arrow; (*fulmine: anche fig*)
  thunderbolt; flash of lightning
sa'fari *sm inv* safari
sa'gace [sa'gatʃe] *ag* shrewd, sagacious
sag'gezza [sad'dʒettsa] *sf* wisdom
saggi'are [sad'dʒare] *vt* (*metalli*) to assay;
  (*fig*) to test
'saggio, a, gi, ge ['saddʒo] *ag* wise ♦ *sm*
  (*persona*) sage; (*esperimento*) test; (*fig:*
  prova) proof; (*campione*) sample; (*scritto*)
  essay
Sagit'tario [sadʒit'tarjo] *sm* Sagittarius
'sagoma *sf* (*profilo*) outline, profile; (*forma*)
  form, shape; (*TECN*) template; (*bersaglio*)
  target; (*fig: persona*) character
'sagra *sf* festival
sagres'tano *sm* sacristan; sexton
sagres'tia *sf* sacristy
Sa'hara [sa'ara] *sm*: **il (deserto del) ~** the
  Sahara (Desert)
'sai *vb vedi* **sapere**
'sala *sf* hall; (*stanza*) room; **~ d'aspetto**
  waiting room; **~ da ballo** ballroom; **~ per**
  concerti concert hall; **~ da gioco** gaming
  room; **~ operatoria** operating theatre; **~**
  da pranzo dining room
sa'lame *sm* salami *no pl*, salami sausage
sala'moia *sf* (*CUC*) brine
sa'lare *vt* to salt
sa'lario *sm* pay, wages *pl*
sa'lato, a *ag* (*sapore*) salty; (*CUC*) salted,
  salt *cpd*; (*fig: prezzo*) steep, stiff
sal'dare *vt* (*congiungere*) to join, bind;
  (*parti metalliche*) to solder; (: *con saldatura*
  autogena) to weld; (*conto*) to settle, pay;
  salda'tura *sf* soldering; welding; (*punto*

sal'dezza [sal'dettsa] *sf* firmness; strength
'saldo, a *ag* (*resistente, forte*) strong, firm;
  (*fermo*) firm, steady, stable; (*fig*) firm,
  steadfast ♦ *sm* (*svendita*) sale; (*di conto*)
  settlement; (*ECON*) balance
'sale *sm* salt; (*fig*): **ha poco ~ in zucca** he
  doesn't have much sense; **~ fino / grosso**
  table/cooking salt
'salice ['salitʃe] *sm* willow; **~ piangente**
  weeping willow
sali'ente *ag* (*fig*) salient, main
sali'era *sf* salt cellar
sa'lina *sf* saltworks *sg*
sa'lino, a *ag* saline
sa'lire *vi* to go (*o* come) up; (*aereo etc*) to
  climb, go up; (*passeggero*) to get on;
  (*sentiero, prezzi, livello*) to go up, rise ♦ *vt*
  (*scale, gradini*) to go (*o* come) up; **~ su** to
  climb (up); **~ sul treno / sull'autobus** to
  board the train/the bus; **~ in macchina** to
  get into the car; **sa'lita** *sf* climb, ascent;
  (*erta*) hill, slope; **in salita** *ag, av* uphill
sa'liva *sf* saliva
'salma *sf* corpse
'salmo *sm* psalm
sal'mone *sm* salmon
sa'lone *sm* (*stanza*) sitting room, lounge;
  (*in albergo*) lounge; (*su nave*) lounge,
  saloon; (*mostra*) show, exhibition; **~ di**
  bellezza beauty salon
sa'lotto *sm* lounge, sitting room; (*mobilio*)
  lounge suite
sal'pare *vi* (*NAUT*) to set sail; (*anche:* **~**
  l'ancora) to weigh anchor
'salsa *sf* (*CUC*) sauce; **~ di pomodoro**
  tomato sauce
sal'siccia, ce [sal'sittʃa] *sf* pork sausage
sal'tare *vi* to jump, leap; (*esplodere*) to
  blow up, explode; (: *valvola*) to blow;
  (*venir via*) to pop off; (*non aver luogo: corso*
  etc) to be cancelled ♦ *vt* to jump (over),
  leap (over); (*fig: pranzo, capitolo*) to skip,
  miss (out); (*CUC*) to sauté; **far ~** to blow
  up; to burst open; **~ fuori** (*fig: apparire*
  all'improvviso) to turn up
saltel'lare *vi* to skip; to hop

saltim'banco *sm* acrobat

'salto *sm* jump; (*SPORT*) jumping; **fare un ~** to jump, leap; **fare un ~ da qn** to pop over to sb's (place); **~ in alto/lungo** high/long jump; **~ con l'asta** pole vaulting; **~ mortale** somersault

saltu'ario, a *ag* occasional, irregular

sa'lubre *ag* healthy, salubrious

salume'ria *sf* delicatessen

sa'lumi *smpl* salted pork meats

salu'tare *ag* healthy; (*fig*) salutary, beneficial ♦ *vt* (*incontrandosi*) to greet; (*congedandosi*) to say goodbye to; (*MIL*) to salute

sa'lute *sf* health; **~!** (*a chi starnutisce*) bless you!; (*nei brindisi*) cheers!; **bere alla ~ di qn** to drink (to) sb's health

sa'luto *sm* (*gesto*) wave; (*parola*) greeting; (*MIL*) salute; **~i** *smpl* (*formula di cortesia*) greetings; **cari ~i** best regards; **vogliate gradire i nostri più distinti ~i** Yours faithfully

salvacon'dotto *sm* (*MIL*) safe-conduct

salva'gente [salva'dʒɛnte] *sm* (*NAUT*) lifebuoy; (*ciambella*) life belt; (*giubbotto*) lifejacket; (*stradale*) traffic island

salvaguar'dare *vt* to safeguard

sal'vare *vt* to save; (*trarre da un pericolo*) to rescue; (*proteggere*) to protect; **~rsi** *vr* to save o.s.; to escape; **salva'taggio** *sm* rescue; **salva'tore, 'trice** *sm/f* saviour

'salve (*fam*) *escl* hi!

sal'vezza [sal'vettsa] *sf* salvation; (*sicurezza*) safety

'salvia *sf* (*BOT*) sage

salvi'etta *sf* napkin; **~ umidificata** baby wipe

'salvo, a *ag* safe, unhurt, unharmed; (*fuori pericolo*) safe, out of danger ♦ *sm*: **in ~** safe ♦ *prep* (*eccetto*) except; **mettere qc in ~** to put sth in a safe place; **~ che** (*a meno che*) unless; (*eccetto che*) except (that); **~ imprevisti** barring accidents

sam'buco *sm* elder (tree)

san *ag vedi* santo

sa'nare *vt* to heal, cure; (*economia*) to put right

san'cire [san'tʃire] *vt* to sanction

'sandalo *sm* (*BOT*) sandalwood; (*calzatura*) sandal

'sangue *sm* blood; **farsi cattivo ~** to fret, get in a state; **~ freddo** (*fig*) sang-froid, calm; **a ~ freddo** in cold blood; sangu'igno, a *ag* blood *cpd*; (*colore*) blood-red; sangui'nare *vi* to bleed; sangui'noso, a *ag* bloody; sangui'suga *sf* leech

sanità *sf* health; (*salubrità*) healthiness; **Ministero della S~** Department of Health; **~ mentale** sanity

sani'tario, a *ag* health *cpd*; (*condizioni*) sanitary ♦ *sm* (*AMM*) doctor; (*impianti*) **~i** *smpl* bathroom *o* sanitary fittings

'sanno *vb vedi* sapere

'sano, a *ag* healthy; (*denti, costituzione*) healthy, sound; (*integro*) whole, unbroken; (*fig: politica, consigli*) sound; **~ di mente** sane; **di ~a pianta** completely, entirely; **~ e salvo** safe and sound

sant' *ag vedi* santo

santifi'care *vt* to sanctify; (*feste*) to observe

santità *sf* sanctity; holiness; **Sua/Vostra ~** (*titolo di Papa*) His/Your Holiness

'santo, a *ag* holy; (*fig*) saintly; (*seguito da nome proprio*) saint ♦ *sm/f* saint; **la S~a Sede** the Holy See

santu'ario *sm* sanctuary

sanzio'nare [santsjo'nare] *vt* to sanction

sanzi'one [san'tsjone] *sf* sanction; (*penale, civile*) sanction, penalty

sa'pere *vt* to know; (*essere capace di*): **so nuotare** I know how to swim, I can swim ♦ *vi*: **~ di** (*aver sapore*) to taste of; (*aver odore*) to smell of ♦ *sm* knowledge; **far ~ qc a qn** to inform sb about sth, let sb know sth; **mi sa che non sia vero** I don't think that's true

sapi'enza [sa'pjɛntsa] *sf* wisdom

sa'pone *sm* soap; **~ da bucato** washing soap; sapo'netta *sf* cake *o* bar *o* tablet of soap

sa'pore *sm* taste, flavour; sapo'rito, a *ag* tasty

sappi'amo *vb vedi* **sapere**

saraci'nesca [saratʃi'neska] *sf (serranda)* rolling shutter

sar'casmo *sm* sarcasm *no pl;* sarcastic remark

Sar'degna [sar'deɲɲa] *sf:* **la ~** Sardinia

sar'dina *sf* sardine

'sardo, a *ag, sm/f* Sardinian

'sarto, a *sm/f* tailor/dressmaker; **sarto'ria** *sf* tailor's (shop); dressmaker's (shop); *(casa di moda)* fashion house; *(arte)* couture

'sasso *sm* stone; *(ciottolo)* pebble; *(masso)* rock

sas'sofono *sm* saxophone

sas'soso, a *ag* stony; pebbly

'Satana *sm* Satan; **sa'tanico, a, ci, che** *ag* satanic, fiendish

sa'tellite *sm, ag* satellite

'satira *sf* satire

'saturo, a *ag* saturated; *(fig):* **~ di** full of

'sauna *sf* sauna

Sa'voia *sf* Savoy

savoi'ardo, a *ag* of Savoy, Savoyard ♦ *sm (biscotto)* sponge finger

sazi'are [sat'tsjare] *vt* to satisfy, satiate; **~rsi** *vr:* **~rsi (di)** to eat one's fill (of); *(fig):* **~rsi di** to grow tired *o* weary of

'sazio, a [sattsjo] *ag:* **~ (di)** sated (with), full (of); *(fig: stufo)* fed up (with), sick (of)

sba'dato, a *ag* careless, inattentive

sbadigli'are [zbadiʎ'ʎare] *vi* to yawn; **sba'diglio** *sm* yawn

sbagli'are [zbaʎ'ʎare] *vt* to make a mistake in, get wrong ♦ *vi* to make a mistake, be mistaken, be wrong; *(operare in modo non giusto)* to err; **~rsi** *vr* to make a mistake, be mistaken, be wrong; **~ la mira/strada** to miss one's aim/take the wrong road; **'sbaglio** *sm* mistake, error; *(morale)* error; **fare uno sbaglio** to make a mistake

sbal'lare *vt (merce)* to unpack ♦ *vi (nel fare un conto)* to overestimate; *(fam: gergo della droga)* to get high

sballot'tare *vt* to toss (about)

sbalor'dire *vt* to stun, amaze ♦ *vi* to be stunned, be amazed; **sbalordi'tivo, a** *ag* amazing; *(prezzo)* incredible, absurd

sbal'zare [zbal'tsare] *vt* to throw, hurl ♦ *vi (balzare)* to bounce; *(saltare)* to leap, bound; **'sbalzo** *sm (spostamento improvviso)* jolt, jerk; **a sbalzi** jerkily; *(fig)* in fits and starts; **uno sbalzo di temperatura** a sudden change in temperature

sban'dare *vi (NAUT)* to list; *(AER)* to bank; *(AUT)* to skid; **~rsi** *vr (folla)* to disperse

sbandie'rare *vt (bandiera)* to wave; *(fig)* to parade, show off

sbaragli'are [zbaraʎ'ʎare] *vt (MIL)* to rout; *(in gare sportive etc)* to beat, defeat

sba'raglio [zba'raʎʎo] *sm* rout; defeat; **gettarsi allo ~** to risk everything

sbaraz'zarsi [zbarat'tsarsi] *vr:* **~ di** to get rid of, rid o.s. of

sbar'care *vt (passeggeri)* to disembark; *(merci)* to unload ♦ *vi* to disembark; **'sbarco** *sm* disembarkation; unloading; *(MIL)* landing

'sbarra *sf* bar; *(di passaggio a livello)* barrier; *(DIR):* **presentarsi alla ~** to appear before the court

sbarra'mento *sm (stradale)* barrier; *(diga)* dam, barrage; *(MIL)* barrage

sbar'rare *vt (strada etc)* to block, bar; *(assegno)* to cross; **~ il passo** to bar the way; **~ gli occhi** to open one's eyes wide

'sbattere *vt (porta)* to slam, bang; *(tappeti, ali, CUC)* to beat; *(urtare)* to knock, hit ♦ *vi (porta, finestra)* to bang; *(agitarsi: ali, vele etc)* to flap; **me ne sbatto!** *(fam)* I don't give a damn!; **sbat'tuto, a** *ag (viso, aria)* dejected, worn out; *(uovo)* beaten

sba'vare *vi* to dribble; *(colore)* to smear, smudge

sbia'dire *vi, vt* to fade; **~rsi** *vr* to fade, **sbia'dito, a** *ag* faded; *(fig)* colourless, dull

sbian'care *vt* to whiten; *(tessuto)* to bleach ♦ *vi (impallidire)* to grow pale *o* white

sbi'eco, a, chi, che *ag (storto)* squint, askew; **di ~: guardare qn di ~** *(fig)* to look askance at sb; **tagliare una stoffa di ~** to cut a material on the bias

sbigot'tire *vt* to dismay, stun ♦ *vi (anche:* **~rsi)** to be dismayed

sbilanci'are [zbilan'tʃare] *vt* to throw off balance; **~rsi** *vr* (*perdere l'equilibrio*) to overbalance, lose one's balance; (*fig: compromettersi*) to compromise o.s.

sbirci'are [zbir'tʃare] *vt* to cast sidelong glances at, eye

'sbirro (*peg*) *sm* cop

sbizzar'rirsi [zbiddzar'rirsi] *vr* to indulge one's whims

sbloc'care *vt* to unblock, free; (*freno*) to release; (*prezzi, affitti*) to decontrol

sboc'care *vi*: **~ in** (*fiume*) to flow into; (*strada*) to lead into; (*persona*) to come (out) into; (*fig: concludersi*) to end (up) in

sboc'cato, a *ag* (*persona*) foul-mouthed; (*linguaggio*) foul

sbocci'are [zbot'tʃare] *vi* (*fiore*) to bloom, open (out)

'sbocco, chi *sm* (*di fiume*) mouth; (*di strada*) end; (*di tubazione, COMM*) outlet; (*uscita: anche fig*) way out; **siamo in una situazione senza ~chi** there's no way out of this for us

sbol'lire *vi* (*fig*) to cool down, calm down

'sbornia (*fam*) *sf*: **prendersi una ~** to get plastered

sbor'sare *vt* (*denaro*) to pay out

sbot'tare *vi*: **~ in una risata/per la collera** to burst out laughing/explode with anger

sbotto'nare *vt* to unbutton, undo

sbrai'tare *vi* to yell, bawl

sbra'nare *vt* to tear to pieces

sbricio'lare [zbritʃo'lare] *vt* to crumble; **~rsi** *vr* to crumble

sbri'gare *vt* to deal with; **~rsi** *vr* to hurry (up); **sbriga'tivo, a** *ag* (*persona, modo*) quick, expeditious; (*giudizio*) hasty

sbrindel'lato, a *ag* tattered, in tatters

sbrodo'lare *vt* to stain, dirty

'sbronza ['zbrontsa] (*fam*) *sf* (*ubriaco*): **prendersi una ~** to get plastered

'sbronzo, a ['zbrontso] (*fam*) *ag* plastered

sbruf'fone, a *sm/f* boaster

sbu'care *vi* to come out, emerge; (*improvvisamente*) to pop out (*o* up)

sbucci'are [zbut'tʃare] *vt* (*arancia, patata*) to peel; (*piselli*) to shell; **~rsi un ginocchio** to graze one's knee

sbudel'larsi *vr*: **~ dalle risa** to split one's sides laughing

sbuf'fare *vi* (*persona, cavallo*) to snort; (: *ansimare*) to puff, pant; (*treno*) to puff; **'sbuffo** *sm* (*di aria, fumo, vapore*) puff; **maniche a sbuffo** puff(ed) sleeves

'scabbia *sf* (*MED*) scabies *sg*

sca'broso, a *ag* (*fig: difficile*) difficult, thorny; (: *imbarazzante*) embarrassing; (: *sconcio*) indecent

scacchi'era [skak'kjera] *sf* chessboard

scacci'are [skat'tʃare] *vt* to chase away *o* out, drive away *o* out

'scacco, chi *sm* (*pezzo del gioco*) chessman; (*quadretto di scacchiera*) square; (*fig*) setback, reverse; **~chi** *smpl* (*gioco*) chess *sg*; **a ~chi** (*tessuto*) check(ed); **scacco'matto** *sm* checkmate

sca'dente *ag* shoddy, of poor quality

sca'denza [ska'dentsa] *sf* (*di cambiale, contratto*) maturity; (*di passaporto*) expiry date; **a breve/lunga ~** short-/long-term; **data di ~** expiry date

sca'dere *vi* (*contratto etc*) to expire; (*debito*) to fall due; (*valore, forze, peso*) to decline, go down

sca'fandro *sm* (*di palombaro*) diving suit; (*di astronauta*) space-suit

scaf'fale *sm* shelf; (*mobile*) set of shelves

'scafo *sm* (*NAUT, AER*) hull

scagio'nare [skadʒo'nare] *vt* to exonerate, free from blame

'scaglia ['skaʎʎa] *sf* (*ZOOL*) scale; (*scheggia*) chip, flake

scagli'are [skaʎ'ʎare] *vt* (*lanciare: anche fig*) to hurl, fling; **~rsi** *vr*: **~rsi su** *o* **contro** to hurl *o* fling o.s. at; (*fig*) to rail at

scaglio'nare [skaʎʎo'nare] *vt* (*pagamenti*) to space out, spread out; (*MIL*) to echelon; **scagli'one** *sm* echelon; (*GEO*) terrace; **a scaglioni** in groups

'scala *sf* (*a gradini etc*) staircase, stairs *pl*; (*a pioli, di corda*) ladder; (*MUS, GEO, di colori, valori, fig*) scale; **~e** *sfpl* (*scalinata*) stairs; **su vasta ~/~ ridotta** on a large/small scale; **~ a libretto** stepladder; **~ mobile** escalator; **~ mobile (dei salari)** index-linked pay scale

Scala

ⓘ *Milan's world-famous* **la Scala** *theatre first opened its doors in 1778 with a performance of Salieri's opera, "L'Europa riconosciuta". It suffered serious damage in the bombing of Milan in 1943 and reopened in 1946 with a concert conducted by Toscanini. It also has a famous classical dance school.*

sca'lare *vt* (ALPINISMO, *muro*) to climb, scale; (*debito*) to scale down, reduce; sca'lata *sf* scaling *no pl*, climbing *no pl*; (*arrampicata*, *fig*) climb; scala'tore, 'trice *sm/f* climber

scalda'bagno [skalda'baɲɲo] *sm* water-heater

scal'dare *vt* to heat; **~rsi** *vr* to warm up, heat up; (*al fuoco, al sole*) to warm o.s.; (*fig*) to get excited

scal'fire *vt* to scratch

scali'nata *sf* staircase

sca'lino *sm* (*anche fig*) step; (*di scala a pioli*) rung

'scalo *sm* (NAUT) slipway; (: *porto d'approdo*) port of call; (AER) stopover; **fare ~ (a)** (NAUT) to call (at), put in (at); (AER) to land (at), make a stop (at); **~ merci** (FERR) goods (BRIT) *o* freight yard

scalop'pina *sf* (CUC) escalope

scal'pello *sm* chisel

scal'pore *sm* noise, row; **far ~** (*notizia*) to cause a sensation *o* a stir

'scaltro, a *ag* cunning, shrewd

'scalzo, a ['skaltso] *ag* barefoot

scambi'are *vt* to exchange; (*confondere*): **~ qn/qc per** to take *o* mistake sb/sth for; **mi hanno scambiato il cappello** they've given me the wrong hat

scambi'evole *ag* mutual, reciprocal

'scambio *sm* exchange; (FERR) points *pl*; **fare (uno) ~** to make a swap

scampa'gnata [skampaɲ'ɲata] *sf* trip to the country

scam'pare *vt* (*salvare*) to rescue, save; (*evitare: morte, prigione*) to escape ♦ *vi*: **~ (a qc)** to survive (sth), escape (sth); **scamparla bella** to have a narrow escape

'scampo *sm* (*salvezza*) escape; (ZOOL) prawn; **cercare ~ nella fuga** to seek safety in flight

'scampolo *sm* remnant

scanala'tura *sf* (*incavo*) channel, groove

scandagli'are [skanda'ʎʎare] *vt* (NAUT) to sound; (*fig*) to sound out; to probe

scandaliz'zare [skandalid'dzare] *vt* to shock, scandalize; **~rsi** *vr* to be shocked

'scandalo *sm* scandal

Scandi'navia *sf*: **la ~** Scandinavia; scandi'navo, a *ag*, *sm/f* Scandinavian

scan'dire *vt* (*versi*) to scan; (*parole*) to articulate, pronounce distinctly; **~ il tempo** (MUS) to beat time

scan'nare *vt* (*animale*) to butcher, slaughter; (*persona*) to cut *o* slit the throat of

'scanno *sm* seat, bench

scansafa'tiche [skansafa'tike] *sm/f inv* idler, loafer

scan'sare *vt* (*rimuovere*) to move (aside), shift; (*schivare: schiaffo*) to dodge; (*sfuggire*) to avoid; **~rsi** *vr* to move aside

scan'sia *sf* shelves *pl*; (*per libri*) bookcase

'scanso *sm*: **a ~ di** in order to avoid, as a precaution against

scanti'nato *sm* basement

scanto'nare *vi* to turn the corner; (*svignarsela*) to sneak off

scapacci'one [skapat'tʃone] *sm* clout

scapes'trato, a *ag* dissolute

'scapito *sm*: **a ~ di** to the detriment of

'scapola *sf* shoulder blade

'scapolo *sm* bachelor

scappa'mento *sm* (AUT) exhaust

scap'pare *vi* (*fuggire*) to escape; (*andare via in fretta*) to rush off; **lasciarsi un'occasione** to let an opportunity go by; **~ di prigione** to escape from prison; **~ di mano** (*oggetto*) to slip out of one's hands; **~ di mente a qn** to slip sb's mind; **mi**

scappò detto I let it slip; **scap'pata** sf quick visit o call; **scappa'tella** sf escapade; **scappa'toia** sf way out

scara'beo sm beetle

scarabocchi'are [skarabok'kjare] vt to scribble, scrawl; **scara'bocchio** sm scribble, scrawl

scara'faggio [skara'fadd3o] sm cockroach

scaraven'tare vt to fling, hurl

scarce'rare [skartʃe'rare] vt to release (from prison)

scardi'nare vt: ~ **una porta** to take a door off its hinges

'scarica, che sf (di più armi) volley of shots; (di sassi, pugni) hail, shower; (ELETTR) discharge; ~ **di mitra** burst of machine-gun fire

scari'care vt (merci, camion etc) to unload; (passeggeri) to set down, put off; (arma) to unload; (: sparare, ELETTR) to discharge; (sog: corso d'acqua) to empty, pour; (fig: liberare da un peso) to unburden, relieve; **~rsi** vr (orologio) to run o wind down; (batteria, accumulatore) to go flat o dead; (fig: rilassarsi) to unwind; (: sfogarsi) to let off steam; **scarica'tore** sm (di porto) docker

'scarico, a, chi, che ag unloaded; (orologio) run down; (accumulatore) dead, flat ♦ sm (di merci, materiali) unloading; (di immondizie) dumping, tipping (BRIT); (TECN: deflusso) draining; (: dispositivo) drain; (AUT) exhaust

scarlat'tina sf scarlet fever

scar'latto, a ag scarlet

'scarno, a ag thin, bony

'scarpa sf shoe; **~e da ginnastica/tennis** gym/tennis shoes

scar'pata sf escarpment

scar'pone sm boot; **~i da sci** ski-boots

scarseggi'are [skarsed'dʒare] vi to be scarce; ~ **di** to be short of, lack

scar'sezza [skar'settsa] sf scarcity, lack

'scarso, a ag (insufficiente) insufficient, meagre; (povero: annata) poor, lean; (INS: voto) poor; ~ **di** lacking in; **3 chili ~i** just under 3 kilos, barely 3 kilos

scarta'mento sm (FERR) gauge; ~ **normale/ridotto** standard/narrow gauge

scar'tare vt (pacco) to unwrap; (idea) to reject; (MIL) to declare unfit for military service; (carte da gioco) to discard; (CALCIO) to dodge (past) ♦ vi to swerve

'scarto sm (cosa scartata, anche COMM) reject; (di veicolo) swerve; (differenza) gap, difference

scassi'nare vt to break, force

'scasso sm vedi **furto**

scate'nare vt (fig) to incite, stir up; **~rsi** vr (temporale) to break; (rivolta) to break out; (persona: infuriarsi) to rage

'scatola sf box; (di latta) tin (BRIT), can; **cibi in ~** tinned (BRIT) o canned foods; ~ **cranica** cranium

scat'tare vt (fotografia) to take ♦ vi (congegno, molla etc) to be released; (balzare) to spring up; (SPORT) to put on a spurt; (fig: per l'ira) to fly into a rage; ~ **in piedi** to spring to one's feet

'scatto sm (dispositivo) release; (: di arma da fuoco) trigger mechanism; (rumore) click; (balzo) jump, start; (SPORT) spurt; (fig: di ira etc) fit; (: di stipendio) increment; **di ~** suddenly

scatu'rire vi to gush, spring

scaval'care vt (ostacolo) to pass (o climb) over; (fig) to get ahead of, overtake

sca'vare vt (terreno) to dig; (legno) to hollow out; (pozzo, galleria) to bore; (città sepolta etc) to excavate

'scavo sm excavating no pl; excavation

'scegliere ['ʃeʎʎere] vt to choose, select

sce'icco, chi [ʃe'ikko] sm sheik

scelle'rato, a [ʃelle'rato] ag wicked, evil

scel'lino [ʃel'lino] sm shilling

'scelta ['ʃelta] sf choice; selection; **di prima ~** top grade o quality; **frutta o formaggi a ~** choice of fruit or cheese

'scelto, a ['ʃelto] pp di **scegliere** ♦ ag (gruppo) carefully selected; (frutta, verdura) choice, top quality; (MIL: specializzato) crack cpd, highly skilled

sce'mare [ʃe'mare] vt, vi to diminish

'scemo, a ['ʃemo] ag stupid, silly

'**scempio** ['ʃempjo] *sm* slaughter, massacre; (*fig*) ruin; **far ~ di** (*fig*) to play havoc with, ruin

'**scena** ['ʃena] *sf* (*gen*) scene; (*palcoscenico*) stage; **le ~e** (*fig: teatro*) the stage; **fare una ~** to make a scene; **andare in ~** to be staged *o* put on *o* performed; **mettere in ~** to stage

sce'**nario** [ʃe'narjo] *sm* scenery; (*di film*) scenario

sce'**nata** [ʃe'nata] *sf* row, scene

'**scendere** ['ʃendere] *vi* to go (*o* come) down; (*strada, sole*) to go down; (*notte*) to fall; (*passeggero: fermarsi*) to get out, alight; (*fig: temperatura, prezzi*) to go *o* come down, fall, drop ♦ *vt* (*scale, pendio*) to go (*o* come) down; **~ dalle scale** to go (*o* come) down the stairs; **~ dal treno** to get off *o* out of the train; **~ dalla macchina** to get out of the car; **~ da cavallo** to dismount, get off one's horse

'**scenico, a, ci, che** ['ʃeniko] *ag* stage *cpd*, scenic

scervel'**lato, a** [ʃervel'lato] *ag* featherbrained, scatterbrained

'**sceso, a** ['ʃeso] *pp di* **scendere**

'**scettico, a, ci, che** ['ʃettiko] *ag* sceptical

'**scettro** ['ʃettro] *sm* sceptre

'**scheda** ['skɛda] *sf* (index) card; **~ elettorale** ballot paper; **~ telefonica** phone card; **sche'dare** *vt* (*dati*) to file; (*libri*) to catalogue; (*registrare: anche POLIZIA*) to put on one's files; **sche'dario** *sm* file; (*mobile*) filing cabinet

'**scheggia, ge** ['skeddʒa] *sf* splinter, sliver

'**scheletro** ['skɛletro] *sm* skeleton

'**schema, i** ['skɛma] *sm* (*diagramma*) diagram, sketch; (*progetto, abbozzo*) outline, plan

'**scherma** ['skerma] *sf* fencing

scher'**maglia** [sker'maʎʎa] *sf* (*fig*) skirmish

'**schermo** ['skermo] *sm* shield, screen; (*CINEMA, TV*) screen

scher'**nire** [sker'nire] *vt* to mock, sneer at; '**scherno** *sm* mockery, derision

scher'**zare** [sker'tsare] *vi* to joke

'**scherzo** ['skertso] *sm* joke; (*tiro*) trick;

(*MUS*) scherzo; **è uno ~!** (*una cosa facile*) it's child's play!, it's easy!; **per ~** in jest; for a joke *o* a laugh; **fare un brutto ~ a qn** to play a nasty trick on sb; **scher'zoso, a** *ag* (*tono, gesto*) playful; (*osservazione*) facetious; **è un tipo scherzoso** he likes a joke

schiaccia'**noci** [skjattʃa'notʃi] *sm inv* nutcracker

schiacci'**are** [skjat'tʃare] *vt* (*dito*) to crush; (*noci*) to crack; **~ un pisolino** to have a nap

schiaffeggi'**are** [skjaffed'dʒare] *vt* to slap

schi'**affo** ['skjaffo] *sm* slap

schiamaz'**zare** [skjamat'tsare] *vi* to squawk, cackle

schian'**tare** [skjan'tare] *vt* to break, tear apart; **~rsi** *vr* to break (up), shatter; **schi'anto** *sm* (*rumore!*) crash; tearing sound; **è uno schianto!** (*fam*) it's (*o* he's *o* she's) terrific!; **di schianto** all of a sudden

schia'**rire** [skja'rire] *vt* to lighten, make lighter ♦ *vi* (*anche*: **~rsi**) to grow lighter; (*tornar sereno*) to clear, brighten up; **~rsi la voce** to clear one's throat

schiavitù [skjavi'tu] *sf* slavery

schi'**avo, a** ['skjavo] *sm/f* slave

schi'**ena** ['skjena] *sf* (*ANAT*) back; **schie'nale** *sm* (*di sedia*) back

schi'**era** ['skjera] *sf* (*MIL*) rank; (*gruppo*) group, band

schiera'**mento** [skjera'mento] *sm* (*MIL, SPORT*) formation; (*fig*) alliance

schie'**rare** [skje'rare] *vt* (*esercito*) to line up, draw up, marshal; **~rsi** *vr* to line up; (*fig*): **~rsi con** *o* **dalla parte di/contro qn** to side with/oppose sb

schi'**etto, a** ['skjetto] *ag* (*puro*) pure; (*fig*) frank, straightforward; sincere

'**schifo** ['skifo] *sm* disgust; **fare ~** (*essere fatto male, dare pessimi risultati*) to be awful; **mi fa ~** it makes me sick, it's disgusting; **quel libro è uno ~** that book's rotten; **schi'foso, a** *ag* disgusting, revolting; (*molto scadente*) rotten, lousy

schioc'**care** [skjɔk'kare] *vt* (*frusta*) to crack; (*dita*) to snap; (*lingua*) to click; **~ le labbra** to smack one's lips

schi'udere ['skjudere] *vt* to open; **~rsi** *vr* to open

schi'uma ['skjuma] *sf* foam; *(di sapone)* lather; *(di latte)* froth; *(fig: feccia)* scum; **schiu'mare** *vt* to skim ♦ *vi* to foam

schi'uso, a ['skjuso] *pp di* **schiudere**

schi'vare [ski'vare] *vt* to dodge, avoid

'schivo, a ['skivo] *ag (ritroso)* stand-offish, reserved; *(timido)* shy

schiz'zare [skit'tsare] *vt (spruzzare)* to spurt, squirt; *(sporcare)* to splash, spatter; *(fig: abbozzare)* to sketch ♦ *vi* to spurt, squirt; *(saltar fuori)* to dart up *(o off etc)*

schizzi'noso, a [skittsi'noso] *ag* fussy, finicky

'schizzo ['skittso] *sm (di liquido)* spurt; splash, spatter; *(abbozzo)* sketch

sci [ʃi] *sm (attrezzo)* ski; *(attività)* skiing; **~ nautico** water-skiing

'scia ['ʃia] *(pl* **'scie)** *sf (di imbarcazione)* wake; *(di profumo)* trail

scià [ʃa] *sm inv* shah

sci'abola ['ʃabola] *sf* sabre

scia'callo [ʃa'kallo] *sm* jackal

sciac'quare [ʃak'kware] *vt* to rinse

scia'gura [ʃa'gura] *sf* disaster, calamity; misfortune; **sciagu'rato, a** *ag* unfortunate; *(malvagio)* wicked

scialac'quare [ʃalak'kware] *vt* to squander

scia'lare [ʃa'lare] *vi* to lead a life of luxury

sci'albo, a ['ʃalbo] *ag* pale, dull; *(fig)* dull, colourless

sci'alle ['ʃalle] *sm* shawl

scia'luppa [ʃa'luppa] *sf (anche:* **~ di salvataggio)** lifeboat

sci'ame ['ʃame] *sm* swarm

scian'cato, a [ʃan'kato] *ag* lame

sci'are [ʃi'are] *vi* to ski

sci'arpa ['ʃarpa] *sf* scarf; *(fascia)* sash

scia'tore, 'trice [ʃia'tore] *sm/f* skier

sci'atto, a ['ʃatto] *ag (persona)* slovenly, unkempt

scien'tifico, a, ci, che [ʃen'tifiko] *ag* scientific

sci'enza ['ʃentsa] *sf* science; *(sapere)* knowledge; **~e** *sfpl (INS)* science *sg;* **~e**

naturali natural sciences; **scienzi'ato, a** *sm/f* scientist

'scimmia ['ʃimmja] *sf* monkey; **scimmiot'tare** *vt* to ape, mimic

scimpanzé [ʃimpan'tse] *sm inv* chimpanzee

scimu'nito, a [ʃimu'nito] *ag* silly, idiotic

'scindere ['ʃindere] *vt* to split (up); **~rsi** *vr* to split (up)

scin'tilla [ʃin'tilla] *sf* spark; **scintil'lare** *vi* to spark; *(acqua, occhi)* to sparkle

scioc'chezza [ʃok'kettsa] *sf* stupidity *no pl;* stupid *o* foolish thing; **dire ~e** to talk nonsense

sci'occo, a, chi, che ['ʃɔkko] *ag* stupid, foolish

sci'ogliere ['ʃɔʎʎere] *vt (nodo)* to untie; *(capelli)* to loosen; *(persona, animale)* to untie, release; *(fig: persona)* **~ da** to release from; *(neve)* to melt; *(nell'acqua: zucchero etc)* to dissolve; *(fig: mistero)* to solve; *(porre fine a: contratto)* to cancel; *(: società, matrimonio)* to dissolve; *(: riunione)* to bring to an end; **~rsi** *vr* to loosen, come untied; to melt; to dissolve; *(assemblea etc)* to break up; **~ i muscoli** to limber up

sciol'tezza [ʃol'tettsa] *sf* agility; suppleness; ease

sci'olto, a ['ʃɔlto] *pp di* **sciogliere** ♦ *ag* loose; *(agile)* agile, nimble; supple; *(disinvolto)* free and easy; **versi ~i** *(POESIA)* blank verse

sciope'rante [ʃope'rante] *sm/f* striker

sciope'rare [ʃope'rare] *vi* to strike, go on strike

sci'opero ['ʃɔpero] *sm* strike; **fare ~** to strike; **~ bianco** work-to-rule *(BRIT),* slowdown *(US);* **~ selvaggio** wildcat strike; **~ a singhiozzo** on-off strike

scip'pare [ʃip'pare] *vt:* **~ qn** to snatch sb's bag; **mi hanno scippato** they snatched my bag

sci'rocco [ʃi'rɔkko] *sm* sirocco

sci'roppo [ʃi'rɔppo] *sm* syrup

'scisma, i ['ʃizma] *sm (REL)* schism

scissi'one [ʃis'sjone] *sf (anche fig)* split, division; *(FISICA)* fission

'scisso, a ['ʃisso] *pp di* **scindere**

sciu'pare [ʃu'pare] *vt* (*abito, libro, appetito*) to spoil, ruin; (*tempo, denaro*) to waste; **~rsi** *vr* to get spoilt *o* ruined; (*rovinarsi la salute*) to ruin one's health

scivo'lare [ʃivo'lare] *vi* to slide *o* glide along; (*involontariamente*) to slip, slide; **'scivolo** *sm* slide; (*TECN*) chute; **scivo'loso, a** *ag* slippery

scle'rosi *sf* sclerosis

scoc'care *vt* (*freccia*) to shoot ♦ *vi* (*guizzare*) to shoot up; (*battere: ora*) to strike

scocci'are [skot'tʃare] (*fam*) *vt* to bother, annoy; **~rsi** *vr* to be bothered *o* annoyed

sco'della *sf* bowl

scodinzo'lare [skodintso'lare] *vi* to wag its tail

scogli'era [skoʎ'ʎera] *sf* reef; cliff

'scoglio ['skɔʎʎo] *sm* (*al mare*) rock

scoi'attolo *sm* squirrel

scolapi'atti *sm inv* drainer (*for plates*)

sco'lare *ag*: **età ~** school age ♦ *vt* to drain ♦ *vi* to drip

scola'resca *sf* schoolchildren *pl*, pupils *pl*

sco'laro, a *sm/f* pupil, schoolboy/girl

sco'lastico, a, ci, che *ag* school *cpd*; scholastic

scol'lare *vt* (*staccare*) to unstick; **~rsi** *vr* to come unstick

scolla'tura *sf* neckline

'scolo *sm* drainage

scolo'rire *vt* to fade; to discolour ♦ *vi* (*anche:* **~rsi**) to fade; to become discoloured; (*impallidire*) to turn pale

scol'pire *vt* to carve, sculpt

scombi'nare *vt* to mess up, upset

scombusso'lare *vt* to upset

scom'messa *sf* bet, wager

scom'messo, a *pp di* **scommettere**

scom'mettere *vt, vi* to bet

scomo'dare *vt* to trouble, bother; to disturb; **~rsi** *vr* to put o.s. out; **~rsi a fare** to go to the bother *o* trouble of doing

'scomodo, a *ag* uncomfortable; (*sistemazione, posto*) awkward, inconvenient

scompa'rire *vi* (*sparire*) to disappear,

vanish; (*fig*) to be insignificant; **scom'parsa** *sf* disappearance; **scom'parso, a** *pp di* **scomparire**

scomparti'mento *sm* compartment

scom'parto *sm* compartment, division

scompigli'are [skompiʎ'ʎare] *vt* (*cassetto, capelli*) to mess up, disarrange; (*fig: piani*) to upset; **scom'piglio** *sm* mess, confusion

scom'porre *vt* (*parola, numero*) to break up; (*CHIM*) to decompose; **scomporsi** *vr* (*fig*) to get upset, lose one's composure; **scom'posto, a** *pp di* **scomporre** ♦ *ag* (*gesto*) unseemly; (*capelli*) ruffled, dishevelled

sco'munica *sf* excommunication

scomuni'care *vt* to excommunicate

sconcer'tare [skontʃer'tare] *vt* to disconcert, bewilder

'sconcio, a, ci, ce ['skontʃo] *ag* (*osceno*) indecent, obscene ♦ *sm* disgrace

sconfes'sare *vt* to renounce, disavow; to repudiate

scon'figgere [skon'fiddʒere] *vt* to defeat, overcome

sconfi'nare *vi* to cross the border; (*in proprietà privata*) to trespass; (*fig*): **~ da** to stray *o* digress from; **sconfi'nato, a** *ag* boundless, unlimited

scon'fitta *sf* defeat

scon'fitto, a *pp di* **sconfiggere**

scon'forto *sm* despondency

scongiu'rare [skondʒu'rare] *vt* (*implorare*) to entreat, beseech, implore; (*eludere: pericolo*) to ward off, avert; **scongi'uro** *sm* entreaty; (*esorcismo*) exorcism; **fare gli scongiuri** to touch wood (*BRIT*), knock on wood (*US*)

scon'nesso, a *ag* incoherent

sconosci'uto, a [skonoʃ'ʃuto] *ag* unknown; new, strange ♦ *sm/f* stranger; unknown person

sconquas'sare *vt* to shatter, smash

sconside'rato, a *ag* thoughtless, rash

sconsigli'are [skonsiʎ'ʎare] *vt*: **~ qc a qn** to advise sb against sth; **~ qn dal fare qc** to advise sb not to do *o* against doing sth

sconso'lato, a *ag* inconsolable; desolate

scon'tare *vt* (COMM: *detrarre*) to deduct; (: *debito*) to pay off; (: *cambiale*) to discount; (*pena*) to serve; (*colpa, errori*) to pay for, suffer for

scon'tato, a *ag* (*previsto*) foreseen, taken for granted; **dare per ~ che** to take it for granted that

scon'tento, a *ag:* ~ **(di)** dissatisfied (with) ♦ *sm* dissatisfaction

'sconto *sm* discount; **fare uno ~** to give a discount

scon'trarsi *vr* (*treni etc*) to crash, collide; (*venire ad uno scontro, fig*) to clash; ~ **con** to crash into, collide with

scon'trino *sm* ticket

'scontro *sm* clash, encounter; crash, collision

scon'troso, a *ag* sullen, surly; (*permaloso*) touchy

sconveni'ente *ag* unseemly, improper

scon'volgere [skon'vɔldʒere] *vt* to throw into confusion, upset; (*turbare*) to shake, disturb, upset; **scon'volto, a** *pp di* **sconvolgere**

'scopa *sf* broom; (CARTE) *Italian card game*; **sco'pare** *vt* to sweep

sco'perta *sf* discovery

sco'perto, a *pp di* **scoprire** ♦ *ag* uncovered; (*capo*) uncovered, bare; (*macchina*) open; (MIL) exposed, without cover; (*conto*) overdrawn

'scopo *sm* aim, purpose; **a che ~?** what for?

scoppi'are *vi* (*spaccarsi*) to burst; (*esplodere*) to explode; (*fig*) to break out; ~ **in pianto** *o* **a piangere** to burst out crying; ~ **dalle risa** *o* **dal ridere** to split one's sides laughing

scoppiet'tare *vi* to crackle

'scoppio *sm* explosion; (*di tuono, arma etc*) crash, bang; (*fig: di risa, ira*) fit, outburst; (: *di guerra*) outbreak; **a ~ ritardato** delayed-action

sco'prire *vt* to discover; (*liberare da ciò che copre*) to uncover; (: *monumento*) to unveil; **~rsi** *vr* to put on lighter clothes; (*fig*) to give o.s. away

scoraggi'are [skorad'dʒare] *vt* to discourage; **~rsi** *vr* to become discouraged, lose heart

scorcia'toia [skortʃa'toja] *sf* short cut

'scorcio ['skortʃo] *sm* (ARTE) foreshortening; (*di secolo, periodo*) end, close

scor'dare *vt* to forget; **~rsi** *vr:* **~rsi di qc/ di fare** to forget sth/to do

'scorgere ['skɔrdʒere] *vt* to make out, distinguish, see

sco'ria *sf* (*di metalli*) slag; (*vulcanica*) scoria; **~e radioattive** (FISICA) radioactive waste *sg*

'scorno *sm* ignominy, disgrace

scorpacci'ata [skorpat'tʃata] *sf:* **fare una ~ (di)** to stuff o.s. (with), eat one's fill (of)

scorpi'one *sm* scorpion; (*dello zodiaco*): **S~** Scorpio

scorraz'zare [skorrat'tsare] *vi* to run about

'scorrere *vt* (*giornale, lettera*) to run *o* skim through ♦ *vi* (*liquido, sangue*) to run, flow; (*fune*) to run; (*cassetto, porta*) to slide easily; (*tempo*) to pass (by)

scor'retto, a *ag* incorrect; (*sgarbato*) impolite; (*sconveniente*) improper

scor'revole *ag* (*porta*) sliding; (*fig: stile*) fluent, flowing

scorri'banda *sf* (MIL) raid; (*escursione*) trip, excursion

'scorsa *sf* quick look, glance

'scorso, a *pp di* **scorrere** ♦ *ag* last

scor'soio, a *ag:* **nodo ~** noose

'scorta *sf* (*di personalità, convoglio*) escort; (*provvista*) supply, stock; **scor'tare** *vt* to escort

scor'tese *ag* discourteous, rude; **scorte'sia** *sf* discourtesy, rudeness; (*azione*) discourtesy

scorti'care *vt* to skin

'scorto, a *pp di* **scorgere**

'scorza ['skɔrdza] *sf* (*di albero*) bark; (*di agrumi*) peel, skin

sco'sceso, a [skoʃ'ʃeso] *ag* steep

'scossa *sf* jerk, jolt, shake; (ELETTR, *fig*) shock

'scosso, a *pp di* **scuotere** ♦ *ag* (*turbato*) shaken, upset

scos'tante *ag* (*fig*) off-putting (*BRIT*), unpleasant

scos'tare *vt* to move (away), shift; **~rsi** *vr* to move away

scostu'mato, a *ag* immoral, dissolute

scot'tare *vt* (*ustionare*) to burn; (: *con liquido bollente*) to scald ♦ *vi* to burn; (*caffè*) to be too hot; **scotta'tura** *sf* burn; scald

'scotto, a *ag* overcooked ♦ *sm* (*fig*): **pagare lo ~ (di)** to pay the penalty (for)

sco'vare *vt* to drive out, flush out; (*fig*) to discover

'Scozia ['skɔttsia] *sf*: **la ~** Scotland; **scoz'zese** *ag* Scottish ♦ *sm/f* Scot

scredi'tare *vt* to discredit

screpo'lare *vt* to crack; **~rsi** *vr* to crack; **screpola'tura** *sf* cracking *no pl*; crack

screzi'ato, a [skret'tsjato] *ag* streaked

'screzio ['skrettsjo] *sm* disagreement

scricchio'lare [skrikkjo'lare] *vi* to creak, squeak

'scricciolo ['skrittʃolo] *sm* wren

'scrigno ['skriɲɲo] *sm* casket

scrimina'tura *sf* parting

'scritta *sf* inscription

'scritto, a *pp di* **scrivere** ♦ *ag* written ♦ *sm* writing; (*lettera*) letter, note; **~i** *smpl* (*letterari etc*) writing *sg*

scrit'toio *sm* writing desk

scrit'tore, 'trice *sm/f* writer

scrit'tura *sf* writing; (*COMM*) entry; (*contratto*) contract; (*REL*): **la Sacra S~** the Scriptures *pl*; **~e** *sfpl* (*COMM*) accounts, books

scrittu'rare *vt* (*TEATRO, CINEMA*) to sign up, engage; (*COMM*) to enter

scriva'nia *sf* desk

'scrivere *vt* to write; **come si scrive?** how is it spelt?, how do you write it?

scroc'cone, a *sm/f* scrounger

'scrofa *sf* (*ZOOL*) sow

scrol'lare *vt* to shake; **~rsi** *vr* (*anche fig*) to give o.s. a shake; **~ le spalle/il capo** to shrug one's shoulders/shake one's head

scrosci'are [skroʃ'ʃare] *vi* (*pioggia*) to pour down, pelt down; (*torrente, fig: applausi*) to thunder, roar; **'scroscio** *sm* pelting; thunder, roar; (*di applausi*) burst

scros'tare *vt* (*intonaco*) to scrape off, strip; **~rsi** *vr* to peel off, flake off

'scrupolo *sm* scruple; (*meticolosità*) care, conscientiousness

scru'tare *vt* to scrutinize; (*intenzioni, causa*) to examine, scrutinize

scruti'nare *vt* (*voti*) to count; **scru'tinio** *sm* (*votazione*) ballot; (*insieme delle operazioni*) poll; (*INS*) (*meeting for*) *assignment of marks at end of a term or year*

scu'cire [sku'tʃire] *vt* (*orlo etc*) to unpick, undo

scude'ria *sf* stable

scu'detto *sm* (*SPORT*) (championship) shield; (*distintivo*) badge

'scudo *sm* shield

scul'tore, 'trice *sm/f* sculptor

scul'tura *sf* sculpture

scu'ola *sf* school; **~ elementare/ materna/media** primary (*BRIT*) *o* grade (*US*)/nursery/secondary (*BRIT*) *o* high (*US*) school; **~ guida** driving school; **~ dell'obbligo** compulsory education; **~e serali** evening classes, night school *sg*; **~ tecnica** technical college

scu'otere *vt* to shake; **~rsi** *vr* to jump, be startled; (*fig: muoversi*) to rouse o.s., stir o.s.; (: *turbarsi*) to be shaken

'scure *sf* axe

'scuro, a *ag* dark; (*fig: espressione*) grim ♦ *sm* darkness; dark colour; (*imposta*) (window) shutter; **verde/rosso** *etc* **~** dark green/red *etc*

scur'rile *ag* scurrilous

'scusa *sf* apology; (*pretesto*) excuse; **chiedere ~ a qn (per)** to apologize to sb (for); **chiedo ~** I'm sorry; (*disturbando etc*) excuse me

scu'sare *vt* to excuse; **~rsi** *vr*: **~rsi (di)** to apologize (for); **(mi) scusi** I'm sorry; (*per richiamare l'attenzione*) excuse me

sde'gnato, a [zdeɲ'ɲato] *ag* indignant, angry

'sdegno ['zdeɲɲo] *sm* scorn, disdain;

sde'gnoso, a *ag* scornful, disdainful

sdoga'nare *vt (merci)* to clear through customs

sdolci'nato, a [zdoltʃi'nato] *ag* mawkish, oversentimental

sdrai'arsi *vr* to stretch out, lie down

'sdraio *sm*: sedia a ~ deck chair

sdruccio'levole [zdruttʃo'levole] *ag* slippery

PAROLA CHIAVE

se *pron vedi* si
♦ *cong* 1 *(condizionale, ipotetica)* if; ~ nevica non vengo I won't come if it snows; sarei rimasto ~ me l'avessero chiesto I would have stayed if they'd asked me; non puoi fare altro ~ non telefonare all you can do is phone; ~ mai if, if ever; siamo noi ~ mai che le siamo grati it is we who should be grateful to you; ~ no *(altrimenti)* or (else), otherwise
2 *(in frasi dubitative, interrogative indirette)* if, whether; non so ~ scrivere o telefonare I don't know whether *o* if I should write or phone

---

sé *pron (gen)* oneself; *(esso, essa, lui, lei, loro)* itself; himself; herself; themselves; ~ stesso(a) *pron* oneself; itself; himself; herself; ~ stessi(e) *pron pl* themselves

seb'bene *cong* although, though

sec. *abbr (= secolo)* c

'secca *sf (del mare)* shallows *pl; vedi anche* secco

sec'care *vt* to dry; *(prosciugare)* to dry up; *(fig: importunare)* to annoy, bother ♦ *vi* to dry; to dry up; ~rsi *vr* to dry; to dry up; *(fig)* to grow annoyed; secca'tura *sf (fig)* bother *no pl*, trouble *no pl*

secchi'ello *sm* bucket; ~ del ghiaccio ice bucket

'secchio ['sekkjo] *sm* bucket, pail

'secco, a, chi, che *ag* dry; *(fichi, pesce)* dried; *(foglie, ramo)* withered; *(magro: persona)* thin, skinny; *(fig: risposta, modo di fare)* curt, abrupt; *(: colpo)* clean, sharp ♦ *sm (siccità)* drought; restarci ~ *(fig:*

morire sul colpo)* to drop dead; mettere in ~ *(barca)* to beach; rimanere a ~ *(fig)* to be left in the lurch

seco'lare *ag* age-old, centuries-old; *(laico, mondano)* secular

'secolo *sm* century; *(epoca)* age

se'conda *sf (AUT)* second (gear); viaggiare in ~ to travel second-class; *vedi anche* secondo

secon'dario, a *ag* secondary

se'condo, a *ag* second ♦ *sm* second; *(di pranzo)* main course ♦ *prep* according to; *(nel modo prescritto)* in accordance with; ~ me in my opinion, to my mind; di ~a classe second-class; di ~a mano second-hand; a ~a di according to; in accordance with

'sedano *sm* celery

seda'tivo, a *ag, sm* sedative

'sede *sf* seat; *(di ditta)* head office; *(di organizzazione)* headquarters *pl*; ~ sociale registered office

seden'tario, a *ag* sedentary

se'dere *vi* to sit, be seated; ~rsi *vr* to sit down ♦ *sm (deretano)* behind, bottom

'sedia *sf* chair

sedi'cente [sedi'tʃɛnte] *ag* self-styled

'sedici ['seditʃi] *num* sixteen

se'dile *sm* seat; *(panchina)* bench

se'dotto, a *pp di* sedurre

sedu'cente [sedu'tʃɛnte] *ag* seductive; *(proposta)* very attractive

se'durre *vt* to seduce

se'duta *sf* session, sitting; *(riunione)* meeting; ~ spiritica séance; ~ stante *(fig)* immediately

seduzi'one [sedut'tsjone] *sf* seduction; *(fascino)* charm, appeal

'sega, ghe *sf* saw

'segale *sf* rye

se'gare *vt* to saw; *(recidere)* to saw off; sega'tura *sf (residuo)* sawdust

'seggio ['seddʒo] *sm* seat; ~ elettorale polling station

'seggiola ['seddʒola] *sf* chair; seggio'lino *sm* seat; *(per bambini)* child's chair; seggio'lone *sm (per bambini)* highchair

seggio'via [seddʒo'via] *sf* chairlift

seghe'ria [sege'ria] *sf* sawmill

segna'lare [seɲɲa'lare] *vt* (*manovra etc*) to signal; to indicate; (*annunciare*) to announce; to report; (*fig: far conoscere*) to point out; (: *persona*) to single out; **~rsi** *vr* (*distinguersi*) to distinguish o.s.

se'gnale [seɲ'ɲale] *sm* signal; (*cartello*): **~ stradale** road sign; **~ d'allarme** alarm; (*FERR*) communication cord; **~ orario** (*RADIO*) time signal; **segna'letica** *sf* signalling, signposting; **segnaletica stradale** road signs *pl*

segna'libro [seɲɲa'libro] *sm* bookmark

se'gnare [seɲ'ɲare] *vt* to mark; (*prendere nota*) to note; (*indicare*) to indicate, mark; (*SPORT: goal*) to score; **~rsi** *vr* (*REL*) to make the sign of the cross, cross o.s.

'segno ['seɲɲo] *sm* sign; (*impronta, contrassegno*) mark; (*limite*) limit, bounds *pl*; (*bersaglio*) target; **fare ~ di sì/no** to nod (one's head)/shake one's head; **fare ~ a qn di fermarsi** to motion (to) sb to stop; **cogliere** *o* **colpire nel ~** (*fig*) to hit the mark

segre'gare *vt* to segregate, isolate; **segregazi'one** *sf* segregation

segre'tario, a *sm/f* secretary; **~ comunale** town clerk; **S~ di Stato** Secretary of State

segrete'ria *sf* (*di ditta, scuola*) (secretary's) office; (*d'organizzazione internazionale*) secretariat; (*POL etc: carica*) office of Secretary; **~ telefonica** answering service

segre'tezza [segre'tettsa] *sf* secrecy

se'greto, a *ag* secret ♦ *sm* secret; secrecy *no pl*; **in ~** in secret, secretly

segu'ace [se'gwatʃe] *sm/f* follower, disciple

segu'ente *ag* following, next

segu'ire *vt* to follow; (*frequentare: corso*) to attend ♦ *vi* to follow; (*continuare: testo*) to continue

segui'tare *vt* to continue, carry on with ♦ *vi* to continue, carry on

'seguito *sm* (*scorta*) suite, retinue; (*discepoli*) followers *pl*; (*favore*) following;

(*continuazione*) continuation; (*conseguenza*) result; **di ~** at a stretch, on end; **in ~** later on; **in ~ a, a ~ di** following; (*a causa di*) as a result of, owing to

'sei *vb vedi* **essere** ♦ *num* six

sei'cento [sei'tʃɛnto] *num* six hundred ♦ *sm*: **il S~** the seventeenth century

selci'ato [sel'tʃato] *sm* cobbled surface

selezio'nare [selettsjo'nare] *vt* to select

selezi'one [selet'tsjone] *sf* selection

'sella *sf* saddle; **sel'lare** *vt* to saddle

selvag'gina [selvad'dʒina] *sf* (*animali*) game

sel'vaggio, a, gi, ge [sel'vaddʒo] *ag* wild; (*tribù*) savage, uncivilized; (*fig*) savage, brutal ♦ *sm/f* savage

sel'vatico, a, ci, che *ag* wild

se'maforo *sm* (*AUT*) traffic lights *pl*

sem'brare *vi* to seem ♦ *vb impers*: **sembra che** it seems that; **mi sembra che** it seems to me that; **~ di** I think (that); **~ di essere** to seem to be

'seme *sm* seed; (*sperma*) semen; (*CARTE*) suit

se'mestre *sm* half-year, six-month period

'semi... *prefisso* semi...; **semi'cerchio** *sm* semicircle; **semifi'nale** *sf* semifinal; **semi'freddo** *sm* ice-cream cake

'semina *sf* (*AGR*) sowing

semi'nare *vt* to sow

semi'nario *sm* seminar; (*REL*) seminary

seminter'rato *sm* basement; (*appartamento*) basement flat

sem'mai = **se mai**; *vedi* **se**

'semola *sf*: **~ di grano duro** durum wheat

semo'lino *sm* semolina

'semplice ['semplitʃe] *ag* simple; (*di un solo elemento*) single; **semplice'mente** *av* simply; **semplicità** *sf* simplicity

'sempre *av* always; (*ancora*) still; **posso ~ tentare** I can always *o* still try; **da ~** always; **per ~** forever; **una volta per ~** once and for all; **~ che** provided (that); **~ più** more and more; **~ meno** less and less

sempre'verde *ag, sm o f* (*BOT*) evergreen

'senape *sf* (*CUC*) mustard

se'nato *sm* senate; **sena'tore, 'trice**

sm/f senator

'**senno** *sm* judgment, (common) sense; **col ~ di poi** with hindsight

sennò *av* = **se no;** *vedi* **se**

'**seno** *sm* (ANAT: *petto, mammella*) breast; (: *grembo, fig*) womb; (: *cavità*) sinus

sen'sato, a *ag* sensible

sensazio'nale [sensattsjo'nale] *ag* sensational

sensazi'one [sensat'tsjone] *sf* feeling, sensation; **avere la ~ che** to have a feeling that; **fare ~** to cause a sensation, create a stir

sen'sibile *ag* sensitive; (*ai sensi*) perceptible; (*rilevante, notevole*) appreciable, noticeable; **~ a** sensitive to; **sensibilità** *sf* sensitivity

'**senso** *sm* (FISIOL, *istinto*) sense; (*impressione, sensazione*) feeling, sensation; (*significato*) meaning, sense; (*direzione*) direction; **~i** *smpl* (*coscienza*) consciousness *sg;* (*sensualità*) senses; **ciò non ha ~** that doesn't make sense; **fare ~ a** (*ripugnare*) to disgust, repel; **~ comune** common sense; **in ~ orario/antiorario** clockwise/anticlockwise; **a ~ unico** (*strada*) one-way

sensu'ale *ag* sensual; sensuous; **sensualità** *sf* sensuality; sensuousness

sen'tenza [sen'tentsa] *sf* (DIR) sentence; (*massima*) maxim; **sentenzi'are** *vi* (DIR) to pass judgment

senti'ero *sm* path

sentimen'tale *ag* sentimental; (*vita, avventura*) love *cpd*

senti'mento *sm* feeling

senti'nella *sf* sentry

sen'tire *vt* (*percepire al tatto, fig*) to feel; (*udire*) to hear; (*ascoltare*) to listen to; (*odore*) to smell; (*avvertire con il gusto, assaggiare*) to taste ♦ *vi:* **~ di** (*avere sapore*) to taste of; (*avere odore*) to smell of; **~rsi** *vr* (*uso reciproco*) to be in touch; **~rsi bene/male** to feel well/unwell *o* ill; **~rsi di fare qc** (*essere disposto*) to feel like doing sth

sen'tito, a *ag* (*sincero*) sincere, warm; **per ~ dire** by hearsay

'**senza** ['sɛntsa] *prep, cong* without; **~ dir**

nulla without saying a word; **fare ~ qc** to do without sth; **~ di me** without me; **~ che io lo sapessi** without me *o* my knowing; **senz'altro** of course, certainly; **~ dubbio** no doubt; **~ scrupoli** unscrupulous; **~ amici** friendless

sepa'rare *vt* to separate; (*dividere*) to divide; (*tenere distinto*) to distinguish; **~rsi** *vr* (*coniugi*) to separate, part; (*amici*) to part, leave each other; **~rsi da** (*coniuge*) to separate *o* part from; (*amico, socio*) to part company with; (*oggetto*) to part with; **sepa'rato, a** *ag* (*letti, conto etc*) separate; (*coniugi*) separated; **separazi'one** *sf* separation

se'polcro *sm* sepulchre

se'polto, a *pp di* **seppellire**

seppel'lire *vt* to bury

'**seppia** *sf* cuttlefish ♦ *ag inv* sepia

se'quenza [se'kwentsa] *sf* sequence

seques'trare *vt* (DIR) to impound; (*rapire*) to kidnap; **se'questro** *sm* (DIR) impoundment; **sequestro di persona** kidnapping

'**sera** *sf* evening; **di ~** in the evening; **domani ~** tomorrow evening, tomorrow night; **se'rale** *ag* evening *cpd*; **se'rata** *sf* evening; (*ricevimento*) party

ser'bare *vt* to keep; (*mettere da parte*) to put aside; **~ rancore/odio verso qn** to bear sb a grudge/hate sb

serba'toio *sm* tank; (*cisterna*) cistern

'**serbo** *sm:* **mettere/tenere** *o* **avere in ~ qc** to put/keep sth aside

se'reno, a *ag* (*tempo, cielo*) clear; (*fig*) serene, calm

ser'gente [ser'dʒɛnte] *sm* (MIL) sergeant

'**serie** *sf inv* (*successione*) series *inv*; (*gruppo, collezione*) set; (SPORT) division; league; (COMM): **modello di ~/fuori ~** standard/custom-built model; **in ~** in quick succession; (COMM) mass *cpd*

serietà *sf* seriousness; reliability

'**serio, a** *ag* serious; (*impiegato*) responsible, reliable; (*ditta, cliente*) reliable, dependable; **sul ~** (*davvero*) really, truly; (*seriamente*) seriously, in earnest

ser'mone *sm* sermon

serpeggi'are [serped'dʒare] *vi* to wind; *(fig)* to spread

ser'pente *sm* snake; **~ a sonagli** rattlesnake

'serra *sf* greenhouse; hothouse

ser'randa *sf* roller shutter

ser'rare *vt* to close, shut; *(a chiave)* to lock; *(stringere)* to tighten; **~ i pugni/i denti** to clench one's fists/teeth; **~ le file** to close ranks

serra'tura *sf* lock

'serva *sf vedi* **servo**

ser'vire *vt* to serve; *(clienti: al ristorante)* to wait on; *(: al negozio)* to serve, attend to; *(fig: giovare)* to aid, help; *(CARTE)* to deal ♦ *vi* (TENNIS) to serve; *(essere utile)*: **~ a qn** to be of use to sb; **~ a qc/a fare** *(utensile etc)* to be used for sth/for doing; **~ (a qn) da** to serve as (for sb); **~rsi** *vr (usare)*: **~rsi di** to use; *(prendere: cibo)*: **~rsi (di)** to help o.s. (to); *(essere cliente abituale)*: **~rsi da** to be a regular customer at, go to

servitù *sf* servitude; slavery; *(personale di servizio)* servants *pl*, domestic staff

servizi'evole [servit'tsjevole] *ag* obliging, willing to help

ser'vizio [ser'vittsjo] *sm* service; *(al ristorante: sul conto)* service (charge); *(STAMPA, TV, RADIO)* report; *(da tè, caffè etc)* set, service; **~i** *smpl (di casa)* kitchen and bathroom; *(ECON)* services; **essere di ~** to be on duty; **fuori ~** *(telefono etc)* out of order; **~ compreso** service included; **~ militare** military service; **~i segreti** secret service *sg*

'servo, a *sm/f* servant

ses'santa *num* sixty; **sessan'tesimo, a** *num* sixtieth

sessan'tina *sf*: **una ~ (di)** about sixty

i **Sessantotto**, '68, refers to 1968 when the student protest movement intensified and influenced other parts of society, leading to major political and social change. Left-wing groups flourished, schools and universities became more democratic and the referendum on divorce was held.

sessi'one *sf* session

'sesso *sm* sex; **sessu'ale** *ag* sexual, sex *cpd*

ses'tante *sm* sextant

'sesto, a *ag, sm* sixth

'seta *sf* silk

'sete *sf* thirst; **avere ~** to be thirsty

'setola *sf* bristle

'setta *sf* sect

set'tanta *num* seventy; **settan'tesimo, a** *num* seventieth

settan'tina *sf*: **una ~ (di)** about seventy

'sette *num* seven

sette'cento [sette'tʃɛnto] *num* seven hundred ♦ *sm*: **il S~** the eighteenth century

set'tembre *sm* September

settentrio'nale *ag* northern

settentri'one *sm* north

setti'mana *sf* week; **settima'nale** *ag, sm* weekly

i The **settimana bianca** is a winter-sports holiday taken by many Italians.

'settimo, a *ag, sm* seventh

set'tore *sm* sector

severità *sf* severity

se'vero, a *ag* severe

sevizi'are [sevit'tsjare] *vt* to torture

se'vizie [se'vittsje] *sfpl* torture *sg*

sezio'nare [settsjo'nare] *vt* to divide into sections; *(MED)* to dissect

sezi'one [set'tsjone] *sf* section

sfaccen'dato, a [sfattʃen'dato] *ag* idle

sfacci'ato, a [sfat'tʃato] *ag (maleducato)* cheeky, impudent; *(vistoso)* gaudy

sfa'celo [sfa'tʃɛlo] *sm (fig)* ruin, collapse

sfal'darsi *vr* to flake (off)

sfa'mare *vt* to feed; *(sog: cibo)* to fill

'sfarzo ['sfartso] *sm* pomp, splendour

sfasci'are [sfaʃ'ʃare] *vt (ferita)* to unbandage; *(distruggere)* to smash, shatter;

~rsi *vr* (*rompersi*) to smash, shatter

sfa'tare *vt* (*leggenda*) to explode

sfavil'lare *vi* to spark, send out sparks; (*risplendere*) to sparkle

sfavo'revole *ag* unfavourable

'**sfera** *sf* sphere; '**sferico, a, ci, che** *ag* spherical

sfer'rare *vt* (*fig: colpo*) to land, deal; (: *attacco*) to launch

sfer'zare [sfer'tsare] *vt* to whip; (*fig*) to lash out at

sfi'brare *vt* (*indebolire*) to exhaust, enervate

'**sfida** *sf* challenge

sfi'dare *vt* to challenge; (*fig*) to defy, brave

sfi'ducia [sfi'dutʃa] *sf* distrust, mistrust

sfigu'rare *vt* (*persona*) to disfigure; (*quadro, statua*) to deface ♦ *vi* (*far cattiva figura*) to make a bad impression

sfi'lare *vt* (*ago*) to unthread; (*abito, scarpe*) to slip off ♦ *vi* (*truppe*) to march past; (*atleti*) to parade; **~rsi** *vr* (*perle etc*) to come unstrung; (*orlo, tessuto*) to fray; (*calza*) to run, ladder; **sfi'lata** *sf* march past; parade; **sfilata di moda** fashion show

'**sfinge** ['sfindʒe] *sf* sphinx

sfi'nito, a *ag* exhausted

sfio'rare *vt* to brush (against); (*argomento*) to touch upon

sfio'rire *vi* to wither, fade

sfo'cato, a *ag* (*FOT*) out of focus

sfoci'are [sfo'tʃare] *vi*: **~ in** to flow into; (*fig: malcontento*) to develop into

sfode'rato, a *ag* (*vestito*) unlined

sfo'gare *vt* to vent, pour out; **~rsi** *vr* (*sfogare la propria rabbia*) to give vent to one's anger; (*confidarsi*): **~rsi (con)** to pour out one's feelings (to); **non sfogarti su di me!** don't take your bad temper out on me!

sfoggi'are [sfod'dʒare] *vt, vi* to show off

'**sfoglia** ['sfoʎʎa] *sf* sheet of pasta dough; **pasta ~** (*CUC*) puff pastry

sfogli'are [sfoʎ'ʎare] *vt* (*libro*) to leaf through

'**sfogo, ghi** *sm* (*eruzione cutanea*) rash; (*fig*) outburst; **dare ~ a** (*fig*) to give vent to

sfolgo'rante *ag* (*luce*) blazing; (*fig: vittoria*) brilliant

sfol'lare *vt* to empty, clear ♦ *vi* to disperse; **~ da** (*città*) to evacuate

sfon'dare *vt* (*porta*) to break down; (*scarpe*) to wear a hole in; (*cesto, scatola*) to burst, knock the bottom out of; (*MIL*) to break through ♦ *vi* (*riuscire*) to make a name for o.s.

'**sfondo** *sm* background

sfor'mato *sm* (*CUC*) type of soufflé

sfor'nare *vt* (*pane etc*) to take out of the oven; (*fig*) to churn out

sfor'nito, a *ag*: **~ di** lacking in, without; (*negozio*) out of

sfor'tuna *sf* misfortune, ill luck *no pl*; **avere ~** to be unlucky; **sfortu'nato, a** *ag* unlucky; (*impresa, film*) unsuccessful

sfor'zare [sfor'tsare] *vt* to force; (*voce, occhi*) to strain; **~rsi** *vr*: **~rsi di** *o* **a** *o* **per fare** to try hard to do

'**sforzo** ['sfɔrtso] *sm* effort; (*tensione eccessiva, TECN*) strain; **fare uno ~** to make an effort

sfrat'tare *vt* to evict; '**sfratto** *sm* eviction

sfrecci'are [sfret'tʃare] *vi* to shoot *o* flash past

sfregi'are [sfre'dʒare] *vt* to slash, gash; (*persona*) to disfigure; (*quadro*) to deface; '**sfregio** *sm* gash; scar; (*fig*) insult

sfre'nato, a *ag* (*fig*) unrestrained, unbridled

sfron'tato, a *ag* shameless

sfrutta'mento *sm* exploitation

sfrut'tare *vt* (*terreno*) to overwork, exhaust; (*miniera*) to exploit, work; (*fig: operai, occasione, potere*) to exploit

sfug'gire [sfud'dʒire] *vi* to escape; **~ a** (*custode*) to escape (from); (*morte*) to escape; **~ a qn** (*dettaglio, nome*) to escape sb; **~ di mano a qn** to slip out of sb's hand (*o* hands); **sfug'gita: di sfuggita** *ad* (*rapidamente, in fretta*) in passing

sfu'mare *vt* (*colori, contorni*) to soften, shade off ♦ *vi* to shade (off), fade; (*fig: svanire*) to vanish, disappear; (: *speranze*) to come to nothing

sfuma'tura *sf* shading off *no pl*; (*tonalità*) shade, tone; (*fig*) touch, hint

sfuri'ata *sf* (*scatto di collera*) fit of anger; (*rimprovero*) sharp rebuke

sga'bello *sm* stool

sgabuz'zino [zgabud'dzino] *sm* lumber room

sgambet'tare *vi* to kick one's legs about

sgam'betto *sm*: **far lo ~ a qn** to trip sb up; (*fig*) to oust sb

sganasci'arsi [zganaʃʃarsi] *vr*: **~ dalle risa** to roar with laughter

sganci'are [zgan'tʃare] *vt* to unhook; (FERR) to uncouple; (*bombe: da aereo*) to release, drop; (*fig: fam: soldi*) to fork out; **~rsi** *vr* (*fig*): **~rsi (da)** to get away (from)

sanghe'rato, a [zgange'rato] *ag* (*porta*) off its hinges; (*auto*) ramshackle; (*risata*) wild, boisterous

sgar'bato, a *ag* rude, impolite

'sgarbo *sm*: **fare uno ~ a qn** to be rude to sb

sgattaio'lare *vi* to sneak away *o* off

sge'lare [zdʒe'lare] *vi*, *vt* to thaw

'sghembo, a [ˈzgembo] *ag* (*obliquo*) slanting; (*storto*) crooked

sghignaz'zare [zgiɲɲat'tsare] *vi* to laugh scornfully

sgob'bare (*fam*) *vi* (*scolaro*) to swot; (*operaio*) to slog

sgoccio'lare [zgottʃo'lare] *vt* (*vuotare*) to drain (to the last drop) ♦ *vi* (*acqua*) to drip; (*recipiente*) to drain; **'sgoccioli** *smpl*: **essere agli ~** (*provviste*) to be nearly finished; (*periodo*) to be nearly over

sgo'larsi *vr* to talk (*o* shout *o* sing) o.s. hoarse

sgomb(e)'rare *vt* to clear; (*andarsene da: stanza*) to vacate; (*evacuare*) to evacuate

'sgombro, a *ag*: **~ (di)** clear (of), free (from) ♦ *sm* (ZOOL) mackerel; (*anche*: **sgombero**) clearing; vacating; evacuation; (: *trasloco*) removal

sgomen'tare *vt* to dismay; **sgo'mento, a** *ag* dismayed ♦ *sm* dismay, consternation

sgonfi'are *vt* to let down, deflate; **~rsi** *vr* to go down

'sgorbio *sm* blot; scribble

sgor'gare *vi* to gush (out)

sgoz'zare [zgot'tsare] *vt* to cut the throat of

sgra'devole *ag* unpleasant, disagreeable

sgra'dito, a *ag* unpleasant, unwelcome

sgra'nare *vt* (*piselli*) to shell; **~ gli occhi** to open one's eyes wide

sgran'chirsi [zgran'kirsi] *vr* to stretch; **~ le gambe** to stretch one's legs

sgranocchi'are [zgranok'kjare] *vt* to munch

'sgravio *sm*: **~ fiscale** tax relief

sgrazi'ato, a [zgrat'tsjato] *ag* clumsy, ungainly

sgreto'lare *vt* to cause to crumble; **~rsi** *vr* to crumble

sgri'dare *vt* to scold; **sgri'data** *sf* scolding

sguai'ato, a *ag* coarse, vulgar

sgual'cire [zgwal'tʃire] *vt* to crumple (up), crease

sgual'drina (*peg*) *sf* slut

sgu'ardo *sm* (*occhiata*) look, glance; (*espressione*) look (in one's eye)

'sguattero, a *sm/f* dishwasher (*person*)

sguaz'zare [zgwat'tsare] *vi* (*nell'acqua*) to splash about; (*nella melma*) to wallow; **~ nell'oro** to be rolling in money

sguinzagli'are [zgwintsaʎ'ʎare] *vt* to let off the leash; (*fig: persona*): **~ qn dietro a qn** to set sb on sb

sgusci'are [zguʃʃare] *vt* to shell ♦ *vi* (*sfuggire di mano*) to slip; **~ via** to slip *o* slink away

'shampoo [ˈʃampo] *sm inv* shampoo

shock [ʃɔk] *sm inv* shock

PAROLA CHIAVE

si¹ (*dav lo, la, li, le, ne diventa* **se**) *pron*
1 (*riflessivo: maschile*) himself; (: *femminile*) herself; (: *neutro*) itself; (: *impersonale*) oneself; (: *pl*) themselves; **lavarsi** to wash (oneself); **~ è tagliato** he has cut himself; **~ credono importanti** they think a lot of themselves
2 (*riflessivo: con complemento oggetto*): **lavarsi le mani** to wash one's hands; **~ sta**

lavando i capelli he (*o* she) is washing his (*o* her) hair

3 (*reciproco*) one another, each other; **si amano** they love one another *o* each other

4 (*passivo*): **~ ripara facilmente** it is easily repaired

5 (*impersonale*): **~ dice che ...** they *o* people say that ...; **~ vede che è vecchio** one *o* you can see that it's old

6 (*noi*) we; **tra poco ~ parte** we're leaving soon

si² *sm* (MUS) B; (*solfeggiando la scala*) ti

sì *av* yes; **un giorno ~ e uno no** every other day

'sia *cong*: **~ ... ~** (*o ... o*): **~ che lavori, ~ che non lavori** whether he works or not; (*tanto ... quanto*): **verranno ~ Luigi ~ suo fratello** both Luigi and his brother will be coming

si'amo *vb vedi* **essere**

sibi'lare *vi* to hiss; (*fischiare*) to whistle; **'sibilo** *sm* hiss; whistle

si'cario *sm* hired killer

sicché [sik'ke] *cong* (*perciò*) so (that), therefore; (*e quindi*) (and) so

siccità [sittʃi'ta] *sf* drought

sic'come *cong* since, as

Si'cilia [si'tʃilja] *sf*: **la ~** Sicily; **sicili'ano, a** *ag*, *sm/f* Sicilian

si'cura *sf* safety catch; (AUT) safety lock

sicu'rezza [siku'rettsa] *sf* safety; security; (*fiducia*) confidence; (*certezza*) certainty; **di ~** safety *cpd*; **la ~ stradale** road safety

si'curo, a *ag* safe; (*ben difeso*) secure; (*fiducioso*) confident; (*certo*) sure, certain; (*notizia, amico*) reliable; (*esperto*) skilled ♦ *av* (*anche*: **di ~**) certainly; **essere/ mettere al ~** to be safe/put in a safe place; **~ di sé** self-confident, sure of o.s.; **sentirsi ~** to feel safe *o* secure

siderur'gia [siderur'dʒia] *sf* iron and steel industry

'sidro *sm* cider

si'epe *sf* hedge

si'ero *sm* (MED) serum; **sieronega'tivo, a** *ag* HIV-negative; **sieroposi'tivo, a** *ag* HIV-positive

si'esta *sf* siesta, (afternoon) nap

si'ete *vb vedi* **essere**

si'filide *sf* syphilis

si'fone *sm* siphon

Sig. *abbr* (= *signore*) Mr

siga'retta *sf* cigarette

'sigaro *sm* cigar

Sigg. *abbr* (= *signori*) Messrs

sigil'lare [sidʒil'lare] *vt* to seal

si'gillo [si'dʒillo] *sm* seal

'sigla *sf* initials *pl*; acronym, abbreviation; **~ automobilistica** abbreviation of province on vehicle number plate; **~ musicale** signature tune

si'glare *vt* to initial

Sig.na *abbr* (= *signorina*) Miss

signi'ficare [sinnifi'kare] *vt* to mean; **significa'tivo, a** *ag* significant; **signifi'cato** *sm* meaning

si'gnora [sin'nora] *sf* lady; **la ~ X** Mrs X; **buon giorno S~/Signore/Signorina** good morning; (*deferente*) good morning Madam/Sir/Madam; (*quando si conosce il nome*) good morning Mrs/Mr/Miss X; **Gentile S~/Signore/Signorina** (*in una lettera*) Dear Madam/Sir/Madam; **il signor Rossi e ~** Mr Rossi and his wife; **~e e signori** ladies and gentlemen

si'gnore [sin'nore] *sm* gentleman; (*padrone*) lord, master; (REL): **il S~** the Lord; **il signor X** Mr X; **i ~i Bianchi** (*coniugi*) Mr and Mrs Bianchi; *vedi anche* **signora**

signo'rile [sinno'rile] *ag* refined

signo'rina [sinno'rina] *sf* young lady; **la ~ X** Miss X; *vedi anche* **signora**

Sig.ra *abbr* (= *signora*) Mrs

silenzia'tore [silentsja'tore] *sm* silencer

si'lenzio [si'lentsjo] *sm* silence; **fare ~** to be quiet, stop talking; **silenzi'oso, a** *ag* silent, quiet

si'licio [si'litʃo] *sm* silicon

'sillaba *sf* syllable

silu'rare *vt* to torpedo; (*fig: privare del comando*) to oust

si'luro *sm* torpedo

simboleggi'are [simboled'dʒare] *vt* to

symbolize
'**simbolo** *sm* symbol
'**simile** *ag* (*analogo*) similar; (*di questo tipo*):
  un uomo ~ such a man, a man like this;
  libri ~i such books; **~ a** similar to; **i suoi ~i**
  one's fellow men; one's peers
simme'tria *sf* symmetry
simpa'tia *sf* (*qualità*) pleasantness;
  (*inclinazione*) liking; **avere ~ per qn** to like
  sb, have a liking for sb; **sim'patico, a,**
  ci, che *ag* (*persona*) nice, pleasant,
  likeable; (*casa, albergo etc*) nice, pleasant
simpatiz'zare [simpatid'dzare] *vi*: **~ con** to
  take a liking to
sim'posio *sm* symposium
simu'lare *vt* to sham, simulate; (*TECN*) to
  simulate; **simulazi'one** *sf* shamming;
  simulation
simul'taneo, a *ag* simultaneous
sina'goga, ghe *sf* synagogue
since'rità [sintʃeri'ta] *sf* sincerity
sin'cero, a [sin'tʃero] *ag* sincere; genuine;
  heartfelt
'**sincope** *sf* syncopation; (*MED*) blackout
sinda'cale *ag* (trade-)union *cpd*;
  sindaca'lista, i, e *sm/f* trade unionist
sinda'cato *sm* (*di lavoratori*) (trade)
  union; (*AMM, ECON, DIR*) syndicate, trust,
  pool
'**sindaco, ci** *sm* mayor
sinfo'nia *sf* (*MUS*) symphony
singhioz'zare [singjot'tsare] *vi* to sob; to
  hiccup
singhi'ozzo [sin'gjottso] *sm* sob; (*MED*)
  hiccup; **avere il ~** to have the hiccups; **a ~**
  (*fig*) by fits and starts
singo'lare *ag* (*insolito*) remarkable,
  singular; (*LING*) singular ♦ *sm* (*LING*)
  singular; (*TENNIS*): **~ maschile/femminile**
  men's/women's singles
'**singolo, a** *ag* single, individual ♦ *sm*
  (*persona*) individual; (*TENNIS*) = **singolare**
si'nistra *sf* (*POL*) left (wing); **a ~** on the left;
  (*direzione*) to the left
si'nistro, a *ag* left, left-hand; (*fig*) sinister
  ♦ *sm* (*incidente*) accident
'**sino** *prep* = **fino**

si'nonimo *sm* synonym; **~ di** synonymous
  with
sin'tassi *sf* syntax
'**sintesi** *sf* synthesis; (*riassunto*) summary,
  résumé
sin'tetico, a, ci, che *ag* synthetic
sintetiz'zare [sintetid'dzare] *vt* to
  synthesize; (*riassumere*) to summarize
sinto'matico, a, ci, che *ag*
  symptomatic
'**sintomo** *sm* symptom
sinu'oso, a *ag* (*strada*) winding
si'pario *sm* (*TEATRO*) curtain
si'rena *sf* (*apparecchio*) siren; (*nella
  mitologia, fig*) siren, mermaid
'**Siria** *sf*: **la ~** Syria
si'ringa, ghe *sf* syringe
'**sismico, a, ci, che** *ag* seismic
sis'mografo *sm* seismograph
sis'tema, i *sm* system; method, way
siste'mare *vt* (*mettere a posto*) to tidy, put
  in order; (*risolvere: questione*) to sort out,
  settle; (*procurare un lavoro a*) to find a job
  for; (*dare un alloggio a*) to settle, find
  accommodation for; **~rsi** *vr* (*problema*) to
  be settled; (*persona: trovare alloggio*) to
  find accommodation (*BRIT*) *o* accommodations (*US*); (: *trovarsi un lavoro*) to get
  fixed up with a job; **ti sistemo io!** I'll soon
  sort you out!
siste'matico, a, ci, che *ag* systematic
sistemazi'one [sistemat'tsjone] *sf*
  arrangement, order; settlement;
  employment; accommodation (*BRIT*),
  accommodations (*US*)
'**sito** *sm* (*Internet*) Website
situ'are *vt* to site, situate; **situ'ato, a** *ag*:
  situato a/su situated at/on
situazi'one [situat'tsjone] *sf* situation
ski-lift ['ski:lift] *sm inv* ski tow
slacci'are [zlat'tʃare] *vt* to undo, unfasten
slanci'ato, a [zlan'tʃato] *ag* slender
'**slancio** *sm* dash, leap; (*fig*) surge; **di ~**
  impetuously
sla'vato, a *ag* faded, washed out; (*fig:
  viso, occhi*) pale, colourless
'**slavo, a** *ag* Slav(onic), Slavic

sle'ale *ag* disloyal; (*concorrenza etc*) unfair

sle'gare *vt* to untie

slip [zlip] *sm inv* briefs *pl*

'slitta *sf* sledge; (*trainata*) sleigh

slit'tare *vi* to slip, slide; (*AUT*) to skid

slo'gare *vt* (*MED*) to dislocate

sloggi'are [zlod'dʒare] *vt* (*inquilino*) to turn out ♦ *vi* to move out

slo'vacco, a, chi, che *ag, sm/f* Slovak

Slovenia [zlo'venja] *sf* Slovenia

smacchi'are [zmak'kjare] *vt* to remove stains from; smacchia'tore *sm* stain remover

'smacco, chi *sm* humiliating defeat

smagli'ante [zmaʎ'ʎante] *ag* brilliant, dazzling

smaglia'tura [zmaʎʎa'tura] *sf* (*su maglia, calza*) ladder; (*della pelle*) stretch mark

smalizi'ato, a [smalit'tsjato] *ag* shrewd, cunning

smal'tare *vt* to enamel; (*ceramica*) to glaze; (*unghie*) to varnish

smal'tire *vt* (*merce*) to sell off; (*rifiuti*) to dispose of; (*cibo*) to digest; (*peso*) to lose; (*rabbia*) to get over; ~ la sbornia to sober up

'smalto *sm* (*anche: di denti*) enamel; (*per ceramica*) glaze; ~ per unghie nail varnish

'smania *sf* agitation, restlessness; (*fig*): ~ di thirst for, craving for; avere la ~ addosso to have the fidgets; avere la ~ di fare to be desperate to do

smantel'lare *vt* to dismantle

smarri'mento *sm* loss; (*fig*) bewilderment; dismay

smar'rire *vt* to lose; (*non riuscire a trovare*) to mislay; ~rsi *vr* (*perdersi*) to lose one's way, get lost; (*: oggetto*) to go astray; smar'rito, a *ag* (*sbigottito*) bewildered

smasche'rare [zmaske'rare] *vt* to unmask

smemo'rato, a *ag* forgetful

smen'tire *vt* (*negare*) to deny; (*testimonianza*) to refute; smen'tita *sf* denial; retraction

sme'raldo *sm* emerald

smerci'are [zmer'tʃare] *vt* (*COMM*) to sell; (*: svendere*) to sell off

'smesso, a *pp di* smettere

'smettere *vt* to stop; (*vestiti*) to stop wearing ♦ *vi* to stop, cease; ~ di fare to stop doing

'smilzo, a ['zmiltso] *ag* thin, lean

sminu'ire *vt* to diminish, lessen; (*fig*) to belittle

sminuz'zare [zminut'tsare] *vt* to break into small pieces; to crumble

smis'tare *vt* (*pacchi etc*) to sort; (*FERR*) to shunt

smisu'rato, a *ag* boundless, immeasurable; (*grandissimo*) immense, enormous

smobili'tare *vt* to demobilize

smo'dato, a *ag* immoderate

smoking ['smaukiŋ] *sm inv* dinner jacket

smon'tare *vt* (*mobile, macchina etc*) to take to pieces, dismantle; (*fig: scoraggiare*) to dishearten ♦ *vi* (*scendere: da cavallo*) to dismount; (*: da treno*) to get off; (*terminare il lavoro*) to stop (work); ~rsi *vr* to lose heart; to lose one's enthusiasm

'smorfia *sf* grimace; (*atteggiamento lezioso*) simpering; fare ~e to make faces; to simper; smorfi'oso, a *ag* simpering

'smorto, a *ag* (*viso*) pale, wan; (*colore*) dull

smor'zare [zmor'tsare] *vt* (*suoni*) to deaden; (*colori*) to tone down; (*luce*) to dim; (*sete*) to quench; (*entusiasmo*) to dampen; ~rsi *vr* (*suono, luce*) to fade; (*entusiasmo*) to dampen

'smosso, a *pp di* smuovere

smotta'mento *sm* landslide

'smunto, a *ag* haggard, pinched

smu'overe *vt* to move, shift; (*fig: commuovere*) to move; (*: dall'inerzia*) to rouse, stir; ~rsi *vr* to move, shift

smus'sare *vt* (*angolo*) to round off, smooth; (*lama etc*) to blunt; ~rsi *vr* to become blunt

snatu'rato, a *ag* inhuman, heartless

'snello, a *ag* (*agile*) agile; (*svelto*) slender, slim

sner'vare *vt* to enervate, wear out

sni'dare *vt* to drive out, flush out

snob'bare *vt* to snub

sno'bismo sm snobbery

snoccio'lare [znottʃo'lare] vt (frutta) to stone; (fig: orazioni) to rattle off

sno'dare vt (rendere agile, mobile) to loosen; ~rsi vr to come loose; (articolarsi) to bend; (strada, fiume) to wind

so vb vedi sapere

so'ave ag sweet, gentle, soft

sobbal'zare [sobbal'tsare] vi to jolt, jerk; (trasalire) to jump, start; sob'balzo sm jerk, jolt; jump, start

sobbar'carsi vr: ~ a to take on, undertake

sob'borgo, ghi sm suburb

sobil'lare vt to stir up, incite

'sobrio, a ag sober

socchi'udere [sok'kjudere] vt (porta) to leave ajar; (occhi) to half-close; socchi'uso, a pp di socchiudere

soc'correre vt to help, assist; soc'corso, a pp di soccorrere ♦ sm help, aid, assistance; soccorsi smpl relief sg, aid sg; soccorso stradale breakdown service

soci'ale [so'tʃale] ag social; (di associazione) club cpd, association cpd

socia'lismo [sotʃa'lizmo] sm socialism; socia'lista, i, e ag, sm/f socialist

società [sotʃe'ta] sf inv society; (sportiva) club; (COMM) company; ~ per azioni limited (BRIT) o incorporated (US) company; ~ a responsabilità limitata type of limited liability company

soci'evole [so'tʃevole] ag sociable

'socio ['sɔtʃo] sm (DIR, COMM) partner; (membro di associazione) member

'soda sf (CHIM) soda; (bibita) soda (water)

soda'lizio [soda'littsjo] sm association, society

soddisfa'cente [soddisfa'tʃente] ag satisfactory

soddis'fare vt, vi: ~ a to satisfy; (impegno) to fulfil; (debito) to pay off; (richiesta) to meet, comply with; soddis'fatto, a pp di soddisfare ♦ ag satisfied; soddisfatto di happy o satisfied with; pleased with; soddisfazi'one sf satisfaction

'sodo, a ag firm, hard; (uovo) hard-boiled ♦ av (picchiare, lavorare) hard; (dormire) soundly

sofà sm inv sofa

soffe'renza [soffe'rentsa] sf suffering

sof'ferto, a pp di soffrire

soffi'are vt to blow; (notizia, segreto) to whisper ♦ vi to blow; (sbuffare) to puff (and blow); ~rsi il naso to blow one's nose; ~ qc/qn a qn (fig) to pinch o steal sth/sb from sb; ~ via qc to blow sth away

'soffice ['sɔffitʃe] ag soft

'soffio sm (di vento) breath; ~ al cuore heart murmur

sof'fitta sf attic

sof'fitto sm ceiling

soffo'care vi (anche: ~rsi) to suffocate, choke ♦ vt to suffocate, choke; (fig) to stifle, suppress

sof'friggere [sof'friddʒere] vt to fry lightly

sof'frire vt to suffer, endure; (sopportare) to bear, stand ♦ vi to suffer; to be in pain; ~ (di) qc (MED) to suffer from sth

sof'fritto, a pp di soffriggere ♦ sm (CUC) fried mixture of herbs, bacon and onions

sofisti'cato, a ag sophisticated; (vino) adulterated

sogget'tivo, a [soddʒet'tivo] ag subjective

sog'getto, a [sod'dʒetto] ag: ~ a (sottomesso) subject to; (esposto: a variazioni, danni etc) subject o liable to ♦ sm subject

soggezi'one [soddʒet'tsjone] sf subjection; (timidezza) awe; avere ~ di qn to stand in awe of sb; to be ill at ease in sb's presence

sogghi'gnare [soggiɲ'ɲare] vi to sneer

soggior'nare [soddʒor'nare] vi to stay; soggi'orno sm (invernale, marino) stay; (stanza) living room

sog'giungere [sod'dʒundʒere] vt to add

'soglia ['sɔʎʎa] sf doorstep; (anche fig) threshold

sogli'ola ['sɔʎʎola] sf (ZOOL) sole

so'gnare [soɲ'ɲare] vt, vi to dream; ~ a occhi aperti to daydream; sogna'tore, 'trice sm/f dreamer

'sogno ['soɲɲo] sm dream

'soia sf (BOT) soya

sol sm (MUS) G; (: solfeggiando) so(h)

so'laio *sm* (*soffitta*) attic

sola'mente *av* only, just

so'lare *ag* solar, sun *cpd*

'solco, chi *sm* (*scavo, fig: ruga*) furrow; (*incavo*) rut, track; (*di disco*) groove

sol'dato *sm* soldier; ~ **semplice** private

'soldo *sm* (*fig*): **non avere un ~** to be penniless; **non vale un ~** it's not worth a penny; **~i** *smpl* (*denaro*) money *sg*

'sole *sm* sun; (*luce*) sun(light); (*tempo assolato*) sun(shine); **prendere il ~** to sunbathe

soleggi'ato, a [soled'dʒato] *ag* sunny

so'lenne *ag* solemn; **solennità** *sf* solemnity; (*festività*) holiday, feast day

sol'fato *sm* (CHIM) sulphate

soli'dale *ag*: **essere ~ (con)** to be in agreement (with)

solidarietà *sf* solidarity

'solido, a *ag* solid; (*forte, robusto*) sturdy, solid; (*fig: ditta*) sound, solid ♦ *sm* (MAT) solid

solilo'quio *sm* soliloquy

so'lista, i, e *ag* solo ♦ *sm/f* soloist

solita'mente *av* usually, as a rule

soli'tario, a *ag* (*senza compagnia*) solitary, lonely; (*solo, isolato*) solitary, lone; (*deserto*) lonely ♦ *sm* (*gioiello, gioco*) solitaire

'solito, a *ag* usual; **essere ~ fare** to be in the habit of doing; **di ~** usually; **più tardi del ~** later than usual; **come al ~** as usual

soli'tudine *sf* solitude

solleci'tare [solletʃi'tare] *vt* (*lavoro*) to speed up; (*persona*) to urge on; (*chiedere con insistenza*) to press for, request urgently; (*stimolare*): **~ qn a fare** to urge sb to do; **sollecitazi'one** *sf* entreaty, request; (*fig*) incentive; (TECN) stress

sol'lecito, a [sol'letʃito] *ag* prompt, quick ♦ *sm* (*lettera*) reminder; **solleci'tudine** *sf* promptness, speed

solleti'care *vt* to tickle

sol'letico *sm* tickling; **soffrire il ~** to be ticklish

solleva'mento *sm* raising; lifting; revolt; ~ **pesi** (SPORT) weight-lifting

solle'vare *vt* to lift, raise; (*fig: persona:*

alleggerire): **~ (da)** to relieve (of); (*: dar conforto*) to comfort, relieve; (*: far insorgere*) to stir (to revolt); ~**rsi** *vr* to rise; (*fig: riprendersi*) to recover; (*: ribellarsi*) to rise up

solli'evo *sm* relief; (*conforto*) comfort

'solo, a *ag* alone; (*in senso spirituale: isolato*) lonely; (*unico*): **un ~ libro** only one book, a single book; (*con ag numerale*): **veniamo noi tre ~i** just *o* only the three of us are coming ♦ *av* (*soltanto*) only, just; **non ~ ... ma anche** not only ... but also; **fare qc da ~** to do sth (all) by oneself

sol'tanto *av* only

so'lubile *ag* (*sostanza*) soluble

soluzi'one [solut'tsjone] *sf* solution

sol'vente *ag, sm* solvent

'soma *sf*: **bestia da ~** beast of burden

so'maro *sm* ass, donkey

somigli'anza [somiʎ'ʎantsa] *sf* resemblance

somigli'are [somiʎ'ʎare] *vi*: **~ a** to be like, resemble; (*nell'aspetto fisico*) to look like; ~**rsi** *vr* to be (*o* look) alike

'somma *sf* (MAT) sum; (*di denaro*) sum (of money)

som'mare *vt* to add up; (*aggiungere*) to add; **tutto sommato** all things considered

som'mario, a *ag* (*racconto, indagine*) brief; (*giustizia*) summary ♦ *sm* summary

som'mergere [som'merdʒere] *vt* to submerge

sommer'gibile [sommer'dʒibile] *sm* submarine

som'merso, a *pp di* **sommergere**

som'messo, a *ag* (*voce*) soft, subdued

sommi'nistrare *vt* to give, administer

sommità *sf inv* summit, top; (*fig*) height

'sommo, a *ag* highest; (*rispetto etc*) highest, greatest; (*poeta, artista*) great, outstanding; **per ~i capi** briefly, covering the main points

som'mossa *sf* uprising

so'nare *etc* = **suonare** *etc*

son'daggio [son'daddʒo] *sm* sounding; probe; boring, drilling; (*indagine*) survey; ~ **d'opinioni** opinion poll

son'dare *vt* (NAUT) to sound; (*atmosfera,*

piaga) to probe; (*MINERALOGIA*) to bore, drill; (*fig: opinione etc*) to survey, poll

so'netto *sm* sonnet

son'nambulo, a *sm/f* sleepwalker

sonnecchi'are [sonnek'kjare] *vi* to doze, nod

son'nifero *sm* sleeping drug (*o* pill)·

'sonno *sm* sleep; **prendere ~** to fall asleep; **aver ~** to be sleepy

'sono *vb vedi* **essere**

so'noro, a *ag* (*ambiente*) resonant; (*voce*) sonorous, ringing; (*onde, film*) sound *cpd*

sontu'oso, a *ag* sumptuous; lavish

sopo'rifero, a *ag* soporific

soppe'sare *vt* to weigh in one's hand(s), feel the weight of; (*fig*) to weigh up

soppi'atto: di ~ *av* secretly; furtively

soppor'tare *vt* (*reggere*) to support; (*subire: perdita, spese*) to bear, sustain; (*soffrire: dolore*) to bear, endure; (*sog: cosa: freddo*) to withstand; (*sog: persona: freddo, vino*) to take; (*tollerare*) to put up with, tolerate

sop'presso, a *pp di* **sopprimere**

sop'primere *vt* (*carica, privilegi, testimone*) to do away with; (*pubblicazione*) to suppress; (*parola, frase*) to delete

'sopra *prep* (*gen*) on; (*al di sopra di, più in alto di*) above; over; (*riguardo a*) on, about ♦ *av* on top; (*attaccato, scritto*) on it; (*al di sopra*) above; (*al piano superiore*) upstairs; **donne ~ i 30 anni** women over 30 (years of age); **abito di ~** I live upstairs; **dormirci ~** (*fig*) to sleep on it

so'prabito *sm* overcoat

soprac'ciglio [soprat'tʃiʎʎo] (*pl(f)* **soprac'ciglia**) *sm* eyebrow

sopracco'perta *sf* (*di letto*) bedspread; (*di libro*) jacket

sopraf'fare *vt* to overcome, overwhelm; **sopraf'fatto, a** *pp di* **sopraffare**

sopraf'fino, a *ag* (*pranzo, vino*) excellent

sopraggi'ungere [soprad'dʒundʒere] *vi* (*giungere all'improvviso*) to arrive (unexpectedly); (*accadere*) to occur (unexpectedly)

sopral'luogo, ghi *sm* (*di esperti*)

inspection; (*di polizia*) on-the-spot investigation

sopram'mobile *sm* ornament

soprannatu'rale *ag* supernatural

sopran'nome *sm* nickname

so'prano, a *sm/f* (*persona*) soprano ♦ *sm* (*voce*) soprano

soprappensi'ero *av* lost in thought

sopras'salto *sm:* **di ~** with a start; suddenly

soprasse'dere *vi:* **~ a** to delay, put off

soprat'tutto *av* (*anzitutto*) above all; (*specialmente*) especially

sopravvalu'tare *vt* to overestimate

soprav'vento *sm:* **avere/prendere il ~ su** to have/get the upper hand over

sopravvis'suto, a *pp di* **sopravvivere**

soprav'vivere *vi* to survive; (*continuare a vivere*): **~ (in)** to live on (in); **~ a** (*incidente etc*) to survive; (*persona*) to outlive

soprele'vata *sf* (*strada*) flyover; (*ferrovia*) elevated railway

soprinten'dente *sm/f* supervisor; (*statale: di belle arti etc*) keeper; **soprinten'denza** *sf* supervision; (*ente*): **soprintendenza alle Belle Arti** *government department responsible for monuments and artistic treasures*

so'pruso *sm* abuse of power; **subire un ~** to be abused

soq'quadro *sm:* **mettere a ~** to turn upside-down

sor'betto *sm* sorbet, water ice

sor'bire *vt* to sip; (*fig*) to put up with

'sorcio, ci ['sortʃo] *sm* mouse

'sordido, a *ag* sordid; (*fig: gretto*) stingy

sor'dina *sf:* **in ~** softly; (*fig*) on the sly

sordità *sf* deafness

'sordo, a *ag* deaf; (*rumore*) muffled; (*dolore*) dull; (*odio, rancore*) veiled ♦ *sm/f* deaf person; **sordo'muto, a** *ag* deaf-and-dumb ♦ *sm/f* deaf-mute

so'rella *sf* sister; **sorel'lastra** *sf* stepsister

sor'gente [sor'dʒɛnte] *sf* (*d'acqua*) spring; (*di fiume, FISICA, fig*) source

'sorgere ['sordʒere] *vi* to rise; (*scaturire*) to spring, rise; (*fig: difficoltà*) to arise

sormon'tare vt (fig) to overcome, surmount

sorni'one, a ag sly

sorpas'sare vt (AUT) to overtake; (fig) to surpass; (: eccedere) to exceed, go beyond; **~ in altezza** to be higher than; (persona) to be taller than; **sor'passo** sm (AUT) overtaking

sorpren'dente ag surprising

sor'prendere vt (cogliere: in flagrante etc) to catch; (stupire) to surprise; **~rsi** vr: **~rsi (di)** to be surprised (at); **sor'presa** sf surprise; **fare una sorpresa a qn** to give sb a surprise; **sor'preso, a** pp di **sorprendere**

sor'reggere [sor'reddʒere] vt to support, hold up; (fig) to sustain; **sor'retto, a** pp di **sorreggere**

sor'ridere vi to smile; **sor'riso, a** pp di **sorridere** ♦ sm smile

'sorso sm sip

'sorta sf sort, kind; **di ~** whatever, of any kind, at all

'sorte sf (fato) fate, destiny; (evento fortuito) chance; **tirare a ~** to draw lots

sor'teggio [sor'teddʒo] sm draw

sorti'legio [sorti'lɛdʒo] sm witchcraft no pl; (incantesimo) spell; **fare un ~ a qn** to cast a spell on sb

sor'tita sf (MIL) sortie

'sorto, a pp di **sorgere**

sorvegli'anza [sorveʎ'ʎantsa] sf watch, supervision; (POLIZIA, MIL) surveillance

sorvegli'are [sorveʎ'ʎare] vt (bambino, bagagli, prigioniero) to watch, keep an eye on; (malato) to watch over; (territorio, casa) to watch o keep watch over; (lavori) to supervise

sorvo'lare vt (territorio) to fly over ♦ vi: **~ su** (fig) to skim over

'sosia sm inv double

sos'pendere vt (appendere) to hang (up); (interrompere, privare di una carica) to suspend; (rimandare) to defer; (appendere) to hang; **sospensi'one** sf (anche CHIM, AUT) suspension; deferment; **sos'peso, a** pp di **sospendere** ♦ ag (appeso): **sospeso**

a hanging on (o from); (treno, autobus) cancelled; **in sospeso** in abeyance; (conto) outstanding; **tenere in sospeso** (fig) to keep in suspense

sospet'tare vt to suspect ♦ vi: **~ di** to suspect; (diffidare) to be suspicious of

sos'petto, a ag suspicious ♦ sm suspicion; **sospet'toso, a** ag suspicious

sos'pingere [sos'pindʒere] vt to drive, push; **sos'pinto, a** pp di **sospingere**

sospi'rare vi to sigh ♦ vt to long for, yearn for; **sos'piro** sm sigh

'sosta sf (fermata) stop, halt; (pausa) pause, break; **senza ~** non-stop, without a break

sostan'tivo sm noun, substantive

sos'tanza [sos'tantsa] sf substance; **~e** sfpl (ricchezze) wealth sg, possessions; **in ~** in short, to sum up; **sostanzi'oso, a** ag (cibo) nourishing, substantial

sos'tare vi (fermarsi) to stop (for a while), stay; (fare una pausa) to take a break

sos'tegno [sos'teɲɲo] sm support

soste'nere vt to support; (prendere su di sé) to take on, bear; (resistere) to withstand, stand up to; (affermare): **~ che** to maintain that; **~rsi** vr to hold o.s. up, support o.s.; (fig) to keep up one's strength; **~ gli esami** to sit exams; **sosteni'tore, 'trice** sm/f supporter

sostenta'mento sm maintenance, support

soste'nuto, a ag (stile) elevated; (velocità, ritmo) sustained; (prezzo) high ♦ sm/f: **fare il(la) ~(a)** to be standoffish, keep one's distance

sostitu'ire vt (mettere al posto di): **~ qn/qc a** to substitute sb/sth for; (prendere il posto di: persona) to substitute for; (: cosa) to take the place of

sosti'tuto, a sm/f substitute

sostituzi'one [sostitut'tsjone] sf substitution; **in ~ di** as a substitute for, in place of

sotta'ceti [sotta'tʃeti] smpl pickles

sot'tana sf (sottoveste) underskirt; (gonna) skirt; (REL) soutane, cassock

sotter'fugio [sotter'fudʒo] *sm* subterfuge
sotter'raneo, a *ag* underground ♦ *sm* cellar
sotter'rare *vt* to bury
sottigli'ezza [sottiʎ'ʎettsa] *sf* thinness; slimness; (*fig: acutezza*) subtlety; shrewdness; **~e** *sfpl* (*pedanteria*) quibbles
sot'tile *ag* thin; (*figura, caviglia*) thin, slim, slender; (*fine: polvere, capelli*) fine; (*fig: leggero*) light; (: *vista*) sharp, keen; (: *olfatto*) fine, discriminating; (: *mente*) subtle; shrewd ♦ *sm*: **non andare per il ~** not to mince matters
sottin'tendere *vt* (*intendere qc non espresso*) to understand; (*implicare*) to imply; **sottin'teso, a** *pp di* **sottintendere** ♦ *sm* allusion; **parlare senza sottintesi** to speak plainly
'sotto *prep* (*gen*) under; (*più in basso di*) below ♦ *av* underneath, beneath; below; **(al piano) di ~** downstairs; **~ forma di** in the form of; **~ il monte** at the foot of the mountain; **siamo ~ Natale** it's nearly Christmas; **la pioggia/il sole** in the rain/sun(shine); **~ terra** underground; **chiuso ~ vuoto** vacuum-packed
sottoline'are *vt* to underline; (*fig*) to emphasize, stress
sottoma'rino, a *ag* (*flora*) submarine; (*cavo, navigazione*) underwater ♦ *sm* (*NAUT*) submarine
sotto'messo, a *pp di* **sottomettere**
sotto'mettere *vt* to subdue, subjugate; **~rsi** *vr* to submit
sottopas'saggio [sottopas'saddʒo] *sm* (*AUT*) underpass; (*pedonale*) subway, underpass
sotto'porre *vt* (*costringere*) to subject; (*fig: presentare*) to submit; **sottoporsi** *vr* to submit; **sottoporsi a** (*subire*) to undergo; **sotto'posto, a** *pp di* **sottoporre**
sottos'critto, a *pp di* **sottoscrivere**
sottos'crivere *vt* **~ a** to sign ♦ *vi*: **~ a** to subscribe to; **sottoscrizi'one** *sf* signing; subscription
sottosegre'tario *sm*: **~ di Stato** Under-Secretary of State (*BRIT*), Assistant Secretary

of State (*US*)
sotto'sopra *av* upside-down
sotto'terra *av* underground
sotto'titolo *sm* subtitle
sottovalu'tare *vt* to underestimate
sotto'veste *sf* underskirt
sotto'voce [sotto'votʃe] *av* in a low voice
sot'trarre *vt* (*MAT*) to subtract, take away; **~ qn/qc a** (*togliere*) to remove sb/sth from; (*salvare*) to save *o* rescue sb/sth from; **~ qc a qn** (*rubare*) to steal sth from sb; **sottrarsi** *vr*: **sottrarsi a** (*sfuggire*) to escape; (*evitare*) to avoid; **sot'tratto, a** *pp di* **sottrarre**; **sottrazi'one** *sf* subtraction; removal
sovi'etico, a, ci, che *ag* Soviet ♦ *sm/f* Soviet citizen
sovraccari'care *vt* to overload
sovrannatu'rale *ag* = **soprannaturale**
so'vrano, a *ag* sovereign; (*fig: sommo*) supreme ♦ *sm/f* sovereign, monarch
sovrap'porre *vt* to place on top of, put on top of
sovras'tare *vi*: **~ a** (*vallata, fiume*) to overhang; (*fig*) to hang over, threaten ♦ *vt* to overhang; to hang over, threaten
sovrinten'dente *etc* = **soprintendente** *etc*
sovru'mano, a *ag* superhuman
sovvenzi'one [sovven'tsjone] *sf* subsidy, grant
sovver'sivo, a *ag* subversive
'sozzo, a [ˈsottso] *ag* filthy, dirty
S.p.A. *abbr* = **società per azioni**
spac'care *vt* to split, break; (*legna*) to chop; **~rsi** *vr* to split, break; **spacca'tura** *sf* split
spacci'are [spat'tʃare] *vt* (*vendere*) to sell (off); (*mettere in circolazione*) to circulate; (*droga*) to peddle, push; **~rsi** *vr*: **~rsi per** (*farsi credere*) to pass o.s. off as, pretend to be; **spaccia'tore, 'trice** *sm/f* (*di droga*) pusher; (*di denaro falso*) dealer; **'spaccio** *sm* (*di merce rubata, droga*): **spaccio (di)** trafficking (in); (*in denaro falso*): **spaccio (di)** passing (of); (*vendita*) sale; (*bottega*) shop
'spacco, chi *sm* (*fenditura*) split, crack;

spaccone → **spazzola**

(*strappo*) tear; (*di gonna*) slit

spac'cone *sm/f* boaster, braggart

'spada *sf* sword

spae'sato, a *ag* disorientated, lost

spa'ghetti [spa'getti] *smpl* (*CUC*) spaghetti *sg*

'Spagna ['spaɲɲa] *sf*: la ~ Spain; spa'gnolo, a *ag* Spanish ♦ *sm/f* Spaniard ♦ *sm* (*LING*) Spanish; gli Spagnoli the Spanish

'spago, ghi *sm* string, twine

spai'ato, a *ag* (*calza, guanto*) odd

spalan'care *vt* to open wide; ~rsi *vr* to open wide

spa'lare *vt* to shovel

'spalla *sf* shoulder; (*fig*: *TEATRO*) stooge; ~e *sfpl* (*dorso*) back; spalleggi'are *vt* to back up, support

spalli'era *sf* (*di sedia etc*) back; (*di letto*: *da capo*) head(board); (*: da piedi*) foot(board); (*GINNASTICA*) wall bars *pl*

spal'lina *sf* (*bretella*) strap; (*imbottita*) shoulder pad

spal'mare *vt* to spread

'spalti *smpl* (*di stadio*) terracing

'spandere *vt* to spread; (*versare*) to pour (out); ~rsi *vr* to spread; 'spanto, a *pp di* spandere

spa'rare *vt* to fire ♦ *vi* (*far fuoco*) to fire; (*tirare*) to shoot; spara'toria *sf* exchange of shots

sparecchi'are [sparek'kjare] *vt*: ~ (la tavola) to clear the table

spa'reggio [spa'reddʒo] *sm* (*SPORT*) play-off

'spargere ['spardʒere] *vt* (*spargagliare*) to scatter; (*versare*: *vino*) to spill; (*: lacrime, sangue*) to shed; (*diffondere*) to spread; (*emanare*) to give off (*o* out); ~rsi *vr* to spread; spargi'mento *sm* scattering, strewing; spilling; shedding; spargimento di sangue bloodshed

spa'rire *vi* to disappear, vanish

spar'lare *vi*: ~ di to run down, speak ill of

'sparo *sm* shot

sparpagli'are [sparpaʎ'ʎare] *vt* to scatter; ~rsi *vr* to scatter

'sparso, a *pp di* spargere ♦ *ag* scattered;

(*sciolto*) loose

spar'tire *vt* (*eredità, bottino*) to share out; (*avversari*) to separate

spar'tito *sm* (*MUS*) score

sparti'traffico *sm inv* (*AUT*) central reservation (*BRIT*), median (strip) (*US*)

spa'ruto, a *ag* (*viso etc*) haggard

sparvi'ero *sm* (*ZOOL*) sparrowhawk

spasi'mante *sm* suitor

'spasimo *sm* pang; 'spasmo *sm* (*MED*) spasm; spas'modico, a, ci, che *ag* (*angoscioso*) agonizing; (*MED*) spasmodic

spassio'nato, a *ag* dispassionate, impartial

'spasso *sm* (*divertimento*) amusement, enjoyment; andare a ~ to go out for a walk; essere a ~ (*fig*) to be out of work; mandare qn a ~ (*fig*) to give sb the sack

'spatola *sf* spatula; (*di muratore*) trowel

spau'racchio [spau'rakkjo] *sm* scarecrow

spau'rire *vt* to frighten, terrify

spa'valdo, a *ag* arrogant, bold

spaventa'passeri *sm inv* scarecrow

spaven'tare *vt* to frighten, scare; ~rsi *vr* to be frightened, be scared; to get a fright; spa'vento *sm* fear, fright; far spavento a qn to give sb a fright; spaven'toso, a *ag* frightening, terrible; (*fig*: *fam*) tremendous, fantastic

spazien'tire [spattsjen'tire] *vi* (*anche*: ~rsi) to lose one's patience

'spazio ['spattsjo] *sm* space; ~ aereo airspace; spazi'oso, a *ag* spacious

spazzaca'mino [spattsaka'mino] *sm* chimney sweep

spazza'neve [spattsa'neve] *sm inv* snowplough

spaz'zare [spat'tsare] *vt* to sweep; (*foglie etc*) to sweep up; (*cacciare*) to sweep away; spazza'tura *sf* sweepings *pl*; (*immondizia*) rubbish; spaz'zino *sm* street sweeper

'spazzola ['spattsola] *sf* brush; ~ per abiti clothesbrush; ~ da capelli hairbrush; spazzo'lare *vt* to brush; spazzo'lino *sm* (*small*) brush; spazzolino da denti toothbrush

specchi'arsi [spek'kjarsi] *vr* to look at o.s. in a mirror; (*riflettersi*) to be mirrored, be reflected

'specchio ['spekkjo] *sm* mirror

speci'ale [spe'tʃale] *ag* special; specia'lista, i, e *sm/f* specialist; specialità *sf inv* speciality; (*branca di studio*) special field, speciality; specializ'zarsi *vr*: specializzarsi (in) to specialize (in); special'mente *av* especially, particularly

'specie ['spetʃe] *sf inv* (BIOL, BOT, ZOOL) species *inv*; (*tipo*) kind, sort ♦ *av* especially, particularly; **una ~ di** a kind of; **fare ~ a qn** to surprise sb; **la ~ umana** mankind

specifi'care [spetʃifi'kare] *vt* to specify, state

spe'cifico, a, ci, che [spe'tʃifiko] *ag* specific

specu'lare *vi*: ~ **su** (COMM) to speculate in; (*sfruttare*) to exploit; (*meditare*) to speculate on; speculazi'one *sf* speculation

spe'dire *vt* to send; spedizi'one *sf* sending; (*collo*) consignment; (*scientifica etc*) expedition

'spegnere ['spɛɲɲere] *vt* (*fuoco, sigaretta*) to put out, extinguish; (*apparecchio elettrico*) to turn *o* switch off; (*gas*) to turn off; (*fig: suoni, passioni*) to stifle; (*debito*) to extinguish; ~**rsi** *vr* to go out; to go off; (*morire*) to pass away

spel'lare *vt* (*scuoiare*) to skin; (*scorticare*) to graze; ~**rsi** *vr* to peel

'spendere *vt* to spend

spen'nare *vt* to pluck

spensie'rato, a *ag* carefree

'spento, a *pp di* spegnere ♦ *ag* (*suono*) muffled; (*colore*) dull; (*sigaretta*) out; (*civiltà, vulcano*) extinct

spe'ranza [spe'rantsa] *sf* hope

spe'rare *vt* to hope for ♦ *vi*: ~ **in** to trust in; ~ **che/di fare** to hope that/to do; **lo spero, spero di sì** I hope so

sper'duto, a *ag* (*isolato*) out-of-the-way; (*persona: smarrita, a disagio*) lost

spergi'uro, a [sper'dʒuro] *sm/f* perjurer

♦ *sm* perjury

sperimen'tale *ag* experimental

sperimen'tare *vt* to experiment with, test; (*fig*) to test, put to the test

'sperma, i *sm* sperm

spe'rone *sm* spur

sperpe'rare *vt* to squander

'spesa *sf* (*somma di denaro*) expense; (*costo*) cost; (*acquisto*) purchase; (*fam: acquisto del cibo quotidiano*) shopping; ~**e** *sfpl* (*soldi spesi*) expenses; (COMM) costs; charges; **fare la ~** to do the shopping; **a ~e di** (*a carico di*) at the expense of; ~**e generali** overheads; ~**e postali** postage *sg*; ~**e di viaggio** travelling expenses

'speso, a *pp di* spendere

'spesso, a *ag* (*fitto*) thick; (*frequente*) frequent ♦ *av* often; ~**e volte** frequently, often

spes'sore *sm* thickness

spet'tabile (*abbr*: **Spett.**: *in lettere*) *ag*: ~ **ditta X** Messrs X and Co.

spet'tacolo *sm* (*rappresentazione*) performance, show; (*vista, scena*) sight; **dare ~ di sé** to make an exhibition *o* a spectacle of o.s.; spettaco'loso, a *ag* spectacular

spet'tare *vi*: ~ **a** (*decisione*) to be up to; (*stipendio*) to be due to; **spetta a te decidere** it's up to you to decide

spetta'tore, 'trice *sm/f* (CINEMA, TEATRO) member of the audience; (*di avvenimento*) onlooker, witness

spetti'nare *vt*: ~ **qn** to ruffle sb's hair; ~**rsi** *vr* to get one's hair in a mess

'spettro *sm* (*fantasma*) spectre; (FISICA) spectrum

'spezie ['spettsje] *sfpl* (CUC) spices

spez'zare [spet'tsare] *vt* (*rompere*) to break; (*fig: interrompere*) to break up; ~**rsi** *vr* to break

spezza'tino [spettsa'tino] *sm* (CUC) stew

spezzet'tare [spettset'tare] *vt* to break up (*o* chop) into small pieces

'spia *sf* spy; (*confidente della polizia*) informer; (ELETTR) indicating light; warning light; (*fessura*) peep-hole; (*fig: sintomo*) sign, indication

spia'cente [spja'tʃɛnte] *ag* sorry; **essere ~ di qc/di fare qc** to be sorry about sth/for doing sth

spia'cevole [spja'tʃevole] *ag* unpleasant

spi'aggia, ge ['spjaddʒa] *sf* beach; **~ libera** public beach

spia'nare *vt* (*terreno*) to level, make level; (*edificio*) to raze to the ground; (*pasta*) to roll out; (*rendere liscio*) to smooth (out)

spi'ano *sm*: **a tutto ~** (*lavorare*) non-stop, without a break; (*spendere*) lavishly

spian'tato, a *ag* penniless, ruined

spi'are *vt* to spy on

spi'azzo ['spjattso] *sm* open space; (*radura*) clearing

spic'care *vt* (*assegno, mandato di cattura*) to issue ♦ *vi* (*risaltare*) to stand out; **~ il volo** to fly off; (*fig*) to spread one's wings; **~ un balzo** to leap; **spic'cato, a** *ag* (*marcato*) marked, strong; (*notevole*) remarkable

spicchio ['spikkjo] *sm* (*di agrumi*) segment; (*di aglio*) clove; (*parte*) piece, slice

spicci'are [spit'tʃare] *vt* to finish off quickly; **~rsi** *vr* to hurry up

spicciolo, a ['spittʃolo] *ag*: **moneta ~a, ~i** *smpl* (small) change

spicco, chi *sm*: **di ~** outstanding; (*tema*) main, principal; **fare ~** to stand out

spie'dino *sm* (*utensile*) skewer; (*pietanza*) kebab

spi'edo *sm* (*CUC*) spit

spie'gare *vt* (*far capire*) to explain; (*tovaglia*) to unfold; (*vele*) to unfurl; **~rsi** *vr* to explain o.s., make o.s. clear; **~ qc a qn** to explain sth to sb; **spiegazi'one** *sf* explanation

spiegaz'zare [spjegat'tsare] *vt* to crease, crumple

spie'tato, a *ag* ruthless, pitiless

spiffe'rare (*fam*) *vt* to blurt out, blab

spiga, ghe *sf* (*BOT*) ear

spigli'ato, a [spiʎ'ʎato] *ag* self-possessed, self-confident

spigolo *sm* corner; (*MAT*) edge

spilla *sf* brooch; (*da cravatta, cappello*) pin; **~ di sicurezza** *o* **da balia** safety pin

spil'lare *vt* (*vino, fig*) to tap; **~ denaro/ notizie a qn** to tap sb for money/ information

spillo *sm* pin

spi'lorcio, a, ci, ce [spi'lortʃo] *ag* mean, stingy

spina *sf* (*BOT*) thorn; (*ZOOL*) spine, prickle; (*di pesce*) bone; (*ELETTR*) plug; (*di botte*) bunghole; **birra alla ~** draught beer; **~ dorsale** (*ANAT*) backbone

spi'nacio [spi'natʃo] *sm* spinach; (*CUC*): **~i** spinach *sg*

spingere ['spindʒere] *vt* to push; (*condurre: anche fig*) to drive; (*stimolare*): **~ qn a fare** to urge *o* press sb to do; **~rsi** *vr* (*inoltrarsi*) to push on, carry on; **~rsi troppo lontano** (*anche fig*) to go too far

spi'noso, a *ag* thorny, prickly

spinta *sf* (*urto*) push; (*FISICA*) thrust; (*fig: stimolo*) incentive, spur; (: *appoggio*) string-pulling *no pl*; **dare una ~a a qn** (*fig*) to pull strings for sb

spinto, a *pp di* **spingere**

spio'naggio [spio'naddʒo] *sm* espionage, spying

spi'overe *vi* to stop raining

spira *sf* coil

spi'raglio [spi'raʎʎo] *sm* (*fessura*) chink, narrow opening; (*raggio di luce, fig*) glimmer, gleam

spi'rale *sf* spiral; (*contraccettivo*) coil; **a ~** spiral(-shaped)

spi'rare *vi* (*vento*) to blow; (*morire*) to expire, pass away

spiri'tato, a *ag* possessed; (*fig: persona, espressione*) wild

spiri'tismo *sm* spiritualism

spirito *sm* (*REL, CHIM, disposizione d'animo, di legge etc, fantasma*) spirit; (*pensieri, intelletto*) mind; (*arguzia*) wit; (*umorismo*) humour, wit; **lo S~ Santo** the Holy Spirit *o* Ghost

spirito'saggine [spirito'saddʒine] *sf* witticism; (*peg*) wisecrack

spiri'toso, a *ag* witty

spiritu'ale *ag* spiritual

'splendere *vi* to shine

'splendido, a *ag* splendid; (*splendente*) shining; (*sfarzoso*) magnificent, splendid

splen'dore *sm* splendour; (*luce intensa*) brilliance, brightness

spodes'tare *vt* to deprive of power; (*sovrano*) to depose

spogli'are [spoʎ'ʎare] *vt* (*svestire*) to undress; (*privare, fig: depredare*): ~ **qn di qc** to deprive sb of sth; (*togliere ornamenti: anche fig*): ~ **qn/qc di** to strip sb/sth of; ~**rsi** *vr* to undress, strip; ~**rsi di** (*ricchezze etc*) to deprive o.s. of, give up; (*pregiudizi*) to rid o.s. of; spoglia'toio *sm* dressing room; (*di scuola etc*) cloakroom; (*SPORT*) changing room; 'spoglie ['spɔʎʎe] *sfpl* (*salma*) remains; (*preda*) spoils, booty *sg*; *vedi anche* spoglio; 'spoglio, a *ag* (*pianta, terreno*) bare; (*privo*): spoglio di stripped of; lacking in, without ♦ *sm* (*di voti*) counting

'spola *sf* (*bobina di filo*) cop; **fare la ~ (fra)** to go to and fro *o* shuttle (between)

spol'pare *vt* to strip the flesh off

spolve'rare *vt* (*anche CUC*) to dust; (*con spazzola*) to brush; (*con battipanni*) to beat; (*fig*) to polish off ♦ *vi* to dust

'sponda *sf* (*di fiume*) bank; (*di mare, lago*) shore; (*bordo*) edge

spon'taneo, a *ag* spontaneous; (*persona*) unaffected, natural

spopo'lare *vt* to depopulate ♦ *vi* (*attirare folla*) to draw the crowds; ~**rsi** *vr* to become depopulated

spor'care *vt* to dirty, make dirty; (*fig*) to sully, soil; ~**rsi** *vr* to get dirty

spor'cizia [spor'tʃittsja] *sf* (*stato*) dirtiness; (*sudiciume*) dirt, filth; (*cosa sporca*) dirt *no pl*, something dirty

'sporco, a, chi, che *ag* dirty, filthy

spor'genza [spor'dʒɛntsa] *sf* projection

'sporgere ['spɔrdʒere] *vt* to put out, stretch out ♦ *vi* (*venire in fuori*) to stick out; ~**rsi** *vr* to lean out; ~ **querela contro qn** (*DIR*) to take legal action against sb

sport *sm inv* sport

'sporta *sf* shopping bag

spor'tello *sm* (*di treno, auto etc*) door; (*di banca, ufficio*) window, counter; ~ **automatico** (*BANCA*) cash dispenser, automated telling machine

spor'tivo, a *ag* (*gara, giornale, centro*) sports *cpd*; (*persona*) sporty; (*abito*) casual; (*spirito, atteggiamento*) sporting

'sporto, a *pp di* sporgere

'sposa *sf* bride; (*moglie*) wife

sposa'lizio [spoza'littsjo] *sm* wedding

spo'sare *vt* to marry; (*fig: idea, fede*) to espouse; ~**rsi** *vr* to get married, marry; ~**rsi con qn** to marry sb, get married to sb; spo'sato, a *ag* married

'sposo *sm* (*bride*)groom; (*marito*) husband; **gli ~i** *smpl* the newlyweds

spos'sato, a *ag* exhausted, weary

spos'tare *vt* to move, shift; (*cambiare: orario*) to change; ~**rsi** *vr* to move

'spranga, ghe *sf* (*sbarra*) bar

'sprazzo ['sprattso] *sm* (*di sole etc*) flash; (*fig: di gioia etc*) burst

spre'care *vt* to waste; ~**rsi** *vr* (*persona*) to waste one's energy; 'spreco *sm* waste

spre'gevole [spre'dʒevole] *ag* contemptible, despicable

spregiudi'cato, a [spredʒudi'kato] *ag* unprejudiced, unbiased; (*peg*) unscrupulous

'spremere *vt* to squeeze

spre'muta *sf* fresh juice; ~ **d'arancia** fresh orange juice

sprez'zante [spret'tsante] *ag* scornful, contemptuous

sprigio'nare [spridʒo'nare] *vt* to give off, emit; ~**rsi** *vr* to emanate; (*uscire con impeto*) to burst out

spriz'zare [sprit'tsare] *vt, vi* to spurt; ~ **gioia/salute** to be bursting with joy/health

sprofon'dare *vi* to sink; (*casa*) to collapse; (*suolo*) to give way, subside; ~**rsi** *vr*: ~**rsi in** (*poltrona*) to sink into; (*fig*) to become immersed *o* absorbed in

spro'nare *vt* to spur (on)

'sprone *sm* (*sperone, fig*) spur

sproporzio'nato, a [sproportsjo'nato] *ag* disproportionate, out of all proportion

sproporzi'one [spropor'tsjone] *sf* disproportion

sproposi'tato, a *ag* (*lettera, discorso*) full of mistakes; (*fig: costo*) excessive, enormous

spro'posito *sm* blunder; **a ~** at the wrong time; (*rispondere, parlare*) irrelevantly

sprovve'duto, a *ag* inexperienced, naïve

sprov'visto, a *ag* (*mancante*): **~ di** lacking in, without; **alla ~a** unawares

spruz'zare [sprut'tsare] *vt* (*a nebulizzazione*) to spray; (*aspergere*) to sprinkle; (*inzaccherare*) to splash; **'spruzzo** *sm* spray; splash

'spugna ['spuɲɲa] *sf* (ZOOL) sponge; (*tessuto*) towelling; **spu'gnoso, a** *ag* spongy

'spuma *sf* (*schiuma*) foam; (*bibita*) fizzy drink

spu'mante *sm* sparkling wine

spumeggi'ante [spumed'dʒante] *ag* (*birra*) foaming; (*vino, fig*) sparkling

spu'mone *sm* (CUC) mousse

spun'tare *vt* (*coltello*) to break the point of; (*capelli*) to trim ♦ *vi* (*uscire: germogli*) to sprout; (: *capelli*) to begin to grow; (: *denti*) to come through; (*apparire*) to appear (suddenly); **~rsi** *vr* to become blunt, lose its point; **spuntarla** (*fig*) to make it, win through

spun'tino *sm* snack

'spunto *sm* (TEATRO, MUS) cue; (*fig*) starting point; **dare lo ~ a** (*fig*) to give rise to

spur'gare *vt* (*fogna*) to clean, clear

spu'tare *vt* to spit out; (*fig*) to belch (out) ♦ *vi* to spit; **'sputo** *sm* spittle *no pl*, spit *no pl*

'squadra *sf* (*strumento*) (set) square; (*gruppo*) team, squad; (*di operai*) gang, squad; (MIL) squad; (: AER, NAUT) squadron; (SPORT) team; **lavoro a ~e** teamwork

squa'drare *vt* to square, make square; (*osservare*) to look at closely

squa'driglia [skwa'driʎʎa] *sf* (AER) flight; (NAUT) squadron

squa'drone *sm* squadron

squagli'arsi [skwaʎ'ʎarsi] *vr* to melt; (*fig*) to sneak off

squa'lifica *sf* disqualification

squalifi'care *vt* to disqualify

'squallido, a *ag* wretched, bleak

squal'lore *sm* wretchedness, bleakness

'squalo *sm* shark

'squama *sf* scale; **squa'mare** *vt* to scale; **squamarsi** *vr* to flake *o* peel (off)

squarcia'gola [skwartʃa'gola]: **a ~** *av* at the top of one's voice

squarci'are [skwar'tʃare] *vt* to rip (open); (*fig*) to pierce

squar'tare *vt* to quarter, cut up

squattri'nato, a *ag* penniless

squili'brato, a *ag* (PSIC) unbalanced; **squi'librio** *sm* (*differenza, sbilancio*) imbalance; (PSIC) unbalance

squil'lante *ag* shrill, sharp

squil'lare *vi* (*campanello, telefono*) to ring (out); (*tromba*) to blare; **'squillo** *sm* ring, ringing *no pl*; blare; **ragazza** *f* **squillo** *inv* call girl

squi'sito, a *ag* exquisite; (*cibo*) delicious; (*persona*) delightful

squit'tire *vi* (*uccello*) to squawk; (*topo*) to squeak

sradi'care *vt* to uproot; (*fig*) to eradicate

sragio'nare [zradʒo'nare] *vi* to talk nonsense, rave

srego'lato, a *ag* (*senza ordine: vita*) disorderly; (*smodato*) immoderate; (*dissoluto*) rave

S.r.l. *abbr* = **società a responsabilità limitata**

'stabile *ag* stable, steady; (*tempo: non variabile*) settled; (TEATRO: *compagnia*) resident ♦ *sm* (*edificio*) building

stabili'mento *sm* (*edificio*) establishment; (*fabbrica*) plant, factory

stabi'lire *vt* to establish; (*fissare: prezzi, data*) to fix; (*decidere*) to decide; **~rsi** *vr* (*prendere dimora*) to settle

stac'care *vt* (*levare*) to detach, remove; (*separare: anche fig*) to separate, divide; (*strappare*) to tear off (*o* out); (*scandire: parole*) to pronounce clearly; (SPORT) to leave behind; **~rsi** *vr* (*bottone etc*) to come off; (*scostarsi*): **~rsi (da)** to move away

(from); (fig: separarsi): **~rsi da** to leave;
non ~ gli occhi da qn not to take one's
eyes off sb

'**stadio** sm (SPORT) stadium; (periodo, fase)
phase, stage

'**staffa** sf (di sella, TECN) stirrup; **perdere le
~e** (fig) to fly off the handle

staf'**fetta** sf (messo) dispatch rider; (SPORT)
relay race

stagio'**nale** [stadʒo'nale] ag seasonal

stagio'**nare** [stadʒo'nare] vt (legno) to
season; (formaggi, vino) to mature

stagi'**one** [sta'dʒone] sf season; **alta / bassa
~** high/low season

stagli'**arsi** [staʎ'ʎarsi] vr to stand out, be
silhouetted

'**stagno, a** ['staɲɲo] ag watertight; (a
tenuta d'aria) airtight ♦ sm (acquitrino)
pond; (CHIM) tin

sta'**gnola** [staɲ'ɲɔla] sf tinfoil

'**stalla** sf (per bovini) cowshed; (per cavalli)
stable

stal'**lone** sm stallion

sta'**mani** av = **stamattina**

stamat'**tina** av this morning

stam'**becco, chi** sm ibex

'**stampa** sf (TIP, FOT: tecnica) printing;
(impressione, copia fotografica) print;
(insieme di quotidiani, giornalisti etc) press;
''**~e**'' sfpl ''printed matter''

stam'**pante** sf (INFORM) printer

stam'**pare** vt to print; (pubblicare) to
publish; (coniare) to strike, coin; (imprimere:
anche fig) to impress

stampa'**tello** sm block letters pl

stam'**pella** sf crutch

'**stampo** sm mould; (fig: indole) type, kind,
sort

sta'**nare** vt to drive out

stan'**care** vt to tire, make tired; (annoiare)
to bore; (infastidire) to annoy; **~rsi** vr to
get tired, tire o.s. out; **~rsi (di)** to grow
weary (of), grow tired (of)

stan'**chezza** [stan'kettsa] sf tiredness,
fatigue

'**stanco, a, chi, che** ag tired; **~ di** tired
of, fed up with

'**stanga, ghe** sm bar; (di carro) shaft

stan'**gata** sf (colpo: anche fig) blow;
(cattivo risultato) poor result; (CALCIO) shot

sta'**notte** av tonight; (notte passata) last
night

'**stante** prep: **a sé ~** (appartamento, casa)
independent, separate

stan'**tio, a, 'tii, 'tie** ag stale; (burro)
rancid; (fig) old

stan'**tuffo** sm piston

'**stanza** ['stantsa] sf room; (POESIA) stanza; **~
da letto** bedroom

stanzi'**are** [stan'tsjare] vt to allocate

stap'**pare** vt to uncork; to uncap

'**stare** vi (restare in un luogo) to stay,
remain; (abitare) to stay, live; (essere
situato) to be, be situated; (anche: **~ in
piedi**) to be, stand; (essere, trovarsi) to be;
(dipendere): **se stesse in me** if it were up
to me, if it depended on me; (seguito da
gerundio): **sta studiando** he's studying;
starci (esserci spazio): **nel baule non ci sta
più niente** there's no more room in the
boot; (accettare) to accept; **ci stai?** is that
okay with you?; **~ a** (attenersi a) to follow,
stick to; (seguito dall'infinito): **stiamo a
discutere** we're talking; (toccare a): **sta a
te giocare** it's your turn to play; **~ per
fare qc** to be about to do sth; **come sta?**
how are you?; **io sto bene / male** I'm very
well/not very well; **~ a qn** (abiti etc) to fit
sb; **queste scarpe mi stanno strette** these
shoes are tight for me; **il rosso ti sta bene**
red suits you

starnu'**tire** vi to sneeze; star'**nuto** sm
sneeze

sta'**sera** av this evening, tonight

sta'**tale** ag state cpd; government cpd
♦ sm/f state employee, local authority
employee; (nell'amministrazione) ≈ civil
servant

sta'**tista, i** sm statesman

sta'**tistica** sf statistics sg

'**stato, a** pp di **essere; stare** ♦ sm
(condizione) state, condition; (POL) state;
(DIR) status; **essere in ~ d'accusa** (DIR) to
be committed for trial; **~ d'assedio /**

d'emergenza state of siege/emergency; **~ civile** (*AMM*) marital status; **~ maggiore** (*MIL*) staff; **gli S~i Uniti (d'America)** the United States (of America)

'**statua** *sf* statue

statuni'tense *ag* United States *cpd*, of the United States

sta'**tura** *sf* (*ANAT*) height, stature; (*fig*) stature

sta'**tuto** *sm* (*DIR*) statute; constitution

sta'**volta** *av* this time

stazio'**nario, a** [stattsjo'narjo] *ag* stationary; (*fig*) unchanged

stazi'**one** [stat'tsjone] *sf* station; (*balneare, termale*) resort; **~ degli autobus** bus station; **~ balneare** seaside resort; **~ ferroviaria** railway (*BRIT*) *o* railroad (*US*) station; **~ invernale** winter sports resort; **~ di polizia** police station (*in small town*); **~ di servizio** service *o* petrol (*BRIT*) *o* filling station

'**stecca, che** *sf* stick; (*di ombrello*) rib; (*di sigarette*) carton; (*MED*) splint; (*stonatura*): **fare una ~** to sing (*o* play) a wrong note

stec'**cato** *sm* fence

stec'**chito, a** [stek'kito] *ag*: **lasciar ~ qn** (*fig*) to leave sb flabbergasted; **morto ~** stone dead

'**stella** *sf* star; **~ alpina** (*BOT*) edelweiss; **~ di mare** (*ZOOL*) starfish

'**stelo** *sm* stem; (*asta*) rod; **lampada a ~** standard lamp

'**stemma, i** *sm* coat of arms

stempe'**rare** *vt* to dilute; to dissolve; (*colori*) to mix

sten'**dardo** *sm* standard

'**stendere** *vt* (*braccia, gambe*) to stretch (out); (*tovaglia*) to spread (out); (*bucato*) to hang out; (*mettere a giacere*) to lay (down); (*spalmare: colore*) to spread; (*mettere per iscritto*) to draw up; **~rsi** *vr* (*coricarsi*) to stretch out, lie down; (*estendersi*) to extend, stretch

stenodatti'**lografo, a** *sm/f* shorthand typist (*BRIT*), stenographer (*US*)

stenogra'**fare** *vt* to take down in shorthand; **stenogra'fia** *sf* shorthand

sten'**tare** *vi*: **~ a fare** to find it hard to do, have difficulty doing

'**stento** *sm* (*fatica*) difficulty; **~i** *smpl* (*privazioni*) hardship *sg*, privation *sg*; **a ~** with difficulty, barely

'**sterco** *sm* dung

'**stereo('fonico, a, ci, che)** *ag* stereo(phonic)

'**sterile** *ag* sterile; (*terra*) barren; (*fig*) futile, fruitless; **sterilità** *sf* sterility

sterili**z'zare** [sterilid'dzare] *vt* to sterilize; **sterilizzazi'one** *sf* sterilization

ster'**lina** *sf* pound (sterling)

stermi'**nare** *vt* to exterminate, wipe out

stermi'**nato, a** *ag* immense; endless

ster'**minio** *sm* extermination, destruction

'**sterno** *sm* (*ANAT*) breastbone

'**sterpo** *sm* dry twig; **~i** *smpl* brushwood *sg*

ster'**zare** [ster'tsare] *vt, vi* (*AUT*) to steer; '**sterzo** *sm* steering; (*volante*) steering wheel

'**steso, a** *pp di* **stendere**

'**stesso, a** *ag* same; (*rafforzativo: in persona, proprio*): **il re ~** the king himself *o* in person ♦ *pron*: **lo(la) ~(a)** the same (one); **i suoi ~i avversari lo ammirano** even his enemies admire him; **fa lo ~** it doesn't matter; **per me è lo ~** it's all the same to me, it doesn't matter to me; *vedi* **io; tu** *etc*

ste'**sura** *sf* drafting *no pl*, drawing up *no pl*; draft

'**stigmate** *sfpl* (*REL*) stigmata

sti'**lare** *vt* to draw up, draft

'**stile** *sm* style; **sti'lista, i** *sm* designer

stil'**lare** *vi* (*trasudare*) to ooze; (*gocciolare*) to drip; **stilli'cidio** *sm* (*fig*) continual pestering (*o* moaning *etc*)

stilo'**grafica, che** *sf* (*anche*: **penna ~**) fountain pen

'**stima** *sf* esteem; valuation; assessment, estimate

sti'**mare** *vt* (*persona*) to esteem, hold in high regard; (*terreno, casa etc*) to value; (*stabilire in misura approssimativa*) to estimate, assess; (*ritenere*): **~ che** to consider that; **~rsi fortunato** to consider o.s. (to be) lucky

stimo'lare *vt* to stimulate; (*incitare*): ~ **qn (a fare)** to spur sb on (to do)

'stimolo *sm* (*anche fig*) stimulus

'stinco, chi *sm* shin; shinbone

'stingere ['stindʒere] *vt, vi* (*anche*: **~rsi**) to fade; **'stinto, a** *pp di* **stingere**

sti'pare *vt* to cram, pack; **~rsi** *vr* (*accalcarsi*) to crowd, throng

sti'pendio *sm* salary

'stipite *sm* (*di porta, finestra*) jamb

stipu'lare *vt* (*redigere*) to draw up

sti'rare *vt* (*abito*) to iron; (*distendere*) to stretch; (*strappare: muscolo*) to strain; **~rsi** *vr* to stretch (o.s.); **stira'tura** *sf* ironing

'stirpe *sf* birth, stock; descendants *pl*

stiti'chezza [stiti'kettsa] *sf* constipation

'stitico, a, ci, che *ag* constipated

'stiva *sf* (*di nave*) hold

sti'vale *sm* boot

'stizza ['stittsa] *sf* anger, vexation; **stiz'zirsi** *vr* to lose one's temper; **stiz'zoso, a** *ag* (*persona*) quick-tempered, irascible; (*risposta*) angry

stocca'fisso *sm* stockfish, dried cod

stoc'cata *sf* (*colpo*) stab, thrust; (*fig*) gibe, cutting remark

'stoffa *sf* material, fabric; (*fig*): **aver la ~ di** to have the makings of

'stola *sf* stole

'stolto, a *ag* stupid, foolish

'stomaco, chi *sm* stomach; **dare di ~** to vomit, be sick

sto'nare *vt* to sing (*o* play) out of tune ♦ *vi* to be out of tune, sing (*o* play) out of tune; (*fig*) to be out of place, jar; (: *colori*) to clash; **stona'tura** *sf* (*suono*) false note

stop *sm inv* (*TEL*) stop; (*AUT: cartello*) stop sign; (: *fanalino d'arresto*) brake-light

'stoppa *sf* tow

stop'pino *sm* wick; (*miccia*) fuse

'storcere ['stɔrtʃere] *vt* to twist; **~rsi** *vr* to writhe, twist; **~ il naso** (*fig*) to turn up one's nose; **~rsi la caviglia** to twist one's ankle

stor'dire *vt* (*intontire*) to stun, daze; **~rsi** *vr*: **~rsi col bere** to dull one's senses with

drink; **stor'dito, a** *ag* stunned

'storia *sf* (*scienza, avvenimenti*) history; (*racconto, bugia*) story; (*faccenda, questione*) business *no pl*; (*pretesto*) excuse, pretext; **~e** *sfpl* (*smancerie*) fuss *sg*; **'storico, a, ci, che** *ag* historic(al) ♦ *sm* historian

stori'one *sm* (*ZOOL*) sturgeon

stor'mire *vi* to rustle

'stormo *sm* (*di uccelli*) flock

stor'nare *vt* (*COMM*) to transfer

'storno *sm* (*ZOOL*) starling

storpi'are *vt* to cripple, maim; (*fig: parole*) to mangle; (: *significato*) to twist

'storpio, a *ag* crippled, maimed

'storta *sf* (*distorsione*) sprain, twist

'storto, a *pp di* **storcere** ♦ *ag* (*chiodo*) twisted, bent; (*gamba, quadro*) crooked

sto'viglie [sto'viʎʎe] *sfpl* dishes *pl*, crockery

'strabico, a, ci, che *ag* squint-eyed; (*occhi*) squint

stra'bismo *sm* squinting

stra'carico, a, chi, che *ag* overloaded

strac'chino [strak'kino] *sm type of soft cheese*

stracci'are [strat'tʃare] *vt* to tear

'straccio, a, ci, ce ['strattʃo] *ag*: **carta ~a** waste paper ♦ *sm* rag; (*per pulire*) cloth, duster

stra'cotto, a *ag* overcooked ♦ *sm* (*CUC*) beef stew

'strada *sf* road; (*di città*) street; (*cammino, via, fig*) way; **farsi ~** (*fig*) to do well for o.s.; **essere fuori ~** (*fig*) to be on the wrong track; **~ facendo** on the way; **~ senza uscita** dead end; **stra'dale** *ag* road *cpd*

strafalci'one [strafal'tʃone] *sm* blunder, howler

stra'fare *vi* to overdo it; **stra'fatto, a** *pp di* **strafare**

strafot'tente *ag*: **è ~** he doesn't give a damn, he couldn't care less

'strage *sf* massacre, slaughter

stralu'nato, a *ag* (*occhi*) rolling; (*persona*) beside o.s., very upset

stramaz'zare [stramat'tsare] *vi* to fall heavily

'strambo, a *ag* strange, queer

strampa'lato, a *ag* odd, eccentric

stra'nezza [stra'nettsa] *sf* strangeness

strango'lare *vt* to strangle; ~rsi *vr* to choke

strani'ero, a *ag* foreign ♦ *sm/f* foreigner

'strano, a *ag* strange, odd

straordi'nario, a *ag* extraordinary; (*treno etc*) special ♦ *sm* (*lavoro*) overtime

strapaz'zare [strapat'tsare] *vt* to ill-treat; ~rsi *vr* to tire o.s. out, overdo things; stra'pazzo *sm* strain, fatigue; da strapazzo (*fig*) third-rate

strapi'ombo *sm* overhanging rock; a ~ overhanging

strapo'tere *sm* excessive power

strap'pare *vt* (*gen*) to tear, rip; (*pagina etc*) to tear off, tear out; (*sradicare*) to pull up; (*togliere*): ~ qc a qn to snatch sth from sb; (*fig*) to wrest sth from sb; ~rsi *vr* (*lacerarsi*) to rip, tear; (*rompersi*) to break; ~rsi un muscolo to tear a muscle; 'strappo *sm* pull, tug; tear, rip; fare uno strappo alla regola to make an exception to the rule; strappo muscolare torn muscle

strari'pare *vi* to overflow

strasci'care [straʃʃi'kare] *vt* to trail; (*piedi*) to drag; ~ le parole to drawl

'strascico, chi ['straʃʃiko] *sm* (*di abito*) train; (*conseguenza*) after-effect

strata'gemma, i [strata'dʒemma] *sm* stratagem

strate'gia, 'gie [strate'dʒia] *sf* strategy; stra'tegico, a, ci, che *ag* strategic

'strato *sm* layer; (*rivestimento*) coat, coating; (*GEO, fig*) stratum; (*METEOR*) stratus; ~ di ozono ozone layer

strava'gante *ag* odd, eccentric; strava'ganza *sf* eccentricity

stra'vecchio, a [stra'vekkjo] *ag* very old

stra'vizio [stra'vittsjo] *sm* excess

stra'volgere [stra'vɔldʒere] *vt* (*volto*) to contort; (*fig: animo*) to trouble deeply; (: *verità*) to twist, distort; stra'volto, a *pp di* stravolgere

strazi'are [strat'tsjare] *vt* to torture, torment; 'strazio *sm* torture; (*fig: cosa fatta male*): essere uno ~ to be appalling

'strega, ghe *sf* witch

stre'gare *vt* to bewitch

stre'gone *sm* (*mago*) wizard; (*di tribù*) witch doctor

'stregua *sf*: alla ~ di by the same standard as

stre'mare *vt* to exhaust

'stremo *sm* very end; essere allo ~ to be at the end of one's tether

'strenna *sf* Christmas present

strepi'toso, a *ag* clamorous, deafening; (*fig: successo*) resounding

stres'sante *ag* stressful

'stretta *sf* (*di mano*) grasp; (*finanziaria*) squeeze; (*fig: dolore, turbamento*) pang; una ~a di mano a handshake; essere alle ~e to have one's back to the wall; *vedi anche* stretto

stretta'mente *av* tightly; (*rigorosamente*) strictly

stret'tezza [stret'tettsa] *sf* narrowness

'stretto, a *pp di* stringere ♦ *ag* (*corridoio, limiti*) narrow; (*gonna, scarpe, nodo, curva*) tight; (*intimo: parente, amico*) close; (*rigoroso: osservanza*) strict; (*preciso: significato*) precise, exact ♦ *sm* (*braccio di mare*) strait; a denti ~i with clenched teeth; lo ~ necessario the bare minimum; stret'toia *sf* bottleneck; (*fig*) tricky situation

stri'ato, a *ag* streaked

'stridere *vi* (*porta*) to squeak; (*animale*) to screech, shriek; (*colori*) to clash; 'stridulo, a *ag* shrill

stril'lare *vt, vi* to scream, shriek; 'strillo *sm* scream, shriek

stril'lone *sm* newspaper seller

strimin'zito, a [strimin'tsito] *ag* (*misero*) shabby; (*molto magro*) skinny

strimpel'lare *vt* (*MUS*) to strum

'stringa, ghe *sf* lace

strin'gato, a *ag* (*fig*) concise

'stringere ['strindʒere] *vt* (*avvicinare due cose*) to press (together), squeeze (together); (*tenere stretto*) to hold tight, clasp, clutch; (*pugno, mascella, denti*) to clench; (*labbra*) to compress; (*avvitare*) to tighten; (*abito*) to take in; (*sog: scarpe*) to pinch, be tight for; (*fig: concludere: patto*) to make; (*: accelerare: passo, tempo*) to quicken ♦ *vi* (*essere stretto*) to be tight; (*tempo: incalzare*) to be pressing; **~rsi** *vr* (*accostarsi*): **~rsi a** to press o.s. up against; **~ la mano a qn** to shake sb's hand; **~ gli occhi** to screw up one's eyes

'**striscia, sce** ['striʃʃa] *sf* (*di carta, tessuto etc*) strip; (*riga*) stripe; **~sce (pedonali)** zebra crossing *sg*

strisci'are [striʃ'ʃare] *vt* (*piedi*) to drag; (*muro, macchina*) to graze ♦ *vi* to crawl, creep

'**striscio** ['striʃʃo] *sm* graze; (*MED*) smear; **colpire di ~** to graze

strito'lare *vt* to grind

striz'zare [strit'tsare] *vt* (*panni*) to wring (out); **~ l'occhio** to wink

'**strofa** *sf* strophe

strofi'naccio [strofi'nattʃo] *sm* duster, cloth; (*per piatti*) dishcloth; (*per pavimenti*) floorcloth

strofi'nare *vt* to rub

stron'care *vt* to break off; (*fig: ribellione*) to suppress, put down; (*: film, libro*) to tear to pieces

stropicci'are [stropit'tʃare] *vt* to rub

stroz'zare [strot'tsare] *vt* (*soffocare*) to choke, strangle; **~rsi** *vr* to choke; **strozza'tura** *sf* (*restringimento*) narrowing; (*di strada etc*) bottleneck

'**struggersi** ['struddʒersi] *vr* (*fig*): **~ di** to be consumed with

strumen'tale *ag* (*MUS*) instrumental

strumentaliz'zare [strumentalid'dzare] *vt* to exploit, use to one's own ends

stru'mento *sm* (*arnese, fig*) instrument, tool; (*MUS*) instrument; **~ a corda** *o* **ad arco/a fiato** stringed/wind instrument

'**strutto** *sm* lard

strut'tura *sf* structure; **struttu'rare** *vt* to structure

'**struzzo** ['struttso] *sm* ostrich

stuc'care *vt* (*muro*) to plaster; (*vetro*) to putty; (*decorare con stucchi*) to stucco

stuc'chevole [stuk'kevole] *ag* nauseating; (*fig*) tedious, boring

'**stucco, chi** *sm* plaster; (*da vetri*) putty; (*ornamentale*) stucco; **rimanere di ~** (*fig*) to be dumbfounded

stu'dente, 'essa *sm/f* student; (*scolaro*) pupil, schoolboy/girl; **studen'tesco, a, schi, sche** *ag* student *cpd*; school *cpd*

studi'are *vt* to study

'**studio** *sm* studying; (*ricerca, saggio, stanza*) study; (*di professionista*) office; (*di artista, CINEMA, TV, RADIO*) studio; **~i** *smpl* (*INS*) studies; **~ medico** doctor's surgery (*BRIT*) *o* office (*US*)

studi'oso, a *ag* studious, hard-working ♦ *sm/f* scholar

'**stufa** *sf* stove; **~ elettrica** electric fire *o* heater

stu'fare *vt* (*CUC*) to stew; (*fig: fam*) to bore; **stu'fato** *sm* (*CUC*) stew; '**stufo, a** (*fam*) *ag*: **essere stufo di** to be fed up with, be sick and tired of

stu'oia *sf* mat

stupefa'cente [stupefa'tʃɛnte] *ag* stunning, astounding ♦ *sm* drug, narcotic

stu'pendo, a *ag* marvellous, wonderful

stupi'daggine [stupi'daddʒine] *sf* stupid thing (to do *o* say)

stupidità *sf* stupidity

'**stupido, a** *ag* stupid

stu'pire *vt* to amaze, stun ♦ *vi* (*anche:* **~rsi**): **~ (di)** to be amazed (at), be stunned (by)

stu'pore *sm* amazement, astonishment

'**stupro** *sm* rape

stu'rare *vt* (*lavandino*) to clear

stuzzica'denti [stuttsika'dɛnti] *sm* toothpick

stuzzi'care [stuttsi'kare] *vt* (*ferita etc*) to poke (at), prod (at); (*fig*) to tease; (*: appetito*) to whet; (*: curiosità*) to stimulate; **~ i denti** to pick one's teeth

---

| PAROLA CHIAVE |

su (*su +il* = **sul**, *su +lo* = **sullo**, *su +l'* = **sull'**, *su +la* = **sulla**, *su +i* = **sui**, *su +gli*

= **sugli,** *su* +*le* = **sulle**) *prep* 1 (*gen*) on; (*moto*) on(to); (*in cima a*) on (top of); **mettilo sul tavolo** put it on the table; **un paesino sul mare** a village by the sea 2 (*argomento*) about, on; **un libro ~ Cesare** a book on *o* about Caesar 3 (*circa*) about; **costerà sui 3 milioni** it will cost about 3 million; **una ragazza sui 17 anni** a girl of about 17 (years of age) 4: **~ misura** made to measure; **~ richiesta** on request; **3 casi ~ dieci** 3 cases out of 10

♦ *av* 1 (*in alto, verso l'alto*) up; **vieni ~** come on up; **guarda ~** look up; **~ le mani!** hands up!; **in ~** (*verso l'alto*) up(wards); (*in poi*) onwards; **dai 20 anni in ~** from the age of 20 onwards 2 (*addosso*) on; **cos'hai ~?** what have you got on?

♦ *escl* come on!; **~ coraggio!** come on, cheer up!

'**sua** *vedi* **suo**
su'**bacqueo, a** *ag* underwater ♦ *sm* skindiver
sub'**buglio** [sub'buʎʎo] *sm* confusion, turmoil
subcosci'**ente** [subkoʃ'ʃɛnte] *ag, sm* subconscious
'**subdolo, a** *ag* underhand, sneaky
suben'**trare** *vi*: **~ a qn in qc** to take over sth from sb
su'**bire** *vt* to suffer, endure
subis'**sare** *vt* (*fig*): **~ di** to overwhelm with, load with
subi'**taneo, a** *ag* sudden
'**subito** *av* immediately, at once, straight away
subodo'**rare** *vt* (*insidia etc*) to smell, suspect
subordi'**nato, a** *ag* subordinate; (*dipendente*): **~ a** dependent on, subject to
subur'**bano, a** *ag* suburban
suc'**cedere** [sut'tʃedere] *vi* (*prendere il posto di qn*): **~ a** to succeed; (*venire dopo*): **~ a** to follow; (*accadere*) to happen; **~rsi** *vr* to follow each other; **~ al trono** to succeed to

the throne; **successi'one** *sf* succession; **succes'sivo, a** *ag* successive; **suc'cesso, a** *pp di* **succedere** ♦ *sm* (*esito*) outcome; (*buona riuscita*) success; **di successo** (*libro, personaggio*) successful
succhi'**are** [suk'kjare] *vt* to suck (up); **succhi'otto** *sm* (*per bambino*) dummy
suc'**cinto, a** [sut'tʃinto] *ag* (*discorso*) succinct; (*abito*) brief
'**succo, chi** *sm* juice; (*fig*) essence, gist; **~ di frutta** fruit juice; **suc'coso, a** *ag* juicy; (*fig*) pithy
succur'**sale** *sf* branch (office)
sud *sm* south ♦ *ag inv* south; (*lato*) south, southern
Su'**dafrica** *sm*: **il ~** South Africa; **sudafri'cano, a** *ag, sm/f* South African
Suda'**merica** *sm*: **il ~** South America; **sudameri'cano, a** *ag, sm/f* South American
su'**dare** *vi* to perspire, sweat; **~ freddo** to come out in a cold sweat; **su'data** *sf* sweat; **ho fatto una bella sudata per finirlo in tempo** it was a real sweat to get it finished in time
sud'**detto, a** *ag* above-mentioned
sud'**dito, a** *sm/f* subject
suddi'**videre** *vt* to subdivide
su'**dest** *sm* south-east
'**sudicio, a, ci, ce** ['suditʃo] *ag* dirty, filthy; **sudici'ume** *sm* dirt, filth
su'**dore** *sm* perspiration, sweat
su'**dovest** *sm* south-west
'**sue** *vedi* **suo**
suffici'**ente** [suffi'tʃɛnte] *ag* enough, sufficient; (*borioso*) self-important; (*INS*) satisfactory; **suffici'enza** *sf* self-importance; pass mark; **a sufficienza** enough; **ne ho avuto a sufficienza!** I've had enough of this!
suf'**fisso** *sm* (*LING*) suffix
suf'**fragio** [suf'fradʒo] *sm* (*voto*) vote; **~ universale** universal suffrage
sugge'**llare** [suddʒel'lare] *vt* (*fig*) to seal
sugge'ri'**mento** [suddʒeri'mento] *sm* suggestion; (*consiglio*) piece of advice, advice *no pl*

sugge'rire [sudʤe'rire] *vt (risposta)* to tell; *(consigliare)* to advise; *(proporre)* to suggest; *(TEATRO)* to prompt;
suggeri'tore, 'trice *sm/f (TEATRO)* prompter

suggestio'nare [sudʤestjo'nare] *vt* to influence

suggesti'one [sudʤes'tjone] *sf (PSIC)* suggestion

sugges'tivo, a [sudʤes'tivo] *ag (paesaggio)* evocative; *(teoria)* interesting, attractive

'sughero ['sugero] *sm* cork

'sugli ['suʎʎi] *prep +det vedi* **su**

'sugo, ghi *sm (succo)* juice; *(di carne)* gravy; *(condimento)* sauce; *(fig)* gist, essence

'sui *prep +det vedi* **su**

sui'cida, i, e [sui'tʃida] *ag* suicidal ♦ *sm/f* suicide

suici'darsi [suitʃi'darsi] *vr* to commit suicide

sui'cidio [sui'tʃidjo] *sm* suicide

su'ino, a *ag: carne* ~a pork ♦ *sm* pig; ~**i** *smpl* swine *pl*

sul *prep + det vedi* **su**

sull' *prep + det vedi* **su**

'sulla *prep + det vedi* **su**

'sulle *prep + det vedi* **su**

'sullo *prep + det vedi* **su**

sulta'nina *ag f: (uva)* ~ sultana

sul'tano, a *sm/f* sultan/sultana

'sunto *sm* summary

'suo *(f* **'sua,** *pl* **'sue, su'oi)** *det:* **il ~, la sua** *etc (di lui)* his; *(di lei)* her; *(di esso)* its; *(con valore indefinito)* one's, his/her; *(forma di cortesia: anche:* **S~)** your ♦ *pron:* **il ~, la sua** *etc* his; hers; yours; **i suoi** his *(o* her *o* one's *o* your) family

su'ocero, a ['swɔtʃero] *sm/f* father/mother-in-law; **i ~i** *smpl* father-and-mother-in-law

su'oi *vedi* **suo**

su'ola *sf (di scarpa)* sole

su'olo *sm (terreno)* ground; *(terra)* soil

suo'nare *vt (MUS)* to play; *(campana)* to ring; *(ore)* to strike; *(clacson, allarme)* to

sound ♦ *vi* to play; *(telefono, campana)* to ring; *(ore)* to strike; *(clacson, fig: parole)* to sound

suone'ria *sf* alarm

su'ono *sm* sound

su'ora *sf (REL)* sister

'super *sf (anche:* **benzina** ~) ≈ four-star (petrol) *(BRIT)*, premium *(US)*

supe'rare *vt (oltrepassare: limite)* to exceed, surpass; *(percorrere)* to cover; *(attraversare: fiume)* to cross; *(sorpassare: veicolo)* to overtake; *(fig: essere più bravo di)* to surpass, outdo; *(: difficoltà)* to overcome; ~ **qn in altezza/peso** to be taller/heavier than sb; **ha superato la cinquantina** he's over fifty (years of age)

su'perbia *sf* pride; **su'perbo, a** *ag* proud; *(fig)* magnificent, superb

superfici'ale [superfi'tʃale] *ag* superficial

super'ficie, ci [super'fitʃe] *sf* surface

su'perfluo, a *ag* superfluous

superi'ore *ag (piano, arto, classi)* upper; *(più elevato: temperatura, livello):* ~ **(a)** higher (than); *(migliore):* ~ **(a)** superior (to); ~, **a** *sm/f (anche REL)* superior;
superiorità *sf* superiority

superla'tivo, a *ag, sm* superlative

supermer'cato *sm* supermarket

su'perstite *ag* surviving ♦ *sm/f* survivor

superstizi'one [superstit'tsjone] *sf* superstition; **superstizi'oso, a** *ag* superstitious

super'strada *sf* ≈ (toll-free) motorway

su'pino, a *ag* supine

suppel'lettile *sf* furnishings *pl*

suppergiù [supper'dʒu] *av* more or less, roughly

supplemen'tare *ag* extra; *(treno)* relief *cpd*; *(entrate)* additional

supple'mento *sm* supplement

sup'plente *sm/f* temporary member of staff; supply *(o* substitute) teacher

'supplica, che *sf (preghiera)* plea; *(domanda scritta)* petition, request

suppli'care *vt* to implore, beseech

sup'plire *vi:* ~ **a** to make up for,

compensate for

sup'plizio [sup'plittsjo] sm torture

sup'porre vt to suppose

sup'porto sm (sostegno) support

sup'posta sf (MED) suppository

sup'posto, a pp di supporre

su'premo, a ag supreme

surge'lare [surdʒe'lare] vt to (deep-) freeze; surge'lati smpl frozen food sg

sur'plus sm inv (ECON) surplus

surriscal'dare vt to overheat

surro'gato sm substitute

suscet'tibile [suʃʃet'tibile] ag (sensibile) touchy, sensitive

susci'tare [suʃʃi'tare] vt to provoke, arouse

su'sina sf plum; su'sino sm plum (tree)

sussegu'ire vt to follow; ~rsi vr to follow one another

sus'sidio sm subsidy

sus'sistere vi to exist; (essere fondato) to be valid o sound

sussul'tare vi to shudder

sussur'rare vt, vi to whisper, murmur; sus'surro sm whisper, murmur

sutu'rare vt (MED) to stitch up, suture

sva'gare vt (distrarre) to distract; (divertire) to amuse; ~rsi vr to amuse o.s.; to enjoy o.s.

'svago, ghi sm (riposo) relaxation; (ricreazione) amusement; (passatempo) pastime

svaligi'are [zvali'dʒare] vt to rob, burgle (BRIT), burglarize (US)

svalu'tare vt (ECON) to devalue; (fig) to belittle; ~rsi vr (ECON) to be devalued; svalutazi'one sf devaluation

sva'nire vi to disappear, vanish

svan'taggio [zvan'taddʒo] sm disadvantage; (inconveniente) drawback, disadvantage

svapo'rare vi to evaporate

svari'ato, a ag varied; various

'svastica sf swastika

sve'dese ag Swedish ♦ sm/f Swede ♦ sm (LING) Swedish

'sveglia ['zveʎʎa] sf waking up; (orologio) alarm (clock); ~ telefonica alarm call

svegli'are [zveʎ'ʎare] vt to wake up; (fig) to awaken, arouse; ~rsi vr to wake up; (fig) to be revived, reawaken

'sveglio, a ['zveʎʎo] ag awake; (fig) quick-witted

sve'lare vt to reveal

'svelto, a ag (passo) quick; (mente) quick, alert; alla ~a quickly

'svendita sf (COMM) (clearance) sale

sveni'mento sm fainting fit, faint

sve'nire vi to faint

sven'tare vt to foil, thwart

sven'tato, a ag (distratto) scatterbrained; (imprudente) rash

svento'lare vt, vi to wave, flutter

sven'trare vt to disembowel

sven'tura sf misfortune; sventu'rato, a ag unlucky, unfortunate

sve'nuto, a pp di svenire

svergo'gnato, a [zvergoɲ'ɲato] ag shameless

sver'nare vi to spend the winter

sves'tire vt to undress; ~rsi vr to get undressed

'Svezia ['zvettsja] sf: la ~ Sweden

svez'zare [zvet'tsare] vt to wean

svi'are vt to divert; (fig) to lead astray; ~rsi vr to go astray

svi'gnarsela [zviɲ'ɲarsela] vr to slip away, sneak off

svilup'pare vt to develop; ~rsi vr to develop

svi'luppo sm development

'svincolo sm (stradale) motorway (BRIT) o expressway (US) intersection

svisce'rare [zviʃʃe'rare] vt (fig: argomento) to examine in depth; svisce'rato, a ag (amore) passionate; (lodi) obsequious

'svista sf oversight

svi'tare vt to unscrew

'Svizzera ['zvittsera] sf: la ~ Switzerland

'svizzero, a ['zvittsero] ag, sm/f Swiss

svogli'ato, a [zvoʎ'ʎato] ag listless; (pigro) lazy

svolaz'zare [zvolat'tsare] vi to flutter

'svolgere ['zvɔldʒere] vt to unwind; (srotolare) to unroll; (fig: argomento) to

develop; (*: piano, programma*) to carry out;
~rsi *vr* to unwind; to unroll; (*fig: aver
luogo*) to take place; (*: procedere*) to go on;
svolgi'mento *sm* development; carrying
out; (*andamento*) course

'**svolta** *sf* (*atto*) turning *no pl*; (*curva*) turn,
bend; (*fig*) turning-point

svol'tare *vi* to turn

'**svolto, a** *pp di* **svolgere**

svuo'tare *vt* to empty (out)

T, t

tabac'caio, a *sm/f* tobacconist

tabacche'ria [tabakke'ria] *sf* tobacconist's
(shop)

ta'bacco, chi *sm* tobacco

ta'bella *sf* (*tavola*) table; (*elenco*) list

tabel'lone *sm* (*pubblicitario*) billboard; (*con
orario*) timetable board

taber'nacolo *sm* tabernacle

tabu'lato *sm* (*INFORM*) printout

'**tacca, che** *sf* notch, nick

tac'cagno, a [tak'kaɲɲo] *ag* mean, stingy

tac'chino [tak'kino] *sm* turkey

tacci'are [tat'tʃare] *vt*: **~ qn di** to accuse sb
of

'**tacco, chi** *sm* heel; **~chi a spillo** stiletto
heels

taccu'ino *sm* notebook

ta'cere [ta'tʃere] *vi* to be silent *o* quiet;
(*smettere di parlare*) to fall silent ♦ *vt* to
keep to oneself, say nothing about; **far ~
qn** to make sb be quiet; (*fig*) to silence sb

ta'chimetro [ta'kimetro] *sm* speedometer

'**tacito, a** [ta'tʃito] *ag* silent; (*sottinteso*)
tacit, unspoken

ta'fano *sm* horsefly

taffe'ruglio [taffe'ruʎʎo] *sm* brawl, scuffle

taffettà *sm* taffeta

'**taglia** [ta'ʎʎa] *sf* (*statura*) height; (*misura*)
size; (*riscatto*) ransom; (*ricompensa*) reward;
~ forte (*di abito*) large size

taglia'carte [taʎʎa'karte] *sm inv* paperknife

tagli'ando [taʎ'ʎando] *sm* coupon

tagli'are [taʎ'ʎare] *vt* to cut; (*recidere,
interrompere*) to cut off; (*intersecare*) to cut
across, intersect; (*carne*) to carve; (*vini*) to
blend ♦ *vi* to cut; (*prendere una scorciatoia*)
to take a short-cut; **~ corto** (*fig*) to cut
short

taglia'telle [taʎʎa'tɛlle] *sfpl* tagliatelle *pl*

taglia'unghie [taʎʎa'ungje] *sm inv* nail
clippers *pl*

tagli'ente [taʎ'ʎɛnte] *ag* sharp

'**taglio** [ta'ʎʎo] *sm* cutting *no pl*; cut; (*parte
tagliente*) cutting edge; (*di abito*) cut, style;
(*di stoffa: lunghezza*) length; (*di vini*)
blending; **di ~** on edge, edgeways;
banconote di piccolo / grosso ~ notes of
small/large denomination

tagli'ola [taʎ'ʎola] *sf* trap, snare

tai'lleur [ta'jœr] *sm inv* suit (*for women*)

'**talco** *sm* talcum powder

PAROLA CHIAVE

'**tale** *det* 1 (*simile, così grande*) such; **un(a) ~
...** such (a) ...; **non accetto ~i discorsi** I
won't allow such talk; **è di una ~
arroganza** he is so arrogant; **fa una ~
confusione!** he makes such a mess!
2 (*persona o cosa indeterminata*) such-and-
such; **il giorno ~ all'ora ~** on such-and-
such a day at such-and-such a time; **la tal
persona** that person; **ha telefonato una ~
Giovanna** somebody called Giovanna
phoned
3 (*nelle similitudini*): **~ ... ~** like ... like; **~
padre ~ figlio** like father, like son; **hai il
vestito ~ quale il mio** your dress is just *o*
exactly like mine

♦ *pron* (*indefinito: persona*): **un(a) ~**
someone; **quel (*o quella*) ~** that person,
that man (*o woman*); **il tal dei ~i** what's-
his-name

---

ta'lento *sm* talent

talis'mano *sm* talisman

tallon'cino [tallon'tʃino] *sm* counterfoil

tal'lone *sm* heel

tal'mente *av* so

ta'lora *av* = **talvolta**

'**talpa** *sf* (*ZOOL*) mole

tal'volta *av* sometimes, at times

tambu'rello *sm* tambourine

tam'buro *sm* drum

Ta'migi [ta'midʒi] *sm*: **il ~** the Thames

tampona'mento *sm* (*AUT*) collision; **~ a catena** pile-up

tampo'nare *vt* (*otturare*) to plug; (*urtare: macchina*) to crash *o* ram into

tam'pone *sm* (*MED*) wad, pad; (*per timbri*) ink-pad; (*respingente*) buffer; **~ assorbente** tampon

'tana *sf* lair, den

'tanfo *sm* stench; musty smell

tan'gente [tan'dʒɛnte] *ag* (*MAT*): **~ a** tangential to ♦ *sf* tangent; (*quota*) share

---

Tangentopoli

i **Tangentopoli** *describes the corruption scandal involving a large number of politicians, industrialists and businessmen. Investigations exposed a complex system of bribes, some paid from public funds, to gain benefits for private individuals and political parties. The scandal began in Milan which was subsequently called Tangentopoli or "Bribesville".*

---

tangenzi'ale [tandʒen'tsjale] *sf* (*AUT*) bypass

'tanica *sf* (*contenitore*) jerry can

tan'tino: **un ~** *av* a little, a bit

PAROLA CHIAVE

'tanto, a *det* **1** (*molto: quantità*) a lot of, much; (: *numero*) a lot of, many; (*così ~: quantità*) so much, such a lot of; (: *numero*) so many, such a lot of; **~e volte** so many times, so often; **~i auguri!** all the best!; **~e grazie** many thanks; **~ tempo** so long, such a long time; **ogni ~i chilometri** every so many kilometres

2: **~ ... quanto** (*quantità*) as much ... as; (*numero*) as many ... as; **ho ~a pazienza quanta ne hai tu** I have as much patience as you have *o* as you; **ha ~i amici quanti nemici** he has as many friends as he has enemies

3 (*rafforzativo*) such; **ho aspettato per ~ tempo** I waited so long *o* for such a long time

♦ *pron* **1** (*molto*) much, a lot; (*così ~*) so much, such a lot; **~i, e** many, a lot; so many, such a lot; **credevo ce ne fosse ~** I thought there was (such) a lot, I thought there was plenty

2: **~ quanto** (*denaro*) as much as; (*cioccolatini*) as many as; **ne ho ~ quanto basta** I have as much as I need; **due volte ~** twice as much

3 (*indeterminato*) so much; **~ per l'affitto, ~ per il gas** so much for the rent, so much for the gas; **costa un ~ al metro** it costs so much per metre; **di ~ in ~, ogni ~** every so often; **~ vale che ...** I (*o* we *etc*) may as well ...; **~ meglio!** so much the better!; **~ peggio per lui!** so much the worse for him!

♦ *av* **1** (*molto*) very; **vengo ~ volentieri** I'd be very glad to come; **non ci vuole ~ a capirlo** it doesn't take much to understand it

2 (*così ~: con ag, av*) so; (: *con vb*) so much, such a lot; **è ~ bella!** she's so beautiful!; **non urlare ~** don't shout so much; **sto ~ meglio adesso** I'm so much better now; **~ ... che** so ... (that); **~ ... da** so ... as

3: **~ ... quanto** as ... as; **conosco ~ Carlo quanto suo padre** I know both Carlo and his father; **non è poi ~ complicato quanto sembri** it's not as difficult as it seems; **~ più insisti, ~ più non mollerà** the more you insist, the more stubborn he'll be; **quanto più ... ~ meno** the more ... the less

4 (*solamente*) just; **~ per cambiare/scherzare** just for a change/a joke; **una volta ~** for once

5 (*a lungo*) (for) long

♦ *cong* after all

'tappa *sf* (*luogo di sosta, fermata*) stop, halt; (*parte di un percorso*) stage, leg; (*SPORT*) lap; **a ~e** in stages

tap'pare *vt* to plug, stop up; (*bottiglia*) to cork

tap'peto *sm* carpet; (*anche*: **tappetino**) rug; (*SPORT*): **andare al ~** to go down for the count; **mettere sul ~** (*fig*) to bring up for discussion

tappez'zare [tappet'tsare] *vt* (*con carta*) to paper; (*rivestire*): **~ qc (di)** to cover sth (with); **tappezze'ria** *sf* (*tessuto*) tapestry; (*carta da parati*) wallpaper; (*arte*) upholstery; **far da tappezzeria** (*fig*) to be a wallflower; **tappezzi'ere** *sm* upholsterer

'tappo *sm* stopper; (*in sughero*) cork

tarchi'ato, a [tar'kjato] *ag* stocky, thickset

tar'dare *vi* to be late ♦ *vt* to delay; **~ a fare** to delay doing

'tardi *av* late; **più ~** later (on); **al più ~** at the latest; **sul ~** (*verso sera*) late in the day; **far ~** to be late; (*restare alzato*) to stay up late

tar'divo, a *ag* (*primavera*) late; (*rimedio*) belated, tardy; (*fig*) retarded

'tardo, a *ag* (*lento, fig: ottuso*) slow; (*tempo: avanzato*) late

'targa, ghe *sf* plate; (*AUT*) number (*BRIT*) o license (*US*) plate; **tar'ghetta** *sf* (*su bagaglio*) name tag; (*su porta*) nameplate

ta'riffa *sf* (*gen*) rate, tariff; (*di trasporti*) fare; (*elenco*) price list; tariff

'tarlo *sm* woodworm

'tarma *sf* moth

ta'rocco, chi *sm* tarot card; **~chi** *smpl* (*gioco*) tarot *sg*

tartagli'are [tartaʎ'ʎare] *vi* to stutter, stammer

'tartaro, a *ag, sm* (*in tutti i sensi*) tartar

tarta'ruga, ghe *sf* tortoise; (*di mare*) turtle; (*materiale*) tortoiseshell

tar'tina *sf* canapé

tar'tufo *sm* (*BOT*) truffle

'tasca, sche *sf* pocket; **tas'cabile** *ag* (*libro*) pocket *cpd*; **tasca'pane** *sm* haversack; **tas'chino** *sm* breast pocket

'tassa *sf* (*imposta*) tax; (*doganale*) duty; (*per iscrizione: a scuola etc*) fee; **~ di circolazione/di soggiorno** road/tourist tax

tas'sametro *sm* taximeter

tas'sare *vt* to tax; to levy a duty on

tassa'tivo, a *ag* peremptory

tassazi'one [tassat'tsjone] *sf* taxation

tas'sello *sm* plug; wedge

tassì *sm inv* = **taxi**; **tas'sista, i, e** *sm/f* taxi driver

'tasso *sm* (*di natalità, d'interesse etc*) rate; (*BOT*) yew; (*ZOOL*) badger; **~ di cambio/d'interesse** rate of exchange/interest

tas'tare *vt* to feel; **~ il terreno** (*fig*) to see how the land lies

tasti'era *sf* keyboard

'tasto *sm* key; (*tatto*) touch, feel

tas'toni *av*: **procedere (a) ~** to grope one's way forward

'tattica *sf* tactics *pl*

'tattico, a, ci, che *ag* tactical

'tatto *sm* (*senso*) touch; (*fig*) tact; **duro al ~** hard to the touch; **aver ~** to be tactful, have tact

tatu'aggio [tatu'addʒo] *sm* tattooing; (*disegno*) tattoo

tatu'are *vt* to tattoo

'tavola *sf* table; (*asse*) plank, board; (*lastra*) tablet; (*quadro*) panel (painting); (*illustrazione*) plate; **~ calda** snack bar; **~ a vela** windsurfer

tavo'lato *sm* boarding; (*pavimento*) wooden floor

tavo'letta *sf* tablet, bar; **a ~** (*AUT*) flat out

tavo'lino *sm* small table; (*scrivania*) desk

'tavolo *sm* table

tavo'lozza [tavo'lɔttsa] *sf* (*ARTE*) palette

'taxi *sm inv* taxi

'tazza ['tattsa] *sf* cup; **~ da caffè/tè** coffee/tea cup; **una ~ di caffè/tè** a cup of coffee/tea

te *pron* (*soggetto: in forme comparative, oggetto*) you

tè *sm inv* tea; (*trattenimento*) tea party

tea'trale *ag* theatrical

te'atro *sm* theatre

'tecnica, che *sf* technique; (*tecnologia*) technology

'tecnico, a, ci, che *ag* technical ♦ *sm/f* technician

tecnolo'gia [teknolo'dʒia] *sf* technology

te'desco, a, schi, sche *ag, sm/f, sm*
German

'tedio *sm* tedium, boredom

te'game *sm* (*CUC*) pan

'teglia [ˈteʎʎa] *sf* (*per dolci*) (baking) tin; (*per arrosti*) (roasting) tin

'tegola *sf* tile

tei'era *sf* teapot

'tela *sf* (*tessuto*) cloth; (*per vele, quadri*) canvas; (*dipinto*) canvas, painting; **di ~** (*calzoni*) (heavy) cotton *cpd*; (*scarpe, borsa*) canvas *cpd*; **~ cerata** oilcloth

te'laio *sm* (*apparecchio*) loom; (*struttura*) frame

tele'camera *sf* television camera

teleco'mando *sm* remote control

telecopia'trice *sf* fax (machine)

tele'cronaca *sf* television report

tele'ferica, che *sf* cableway

telefo'nare *vi* to telephone, ring; to make a phone call ♦ *vt* to telephone; **~ a** to phone up, ring up, call up

telefo'nata *sf* (telephone) call; **~ a carico del destinatario** reverse charge (*BRIT*) o collect (*US*) call

tele'fonico, a, ci, che *ag* (tele)phone *cpd*

telefon'ino *sm* mobile phone

telefo'nista, i, e *sm/f* telephonist; (*d'impresa*) switchboard operator

te'lefono *sm* telephone; **~ a gettoni** ≈ pay phone

telegior'nale [teledʒorˈnale] *sm* television news (programme)

tele'grafo *sm* telegraph

tele'gramma, i *sm* telegram

tele'matica *sf* data transmission; telematics *sg*

teleobiet'tivo *sm* telephoto lens *sg*

telepa'tia *sf* telepathy

teles'copio *sm* telescope

teleselezi'one [teleselet'tsjone] *sf* direct dialling

telespetta'tore, 'trice *sm/f* (television) viewer

televisi'one *sf* television

televi'sore *sm* television set

'telex *sm inv* telex

'telo *sm* cloth; **~ da bagno** bath towel; **~ da spiaggia** beach towel

'tema, i *sm* theme; (*INS*) essay, composition

teme'rario, a *ag* rash, reckless

te'mere *vt* to fear, be afraid of; (*essere sensibile a: freddo, calore*) to be sensitive to ♦ *vi* to be afraid; (*essere preoccupato*): **~ per** to worry about, fear for; **~ di/che** to be afraid of/that

temperama'tite *sm inv* pencil sharpener

tempera'mento *sm* temperament

tempe'rato, a *ag* moderate, temperate; (*clima*) temperate

tempera'tura *sf* temperature

tempe'rino *sm* penknife

tem'pesta *sf* storm; **~ di sabbia/neve** sand/snowstorm

tempes'tare *vt*: **~ qn di domande** to bombard sb with questions; **~ qn di colpi** to rain blows on sb

tempes'tivo, a *ag* timely

tempes'toso, a *ag* stormy

'tempia *sf* (*ANAT*) temple

'tempio *sm* (*edificio*) temple

'tempo *sm* (*METEOR*) weather; (*cronologico*) time; (*epoca*) time, times *pl*; (*di film, gioco: parte*) part; (*MUS*) time; (: *battuta*) beat; (*LING*) tense; **un ~** once; **~ fa** some time ago; **al ~ stesso** *o* **a un ~** at the same time; **per ~** early; **ha fatto il suo ~** it has had its day; **~ libero** free time; **primo/ secondo ~** (*TEATRO*) first/second part; (*SPORT*) first/second half; **in ~ utile** in due time *o* course; **a ~ pieno** full-time

tempo'rale *ag* temporal ♦ *sm* (*METEOR*) (thunder)storm

tempo'raneo, a *ag* temporary

temporeggi'are [tempored'dʒare] *vi* to play for time, temporize

tem'prare *vt* to temper

te'nace [te'natʃe] *ag* strong, tough; (*fig*) tenacious; **te'nacia** *sf* tenacity

te'naglie [te'naʎʎe] *sfpl* pincers *pl*

'tenda *sf* (*riparo*) awning; (*di finestra*) curtain; (*per campeggio etc*) tent

ten'denza [ten'dɛntsa] *sf* tendency; (*orientamento*) trend; **avere ~ a** *o* **per qc** to have a bent for sth

'tendere *vt* (*allungare al massimo*) to stretch, draw tight; (*porgere: mano*) to hold out; (*fig: trappola*) to lay, set ♦ *vi*: **~ a qc/a fare** to tend towards sth/to do; **~ l'orecchio** to prick up one's ears; **il tempo tende al caldo** the weather is getting hot; **un blu che tende al verde** a greenish blue

ten'dina *sf* curtain

'tendine *sm* tendon, sinew

ten'done *sm* (*da circo*) tent

'tenebre *sfpl* darkness *sg*; **tene'broso, a** *ag* dark, gloomy

te'nente *sm* lieutenant

te'nere *vt* to hold; (*conservare, mantenere*) to keep; (*ritenere, considerare*) to consider; (*spazio: occupare*) to take up, occupy; (*seguire: strada*) to keep to ♦ *vi* to hold; (*colori*) to be fast; (*dare importanza*): **~ a** to care about; **~ a fare** to want to do, be keen to do; **~rsi** *vr* (*stare in una determinata posizione*) to stand; (*stimarsi*) to consider o.s.; (*aggrapparsi*): **~rsi a** to hold on to; (*attenersi*): **~rsi a** to stick to; **~ una conferenza** to give a lecture; **~ conto di qc** to take sth into consideration; **~ presente qc** to bear sth in mind

'tenero, a *ag* tender; (*pietra, cera, colore*) soft; (*fig*) tender, loving

'tenia *sf* tapeworm

'tennis *sm* tennis

te'nore *sm* (*tono*) tone; (*MUS*) tenor; **~ di vita** (*livello*) standard of living

tensi'one *sf* tension

ten'tare *vt* (*indurre*) to tempt; (*provare*): **~ qc/di fare** to attempt *o* try sth/to do; **tenta'tivo** *sm* attempt; **tentazi'one** *sf* temptation

tenten'nare *vi* to shake, be unsteady; (*fig*) to hesitate, waver

ten'toni *av*: **andare a ~** (*anche fig*) to grope one's way

'tenue *ag* (*sottile*) fine; (*colore*) soft; (*fig*) slender, slight

te'nuta *sf* (*capacità*) capacity; (*divisa*) uniform; (*abito*) dress; (*AGR*) estate; **a ~ d'aria** airtight; **~ di strada** roadholding power

teolo'gia [teolo'dʒia] *sf* theology; **te'ologo, gi** *sm* theologian

teo'rema, i *sm* theorem

teo'ria *sf* theory; **te'orico, a, ci, che** *ag* theoretic(al)

te'pore *sm* warmth

'teppa *sf* mob, hooligans *pl*; **tep'pismo** *sm* hooliganism; **tep'pista, i** *sm* hooligan

tera'pia *sf* therapy

tergicris'tallo [terdʒikris'tallo] *sm* windscreen (*BRIT*) *o* windshield (*US*) wiper

tergiver'sare [terdʒiver'sare] *vi* to shilly-shally

'tergo *sm*: **a ~** behind; **vedi a ~** please turn over

ter'male *ag* thermal; **stazione** *sf* **~ spa**

'terme *sfpl* thermal baths

'termico, a, ci, che *ag* thermic; (*unità*) thermal

termi'nale *ag, sm* terminal

termi'nare *vt* to end; (*lavoro*) to finish ♦ *vi* to end

'termine *sm* term; (*fine, estremità*) end; (*di territorio*) boundary, limit; **contratto a ~** (*COMM*) forward contract; **a breve/lungo ~** short-/long-term; **parlare senza mezzi ~i** to talk frankly, not to mince one's words

ter'mometro *sm* thermometer

termonucle'are *ag* thermonuclear

termosi'fone *sm* radiator

ter'mostato *sm* thermostat

'terra *sf* (*gen, ELETTR*) earth; (*sostanza*) soil, earth; (*opposto al mare*) land *no pl*; (*regione, paese*) land; (*argilla*) clay; **~e** *sfpl* (*possedimento*) lands, land *sg*; **a** *o* **per ~** (*stato*) on the ground (*o* floor); (*moto*) to the ground, down; **mettere a ~** (*ELETTR*) to earth

terra'cotta *sf* terracotta; **vasellame** *sm* **di ~** earthenware

terra'ferma *sf* dry land, terra firma; (*continente*) mainland

terrapi'eno *sm* embankment, bank

ter'razza [ter'rattsa] *sf* terrace

ter'razzo [ter'rattso] *sm* = **terrazza**

terre'moto *sm* earthquake

ter'reno, a *ag* (*vita, beni*) earthly ♦ *sm* (*suolo, fig*) ground; (*COMM*) land *no pl*, plot (of land); site; (*SPORT, MIL*) field

ter'restre *ag* (*superficie*) of the earth, earth's; (*di terra: battaglia, animale*) land *cpd*; (*REL*) earthly, worldly

ter'ribile *ag* terrible, dreadful

terrifi'cante *ag* terrifying

ter'rina *sf* tureen

territori'ale *ag* territorial

terri'torio *sm* territory

ter'rore *sm* terror; terro'rismo *sm* terrorism; terro'rista, i, e *sm/f* terrorist

'terso, a *ag* clear

'terzo, a [ˈtɛrtso] *ag* third ♦ *sm* (*frazione*) third; (*DIR*) third party; **la ~a pagina** (*STAMPA*) the Arts page

'tesa *sf* brim

'teschio [ˈteskjo] *sm* skull

'tesi *sf* thesis

'teso, a *pp di* **tendere** ♦ *ag* (*tirato*) taut, tight; (*fig*) tense

tesore'ria *sf* treasury

tesori'ere *sm* treasurer

te'soro *sm* treasure; **il Ministero del T~** the Treasury

'tessera *sf* (*documento*) card

'tessere *vt* to weave; 'tessile *ag, sm* textile; tessi'tore, 'trice *sm/f* weaver; tessi'tura *sf* weaving

tes'suto *sm* fabric, material; (*BIOL*) tissue

'testa *sf* head; (*di cose: estremità, parte anteriore*) head, front; **di ~** (*vettura etc*) front; **tenere ~ a qn** (*nemico etc*) to stand up to sb; **fare di ~ propria** to go one's own way; **in ~** (*SPORT*) in the lead; **~ o croce?** heads or tails?; **avere la ~ dura** to be stubborn; **~ di serie** (*TENNIS*) seed, seeded player

testa'mento *sm* (*atto*) will; **l'Antico/il Nuovo T~** (*REL*) the Old/New Testament

tes'tardo, a *ag* stubborn, pig-headed

tes'tata *sf* (*parte anteriore*) head; (*intestazione*) heading

'teste *sm/f* witness

tes'ticolo *sm* testicle

testi'mone *sm/f* (*DIR*) witness

testimoni'anza [testimoˈnjantsa] *sf* testimony

testimoni'are *vt* to testify; (*fig*) to bear witness to, testify to ♦ *vi* to give evidence, testify

tes'tina *sf* (*TECN*) head

'testo *sm* text; **fare ~** (*opera, autore*) to be authoritative; **questo libro non fa ~** this book is not essential reading; testu'ale *ag* textual; literal, word for word

tes'tuggine [tesˈtuddʒine] *sf* tortoise; (*di mare*) turtle

'tetano *sm* (*MED*) tetanus

'tetro, a *ag* gloomy

'tetto *sm* roof; tet'toia *sf* roofing; canopy

'Tevere *sm*: **il ~** the Tiber

Tg *abbr* = **telegiornale**

'thermos ® [ˈtɛrmos] *sm inv* vacuum *o* Thermos ® flask

ti *pron* (*dav lo, la, li, le, ne diventa* **te**) *pron* (*oggetto*) you; (*complemento di termine*) (to) you; (*riflessivo*) yourself

'tibia *sf* tibia, shinbone

tic *sm inv* tic, (nervous) twitch; (*fig*) mannerism

ticchet'tio [tikketˈtio] *sm* (*di macchina da scrivere*) clatter; (*di orologio*) ticking; (*della pioggia*) patter

'ticchio [ˈtikkjo] *sm* (*ghiribizzo*) whim; (*tic*) tic, (nervous) twitch

'ticket *sm inv* (*su farmaci*) prescription charge

ti'epido, a *ag* lukewarm, tepid

ti'fare *vi*: **~ per** to be a fan of; (*parteggiare*) to side with

'tifo *sm* (*MED*) typhus; (*fig*): **fare il ~ per** to be a fan of

tifoi'dea *sf* typhoid

ti'fone *sm* typhoon

ti'foso, a *sm/f* (*SPORT etc*) fan

'tiglio [ˈtiʎʎo] *sm* lime (tree), linden (tree)

'tigre *sf* tiger

tim'ballo *sm* (*strumento*) kettledrum; (*CUC*) timbale

'timbro *sm* stamp; (*MUS*) timbre, tone

'**timido, a** *ag* shy; timid

'**timo** *sm* thyme

ti'**mone** *sm* (*NAUT*) rudder; **timoni'ere** *sm* helmsman

ti'**more** *sm* (*paura*) fear; (*rispetto*) awe; **timo'roso, a** *ag* timid, timorous

'**timpano** *sm* (*ANAT*) eardrum; (*MUS*): **~i** *smpl* kettledrums, timpani

ti'**nello** *sm* small dining room

'**tingere** ['tindʒere] *vt* to dye

'**tino** *sm* vat

ti'**nozza** [ti'nɔttsa] *sf* tub

'**tinta** *sf* (*materia colorante*) dye; (*colore*) colour, shade; **tinta'rella** (*fam*) *sf* (sun)tan

tintin'**nare** *vi* to tinkle

'**tinto, a** *pp di* tingere

tinto'**ria** *sf* (*lavasecco*) dry cleaner's (shop)

tin'**tura** *sf* (*operazione*) dyeing; (*colorante*) dye; **~ di iodio** tincture of iodine

'**tipico, a, ci, che** *ag* typical

'**tipo** *sm* type; (*genere*) kind, type; (*fam*) chap, fellow

tipogra'**fia** *sf* typography; (*procedimento*) letterpress (printing); (*officina*) printing house; **tipo'grafico, a, ci, che** *ag* typographic(al); letterpress *cpd*; ti'**pografo** *sm* typographer

ti'**ranno, a** *ag* tyrannical ♦ *sm* tyrant

ti'**rante** *sm* (*per tenda*) guy

ti'**rare** *vt* (*gen*) to pull; (*estrarre*): **~ qc da** to take *o* pull sth out of; to get sth out of; to extract sth from; (*chiudere: tenda etc*) to draw, pull; (*tracciare, disegnare*) to draw, trace; (*lanciare: sasso, palla*) to throw; (*stampare*) to print; (*pistola, freccia*) to fire ♦ *vi* (*pipa, camino*) to draw; (*vento*) to blow; (*abito*) to be tight; (*fare fuoco*) to fire; (*fare del tiro, CALCIO*) to shoot; **~ avanti** *vi* to struggle on ♦ *vt* to keep going; **~ fuori** (*estrarre*) to take out, pull out; **~ giù** (*abbassare*) to bring down; **~ su** to pull up; (*capelli*) to put up; (*fig: bambino*) to bring up; **~rsi indietro** to move back

tira'**tore** *sm* gunman; **un buon ~** a good shot; **~ scelto** marksman

tira'**tura** *sf* (*azione*) printing; (*di libro*) (print) run; (*di giornale*) circulation

'**tirchio, a** ['tirkjo] *ag* mean, stingy

'**tiro** *sm* shooting *no pl*, firing *no pl*; (*colpo, sparo*) shot; (*di palla: lancio*) throwing *no pl*; throw; (*fig*) trick; **cavallo da ~** draught (*BRIT*) *o* draft (*US*) horse; **~ a segno** target shooting; (*luogo*) shooting range

tiro'**cinio** [tiro'tʃinjo] *sm* apprenticeship; (*professionale*) training

ti'**roide** *sf* thyroid (gland)

Tir'reno *sm*: **il (mar) ~** the Tyrrhenian Sea

ti'**sana** *sf* herb tea

tito'**lare** *sm/f* incumbent; (*proprietario*) owner; (*CALCIO*) regular player

'**titolo** *sm* title; (*di giornale*) headline; (*diploma*) qualification; (*COMM*) security; (*: azione*) share; **a che ~?** for what reason?; **a ~ di amicizia** out of friendship; **a ~ di premio** as a prize; **~ di credito** share

titu'**bante** *ag* hesitant, irresolute

'**tizio, a** ['tittsjo] *sm/f* fellow, chap

tiz'**zone** [tit'tsone] *sm* brand

toast [toust] *sm inv* toasted sandwich (*generally with ham and cheese*)

toc'**cante** *ag* touching

toc'**care** *vt* to touch; (*tastare*) to feel; (*fig: riguardare*) to concern; (*: commuovere*) to touch, move; (*: pungere*) to hurt, wound; (*: far cenno a: argomento*) to touch on, mention ♦ *vi*: **~ a** (*accadere*) to happen to; (*spettare*) to be up to; **~ (il fondo)** (*in acqua*) to touch the bottom; **tocca a te difenderci** it's up to you to defend us; **a chi tocca?** whose turn is it?; **mi toccò pagare** I had to pay

'**tocco, chi** *sm* touch; (*ARTE*) stroke, touch

'**toga, ghe** *sf* toga; (*di magistrato, professore*) gown

'**togliere** ['tɔʎʎere] *vt* (*rimuovere*) to take away (*o* off), remove; (*riprendere, non concedere più*) to take away, remove; (*MAT*) to take away, subtract; **~ qc a qn** to take sth (away) from sb; **ciò non toglie che** nevertheless, be that as it may; **~rsi il cappello** to take off one's hat

toi'**lette** [twa'lɛt] *sf inv* toilet; (*mobile*) dressing table

to'**letta** *sf* = **toilette**

tolle'ranza [tolle'rantsa] *sf* tolerance

tolle'rare *vt* to tolerate

'**tolto, a** *pp di* **togliere**

to'maia *sf* (*di scarpa*) upper

'**tomba** *sf* tomb

tom'bino *sm* manhole cover

'**tombola** *sf* (*gioco*) tombola; (*ruzzolone*) tumble

'**tomo** *sm* volume

'**tonaca, che** *sf* (REL) habit

'**tondo, a** *ag* round

'**tonfo** *sm* splash; (*rumore sordo*) thud; (*caduta*): **fare un ~** to take a tumble

'**tonico, a, ci, che** *ag, sm* tonic

tonifi'care *vt* (*muscoli, pelle*) to tone up; (*irrobustire*) to invigorate, brace

tonnel'laggio [tonnel'laddʒo] *sm* (NAUT) tonnage

tonnel'lata *sf* ton

'**tonno** *sm* tuna (fish)

'**tono** *sm* (*gen*) tone; (MUS: *di pezzo*) key; (*di colore*) shade, tone

ton'silla *sf* tonsil; **tonsil'lite** *sf* tonsillitis

'**tonto, a** *ag* dull, stupid

to'pazio [to'pattsjo] *sm* topaz

'**topo** *sm* mouse

topogra'fia *sf* topography

'**toppa** *sf* (*serratura*) keyhole; (*pezza*) patch

to'race [to'ratʃe] *sm* chest

'**torba** *sf* peat

'**torbido, a** *ag* (*liquido*) cloudy; (: *fiume*) muddy; (*fig*) dark; troubled ♦ *sm*: **pescare nel ~** (*fig*) to fish in troubled water

'**torcere** ['tɔrtʃere] *vt* to twist; **~rsi** *vr* to twist, writhe

torchi'are [tor'kjare] *vt* to press; '**torchio** *sm* press

'**torcia, ce** ['tɔrtʃa] *sf* torch; **~ elettrica** torch (BRIT), flashlight (US)

torci'collo [tortʃi'kɔllo] *sm* stiff neck

'**tordo** *sm* thrush

To'rino *sf* Turin

tor'menta *sf* snowstorm

tormen'tare *vt* to torment; **~rsi** *vr* to fret, worry o.s.; **tor'mento** *sm* torment

torna'conto *sm* advantage, benefit

tor'nado *sm* tornado

tor'nante *sm* hairpin bend

tor'nare *vi* to return, go (*o* come) back; (*ridiventare: anche fig*) to become (again); (*riuscire giusto, esatto: conto*) to work out; (*risultare*) to turn out (to be), prove (to be); **~ utile** to prove *o* turn out (to be) useful; **~ a casa** to go (*o* come) home

torna'sole *sm inv* litmus

tor'neo *sm* tournament

'**tornio** *sm* lathe

'**toro** *sm* bull; (*dello zodiaco*): **T~** Taurus

tor'pedine *sf* torpedo; **torpedini'era** *sf* torpedo boat

'**torre** *sf* tower; (SCACCHI) rook, castle; **~ di controllo** (AER) control tower

torrefazi'one [torrefat'tsjone] *sf* roasting

tor'rente *sm* torrent

tor'retta *sf* turret

torri'one *sm* keep

tor'rone *sm* nougat

torsi'one *sf* twisting; torsion

'**torso** *sm* torso, trunk; (ARTE) torso

'**torsolo** *sm* (*di cavolo etc*) stump; (*di frutta*) core

'**torta** *sf* cake

'**torto, a** *pp di* **torcere** ♦ *ag* (*ritorto*) twisted; (*storto*) twisted, crooked ♦ *sm* (*ingiustizia*) wrong; (*colpa*) fault; **a ~** wrongly; **aver ~** to be wrong

'**tortora** *sf* turtle dove

tortu'oso, a *ag* (*strada*) twisting; (*fig*) tortuous

tor'tura *sf* torture; **tortu'rare** *vt* to torture

'**torvo, a** *ag* menacing, grim

tosa'erba *sm o f inv* (lawn)mower

to'sare *vt* (*pecora*) to shear; (*siepe*) to clip

Tos'cana *sf*: **la ~** Tuscany; **tos'cano, a** *ag, sm/f* Tuscan ♦ *sm* (*sigaro*) strong Italian cigar

'**tosse** *sf* cough

'**tossico, a, ci, che** *ag* toxic

tossicodipen'dente *sm/f* drug addict

tossi'comane *sm/f* drug addict

tos'sire *vi* to cough

tosta'pane *sm inv* toaster

tos'tare *vt* to toast; (*caffè*) to roast

'**tosto, a** *ag*: **faccia ~a** cheek

to'tale *ag, sm* total; totalità *sf*: **la totalità di** all of, the total amount (*o* number) of; the whole +*sg*; totaliz'zare *vt* to total; (*SPORT: punti*) to score

toto'calcio [toto'kaltʃo] *sm gambling pool betting on football results*, ≈ (football) pools *pl* (*BRIT*)

to'vaglia [to'vaʎʎa] *sf* tablecloth; tovagli'olo *sm* napkin

'tozzo, a ['tɔttso] *ag* squat ♦ *sm*: ~ **di pane** crust of bread

tra *prep* (*di due persone, cose*) between; (*di più persone, cose*) among(st); (*tempo: entro*) within, in; ~ **5 giorni** in 5 days' time; **sia detto ~ noi** ... between you and me ...; **litigano ~ (di) loro** they're fighting amongst themselves; ~ **breve** soon; ~ **sé e sé** (*parlare etc*) to oneself

traballare *vi* to stagger, totter

traboccare *vi* to overflow

trabocchetto [trabok'ketto] *sm* (*fig*) trap

tracannare *vt* to gulp down

'traccia, ce ['trattʃa] *sf* (*segno, striscia*) trail, track; (*orma*) tracks *pl*; (*residuo, testimonianza*) trace, sign; (*abbozzo*) outline

tracciare [trat'tʃare] *vt* to trace, mark (out); (*disegnare*) to draw; (*fig: abbozzare*) to outline; tracci'ato *sm* (*grafico*) layout, plan

tra'chea [tra'kɛa] *sf* windpipe, trachea

tra'colla *sf* shoulder strap; **borsa a ~** shoulder bag

tra'collo *sm* (*fig*) collapse, crash

tradi'mento *sm* betrayal; (*DIR, MIL*) treason

tra'dire *vt* to betray; (*coniuge*) to be unfaithful to; (*doveri: mancare*) to fail in; (*rivelare*) to give away, reveal; tradi'tore, 'trice *sm/f* traitor

tradizio'nale [tradittsjo'nale] *ag* traditional

tradizi'one [tradit'tsjone] *sf* tradition

tra'dotto, a *pp di* tradurre

tra'durre *vt* to translate; (*spiegare*) to render, convey; tradut'tore, 'trice *sm/f* translator; traduzi'one *sf* translation

trafe'lato, a *ag* out of breath

traffi'cante *sm/f* dealer; (*peg*) trafficker

traffi'care *vi* (*commerciare*): ~ **(in)** to trade (in), deal (in); (*affaccendarsi*) to busy o.s. ♦ *vt* (*peg*) to traffic in

'traffico, ci *sm* traffic; (*commercio*) trade, traffic

tra'figgere [tra'fiddʒere] *vt* to run through, stab; (*fig*) to pierce

tra'fitto, a *pp di* trafiggere

trafo'rare *vt* to bore, drill; tra'foro *sm* (*azione*) boring, drilling; (*galleria*) tunnel

tra'gedia [tra'dʒɛdja] *sf* tragedy

tra'ghetto [tra'getto] *sm* ferry(boat)

'tragico, a, ci, che ['tradʒiko] *ag* tragic

tra'gitto [tra'dʒitto] *sm* (*passaggio*) crossing; (*viaggio*) journey

tragu'ardo *sm* (*SPORT*) finishing line; (*fig*) goal, aim

traiet'toria *sf* trajectory

trai'nare *vt* to drag, haul; (*rimorchiare*) to tow; 'traino *sm* (*carro*) wagon; (*slitta*) sledge; (*carico*) load

tralasci'are [tralaʃ'ʃare] *vt* (*studi*) to neglect; (*dettagli*) to leave out, omit

'tralcio ['traltʃo] *sm* (*BOT*) shoot

tra'liccio [tra'littʃo] *sm* (*ELETTR*) pylon

tram *sm inv* tram

'trama *sf* (*filo*) weft, woof; (*fig: argomento, maneggio*) plot

traman'dare *vt* to pass on, hand down

tra'mare *vt* (*fig*) to scheme, plot

tram'busto *sm* turmoil

trames'tio *sm* bustle

tramez'zino [tramed'dzino] *sm* sandwich

tra'mezzo [tra'mɛddzo] *sm* (*EDIL*) partition

'tramite *prep* through

tramon'tare *vi* to set, go down; tra'monto *sm* setting; (*del sole*) sunset

tramor'tire *vi* to faint ♦ *vt* to stun

trampo'lino *sm* (*per tuffi*) springboard, diving board; (*per lo sci*) ski-jump

'trampolo *sm* stilt

tramu'tare *vt*: ~ **in** to change into, turn into

tra'nello *sm* trap

trangugi'are [trangu'dʒare] *vt* to gulp down

'tranne *prep* except (for), but (for); ~ **che**

unless

tranquil'lante sm (MED) tranquillizer

tranquillità sf calm, stillness; quietness; peace of mind

tranquilliz'zare [trankwillid'dzare] vt to reassure

tran'quillo, a ag calm, quiet; (bambino, scolaro) quiet; (sereno) with one's mind at rest; **sta'** ~ don't worry

transat'lantico, ci sm transatlantic liner

---
transatlantico

ⓘ The **transatlantico** is a room in the Palazzo di Montecitorio. The **deputati** relax in it between parliamentary sessions and give media interviews and press conferences there.

---

transazi'one [transat'tsjone] sf compromise; (DIR) settlement; (COMM) transaction, deal

tran'senna sf barrier

tran'sigere [tran'sidʒere] vi (venire a patti) to compromise, come to an agreement

tran'sistor sm inv transistor

transi'tabile ag passable

transi'tare vi to pass

transi'tivo, a ag transitive

'transito sm transit; **di** ~ (merci) in transit; (stazione) transit cpd; **"divieto di** ~**"** "no entry"

transi'torio, a ag transitory, transient; (provvisorio) provisional

'trapano sm (utensile) drill; (: MED) trepan

trapas'sare vt to pierce

tra'passo sm passage

trape'lare vi to leak, drip; (fig) to leak out

tra'pezio [tra'pɛttsjo] sm (MAT) trapezium; (attrezzo ginnico) trapeze

trapian'tare vt to transplant; **trapi'anto** sm transplanting; (MED) transplant

'trappola sf trap

tra'punta sf quilt

'trarre vt to draw, pull; (portare) to take; (prendere, tirare fuori) to take (out), draw; (derivare) to obtain; ~ **origine da qc** to have its origins o originate in sth

trasa'lire vi to start, jump

trasan'dato, a ag shabby

tras'bordo sm transfer

trasci'nare [traʃʃi'nare] vt to drag; **~rsi** vr to drag o.s. along; (fig) to drag on

tras'correre vt (tempo) to spend, pass ♦ vi to pass; **tras'corso, a** pp di **trascorrere**

tras'critto, a pp di **trascrivere**

tras'crivere vt to transcribe

trascu'rare vt to neglect; (non considerare) to disregard; **trascura'tezza** sf carelessness, negligence; **trascu'rato, a** ag (casa) neglected; (persona) careless, negligent

trasfe'ribile ag transferable; **"non** ~**"** (su assegno) "account payee only"

trasferi'mento sm transfer; (trasloco) removal, move

trasfe'rire vt to transfer; **~rsi** vr to move; **tras'ferta** sf transfer; (indennità) travelling expenses pl; (SPORT) away game

trasfigu'rare vt to transfigure

trasfor'mare vt to transform, change; **trasforma'tore** sm (ELEC) transformer

trasfusi'one sf (MED) transfusion

trasgre'dire vt to disobey, contravene

tras'lato, a ag metaphorical, figurative

traslo'care vt to move, transfer; **~rsi** vr to move; **tras'loco, chi** sm removal

tras'messo, a pp di **trasmettere**

tras'mettere vt (passare): ~ **qc a qn** to pass sth on to sb; (mandare) to send; (TECN, TEL, MED) to transmit; (TV, RADIO) to broadcast; **trasmetti'tore** sm transmitter; **trasmissi'one** sf (gen, FISICA, TECN) transmission; (passaggio) transmission, passing on; (TV, RADIO) broadcast; **trasmit'tente** sf transmitting o broadcasting station

traso'gnato, a [trasoɲ'ɲato] ag dreamy

traspa'rente ag transparent

traspa'rire vi to show (through)

traspi'rare vi to perspire; (fig) to come to light, leak out; **traspirazi'one** sf perspiration

traspor'tare vt to carry, move; (merce) to

transport, convey; **lasciarsi ~ (da qc)** (*fig*) to let o.s. be carried away (by sth);
tras'porto *sm* transport

trastul'lare *vt* to amuse; **~rsi** *vr* to amuse o.s.

trasu'dare *vi* (*filtrare*) to ooze; (*sudare*) to sweat ♦ *vt* to ooze with

trasver'sale *ag* transverse, cross(-); running at right angles

trasvo'lare *vt* to fly over

'tratta *sf* (*ECON*) draft; (*di persone*): **la ~ delle bianche** the white slave trade

tratta'mento *sm* treatment; (*servizio*) service

trat'tare *vt* (*gen*) to treat; (*commerciare*) to deal in; (*svolgere: argomento*) to discuss, deal with; (*negoziare*) to negotiate ♦ *vi*: **~ di** to deal with; **~ con** (*persona*) to deal with; **si tratta di ...** it's about ...;
tratta'tive *sfpl* negotiations; **trat'tato** *sm* (*testo*) treatise; (*accordo*) treaty;
trattazi'one *sf* treatment

tratteggi'are [tratted'dʒare] *vt* (*disegnare: a tratti*) to sketch, outline; (*: col tratteggio*) to hatch

tratte'nere *vt* (*far rimanere: persona*) to detain; (*intrattenere: ospiti*) to entertain; (*tenere, frenare, reprimere*) to hold back, keep back; (*astenersi dal consegnare*) to hold, keep; (*detrarre: somma*) to deduct;
~rsi *vr* (*astenersi*) to restrain o.s., stop o.s.; (*soffermarsi*) to stay, remain

tratteni'mento *sm* entertainment; (*festa*) party

tratte'nuta *sf* deduction

trat'tino *sm* dash; (*in parole composte*) hyphen

'tratto, a *pp di* **trarre** ♦ *sm* (*di penna, matita*) stroke; (*parte*) part, piece; (*di strada*) stretch; (*di mare, cielo*) expanse; (*di tempo*) period (of time); **~i** *smpl* (*caratteristiche*) features; (*modo di fare*) ways, manners; **a un ~, d'un ~** suddenly

trat'tore *sm* tractor

tratto'ria *sf* restaurant

'trauma, i *sm* trauma; **trau'matico, a, ci, che** *ag* traumatic

tra'vaglio [tra'vaʎʎo] *sm* (*angoscia*) pain, suffering; (*MED*) pains *pl*

trava'sare *vt* to decant

'trave *sf* beam

tra'versa *sf* (*trave*) crosspiece; (*via*) sidestreet; (*FERR*) sleeper (*BRIT*), (railroad) tie (*US*); (*CALCIO*) crossbar

traver'sare *vt* to cross; **traver'sata** *sf* crossing; (*AER*) flight, trip

traver'sie *sfpl* mishaps, misfortunes

traver'sina *sf* (*FERR*) sleeper (*BRIT*), (railroad) tie (*US*)

tra'verso, a *ag* oblique; **di ~** *ag* askew ♦ *av* sideways; **andare di ~** (*cibo*) to go down the wrong way; **guardare di ~** to look askance at

travesti'mento *sm* disguise

traves'tire *vt* to disguise; **~rsi** *vr* to disguise o.s.

travi'are *vt* (*fig*) to lead astray

travi'sare *vt* (*fig*) to distort, misrepresent

tra'volgere [tra'vɔldʒere] *vt* to sweep away, carry away; (*fig*) to overwhelm; **tra'volto, a** *pp di* **travolgere**

tre *num* three

trebbi'are *vt* to thresh

'treccia, ce ['trettʃa] *sf* plait, braid

tre'cento [tre'tʃɛnto] *num* three hundred ♦ *sm*: **il T~** the fourteenth century

'tredici ['treditʃi] *num* thirteen

'tregua *sf* truce; (*fig*) respite

tre'mare *vi*: **~ di** (*freddo etc*) to shiver *o* tremble with; (*paura, rabbia*) to shake *o* tremble with

tre'mendo, a *ag* terrible, awful

tre'mila *num* three thousand

'tremito *sm* trembling *no pl*; shaking *no pl*; shivering *no pl*

tremo'lare *vi* to tremble; (*luce*) to flicker; (*foglie*) to quiver

tre'more *sm* tremor

'treno *sm* train; **~ di gomme** set of tyres (*BRIT*) *o* tires (*US*); **~ merci** goods (*BRIT*) *o* freight train; **~ viaggiatori** passenger train

'trenta *num* thirty; **tren'tesimo, a** *num* thirtieth; **tren'tina** *sf*: **una trentina (di)** thirty or so, about thirty '**trepidante** *ag* anxious

treppi'ede *sm* tripod; (*CUC*) trivet

'**tresca, sche** *sf* (*fig*) intrigue; (*: relazione amorosa*) affair

'**trespolo** *sm* trestle

tri'angolo *sm* triangle

tribù *sf inv* tribe

tri'buna *sf* (*podio*) platform; (*in aule etc*) gallery; (*di stadio*) stand

tribu'nale *sm* court

tribu'tare *vt* to bestow

tri'buto *sm* tax; (*fig*) tribute

tri'checo, chi [tri'kɛko] *sm* (*ZOOL*) walrus

tri'ciclo [tri'tʃiklo] *sm* tricycle

trico'lore *ag* three-coloured ♦ *sm* tricolour; (*bandiera italiana*) Italian flag

tri'dente *sm* trident

tri'foglio [tri'fɔʎʎo] *sm* clover

'**triglia** ['triʎʎa] *sf* red mullet

tril'lare *vi* (*MUS*) to trill

tri'mestre *sm* period of three months; (*INS*) term, quarter (*US*); (*COMM*) quarter

'**trina** *sf* lace

trin'cea [trin'tʃea] *sf* trench; **trince'rare** *vt* to entrench

trinci'are [trin'tʃare] *vt* to cut up

trion'fare *vi* to triumph, win; ~ **su** to triumph over, overcome; **tri'onfo** *sm* triumph

tripli'care *vt* to triple

'**triplice** ['triplitʃe] *ag* triple; **in ~ copia** in triplicate

'**triplo, a** *ag* triple; treble ♦ *sm*: **il ~ (di)** three times as much (as); **la spesa è ~a** it costs three times as much

'**trippa** *sf* (*CUC*) tripe

'**triste** *ag* sad; (*luogo*) dreary, gloomy; **tris'tezza** *sf* sadness; gloominess

trita'carne *sm inv* mincer, grinder (*US*)

tri'tare *vt* to mince, grind (*US*)

'**trito, a** *ag* (*tritato*) minced, ground (*US*); ~ **e ritrito** (*fig*) trite, hackneyed

'**trittico, ci** *sm* (*ARTE*) triptych

trivel'lare *vt* to drill

trivi'ale *ag* vulgar, low

tro'feo *sm* trophy

'**tromba** *sf* (*MUS*) trumpet; (*AUT*) horn; ~

d'aria whirlwind; ~ **delle scale** stairwell

trom'bone *sm* trombone

trom'bosi *sf* thrombosis

tron'care *vt* to cut off; (*spezzare*) to break off

'**tronco, a, chi, che** *ag* cut off; broken off; (*LING*) truncated; (*fig*) cut short ♦ *sm* (*BOT, ANAT*) trunk; (*fig: tratto*) section; **licenziare qn in ~** to fire sb on the spot

troneggi'are [troned'dʒare] *vi*: ~ (**su**) to tower (over)

'**tronfio, a** *ag* conceited

'**trono** *sm* throne

tropi'cale *ag* tropical

'**tropico, ci** *sm* tropic; ~**ci** *smpl* (*GEO*) tropics

PAROLA CHIAVE

'**troppo, a** *det* (*in eccesso: quantità*) too much; (*: numero*) too many; **c'era ~a gente** there were too many people; **fa ~ caldo** it's too hot

♦ *pron* (*in eccesso: quantità*) too much; (*: numero*) too many; **ne hai messo ~** you've put in too much; **meglio ~i che pochi** better too many than too few

♦ *av* (*eccessivamente: con ag, av*) too; (*: con vb*) too much; ~ **amaro/tardi** too bitter/late; **lavora ~** he works too much; **di ~** too much; too many; **qualche tazza di ~** a few cups too many; **3000 lire di ~** 3000 lire too much; **essere di ~** to be in the way

'**trota** *sf* trout

trot'tare *vi* to trot; **trotterel'lare** *vi* to trot along; (*bambino*) to toddle; '**trotto** *sm* trot

'**trottola** *sf* spinning top

tro'vare *vt* to find; (*giudicare*): **trovo che** I find *o* think that; ~**rsi** *vr* (*reciproco: incontrarsi*) to meet; (*essere, stare*) to be; (*arrivare, capitare*) to find o.s.; **andare a ~ qn** to go and see sb; ~ **qn colpevole** to find sb guilty; ~**rsi bene** (*in un luogo, con qn*) to get on well; **tro'vata** *sf* good idea

truc'care *vt* (*falsare*) to fake; (*attore etc*) to

make up; (*travestire*) to disguise; (*SPORT*) to fix; (*AUT*) to soup up; **~rsi** *vr* to make up (one's face); **trucca'tore, 'trice** *sm/f* (*CINEMA, TEATRO*) make-up artist

'trucco, chi *sm* trick; (*cosmesi*) make-up

'truce ['trutʃe] *ag* fierce

truci'dare [trutʃi'dare] *vt* to slaughter

'truciolo ['trutʃolo] *sm* shaving

'truffa *sf* fraud, swindle; **truf'fare** *vt* to swindle, cheat

'truppa *sf* troop

tu *pron* you; **~ stesso(a)** you yourself; **dare del ~ a qn** to address sb as "tu"

'tua *vedi* **tuo**

'tuba *sf* (*MUS*) tuba; (*cappello*) top hat

tu'bare *vi* to coo

tuba'tura *sf* piping *no pl*, pipes *pl*

tu'betto *sm* tube

'tubo *sm* tube; pipe; **~ digerente** (*ANAT*) alimentary canal, digestive tract; **~ di scappamento** (*AUT*) exhaust pipe

'tue *vedi* **tuo**

tuf'fare *vt* to plunge, dip; **~rsi** *vr* to plunge, dive; **'tuffo** *sm* dive; (*breve bagno*) dip

tu'gurio *sm* hovel

tuli'pano *sm* tulip

tume'farsi *vr* (*MED*) to swell

'tumido, a *ag* swollen

tu'more *sm* (*MED*) tumour

tu'multo *sm* uproar, commotion; (*sommossa*) riot; (*fig*) turmoil; **tumultu'oso, a** *ag* rowdy, unruly; (*fig*) turbulent, stormy

'tunica, che *sf* tunic

Tuni'sia *sf*: **la ~** Tunisia

'tuo (*f* **'tua,** *pl* **tu'oi, 'tue**) *det*: **il ~, la tua** *etc* your ♦ *pron*: **il ~, la tua** *etc* yours

tuo'nare *vi* to thunder; **tuona** it is thundering, there's some thunder

tu'ono *sm* thunder

tu'orlo *sm* yolk

tu'racciolo [tu'rattʃolo] *sm* cap, top; (*di sughero*) cork

tu'rare *vt* to stop, plug; (*con sughero*) to cork; **~rsi il naso** to hold one's nose

turba'mento *sm* disturbance; (*di animo*)

anxiety, agitation

tur'bante *sm* turban

tur'bare *vt* to disturb, trouble

'turbine *sm* whirlwind

turbo'lento, a *ag* turbulent; (*ragazzo*) boisterous, unruly

turbo'lenza [turbo'lentsa] *sf* turbulence

tur'chese [tur'kese] *sf* turquoise

Tur'chia [tur'kia] *sf*: **la ~** Turkey

tur'chino, a [tur'kino] *ag* deep blue

'turco, a, chi, che *ag* Turkish ♦ *sm/f* Turk/Turkish woman ♦ *sm* (*LING*) Turkish; **parlare ~** (*fig*) to talk double-dutch

tu'rismo *sm* tourism; tourist industry; **tu'rista, i, e** *sm/f* tourist; **tu'ristico, a, ci, che** *ag* tourist *cpd*

'turno *sm* turn; (*di lavoro*) shift; **di ~** (*soldato, medico, custode*) on duty; **a ~** (*rispondere*) in turn; (*lavorare*) in shifts; **fare a ~ a fare qc** to take turns to do sth; **è il suo ~** it's your (*o* his *etc*) turn

'turpe *ag* filthy, vile; **turpi'loquio** *sm* obscene language

'tuta *sf* overalls *pl*; (*SPORT*) tracksuit

tu'tela *sf* (*DIR: di minore*) guardianship; (*: protezione*) protection; (*difesa*) defence; **tute'lare** *vt* to protect, defend

tu'tore, 'trice *sm/f* (*DIR*) guardian

tutta'via *cong* nevertheless, yet

| PAROLA CHIAVE |

'tutto, a *det* **1** (*intero*) all; **~ il latte** all the milk; **~a la notte** all night, the whole night; **~ il libro** the whole book; **~a una bottiglia** a whole bottle

2 (*pl, collettivo*) all; every; **~i i libri** all the books; **~e le notti** every night; **~i i venerdì** every Friday; **~i gli uomini** all the men; (*collettivo*) all men; **~ l'anno** all year long; **~i e due** both *o* each of us (*o* them *o* you); **~i e cinque** all five of us (*o* them *o* you)

3 (*completamente*): **era ~a sporca** she was all dirty; **tremava ~** he was trembling all over; **è ~a sua madre** she's just *o* exactly like her mother

4: **a tutt'oggi** so far, up till now; **a ~a velocità** at full *o* top speed

♦ *pron* **1** (*ogni cosa*) everything, all; (*qualsiasi cosa*) anything; **ha mangiato ~** he's eaten everything; **~ considerato** all things considered; **in ~: 10,000 lire in ~** 10.000 lire in all; **in ~ eravamo 50** there were 50 of us in all

2: ~i, e (*ognuno*) all, everybody; **vengono ~i** they are all coming, everybody's coming; **~i quanti** all and sundry

♦ *av* (*completamente*) entirely, quite; **è ~ il contrario** it's quite *o* exactly the opposite; **tutt'al più: saranno stati tutt'al più una cinquantina** there were about fifty of them at (the very) most; **tutt'al più possiamo prendere un treno** if the worst comes to the worst we can take a train; **tutt'altro** on the contrary; **è tutt'altro che felice** he's anything but happy; **tutt'a un tratto** suddenly

♦ *sm*: **il ~** the whole lot, all of it

tutto'fare *ag inv*: **domestica ~** general maid; **ragazzo ~** office boy ♦ *sm/f inv* handyman/woman

tut'tora *av* still

U, u

ubbidi'ente *ag* obedient; **ubbidi'enza** *sf* obedience

ubbi'dire *vi* to obey; **~ a** to obey; (*sog: veicolo, macchina*) to respond to

ubria'care *vt*: **~ qn** to get sb drunk; (*sog: alcool*) to make sb drunk; (*fig*) to make sb's head spin *o* reel; **~rsi** *vr* to get drunk; **~rsi di** (*fig*) to become intoxicated with

ubri'aco, a, chi, che *ag, sm/f* drunk

uccelli'era [uttʃelˈljɛra] *sf* aviary

uccel'lino [uttʃelˈlino] *sm* baby bird, chick

uc'cello [utˈtʃɛllo] *sm* bird

uc'cidere [utˈtʃidere] *vt* to kill; **~rsi** *vr* (*suicidarsi*) to kill o.s.; (*perdere la vita*) to be killed; **uccisi'one** *sf* killing; **uc'ciso, a** *pp di* **uccidere**; **ucci'sore** *sm* killer

udi'enza [uˈdjɛntsa] *sf* audience; (*DIR*) hearing; **dare ~ (a)** to grant an

audience (to)

u'dire *vt* to hear; **udi'tivo, a** *ag* auditory; **u'dito** *sm* (sense of) hearing; **udi'torio** *sm* (*persone*) audience

'uffa *escl* tut!

uffici'ale [uffiˈtʃale] *ag* official ♦ *sm* (*AMM*) official, officer; (*MIL*) officer; **~ di stato civile** registrar

uf'ficio [ufˈfitʃo] *sm* (*gen*) office; (*dovere*) duty; (*mansione*) task, function, job; (*agenzia*) agency, bureau; (*REL*) service; **d'~** *ag* office *cpd*; official ♦ *av* officially; **~ di collocamento** employment office; **~ informazioni** information bureau; **~ oggetti smarriti** lost property office (*BRIT*), lost and found (*US*); **~ postale** post office

uffici'oso, a [uffiˈtʃoso] *ag* unofficial

'UFO *sm inv* UFO

'ufo: a ~ *av* free, for nothing

uggi'oso, a [udˈdʒoso] *ag* (*tempo*) dull

uguagli'anza [ugwaʎˈʎantsa] *sf* equality

uguagli'are [ugwaʎˈʎare] *vt* to make equal; (*essere uguale*) to equal, be equal to; (*livellare*) to level; **~rsi a** *o* **con qn** (*paragonarsi*) to compare o.s. to sb

ugu'ale *ag* equal; (*identico*) identical, the same; (*uniforme*) level, even ♦ *av*: **costano ~** they cost the same; **sono bravi ~** they're equally good; **ugual'mente** *av* equally; (*lo stesso*) all the same

'ulcera [ˈultʃera] *sf* ulcer

u'livo = **olivo**

ulteri'ore *ag* further

ulti'mare *vt* to finish, complete

'ultimo, a *ag* (*finale*) last; (*estremo*) farthest, utmost; (*recente: notizia, moda*) latest; (*fig: sommo, fondamentale*) ultimate ♦ *sm/f* last (one); **fino all'~** to the last, until the end; **da ~, in ~** in the end; **abitare all'~ piano** to live on the top floor; **per ~** (*entrare, arrivare*) last

ulu'lare *vi* to howl; **ulu'lato** *sm* howling *no pl*; howl

umanità *sf* humanity; **umani'tario, a** *ag* humanitarian

u'mano, a *ag* human; (*comprensivo*) humane

umet'tare *vt* to dampen, moisten

umidità *sf* dampness; humidity

'umido, a *ag* damp; (*mano, occhi*) moist; (*clima*) humid ♦ *sm* dampness, damp; **carne in ~** stew

'umile *ag* humble

umili'are *vt* to humiliate; **~rsi** *vr* to humble o.s.; **umiliazi'one** *sf* humiliation

umiltà *sf* humility, humbleness

u'more *sm* (*disposizione d'animo*) mood; (*carattere*) temper; **di buon/cattivo ~** in a good/bad mood

umo'rismo *sm* humour; **avere il senso dell'~** to have a sense of humour; **umo'ristico, a, ci, che** *ag* humorous, funny

un *vedi* **uno**

un' *vedi* **uno**

'una *vedi* **uno**

u'nanime *ag* unanimous; **unanimità** *sf* unanimity; **all'unanimità** unanimously

---PAROLA CHIAVE---

unci'netto [untʃi'netto] *sm* crochet hook

un'cino [un'tʃino] *sm* hook

'undici ['unditʃi] *num* eleven

'ungere ['undʒere] *vt* to grease, oil; (*REL*) to anoint; (*fig*) to flatter, butter up; **~rsi** *vr* (*sporcarsi*) to get covered in grease; **~rsi con la crema** to put on cream

unghe'rese [unge'rese] *ag, sm/f, sm* Hungarian

Unghe'ria [unge'ria] *sf*: **l'~** Hungary

'unghia ['ungja] *sf* (*ANAT*) nail; (*di animale*) claw; (*di rapace*) talon; (*di cavallo*) hoof; **unghi'ata** *sf* (*graffio*) scratch

ungu'ento *sm* ointment

'unico, a, ci, che *ag* (*solo*) only; (*ineguagliabile*) unique; (*singolo: binario*) single; **figlio(a) ~(a)** only son/daughter, only child

unifamili'are *ag* one-family *cpd*

unifi'care *vt* to unite, unify; (*sistemi*) to standardize; **unificazi'one** *sf* uniting; unification; standardization

uni'forme *ag* uniform; (*superficie*) even ♦ *sf* (*divisa*) uniform

unilate'rale *ag* one-sided; (*DIR*) unilateral

uni'one *sf* union; (*fig: concordia*) unity, harmony

u'nire *vt* to unite; (*congiungere*) to join, connect; (*: ingredienti, colori*) to combine; (*in matrimonio*) to unite, join together; **~rsi** *vr* to unite; (*in matrimonio*) to be joined together; **~ qc a** to unite sth with; to join *o* connect sth with; to combine sth with; **~rsi a** (*gruppo, società*) to join

unità *sf inv* (*unione, concordia*) unity; (*MAT, MIL, COMM, di misura*) unit; **uni'tario, a** *ag* unitary; **prezzo unitario** price per unit

u'nito, a *ag* (*paese*) united; (*amici, famiglia*) close; **in tinta ~a** plain, self-coloured

univer'sale *ag* universal; general

università *sf inv* university; **universi'tario, a** *ag* university *cpd* ♦ *sm/f* (*studente*) university student; (*insegnante*) academic, university lecturer

uni'verso *sm* universe

---PAROLA CHIAVE---

'uno, a (*dav sm* **un** +*C, V,* **uno** +*s impura, gn, pn, ps, x, z; dav sf* **un'** +*V,* **una** +*C*) *art indet* **1** a; (*dav vocale*) an; **un bambino** a child; **~a strada** a street; **~ zingaro** a gypsy **2** (*intensivo*): **ho avuto ~a paura!** I got such a fright!
♦ *pron* **1** one; **prendine ~** take one (of them); **l'~ o l'altro** either (of them); **l'~ e l'altro** both (of them); **aiutarsi l'un l'altro** to help one another *o* each other; **sono entrati l'~ dopo l'altro** they came in one after the other
2 (*un tale*) someone, somebody
3 (*con valore impersonale*) one, you; **se ~ vuole** if one wants, if you want
♦ *num* one; **~a mela e due pere** one apple and two pears; **~ più ~ fa due** one plus one equals two, one and one are two
♦ *sf*: **è l'~a** it's one (o'clock)

'unto, a *pp di* **ungere** ♦ *ag* greasy, oily ♦ *sm* grease; **untu'oso, a** *ag* greasy, oily

u'omo (*pl* **u'omini**) *sm* man; **da ~** (*abito, scarpe*) men's, for men; **~ d'affari** businessman; **~ di paglia** stooge; **~ rana** frogman

u'ovo (*pl(f)* **u'ova**) *sm* egg; **~ affogato** poached egg; **~ al tegame** fried egg; **~ alla coque** boiled egg; **~ bazzotto/sodo** soft-/hard-boiled egg; **~ di Pasqua** Easter egg; **~ in camicia** poached egg; **~a strapazzate** scrambled eggs

ura'gano *sm* hurricane

urba'nistica *sf* town planning

ur'bano, a *ag* urban, city *cpd*, town *cpd*; (*TEL: chiamata*) local; (*fig*) urbane

ur'gente [ur'dʒɛnte] *ag* urgent; **ur'genza** *sf* urgency; **in caso d'urgenza** in (case of) an emergency; **d'urgenza** *ag* emergency ♦ *av* urgently, as a matter of urgency

u'rina *sf* = **orina**

ur'lare *vi* (*persona*) to scream, yell; (*animale, vento*) to howl ♦ *vt* to scream, yell

'urlo (*pl(m)* **'urli,** *pl(f)* **'urla**) *sm* scream, yell; howl

'urna *sf* urn; (*elettorale*) ballot-box; **andare alle ~e** to go to the polls

urrà *escl* hurrah!

U.R.S.S. *abbr f:* **l'~** the USSR

ur'tare *vt* to bump into, knock against; (*fig: irritare*) to annoy ♦ *vi:* **~ contro** *o* **in** to bump into, knock against, crash into; (*fig: imbattersi*) to come up against; **~rsi** *vr* (*reciproco: scontrarsi*) to collide; (: *fig*) to clash; (*irritarsi*) to get annoyed; **'urto** *sm* (*colpo*) knock, bump; (*scontro*) crash, collision; (*fig*) clash

'U.S.A. ['uza] *smpl:* **gli ~** the USA

u'sanza [u'zantsa] *sf* custom; (*moda*) fashion

u'sare *vt* to use, employ ♦ *vi* (*servirsi*): **~ di** to use; (: *diritto*) to exercise; (*essere di moda*) to be fashionable; (*essere solito*): **~ fare** to be in the habit of doing, be accustomed to doing ♦ *vb impers:* **qui usa così** it's the custom round here; **u'sato, a** *ag* used; (*consumato*) worn; (*di seconda mano*) used, second-hand ♦ *sm* second-hand goods *pl*

usci'ere [uʃ'ʃɛre] *sm* usher

'uscio ['uʃʃo] *sm* door

u'scire [uʃ'ʃire] *vi* (*gen*) to come out; (*partire, andare a passeggio, a uno spettacolo etc*) to go out; (*essere sorteggiato: numero*) to come up; **~ da** (*gen*) to leave; (*posto*) to go (*o* come) out of, leave; (*solco, vasca etc*) to come out of; (*muro*) to stick out of; (*competenza etc*) to be outside; (*infanzia, adolescenza*) to leave behind; (*famiglia nobile etc*) to come from; **~ da** *o* **di casa** to go out; (*fig*) to leave home; **~ in automobile** to go out in the car, go for a drive; **~ di strada** (*AUT*) to go off *o* leave the road

u'scita [uʃ'ʃita] *sf* (*passaggio, varco*) exit, way out; (*per divertimento*) outing; (*ECON: somma*) expenditure; (*TEATRO*) entrance; (*fig: battuta*) witty remark; **~ di sicurezza** emergency exit

usi'gnolo [uziɲ'ɲɔlo] *sm* nightingale

U.S.L. [uzl] *sigla f* (= *unità sanitaria locale*) local health centre

'uso *sm* (*utilizzazione*) use; (*esercizio*) practice; (*abitudine*) custom; **a ~ di** for (the use of); **d'~** (*corrente*) in use; **fuori ~** out of use

usti'one *sf* burn

usu'ale *ag* common, everyday

u'sura *sf* usury; (*logoramento*) wear (and tear)

uten'sile *sm* tool, implement; **~i da cucina** kitchen utensils

u'tente *sm/f* user

'utero *sm* uterus

'utile *ag* useful ♦ *sm* (*vantaggio*) advantage, benefit; (*ECON: profitto*) profit; **utilità** *sf* usefulness *no pl*; use; (*vantaggio*) benefit; **utili'taria** *sf* (*AUT*) economy car

utiliz'zare [utilid'dzare] *vt* to use, make use of, utilize

'uva *sf* grapes *pl*; **~ passa** raisins *pl*; **~ spina** gooseberry

V, v

v. *abbr* (= *vedi*) v

va *vb vedi* **andare**

va'cante *ag* vacant

va'canza [va'kantsa] *sf* (*l'essere vacante*) vacancy; (*riposo, ferie*) holiday(s *pl*) (*BRIT*), vacation (*US*); (*giorno di permesso*) day off, holiday; **~e** *sfpl* (*periodo di ferie*) holidays (*BRIT*), vacation *sg* (*US*); **essere/andare in ~** to be/go on holiday *o* vacation; **~e estive** summer holiday(s) *o* vacation

'vacca, che *sf* cow

vacci'nare [vattʃi'nare] *vt* to vaccinate

vac'cino [vat'tʃino] *sm* (*MED*) vaccine

vacil'lare [vatʃil'lare] *vi* to sway, wobble; (*luce*) to flicker; (*fig: memoria, coraggio*) to be failing, falter

'vacuo, a *ag* (*fig*) empty, vacuous

'vado *vb vedi* **andare**

vaga'bondo, a *sm/f* tramp, vagrant

va'gare *vi* to wander

va'gina [va'dʒina] *sf* vagina

va'gire [va'dʒire] *vi* to whimper

va'gito [va'dʒito] *sm* cry

'vaglia [ˈvaʎʎa] *sm inv* money order; **~ postale** postal order

vagli'are [vaʎˈʎare] *vt* to sift; (*fig*) to weigh up; **'vaglio** *sm* sieve

'vago, a, ghi, ghe *ag* vague

va'gone *sm* (*FERR: per passeggeri*) coach; (*: per merci*) truck, wagon; **~ letto** sleeper, sleeping car; **~ ristorante** dining *o* restaurant car

'vai *vb vedi* **andare**

vai'olo *sm* smallpox

va'langa, ghe *sf* avalanche

va'lente *ag* able, talented

va'lere *vi* (*avere forza, potenza*) to have influence; (*essere valido*) to be valid; (*avere vigore, autorità*) to hold, apply; (*essere capace: poeta, studente*) to be good, be able ♦ *vt* (*prezzo, sforzo*) to be worth; (*corrispondere*) to correspond to; (*procurare*): **~ qc a qn** to earn sb sth; **~rsi**

di to make use of, take advantage of; **far ~** (*autorità etc*) to assert; **vale a dire** that is to say; **~ la pena** to be worth the effort *o* worth it

va'levole *ag* valid

vali'care *vt* to cross

'valico, chi *sm* (*passo*) pass

'valido, a *ag* valid; (*rimedio*) effective; (*aiuto*) real; (*persona*) worthwhile

valige'ria [validʒe'ria] *sf* leather goods *pl*; leather goods factory; leather goods shop

vali'getta [vali'dʒetta] *sf* briefcase

va'ligia, gie *o* **ge** [va'lidʒa] *sf* (suit)case; **fare le ~gie** to pack (up)

val'lata *sf* valley

'valle *sf* valley; **a ~** (*di fiume*) downstream; **scendere a ~** to go downhill

va'lore *sm* (*gen*) value; (*merito*) merit, worth; (*coraggio*) valour, courage; (*COMM: titolo*) security; **~i** *smpl* (*oggetti preziosi*) valuables

valoriz'zare [valorid'dzare] *vt* (*terreno*) to develop; (*fig*) to make the most of

'valso, a *pp di* **valere**

va'luta *sf* currency, money; (*BANCA*): **~ 15 gennaio** interest to run from January 15th

valu'tare *vt* (*casa, gioiello, fig*) to value; (*stabilire: peso, entrate, fig*) to estimate; **valutazi'one** *sf* valuation; estimate

'valvola *sf* (*TECN, ANAT*) valve; (*ELETTR*) fuse

'valzer [ˈvaltser] *sm inv* waltz

vam'pata *sf* (*di fiamma*) blaze; (*di calore*) blast; (*: al viso*) flush

vam'piro *sm* vampire

vanda'lismo *sm* vandalism

'vandalo *sm* vandal

vaneggi'are [vaned'dʒare] *vi* to rave

'vanga, ghe *sf* spade; **van'gare** *vt* to dig

van'gelo [van'dʒelo] *sm* gospel

va'niglia [va'niʎʎa] *sf* vanilla

vanità *sf* vanity; (*di promessa*) emptiness; (*di sforzo*) futility; **vani'toso, a** *ag* vain, conceited

'vanno *vb vedi* **andare**

'vano, a *ag* vain ♦ *sm* (*spazio*) space; (*apertura*) opening; (*stanza*) room

van'taggio [van'taddʒo] *sm* advantage;

essere/portarsi in ~ (*SPORT*) to be in/take the lead; **vantaggi'oso, a** *ag* advantageous; favourable

van'**tare** *vt* to praise, speak highly of; ~**rsi** *vr*: ~**rsi (di/di aver fatto)** to boast *o* brag (about/about having done); **vante'ria** *sf* boasting; **'vanto** *sm* boasting; (*merito*) virtue, merit; (*gloria*) pride

'**vanvera** *sf*: **a** ~ haphazardly; **parlare a** ~ to talk nonsense

va'**pore** *sm* vapour; (*anche*: ~ **acqueo**) steam; (*nave*) steamer; **a** ~ (*turbina etc*) steam *cpd*; **al** ~ (*CUC*) steamed; **vapo'retto** *sm* steamer; **vaporiz'zare** *vt* to vaporize; **vapo'roso, a** *ag* (*tessuto*) filmy; (*capelli*) soft and full

va'**rare** *vt* (*NAUT, fig*) to launch; (*DIR*) to pass

var'**care** *vt* to cross

'**varco, chi** *sm* passage; **aprirsi un** ~ **tra la folla** to push one's way through the crowd

vari'**abile** *ag* variable; (*tempo, umore*) changeable, variable ♦ *sf* (*MAT*) variable

vari'**are** *vt, vi* to vary; ~ **di opinione** to change one's mind; **variazi'one** *sf* variation; change

va'**rice** [va'ritʃe] *sf* varicose vein

vari'**cella** [vari'tʃɛlla] *sf* chickenpox

vari'**coso, a** *ag* varicose

varie'**gato, a** *ag* variegated

varie'**tà** *sf inv* variety ♦ *sm inv* variety show

'**vario, a** *ag* varied; (*parecchi: col sostantivo al pl*) various; (*mutevole: umore*) changeable; **vario'pinto, a** *ag* multicoloured

'**varo** *sm* (*NAUT, fig*) launch; (*di leggi*) passing

va'**saio** *sm* potter

'**vasca, sche** *sf* basin; (*anche*: ~ **da bagno**) bathtub, bath

va'**scello** [vaʃ'ʃɛllo] *sm* vessel, ship

vase'**lina** *sf* vaseline

vasel'**lame** *sm* (*stoviglie*) crockery; (: *di porcellana*) china; ~ **d'oro/d'argento** gold/silver plate

'**vaso** *sm* (*recipiente*) pot; (: *barattolo*) jar; (: *decorativo*) vase; (*ANAT*) vessel; ~ **da fiori** vase; (*per piante*) flowerpot

vas'**soio** *sm* tray

'**vasto, a** *ag* vast, immense

Vati'**cano** *sm*: **il** ~ the Vatican

ve *pron, av vedi* **vi**

vecchi'**aia** *sf* old age

'**vecchio, a** ['vɛkkjo] *ag* old ♦ *sm/f* old man/woman; **i** ~**i** the old

'**vece** ['vetʃe] *sf*: **in** ~ **di** in the place of, for; **fare le** ~**i di qn** to take sb's place

ve'**dere** *vt, vi* to see; ~**rsi** *vr* to meet, see one another; **avere a che** ~ **con** to have something to do with; **far** ~ **qc a qn** to show sb sth; **farsi** ~ to show o.s.; (*farsi vivo*) to show one's face; **vedi di non farlo** make sure *o* see you don't do it; **non (ci) si vede** (*è buio etc*) you can't see a thing; **non lo posso** ~ (*fig*) I can't stand him

ve'**detta** *sf* (*sentinella, posto*) look-out; (*NAUT*) patrol boat

'**vedovo, a** *sm/f* widower/widow

ve'**duta** *sf* view

vee'**mente** *ag* vehement; violent

vege'**tale** [vedʒe'tale] *ag, sm* vegetable

vegetari'**ano, a** [vedʒeta'rjano] *ag, sm/f* vegetarian

'**vegeto, a** ['vɛdʒeto] *ag* (*pianta*) thriving; (*persona*) strong, vigorous

'**veglia** ['veʎʎa] *sf* wakefulness; (*sorveglianza*) watch; (*trattenimento*) evening gathering; **fare la** ~ **a un malato** to watch over a sick person

vegli'**are** [veʎ'ʎare] *vi* to be awake; to stay *o* sit up; (*stare vigile*) to watch; to keep watch ♦ *vt* (*malato, morto*) to watch over, sit up with

ve'**icolo** *sm* vehicle

'**vela** *sf* (*NAUT: tela*) sail; (*sport*) sailing

ve'**lare** *vt* to veil; ~**rsi** *vr* (*occhi, luna*) to mist over; (*voce*) to become husky; ~**rsi il viso** to cover one's face (with a veil); ve'**lato, a** *ag* veiled

veleggi'**are** [veled'dʒare] *vi* to sail; (*AER*) to glide

ve'**leno** *sm* poison; **vele'noso, a** *ag* poisonous

veli'**ero** *sm* sailing ship

ve'lina *sf* (*anche:* **carta ~**: *per imballare*) tissue paper

ve'livolo *sm* aircraft

velleità *sf inv* vain ambition, vain desire

vel'luto *sm* velvet; **~ a coste** cord

'velo *sm* veil; (*tessuto*) voile

ve'loce [ve'lotʃe] *ag* fast, quick ♦ *av* fast, quickly; **velo'cista, i, e** *sm/f* (*SPORT*) sprinter; **velocità** *sf* speed; **a forte velocità** at high speed; **velocità di crociera** cruising speed

'vena *sf* (*gen*) vein; (*filone*) vein, seam; (*fig: ispirazione*) inspiration; (: *umore*) mood; **essere in ~ di qc** to be in the mood for sth

ve'nale *ag* (*prezzo, valore*) market *cpd*; (*fig*) venal; mercenary

ven'demmia *sf* (*raccolta*) grape harvest; (*quantità d'uva*) grape crop, grapes *pl*; (*vino ottenuto*) vintage; **vendemmi'are** *vt* to harvest ♦ *vi* to harvest the grapes

'vendere *vt* to sell; **"vendesi"** "for sale"

ven'detta *sf* revenge

vendi'care *vt* to avenge; **~rsi** *vr:* **~rsi (di)** to avenge o.s. (for); (*per rancore*) to take one's revenge (for); **~rsi su qn** to revenge o.s. on sb; **vendica'tivo, a** *ag* vindictive

'vendita *sf* sale; **la ~** (*attività*) selling; (*smercio*) sales *pl*; **in ~** on sale; **~ all'asta** sale by auction; **vendi'tore** *sm* seller, vendor; (*gestore di negozio*) trader, dealer

vene'rabile *ag* venerable

venerando, a *ag* = **venerabile**

vene'rare *vt* to venerate

venerdì *sm inv* Friday; **di** *o* **il ~** on Fridays; **V~ Santo** Good Friday

ve'nereo, a *ag* venereal

'veneto, a *ag, sm/f* Venetian

Ve'nezia [ve'nɛttsja] *sf* Venice; **venezi'ana** *sf* Venetian blind; **venezi'ano, a** *ag, sm/f* Venetian

veni'ale *ag* venial

ve'nire *vi* to come; (*riuscire: dolce, fotografia*) to turn out; (*come ausiliare: essere*): **viene ammirato da tutti** he is admired by everyone; **~ da** to come from; **quanto viene?** how much does it cost?;

far ~ (*mandare a chiamare*) to send for; **~ giù** to come down; **~ meno** (*svenire*) to faint; **~ meno a qc** not to fulfil sth; **~ su** to come up; **~ a trovare qn** to come and see sb; **~ via** to come away

ven'taglio [ven'taʎʎo] *sm* fan

ven'tata *sf* gust (of wind)

ven'tenne *ag:* **una ragazza ~** a twenty-year-old girl, a girl of twenty

ven'tesimo, a *num* twentieth

'venti *num* twenty

venti'lare *vt* (*stanza*) to air, ventilate; (*fig: idea, proposta*) to air; **ventila'tore** *sm* ventilator, fan

ven'tina *sf:* **una ~ (di)** around twenty, twenty or so

venti'sette *num* twenty-seven

'vento *sm* wind

'ventola *sf* (*AUT, TECN*) fan

ven'tosa *sf* (*ZOOL*) sucker; (*di gomma*) suction pad

ven'toso, a *ag* windy

'ventre *sm* stomach

ven'tura *sf:* **soldato di ~** mercenary

ven'turo, a *ag* next, coming

ve'nuta *sf* coming, arrival

ve'nuto, a *pp di* **venire**

vera'mente *av* really

ver'bale *ag* verbal ♦ *sm* (*di riunione*) minutes *pl*

'verbo *sm* (*LING*) verb; (*parola*) word; (*REL*): **il V~** the Word

'verde *ag, sm* green; **essere al ~** to be broke; **~ bottiglia / oliva** bottle/olive green

verde'rame *sm* verdigris

ver'detto *sm* verdict

ver'dura *sf* vegetables *pl*

'verga, ghe *sf* rod

'vergine ['verdʒine] *sf* virgin; (*dello zodiaco*): **V~** Virgo ♦ *ag* virgin; (*ragazza*): **essere ~** to be a virgin

ver'gogna [ver'ɡoɲɲa] *sf* shame; (*timidezza*) shyness, embarrassment; **vergo'gnarsi** *vr:* **vergognarsi (di)** to be *o* feel ashamed (of); to be shy (about), be embarrassed (about); **vergo'gnoso, a** *ag* ashamed; (*timido*) shy, embarrassed; (*causa* *di vergogna: azione*) shameful

ve'rifica, che *sf* checking *no pl*, check

verifi'care *vt* (*controllare*) to check; (*confermare*) to confirm, bear out

verità *sf inv* truth

veriti'ero, a *ag* (*che dice la verità*) truthful; (*conforme a verità*) true

'verme *sm* worm

vermi'celli [vermi'tʃelli] *smpl* vermicelli *sg*

ver'miglio [ver'miʎʎo] *sm* vermilion, scarlet

'vermut *sm inv* vermouth

ver'nice [ver'nitʃe] *sf* (*colorazione*) paint; (*trasparente*) varnish; (*pelle*) patent leather; "**~ fresca**" "wet paint"; **vernici'are** *vt* to paint; to varnish

'vero, a *ag* (*veridico: fatti, testimonianza*) true; (*autentico*) real ♦ *sm* (*verità*) truth; (*realtà*) (real) life; **un ~ e proprio delinquente** a real criminal, an out-and-out criminal

vero'simile *ag* likely, probable

ver'ruca, che *sf* wart

versa'mento *sm* (*pagamento*) payment; (*deposito di denaro*) deposit

ver'sante *sm* slopes *pl*, side

ver'sare *vt* (*fare uscire: vino, farina*) to pour (out); (*spargere: lacrime, sangue*) to shed; (*rovesciare*) to spill; (*ECON*) to pay; (*: depositare*) to deposit, pay in; **~rsi** *vr* (*rovesciarsi*) to spill; (*fiume, folla*): **~rsi (in)** to pour (into)

versa'tile *ag* versatile

ver'setto *sm* (*REL*) verse

versi'one *sf* version; (*traduzione*) translation

'verso *sm* (*di poesia*) verse, line; (*di animale, uccello*) cry; (*direzione*) direction; (*modo*) way; (*di foglio di carta*) verso; (*di moneta*) reverse; **~i** *smpl* (*poesia*) verse *sg*; **non c'è ~ di persuaderlo** there's no way of persuading him, he can't be persuaded ♦ *prep* (*in direzione di*) toward(s); (*nei pressi di*) near, around (about); (*in senso temporale*) about; around; (*nei confronti di*) for; **~ di me** towards me; **~ sera** towards evening

'vertebra *sf* vertebra

verti'cale *ag, sf* vertical

'vertice ['vertitʃe] *sm* summit, top; (*MAT*) vertex; **conferenza al ~** (*POL*) summit conference

ver'tigine [ver'tidʒine] *sf* dizziness *no pl*; dizzy spell; (*MED*) vertigo; **avere le ~i** to feel dizzy; **vertigi'noso, a** *ag* (*altezza*) dizzy; (*fig*) breathtakingly high (*o deep etc*)

ve'scica, che [veʃ'ʃika] *sf* (*ANAT*) bladder; (*MED*) blister

'vescovo *sm* bishop

'vespa *sf* wasp

'vespro *sm* (*REL*) vespers *pl*

ves'sillo *sm* standard; (*bandiera*) flag

ves'taglia [ves'taʎʎa] *sf* dressing gown

'veste *sf* garment; (*rivestimento*) covering; (*qualità, facoltà*) capacity; **in ~ ufficiale** (*fig*) in an official capacity; **in ~ di** in the guise of, as; **vesti'ario** *sm* wardrobe, clothes *pl*

ves'tire *vt* (*bambino, malato*) to dress; (*avere indosso*) to have on, wear; **~rsi** *vr* to dress, get dressed; **ves'tito, a** *ag* dressed ♦ *sm* garment; (*da donna*) dress; (*da uomo*) suit; **vestiti** *smpl* (*indumenti*) clothes; **vestito di bianco** dressed in white

Ve'suvio *sm*: **il ~** Vesuvius

vete'rano, a *ag, sm/f* veteran

veteri'naria *sf* veterinary medicine

veteri'nario, a *ag* veterinary ♦ *sm* veterinary surgeon (*BRIT*), veterinarian (*US*), vet

'veto *sm inv* veto

ve'traio *sm* glassmaker; glazier

ve'trata *sf* glass door (*o window*); (*di chiesa*) stained glass window

vetre'ria *sf* (*stabilimento*) glassworks *sg*; (*oggetti di vetro*) glassware

ve'trina *sf* (*di negozio*) (shop) window; (*armadio*) display cabinet; **vetri'nista, i, e** *sm/f* window dresser

vetri'olo *sm* vitriol

'vetro *sm* glass; (*per finestra, porta*) pane (of glass)

'vetta *sf* peak, summit, top

vet'tore *sm* (*MAT, FISICA*) vector; (*chi trasporta*) carrier

vetto'vaglie [vetto'vaʎʎe] *sfpl* supplies

vet'tura *sf* (*carrozza*) carriage; (*FERR*) carriage (*BRIT*), car (*US*); (*auto*) car (*BRIT*), automobile (*US*)

vezzeggia'tivo [vettseddʒa'tivo] *sm* (*LING*) term of endearment

'vezzo ['vettso] *sm* habit; **~i** *smpl* (*smancerie*) affected ways; (*leggiadria*) charms; **vez'zoso, a** *ag* (*grazioso*) charming, pretty; (*lezioso*) affected

vi (*dav lo, la, li, le, ne diventa* **ve**) *pron* (*oggetto*) you; (*complemento di termine*) (to) you; (*riflessivo*) yourselves; (*reciproco*) each other ♦ *av* (*lì*) there; (*qui*) here; (*per questo/quel luogo*) through here/there; **~ è/sono** there is/are

'via *sf* (*gen*) way; (*strada*) street; (*sentiero, pista*) path, track; (*AMM: procedimento*) channels *pl* ♦ *prep* (*passando per*) via, by way of ♦ *av* away ♦ *escl* go away!; (*suvvia*) come on!; (*SPORT*) go! ♦ *sm* (*SPORT*) starting signal; **in ~ di guarigione** on the road to recovery; **per ~ di** (*a causa di*) because of, on account of; **in o per ~** on the way; **per ~ aerea** by air; (*lettere*) by airmail; **andare/essere ~** to go/be away; **~ ~ che** (*a mano a mano*) as; **dare il ~** (*SPORT*) to give the starting signal; **dare il ~ a** (*fig*) to start; **V~ lattea** (*ASTR*) Milky Way; **~ di mezzo** middle course; **in ~ provvisoria** provisionally

viabilità *sf* (*di strada*) practicability; (*rete stradale*) roads *pl*, road network

via'dotto *sm* viaduct

viaggi'are [viad'dʒare] *vi* to travel; **viaggia'tore, 'trice** *ag* travelling ♦ *sm* traveller; (*passeggero*) passenger

vi'aggio ['vjaddʒo] *sm* travel(ling); (*tragitto*) journey, trip; **buon ~!** have a good trip!; **~ di nozze** honeymoon

vi'ale *sm* avenue

via'vai *sm* coming and going, bustle

vi'brare *vi* to vibrate

vi'cario *sm* (*apostolico etc*) vicar

'vice ['vitʃe] *sm/f* deputy ♦ *prefisso*: **~'console** *sm* vice-consul; **~diret'tore** *sm* assistant manager

vi'cenda [vi'tʃɛnda] *sf* event; **a ~** in turn; **vicen'devole** *ag* mutual, reciprocal

vice'versa [vitʃe'vɛrsa] *av* vice versa; **da Roma a Pisa e ~** from Rome to Pisa and back

vici'nanza [vitʃi'nantsa] *sf* nearness, closeness; **~e** *sfpl* (*paraggi*) neighbourhood, vicinity

vici'nato [vitʃi'nato] *sm* neighbourhood; (*vicini*) neighbours *pl*

vi'cino, a [vi'tʃino] *ag* (*gen*) near; (*nello spazio*) near, nearby; (*accanto*) next; (*nel tempo*) near, close at hand ♦ *sm/f* neighbour ♦ *av* near, close; **da ~** (*guardare*) close up; (*esaminare, seguire*) closely; (*conoscere*) well, intimately; **~ a** near (to), close to; (*accanto a*) beside; **~ di casa** neighbour

'vicolo *sm* alley; **~ cieco** blind alley

'video *sm inv* (*TV: schermo*) screen; **~'camera** *sf* camcorder; **~cas'setta** *sf* videocassette; **~registra'tore** *sm* video (recorder)

vie'tare *vt* to forbid; (*AMM*) to prohibit; **~ a qn di fare** to forbid sb to do; to prohibit sb from doing; **"vietato fumare/ l'ingresso"** "no smoking/admittance"

Viet'nam *sm*: **il ~** Vietnam; **vietna'mita, i, e** *ag, sm/f, sm* Vietnamese *inv*

vi'gente [vi'dʒɛnte] *ag* in force

vigi'lare [vidʒi'lare] *vt* to watch over, keep an eye on; **~ che** to make sure that, see to it that

'vigile ['vidʒile] *ag* watchful ♦ *sm* (*anche*: **~ urbano**) policeman (*in towns*); **~ del fuoco** fireman

vi'gilia [vi'dʒilja] *sf* (*giorno antecedente*) eve; **la ~ di Natale** Christmas Eve

vigli'acco, a, chi, che [viʎ'ʎakko] *ag* cowardly ♦ *sm/f* coward

'vigna ['viɲɲa] *sf* = **vi'gneto**

vi'gneto [viɲ'ɲeto] *sm* vineyard

vi'gnetta [viɲ'ɲetta] *sf* cartoon

vi'gore *sm* vigour; (*DIR*): **essere/entrare in ~** to be in/come into force; **vigo'roso, a** *ag* vigorous

'vile *ag* (*spregevole*) low, mean, base;

(*codardo*) cowardly

vili'pendio *sm* contempt, scorn; public insult

'**villa** *sf* villa

vil'laggio [vil'laddʒo] *sm* village

villa'nia *sf* rudeness, lack of manners; **fare** (*o* **dire**) **una ~ a qn** to be rude to sb

vil'lano, a *ag* rude, ill-mannered

villeggia'tura [villeddʒa'tura] *sf* holiday(s *pl*) (*BRIT*), vacation (*US*)

vil'lino *sm* small house (with a garden), cottage

vil'loso, a *ag* hairy

viltà *sf* cowardice *no pl*; cowardly act

Viminale

i The **Viminale**, which takes its name from the hill in Rome on which it stands, is the home of the Ministry of the Interior.

'**vimine** *sm* wicker; **mobili di ~i** wicker furniture *sg*

'**vincere** ['vintʃere] *vt* (*in guerra, al gioco, a una gara*) to defeat, beat; (*premio, guerra, partita*) to win; (*fig*) to overcome, conquer ♦ *vi* to win; **~ qn in bellezza** to be better-looking than sb; '**vincita** *sf* win; (*denaro vinto*) winnings *pl*; **vinci'tore** *sm* winner; (*MIL*) victor

vinco'lare *vt* to bind; (*COMM: denaro*) to tie up; '**vincolo** *sm* (*fig*) bond, tie; (*DIR: servitù*) obligation

vi'nicolo, a *ag* wine *cpd*

'**vino** *sm* wine; **~ bianco/rosso** white/red wine; **~ da pasto** table wine

'**vinto, a** *pp di* **vincere**

vi'ola *sf* (*BOT*) violet; (*MUS*) viola ♦ *ag, sm inv* (*colore*) purple

vio'lare *vt* (*chiesa*) to desecrate, violate; (*giuramento, legge*) to violate

violen'tare *vt* to use violence on; (*donna*) to rape

vio'lento, a *ag* violent; **vio'lenza** *sf* violence; **violenza carnale** rape

vio'letta *sf* (*BOT*) violet

vio'letto, a *ag, sm* (*colore*) violet

violi'nista, i, e *sm/f* violinist

vio'lino *sm* violin

violon'cello [violon'tʃello] *sm* cello

vi'ottolo *sm* path, track

'**vipera** *sf* viper, adder

vi'rare *vi* (*NAUT, AER*) to turn; (*FOT*) to tone; **~ di bordo** (*NAUT*) to tack

'**virgola** *sf* (*LING*) comma; (*MAT*) point; **virgo'lette** *sfpl* inverted commas, quotation marks

vi'rile *ag* (*proprio dell'uomo*) masculine; (*non puerile, da uomo*) manly, virile

virtù *sf inv* virtue; **in** *o* **per ~ di** by virtue of, by

virtu'ale *ag* virtual

virtu'oso, a *ag* virtuous ♦ *sm/f* (*MUS etc*) virtuoso

'**virus** *sm inv* (*anche COMPUT*) virus

'**viscere** ['viʃʃere] *sfpl* (*di animale*) entrails *pl*; (*fig*) bowels *pl*

'**vischio** ['viskjo] *sm* (*BOT*) mistletoe; (*pania*) birdlime; **vischi'oso, a** *ag* sticky

'**viscido, a** ['viʃʃido] *ag* slimy

vi'sibile *ag* visible

visi'bilio *sm*: **andare in ~** to go into raptures

visibilità *sf* visibility

visi'era *sf* (*di elmo*) visor; (*di berretto*) peak

visi'one *sf* vision; **prendere ~ di qc** to examine sth, look sth over; **prima/seconda ~** (*CINEMA*) first/second showing

'**visita** *sf* visit; (*MED*) visit, call; (*: esame*) examination; **visi'tare** *vt* to visit; (*MED*) to visit, call on; (*: esaminare*) to examine; **visita'tore, 'trice** *sm/f* visitor

vi'sivo, a *ag* visual

'**viso** *sm* face

vi'sone *sm* mink

'**vispo, a** *ag* quick, lively

vis'suto, a *pp di* **vivere** ♦ *ag* (*aria, modo di fare*) experienced

'**vista** *sf* (*facoltà*) (eye)sight; (*fatto di vedere*) sight; **la ~ di** the sight of; (*veduta*) view; **sparare a ~** to shoot on sight; **in ~** in sight; **perdere qn di ~** to lose sight of sb; (*fig*) to lose touch with sb; **a ~ d'occhio** as far as the eye can see; (*fig*) before one's

very eyes; **far ~ di fare** to pretend to do
'**visto, a** *pp di* **vedere** ♦ *sm* visa; ~ **che**
seeing (that)
vis'**toso, a** *ag* gaudy, garish; (*ingente*)
considerable
visu'**ale** *ag* visual; **visualizza'tore** *sm*
(*INFORM*) visual display unit, VDU
'**vita** *sf* life; (*ANAT*) waist; **a ~** for life
vi'**tale** *ag* vital; **vita'lizio, a** *ag* life *cpd*
♦ *sm* life annuity
vita'**mina** *sf* vitamin
'**vite** *sf* (*BOT*) vine; (*TECN*) screw
vi'**tello** *sm* (*ZOOL*) calf; (*carne*) veal; (*pelle*)
calfskin
vi'**ticcio** [vi'tittʃo] *sm* (*BOT*) tendril
viticol'**tore** *sm* wine grower; **viticol'tura**
sf wine growing
'**vitreo, a** *ag* vitreous; (*occhio, sguardo*)
glassy
'**vittima** *sf* victim
'**vitto** *sm* food; (*in un albergo etc*) board; **~
e alloggio** board and lodging
vit'**toria** *sf* victory
'**viva** *escl*: **~ il re!** long live the king!
vi'**vace** [vi'vatʃe] *ag* (*vivo, animato*) lively;
(*: mente*) lively, sharp; (*colore*) bright;
vivacità *sf* vivacity; liveliness; brightness
vi'**vaio** *sm* (*di pesci*) hatchery; (*AGR*) nursery
vi'**vanda** *sf* food; (*piatto*) dish
vi'**vente** *ag* living, alive; **i ~i** the living
'**vivere** *vi* to live ♦ *vt* to live; (*passare:
brutto momento*) to live through, go
through; (*sentire: gioie, pene di qn*) to share
♦ *sm* life; (*anche:* **modo di ~**) way of life;
~i *smpl* (*cibo*) food *sg*, provisions; **~ di** to
live on
'**vivido, a** *ag* (*colore*) vivid, bright
'**vivo, a** *ag* (*vivente*) alive, living;
(*: animale*) live; (*fig*) lively; (*: colore*) bright,
brilliant; **i ~i** the living; **~ e vegeto** hale
and hearty; **farsi ~** to show one's face; to
be heard from; **ritrarre dal ~** to paint from
life; **pungere qn nel ~** (*fig*) to cut sb to the
quick
vizi'**are** [vit'tsjare] *vt* (*bambino*) to spoil;
(*corrompere moralmente*) to corrupt;
vizi'ato, a *ag* spoilt; (*aria, acqua*) polluted

'**vizio** ['vittsjo] *sm* (*morale*) vice; (*cattiva
abitudine*) bad habit; (*imperfezione*) flaw,
defect; (*errore*) fault, mistake; **vizi'oso, a**
ag depraved; defective; (*inesatto*) incorrect,
wrong
vocabo'**lario** *sm* (*dizionario*) dictionary;
(*lessico*) vocabulary
vo'**cabolo** *sm* word
vo'**cale** *ag* vocal ♦ *sf* vowel
vocazi'**one** [vokat'tsjone] *sf* vocation; (*fig*)
natural bent
'**voce** ['votʃe] *sf* voice; (*diceria*) rumour; (*di
un elenco, in bilancio*) item; **~ in
capitolo** (*fig*) to have a say in the matter
voci'**are** [vo'tʃare] *vi* to shout, yell
'**voga** *sf* (*NAUT*) rowing; (*usanza*): **essere in
~** to be in fashion *o* in vogue
vo'**gare** *vi* to row
'**voglia** ['vɔʎʎa] *sf* desire, wish; (*macchia*)
birthmark; **aver ~ di qc/di fare** to feel like
sth/like doing; (*più forte*) to want sth/to do
'**voi** *pron* you; **voi'altri** *pron* you
vo'**lano** *sm* (*SPORT*) shuttlecock; (*TECN*)
flywheel
vo'**lante** *ag* flying ♦ *sm* (steering) wheel
volan'**tino** *sm* leaflet
vo'**lare** *vi* (*uccello, aereo, fig*) to fly;
(*cappello*) to blow away *o* off, fly away *o*
off; **~ via** to fly away *o* off
vo'**latile** *ag* (*CHIM*) volatile ♦ *sm* (*ZOOL*) bird
volen'**teroso, a** *ag* willing
volenti'**eri** *av* willingly; "**~**" "with
pleasure", "I'd be glad to"

PAROLA CHIAVE
---

vo'**lere** *sm* will, wish(es); **contro il ~ di**
against the wishes of; **per ~ di qn** in
obedience to sb's will *o* wishes
♦ *vt* **1** (*esigere, desiderare*) to want; **voler
fare/che qn faccia** to want to do/sb to
do; **volete del caffè?** would you like *o* do
you want some coffee?; **vorrei questo/
fare** I would *o* I'd like this/to do; **come
vuoi** as you like; **senza ~** (*inavvertitamente*)
without meaning to, unintentionally
2 (*consentire*): **vogliate attendere, per
piacere** please wait; **vogliamo andare?**

shall we go?; **vuole essere così gentile da
...?** would you be so kind as to ...?; **non
ha voluto ricevermi** he wouldn't see me
3: volerci (*essere necessario: materiale,
attenzione*) to need; (: *tempo*) to take;
quanta farina ci vuole per questa torta?
how much flour do you need for this
cake?; **ci vuole un'ora per arrivare a
Venezia** it takes an hour to get to Venice
4: voler bene a qn (*amore*) to love sb;
(*affetto*) to be fond of sb, like sb very
much; **voler male a qn** to dislike sb;
volerne a qn to bear sb a grudge; **voler
dire** to mean

vol'gare *ag* vulgar; **volgariz'zare** *vt* to
popularize
'**volgere** ['vɔldʒere] *vt* to turn ♦ *vi* to turn;
(*tendere*): **~ a: il tempo volge al brutto** the
weather is breaking; **un rosso che volge
al viola** a red verging on purple; **~rsi** *vr* to
turn; **~ al peggio** to take a turn for the
worse; **~ al termine** to draw to an end
'**volgo** *sm* common people
voli'era *sf* aviary
voli'tivo, a *ag* strong-willed
'**volo** *sm* flight; **al ~: colpire qc al ~** to hit
sth as it flies past; **capire al ~** to
understand straight away
volontà *sf* will; **a ~** (*mangiare, bere*) as
much as one likes; **buona/cattiva ~** =
goodwill/lack of goodwill
volon'tario, a *ag* voluntary ♦ *sm* (*MIL*)
volunteer
'**volpe** *sf* fox
'**volta** *sf* (*momento, circostanza*) time;
(*turno, giro*) turn; (*curva*) turn, bend;
(*ARCHIT*) vault; (*direzione*): **partire alla ~ di**
to set off for; **a mia (o tua etc) ~** in turn;
una ~ once; **una ~ sola** only once; **due ~e**
twice; **una cosa per ~** one thing at a time;
una ~ per tutte once and for all; **a ~e** at
times, sometimes; **una ~ che** (*temporale*)
once; (*causale*) since; **3 ~e 4** 3 times 4
volta'faccia [volta'fattʃa] *sm inv* (*fig*)
volte-face
vol'taggio [vol'taddʒo] *sm* (*ELETTR*) voltage

vol'tare *vt* to turn; (*girare: moneta*) to turn
over; (*rigirare*) to turn round ♦ *vi* to turn;
~rsi *vr* to turn; to turn over; to turn round
volteggi'are [volted'dʒare] *vi* (*volare*) to
circle; (*in equitazione*) to do trick riding; (*in
ginnastica*) to vault; to perform acrobatics
'**volto, a** *pp di* **volgere** ♦ *sm* face
vo'**lubile** *ag* changeable, fickle
vo'**lume** *sm* volume; **volumi'noso, a** *ag*
voluminous, bulky
voluttà *sf* sensual pleasure *o* delight;
voluttu'oso, a *ag* voluptuous
vomi'tare *vt, vi* to vomit; '**vomito** *sm*
vomiting *no pl*; vomit
'**vongola** *sf* clam
vo'**race** [vo'ratʃe] *ag* voracious, greedy
vo'**ragine** [vo'radʒine] *sf* abyss, chasm
'**vortice** ['vɔrtitʃe] *sm* whirlwind; whirlpool;
(*fig*) whirl
'**vostro, a** *det*: **il(la) ~(a)** *etc* your ♦ *pron*:
il(la) ~(a) *etc* yours
vo'**tante** *sm/f* voter
vo'**tare** *vi* to vote ♦ *vt* (*sottoporre a
votazione*) to take a vote on; (*approvare*) to
vote for; (*REL*): **~ qc a** to dedicate sth to;
votazi'one *sf* vote, voting; **votazioni** *sfpl*
(*POL*) votes; (*INS*) marks
'**voto** *sm* (*POL*) vote; (*INS*) mark; (*REL*) vow;
(: *offerta*) votive offering; **aver ~i belli/
brutti** (*INS*) to get good/bad marks
vs. *abbr* (*COMM*) = **vostro**
vul'cano *sm* volcano
vulne'rabile *ag* vulnerable
vuo'tare *vt* to empty; **~rsi** *vr* to empty
vu'oto, a *ag* empty; (*fig: privo*): **~ di** (*senso
etc*) devoid of ♦ *sm* empty space, gap;
(*spazio in bianco*) blank; (*FISICA*) vacuum;
(*fig: mancanza*) gap, void; **a mani ~e**
empty-handed; **~ d'aria** air pocket; **~ a
rendere** returnable bottle

W, X, Y

'**water** ['wɔːtə*] *sm inv* toilet
'**watt** [vat] *sm inv* watt
'**weekend** ['wiːkend] *sm inv* weekend
'**whisky** ['wiski] *sm inv* whisky
'**windsurf** ['windsəːf] *sm inv* (*tavola*)
  windsurfer; (*sport*) windsurfing
'**würstel** ['vyrstəl] *sm inv* frankfurter
xi'**lofono** [ksi'lɔfono] *sm* xylophone
yacht [jɔt] *sm inv* yacht
'**yoghurt** ['jɔgurt] *sm inv* yoghourt

Z, z

zabai'**one** [dzaba'jone] *sm* dessert made of
  egg yolks, sugar and marsala
zaf'**fata** [tsaf'fata] *sf* (*tanfo*) stench
zaf'**ferano** [dzaffe'rano] *sm* saffron
zaf'**firo** [dzaf'firo] *sm* sapphire
'**zaino** ['dzaino] *sm* rucksack
'**zampa** ['tsampa] *sf* (*di animale: gamba*) leg;
  (*: piede*) paw; **a quattro ~e** on all fours
zampil'**lare** [tsampil'lare] *vi* to gush, spurt;
  zam'pillo *sm* gush, spurt
zam'**pogna** [tsam'poɲɲa] *sf* instrument
  similar to bagpipes
'**zanna** ['tsanna] *sf* (*di elefante*) tusk; (*di
  carnivori*) fang
zan'**zara** [dzan'dzara] *sf* mosquito;
  zanzari'era *sf* mosquito net
'**zappa** ['tsappa] *sf* hoe; **zap'pare** *vt* to hoe
zar, za'rina [tsar, dza'rina] *sm/f* tsar/tsarina
'**zattera** ['dzattera] *sf* raft
za'**vorra** [dza'vɔrra] *sf* ballast
'**zazzera** ['tsattsera] *sf* shock of hair
'**zebra** ['dzɛbra] *sf* zebra; **~e** *sfpl* (*AUT*) zebra
  crossing *sg* (*BRIT*), crosswalk *sg* (*US*)
'**zecca, che** ['tsekka] *sf* (*ZOOL*) tick; (*officina
  di monete*) mint
'**zelo** ['dzɛlo] *sm* zeal
'**zenit** ['dzɛnit] *sm* zenith
'**zenzero** ['dzendzero] *sm* ginger
'**zeppa** ['tseppa] *sf* wedge

'**zeppo, a** ['tseppo] *ag*: **~ di** crammed *o*
  packed with
zer'**bino** [dzer'bino] *sm* doormat
'**zero** ['dzɛro] *sm* zero, nought; **vincere per
  tre a ~** (*SPORT*) to win three-nil
'**zeta** ['dzɛta] *sm o f* zed, (the letter) z
'**zia** ['tsia] *sf* aunt
zibel'**lino** [dzibel'lino] *sm* sable
'**zigomo** ['dzigomo] *sm* cheekbone
zig'**zag** [dzig'dzag] *sm inv* zigzag; **andare a
  ~** to zigzag
zim'**bello** [dzim'bɛllo] *sm* (*oggetto di burle*)
  laughing-stock
'**zinco** ['dzinko] *sm* zinc
'**zingaro, a** ['dzingaro] *sm/f* gipsy
'**zio** ['tsio] (*pl* '**zii**) *sm* uncle; **zii** *smpl* (*zio e
  zia*) uncle and aunt
zi'**tella** [dzi'tella] *sf* spinster; (*peg*) old
  maid
'**zitto, a** ['tsitto] *ag* quiet, silent; **sta' ~!** be
  quiet!
ziz'**zania** [dzid'dzanja] *sf* (*fig*): **gettare o
  seminare ~** to sow discord
'**zoccolo** ['tsɔkkolo] *sm* (*calzatura*) clog; (*di
  cavallo etc*) hoof; (*basamento*) base; plinth
zo'**diaco** [dzo'diako] *sm* zodiac
'**zolfo** ['tsolfo] *sm* sulphur
'**zolla** ['dzɔlla] *sf* clod (of earth)
zol'**letta** [dzol'letta] *sf* sugar lump
'**zona** ['dzɔna] *sf* zone, area; **~ di
  depressione** (*METEOR*) trough of low
  pressure; **~ disco** (*AUT*) ≈ meter zone; **~
  pedonale** pedestrian precinct; **~ verde** (*di
  abitato*) green area
'**zonzo** ['dzondzo]: **a ~** *av*: **andare a ~** to
  wander about, stroll about
zoo ['dzɔo] *sm inv* zoo
zoolo'**gia** [dzoolo'dʒia] *sf* zoology
zoppi'**care** [tsoppi'kare] *vi* to limp; to be
  shaky, rickety
'**zoppo, a** ['tsɔppo] *ag* lame; (*fig: mobile*)
  shaky, rickety
zoti'**cone** [dzoti'kone] *sm* lout
'**zucca, che** ['tsukka] *sf* (*BOT*) marrow;
  pumpkin
zucche'**rare** [tsukke'rare] *vt* to put sugar
  in; **zucche'rato, a** *ag* sweet, sweetened

zuccheri'era [tsukke'rjɛra] *sf* sugar bowl

zuccheri'ficio [tsukkeri'fitʃo] *sm* sugar refinery

zucche'rino, a [tsukke'rino] *ag* sugary, sweet

'zucchero ['tsukkero] *sm* sugar

zuc'china [tsuk'kina] *sf* courgette (*BRIT*), zucchini (*US*)

zuc'chino [tsuk'kino] *sm* = **zucchina**

'zuffa ['tsuffa] *sf* brawl

'zuppa ['tsuppa] *sf* soup; (*fig*) mixture, muddle; ~ **inglese** (*CUC*) *dessert made with sponge cake, custard and chocolate,* ≈ trifle (*BRIT*); **zuppi'era** *sf* soup tureen

'zuppo, a ['tsuppo] *ag:* ~ **(di)** drenched (with), soaked (with)

PUZZLES AND WORDGAMES

Introduction

We are delighted that you have decided to invest in this Collins Pocket Dictionary! Whether you intend to use it in school, at home, on holiday or at work, we are sure that you will find it very useful.

The purpose of this supplement is to help you become aware of the wealth of vocabulary and grammatical information your dictionary contains, to explain how this information is presented and also to point out some of the traps one can fall into when using an Italian-English English-Italian dictionary.

In the pages which follow you will find explanations and wordgames (not too difficult!) designed to give you practice in exploring the dictionary's contents and in retrieving information for a variety of purposes. Answers are provided at the end. If you spend a little time on these pages you should be able to use your dictionary more efficiently and effectively. Have fun!

Supplement by
Roy Simon
reproduced by kind permission of
Tayside Region Education Department

PUZZLES AND WORDGAMES

Contents

Part One   HOW INFORMATION IS PRESENTED
                IN YOUR DICTIONARY

Part Two   THE DICTIONARY AND GRAMMAR

Part Three   MORE ABOUT MEANING

Part Four   HAVE FUN WITH YOUR DICTIONARY

                ANSWERS

HOW INFORMATION IS PRESENTED IN YOUR DICTIONARY

A great deal of information is packed into your Collins Pocket Dictionary using colour, various typefaces, sizes of type, symbols, abbreviations and brackets. The purpose of this section is to acquaint you with the conventions used in presenting information.

Headwords

A headword is the word you look up in a dictionary. Headwords are listed in alphabetical order throughout the dictionary. They are printed in colour so that they stand out clearly from all the other words on the dictionary page.

Note that at the top of each page two headwords appear. These tell you which is the first and last word dealt with on the page in question. They are there to help you scan through the dictionary more quickly.

The Italian alphabet consists in practice of the same 26 letters as the English alphabet but j, k, w, x and y are found only in words of foreign origin. Where words are distinguised only by an accent, the unaccented form precedes the accented – e.g. te, tè.

A dictionary entry

An entry is made up of a headword and all the information about that headword. Entries will be short or long depending on how frequently a word is used in either English or Italian and how many meanings it has. Inevitably, the fuller the dictionary entry the more care is needed in sifting through it to find the information you require.

Meanings

The translations of a headword are given in ordinary type. Where there is more than one meaning or usage, a semi-colon separates one from the other.

cannocchi'ale [kannok'kjale] *sm* telescope
can'none *sm* (*MIL*) gun; (*: STORIA*) cannon; (*tubo*) pipe, tube; (*piega*) box pleat; (*fig*) ace
can'nuccia, ce [kan'nuttʃa] *sf* (drinking) straw
ca'noa *sf* canoe

'prua *sf* (*NAUT*) = **prora**
pru'dente *ag* cautious, prudent;

puericul'tura *sf* paediatric nursing; infant care

te *pron* (*soggetto: in forme comparative, oggetto*) you
tè *sm inv* tea; (*trattenimento*) tea party

'fragola *sf* strawberry

fu'ori *av* outside; (*all'aperto*) outdoors, outside; (*fuori di casa, SPORT*) out; (*esclamativo*) get out! ♦ *prep*: **~ (di)** out of, outside ♦ *sm* outside; **lasciar ~ qc/qn** to leave sth/sb out; **far ~ qn** (*fam*) to kill sb, do sb in; **essere ~ di sé** to be beside o.s.; **~ luogo** (*inopportuno*) out of place, uncalled for; **~ mano** out of the way, remote; **~ pericolo** out of danger; **~ uso** old-fashioned; obsolete

'grande (*qualche volta* **gran** +C, **grand'** +V) *ag* (*grosso, largo, vasto*) big, large; (*alto*) tall; (*lungo*) long; (*in sensi astratti*) great ♦ *sm/f* (*persona adulta*) adult, grown-up; (*chi ha ingegno e potenza*) great man/woman; **fare le cose in ~** to do things in style; **una gran bella donna** a very beautiful woman; **non è una gran cosa** *o* **un gran che** it's nothing special; **non ne so gran che** I don't know very much about it

289

In addition, you will often find other words appearing in *italics* in brackets before the translations. These either give some notion of the contexts in which the headword might appear (as with 'alto' opposite – 'una persona alta', 'un suono alto', etc.) or else they provide synonyms (as with 'reggere' opposite – 'tenere', 'sostenere', etc.).

Phonetic spellings

Where an Italian word contains a sound which is difficult for the English speaker, the phonetic spelling of the word – i.e. its pronunciation – is given in square brackets immediately after it. The phonetic transcription of Italian and English vowels and consonants is given on pages xiv to xv at the front of your dictionary.

Additional information about headwords

Information about the form or usage of certain headwords is given in brackets between the headword and the translation or translations. Have a look at the entries for 'A.C.I.', 'camerino', 'materia' and 'leccapiedi' opposite. This information is usually given in abbreviated form. A helpful list of abbreviations is given on pages xi to xiii at the front of your dictionary.

You should be particularly careful with colloquial words or phrases. Words labelled (*fam*) would not normally be used in formal speech, while those labelled (*fam!*) would be considered offensive. Careful consideration of such style labels will help you avoid many an embarrassing situation when using Italian!

Expressions in which the headword appears

An entry will often feature certain common expressions in which the headword appears. These expressions are in **bold** type, but in black as opposed to colour. A swung dash (~) is used instead of repeating a headword in an entry. 'Freno' and 'idea' opposite illustrate this point. Sometimes the swung dash is used with the appropriate ending shown after it; e.g. 'mano', where '~i' is used to indicate the plural form, 'mani'.

Related words

In the Pocket Dictionary words related to certain headwords are sometimes given at the end of an entry, as with 'finestra' and 'accept' opposite. These are easily picked out as they are also in colour. These words are placed in alphabetical order after the headword to which they belong: cf. 'acceptable', 'acceptance' opposite.

'alto, a *ag* high; *(persona)* tall; *(tessuto)* wide, broad; *(sonno, acque)* deep; *(suono)* high(-pitched); *(GEO)* upper; *(: settentrionale)* northern ♦ *sm* top (part) ♦ *av* high; *(parlare)* aloud, loudly; **il palazzo è ~ 20 metri** the building is 20 metres high;

pron'tezza [pron'tettsa] *sf* readiness; quickness, promptness

A.C.I. ['atʃi] *sigla m = Automobile Club d'Italia*

came'rino *sm (TEATRO)* dressing room

scocci'are [skot'tʃare] *(fam)* *vt* to bother, annoy; **~rsi** *vr* to be bothered *o* annoyed

fre'gare *vt* to rub; *(fam: truffare)* to take in, cheat; *(: rubare)* to swipe, pinch; **fregarsene** *(fam!)*: **chi se ne frega?** who gives a damn (about it)?

'freno *sm* brake; *(morso)* bit; **~ a disco** disc brake; **~ a mano** handbrake; **tenere a ~** to restrain

i'dea *sf* idea; *(opinione)* opinion, view; *(ideale)* ideal; **dare l'~ di** to seem, look like; **~ fissa** obsession; **neanche** *o* **neppure per ~!** certainly not!

fi'nestra *sf* window; **fines'trino** *sm (di treno, auto)* window

accept [ək'sept] *vt* accettare; **~able** *adj* accettabile; **~ance** *n* accettazione *f*

'reggere ['rɛddʒere] *vt (tenere)* to hold; *(sostenere)* to support, bear, hold up; *(portare)* to carry, bear; *(resistere)* to withstand; *(dirigere: impresa)* to manage, run; *(governare)* to rule, govern;

reci'tare [retʃi'tare] *vt (poesia, lezione)* to recite; *(dramma)* to perform; *(ruolo)* to play *o* act (the part of); **recitazi'one** *sf* recitation; *(di attore)* acting

ma'teria *sf (FISICA)* matter; *(TECN, COMM)* material, matter *no pl*; *(disciplina)* subject; *(argomento)* subject matter, material;

leccapi'edi *(peg) sm/f inv* toady, bootlicker

'rompere *vt* to break; *(fidanzamento)* to break off ♦ *vi* to break; **~rsi** *vr* to break; **mi rompe le scatole** *(fam)* he *(o* she) is a pain in the neck; **~rsi un braccio** to break an arm;

'mano, i *sf* hand; *(strato: di vernice etc)* coat; **di prima ~** *(notizia)* first-hand; **di seconda ~** second-hand; **man ~** little by little, gradually; **man ~ che** as; **darsi** *o* **stringersi la ~** to shake hands; **mettere le ~i avanti** *(fig)* to safeguard o.s.; **restare a ~i vuote** to be left empty-handed; **venire alle ~i** to come to blows; **a ~** by hand; **~i in alto!** hands up!

'Key' words

Your Collins Pocket Dictionary gives special status to certain Italian and English words which can be looked on as 'key' words in each language. These are words which have many different usages. 'Molto', 'volere' and 'così' opposite are typical examples in Italian. You are likely to become familiar with them in your day-to-day language studies.

There will be occasions, however, when you want to check on a particular usage. Your dictionary can be very helpful here. Note how with 'volere', for example, different parts of speech and different usages are clearly indicated by a combination of lozenges – ♦ – and numbers. Additionally, further guides to usage are given in the language of the user who needs them. These are bracketed and in italics.

vo'lere *sm* will, wish(es); **contro il ~ di** against the wishes of; **per ~ di qn** in obedience to sb's will *o* wishes

♦ *vt* **1** (*esigere, desiderare*) to want; **voler fare/che qn faccia** to want to do/sb to do; **volete del caffè?** would you like *o* do you want some coffee?; **vorrei questo/ fare** I would *o* I'd like this/to do; **come vuoi** as you like; **senza ~** (*inavvertitamente*) without meaning to, unintentionally **2** (*consentire*): **vogliate attendere, per piacere** please wait; **vogliamo andare?** shall we go?; **vuole essere così gentile da ...?** would you be so kind as to ...?; **non ha voluto ricevermi** he wouldn't see me **3**: **volerci** (*essere necessario: materiale, attenzione*) to need; (: *tempo*) to take; **quanta farina ci vuole per questa torta?** how much flour do you need for this cake?; **ci vuole un'ora per arrivare a Venezia** it takes an hour to get to Venice **4**: **voler bene a qn** (*amore*) to love sb; (*affetto*) to be fond of sb, like sb very much; **voler male a qn** to dislike sb; **volerne a qn** to bear sb a grudge; **voler dire** to mean

'molto, a *det* (*quantità*) a lot of, much; (*numero*) a lot of, many; **~ pane/carbone** a lot of bread/coal; **~a gente** a lot of people, many people; **~i libri** a lot of books, many books; **non ho ~ tempo** I haven't got much time; **per ~ (tempo)** for a long time

♦ *av* **1** a lot, (very) much; **viaggia ~** he travels a lot; **non viaggia ~** he doesn't travel much *o* a lot **2** (*intensivo: con aggettivi, avverbi*) very; (: *con participio passato*) (very) much; **~ buono** very good; **~ migliore, ~ meglio** much *o* a lot better

♦ *pron* much, a lot; **~i, e** *pron pl* many, a lot; **~i pensano che ...** many (people) think ...

così *av* **1** (*in questo modo*) like this, (in) this way; (*in tal modo*) so; **le cose stanno ~** this is the way things stand; **non ho detto ~!** I didn't say that!; **come stai? – (e) ~** how are you? — so-so; **e ~ via** and so on; **per ~ dire** so to speak **2** (*tanto*) so; **~ lontano** so far away; **un ragazzo ~ intelligente** such an intelligent boy

♦ *ag inv* (*tale*): **non ho mai visto un film ~** I've never seen such a film

♦ *cong* **1** (*perciò*) so, therefore **2**: **~ ... come** as ... as; **non è ~ bravo come te** he's not as good as you; **~ ... che** so ... that

WORDGAME 1

HEADWORDS

Study the following sentences. In each sentence a wrong word spelt very similarly to the correct word has deliberately been put in and the sentence doesn't make sense. This word is shaded each time. Write out each sentence again, putting in the <u>correct</u> word which you will find in your dictionary near the wrong word.

Example: Vietato l'ingrosso agli estranei

['ingrosso' ('all'ingrosso' = 'wholesale') is the wrong word and should be replaced by 'ingresso' (= 'entry')]

1. Ha agito contro il volare della maggioranza.

2. Inserire la moneta e pigliare il pulsante.

3. Non dobbiamo molare proprio adesso.

4. Ho dovuto impanare la lezione a memoria.

5. Il prato era circondato da uno stecchito.

6. Vorrei sentire il tuo parare.

7. Vorrei un po' di panno sulle fragole.

8. Qual è l'oratorio d'apertura dell'ufficio?

9. Quel negoziante mi ha imbrigliato!

10. Sedevano fiasco a fiasco.

WORDGAME 2

DICTIONARY ENTRIES

Complete the crossword below by looking up the English words in the list and finding the correct Italian translations. There is a slight catch, however! All the English words can be translated several ways into Italian, but only one translation will fit correctly into each part of the crossword.

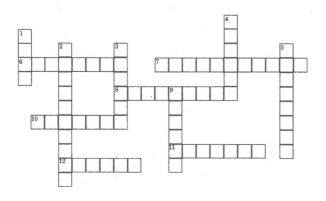

1. THREAD	7. COLD
2. PERMIT	8. WAIT
3. PRESENT	9. NOTICE
4. WANT	10. RETURN
5. JOURNEY	11. CUT
6. FREE	12. REST

WORDGAME 3

FINDING MEANINGS

In this list there are eight pairs of words that have some sort of connection with each other. For example, **'laurea'** (= 'degree') and **'studente'** (= 'student') are linked. Find the other pairs.

1. vestaglia
2. nido
3. pelletteria
4. pantofola
5. campanile
6. studente
7. libro
8. borsetta
9. passerella
10. pinna
11. laurea
12. scaffale
13. gazza
14. nave
15. campana
16. squalo

WORDGAME 4

SYNONYMS

Complete the crossword by supplying SYNONYMS of the words below.
You will sometimes find the synonym you are looking for in italics and
bracketed at the entries for the words listed below. Sometimes you will
have to turn to the English-Italian section for help.

1. RIGUARDO
2. GALA
3. GALLERIA
4. CANCELLARE
5. GALERA

6. BUFFO
7. GIOCARE
8. RAPIDO
9. PAURA
10. MARRONE

297

WORDGAME 5

SPELLING

You will often use your dictionary to check spellings. The person who has compiled this list of ten Italian words has made <u>three</u> spelling mistakes. Find the three words which have been misspelt and write them out correctly.

1. uccello
2. docia
3. unghia
4. opportuno
5. temporale
6. ortica
7. ovest
8. arabiato
9. folio
10. ossigeno

WORDGAME 6

ANTONYMS

Complete the crossword by supplying ANTONYMS (i.e. opposites) in Italian of the words below. Use your dictionary to help you.

1. ricchezza	6. liscio
2. accettare	7. colpevole
3. coraggioso	8. chiaro
4. ridere	9. bello
5. difendere	10. aperto

WORDGAME 7

PHONETIC SPELLINGS

The phonetic transcriptions of ten Italian words are given below. If you study pages xiv to xv at the front of your dictionary you should be able to work out what the words are.

1. 'ridʒido

2. pit'tʃone

3. 'dʒɛlo

4. 'mattso

5. de'tʃennjo

6. 'kjave

7. 'fɔʎʎa

8. 'soɲɲo

9. 'aʃʃa

10. 'gjanda

WORDGAME 8

EXPRESSIONS IN WHICH THE HEADWORD APPEARS

If you look up the headword 'colpo' in the Italian-English section of your dictionary you will find that the word can have many meanings. Study the entry carefully and translate the following sentences into English.

1. La sua sconfitta è stata un duro colpo per tutti.

2. Ha preso un brutto colpo in testa.

3. Dammi un colpo di telefono domani mattina.

4. Sparò quattro colpi di pistola.

5. Il rumore cessò di colpo.

6. La sua fuga è stata un colpo di testa.

7. Un colpo di vento fece sbattere le persiane.

8. Gli è preso un colpo ed è morto.

9. Hai fatto colpo col tuo discorso, ieri.

10. Gli ho dato un colpo senza volere ed è caduto.

11. Con questo caldo è facile prendere un colpo di sole.

12. Hanno arrestato gli autori del fallito colpo di Stato.

WORDGAME 9

RELATED WORDS

Fill in the blanks in the pairs of sentences below. The missing words are related to the words on the left. Choose the correct 'relative' each time. You will find it in your dictionary near the headword provided.

HEADWORD	RELATED WORDS
impiegare	1. Fa l' _____ di banca. 2. Ha appena lasciato il suo _____ .
studiare	3. Ha vissuto a Firenze quand'era _____ . 4. Ha uno _____ in centro.
usare	5. Si raccomanda l' _____ delle cinture di sicurezza. 6. La tua macchina è nuova o _____ ?
unità	7. È una famiglia molto _____ . 8. Vi potete _____ a noi, se volete.
rifiuto	9. È un'offerta che non potrete _____ . 10. Dov'è il bidone dei _____ ?
festeggiare	11. Il negozio è chiuso nei giorni _____ . 12. Ha organizzato una _____ di compleanno.

'KEY' WORDS

Study carefully the entry **'fare'** in your dictionary and find translations for the following:

1. the weather is fine

2. to do psychology

3. go ahead!

4. let me see

5. to get one's hair cut

6. this is the way it's done

7. to do the shopping

8. to be quick

9. to start up the engine

10. he made as if to leave

THE DICTIONARY AND GRAMMAR

While it is true that a dictionary can never be a substitute for a detailed grammar reference book, it nevertheless provides a great deal of grammatical information. If you know how to extract this information you will be able to use Italian more accurately both in speech and in writing.

The Collins Pocket Dictionary presents grammatical information as follows.

Parts of speech

Parts of speech are given in italics immediately after the phonetic spellings of headwords. Abbreviated forms are used. Abbreviations can be checked on pages xi to xiii.

Changes in parts of speech within an entry – for example, from adjective to adverb to noun – are indicated by means of lozenges - ♦ - as with the Italian 'forte' and the English 'act' opposite.

Genders of Italian nouns

The gender of each noun in the Italian-English section of the dictionary is indicated in the following way:

> *sm* = sostantivo maschile
>
> *sf* = sostantivo femminile

You will occasionally see *'sm/f'* beside an entry. This indicates that a noun – 'insegnante', for example – can be either masculine or feminine.

Feminine and *irregular* plural forms of nouns are shown, as with 'bambino', 'autore' and 'bruco' opposite.

So many things depend on your knowing the correct gender of an Italian noun – whether you use 'il' or 'la' etc. to translate 'the'; the way you spell and pronounce certain adjectives; the changes you make to past participles, etc. If you are in any doubt as to the gender of a noun, it is always best to check it in your dictionary.

ono'rare *vt* to honour; (*far onore a*) to do credit to; **~rsi** *vr*: **~rsi di** to feel honoured at, be proud of

quassù *av* up here

perciò [per'tʃɔ] *cong* so, for this (*o* that) reason

'forte *ag* strong; (*suono*) loud; (*spesa*) considerable, great; (*passione, dolore*) great, deep ♦ *av* strongly; (*velocemente*) fast; (*a voce alta*) loud(ly); (*violentemente*) hard ♦ *sm* (*edificio*) fort; (*specialità*) forte, strong point; **essere ~ in qc** to be good at sth

act [ækt] *n* atto; (*in music-hall etc*) numero; (*LAW*) decreto ♦ *vi* agire; (*THEATRE*) recitare; (*pretend*) fingere ♦ *vt* (*part*) recitare; **to ~ as** agire da; **~ing** *adj* che fa le funzioni di ♦ *n* (*of actor*) recitazione *f*; (*activity*): **to do some ~ing** fare del teatro (*or* del cinema)

'pranzo ['prandzo] *sm* dinner; (*a mezzogiorno*) lunch

'cena ['tʃena] *sf* dinner; (*leggera*) supper

inse'gnante [insɛɲ'ɲante] *ag* teaching ♦ *sm/f* teacher

bam'bino, a *sm/f* child

au'tore, 'trice *sm/f* author

'bruco, chi *sm* caterpillar; grub

Adjectives

Adjectives are given in both their masculine and feminine forms, where these are different. The usual rule is to drop the 'o' of the masculine form and add an 'a' to make an adjective feminine, as with 'nero' opposite.

Some adjectives have identical masculine and feminine forms, as with 'verde' opposite.

Many Italian adjectives, however, do not follow the regular pattern. Where an adjective has irregular plural forms, this information is clearly provided in your dictionary, usually with the irregular endings, being given. Consider the entries for 'bianco' and 'lungo' opposite.

Adverbs

Advebs are not always listed in your dictionary. The normal rule for forming adverbs in Italian is to add '-mente' to the feminine form of the adjective. Thus:

vero > vera > veramente

The '-mente' ending is often the equivalent of the English '-ly':

veramente – really
certamente – certainly

Adjectives ending in '-e' and '-le' are slightly different:

recente > recentemente
reale > realmente

Where an adverb is very common in Italian, or where its translation(s) cannot be derived from translations for the adjective, it will be listed in alphabetical order, either as a headword or as a subentry. Compare 'solamente' and 'attualmente' opposite.

In many cases, however, Italian adverbs are not given, since the English translation can easily be derived from the relevant translation of the adjective headword: e.g. 'cortese' opposite.

Information about verbs

A major problem facing language learners is that the form of a verb will change according to the subject and/or the tense being used. A typical Italian verb can take on many different forms – too many to list in a dictionary entry.

'nero, a ag black; (scuro) dark ♦ sm black; **il Mar N~** the Black Sea

'verde ag, sm green; **essere al ~** to be broke; **~ bottiglia/oliva** bottle/olive green

bi'anco, a, chi, che ag white; (non scritto) blank ♦ sm white; (intonaco) whitewash ♦ sm/f white, white man/woman; **in ~** (foglio, assegno) blank; (notte) sleepless; **in ~ e nero** (TV, FOT) black and white; **mangiare in ~** to follow a bland diet; **pesce in ~** boiled fish; **andare in ~** (non riuscire) to fail; **~ dell'uovo** egg-white

'lungo, a, ghi, ghe ag long; (lento: persona) slow; (diluito: caffè, brodo) weak, watery, thin ♦ sm length ♦ prep along; **~ 3 metri** 3 metres long; **a ~** for a long time; **a ~ andare** in the long run; **di gran ~a** (molto) by far; **andare in ~ o per le lunghe** to drag on; **saperla ~a** to know what's what; **in ~ e in largo** far and wide, all over; **~ il corso dei secoli** throughout the centuries

vera'mente av really

certa'mente [tʃerta'mente] av certainly

sola'mente av only, just

re'cente [re'tʃente] ag recent; **di ~** recently; **recente'mente** av recently

'solo, a ag alone; (in senso spirituale: isolato) lonely; (unico): **un ~ libro** only one book, a single book; (con ag numerale): **veniamo noi tre ~i** just o only the three of us are coming ♦ av (soltanto) only, just; **non ~ ... ma anche** not only ... but also; **fare qc da ~** to do sth (all) by oneself

cor'tese ag courteous; **corte'sia** sf courtesy; **per cortesia ...** excuse me, please ...

attu'ale ag (presente) present; (di attualità) topical; (che è in atto) actual; **attualità** sf inv topicality; (avvenimento) current event; **attual'mente** av at the moment, at present

Yet, although verbs are listed in your dictionary in their infinitive forms only, this does not mean that the dictionary is of limited value when it comes to handling the verb system of the Italian language. On the contrary, it contains much valuable information.

First of all, your dictionary will help you with the meanings of unfamiliar verbs. If you came across the word 'riempie' in a text and looked it up in your dictionary you wouldn't find it. You must deduce that it is part of a verb and look for the infinitive form. Thus you will see that 'riempie' is a form of the verb 'riempire'. You now have the basic meaning of the word you are concerned with – something to do with the English verb 'fill' – and this should be enough to help you understand the text you are reading.

It is usually an easy task to make the connection between the form of a verb and the infinitive. For example, 'riempiono', 'riempirò', 'riempissero' and 'reimpii' are all recognisable as parts of the infinitive 'riempire'. However, sometimes it is less obvious – for example, 'vengo', 'vieni' and 'verrò are all parts of 'venire'. The only real solution to this problem is to learn the various forms of the main Italian regular and irregular verbs.

And this is the second source of help offered by your dictionary. The verb tables on page 616 to 617 at the back of the Collins Pocket Dictionary provide a summary of some of the main forms of the main tenses of regular and irregular verbs. Consider the verb 'venire' below where the following information is given:

2	venuto	– Past Participle
3	vengo, vieni, viene, vengono	– Present Tense forms
5	venni, venisti	– Past Tense forms
6	verrò *etc.*	– 1st Person Singular of the Future Tense
8	venga	– 1st, 2nd, 3rd Person of Present Subjunctive

The regular '-are' verb 'parlare' is presented in greater detail, as are the regular '-ire' and '-ere' verbs. The main tenses and the different endings are given in full. This information can be transferred and applied to all verbs in the list. In addition, the main parts of the most common irregular verbs are listed in the body of the dictionary.

PARLARE

1 parlando
2 parlato
3 parlo, parli, parla, parliamo, parlate, parlano
4 parlavo, parlavi, parlava, parlavamo, parlavate, parlavano
5 parlai, parlasti, parlò, parlammo, parlaste, parlarono
6 parlerò, parlerai, parlerà, parleremo, parlerete, parleranno
7 parlerei, parleresti, parlerebbe, parleremmo, parlereste, parlerebbero
8 parli, parli, parli, parliamo, parliate, parlino
9 parlassi, parlassi, parlasse, parlassimo, parlaste, parlassero
10 parla!, parli!, parlate!, parlino!

In order to make maximum use of the information contained in these pages, a good working knowledge of the various rules affecting Italian verbs is required. You will acquire this in the course of your Italian studies and your Collins dictionary will serve as a useful reminder. If you happen to forget how to form the second person singular form of the Future Tense of 'venire' there will be no need to panic – your dictionary contains the information!

WORDGAME 11

PARTS OF SPEECH

In each sentence below a word has been shaded. Put a tick in the appropriate box to indicate the <u>part of speech</u> each time. Remember, different parts of speech are indicated by lozenges within entries.

SENTENCE	Noun	Adj	Adv	Verb
1. Studia diritto a Roma.				
2. Parla più piano! Il bambino dorme.				
3. Ho già versato la minestra nel piatto.				
4. Ho spento il televisore prima della fine del film.				
5. Ha finto di andarsene ed è rimasto ad ascoltare.				
6. Non gli ho permesso di venire.				
7. Vuoi una fetta di dolce?				
8. Abbassi il volume, per favore? Così è troppo forte.				
9. Dopo la notizia sembrava molto scossa.				
10. Hanno assunto un capo del personale per la nostra sezione.				

NOUNS

This list contains the feminine form of some Italian nouns. Use your dictionary to find the **masculine** form.

MASCULINE	FEMININE
	amica
	cantante
	direttrice
	straniera
	regista
	studentessa
	cugina
	lettrice
	professoressa
	collaboratrice

WORDGAME 13

MEANING CHANGES WITH GENDER

There are some pairs of Italian nouns which are distinguished only by
their ending and gender, e.g. 'il partito' and 'la partita'. Fill in the blanks
below with the appropriate member of each pair and the correct article –
'il, la, un' etc – where an article is required.

1. L'ho scritto su _____ da qualche parte   foglio *or*
   Guarda! Sulla pianta è spuntata _____   foglia?

2. Non è questo _____ di fare le cose!   moda *or*
   È un colore che non va più di _____   modo?

3. È arrivato di _____   corso *or*
   Credo che mi iscriverò ad _____   corsa?
   di spagnolo

4. In questa zona ci sono tanti _____   castagne *or*
   Ho comprato un sacchetto di _____   castagni?

5. Fammi vedere _____ della mano!   palma *or*
   Sedevano sulla spiaggia all'ombra di _____   palmo?

6. Ti va di fare _____ a tennis?   partito *or*
   _____ si sta preparando alle elezioni   partita?

7. Devo mettere _____ su questi pantaloni   pezzo *or*
   Vuoi _____ di torta?   pezza?

8. Per oggi basta lavorare! Vado a _____   caso *or*
   Ci siamo conosciuti per _____   casa?

WORDGAME 14

NOUN AND ADJECTIVE FORMS

Use your dictionary to find the following forms of these words.

MASCULINE	FEMININE
1. bianco	
2. fresco	
3. largo	
4. verde	
5. grave	

SINGULAR	PLURAL
6. poca	
7. giovane	
8. grande	
9. veloce	
10. poeta	
11. diadema	
12. triste	
13. tronco	
14. tromba	
15. dialogo	

WORDGAME 15

ADVERBS

Translate the following Italian adverbs into English. Put an asterisk next to those that don't appear in the Italian-English section of the Collins dictionary.

1. recentemente
2. redditiziamente
3. costantemente
4. gentilmente
5. mensilmente
6. naturalmente
7. aggressivamente
8. semplicemente
9. tenacemente
10. esattamente

WORDGAME 16

VERB TENSES

Use your dictionary to help you fill in the blanks in the table below.
(Remember the important pages at the back of your dictionary.)

INFINITIVE	PRESENT TENSE	PAST PARTICIPLE	FUTURE
venire			io
rimanere			
vedere			io
avere	io		
offrire			
muovere			io
finire	io		
uscire	io		
dovere			io
dormire			io
vivere			
potere	io		

WORDGAME 17

PAST PARTICIPLES

Use the verb tables at the back of your dictionary to work out the past participle of these verbs. Check that you have found the correct form by looking in the main text.

INFINITIVE	PAST PARTICIPLE
venire	
contrarre	
coprire	
vivere	
offrire	
sorridere	
prendere	
mettere	
sorprendere	
percorrere	
accogliere	
dipingere	
condurre	
scendere	

WORDGAME 18

IDENTIFYING INFINITIVES

In the sentences below you will see various Italian verbs shaded. Use your dictionary to help you find the **infinitive** form of each verb.

1. Quand'ero a Londra dividevo un appartamento con degli amici.

2. I miei amici mi raggiunsero in discoteca.

3. Sua madre lo accompagnava a scuola in macchina.

4. Domani mi alzerò alle nove.

5. Questo fine settimana andremo tutti in campagna.

6. Hanno già venduto la casa.

7. Entrò e si mise a sedere.

8. È nato in Germania.

9. Gli piacerebbe vivere negli Stati Uniti.

10. Faranno una partita a tennis.

11. Ha ricominciato a piovere.

12. Non so cosa gli sia successo.

13. Vorremmo visitare il castello.

14. I bambini avevano freddo.

15. Non so cosa sia meglio fare.

MORE ABOUT MEANING

In this section we will consider some of the problems associated with using a bilingual dictionary.

Overdependence on your dictionary

That the dictionary is an invaluable tool for the language learner is beyond dispute. Nevertheless, it is possible to become overdependent on your dictionary, turning to it in an almost automatic fashion every time you come up against a new Italian word or phrase. Tackling an unfamiliar text in this way will turn reading in Italian into an extremely tedious activity. If you stop to look up every new word you may actually be *hindering* your ability to read in Italian – you are so concerned with the individual words that you pay no attention to the text as a whole and to the context which gives them meaning. It is therefore important to develop appropriate reading skills – using clues such as titles, headlines, illustrations, etc., understanding relations within a sentence, etc. to predict or infer what a text is about.

A detailed study of the development of reading skills is not within the scope of this supplement; we are concerned with knowing how to use a dictionary, which is only one of several important skills involved in reading. Nevertheless, it may be instructive to look at one example. You see the following text in an Italian newspaper and are interested in working out what it is about.

Contextual clues here include the words in large type which you would probably recognise as an Italian name, something that looks like a date in the middle, and the name and address in the bottom right hand corner. The Italian words 'annunciare' and 'clinica' resemble closely the words 'announce' and

> Siamo lieti di annunciare
> la nascito di
>
> # Mario, Francesco
>
> *il 29 marzo 1999*
>
> Monica e Fraco ROSSI
> *Clinca*   corso Italia n° 18
> *del Sole*   34142 Padova

'clinic' in English, so you would not have to look them up in your dictionary. Other 'form' words such as 'siamo', 'la', 'il', and 'di' will be familiar to you from your general studies in Italian. Given that we are dealing with a newspaper, you will probably have worked out by now that this could be an announcement placed in the 'Personal Column'.

318

So you have used a series of cultural, contextual and word-formation clues to get you to the point where you have understood that Monica and Franco Rossi have placed this notice in the 'Personal Column' of the newspaper and that something happened to Francesco on 29 March 1999, something connected with a hospital. And you have reached this point *without* opening your dictionary once. Common sense and your knowledge of newspaper contents in this country might suggest that this must be an announcement of someone's birth or death. Thus 'lieti' ('happy') and 'nascita' ('birth') become the only words that you need to look up in order to confirm that this is indeed a birth announcement.

When learning Italian we are helped considerably by the fact that many Italian and English words look and sound alike and have exactly the same meaning. Such words are called 'COGNATES'. Many words which look similar in Italian and English come from a common Latin root. Other words are the same or nearly the same in both languages because Italian language has borrowed a word from English or vice versa. The dictionary will often not be necessary where cognates are concerned – provided you know the English word that the Italian word resembles!

Words with more than one meaning

The need to examine with care *all* the information contained in a dictionary entry must be stressed. This is particularly important with the many Italian words which have more than one meaning. For example, the Italian 'giornale' can mean 'diary' as well as 'newspaper'. How you translated the word would depend on the context in which you found it.

Similarly, if you were trying to translate a phrase such as 'era in corso ...', you would have to look through the whole entry for 'corso' to get the right translation. If you restricted your search to the first lines of the entry and saw that the meanings given are 'course' and 'main street', you might be tempted to assume that the phrase meant 'it was in the main street'. But if you examined the entry closely you would see that 'in corso' means 'in progress, under way'. So 'era in corso' means 'it was in progress', as in the phrase 'lavori in corso'.

The same need for care applies when you are using the English-Italian section of your dictionary to translate a word from English into Italian. Watch out in particular for the lozenges indicating changes in parts of speech.

319

The noun 'sink' is 'lavandino, aquaio', while the verb is 'affondare'. If you don't watch what you are doing, you could end up with ridiculous non-Italian e.g. 'Ha messo i piatti sporchi nell'affondare.'

Phrasal verbs

Another potential source of difficulty is English phrasal verbs. These consist of a common verb ('go', 'make', etc.) plus an adverb and/or a preposition to give English expressions such as 'to make out', 'to take after', etc. Entries for such verbs tend to be fairly full, so close examination of the contents is required. Note how these verbs appear in colour within the entry.

False friends

Many Italian and English words have similar forms *and* meanings. Many Italian words, however, *look* like English words but have a

make [meɪk] (*pt, pp* **made**) *vt* fare; (*manufacture*) fare, fabbricare; (*cause to be*): **to ~ sb sad** *etc* rendere qn triste *etc*; (*force*): **to ~ sb do sth** costringere qn a fare qc, far fare qc a qn; (*equal*): **2 and 2 ~ 4** 2 più 2 fa 4 ♦ *n* fabbricazione *f*; (*brand*) marca; **to ~ a fool of sb** far fare a qn la figura dello scemo; **to ~ a profit** realizzare un profitto; **to ~ a loss** subire una perdita; **to ~ it** (*arrive*) arrivare; (*achieve sth*) farcela; **what time do you ~ it?** che ora fai?; **to ~ do with** arrangiarsi con; **~ for** *vt fus* (*place*) avviarsi verso; **~ out** *vt* (*write out*) scrivere; (: *cheque*) emettere; (*understand*) capire; (*see*) distinguere; (: *numbers*) decifrare; **~ up** *vt* (*constitute*) formare; (*invent*) inventare; (*parcel*) fare ♦ *vi* conciliarsi; (*with cosmetics*) truccarsi; **~ up for** *vt fus* compensare; ricuperare; **~-believe** *n*: **a world of ~-believe** un mondo di favole;

completely *different* meaning. For example, 'attualmente' means 'at the moment, at present'; 'eventuale' means 'possible'. This can easily lead to serious mistranslations.

Sometimes the meaning of the Italian word is *close* to the English. For example, 'la moneta' means 'small change' rather than 'money'; 'il soprannome' means 'nickname' not 'surname'. But some Italian words have two meanings, one the same as the English, the other completely different! 'L'editore' can mean 'publisher' as well as 'editor'; 'la marcia' can mean 'march/running/walking', but also 'the gear (of a car)'.

Such words are often referred to as 'false friends'. You will have to look at the context in which they appear to arrive at the correct meaning. If they seem to fit in with the sense of the passage as a whole, you will probably not need to look them up. If they don't make sense, however, you may well be dealing with 'false friends'.

WORDGAME 19

WORDS IN CONTEXT

Study the sentences below. Translations of the shaded words are given at the bottom. Match the number of the sentence and the letter of the translation correctly each time.

1. In questa zona è proibito cacciare.
2. L'ho visto cacciare i soldi in tasca.
3. È il ritratto di una dama del Settecento.
4. Facciamo una partita a dama?
5. Ha versato il vino nei bicchieri.
6. Hanno versato tutti i soldi sul loro conto.
7. Ti presento il mio fratello maggiore.
8. Aveva il grado di maggiore nell'esercito.
9. Ho finito i dadi per brodo.
10. In un angolo due uomini giocavano a dadi.
11. Sua madre è già partita per il mare.
12. Ti va di fare una partita a carte?
13. Il ladro è stato visto da un passante.
14. Devi infilare la cintura nel passante.
15. È corso verso di me.
16. Leggete ad alta voce il primo verso della poesia.

a. poured	e. loop	i. dice	m. passer-by
b. hunt	f. towards	j. major	n. draughts
c. left	g. paid	k. stock cubes	o. older
d. game	h. line	l. stick	p. lady

WORDGAME 20

WORDS WITH MORE THAN ONE MEANING

Look at the advertisements below. The words which are shaded can have more than one meaning. Use your dictionary to help you work out the correct translation in the context.

1

Desidero ricevere maggiori informazioni per un soggiorno al Lago di Garda

Nome e cognome: _____

Indirizzo:_____

2

Con il patrocinio della

REGIONE TOSCANA e CAMERA DI

COMMERCIO DELLA TOSCANA

3

TRILLO
LA SVEGLIA ELETTRONICA
CHE NON TI TRADISCE
4 funzioni: ore, minuti, secondi,
sveglia
Funzionamento a pile

4

ECONOMIA E
FINANZA
BORSA E FONDI

5

Albergo Ristorante
"La Cantina"
cucina casalinga
a 500 metri dalla piazza

6

SI PREGA DI RITIRARE LO
SCONTRINO ALLA CASSA

7

Visite guidate al paese
di Alassio

8

CASSA
rurale ed artigiana
Via Basovizza 2
Trieste

9

Una casa in riva al mare
"CALA DEI TEMPLARI"
Soggiorno, una camera da letto,
bagno, balcone

10

PRATOLINI
la cucina su misura per te
Pratolini S.p.A. – 57480 Frascati – Roma
Tel (0733) 5581 (10 linee) –
Fax (0733) 5585

WORDGAME 21

FALSE FRIENDS

Look at the advertisements below. The words which are shaded resemble
English words but have different meanings here. Find a correct
translation for each word in the context.

1

Boutique "La Moda"
Liquidazione di tutti gli articoli

2

Pensione Miramonti

camere con bagno/doccia

parcheggio privato

bar, ristorante

3

ACCENDERE LE LUCI IN GALLERIA

4

LIBRERIA

Il Gabbiano
    Libri – Giornali – Articoli
    spiaggia – Guide turistiche
    – Cartoline

        SASSARI
        Via Mazzini 46

5

ITALMODA CRAVATTE
LE GRANDI FIRME
Divisione della BST,
Bergamo S.p.A

6

**La direzione di questo albergo
declina ogni responsabilità per lo
smarrimento di oggetti lasciati
incustoditi**

7

Questo esercizio resterà
chiuso nei giorni festivi
e il lunedì

8

"Le bollicine"
Locale notturno
– pianobar
– discoteca

9

**Lago di Garda
campeggi, sport acquatici,
gite in battello**

10

Attenzione: per l'uso leggere
attentamente l'istruzione
interna.
Da vendersi dietro
presentazione di ricetta medica.

HAVE FUN WITH YOUR DICTIONARY

Here are some word games for you to try. You will find your dictionary helpful as you attempt the activities.

WORDGAME 22

CODED WORDS

In the boxes below, the letters of eight Italian words have been replaced by numbers. A number represents the same letter each time.

Try to crack the code and find the eight words. If you need help, use your dictionary.

Here is a clue: all the words you are looking for have something to do with TRANSPORT.

1 | T¹ | R² | E³ | ⁴ | ⁵ |

2 | ⁶ | ⁷ | ⁸ | ⁹ | ⁵ | ⁴ |

3 | ⁴ | ⁷ | ¹⁰ | ³ |

4 | ⁷ | ¹¹ | ¹ | ⁵ | ¹² | ¹¹ | ¹⁶ |

5 | ¹ | ² | ⁷ | ¹³ | ¹⁴ | ³ | ¹ | ¹ | ⁵ |

6 | ⁸ | ⁵ | ¹ | ⁵ | ⁶ | ⁹ | ⁶ | ¹⁵ | ³ | ¹ | ¹ | ⁷ |

7 | ¹² | ⁷ | ² | ⁶ | ⁷ |

8 | ⁷ | ¹¹ | ¹ | ⁵ | ⁸ | ⁵ | ¹² | ⁹ | ¹⁵ | ³ |

326

HEADLESS WORDS

If you 'behead' certain Italian words, i.e. take away their first letter, you are left with another Italian word. For example, if you behead **'maglio'** (= 'mallet'), you get **'aglio'** (= 'garlic').

The following words have their heads chopped off, i.e. the first letter has been removed. Use your dictionary to help you form a new Italian word by adding one letter to the start of each word below. Write down the new Italian word and its meaning. There may be more than one new word you can form.

1. arto (= limb)
2. alto (= high)
3. esca (= bait)
4. unto (= greasy)
5. ora (= hour)
6. acca (= letter H)
7. orale (= oral)
8. otto (= eight)
9. orda (= horde)
10. alone (= halo)
11. oca (= goose)
12. anca (= hip)
13. ascia (= axe)
14. anno (= year)
15. rete (= net)

WORDGAME 24

CROSSWORD

Complete this crossword by looking up the words listed below in the English-Italian section of your dictionary. Remember to read through the entry carefully to find the word that will fit.

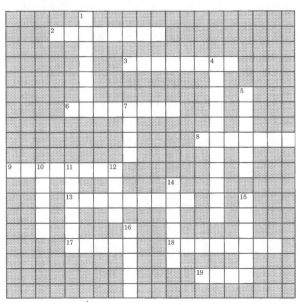

ACROSS

2. to dirty
3. to admire
6. relationship
8. deposit
9. strip
13. employ
17. ebony
18. to take off
19. night

DOWN

1. (a piece of) news
4. to reassure
5. story
7. porthole
10. rough
11. swarm
12. air
14. sad
15. adder
16. harbour

328

WORDGAME 25

SPLIT WORDS

There are twelve Italian words hidden in the grid below. Each word is made up of five letters but has been split into two parts. Find the Italian words. Each group of letters can only be used once. Use your dictionary to help you.

fer	ba	por	sce	za	che
an	mo	to	gam	se	duo
pri	ta	co	ro	fuo	na
fal	sen	men	so	for	mo

WORDGAME 26

KITCHEN WORDS

Here is a list of Italian words for things you will find in the kitchen. Unfortunately, the letters have all been jumbled up. Try to work out what each word is and put the word in the boxes on the right. You will see that there are six shaded boxes below. With the six letters in the shaded boxes make up <u>another</u> Italian word for an object you can find in the kitchen.

1. zazta   Vuoi una _____ di caffé?   ☐☐☐☐▨

2. grifo   Metti il burro nel _____!   ☐▨☐☐☐

3. vatloa   A _____! È pronto!   ▨☐☐☐☐☐

4. norfo   Cuocere in _____ per 20 minuti.   ▨☐☐☐☐

5. chiocciau   Assaggia la minestra col _____.   ☐▨☐☐☐☐☐☐☐

6. polacasta   Usa il _____ per gli spaghetti.   ☐☐☐☐☐☐▨☐☐

The word you are looking for is:

☐☐☐☐☐☐

WORDGAME 27

GRID WORDS

Take the four letters given each time and put them in the four empty boxes in the centre of each grid. Arrange them in such a way that you form four six-letter words. Use your dictionary to check the words.

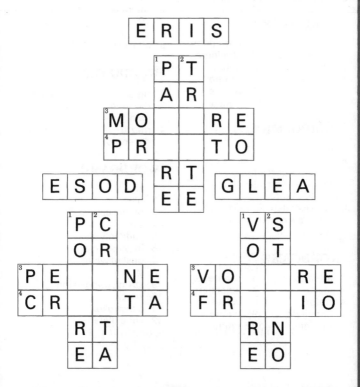

ANSWERS

WORDGAME 1

1	volere	6	parere
2	pigiare	7	panna
3	mollare	8	orario
4	imparare	9	imbrogliato
5	steccato	10	fianco

WORDGAME 2

1	filo	7	raffreddore
2	permettere	8	attendere
3	regalo	9	notare
4	volere	10	ritorno
5	tragitto	11	ridurre
6	liberare	12	riposo

WORDGAME 3

vestaglia + pantofola
nido + gazza
pelletteria + borsetta
campanile + campana
studente + laurea
libro + scaffale
passerella + nave
pinna + squalo

WORDGAME 4

1	attenzione	6	divertente
2	sfarzo	7	ingannare
3	traforo	8	veloce
4	annullare	9	timore
5	prigione	10	bruno

WORDGAME 5

1 doccia   2 arrabbiato   3 foglio

WORDGAME 6

1	povertà	6	ruvido
2	rifiutare	7	innocente
3	vigliacco	8	scuro
4	piangere	9	brutto
5	attaccare	10	chiuso

WORDGAME 7

1	rigido	6	chiave
2	piccione	7	foglia
3	gelo	8	sogno
4	mazzo	9	ascia
5	decennio	10	ghianda

WORDGAME 8

1 shock
2 blow
3 phone call
4 shot
5 suddenly
6 impulse *or* whim
7 gust of wind
8 stroke
9 strong impression
10 knock
11 sunstroke
12 coup d'état

WORDGAME 9

1	impiegato	7	unita
2	impiego	8	unire
3	studente	9	rifiutare
4	studio	10	rifiuti
5	uso	11	festivi
6	usata	12	festa

WORDGAME 10

1 fa bel tempo
2 fare psicologia
3 faccia pure
4 fammi vedere
5 farsi tagliare i capelli
6 si fa così
7 fare la spesa
8 fare presto
9 far partire il motore
10 fece per andarsene

WORDGAME 11

1	n	5	v	8	adj
2	adv	6	v	9	adj
3	n	7	n	10	n
4	n				

WORDGAME 12

1	amico	6	studente
2	cantante	7	cugino
3	direttore	8	lettore
4	straniero	9	professore
5	regista	10	collaboratore

WORDGAME 13

1	un foglio	5	il palmo
	una foglia		una palma
2	il modo	6	una partita
	moda		il partito
3	corsa	7	una pezza
	un corso		un pezzo
4	castagni	8	casa
	castagne		caso

WORDGAME 14

1	bianca	9	veloci
2	fresca	10	poeti
3	larga	11	diademi
4	verde	12	tristi
5	grave	13	tronchi
6	poche	14	trombe
7	giovani	15	dialoghi
8	grandi		

WORDGAME 16

1	io verrò	7	io finisco
2	rimasto	8	io esco
3	io vedrò	9	io dovrò
4	io ho	10	io dormirò
5	offerto	11	vissuto
6	mosso	12	io posso

WORDGAME 17

1	venuto	8	messo
2	contratto	9	sorpreso
3	coperto	10	percorso
4	vissuto	11	accolto
5	offerto	12	dipinto
6	sorriso	13	condotto
7	preso	14	sceso

WORDGAME 18

1	essere	9	piacere
2	raggiungere	10	fare
3	accompagnare	11	ricominciare
4	alzarsi	12	succedere
5	andare	13	volere
6	vendere	14	avere
7	mettersi	15	essere
8	nascere		

WORDGAME 19

1	b	5	a	9	k	13	m
2	l	6	g	10	i	14	e
3	p	7	o	11	c	15	f
4	n	8	j	12	d	16	h

WORDGAME 20

1	stay	7	village
2	chamber		(here; town)
3	alarm clock	8	bank
4	stock exchange;	9	living room
	funds	10	kitchen
5	cooking		
6	checkout		
	(here; till)		

WORDGAME 21

1	clearance sale	6	management
2	boarding house	7	business
3	tunnel	8	nightclub
4	newspapers	9	camp site
5	ties	10	prescription

WORDGAME 22

1	treno	5	traghetto
2	camion	6	motocicletta
3	nave	7	barca
4	autobus	8	automobile

WORDGAME 23

1 sarto (= tailor)
2 salto (= jump)
3 pesca (= peach)
4 punto (= dot)
5 mora (= blackberry)
6 vacca (= cow)
7 morale (= moral)
8 rotto (= broken)
9 corda (= cord)
10 salone (= sitting room)
11 foca (= seal)
12 panca (= bench)
13 fascia (= band)
14 danno (= damage)
15 prete (= priest)

WORDGAME 24

ACROSS		DOWN	
2	sporcare	1	notizia
3	ammirare	4	rassicurare
6	rapporto	5	favola
8	acconto	7	oblò
9	striscia	10	rozzo
13	impiegare	11	sciame
17	ebano	12	aria
18	togliere	14	triste
19	sera	15	vipera
		16	porto

WORDGAME 25

ferro	senza	duomo
gamba	anche	fuoco
porta	primo	falso
scena	mento	forse

WORDGAME 26

1	tazza	4	forno
2	frigo	5	cucchiaio
3	tavola	6	colapasta

Missing word – FRUSTA

WORDGAME 27

1	parere	1	podere	1	volere
2	triste	2	crosta	2	stagno
3	morire	3	pedone	3	volare
4	presto	4	cresta	4	fregio

334

ENGLISH – ITALIAN
INGLESE – ITALIANO

A, a

A [eɪ] *n* (*MUS*) la *m*; (*letter*) A, a *f or m inv*; **~-road** *n* strada statale

a [ə] (*before vowel or silent h:* **an**) *indef art*
1 un (uno *+s impure, gn, pn, ps, x, z*), *f* una (un' *+vowel*); **~ book** un libro; **~ mirror** uno specchio; **an apple** una mela; **she's ~ doctor** è medico
2 (*instead of the number "one"*) un(o), *f* una; **~ year ago** un anno fa; **~ hundred/thousand** *etc* **pounds** cento/mille *etc* sterline
3 (*in expressing ratios, prices etc*) a, per; **3 ~ day/week** 3 al giorno/alla settimana; **10 km an hour** 10 km all'ora; **£5 ~ person** 5 sterline a persona *or* per persona

A.A. *n abbr* (= *Alcoholics Anonymous*) AA; (*BRIT:* = *Automobile Association*) ≈ A.C.I. *m*
A.A.A. (*US*) *n abbr* (= *American Automobile Association*) ≈ A.C.I. *m*
aback [ə'bæk] *adv:* **to be taken ~** essere sbalordito(a)
abandon [ə'bændən] *vt* abbandonare ♦ *n:* **with ~** sfrenatamente, spensieratamente
abate [ə'beɪt] *vi* calmarsi
abattoir ['æbətwɑː*] (*BRIT*) *n* mattatoio
abbey ['æbɪ] *n* abbazia, badia
abbot ['æbət] *n* abate *m*
abbreviation [əbriːvɪ'eɪʃən] *n* abbreviazione *f*
abdicate ['æbdɪkeɪt] *vt* abdicare a ♦ *vi* abdicare
abdomen ['æbdəmən] *n* addome *m*
abduct [æb'dʌkt] *vt* rapire
abide [ə'baɪd] *vt:* **I can't ~ it/him** non lo posso soffrire *or* sopportare; **~ by** *vt fus* conformarsi a
ability [ə'bɪlɪtɪ] *n* abilità *f inv*

abject ['æbdʒɛkt] *adj* (*poverty*) abietto(a); (*apology*) umiliante
ablaze [ə'bleɪz] *adj* in fiamme
able ['eɪbl] *adj* capace; **to be ~ to do sth** essere capace di fare qc, poter fare qc; **~-bodied** *adj* robusto(a); **ably** *adv* abilmente
abnormal [æb'nɔːməl] *adj* anormale
aboard [ə'bɔːd] *adv* a bordo ♦ *prep* a bordo di
abode [ə'bəud] *n:* **of no fixed ~** senza fissa dimora
abolish [ə'bɔlɪʃ] *vt* abolire
abominable [ə'bɔmɪnəbl] *adj* abominevole
aborigine [æbə'rɪdʒɪnɪ] *n* aborigeno/a
abort [ə'bɔːt] *vt* abortire; **~ion** [ə'bɔːʃən] *n* aborto; **to have an ~ion** abortire; **~ive** *adj* abortivo(a)
abound [ə'baund] *vi* abbondare; **to ~ in** *or* **with** abbondare di

about [ə'baut] *adv* **1** (*approximately*) circa, quasi; **~ a hundred/thousand** *etc* un centinaio/migliaio *etc*, circa cento/mille *etc*; **it takes ~ 10 hours** ci vogliono circa 10 ore; **at ~ 2 o'clock** verso le 2; **I've just ~ finished** ho quasi finito
2 (*referring to place*) qua e là, in giro; **to leave things lying ~** lasciare delle cose in giro; **to run ~** correre qua e là; **to walk ~** camminare
3: to be ~ to do sth stare per fare qc
♦ *prep* **1** (*relating to*) su, di; **a book ~ London** un libro su Londra; **what is it ~?** di che si tratta?; (*book, film etc*) di cosa tratta?; **we talked ~ it** ne abbiamo parlato; **what** *or* **how ~ doing this?** che ne dici di fare questo?
2 (*referring to place*): **to walk ~ the town**

camminare per la città; **her clothes were scattered ~ the room** i suoi vestiti erano sparsi *or* in giro per tutta la stanza

---

about-face *n* dietro front *m inv*
about-turn *n* dietro front *m inv*
above [ə'bʌv] *adv, prep* sopra; **mentioned ~** suddetto; **~ all** soprattutto; **~board** *adj* aperto(a); onesto(a)
abrasive [ə'breɪzɪv] *adj* abrasivo(a); *(fig)* caustico(a)
abreast [ə'brest] *adv* di fianco; **to keep ~ of** tenersi aggiornato su
abroad [ə'brɔːd] *adv* all'estero
abrupt [ə'brʌpt] *adj* (*sudden*) improvviso(a); (*gruff, blunt*) brusco(a)
abscess ['æbsɪs] *n* ascesso
absence ['æbsəns] *n* assenza
absent ['æbsənt] *adj* assente; **~ee** [-'tiː] *n* assente *m/f*; **~-minded** *adj* distratto(a)
absolute ['æbsəluːt] *adj* assoluto(a); **~ly** [-'luːtlɪ] *adv* assolutamente
absolve [əb'zɒlv] *vt*: **to ~ sb (from)** (*sin*) assolvere qn (da); (*oath*) sciogliere qn (da)
absorb [əb'zɔːb] *vt* assorbire; **to be ~ed in a book** essere immerso in un libro; **~ent cotton** (*US*) *n* cotone *m* idrofilo
absorption [əb'sɔːpʃən] *n* assorbimento
abstain [əb'steɪn] *vi*: **to ~ (from)** astenersi (da)
abstract ['æbstrækt] *adj* astratto(a)
absurd [əb'səːd] *adj* assurdo(a)
abuse [*n* ə'bjuːs, *vb* ə'bjuːz] *n* abuso; (*insults*) ingiurie *fpl* ♦ *vt* abusare di; **abusive** *adj* ingiurioso(a)
abysmal [ə'bɪzməl] *adj* spaventoso(a)
abyss [ə'bɪs] *n* abisso
AC *abbr* (= *alternating current*) c.a.
academic [ækə'demɪk] *adj* accademico(a); (*pej: issue*) puramente formale ♦ *n* universitario/a
academy [ə'kædəmɪ] *n* (*learned body*) accademia; (*school*) scuola privata; **~ of music** conservatorio
accelerate [æk'seləreɪt] *vt, vi* accelerare; **acceleration** *n* accelerazione *f*; **accelerator** *n* acceleratore *m*

accent ['æksənt] *n* accento
accept [ək'sept] *vt* accettare; **~able** *adj* accettabile; **~ance** *n* accettazione *f*
access ['ækses] *n* accesso; **~ible** [æk'sesəbl] *adj* accessibile
accessory [æk'sesərɪ] *n* accessorio; (*LAW*): **~ to** complice *m/f* di
accident ['æksɪdənt] *n* incidente *m*; (*chance*) caso; **by ~** per caso; **~al** [-'dentl] *adj* accidentale; **~ally** [-'dentəlɪ] *adv* per caso; **~ insurance** *n* assicurazione *f* contro gli infortuni; **~-prone** *adj*: **he's very ~-prone** è un vero passaguai
acclaim [ə'kleɪm] *n* acclamazione *f*
accommodate [ə'kɒmədeɪt] *vt* alloggiare; (*oblige, help*) favorire
accommodating [ə'kɒmədeɪtɪŋ] *adj* compiacente
accommodation [əkɒmə'deɪʃən] *n* alloggio; **~s** (*US*) *npl* alloggio
accompany [ə'kʌmpənɪ] *vt* accompagnare
accomplice [ə'kʌmplɪs] *n* complice *m/f*
accomplish [ə'kʌmplɪʃ] *vt* compiere; (*goal*) raggiungere; **~ed** *adj* esperto(a); **~ment** *n* compimento; realizzazione *f*
accord [ə'kɔːd] *n* accordo ♦ *vt* accordare; **of his own ~** di propria iniziativa; **~ance** *n*: **in ~ance with** in conformità con; **~ing: ~ing to** *prep* secondo; **~ingly** *adv* in conformità
accordion [ə'kɔːdɪən] *n* fisarmonica
account [ə'kaʊnt] *n* (*COMM*) conto; (*report*) descrizione *f*; **~s** *npl* (*COMM*) conti *mpl*; **of no ~** di nessuna importanza; **on ~** in acconto; **on no ~** per nessun motivo; **on ~ of** a causa di; **to take into ~, take ~ of** tener conto di; **~ for** *vt fus* spiegare; giustificare; **~able** *adj*: **~able (to)** responsabile (verso)
accountancy [ə'kaʊntənsɪ] *n* ragioneria
accountant [ə'kaʊntənt] *n* ragioniere/a
account number *n* numero di conto
accrued interest [ə'kruːd-] *n* interesse *m* maturato
accumulate [ə'kjuːmjuleɪt] *vt* accumulare ♦ *vi* accumularsi
accuracy ['ækjurəsɪ] *n* precisione *f*

accurate ['ækjurɪt] *adj* preciso(a); **~ly** *adv* precisamente

accusation [ækju'zeɪʃən] *n* accusa

accuse [ə'kju:z] *vt* accusare; **~d** *n* accusato/a

accustom [ə'kʌstəm] *vt* abituare; **~ed** *adj*: **~ed to** abituato(a) a

ace [eɪs] *n* asso

ache [eɪk] *n* male *m*, dolore *m* ♦ *vi* (*be sore*) far male, dolere; **my head ~s** mi fa male la testa

achieve [ə'tʃi:v] *vt* (*aim*) raggiungere; (*victory, success*) ottenere; **~ment** *n* compimento; successo

acid ['æsɪd] *adj* acido(a) ♦ *n* acido; **~ rain** *n* pioggia acida

acknowledge [ək'nɔlɪdʒ] *vt* (*letter: also:* **~ receipt of**) confermare la ricevuta di; (*fact*) riconoscere; **~ment** *n* conferma; riconoscimento

acne ['ækni] *n* acne *f*

acorn ['eɪkɔ:n] *n* ghianda

acoustic [ə'ku:stɪk] *adj* acustico(a); **~s** *n*, *npl* acustica

acquaint [ə'kweɪnt] *vt*: **to ~ sb with sth** far sapere qc a qn; **to be ~ed with** (*person*) conoscere; **~ance** *n* conoscenza; (*person*) conoscente *m/f*

acquire [ə'kwaɪə*] *vt* acquistare

acquit [ə'kwɪt] *vt* assolvere; **to ~ o.s. well** comportarsi bene; **~tal** *n* assoluzione *f*

acre ['eɪkə*] *n* acro (= 4047 *m²*)

acrid ['ækrɪd] *adj* acre; pungente

acrobat ['ækrəbæt] *n* acrobata *m/f*

across [ə'krɔs] *prep* (*on the other side*) dall'altra parte di; (*crosswise*) attraverso ♦ *adv* dall'altra parte; in larghezza; **to run/swim ~** attraversare di corsa/a nuoto; **~ from** di fronte a

acrylic [ə'krɪlɪk] *adj* acrilico(a)

act [ækt] *n* atto; (*in music-hall etc*) numero; (*LAW*) decreto ♦ *vi* agire; (*THEATRE*) recitare; (*pretend*) fingere ♦ *vt* (*part*) recitare; **to ~ as** agire da; **~ing** *adj* che fa le funzioni di ♦ *n* (*of actor*) recitazione *f*; (*activity*): **to do some ~ing** fare del teatro (*or* del cinema)

action ['ækʃən] *n* azione *f*; (*MIL*) com-

battimento; (*LAW*) processo; **out of ~** fuori combattimento; fuori servizio; **to take ~** agire; **~ replay** *n* (*TV*) replay *m inv*

activate ['æktɪveɪt] *vt* (*mechanism*) attivare

active ['æktɪv] *adj* attivo(a); **~ly** *adv* (*participate*) attivamente; (*discourage, dislike*) vivamente

activity [æk'tɪvɪtɪ] *n* attività *f inv*; **~ holiday** *n* vacanza organizzata con *attività ricreative per ragazzi*

actor ['æktə*] *n* attore *m*

actress ['æktrɪs] *n* attrice *f*

actual ['æktjuəl] *adj* reale, vero(a); **~ly** *adv* veramente; (*even*) addirittura

acute [ə'kju:t] *adj* acuto(a); (*mind, person*) perspicace

ad [æd] *n abbr* = **advertisement**

A.D. *adv abbr* (= *Anno Domini*) d.C.

adamant ['ædəmənt] *adj* irremovibile

adapt [ə'dæpt] *vi*: **to ~ (to)** adattarsi (a); **~able** *adj* (*device*) adattabile; (*person*) che sa adattarsi; **~er** *or* **~or** *n* (*ELEC*) adattatore *m*

add [æd] *vt* aggiungere; (*figures: also:* **~ up**) addizionare ♦ *vi*: **to ~ to** (*increase*) aumentare; **it doesn't ~ up** (*fig*) non quadra, non ha senso

adder ['ædə*] *n* vipera

addict ['ædɪkt] *n* tossicomane *m/f*; (*fig*) fanatico/a; **~ed** [ə'dɪktɪd] *adj*: **to be ~ed to** (*drink etc*) essere dedito(a) a; (*fig: football etc*) essere tifoso(a) di; **~ion** [ə'dɪkʃən] *n* (*MED*) tossicodipendenza; **~ive** [ə'dɪktɪv] *adj* che dà assuefazione

addition [ə'dɪʃən] *n* addizione *f*; (*thing added*) aggiunta; **in ~** inoltre; **in ~ to** oltre; **~al** *adj* supplementare

additive ['ædɪtɪv] *n* additivo

address [ə'dres] *n* indirizzo; (*talk*) discorso ♦ *vt* indirizzare; (*speak to*) fare un discorso a; (*issue*) affrontare

adept ['ædept] *adj*: **~ at** esperto(a) in

adequate ['ædɪkwɪt] *adj* adeguato(a); sufficiente

adhere [əd'hɪə*] *vi*: **to ~ to** aderire a; (*fig: rule, decision*) seguire

adhesive [əd'hi:zɪv] *n* adesivo; **~ tape** *n*

(BRIT: for parcels etc) nastro adesivo; (US: MED) cerotto adesivo

adjective ['ædʒektɪv] n aggettivo

adjoining [ə'dʒɔɪnɪŋ] adj accanto inv, adiacente

adjourn [ə'dʒə:n] vt rimandare ♦ vi essere aggiornato(a)

adjust [ə'dʒʌst] vt aggiustare; (change) rettificare ♦ vi: **to ~ (to)** adattarsi (a); **~able** adj regolabile; **~ment** n (PSYCH) adattamento; (of machine) regolazione f; (of prices, wages) modifica

ad-lib [æd'lɪb] vi improvvisare ♦ adv: **ad lib** a piacere, a volontà

administer [əd'mɪnɪstə*] vt amministrare; (justice, drug) somministrare

administration [ədmɪnɪs'treɪʃən] n amministrazione f

administrative [əd'mɪnɪstrɪtɪv] adj amministrativo(a)

admiral ['ædmərəl] n ammiraglio; **A~ty** (BRIT) n Ministero della Marina

admiration [ædmə'reɪʃən] n ammirazione f

admire [əd'maɪə*] vt ammirare

admission [əd'mɪʃən] n ammissione f; (to exhibition, night club etc) ingresso; (confession) confessione f

admit [əd'mɪt] vt ammettere; far entrare; (agree) riconoscere; **to ~ to** riconoscere; **~tance** n ingresso; **~tedly** adv bisogna pur riconoscere (che)

ad nauseam [æd'nɔ:sɪæm] adv fino alla nausea, a non finire

ado [ə'du:] n: **without (any) more ~** senza più indugi

adolescence [ædəʊ'lɛsns] n adolescenza

adolescent [ædəʊ'lɛsnt] adj, n adolescente m/f

adopt [ə'dɔpt] vt adottare; **~ed** adj adottivo(a); **~ion** [ə'dɔpʃən] n adozione f

adore [ə'dɔ:*] vt adorare

Adriatic [eɪdrɪ'ætɪk] n: **the ~ (Sea)** il mare Adriatico, l'Adriatico

adrift [ə'drɪft] adv alla deriva

adult ['ædʌlt] adj adulto(a); (work, education) per adulti ♦ n adulto/a

adultery [ə'dʌltərɪ] n adulterio

advance [əd'vɑ:ns] n avanzamento; (money) anticipo ♦ vt (booking etc) in anticipo ♦ vt (money) anticipare ♦ vi avanzare; **in ~** in anticipo; **~d** adj avanzato(a); (SCOL: studies) superiore

advantage [əd'vɑ:ntɪdʒ] n (also: TENNIS) vantaggio; **to take ~ of** approfittarsi di

advent ['ædvənt] n avvento; (REL): **A~** Avvento

adventure [əd'vɛntʃə*] n avventura

adverb ['ædvə:b] n avverbio

adverse ['ædvə:s] adj avverso(a)

advert ['ædvə:t] (BRIT) n abbr = **advertisement**

advertise ['ædvətaɪz] vi (vt) fare pubblicità or réclame (a); fare un'inserzione (per vendere); **to ~ for** (staff) mettere un annuncio sul giornale per trovare

advertisement [əd'və:tɪsmənt] n (COMM) réclame f inv, pubblicità f inv; (in classified ads) inserzione f

advertising ['ædvətaɪzɪŋ] n pubblicità

advice [əd'vaɪs] n consigli mpl; (notification) avviso; **piece of ~** un consiglio; **to take legal ~** consultare un avvocato

advisable [əd'vaɪzəbl] adj consigliabile

advise [əd'vaɪz] vt consigliare; **to ~ sb of sth** informare qn di qc; **to ~ sb against sth/doing sth** sconsigliare qc a qn/a qn di fare qc; **~r** or **advisor** n consigliere/a; **advisory** [-ərɪ] adj consultivo(a)

advocate [n 'ædvəkɪt, vb 'ædvəkeɪt] n (upholder) sostenitore/trice; (LAW) avvocato (difensore) ♦ vt propugnare

Aegean [ɪ'dʒɪ:ən] n: **the ~ (Sea)** il mar Egeo, l'Egeo

aerial ['ɛərɪəl] n antenna ♦ adj aereo(a)

aerobics [ɛə'rəʊbɪks] n aerobica

aeroplane ['ɛərəpleɪn] (BRIT) n aeroplano

aerosol ['ɛərəsɒl] (BRIT) n aerosol m inv

aesthetic [ɪs'θɛtɪk] adj estetico(a)

afar [ə'fɑ:*] adv: **from ~** da lontano

affair [ə'fɛə*] n affare m; (also: **love ~**) relazione f amorosa; **~s** (business) affari

affect [ə'fɛkt] vt toccare; (influence) influire su, incidere su; (feign) fingere; **~ed** adj affettato(a)

affection [ə'fɛkʃən] n affezione f; **~ate** adj affettuoso(a)

afflict [ə'flɪkt] vt affliggere

affluence ['æfluəns] n abbondanza; opulenza

affluent ['æfluənt] adj ricco(a); **the ~ society** la società del benessere

afford [ə'fɔːd] vt permettersi; (provide) fornire

afloat [ə'fləut] adv a galla

afoot [ə'fut] adv: **there is something ~** si sta preparando qualcosa

afraid [ə'freɪd] adj impaurito(a); **to be ~ of** or **to/that** aver paura di/che; **I am ~ so/ not** ho paura di sì/no

Africa ['æfrɪkə] n Africa; **~n** adj, n africano(a)

after ['ɑːftə*] prep, adv dopo ♦ conj dopo che; **what/who are you ~?** che/chi cerca?; **~ he left/having done** dopo che se ne fu andato/dopo aver fatto; **to name sb ~ sb** dare a qn il nome di qn; **it's twenty ~ eight** (US) sono le otto e venti; **to ask ~ sb** chiedere di qn; **~ all** dopo tutto; **~ you!** dopo di lei!; **~effects** npl conseguenze fpl; (of illness) postumi mpl; **~math** n conseguenze fpl; **in the ~math of** nel periodo dopo; **~noon** n pomeriggio; **~s** n (inf: dessert) dessert m inv; **~-shave (lotion)** n dopobarba m inv; **~sun (lotion/cream)** n doposole m inv; **~thought** n: **as an ~thought** come aggiunta; **~wards** (US **~ward**) adv dopo

again [ə'gɛn] adv di nuovo; **to begin/see ~** ricominciare/rivedere; **not ... ~** non ... più; **~ and ~** ripetutamente

against [ə'gɛnst] prep contro

age [eɪdʒ] n età f inv ♦ vt, vi invecchiare; **it's been ~s since** sono secoli che; **he is 20 years of ~** ha 20 anni; **to come of ~** diventare maggiorenne; **~d** [adj eɪdʒd, npl 'eɪdʒɪd] adj: **~d 10** di 10 anni ♦ npl **the ~d** gli anziani; **~ group** n generazione f; **~ limit** n limite m d'età

agency ['eɪdʒənsɪ] n agenzia

agenda [ə'dʒɛndə] n ordine m del giorno

agent ['eɪdʒənt] n agente m

aggravate ['ægrəveɪt] vt aggravare; (person) irritare

aggregate ['ægrɪgeɪt] n aggregato

aggressive [ə'grɛsɪv] adj aggressivo(a)

agitate ['ædʒɪteɪt] vt turbare; agitare ♦ vi: **to ~ for** agitarsi per

AGM n abbr = **annual general meeting**

ago [ə'gəu] adv: **2 days ~** 2 giorni fa; **not long ~** poco tempo fa; **how long ~?** quanto tempo fa?

agonizing ['ægənaɪzɪŋ] adj straziante

agony ['ægənɪ] n dolore m atroce; **to be in ~** avere dolori atroci

agree [ə'griː] vt (price) pattuire ♦ vi: **to ~ (with)** essere d'accordo (con); (LING) concordare (con); **to ~ to sth/to do sth** accettare qc/di fare qc; **to ~ that** (admit) ammettere che; **to ~ on sth** accordarsi su qc; **garlic doesn't ~ with me** l'aglio non mi va; **~able** adj gradevole; (willing) disposto(a); **~d** adj (time, place) stabilito(a); **~ment** n accordo; **in ~ment** d'accordo

agricultural [ægrɪ'kʌltʃərəl] adj agricolo(a)

agriculture ['ægrɪkʌltʃə*] n agricoltura

aground [ə'graund] adv: **to run ~** arenarsi

ahead [ə'hɛd] adv avanti; davanti; **~ of** davanti a; (fig: schedule etc) in anticipo su; **~ of time** in anticipo; **go right** or **straight ~** tiri diritto

aid [eɪd] n aiuto ♦ vt aiutare; **in ~ of** a favore di

aide [eɪd] n (person) aiutante m

AIDS [eɪdz] n abbr (= acquired immune deficiency syndrome) AIDS f; **~-related** adj (symptoms, illness) legato(a) all'AIDS; (research) sull'AIDS

aim [eɪm] vt: **to ~ sth at** (such as gun) mirare qc a, puntare qc a; (camera) rivolgere qc a; (missile) lanciare qc contro ♦ vi (also: **to take ~**) prendere la mira ♦ n mira; **to ~ at** mirare; **to ~ to do** aver l'intenzione di fare; **~less** adj senza scopo

ain't [eɪnt] (inf) = **am not**; **aren't**; **isn't**

air [ɛə*] n aria ♦ vt (room) arieggiare; (clothes) far prendere aria a; (grievances, ideas) esprimere pubblicamente ♦ cpd (*currents*) d'aria; (*attack*) aereo(a); **to throw sth into the ~** lanciare qc in aria; **by ~** (*travel*) in aereo; **on the ~** (*RADIO, TV*) in onda; **~bed** (*BRIT*) *n* materassino; **~ conditioning** *n* condizionamento d'aria; **~craft** *n inv* apparecchio; **~craft carrier** *n* portaerei *f inv*; **~field** *n* campo d'aviazione; **A~ Force** *n* aviazione *f* militare; **~ freshener** *n* deodorante *m* per ambienti; **~gun** *n* fucile *m* ad aria compressa; **~ hostess** (*BRIT*) *n* hostess *f inv*; **~ letter** (*BRIT*) *n* aerogramma *m*; **~lift** *n* ponte *m* aereo; **~line** *n* linea aerea; **~liner** *n* aereo di linea; **~mail** *n*: **by ~mail** per via aerea; **~ mattress** *n* materassino gonfiabile; **~plane** (*US*) *n* aeroplano; **~port** *n* aeroporto; **~ raid** *n* incursione *f* aerea; **~sick** *adj*: **to be ~sick** soffrire di mal d'aria; **~tight** *adj* ermetico(a); **~ traffic controller** *n* controllore *m* del traffico aereo; **~y** *adj* arioso(a); (*manners*) noncurante

aisle [aɪl] *n* (*of church*) navata laterale; navata centrale; (*of plane*) corridoio; **~ seat** *n* (*on plane*) posto sul corridoio

ajar [ə'dʒɑː*] *adj* socchiuso(a)

alarm [ə'lɑːm] *n* allarme *m* ♦ *vt* allarmare; **~ call** *n* (*in hotel etc*) sveglia; **~ clock** *n* sveglia

alas [ə'læs] *excl* ohimè!, ahimè!

albeit [ɔːl'biːɪt] *conj* sebbene +*sub*, benché +*sub*

album ['ælbəm] *n* album *m inv*

alcohol ['ælkəhɔl] *n* alcool *m*; **~ic** [-'hɔlɪk] *adj* alcolico(a) ♦ *n* alcolizzato/a

ale [eɪl] *n* birra

alert [ə'ləːt] *adj* vigile ♦ *n* allarme *m* ♦ *vt* avvertire; mettere in guardia; **on the ~** all'erta

algebra ['ældʒɪbrə] *n* algebra

alias ['eɪlɪəs] *adv* alias ♦ *n* pseudonimo, falso nome *m*

alibi ['ælɪbaɪ] *n* alibi *m inv*

alien ['eɪlɪən] *n* straniero/a; (*extraterrestrial*) alieno/a ♦ *adj*: **~ (to)** estraneo/a (a); **~ate** *vt* alienare

alight [ə'laɪt] *adj* acceso(a) ♦ *vi* scendere;

(*bird*) posarsi

alike [ə'laɪk] *adj* simile ♦ *adv* sia ... sia; **to look ~** assomigliarsi

alimony ['ælɪmənɪ] *n* (*payment*) alimenti *mpl*

alive [ə'laɪv] *adj* vivo(a); (*lively*) vivace

KEYWORD

all [ɔːl] *adj* tutto(a); **~ day** tutto il giorno; **~ night** tutta la notte; **~ men** tutti gli uomini; **~ five came** sono venuti tutti e cinque; **~ the books** tutti i libri; **~ the food** tutto il cibo; **~ the time** sempre; tutto il tempo; **~ his life** tutta la vita

♦ *pron* **1** tutto(a); **I ate it ~, I ate ~ of it** l'ho mangiato tutto; **~ of us went** tutti noi siamo andati; **~ of the boys went** tutti i ragazzi sono andati

2 (*in phrases*): **above ~** soprattutto; **after ~** dopotutto; **at ~: not at ~** (*in answer to question*) niente affatto; (*in answer to thanks*) prego!, di niente!, s'immagini!; **I'm not at ~ tired** non sono affatto stanco(a); **anything at ~ will do** andrà bene qualsiasi cosa; **~ in ~** tutto sommato

♦ *adv*: **~ alone** tutto(a) solo(a); **it's not as hard as ~ that** non è poi così difficile; **~ the more/the better** tanto più/meglio; **~ but** quasi; **the score is two ~** il punteggio è di due a due

allay [ə'leɪ] *vt* (*fears*) dissipare

all clear *n* (*also fig*) segnale *m* di cessato allarme

allegation [ælɪ'ɡeɪʃən] *n* asserzione *f*

allege [ə'ledʒ] *vt* asserire; **~dly** [ə'ledʒɪdlɪ] *adv* secondo quanto si asserisce

allegiance [ə'liːdʒəns] *n* fedeltà

allergic [ə'ləːdʒɪk] *adj*: **~ to** allergico(a) a

allergy ['ælədʒɪ] *n* allergia

alleviate [ə'liːvɪeɪt] *vt* sollevare

alley ['ælɪ] *n* vicolo

alliance [ə'laɪəns] *n* alleanza

allied ['ælaɪd] *adj* alleato(a)

all-in *adj* (*BRIT*: *also adv*: *charge*) tutto compreso

all-night *adj* aperto(a) (*or* che dura) tutta

la notte

allocate ['æləkeɪt] vt assegnare

allot [ə'lɒt] vt assegnare; **~ment** n assegnazione f; (*garden*) lotto di terra

all-out adj (*effort etc*) totale ♦ adv: **to go all out for** mettercela tutta per

allow [ə'lau] vt (*practice, behaviour*) permettere; (*sum to spend etc*) accordare; (*sum, time estimated*) dare; (*concede*): **to ~ that** ammettere che; **to ~ sb to do** permettere a qn di fare; **he is ~ed to** lo può fare; **~ for** vt fus tener conto di; **~ance** n (*money received*) assegno; indennità f inv; (*TAX*) detrazione f di imposta; **to make ~ances for** tener conto di

alloy ['ælɔɪ] n lega

all right adv (*feel, work*) bene; (*as answer*) va bene

all-round adj completo(a)

all-time adj (*record*) assoluto(a)

alluring [ə'ljuərɪŋ] adj seducente

ally ['ælaɪ] n alleato

almighty [ɔːl'maɪtɪ] adj onnipotente; (*row etc*) colossale

almond ['ɑːmənd] n mandorla

almost ['ɔːlməust] adv quasi

alone [ə'ləun] adj, adv solo(a); **to leave sb ~** lasciare qn in pace; **to leave sth ~** lasciare stare qc; **let ~ ...** figuriamoci poi ..., tanto meno ....

along [ə'lɒŋ] prep lungo ♦ adv: **is he coming ~?** viene con noi?; **he was limping ~** veniva zoppicando; **~ with** insieme con; **all ~** (*all the time*) sempre, fin dall'inizio; **~side** prep accanto a; lungo ♦ adv accanto

aloof [ə'luːf] adj distaccato(a) ♦ adv: **to stand ~** tenersi a distanza or in disparte

aloud [ə'laud] adv ad alta voce

alphabet ['ælfəbɛt] n alfabeto

alpine ['ælpaɪn] adj alpino(a)

Alps [ælps] npl: **the ~** le Alpi

already [ɔːl'rɛdɪ] adv già

alright ['ɔːl'raɪt] (*BRIT*) adv = **all right**

Alsatian [æl'seɪʃən] (*BRIT*) n (*dog*) pastore m tedesco, (cane m) lupo

also ['ɔːlsəu] adv anche

altar ['ɔltə*] n altare m

alter ['ɔltə*] vt, vi alterare

alternate [adj ɔl'təːnɪt, vb 'ɔltəːneɪt] adj alterno(a); (*US: plan etc*) alternativo(a) ♦ vi: **to ~ (with)** alternarsi (a); **on ~ days** ogni due giorni; **alternating** ['ɔltəːneɪtɪŋ] adj (*current*) alternato(a)

alternative [ɔl'təːnətɪv] adj alternativo(a) ♦ n (*choice*) alternativa; **~ly** adv: **~ly one could ...** come alternativa si potrebbe ...; **~ medicine** n medicina alternativa

alternator ['ɔltəːneɪtə*] n (*AUT*) alternatore m

although [ɔːl'ðəu] conj benché +*sub*, sebbene +*sub*

altitude ['æltɪtjuːd] n altitudine f

alto ['æltəu] n contralto; (*male*) contraltino

altogether [ɔːltə'gɛðə*] adv del tutto, completamente; (*on the whole*) tutto considerato; (*in all*) in tutto

aluminium [ælju'mɪnɪəm] n alluminio

aluminum [ə'luːmɪnəm] (*US*) n = **aluminium**

always ['ɔːlweɪz] adv sempre

Alzheimer's (disease) ['æltshaɪməz-] n (malattia di) Alzheimer

am [æm] vb see **be**

a.m. adv abbr (= ante meridiem) della mattina

amalgamate [ə'mælgəmeɪt] vt amalgamare ♦ vi amalgamarsi

amateur ['æmətə*] n dilettante m/f ♦ adj (*SPORT*) dilettante; **~ish** (*pej*) adj da dilettante

amaze [ə'meɪz] vt stupire; **to be ~d (at)** essere sbalordito (da); **~ment** n stupore m; **amazing** adj sorprendente, sbalorditivo(a)

ambassador [æm'bæsədə*] n ambasciatore/trice

amber ['æmbə*] n ambra; **at ~** (*BRIT: AUT*) giallo

ambiguous [æm'bɪgjuəs] adj ambiguo(a)

ambition [æm'bɪʃən] n ambizione f

ambitious [æm'bɪʃəs] adj ambizioso(a)

ambulance ['æmbjuləns] n ambulanza

ambush ['æmbʊʃ] n imboscata ♦ vt fare un'imboscata a

amenable [ə'mi:nəbl] adj: ~ to (advice etc) ben disposto(a) a

amend [ə'mɛnd] vt (law) emendare; (text) correggere; **to make ~s** fare ammenda

amenities [ə'mi:nɪtɪz] npl attrezzature fpl ricreative e culturali

America [ə'mɛrɪkə] n America; **~n** adj, n americano(a)

amiable ['eɪmɪəbl] adj amabile, gentile

amicable ['æmɪkəbl] adj amichevole

amid(st) [ə'mɪd(st)] prep fra, tra, in mezzo a

amiss [ə'mɪs] adv, adj: **there's something ~** c'è qualcosa che non va bene; **don't take it ~** non prendertela (a male)

ammonia [ə'məunɪə] n ammoniaca

ammunition [æmju'nɪʃən] n munizioni fpl

amok [ə'mɔk] adv: **to run ~** diventare pazzo(a) furioso(a)

among(st) [ə'mʌŋ(st)] prep fra, tra, in mezzo a

amorous ['æmərəs] adj amoroso(a)

amount [ə'maunt] n somma; ammontare m; quantità f inv ♦ vi: **to ~ to** (total) ammontare a; (be same as) essere come

amp(ère) ['æmp(εə*)] n ampère m inv

ample ['æmpl] adj ampio(a); spazioso(a); (enough): **this is ~** questo è più che sufficiente

amplifier ['æmplɪfaɪə*] n amplificatore m

amuse [ə'mju:z] vt divertire; **~ment** n divertimento; **~ment arcade** n sala giochi; **~ment park** n luna park m inv

an [æn] indef art see **a**

anaemic [ə'ni:mɪk] adj anemico(a)

anaesthetic [ænɪs'θɛtɪk] adj anestetico(a) ♦ n anestetico

analog(ue) ['ænəlɔg] adj (watch, computer) analogico(a)

analyse ['ænəlaɪz] (BRIT) vt analizzare

analysis [ə'næləsɪs] (pl **analyses**) n analisi f inv

analyst ['ænəlɪst] n (POL etc) analista m/f; (US) (psic)analista m/f

analyze ['ænəlaɪz] (US) vt = **analyse**

anarchy ['ænəkɪ] n anarchia

anatomy [ə'nætəmɪ] n anatomia

ancestor ['ænsɪstə*] n antenato/a

anchor ['æŋkə*] n ancora ♦ vi (also: **to drop ~**) gettare l'ancora ♦ vt ancorare; **to weigh ~** salpare or levare l'ancora

anchovy ['æntʃəvɪ] n acciuga

ancient ['eɪnʃənt] adj antico(a); (person, car) vecchissimo(a)

ancillary [æn'sɪlərɪ] adj ausiliario(a)

and [ænd] conj e (often ed before vowel); ~ **so on** e così via; **try ~ come** cerca di venire; **he talked ~ talked** non la finiva di parlare; **better ~ better** sempre meglio

anemic [ə'ni:mɪk] (US) adj = **anaemic**

anesthetic [ænɪs'θɛtɪk] (US) adj, n = **anaesthetic**

anew [ə'nju:] adv di nuovo

angel ['eɪndʒəl] n angelo

anger ['æŋgə*] n rabbia

angina [æn'dʒaɪnə] n angina pectoris

angle ['æŋgl] n angolo; **from their ~** dal loro punto di vista

Anglican ['æŋglɪkən] adj, n anglicano(a)

angling ['æŋglɪŋ] n pesca con la lenza

Anglo- ['æŋgləu] prefix anglo....

angrily ['æŋgrɪlɪ] adv con rabbia

angry ['æŋgrɪ] adj arrabbiato(a), furioso(a); (wound) infiammato(a); **to be ~ with sb/at sth** essere in collera con qn/per qc; **to get ~** arrabbiarsi; **to make sb ~** fare arrabbiare qn

anguish ['æŋgwɪʃ] n angoscia

animal ['ænɪməl] adj animale ♦ n animale m

animate ['ænɪmɪt] adj animato(a)

animated ['ænɪmeɪtɪd] adj animato(a)

aniseed ['ænɪsi:d] n semi mpl di anice

ankle ['æŋkl] n caviglia; ~ **sock** n calzino

annex [n 'æneks, vb ə'neks] n (also: BRIT: **annexe**)(edificio)annesso ♦ vt annettere

anniversary [ænɪ'və:sərɪ] n anniversario

announce [ə'nauns] vt annunciare; **~ment** n annuncio; (letter, card) partecipazione f; **~r** n (RADIO, TV: between programmes) annunciatore/ trice; (: in a programme) presentatore/trice

annoy [ə'nɔɪ] vt dare fastidio a; **don't get**

~ed! non irritarti!; **~ance** n fastidio; (cause of ~ance) noia; **~ing** adj noioso(a)

annual ['ænjuəl] adj annuale ♦ n (BOT) pianta annua; (book) annuario

annul [ə'nʌl] vt annullare

annum ['ænəm] n see **per**

anonymous [ə'nɔnɪməs] adj anonimo(a)

anorak ['ænəræk] n giacca a vento

anorexia [ænə'rɛksɪə] n (MED: also: ~ **nervosa**) anoressia

another [ə'nʌðə*] adj: ~ **book** (one more) un altro libro, ancora un libro; (a different one) un altro libro ♦ pron un altro(un'altra), ancora uno(a); see also **one**

answer ['ɑ:nsə*] n risposta; soluzione f ♦ vi rispondere ♦ vt (reply to) rispondere a; (problem) risolvere; (prayer) esaudire; **in ~ to your letter** in risposta alla sua lettera; **to ~ the phone** rispondere (al telefono); **to ~ the bell** rispondere al campanello; **to ~ the door** aprire la porta; ~ **back** vi ribattere; ~ **for** vt fus essere responsabile di; ~ **to** vt fus (description) corrispondere a; **~able** adj: **~able (to sb/for sth)** responsabile (verso qn/di qc); **~ing machine** n segreteria (telefonica) automatica

ant [ænt] n formica

antagonism [æn'tægənɪzəm] n antagonismo

antagonize [æn'tægənaɪz] vt provocare l'ostilità di

Antarctic [ænt'ɑ:ktɪk] n: **the ~** l'Antartide f

antenatal ['æntɪ'neɪtl] adj prenatale; ~ **clinic** n assistenza medica preparto

anthem ['ænθəm] n: **national ~** inno nazionale

antibiotic ['æntɪbaɪ'ɔtɪk] n antibiotico

antibody ['æntɪbɔdɪ] n anticorpo

anticipate [æn'tɪsɪpeɪt] vt prevedere; pregustare; (wishes, request) prevenire

anticipation [æntɪsɪ'peɪʃən] n anticipazione f; (expectation) aspettative fpl

anticlimax ['æntɪ'klaɪmæks] n: **it was an ~** fu una completa delusione

anticlockwise ['æntɪ'klɔkwaɪz] adj, adv in senso antiorario

antics ['æntɪks] npl buffonerie fpl

antifreeze ['æntɪ'fri:z] n anticongelante m

antihistamine [æntɪ'hɪstəmɪn] n antistaminico

antiquated ['æntɪkweɪtɪd] adj antiquato(a)

antique [æn'ti:k] n antichità f inv ♦ adj antico(a); ~ **dealer** n antiquario/a; ~ **shop** n negozio d'antichità

anti-Semitism ['æntɪ'semɪtɪzəm] n antisemitismo

antiseptic [æntɪ'septɪk] n antisettico

antisocial ['æntɪ'səuʃəl] adj asociale

antlers ['æntləz] npl palchi mpl

anvil ['ænvɪl] n incudine f

anxiety [æŋ'zaɪətɪ] n ansia; (keenness): ~ **to do** smania di fare

anxious ['æŋkʃəs] adj ansioso(a), inquieto(a); (worrying) angosciante; (keen): ~ **to do/that** impaziente di fare/che +sub

---

| KEYWORD |

any ['ɛnɪ] adj **1** (in questions etc): **have you ~ butter?** hai del burro?, hai un po' di burro?; **have you ~ children?** hai bambini?; **if there are ~ tickets left** se ci sono ancora (dei) biglietti, se c'è ancora qualche biglietto

2 (with negative): **I haven't ~ money/ books** non ho soldi/libri

3 (no matter which): qualsiasi, qualunque; **choose ~ book you like** scegli un libro qualsiasi

4 (in phrases): **in ~ case** in ogni caso; ~ **day now** da un giorno all'altro; **at ~ moment** in qualsiasi momento, da un momento all'altro; **at ~ rate** ad ogni modo

♦ pron **1** (in questions, with negative): **have you got ~?** ne hai?; **can ~ of you sing?** qualcuno di voi sa cantare?; **I haven't ~ (of them)** non ne ho

2 (no matter which one(s)): **take ~ of those books (you like)** prendi un qualsiasi di quei libri

♦ adv **1** (in questions etc): **do you want ~ more soup/sandwiches?** vuoi ancora un po' di minestra/degli altri panini?; **are you feeling ~ better?** ti senti meglio?

2 (with negative): **I can't hear him ~ more**

non lo sento più; **don't wait ~ longer** non aspettare più

anybody ['ɛnɪbɒdɪ] *pron* (*in questions etc*) qualcuno, nessuno; (*with negative*) nessuno; (*no matter who*) chiunque; **can you see ~?** vedi qualcuno *or* nessuno?; **if I should phone ...** se telefona qualcuno ...; **I can't see ~** non vedo nessuno; **~ could do it** chiunque potrebbe farlo

anyhow ['ɛnɪhau] *adv* (*at any rate*) ad ogni modo, comunque; (*haphazard*): **do it ~ you like** fallo come ti pare; **I shall go ~** ci andrò lo stesso *or* comunque; **she leaves things just ~** lascia tutto come capita

anyone ['ɛnɪwʌn] *pron* = **anybody**

anything ['ɛnɪθɪŋ] *pron* (*in question etc*) qualcosa, niente; (*with negative*) niente; (*no matter what*): **you can say ~ you like** puoi dire quello che ti pare; **can you see ~?** vedi niente *or* qualcosa?; **if ~ happens to me ...** se mi dovesse succedere qualcosa ...; **I can't see ~** non vedo niente; **~ will do** va bene qualsiasi cosa *or* tutto

anyway ['ɛnɪweɪ] *adv* (*at any rate*) ad ogni modo, comunque; (*besides*) ad ogni modo, comunque

anywhere ['ɛnɪwɛə*] *adv* (*in questions etc*) da qualche parte; (*with negative*) da nessuna parte; (*no matter where*) da qualsiasi *or* qualunque parte, dovunque; **can you see him ~?** lo vedi da qualche parte?; **I can't see him ~** non lo vedo da nessuna parte; **~ in the world** dovunque nel mondo

apart [ə'pɑːt] *adv* (*to one side*) a parte; (*separately*) separatamente; **with one's legs ~** con le gambe divaricate; **10 miles ~** a 10 miglia di distanza (l'uno dall'altro); **to take ~** smontare; **~ from** a parte, eccetto

apartheid [ə'pɑːteɪt] *n* apartheid *f*

apartment [ə'pɑːtmənt] *n* (*US*) appartamento; (*room*) locale *m*; **~ building** (*US*) *n* stabile *m*, caseggiato

ape [eɪp] *n* scimmia ♦ *vt* scimmiottare

apéritif [ə'pɛrɪtɪv] *n* aperitivo

aperture ['æpətʃjuə*] *n* apertura

APEX *n abbr* (= advance purchase excursion) APEX *m inv*

apologetic [əpɔlə'dʒɛtɪk] *adj* (*tone, letter*) di scusa

apologize [ə'pɔlədʒaɪz] *vi*: **to ~ (for sth to sb)** scusarsi (di qc a qn), chiedere scusa (a qn per qc)

apology [ə'pɔlədʒɪ] *n* scuse *fpl*

apostle [ə'pɔsl] *n* apostolo

apostrophe [ə'pɔstrəfɪ] *n* (*sign*) apostrofo

appal [ə'pɔːl] *vt* scioccare; **~ling** *adj* spaventoso(a)

apparatus [æpə'reɪtəs] *n* apparato; (*in gymnasium*) attrezzatura

apparel [ə'pærl] (*US*) *n* abbigliamento, confezioni *fpl*

apparent [ə'pærənt] *adj* evidente; **~ly** *adv* evidentemente

appeal [ə'piːl] *vi* (*LAW*) appellarsi alla legge ♦ *n* (*LAW*) appello; (*request*) richiesta; (*charm*) attrattiva; **to ~ for** chiedere (con insistenza); **to ~ to** (*subj: person*) appellarsi a; (*subj: thing*) piacere a; **it doesn't ~ to me** mi dice poco; **~ing** *adj* (*nice*) attraente

appear [ə'pɪə*] *vi* apparire; (*LAW*) comparire; (*publication*) essere pubblicato(a); (*seem*) sembrare; **it would ~ that** sembra che; **~ance** *n* apparizione *f*; apparenza; (*look, aspect*) aspetto

appease [ə'piːz] *vt* calmare, appagare

appendicitis [əpɛndɪ'saɪtɪs] *n* appendicite *f*

appendix [ə'pɛndɪks] (*pl* **appendices**) *n* appendice *f*

appetite ['æpɪtaɪt] *n* appetito

appetizer ['æpɪtaɪzə*] *n* stuzzichino

applaud [ə'plɔːd] *vt, vi* applaudire

applause [ə'plɔːz] *n* applauso

apple ['æpl] *n* mela; **~ tree** *n* melo

appliance [ə'plaɪəns] *n* apparecchio

applicant ['æplɪkənt] *n* candidato/a

application [æplɪ'keɪʃən] *n* applicazione *f*; (*for a job, a grant etc*) domanda; **~ form** *n* modulo per la domanda

applied [ə'plaɪd] *adj* applicato(a)

apply [ə'plaɪ] *vt*: **to ~ (to)** (*paint, ointment*) dare (a); (*theory, technique*) applicare (a) ♦ *vi*: **to ~ to** (*ask*) rivolgersi a; (*be suitable for, relevant to*) riguardare, riferirsi a; **to ~**

(for) (*permit, grant, job*) fare domanda (per); **to ~ o.s. to** dedicarsi a

appoint [ə'pɔɪnt] *vt* nominare; **~ed** *adj*: **at the ~ed time** all'ora stabilita; **~ment** *n* nomina; (*arrangement to meet*) appuntamento; **to make an ~ment (with)** prendere un appuntamento (con)

appraisal [ə'preɪzl] *n* valutazione *f*

appreciate [ə'priːʃɪeɪt] *vt* (*like*) apprezzare; (*be grateful for*) essere riconoscente di; (*be aware of*) rendersi conto di ♦ *vi* (FINANCE) aumentare; **I'd ~ your help** ti sono grato per l'aiuto

appreciation [əpriːʃɪ'eɪʃən] *n* apprezzamento; (FINANCE) aumento del valore

appreciative [ə'priːʃɪətɪv] *adj* (*person*) sensibile; (*comment*) elogiativo(a)

apprehend [æprɪ'hɛnd] *vt* (*arrest*) arrestare

apprehension [æprɪ'hɛnʃən] *n* (*fear*) inquietudine *f*

apprehensive [æprɪ'hɛnsɪv] *adj* apprensivo(a)

apprentice [ə'prɛntɪs] *n* apprendista *m/f*; **~ship** *n* apprendistato

approach [ə'prəʊtʃ] *vi* avvicinarsi ♦ *vt* (*come near*) avvicinarsi a; (*ask, apply to*) rivolgersi a; (*subject, passer-by*) avvicinare ♦ *n* approccio; accesso; (*to problem*) modo di affrontare; **~able** *adj* accessibile

appropriate [*adj* ə'prəʊprɪɪt, *vb* ə'prəʊprɪeɪt] *adj* appropriato(a); adatto(a) ♦ *vt* (*take*) appropriarsi

approval [ə'pruːvəl] *n* approvazione *f*; **on ~** (COMM) in prova, in esame

approve [ə'pruːv] *vt, vi* approvare; **~ of** *vt fus* approvare

approximate [ə'prɔksɪmɪt] *adj* approssimativo(a); **~ly** *adv* circa

apricot ['eɪprɪkɔt] *n* albicocca

April ['eɪprəl] *n* aprile *m*; **~ fool!** pesce d'aprile!

April Fool's Day

i April Fool's Day *è il primo aprile, il giorno degli scherzi e delle burle. Il nome deriva dal fatto che, se una persona cade nella trappola che gli è stata tesa, fa la*

figura del **fool**, *cioè dello sciocco.*

---

apron ['eɪprən] *n* grembiule *m*

apt [æpt] *adj* (*suitable*) adatto(a); (*able*) capace; (*likely*): **to be ~ to do** avere tendenza a fare

aquarium [ə'kwɛərɪəm] *n* acquario

Aquarius [ə'kwɛərɪəs] *n* Acquario

Arab ['ærəb] *adj*, *n* arabo(a)

Arabian [ə'reɪbɪən] *adj* arabo(a)

Arabic ['ærəbɪk] *adj* arabico(a), arabo(a) ♦ *n* arabo; **~ numerals** numeri *mpl* arabi

arbitrary ['ɑːbɪtrəri] *adj* arbitrario(a)

arbitration [ɑːbɪ'treɪʃən] *n* (LAW) arbitrato; (INDUSTRY) arbitraggio

arcade [ɑː'keɪd] *n* portico; (*passage with shops*) galleria

arch [ɑːtʃ] *n* arco; (*of foot*) arco plantare ♦ *vt* inarcare

archaeologist [ɑːkɪ'ɔlədʒɪst] *n* archeologo/a

archaeology [ɑːkɪ'ɔlədʒɪ] *n* archeologia

archbishop [ɑːtʃ'bɪʃəp] *n* arcivescovo

archeology [ɑːkɪ'ɔlədʒɪ] *etc* (US) = **archaeology** *etc*

archery ['ɑːtʃərɪ] *n* tiro all'arco

architect ['ɑːkɪtɛkt] *n* architetto; **~ure** ['ɑːkɪtɛktʃə*] *n* architettura

archives ['ɑːkaɪvz] *npl* archivi *mpl*

Arctic ['ɑːktɪk] *adj* artico(a) ♦ *n*: **the ~** l'Artico

ardent ['ɑːdənt] *adj* ardente

are [ɑː*] *vb see* **be**; **~n't** [ɑːnt] = **~ not**

area ['ɛərɪə] *n* (GEOM) area; (*zone*) zona; (*: smaller*) settore *m*

Argentina [ɑːdʒən'tiːnə] *n* Argentina; **Argentinian** [-'tɪnɪən] *adj*, *n* argentino(a)

arguably ['ɑːgjʊəblɪ] *adv*: **it is ~ ...** si può sostenere che sia ....

argue ['ɑːgjuː] *vi* (*quarrel*) litigare; (*reason*) ragionare; **to ~ that** sostenere che

argument ['ɑːgjumənt] *n* (*reasons*) argomento; (*quarrel*) lite *f*; **~ative** [ɑːgjuː'mɛntətɪv] *adj* litigioso(a)

Aries ['ɛərɪz] *n* Ariete *m*

arise [ə'raɪz] (*pt* **arose**, *pp* **arisen**) *vi* (*opportunity, problem*) presentarsi

aristocrat [ˈærɪstəkræt] *n* aristocratico/a

arithmetic [əˈrɪθmətɪk] *n* aritmetica

ark [ɑːk] *n*: **Noah's A~** l'arca di Noè

arm [ɑːm] *n* braccio ♦ *vt* armare; **~s** *npl* (*weapons*) armi *fpl*; **~ in ~** a braccetto

armaments [ˈɑːməmənts] *npl* armamenti *mpl*

arm: ~chair *n* poltrona; **~ed** *adj* armato(a); **~ed robbery** *n* rapina a mano armata

armour [ˈɑːmə*] (*US* **armor**) *n* armatura; (*MIL: tanks*) mezzi *mpl* blindati; **~ed car** *n* autoblinda *f inv*

armpit [ˈɑːmpɪt] *n* ascella

armrest [ˈɑːmrɛst] *n* bracciolo

army [ˈɑːmɪ] *n* esercito

aroma [əˈrəumə] *n* aroma; **~therapy** *n* aromaterapia

arose [əˈrəuz] *pt of* **arise**

around [əˈraund] *adv* attorno, intorno ♦ *prep* intorno a; (*fig: about*): **~ £5/ 3 o'clock** circa 5 sterline/le 3; **is he ~?** è in giro?

arouse [əˈrauz] *vt* (*sleeper*) svegliare; (*curiosity, passions*) suscitare

arrange [əˈreɪndʒ] *vt* sistemare; (*programme*) preparare; **to ~ to do sth** mettersi d'accordo per fare qc; **~ment** *n* sistemazione *f*; (*agreement*) accordo; **~ments** *npl* (*plans*) progetti *mpl*, piani *mpl*

array [əˈreɪ] *n*: **~ of** fila di

arrears [əˈrɪəz] *npl* arretrati *mpl*; **to be in ~ with one's rent** essere in arretrato con l'affitto

arrest [əˈrɛst] *vt* arrestare; (*sb's attention*) attirare ♦ *n* arresto; **under ~** in arresto

arrival [əˈraɪvəl] *n* arrivo; (*person*) arrivato/a; **a new ~** un nuovo venuto; (*baby*) un neonato

arrive [əˈraɪv] *vi* arrivare

arrogant [ˈærəgənt] *adj* arrogante

arrow [ˈærəu] *n* freccia

arse [ɑːs] (*inf!*) *n* culo (!)

arson [ˈɑːsn] *n* incendio doloso

art [ɑːt] *n* arte *f*; (*craft*) mestiere *m*; **A~s** *npl* (*SCOL*) Lettere *fpl*

artery [ˈɑːtərɪ] *n* arteria

art gallery *n* galleria d'arte

arthritis [ɑːˈθraɪtɪs] *n* artrite *f*

artichoke [ˈɑːtɪtʃəuk] *n* carciofo; **Jerusalem ~** topinambur *m inv*

article [ˈɑːtɪkl] *n* articolo; **~s** *npl* (*BRIT: LAW: training*) contratto di tirocinio; **~ of clothing** capo di vestiario

articulate [*adj* ɑːˈtɪkjulɪt, *vb* ɑːˈtɪkjuleɪt] *adj* (*person*) che si esprime forbitamente; (*speech*) articolato(a) ♦ *vi* articolare; **~d lorry** (*BRIT*) *n* autotreno

artificial [ɑːtɪˈfɪʃəl] *adj* artificiale; **~ respiration** *n* respirazione *f* artificiale

artist [ˈɑːtɪst] *n* artista *m/f*; **~ic** [ɑːˈtɪstɪk] *adj* artistico(a); **~ry** *n* arte *f*

art school *n* scuola d'arte

as [æz] *conj* **1** (*referring to time*) mentre; **~ the years went by** col passare degli anni; **he came in ~ I was leaving** arrivò mentre stavo uscendo; **~ from tomorrow** da domani

2 (*in comparisons*): **~ big ~** grande come; **twice ~ big ~** due volte più grande di; **~ much/many ~** tanto quanto/tanti quanti; **~ soon ~ possible** prima possibile

3 (*since, because*) dal momento che, siccome

4 (*referring to manner, way*) come; **do ~ you wish** fa' come vuoi; **~ she said** come ha detto lei

5 (*concerning*): **~ for *or* to that** per quanto riguarda *or* a quello

6: **~ if *or* though** come se; **he looked ~ if he was ill** sembrava stare male; *see also* **long; such; well**

♦ *prep*: **he works ~ a driver** fa l'autista; **~ chairman of the company, he ...** come presidente della compagnia, lui ...; **he gave me it ~ a present** me lo ha regalato

a.s.a.p. *abbr* = **as soon as possible**

ascend [əˈsɛnd] *vt* salire

ascertain [æsəˈteɪn] *vt* accertare

ash [æʃ] *n* (*dust*) cenere *f*; (*wood, tree*) frassino

ashamed [əˈʃeɪmd] *adj* vergognoso(a); **to be ~ of** vergognarsi di

ashore [əˈʃɔːˈ] *adv* a terra

ashtray [ˈæʃtreɪ] *n* portacenere *m*

Ash Wednesday *n* mercoledì *m inv* delle Ceneri

Asia [ˈeɪʃə] *n* Asia; **~n** *adj*, *n* asiatico(a)

aside [əˈsaɪd] *adv* da parte ♦ *n* a parte *m*

ask [ɑːsk] *vt* (*question*) domandare; (*invite*) invitare; **to ~ sb sth/sb to do sth** chiedere qc a qn/a qn di fare qc; **to ~ sb about sth** chiedere a qn di qc; **to ~ (sb) a question** fare una domanda (a qn); **to ~ sb out to dinner** invitare qn a mangiare fuori; **~ after** *vt fus* chiedere di; **~ for** *vt fus* chiedere; (*trouble etc*) cercare

asleep [əˈsliːp] *adj* addormentato(a); **to be ~** dormire; **to fall ~** addormentarsi

asparagus [əsˈpærəgəs] *n* asparagi *mpl*

aspect [ˈæspekt] *n* aspetto

aspersions [əsˈpəːʃənz] *npl*: **to cast ~ on** diffamare

asphyxiation [æsfɪksɪˈeɪʃən] *n* asfissia

aspire [əsˈpaɪəˈ] *vi*: **to ~ to** aspirare a

aspirin [ˈæsprɪn] *n* aspirina

ass [æs] *n* asino; (*inf*) scemo/a; (*US: inf!*) culo (*!*)

assailant [əˈseɪlənt] *n* assalitore *m*

assassinate [əˈsæsɪneɪt] *vt* assassinare; **assassination** [əsæsɪˈneɪʃən] *n* assassinio

assault [əˈsɔːlt] *n* (*MIL*) assalto; (*gen: attack*) aggressione *f* ♦ *vt* assaltare; aggredire; (*sexually*) violentare

assemble [əˈsembl] *vt* riunire; (*TECH*) montare ♦ *vi* riunirsi

assembly [əˈsembli] *n* (*meeting*) assemblea; (*construction*) montaggio; **~ line** *n* catena di montaggio

assent [əˈsent] *n* assenso, consenso

assert [əˈsəːt] *vt* asserire; (*insist on*) far valere

assess [əˈses] *vt* valutare; **~ment** *n* valutazione *f*

asset [ˈæset] *n* vantaggio; **~s** *npl* (*FINANCE: of individual*) beni *mpl*; (*: of company*) attivo

assign [əˈsaɪn] *vt*: **to ~ (to)** (*task*) assegnare

(a); (*resources*) riservare (a); (*cause, meaning*) attribuire (a); **to ~ a date to sth** fissare la data di qc; **~ment** *n* compito

assist [əˈsɪst] *vt* assistere, aiutare; **~ance** *n* assistenza, aiuto; **~ant** *n* assistente *m/f*; (*BRIT: also:* **shop ~ant**) commesso/a

associate [*adj*, *n* əˈsəʊʃɪɪt, *vb* əˈsəʊʃɪeɪt] *adj* associato(a); (*member*) aggiunto(a) ♦ *n* collega *m/f* ♦ *vt* associare ♦ *vi*: **to ~ with sb** frequentare qn

association [əsəʊsɪˈeɪʃən] *n* associazione *f*

assorted [əˈsɔːtɪd] *adj* assortito(a)

assortment [əˈsɔːtmənt] *n* assortimento

assume [əˈsjuːm] *vt* supporre; (*responsibilities etc*) assumere; (*attitude, name*) prendere

assumption [əˈsʌmpʃən] *n* supposizione *f*, ipotesi *f inv*; (*of power*) assunzione *f*

assurance [əˈʃʊərəns] *n* assicurazione *f*; (*self-confidence*) fiducia in se stesso

assure [əˈʃʊəˈ] *vt* assicurare

asthma [ˈæsmə] *n* asma

astonish [əˈstɒnɪʃ] *vt* stupire; **~ment** *n* stupore *m*

astound [əˈstaund] *vt* sbalordire

astray [əˈstreɪ] *adv*: **to go ~** smarrirsi; **to lead ~** portare sulla cattiva strada

astride [əˈstraɪd] *prep* a cavalcioni di

astrology [əsˈtrɒlədʒɪ] *n* astrologia

astronaut [ˈæstrənɔːt] *n* astronauta *m/f*

astronomy [əsˈtrɒnəmɪ] *n* astronomia

asylum [əˈsaɪləm] *n* asilo; (*building*) manicomio

KEYWORD

---

at [æt] *prep* **1** (*referring to position, direction*) a; **~ the top** in cima; **~ the desk** al banco, alla scrivania; **~ home/school** a casa/ scuola; **~ the baker's** dal panettiere; **to look ~ sth** guardare qc; **to throw sth ~ sb** lanciare qc a qn

2 (*referring to time*) a; **~ 4 o'clock** alle 4; **~ night** di notte; **~ Christmas** a Natale; **~ times** di volte

3 (*referring to rates, speed etc*) a; **~ £1 a kilo** a 1 sterlina al chilo; **two ~ a time** due alla volta, due per volta; **~ 50 km/h** a

50 km/h
4 (*referring to manner*): ~ **a stroke** d'un
solo colpo; ~ **peace** in pace
5 (*referring to activity*): **to be ~ work** essere
al lavoro; **to play ~ cowboys** giocare ai
cowboy; **to be good ~ sth/doing sth**
essere bravo in qc/a fare qc
6 (*referring to cause*): **shocked/**
surprised/annoyed ~ sth colpito da/
sorpreso da/arrabbiato per qc; **I went ~ his**
suggestion ci sono andato dietro suo
consiglio

ate [eɪt] *pt of* **eat**
atheist ['eɪθɪɪst] *n* ateo/a
Athens ['æθɪnz] *n* Atene *f*
athlete ['æθliːt] *n* atleta *m/f*
athletic [æθ'letɪk] *adj* atletico(a); **~s** *n*
atletica
Atlantic [ət'læntɪk] *adj* atlantico(a) ♦ *n*: **the**
~ (Ocean) l'Atlantico, l'Oceano Atlantico
atlas ['ætləs] *n* atlante *m*
ATM *n abbr* (= *automated telling machine*)
cassa automatica prelievi, sportello
automatico
atmosphere ['ætməsfɪə*] *n* atmosfera
atom ['ætəm] *n* atomo; **~ic** [ə'tɔmɪk] *adj*
atomico(a); **~(ic) bomb** *n* bomba
atomica; **~izer** ['ætəmaɪzə*] *n* atomizzatore
m
atone [ə'təun] *vi*: **to ~ for** espiare
atrocious [ə'trəuʃəs] *adj* pessimo(a), atroce
attach [ə'tætʃ] *vt* attaccare; (*document,*
letter) allegare; (*importance etc*) attribuire;
to be ~ed to sb/sth (*to like*) essere
affezionato(a) a qn/qc
attaché case [ə'tæfeɪ-] *n* valigetta per
documenti
attachment [ə'tætʃmənt] *n* (*tool*)
accessorio; (*love*): ~ **(to)** affetto (per)
attack [ə'tæk] *vt* attaccare; (*person*)
aggredire; (*task etc*) iniziare; (*problem*)
affrontare ♦ *n* attacco; **heart ~** infarto; **~er**
n aggressore *m*
attain [ə'teɪn] *vt* (*also*: **to ~ to**) arrivare a,
raggiungere
attempt [ə'tempt] *n* tentativo ♦ *vt* tentare;

to make an ~ on sb's life attentare alla
vita di qn
attend [ə'tend] *vt* frequentare; (*meeting,*
talk) andare a; (*patient*) assistere; ~ **to** *vt*
fus (*needs, affairs etc*) prendersi cura di;
(*customer*) occuparsi di; **~ance** *n* (*being*
present) presenza; (*people present*) gente *f*
presente; **~ant** *n* custode *m/f*; persona di
servizio ♦ *adj* concomitante
attention [ə'tenʃən] *n* attenzione *f* ♦ *excl*
(*MIL*) attenti!; **for the ~ of** (*ADMIN*) per
l'attenzione di
attentive [ə'tentɪv] *adj* attento(a); (*kind*)
premuroso(a)
attic ['ætɪk] *n* soffitta
attitude ['ætɪtjuːd] *n* atteggiamento; posa
attorney [ə'təːnɪ] *n* (*lawyer*) avvocato;
(*having proxy*) mandatario; **A~ General** *n*
(*BRIT*) Procuratore *m* Generale; (*US*) Ministro
della Giustizia
attract [ə'trækt] *vt* attirare; **~ion** [ə'trækʃən]
n (*gen pl: pleasant things*) attrattiva;
(*PHYSICS, fig: towards sth*) attrazione *f*; **~ive**
adj attraente
attribute [*n* 'ætrɪbjuːt, *vb* ə'trɪbjuːt] *n*
attributo ♦ *vt*: **to ~ sth to** attribuire qc a
attrition [ə'trɪʃən] *n*: **war of ~** guerra di
logoramento
aubergine ['əubəʒiːn] *n* melanzana
auburn ['ɔːbən] *adj* tizianesco(a)
auction ['ɔːkʃən] *n* (*also*: **sale by ~**) asta
♦ *vt* (*also*: **to sell by ~**) vendere all'asta;
(*also*: **to put up for ~**) mettere all'asta;
~eer [-'nɪə*] *n* banditore *m*
audible ['ɔːdɪbl] *adj* udibile
audience ['ɔːdɪəns] *n* (*people*) pubblico;
spettatori *mpl*; ascoltatori *mpl*; (*interview*)
udienza
audio-typist ['ɔːdɪəu'taɪpɪst] *n* dattilografo/a
che trascrive da nastro
audio-visual [ɔːdɪəu'vɪzjuəl] *adj*
audiovisivo(a); **~ aid** *n* sussidio audiovisivo
audit ['ɔːdɪt] *vt* rivedere, verificare
audition [ɔː'dɪʃən] *n* audizione *f*
auditor ['ɔːdɪtə*] *n* revisore *m*
augment [ɔːg'ment] *vt, vi* aumentare
augur ['ɔːgə*] *vi*: **it ~s well** promette bene

August [ˈɔːɡəst] *n* agosto

aunt [ɑːnt] *n* zia; **~ie** *or* **~y** *n* zietta

au pair [ˈəuˈpeə*] *n* (*also:* ~ **girl**) (ragazza *f*) alla pari *inv*

auspicious [ɔːsˈpɪʃəs] *adj* propizio(a)

Australia [ɔsˈtreɪlɪə] *n* Australia; **~n** *adj, n* australiano(a)

Austria [ˈɔstrɪə] *n* Austria; **~n** *adj, n* austriaco(a)

authentic [ɔːˈθɛntɪk] *adj* autentico(a)

author [ˈɔːθə*] *n* autore/trice

authoritarian [ɔːθɔrɪˈtɛərɪən] *adj* autoritario(a)

authoritative [ɔːˈθɔrɪtətɪv] *adj* (*account etc*) autorevole; (*manner*) autoritario(a)

authority [ɔːˈθɔrɪtɪ] *n* autorità *f inv*; (*permission*) autorizzazione *f*; **the authorities** *npl* (*government etc*) le autorità

authorize [ˈɔːθəraɪz] *vt* autorizzare

auto [ˈɔːtəu] (*US*) *n* auto *f inv*

autobiography [ɔːtəbaɪˈɔɡrəfɪ] *n* autobiografia

autograph [ˈɔːtəɡrɑːf] *n* autografo ♦ *vt* firmare

automatic [ɔːtəˈmætɪk] *adj* automatico(a) ♦ *n* (*gun*) arma automatica; (*washing machine*) lavatrice *f* automatica; (*car*) automobile *f* con cambio automatico; **~ally** *adv* automaticamente

automation [ɔːtəˈmeɪʃən] *n* automazione *f*

automobile [ˈɔːtəməbiːl] (*US*) *n* automobile *f*

autonomy [ɔːˈtɔnəmɪ] *n* autonomia

autumn [ˈɔːtəm] *n* autunno

auxiliary [ɔːɡˈzɪlɪərɪ] *adj* ausiliario(a) ♦ *n* ausiliare *m/f*

Av. *abbr* = **avenue**

avail [əˈveɪl] *vt*: **to ~ o.s. of** servirsi di; approfittarsi di ♦ *n*: **to no ~** inutilmente

available [əˈveɪləbl] *adj* disponibile

avalanche [ˈævəlɑːnʃ] *n* valanga

avant-garde [ˈævɑ̃ˈɡɑːd] *adj* d'avanguardia

Ave. *abbr* = **avenue**

avenge [əˈvɛndʒ] *vt* vendicare

avenue [ˈævənjuː] *n* viale *m*; (*fig*) strada, via

average [ˈævərɪdʒ] *n* media ♦ *adj* medio(a)

♦ *vt* (*a certain figure*) fare di *or* in media; **on ~** in media; **~ out** *vi*: **to ~ out at** aggirarsi in media su, essere in media di

averse [əˈvəːs] *adj*: **to be ~ to sth/doing** essere contrario a qc/a fare

avert [əˈvəːt] *vt* evitare, prevenire; (*one's eyes*) distogliere

aviary [ˈeɪvɪərɪ] *n* voliera, uccelliera

avid [ˈævɪd] *adj* (*supporter etc*) accanito(a)

avocado [ævəˈkɑːdəu] *n* (*also:* BRIT: ~ **pear**) avocado *m inv*

avoid [əˈvɔɪd] *vt* evitare

await [əˈweɪt] *vt* aspettare

awake [əˈweɪk] (*pt* **awoke**, *pp* **awoken**, **awaked**) *adj* sveglio(a) ♦ *vt* svegliare ♦ *vi* svegliarsi; **~ning** [əˈweɪknɪŋ] *n* risveglio

award [əˈwɔːd] *n* premio; (*LAW*) risarcimento

♦ *vt* assegnare; (*LAW: damages*) accordare

aware [əˈwɛə*] *adj*: ~ **of** (*conscious*) conscio(a) di; (*informed*) informato(a) di; **to become ~ of** accorgersi di; **~ness** *n* consapevolezza

away [əˈweɪ] *adj, adv* via; lontano(a); **two kilometres ~** a due chilometri di distanza; **two hours ~ by car** a due ore di distanza in macchina; **the holiday was two weeks ~** mancavano due settimane alle vacanze; **he's ~ for a week** è andato via per una settimana; **to take ~** togliere; **he was working/pedalling** *etc* ~ la particella indica la continuità e l'energia dell'azione: lavorava/pedalava *etc* più che poteva; **to fade/wither** *etc* ~ la particella rinforza l'idea della diminuzione; ~ **game** *n* (SPORT) partita fuori casa

awe [ɔː] *n* timore *m*; **~-inspiring** imponente; **~some** *adj* imponente

awful [ˈɔːfəl] *adj* terribile; **an ~ lot of** un mucchio di; **~ly** *adv* (*very*) terribilmente

awkward [ˈɔːkwəd] *adj* (*clumsy*) goffo(a); (*inconvenient*) scomodo(a); (*embarrassing*) imbarazzante

awning [ˈɔːnɪŋ] *n* (*of shop, hotel etc*) tenda

awoke [əˈwəuk] *pt of* **awake**

awoken [əˈwəukn] *pp of* **awake**

awry [əˈraɪ] *adv* di traverso

axe [æks] (*US* **ax**) *n* scure *f* ♦ *vt* (*project etc*) abolire; (jobs) sopprimere

axes ['æksi:z] npl of axis

axis ['æksɪs] (pl axes) n asse m

axle ['æksl] n (also: ~-tree) asse m

ay(e) [aɪ] excl (yes) sì

B, b

B [bi:] n (MUS) si m; (letter) B, b f or m inv; ~-road n (BRIT: AUT) strada secondaria

B.A. n abbr = Bachelor of Arts

baby ['beɪbɪ] n bambino/a; ~ carriage (US) n carrozzina; ~ food n omogeneizzati mpl; ~-sit vi fare il (or la) baby-sitter; ~-sitter n baby-sitter m/f inv; ~-sitting n: to go ~-sitting fare il (or la) baby-sitter; ~ wipe n salvietta umidificata

bachelor ['bætʃələ*] n scapolo; B~ of Arts/ Science ≈ laureato/a in lettere/scienze

back [bæk] n (of person, horse) dorso, schiena; (as opposed to front) dietro; (of hand) dorso; (of train) coda; (of chair) schienale m; (of page) rovescio; (of book) retro; (FOOTBALL) difensore m ♦ vt (candidate: also: ~ up) appoggiare; (horse: at races) puntare su; (car) guidare a marcia indietro ♦ vi indietreggiare; (car etc) fare marcia indietro ♦ cpd posteriore, di dietro; (AUT: seat, wheels) posteriore ♦ adv (not forward) indietro; (returned): he's ~ è tornato; he ran ~ tornò indietro di corsa; (restitution): throw the ball ~ ritira la palla; can I have it ~? posso riaverlo?; (again): he called ~ ha richiamato; ~ down vi fare marcia indietro; ~ out vi (of promise) tirarsi indietro; ~ up vt (support) appoggiare, sostenere; (COMPUT) fare una copia di riserva di; ~bencher (BRIT) n membro del Parlamento senza potere amministrativo; ~bone n spina dorsale; ~date vt (letter) retrodatare; ~dated pay rise aumento retroattivo; ~fire vi (AUT) dar ritorni di fiamma; (plans) fallire; ~ground n sfondo; (of events) background m inv; (basic knowledge) base f; (experience) esperienza; family ~ground ambiente m familiare;

~hand n (TENNIS: also: ~hand stroke) rovescio; ~handed adj (fig) ambiguo(a); ~hander (BRIT) n (bribe) bustarella; ~ing n (fig) appoggio; ~lash n contraccolpo, ripercussione f; ~log n: ~log of work lavoro arretrato; ~ number n (of magazine etc) numero arretrato; ~pack n zaino; ~packer n chi viaggia con zaino e sacco a pelo; ~ pay n arretrato di paga; ~ payments npl arretrati mpl; ~side (inf) n sedere m; ~stage adv nel retroscena; ~stroke n nuoto sul dorso; ~up adj (train, plane) supplementare; (COMPUT) di riserva ♦ n (support) appoggio, sostegno; (also: ~up file) file m inv di riserva; ~ward adj (movement) indietro inv; (person) tardivo(a); (country) arretrato(a); ~wards adv indietro; (fall, walk) all'indietro; ~yard n cortile m dietro la casa

bacon ['beɪkən] n pancetta

bad [bæd] adj cattivo(a); (accident, injury) brutto(a); (meat, food) andato(a) a male; his ~ leg la sua gamba malata; to go ~ andare a male

badge [bædʒ] n insegna; (of policeman) stemma m

badger ['bædʒə*] n tasso

badly ['bædlɪ] adv (work, dress etc) male; ~ wounded gravemente ferito; he needs it ~ ne ha un gran bisogno; ~ off adj povero(a)

badminton ['bædmɪntən] n badminton m

bad-tempered ['bæd'tempəd] adj irritabile; di malumore

baffle ['bæfl] vt (puzzle) confondere

bag [bæg] n sacco; (handbag etc) borsa; ~s of (inf: lots of) un sacco di; ~gage n bagagli mpl; ~gage allowance n franchigia f bagaglio inv; ~gage reclaim n ritiro m bagaglio inv; ~gy adj largo(a), sformato(a); ~pipes npl cornamusa

bail [beɪl] n cauzione f ♦ vt (prisoner: also: grant ~ to) concedere la libertà provvisoria su cauzione a; (boat: also: ~ out) aggottare; on ~ in libertà provvisoria su cauzione; ~ out vt (prisoner) ottenere la libertà provvisoria su cauzione di; see also bale

bailiff ['beɪlɪf] n (LAW: BRIT) ufficiale m giudiziario; (: US) usciere m
bait [beɪt] n esca ♦ vt (hook) innescare; (trap) munire di esca; (fig) tormentare
bake [beɪk] vt cuocere al forno ♦ vi cuocersi al forno; **~d beans** npl fagioli mpl in salsa di pomodoro; **~d potato** npl patata cotta al forno con la buccia; **~r** n fornaio/a, panettiere/a; **~ry** n panetteria; **baking** n cottura (al forno); **baking powder** n lievito in polvere
balance ['bæləns] n equilibrio; (COMM: sum) bilancio; (remainder) resto; (scales) bilancia ♦ vt tenere in equilibrio; (budget) far quadrare; (account) pareggiare; (compensate) contrappesare; **~ of trade/payments** bilancia commerciale/dei pagamenti; **~d** adj (personality, diet) equilibrato(a); **~ sheet** n bilancio
balcony ['bælkənɪ] n balcone m; (in theatre) balconata
bald [bɔːld] adj calvo(a); (tyre) liscio(a)
bale [beɪl] n balla; **~ out** vi (of a plane) gettarsi col paracadute
ball [bɔːl] n palla; (football) pallone m; (for golf) pallina; (of wool, string) gomitolo; (dance) ballo; **to play ~** (fig) stare al gioco
ballast ['bæləst] n zavorra
ball bearings npl cuscinetti a sfere
ballerina [bælə'riːnə] n ballerina
ballet ['bæleɪ] n balletto; **~ dancer** n ballerino/a classico(a)
balloon [bə'luːn] n pallone m
ballot paper ['bælət-] n scheda
ball-point pen n penna a sfera
ballroom ['bɔːlrum] n sala da ballo
balm [bɑːm] n balsamo
ban [bæn] n interdizione f ♦ vt interdire
banana [bə'nɑːnə] n banana
band [bænd] n banda; (at a dance) orchestra; (MIL) fanfara; **~ together** vi collegarsi
bandage ['bændɪdʒ] n benda, fascia
Bandaid ® ['bændeɪd] (US) n cerotto
bandy-legged [-'legɪd] adj dalle gambe storte
bang [bæŋ] n (of door) lo sbattere; (of gun,

blow) colpo ♦ vt battere (violentemente); (door) sbattere ♦ vi scoppiare; sbattere
Bangladesh [bɑːŋglə'deʃ] n Bangladesh m
bangle ['bæŋgl] n braccialetto
bangs [bæŋz] (US) npl (fringe) frangia, frangetta
banish ['bænɪʃ] vt bandire
banister(s) ['bænɪstə(z)] n(pl) ringhiera
bank [bæŋk] n banca, banco; (of river, lake) riva, sponda; (of earth) banco ♦ vi (AVIAT) inclinarsi in virata; **~ on** vt fus contare su; **~ account** n conto in banca; **~ card** n carta f assegni inv; **~er** n banchiere m; **~er's card** (BRIT) n = **bank card; B~ holiday** (BRIT) n giorno di festa; **~ing** n attività bancaria; professione f di banchiere; **~note** n banconota; **~ rate** n tasso bancario

---
bank holiday

ⓘ Una **bank holiday**, in Gran Bretagna, è una giornata in cui banche e negozi sono chiusi. Generalmente le **bank holiday** cadono di lunedì e molti ne approfittano per fare una breve vacanza fuori città.

---

bankrupt ['bæŋkrʌpt] adj fallito(a); **to go ~** fallire; **~cy** n fallimento
bank statement n estratto conto
banner ['bænə*] n striscione m
baptism ['bæptɪzəm] n battesimo
bar [bɑː*] n (place) bar m inv; (counter) banco; (rod) barra; (of window etc) sbarra; (of chocolate) tavoletta; (fig) ostacolo; restrizione f; (MUS) battuta ♦ vt (road, window) sbarrare; (person) escludere; (activity) interdire; **~ of soap** saponetta; **the B~** (LAW) l'Ordine m degli avvocati; **behind ~s** (prisoner) dietro le sbarre; **~ none** senza eccezione
barbaric [bɑː'bærɪk] adj barbarico(a)
barbecue ['bɑːbɪkjuː] n barbecue m inv
barbed wire ['bɑːbd-] n filo spinato
barber ['bɑːbə*] n barbiere m
bar code n (on goods) codice m a barre
bare [bɛə*] adj nudo(a) ♦ vt scoprire,

denudare; (*teeth*) mostrare; **the ~ necessities** lo stretto necessario; **~back** *adv* senza sella; **~faced** *adj* sfacciato(a); **~foot** *adj, adv* scalzo(a); **~ly** *adv* appena

bargain ['bɑːgɪn] *n* (*transaction*) contratto; (*good buy*) affare *m* ♦ *vi* trattare; **into the ~** per giunta; **~ for** *vt fus*: **he got more than he ~ed for** gli è andata peggio di quel che si aspettasse

barge [bɑːdʒ] *n* chiatta; **~ in** *vi* (*walk in*) piombare dentro; (*interrupt talk*) intromettersi a sproposito

bark [bɑːk] *n* (*of tree*) corteccia; (*of dog*) abbaio ♦ *vi* abbaiare

barley ['bɑːlɪ] *n* orzo

barmaid ['bɑːmeɪd] *n* cameriera al banco

barman ['bɑːmən] *n* barista *m*

bar meal *n* *spuntino servito al bar*

barn [bɑːn] *n* granaio

barometer [bəˈrɔmɪtə*] *n* barometro

baron ['bærən] *n* barone *m*; **~ess** *n* baronessa

barracks ['bærəks] *npl* caserma

barrage ['bærɑːʒ] *n* (*MIL, dam*) sbarramento; (*fig*) fiume *m*

barrel ['bærəl] *n* barile *m*; (*of gun*) canna

barren ['bærən] *adj* sterile; (*soil*) arido(a)

barricade [bærɪˈkeɪd] *n* barricata

barrier ['bærɪə*] *n* barriera

barring ['bɑːrɪŋ] *prep* salvo

barrister ['bærɪstə*] (*BRIT*) *n* avvocato/essa (*con diritto di parlare davanti a tutte le corti*)

barrow ['bærəu] *n* (*cart*) carriola

bartender ['bɑːtendə*] (*US*) *n* barista *m*

barter ['bɑːtə*] *vt*: **to ~ sth for** barattare qc con

base [beɪs] *n* base *f* ♦ *vt*: **to ~ sth on** basare qc su ♦ *adj* vile

baseball ['beɪsbɔːl] *n* baseball *m*

basement ['beɪsmənt] *n* seminterrato; (*of shop*) interrato

bases[1] ['beɪsɪːz] *npl of* **basis**

bases[2] ['beɪsɪz] *npl of* **base**

bash [bæʃ] (*inf*) *vt* picchiare

bashful ['bæʃful] *adj* timido(a)

basic ['beɪsɪk] *adj* rudimentale; essenziale; **~ally** [-lɪ] *adv* fondamentalmente;

sostanzialmente; **~s** *npl*: **the ~s** l'essenziale *m*

basil ['bæzl] *n* basilico

basin ['beɪsn] *n* (*vessel, also GEO*) bacino; (*also*: **wash~**) lavabo

basis ['beɪsɪs] (*pl* **bases**) *n* base *f*; **on a part-time ~** part-time; **on a trial ~** in prova

bask [bɑːsk] *vi*: **to ~ in the sun** crogiolarsi al sole

basket ['bɑːskɪt] *n* cesta; (*smaller*) cestino; (*with handle*) paniere *m*; **~ball** *n* pallacanestro *f*

bass [beɪs] *n* (*MUS*) basso

bassoon [bəˈsuːn] *n* fagotto

bastard ['bɑːstəd] *n* bastardo/a; (*inf!*) stronzo (*!*)

bat [bæt] *n* pipistrello; (*for baseball etc*) mazza; (*BRIT: for table tennis*) racchetta ♦ *vt*: **he didn't ~ an eyelid** non battè ciglio

batch [bætʃ] *n* (*of bread*) infornata; (*of papers*) cumulo

bated ['beɪtɪd] *adj*: **with ~ breath** col fiato sospeso

bath [bɑːθ] *n* bagno; (*bathtub*) vasca da bagno ♦ *vt* far fare il bagno a; **to have a ~** fare un bagno; *see also* **baths**

bathe [beɪð] *vi* fare il bagno ♦ *vt* (*wound*) lavare; **~r** *n* bagnante *m/f*

bathing ['beɪðɪŋ] *n* bagni *mpl*; **~ costume** (*US* **~ suit**) *n* costume *m* da bagno

bathrobe ['bɑːθrəub] *n* accappatoio

bathroom ['bɑːθrum] *n* stanza da bagno

baths [bɑːðz] *npl* bagni *mpl* pubblici

bath towel *n* asciugamano da bagno

baton ['bætən] *n* (*MUS*) bacchetta; (*ATHLETICS*) testimone *m*; (*club*) manganello

batter ['bætə*] *vt* battere ♦ *n* pastetta; **~ed** *adj* (*hat*) sformato(a); (*pan*) ammaccato(a)

battery ['bætərɪ] *n* batteria; (*of torch*) pila; **~ farming** *n* allevamento in batteria

battle ['bætl] *n* battaglia ♦ *vi* battagliare, lottare; **~field** *n* campo di battaglia; **~ship** *n* nave *f* da guerra

bawl [bɔːl] *vi* urlare

bay [beɪ] *n* (*of sea*) baia; **to hold sb at ~** tenere qn a bada; **~ leaf** *n* foglia d'alloro;

~ **window** n bovindo

bazaar [bə'zɑː*] n bazar m inv; vendita di beneficenza

B. & B. abbr = **bed and breakfast**

BBC n abbr (= British Broadcasting Corporation) rete nazionale di radiotelevisione in Gran Bretagna

B.C. adv abbr (= before Christ) a.C.

KEYWORD

---

be [biː] (pt **was, were,** pp **been**) aux vb
1 (with present participle: forming continuous tenses): **what are you doing?** che fa?, che sta facendo?; **they're coming tomorrow** vengono domani; **I've been waiting for her for hours** sono ore che l'aspetto
2 (with pp: forming passives) essere; **to ~ killed** essere or venire ucciso(a); **the box had been opened** la scatola era stata aperta; **the thief was nowhere to ~ seen** il ladro non si trovava da nessuna parte
3 (in tag questions): **it was fun, wasn't it?** è stato divertente, no?; **he's good-looking, isn't he?** è un bell'uomo, vero?; **she's back, is she?** così è tornata, eh?
4 (+to +infinitive): **the house is to ~ sold** abbiamo (or hanno etc) intenzione di vendere casa; **you're to ~ congratulated for all your work** dovremo farvi i complimenti per tutto il vostro lavoro; **he's not to open it** non deve aprirlo
♦ vb +complement 1 (gen) essere; **I'm English** sono inglese; **I'm tired** sono stanco(a); **I'm hot/cold** ho caldo/freddo; **he's a doctor** è medico; **2 and 2 are 4** 2 più 2 fa 4; **~ careful!** sta attento(a)!; **~ good** sii buono(a)
2 (of health) stare; **how are you?** come sta?; **he's very ill** sta molto male
3 (of age): **how old are you?** quanti anni hai?; **I'm sixteen (years old)** ho sedici anni
4 (cost) costare; **how much was the meal?** quant'era or quanto costava il pranzo?; **that'll ~ £5, please** (fa) 5 sterline, per favore
♦ vi 1 (exist, occur etc) essere, esistere; **the**

best singer that ever was il migliore cantante mai esistito or di tutti tempi; **~ that as it may** comunque sia, sia come sia; **so ~ it** sia pure, e sia
2 (referring to place) essere, trovarsi; **I won't ~ here tomorrow** non ci sarò domani; **Edinburgh is in Scotland** Edimburgo si trova in Scozia
3 (referring to movement): **where have you been?** dov'è stato?; **I've been to China** sono stato in Cina
♦ impers vb 1 (referring to time, distance) essere; **it's 5 o'clock** sono le 5; **it's the 28th of April** è il 28 aprile; **it's 10 km to the village** di qui al paese sono 10 km
2 (referring to the weather) fare; **it's too hot/cold** fa troppo caldo/freddo; **it's windy** c'è vento
3 (emphatic): **it's me** sono io; **it was Maria who paid the bill** è stata Maria che ha pagato il conto

---

beach [biːtʃ] n spiaggia ♦ vt tirare in secco

beacon ['biːkən] n (lighthouse) faro; (marker) segnale m

bead [biːd] n perlina

beak [biːk] n becco

beaker ['biːkə*] n coppa

beam [biːm] n trave f; (of light) raggio ♦ vi brillare

bean [biːn] n fagiolo; (of coffee) chicco; **runner ~** fagiolino; **broad ~** fava; **~sprouts** npl germogli mpl di soia

bear [bɛə*] (pt **bore,** pp **borne**) n orso ♦ vt portare; (endure) sopportare; (produce) generare ♦ vi: **to ~ right/left** piegare a destra/sinistra; **~ out** vt (suspicions) confermare, convalidare; (person) dare il proprio appoggio a; **~ up** vi (person) fare buon viso a cattiva sorte

beard [bɪəd] n barba

bearer ['bɛərə*] n portatore m

bearing ['bɛərɪŋ] n portamento; (connection) rapporto; **~s** npl (also: **ball ~s**) cuscinetti mpl a sfere; **to take a ~** fare un rilevamento; **to find one's ~s** orientarsi

beast [biːst] n bestia; **~ly** adj meschino(a);

(*weather*) da cani
beat [biːt] (*pt* **beat**, *pp* **beaten**) *n* colpo; (*of heart*) battito; (*MUS*) tempo; battuta; (*of policeman*) giro ♦ *vt* battere; (*eggs, cream*) sbattere ♦ *vi* battere; **off the ~en track** fuori mano; **~ it!** (*inf*) fila!, fuori dai piedi!; **~ off** *vt* respingere; **~ up** *vt* (*person*) picchiare; (*eggs*) sbattere; **beaten** *pp of* **beat**; **~ing** *n* bastonata
beautiful [ˈbjuːtɪful] *adj* bello(a); **~ly** *adv* splendidamente
beauty [ˈbjuːtɪ] *n* bellezza; **~ salon** *n* istituto di bellezza; **~ spot** *n* (*BRIT*) (*TOURISM*) luogo pittoresco
beaver [ˈbiːvə*] *n* castoro
became [bɪˈkeɪm] *pt of* **become**
because [bɪˈkɒz] *conj* perché; **~ of** a causa di
beckon [ˈbɛkən] *vt* (*also:* **~ to**) chiamare con un cenno
become [bɪˈkʌm] (*irreg: like* **come**) *vt* diventare; **to ~ fat/thin** ingrassarsi/dimagrire
becoming [bɪˈkʌmɪŋ] *adj* (*behaviour*) che si conviene; (*clothes*) grazioso(a)
bed [bɛd] *n* letto; (*of flowers*) aiuola; (*of coal, clay*) strato; **single/double ~** letto a una piazza/a due piazze *or* matrimoniale; **~ and breakfast** *n* (*place*) ≈ pensione *f* familiare; (*terms*) camera con colazione; **~clothes** [ˈbɛdkləuðz] *npl* biancheria e coperte *fpl* da letto; **~ding** *n* coperte e lenzuola *fpl*

---
bed and breakfast

ⓘ I **bed and breakfast**, *anche* B & B, sono piccole pensioni a conduzione familiare, più economiche rispetto agli alberghi, dove al mattino viene servita la tradizionale colazione all'inglese.

---

bed linen *n* biancheria da letto
bedraggled [bɪˈdrægld] *adj* fradicio(a)
bed: **~ridden** *adj* costretto(a) a letto; **~room** *n* camera da letto; **~side** *n*: **at sb's ~side** al capezzale di qn; **~sit(ter)** (*BRIT*) *n* monolocale *m*; **~spread** *n*

coperletto; **~time** *n*: **it's ~time** è ora di andare a letto
bee [biː] *n* ape *f*
beech [biːtʃ] *n* faggio
beef [biːf] *n* manzo; **roast ~** arrosto di manzo; **~burger** *n* hamburger *m inv*; **B~eater** *n* guardia della Torre di Londra
beehive [ˈbiːhaɪv] *n* alveare *m*
beeline [ˈbiːlaɪn] *n*: **to make a ~ for** buttarsi a capo fitto verso
been [biːn] *pp of* **be**
beer [bɪə*] *n* birra
beetle [ˈbiːtl] *n* scarafaggio; coleottero
beetroot [ˈbiːtruːt] (*BRIT*) *n* barbabietola
before [bɪˈfɔː*] *prep* (*in time*) prima di; (*in space*) davanti a ♦ *conj* prima che +*sub*; prima di ♦ *adv* prima; **~ going** prima di andare; **~ she goes** prima che vada; **the week ~** la settimana prima; **I've seen it ~** l'ho già visto; **I've never seen it ~** è la prima volta che lo vedo; **~hand** *adv* in anticipo
beg [bɛg] *vi* chiedere l'elemosina ♦ *vt* (*also:* **~ for**) chiedere in elemosina; (: *favour*) chiedere; **to ~ sb to do** pregare qn di fare
began [bɪˈgæn] *pt of* **begin**
beggar [ˈbɛgə*] *n* mendicante *m/f*
begin [bɪˈgɪn] (*pt* **began**, *pp* **begun**) *vt, vi* cominciare; **to ~ doing** *or* **to do sth** incominciare *or* iniziare a fare qc; **~ner** *n* principiante *m/f*; **~ning** *n* inizio, principio
begun [bɪˈgʌn] *pp of* **begin**
behalf [bɪˈhɑːf] *n*: **on ~ of** per conto di; a nome di
behave [bɪˈheɪv] *vi* comportarsi; (*well: also:* **~ o.s.**) comportarsi bene
behaviour [bɪˈheɪvjə*] (*US* **behavior**) *n* comportamento, condotta
behind [bɪˈhaɪnd] *prep* dietro; (*followed by pronoun*) dietro di; (*time*) in ritardo con ♦ *adv* dietro; (*leave, stay*) indietro ♦ *n* didietro; **to be ~ (schedule)** essere in ritardo rispetto al programma; **~ the scenes** (*fig*) dietro le quinte
behold [bɪˈhəuld] (*irreg: like* **hold**) *vt* vedere, scorgere
beige [beɪʒ] *adj* beige *inv*

Beijing [ˈbeɪˈdʒɪŋ] n Pechino f

being [ˈbiːɪŋ] n essere m

Beirut [beɪˈruːt] n Beirut f

Belarus [belaˈrus] n Bielorussia

belated [bɪˈleɪtɪd] adj tardo(a)

belch [beltʃ] vi ruttare ♦ vt (gen: ~ **out**: smoke etc) eruttare

Belgian [ˈbeldʒən] adj, n belga m/f

Belgium [ˈbeldʒəm] n Belgio m

belie [bɪˈlaɪ] vt smentire

belief [bɪˈliːf] n (opinion) opinione f, convinzione f; (trust, faith) fede f

believe [bɪˈliːv] vt, vi credere; **to ~ in** (God) credere in; (ghosts) credere a; (method) avere fiducia in; **~r** n (REL) credente m/f; (in idea, activity): **to be a ~r in** credere in

belittle [bɪˈlɪtl] vt sminuire

bell [bel] n campana; (small, on door, electric) campanello

belligerent [bɪˈlɪdʒərənt] adj bellicoso(a)

bellow [ˈbeləʊ] vi muggire

bellows [ˈbeləʊz] npl soffietto

belly [ˈbelɪ] n pancia

belong [bɪˈlɒŋ] vi: **to ~ to** appartenere a; (club etc) essere socio di; **this book ~s here** questo libro va qui; **~ings** npl cose fpl, roba

beloved [bɪˈlʌvɪd] adj adorato(a)

below [bɪˈləʊ] prep sotto, al di sotto di ♦ adv sotto, di sotto; giù; **see ~** vedi sotto or oltre

belt [belt] n cintura; (TECH) cinghia ♦ vt (thrash) picchiare ♦ vi (inf) filarsela; **~way** (US) n (AUT: ring road) circonvallazione f; (: motorway) autostrada

bemused [bɪˈmjuːzd] adj perplesso(a), stupito(a)

bench [bentʃ] n panca; (in workshop, POL) banco; **the B~** (LAW) la Corte

bend [bend] (pt, pp **bent**) vt curvare; (leg, arm) piegare ♦ vi curvarsi; piegarsi ♦ n (BRIT: in road) curva; (in pipe, river) gomito; **~ down** vi chinarsi; **~ over** vi piegarsi

beneath [bɪˈniːθ] prep sotto, al di sotto di; (unworthy of) indegno(a) di ♦ adv sotto, di sotto

benefactor [ˈbenɪfæktə*] n benefattore m

beneficial [benɪˈfɪʃəl] adj che fa bene; vantaggioso(a)

benefit [ˈbenɪfɪt] n beneficio, vantaggio; (allowance of money) indennità f inv ♦ vt far bene a ♦ vi: **he'll ~ from it** ne trarrà beneficio or profitto

benevolent [bɪˈnevələnt] adj benevolo(a)

benign [bɪˈnaɪn] adj (person, smile) benevolo(a); (MED) benigno(a)

bent [bent] pt, pp of **bend** ♦ n inclinazione f ♦ adj (inf: dishonest) losco(a); **to be ~ on** essere deciso(a) a

bequest [bɪˈkwest] n lascito

bereaved [bɪˈriːvd] n: **the ~** i familiari in lutto

beret [ˈbereɪ] n berretto

Berlin [bəːˈlɪn] n Berlino f

berm [bəːm] (US) n (AUT) corsia d'emergenza

berry [ˈberɪ] n bacca

berserk [bəˈsəːk] adj: **to go ~** montare su tutte le furie

berth [bəːθ] n (bed) cuccetta; (for ship) ormeggio ♦ vi (in harbour) entrare in porto; (at anchor) gettare l'ancora

beseech [bɪˈsiːtʃ] (pt, pp **besought**) vt implorare

beset [bɪˈset] (pt, pp **beset**) vt assalire

beside [bɪˈsaɪd] prep accanto a; **to be ~ o.s. (with anger)** essere fuori di sé (dalla rabbia); **that's ~ the point** non c'entra

besides [bɪˈsaɪdz] adv inoltre, per di più ♦ prep oltre a; a parte

besiege [bɪˈsiːdʒ] vt (town) assediare; (fig) tempestare

best [best] adj migliore ♦ adv meglio; **the ~ part of** (quantity) la maggior parte di; **at ~** tutt'al più; **to make the ~ of sth** cavare il meglio possibile da qc; **to do one's ~** fare del proprio meglio; **to the ~ of my knowledge** per quel che ne so; **to the ~ of my ability** al massimo delle mie capacità; **~-before date** n scadenza; **~ man** n testimone m dello sposo

bestow [bɪˈstəʊ] vt accordare; (title) conferire

bet [bet] (pt, pp **bet** or **betted**) n scommessa ♦ vt, vi scommettere; **to ~ sb sth**

scommettere qc con qn

betray [bɪ'treɪ] vt tradire; ~**al** n tradimento

better ['betə*] adj migliore ♦ adv meglio ♦ vt migliorare ♦ n: **to get the ~ of** avere la meglio su; **you had ~ do it** è meglio che lo faccia; **he thought ~ of it** cambiò idea; **to get ~** migliorare; ~ **off** adj più ricco(a); (fig): **you'd be ~ off this way** starebbe meglio così

betting ['betɪŋ] n scommesse fpl; ~ **shop** (BRIT) n ufficio dell'allibratore

between [bɪ'twiːn] prep tra ♦ adv in mezzo, nel mezzo

beverage ['bevərɪdʒ] n bevanda

beware [bɪ'wɛə*] vt, vi: **to ~ (of)** stare attento(a) (a); "**~ of the dog**" "attenti al cane"

bewildered [bɪ'wɪldəd] adj sconcertato(a), confuso(a)

beyond [bɪ'jɔnd] prep (in space) oltre; (exceeding) al di sopra di ♦ adv di là; ~ **doubt** senza dubbio; ~ **repair** irreparabile

bias ['baɪəs] n (prejudice) pregiudizio; (preference) preferenza; ~(**s)ed** adj parziale

bib [bɪb] n bavaglino

Bible ['baɪbl] n Bibbia

bicarbonate of soda [baɪ'kɑːbənɪt-] n bicarbonato (di sodio)

bicker ['bɪkə*] vi bisticciare

bicycle ['baɪsɪkl] n bicicletta

bid [bɪd] (pt **bade** or **bid**, pp **bidden** or **bid**) n offerta; (attempt) tentativo ♦ vi fare un'offerta ♦ vt fare un'offerta di; **to ~ sb good day** dire buon giorno a qn; **bidden** pp of **bid**; ~**der** n: **the highest ~der** il maggior offerente; ~**ding** n offerte fpl

bide [baɪd] vt: **to ~ one's time** aspettare il momento giusto

bifocals [baɪ'fəuklz] npl occhiali mpl bifocali

big [bɪg] adj grande; grosso(a)

big dipper [-'dɪpə*] n montagne fpl russe, otto m inv volante

bigheaded ['bɪg'hedɪd] adj presuntuoso(a)

bigot ['bɪgət] n persona gretta; ~**ed** adj gretto(a); ~**ry** n grettezza

big top n tendone m del circo

bike [baɪk] n bici f inv

bikini [bɪ'kiːnɪ] n bikini m inv

bilingual [baɪ'lɪŋgwəl] adj bilingue

bill [bɪl] n conto; (POL) atto; (US: banknote) banconota; (of bird) becco; (of show) locandina; "**post no ~s**" "divieto di affissione"; **to fit** or **fill the ~** (fig) fare al caso; ~**board** n tabellone m

billet ['bɪlɪt] n alloggio

billfold ['bɪlfəuld] (US) n portafoglio

billiards ['bɪljədz] n biliardo

billion ['bɪljən] n (BRIT) bilione m; (US) miliardo

bimbo ['bɪmbəu] n (pej, col) pollastrella, svampitella

bin [bɪn] n (for coal, rubbish) bidone m; (for bread) cassetta; (dust~) pattumiera; (litter ~) cestino

bind [baɪnd] (pt, pp **bound**) vt legare; (oblige) obbligare ♦ n (inf) scocciatura; ~**ing** adj (contract) vincolante

binge [bɪndʒ] (inf) n: **to go on a ~** fare baldoria

bingo ['bɪŋgəu] n gioco simile alla tombola

binoculars [bɪ'nɔkjuləz] npl binocolo

bio... [baɪə'...] prefix: ~**chemistry** n biochimica; ~**degradable** adj biodegradabile; ~**graphy** [baɪ'ɔgrəfɪ] n biografia; ~**logical** adj biologico(a); ~**logy** [baɪ'ɔlədʒɪ] n biologia

birch [bəːtʃ] n betulla

bird [bəːd] n uccello; (BRIT: inf: girl) bambola; ~**'s eye view** n vista panoramica; ~ **watcher** n ornitologo/a dilettante

Biro ® ['baɪrəu] n biro ® f inv

birth [bəːθ] n nascita; **to give ~ to** partorire; ~ **certificate** n certificato di nascita; ~ **control** n controllo delle nascite; contraccezione f; ~**day** n compleanno ♦ cpd di compleanno; ~ **rate** n indice m di natalità

biscuit ['bɪskɪt] (BRIT) n biscotto

bisect [baɪ'sekt] vt tagliare in due (parti)

bishop ['bɪʃəp] n vescovo

bit [bɪt] pt of **bite** ♦ n pezzo; (COMPUT) bit m inv; (of horse) morso; **a ~ of** un po' di; **a ~ mad** un po' matto; ~ **by** ~ a poco a poco

bitch [bɪtʃ] n (dog) cagna; (inf!) vacca

bite [baɪt] (*pt* **bit**, *pp* **bitten**) *vt, vi* mordere; (*subj: insect*) pungere ♦ *n* morso; (*insect ~*) puntura; (*mouthful*) boccone *m*; **let's have a ~ (to eat)** mangiamo un boccone; **to ~ one's nails** mangiarsi le unghie; **bitten** ['bɪtn] *pp of* **bite**

bitter ['bɪtə*] *adj* amaro(a); (*wind, criticism*) pungente ♦ *n* (BRIT: *beer*) birra amara; **~ness** *n* amarezza; gusto amaro

black [blæk] *adj* nero; (*person*): **B~** negro/a ♦ *vt* (BRIT: INDUSTRY) boicottare; **to give sb a ~ eye** fare un occhio nero a qn; **in the ~** (*bank account*) in attivo; **~ and blue** *adj* tutto(a) pesto(a); **~berry** *n* mora; **~bird** *n* merlo; **~board** *n* lavagna; **~ coffee** *n* caffè *m inv* nero; **~currant** *n* ribes *m inv*; **~en** *vt* annerire; **~ ice** *n* strato trasparente di ghiaccio; **~leg** (BRIT) *n* crumiro; **~list** *n* lista nera; **~mail** *n* ricatto ♦ *vt* ricattare; **~ market** *n* mercato nero; **~out** *n* oscuramento; (TV, RADIO) interruzione *f* delle trasmissioni; (*fainting*) svenimento; **B~ Sea** *n*: **the B~ Sea** il Mar Nero; **~ sheep** *n* pecora nera; **~smith** *n* fabbro ferraio; **~ spot** *n* (AUT) luogo famigerato per gli incidenti; (*for unemployment etc*) zona critica

bladder ['blædə*] *n* vescica

blade [bleɪd] *n* lama; (*of oar*) pala; **~ of grass** filo d'erba

blame [bleɪm] *n* colpa ♦ *vt*: **to ~ sb/sth for sth** dare la colpa di qc a qn/qc; **who's to ~?** chi è colpevole?

bland [blænd] *adj* mite; (*taste*) blando(a)

blank [blæŋk] *adj* bianco(a); (*look*) distratto(a) ♦ *n* spazio vuoto; (*cartridge*) cartuccia a salve; **~ cheque** *n* assegno in bianco

blanket ['blæŋkɪt] *n* coperta

blare [bleə*] *vi* strombettare

blasphemy ['blæsfɪmɪ] *n* bestemmia

blast [blɑːst] *n* (*of wind*) raffica; (*of bomb etc*) esplosione *f* ♦ *vt* far saltare; **~-off** *n* (SPACE) lancio

blatant ['bleɪtənt] *adj* flagrante

blaze [bleɪz] *n* (*fire*) incendio; (*fig*) vampata;

splendore *m* ♦ *vi* (*fire*) ardere, fiammeggiare; (*guns*) sparare senza sosta; (*fig: eyes*) ardere ♦ *vt*: **to ~ a trail** (*fig*) tracciare una via nuova; **in a ~ of publicity** circondato da grande pubblicità

blazer ['bleɪzə*] *n* blazer *m inv*

bleach [bliːtʃ] *n* (*also*: **household ~**) varechina ♦ *vt* (*material*) candeggiare; **~ed** *adj* (*hair*) decolorato(a); **~ers** (US) *npl* (SPORT) posti *mpl* di gradinata

bleak [bliːk] *adj* tetro(a)

bleat [bliːt] *vi* belare

bled [bled] *pt, pp of* **bleed**

bleed [bliːd] (*pt, pp* **bled**) *vi* sanguinare; **my nose is ~ing** mi viene fuori sangue dal naso

bleeper ['bliːpə*] *n* (*device*) cicalino

blemish ['blemɪʃ] *n* macchia

blend [blend] *n* miscela ♦ *vt* mescolare ♦ *vi* (*colours etc: also*: **~ in**) armonizzare

bless [bles] (*pt, pp* **blessed** *or* **blest**) *vt* benedire; **~ you!** (*after sneeze*) salute!; **~ing** *n* benedizione *f*; fortuna; **blest** [blest] *pt, pp of* **bless**

blew [bluː] *pt of* **blow**

blight [blaɪt] *vt* (*hopes etc*) deludere; (*life*) rovinare

blimey ['blaɪmɪ] (BRIT: *inf*) *excl* accidenti!

blind [blaɪnd] *adj* cieco(a) ♦ *n* (*for window*) avvolgibile *m*; (*Venetian ~*) veneziana ♦ *vt* accecare; **the ~** *npl* i ciechi; **~ alley** *n* vicolo cieco; **~ corner** (BRIT) *n* svolta cieca; **~fold** *n* benda ♦ *adj, adv* bendato(a) ♦ *vt* bendare gli occhi a; **~ly** *adv* ciecamente; **~ness** *n* cecità; **~ spot** *n* (AUT etc) punto cieco; (*fig*) punto debole

blink [blɪŋk] *vi* battere gli occhi; (*light*) lampeggiare; **~ers** *npl* paraocchi *mpl*

bliss [blɪs] *n* estasi *f*

blister ['blɪstə*] *n* (*on skin*) vescica; (*on paintwork*) bolla ♦ *vi* (*paint*) coprirsi di bolle

blizzard ['blɪzəd] *n* bufera di neve

bloated ['bləʊtɪd] *adj* gonfio(a)

blob [blɒb] *n* (*drop*) goccia; (*stain, spot*) macchia

bloc [blɒk] *n* (POL) blocco

block [blɔk] *n* blocco; (*in pipes*) ingombro; (*toy*) cubo; (*of buildings*) isolato ♦ *vt* bloccare; ~**ade** [-'keɪd] *n* blocco; ~**age** *n* ostacolo; ~**buster** *n* (*film, book*) grande successo; ~ **letters** *npl* stampatello; ~ **of flats** (*BRIT*) *n* caseggiato.

bloke [bləuk] (*BRIT: inf*) *n* tizio

blond(e) [blɔnd] *adj, n* biondo(a)

blood [blʌd] *n* sangue *m*; ~ **donor** *n* donatore/trice di sangue; ~ **group** *n* gruppo sanguigno; ~**hound** *n* segugio; ~ **poisoning** *n* setticemia; ~ **pressure** *n* pressione *f* sanguigna; ~**shed** *n* spargimento di sangue; ~**shot** *adj*: ~**shot eyes** occhi iniettati di sangue; ~**stream** *n* flusso del sangue; ~ **test** *n* analisi *f inv* del sangue; ~**thirsty** *adj* assetato(a) di sangue; ~**y** *adj* (*fight*) sanguinoso(a); (*nose*) sanguinante; (*BRIT: inf!*): **this ~y ...** questo maledetto ...; **~y awful / good** (*inf!*) veramente terribile/forte; **~y-minded** (*BRIT: inf*) *adj* indisponente

bloom [blu:m] *n* fiore *m* ♦ *vi* (*tree*) essere in fiore; (*flower*) aprirsi

blossom ['blɔsəm] *n* fiore *m*; (*with pl sense*) fiori *mpl* ♦ *vi* essere in fiore

blot [blɔt] *n* macchia ♦ *vt* macchiare; ~ **out** *vt* (*memories*) cancellare; (*view*) nascondere

blotchy ['blɔtʃi] *adj* (*complexion*) coperto(a) di macchie

blotting paper ['blɔtɪŋ-] *n* carta assorbente

blouse [blauz] *n* (*feminine garment*) camicetta

blow [bləu] (*pt* **blew**, *pp* **blown**) *n* colpo ♦ *vi* soffiare ♦ *vt* (*fuse*) far saltare; (*subj: wind*) spingere; (*instrument*) suonare; **to ~ one's nose** soffiarsi il naso; **to ~ a whistle** fischiare; ~ **away** *vt* far volare via; ~ **down** *vt* abbattere; ~ **off** *vt* far volare via; ~ **out** *vi* scoppiare; ~ **over** *vi* calmarsi; ~ **up** *vi* saltare in aria ♦ *vt* far saltare in aria; (*tyre*) gonfiare; (*PHOT*) ingrandire; **~-dry** *n* messa in piega a föhn; ~**lamp** (*BRIT*) *n* lampada a benzina per saldare; **blown** *pp of* **blow**; **~-out** *n* (*of tyre*) scoppio; ~**torch** *n* = ~**lamp**

blue [blu:] *adj* azzurro(a); (*depressed*) giù *inv*; ~ **film/joke** film/ barzelletta pornografico(a); **out of the ~** (*fig*) all'improvviso; ~**bell** *n* giacinto dei boschi; ~**bottle** *n* moscone *m*; ~**print** *n* (*fig*): ~**print (for)** formula (di)

bluff [blʌf] *vi* bluffare ♦ *n* bluff *m inv* ♦ *adj* (*person*) brusco(a); **to call sb's ~** mettere alla prova il bluff di qn

blunder ['blʌndə*] *n* abbaglio ♦ *vi* prendere un abbaglio

blunt [blʌnt] *adj* smussato(a); spuntato(a); (*person*) brusco(a)

blur [blə:*] *n* forma indistinta ♦ *vt* offuscare

blush [blʌʃ] *vi* arrossire ♦ *n* rossore *m*

blustering ['blʌstərɪŋ] *adj* infuriato(a)

blustery ['blʌstərɪ] *adj* (*weather*) burrascoso(a)

boar [bɔ:*] *n* cinghiale *m*

board [bɔ:d] *n* tavola; (*on wall*) tabellone *m*; (*committee*) consiglio, comitato; (*in firm*) consiglio d'amministrazione; (*NAUT, AVIAT*): **on ~** a bordo ♦ *vt* (*ship*) salire a bordo di; (*train*) salire su; **full ~** (*BRIT*) pensione completa; **half ~** (*BRIT*) mezza pensione; ~ **and lodging** vitto e alloggio; **which goes by the ~** (*fig*) che viene abbandonato; ~ **up** *vt* (*door*) chiudere con assi; **~er** *n* (*SCOL*) convittore/trice; ~**ing card** *n* = ~**ing pass**; ~**ing house** *n* pensione *f*; ~**ing pass** *n* (*AVIAT, NAUT*) carta d'imbarco; ~**ing school** *n* collegio; ~ **room** *n* sala del consiglio

boast [bəust] *vi*: **to ~ (about or of)** vantarsi (di)

boat [bəut] *n* nave *f*; (*small*) barca; ~**swain** ['bəusn] *n* nostromo

bob [bɔb] *vi* (*boat, cork on water: also*: ~ **up and down**) andare su e giù; ~ **up** *vi* saltare fuori

bobby ['bɔbɪ] (*BRIT: inf*) *n* poliziotto

bobsleigh ['bɔbsleɪ] *n* bob *m inv*

bode [bəud] *vi*: **to ~ well/ill (for)** essere di buon/cattivo auspicio (per)

bodily ['bɔdɪlɪ] *adj* fisico(a), corporale ♦ *adv* corporalmente; interamente; in persona

body ['bɔdɪ] *n* corpo *m*; (*of car*) carrozzeria; (*of* *plane*) fusoliera; (*fig: group*) gruppo; (: *organization*) organizzazione *f*; (: *quantity*) quantità *f inv*; ~**-building** *n* culturismo; ~**guard** *n* guardia del corpo; ~**work** *n* carrozzeria

bog [bɔg] *n* palude *f* ♦ *vt*: **to get ~ged down** (*fig*) impantanarsi

bogus [ˈbəugəs] *adj* falso(a); finto(a)

boil [bɔil] *vt, vi* bollire ♦ *n* (*MED*) foruncolo; **to come to the** (*BRIT*) *or* **a** (*US*) ~ raggiungere l'ebollizione; ~ **down to** *vt fus* (*fig*) ridursi a; ~ **over** *vi* traboccare (bollendo); ~**ed egg** *n* uovo alla coque; ~**ed potatoes** *npl* patate *fpl* bollite *or* lesse; ~**er** *n* caldaia; ~**er suit** (*BRIT*) *n* tuta; ~**ing point** *n* punto di ebollizione

boisterous [ˈbɔistərəs] *adj* chiassoso(a)

bold [bəuld] *adj* audace; (*child*) impudente; (*colour*) deciso(a)

bollard [ˈbɔləd] (*BRIT*) *n* (*AUT*) colonnina luminosa

bolt [bəult] *n* chiavistello; (*with nut*) bullone *m* ♦ *adv*: ~ **upright** diritto(a) come un fuso ♦ *vt* serrare; (*also*: ~ **together**) imbullonare; (*food*) mangiare in fretta ♦ *vi* scappare via

bomb [bɔm] *n* bomba ♦ *vt* bombardare

bombastic [bɔmˈbæstik] *adj* magniloquente

bomb: ~ **disposal unit** *n* corpo degli artificieri; ~**er** *n* (*AVIAT*) bombardiere *m*; ~**shell** *n* (*fig*) notizia bomba

bond [bɔnd] *n* legame *m*; (*binding promise*, *FINANCE*) obbligazione *f*; (*COMM*): **in ~** in attesa di sdoganamento

bondage [ˈbɔndidʒ] *n* schiavitù *f*

bone [bəun] *n* osso; (*of fish*) spina, lisca ♦ *vt* disossare; togliere le spine a; ~ **idle** *adj* pigrissimo(a); ~ **marrow** *n* midollo osseo

bonfire [ˈbɔnfaiə*] *n* falò *m inv*

bonnet [ˈbɔnit] *n* cuffia; (*BRIT: of car*) cofano

bonus [ˈbəunəs] *n* premio; (*fig*) sovrappiù *m inv*

bony [ˈbəuni] *adj* (*MED: tissue*) osseo(a); (*arm, face*) ossuto(a); (*meat*) pieno(a) di ossi; (*fish*) pieno(a) di spine

boo [bu:] *excl* ba! ♦ *vt* fischiare

booby trap [ˈbu:bi-] *n* trappola

book [buk] *n* libro; (*of stamps etc*)

blocchetto ♦ *vt* (*ticket, seat, room*) prenotare; (*driver*) multare; (*football player*) ammonire; ~**s** *npl* (*COMM*) conti *mpl*; ~**case** *n* scaffale *m*; ~**ing office** (*BRIT*) *n* (*RAIL*) biglietteria; (*THEATRE*) botteghino; ~**keeping** *n* contabilità; ~**let** *n* libricino; ~**maker** *n* allibratore *m*; ~**seller** *n* libraio; ~**shop**, ~**store** *n* libreria

boom [bu:m] *n* (*noise*) rimbombo; (*in prices etc*) boom *m inv* ♦ *vi* rimbombare; andare a gonfie vele

boon [bu:n] *n* vantaggio

boost [bu:st] *n* spinta ♦ *vt* spingere; ~**er** *n* (*MED*) richiamo

boot [bu:t] *n* stivale *m*; (*for hiking*) scarpone *m* da montagna; (*for football etc*) scarpa; (*BRIT: of car*) portabagagli *m inv* ♦ *vt* (*COMPUT*) inizializzare; **to** ~ (*in addition*) per giunta, in più

booth [bu:ð] *n* cabina; (*at fair*) baraccone *m*

booty [ˈbu:ti] *n* bottino

booze [bu:z] (*inf*) *n* alcool *m*

border [ˈbɔ:də*] *n* orlo; margine *m*; (*of a country*) frontiera; (*for flowers*) aiuola (laterale) ♦ *vt* (*road*) costeggiare; (*another country: also*: ~ **on**) confinare con; **the B~s** *la zona di confine tra l'Inghilterra e la Scozia*; ~ **on** *vt fus* (*fig: insanity etc*) sfiorare; ~**line** *n* (*fig*): **on the ~line** incerto(a); ~**line case** *n* caso incerto

bore [bɔ:*] *pt of* **bear** ♦ *vt* (*hole etc*) scavare; (*person*) annoiare ♦ *n* (*person*) seccatore/trice; (*of gun*) calibro; **to be ~d** annoiarsi; ~**dom** *n* noia; **boring** *adj* noioso(a)

born [bɔ:n] *adj*: **to be ~** nascere; **I was ~ in 1960** sono nato nel 1960

borne [bɔ:n] *pp of* **bear**

borough [ˈbʌrə] *n* comune *m*

borrow [ˈbɔrəu] *vt*: **to ~ sth (from sb)** prendere in prestito qc (da qn)

Bosnia(-Herzegovina) [ˈbɔznɪə-(hɛrzəˈgəuvi:nə)] *n* Bosnia-Erzegovina

Bosnian [ˈbɔznɪən] *n, adj* bosniaco(a) *m/f*

boss [bɔs] *n* capo ♦ *vt* comandare; ~**y** *adj* prepotente

bosun [ˈbəusn] *n* nostromo

botany [ˈbɔtəni] *n* botanica

botch [bɒtʃ] *vt (also: ~* **up)** fare un pasticcio di

both [bəυθ] *adj* entrambi(e), tutt'e due ♦ *pron:* ~ **(of them)** entrambi(e); ~ **of us went, we** ~ **went** ci siamo andati tutt'e due ♦ *adv:* **they sell** ~ **meat and poultry** vendono insieme la carne ed il pollame

bother [ˈbɒðə*] *vt (worry)* preoccupare; *(annoy)* infastidire ♦ *vi (also:* ~ **o.s.)** preoccuparsi ♦ *n:* **it is a** ~ **to have to do** è una seccatura dover fare; **it was no** ~ non c'era problema; **to** ~ **doing sth** darsi la pena di fare qc

bottle [ˈbɒtl] *n* bottiglia; *(baby's)* biberon *m inv* ♦ *vt* imbottigliare; ~ **up** *vt* contenere; ~ **bank** *n* contenitore *m* per la raccolta del vetro; ~**neck** *n* imbottigliamento; ~**opener** *n* apribottiglie *m inv*

bottom [ˈbɒtəm] *n* fondo; *(buttocks)* sedere *m* ♦ *adj* più basso(a); ultimo(a); **at the** ~ **of** in fondo a

bough [baυ] *n* ramo

bought [bɔːt] *pt, pp of* **buy**

boulder [ˈbəυldə*] *n* masso (tondeggiante)

bounce [baυns] *vi (ball)* rimbalzare; *(cheque)* essere restituito(a) ♦ *vt* far rimbalzare ♦ *n (rebound)* rimbalzo; ~**r** *(inf) n* buttafuori *m inv*

bound [baυnd] *pt, pp of* **bind** ♦ *n (gen pl)* limite *m; (leap)* salto ♦ *vi* saltare ♦ *vt (limit)* delimitare ♦ *adj:* ~ **by law** obbligato(a) per legge; **to be** ~ **to do sth** *(obliged)* essere costretto(a) a fare qc; **he's** ~ **to fail** *(likely)* fallirà di certo; ~ **for** diretto(a) a; **out of** ~**s** il cui accesso è vietato

boundary [ˈbaυndrɪ] *n* confine *m*

boundless [ˈbaυndlɪs] *adj* senza limiti

bourgeois [ˈbυəʒwɑː] *adj* borghese

bout [baυt] *n* periodo; *(of malaria etc)* attacco; *(BOXING etc)* incontro

bow¹ [bəυ] *n* nodo; *(weapon)* arco; *(MUS)* archetto

bow² [baυ] *n (with body)* inchino; *(NAUT: also:* ~**s)** prua ♦ *vi* inchinarsi; *(yield):* **to** ~ **to** *or* **before** sottomettersi a

bowels [ˈbaυəlz] *npl* intestini *mpl; (fig)* viscere *fpl*

bowl [bəυl] *n (for eating)* scodella; *(for washing)* bacino; *(ball)* boccia ♦ *vi (CRICKET)* servire (la palla)

bow-legged [ˈbəυˈlegɪd] *adj* dalle gambe storte

bowler [ˈbəυlə*] *n (CRICKET, BASEBALL)* lanciatore *m; (BRIT: also:* ~ **hat)** bombetta

bowling [ˈbəυlɪŋ] *n (game)* gioco delle bocce; ~ **alley** *n* pista da bowling; ~ **green** *n* campo di bocce

bowls [bəυlz] *n* gioco delle bocce

bow tie *n* cravatta a farfalla

box [bɒks] *n* scatola; *(also:* **cardboard** ~**)** cartone *m; (THEATRE)* palco ♦ *vt* inscatolare ♦ *vi* fare del pugilato; ~**er** *n (person)* pugile *m;* ~**ing** *n (SPORT)* pugilato; **B**~**ing Day** *(BRIT) n* ≈ Santo Stefano; ~**ing gloves** *npl* guantoni *mpl* da pugile; ~**ing ring** *n* ring *m inv;* ~ **office** *n* biglietteria; ~ **room** *n* ripostiglio

---

Boxing Day

i Il **Boxing Day** è il primo giorno infrasettimanale dopo Natale. Prende il nome dalla tradizionale usanza di donare pacchi regalo natalizi, un tempo chiamati *"Christmas boxes"*, a fornitori e dipendenti.

---

boy [bɔɪ] *n* ragazzo

boycott [ˈbɔɪkɒt] *n* boicottaggio ♦ *vt* boicottare

boyfriend [ˈbɔɪfrend] *n* ragazzo

boyish [ˈbɔɪʃ] *adj* da ragazzo

B.R. *abbr (formerly)* = **British Rail**

bra [brɑː] *n* reggipetto, reggiseno

brace [breɪs] *n (on teeth)* apparecchio correttore; *(tool)* trapano ♦ *vt* rinforzare, sostenere; ~**s** *(BRIT) npl (DRESS)* bretelle *fpl;* **to** ~ **o.s.** *(also fig)* tenersi forte

bracelet [ˈbreɪslɪt] *n* braccialetto

bracing [ˈbreɪsɪŋ] *adj* invigorante

bracken [ˈbrækən] *n* felce *f*

bracket [ˈbrækɪt] *n (TECH)* mensola; *(group)* gruppo; *(TYP)* parentesi *f inv* ♦ *vt* mettere fra parentesi

brag [bræg] *vi* vantarsi

braid [breɪd] *n (trimming)* passamano; *(of*

hair) treccia

brain [breɪn] *n* cervello; **~s** *npl* (*intelligence*) cervella *fpl*; **he's got ~s** è intelligente; **~wash** *vt* fare un lavaggio di cervello a; **~wave** *n* lampo di genio; **~y** *adj* intelligente

braise [breɪz] *vt* brasare

brake [breɪk] *n* (*on vehicle*) freno ♦ *vi* frenare; **~ fluid** *n* liquido dei freni; **~ light** *n* (fanalino dello) stop *m inv*

bramble ['bræmbl] *n* rovo

bran [bræn] *n* crusca

branch [brɑːntʃ] *n* ramo; (*COMM*) succursale *f*; **~ out** *vi* (*fig*) intraprendere una nuova attività

brand [brænd] *n* (*also:* **~ name**) marca; (*fig*) tipo ♦ *vt* (*cattle*) marcare (a ferro rovente)

brand-new *adj* nuovo(a) di zecca

brandy ['brændɪ] *n* brandy *m inv*

brash [bræʃ] *adj* sfacciato(a)

brass [brɑːs] *n* ottone *m*; **the ~** (*MUS*) gli ottoni; **~ band** *n* fanfara

brat [bræt] (*pej*) *n* marmocchio, monello/a

bravado [brə'vɑːdəu] *n* spavalderia

brave [breɪv] *adj* coraggioso(a) ♦ *vt* affrontare; **~ry** *n* coraggio

brawl [brɔːl] *n* rissa

brawny ['brɔːnɪ] *adj* muscoloso(a)

bray [breɪ] *vi* ragliare

brazen ['breɪzn] *adj* sfacciato(a) ♦ *vt:* **to ~ it out** fare lo sfacciato

brazier ['breɪzɪə*] *n* braciere *m*

Brazil [brə'zɪl] *n* Brasile *m*

breach [briːtʃ] *vt* aprire una breccia in ♦ *n* (*gap*) breccia, varco; (*breaking*): **~ of contract** rottura di contratto; **~ of the peace** violazione *f* dell'ordine pubblico

bread [brɛd] *n* pane *m*; **~ and butter** *n* pane e burro; (*fig*) mezzi *mpl* di sussistenza; **~bin** *n* cassetta *f* portapane *inv*; **~crumbs** *npl* briciole *fpl*; (*CULIN*) pangrattato; **~line** *n:* **to be on the ~line** avere appena di che vivere

breadth [brɛtθ] *n* larghezza; (*fig: of knowledge etc*) ampiezza

breadwinner ['brɛdwɪnə*] *n* chi guadagna il pane per tutta la famiglia

break [breɪk] (*pt* **broke**, *pp* **broken**) *vt* rompere; (*law*) violare; (*record*) battere ♦ *vi* rompersi; (*storm*) scoppiare; (*weather*) cambiare; (*dawn*) spuntare; (*news*) saltare fuori ♦ *n* (*gap*) breccia; (*fracture*) rottura; (*rest, also SCOL*) intervallo; (*: short*) pausa; (*chance*) possibilità *f inv*; **to ~ one's leg** *etc* rompersi la gamba *etc*; **to ~ the news to sb** comunicare per primo la notizia a qn; **to ~ even** coprire le spese; **to ~ free** *or* **loose** spezzare i legami; **to ~ open** (*door etc*) sfondare; **~ down** *vt* (*figures, data*) analizzare ♦ *vi* (*person*) avere un esaurimento (nervoso); (*AUT*) guastarsi; **~ in** *vt* (*horse etc*) domare ♦ *vi* (*burglar*) fare irruzione; (*interrupt*) interrompere; **~ into** *vt fus* (*house*) fare irruzione in; **~ off** *vi* (*speaker*) interrompersi; (*branch*) troncarsi; **~ out** *vi* evadere; (*war, fight*) scoppiare; **to ~ out in spots** coprirsi di macchie; **~ up** *vi* (*ship*) sfondarsi; (*meeting*) sciogliersi; (*crowd*) disperdersi; (*marriage*) andare a pezzi; (*SCOL*) chiudere ♦ *vt* fare a pezzi, spaccare; (*fight etc*) interrompere, far cessare; **~age** *n* rottura; (*object broken*) cosa rotta; **~down** *n* (*AUT*) guasto; (*in communications*) interruzione *f*; (*: of marriage*) rottura; (*MED: also:* **nervous ~down**) esaurimento nervoso; (*of statistics*) resoconto; **~down van** (*BRIT*) *n* carro *m* attrezzi *inv*; **~er** *n* frangente *m*

breakfast ['brɛkfəst] *n* colazione *f*

break: **~-in** *n* irruzione *f*; **~ing and entering** *n* (*LAW*) violazione *f* di domicilio con scasso; **~through** *n* (*fig*) passo avanti; **~water** *n* frangiflutti *m inv*

breast [brɛst] *n* (*of woman*) seno; (*chest, CULIN*) petto; **~-feed** (*irreg: like* **feed**) *vt, vi* allattare (al seno); **~-stroke** *n* nuoto a rana

breath [brɛθ] *n* respiro; **out of ~** senza fiato

Breathalyser ® ['brɛθəlaɪzə*] (*BRIT*) *n* alcoltest *m inv*

breathe [briːð] *vt, vi* respirare; **~ in** *vt* respirare ♦ *vi* inspirare; **~ out** *vt, vi* espirare; **~r** *n* attimo di respiro; **breathing** *n* respiro, respirazione *f* breathless ['brɛθlɪs] *adj* senza fiato

breathtaking ['brɛθteɪkɪŋ] *adj* mozzafiato *inv*

bred [brɛd] *pt, pp of* breed

breed [briːd] (*pt, pp* bred) *vt* allevare ♦ *vi* riprodursi ♦ *n* razza; (*type, class*) varietà *f inv*; ~ing *n* riproduzione *f*; allevamento; (*upbringing*) educazione *f*

breeze [briːz] *n* brezza

breezy ['briːzɪ] *adj* allegro(a); ventilato(a)

brew [bruː] *vt* (*tea*) fare un infuso di; (*beer*) fare ♦ *vi* (*storm, fig: trouble etc*) prepararsi; ~ery *n* fabbrica di birra

bribe [braɪb] *n* bustarella ♦ *vt* comprare; ~ry *n* corruzione *f*

brick [brɪk] *n* mattone *m*; ~layer *n* muratore *m*

bridal ['braɪdl] *adj* nuziale

bride [braɪd] *n* sposa; ~groom *n* sposo; ~smaid *n* damigella d'onore

bridge [brɪdʒ] *n* ponte *m*; (*NAUT*) ponte di comando; (*of nose*) dorso; (*CARDS*) bridge *m inv* ♦ *vt* (*fig: gap*) colmare

bridle ['braɪdl] *n* briglia; ~ path *n* sentiero (per cavalli)

brief [briːf] *adj* breve ♦ *n* (*LAW*) comparsa; (*gen*) istruzioni *fpl* ♦ *vt* mettere al corrente; ~s *npl* (*underwear*) mutande *fpl*; ~case *n* cartella; ~ing *n* briefing *m inv*; ~ly *adv* (*glance*) di sfuggita; (*explain, say*) brevemente

bright [braɪt] *adj* luminoso(a); (*clever*) sveglio(a); (*lively*) vivace; ~en (*also*: ~en up) *vt* (*room*) rendere luminoso(a) ♦ *vi* schiarirsi; (*person*) rallegrarsi

brilliance ['brɪljəns] *n* splendore *m*

brilliant ['brɪljənt] *adj* brillante; (*light, smile*) radioso(a); (*inf*) splendido(a)

brim [brɪm] *n* orlo

brine [braɪn] *n* (*CULIN*) salamoia

bring [brɪŋ] (*pt, pp* brought) *vt* portare; ~ about *vt* causare; ~ back *vt* riportare; ~ down *vt* portare giù; abbattere; ~ forward *vt* (*proposal*) avanzare; (*meeting*) anticipare; ~ off *vt* (*task, plan*) portare a compimento; ~ out *vt* tirar fuori; (*meaning*) mettere in evidenza; (*book,*

album) far uscire; ~ round *vt* (*unconscious person*) far rinvenire; ~ up *vt* (*carry up*) portare su; (*child*) allevare; (*question*) introdurre; (*food: vomit*) rimettere, rigurgitare

brink [brɪŋk] *n* orlo

brisk [brɪsk] *adj* (*manner*) spiccio(a); (*trade*) vivace; (*pace*) svelto(a)

bristle ['brɪsl] *n* setola ♦ *vi* rizzarsi; bristling with irto(a) di

Britain ['brɪtən] *n* (*also*: Great ~) Gran Bretagna

British ['brɪtɪʃ] *adj* britannico(a); the ~ *npl* i Britannici; the ~ Isles *npl* le Isole Britanniche; ~ Rail *n* compagnia ferroviaria britannica, ≈ Ferrovie *fpl* dello Stato

Briton ['brɪtən] *n* britannico/a

brittle ['brɪtl] *adj* fragile

broach [brəutʃ] *vt* (*subject*) affrontare

broad [brɔːd] *adj* largo(a); (*distinction*) generale; (*accent*) spiccato(a); in ~ daylight in pieno giorno; ~cast (*pt, pp* ~cast) *n* trasmissione *f* ♦ *vt* trasmettere per radio (*or* per televisione) ♦ *vi* fare una trasmissione; ~en *vt* allargare ♦ *vi* allargarsi; ~ly *adv* (*fig*) in generale; ~-minded *adj* di mente aperta

broccoli ['brɔkəlɪ] *n* broccoli *mpl*

brochure ['brəʊʃjuə*] *n* dépliant *m inv*

broil [brɔɪl] *vt* cuocere a fuoco vivo

broke [brəuk] *pt of* break ♦ *adj* (*inf*) squattrinato(a)

broken ['brəukn] *pp of* break ♦ *adj* rotto(a); a ~ leg una gamba rotta; in ~ English in un inglese stentato; ~-hearted *adj*: to be ~-hearted avere il cuore spezzato

broker ['brəukə*] *n* agente *m*

brolly ['brɔlɪ] (*BRIT: inf*) *n* ombrello

bronchitis [brɔŋ'kaɪtɪs] *n* bronchite *f*

bronze [brɔnz] *n* bronzo

brooch [brəutʃ] *n* spilla

brood [bruːd] *n* covata ♦ *vi* (*person*) rimuginare

brook [bruk] *n* ruscello

broom [brum] *n* scopa; (*BOT*) ginestra

Bros. *abbr* (= *Brothers*) F.lli

broth [brɒθ] n brodo

brothel ['brɒθl] n bordello

brother ['brʌðə*] n fratello; ~-in-law n cognato

brought [brɔ:t] pt, pp of bring

brow [brau] n fronte f; (rare, gen: eye~) sopracciglio; (of hill) cima

brown [braun] adj bruno(a), marrone; (tanned) abbronzato(a) ♦ n (colour) color m bruno or marrone ♦ vt (CULIN) rosolare; ~ bread n pane m integrale, pane nero

Brownie ['brauni] n giovane esploratrice f; b~ (US: cake) dolce al cioccolato e nocciole

brown paper n carta da pacchi or da imballaggio

brown sugar n zucchero greggio

browse [brauz] vi (among books) curiosare fra i libri; to ~ through a book sfogliare un libro

bruise [bru:z] n (on person) livido ♦ vt farsi un livido a

brunette [bru:'net] n bruna

brunt [brʌnt] n: the ~ of (attack, criticism etc) il peso maggiore di

brush [brʌʃ] n spazzola; (for painting, shaving) pennello; (quarrel) schermaglia ♦ vt spazzolare; (also: ~ against) sfiorare; ~ aside vt scostare; ~ up vt (knowledge) rinfrescare; ~wood n macchia

Brussels ['brʌslz] n Bruxelles f; ~ sprout n cavolo di Bruxelles

brutal ['bru:tl] adj brutale

brute [bru:t] n bestia ♦ adj: by ~ force a forza, a viva forza

B.Sc. n abbr (UNIV) = Bachelor of Science

BSE n abbr (= bovine spongiform encephalopathy) encefalite f bovina spongiforme

bubble ['bʌbl] n bolla ♦ vi ribollire; (sparkle, fig) essere effervescente; ~ bath n bagnoschiuma m inv; ~ gum n gomma americana

buck [bʌk] n maschio (di camoscio, caprone, coniglio etc); (US: inf) dollaro ♦ vi sgroppare; to pass the ~ (to sb) scaricare (su di qn) la propria responsabilità; ~ up vi (cheer up) rianimarsi

bucket ['bʌkɪt] n secchio

Buckingham Palace è la residenza ufficiale a Londra del sovrano britannico. Fu costruita nel 1703 per il duca di Buckingham.

buckle ['bʌkl] n fibbia ♦ vt allacciare ♦ vi (wheel etc) piegarsi

bud [bʌd] n gemma; (of flower) bocciolo ♦ vi germogliare; (flower) sbocciare

Buddhism ['budɪzəm] n Buddismo

budding ['bʌdɪŋ] adj (poet etc) in erba

buddy ['bʌdɪ] (US) n compagno

budge [bʌdʒ] vt scostare; (fig) smuovere ♦ vi spostarsi; smuoversi

budgerigar ['bʌdʒərɪgɑ:*] n pappagallino

budget ['bʌdʒɪt] n bilancio preventivo ♦ vi: to ~ for sth fare il bilancio per qc

budgie ['bʌdʒɪ] n = budgerigar

buff [bʌf] adj color camoscio ♦ n (inf: enthusiast) appassionato/a

buffalo ['bʌfələu] (pl ~ or ~es) n bufalo; (US) bisonte m

buffer ['bʌfə*] n respingente m; (COMPUT) memoria tampone, buffer m inv

buffet1 ['bufeɪ] n (food, BRIT: bar) buffet m inv; ~ car (BRIT) n (RAIL) ≈ servizio ristoro

buffet2 ['bʌfɪt] vt sferzare

bug [bʌg] n (esp US: insect) insetto; (COMPUT, fig: germ) virus m inv; (spy device) microfono spia ♦ vt mettere sotto controllo; (inf: annoy) scocciare

buggy ['bʌgɪ] n (baby ~) passeggino

bugle ['bju:gl] n tromba

build [bɪld] (pt, pp built) n (of person) corporatura ♦ vt costruire; ~ up vt accumulare; aumentare; ~er n costruttore m; ~ing n costruzione f; edificio; (industry) edilizia; ~ing society n (BRIT) n società f inv immobiliare

built [bɪlt] pt, pp of build ♦ adj: ~-in (cupboard) a muro; (device) incorporato(a); ~-up area n abitato

bulb [bʌlb] n (BOT) bulbo; (ELEC) lampadina

bulge [bʌldʒ] n rigonfiamento ♦ vi essere

protuberante *or* rigonfio(a); **to be bulging with** essere pieno(a) *or* zeppo(a) di

bulk [bʌlk] *n* massa, volume *m*; **in ~** a pacchi (*or* cassette *etc*); (COMM) all'ingrosso; **the ~ of** il grosso di; **~y** *adj* grosso(a); voluminoso(a)

bull [bul] *n* toro; (*male elephant, whale*) maschio; **~dog** *n* bulldog *m inv*

bulldozer ['buldəuzə*] *n* bulldozer *m inv*

bullet ['bulɪt] *n* pallottola

bulletin ['bulɪtɪn] *n* bollettino

bulletproof ['bulɪtpru:f] *adj* (*car*) blindato(a); (*vest etc*) antiproiettile *inv*

bullfight ['bulfaɪt] *n* corrida; **~er** *n* torero; **~ing** *n* tauromachia

bullion ['buljən] *n* oro *or* argento in lingotti

bullock ['bulək] *n* manzo

bullring ['bulrɪŋ] *n* arena (per corride)

bull's-eye ['bulzaɪ] *n* centro del bersaglio

bully ['bulɪ] *n* prepotente *m* ♦ *vt* angariare; (*frighten*) intimidire

bum [bʌm] (*inf*) *n* (*backside*) culo; (*tramp*) vagabondo/a

bumblebee ['bʌmblbi:] *n* bombo

bump [bʌmp] *n* (*in car*) piccolo tamponamento; (*jolt*) scossa; (*on road etc*) protuberanza; (*on head*) bernoccolo ♦ *vt* battere; **~ into** *vt fus* scontrarsi con; (*person*) imbattersi in; **~er** *n* paraurti *m inv* ♦ *adj*: **~er harvest** raccolto eccezionale; **~er cars** *npl* autoscontri *mpl*

bumpy ['bʌmpɪ] *adj* (*road*) dissestato(a)

bun [bʌn] *n* focaccia; (*of hair*) crocchia

bunch [bʌntʃ] *n* (*of flowers, keys*) mazzo; (*of bananas*) casco; (*of people*) gruppo; **~ of grapes** grappolo d'uva; **~es** *npl* (*in hair*) codine *fpl*

bundle ['bʌndl] *n* fascio ♦ *vt* (*also*: **~ up**) legare in un fascio; (*put*): **to ~ sth/sb into** spingere qc/qn in

bungalow ['bʌngələu] *n* bungalow *m inv*

bungle ['bʌngl] *vt* fare un pasticcio di

bunion ['bʌnjən] *n* callo (al piede)

bunk [bʌŋk] *n* cuccetta; **~ beds** *npl* letti *mpl* a castello

bunker ['bʌŋkə*] *n* (*coal store*) ripostiglio per il carbone; (MIL, GOLF) bunker *m inv*

bunny ['bʌnɪ] *n* (*also*: **~ rabbit**) coniglietto

bunting ['bʌntɪŋ] *n* pavesi *mpl*, bandierine *fpl*

buoy [bɔɪ] *n* boa; **~ant** *adj* galleggiante; (*fig*) vivace

burden ['bə:dn] *n* carico, fardello ♦ *vt*: **to ~ sb with** caricare qn di

bureau [bjuə'rəu] (*pl* **bureaux**) *n* (BRIT: *writing desk*) scrivania; (US: *chest of drawers*) cassettone *m*; (*office*) ufficio, agenzia

bureaucracy [bjuə'rɔkrəsɪ] *n* burocrazia

bureaux [bjuə'rəuz] *npl of* **bureau**

burglar ['bə:glə*] *n* scassinatore *m*; **~ alarm** *n* campanello antifurto; **~y** *n* furto con scasso

burial ['berɪəl] *n* sepoltura

burly ['bə:lɪ] *adj* robusto(a)

Burma ['bə:mə] *n* Birmania

burn [bə:n] (*pt, pp* **burned** *or* **burnt**) *vt, vi* bruciare ♦ *n* bruciatura, scottatura; **~ down** *vt* distruggere col fuoco; **~er** *n* (*on cooker*) fornello; (TECH) bruciatore *m*, becco (a gas); **~ing** *adj* in fiamme; (*sand*) che scotta; (*ambition*) bruciante; **burnt** *pt, pp of* **burn**

burrow ['bʌrəu] *n* tana ♦ *vt* scavare

bursary ['bə:sərɪ] (BRIT) *n* (SCOL) borsa di studio

burst [bə:st] (*pt, pp* **burst**) *vt* far scoppiare ♦ *vi* esplodere; (*tyre*) scoppiare ♦ *n* scoppio; (*also*: **~ pipe**) rottura nel tubo, perdita; **a ~ of speed** uno scatto di velocità; **to ~ into flames/tears** scoppiare in fiamme/lacrime; **to ~ out laughing** scoppiare a ridere; **to be ~ing with** scoppiare di; **~ into** *vt fus* (*room etc*) irrompere in

bury ['berɪ] *vt* seppellire

bus [bʌs] (*pl* **~es**) *n* autobus *m inv*

bush [buʃ] *n* cespuglio; (*scrub land*) macchia; **to beat about the ~** menare il cane per l'aia

bushy ['buʃɪ] *adj* cespuglioso(a)

busily ['bɪzɪlɪ] *adv* con impegno, alacremente

business ['bɪznɪs] *n* (*matter*) affare *m*; (*trading*) affari *mpl*; (*firm*) azienda; (*job,* duty) lavoro; **to be away on ~** essere andato via per affari; **it's none of my ~** questo non mi riguarda; **he means ~** non scherza; **~like** *adj* serio(a); efficiente; **~man/woman** (*irreg*) *n* uomo/donna d'affari; **~ trip** *n* viaggio d'affari

busker ['bʌskə*] (*BRIT*) *n* suonatore/trice ambulante

bus: ~ shelter *n* pensilina (*alla fermata dell'autobus*); **~ station** *n* stazione *f* delle corriere, autostazione *f*; **~-stop** *n* fermata d'autobus

bust [bʌst] *n* busto; (*ANAT*) seno ♦ *adj* (*inf: broken*) rotto(a); **to go ~** fallire

bustle ['bʌsl] *n* movimento, attività ♦ *vi* darsi da fare; **bustling** *adj* movimentato(a)

busy ['bɪzɪ] *adj* occupato(a); (*shop, street*) molto frequentato(a) ♦ *vt*: **to ~ o.s.** darsi da fare; **~body** *n* ficcanaso *m/f inv*; **~ signal** (*US*) (*TEL*) segnale *m* di occupato

<hr>

KEYWORD

but [bʌt] *conj* ma; **I'd love to come, ~ I'm busy** vorrei tanto venire, ma ho da fare ♦ *prep* (*apart from, except*) eccetto, tranne, meno; **he was nothing ~ trouble** non dava altro che guai; **no-one ~ him can do it** nessuno può farlo tranne lui; **~ for you/ your help** se non fosse per te/per il tuo aiuto; **anything ~ that** tutto ma non questo

♦ *adv* (*just, only*) solo, soltanto; **she's ~ a child** è solo una bambina; **had I ~ known** se solo avessi saputo; **I can ~ try** tentar non nuoce; **all ~ finished** quasi finito

<hr>

butcher ['butʃə*] *n* macellaio ♦ *vt* macellare; **~'s (shop)** *n* macelleria

butler ['bʌtlə*] *n* maggiordomo

butt [bʌt] *n* (*cask*) grossa botte *f*; (*of gun*) calcio; (*of cigarette*) mozzicone *m*; (*BRIT: fig: target*) oggetto ♦ *vt* cozzare; **~ in** *vi* (*interrupt*) interrompere

butter ['bʌtə*] *n* burro ♦ *vt* imburrare; **~cup** *n* ranuncolo

butterfly ['bʌtəflaɪ] *n* farfalla; (*SWIMMING:*

*also: ~ **stroke***) (nuoto a) farfalla

buttocks ['bʌtəks] *npl* natiche *fpl*

button ['bʌtn] *n* bottone *m*; (*US: badge*) distintivo ♦ *vt* (*also: ~ **up***) abbottonare ♦ *vi* abbottonarsi

buttress ['bʌtrɪs] *n* contrafforte *f*

buy [baɪ] (*pt, pp* **bought**) *vt* comprare ♦ *n* acquisto; **to ~ sb sth/sth from sb** comprare qc per qn/qc da qn; **to ~ sb a drink** offrire da bere a qn; **~er** *n* compratore/trice

buzz [bʌz] *n* ronzio; (*inf: phone call*) colpo di telefono ♦ *vi* ronzare

buzzer ['bʌzə*] *n* cicalino

buzz word (*inf*) *n* termine *m* di gran moda

<hr>

KEYWORD

by [baɪ] *prep* **1** (*referring to cause, agent*) da; **killed ~ lightning** ucciso da un fulmine; **surrounded ~ a fence** circondato da uno steccato; **a painting ~ Picasso** un quadro di Picasso

2 (*referring to method, manner, means*): **~ bus/car/train** in autobus/macchina/treno, con l'autobus/la macchina/il treno; **to pay ~ cheque** pagare con (un) assegno; **~ moonlight** a chiaro di luna; **~ saving hard, he ...** risparmiando molto, lui ...

3 (*via, through*) per; **we came ~ Dover** siamo venuti via Dover

4 (*close to, past*) accanto a; **the house ~ the river** la casa sul fiume; **a holiday ~ the sea** una vacanza al mare; **she sat ~ his bed** si sedette accanto al suo letto; **she rushed ~ me** mi è passata accanto correndo; **I go ~ the post office every day** passo davanti all'ufficio postale ogni giorno

5 (*not later than*) per, entro; **~ 4 o'clock** per or entro le 4; **~ this time tomorrow** domani a quest'ora; **~ the time I got here it was too late** quando sono arrivato era ormai troppo tardi

6 (*during*): **~ day/night** di giorno/notte

7 (*amount*) a; **~ the kilo/metre** a chili/ metri; **paid ~ the hour** pagato all'ora; **one ~ one** uno per uno; **little ~ little** a poco a poco

8 (*MATH, measure*): **to divide/multiply ~ 3**
dividere/moltiplicare per 3; **it's broader ~
a metre** è un metro più largo, è più largo
di un metro
9 (*according to*) per; **to play ~ the rules**
attenersi alle regole; **it's all right ~ me** per
me va bene
10: **(all) ~ oneself** *etc* (tutto(a)) solo(a); **he
did it (all) ~ himself** lo ha fatto (tutto) da
solo
11: **~ the way** a proposito; **this wasn't my
idea ~ the way** tra l'altro l'idea non è stata
mia
♦ *adv* 1 *see* go; pass *etc*
2: **~ and ~** (*in past*) poco dopo; (*in future*)
fra breve; **~ and large** nel complesso

bye(-bye) ['baɪ('baɪ)] *excl* ciao!, arrivederci!
by(e)-law *n* legge *f* locale
by-election (*BRIT*) *n* elezione *f* straordinaria
bygone ['baɪgɒn] *adj* passato(a) ♦ *n*: **let ~s
be ~s** mettiamoci una pietra sopra
bypass ['baɪpɑːs] *n* circonvallazione *f*; (*MED*)
by-pass *m inv* ♦ *vt* fare una deviazione
intorno a
by-product *n* sottoprodotto; (*fig*)
conseguenza secondaria
bystander ['baɪstændə*] *n* spettatore/trice
byte [baɪt] *n* (*COMPUT*) byte *m inv*,
bicarattere *m*
byword ['baɪwəːd] *n*: **to be a ~ for** essere
sinonimo di

C, c

C [siː] *n* (*MUS*) do
C. *abbr* (= *centigrade*) C.
C.A. *n abbr* = **chartered accountant**
cab [kæb] *n* taxi *m inv*; (*of train, truck*)
cabina
cabaret ['kæbəreɪ] *n* cabaret *m inv*
cabbage ['kæbɪdʒ] *n* cavolo
cabin ['kæbɪn] *n* capanna; (*on ship*) cabina;
~ crew *n* equipaggio; **~ cruiser** *n*
cabinato
cabinet ['kæbɪnɪt] *n* (*POL*) consiglio dei

ministri; (*furniture*) armadietto; (*also:*
display ~) vetrinetta
cable ['keɪbl] *n* cavo; fune *f*; (*TEL*)
cablogramma *m* ♦ *vt* telegrafare; **~-car** *n*
funivia; **~ television** *n* televisione *f* via
cavo
cache [kæʃ] *n* deposito segreto
cackle ['kækl] *vi* schiamazzare
cactus ['kæktəs] (*pl* **cacti**) *n* cactus *m inv*
cadet [kə'dɛt] *n* (*MIL*) cadetto
cadge [kædʒ] (*inf*) *vt* scroccare
café ['kæfeɪ] *n* caffè *m inv*
cafeteria [kæfɪ'tɪərɪə] *n* self-service *m inv*
cage [keɪdʒ] *n* gabbia
cagey ['keɪdʒɪ] (*inf*) *adj* chiuso(a);
guardingo(a)
cagoule [kə'guːl] *n* K-way ® *m inv*
cajole [kə'dʒəʊl] *vt* allettare
cake [keɪk] *n* (*large*) torta; (*small*) pasticcino;
~ of soap saponetta; **~d** *adj*: **~d with**
incrostato(a) di
calculate ['kælkjuleɪt] *vt* calcolare; **calculation** [-'leɪʃən] *n* calcolo; **calculator** *n*
calcolatrice *f*
calendar ['kæləndə*] *n* calendario; **~ year**
n anno civile
calf [kɑːf] (*pl* **calves**) *n* (*of cow*) vitello; (*of
other animals*) piccolo; (*also:* **~skin**) (pelle *f*
di) vitello; (*ANAT*) polpaccio
calibre ['kælɪbə*] (*US* **caliber**) *n* calibro
call [kɔːl] *vt* (*gen, also TEL*) chiamare;
(*meeting*) indire ♦ *vi* chiamare; (*visit: also:* **~
in**, **~ round**) passare ♦ *n* (*shout*) grido,
urlo; (*TEL*) telefonata; **to be ~ed** (*person,
object*) chiamarsi; **to be on ~** essere a
disposizione; **~ back** *vi* (*return*) ritornare;
(*TEL*) ritelefonare, richiamare; **~ for** *vt fus*
richiedere; (*fetch*) passare a prendere; **~ off**
vt disdire; **~ on** *vt fus* (*visit*) passare da;
(*appeal to*) chiedere a; **~ out** *vi* (*in pain*)
urlare; (*to person*) chiamare; **~ up** *vt* (*MIL*)
richiamare; (*TEL*) telefonare a, fare; **~box** (*BRIT*) *n*
cabina telefonica; **~er** *n* persona che
chiama; visitatore/trice; **~ girl** *n* ragazza *f*
squillo *inv*; **~-in** (*US*) *n* (*phone-in*)
trasmissione *f* a filo diretto con gli
ascoltatori; **~ing** *n* vocazione *f*; **~ing card**

(US) n biglietto da visita

callous ['kæləs] adj indurito(a), insensibile

calm [kɑːm] adj calmo(a) ♦ n calma ♦ vt calmare; **~ down** vi calmarsi ♦ vt calmare

Calor gas ® ['kælə*-] n butano

calorie ['kælərɪ] n caloria

calves [kɑːvz] npl of **calf**

Cambodia [kæm'bəudjə] n Cambogia

camcorder ['kæmkɔːdə*] n camcorder f inv

came [keɪm] pt of **come**

camel ['kæməl] n cammello

camera ['kæmərə] n macchina fotografica; (CINEMA, TV) cinepresa; **in ~** a porte chiuse; **~man** (irreg) n cameraman m inv

camouflage ['kæmǝflɑːʒ] n (MIL, ZOOL) mimetizzazione f ♦ vt mimetizzare

camp [kæmp] n campeggio; (MIL) campo ♦ vi accamparsi ♦ adj effeminato(a)

campaign [kæm'peɪn] n (MIL, POL etc) campagna ♦ vi (also fig) fare una campagna

camp bed (BRIT) n brandina

camper ['kæmpə*] n campeggiatore/trice; (vehicle) camper m inv

camping ['kæmpɪŋ] n campeggio; **to go ~** andare in campeggio

campsite ['kæmpsaɪt] n campeggio

campus ['kæmpəs] n campus m inv

can¹ [kæn] n (of milk) scatola; (of oil) bidone m; (of water) tanica; (tin) scatola ♦ vt mettere in scatola

---

KEYWORD

can² [kæn] (negative **cannot, can't**; conditional and pt **could**) aux vb 1 (be able to) potere; **I ~'t go any further** non posso andare oltre; **you ~ do it if you try** sei in grado di farlo — basta provarci; **I'll help you all I ~** ti aiuterò come potrò; **I ~'t see you** non ti vedo

2 (know how to) sapere, essere capace di; **I ~ swim** so nuotare; **~ you speak French?** parla francese?

3 (may) potere; **could I have a word with you?** posso parlarle un momento?

4 (expressing disbelief, puzzlement etc): **it ~'t be true!** non può essere vero!; **what**

CAN he want? cosa può mai volere?

5 (expressing possibility, suggestion etc): **he could be in the library** può darsi che sia in biblioteca; **she could have been delayed** può aver avuto un contrattempo

---

Canada ['kænədə] n Canada m

Canadian [kə'neɪdɪən] adj, n canadese m/f

canal [kə'næl] n canale m

canary [kə'nɛərɪ] n canarino

cancel ['kænsəl] vt annullare; (train) sopprimere; (cross out) cancellare; **~lation** [-'leɪʃən] n annullamento; soppressione f; cancellazione f; (TOURISM) prenotazione f annullata

cancer ['kænsə*] n cancro; **C~** (sign) Cancro

candid ['kændɪd] adj onesto(a)

candidate ['kændɪdeɪt] n candidato/a

candle ['kændl] n candela; (in church) cero; **~light** n: **by ~light** a lume di candela; **~stick** n bugia; (bigger, ornate) candeliere m

candour ['kændə*] (US **candor**) n sincerità

candy ['kændɪ] n zucchero candito; (US) caramella, caramelle fpl; **~-floss** (BRIT) n zucchero filato

cane [keɪn] n canna; (for furniture) bambù m; (stick) verga ♦ vt (BRIT: SCOL) punire a colpi di verga

canister ['kænɪstə*] n scatola metallica

cannabis ['kænəbɪs] n canapa indiana

canned ['kænd] adj (food) in scatola

cannon ['kænən] (pl ~ or ~**s**) n (gun) cannone m

cannot ['kænɔt] = **can not**

canny ['kænɪ] adj furbo(a)

canoe [kə'nuː] n canoa; **~ing** n canottaggio

canon ['kænən] n (clergyman) canonico; (standard) canone m

can opener [-'əupnə*] n apriscatole m inv

canopy ['kænəpɪ] n baldacchino

cant [kænt] n gergo ♦ vt inclinare ♦ vi inclinarsi

can't [kænt] = **can not**

canteen [kæn'tiːn] n mensa; (BRIT: of cutlery) portaposate m inv

canter ['kæntə*] vi andare al piccolo

galoppo
canvas ['kænvəs] *n* tela
canvass ['kænvəs] *vi* (POL): **to ~ for**
raccogliere voti per ♦ *vt* fare un sondaggio
di
cap [kæp] *n* (*hat*) berretto; (*of pen*)
coperchio; (*of bottle, toy gun*) tappo;
(*contraceptive*) diaframma *m* ♦ *vt* (*outdo*)
superare; (*limit*) fissare un tetto (a)
capability [keɪpə'bɪlɪtɪ] *n* capacità *f inv*,
abilità *f inv*
capable ['keɪpəbl] *adj* capace
capacity [kə'pæsɪtɪ] *n* capacità *f inv*; (*of lift
etc*) capienza
cape [keɪp] *n* (*garment*) cappa; (GEO) capo
caper ['keɪpə*] *n* (CULIN) cappero; (*prank*)
scherzetto
capital ['kæpɪtl] *n* (*also*: **~ city**) capitale *f*;
(*money*) capitale *m*; (*also*: **~ letter**) (lettera)
maiuscola; **~ gains tax** *n* imposta sulla
plusvalenza; **~ism** *n* capitalismo; **~ist** *adj*,
n capitalista (*m/f*); **~ize**: **to ~ize on** *vt fus*
trarre vantaggio da; **~ punishment** *n*
pena capitale
Capitol ['kæpɪtl] *n*: **the ~** il Campidoglio

| Capitol |

🛈 *Il* **Capitol** *è l'edificio dove si svolgono le
riunioni del Congresso degli Stati Uniti.
È situato sull'omonimo colle, Capitol Hill, a
Washington D.C.*

Capricorn ['kæprɪkɔːn] *n* Capricorno
capsize [kæp'saɪz] *vt* capovolgere ♦ *vi*
capovolgersi
capsule ['kæpsjuːl] *n* capsula
captain ['kæptɪn] *n* capitano
caption ['kæpʃən] *n* leggenda
captivate ['kæptɪveɪt] *vt* avvincere
captive ['kæptɪv] *adj, n* prigioniero(a)
captivity [kæp'tɪvɪtɪ] *n* cattività
capture ['kæptʃə*] *vt* catturare; (COMPUT)
registrare ♦ *n* cattura; (*data* ~) registrazione *f or* rilevazione *f* di dati
car [kɑː*] *n* (AUT) macchina, automobile *f*;
(RAIL) vagone *m*
carafe [kə'ræf] *n* caraffa

caramel ['kærəməl] *n* caramello
caravan ['kærəvæn] *n* (BRIT) roulotte *f inv*;
(*of camels*) carovana; **~ning** *n* vacanze *fpl*
in roulotte; **~ site** (BRIT) *n* campeggio per
roulotte
carbohydrates [kɑːbəu'haɪdreɪts] *npl*
(*foods*) carboidrati *mpl*
carbon ['kɑːbən] *n* carbonio; **~ paper** *n*
carta carbone
car boot sale *n* mercatino dell'usato dove
la merce viene esposta nei bagagliai delle
macchine
carburettor [kɑːbju'rɛtə*] (US **carburetor**) *n*
carburatore *m*
card [kɑːd] *n* carta; (*visiting* ~ *etc*) biglietto;
(*Christmas* ~ *etc*) cartolina; **~board** *n*
cartone *m*; **~ game** *n* gioco di carte
cardiac ['kɑːdiæk] *adj* cardiaco(a)
cardigan ['kɑːdɪgən] *n* cardigan *m inv*
cardinal ['kɑːdɪnl] *adj* cardinale ♦ *n*
cardinale *m*
card index *n* schedario
cardphone ['kɑːdfəun] *n* telefono a scheda
care [kɛə*] *n* cura, attenzione *f*; (*worry*)
preoccupazione *f* ♦ *vi*: **to ~ about** curarsi
di; (*thing, idea*) interessarsi di; **~ of** presso;
in sb's ~ alle cure di qn; **to take ~ (to do)**
fare attenzione (a fare); **to take ~ of** curarsi
di; (*bill, problem*) occuparsi di; **I don't ~**
non me ne importa; **I couldn't ~ less** non
m'interessa affatto; **~ for** *vt fus* aver cura
di; (*like*) volere bene a
career [kə'rɪə*] *n* carriera ♦ *vi* (*also*: **~
along**) andare di (gran) carriera
carefree ['kɛəfriː] *adj* sgombro(a) di
preoccupazioni
careful ['kɛəful] *adj* attento(a); (*cautious*)
cauto(a); **(be) ~!** attenzione!; **~ly** *adv* con
cura; cautamente
careless ['kɛəlɪs] *adj* negligente; (*heedless*)
spensierato(a)
carer ['kɛərə*] *n* assistente *m/f* (*di persone
malata o handicappata*)
caress [kə'rɛs] *n* carezza ♦ *vt* accarezzare
caretaker ['kɛəteɪkə*] *n* custode *m*
car-ferry *n* traghetto
cargo ['kɑːgəu] (*pl* **~es**) *n* carico

car hire n autonoleggio

Caribbean [kærɪˈbiːən] adj: **the ~ (Sea)** il Mar dei Caraibi

caring [ˈkeərɪŋ] adj (person) premuroso(a); (society, organization) umanitario(a)

carnage [ˈkɑːnɪdʒ] n carneficina

carnation [kɑːˈneɪʃən] n garofano

carnival [ˈkɑːnɪvəl] n (public celebration) carnevale m; (US: funfair) luna park m inv

carol [ˈkærəl] n: **(Christmas) ~** canto di Natale

carp [kɑːp] n (fish) carpa

car park (BRIT) n parcheggio

carpenter [ˈkɑːpɪntə*] n carpentiere m

carpentry [ˈkɑːpɪntrɪ] n carpenteria

carpet [ˈkɑːpɪt] n tappeto ♦ vt coprire con tappeto

car phone n telefonino per auto, cellulare m per auto

car rental (US) n autonoleggio

carriage [ˈkærɪdʒ] n vettura; (of goods) trasporto; **~way** (BRIT) n (part of road) carreggiata

carrier [ˈkærɪə*] n (of disease) portatore/trice; (COMM) impresa di trasporti; **~ bag** (BRIT) n sacchetto

carrot [ˈkærət] n carota

carry [ˈkærɪ] vt (subj: person) portare; (: vehicle) trasportare; (involve: responsibilities etc) comportare; (MED) essere portatore/trice di ♦ vi (sound) farsi sentire; **to be** or **get carried away** (fig) entusiasmarsi; **~ on** vi: **to ~ on with sth/doing** continuare qc/a fare ♦ vt mandare avanti; **~ out** vt (orders) eseguire; (investigation) svolgere; **~cot** (BRIT) n culla portabile; **~-on** (inf) n (fuss) casino, confusione f

cart [kɑːt] n carro ♦ vt (inf) trascinare

carton [ˈkɑːtən] n (box) scatola di cartone; (of yogurt) cartone m; (of cigarettes) stecca

cartoon [kɑːˈtuːn] n (PRESS) disegno umoristico; (comic strip) fumetto; (CINEMA) disegno animato

cartridge [ˈkɑːtrɪdʒ] n (for gun, pen) cartuccia; (music tape) cassetta

carve [kɑːv] vt (meat) trinciare; (wood, stone) intagliare; **~ up** vt (fig: country) suddividere; **carving** n (in wood etc) scultura; **carving knife** n trinciante m

car wash n lavaggio auto

cascade [kæsˈkeɪd] n cascata

case [keɪs] n caso; (LAW) causa, processo; (box) scatola; (BRIT: also: **suit~**) valigia; **in ~ of** in caso di; **in ~ he** caso mai lui; **in any ~** in ogni caso; **just in ~** in caso di bisogno

cash [kæʃ] n denaro; (coins, notes) denaro liquido ♦ vt incassare; **to pay (in) ~** pagare in contanti; **~ on delivery** pagamento alla consegna; **~-book** n giornale m di cassa; **~ card** (BRIT) n tesserino di prelievo; **~ desk** (BRIT) n cassa; **~ dispenser** (BRIT) n sportello automatico

cashew [kæˈʃuː] n (also: **~ nut**) anacardio

cashier [kæˈʃɪə*] n cassiere/a

cashmere [ˈkæʃmɪə*] n cachemire m

cash register n registratore m di cassa

casing [ˈkeɪsɪŋ] n rivestimento

casino [kəˈsiːnəu] n casinò m inv

cask [kɑːsk] n botte f

casket [ˈkɑːskɪt] n cofanetto; (US: coffin) bara

casserole [ˈkæsərəul] n casseruola; (food): **chicken ~** pollo in casseruola

cassette [kæˈset] n cassetta; **~ player** n riproduttore m a cassette; **~ recorder** n registratore m a cassette

cast [kɑːst] (pt, pp cast) vt (throw) gettare; (metal) gettare, fondere; (THEATRE): **to ~ sb as Hamlet** scegliere qn per la parte di Amleto ♦ n (THEATRE) cast m inv; (also: **plaster ~**) ingessatura; **to ~ one's vote** votare, dare il voto; **~ off** vi (NAUT) salpare; (KNITTING) calare; **~ on** vi (KNITTING) avviare le maglie

castaway [ˈkɑːstəwəɪ] n naufrago/a

caster sugar [ˈkɑːstə*-] (BRIT) n zucchero semolato

casting vote [ˈkɑːstɪŋ-] (BRIT) n voto decisivo

cast iron n ghisa

castle [ˈkɑːsl] n castello

castor oil [ˈkɑːstə*-] n olio di ricino

casual [ˈkæʒjul] adj (by chance) casuale,

fortuito(a); *(irregular: work etc)*
avventizio(a); *(unconcerned)* noncurante,
indifferente; **~ wear** casual *m*; **~ly** *adv* *(in
a relaxed way)* con noncuranza; *(dress)*
casual

casualty ['kæʒjultɪ] *n* ferito/a; *(dead)*
morto/a, vittima; *(MED: department)* pronto
soccorso

cat [kæt] *n* gatto

catalogue ['kætəlɔg] *(US* **catalog)** *n*
catalogo ♦ *vt* catalogare

catalyst ['kætəlɪst] *n* catalizzatore *m*

catalytic convertor [kætəlɪtɪk-] *n*
marmitta catalitica, catalizzatore *m*

catapult ['kætəpʌlt] *n* catapulta; fionda

cataract ['kætərækt] *n (also MED)* cateratta

catarrh [kə'tɑ:*] *n* catarro

catastrophe [kə'tæstrəfɪ] *n* catastrofe *f*

catch [kætʃ] *(pt, pp* **caught)** *vt* prendere;
(ball) afferrare; *(surprise: person)*
sorprendere; *(attention)* attirare; *(comment,
whisper)* cogliere; *(person: also:* **~ up)**
raggiungere ♦ *vi (fire)* prendere ♦ *n (fish
etc caught)* retata; *(of ball)* presa; *(trick)*
inganno; *(TECH)* gancio; *(game)* catch *m
inv;* **to ~ fire** prendere fuoco; **to ~ sight of**
scorgere; **~ on** *vi* capire; *(become popular)*
affermarsi, far presa; **~ up** *vi* mettersi in
pari ♦ *vt (also:* **~ up with)** raggiungere

catching ['kætʃɪŋ] *adj (MED)* contagioso(a)

catchment area ['kætʃmənt-] *(BRIT)* *n*
(SCOL) circoscrizione *f* scolare

catch phrase *n* slogan *m inv;* frase *f* fatta

catchy ['kætʃɪ] *adj* orecchiabile

category ['kætɪgərɪ] *n* categoria

cater ['keɪtə*] *vi:* **~ for** *(BRIT: needs)*
provvedere a; *(: readers, consumers)*
incontrare i gusti di; *(COMM: provide food)*
provvedere alla ristorazione di; **~er** *n*
fornitore *m;* **~ing** *n* approvvigionamento

caterpillar ['kætəpɪlə*] *n* bruco

cathedral [kə'θi:drəl] *n* cattedrale *f*, duomo

catholic ['kæθəlɪk] *adj* universale; aperto(a);
eclettico(a); **C~** *adj, n (REL)* cattolico(a)

CAT scan *n (= computerized axial
tomography)* TAC *f inv*

Catseye ® [kæts'aɪ] *(BRIT)* *n (AUT)* cata-

rifrangente *m*

cattle ['kætl] *npl* bestiame *m*, bestie *fpl*

catty ['kætɪ] *adj* maligno(a), dispettoso(a)

caucus ['kɔ:kəs] *n (POL: group)* comitato di
dirigenti; *(: US)* (riunione *f* del) comitato
elettorale

caught [kɔ:t] *pt, pp of* **catch**

cauliflower ['kɔlɪflauə*] *n* cavolfiore *m*

cause [kɔ:z] *n* causa ♦ *vt* causare

caution ['kɔ:ʃən] *n* prudenza; *(warning)*
avvertimento ♦ *vt* avvertire; ammonire

cautious ['kɔ:ʃəs] *adj* cauto(a), prudente

cavalry ['kævəlrɪ] *n* cavalleria

cave [keɪv] *n* caverna, grotta; **~ in** *vi (roof
etc)* crollare; **~man** *(irreg) n* uomo delle
caverne

caviar(e) ['kævɪɑ:*] *n* caviale *m*

CB *n abbr (= Citizens' Band (Radio)):* **~
radio (set)** baracchino

CBI *n abbr (= Confederation of British
Industries)* ≈ Confindustria

cc *abbr* = **cubic centimetres; carbon copy**

CD *abbr (disc)* CD *m inv;* *(player)* lettore *m*
CD *inv*

CDI *n abbr (= compact disk interactive)* CD-I
m inv, compact disc *m inv* interattivo

CD player *n* lettore *m* CD

CD-ROM [-rɔm] *n abbr* CD-ROM *m inv*

cease [si:s] *vt, vi* cessare; **~fire** *n* cessate il
fuoco *m inv;* **~less** *adj* incessante,
continuo(a)

cedar ['si:də*] *n* cedro

ceiling ['si:lɪŋ] *n* soffitto; *(on wages etc)*
tetto

celebrate ['sɛlɪbreɪt] *vt, vi* celebrare; **~d** *adj*
celebre; **celebration** [-'breɪʃən] *n*
celebrazione *f*

celery ['sɛlərɪ] *n* sedano

cell [sɛl] *n* cella; *(of revolutionaries, BIOL)*
cellula; *(ELEC)* elemento (di batteria)

cellar ['sɛlə*] *n* sottosuolo; cantina

'cello ['tʃɛləu] *n* violoncello

cellphone [sɛl,fəun] *n* cellulare *m*

Celt [kɛlt, sɛlt] *n* celta *m/f*

Celtic ['kɛltɪk, 'sɛltɪk] *adj* celtico(a)

cement [sə'mɛnt] *n* cemento; **~ mixer** *n*
betoniera

cemetery ['semitri] n cimitero

censor ['sensə*] n censore m ♦ vt censurare; **~ship** n censura

censure ['senʃə*] vt riprovare, censurare

census ['sensəs] n censimento

cent [sent] n (US: coin) centesimo (= 1:100 di un dollaro); see also **per**

centenary [sen'ti:nəri] n centenario

center ['sentə*] (US) n, vt = **centre**

centigrade ['sentigreid] adj centigrado(a)

centimetre ['sentimi:tə*] (US **centimeter**) n centimetro

centipede ['sentipi:d] n centopiedi m inv

central ['sentrəl] adj centrale; **C~ America** n America centrale; **~ heating** n riscaldamento centrale; **~ize** vt accentrare

centre ['sentə*] (US **center**) n centro ♦ vt centrare; **~-forward** n (SPORT) centroavanti m inv; **~-half** n (SPORT) centromediano

century ['sentjuri] n secolo; **20th ~** ventesimo secolo

ceramic [si'ræmik] adj ceramico(a); **~s** npl ceramica

cereal ['si:riəl] n cereale m

ceremony ['seriməni] n cerimonia; **to stand on ~** fare complimenti

certain ['sə:tən] adj certo(a); **to make ~ of** assicurarsi di; **for ~** per certo, di sicuro; **~ly** adv certamente, certo; **~ty** n certezza

certificate [sə'tifikit] n certificato; diploma m

certified ['sə:tifaid] adj: **~ mail** (US) n posta raccomandata con ricevuta di ritorno; **~ public accountant** (US) n ≈ commercialista m/f

certify ['sə:tifai] vt certificare; (award diploma to) conferire un diploma a; (declare insane) dichiarare pazzo(a)

cervical ['sə:vikl] adj: **~ cancer** cancro della cervice; **~ smear** Pap-test m inv

cervix ['sə:viks] n cervice f

cf. abbr (= compare) cfr

CFC n (= chlorofluorocarbon) CFC m inv

ch. abbr (= chapter) cap

chafe [tʃeif] vt fregare, irritare

chain [tʃein] n catena ♦ vt (also: ~ up) incatenare; **~ reaction** n reazione f a catena; **~-smoke** vi fumare una sigaretta dopo l'altra; **~ store** n negozio a catena

chair [tʃeə*] n sedia; (armchair) poltrona; (of university) cattedra; (of meeting) presidenza ♦ vt (meeting) presiedere; **~lift** n seggiovia; **~man** (irreg) n presidente m

chalet ['ʃælei] n chalet m inv

chalk [tʃɔ:k] n gesso

challenge ['tʃælindʒ] n sfida ♦ vt sfidare; (statement, right) mettere in dubbio; **to ~ sb to do** sfidare qn a fare; **challenging** adj (task) impegnativo(a); (look) di sfida

chamber ['tʃeimbə*] n camera; **~ of commerce** n camera di commercio; **~maid** n cameriera; **~ music** n musica da camera

chamois ['ʃæmwa:] n camoscio; (also: ~ leather) panno in pelle di camoscio

champagne [ʃæm'pein] n champagne m inv

champion ['tʃæmpiən] n campione/essa; **~ship** n campionato

chance [tʃɑ:ns] n caso; (opportunity) occasione f; (likelihood) possibilità f inv ♦ vt: **to ~ it** rischiare, provarci ♦ adj fortuito(a); **to take a ~** rischiare; **by ~** per caso

chancellor ['tʃɑ:nsələ*] n cancelliere m; **C~ of the Exchequer** (BRIT) n Cancelliere dello Scacchiere

chandelier [ʃændə'liə*] n lampadario

change [tʃeindʒ] vt cambiare; (transform): **to ~ sb into** trasformare qn in ♦ vi cambiare; (~ one's clothes) cambiarsi; (be transformed): **to ~ into** trasformarsi in ♦ n cambiamento; (of clothes) cambio; (money) resto; **to ~ one's mind** cambiare idea; **for a ~** tanto per cambiare; **~able** adj (weather) variabile; **~ machine** n distributore automatico di monete; **~over** n cambiamento, passaggio

changing ['tʃeindʒiŋ] adj che cambia; (colours) cangiante; **~ room** n (BRIT: in shop) camerino; (: SPORT) spogliatoio

channel ['tʃænl] n canale m; (of river, sea) alveo ♦ vt canalizzare; **the (English) C~**

n la Manica; **~-hopping** *n* (*TV*) zapping *m inv*; **the C~ Islands** *npl* le Isole Normanne; **the C~ Tunnel** *n* il tunnel sotto la Manica

chant [tʃɑːnt] *n* canto; salmodia ♦ *vt* cantare; salmodiare

chaos [ˈkeɪɔs] *n* caos *m*

chap [tʃæp] (*BRIT: inf*) *n* (*man*) tipo

chapel [ˈtʃæpəl] *n* cappella

chaperone [ˈʃæpərəʊn] *n* accompagnatrice *f* ♦ *vt* accompagnare

chaplain [ˈtʃæplɪn] *n* cappellano

chapped [tʃæpt] *adj* (*skin, lips*) screpolato(a)

chapter [ˈtʃæptə*] *n* capitolo

char [tʃɑː*] *vt* (*burn*) carbonizzare

character [ˈkærɪktə*] *n* carattere *m*; (*in novel, film*) personaggio; **~istic** [-ˈrɪstɪk] *adj* caratteristico(a) ♦ *n* caratteristica

charcoal [ˈtʃɑːkəʊl] *n* carbone *m* di legna

charge [tʃɑːdʒ] *n* accusa; (*cost*) prezzo; (*responsibility*) responsabilità ♦ *vt* (*gun, battery, MIL: enemy*) caricare; (*customer*) fare pagare a; (*sum*) fare pagare; (*LAW*): **to ~ sb (with)** accusare qn (di) ♦ *vi* (*gen with: up, along etc*) lanciarsi; **~s** *npl* (*bank ~s etc*) tariffe *fpl*; **to reverse the ~s** (*TEL*) fare una telefonata a carico del destinatario; **to take ~ of** incaricarsi di; **to be in ~ of** essere responsabile per; **how much do you ~?** quanto chiedete?; **to ~ an expense (up) to sb** addebitare una spesa a qn; **~ card** *n* carta *f* clienti *inv*

charitable [ˈtʃærɪtəbl] *adj* caritatevole

charity [ˈtʃærɪtɪ] *n* carità; (*organization*) opera pia

charm [tʃɑːm] *n* fascino; (*on bracelet*) ciondolo ♦ *vt* affascinare, incantare; **~ing** *adj* affascinante

chart [tʃɑːt] *n* tabella; grafico; (*map*) carta nautica ♦ *vt* fare una carta nautica di; **~s** *npl* (*MUS*) hit parade *f*

charter [ˈtʃɑːtə*] *vt* (*plane*) noleggiare ♦ *n* (*document*) carta; **~ed accountant** (*BRIT*) *n* ragioniere/a professionista; **~ flight** *n* volo *m* charter *inv*

charwoman [ˈtʃɑːwʊmən] *n* = **charlady**

chase [tʃeɪs] *vt* inseguire; (*also*: **~ away**) cacciare ♦ *n* caccia

chasm [ˈkæzəm] *n* abisso

chassis [ˈʃæsɪ] *n* telaio

chat [tʃæt] *vi* (*also*: **have a ~**) chiacchierare ♦ *n* chiacchierata; **~ show** (*BRIT*) *n* talk show *m inv*

chatter [ˈtʃætə*] *vi* (*person*) ciarlare; (*bird*) cinguettare; (*teeth*) battere ♦ *n* ciarle *fpl*; cinguettio; **~box** (*inf*) *n* chiacchierone/a

chatty [ˈtʃætɪ] *adj* (*style*) familiare; (*person*) chiacchierino(a)

chauffeur [ˈʃəʊfə*] *n* autista *m*

chauvinist [ˈʃəʊvɪnɪst] *n* (*male ~*) maschilista *m*; (*nationalist*) sciovinista *m/f*

cheap [tʃiːp] *adj* a buon mercato; (*joke*) grossolano(a); (*poor quality*) di cattiva qualità ♦ *adv* a buon mercato; **~ day return** *n* biglietto ridotto di andata e ritorno valido in giornata; **~er** *adj* meno caro(a); **~ly** *adv* a buon prezzo, a buon mercato

cheat [tʃiːt] *vi* imbrogliare; (*at school*) copiare ♦ *vt* ingannare ♦ *n* imbroglione *m*; **to ~ sb out of sth** defraudare qn di qc

check [tʃek] *vt* verificare; (*passport, ticket*) controllare; (*halt*) fermare; (*restrain*) contenere ♦ *n* verifica; controllo; (*curb*) freno; (*US: bill*) conto; (*pattern: gen pl*) quadretti *mpl*; (*US*) = **cheque** ♦ *adj* (*pattern, cloth*) a quadretti; **~ in** *vi* (*in hotel*) registrare; (*at airport*) presentarsi all'accettazione ♦ *vt* (*luggage*) depositare; **~ out** *vi* (*in hotel*) saldare il conto; **~ up** *vi*: **to ~ up (on sth)** investigare (qc); **to ~ up on sb** informarsi sul conto di qn; **~ered** (*US*) *adj* = **chequered**; **~ers** (*US*) *n* dama; **~-in (desk)** *n* check-in *m inv*, accettazione *f* (bagagli *inv*); **~ing account** (*US*) *n* conto corrente; **~mate** *n* scaccomatto; **~out** (*in supermarket*) cassa; **~point** *n* posto di blocco; **~room** (*US*) *n* deposito *m* bagagli *inv*; **~up** *n* (*MED*) controllo medico

cheek [tʃiːk] *n* guancia; (*impudence*) faccia tosta; **~bone** *n* zigomo; **~y** *adj* sfacciato(a)

cheep [tʃiːp] vi pigolare

cheer [tʃɪə*] vt applaudire; (gladden) rallegrare ♦ vi applaudire ♦ n grido (di incoraggiamento); **~s** npl (of approval, encouragement) applausi mpl; evviva mpl; **~s!** salute!; **~ up** vi rallegrarsi, farsi animo ♦ vt rallegrare; **~ful** adj allegro(a)

cheerio ['tʃɪərɪ'əu] (BRIT) excl ciao!

cheese [tʃiːz] n formaggio; **~board** n piatto del (or per il) formaggio

cheetah ['tʃiːtə] n ghepardo

chef [ʃef] n capocuoco

chemical ['kemɪkəl] adj chimico(a) ♦ n prodotto chimico

chemist ['kemɪst] n (BRIT: pharmacist) farmacista m/f; (scientist) chimico/a; **~ry** n chimica; **~'s (shop)** (BRIT) n farmacia

cheque [tʃek] (BRIT) n assegno; **~book** n libretto degli assegni; **~ card** n carta f assegni inv

chequered ['tʃekəd] (US **checkered**) adj (fig) movimentato(a)

cherish ['tʃerɪʃ] vt aver caro

cherry ['tʃerɪ] n ciliegia; (also: **~ tree**) ciliegio

chess [tʃes] n scacchi mpl; **~board** n scacchiera

chest [tʃest] n petto; (box) cassa; **~ of drawers** n cassettone m

chestnut ['tʃesnʌt] n castagna; (also: **~ tree**) castagno

chew [tʃuː] vt masticare; **~ing gum** n chewing gum m

chic [ʃiːk] adj elegante

chick [tʃɪk] n pulcino; (inf) pollastrella

chicken ['tʃɪkɪn] n pollo; (inf: coward) coniglio; **~ out** (inf) vi avere fifa; **~pox** n varicella

chicory ['tʃɪkərɪ] n cicoria

chief [tʃiːf] n capo ♦ adj principale; **~ executive** n direttore m generale; **~ly** adv per lo più, soprattutto

chilblain ['tʃɪlbleɪn] n gelone m

child [tʃaɪld] (pl **~ren**) n bambino/a; **~birth** n parto; **~hood** n infanzia; **~ish** adj puerile; **~like** adj fanciullesco(a); **~ minder** (BRIT) n bambinaia

children ['tʃɪldrən] npl of **child**

child seat n seggiolino per bambini (in auto)

Chile ['tʃɪlɪ] n Cile m

chill [tʃɪl] n freddo; (MED) infreddatura ♦ vt raffreddare

chilli ['tʃɪlɪ] n peperoncino

chilly ['tʃɪlɪ] adj freddo(a), fresco(a); **to feel ~** sentirsi infreddolito(a)

chime [tʃaɪm] n carillon m inv ♦ vi suonare, scampanare

chimney ['tʃɪmnɪ] n camino; **~ sweep** n spazzacamino

chimpanzee [tʃɪmpæn'ziː] n scimpanzé m inv

chin [tʃɪn] n mento

China ['tʃaɪnə] n Cina

china ['tʃaɪnə] n porcellana

Chinese [tʃaɪ'niːz] adj cinese ♦ n inv cinese m/f; (LING) cinese m

chink [tʃɪŋk] n (opening) fessura; (noise) tintinnio

chip [tʃɪp] n (gen pl: CULIN) patatina fritta; (: US: also: **potato ~**) patatina; (of wood, glass, stone) scheggia; (also: **micro~**) chip m inv ♦ vt (cup, plate) scheggiare

┌─────────────┐
│ **chip shop** │
└─────────────┘

ⓘ I **chip shops**, anche chiamati "fish and chip shops", sono friggitorie che vendono principalmente filetti di pesce impanati e patatine fritte.

chiropodist [kɪ'rɒpədɪst] (BRIT) n pedicure m/f inv

chirp [tʃəːp] vi cinguettare; fare cri cri

chisel ['tʃɪzl] n cesello

chit [tʃɪt] n biglietto

chitchat ['tʃɪttʃæt] n chiacchiere fpl

chivalry ['ʃɪvəlrɪ] n cavalleria; cortesia

chives [tʃaɪvz] npl erba cipollina

chock-a-block ['tʃɔk-] adj pieno(a) zeppo(a)

chock-full ['tʃɔk-] adj = **chock-a-block**

chocolate ['tʃɔklɪt] n (substance) cioccolato, cioccolata; (drink) cioccolata; (a sweet) cioccolatino

choice [tʃɔɪs] n scelta ♦ adj scelto(a)

choir [ˈkwaɪə*] *n* coro; **~boy** *n* corista *m* fanciullo

choke [tʃəuk] *vi* soffocare ♦ *vt* soffocare; (*block*): **to be ~d with** essere intasato(a) di ♦ *n* (*AUT*) valvola dell'aria

cholera [ˈkɔlərə] *n* colera *m*

cholesterol [kəˈlestərɔl] *n* colesterolo

choose [tʃuːz] (*pt* **chose**, *pp* **chosen**) *vt* scegliere; **to ~ to do** decidere di fare; preferire fare

choosy [ˈtʃuːzɪ] *adj* schizzinoso(a)

chop [tʃɔp] *vt* (*wood*) spaccare; (*CULIN: also:* **~ up**) tritare ♦ *n* (*CULIN*) costoletta; **~s** *npl* (*jaws*) mascelle *fpl*

chopper [ˈtʃɔpə*] *n* (*helicopter*) elicottero

choppy [ˈtʃɔpɪ] *adj* (*sea*) mosso(a)

chopsticks [ˈtʃɔpstɪks] *npl* bastoncini *mpl* cinesi

choral [ˈkɔːrəl] *adj* corale

chord [kɔːd] *n* (*MUS*) accordo

chore [tʃɔː*] *n* faccenda; **household ~s** faccende *fpl* domestiche

chortle [ˈtʃɔːtl] *vi* ridacchiare

chorus [ˈkɔːrəs] *n* coro; (*repeated part of song, also fig*) ritornello

chose [tʃəuz] *pt of* **choose**

chosen [ˈtʃəuzn] *pp of* **choose**

chowder [ˈtʃaudə*] *n* (*esp US*) zuppa di pesce

Christ [kraɪst] *n* Cristo

christen [ˈkrɪsn] *vt* battezzare

Christian [ˈkrɪstɪən] *adj*, *n* cristiano(a); **~ity** [-ˈænɪtɪ] *n* cristianesimo; **~ name** *n* nome *m* (di battesimo)

Christmas [ˈkrɪsməs] *n* Natale *m*; **Merry ~!** Buon Natale!; **~ card** *n* cartolina di Natale; **~ Day** *n* il giorno di Natale; **~ Eve** *n* la vigilia di Natale; **~ tree** *n* albero di Natale

chrome [krəum] *n* cromo

chromium [ˈkrəumɪəm] *n* cromo

chronic [ˈkrɔnɪk] *adj* cronico(a)

chronological [krɔnəˈlɔdʒɪkəl] *adj* cronologico(a)

chrysanthemum [krɪˈsænθəməm] *n* crisantemo

chubby [ˈtʃʌbɪ] *adj* paffuto(a)

chuck [tʃʌk] (*inf*) *vt* buttare, gettare; (*BRIT: also:* **~ up**) piantare; **~ out** *vt* buttar fuori

chuckle [ˈtʃʌkl] *vi* ridere sommessamente

chug [tʃʌg] *vi* fare ciuf ciuf

chum [tʃʌm] *n* compagno/a

chunk [tʃʌŋk] *n* pezzo

church [tʃɜːtʃ] *n* chiesa; **~yard** *n* sagrato

churn [tʃɜːn] *n* (*for butter*) zangola; (*for milk*) bidone *m*; **~ out** *vt* sfornare

chute [ʃuːt] *n* (*also:* **rubbish ~**) canale *m* di scarico; (*BRIT: children's slide*) scivolo

chutney [ˈtʃʌtnɪ] *n* salsa piccante (*di frutta, zucchero e spezie*)

CIA (*US*) *n abbr* (= *Central Intelligence Agency*) CIA *f*

CID (*BRIT*) *n abbr* (= *Criminal Investigation Department*) ≈ polizia giudiziaria

cider [ˈsaɪdə*] *n* sidro

cigar [sɪˈgɑː*] *n* sigaro

cigarette [sɪgəˈret] *n* sigaretta; **~ case** *n* portasigarette *m inv*; **~ end** *n* mozzicone *m*

Cinderella [sɪndəˈrelə] *n* Cenerentola

cinders [ˈsɪndəz] *npl* ceneri *fpl*

cine camera [ˈsɪnɪ-] (*BRIT*) *n* cinepresa

cine film [ˈsɪnɪ-] (*BRIT*) *n* pellicola

cinema [ˈsɪnəmə] *n* cinema *m inv*

cinnamon [ˈsɪnəmən] *n* cannella

cipher [ˈsaɪfə*] *n* cifra

circle [ˈsɜːkl] *n* cerchio; (*of friends etc*) circolo; (*in cinema*) galleria ♦ *vi* girare in circolo ♦ *vt* (*surround*) circondare; (*move round*) girare intorno a

circuit [ˈsɜːkɪt] *n* circuito; **~ous** [sɜːˈkjuɪtəs] *adj* indiretto(a)

circular [ˈsɜːkjulə*] *adj* circolare ♦ *n* circolare *f*

circulate [ˈsɜːkjuleɪt] *vi* circolare ♦ *vt* far circolare; **circulation** [-ˈleɪʃən] *n* circolazione *f*; (*of newspaper*) tiratura

circumstances [ˈsɜːkəmstənsɪz] *npl* circostanze *fpl*; (*financial condition*) condizioni *fpl* finanziarie

circus [ˈsɜːkəs] *n* circo

CIS *n abbr* (= *Commonwealth of Independent States*) CSI *f*

cistern [ˈsɪstən] *n* cisterna; (*in toilet*)

serbatoio d'acqua

citizen ['sɪtɪzn] n (of country) cittadino/a; (of town) abitante m/f; ~ship n cittadinanza

citrus fruit ['sɪtrəs-] n agrume m

city ['sɪtɪ] n città f inv; the C~ la Città di Londra (centro commerciale)

civic ['sɪvɪk] adj civico(a); ~ centre (BRIT) n centro civico

civil ['sɪvɪl] adj civile; ~ engineer n ingegnere m civile; ~ian [sɪ'vɪlɪən] adj, n borghese m/f

civilization [sɪvɪlaɪ'zeɪʃən] n civiltà f inv

civilized ['sɪvɪlaɪzd] adj civilizzato(a); (fig) cortese

civil: ~ law n codice m civile; (study) diritto civile; ~ servant n impiegato/a statale; C~ Service n amministrazione f statale; ~ war n guerra civile

clad [klæd] adj: ~ (in) vestito(a) (di)

claim [kleɪm] vt (assert) to ~ (that)/to be sostenere (che)/di essere; (credit, rights etc) rivendicare; (damages) richiedere ♦ vi (for insurance) fare una domanda d'indennizzo ♦ n pretesa; rivendicazione f; richiesta; ~ant n (ADMIN, LAW) richiedente m/f

clairvoyant [kleə'vɔɪənt] n chiaroveggente m/f

clam [klæm] n vongola

clamber ['klæmbə*] vi arrampicarsi

clammy ['klæmɪ] adj (weather) caldo(a) umido(a); (hands) viscido(a)

clamour ['klæmə*] (US clamor) vi: to ~ for chiedere a gran voce

clamp [klæmp] n pinza; morsa ♦ vt stringere con una morsa; (AUT: wheel) applicare i ceppi bloccaruote a; ~ down on vt fus dare un giro di vite a

clan [klæn] n clan m inv

clang [klæŋ] vi emettere un suono metallico

clap [klæp] vi applaudire; ~ping n applausi mpl

claret ['klærət] n vino di Bordeaux

clarify ['klærɪfaɪ] vt chiarificare, chiarire

clarinet [klærɪ'nɛt] n clarinetto

clarity ['klærɪtɪ] n clarità f

clash [klæʃ] n frastuono; (fig) scontro ♦ vi scontrarsi; cozzare

clasp [klɑːsp] n (hold) stretta; (of necklace, bag) fermaglio, fibbia ♦ vt stringere

class [klɑːs] n classe f ♦ vt classificare

classic ['klæsɪk] adj classico(a) ♦ n classico; ~al adj classico(a)

classified ['klæsɪfaɪd] adj (information) segreto(a), riservato(a); ~ advertisement n annuncio economico

classmate ['klɑːsmeɪt] n compagno/a di classe

classroom ['klɑːsrum] n aula

clatter ['klætə*] n tintinnio; scalpitio ♦ vi tintinnare; scalpitare

clause [klɔːz] n clausola; (LING) proposizione f

claw [klɔː] n (of bird of prey) artiglio; (of lobster) pinza

clay [kleɪ] n argilla

clean [kliːn] adj pulito(a); (clear, smooth) liscio(a) ♦ vt pulire; ~ out vt ripulire; ~ up vt (also fig) ripulire; ~-cut adj (man) curato(a); ~er n (person) donna delle pulizie; ~er's n (also: dry ~er's) tintoria; ~ing n pulizia; ~liness ['klɛnlɪnɪs] n pulizia

cleanse [klɛnz] vt pulire; purificare; ~r n detergente m

clean-shaven [-'ʃeɪvn] adj sbarbato(a)

cleansing department ['klɛnzɪŋ-] (BRIT) n nettezza urbana

clear [klɪə*] adj chiaro(a); (glass etc) trasparente; (road, way) libero(a); (conscience) pulito(a) ♦ vt sgombrare; liberare; (table) sparecchiare; (cheque) fare la compensazione di; (LAW: suspect) discolpare; (obstacle) superare ♦ vi (weather) rasserenarsi; (fog) andarsene ♦ adv: ~ of distante da; ~ up vt mettere in ordine; (mystery) risolvere; ~ance n (removal) sgombro; (permission) autorizzazione f, permesso; ~-cut adj ben delineato(a), distinto(a); ~ing n radura; ~ing bank (BRIT) n banca (che fa uso della camera di compensazione); ~ly adv chiaramente; ~way (BRIT) n strada con divieto di sosta

cleaver ['kliːvə*] n mannaia

clef [klɛf] *n* (*MUS*) chiave *f*

cleft [klɛft] *n* (*in rock*) crepa, fenditura

clench [klɛntʃ] *vt* stringere

clergy ['klə:dʒɪ] *n* clero; ~**man** (*irreg*) *n* ecclesiastico

clerical ['klɛrɪkəl] *adj* d'impiegato; (*REL*) clericale

clerk [klɑːk, (*US*) klə:rk] *n* (*BRIT*) impiegato/a; (*US*) commesso/a

clever ['klɛvə*] *adj* (*mentally*) intelligente; (*deft, skilful*) abile; (*device, arrangement*) ingegnoso(a)

click [klɪk] *vi* scattare ♦ *vt* (*heels etc*) battere; (*tongue*) far schioccare

client ['klaɪənt] *n* cliente *m/f*

cliff [klɪf] *n* scogliera scoscesa, rupe *f*

climate ['klaɪmɪt] *n* clima *m*

climax ['klaɪmæks] *n* culmine *m*; (*sexual*) orgasmo

climb [klaɪm] *vi* salire; (*clamber*) arrampicarsi ♦ *vt* salire; (*CLIMBING*) scalare ♦ *n* salita; arrampicata; scalata; ~-**down** *n* marcia indietro; ~**er** *n* rocciatore/trice; alpinista *m/f*; ~**ing** *n* alpinismo

clinch [klɪntʃ] *vt* (*deal*) concludere

cling [klɪŋ] (*pt, pp* **clung**) *vi*: **to ~ (to)** aggrapparsi (a); (*of clothes*) aderire strettamente (a)

clinic ['klɪnɪk] *n* clinica; ~**al** *adj* clinico(a); (*fig*) distaccato(a); (: *room*) freddo(a)

clink [klɪŋk] *vi* tintinnare

clip [klɪp] *n* (*for hair*) forcina; (*also:* **paper ~**) graffetta; (*TV, CINEMA*) sequenza ♦ *vt* attaccare insieme; (*hair, nails*) tagliare; (*hedge*) tosare; ~**pers** *npl* (*for gardening*) cesoie *fpl*; (*also:* **nail ~pers**) forbicine *fpl* per le unghie; ~**ping** *n* (*from newspaper*) ritaglio

clique [kliːk] *n* cricca

cloak [kləuk] *n* mantello ♦ *vt* avvolgere; ~**room** *n* (*for coats etc*) guardaroba *m inv*; (*BRIT: W.C.*) gabinetti *mpl*

clock [klɔk] *n* orologio; ~ **in** *or* **on** *vi* timbrare il cartellino (all'entrata); ~ **off** *or* **out** *vi* timbrare il cartellino (all'uscita); ~**wise** *adv* in senso orario; ~**work** *n* movimento *or* meccanismo a orologeria

♦ *adj* a molla

clog [klɔg] *n* zoccolo ♦ *vt* intasare ♦ *vi* (*also:* ~ **up**) intasarsi, bloccarsi

cloister ['klɔɪstə*] *n* chiostro

clone [kləun] *n* clone *m*

close[1] [kləus] *adj*: ~ **(to)** vicino(a) (a); (*watch, link, relative*) stretto(a); (*examination*) attento(a); (*contest*) combattuto(a); (*weather*) afoso(a) ♦ *adv* vicino, dappresso; ~ **to** vicino a; ~ **by**, ~ **at hand** a portata di mano; **a ~ friend** un amico intimo; **to have a ~ shave** (*fig*) scamparla bella

close[2] [kləuz] *vt* chiudere ♦ *vi* (*shop etc*) chiudere; (*lid, door etc*) chiudersi; (*end*) finire ♦ *n* (*end*) fine *f*; ~ **down** *vi* cessare (definitivamente); ~**d** *adj* chiuso(a); ~**d shop** *n* azienda o fabbrica che impiega solo aderenti ai sindacati

close-knit [kləus'nɪt] *adj* (*family, community*) molto unito(a)

closely ['kləuslɪ] *adv* (*examine, watch*) da vicino; (*related*) strettamente

closet ['klɔzɪt] *n* (*cupboard*) armadio

close-up ['kləusʌp] *n* primo piano

closure ['kləuʒə*] *n* chiusura

clot [klɔt] *n* (*also:* **blood ~**) coagulo; (*inf: idiot*) scemo/a ♦ *vi* coagularsi

cloth [klɔθ] *n* (*material*) tessuto, stoffa; (*rag*) strofinaccio

clothe [kləuð] *vt* vestire; ~**s** *npl* abiti *mpl*, vestiti *mpl*; ~**s brush** *n* spazzola per abiti; ~**s line** *n* corda (per stendere il bucato); ~**s peg** (*US* ~**s pin**) *n* molletta

clothing ['kləuðɪŋ] *n* = **clothes**

cloud [klaud] *n* nuvola; ~**burst** *n* acquazzone *m*; ~**y** *adj* nuvoloso(a); (*liquid*) torbido(a)

clout [klaut] *vt* dare un colpo a

clove [kləuv] *n* chiodo di garofano; ~ **of garlic** spicchio d'aglio

clover ['kləuvə*] *n* trifoglio

clown [klaun] *n* pagliaccio ♦ *vi* (*also:* ~ **about**, ~ **around**) fare il pagliaccio

cloying ['klɔɪɪŋ] *adj* (*taste, smell*) nauseabondo(a)

club [klʌb] *n* (*society*) club *m inv*, circolo;

(weapon, GOLF) mazza ♦ *vt* bastonare ♦ *vi*:
to ~ together associarsi; **~s** *npl (CARDS)* fiori
mpl; **~ class** *n (AVIAT)* classe *f* club *inv*;
~house *n* sede *f* del circolo

cluck [klʌk] *vi* chiocciare

clue [kluː] *n* indizio; *(in crosswords)*
definizione *f*; **I haven't a ~** non ho la
minima idea

clump [klʌmp] *n (of flowers, trees)* gruppo;
(of grass) ciuffo

clumsy [ˈklʌmzɪ] *adj* goffo(a)

clung [klʌŋ] *pt, pp of* **cling**

cluster [ˈklʌstə*] *n* gruppo ♦ *vi*
raggrupparsi

clutch [klʌtʃ] *n (grip, grasp)* presa, stretta;
(AUT) frizione *f* ♦ *vt* afferrare, stringere forte

clutter [ˈklʌtə*] *vt* ingombrare

CND *n abbr* = **Campaign for Nuclear
Disarmament**

Co. *abbr* = **county; company**

c/o *abbr* (= *care of*) presso

coach [kəutʃ] *n (bus)* pullman *m inv*;
(horse-drawn, of train) carrozza; *(SPORT)*
allenatore/trice; *(tutor)* chi dà ripetizioni
♦ *vt* allenare; dare ripetizioni a; **~ trip** *n*
viaggio in pullman

coal [kəul] *n* carbone *m*; **~ face** *n* fronte *f*;
~field *n* bacino carbonifero

coalition [ˌkəuəˈlɪʃən] *n* coalizione *f*

coalman [ˈkəulmən] *(irreg)* *n* negoziante *m*
di carbone

coalmine [ˈkəulmaɪn] *n* miniera di carbone

coarse [kɔːs] *adj (salt, sand etc)* grosso(a);
(cloth, person) rozzo(a)

coast [kəust] *n* costa ♦ *vi (with cycle etc)*
scendere a ruota libera; **~al** *adj* costiero(a);
~guard *n* guardia costiera; **~line** *n* linea
costiera

coat [kəut] *n* cappotto; *(of animal)* pelo; *(of
paint)* mano *f* ♦ *vt* coprire; **~ hanger** *n*
attaccapanni *m inv*; **~ing** *n* rivestimento;
~ of arms *n* stemma *m*

coax [kəuks] *vt* indurre (con moine)

cobbler [ˈkɔblə*] *n* calzolaio

cobbles [ˈkɔblz] *npl* ciottoli *mpl*

cobblestones [ˈkɔblstəunz] *npl* ciottoli
mpl

cobweb [ˈkɔbweb] *n* ragnatela

cocaine [kəˈkeɪn] *n* cocaina

cock [kɔk] *n (rooster)* gallo; *(male bird)*
maschio ♦ *vt (gun)* armare; **~erel** *n*
galletto

cockle [ˈkɔkl] *n* cardio

cockney [ˈkɔknɪ] *n* cockney *m/f inv*
*(abitante dei quartieri popolari dell'East End
di Londra)*

cockpit [ˈkɔkpɪt] *n* abitacolo

cockroach [ˈkɔkrəutʃ] *n* blatta

cocktail [ˈkɔkteɪl] *n* cocktail *m inv*; **~
cabinet** *n* mobile *m* bar *inv*; **~ party** *n*
cocktail *m inv*

cocoa [ˈkəukəu] *n* cacao

coconut [ˈkəukənʌt] *n* noce *f* di cocco

cocoon [kəˈkuːn] *n* bozzolo

cod [kɔd] *n* merluzzo

C.O.D. *abbr* = **cash on delivery**

code [kəud] *n* codice *m*

cod-liver oil *n* olio di fegato di merluzzo

coercion [kəuˈəːʃən] *n* coercizione *f*

coffee [ˈkɔfɪ] *n* caffè *m inv*; **~ bar** *(BRIT)* *n*
caffè *m inv*; **~ break** *n* pausa per il caffè;
~pot *n* caffettiera; **~ table** *n* tavolino

coffin [ˈkɔfɪn] *n* bara

cog [kɔg] *n* dente *m*

cogent [ˈkəudʒənt] *adj* convincente

coherent [kəuˈhɪərənt] *adj* coerente

coil [kɔɪl] *n* rotolo; *(ELEC)* bobina;
(contraceptive) spirale *f* ♦ *vt* avvolgere

coin [kɔɪn] *n* moneta ♦ *vt (word)* coniare;
~age *n* sistema *m* monetario; **~-box**
(BRIT) *n* telefono a gettoni

coincide [kəuɪnˈsaɪd] *vi* coincidere;
coincidence [kəuˈɪnsɪdəns] *n*
combinazione *f*

Coke ® [kəuk] *n* coca

coke [kəuk] *n* coke *m*

colander [ˈkɔləndə*] *n* colino

cold [kəuld] *adj* freddo(a) ♦ *n* freddo; *(MED)*
raffreddore *m*; **it's ~** fa freddo; **to be ~**
(person) aver freddo; *(object)* essere
freddo(a); **to catch ~** prendere freddo; **to
catch a ~** prendere un raffreddore; **in ~
blood** a sangue freddo; **~-shoulder** *vt*
trattare con freddezza; **~ sore** *n* erpete *m*

coleslaw ['kəulslɔ:] *n* insalata di cavolo bianco

colic ['kɔlɪk] *n* colica

collapse [kə'læps] *vi* crollare ♦ *n* crollo; (*MED*) collasso

collapsible [kə'læpsəbl] *adj* pieghevole

collar ['kɔlə*] *n* (*of coat, shirt*) colletto; (*of dog, cat*) collare *m*; ~**bone** *n* clavicola

collateral [kɔ'lætərl] *n* garanzia

colleague ['kɔli:g] *n* collega *m/f*

collect [kə'lɛkt] *vt* (*gen*) raccogliere; (*as a hobby*) fare collezione di; (*BRIT: call and pick up*) prendere; (*money owed, pension*) riscuotere; (*donations, subscriptions*) fare una colletta di ♦ *vi* adunarsi, riunirsi; ammucchiarsi; **to call** ~ (*US: TEL*) fare una chiamata a carico del destinatario; ~**ion** [kə'lɛkʃən] *n* raccolta; collezione *f*; (*for money*) colletta

collector [kə'lɛktə*] *n* collezionista *m/f*

college ['kɔlɪdʒ] *n* college *m inv*; (*of technology etc*) istituto superiore

collide [kə'laɪd] *vi*: **to** ~ (**with**) scontrarsi (con)

colliery ['kɔliəri] (*BRIT*) *n* miniera di carbone

collision [kə'lɪʒən] *n* collisione *f*, scontro

colloquial [kə'ləukwiəl] *adj* familiare

colon ['kəulən] *n* (*sign*) due punti *mpl*; (*MED*) colon *m inv*

colonel ['kə:nl] *n* colonnello

colonial [kə'ləuniəl] *adj* coloniale

colony ['kɔləni] *n* colonia

colour ['kʌlə*] (*US* **color**) *n* colore *m* ♦ *vt* colorare; (*tint, dye*) tingere; (*fig: affect*) influenzare ♦ *vi* (*blush*) arrossire; ~**s** *npl* (*of party, club*) colori *mpl*; **in** ~ a colori; ~ **in** *vt* colorare; ~ **bar** *n* discriminazione *f* razziale (*in locali etc*); ~-**blind** *adj* daltonico(a); ~**ed** *adj* (*photo*) a colori; (*person*) di colore; ~ **film** *n* (*for camera*) pellicola a colori; ~**ful** *adj* pieno(a) di colore, a vivaci colori; (*personality*) colorato(a); ~**ing** *n* (*substance*) colorante *m*; (*complexion*) colorito; ~ **scheme** *n* combinazione *f* di colori; ~ **television** *n* televisione *f* a colori

colt [kəult] *n* puledro

column ['kɔləm] *n* colonna; ~**ist** ['kɔləmnɪst] *n* articolista *m/f*

coma ['kəumə] *n* coma *m inv*

comb [kəum] *n* pettine *m* ♦ *vt* (*hair*) pettinare; (*area*) battere a tappeto

combat ['kɔmbæt] *n* combattimento ♦ *vt* combattere, lottare contro

combination [kɔmbɪ'neɪʃən] *n* combinazione *f*

combine [*vb* kəm'baɪn, *n* 'kɔmbaɪn] *vt*: **to** ~ (**with**) combinare (con); (*one quality with another*) unire (a) ♦ *vi* unirsi; (*CHEM*) combinarsi ♦ *n* (*ECON*) associazione *f*; ~ (**harvester**) *n* mietitrebbia

come [kʌm] (*pt* **came**, *pp* **come**) *vi* venire; arrivare; **to** ~ **to** (*decision etc*) raggiungere; **I've** ~ **to like him** ha cominciato a piacermi; **to** ~ **undone** slacciarsi; **to** ~ **loose** allentarsi; ~ **about** *vi* succedere; ~ **across** *vt fus* trovare per caso; ~ **away** *vi* venire via; staccarsi; ~ **back** *vi* ritornare; ~ **by** *vt fus* (*acquire*) ottenere; procurarsi; ~ **down** *vi* scendere; (*prices*) calare; (*buildings*) essere demolito(a); ~ **forward** *vi* farsi avanti; presentarsi; ~ **from** *vt fus* venire da; provenire da; ~ **in** *vi* entrare; ~ **in for** *vt fus* (*criticism etc*) ricevere; ~ **into** *vt fus* (*money*) ereditare; ~ **off** *vi* (*button*) staccarsi; (*stain*) andar via; (*attempt*) riuscire; ~ **on** *vi* (*pupil, work, project*) fare progressi; (*lights*) accendersi; (*electricity*) entrare in funzione; ~ **on!** avanti!, andiamo!, forza!; ~ **out** *vi* uscire; (*stain*) andare via; ~ **round** *vi* (*after faint, operation*) riprendere conoscenza, rinvenire; ~ **to** *vi* rinvenire; ~ **up** *vi* (*sun*) salire; (*problem*) sorgere; (*event*) essere in arrivo; (*in conversation*) saltar fuori; ~ **up against** *vt fus* (*resistance, difficulties*) urtare contro; ~ **up with** *vt fus*: **he came up with an idea** venne fuori con un'idea; ~ **upon** *vt fus* trovare per caso; ~**back** *n* (*THEATRE etc*) ritorno

comedian [kə'mi:dɪən] *n* comico

comedienne [kəmi:dɪ'ɛn] *n* attrice *f* comica

comedy ['kɔmɪdɪ] *n* commedia

comeuppance [kʌm'ʌpəns] *n*: **to get**

one's ~ ricevere ciò che si merita

comfort ['kʌmfət] *n* comodità *f inv*, benessere *m*; (*relief*) consolazione *f*, conforto ♦ *vt* consolare, confortare; **~s** *npl* comodità *fpl*; **~able** *adj* comodo(a); (*financially*) agiato(a); **~ably** *adv* (*sit etc*) comodamente; (*live*) bene; **~ station** (*US*) *n* gabinetti *mpl*

comic ['kɒmɪk] *adj* (*also*: **~al**) comico(a) ♦ *n* comico; (*BRIT: magazine*) giornaletto; **~ strip** *n* fumetto

coming ['kʌmɪŋ] *n* arrivo ♦ *adj* (*next*) prossimo(a); (*future*) futuro(a); **~(s) and going(s)** *n*(*pl*) andirivieni *m inv*

comma ['kɒmə] *n* virgola

command [kə'mɑːnd] *n* ordine *m*, comando; (*MIL: authority*) comando; (*mastery*) padronanza ♦ *vt* comandare; **to ~ sb to do** ordinare a qn di fare; **~eer** [kɒmən'dɪə*] *vt* requisire; **~er** *n* capo; (*MIL*) comandante *m*

commando [kə'mɑːndəu] *n* commando *m inv*; membro di un commando

commence [kə'mɛns] *vt, vi* cominciare

commend [kə'mɛnd] *vt* lodare; raccomandare

commensurate [kə'mɛnʃərɪt] *adj*: **~ with** proporzionato(a) a

comment ['kɒmɛnt] *n* commento ♦ *vi*: **to ~ (on)** fare commenti (su); **~ary** ['kɒməntəri] *n* commentario; (*SPORT*) radiocronaca; telecronaca; **~ator** ['kɒməntertə*] *n* commentatore/trice; radiocronista *m/f*; telecronista *m/f*

commerce ['kɒmə:s] *n* commercio

commercial [kə'mə:ʃəl] *adj* commerciale ♦ *n* (*TV, RADIO: advertisement*) pubblicità *f inv*; **~ radio/television** *n* radio *f inv*/ televisione *f* privata

commiserate [kə'mɪzəreɪt] *vi*: **to ~ with** partecipare al dolore di

commission [kə'mɪʃən] *n* commissione *f* ♦ *vt* (*work of art*) commissionare; **out of ~** (*NAUT*) in disarmo; **~aire** [kəmɪʃə'nɛə*] (*BRIT*) *n* (*at shop, cinema etc*) portiere *m* in livrea; **~er** *n* (*POLICE*) questore *m*

commit [kə'mɪt] *vt* (*act*) commettere; (*to

sb's care) affidare; **to ~ o.s. (to do)** impegnarsi (a fare); **to ~ suicide** suicidarsi; **~ment** *n* impegno; promessa

committee [kə'mɪtɪ] *n* comitato

commodity [kə'mɒdɪtɪ] *n* prodotto, articolo

common ['kɒmən] *adj* comune; (*pej*) volgare; (*usual*) normale ♦ *n* terreno comune; **the C~s** (*BRIT*) *npl* la Camera dei Comuni; **in ~** in comune; **~er** *n* cittadino/a (non nobile); **~ law** *n* diritto consuetudinario; **~ly** *adv* comunemente, usualmente; **C~ Market** *n* Mercato Comune; **~place** *adj* banale, ordinario(a); **~room** *n* sala di riunione; (*SCOL*) sala dei professori; **~ sense** *n* buon senso; **the C~wealth** *n* il Commonwealth

commotion [kə'məuʃən] *n* confusione *f*, tumulto

communal ['kɒmju:nl] *adj* (*for common use*) pubblico(a)

commune [*n* 'kɒmju:n, *vb* kə'mju:n] *n* (*group*) comune *f* ♦ *vi*: **to ~ with** mettersi in comunione con

communicate [kə'mju:nɪkeɪt] *vt* comunicare, trasmettere ♦ *vi*: **to ~ (with)** comunicare (con)

communication [kəmju:nɪ'keɪʃən] *n* comunicazione *f*; **~ cord** (*BRIT*) *n* segnale *m* d'allarme

communion [kə'mju:nɪən] *n* (*also*: **Holy C~**) comunione *f*

communiqué [kə'mju:nɪkeɪ] *n* comunicato

communism ['kɒmjunɪzəm] *n* comunismo; **communist** *adj, n* comunista *m/f*

community [kə'mju:nɪtɪ] *n* comunità *f inv*; **~ centre** *n* circolo ricreativo; **~ chest** (*US*) *n* fondo di beneficenza

commutation ticket [kɒmju'teɪʃən-] (*US*) *n* biglietto di abbonamento

commute [kə'mju:t] *vi* fare il pendolare ♦ *vt* (*LAW*) commutare; **~r** *n* pendolare *m/f*

compact [*adj* kəm'pækt, *n* 'kɒmpækt] *adj* compatto(a) ♦ *n* (*also*: **powder ~**) portacipria *m inv*; **~ disc** *n* compact disc *m inv*; **~ disc player** *n* lettore *m* CD *inv*

companion [kəm'pænɪən] *n* compagno/a; **~ship** *n* compagnia

company ['kʌmpənɪ] *n* (*also COMM, MIL, THEATRE*) compagnia; **to keep sb ~** tenere compagnia a qn; **~ secretary** (*BRIT*) *n* segretario/a generale

comparable ['kɒmpərəbl] *adj* simile

comparative [kəm'pærətɪv] *adj* relativo(a); (*adjective etc*) comparativo(a); **~ly** *adv* relativamente

compare [kəm'pɛə*] *vt*: **to ~ sth/sb with/to** confrontare qc/qn con/a ♦ *vi*: **to ~ (with)** reggere il confronto (con); **comparison** [-'pærɪsn] *n* confronto; **in comparison (with)** in confronto (a)

compartment [kəm'pɑːtmənt] *n* compartimento; (*RAIL*) scompartimento

compass ['kʌmpəs] *n* bussola; **~es** *npl* (*MATH*) compasso

compassion [kəm'pæʃən] *n* compassione *f*

compatible [kəm'pætɪbl] *adj* compatibile

compel [kəm'pɛl] *vt* costringere, obbligare

compensate ['kɒmpənseɪt] *vt* risarcire ♦ *vi*: **to ~ for** compensare; **compensation** [-'seɪʃən] *n* compensazione *f*; (*money*) risarcimento

compère ['kɒmpɛə*] *n* presentatore/trice

compete [kəm'piːt] *vi* (*take part*) concorrere; (*vie*): **to ~ (with)** fare concorrenza (a)

competent ['kɒmpɪtənt] *adj* competente

competition [kɒmpɪ'tɪʃən] *n* gara; concorso; (*ECON*) concorrenza

competitive [kəm'pɛtɪtɪv] *adj* (*ECON*) concorrenziale; (*sport*) agonistico(a); (*person*) che ha spirito di competizione; che ha spirito agonistico

competitor [kəm'pɛtɪtə*] *n* concorrente *m/f*

complacency [kəm'pleɪsnsɪ] *n* compiacenza di sé

complain [kəm'pleɪn] *vi* lagnarsi, lamentarsi; **~t** *n* lamento; (*in shop etc*) reclamo; (*MED*) malattia

complement [*n* 'kɒmplɪmənt, *vb* 'kɒmplɪmɛnt] *n* complemento; (*especially of ship's crew etc*) effettivo ♦ *vt* (*enhance*) accompagnarsi bene a; **~ary** [kɒmplɪ'mɛntərɪ] *adj* complementare

complete [kəm'pliːt] *adj* completo(a) ♦ *vt*

completare; (*a form*) riempire; **~ly** *adv* completamente; **completion** [-'pliːʃən] *n* completamento

complex ['kɒmplɛks] *adj* complesso(a) ♦ *n* (*PSYCH, buildings etc*) complesso

complexion [kəm'plɛkʃən] *n* (*of face*) carnagione *f*

compliance [kəm'plaɪəns] *n* acquiescenza; **in ~ with** (*orders, wishes etc*) in conformità con

complicate ['kɒmplɪkeɪt] *vt* complicare; **~d** *adj* complicato(a); **complication** [-'keɪʃən] *n* complicazione *f*

compliment [*n* 'kɒmplɪmənt, *vb* 'kɒmplɪmɛnt] *n* complimento ♦ *vt* fare un complimento a; **~s** *npl* (*greetings*) complimenti *mpl*; rispetti *mpl*; **to pay sb a ~** fare un complimento a qn; **~ary** [-'mɛntərɪ] *adj* complimentoso(a), elogiativo(a); (*free*) in omaggio; **~ary ticket** *n* biglietto omaggio

comply [kəm'plaɪ] *vi*: **to ~ with** assentire a; conformarsi a

component [kəm'pəunənt] *adj* componente ♦ *n* componente *m*

compose [kəm'pəuz] *vt* (*form*): **to be ~d of** essere composto di; (*music, poem etc*) comporre; **to ~ o.s.** ricomporsi; **~d** *adj* calmo(a); **~r** *n* (*MUS*) compositore/trice

composition [kɒmpə'zɪʃən] *n* composizione *f*

composure [kəm'pəuʒə*] *n* calma

compound ['kɒmpaund] *n* (*CHEM, LING*) composto; (*enclosure*) recinto ♦ *adj* composto(a); **~ fracture** *n* frattura esposta

comprehend [kɒmprɪ'hɛnd] *vt* comprendere, capire; **comprehension** [-'hɛnʃən] *n* comprensione *f*

comprehensive [kɒmprɪ'hɛnsɪv] *adj* comprensivo(a); **~ policy** *n* (*INSURANCE*) polizza che copre tutti i rischi; **~ (school)** (*BRIT*) *n* scuola secondaria aperta a tutti

compress [*vb* kəm'prɛs, *n* 'kɒmprɛs] *vt* comprimere ♦ *n* (*MED*) compressa

comprise [kəm'praɪz] *vt* (*also*: **be ~d of**) comprendere

compromise ['kɔmprəmaız] *n*
compromesso ♦ *vt* compromettere ♦ *vi*
venire a un compromesso

compulsion [kəm'pʌlʃən] *n* costrizione *f*

compulsive [kəm'pʌlsıv] *adj* (*liar, gambler*)
che non riesce a controllarsi; (*viewing,
reading*) cui non si può fare a meno

compulsory [kəm'pʌlsərı] *adj*
obbligatorio(a)

computer [kəm'pju:tə*] *n* computer *m inv*,
elaboratore *m* elettronico; ~ **game** *n*
gioco per computer; **~-generated** *adj*
realizzato(a) al computer; **~ize** *vt*
computerizzare; ~ **programmer** *n*
programmatore/trice; ~ **programming** *n*
programmazione *f* di computer; ~
science *n* informatica; **computing** *n*
informatica

comrade ['kɔmrıd] *n* compagno/a; **~ship**
n cameratismo

con [kɔn] (*inf*) *vt* truffare ♦ *n* truffa

conceal [kən'si:l] *vt* nascondere

concede [kən'si:d] *vt* ammettere

conceit [kən'si:t] *n* presunzione *f*, vanità;
~ed *adj* presuntuoso(a), vanitoso(a)

conceive [kən'si:v] *vt* concepire ♦ *vi*
concepire un bambino

concentrate ['kɔnsəntreıt] *vi* concentrarsi ♦
vt concentrare

concentration [kɔnsən'treıʃən] *n*
concentrazione *f*; ~ **camp** *n* campo di
concentramento

concept ['kɔnsept] *n* concetto

concern [kən'sə:n] *n* affare *m*; (*COMM*)
azienda, ditta; (*anxiety*) preoccupazione *f*
♦ *vt* riguardare; **to be ~ed (about)**
preoccuparsi (di); **~ing** *prep* riguardo a,
circa

concert ['kɔnsət] *n* concerto; **~ed**
[kən'sə:tıd] *adj* concertato(a); ~ **hall** *n* sala
da concerti

concertina [kɔnsə'ti:nə] *n* piccola
fisarmonica

conclude [kən'klu:d] *vt* concludere;
conclusion [-'klu:ʒən] *n* conclusione *f*;
conclusive [-'klu:sıv] *adj* conclusivo(a)

concoct [kən'kɔkt] *vt* inventare; **~ion**
[-'kɔkʃən] *n* miscuglio

concourse ['kɔnkɔ:s] *n* (*hall*) atrio

concrete ['kɔnkri:t] *n* calcestruzzo ♦ *adj*
concreto(a); di calcestruzzo

concur [kən'kə:*] *vi* concordare

concurrently [kən'kʌrntlı] *adv*
simultaneamente

concussion [kən'kʌʃən] *n* commozione *f*
cerebrale

condemn [kən'dem] *vt* condannare;
(*building*) dichiarare pericoloso(a)

condensation [kɔnden'seıʃən] *n*
condensazione *f*

condense [kən'dens] *vi* condensarsi ♦ *vt*
condensare; **~d milk** *n* latte *m*
condensato

condescending [kɔndı'sendıŋ] *adj*
(*person*) che ha un'aria di superiorità

condition [kən'dıʃən] *n* condizione *f*; (*MED*)
malattia ♦ *vt* condizionare; **on ~ that** a
condizione che *+sub*, a condizione di; **~er**
n (*for hair*) balsamo; (*for fabrics*)
ammorbidente *m*

condolences [kən'dəulənsız] *npl*
condoglianze *fpl*

condom ['kɔndəm] *n* preservativo

condominium [kɔndə'mınıəm] (*US*) *n*
condominio

conducive [kən'dju:sıv] *adj*: ~ **to** favorevole
a

conduct [*n* 'kɔndʌkt, *vb* kən'dʌkt] *n*
condotta ♦ *vt* condurre; (*manage*) dirigere;
amministrare; (*MUS*) dirigere; **to ~ o.s.**
comportarsi; **~ed tour** *n* gita
accompagnata; **~or** *n* (*of orchestra*)
direttore *m* d'orchestra; (*on bus*) bigliettaio;
(*US: on train*) controllore *m*; (*ELEC*)
conduttore *m*; **~ress** *n* (*on bus*) bigliettaia

cone [kəun] *n* cono; (*BOT*) pigna; (*traffic ~*)
birillo

confectioner [kən'fekʃənə*] *n* pasticciere
m; **~'s (shop)** *n* ≈ pasticceria; **~y** *n*
dolciumi *mpl*

confer [kən'fə:*] *vt*: **to ~ sth on** conferire qc
a ♦ *vi* conferire

conference ['kɔnfərns] *n* congresso

confess [kən'fes] *vt* confessare, ammettere

♦ *vi* confessare; **~ion** [-'feʃən] *n* confessione *f*

confetti [kənˈfeti] *n* coriandoli *mpl*

confide [kənˈfaɪd] *vi*: **to ~ in** confidarsi con

confidence [ˈkɒnfɪdns] *n* confidenza; (*trust*) fiducia; (*self-assurance*) sicurezza di sé; **in ~** (*speak, write*) in confidenza, confidenzialmente; **~ trick** *n* truffa; **confident** *adj* sicuro(a); sicuro(a) di sé; **confidential** [kɒnfɪˈdenʃəl] *adj* riservato(a), confidenziale

confine [kənˈfaɪn] *vt* limitare; (*shut up*) rinchiudere; **~d** *adj* (*space*) ristretto(a); **~ment** *n* prigionia; **~s** [ˈkɒnfaɪnz] *npl* confini *mpl*

confirm [kənˈfɔːm] *vt* confermare; **~ation** [kɒnfəˈmeɪʃən] *n* conferma; (*REL*) cresima; **~ed** *adj* inveterato(a)

confiscate [ˈkɒnfɪskeɪt] *vt* confiscare

conflict [*n* ˈkɒnflɪkt, *vb* kənˈflɪkt] *n* conflitto ♦ *vi* essere in conflitto; **~ing** *adj* contrastante

conform [kənˈfɔːm] *vi*: **to ~ (to)** conformarsi (a)

confound [kənˈfaʊnd] *vt* confondere

confront [kənˈfrʌnt] *vt* (*enemy, danger*) affrontare; **~ation** [kɒnfrənˈteɪʃən] *n* scontro

confuse [kənˈfjuːz] *vt* (*one thing with another*) confondere; **~d** *adj* confuso(a); **confusing** *adj* che fa confondere; **confusion** [-ˈfjuːʒən] *n* confusione *f*

congeal [kənˈdʒiːl] *vi* (*blood*) congelarsi

congenial [kənˈdʒiːnɪəl] *adj* (*person*) simpatico(a); (*thing*) congeniale

congested [kənˈdʒestɪd] *adj* congestionato(a)

congestion [kənˈdʒestʃən] *n* congestione *f*

congratulate [kənˈgrætjuleɪt] *vt*: **to ~ sb (on)** congratularsi con qn (per *or* di); **congratulations** [-ˈleɪʃənz] *npl* auguri *mpl*; (*on success*) complimenti *mpl*, congratulazioni *fpl*

congregate [ˈkɒŋgrɪgeɪt] *vi* congregarsi, riunirsi

congress [ˈkɒŋgres] *n* congresso; **C~man** (*US*) *n* membro del Congresso

conjunction [kənˈdʒʌŋkʃən] *n* congiunzione *f*

conjunctivitis [kəndʒʌŋktɪˈvaɪtɪs] *n* congiuntivite *f*

conjure [ˈkʌndʒəˈ] *vi* fare giochi di prestigio; **~ up** *vt* (*ghost, spirit*) evocare; (*memories*) rievocare; **~r** *n* prestidigitatore/ trice, prestigiatore/trice

conk out [kɒŋk-] (*inf*) *vi* andare in panne

con man *n* truffatore *m*

connect [kəˈnekt] *vt* connettere, collegare; (*ELEC, TEL*) collegare; (*fig*) associare ♦ *vi* (*train*): **to ~ with** essere in coincidenza con; **to be ~ed with** (*associated*) aver rapporti con; **~ion** [-ʃən] *n* relazione *f*, rapporto; (*ELEC*) connessione *f*; (*train, plane*) coincidenza; (*TEL*) collegamento

connive [kəˈnaɪv] *vi*: **to ~ at** essere connivente in

connoisseur [kɒnɪˈsəˈ] *n* conoscitore/trice

conquer [ˈkɒŋkəˈ] *vt* conquistare; (*feelings*) vincere

conquest [ˈkɒŋkwest] *n* conquista

cons [kɒnz] *npl see* **convenience; pro**

conscience [ˈkɒnʃəns] *n* coscienza

conscientious [kɒnʃɪˈenʃəs] *adj* coscienzioso(a)

conscious [ˈkɒnʃəs] *adj* consapevole; (*MED*) cosciente; **~ness** *n* consapevolezza; coscienza

conscript [ˈkɒnskrɪpt] *n* coscritto; **~ion** [-ˈskrɪpʃən] *n* arruolamento (obbligatorio)

consent [kənˈsent] *n* consenso ♦ *vi*: **to ~ (to)** acconsentire (a)

consequence [ˈkɒnsɪkwəns] *n* conseguenza, risultato; importanza

consequently [ˈkɒnsɪkwəntlɪ] *adv* di conseguenza, dunque

conservation [kɒnsəˈveɪʃən] *n* conservazione *f*

conservative [kənˈsəːvətɪv] *adj* conservatore(trice); (*cautious*) cauto(a); **C~** (*BRIT*) *adj, n* (*POL*) conservatore(trice)

conservatory [kənˈsəːvətrɪ] *n* (*greenhouse*) serra; (*MUS*) conservatorio

conserve [kənˈsəːv] *vt* conservare ♦ *n* conserva

consider [kənˈsɪdəˈ] *vt* considerare; (*take*

into account) tener conto di; **to ~ doing sth** considerare la possibilità di fare qc

considerable [kən'sɪdərəbl] *adj* considerevole, notevole; **considerably** *adv* notevolmente, decisamente

considerate [kən'sɪdərɪt] *adj* premuroso(a)

consideration [kənsɪdə'reɪʃən] *n* considerazione *f*

considering [kən'sɪdərɪŋ] *prep* in considerazione di

consign [kən'saɪn] *vt*: **to ~ to** *(sth unwanted)* relegare in; *(person: to sb's care)* consegnare a; (: *to poverty)* condannare a; **~ment** *n (of goods)* consegna; spedizione *f*

consist [kən'sɪst] *vi*: **to ~ of** constare di, essere composto(a) di

consistency [kən'sɪstənsɪ] *n* consistenza; *(fig)* coerenza

consistent [kən'sɪstənt] *adj* coerente

consolation [kɒnsə'leɪʃən] *n* consolazione *f*

console[1] [kən'səul] *vt* consolare

console[2] ['kɒnsəul] *n* quadro di comando

consonant ['kɒnsənənt] *n* consonante *f*

consortium [kən'sɔ:tɪəm] *n* consorzio

conspicuous [kən'spɪkjuəs] *adj* cospicuo(a)

conspiracy [kən'spɪrəsɪ] *n* congiura, cospirazione *f*

constable ['kʌnstəbl] *(BRIT)* *n* ≈ poliziotto, agente *m* di polizia; **chief ~** ≈ questore *m*

constabulary [kən'stæbjulərɪ] *n* forze *fpl* dell'ordine

constant ['kɒnstənt] *adj* costante; continuo(a); **~ly** *adv* costantemente; continuamente

constipated ['kɒnstɪpeɪtɪd] *adj* stitico(a)

constipation [kɒnstɪ'peɪʃən] *n* stitichezza

constituency [kən'stɪtjuənsɪ] *n* collegio elettorale

constituent [kən'stɪtjuənt] *n* elettore/trice; *(part)* elemento componente

constitution [kɒnstɪ'tju:ʃən] *n* costituzione *f*; **~al** *adj* costituzionale

constraint [kən'streɪnt] *n* costrizione *f*

construct [kən'strʌkt] *vt* costruire; **~ion** [-fən] *n* costruzione *f*; **~ive** *adj* costruttivo(a)

consul ['kɒnsl] *n* console *m*; **~ate**

['kɒnsjulɪt] *n* consolato

consult [kən'sʌlt] *vt* consultare; **~ant** *n* *(MED)* consulente *m* medico; *(other specialist)* consulente *m*; **~ation** [-'teɪʃən] *n* *(MED)* consulto; *(discussion)* consultazione *f*; **~ing room** *(BRIT)* *n* ambulatorio

consume [kən'sju:m] *vt* consumare; **~r** *n* consumatore/trice; **~r goods** *npl* beni *mpl* di consumo; **~r society** *n* società dei consumi

consumption [kən'sʌmpʃən] *n* consumo

cont. *abbr* = **continued**

contact ['kɒntækt] *n* contatto; *(person)* conoscenza ♦ *vt* mettersi in contatto con; **~ lenses** *npl* lenti *fpl* a contatto

contagious [kən'teɪdʒəs] *adj (also fig)* contagioso(a)

contain [kən'teɪn] *vt* contenere; **to ~ o.s.** contenersi; **~er** *n* recipiente *m*; *(for shipping etc)* container *m inv*

contaminate [kən'tæmɪneɪt] *vt* contaminare

cont'd *abbr* = **continued**

contemplate ['kɒntəmpleɪt] *vt* contemplare; *(consider)* pensare a *(or* di)

contemporary [kən'tempərərɪ] *adj*, *n* contemporaneo(a)

contempt [kən'tempt] *n* disprezzo; **~ of court** *(LAW)* oltraggio alla Corte; **~ible** *adj* deprecabile

contend [kən'tend] *vt*: **to ~ that** sostenere che ♦ *vi*: **to ~ with** lottare contro; **~er** *n* contendente *m/f*; concorrente *m/f*

content[1] ['kɒntent] *n* contenuto; **~s** *npl (of box, case etc)* contenuto; **(table of) ~s** indice *m*

content[2] [kən'tent] *adj* contento(a), soddisfatto(a) ♦ *vt* contentare, soddisfare; **~ed** *adj* contento(a), soddisfatto(a)

contention [kən'tenʃən] *n* contesa; *(assertion)* tesi *f inv*

contentment [kən'tentmənt] *n* contentezza

contest [*n* 'kɒntest, *vb* kən'test] *n* lotta; *(competition)* gara, concorso ♦ *vt* contestare; impugnare; *(compete for)* essere in lizza per; **~ant** [kən'testənt] *n* concorrente *m/f*; *(in fight)* avversario/a

context ['kɔntɛkst] *n* contesto

continent ['kɔntɪnənt] *n* continente *m*; **the C~** (*BRIT*) l'Europa continentale; **~al** [-'nɛntl] *adj* continentale; **~al breakfast** *n* colazione *f* all'europea (*senza piatti caldi*); **~al quilt** (*BRIT*) *n* piumino

contingency [kən'tɪndʒənsɪ] *n* eventualità *f inv*

continual [kən'tɪnjuəl] *adj* continuo(a)

continuation [kəntɪnju'eɪʃən] *n* continuazione *f*; (*after interruption*) ripresa; (*of story*) seguito

continue [kən'tɪnju:] *vi* continuare ♦ *vt* continuare; (*start again*) riprendere

continuity [kɔntɪ'nju:ɪtɪ] *n* continuità *f*; (*TV, CINEMA*) (ordine *m* della) sceneggiatura

continuous [kən'tɪnjuəs] *adj* continuo(a); ininterrotto(a)

contort [kən'tɔ:t] *vt* contorcere

contour ['kɔntuə*] *n* contorno, profilo; (*also: ~ line*) curva di livello

contraband ['kɔntrəbænd] *n* contrabbando

contraceptive [kɔntrə'sɛptɪv] *adj* contraccettivo(a) ♦ *n* contraccettivo

contract [*n* 'kɔntrækt, *vb* kən'trækt] *n* contratto ♦ *vi* (*become smaller*) contrarsi; (*COMM*): **to ~ to do sth** fare un contratto per fare qc ♦ *vt* (*illness*) contrarre; **~ion** [-ʃən] *n* contrazione *f*; **~or** *n* imprenditore *m*

contradict [kɔntrə'dɪkt] *vt* contraddire

contraflow ['kɔntrəfləu] *n* (*AUT*) senso unico alternato

contraption [kən'træpʃən] (*pej*) *n* aggeggio

contrary[1] ['kɔntrərɪ] *adj* contrario(a); (*unfavourable*) avverso(a), contrario(a) ♦ *n* contrario; **on the ~** al contrario; **unless you hear to the ~** salvo contrordine

contrary[2] [kən'trɛərɪ] *adj* (*perverse*) bisbetico(a)

contrast [*n* 'kɔntrɑ:st, *vb* kən'trɑ:st] *n* contrasto ♦ *vt* mettere in contrasto; **in ~ to** contrariamente a

contribute [kən'trɪbju:t] *vi* contribuire ♦ *vt*: **to ~ £10/an article** dare 10 sterline/un articolo a; **to ~ to** contribuire a; (*newspaper*) scrivere per; **contribution** [kɔntrɪ'bju:ʃən] *n* contributo; **contributor**

n (*to newspaper*) collaboratore/trice

contrivance [kən'traɪvəns] *n* congegno; espediente *m*

contrive [kən'traɪv] *vi*: **to ~ to do** fare in modo di fare

control [kən'trəul] *vt* controllare; (*firm, operation etc*) dirigere ♦ *n* controllo; **~s** *npl* (*of vehicle etc*) comandi *mpl*; (*governmental*) controlli *mpl*; **under ~** sotto controllo; **to be in ~ of** avere il controllo di; **to go out of ~** (*car*) non rispondere ai comandi; (*situation*) sfuggire di mano; **~led substance** *n* sostanza stupefacente; **~ panel** *n* quadro dei comandi; **~ room** *n* (*NAUT, MIL*) sala di comando; (*RADIO, TV*) sala di regia; **~ tower** *n* (*AVIAT*) torre *f* di controllo

controversial [kɔntrə'və:ʃl] *adj* controverso(a), polemico(a)

controversy ['kɔntrəvə:sɪ] *n* controversia, polemica

convalesce [kɔnvə'lɛs] *vi* rimettersi in salute

convene [kən'vi:n] *vt* convocare ♦ *vi* convenire, adunarsi

convenience [kən'vi:nɪəns] *n* comodità *f inv*; **at your ~** a suo comodo; **all modern ~s**, (*BRIT*) **all mod cons** tutte le comodità moderne

convenient [kən'vi:nɪənt] *adj* conveniente, comodo(a)

convent ['kɔnvənt] *n* convento

convention [kən'vɛnʃən] *n* convenzione *f*; (*meeting*) convegno; **~al** *adj* convenzionale

conversant [kən'və:snt] *adj*: **to be ~ with** essere al corrente di; essere pratico(a) di

conversation [kɔnvə'seɪʃən] *n* conversazione *f*; **~al** *adj* non formale

converse[1] [kən'və:s] *vi* conversare

converse[2] ['kɔnvə:s] *n* contrario, opposto; **~ly** [-'və:slɪ] *adv* al contrario, per contro

convert [*vb* kən'və:t, *n* 'kɔnvə:t] *vt* (*COMM, REL*) convertire; (*alter*) trasformare ♦ *n* convertito/a; **~ible** *n* macchina decappottabile

convex ['kɔnvɛks] *adj* convesso(a)

convey [kən'veɪ] *vt* trasportare; (*thanks*)

comunicare; *(idea)* dare; **~or belt** *n* nastro trasportatore

convict [*vb* kən'vɪkt, *n* 'kɒnvɪkt] *vt* dichiarare colpevole ♦ *n* carcerato/a; **~ion** [-fən] *n* condanna; *(belief)* convinzione *f*

convince [kən'vɪns] *vt* convincere, persuadere; **convincing** *adj* convincente

convoluted [kɒnvə'luːtɪd] *adj (argument etc)* involuto(a)

convoy ['kɒnvɔɪ] *n* convoglio

convulse [kən'vʌls] *vt*: **to be ~d with laughter** contorcersi dalle risa

cook [kuk] *vt* cucinare, cuocere ♦ *vi* cuocere; *(person)* cucinare ♦ *n* cuoco/a; **~book** *n* libro di cucina; **~er** *n* fornello, cucina; **~ery** *n* cucina; **~ery book** *(BRIT) n* = **~book**; **~ie** *(US) n* biscotto; **~ing** *n* cucina

cool [kuːl] *adj* fresco(a); *(not afraid, calm)* calmo(a); *(unfriendly)* freddo(a) ♦ *vt* raffreddare; *(room)* rinfrescare ♦ *vi (water)* raffreddarsi; *(air)* rinfrescarsi

coop [kuːp] *n* stia ♦ *vt*: **to ~ up** *(fig)* rinchiudere

cooperate [kəu'ɒpəreɪt] *vi* cooperare, collaborare; **cooperation** [-'reɪʃən] *n* cooperazione *f*, collaborazione *f*

cooperative [kəu'ɒpərətɪv] *adj* cooperativo(a) ♦ *n* cooperativa

coordinate [*vb* kəu'ɔːdɪneɪt, *n* kəu'ɔːdɪnət] *vt* coordinare ♦ *n (MATH)* coordinata; **~s** *npl (clothes)* coordinati *mpl*

co-ownership [kəu'əunəʃɪp] *n* comproprietà

cop [kɒp] *(inf) n* sbirro

cope [kəup] *vi*: **to ~ with** *(problems)* far fronte a

copper ['kɒpə*] *n* rame *m*; *(inf: policeman)* sbirro; **~s** *npl (coins)* spiccioli *mpl*

copse [kɒps] *n* bosco ceduo

copy ['kɒpɪ] *n* copia ♦ *vt* copiare; **~right** *n* diritto d'autore

coral ['kɒrəl] *n* corallo

cord [kɔːd] *n* corda; *(ELEC)* filo

cordial ['kɔːdɪəl] *adj* cordiale ♦ *n (BRIT)* cordiale *m*

cordon ['kɔːdn] *n* cordone *m*; **~ off** *vt* fare cordone a

corduroy ['kɔːdərɔɪ] *n* fustagno

core [kɔː*] *n (of fruit)* torsolo; *(of organization etc)* cuore *m* ♦ *vt* estrarre il torsolo da

cork [kɔːk] *n* sughero; *(of bottle)* tappo; **~screw** *n* cavatappi *m inv*

corn [kɔːn] *n (BRIT: wheat)* grano; *(US: maize)* granturco; *(on foot)* callo; **~ on the cob** *(CULIN)* pannocchia cotta

corned beef ['kɔːnd-] *n* carne *f* di manzo in scatola

corner ['kɔːnə*] *n* angolo; *(AUT)* curva ♦ *vt* intrappolare; mettere con le spalle al muro; *(COMM: market)* accaparrare ♦ *vi* prendere una curva; **~stone** *n* pietra angolare

cornet ['kɔːnɪt] *n (MUS)* cornetta; *(BRIT: of ice-cream)* cono

cornflakes ['kɔːnfleɪks] *npl* fiocchi *mpl* di granturco

cornflour ['kɔːnflauə*] *(BRIT) n* farina finissima di granturco

cornstarch ['kɔːnstɑːtʃ] *(US) n* = **cornflour**

Cornwall ['kɔːnwəl] *n* Cornovaglia

corny ['kɔːnɪ] *(inf) adj* trito(a)

coronary ['kɒrənərɪ] *n*: **~ (thrombosis)** trombosi *f* coronaria

coronation [kɒrə'neɪʃən] *n* incoronazione *f*

coroner ['kɒrənə*] *n magistrato incaricato di indagare la causa di morte in circostanze sospette*

coronet ['kɒrənɪt] *n* diadema *m*

corporal ['kɔːpərl] *n* caporalmaggiore *m* ♦ *adj*: **~ punishment** pena corporale

corporate ['kɔːpərɪt] *adj* costituito(a) (in corporazione); comune

corporation [kɔːpə'reɪʃən] *n (of town)* consiglio comunale; *(COMM)* ente *m*

corps [kɔː*, *pl* kɔːz] *n inv* corpo

corpse [kɔːps] *n* cadavere *m*

correct [kə'rekt] *adj (accurate)* corretto(a), esatto(a); *(proper)* corretto(a) ♦ *vt* correggere; **~ion** [-fən] *n* correzione *f*

correspond [kɒrɪs'pɒnd] *vi* corrispondere; **~ence** *n* corrispondenza; **~ence course** *n* corso per corrispondenza; **~ent** *n* corrispondente *m/f*

corridor ['kɔrɪdɔː*] n corridoio
corrode [kə'rəud] vt corrodere ♦ vi corrodersi
corrugated ['kɔrəgeɪtɪd] adj increspato(a); ondulato(a); **~ iron** n lamiera di ferro ondulata
corrupt [kə'rʌpt] adj corrotto(a); (COMPUT) alterato(a) ♦ vt corrompere
corset ['kɔːsɪt] n busto
Corsica ['kɔːsɪkə] n Corsica
cosh [kɔʃ] (BRIT) n randello (corto)
cosmetic [kɔz'metɪk] n cosmetico ♦ adj (fig: measure etc) superficiale
cost [kɔst] (pt, pp **cost**) n costo ♦ vt costare; (find out the ~ of) stabilire il prezzo di; **~s** npl (COMM, LAW) spese fpl; **how much does it ~?** quanto costa?; **at all ~s** a ogni costo
co-star ['kəu-] n attore/trice della stessa importanza del protagonista
cost-effective adj conveniente
costly ['kɔstlɪ] adj costoso(a), caro(a)
cost-of-living adj: **~ allowance** indennità f inv di contingenza
cost price (BRIT) n prezzo all'ingrosso
costume ['kɔstjuːm] n costume m; (lady's suit) tailleur m inv; (BRIT: also: **swimming ~**) costume da bagno; **~ jewellery** n bigiotteria
cosy ['kəuzɪ] (US **cozy**) adj intimo(a); **I'm very ~ here** sto proprio bene qui
cot [kɔt] n (BRIT: child's) lettino; (US: campbed) brandina
cottage ['kɔtɪdʒ] n cottage m inv; **~ cheese** n fiocchi mpl di latte magro
cotton ['kɔtn] n cotone m; **~ on to** (inf) vt fus afferrare; **~ candy** (US) n zucchero filato; **~ wool** (BRIT) n cotone idrofilo
couch [kautʃ] n sofà m inv
couchette [kuː'ʃet] n (on train, boat) cuccetta
cough [kɔf] vi tossire ♦ n tosse f; **~ drop** n pasticca per la tosse
could [kud] pt of **can²**; **~n't = could not**
council ['kaunsl] n consiglio; **city or town ~** consiglio comunale; **~ estate** (BRIT) n quartiere m di case popolari; **~ house**

(BRIT) n casa popolare; **~lor** n consigliere/a
counsel ['kaunsl] n avvocato; consultazione f ♦ vt consigliare; **~lor** n (US: **~or**) consigliere/a; (US) avvocato
count [kaunt] vt, vi contare ♦ n (of votes etc) conteggio; (of pollen etc) livello; (nobleman) conte m; **~ on** vt fus contare su; **~down** n conto alla rovescia
countenance ['kauntɪnəns] n volto, aspetto ♦ vt approvare
counter ['kauntə*] n banco ♦ vt opporsi a ♦ adv: **~ to** contro; in opposizione a; **~act** vt agire in opposizione a; (poison etc) annullare gli effetti di; **~-espionage** n controspionaggio
counterfeit ['kauntəfɪt] n contraffazione f, falso ♦ vt contraffare, falsificare ♦ adj falso(a)
counterfoil ['kauntəfɔɪl] n matrice f
counterpart ['kauntəpɑːt] n (of document etc) copia; (of person) corrispondente m/f
counter-productive [-prə'dʌktɪv] adj controproducente
countersign ['kauntəsaɪn] vt controfirmare
countess ['kauntɪs] n contessa
countless ['kauntlɪs] adj innumerevole
country ['kʌntrɪ] n paese m; (native land) patria; (as opposed to town) campagna; (region) regione f; **~ dancing** (BRIT) n danza popolare; **~ house** n villa in campagna; **~man** (irreg) n (national) compatriota m; (rural) contadino; **~side** n campagna
county ['kauntɪ] n contea
coup [kuː] (pl **coups**) n colpo; (also: **~ d'état**) colpo di Stato
couple ['kʌpl] n coppia; **a ~ of** un paio di
coupon ['kuːpɔn] n buono; (detachable form) coupon m inv
courage ['kʌrɪdʒ] n coraggio
courgette [kuə'ʒet] (BRIT) n zucchina
courier ['kurɪə*] n corriere m; (for tourists) guida
course [kɔːs] n corso; (of ship) rotta; (for golf) campo; (part of meal) piatto; **of ~** senz'altro, naturalmente; **~ of action** modo d'agire; **a ~ of treatment** (MED) una cura

court [kɔːt] n corte f; (TENNIS) campo ♦ vt (woman) fare la corte a; **to take to ~** citare in tribunale

courteous ['kɜːtɪəs] adj cortese

courtesy ['kɜːtəsɪ] n cortesia; **(by) ~ of** per gentile concessione di; **~ bus, ~ coach** n autobus m inv gratuito (di hotel, aeroporto)

court-house (US) n palazzo di giustizia

courtier ['kɔːtɪə*] n cortigiano/a

court-martial [-'mɑːʃəl] (pl courts-martial) n corte f marziale

courtroom ['kɔːtrum] n tribunale m

courtyard ['kɔːtjɑːd] n cortile m

cousin ['kʌzn] n cugino/a; **first ~** cugino di primo grado

cove [kəʊv] n piccola baia

covenant ['kʌvənənt] n accordo

cover ['kʌvə*] vt coprire; (book, table) rivestire; (include) comprendere; (PRESS) fare un servizio su ♦ n (of pan) coperchio; (over furniture) fodera; (of bed) copriletto; (of book) copertina; (shelter) riparo; (COMM, INSURANCE, of spy) copertura; **to take ~** (shelter) ripararsi; **under ~** al riparo; **under ~ of darkness** protetto dall'oscurità; **under separate ~** (COMM) a parte, in plico separato; **~ up** vi: **to ~ up for sb** coprire qn; **~age** n (PRESS, RADIO, TV): **to give full ~age to sth** fare un ampio servizio su qc; **~ charge** n coperto; **~ing** n copertura; **~ing letter** (US **~ letter**) n lettera d'accompagnamento; **~ note** n (INSURANCE) polizza (di assicurazione) provvisoria

covert ['kʌvət] adj (hidden) nascosto(a); (glance) furtivo(a)

cover-up n occultamento (di informazioni)

cow [kaʊ] n vacca ♦ vt (person) intimidire

coward ['kaʊəd] n vigliacco/a; **~ice** [-ɪs] n vigliaccheria; **~ly** adj vigliacco(a)

cowboy ['kaʊbɔɪ] n cow-boy m inv

cower ['kaʊə*] vi acquattarsi

coxswain ['kɔksn] (abbr: **cox**) n timoniere m

coy [kɔɪ] adj falsamente timido(a)

cozy ['kəʊzɪ] (US) adj = **cosy**

CPA (US) n abbr = **certified public accountant**

crab [kræb] n granchio; **~ apple** n mela selvatica

crack [kræk] n fessura, crepa; incrinatura; (noise) schiocco; (: of gun) scoppio; (drug) crack m inv ♦ vt spaccare; incrinare; (whip) schioccare; (nut) schiacciare; (problem) risolvere; (code) decifrare ♦ adj (troops) fuori classe; **to ~ a joke** fare una battuta; **~ down on** vt fus porre freno a; **~ up** vi crollare; **~er** n cracker m inv; petardo

crackle ['krækl] vi crepitare

cradle ['kreɪdl] n culla

craft [krɑːft] n mestiere m; (cunning) astuzia; (boat) naviglio; **~sman** (irreg) n artigiano; **~smanship** n abilità; **~y** adj furbo(a), astuto(a)

crag [kræg] n roccia

cram [kræm] vt (fill): **to ~ sth with** riempire qc di; (put): **to ~ sth into** stipare qc in ♦ vi (for exams) prepararsi (in gran fretta)

cramp [kræmp] n crampo; **~ed** adj ristretto(a)

crampon ['kræmpən] n (CLIMBING) rampone m

cranberry ['krænbərɪ] n mirtillo

crane [kreɪn] n gru f inv

crank [kræŋk] n manovella; (person) persona stramba

cranny ['krænɪ] n see **nook**

crash [kræʃ] n fragore m; (of car) incidente m; (of plane) caduta; (of business etc) crollo ♦ vt fracassare ♦ vi (plane) fracassarsi; (car) avere un incidente; (two cars) scontrarsi; (business etc) fallire, andare in rovina; **~ course** n corso intensivo; **~ helmet** n casco; **~ landing** n atterraggio di fortuna

crate [kreɪt] n cassa

cravat(e) [krə'væt] n fazzoletto da collo

crave [kreɪv] vt, vi: **to ~ (for)** desiderare ardentemente

crawl [krɔːl] vi strisciare carponi; (vehicle) avanzare lentamente ♦ n (SWIMMING) crawl m

crayfish ['kreɪfɪʃ] n inv (freshwater) gambero (d'acqua dolce); (saltwater) gambero

crayon ['kreɪən] *n* matita colorata

craze [kreɪz] *n* mania

crazy ['kreɪzɪ] *adj* matto(a); (*inf*: keen): ~ **about sb** pazzo(a) di qn; ~ **about sth** matto(a) per qc

creak [kriːk] *vi* cigolare, scricchiolare

cream [kriːm] *n* crema; (*fresh*) panna ♦ *adj* (*colour*) color crema *inv*; ~ **cake** *n* torta alla panna; ~ **cheese** *n* formaggio fresco; ~**y** *adj* cremoso(a)

crease [kriːs] *n* grinza; (*deliberate*) piega ♦ *vt* sgualcire ♦ *vi* sgualcirsi

create [kriː'eɪt] *vt* creare; **creation** [-ʃən] *n* creazione *f*; **creative** *adj* creativo(a)

creature ['kriːtʃə*] *n* creatura

crèche [krɛʃ] *n* asilo infantile

credence ['kriːdns] *n*: **to lend** *or* **give** ~ **to** prestar fede a

credentials [krɪ'dɛnʃlz] *npl* credenziali *fpl*

credit ['krɛdɪt] *n* credito; onore *m* ♦ *vt* (*COMM*) accreditare; (*believe: also*: **give** ~ **to**) credere, prestar fede a; ~**s** *npl* (*CINEMA*) titoli *mpl*; **to** ~ **sb with** (*fig*) attribuire a qn; **to be in** ~ (*person*) essere creditore (trice); (*bank account*) essere coperto(a); ~ **card** *n* carta di credito; ~**or** *n* creditore/trice

creed [kriːd] *n* credo; dottrina

creek [kriːk] *n* insenatura; (*US*) piccolo fiume *m*

creep [kriːp] (*pt, pp* **crept**) *vi* avanzare furtivamente (*or* pian piano); ~**er** *n* pianta rampicante; ~**y** *adj* (*frightening*) che fa accapponare la pelle

crematorium [krɛmə'tɔːrɪəm] (*pl* **crematoria**) *n* forno crematorio

crêpe [kreɪp] *n* crespo; ~ **bandage** (*BRIT*) *n* fascia elastica

crept [krɛpt] *pt, pp of* **creep**

crescent ['krɛsnt] *n* (*shape*) mezzaluna; (*street*) strada semicircolare

cress [krɛs] *n* crescione *m*

crest [krɛst] *n* cresta; (*of coat of arms*) cimiero; ~**fallen** *adj* mortificato(a)

Crete [kriːt] *n* Creta

crevasse [krɪ'væs] *n* crepaccio

crevice ['krɛvɪs] *n* fessura, crepa

crew [kruː] *n* equipaggio; ~**-cut** *n*: **to have a** ~**-cut** avere i capelli a spazzola; ~**-neck** *n* girocollo

crib [krɪb] *n* culla ♦ *vt* (*inf*) copiare

crick [krɪk] *n* crampo

cricket ['krɪkɪt] *n* (*insect*) grillo; (*game*) cricket *m*

crime [kraɪm] *n* crimine *m*; **criminal** ['krɪmɪnl] *adj*, *n* criminale *m/f*

crimson ['krɪmzn] *adj* color cremisi *inv*

cringe [krɪndʒ] *vi* acquattarsi; (*in embarrassment*) sentirsi sprofondare

crinkle ['krɪŋkl] *vt* arricciare, increspare

cripple ['krɪpl] *n* zoppo/a ♦ *vt* azzoppare

crises ['kraɪsiːz] *npl of* **crisis**

crisis ['kraɪsɪs] (*pl* **crises**) *n* crisi *f inv*

crisp [krɪsp] *adj* croccante; (*fig*) frizzante; vivace; deciso(a); ~**s** (*BRIT*) *npl* patatine *fpl*

criss-cross ['krɪs-] *adj* incrociato(a)

criteria [kraɪ'tɪərɪə] *npl of* **criterion**

criterion [kraɪ'tɪərɪən] (*pl* **criteria**) *n* criterio

critic ['krɪtɪk] *n* critico; ~**al** *adj* critico(a); ~**ally** *adv* (*speak etc*) criticamente; ~**ally ill** gravemente malato; ~**ism** ['krɪtɪsɪzm] *n* critica; ~**ize** ['krɪtɪsaɪz] *vt* criticare

croak [krəuk] *vi* gracchiare; (*frog*) gracidare

Croatia [krəu'eɪʃə] *n* Croazia

crochet ['krəuʃeɪ] *n* lavoro all'uncinetto

crockery ['krɔkərɪ] *n* vasellame *m*

crocodile ['krɔkədaɪl] *n* coccodrillo

crocus ['krəukəs] *n* croco

croft [krɔft] (*BRIT*) *n* piccolo podere *m*

crony ['krəunɪ] (*inf: pej*) *n* compare *m*

crook [kruk] *n* truffatore *m*; (*of shepherd*) bastone *m*; ~**ed** ['krukɪd] *adj* curvo(a), storto(a); (*action*) disonesto(a)

crop [krɔp] *n* (*produce*) coltivazione *f*; (*amount produced*) raccolto; (*riding* ~) frustino ♦ *vt* (*hair*) rapare; ~ **up** *vi* presentarsi

croquette [krə'kɛt] *n* crocchetta

cross [krɔs] *n* croce *f*; (*BIOL*) incrocio ♦ *vt* (*street etc*) attraversare; (*arms, legs, BIOL*) incrociare; (*cheque*) sbarrare ♦ *adj* di cattivo umore; ~ **out** *vt* cancellare; ~ **over** *vi* attraversare; ~**bar** *n* traversa; ~**country** (*race*) *n* cross-country *m inv*; ~**-examine**

vt (*LAW*) interrogare in contraddittorio; **~-eyed** *adj* strabico(a); **~fire** *n* fuoco incrociato; **~ing** *n* incrocio; (*sea passage*) traversata; (*also*: **pedestrian ~ing**) passaggio pedonale; **~ing guard** (*US*) *n* dipendente comunale che aiuta i bambini ad attraversare la strada; **~ purposes** *npl*: **to be at ~ purposes** non parlare della stessa cosa; **~-reference** *n* rinvio, rimando; **~roads** *n* incrocio; **~ section** *n* sezione *f* trasversale; (*in population*) settore *m* rappresentativo; **~walk** (*US*) *n* strisce *fpl* pedonali, passaggio pedonale; **~wind** *n* vento di traverso; **~word** *n* cruciverba *m inv*

crotch [krɔtʃ] *n* (*ANAT*) inforcatura; (*of garment*) pattina

crotchet [ˈkrɔtʃɪt] *n* (*MUS*) semiminima

crouch [krautʃ] *vi* acquattarsi; rannicchiarsi

crow [krəu] *n* (*bird*) cornacchia; (*of cock*) canto del gallo ♦ *vi* (*cock*) cantare

crowbar [ˈkrəubɑ:*] *n* piede *m* di porco

crowd [kraud] *n* folla ♦ *vt* affollare, stipare ♦ *vi*: **to ~ round/in** affollarsi intorno a/in; **~ed** *adj* affollato(a); **~ed with** stipato(a) di

crown [kraun] *n* corona; (*of head*) calotta cranica; (*of hat*) cocuzzolo; (*of hill*) cima ♦ *vt* incoronare; (*fig*: *career*) coronare; **~ jewels** *npl* gioielli *mpl* della Corona; **~ prince** *n* principe *m* ereditario

crow's feet *npl* zampe *fpl* di gallina

crucial [ˈkru:ʃl] *adj* cruciale, decisivo(a)

crucifix [ˈkru:sɪfɪks] *n* crocifisso; **~ion** [-ˈfɪkʃən] *n* crocifissione *f*

crude [kru:d] *adj* (*materials*) greggio(a); non raffinato(a); (*fig*: *basic*) crudo(a), primitivo(a); (: *vulgar*) rozzo(a), grossolano(a); **~ (oil)** *n* (petrolio) greggio

cruel [ˈkruəl] *adj* crudele; **~ty** *n* crudeltà *f inv*

cruise [kru:z] *n* crociera ♦ *vi* andare a velocità di crociera; (*taxi*) circolare; **~r** *n* incrociatore *m*

crumb [krʌm] *n* briciola

crumble [ˈkrʌmbl] *vt* sbriciolare ♦ *vi* sbriciolarsi; (*plaster etc*) sgretolarsi; (*land, earth*) franare; (*building, fig*) crollare;

crumbly *adj* friabile

crumpet [ˈkrʌmpɪt] *n* specie di frittella

crumple [ˈkrʌmpl] *vt* raggrinzare, spiegazzare

crunch [krʌntʃ] *vt* sgranocchiare; (*underfoot*) scricchiolare ♦ *n* (*fig*) punto *or* momento cruciale; **~y** *adj* croccante

crusade [kru:ˈseɪd] *n* crociata

crush [krʌʃ] *n* folla; (*love*): **to have a ~ on sb** avere una cotta per qn; (*drink*): **lemon ~** spremuta di limone ♦ *vt* schiacciare; (*crumple*) sgualcire

crust [krʌst] *n* crosta

crutch [krʌtʃ] *n* gruccia

crux [krʌks] *n* nodo

cry [kraɪ] *vi* piangere; (*shout*: *also*: **~ out**) urlare ♦ *n* urlo, grido; **~ off** *vi* ritirarsi

cryptic [ˈkrɪptɪk] *adj* ermetico(a)

crystal [ˈkrɪstl] *n* cristallo; **~-clear** *adj* cristallino(a)

cub [kʌb] *n* cucciolo; (*also*: **~ scout**) lupetto

Cuba [ˈkju:bə] *n* Cuba

cube [kju:b] *n* cubo ♦ *vt* (*MATH*) elevare al cubo; **cubic** *adj* cubico(a); (*metre, foot*) cubo(a); **cubic capacity** *n* cilindrata

cubicle [ˈkju:bɪkl] *n* scompartimento separato; cabina

cuckoo [ˈkuku:] *n* cucù *m inv*; **~ clock** *n* orologio a cucù

cucumber [ˈkju:kʌmbə*] *n* cetriolo

cuddle [ˈkʌdl] *vt* abbracciare, coccolare ♦ *vi* abbracciarsi

cue [kju:] *n* (*snooker ~*) stecca; (*THEATRE etc*) segnale *m*

cuff [kʌf] *n* (*BRIT*: *of shirt, coat etc*) polsino; (*US*: *of trousers*) risvolto; **off the ~** improvvisando; **~link** *n* gemello

cuisine [kwɪˈzi:n] *n* cucina

cul-de-sac [ˈkʌldəsæk] *n* vicolo cieco

cull [kʌl] *vt* (*ideas etc*) scegliere ♦ *n* (*of animals*) abbattimento selettivo

culminate [ˈkʌlmɪneɪt] *vi*: **to ~ in** culminare con; **culmination** [-ˈneɪʃən] *n* culmine *m*

culottes [kju:ˈlɔts] *npl* gonna *f* pantalone *inv*

culpable [ˈkʌlpəbl] *adj* colpevole

culprit ['kʌlprɪt] n colpevole m/f

cult [kʌlt] n culto

cultivate ['kʌltɪveɪt] vt (also fig) coltivare; **cultivation** [-'veɪʃən] n coltivazione f

cultural ['kʌltʃərəl] adj culturale

culture ['kʌltʃə*] n (also fig) cultura; **~d** adj colto(a)

cumbersome ['kʌmbəsəm] adj ingombrante

cunning ['kʌnɪŋ] n astuzia, furberia ♦ adj astuto(a), furbo(a)

cup [kʌp] n tazza; (prize, of bra) coppa

cupboard ['kʌbəd] n armadio

cup-tie (BRIT) n partita di coppa

curate ['kjuərɪt] n cappellano

curator [kjuə'reɪtə*] n direttore m (di museo etc)

curb [kə:b] vt tenere a freno ♦ n freno; (US) bordo del marciapiede

curdle ['kə:dl] vi cagliare

cure [kjuə*] vt guarire; (CULIN) trattare; affumicare; essiccare ♦ n rimedio

curfew ['kə:fju:] n coprifuoco

curiosity [kjuərɪ'ɒsɪtɪ] n curiosità

curious ['kjuərɪəs] adj curioso(a)

curl [kə:l] n riccio ♦ vt ondulare; (tightly) arricciare ♦ vi arricciarsi; **~ up** vi rannicchiarsi; **~er** n bigodino

curly ['kə:lɪ] adj ricciuto(a)

currant ['kʌrnt] n (dried) sultanina; (bush, fruit) ribes m inv

currency ['kʌrnsɪ] n moneta; **to gain ~** (fig) acquistare larga diffusione

current ['kʌrnt] adj corrente ♦ n corrente f; **~ account** (BRIT) n conto corrente; **~ affairs** npl attualità fpl; **~ly** adv attualmente

curricula [kə'rɪkjulə] npl of **curriculum**

curriculum [kə'rɪkjuləm] (pl **~s** or **curricula**) n curriculum m inv; **~ vitae** n curriculum vitae m inv

curry ['kʌrɪ] n curry m inv ♦ vt: **to ~ favour with** cercare di attirarsi i favori di; **~ powder** n curry m

curse [kə:s] vt maledire ♦ vi bestemmiare ♦ n maledizione f; bestemmia

cursor ['kə:sə*] n (COMPUT) cursore m

cursory ['kə:sərɪ] adj superficiale

curt [kə:t] adj secco(a)

curtail [kə:'teɪl] vt (freedom etc) limitare; (visit etc) accorciare; (expenses etc) ridurre, decurtare

curtain ['kə:tn] n tenda; (THEATRE) sipario

curts(e)y ['kə:tsɪ] vi fare un inchino or una riverenza

curve [kə:v] n curva ♦ vi curvarsi

cushion ['kuʃən] n cuscino ♦ vt (shock) fare da cuscinetto a

custard ['kʌstəd] n (for pouring) crema

custodian [kʌs'təudɪən] n custode m/f

custody ['kʌstədɪ] n (of child) tutela; **to take into ~** (suspect) mettere in detenzione preventiva

custom ['kʌstəm] n costume m, consuetudine f; (COMM) clientela; **~ary** adj consueto(a)

customer ['kʌstəmə*] n cliente m/f

customized ['kʌstəmaɪzd] adj (car etc) fuoriserie inv

custom-made adj (clothes) fatto(a) su misura; (other goods) fatto(a) su ordinazione

customs ['kʌstəmz] npl dogana; **~ duty** n tassa doganale; **~ officer** n doganiere m

cut [kʌt] (pt, pp **cut**) vt tagliare; (shape, make) intagliare; (reduce) ridurre ♦ vi tagliare ♦ n taglio; (in salary etc) riduzione f; **to ~ a tooth** mettere un dente; **~ down** vt (tree etc) abbattere ♦ vt fus (also: **~ down on**) ridurre; **~ off** vt tagliare; (fig) isolare; **~ out** vt tagliare fuori; eliminare; ritagliare; **~ up** vt (paper, meat) tagliare a pezzi; **~back** n riduzione f

cute [kju:t] adj (sweet) carino(a)

cuticle ['kju:tɪkl] n (on nail) pellicina, cuticola

cutlery ['kʌtlərɪ] n posate fpl

cutlet ['kʌtlɪt] n costoletta; (nut etc ~) cotoletta vegetariana

cut: **~out** n interruttore m; (cardboard ~out) ritaglio; **~-price** (US **~-rate**) adj a prezzo ridotto; **~throat** n assassino ♦ adj (competition) spietato(a)

cutting ['kʌtɪŋ] adj tagliente ♦ n (from

newspaper) ritaglio (di giornale); (*from plant*) talea

CV *n abbr* = **curriculum vitae**

cwt *abbr* = **hundredweight(s)**

cyanide ['saɪənaɪd] *n* cianuro

cycle ['saɪkl] *n* ciclo; (*bicycle*) bicicletta ♦ *vi* andare in bicicletta; ~ **hire** *n* noleggio *m* biciclette *inv*; ~ **lane**, ~ **path** *n* pista ciclabile

cycling ['saɪklɪŋ] *n* ciclismo

cyclist ['saɪklɪst] *n* ciclista *m/f*

cygnet ['sɪgnɪt] *n* cigno giovane

cylinder ['sɪlɪndə*] *n* cilindro; ~-**head gasket** *n* guarnizione *f* della testata del cilindro

cymbals ['sɪmblz] *npl* cembali *mpl*

cynic ['sɪnɪk] *n* cinico/a; ~**al** *adj* cinico(a); ~**ism** ['sɪnɪsɪzəm] *n* cinismo

Cyprus ['saɪprəs] *n* Cipro

cyst [sɪst] *n* cisti *f inv*

cystitis [sɪs'taɪtɪs] *n* cistite *f*

czar [zɑː*] *n* zar *m inv*

Czech [tʃɛk] *adj* ceco(a) ♦ *n* ceco/a; (*LING*) ceco

Czech Republic *n*: **the ~** la Repubblica Ceca

D, d

D [diː] *n* (*MUS*) re *m*

dab [dæb] *vt* (*eyes, wound*) tamponare; (*paint, cream*) applicare (con leggeri colpetti)

dabble ['dæbl] *vi*: **to ~ in** occuparsi (da dilettante) di

dad(dy) [dæd(ɪ)] (*inf*) *n* babbo, papà *m inv*

daffodil ['dæfədɪl] *n* trombone *m*, giunchiglia

daft [dɑːft] *adj* sciocco(a)

dagger ['dægə*] *n* pugnale *m*

daily ['deɪlɪ] *adj* quotidiano(a), giornaliero(a) ♦ *n* quotidiano ♦ *adv* tutti i giorni

dainty ['deɪntɪ] *adj* delicato(a), grazioso(a)

dairy ['dɛərɪ] *n* (*BRIT: shop*) latteria; (*on farm*) caseificio ♦ *adj* caseario(a); ~ **farm** *n* caseificio; ~ **products** *npl* latticini *mpl*; ~

store (*US*) *n* latteria

daisy ['deɪzɪ] *n* margherita

dale [deɪl] (*BRIT*) *n* valle *f*

dam [dæm] *n* diga ♦ *vt* sbarrare; costruire dighe su

damage ['dæmɪdʒ] *n* danno, danni *mpl*; (*fig*) danno ♦ *vt* danneggiare; ~**s** *npl* (*LAW*) danni

damn [dæm] *vt* condannare; (*curse*) maledire ♦ *n* (*inf*): **I don't give a ~** non me ne frega niente ♦ *adj* (*inf: also:* ~**ed**): **this ~ ...** questo maledetto ...; ~ **(it)!** accidenti!; ~**ing** *adj* (*evidence*) schiacciante

damp [dæmp] *adj* umido(a) ♦ *n* umidità, umido *m* ♦ *vt* (*also:* ~**en**: *cloth, rag*) inumidire, bagnare; (: *enthusiasm etc*) spegnere

damson ['dæmzən] *n* susina damaschina

dance [dɑːns] *n* danza, ballo; (*ball*) ballo ♦ *vi* ballare; ~ **hall** *n* dancing *m inv*, sala da ballo; ~**r** *n* danzatore/trice; (*professional*) ballerino/a

dancing ['dɑːnsɪŋ] *n* danza, ballo

dandelion ['dændɪlaɪən] *n* dente *m* di leone

dandruff ['dændrəf] *n* forfora

Dane [deɪn] *n* danese *m/f*

danger ['deɪndʒə*] *n* pericolo; **there is a ~ of fire** c'è pericolo di incendio; **in ~** in pericolo; **he was in ~ of falling** rischiava di cadere; ~**ous** *adj* pericoloso(a)

dangle ['dæŋgl] *vt* dondolare; (*fig*) far balenare ♦ *vi* pendolare

Danish ['deɪnɪʃ] *adj* danese ♦ *n* (*LING*) danese *m*

dare [dɛə*] *vt*: **to ~ sb to do** sfidare qn a fare ♦ *vi*: **to ~ (to) do sth** osare fare qc; **I ~ say** (*I suppose*) immagino (che); **daring** *adj* audace, ardito(a) ♦ *n* audacia

dark [dɑːk] *adj* (*night, room*) buio(a), scuro(a); (*colour, complexion*) scuro(a); (*fig*) cupo(a), tetro(a), nero(a) ♦ *n*: **in the ~** al buio; **in the ~ about** (*fig*) all'oscuro di; **after ~** a notte fatta; ~**en** *vt* (*colour*) scurire ♦ *vi* (*sky, room*) oscurarsi; ~ **glasses** *npl* occhiali *mpl* scuri; ~**ness** *n* oscurità, buio; ~**room** *n* camera oscura

darling ['dɑːlɪŋ] *adj* caro(a) ♦ *n* tesoro

darn [dɑːn] *vt* rammendare

dart [dɑːt] *n* freccetta; (*SEWING*) pince *f inv* ♦ *vi*: **to ~ towards** precipitarsi verso; **to ~ away/along** sfrecciare via/lungo; **~board** *n* bersaglio (per freccette); **~s** *n* tiro al bersaglio (con freccette)

dash [dæʃ] *n* (*sign*) lineetta; (*small quantity*) punta ♦ *vt* (*missile*) gettare; (*hopes*) infrangere ♦ *vi*: **to ~ towards** precipitarsi verso; **~ away** *or* **off** *vi* scappare via

dashboard ['dæʃbɔːd] *n* (*AUT*) cruscotto

dashing ['dæʃɪŋ] *adj* ardito(a)

data ['deɪtə] *npl* dati *mpl*; **~base** *n* base *f* di dati, data base *m inv*; **~ processing** *n* elaborazione *f* (elettronica) dei dati

date [deɪt] *n* data; appuntamento; (*fruit*) dattero ♦ *vt* datare; (*person*) uscire con; **~ of birth** data di nascita; **to ~** (*until now*) fino a oggi; **~d** *adj* passato(a) di moda; **~ rape** *n* stupro perpetrato da persona conosciuta

daub [dɔːb] *vt* imbrattare

daughter ['dɔːtə*] *n* figlia; **~-in-law** *n* nuora

daunting ['dɔːntɪŋ] *adj* non invidiabile

dawdle ['dɔːdl] *vi* bighellonare

dawn [dɔːn] *n* alba ♦ *vi* (*day*) spuntare; (*fig*): **it ~ed on him that ...** gli è venuto in mente che ....

day [deɪ] *n* giorno; (*as duration*) giornata; (*period of time, age*) tempo, epoca; **the ~ before** il giorno avanti *or* prima; **the ~ after, the following ~** il giorno dopo *or* seguente; **the ~ after tomorrow** dopodomani; **the ~ before yesterday** l'altroieri; **by ~** di giorno; **~break** *n* spuntar *m* del giorno; **~dream** *vi* sognare a occhi aperti; **~light** *n* luce *f* del giorno; **~ return** (*BRIT*) *n* biglietto giornaliero di andata e ritorno; **~time** *n* giorno; **~-to-~** *adj* (*life, organization*) quotidiano(a)

daze [deɪz] *vt* (*subj: drug*) inebetire; (*: blow*) stordire ♦ *n*: **in a ~** inebetito(a); stordito(a)

dazzle ['dæzl] *vt* abbagliare

DC *abbr* (= direct current) c.c.

D-day *n* giorno dello sbarco alleato in Normandia

dead [dɛd] *adj* morto(a); (*numb*) intirizzito(a); (*telephone*) muto(a); (*battery*) scarico(a) ♦ *adv* assolutamente, perfettamente ♦ *npl*: **the ~** i morti; **he was shot ~** fu colpito a morte; (*telephone*) morto(a); **to stop ~** fermarsi di colpo; **~en** *vt* (*blow, sound*) ammortire; **~ end** *n* vicolo cieco; **~ heat** *n* (*SPORT*): **to finish in a ~ heat** finire alla pari; **~line** *n* scadenza; **~lock** *n* punto morto; **~ loss** *n*: **to be a ~ loss** (*inf: person, thing*) non valere niente; **~ly** *adj* mortale; (*weapon, poison*) micidiale; **~pan** *adj* a faccia impassibile

deaf [dɛf] *adj* sordo(a); **~en** *vt* assordare; **~ness** *n* sordità

deal [diːl] (*pt, pp dealt*) *n* accordo; (*business ~*) affare *m* ♦ *vt* (*blow, cards*) dare; **a great ~ (of)** molto(a); **~ in** *vt fus* occuparsi di; **~ with** *vt fus* (*COMM*) fare affari con, trattare con; (*handle*) occuparsi di; (*be about: book etc*) trattare di; **~er** *n* commerciante *m/f*; **~ings** *npl* (*COMM*) relazioni *fpl*; (*relations*) rapporti *mpl*; **dealt** [dɛlt] *pt, pp of* **deal**

dean [diːn] *n* (*REL*) decano; (*SCOL*) preside *m* di facoltà (*or* di collegio)

dear [dɪə*] *adj* caro(a) ♦ *n*: **my ~** caro mio/cara mia ♦ *excl*: **~ me!** Dio mio!; **D~ Sir/Madam** (*in letter*) Egregio Signore/Egregia Signora; **D~ Mr/Mrs X** Gentile Signor/Signora X; **~ly** *adv* (*love*) moltissimo; (*pay*) a caro prezzo

death [dɛθ] *n* morte *f*; (*ADMIN*) decesso; **~ certificate** *n* atto di decesso; **~ly** *adj* di morte; **~ penalty** *n* pena di morte; **~ rate** *n* indice *m* di mortalità; **~ toll** *n* vittime *fpl*

debacle [dɪ'bækl] *n* fiasco

debase [dɪ'beɪs] *vt* (*currency*) adulterare; (*person*) degradare

debatable [dɪ'beɪtəbl] *adj* discutibile

debate [dɪ'beɪt] *n* dibattito ♦ *vt* dibattere; discutere

debit ['dɛbɪt] *n* debito ♦ *vt*: **to ~ a sum to sb** *or* **to sb's account** addebitare una somma a qn

debris ['dɛbriː] *n* detriti *mpl*

debt [dɛt] *n* debito; **to be in ~** essere

indebitato(a); **~or** *n* debitore/trice

début ['deɪbjuː] *n* debutto

decade ['dɛkeɪd] *n* decennio

decadence ['dɛkədəns] *n* decadenza

decaff ['diːkæf] (*inf*) *n* decaffeinato

decaffeinated [dɪ'kæfɪneɪtɪd] *adj* decaffeinato(a)

decanter [dɪ'kæntə*] *n* caraffa

decay [dɪ'keɪ] *n* decadimento; (*also:* **tooth ~**) carie *f* ♦ *vi* (*rot*) imputridire

deceased [dɪ'siːst] *n* defunto/a

deceit [dɪ'siːt] *n* inganno; **~ful** *adj* ingannevole, perfido(a)

deceive [dɪ'siːv] *vt* ingannare

December [dɪ'sɛmbə*] *n* dicembre *m*

decent ['diːsənt] *adj* decente; (*respectable*) per bene; (*kind*) gentile

deception [dɪ'sɛpʃən] *n* inganno

deceptive [dɪ'sɛptɪv] *adj* ingannevole

decide [dɪ'saɪd] *vt* (*person*) far prendere una decisione a; (*question, argument*) risolvere, decidere ♦ *vi* decidere, decidersi; **to ~ to do/that** decidere di fare/che; **to ~ on** decidere per; **~d** *adj* (*resolute*) deciso(a); (*clear, definite*) netto(a), chiaro(a); **~dly** [-dɪdlɪ] *adv* indubbiamente; decisamente

decimal ['dɛsɪməl] *adj* decimale ♦ *n* decimale *m*; **~ point** *n* ≈ virgola

decipher [dɪ'saɪfə*] *vt* decifrare

decision [dɪ'sɪʒən] *n* decisione *f*

decisive [dɪ'saɪsɪv] *adj* decisivo(a); (*person*) deciso(a)

deck [dɛk] *n* (*NAUT*) ponte *m*; (*of bus*): **top ~** imperiale *m*; (*record ~*) piatto; (*of cards*) mazzo; **~chair** *n* sedia a sdraio

declaration [dɛklə'reɪʃən] *n* dichiarazione *f*

declare [dɪ'klɛə*] *vt* dichiarare

decline [dɪ'klaɪn] *n* (*decay*) declino; (*lessening*) ribasso ♦ *vt* declinare; rifiutare ♦ *vi* declinare; diminuire

decode [diː'kəud] *vt* decifrare

decoder [diː'kəudə*] *n* (*TV*) decodificatore *m*

decompose [diːkəm'pəuz] *vi* decomporre

décor ['deɪkɔː*] *n* decorazione *f*

decorate ['dɛkəreɪt] *vt* (*adorn, give a medal to*) decorare; (*paint and paper*) tinteggiare

e tappezzare; **decoration** [-'reɪʃən] *n* (*medal etc, adornment*) decorazione *f*; **decorator** *n* decoratore *m*

decorum [dɪ'kɔːrəm] *n* decoro

decoy ['diːkɔɪ] *n* zimbello

decrease [*n* 'diːkriːs, *vb* diː'kriːs] *n* diminuzione *f* ♦ *vt*, *vi* diminuire

decree [dɪ'kriː] *n* decreto; **~ nisi** [-'naɪsaɪ] *n* sentenza provvisoria di divorzio

dedicate ['dɛdɪkeɪt] *vt* consacrare; (*book etc*) dedicare

dedication [dɛdɪ'keɪʃən] *n* (*devotion*) dedizione *f*; (*in book etc*) dedica

deduce [dɪ'djuːs] *vt* dedurre

deduct [dɪ'dʌkt] *vt*: **to ~ sth (from)** dedurre qc (da); **~ion** [dɪ'dʌkʃən] *n* deduzione *f*

deed [diːd] *n* azione *f*, atto; (*LAW*) atto

deep [diːp] *adj* profondo(a); **4 metres ~** profondo(a) 4 metri ♦ *adv*: **spectators stood 20 ~** c'erano 20 file di spettatori; **~en** *vt* (*hole*) approfondire ♦ *vi* approfondirsi; (*darkness*) farsi più buio; **~ end** *n*: **the ~ end** (*of swimming pool*) la parte più profonda; **~-freeze** *n* congelatore *m*; **~-fry** *vt* friggere in olio abbondante; **~ly** *adv* profondamente; **~-sea diving** *n* immersione *f* in alto mare; **~-seated** *adj* radicato(a)

deer [dɪə*] *n inv*: **the ~** i cervidi; (**red**) **~** cervo; (**fallow**) **~** daino; (**roe**) **~** capriolo; **~skin** *n* pelle *f* di daino

deface [dɪ'feɪs] *vt* imbrattare

default [dɪ'fɔːlt] *n* (*COMPUT: also:* **~ value**) default *m inv*; **by ~** (*SPORT*) per abbandono

defeat [dɪ'fiːt] *n* sconfitta ♦ *vt* (*team, opponents*) sconfiggere; **~ist** *adj*, *n* disfattista *m/f*

defect [*n* 'diːfɛkt, *vb* dɪ'fɛkt] *n* difetto ♦ *vi*: **to ~ to the enemy** passare al nemico; **~ive** [dɪ'fɛktɪv] *adj* difettoso(a)

defence [dɪ'fɛns] (*US* **defense**) *n* difesa; **~less** *adj* senza difesa

defend [dɪ'fɛnd] *vt* difendere; **~ant** *n* imputato/a; **~er** *n* difensore/a

defense [dɪ'fɛns] (*US*) *n* = **defence**

defensive [dɪ'fɛnsɪv] *adj* difensivo(a) ♦ *n*: **on the ~** sulla difensiva

defer [dɪ'fəː*] vt (postpone) differire, rinviare

defiance [dɪ'faɪəns] n sfida; **in ~ of** a dispetto di

defiant [dɪ'faɪənt] adj (attitude) di sfida; (person) ribelle

deficiency [dɪ'fɪʃənsɪ] n deficienza; carenza

deficit ['dɛfɪsɪt] n deficit m inv

define [dɪ'faɪn] vt definire

definite ['dɛfɪnɪt] adj (fixed) definito(a), preciso(a); (clear, obvious) ben definito(a), esatto(a); (LING) determinativo(a); **he was ~ about it** ne era sicuro; **~ly** adv indubbiamente

definition [dɛfɪ'nɪʃən] n definizione f

deflate [diː'fleɪt] vt sgonfiare

deflect [dɪ'flɛkt] vt deflettere, deviare

deformed [dɪ'fɔːmd] adj deforme

defraud [dɪ'frɔːd] vt defraudare

defrost [diː'frɔst] vt (fridge) disgelare; **~er** (US) n (demister) sbrinatore m

deft [dɛft] adj svelto(a), destro(a)

defunct [dɪ'fʌŋkt] adj che non esiste più

defuse [diː'fjuːz] vt disinnescare; (fig) distendere

defy [dɪ'faɪ] vt sfidare; (efforts etc) resistere a; **it defies description** supera ogni descrizione

degenerate [vb dɪ'dʒɛnəreɪt, adj dɪ'dʒɛnərɪt] vi degenerare ♦ adj degenere

degree [dɪ'griː] n grado; (SCOL) laurea (universitaria); **a (first) ~ in maths** una laurea in matematica; **by ~s** (gradually) gradualmente, a poco a poco; **to some ~** fino a un certo punto, in certa misura

dehydrated [diːhaɪ'dreɪtɪd] adj disidratato(a); (milk, eggs) in polvere

de-ice [diː'aɪs] vt (windscreen) disgelare

deign [deɪn] vi: **to ~ to do** degnarsi di fare

deity ['diːɪtɪ] n divinità f inv

dejected [dɪ'dʒɛktɪd] adj abbattuto(a), avvilito(a)

delay [dɪ'leɪ] vt ritardare ♦ vi: **to ~ (in doing sth)** ritardare (a fare qc) ♦ n ritardo; **to be ~ed** subire un ritardo; (person) essere trattenuto(a)

delectable [dɪ'lɛktəbl] adj (person, food) delizioso(a)

delegate [n 'dɛlɪgɪt, vb 'dɛlɪgeɪt] n delegato/a ♦ vt delegare; **delegation** [-'geɪʃən] n (group) delegazione f; (by manager) delega

delete [dɪ'liːt] vt cancellare

deliberate [adj dɪ'lɪbərɪt, vb dɪ'lɪbəreɪt] adj (intentional) intenzionale; (slow) misurato(a) ♦ vi deliberare, riflettere; **~ly** adv (on purpose) deliberatamente

delicacy ['dɛlɪkəsɪ] n delicatezza

delicate ['dɛlɪkɪt] adj delicato(a)

delicatessen [dɛlɪkə'tɛsn] n ≈ salumeria

delicious [dɪ'lɪʃəs] adj delizioso(a), squisito(a)

delight [dɪ'laɪt] n delizia, gran piacere m ♦ vt dilettare; **to take (a) ~ in** dilettarsi in; **~ed** adj: **~ed (at or with)** contentissimo(a) (di), felice (di); **~ed to do** felice di fare; **~ful** adj delizioso(a); incantevole

delinquent [dɪ'lɪŋkwənt] adj, n delinquente m/f

delirious [dɪ'lɪrɪəs] adj: **to be ~** delirare

deliver [dɪ'lɪvə*] vt (mail) distribuire; (goods) consegnare; (speech) pronunciare; (MED) far partorire; **~y** n distribuzione f; consegna; (of speaker) dizione f; (MED) parto

delude [dɪ'luːd] vt illudere

deluge ['dɛljuːdʒ] n diluvio

delusion [dɪ'luːʒən] n illusione f

demand [dɪ'mɑːnd] vt richiedere; (rights) rivendicare ♦ n domanda; (claim) rivendicazione f; **in ~** ricercato(a), richiesto(a); **on ~** a richiesta; **~ing** adj (boss) esigente; (work) impegnativo(a)

demean [dɪ'miːn] vt: **to ~ o.s.** umiliarsi

demeanour [dɪ'miːnə*] (US **demeanor**) n comportamento; contegno

demented [dɪ'mɛntɪd] adj demente, impazzito(a)

demise [dɪ'maɪz] n decesso

demister [diː'mɪstə*] (BRIT) n (AUT) sbrinatore m

demo ['dɛməu] (inf) n abbr (= demonstration) manifestazione f

democracy [dɪ'mɔkrəsɪ] n democrazia

democrat ['dɛməkræt] n democratico/a; **~ic** [dɛmə'krætɪk] adj democratico(a)

demolish [dɪ'mɔlɪʃ] *vt* demolire
demonstrate ['dɛmənstreɪt] *vt* dimostrare, provare ♦ *vi* dimostrare, manifestare; **demonstration** [-'streɪʃən] *n* dimostrazione *f*; (*POL*) dimostrazione, manifestazione *f*; **demonstrator** *n* (*POL*) dimostrante *m/f*; (*COMM*) dimostratore/trice
demote [dɪ'məut] *vt* far retrocedere
demure [dɪ'mjuə*] *adj* contegnoso(a)
den [dɛn] *n* tana, covo; (*room*) buco
denial [dɪ'naɪəl] *n* diniego; rifiuto
denim ['dɛnɪm] *n* tessuto di cotone ritorto; **~s** *npl* (*jeans*) blue jeans *mpl*
Denmark ['dɛnmɑːk] *n* Danimarca
denomination [dɪnɔmɪ'neɪʃən] *n* (*money*) valore *m*; (*REL*) confessione *f*
denounce [dɪ'nauns] *vt* denunciare
dense [dɛns] *adj* fitto(a); (*smoke*) denso(a); (*inf: person*) ottuso(a), duro(a)
density ['dɛnsɪtɪ] *n* densità *f inv*
dent [dɛnt] *n* ammaccatura ♦ *vt* (*also:* **make a ~ in**) ammaccare
dental ['dɛntl] *adj* dentale; **~ surgeon** *n* medico/a dentista
dentist ['dɛntɪst] *n* dentista *m/f*
dentures ['dɛntʃəz] *npl* dentiera
deny [dɪ'naɪ] *vt* negare; (*refuse*) rifiutare
deodorant [diː'əudərənt] *n* deodorante *m*
depart [dɪ'pɑːt] *vi* partire; **to ~ from** (*fig*) deviare da
department [dɪ'pɑːtmənt] *n* (*COMM*) reparto; (*SCOL*) sezione *f*, dipartimento; (*POL*) ministero; **~ store** *n* grande magazzino
departure [dɪ'pɑːtʃə*] *n* partenza; (*fig*): **~ from** deviazione *f* da; **a new ~** una svolta (decisiva); **~ lounge** *n* (*at airport*) sala d'attesa
depend [dɪ'pɛnd] *vi*: **to ~ on** dipendere da; (*rely on*) contare su; **it ~s** dipende; **~ing on the result ...** a seconda del risultato ...; **~able** *adj* fidato(a); (*car etc*) affidabile; **~ant** *n* persona a carico; **~ent** *adj*: **to be ~ent on** dipendere da; (*child, relative*) essere a carico di ♦ *n* = **~ant**
depict [dɪ'pɪkt] *vt* (*in picture*) dipingere; (*in words*) descrivere

depleted [dɪ'pliːtɪd] *adj* diminuito(a)
deploy [dɪ'plɔɪ] *vt* dispiegare
depopulation ['diːpɔpju'leɪʃən] *n* spopolamento
deport [dɪ'pɔːt] *vt* deportare; espellere
deportment [dɪ'pɔːtmənt] *n* portamento
deposit [dɪ'pɔzɪt] *n* (*COMM, GEO*) deposito; (*of ore, oil*) giacimento; (*CHEM*) sedimento; (*part payment*) acconto; (*for hired goods etc*) cauzione *f* ♦ *vt* depositare; dare in acconto; mettere *or* lasciare in deposito; **~ account** *n* conto vincolato
depot ['dɛpəu] *n* deposito; (*US*) stazione *f* ferroviaria
depreciate [dɪ'priːʃɪeɪt] *vi* svalutarsi
depress [dɪ'prɛs] *vt* deprimere; (*price, wages*) abbassare; (*press down*) premere; **~ed** *adj* (*person*) depresso(a), abbattuto(a); (*price*) in ribasso; (*industry*) in crisi; **~ing** *adj* deprimente; **~ion** [dɪ'prɛʃən] *n* depressione *f*
deprivation [dɛprɪ'veɪʃən] *n* privazione *f*
deprive [dɪ'praɪv] *vt*: **to ~ sb of** privare qn di; **~d** *adj* disgraziato(a)
depth [dɛpθ] *n* profondità *f inv*; **in the ~s of** nel profondo di; nel cuore di; **out of one's ~** (*in water*) dove non si tocca; (*fig*) a disagio
deputize ['dɛpjutaɪz] *vi*: **to ~ for** svolgere le funzioni di
deputy ['dɛpjutɪ] *adj*: **~ head** (*BRIT: SCOL*) vicepreside *m/f* ♦ *n* (*assistant*) vice *m/f inv*; (*US: also:* **~ sheriff**) vice-sceriffo
derail [dɪ'reɪl] *vt*: **to be ~ed** deragliare
deranged [dɪ'reɪndʒd] *adj*: **to be (mentally) ~** essere pazzo(a)
derby ['dɑːbɪ] (*US*) *n* (*bowler hat*) bombetta
derelict ['dɛrɪlɪkt] *adj* abbandonato(a)
derisory [dɪ'raɪsərɪ] *adj* (*sum*) irrisorio(a); (*laughter, person*) beffardo(a)
derive [dɪ'raɪv] *vt*: **to ~ sth from** derivare qc da; trarre qc da ♦ *vi*: **to ~ from** derivare da
derogatory [dɪ'rɔgətərɪ] *adj* denigratorio(a)
derv [dəːv] (*BRIT*) *n* gasolio
descend [dɪ'sɛnd] *vt, vi* discendere, scendere; **to ~ from** discendere da; **to ~ to** (*lying, begging*) abbassarsi a; **~ant** *n*

discendente *m/f*
descent [dɪ'sɛnt] *n* discesa; (*origin*) discendenza, famiglia
describe [dɪs'kraɪb] *vt* descrivere; **description** [-'krɪpʃən] *n* descrizione *f*; (*sort*) genere *m*, specie *f*
desecrate ['dɛsɪkreɪt] *vt* profanare
desert [*n* 'dɛzət, *vb* dɪ'zəːt] *n* deserto ♦ *vt* lasciare, abbandonare ♦ *vi* (*MIL*) disertare; ~**er** *n* disertore *m*; ~**ion** [dɪ'zəːʃən] *n* (*MIL*) diserzione *f*; (*LAW*) abbandono del tetto coniugale; ~ **island** *n* isola deserta; ~**s** [dɪ'zəːts] *npl*: **to get one's just ~s** avere ciò che si merita
deserve [dɪ'zəːv] *vt* meritare; **deserving** *adj* (*person*) meritevole, degno(a); (*cause*) meritorio(a)
design [dɪ'zaɪn] *n* (*art, sketch*) disegno; (*layout, shape*) linea; (*pattern*) fantasia; (*intention*) intenzione *f* ♦ *vt* disegnare; progettare
designer [dɪ'zaɪnə*] *n* (*ART, TECH*) disegnatore/trice; (*of fashion*) modellista *m/f*
desire [dɪ'zaɪə*] *n* desiderio, voglia ♦ *vt* desiderare, volere
desk [dɛsk] *n* (*in office*) scrivania; (*for pupil*) banco; (*BRIT: in shop, restaurant*) cassa; (*in hotel*) ricevimento; (*at airport*) accettazione *f*
desolate ['dɛsəlɪt] *adj* desolato(a)
despair [dɪs'pɛə*] *n* disperazione *f* ♦ *vi*: **to ~ of** disperare di
despatch [dɪs'pætʃ] *n, vt* = **dispatch**
desperate ['dɛspərɪt] *adj* disperato(a); (*fugitive*) capace di tutto; **to be ~ for sth/ to do** volere disperatamente qc/fare; ~**ly** *adv* disperatamente; (*very*) terribilmente, estremamente
desperation [dɛspə'reɪʃən] *n* disperazione *f*
despicable [dɪs'pɪkəbl] *adj* disprezzabile
despise [dɪs'paɪz] *vt* disprezzare, sdegnare
despite [dɪs'paɪt] *prep* malgrado, a dispetto di, nonostante
despondent [dɪs'pɔndənt] *adj* abbattuto(a), scoraggiato(a)
dessert [dɪ'zəːt] *n* dolce *m*; frutta; ~**spoon** *n*

n cucchiaio da dolci
destination [dɛstɪ'neɪʃən] *n* destinazione *f*
destined ['dɛstɪnd] *adj*: **to be ~ to do/for** essere destinato(a) a fare/per
destiny ['dɛstɪnɪ] *n* destino
destitute ['dɛstɪtjuːt] *adj* indigente, bisognoso(a)
destroy [dɪs'trɔɪ] *vt* distruggere; ~**er** *n* (*NAUT*) cacciatorpediniere *m*
destruction [dɪs'trʌkʃən] *n* distruzione *f*
detach [dɪ'tætʃ] *vt* staccare, distaccare; ~**ed** *adj* (*attitude*) distante; ~**ed house** *n* villa; ~**ment** *n* (*MIL*) distaccamento; (*fig*) distacco
detail ['diːteɪl] *n* particolare *m*, dettaglio ♦ *vt* dettagliare, particolareggiare; **in ~** nei particolari; ~**ed** *adj* particolareggiato(a)
detain [dɪ'teɪn] *vt* trattenere; (*in captivity*) detenere
detect [dɪ'tɛkt] *vt* scoprire, scorgere; (*MED, POLICE, RADAR etc*) individuare; ~**ion** [dɪ'tɛkʃən] *n* scoperta; individuazione *f*; ~**ive** *n* investigatore/trice; ~**ive story** *n* giallo
détente [deɪ'tɑːnt] *n* (*POL*) distensione *f*
detention [dɪ'tɛnʃən] *n* detenzione *f*; (*SCOL*) permanenza forzata per punizione
deter [dɪ'təː*] *vt* dissuadere
detergent [dɪ'təːdʒənt] *n* detersivo
deteriorate [dɪ'tɪərɪəreɪt] *vi* deteriorarsi
determine [dɪ'təːmɪn] *vt* determinare; ~**d** *adj* (*person*) risoluto(a), deciso(a); ~**d to do** deciso(a) a fare
detour ['diːtuə*] *n* deviazione *f*
detract [dɪ'trækt] *vi*: **to ~ from** detrarre da
detriment ['dɛtrɪmənt] *n*: **to the ~ of** a detrimento di; ~**al** [dɛtrɪ'mɛntl] *adj*: ~**al to** dannoso(a) a, nocivo(a) a
devaluation [dɪvælju'eɪʃən] *n* svalutazione *f*
devastate ['dɛvəsteɪt] *vt* devastare; (*fig*): ~**d by** sconvolto(a) da; **devastating** *adj* devastatore(trice); sconvolgente
develop [dɪ'vɛləp] *vt* sviluppare; (*habit*) prendere (gradualmente) ♦ *vi* svilupparsi; (*facts, symptoms: appear*) manifestarsi, rivelarsi; ~**er** *n* (*also*: **property ~er**) costruttore *m* edile; ~**ing country** *n*

paese *m* in via di sviluppo; **~ment** *n* sviluppo

device [dɪˈvaɪs] *n* (*apparatus*) congegno

devil [ˈdɛvl] *n* diavolo; demonio

devious [ˈdiːvɪəs] *adj* (*person*) subdolo(a)

devise [dɪˈvaɪz] *vt* escogitare, concepire

devoid [dɪˈvɔɪd] *adj*: **~ of** privo(a) di

devolution [diːvəˈluːʃən] *n* (*POL*) decentramento

devote [dɪˈvəut] *vt*: **to ~ sth to** dedicare qc a; **~d** *adj* devoto(a); **to be ~d to sb** essere molto affezionato a qn; **~e** [dɛvəuˈtiː] *n* (*MUS, SPORT*) appassionato/a

devotion [dɪˈvəuʃən] *n* devozione *f*, attaccamento; (*REL*) atto di devozione, preghiera

devour [dɪˈvauə*] *vt* divorare

devout [dɪˈvaut] *adj* pio(a), devoto(a)

dew [djuː] *n* rugiada

dexterity [dɛksˈtɛrɪtɪ] *n* destrezza

diabetes [daɪəˈbiːtiːz] *n* diabete *m*; **diabetic** [-ˈbɛtɪk] *adj, n* diabetico(a)

diabolical [daɪəˈbɔlɪkl] (*inf*) *adj* (*weather, behaviour*) orribile

diagnosis [daɪəgˈnəusɪs] (*pl* **diagnoses**) *n* diagnosi *f inv*

diagonal [daɪˈægənl] *adj* diagonale ♦ *n* diagonale *f*

diagram [ˈdaɪəgræm] *n* diagramma *m*

dial [ˈdaɪəl] *n* quadrante *m*; (*on radio*) lancetta; (*on telephone*) disco combinatore ♦ *vt* (*number*) fare

dialect [ˈdaɪəlɛkt] *n* dialetto

dialling code [ˈdaɪəlɪŋ-] (*US* **area code**) *n* prefisso

dialling tone [ˈdaɪəlɪŋ-] (*US* **dial tone**) *n* segnale *m* di linea libera

dialogue [ˈdaɪəlɔg] (*US* **dialog**) *n* dialogo

diameter [daɪˈæmɪtə*] *n* diametro

diamond [ˈdaɪəmənd] *n* diamante *m*; (*shape*) rombo; **~s** *npl* (*CARDS*) quadri *mpl*

diaper [ˈdaɪəpə*] (*US*) *n* pannolino

diaphragm [ˈdaɪəfræm] *n* diaframma *m*

diarrhoea [daɪəˈriːə] (*US* **diarrhea**) *n* diarrea

diary [ˈdaɪərɪ] *n* (*daily account*) diario; (*book*) agenda

dice [daɪs] *n inv* dado ♦ *vt* (*CULIN*) tagliare a dadini

Dictaphone ® [ˈdɪktəfəun] *n* dittafono ®

dictate [dɪkˈteɪt] *vt* dettare

dictation [dɪkˈteɪʃən] *n* dettatura; (*SCOL*) dettato

dictator [dɪkˈteɪtə*] *n* dittatore *m*; **~ship** *n* dittatura

dictionary [ˈdɪkʃənrɪ] *n* dizionario

did [dɪd] *pt of* **do**

didn't = did not

die [daɪ] *vi* morire; **to be dying for sth / to do sth** morire dalla voglia di qc/di fare qc; **~ away** *vi* spegnersi a poco a poco; **~ down** *vi* abbassarsi; **~ out** *vi* estinguersi

diesel [ˈdiːzəl] *n* (*vehicle*) diesel *m inv*; **~ engine** *n* motore *m* diesel *inv*; **~ (oil)** *n* gasolio (per motori diesel), diesel *m inv*

diet [ˈdaɪət] *n* alimentazione *f*; (*restricted food*) dieta ♦ *vi* (*also*: **be on a ~**) stare a dieta

differ [ˈdɪfə*] *vi*: **to ~ from sth** differire da qc; essere diverso(a) da qc; **to ~ from sb over sth** essere in disaccordo con qn su qc; **~ence** *n* differenza; (*disagreement*) screzio; **~ent** *adj* diverso(a); **~entiate** [-ˈrɛnʃɪeɪt] *vi*: **to ~entiate between** discriminare *or* fare differenza fra

difficult [ˈdɪfɪkəlt] *adj* difficile; **~y** *n* difficoltà *f inv*

diffident [ˈdɪfɪdənt] *adj* sfiduciato(a)

diffuse [*adj* dɪˈfjuːs, *vb* dɪˈfjuːz] *adj* diffuso(a) ♦ *vt* diffondere

dig [dɪg] (*pt, pp* **dug**) *vt* (*hole*) scavare; (*garden*) vangare ♦ *n* (*prod*) gomitata; (*archaeological*) scavo; (*fig*) frecciata; **~ into** *vt fus* (*savings*) scavare in; **to ~ one's nails into** conficcare le unghie in; **~ up** *vt* (*tree etc*) sradicare; (*information*) scavare fuori

digest [*vb* daɪˈdʒɛst, *n* ˈdaɪdʒɛst] *vt* digerire ♦ *n* compendio; **~ion** [dɪˈdʒɛstʃən] *n* digestione *f*; **~ive** *adj* (*juices, system*) digerente

digit [ˈdɪdʒɪt] *n* cifra; (*finger*) dito; **~al** *adj* digitale

dignified [ˈdɪgnɪfaɪd] *adj* dignitoso(a)

dignity [ˈdɪgnɪtɪ] *n* dignità

digress [daɪˈgrɛs] *vi*: **to ~ from** divagare da

digs [dɪgz] (*BRIT: inf*) *npl* camera ammobiliata

dike [daɪk] *n* = **dyke**

dilapidated [dɪˈlæpɪdeɪtɪd] *adj* cadente

dilemma [daɪˈlɛmə] *n* dilemma *m*

diligent [ˈdɪlɪdʒənt] *adj* diligente

dilute [daɪˈluːt] *vt* diluire; (*with water*) annacquare

dim [dɪm] *adj* (*light*) debole; (*outline, figure*) vago(a); (*room*) in penombra; (*inf: person*) tonto(a) ♦ *vt* (*light*) abbassare

dime [daɪm] (*US*) *n* = 10 cents

dimension [daɪˈmɛnʃən] *n* dimensione *f*

diminish [dɪˈmɪnɪʃ] *vt, vi* diminuire

diminutive [dɪˈmɪnjutɪv] *adj* minuscolo(a) ♦ *n* (*LING*) diminutivo

dimmers [ˈdɪməz] (*US*) *npl* (*AUT*) anabbaglianti *mpl*; luci *fpl* di posizione

dimple [ˈdɪmpl] *n* fossetta

din [dɪn] *n* chiasso, fracasso

dine [daɪn] *vi* pranzare; **~r** *n* (*person*) cliente *m/f*; (*US: place*) tavola calda

dinghy [ˈdɪŋgɪ] *n* battello pneumatico; (*also*: **rubber ~**) gommone *m*

dingy [ˈdɪndʒɪ] *adj* grigio(a)

dining car [ˈdaɪnɪŋ-] (*BRIT*) *n* vagone *m* ristorante

dining room [ˈdaɪnɪŋ-] *n* sala da pranzo

dinner [ˈdɪnə*] *n* (*lunch*) pranzo; (*evening meal*) cena; (*public*) banchetto; **~ jacket** *n* smoking *m inv*; **~ party** *n* cena; **~ time** *n* ora di pranzo (*or* cena)

dip [dɪp] *n* in discesa; (*in sea*) bagno; (*CULIN*) salsetta ♦ *vt* immergere; bagnare; (*BRIT: AUT: lights*) abbassare ♦ *vi* abbassarsi

diploma [dɪˈpləʊmə] *n* diploma *m*

diplomacy [dɪˈpləʊməsɪ] *n* diplomazia

diplomat [ˈdɪpləmæt] *n* diplomatico; **~ic** [dɪplə'mætɪk] *adj* diplomatico(a)

diprod [ˈdɪprɔd] (*US*) *n* = **dipstick**

dipstick [ˈdɪpstɪk] *n* (*AUT*) indicatore *m* di livello dell'olio

dipswitch [ˈdɪpswɪtʃ] (*BRIT*) *n* (*AUT*) levetta dei fari

dire [daɪə*] *adj* terribile; estremo(a)

direct [daɪˈrɛkt] *adj* diretto(a) ♦ *vt* dirigere;

(*order*): **to ~ sb to do sth** dare direttive a qn di fare qc ♦ *adv* direttamente; **can you ~ me to ...?** mi può indicare la strada per ...?

direction [dɪˈrɛkʃən] *n* direzione *f*; **~s** *npl* (*advice*) chiarimenti *mpl*; **sense of ~** senso dell'orientamento; **~s for use** istruzioni *fpl*

directly [dɪˈrɛktlɪ] *adv* (*in straight line*) direttamente; (*at once*) subito

director [dɪˈrɛktə*] *n* direttore/trice; amministratore/trice; (*THEATRE, CINEMA*) regista *m/f*

directory [dɪˈrɛktərɪ] *n* elenco; **~ enquiries, ~ assistance** (*US*) *n* informazioni *fpl* elenco abbonati *inv*

dirt [dəːt] *n* sporcizia; immondizia; (*earth*) terra; **~-cheap** *adj* da due soldi; **~y** *adj* sporco(a) ♦ *vt* sporcare; **~y trick** *n* brutto scherzo

disability [dɪsəˈbɪlɪtɪ] *n* invalidità *f inv*; (*LAW*) incapacità *f inv*

disabled [dɪsˈeɪbld] *adj* invalido(a); (*mentally*) ritardato(a) ♦ *npl*: **the ~** gli invalidi

disadvantage [dɪsədˈvɑːntɪdʒ] *n* svantaggio

disagree [dɪsəˈgriː] *vi* (*differ*) discordare; (*be against, think otherwise*): **to ~ (with)** essere in disaccordo (con), dissentire (da); **~able** *adj* sgradevole; (*person*) antipatico(a); **~ment** *n* disaccordo; (*argument*) dissapore *m*

disallow [dɪsəˈlaʊ] *vt* (*appeal*) respingere

disappear [dɪsəˈpɪə*] *vi* scomparire; **~ance** *n* scomparsa

disappoint [dɪsəˈpɔɪnt] *vt* deludere; **~ed** *adj* deluso(a); **~ing** *adj* deludente; **~ment** *n* delusione *f*

disapproval [dɪsəˈpruːvəl] *n* disapprovazione *f*

disapprove [dɪsəˈpruːv] *vi*: **to ~ of** disapprovare

disarm [dɪsˈɑːm] *vt* disarmare; **~ament** *n* disarmo

disarray [dɪsəˈreɪ] *n*: **in ~** (*army*) in rotta; (*organization*) in uno stato di confusione; (*clothes, hair*) in disordine

disaster [dɪ'zɑ:stə*] n disastro
disband [dɪs'bænd] vt sbandare; (MIL)
congedare ♦ vi sciogliersi
disbelief ['dɪsbə'li:f] n incredulità
disc [dɪsk] n disco; (COMPUT) = **disk**
discard [dɪs'kɑ:d] vt (old things) scartare;
(fig) abbandonare
discern [dɪ'sə:n] vt discernere, distinguere;
~**ing** adj perspicace
discharge [vb dɪs'tʃɑ:dʒ, n 'dɪstʃɑ:dʒ] vt
(duties) compiere; (ELEC, waste etc)
scaricare; (MED) emettere; (patient)
dimettere; (employee) licenziare; (soldier)
congedare; (defendant) liberare ♦ n (ELEC)
scarica; (MED) emissione f; (dismissal)
licenziamento; congedo; liberazione f
disciple [dɪ'saɪpl] n discepolo
discipline ['dɪsɪplɪn] n disciplina ♦ vt
disciplinare; (punish) punire
disc jockey n disc jockey m inv
disclaim [dɪs'kleɪm] vt negare, smentire
disclose [dɪs'kləʊz] vt rivelare, svelare;
disclosure [-'kləʊʒə*] n rivelazione f
disco ['dɪskəʊ] n abbr = **discotheque**
discoloured [dɪs'kʌləd] (US **discolored**) adj
scolorito(a); ingiallito(a)
discomfort [dɪs'kʌmfət] n disagio; (lack of
comfort) scomodità f inv
disconcert [dɪskən'sə:t] vt sconcertare
disconnect [dɪskə'nekt] vt sconnettere,
staccare; (ELEC, RADIO) staccare; (gas, water)
chiudere
discontent [dɪskən'tent] n scontentezza;
~**ed** adj scontento(a)
discontinue [dɪskən'tɪnju:] vt smettere,
cessare; "~**d**" (COMM) "fuori produzione"
discord ['dɪskɔ:d] n disaccordo; (MUS)
dissonanza
discotheque ['dɪskəʊtek] n discoteca
discount [n 'dɪskaʊnt, vb dɪs'kaʊnt] n sconto
♦ vt scontare; (idea) non badare a
discourage [dɪs'kʌrɪdʒ] vt scoraggiare
discourteous [dɪs'kə:tɪəs] adj scortese
discover [dɪs'kʌvə*] vt scoprire; ~**y** n
scoperta
discredit [dɪs'kredɪt] vt screditare; mettere
in dubbio

discreet [dɪ'skri:t] adj discreto(a)
discrepancy [dɪ'skrepənsɪ] n discrepanza
discriminate [dɪ'skrɪmɪneɪt] vi: **to ~
between** distinguere tra; **to ~ against**
discriminare contro; **discriminating** adj
fine, giudizioso(a); **discrimination**
[-'neɪʃən] n discriminazione f; (judgment)
discernimento
discuss [dɪ'skʌs] vt discutere; (debate)
dibattere; ~**ion** [dɪ'skʌʃən] n discussione f
disdain [dɪs'deɪn] n disdegno
disease [dɪ'zi:z] n malattia
disembark [dɪsɪm'bɑ:k] vt, vi sbarcare
disentangle [dɪsɪn'tæŋgl] vt liberare; (wool
etc) sbrogliare
disfigure [dɪs'fɪgə*] vt sfigurare
disgrace [dɪs'greɪs] n vergogna; (disfavour)
disgrazia ♦ vt disonorare, far cadere in
disgrazia; ~**ful** adj scandaloso(a),
vergognoso(a)
disgruntled [dɪs'grʌntld] adj scontento(a),
di cattivo umore
disguise [dɪs'gaɪz] n travestimento ♦ vt: **to
~ (as)** travestire (da); **in ~** travestito(a)
disgust [dɪs'gʌst] n disgusto, nausea ♦ vt
disgustare, far schifo a; ~**ing** adj
disgustoso(a); ripugnante
dish [dɪʃ] n piatto; **to do** or **wash the ~es**
fare i piatti; **~ out** vt distribuire; **~ up** vt
servire; ~**cloth** n strofinaccio
dishearten [dɪs'hɑ:tn] vt scoraggiare
dishevelled [dɪ'ʃevəld] (US **disheveled**) adj
arruffato(a); scapigliato(a)
dishonest [dɪs'ɔnɪst] adj disonesto(a)
dishonour [dɪs'ɔnə*] (US **dishonor**) n
disonore m; ~**able** adj disonorevole
dishtowel ['dɪʃtaʊəl] (US) n strofinaccio dei
piatti
dishwasher ['dɪʃwɒʃə*] n lavastoviglie f inv
disillusion [dɪsɪ'lu:ʒən] vt disilludere,
disingannare
disinfect [dɪsɪn'fekt] vt disinfettare; ~**ant** n
disinfettante m
disintegrate [dɪs'ɪntɪgreɪt] vi disintegrarsi
disinterested [dɪs'ɪntrəstɪd] adj
disinteressato(a)
disjointed [dɪs'dʒɔɪntɪd] adj sconnesso(a)

disk [dɪsk] n (COMPUT) disco; **single-/ double-sided** ~ disco a facciata singola/ doppia; ~ **drive** n lettore m; ~**ette** (US) n = **disk**

dislike [dɪs'laɪk] n antipatia, avversione f; (gen pl) cosa che non piace ♦ vt: **he ~s it** non gli piace

dislocate ['dɪsləkeɪt] vt slogare

dislodge [dɪs'lɔdʒ] vt rimuovere

disloyal [dɪs'lɔɪəl] adj sleale

dismal ['dɪzml] adj triste, cupo(a)

dismantle [dɪs'mæntl] vt (machine) smontare

dismay [dɪs'meɪ] n costernazione f ♦ vt sgomentare

dismiss [dɪs'mɪs] vt congedare; (employee) licenziare; (idea) scacciare; (LAW) respingere; ~**al** n congedo; licenziamento

dismount [dɪs'maunt] vi scendere

disobedience [dɪsə'biːdɪəns] n disubbidienza

disobedient [dɪsə'biːdɪənt] adj disubbidiente

disobey [dɪsə'beɪ] vt disubbidire a

disorder [dɪs'ɔːdə*] n disordine m; (rioting) tumulto; (MED) disturbo; ~**ly** adj disordinato(a); tumultuoso(a)

disorientated [dɪs'ɔːrɪenteɪtɪd] adj disorientato(a)

disown [dɪs'əun] vt rinnegare

disparaging [dɪs'pærɪdʒɪŋ] adj spregiativo(a), sprezzante

dispassionate [dɪs'pæʃənət] adj calmo(a), freddo(a); imparziale

dispatch [dɪs'pætʃ] vt spedire, inviare ♦ n spedizione f, invio; (MIL, PRESS) dispaccio

dispel [dɪs'pel] vt dissipare, scacciare

dispense [dɪs'pens] vt distribuire, amministrare; ~ **with** vt fus fare a meno di; ~**r** n (container) distributore m; **dispensing chemist** (BRIT) n farmacista m/f

disperse [dɪs'pəːs] vt disperdere; (knowledge) disseminare ♦ vi disperdersi

dispirited [dɪs'pɪrɪtɪd] adj scoraggiato(a), abbattuto(a)

displace [dɪs'pleɪs] vt spostare; ~**d person** n (POL) profugo/a

display [dɪs'pleɪ] n esposizione f; (of feeling etc) manifestazione f; (screen) schermo ♦ vt mostrare; (goods) esporre; (pej) ostentare

displease [dɪs'pliːz] vt dispiacere a, scontentare; ~**d with** scontento di; **displeasure** [-'pleʒə*] n dispiacere m

disposable [dɪs'pəuzəbl] adj (pack etc) a perdere; (income) disponibile; ~ **nappy** n pannolino di carta

disposal [dɪs'pəuzl] n eliminazione f; (of property) cessione f; **at one's** ~ alla sua disposizione

dispose [dɪs'pəuz] vi: ~ **of** sbarazzarsi di; ~**d** adj: ~**d to do** disposto(a) a fare; **disposition** [-'zɪʃən] n disposizione f; (temperament) carattere m

disproportionate [dɪsprə'pɔːʃənət] adj sproporzionato(a)

disprove [dɪs'pruːv] vt confutare

dispute [dɪs'pjuːt] n disputa; (also: **industrial** ~) controversia (sindacale) ♦ vt contestare; (matter) discutere; (victory) disputare

disqualify [dɪs'kwɔlɪfaɪ] vt (SPORT) squalificare; **to** ~ **sb from sth/from doing** rendere qn incapace a qc/a fare; squalificare qn da qc/da fare; **to** ~ **sb from driving** ritirare la patente a qn

disquiet [dɪs'kwaɪət] n inquietudine f

disregard [dɪsrɪ'gɑːd] vt non far caso a, non badare a

disrepair [dɪsrɪ'peə*] n: **to fall into** ~ (building) andare in rovina; (machine) deteriorarsi

disreputable [dɪs'repjutəbl] adj poco raccomandabile; indecente

disrupt [dɪs'rʌpt] vt disturbare; creare scompiglio in

dissatisfaction [dɪssætɪs'fækʃən] n scontentezza, insoddisfazione f

dissect [dɪ'sekt] vt sezionare

dissent [dɪ'sent] n dissenso

dissertation [dɪsə'teɪʃən] n tesi f inv, dissertazione f

disservice [dɪs'səːvɪs] n: **to do sb a** ~ fare un cattivo servizio a qn

dissimilar [dɪ'sɪmɪlə*] adj: ~ **(to)** dissimile

or diverso(a) (da)

dissipate ['dɪsɪpeɪt] *vt* dissipare

dissolve [dɪ'zɔlv] *vt* dissolvere, sciogliere; (*POL, marriage etc*) sciogliere ♦ *vi* dissolversi, sciogliersi

distance ['dɪstns] *n* distanza; **in the ~** in lontananza

distant ['dɪstnt] *adj* lontano(a), distante; (*manner*) riservato(a), freddo(a)

distaste [dɪs'teɪst] *n* ripugnanza; **~ful** *adj* ripugnante, sgradevole

distended [dɪs'tɛndɪd] *adj* (*stomach*) dilatato(a)

distil [dɪs'tɪl] (*US* **distill**) *vt* distillare; **~lery** *n* distilleria

distinct [dɪs'tɪŋkt] *adj* distinto(a); **as ~ from** a differenza di; **~ion** [dɪs'tɪŋkʃən] *n* distinzione *f*; (*in exam*) lode *f*; **~ive** *adj* distintivo(a)

distinguish [dɪs'tɪŋgwɪʃ] *vt* distinguere; discernere; **~ed** *adj* (*eminent*) eminente; **~ing** *adj* (*feature*) distinto(a), caratteristico(a)

distort [dɪs'tɔːt] *vt* distorcere; (*TECH*) deformare

distract [dɪs'trækt] *vt* distrarre; **~ed** *adj* distratto(a); **~ion** [dɪs'trækʃən] *n* distrazione *f*

distraught [dɪs'trɔːt] *adj* stravolto(a)

distress [dɪs'trɛs] *n* angoscia ♦ *vt* affliggere; **~ing** *adj* doloroso(a); **~ signal** *n* segnale *m* di soccorso

distribute [dɪs'trɪbjuːt] *vt* distribuire; **distribution** [-'bjuːʃən] *n* distribuzione *f*; **distributor** *n* distributore *m*

district ['dɪstrɪkt] *n* (*of country*) regione *f*; (*of town*) quartiere *m*; (*ADMIN*) distretto; **~ attorney** (*US*) *n* ≈ sostituto procuratore *m* della Repubblica; **~ nurse** (*BRIT*) *n* infermiera di quartiere

distrust [dɪs'trʌst] *n* diffidenza, sfiducia ♦ *vt* non aver fiducia in

disturb [dɪs'tɜːb] *vt* disturbare; **~ance** *n* disturbo; (*political etc*) disordini *mpl*; **~ed** *adj* (*worried, upset*) turbato(a); **emotionally ~ed** con turbe emotive; **~ing** *adj* sconvolgente

disuse [dɪs'juːs] *n*: **to fall into ~** cadere in disuso

disused [dɪs'juːzd] *adj* abbandonato(a)

ditch [dɪtʃ] *n* fossa ♦ *vt* (*inf*) piantare in asso

dither ['dɪðə*] (*pej*) *vi* vacillare

ditto ['dɪtəu] *adv* idem

dive [daɪv] *n* tuffo; (*of submarine*) immersione *f* ♦ *vi* tuffarsi; immergersi; **~r** *n* tuffatore/trice; palombaro

diverse [daɪ'vəːs] *adj* vario(a)

diversion [daɪ'vəːʃən] *n* (*BRIT: AUT*) deviazione *f*; (*distraction*) divertimento

divert [daɪ'vəːt] *vt* deviare

divide [dɪ'vaɪd] *vt* dividere; (*separate*) separare ♦ *vi* dividersi; **~d highway** (*US*) *n* strada a doppia carreggiata

dividend ['dɪvɪdɛnd] *n* dividendo; (*fig*): **to pay ~s** dare dei frutti

divine [dɪ'vaɪn] *adj* divino(a)

diving ['daɪvɪŋ] *n* tuffo; **~ board** *n* trampolino

divinity [dɪ'vɪnɪtɪ] *n* divinità *f inv*; teologia

division [dɪ'vɪʒən] *n* divisione *f*; separazione *f*; (*esp FOOTBALL*) serie *f*

divorce [dɪ'vɔːs] *n* divorzio ♦ *vt* divorziare da; (*dissociate*) separare; **~d** *adj* divorziato(a); **~e** [-'siː] *n* divorziato/a

D.I.Y. (*BRIT*) *n abbr* = **do-it-yourself**

dizzy ['dɪzɪ] *adj*: **to feel ~** avere il capogiro

DJ *n abbr* = **disc jockey**

KEYWORD

do [duː] (*pt* **did**, *pp* **done**) *n* (*inf: party etc*) festa; **it was rather a grand ~** è stato un ricevimento piuttosto importante ♦ *vb* 1 (*in negative constructions*) non *tradotto*; **I don't understand** non capisco
2 (*to form questions*) non *tradotto*; **didn't you know?** non lo sapevi?; **why didn't you come?** perché non sei venuto?
3 (*for emphasis, in polite expressions*): **she does seem rather late** sembra essere piuttosto in ritardo; **~ sit down** si accomodi la prego, prego si sieda; **~ take care!** mi raccomando, sta attento!
4 (*used to avoid repeating vb*): **she swims better than I ~** lei nuota meglio di me; **~**

you agree? – yes, I ~/no, I don't sei d'accordo? — sì/no; **she lives in Glasgow – so ~ I** lei vive a Glasgow — anch'io; **he asked me to help him and I did** mi ha chiesto di aiutarlo ed io l'ho fatto

5 (*in question tags*): **you like him, don't you?** ti piace, vero?; **I don't know him, ~ I?** non lo conosco, vero?

♦ *vt* (*gen, carry out, perform etc*) fare; **what are you ~ing tonight?** che fa stasera?; **to ~ the cooking** cucinare; **to ~ the washing-up** fare i piatti; **to ~ one's teeth** lavarsi i denti; **to ~ one's hair/nails** farsi i capelli/ le unghie; **the car was ~ing 100** la macchina faceva i 100 all'ora

♦ *vi* 1 (*act, behave*) fare; **~ as I ~** faccia come me, faccia come faccio io

2 (*get on, fare*) andare; **he's ~ing well/ badly at school** va bene/male a scuola; **how ~ you ~?** piacere!

3 (*suit*) andare bene; **this room will ~** questa stanza va bene

4 (*be sufficient*) bastare; **will £10 ~?** basteranno 10 sterline?; **that'll ~** basta così; **that'll ~!** (*in annoyance*) ora basta!; **to make ~ (with)** arrangiarsi (con)

do away with *vt fus* (*kill*) far fuori; (*abolish*) abolire

do up *vt* (*laces*) allacciare; (*dress, buttons*) abbottonare; (*renovate: room, house*) rimettere a nuovo, rifare

do with *vt fus* (*need*) aver bisogno di; (*be connected*): **what has it got to ~ with you?** e tu che c'entri?; **I won't have anything to ~ with it** non voglio avere niente a che farci; **it has to ~ with money** si tratta di soldi

do without *vi* fare senza ♦ *vt fus* fare a meno di

---

dock [dɔk] *n* (*NAUT*) bacino; (*LAW*) banco degli imputati ♦ *vi* entrare in bacino; (*SPACE*) agganciarsi; **~s** *npl* (*NAUT*) dock *m inv*; **~er** *n* scaricatore *m*; **~yard** *n* cantiere *m* (navale)

doctor ['dɔktə*] *n* medico/a; (*Ph.D. etc*) dottore/essa ♦ *vt* (*drink etc*) adulterare; **D~**

of Philosophy *n* dottorato di ricerca; (*person*) titolare *m/f* di un dottorato di ricerca

doctrine ['dɔktrɪn] *n* dottrina

document ['dɔkjumənt] *n* documento; **~ary** [-'mentərɪ] *adj* (*evidence*) documentato(a) ♦ *n* documentario

dodge [dɔdʒ] *n* trucco; schivata ♦ *vt* schivare, eludere

dodgems ['dɔdʒəmz] (*BRIT*) *npl* autoscontri *mpl*

doe [dəu] *n* (*deer*) femmina di daino; (*rabbit*) coniglia

does [dʌz] *vb see* **do**; **doesn't** = **does not**

dog [dɔg] *n* cane *m* ♦ *vt* (*follow closely*) pedinare; (*fig: memory etc*) perseguitare; **~ collar** *n* collare *m* di cane; (*fig*) collarino; **~-eared** *adj* (*book*) con orecchie

dogged ['dɔgɪd] *adj* ostinato(a), tenace

dogsbody ['dɔgzbɔdɪ] (*BRIT: inf*) *n* factotum *m inv*

doing ['duːɪŋ] *n*: **this is your ~** è opera tua, sei stato tu

do-it-yourself *n* il far da sé

doldrums ['dɔldrəmz] *npl* (*fig*): **to be in the ~** avere un brutto periodo

dole [dəul] (*BRIT*) *n* sussidio di disoccu-pazione; **to be on the ~** vivere del sussidio; **~ out** *vt* distribuire

doll [dɔl] *n* bambola; **~ed up** (*inf*) *adj* in ghingheri

dollar ['dɔlə*] *n* dollaro

dolly ['dɔlɪ] *n* bambola

dolphin ['dɔlfɪn] *n* delfino

domain [də'meɪn] *n* dominio

dome [dəum] *n* cupola

domestic [də'mestɪk] *adj* (*duty, happiness, animal*) domestico(a); (*policy, affairs, flights*) nazionale; **~ated** *adj* addomesticato(a)

dominant ['dɔmɪnənt] *adj* dominante

dominate ['dɔmɪneɪt] *vt* dominare

domineering [dɔmɪ'nɪərɪŋ] *adj* dispotico(a), autoritario(a)

dominion [də'mɪnɪən] *n* dominio; sovranità; dominion *m inv*

domino ['dɔmɪnəu] (*pl* **~es**) *n* domino; **~es** *n* (*game*) gioco del domino

don [dɔn] (BRIT) n docente m/f universitario(a)

donate [də'neɪt] vt donare

done [dʌn] pp of **do**

donkey ['dɔŋkɪ] n asino

donor ['dəunə*] n donatore/trice; ~ **card** n tessera di donatore di organi

don't [dəunt] = **do not**

doodle ['du:dl] vi scarabocchiare

doom [du:m] n destino; rovina ♦ vt: **to be ~ed (to failure)** essere predestinato(a) (a fallire)

door [dɔ:*] n porta; ~**bell** n campanello; ~ **handle** n maniglia; ~**man** (irreg) n (in hotel) portiere m in livrea; ~**mat** n stuoia della porta; ~**step** n gradino della porta; ~**way** n porta

dope [dəup] n (inf: drugs) roba ♦ vt (horse etc) drogare

dormant ['dɔ:mənt] adj inattivo(a)

dormitory ['dɔ:mɪtrɪ] n dormitorio; (US) casa dello studente

dormouse ['dɔ:maus] (pl **dormice**) n ghiro

dosage ['dəusɪdʒ] n posologia

dose [dəus] n dose f; (bout) attacco

doss house ['dɔs-] (BRIT) n asilo notturno

dot [dɔt] n punto; macchiolina ♦ vt: ~**ted with** punteggiato(a) di; **on the ~** in punto; ~**ted line** ['dɔtɪd-] n linea punteggiata

double ['dʌbl] adj doppio(a) ♦ adv (twice): **to cost ~ (sth)** costare il doppio (di qc) ♦ n sosia m inv ♦ vt raddoppiare; (fold) piegare doppio or in due ♦ vi raddoppiarsi; **at the ~** (BRIT), **on the ~** a passo di corsa; ~ **bass** n contrabbasso; ~ **bed** n letto matrimoniale; ~-**breasted** adj a doppio petto; ~**cross** vt fare il doppio gioco con; ~**decker** n autobus m inv a due piani; ~ **glazing** (BRIT) n doppi vetri mpl; ~ **room** n camera per due; ~**s** n (TENNIS) doppio; **doubly** adv doppiamente

doubt [daut] n dubbio ♦ vt dubitare di; **to ~ that** dubitare che +sub; ~**ful** adj dubbioso(a), incerto(a); (person) equivoco(a); ~**less** adv indubbiamente

dough [dəu] n pasta, impasto; ~**nut** n bombolone m

dove [dʌv] n colombo/a

Dover ['dəuvə*] n Dover f

dovetail ['dʌvteɪl] vi (fig) combaciare

dowdy ['daudɪ] adj trasandato(a); malvestito(a)

down [daun] n piume fpl ♦ adv giù, di sotto ♦ prep giù per ♦ vt (inf: drink) scolarsi; ~ **with X!** abbasso X!; ~-**and-out** n barbone m; ~-**at-heel** adj scalcagnato(a); ~**cast** adj abbattuto(a); ~**fall** n caduta; rovina; ~**hearted** adj scoraggiato(a); ~**hill** adv: **to go ~hill** andare in discesa; (fig) lasciarsi andare; andare a rotoli; ~ **payment** n acconto; ~**pour** n scroscio di pioggia; ~**right** adj franco(a); (refusal) assoluto(a); ~**size** vi (ECON: company) ridurre il personale; ~**stairs** adv di sotto; al piano inferiore; ~**stream** adv a valle; ~-**to-earth** adj pratico(a); ~**town** adv in città; ~ **under** adv (Australia etc) agli antipodi; ~**ward** ['daunwəd] adj, adv in giù, in discesa; ~**wards** ['daunwədz] adv = ~**ward**

i Al numero 10 di **Downing Street**, nel quartiere di Westminster a Londra, si trova la residenza del primo ministro inglese, al numero 11 quella del **Chancellor of the Exchequer**.

dowry ['daurɪ] n dote f

doz. abbr = **dozen**

doze [dəuz] vi sonnecchiare; ~ **off** vi appisolarsi

dozen ['dʌzn] n dozzina; **a ~ books** una dozzina di libri; ~**s of** decine fpl di

Dr. abbr (= doctor) dott.; (in street names) = **drive**

drab [dræb] adj tetro(a), grigio(a)

draft [drɑ:ft] n abbozzo; (POL) bozza; (COMM) tratta; (US: call-up) leva ♦ vt abbozzare; see also **draught**

draftsman ['drɑ:ftsmən] (US) n = **draughtsman**

drag [dræg] vt trascinare; (river) dragare ♦ vi trascinarsi ♦ n (inf) noioso/a; noia, fatica; (women's clothing): **in ~** travestito (da donna); ~ **on** *vi* tirar avanti lentamente

dragon ['drægən] *n* drago

dragonfly ['drægənflaɪ] *n* libellula

drain [dreɪn] *n* (*for sewage*) fogna; (*on resources*) salasso ♦ *vt* (*land, marshes*) prosciugare; (*vegetables*) scolare ♦ *vi* (*water*) defluire (via); ~**age** *n* prosciugamento; fognatura; ~**ing board** (*US* ~**board**) *n* piano del lavello; ~**pipe** *n* tubo di scarico

drama ['drɑːmə] *n* (*art*) dramma *m*, teatro; (*play*) commedia; (*event*) dramma; ~**tic** [drə'mætɪk] *adj* drammatico(a); ~**tist** ['dræmətɪst] *n* drammaturgo/a; ~**tize** ['dræmətaɪz] *vt* (*events*) drammatizzare

drank [dræŋk] *pt of* **drink**

drape [dreɪp] *vt* drappeggiare; ~**r** (*BRIT*) *n* negoziante *m/f* di stoffe; ~**s** (*US*) *npl* (*curtains*) tende *fpl*

drastic ['dræstɪk] *adj* drastico(a)

draught [drɑːft] (*US* **draft**) *n* corrente *f* d'aria; (*NAUT*) pescaggio; **on** ~ (*beer*) alla spina; ~ **beer** *n* birra alla spina; ~**board** (*BRIT*) *n* scacchiera; ~**s** (*BRIT*) *n* (*gioco della*) dama

draughtsman ['drɑːftsmən] (*US* **draftsman**) (*irreg*) *n* disegnatore *m*

draw [drɔː] (*pt* **drew**, *pp* **drawn**) *vt* tirare; (*take out*) estrarre; (*attract*) attirare; (*picture*) disegnare; (*line, circle*) tracciare; (*money*) ritirare ♦ *vi* (*SPORT*) pareggiare ♦ *n* pareggio; (*in lottery*) estrazione *f*; **to** ~ **near** avvicinarsi; ~ **out** *vi* (*lengthen*) allungarsi ♦ *vt* (*money*) ritirare; ~ **up** *vi* (*stop*) arrestarsi, fermarsi ♦ *vt* (*chair*) avvicinare; (*document*) compilare; ~**back** *n* svantaggio, inconveniente *m*; ~**bridge** *n* ponte *m* levatoio

drawer [drɔː*] *n* cassetto

drawing ['drɔːɪŋ] *n* disegno; ~ **board** *n* tavola da disegno; ~ **pin** (*BRIT*) *n* puntina da disegno; ~ **room** *n* salotto

drawl [drɔːl] *n* pronuncia strascicata

drawn [drɔːn] *pp of* **draw**

dread [drɛd] *n* terrore *m* ♦ *vt* tremare all'idea di; ~**ful** *adj* terribile

dream [driːm] (*pt, pp* **dreamed** *or* **dreamt**) *n* sogno ♦ *vt, vi* sognare; ~**y** *adj* sognante

dreary ['drɪərɪ] *adj* tetro(a); monotono(a)

dredge [drɛdʒ] *vt* dragare

dregs [drɛgz] *npl* feccia

drench [drɛntʃ] *vt* inzuppare

dress [drɛs] *n* vestito; (*no pl: clothing*) abbigliamento ♦ *vt* vestire; (*wound*) fasciare ♦ *vi* vestirsi; **to get** ~**ed** vestirsi; ~ **up** *vi* vestirsi a festa; (*in fancy dress*) vestirsi in costume; ~ **circle** (*BRIT*) *n* prima galleria; ~**er** *n* (*BRIT: cupboard*) credenza; (*US*) cassettone *m*; ~**ing** *n* (*MED*) benda; (*CULIN*) condimento; ~**ing gown** (*BRIT*) *n* vestaglia; ~**ing room** *n* (*THEATRE*) camerino; (*SPORT*) spogliatoio; ~**ing table** *n* toilette *f inv*; ~**maker** *n* sarta; ~ **rehearsal** *n* prova generale; ~**y** (*inf*) *adj* elegante

drew [druː] *pt of* **draw**

dribble ['drɪbl] *vi* (*baby*) sbavare ♦ *vt* (*ball*) dribblare

dried [draɪd] *adj* (*fruit, beans*) secco(a); (*eggs, milk*) in polvere

drier ['draɪə*] *n* = **dryer**

drift [drɪft] *n* (*of current etc*) direzione *f*; forza; (*of snow*) cumulo; turbine *m*; (*general meaning*) senso ♦ *vi* (*boat*) essere trasportato(a) dalla corrente; (*sand, snow*) ammucchiarsi; ~**wood** *n* resti *mpl* della mareggiata

drill [drɪl] *n* trapano; (*MIL*) esercitazione *f* ♦ *vt* trapanare; (*troops*) addestrare ♦ *vi* (*for oil*) fare trivellazioni

drink [drɪŋk] (*pt* **drank**, *pp* **drunk**) *n* bevanda, bibita; (*alcoholic* ~) bicchierino; (*sip*) sorso ♦ *vt, vi* bere; **to have a** ~ bere qualcosa; **a** ~ **of water** un po' d'acqua; ~**er** *n* bevitore/trice; ~**ing water** *n* acqua potabile

drip [drɪp] *n* goccia; gocciolamento; (*MED*) fleboclisi *f inv* ♦ *vi* gocciolare; (*tap*) sgocciolare; ~-**dry** *adj* (*shirt*) che non si stira; ~**ping** *n* grasso d'arrosto

drive [draɪv] (*pt* **drove**, *pp* **driven**) *n* passeggiata *or* giro in macchina; (*also:* ~**way**) viale *m* d'accesso; (*energy*) energia; (*campaign*) campagna; (*also:* **disk** ~) lettore *m* ♦ *vt* guidare; (*nail*) piantare; (*push*) cacciare, spingere; (*TECH: motor*) azionare; far funzionare ♦ *vi* (*AUT: at controls*) guidare; (*: travel*) andare in macchina; **left-/right-hand** ~ guida a sinistra/destra; **to** ~ **sb mad** far impazzire qn

drivel ['drɪvl] (*inf*) *n* idiozie *fpl*

driven ['drɪvn] *pp of* **drive**

driver ['draɪvə*] *n* conducente *m/f*; (*of taxi*) tassista *m*; (*chauffeur, of bus*) autista *m/f*; ~**'s license** (*US*) *n* patente *f* di guida

driveway ['draɪvweɪ] *n* viale *m* d'accesso

driving ['draɪvɪŋ] *n* guida; ~ **instructor** *n* istruttore/trice di scuola guida; ~ **lesson** *n* lezione *f* di guida; ~ **licence** (*BRIT*) *n* patente *f* di guida; ~ **mirror** *n* specchietto retrovisore; ~ **school** *n* scuola *f* guida *inv*; ~ **test** *n* esame *m* di guida

drizzle ['drɪzl] *n* pioggerella

drool [druːl] *vi* sbavare

droop [druːp] *vi* (*flower*) appassire; (*head, shoulders*) chinarsi

drop [drɒp] *n* (*of water*) goccia; (*lessening*) diminuzione *f*; (*fall*) caduta ♦ *vt* lasciare cadere; (*voice, eyes, price*) abbassare; (*set down from car*) far scendere; (*name from list*) lasciare fuori ♦ *vi* (*wind*) abbassarsi; ~**s** *npl* (*MED*) gocce *fpl*; ~ **off** *vi* (*sleep*) addormentarsi ♦ *vt* (*passenger*) far scendere; ~ **out** *vi* (*withdraw*) ritirarsi; (*student etc*) smettere di studiare; ~**-out** *n* (*from society/from university*) chi ha abbandonato (la società/gli studi); ~**per** *n* contagocce *m inv*; ~**pings** *npl* sterco

drought [draut] *n* siccità *f inv*

drove [drəuv] *pt of* **drive**

drown [draun] *vt* affogare; (*fig: noise*) soffocare ♦ *vi* affogare

drowsy ['drauzɪ] *adj* sonnolento(a), assonnato(a)

drug [drʌg] *n* farmaco; (*narcotic*) droga ♦ *vt* drogare; **to be on** ~**s** drogarsi; (*MED*) prendere medicinali; **hard/soft** ~**s** droghe pesanti/leggere; ~ **addict** *n* tossicomane *m/f*; ~**gist** (*US*) *n* persona che gestisce un *drugstore*; ~**store** (*US*) *n* drugstore *m inv*

drum [drʌm] *n* tamburo; (*for oil, petrol*)

fusto ♦ *vi* tamburellare; ~**s** *npl* (*set of* ~*s*) batteria; ~**mer** *n* batterista *m/f*

drunk [drʌŋk] *pp of* **drink** ♦ *adj* ubriaco(a), ebbro(a) ♦ *n* (*also*: ~**ard**) ubriacone/a; ~**en** *adj* ubriaco(a); da ubriaco

dry [draɪ] *adj* secco(a); (*day, clothes*) asciutto(a) ♦ *vt* seccare; (*clothes, hair, hands*) asciugare ♦ *vi* asciugarsi; ~ **up** *vi* seccarsi; ~**-cleaner's** *n* lavasecco *m inv*; ~**-cleaning** *n* pulitura a secco; ~**er** *n* (*for hair*) föhn *m inv*, asciugacapelli *m inv*; (*for clothes*) asciugabiancheria; (*US: spin-dryer*) centrifuga; ~ **goods store** *n* negozio di stoffe; ~ **rot** *n* fungo del legno

DSS *n abbr* (= *Department of Social Security*) ministero della Previdenza sociale

DTP *n abbr* (= *desk-top publishing*) desktop publishing *m inv*

dual ['djuəl] *adj* doppio(a); ~ **carriageway** (*BRIT*) *n* strada a doppia carreggiata; ~**-purpose** *adj* a doppio uso

dubbed [dʌbd] *adj* (*CINEMA*) doppiato(a)

dubious ['djuːbɪəs] *adj* dubbio(a)

Dublin ['dʌblɪn] *n* Dublino *f*

duchess ['dʌtʃɪs] *n* duchessa

duck [dʌk] *n* anatra ♦ *vi* abbassare la testa; ~**ling** *n* anatroccolo

duct [dʌkt] *n* condotto; (*ANAT*) canale *m*

dud [dʌd] *n* (*object, tool*): **it's a** ~ è inutile, non funziona ♦ *adj*: ~ **cheque** (*BRIT*) assegno a vuoto

due [djuː] *adj* dovuto(a); (*expected*) atteso(a); (*fitting*) giusto(a) ♦ *n* dovuto ♦ *adv*: ~ **north** diritto verso nord; ~**s** *npl* (*for club, union*) quota; (*in harbour*) diritti *mpl* di porto; **in** ~ **course** a tempo debito; finalmente; ~ **to** dovuto a; a causa di; **to be** ~ **to do** dover fare

duet [djuːˈɛt] *n* duetto

duffel bag ['dʌfl-] *n* sacca da viaggio di tela

duffel coat ['dʌfl-] *n* montgomery *m inv*

dug [dʌg] *pt, pp of* **dig**

duke [djuːk] *n* duca *m*

dull [dʌl] *adj* (*light*) debole; (*boring*) noioso(a); (*slow-witted*) ottuso(a); (*sound, pain*) sordo(a); (*weather, day*) fosco(a), scuro(a) ♦ vt (pain, grief) attutire; (mind, senses) intorpidire

duly ['dju:lɪ] adv (on time) a tempo debito; (as expected) debitamente

dumb [dʌm] adj muto(a); (pej) stupido(a); **~founded** [dʌm'faʊndɪd] adj stupito(a), stordito(a)

dummy ['dʌmɪ] n (tailor's model) manichino; (TECH, COMM) riproduzione f; (BRIT: for baby) tettarella ♦ adj falso(a), finto(a)

dump [dʌmp] n (also: **rubbish ~**) discarica di rifiuti; (inf: place) buco ♦ vt (put down) scaricare; mettere giù; (get rid of) buttar via

dumpling ['dʌmplɪŋ] n specie di gnocco

dumpy ['dʌmpɪ] adj tracagnotto(a)

dunce [dʌns] n (SCOL) somaro/a

dung [dʌŋ] n concime m

dungarees [dʌŋgə'ri:z] npl tuta

dungeon ['dʌndʒən] n prigione f sotterranea

dupe [dju:p] n zimbello ♦ vt gabbare, ingannare

duplex ['dju:plɛks] (US) n (house) casa con muro divisorio in comune con un'altra; (apartment) appartamento su due piani

duplicate [n 'dju:plɪkət, vb 'dju:plɪkeɪt] n doppio ♦ vt duplicare; **in ~** in doppia copia

durable ['djuərəbl] adj durevole; (clothes, metal) resistente

duration [djuə'reɪʃən] n durata

during ['djuərɪŋ] prep durante, nel corso di

dusk [dʌsk] n crepuscolo

dust [dʌst] n polvere f ♦ vt (furniture) spolverare; (cake etc): **to ~ with** cospargere con; **~bin** (BRIT) n pattumiera; **~er** n straccio per la polvere; **~man** (BRIT: irreg) n netturbino; **~y** adj polveroso(a)

Dutch [dʌtʃ] adj olandese ♦ n (LING) olandese m; **the ~** npl gli Olandesi; **to go ~** (inf) fare alla romana; **~man/woman** (irreg) n olandese m/f

duty ['dju:tɪ] n dovere m; (tax) dazio, tassa; **on ~** di servizio; **off ~** libero(a), fuori servizio; **~ chemist's** n farmacia di turno; **~-free** adj esente da dazio

duvet ['du:veɪ] (BRIT) n piumino, piumone m

dwarf [dwɔ:f] n nano/a ♦ vt far apparire piccolo

dwell [dwɛl] (pt, pp **dwelt**) vi dimorare; **~ on** vt fus indugiare su

dwindle ['dwɪndl] vi diminuire, decrescere

dye [daɪ] n tinta ♦ vt tingere

dying ['daɪɪŋ] adj morente, moribondo(a)

dyke [daɪk] (BRIT) n diga

dynamic [daɪ'næmɪk] adj dinamico(a)

dynamite ['daɪnəmaɪt] n dinamite f

dynamo ['daɪnəməʊ] n dinamo f inv

dyslexia [dɪs'lɛksɪə] n dislessia

E, e

E [i:] n (MUS) mi m

each [i:tʃ] adj ogni, ciascuno(a) ♦ pron ciascuno(a), ognuno(a); **~ one** ognuno(a); **~ other** si (or ci etc); **they hate ~** si odiano (l'un l'altro); **you are jealous of ~ other** siete gelosi l'uno dell'altro; **they have 2 books** ~ hanno 2 libri ciascuno

eager ['i:gə*] adj impaziente; desideroso(a); ardente; **to be ~ for** essere desideroso di, aver gran voglia di

eagle ['i:gl] n aquila

ear [ɪə*] n orecchio; (of corn) pannocchia; **~ache** n mal m d'orecchi; **~drum** n timpano

earl [ə:l] (BRIT) n conte m

earlier ['ə:lɪə*] adj precedente ♦ adv prima

early ['ə:lɪ] adv presto, di buon'ora; (ahead of time) in anticipo ♦ adj (near the beginning) primo(a); (sooner than expected) prematuro(a); (quick: reply) veloce; **at an ~ hour** di buon'ora; **to have an ~ night** andare a letto presto; **in the ~ or ~ in the spring/19th century** all'inizio della primavera/dell'Ottocento; **~ retirement** n ritiro anticipato

earmark ['ɪəmɑːk] vt: **to ~ sth for** destinare qc a

earn [ə:n] vt guadagnare; (rest, reward) meritare

earnest ['ə:nɪst] adj serio(a); **in ~** sul serio

earnings ['ə:nɪŋz] npl guadagni mpl;

(*salary*) stipendio

earphones ['ɪəfəunz] *npl* cuffia

earring ['ɪərɪŋ] *n* orecchino

earshot ['ɪəʃɔt] *n*: **within ~** a portata d'orecchio

earth [ə:θ] *n* terra ♦ *vt* (*BRIT: ELEC*) mettere a terra; **~enware** *n* terracotta; stoviglie *fpl* di terracotta; **~quake** *n* terremoto; **~y** *adj* (*fig*) grossolano(a)

ease [i:z] *n* agio, comodo ♦ *vt* (*soothe*) calmare; (*loosen*) allentare; **to ~ sth out/in** tirare fuori/infilare qc con delicatezza; facilitare l'uscita/l'entrata di qc; **at ~** a proprio agio; (*MIL*) a riposo; **~ off** *or* **up** *vi* diminuire; (*slow down*) rallentare

easel ['i:zl] *n* cavalletto

easily ['i:zɪlɪ] *adv* facilmente

east [i:st] *n* est *m* ♦ *adj* dell'est ♦ *adv* a oriente; **the E~** l'Oriente *m*; (*POL*) l'Est

Easter ['i:stə*] *n* Pasqua; **~ egg** *n* uovo di Pasqua

easterly ['i:stəlɪ] *adj* dall'est, d'oriente

eastern ['i:stən] *adj* orientale, d'oriente; dell'Est

East Germany *n* Germania dell'Est

eastward(s) ['i:stwəd(z)] *adv* verso est, verso levante

easy ['i:zɪ] *adj* facile; (*manner*) disinvolto(a) ♦ *adv*: **to take it** *or* **things ~** prendersela con calma; **~ chair** *n* poltrona; **~-going** *adj* accomodante

eat [i:t] (*pt* **ate**, *pp* **eaten**) *vt*, *vi* mangiare; **~ away at** *vt fus* rodere; **~ into** *vt fus* rodere

eaves [i:vz] *npl* gronda

eavesdrop ['i:vzdrɔp] *vi*: **to ~ (on a conversation)** origliare (una conversazione)

ebb [ɛb] *n* riflusso ♦ *vi* rifluire; (*fig: also*: **~ away**) declinare

ebony ['ɛbənɪ] *n* ebano

EC *n abbr* (= *European Community*) CEE *f*

eccentric [ɪk'sɛntrɪk] *adj*, *n* eccentrico(a)

echo ['ɛkəʊ] (*pl* **~es**) *n* eco *m or f* ♦ *vt* ripetere; fare eco a ♦ *vi* echeggiare; dare un eco

éclair [eɪ'klɛə*] *n* ≈ bignè *m inv*

eclipse [ɪ'klɪps] *n* eclissi *f inv*

ecology [ɪ'kɔlədʒɪ] *n* ecologia

economic [i:kə'nɔmɪk] *adj* economico(a); **~al** *adj* economico(a); (*person*) economo(a); **~s** *n* economia ♦ *npl* lato finanziario

economize [ɪ'kɔnəmaɪz] *vi* risparmiare, fare economia

economy [ɪ'kɔnəmɪ] *n* economia; **~ class** *n* (*AVIAT*) classe *f* turistica; **~ size** *n* (*COMM*) confezione *f* economica

ecstasy ['ɛkstəsɪ] *n* estasi *f inv*

ECU ['eɪkju:] *n abbr* (= *European Currency Unit*) ECU *m inv*

eczema ['ɛksɪmə] *n* eczema *m*

edge [ɛdʒ] *n* margine *m*; (*of table, plate, cup*) orlo; (*of knife etc*) taglio ♦ *vt* bordare; **on ~** (*fig*) = **edgy**; **to ~ away from** sgattaiolare da; **~ways** *adv*: **he couldn't get a word in ~ways** non riuscì a dire una parola; **edgy** *adj* nervoso(a)

edible ['ɛdɪbl] *adj* commestibile; (*meal*) mangiabile

edict ['i:dɪkt] *n* editto

Edinburgh ['ɛdɪnbərə] *n* Edimburgo *f*

edit ['ɛdɪt] *vt* curare; **~ion** [ɪ'dɪʃən] *n* edizione *f*; **~or** *n* (*in newspaper*) redattore/ trice; redattore/trice capo; (*of sb's work*) curatore/trice; **~orial** [-'tɔ:rɪəl] *adj* redazionale, editoriale ♦ *n* editoriale *m*

educate ['ɛdjukeɪt] *vt* istruire; educare

education [ɛdju'keɪʃən] *n* educazione *f*; (*schooling*) istruzione *f*; **~al** *adj* pedagogico(a); scolastico(a); istruttivo(a)

EEC *n abbr* = **EC**

eel [i:l] *n* anguilla

eerie ['ɪərɪ] *adj* che fa accapponare la pelle

effect [ɪ'fɛkt] *n* effetto ♦ *vt* effettuare; **to take ~** (*law*) entrare in vigore; (*drug*) fare effetto; **in ~** effettivamente; **~ive** *adj* efficace; (*actual*) effettivo(a); **~ively** *adv* efficacemente; effettivamente; **~iveness** *n* efficacia

effeminate [ɪ'fɛmɪnɪt] *adj* effeminato(a)

efficiency [ɪ'fɪʃənsɪ] *n* efficienza; rendimento effettivo

efficient [ɪ'fɪʃənt] *adj* efficiente

effort ['ɛfət] *n* sforzo

effusive [ɪ'fjuːsɪv] *adj* (*handshake, welcome*) caloroso(a)

e.g. *adv abbr* (= *exempli gratia*) per esempio, p.es.

egg [ɛg] *n* uovo; **hard-boiled / soft-boiled ~** uovo sodo/alla coque; **~ on** *vt* incitare; **~cup** *n* portauovo *m inv*; **~plant** *n* (*esp US*) melanzana; **~shell** *n* guscio d'uovo

ego ['iːgəu] *n* ego *m inv*

egotism ['ɛgəutɪzəm] *n* egotismo

Egypt ['iːdʒɪpt] *n* Egitto; **~ian** [ɪ'dʒɪpʃən] *adj, n* egiziano(a)

eiderdown ['aɪdədaun] *n* piumino

eight [eɪt] *num* otto; **~een** *num* diciotto; **eighth** [eɪtθ] *num* ottavo(a); **~y** *num* ottanta

Eire ['ɛərə] *n* Repubblica d'Irlanda

either ['aɪðə*] *adj* l'uno(a) o l'altro(a); (*both, each*) ciascuno(a) ♦ *pron:* **~ (of them)** (o) l'uno(a) o l'altro(a) ♦ *adv* neanche ♦ *conj:* **~ good or bad** o buono o cattivo; **on ~ side** su ciascun lato; **I don't like ~** non mi piace né l'uno né l'altro; **no, I don't ~** no, neanch'io

eject [ɪ'dʒɛkt] *vt* espellere; lanciare

elaborate [*adj* ɪ'læbərɪt, *vb* ɪ'læbəreɪt] *adj* elaborato(a), minuzioso(a) ♦ *vt* elaborare ♦ *vi* fornire i particolari

elastic [ɪ'læstɪk] *adj* elastico(a) ♦ *n* elastico; **~ band** (*BRIT*) *n* elastico

elated [ɪ'leɪtɪd] *adj* pieno(a) di gioia

elbow ['ɛlbəu] *n* gomito

elder ['ɛldə*] *adj* il maggiore, più vecchio(a) ♦ *n* (*tree*) sambuco; **one's ~s** i più anziani; **~ly** *adj* anziano(a) ♦ *npl:* **the ~ly** gli anziani

eldest ['ɛldɪst] *adj, n:* **the ~ (child)** il(la) maggiore (dei bambini)

elect [ɪ'lɛkt] *vt* eleggere ♦ *adj:* **the president ~** il presidente designato; **to ~ to do** decidere di fare; **~ion** [ɪ'lɛkʃən] *n* elezione *f*; **~ioneering** [ɪlɛkʃə'nɪərɪŋ] *n* propaganda elettorale; **~or** *n* elettore/trice; **~orate** *n* elettorato

electric [ɪ'lɛktrɪk] *adj* elettrico(a); **~al** *adj*

elettrico(a); **~ blanket** *n* coperta elettrica; **~ fire** *n* stufa elettrica

electrician [ɪlɛk'trɪʃən] *n* elettricista *m*

electricity [ɪlɛk'trɪsɪtɪ] *n* elettricità

electrify [ɪ'lɛktrɪfaɪ] *vt* (*RAIL*) elettrificare; (*audience*) elettrizzare

electrocute [ɪ'lɛktrəkjuːt] *vt* fulminare

electronic [ɪlɛk'trɔnɪk] *adj* elettronico(a); **~ mail** *n* posta elettronica; **~s** *n* elettronica

elegant ['ɛlɪgənt] *adj* elegante

element ['ɛlɪmənt] *n* elemento; (*of heater, kettle etc*) resistenza; **~ary** [-'mɛntərɪ] *adj* elementare

elephant ['ɛlɪfənt] *n* elefante/essa

elevation [ɛlɪ'veɪʃən] *n* elevazione *f*

elevator ['ɛlɪveɪtə*] *n* elevatore *m*; (*US:* lift) ascensore *m*

eleven [ɪ'lɛvn] *num* undici; **~ses** (*BRIT*) *n* caffè *m* a metà mattina; **~th** *adj* undicesimo(a)

elicit [ɪ'lɪsɪt] *vt:* **to ~ (from)** trarre (da), cavare fuori (da)

eligible ['ɛlɪdʒəbl] *adj* eleggibile; (*for membership*) che ha i requisiti

elm [ɛlm] *n* olmo

elocution [ɛlə'kjuːʃən] *n* dizione *f*

elongated ['iːlɔŋgeɪtɪd] *adj* allungato(a)

elope [ɪ'ləup] *vi* (*lovers*) scappare; **~ment** *n* fuga

eloquent ['ɛləkwənt] *adj* eloquente

else [ɛls] *adv* altro; **something ~** qualcos'altro; **somewhere ~** altrove; **everywhere ~** in qualsiasi altro luogo; **nobody ~** nessun altro; **where ~?** in quale altro luogo?; **little ~** poco altro; **~where** *adv* altrove

elude [ɪ'luːd] *vt* eludere

elusive [ɪ'luːsɪv] *adj* elusivo(a)

emaciated [ɪ'meɪsɪeɪtɪd] *adj* emaciato(a)

E-mail, e-mail *n abbr* (= *electronic mail*) posta elettronica

emanate ['ɛmaneɪt] *vi:* **to ~ from** provenire da

emancipate [ɪ'mænsɪpeɪt] *vt* emancipare

embankment [ɪm'bæŋkmənt] *n* (*of road, railway*) terrapieno

embark [ɪm'bɑːk] *vi:* **to ~ (on)** imbarcarsi

(su) ♦ vt imbarcare; **to ~ on** (fig) imbarcarsi in; **~ation** [embɑː'keɪʃən] n imbarco

embarrass [ɪm'bærəs] vt imbarazzare; **~ed** adj imbarazzato(a); **~ing** adj imbarazzante; **~ment** n imbarazzo

embassy ['embəsɪ] n ambasciata

embedded [ɪm'bedɪd] adj incastrato(a)

embellish [ɪm'belɪʃ] vt abbellire

embers ['embəz] npl braci fpl

embezzle [ɪm'bezl] vt appropriarsi indebitamente di

embitter [ɪm'bɪtə*] vt amareggiare; inasprire

embody [ɪm'bɒdɪ] vt (features) racchiudere, comprendere; (ideas) dar forma concreta a, esprimere

embossed [ɪm'bɒst] adj in rilievo; goffrato(a)

embrace [ɪm'breɪs] vt abbracciare ♦ vi abbracciarsi ♦ n abbraccio

embroider [ɪm'brɔɪdə*] vt ricamare; **~y** n ricamo

embryo ['embrɪəʊ] n embrione m

emerald ['emərəld] n smeraldo

emerge [ɪ'məːdʒ] vi emergere

emergency [ɪ'məːdʒənsɪ] n emergenza; **in an ~** in caso di emergenza; **~ cord** (US) n segnale m d'allarme; **~ exit** n uscita di sicurezza; **~ landing** n atterraggio forzato; **~ services** npl (fire, police, ambulance) servizi mpl di pronto intervento

emery board ['emərɪ-] n limetta di carta smerigliata

emigrate ['emɪgreɪt] vi emigrare

eminent ['emɪnənt] adj eminente

emissions [ɪ'mɪʃənz] npl emissioni fpl

emit [ɪ'mɪt] vt emettere

emotion [ɪ'məʊʃən] n emozione f; **~al** adj (person) emotivo(a); (scene) commovente; (tone, speech) carico(a) d'emozione

emperor ['empərə*] n imperatore m

emphasis ['emfəsɪs] n (pl -ases) n enfasi f inv; importanza

emphasize ['emfəsaɪz] vt (word, point) sottolineare; (feature) mettere in evidenza

emphatic [em'fætɪk] adj (strong) vigoroso(a); (unambiguous, clear) netto(a)

empire ['empaɪə*] n impero

employ [ɪm'plɔɪ] vt impiegare; **~ee** [-'iː] n impiegato/a; **~er** n principale m/f, datore m di lavoro; **~ment** n impiego, **~ment agency** n agenzia di collocamento

empower [ɪm'paʊə*] vt: **to ~ sb to do** concedere autorità a qn di fare

empress ['emprɪs] n imperatrice f

emptiness ['emptɪnɪs] n vuoto

empty ['emptɪ] adj vuoto(a); (threat, promise) vano(a) ♦ vt vuotare ♦ vi vuotarsi; (liquid) scaricarsi; **~-handed** adj a mani vuote

EMU n abbr (= economic and monetary union) unione f economica e monetaria

emulate ['emjʊleɪt] vt emulare

emulsion [ɪ'mʌlʃən] n emulsione f; **~ (paint)** n colore m a tempera

enable [ɪ'neɪbl] vt: **to ~ sb to do** permettere a qn di fare

enamel [ɪ'næməl] n smalto; (also: **~ paint**) vernice f a smalto

enchant [ɪn'tʃɑːnt] vt incantare; (subj: magic spell) catturare; **~ing** adj incantevole, affascinante

encircle [ɪn'səːkl] vt accerchiare

encl. abbr (= enclosed) all

enclave ['enkleɪv] n enclave f

enclose [ɪn'kləʊz] vt (land) circondare, recingere; (letter etc): **to ~ (with)** allegare (con); **please find ~d** trovi qui accluso

enclosure [ɪn'kləʊʒə*] n recinto

encompass [ɪn'kʌmpəs] vt comprendere

encore [ɒŋ'kɔː*] excl bis ♦ n bis m inv

encounter [ɪn'kaʊntə*] n incontro ♦ vt incontrare

encourage [ɪn'kʌrɪdʒ] vt incoraggiare; **~ment** n incoraggiamento

encroach [ɪn'krəʊtʃ] vi: **to ~ (up)on** (rights) usurpare; (time) abusare di; (land) oltrepassare i limiti di

encyclop(a)edia [ensaɪkləʊ'piːdɪə] n enciclopedia

end [end] n fine f; (aim) fine m; (of table) bordo estremo; (of pointed object) punta ♦ vt finire; (also: **bring to an ~, put an ~ to**) mettere fine a ♦ vi finire; **in the ~** alla fine; **on ~** (*object*) ritto(a); **to stand on ~** (*hair*) rizzarsi; **for hours on ~** per ore ed ore; **~ up** *vi*: **to ~ up in** finire in

endanger [ɪn'deɪndʒə*] *vt* mettere in pericolo

endearing [ɪn'dɪərɪŋ] *adj* accattivante

endeavour [ɪn'devə*] (*US* **endeavor**) *n* sforzo, tentativo ♦ *vi*: **to ~ to do** cercare *or* sforzarsi di fare

ending ['ɛndɪŋ] *n* fine *f*, conclusione *f*; (*LING*) desinenza

endive ['ɛndaɪv] *n* (*curly*) indivia (riccia); (*smooth, flat*) indivia belga

endless ['ɛndlɪs] *adj* senza fine

endorse [ɪn'dɔ:s] *vt* (*cheque*) girare; (*approve*) approvare, appoggiare; **~ment** *n* approvazione *f*; (*on driving licence*) *contravvenzione registrata sulla patente*

endurance [ɪn'djuərəns] *n* resistenza; pazienza

endure [ɪn'djuə*] *vt* sopportare, resistere a ♦ *vi* durare

enemy ['ɛnəmɪ] *adj, n* nemico(a)

energetic [ɛnə'dʒɛtɪk] *adj* energico(a); attivo(a)

energy ['ɛnədʒɪ] *n* energia

enforce [ɪn'fɔ:s] *vt* (*LAW*) applicare, far osservare

engage [ɪn'geɪdʒ] *vt* (*hire*) assumere; (*lawyer*) incaricare; (*attention, interest*) assorbire; (*TECH*): **to ~ gear/the clutch** innestare la marcia/la frizione ♦ *vi* (*TECH*) ingranare; **to ~ in** impegnarsi in; **~d** *adj* (*BRIT: busy, in use*) occupato(a); (*betrothed*) fidanzato(a); **to get ~d** fidanzarsi; **~d tone** (*BRIT*) *n* (*TEL*) segnale *m* di occupato; **~ment** *n* impegno, obbligo; appuntamento; (*to marry*) fidanzamento; **~ment ring** *n* anello di fidanzamento

engaging [ɪn'geɪdʒɪŋ] *adj* attraente

engine ['ɛndʒɪn] *n* (*AUT*) motore *m*; (*RAIL*) locomotiva; **~ driver** *n* (*of train*) macchinista *m*

engineer [ɛndʒɪ'nɪə*] *n* ingegnere *m*; (*BRIT: for repairs*) tecnico; (*on ship, US: RAIL*) macchinista *m*; **~ing** *n* ingegneria

England ['ɪŋglənd] *n* Inghilterra

English ['ɪŋglɪʃ] *adj* inglese ♦ *n* (*LING*) inglese *m*; **the ~** *npl* gli Inglesi; **the ~ Channel** *n* la Manica; **~man/woman** (*irreg*) *n* inglese *m/f*

engraving [ɪn'greɪvɪŋ] *n* incisione *f*

engrossed [ɪn'grəust] *adj*: **~ in** assorbito(a) da, preso(a) da

engulf [ɪn'gʌlf] *vt* inghiottire

enhance [ɪn'hɑ:ns] *vt* accrescere

enjoy [ɪn'dʒɔɪ] *vt* godere; (*have: success, fortune*) avere; **to ~ o.s.** godersela, divertirsi; **~able** *adj* piacevole; **~ment** *n* piacere *m*, godimento

enlarge [ɪn'lɑ:dʒ] *vt* ingrandire ♦ *vi*: **to ~ on** (*subject*) dilungarsi su

enlighten [ɪn'laɪtn] *vt* illuminare; dare schiarimenti a; **~ed** *adj* illuminato(a); **~ment** *n*: **the E~ment** (*HISTORY*) l'Illuminismo

enlist [ɪn'lɪst] *vt* arruolare; (*support*) procurare ♦ *vi* arruolarsi

enmity ['ɛnmɪtɪ] *n* inimicizia

enormous [ɪ'nɔ:məs] *adj* enorme

enough [ɪ'nʌf] *adj, n*: **~ time/books** assai tempo/libri; **have you got ~?** ne ha abbastanza *or* a sufficienza? ♦ *adv*: **big ~** abbastanza grande; **he has not worked ~** non ha lavorato abbastanza; **~!** basta!; **that's ~, thanks** basta così, grazie; **I've had ~ of him** ne ho abbastanza di lui; ... **which, funnily** *or* **oddly ~** ... che, strano a dirsi

enquire [ɪn'kwaɪə*] *vt, vi* = **inquire**

enrage [ɪn'reɪdʒ] *vt* fare arrabbiare

enrich [ɪn'rɪtʃ] *vt* arricchire

enrol [ɪn'rəul] (*US* **enroll**) *vt* iscrivere ♦ *vi* iscriversi; **~ment** (*US* **enrollment**) *n* iscrizione *f*

en suite [ɒn'swi:t] *adj*: **room with ~ bathroom** camera con bagno

ensure [ɪn'ʃuə*] *vt* assicurare; garantire

entail [ɪn'teɪl] *vt* comportare

entangled [ɪn'tæŋgld] *adj*: **to become ~ (in)** impigliarsi (in)

enter ['ɛntə*] *vt* entrare in; (*army*) arruolarsi in; (*competition*) partecipare a; (*sb for a competition*) iscrivere; (*write down*) registrare; (*COMPUT*) inserire ♦ *vi* entrare; ~ **for** *vt fus* iscriversi a; ~ **into** *vt fus* (*explanation*) cominciare a dare; (*debate*) partecipare a; (*agreement*) concludere

enterprise ['ɛntəpraɪz] *n* (*undertaking, company*) impresa; (*spirit*) iniziativa; **free ~** liberalismo economico; **private ~** iniziativa privata

enterprising ['ɛntəpraɪzɪŋ] *adj* intraprendente

entertain [ɛntə'teɪn] *vt* divertire; (*invite*) ricevere; (*idea, plan*) nutrire; ~**er** *n* comico/a; ~**ing** *adj* divertente; ~**ment** *n* (*amusement*) divertimento; (*show*) spettacolo

enthralled [ɪn'θrɔːld] *adj* affascinato(a)

enthusiasm [ɪn'θuːzɪæzəm] *n* entusiasmo

enthusiast [ɪn'θuːzɪæst] *n* entusiasta *m/f*; ~**ic** [-'æstɪk] *adj* entusiasta, entusiastico(a); **to be ~ic about sth/sb** essere appassionato(a) di qc/entusiasta di qn

entire [ɪn'taɪə*] *adj* intero(a); ~**ly** *adv* completamente, interamente; ~**ty** [ɪn'taɪərətɪ] *n*: **in its ~ty** nel suo complesso

entitle [ɪn'taɪtl] *vt* (*give right*): **to ~ sb to sth/to do** dare diritto a qn a qc/a fare; ~**d** *adj* (*book*) che si intitola; **to be ~d to do** avere il diritto di fare

entrails ['ɛntreɪlz] *npl* interiora *fpl*

entrance [*n* 'ɛntrns, *vb* ɪn'trɑːns] *n* entrata, ingresso; (*of person*) entrata ♦ *vt* incantare, rapire; **to gain ~ to** (*university etc*) essere ammesso a; ~ **examination** *n* esame *m* di ammissione; ~ **fee** *n* tassa d'iscrizione; (*to museum etc*) prezzo d'ingresso; ~ **ramp** (*US*) *n* (*AUT*) rampa di accesso

entrant ['ɛntrnt] *n* partecipante *m/f*; concorrente *m/f*

entreat [ɛn'triːt] *vt* supplicare

entrenched [ɛn'trɛntʃt] *adj* radicato(a)

entrepreneur [ɔntrəprə'nɜː*] *n* imprenditore *m*

entrust [ɪn'trʌst] *vt*: **to ~ sth to** affidare qc a

entry ['ɛntrɪ] *n* entrata; (*way in*) entrata, ingresso; (*item: on list*) iscrizione *f*; (*in dictionary*) voce *f*; **no ~** vietato l'ingresso; (*AUT*) divieto di accesso; ~ **form** *n* modulo

d'iscrizione; ~ **phone** *n* citofono

envelop [ɪn'vɛləp] *vt* avvolgere, avviluppare

envelope ['ɛnvələup] *n* busta

envious ['ɛnvɪəs] *adj* invidioso(a)

environment [ɪn'vaɪərnmənt] *n* ambiente *m*; ~**al** [-'mɛntl] *adj* ecologico(a); ambientale; ~**-friendly** *adj* che rispetta l'ambiente

envisage [ɪn'vɪzɪdʒ] *vt* immaginare; prevedere

envoy ['ɛnvɔɪ] *n* inviato/a

envy ['ɛnvɪ] *n* invidia ♦ *vt* invidiare; **to ~ sb sth** invidiare qn per qc

epic ['ɛpɪk] *n* poema *m* epico ♦ *adj* epico(a)

epidemic [ɛpɪ'dɛmɪk] *n* epidemia

epilepsy ['ɛpɪlɛpsɪ] *n* epilessia

episode ['ɛpɪsəud] *n* episodio

epistle [ɪ'pɪsl] *n* epistola

epitome [ɪ'pɪtəmɪ] *n* epitome *f*; quintessenza; **epitomize** *vt* (*fig*) incarnare

equal ['iːkwl] *adj* uguale ♦ *n* pari *m/f inv* ♦ *vt* uguagliare; ~ **to** (*task*) all'altezza di; ~**ity** [iː'kwɔlɪtɪ] *n* uguaglianza; ~**ize** *vi* pareggiare; ~**ly** *adv* ugualmente

equanimity [ɛkwə'nɪmɪtɪ] *n* serenità

equate [ɪ'kweɪt] *vt*: **to ~ sth with** considerare qc uguale a; (*compare*) paragonare qc con; **equation** [ɪ'kweɪʃən] *n* (*MATH*) equazione *f*

equator [ɪ'kweɪtə*] *n* equatore *m*

equilibrium [iːkwɪ'lɪbrɪəm] *n* equilibrio

equip [ɪ'kwɪp] *vt* equipaggiare, attrezzare; **to ~ sb/sth with** fornire qn/qc di; **to be well ~ped** (*office etc*) essere ben attrezzato(a); **he is well ~ped for the job** ha i requisiti necessari per quel lavoro; ~**ment** *n* attrezzatura; (*electrical etc*) apparecchiatura

equitable ['ɛkwɪtəbl] *adj* equo(a), giusto(a)

equities ['ɛkwɪtɪz] (*BRIT*) *npl* (*COMM*) azioni *fpl* ordinarie

equivalent [ɪ'kwɪvəlnt] *adj* equivalente ♦ *n* equivalente *m*; **to be ~ to** equivalere a

era ['ɪərə] *n* era, età *f inv*

eradicate [ɪ'rædɪkeɪt] *vt* sradicare

erase [ɪ'reɪz] *vt* cancellare; ~**r** *n* gomma

erect [ɪ'rɛkt] *adj* eretto(a) ♦ *vt* costruire; (*assemble*) montare; ~**ion** [ɪ'rɛkʃən] *n* costruzione f; montaggio; (*PHYSIOL*) erezione f

ERM n (= *Exchange Rate Mechanism*) ERM m

ermine ['əːmɪn] n ermellino

erode [ɪ'rəud] vt erodere; (*metal*) corrodere

erotic [ɪ'rɔtɪk] adj erotico(a)

errand ['ɛrnd] n commissione f

erratic [ɪ'rætɪk] adj imprevedibile; (*person, mood*) incostante

error ['ɛrə*] n errore m

erupt [ɪ'rʌpt] vi (*volcano*) mettersi (*or* essere) in eruzione; (*war, crisis*) scoppiare; ~ion [ɪ'rʌpʃən] n eruzione f; scoppio

escalate ['ɛskəleɪt] vi intensificarsi

escalator ['ɛskəleɪtə*] n scala mobile

escapade [ɛskə'peɪd] n scappatella; avventura

escape [ɪ'skeɪp] n evasione f; fuga; (*of gas etc*) fuga, fuoriuscita ♦ vi fuggire; (*from jail*) evadere, scappare; (*leak*) uscire ♦ vt sfuggire a; to ~ from (*place*) fuggire da; (*person*) sfuggire a; escapism n evasione f (dalla realtà)

escort [n 'ɛskɔːt, vb ɪ'skɔːt] n scorta; (*male companion*) cavaliere m ♦ vt scortare; accompagnare

Eskimo ['ɛskɪməu] n eschimese m/f

especially [ɪ'spɛʃlɪ] adv specialmente; soprattutto; espressamente

espionage ['ɛspɪənɑːʒ] n spionaggio

esplanade [ɛsplə'neɪd] n lungomare m inv

Esq. abbr = Esquire

Esquire [ɪ'skwaɪə*] n: J. Brown, ~ Signor J. Brown

essay ['ɛseɪ] n (*SCOL*) composizione f; (*LITERATURE*) saggio

essence ['ɛsns] n essenza

essential [ɪ'sɛnʃl] adj essenziale ♦ n elemento essenziale; ~ly adv essenzialmente

establish [ɪ'stæblɪʃ] vt stabilire; (*business*) mettere su; (*one's power etc*) affermare; ~ed adj (*business etc*) affermato(a); ~ment n stabilimento; the E~ment la classe dirigente, l'establishment m

estate [ɪ'steɪt] n proprietà f inv; beni mpl, patrimonio; (*BRIT: also:* housing ~) complesso edilizio; ~ agent (*BRIT*) n agente m immobiliare; ~ car (*BRIT*) n giardiniera

esteem [ɪ'stiːm] n stima ♦ vt (*think highly of*) stimare; (*consider*) considerare

esthetic [ɪs'θɛtɪk] (*US*) adj = aesthetic

estimate [n 'ɛstɪmət, vb 'ɛstɪmeɪt] n stima; (*COMM*) preventivo ♦ vt stimare, valutare; estimation [-'meɪʃən] n stima; opinione f

estranged [ɪ'streɪndʒd] adj separato(a)

etc abbr (= *et cetera*) etc, ecc

eternal [ɪ'təːnl] adj eterno(a)

eternity [ɪ'təːnɪtɪ] n eternità

ether ['iːθə*] n etere m

ethical ['ɛθɪkl] adj etico(a), morale

ethics ['ɛθɪks] n etica ♦ npl morale f

Ethiopia [iːθɪ'əupɪə] n Etiopia

ethnic ['ɛθnɪk] adj etnico(a); ~ minority n minoranza etnica

ethos ['iːθɔs] n norma di vita

etiquette ['ɛtɪkɛt] n etichetta

EU n abbr (= *European Union*) UE

Eurocheque ['juərəutʃɛk] n eurochèque m inv

Europe ['juərəp] n Europa; European [-'piːən] adj, n europeo(a); European Community n Comunità Europea

evacuate [ɪ'vækjueɪt] vt evacuare

evade [ɪ'veɪd] vt (*tax*) evadere; (*duties etc*) sottrarsi a; (*person*) schivare

evaluate [ɪ'væljueɪt] vt valutare

evaporate [ɪ'væpəreɪt] vi evaporare; ~d milk n latte m concentrato

evasion [ɪ'veɪʒən] n evasione f

evasive [ɪ'veɪsɪv] adj evasivo(a)

eve [iːv] n: on the ~ of alla vigilia di

even ['iːvn] adj regolare; (*number*) pari inv ♦ adv anche, perfino; ~ if, ~ though anche se; ~ more anche di più; ~ so ciò nonostante; not ~ nemmeno; to get ~ with sb dare la pari a qn

evening ['iːvnɪŋ] n sera; (*as duration, event*) serata; in the ~ la sera; ~ class n corso serale; ~ dress n (*woman's*) abito da sera; in ~ dress (*man*) in abito scuro; (*woman*) in abito lungo

event [ɪ'vɛnt] *n* avvenimento; (*SPORT*) gara;
in the ~ of in caso di; **~ful** *adj* denso(a) di
eventi

eventual [ɪ'vɛntʃuəl] *adj* finale; **~ity** [-'ælɪtɪ]
n possibilità *f inv*, eventualità *f inv*; **~ly**
adv alla fine

ever ['ɛvə*] *adv* mai; (*at all times*) sempre;
the best ~ il migliore che ci sia mai stato;
have you ~ seen it? l'ha mai visto?; **~
since** *adv* da allora ♦ *conj* sin da quando;
~ so pretty così bello(a); **~green** *n*
sempreverde *m*; **~lasting** *adj* eterno(a)

every ['ɛvrɪ] *adj* ogni; **~ day** tutti i giorni,
ogni giorno; **~ other/third day** ogni due/
tre giorni; **~ other car** una macchina su
due; **~ now and then** ogni tanto, di
quando in quando; **~body** *pron* = **~one**;
~day *adj* quotidiano(a); di ogni giorno;
~one *pron* ognuno, tutti *pl*; **~thing** *pron*
tutto, ogni cosa; **~where** *adv* (*gen*)
dappertutto; (*wherever*) ovunque

evict [ɪ'vɪkt] *vt* sfrattare

evidence ['ɛvɪdns] *n* (*proof*) prova; (*of
witness*) testimonianza; (*sign*): **to show ~ of**
dare segni di; **to give ~** deporre

evident ['ɛvɪdnt] *adj* evidente; **~ly** *adv*
evidentemente

evil ['iːvl] *adj* cattivo(a), maligno(a) ♦ *n*
male *m*

evoke [ɪ'vəʊk] *vt* evocare

evolution [iːvə'luːʃən] *n* evoluzione *f*

evolve [ɪ'vɒlv] *vt* elaborare ♦ *vi* svilupparsi,
evolversi

ewe [juː] *n* pecora

ex- [ɛks-] *prefix* ex

exacerbate [ɛks'æsəbeɪt] *vt* aggravare

exact [ɪg'zækt] *adj* esatto(a) ♦ *vt*: **to ~ sth
(from)** estorcere qc (da); esigere qc (da);
~ing *adj* esigente; (*work*) faticoso(a); **~ly**
adv esattamente

exaggerate [ɪg'zædʒəreɪt] *vt, vi* esagerare;
exaggeration [-'reɪʃən] *n* esagerazione *f*

exalted [ɪg'zɔːltɪd] *adj* esaltato(a); elevato(a)

exam [ɪg'zæm] *n abbr* (*SCOL*)
= **examination**

examination [ɪgzæmɪ'neɪʃən] *n* (*SCOL*)
esame *m*; (*MED*) controllo

examine [ɪg'zæmɪn] *vt* esaminare; **~r** *n*
esaminatore/trice

example [ɪg'zɑːmpl] *n* esempio; **for ~** ad *or*
per esempio

exasperate [ɪg'zɑːspəreɪt] *vt* esasperare;
exasperating *adj* esasperante;
exasperation [-'reɪʃən] *n* esasperazione *f*

excavate ['ɛkskəveɪt] *vt* scavare

exceed [ɪk'siːd] *vt* superare; (*one's powers,
time limit*) oltrepassare; **~ingly** *adv*
eccessivamente

excellent ['ɛksələnt] *adj* eccellente

except [ɪk'sɛpt] *prep* (*also*: **~ for, ~ing**)
salvo, all'infuori di, eccetto ♦ *vt* escludere;
~ if/when salvo se/quando; **~ that** salvo
che; **~ion** [ɪk'sɛpʃən] *n* eccezione *f*; **to take
~ion to** trovare a ridire su; **~ional**
[ɪk'sɛpʃənl] *adj* eccezionale

excerpt ['ɛksəːpt] *n* estratto

excess [ɪk'sɛs] *n* eccesso; **~ baggage** *n*
bagaglio in eccedenza; **~ fare** *n*
supplemento; **~ive** *adj* eccessivo(a)

exchange [ɪks'tʃeɪndʒ] *n* scambio; (*also:
telephone ~*) centralino ♦ *vt*: **to ~ (for)**
scambiare (con); **~ rate** *n* tasso di cambio

Exchequer [ɪks'tʃɛkə*] *n*: **the ~** (*BRIT*) lo
Scacchiere, ≈ il ministero delle Finanze

excise ['ɛksaɪz] *n* imposta, dazio

excite [ɪk'saɪt] *vt* eccitare; **to get ~d**
eccitarsi; **~ment** *n* eccitazione *f*;
agitazione *f*; **exciting** *adj* avventuroso(a);
(*film, book*) appassionante

exclaim [ɪk'skleɪm] *vi* esclamare;
exclamation [ɛksklə'meɪʃən] *n*
esclamazione *f*; **exclamation mark** *n*
punto esclamativo

exclude [ɪk'skluːd] *vt* escludere

exclusive [ɪk'skluːsɪv] *adj* esclusivo(a); **~ of
VAT** I.V.A. esclusa

excommunicate [ɛkskə'mjuːnɪkeɪt] *vt*
scomunicare

excruciating [ɪk'skruːʃɪeɪtɪŋ] *adj* straziante,
atroce

excursion [ɪk'skəːʃən] *n* escursione *f*, gita

excuse [*n* ɪk'skjuːs, *vb* ɪk'skjuːz] *n* scusa ♦ *vt*
scusare; **to ~ sb from** (*activity*) dispensare
qn da; **~ me!** mi scusi!; **now, if you will ~**

me ... ora, mi scusi ma ....

ex-directory (*BRIT*) *adj* (*TEL*): **to be ~** non essere sull'elenco

execute ['ɛksɪkjuːt] *vt* (*prisoner*) giustiziare; (*plan etc*) eseguire

execution [ɛksɪ'kjuːʃən] *n* esecuzione *f*; **~er** *n* boia *m inv*

executive [ɪg'zɛkjutɪv] *n* (*COMM*) dirigente *m*; (*POL*) esecutivo ♦ *adj* esecutivo(a)

exemplify [ɪg'zɛmplɪfaɪ] *vt* esemplificare

exempt [ɪg'zɛmpt] *adj* esentato(a) ♦ *vt*: **to ~ sb from** esentare qn da; **~ion** [ɪg'zɛmpʃən] *n* esenzione *f*

exercise ['ɛksəsaɪz] *n* (*keep fit*) moto; (*SCOL, MIL etc*) esercizio ♦ *vt* esercitare; (*patience*) usare; (*dog*) portar fuori ♦ *vi* (*also*: **take ~**) fare del moto; **~bike** *n* cyclette *f inv*; **~ book** *n* quaderno

exert [ɪg'zəːt] *vt* esercitare; **to ~ o.s.** sforzarsi; **~ion** [-ʃən] *n* sforzo

exhale [ɛks'heɪl] *vt, vi* espirare

exhaust [ɪg'zɔːst] *n* (*also*: **~ fumes**) scappamento; (*also*: **~ pipe**) tubo di scappamento ♦ *vt* esaurire; **~ed** *adj* esaurito(a); **~ion** [ɪg'zɔːstʃən] *n* esaurimento; **nervous ~ion** sovraffaticamento mentale; **~ive** *adj* esauriente

exhibit [ɪg'zɪbɪt] *n* (*ART*) oggetto esposto; (*LAW*) documento *or* oggetto esibito ♦ *vt* esporre; (*courage, skill*) dimostrare; **~ion** [ɛksɪ'bɪʃən] *n* mostra, esposizione *f*

exhilarating [ɪg'zɪləreɪtɪŋ] *adj* esilarante; stimolante

exhort [ɪg'zɔːt] *vt* esortare

exile ['ɛksaɪl] *n* esilio; (*person*) esiliato/a ♦ *vt* esiliare

exist [ɪg'zɪst] *vi* esistere; **~ence** *n* esistenza; **~ing** *adj* esistente

exit ['ɛksɪt] *n* uscita ♦ *vi* (*THEATRE, COMPUT*) uscire; **~ poll** *n* exit poll *m inv*; **~ ramp** (*US*) *n* (*AUT*) rampa di uscita

exodus ['ɛksədəs] *n* esodo

exonerate [ɪg'zɔnəreɪt] *vt*: **to ~ from** discolpare da

exotic [ɪg'zɔtɪk] *adj* esotico(a)

expand [ɪk'spænd] *vt* espandere; estendere;

allargare ♦ *vi* (*business, gas*) espandersi; (*metal*) dilatarsi

expanse [ɪk'spæns] *n* distesa, estensione *f*

expansion [ɪk'spænʃən] *n* (*gen*) espansione *f*; (*of town, economy*) sviluppo; (*of metal*) dilatazione *f*

expect [ɪk'spɛkt] *vt* (*anticipate*) prevedere, aspettarsi, prevedere *or* aspettarsi che +*sub*; (*require*) richiedere, esigere; (*suppose*) supporre; (*await, also baby*) aspettare ♦ *vi*: **to be ~ing** essere in stato interessante; **to ~ sb to do** aspettarsi che qn faccia; **~ancy** *n* (*anticipation*) attesa; **life ~ancy** probabilità *fpl* di vita; **~ant mother** *n* gestante *f*; **~ation** [ɛkspɛk'teɪʃən] *n* aspettativa; speranza

expediency [ɪk'spiːdɪənsɪ] *n* convenienza

expedient [ɪk'spiːdɪənt] *adj* conveniente; vantaggioso(a) ♦ *n* espediente *m*

expedition [ɛkspə'dɪʃən] *n* spedizione *f*

expel [ɪk'spɛl] *vt* espellere

expend [ɪk'spɛnd] *vt* spendere; (*use up*) consumare; **~iture** [ɪk'spɛndɪtʃə*] *n* spesa

expense [ɪk'spɛns] *n* spesa; (*high cost*) costo; **~s** *npl* (*COMM*) spese *fpl*, indennità *fpl*; **at the ~ of** a spese di; **~ account** *n* conto *m* spese *inv*

expensive [ɪk'spɛnsɪv] *adj* caro(a), costoso(a)

experience [ɪk'spɪərɪəns] *n* esperienza ♦ *vt* (*pleasure*) provare; (*hardship*) soffrire; **~d** *adj* esperto(a)

experiment [*n* ɪk'spɛrɪmənt, *vb* ɪk'spɛrɪmɛnt] *n* esperimento, esperienza ♦ *vi*: **to ~ (with/on)** fare esperimenti (con/su)

expert ['ɛkspəːt] *n, adj* esperto(a); **~ise** [-'tiːz] *n* competenza

expire [ɪk'spaɪə*] *vi* (*period of time, licence*) scadere; **~y** *n* scadenza

explain [ɪk'spleɪn] *vt* spiegare; **explanation** [ɛksplə'neɪʃən] *n* spiegazione *f*; **explanatory** [ɪk'splænətrɪ] *adj* esplicativo(a)

explicit [ɪk'splɪsɪt] *adj* esplicito(a)

explode [ɪk'spləud] *vi* esplodere

exploit [*n* 'ɛksplɔɪt, *vb* ɪk'splɔɪt] *n* impresa ♦ *vt* sfruttare; **~ation** [-'teɪʃən] *n* sfruttamento

exploratory [ɪkˈsplɔrətrɪ] *adj* esplorativo(a)

explore [ɪkˈsplɔː*] *vt* esplorare; (*possibilities*) esaminare; **~r** *n* esploratore/trice

explosion [ɪkˈspləʊʒən] *n* esplosione *f*

explosive [ɪkˈspləʊsɪv] *adj* esplosivo(a) ♦ *n* esplosivo

exponent [ɪkˈspəʊnənt] *n* esponente *m/f*

export [*vb* ɛkˈspɔːt, *n* ˈɛkspɔːt] *vt* esportare ♦ *n* esportazione *f*; articolo di esportazione ♦ *cpd* d'esportazione; **~er** *n* esportatore *m*

expose [ɪkˈspəʊz] *vt* esporre; (*unmask*) smascherare; **~d** *adj* (*position*) esposto(a)

exposure [ɪkˈspəʊʒə*] *n* esposizione *f*; (*PHOT*) posa; (*MED*) assideramento; **~ meter** *n* esposimetro

express [ɪkˈsprɛs] *adj* (*definite*) chiaro(a), espresso(a); (*BRIT: letter etc*) espresso *inv* ♦ *n* (*train*) espresso ♦ *vt* esprimere; **~ion** [ɪkˈsprɛʃən] *n* espressione *f*; **~ive** *adj* espressivo(a); **~ly** *adv* espressamente; **~way** (*US*) *n* (*urban motorway*) autostrada che attraversa la città

exquisite [ɛkˈskwɪzɪt] *adj* squisito(a)

extend [ɪkˈstɛnd] *vt* (*visit*) protrarre; (*road, deadline*) prolungare; (*building*) ampliare; (*offer*) offrire, porgere ♦ *vi* (*land, period*) estendersi

extension [ɪkˈstɛnʃən] *n* (*of road, term*) prolungamento; (*of contract, deadline*) proroga; (*building*) annesso; (*to wire, table*) prolunga; (*telephone*) interno; (: *in private house*) apparecchio supplementare

extensive [ɪkˈstɛnsɪv] *adj* esteso(a), ampio(a); (*damage*) su larga scala; (*coverage, discussion*) esauriente; (*use*) grande; **~ly** *adv*: **he's travelled ~ly** ha viaggiato molto

extent [ɪkˈstɛnt] *n* estensione *f*; **to some ~** fino a un certo punto; **to such an ~ that ...** a un tal punto che ...; **to what ~?** fino a che punto?; **to the ~ of ...** fino al punto di ...

extenuating [ɪksˈtɛnjueɪtɪŋ] *adj*: **~ circumstances** attenuanti *fpl*

exterior [ɛkˈstɪərɪə*] *adj* esteriore, esterno(a) ♦ *n* esteriore *m*, esterno; aspetto (esteriore)

exterminate [ɪkˈstəːmɪneɪt] *vt* sterminare

external [ɛkˈstəːnl] *adj* esterno(a), esteriore

extinct [ɪkˈstɪŋkt] *adj* estinto(a)

extinguish [ɪkˈstɪŋgwɪʃ] *vt* estinguere; **~er** *n* estintore *m*

extort [ɪkˈstɔːt] *vt*: **to ~ sth (from)** estorcere qc (da); **~ionate** [ɪkˈstɔːʃənɪt] *adj* esorbitante

extra [ˈɛkstrə] *adj* extra *inv*, supplementare ♦ *adv* (*in addition*) di più ♦ *n* extra *m inv*; (*surcharge*) supplemento; (*CINEMA, THEATRE*) comparsa

extra... [ˈɛkstrə] *prefix* extra...

extract [*vb* ɪkˈstrækt, *n* ˈɛkstrækt] *vt* estrarre; (*money, promise*) strappare ♦ *n* estratto; (*passage*) brano

extracurricular [ˈɛkstrəkəˈrɪkjulə*] *adj* extrascolastico(a)

extradite [ˈɛkstrədaɪt] *vt* estradare

extramarital [ɛkstrəˈmærɪtl] *adj* extraconiugale

extramural [ɛkstrəˈmjuərl] *adj* fuori dell'università

extraordinary [ɪkˈstrɔːdnrɪ] *adj* straordinario(a)

extravagance [ɪkˈstrævəgəns] *n* sperpero, stravaganza

extravagant [ɪkˈstrævəgənt] *adj* (*lavish*) prodigo(a); (*wasteful*) dispendioso(a)

extreme [ɪkˈstriːm] *adj* estremo(a) ♦ *n* estremo; **~ly** *adv* estremamente

extricate [ˈɛkstrɪkeɪt] *vt*: **to ~ sth (from)** districare qc (da)

extrovert [ˈɛkstrəvɜːt] *n* estroverso/a

exude [ɪgˈzjuːd] *vt* trasudare; (*fig*) emanare

eye [aɪ] *n* occhio; (*of needle*) cruna ♦ *vt* osservare; **to keep an ~ on** tenere d'occhio; **~brow** *n* sopracciglio; **~drops** *npl* gocce *fpl* oculari, collirio; **~lash** *n* ciglio; **~lid** *n* palpebra; **~liner** *n* eye-liner *m inv*; **~-opener** *n* rivelazione *f*; **~shadow** *n* ombretto; **~sight** *n* vista; **~sore** *n* pugno nell'occhio; **~ witness** *n* testimone *m/f* oculare

F, f

F [ɛf] *n* (*MUS*) fa *m*

fable ['feɪbl] *n* favola

fabric ['fæbrɪk] *n* stoffa, tessuto

fabulous ['fæbjuləs] *adj* favoloso(a); (*super*) favoloso(a), fantastico(a)

façade [fə'sɑːd] *n* (*also fig*) facciata

face [feɪs] *n* faccia, viso, volto; (*expression*) faccia; (*of clock*) quadrante *m*; (*of building*) facciata ♦ *vt* essere di fronte a; (*facts, situation*) affrontare; **~ down** a faccia in giù; **to make** *or* **pull a ~** fare una smorfia; **in the ~ of** (*difficulties etc*) di fronte a; **on the ~ of it** a prima vista; **~ to ~** faccia a faccia; **~ up to** *vt fus* affrontare, far fronte a; **~ cloth** (*BRIT*) *n* guanto di spugna; **~ cream** *n* crema per il viso; **~ lift** *n* lifting *m inv*; (*of façade etc*) ripulita; **~ powder** *n* cipria; **~-saving** *adj* per salvare la faccia

facet ['fæsɪt] *n* sfaccettatura

facetious [fə'siːʃəs] *adj* faceto(a)

face value *n* (*of coin*) valore *m* facciale *or* nominale; **to take sth at ~** (*fig*) giudicare qc dalle apparenze

facial ['feɪʃəl] *adj* del viso

facile ['fæsaɪl] *adj* superficiale

facilities [fə'sɪlɪtɪz] *npl* attrezzature *fpl*; **credit ~** facilitazioni *fpl* di credito

facing ['feɪsɪŋ] *prep* di fronte a

facsimile [fæk'sɪmɪlɪ] *n* facsimile *m inv*; **~ machine** *n* telecopiatrice *f*

fact [fækt] *n* fatto; **in ~** infatti

factor ['fæktə*] *n* fattore *m*

factory ['fæktərɪ] *n* fabbrica, stabilimento

factual ['fæktjuəl] *adj* che si attiene ai fatti

faculty ['fækəltɪ] *n* facoltà *f inv*; (*US*) corpo insegnante

fad [fæd] *n* mania; capriccio

fade [feɪd] *vi* sbiadire, sbiadirsi; (*light, sound, hope*) attenuarsi, affievolirsi; (*flower*) appassire

fag [fæg] (*BRIT: inf*) *n* (*cigarette*) cicca

fail [feɪl] *vt* (*exam*) non superare; (*candidate*) bocciare; (*subj: courage, memory*) mancare a ♦ *vi* fallire; (*student*) essere respinto(a); (*eyesight, health, light*) venire a mancare; **to ~ to do sth** (*neglect*) mancare di fare qc; (*be unable*) non riuscire a fare qc; **without ~** senza fallo; certamente; **~ing** *n* difetto ♦ *prep* in mancanza di; **~ure** ['feɪljə*] *n* fallimento; (*person*) fallito/a; (*mechanical etc*) guasto

faint [feɪnt] *adj* debole; (*recollection*) vago(a); (*mark*) indistinto(a) ♦ *n* (*MED*) svenimento ♦ *vi* svenire; **to feel ~** sentirsi svenire

fair [fea*] *adj* (*person, decision*) giusto(a), equo(a); (*quite large, quite good*) discreto(a); (*hair etc*) biondo(a); (*skin, complexion*) chiaro(a); (*weather*) bello(a), clemente ♦ *adv* (*play*) lealmente ♦ *n* fiera; (*BRIT: funfair*) luna park *m inv*; **~ly** *adv* equamente; (*quite*) abbastanza; **~ness** *n* equità, giustizia; **~ play** *n* correttezza

fairy ['feərɪ] *n* fata; **~ tale** *n* fiaba

faith [feɪθ] *n* fede *f*; (*trust*) fiducia; (*sect*) religione *f*, fede *f*; **~ful** *adj* fedele; **~fully** *adv* fedelmente; **yours ~fully** (*BRIT: in letters*) distinti saluti

fake [feɪk] *n* imitazione *f*; (*picture*) falso; (*person*) impostore/a ♦ *adj* falso(a) ♦ *vt* (*accounts*) falsificare; (*illness*) fingere; (*painting*) contraffare

fall [fɔːl] (*pt* **fell**, *pp* **fallen**) *n* caduta; (*in temperature*) abbassamento; (*in price*) ribasso; (*US: autumn*) autunno ♦ *vi* cadere; (*temperature, price, night*) scendere; **~s** *npl* (*waterfall*) cascate *fpl*; **to ~ flat** (*on one's face*) cadere bocconi; (*joke*) fare cilecca; (*plan*) fallire; **~ back** *vi* (*retreat*) indietreggiare; (*MIL*) ritirarsi; **~ back on** *vt fus* (*remedy etc*) ripiegare su; **~ behind** *vi* rimanere indietro; **~ down** *vi* (*person*) cadere; (*building*) crollare; **~ for** *vt fus* (*person*) prendere una cotta per; **to ~ for a trick** (*or* **a story** *etc*) cascarci; **~ in** *vi* crollare; (*MIL*) mettersi in riga; **~ off** *vi* cadere; (*diminish*) diminuire, abbassarsi; **~ out** *vi* (*hair, teeth*) cadere; (*friends etc*) litigare; **~ through** *vi* (*plan, project*) fallire

fallacy ['fæləsɪ] *n* errore *m*

fallen ['fɔːlən] *pp of* **fall**

fallout ['fɔːlaut] *n* fall-out *m*

fallow ['fæləu] *adj* incolto(a), a maggese

false [fɔːls] *adj* falso(a); **under ~ pretences** con l'inganno; **~ teeth** (*BRIT*) *npl* denti *mpl* finti

falter ['fɔːltə*] *vi* esitare, vacillare

fame [feɪm] *n* fama, celebrità

familiar [fə'mɪlɪə*] *adj* familiare; (*close*) intimo(a); **to be ~ with** (*subject*) conoscere; **~ize** [fə'mɪlɪəraɪz] *vt:* **to ~ize o.s. with** familiarizzare con

family ['fæmɪlɪ] *n* famiglia; **~ business** *n* ditta a conduzione familiare

famine ['fæmɪn] *n* carestia

famished ['fæmɪʃt] *adj* affamato(a)

famous ['feɪməs] *adj* famoso(a); **~ly** *adv* (*get on*) a meraviglia

fan [fæn] *n* (*folding*) ventaglio; (*ELEC*) ventilatore *m*; (*person*) ammiratore/trice; tifoso/a ♦ *vt* far vento a; (*fire, quarrel*) alimentare

fanatic [fə'nætɪk] *n* fanatico/a

fan belt *n* cinghia del ventilatore

fanciful ['fænsɪful] *adj* fantasioso(a)

fancy ['fænsɪ] *n* immaginazione *f*, fantasia; (*whim*) capriccio ♦ *adj* (*hat*) stravagante; (*hotel, food*) speciale ♦ *vt* (*feel like, want*) aver voglia di; (*imagine, think*) immaginare; **to take a ~ to** incapricciarsi di; **he fancies her** (*inf*) gli piace; **~ dress** *n* costume *m* (per maschera); **~-dress ball** *n* ballo in maschera

fang [fæŋ] *n* zanna; (*of snake*) dente *m*

fantastic [fæn'tæstɪk] *adj* fantastico(a)

fantasy ['fæntəsɪ] *n* fantasia, immaginazione *f*; fantasticheria; chimera

far [fɑː*] *adj* lontano(a) ♦ *adv* lontano; (*much, greatly*) molto; **~ away, ~ off** lontano, distante; **~ better** assai migliore; **~ from** lontano da; **by ~** di gran lunga; **go as ~ as the farm** vada fino alla fattoria; **as ~ as I know** per quel che so; **how ~?** quanto lontano?; (*referring to activity etc*) fino a dove?; **~away** *adj* lontano(a)

farce [fɑːs] *n* farsa

fare [feə*] *n* (*on trains, buses*) tariffa; (*in taxi*) prezzo della corsa; (*food*) vitto, cibo; **half ~** metà tariffa; **full ~** tariffa intera

Far East *n:* **the ~** l'Estremo Oriente *m*

farewell [feə'wel] *excl, n* addio

farm [fɑːm] *n* fattoria, podere *m* ♦ *vt* coltivare; **~er** *n* coltivatore/trice; agricoltore/trice; **~hand** *n* bracciante *m* agricolo; **~house** *n* fattoria; **~ing** *n* (*gen*) agricoltura; (*of crops*) coltivazione *f*; (*of animals*) allevamento; **~land** *n* terreno coltivabile; **~ worker** *n* = **~hand**; **~yard** *n* aia

far-reaching [-'riːtʃɪŋ] *adj* di vasta portata

fart [fɑːt] (*infl*) *vi* scoreggiare (*!*)

farther ['fɑːðə*] *adv* più lontano ♦ *adj* più lontano(a)

farthest ['fɑːðɪst] *superl of* **far**

fascinate ['fæsɪneɪt] *vt* affascinare; **fascinating** *adj* affascinante; **fascination** [-'neɪʃən] *n* fascino

fascism ['fæʃɪzəm] *n* fascismo

fashion ['fæʃən] *n* moda; (*manner*) maniera, modo ♦ *vt* foggiare, formare; **in ~** alla moda; **out of ~** passato(a) di moda; **~able** *adj* alla moda, di moda; **~ show** *n* sfilata di moda

fast [fɑːst] *adj* rapido(a), svelto(a), veloce; (*clock*): **to be ~** andare avanti; (*dye, colour*) solido(a) ♦ *adv* rapidamente; (*stuck, held*) saldamente ♦ *n* digiuno ♦ *vi* digiunare; **~ asleep** profondamente addormentato

fasten ['fɑːsn] *vt* chiudere, fissare; (*coat*) abbottonare, allacciare ♦ *vi* chiudersi, fissarsi; abbottonarsi, allacciarsi; **~er** *n* fermaglio, chiusura; **~ing** *n* = **~er**

fast food *n* fast food *m*

fastidious [fæs'tɪdɪəs] *adj* esigente, difficile

fat [fæt] *adj* grasso(a); (*book, profit etc*) grosso(a) ♦ *n* grasso

fatal ['feɪtl] *adj* fatale; mortale; disastroso(a); **~ity** [fə'tælɪtɪ] *n* (*road death etc*) morto/a, vittima; **~ly** *adv* a morte

fate [feɪt] *n* destino; (*of person*) sorte *f*; **~ful** *adj* fatidico(a)

father ['fɑːðə*] *n* padre *m*; **~-in-law** *n* suocero; **~ly** *adj* paterno(a)

fathom ['fæðəm] *n* braccio (= *1828 mm*)

♦ vt (mystery) penetrare, sondare

fatigue [fə'tiːg] n stanchezza

fatten ['fætn] vt, vi ingrassare

fatty ['fætɪ] adj (food) grasso(a) ♦ n (inf) ciccione/a

fatuous ['fætjuəs] adj fatuo(a)

faucet ['fɔːsɪt] (US) n rubinetto

fault [fɔːlt] n colpa; (TENNIS) fallo; (defect) difetto; (GEO) faglia ♦ vt criticare; **it's my ~** è colpa mia; **to find ~ with** trovare da ridire su; **at ~** in fallo; **~y** adj difettoso(a)

fauna ['fɔːnə] n fauna

favour ['feɪvə*] (US **favor**) n favore m ♦ vt (proposition) favorire, essere favorevole a; (pupil etc) favorire; (team, horse) dare per vincente; **to do sb a ~** fare un favore or una cortesia a qn; **to find ~ with** (subj: person) entrare nelle buone grazie di; (: suggestion) avere l'approvazione di; **in ~ of** in favore di; **~able** adj favorevole; **~ite** [-rɪt] adj, n favorito(a)

fawn [fɔːn] n daino ♦ adj (also: **~-coloured**) marrone chiaro inv ♦ vi: **to ~ (up)on** adulare servilmente

fax [fæks] n (document) facsimile m inv, telecopia; (machine) telecopiatrice f ♦ vt telecopiare, trasmettere in facsimile

FBI (US) n abbr (= Federal Bureau of Investigation) F.B.I. f

fear [fɪə*] n paura, timore m ♦ vt aver paura di, temere; **for ~ of** per paura di; **~ful** adj pauroso(a); (sight, noise) terribile, spaventoso(a)

feasible ['fiːzəbl] adj possibile, realizzabile

feast [fiːst] n festa, banchetto; (REL: also: **~ day**) festa ♦ vi banchettare

feat [fiːt] n impresa, fatto insigne

feather ['feðə*] n penna

feature ['fiːtʃə*] n caratteristica; (PRESS, TV) articolo ♦ vt (subj: film) avere come protagonista ♦ vi figurare; **~s** npl (of face) fisionomia; **~ film** n film m inv principale

February ['fɛbruərɪ] n febbraio

fed [fed] pt, pp of **feed**

federal ['fɛdərəl] adj federale

fed-up adj: **to be ~** essere stufo(a)

fee [fiː] n pagamento; (of doctor, lawyer)

onorario; (for examination) tassa d'esame; **school ~s** fpl scolastiche

feeble ['fiːbl] adj debole

feed [fiːd] (pt, pp **fed**) n (of baby) pappa; (of animal) mangime m; (on printer) meccanismo di alimentazione ♦ vt nutrire; (baby) allattare; (horse etc) dare da mangiare a; (fire, machine) alimentare; (data, information): **to ~ into** inserire in; **~ on** vt fus nutrirsi di; **~back** n feed-back m

feel [fiːl] (pt, pp **felt**) n consistenza; (sense of touch) tatto ♦ vt toccare; palpare; tastare; (cold, pain, anger) sentire; (think, believe): **to ~ (that)** pensare che; **to ~ hungry/cold** aver fame/freddo; **to ~ lonely/better** sentirsi solo/meglio; **I don't ~ well** non mi sento bene; **it ~s soft** è morbido al tatto; **to ~ like** (want) aver voglia di; **to ~ about** or **around for** cercare a tastoni; **~er** n (of insect) antenna; **~ing** n sensazione f; (emotion) sentimento

feet [fiːt] npl of **foot**

feign [feɪn] vt fingere, simulare

fell [fel] pt of **fall** ♦ vt (tree) abbattere

fellow ['fɛləu] n individuo, tipo; compagno; (of learned society) membro ♦ cpd: **~ citizen** n concittadino/a; **~ countryman** (irreg) n compatriota m; **~ men** npl simili mpl; **~ship** n associazione f; compagnia; specie di borsa di studio universitaria

felony ['fɛlənɪ] n reato, crimine m

felt [felt] pt, pp of **feel** ♦ n feltro; **~-tip pen** n pennarello

female ['fiːmeɪl] n (ZOOL) femmina; (pej: woman) donna, femmina ♦ adj (BIOL, ELEC) femmina inv; (sex, character) femminile; (vote etc) di donne

feminine ['fɛmɪnɪn] adj femminile

feminist ['fɛmɪnɪst] n femminista m/f

fence [fens] n recinto ♦ vt (also: **~ in**) recingere ♦ vi (SPORT) tirare di scherma; **fencing** n (SPORT) scherma

fend [fend] vi: **to ~ for o.s.** arrangiarsi; **~ off** vt (attack, questions) respingere, difendersi da

fender ['fendə*] n parafuoco; (on boat) parabordo; (US) parafango; paraurti m inv

ferment [*vb* fə'mɛnt, *n* 'fɜːmɛnt] *vi* fermentare ♦ *n* (*fig*) agitazione *f*, eccitazione *f*

fern [fɜːn] *n* felce *f*

ferocious [fə'rəʊʃəs] *adj* feroce

ferret ['fɛrɪt] *n* furetto; **~ out** *vt* (*information*) scovare

ferry ['fɛrɪ] *n* (*small*) traghetto; (*large: also:* **~boat**) nave *f* traghetto *inv* ♦ *vt* traghettare

fertile ['fɜːtaɪl] *adj* fertile; (*BIOL*) fecondo(a); **fertilizer** ['fɜːtɪlaɪzə*] *n* fertilizzante *m*

fester ['fɛstə*] *vi* suppurare

festival ['fɛstɪvəl] *n* (*REL*) festa; (*ART, MUS*) festival *m inv*

festive ['fɛstɪv] *adj* di festa; **the ~ season** (*BRIT: Christmas*) il periodo delle feste

festivities [fɛs'tɪvɪtɪz] *npl* festeggiamenti *mpl*

festoon [fɛs'tuːn] *vt*: **to ~ with** ornare di

fetch [fɛtʃ] *vt* andare a prendere; (*sell for*) essere venduto(a) per

fête [feɪt] *n* festa

fetus ['fiːtəs] (*US*) *n* = **foetus**

feud [fjuːd] *n* contesa, lotta

feudal ['fjuːdl] *adj* feudale

fever ['fiːvə*] *n* febbre *f*; **~ish** *adj* febbrile

few [fjuː] *adj* pochi(e); **a ~** *adj* qualche *inv* ♦ *pron* alcuni(e); **~er** *adj* meno *inv*; meno numerosi(e); **~est** *adj* il minor numero di

fiancé [fɪ'ɑ̃ːŋseɪ] *n* fidanzato; **~e** *n* fidanzata

fib [fɪb] *n* piccola bugia

fibre ['faɪbə*] (*US* **fiber**) *n* fibra; **F~glass** ® *n* fibra di vetro

fickle ['fɪkl] *adj* incostante, capriccioso(a)

fiction ['fɪkʃən] *n* narrativa, romanzi *mpl*; (*sth made up*) finzione *f*; **~al** *adj* immaginario(a)

fictitious [fɪk'tɪʃəs] *adj* fittizio(a)

fiddle ['fɪdl] *n* (*MUS*) violino; (*cheating*) imbroglio; truffa ♦ *vt* (*BRIT: accounts*) falsificare, falsare; **~ with** *vt fus* gingillarsi con

fidelity [fɪ'dɛlɪtɪ] *n* fedeltà; (*accuracy*) esattezza

fidget ['fɪdʒɪt] *vi* agitarsi

field [fiːld] *n* campo; **~ marshal** *n*

feldmaresciallo; **~work** *n* ricerche *fpl* esterne

fiend [fiːnd] *n* demonio

fierce [fɪəs] *adj* (*animal, person, fighting*) feroce; (*loyalty*) assoluto(a); (*wind*) furioso(a); (*heat*) intenso(a)

fiery ['faɪərɪ] *adj* ardente; infocato(a)

fifteen [fɪf'tiːn] *num* quindici

fifth [fɪfθ] *num* quinto(a)

fifty ['fɪftɪ] *num* cinquanta; **~-~** *adj*: **a ~-~ chance** una possibilità su due ♦ *adv* fifty-fifty, metà per ciascuno

fig [fɪg] *n* fico

fight [faɪt] (*pt, pp* **fought**) *n* zuffa, rissa; (*MIL*) battaglia, combattimento; (*against cancer etc*) lotta ♦ *vt* (*person*) azzuffarsi con; (*enemy: also: MIL*) combattere; (*cancer, alcoholism, emotion*) lottare contro, combattere; (*election*) partecipare a ♦ *vi* combattere; **~er** *n* combattente *m*; (*plane*) aeroplano da caccia; **~ing** *n* combattimento

figment ['fɪgmənt] *n*: **a ~ of the imagination** un parto della fantasia

figurative ['fɪgjʊrətɪv] *adj* figurato(a)

figure ['fɪgə*] *n* figura; (*number, cipher*) cifra ♦ *vt* (*think: esp US*) pensare ♦ *vi* (*appear*) figurare; **~ out** *vt* riuscire a capire; calcolare; **~head** *n* (*NAUT*) polena; (*pej*) prestanome *m/f inv*; **~ of speech** *n* figura retorica

file [faɪl] *n* (*tool*) lima; (*dossier*) incartamento; (*folder*) cartellina; (*COMPUT*) archivio; (*row*) fila ♦ *vt* (*nails, wood*) limare; (*papers*) archiviare; (*LAW: claim*) presentare; passare agli atti; **~ in/out** *vi* entrare/uscire in fila

filing cabinet ['faɪlɪŋ-] *n* casellario

fill [fɪl] *vt* riempire; (*job*) coprire ♦ *n*: **to eat one's ~** mangiare a sazietà; **~ in** *vt* (*hole*) riempire; (*form*) compilare; **~ up** *vt* riempire ♦ *vi* (*AUT*) fare il pieno

fillet ['fɪlɪt] *n* filetto; **~ steak** *n* bistecca di filetto

filling ['fɪlɪŋ] *n* (*CULIN*) impasto, ripieno; (*for tooth*) otturazione *f*; **~ station** *n* stazione *f* di rifornimento

film [fɪlm] n (CINEMA) film m inv; (PHOT) pellicola; (of powder, liquid) sottile strato ♦ vt, vi girare; ~ **star** n divo/a dello schermo

filter ['fɪltə*] n filtro ♦ vt filtrare; ~ **lane** n (BRIT) (AUT) corsia di svincolo; **~-tipped** adj con filtro

filth [fɪlθ] n sporcizia; **~y** adj lordo(a), sozzo(a); (language) osceno(a)

fin [fɪn] n (of fish) pinna

final ['faɪnl] adj finale, ultimo(a); definitivo(a) ♦ n (SPORT) finale f; **~s** npl (SCOL) esami mpl finali

finale [fɪ'nɑːlɪ] n finale m

finalize ['faɪnəlaɪz] vt mettere a punto

finally ['faɪnəlɪ] adv (lastly) alla fine; (eventually) finalmente

finance [faɪ'næns] n finanza; (capital) capitale m ♦ vt finanziare; **~s** npl (funds) finanze fpl

financial [faɪ'nænʃəl] adj finanziario(a)

financier [faɪ'nænsɪə*] n finanziatore m

find [faɪnd] (pt, pp found) vt trovare; (lost object) ritrovare ♦ n trovata, scoperta; **to ~ sb guilty** (LAW) giudicare qn colpevole; ~ **out** vt (truth, secret) scoprire; (person) cogliere in fallo; **to ~ out about** informarsi su; (by chance) scoprire; **~ings** npl (LAW) sentenza, conclusioni fpl; (of report) conclusioni

fine [faɪn] adj bello(a); ottimo(a); (thin, subtle) fine ♦ adv (well) molto bene ♦ n (LAW) multa ♦ vt (LAW) multare; **to be ~** (person) stare bene; (weather) far bello; ~ **arts** npl belle arti fpl

finery ['faɪnərɪ] n abiti mpl eleganti

finger ['fɪŋgə*] n dito ♦ vt toccare, tastare; **little/index ~** mignolo/(dito) indice m; **~nail** n unghia; **~print** n impronta digitale; **~tip** n punta del dito

finish ['fɪnɪʃ] n fine f; (polish etc) finitura ♦ vt, vi finire; **to ~ doing sth** finire di fare qc; **to ~ third** arrivare terzo(a); ~ **off** vt compiere; (kill) uccidere; ~ **up** vi, vt finire; **~ing line** n linea d'arrivo

finite ['faɪnaɪt] adj limitato(a); (verb) finito(a)

Finland ['fɪnlənd] n Finlandia

Finn [fɪn] n finlandese m/f; **~ish** adj finlandese ♦ n (LING) finlandese m

fir [fəː*] n abete m

fire [faɪə*] n fuoco; (destructive) incendio; (gas ~, electric ~) stufa ♦ vt (gun) far fuoco con; (arrow) sparare; (fig) infiammare; (inf: dismiss) licenziare ♦ vi sparare, far fuoco; **on ~** in fiamme; ~ **alarm** n allarme m d'incendio; **~arm** n arma da fuoco; ~ **brigade** (US ~ **department**) n (corpo dei) pompieri mpl; ~ **engine** n autopompa; ~ **escape** n scala di sicurezza; ~ **extinguisher** n estintore m; **~guard** n parafuoco; **~man** (irreg) n pompiere m; **~place** n focolare m; **~side** n angolo del focolare; ~ **station** n caserma dei pompieri; ~ **wood** n legna; **~works** npl fuochi mpl d'artificio

firing squad ['faɪərɪŋ-] n plotone m d'esecuzione

firm [fəːm] adj fermo(a) ♦ n ditta, azienda; **~ly** adv fermamente

first [fəːst] adj primo(a) ♦ adv (before others) il primo, la prima; (before other things) per primo; (when listing reasons etc) per prima cosa ♦ n (person: in race) primo/a; (BRIT: SCOL) laurea con lode; (AUT) prima; **at ~** dapprima, all'inizio; ~ **of all** prima di tutto; ~ **aid** n pronto soccorso; **~-aid kit** n cassetta pronto soccorso; **~-class** adj di prima classe; ~ **floor** n il primo piano (BRIT); il pianterreno (US); **~-hand** adj di prima mano; ~ **lady** n (US) moglie f del presidente; **~ly** adv in primo luogo; ~ **name** n prenome m; **~-rate** adj di prima qualità, ottimo(a)

fish [fɪʃ] n inv pesce m ♦ vt (river, area) pescare in ♦ vi pescare; **to go ~ing** andare a pesca; **~erman** n pescatore m; ~ **farm** n vivaio; ~ **fingers** (BRIT) npl bastoncini mpl di pesce (surgelati); **~ing boat** n barca da pesca; **~ing line** n lenza; **~ing rod** n canna da pesca; **~monger** n pescivendolo; **~monger's (shop)** n pescheria; ~ **sticks** (US) npl = ~ **fingers**; **~y** (inf) adj (tale, story) sospetto(a)

fist [fɪst] n pugno

fit [fɪt] *adj* (*MED, SPORT*) in forma; (*proper*) adatto(a), appropriato(a); conveniente ♦ *vt* (*subj: clothes*) stare bene a; (*put in, attach*) mettere; installare; (*equip*) fornire, equipaggiare ♦ *vi* (*clothes*) stare bene; (*parts*) andare bene, adattarsi; (*in space, gap*) entrare ♦ *n* (*MED*) accesso, attacco; **~ to** in grado di; **~ for** adatto(a) a; degno(a) di; **a ~ of anger** un accesso d'ira; **this dress is a good ~** questo vestito sta bene; **by ~s and starts** a sbalzi; **~ in** *vi* accordarsi; adattarsi; **~ful** *adj* saltuario(a); **~ness** *n* (*MED*) forma fisica; **~ted carpet** *n* moquette *f*; **~ted kitchen** *n* cucina componibile; **~ter** *n* aggiustatore *m* or montatore *m* meccanico; **~ting** *adj* appropriato(a) ♦ *n* (*of dress*) prova; (*of piece of equipment*) montaggio, aggiustaggio; **~tings** *npl* (*in building*) impianti *mpl*; **~ting room** *n* camerino

five [faɪv] *num* cinque; **~r** (*inf*) *n* (*BRIT*) biglietto da cinque sterline; (*US*) biglietto da cinque dollari

fix [fɪks] *vt* fissare; (*mend*) riparare; (*meal, drink*) preparare ♦ *n*: **to be in a ~** essere nei guai; **~ up** *vt* (*meeting*) fissare; **to ~ sb up with sth** procurare qc a qn; **~ation** *n* fissazione *f*; **~ed** [fɪkst] *adj* (*prices etc*) fisso(a); **~ture** *n* [ˈfɪkstʃə*] *n* impianto (fisso); (*SPORT*) incontro (del calendario sportivo)

fizzy [ˈfɪzɪ] *adj* frizzante; gassato(a)

flabbergasted [ˈflæbəgɑːstɪd] *adj* sbalordito(a)

flabby [ˈflæbɪ] *adj* flaccido(a)

flag [flæg] *n* bandiera; (*also*: **~stone**) pietra da lastricare ♦ *vi* stancarsi; affievolirsi; **~ down** *vt* fare segno (di fermarsi) a

flagpole [ˈflægpəul] *n* albero

flagship [ˈflægʃɪp] *n* nave *f* ammiraglia

flair [fleə*] *n* (*for business etc*) fiuto; (*for languages etc*) facilità; (*style*) stile *m*

flak [flæk] *n* (*MIL*) fuoco d'artiglieria; (*inf: criticism*) critiche *fpl*

flake [fleɪk] *n* (*of rust, paint*) scaglia; (*of snow, soap powder*) fiocco ♦ *vi* (*also*: **~ off**) sfaldarsi

flamboyant [flæmˈbɔɪənt] *adj* sgargiante

flame [fleɪm] *n* fiamma

flamingo [fləˈmɪŋgəu] *n* fenicottero, fiammingo

flammable [ˈflæməbl] *adj* infiammabile

flan [flæn] (*BRIT*) *n* flan *m inv*

flank [flæŋk] *n* fianco ♦ *vt* fiancheggiare

flannel [ˈflænl] *n* (*BRIT*: *also*: **face ~**) guanto di spugna; (*fabric*) flanella

flap [flæp] *n* (*of pocket*) patta; (*of envelope*) lembo ♦ *vt* (*wings*) battere ♦ *vi* (*sail, flag*) sbattere; (*inf*: *also*: **be in a ~**) essere in agitazione

flare [fleə*] *n* razzo; (*in skirt etc*) svasatura; **~ up** *vi* andare in fiamme; (*fig*: *person*) infiammarsi di rabbia; (: *revolt*) scoppiare

flash [flæʃ] *n* vampata; (*also*: **news ~**) notizia *f* lampo *inv*; (*PHOT*) flash *m inv* ♦ *vt* accendere e spegnere; (*send*: *message*) trasmettere; (: *look, smile*) lanciare ♦ *vi* brillare; (*light on ambulance, eyes etc*) lampeggiare; **in a ~** in un lampo; **to ~ one's headlights** lampeggiare; **he ~ed by** *or* **past** ci passò davanti come un lampo; **~bulb** *n* cubo *m* flash *inv*; **~cube** *n* flash *m inv*; **~light** *n* lampadina tascabile

flashy [ˈflæʃɪ] (*pej*) *adj* vistoso(a)

flask [flɑːsk] *n* fiasco; (*also*: **vacuum ~**) thermos ® *m inv*

flat [flæt] *adj* piatto(a); (*tyre*) sgonfio(a), a terra; (*battery*) scarico(a); (*beer*) svampito(a), (*denial*) netto(a); (*MUS*) bemolle *inv*; (: *voice*) stonato(a); (*rate, fee*) unico(a) ♦ *n* (*BRIT*: *rooms*) appartamento; (*AUT*) pneumatico sgonfio; (*MUS*) bemolle *m*; **to work ~ out** lavorare a più non posso; **~ly** *adv* categoricamente; **~ten** *vt* (*also*: **~ten out**) appiattire; (*building, city*) spianare

flatter [ˈflætə*] *vt* lusingare; **~ing** *adj* lusinghiero(a); (*dress*) che dona; **~y** *n* adulazione *f*

flaunt [flɔːnt] *vt* fare mostra di

flavour [ˈfleɪvə*] (*US* **flavor**) *n* gusto ♦ *vt* insaporire, aggiungere sapore a; **strawberry-~ed** al gusto di fragola; **~ing** *n* essenza (artificiale)

flaw [flɔː] *n* difetto

flax [flæks] *n* lino

flea [fliː] n pulce f

fleck [flɛk] n (mark) macchiolina; (pattern) screziatura

fled [flɛd] pt, pp of **flee**

flee [fliː] (pt, pp **fled**) vt fuggire da ♦ vi fuggire, scappare

fleece [fliːs] n vello ♦ vt (inf) pelare

fleet [fliːt] n flotta; (of lorries etc) convoglio; parco

fleeting ['fliːtɪŋ] adj fugace, fuggitivo(a); (visit) volante

Flemish ['flɛmɪʃ] adj fiammingo(a)

flesh [flɛʃ] n carne f; (of fruit) polpa; ~ **wound** n ferita superficiale

flew [fluː] pt of **fly**

flex [flɛks] n filo (flessibile) ♦ vt flettere; (muscles) contrarre; ~**ible** adj flessibile

flick [flɪk] n colpetto; scarto ♦ vt dare un colpetto a; ~ **through** vt fus sfogliare

flicker ['flɪkə*] vi tremolare

flier ['flaɪə*] n aviatore m

flight [flaɪt] n volo; (escape) fuga; (also: ~ **of steps**) scalinata; ~ **attendant** (US) n steward m inv, hostess f inv; ~ **deck** n (AVIAT) cabina di controllo; (NAUT) ponte m di comando

flimsy ['flɪmzɪ] adj (shoes, clothes) leggero(a); (building) poco solido(a); (excuse) che non regge

flinch [flɪntʃ] vi ritirarsi; **to ~ from** tirarsi indietro di fronte a

fling [flɪŋ] (pt, pp **flung**) vt lanciare, gettare

flint [flɪnt] n selce f; (in lighter) pietrina

flip [flɪp] vt (switch) far scattare; (coin) lanciare in aria

flippant ['flɪpənt] adj senza rispetto, irriverente

flipper ['flɪpə*] n pinna

flirt [fləːt] vi flirtare ♦ n civetta

float [fləut] n galleggiante m; (in procession) carro; (money) somma ♦ vi galleggiare

flock [flɔk] n (of sheep, REL) gregge m; (of birds) stormo ♦ vi: **to ~ to** accorrere in massa a

flog [flɔg] vt flagellare

flood [flʌd] n alluvione m; (of letters etc) marea ♦ vt allagare; (subj: people) invadere

♦ vi (place) allagarsi; (people): **to ~ into** riversarsi in; ~**ing** n inondazione f; ~**light** n riflettore m ♦ vt illuminare a giorno

floor [flɔː*] n pavimento; (storey) piano; (of sea, valley) fondo ♦ vt (subj: blow) atterrare; (: question) ridurre al silenzio; **ground ~**, (US) **first ~** pianterreno; **first ~**, (US) **second ~** primo piano; ~**board** n tavellone m di legno; ~ **show** n spettacolo di varietà

flop [flɔp] n fiasco ♦ vi far fiasco; (fall) lasciarsi cadere

floppy ['flɔpɪ] adj floscio(a), molle; ~ **(disk)** n (COMPUT) floppy disk m inv

Florence ['flɔrəns] n Firenze f; **Florentine** ['flɔrəntaɪn] adj fiorentino(a)

florid ['flɔrɪd] adj (complexion) florido(a); (style) fiorito(a)

florist ['flɔrɪst] n fioraio/a

flounder ['flaundə*] vi annaspare ♦ n (ZOOL) passera di mare

flour ['flauə*] n farina

flourish ['flʌrɪʃ] vi fiorire ♦ n (bold gesture): **with a ~** con ostentazione; ~**ing** adj florido(a)

flout [flaut] vt (order) contravvenire a

flow [fləu] n flusso; circolazione f ♦ vi fluire; (traffic, blood in veins) circolare; (hair) scendere; ~ **chart** n schema m di flusso

flower ['flauə*] n fiore m ♦ vi fiorire; ~ **bed** n aiuola; ~**pot** n vaso da fiori; ~**y** adj (perfume) di fiori; (pattern) a fiori; (speech) fiorito(a)

flown [fləun] pp of **fly**

flu [fluː] n influenza

fluctuate ['flʌktjueɪt] vi fluttuare, oscillare

fluent ['fluːənt] adj (speech) facile, sciolto(a); corrente; **he speaks ~ Italian, he's ~ in Italian** parla l'italiano correntemente

fluff [flʌf] n lanugine f; ~**y** adj lanugi-noso(a); (toy) di peluche

fluid ['fluːɪd] adj fluido(a) ♦ n fluido

fluke [fluːk] n (inf) colpo di fortuna

flung [flʌŋ] pt, pp of **fling**

fluoride ['fluəraɪd] n fluoruro; ~ **tooth-paste** dentifricio al fluoro

flurry ['flʌrɪ] n (of snow) tempesta; **a ~ of**

activity uno scoppio di attività

flush [flʌʃ] n rossore m; (fig: of youth, beauty etc) rigoglio, pieno vigore ♦ vt ripulire con un getto d'acqua ♦ vi arrossire ♦ adj: ~ **with** a livello di, pari a; **to ~ the toilet** tirare l'acqua; ~**ed** adj tutto(a) rosso(a)

flustered ['flʌstəd] adj sconvolto(a)

flute [fluːt] n flauto

flutter ['flʌtə*] n agitazione f; (of wings) battito ♦ vi (bird) battere le ali

flux [flʌks] n: **in a state of ~** in continuo mutamento

fly [flaɪ] (pt **flew**, pp **flown**) n (insect) mosca; (on trousers: also: **flies**) chiusura ♦ vt pilotare; (passengers, cargo) trasportare (in aereo); (distances) percorrere ♦ vi volare; (passengers) andare in aereo; (escape) fuggire; (flag) sventolare; **~ away** or **off** vi volare via; ~**ing** n (activity) aviazione f; (action) volo ♦ adj: ~**ing visit** visita volante; **with ~ing colours** con risultati brillanti; ~**ing saucer** n disco volante; ~**ing start** n: **to get off to a ~ing start** partire come un razzo; ~**over** (BRIT) n (bridge) cavalcavia m inv; ~**sheet** n (for tent) soprattetto

foal [fəul] n puledro

foam [fəum] n schiuma; (also: ~ **rubber**) gommapiuma ® ♦ vi schiumare; (soapy water) fare la schiuma

fob [fɔb] vt: **to ~ sb off with** rifilare a qn

focus ['fəukəs] (pl ~**es**) n fuoco; (of interest) centro ♦ vt (field glasses etc) mettere a fuoco ♦ vi: **to ~ on** (with camera) mettere a fuoco; (person) fissare lo sguardo su; **in ~ a** fuoco; **out of ~** sfocato(a)

fodder ['fɔdə*] n foraggio

foe [fəu] n nemico

foetus ['fiːtəs] (US **fetus**) n feto

fog [fɔg] n nebbia; ~**gy** adj: **it's ~gy** c'è nebbia; ~ **lamp** (US ~ **light**) n (AUT) faro m antinebbia inv

foil [fɔɪl] vt confondere, frustrare ♦ n lamina di metallo; (kitchen ~) foglio di alluminio; (FENCING) fioretto; **to act as a ~ to** (fig) far risaltare

fold [fəuld] n (bend, crease) piega; (AGR) ovile m; (fig) gregge m ♦ vt piegare; (arms) incrociare; ~ **up** vi (map, bed, table) piegarsi; (business) crollare ♦ vt (map etc) piegare, ripiegare; ~**er** n (for papers) cartella; cartellina; ~**ing** adj (chair, bed) pieghevole

foliage ['fəulɪdʒ] n fogliame m

folk [fəuk] npl gente f ♦ adj popolare; ~**s** npl (family) famiglia; ~**lore** ['fəuklɔː*] n folclore m; ~ **song** n canto popolare

follow ['fɔləu] vt seguire ♦ vi seguire; (result) conseguire, risultare; **to ~ suit** fare lo stesso; ~ **up** vt (letter, offer) fare seguito a; (case) seguire; ~**er** n seguace m/f, discepolo/a; ~**ing** adj seguente ♦ n seguito, discepoli mpl; ~**-on call** n chiamata successiva

folly ['fɔlɪ] n pazzia, follia

fond [fɔnd] adj (memory, look) tenero(a), affettuoso(a); **to be ~ of sb** volere bene a qn; **he's ~ of walking** gli piace fare camminate

fondle ['fɔndl] vt accarezzare

font [fɔnt] n (in church) fonte m battesimale; (TYP) caratteri mpl

food [fuːd] n cibo; ~ **mixer** n frullatore m; ~ **poisoning** n intossicazione f; ~ **processor** n tritatutto m inv elettrico; ~**stuffs** npl generi fpl alimentari

fool [fuːl] n sciocco/a; (CULIN) frullato ♦ vt ingannare ♦ vi (gen: ~ **around**) fare lo sciocco; ~**hardy** adj avventato(a); ~**ish** adj scemo(a), stupido(a); imprudente; ~**proof** adj (plan etc) sicurissimo(a)

foot [fut] (pl **feet**) n piede m; (measure) piede (= 304 mm; 12 inches); (of animal) zampa ♦ vt (bill) pagare; **on ~** a piedi; ~**age** n (CINEMA: length) ≈ metraggio; (: material) sequenza; ~**ball** n pallone m; (sport: BRIT) calcio; (: US) football m americano; ~**ball player** n (BRIT: also: ~**baller**) calciatore m; (US) giocatore m di football americano; ~**brake** n freno a pedale; ~**bridge** n passerella; ~**hills** npl contrafforti fpl; ~**hold** n punto d'appoggio; ~**ing** n (fig) posizione f; **to lose one's ~ing** mettere un piede in fallo; ~**note** n nota (a piè di pagina); ~**path** n sentiero; (*in street*) marciapiede *m*; ~**print** *n* orma, impronta; ~**step** *n* passo; (~*print*) orma, impronta; ~**wear** *n* calzatura

---
KEYWORD
---

for [fɔ:*] *prep* **1** (*indicating destination, intention, purpose*) per; **the train ~ London** il treno per Londra; **he went ~ the paper** è andato a prendere il giornale; **it's time ~ lunch** è ora di pranzo; **what's it ~?** a che serve?; **what ~?** (*why*) perché?

2 (*on behalf of, representing*) per; **to work ~ sb/sth** lavorare per qn/qc; **I'll ask him ~ you** glielo chiederò a nome tuo; **G ~ George** G come George

3 (*because of*) per, a causa di; ~ **this reason** per questo motivo

4 (*with regard to*) per; **it's cold ~ July** è freddo per luglio; ~ **everyone who voted yes, 50 voted no** per ogni voto a favore ce n'erano 50 contro

5 (*in exchange for*) per; **I sold it ~ £5** l'ho venduto per 5 sterline

6 (*in favour of*) per, a favore di; **are you ~ or against us?** è con noi o contro di noi?; **I'm all ~ it** sono completamente a favore

7 (*referring to distance, time*) per; **there are roadworks ~ 5 km** ci sono lavori in corso per 5 km; **he was away ~ 2 years** è stato via per 2 anni; **she will be away ~ a month** starà via un mese; **it hasn't rained ~ 3 weeks** non piove da 3 settimane; **can you do it ~ tomorrow?** può farlo per domani?

8 (*with infinitive clauses*): **it is not ~ me to decide** non sta a me decidere; **it would be best ~ you to leave** sarebbe meglio che lei se ne andasse; **there is still time ~ you to do it** ha ancora tempo per farlo; ~ **this to be possible ...** perché ciò sia possibile ...

9 (*in spite of*) nonostante; ~ **all his complaints, he's very fond of her** nonostante tutte le sue lamentele, le vuole molto bene

♦ *conj* (*since, as: rather formal*) dal momento che, poiché

forage ['fɒrɪdʒ] *vi*: **to ~ (for)** andare in cerca (di)

foray ['fɒreɪ] *n* incursione *f*

forbid [fə'bɪd] (*pt* **forbad(e)**, *pp* **forbidden**) *vt* vietare, interdire; **to ~ sb to do sth** proibire a qn di fare qc; ~**ding** *adj* minaccioso(a)

force [fɔ:s] *n* forza ♦ *vt* forzare; **the F~s** (*BRIT*) *npl* le forze armate; **to ~ o.s. to do** costringersi a fare; **in ~** (*in large numbers*) in gran numero; (*law*) in vigore; ~**d** *adj* forzato(a); ~**-feed** *vt* (*animal, prisoner*) sottoporre ad alimentazione forzata; ~**ful** *adj* forte, vigoroso(a)

forceps ['fɔ:seps] *npl* forcipe *m*

forcibly ['fɔ:səblɪ] *adv* con la forza; (*vigorously*) vigorosamente

ford [fɔ:d] *n* guado

fore [fɔ:*] *n*: **to come to the ~** mettersi in evidenza

forearm ['fɔ:rɑ:m] *n* avambraccio

foreboding [fɔ:'bəudɪŋ] *n* cattivo presagio

forecast ['fɔ:kɑ:st] (*irreg: like* **cast**) *n* previsione *f* ♦ *vt* prevedere

forecourt ['fɔ:kɔ:t] *n* (*of garage*) corte *f* esterna

forefinger ['fɔ:fɪŋgə*] *n* (*dito*) indice *m*

forefront ['fɔ:frʌnt] *n*: **in the ~ of** all'avanguardia in

forego [fɔ:'gəu] (*irreg: like* **go**) *vt* rinunciare a

foregone [fɔ:'gɒn] *pp of* **forego** ♦ *adj*: **it's a ~ conclusion** è una conclusione scontata

foreground ['fɔ:graund] *n* primo piano

forehead ['fɒrɪd] *n* fronte *f*

foreign ['fɒrɪn] *adj* straniero(a); (*trade*) estero(a); (*object, matter*) estraneo(a); ~**er** *n* straniero/a; ~ **exchange** *n* cambio con l'estero; (*currency*) valuta estera; **F~ Office** (*BRIT*) *n* Ministero degli Esteri; **F~ Secretary** (*BRIT*) *n* ministro degli Affari esteri

foreleg ['fɔ:leg] *n* zampa anteriore

foreman ['fɔ:mən] (*irreg*) *n* caposquadra *m*

foremost ['fɔ:məust] *adj* principale; più in vista ♦ *adv*: **first and ~** innanzitutto

forensic [fə'rɛnsɪk] *adj*: ~ **medicine**
medicina legale
forerunner ['fɔːrʌnə*] *n* precursore *m*
foresaw [fɔː'sɔː] *pt of* **foresee**
foresee [fɔː'siː] (*irreg: like* **see**) *vt*
prevedere; ~**able** *adj* prevedibile;
foreseen *pp of* **foresee**
foreshadow [fɔː'ʃædəu] *vt* presagire, far
prevedere
foresight ['fɔːsaɪt] *n* previdenza
forest ['fɒrɪst] *n* foresta
forestry ['fɒrɪstrɪ] *n* silvicoltura
foretaste ['fɔːteɪst] *n* pregustazione *f*
foretell [fɔː'tɛl] (*irreg: like* **tell**) *vt* predire;
foretold [fɔː'təuld] *pt*, *pp of* **foretell**
forever [fə'rɛvə*] *adv* per sempre; (*endlessly*)
sempre, di continuo
foreword ['fɔːwəːd] *n* prefazione *f*
forfeit ['fɔːfɪt] *vt* perdere; (*one's happiness,
health*) giocarsi
forgave [fə'geɪv] *pt of* **forgive**
forge [fɔːdʒ] *n* fucina ♦ *vt* (*signature, money*)
contraffare, falsificare; (*wrought iron*)
fucinare, foggiare; ~ **ahead** *vi* tirare
avanti; ~**ry** *n* falso; (*activity*) contraffazione
f
forget [fə'gɛt] (*pt* **forgot**, *pp* **forgotten**) *vt*,
vi dimenticare; ~**ful** *adj* di corta memoria;
~**ful of** dimentico(a) di; ~-**me-not** *n*
nontiscordardimé *m inv*
forgive [fə'gɪv] (*pt* **forgave**, *pp* **forgiven**) *vt*
perdonare; **to ~ sb for sth** perdonare qc a
qn; ~**ness** *n* perdono
forgo [fɔː'gəu] = **forego**
forgot [fə'gɒt] *pt of* **forget**
forgotten [fə'gɒtn] *pp of* **forget**
fork [fɔːk] *n* (*for eating*) forchetta; (*for
gardening*) forca; (*of roads, rivers, railways*)
biforcazione *f* ♦ *vi* (*road etc*) biforcarsi; ~
out (*inf*) *vt* (*pay*) sborsare; ~-**lift truck** *n*
carrello elevatore
forlorn [fə'lɔːn] *adj* (*person*) sconsolato(a);
(*place*) abbandonato(a); (*attempt*)
disperato(a); (*hope*) vano(a)
form [fɔːm] *n* forma; (*SCOL*) classe *f*;
(*questionnaire*) scheda ♦ *vt* formare; **in top
~** in gran forma

formal ['fɔːməl] *adj* formale; (*gardens*)
simmetrico(a), regolare; ~**ly** *adv*
formalmente
format ['fɔːmæt] *n* formato ♦ *vt* (*COMPUT*)
formattare
formation [fɔː'meɪʃən] *n* formazione *f*
formative ['fɔːmətɪv] *adj*: ~ **years** anni *mpl*
formativi
former ['fɔːmə*] *adj* vecchio(a) (*before n*),
ex *inv* (*before n*); **the ~ ... the latter** quello
... questo; ~**ly** *adv* in passato
formula ['fɔːmjulə] *n* formula
forsake [fə'seɪk] (*pt* **forsook**, *pp* **forsaken**)
vt abbandonare
fort [fɔːt] *n* forte *m*
forth [fɔːθ] *adv* in avanti; **back and ~** avanti
e indietro; **and so ~** e così via; ~**coming**
adj (*event*) prossimo(a); (*help*) disponibile;
(*character*) aperto(a), comunicativo(a);
~**right** *adj* franco(a), schietto(a); ~**with**
adv immediatamente, subito
fortify ['fɔːtɪfaɪ] *vt* (*city*) fortificare; (*person*)
armare
fortitude ['fɔːtɪtjuːd] *n* forza d'animo
fortnight ['fɔːtnaɪt] (*BRIT*) *n* quindici giorni
mpl, due settimane *fpl*; ~**ly** *adj* bimensile
♦ *adv* ogni quindici giorni
fortress ['fɔːtrɪs] *n* fortezza, rocca
fortunate ['fɔːtʃənɪt] *adj* fortunato(a); **it is ~
that** è una fortuna che; ~**ly** *adv*
fortunatamente
fortune ['fɔːtʃən] *n* fortuna; ~-**teller** *n*
indovino/a
forty ['fɔːtɪ] *num* quaranta
forum ['fɔːrəm] *n* foro
forward ['fɔːwəd] *adj* (*ahead of schedule*) in
anticipo; (*movement, position*) in avanti;
(*not shy*) aperto(a); diretto(a) ♦ *n* (*SPORT*)
avanti *m inv* ♦ *vt* (*letter*) inoltrare; (*parcel,
goods*) spedire; (*career, plans*) promuovere,
appoggiare; **to move ~** avanzare; ~(**s**) *adv*
avanti
fossil ['fɒsl] *adj* fossile ♦ *n* fossile *m*
foster ['fɒstə*] *vt* incoraggiare, nutrire;
(*child*) avere in affidamento; ~ **child** *n*
bambino(a) preso(a) in affidamento
fought [fɔːt] *pt*, *pp of* **fight**

foul [faul] *adj* (smell, food, temper etc) cattivo(a); (weather) brutto(a); (language) osceno(a) ♦ *n* (SPORT) fallo ♦ *vt* sporcare; ~ **play** *n* (LAW): **the police suspect ~ play** la polizia sospetta un atto criminale

found [faund] *pt, pp of* **find** ♦ *vt* (establish) fondare; ~**ation** [-'deɪʃən] *n* (act) fondazione *f*; (base) base *f*; (also: ~**ation cream**) fondo tinta; ~**ations** *npl* (of building) fondamenta *fpl*

founder ['faundə*] *n* fondatore/trice ♦ *vi* affondare

foundry ['faundrɪ] *n* fonderia

fountain ['fauntɪn] *n* fontana; ~ **pen** *n* penna stilografica

four [fɔ:*] *num* quattro; **on all ~s** a carponi; ~-**poster** *n* (also: ~-**poster bed**) letto a quattro colonne; ~**teen** *num* quattordici; ~**th** *num* quarto(a)

fowl [faul] *n* pollame *m*; volatile *m*

fox [fɔks] *n* volpe *f* ♦ *vt* confondere

foyer ['fɔɪeɪ] *n* atrio; (THEATRE) ridotto

fraction ['frækʃən] *n* frazione *f*

fracture ['fræktʃə*] *n* frattura

fragile ['frædʒaɪl] *adj* fragile

fragment ['frægmənt] *n* frammento

fragrant ['freɪgrənt] *adj* fragrante, profumato(a)

frail [freɪl] *adj* debole, delicato(a)

frame [freɪm] *n* (of building) armatura; (of human, animal) ossatura, corpo; (of picture) cornice *f*; (of door, window) telaio *f*; (of spectacles: also: ~**s**) montatura ♦ *vt* (picture) incorniciare; ~ **of mind** *n* stato d'animo; ~**work** *n* struttura

France [frɑ:ns] *n* Francia

franchise ['fræntʃaɪz] *n* (POL) diritto di voto; (COMM) concessione *f*

frank [fræŋk] *adj* franco(a), aperto(a) ♦ *vt* (letter) affrancare; ~**ly** *adv* francamente, sinceramente

frantic ['fræntɪk] *adj* frenetico(a)

fraternity [frə'tə:nɪtɪ] *n* (club) associazione *f*; (spirit) fratellanza

fraud [frɔ:d] *n* truffa; (LAW) frode *f*; (person) impostore/a

fraught [frɔ:t] *adj*: ~ **with** pieno(a) di, intriso(a) da

fray [freɪ] *vt* logorare ♦ *vi* logorarsi

freak [fri:k] *n* fenomeno, mostro

freckle ['frekl] *n* lentiggine *f*

free [fri:] *adj* libero(a); (gratis) gratuito(a) ♦ *vt* (prisoner, jammed person) liberare; (jammed object) districare; ~ **(of charge)**, **for ~** gratuitamente; ~**dom** ['fri:dəm] *n* libertà; F~**fone** ® *n* numero verde; ~-**for-all** *n* parapiglia *m* generale; ~ **gift** *n* regalo, omaggio; ~**hold** *n* proprietà assoluta; ~ **kick** *n* calcio libero; ~**lance** *adj* indipendente; ~**ly** *adv* liberamente; (liberally) liberamente; F~**mason** *n* massone *m*; F~**post** ® *n* affrancatura a carico del destinatario; ~-**range** *adj* (hen) ruspante; (eggs) di gallina ruspante; ~**style** *n* (SPORT) stile *m* libero; ~ **trade** *n* libero scambio; ~**way** (US) *n* superstrada; ~ **will** *n* libero arbitrio; **of one's own ~ will** di spontanea volontà

freeze [fri:z] (pt **froze**, pp **frozen**) *vi* gelare ♦ *vt* gelare; (food) congelare; (prices, salaries) bloccare ♦ *n* gelo; blocco; ~-**dried** *adj* liofilizzato(a); ~**r** *n* congelatore *m*

freezing ['fri:zɪŋ] *adj* (wind, weather) gelido(a); ~ **point** *n* punto di congelamento; **3 degrees below ~ point** 3 gradi sotto zero

freight [freɪt] *n* (goods) merce *f*, merci *fpl*; (money charged) spese *fpl* di trasporto; ~ **train** (US) *n* treno *m* merci *inv*

French [frentʃ] *adj* francese ♦ *n* (LING) francese *m*; **the ~** *npl* i Francesi; ~ **bean** *n* fagiolino; ~ **fried potatoes** (US ~ **fries**) *npl* patate *fpl* fritte; ~**man** (irreg) *n* francese *m*; ~ **window** *n* portafinestra; ~**woman** (irreg) *n* francese *f*

frenzy ['frenzɪ] *n* frenesia

frequency ['fri:kwənsɪ] *n* frequenza

frequent [adj 'fri:kwənt, vb frɪ'kwent] *adj* frequente ♦ *vt* frequentare; ~**ly** *adv* frequentemente, spesso

fresco ['freskəu] *n* affresco

fresh [freʃ] *adj* fresco(a); (new) nuovo(a); (cheeky) sfacciato(a); ~**en** *vi* (wind, air) rinfrescare; ~**en up** vi rinfrescarsi; ~**er** (BRIT: inf) n (SCOL) matricola; ~**ly** adv di recente, di fresco; ~**man** (irreg) (US) n = ~**er**; ~**ness** n freschezza; ~**water** adj (fish) d'acqua dolce

fret [frɛt] vi agitarsi, affliggersi

friar ['fraɪə*] n frate m

friction ['frɪkʃən] n frizione f, attrito

Friday ['fraɪdɪ] n venerdì m inv

fridge [frɪdʒ] (BRIT) n frigo, frigorifero

fried [fraɪd] pt, pp of **fry** ♦ adj fritto(a)

friend [frɛnd] n amico/a; ~**ly** adj amichevole; ~**ly fire** n (MIL) fuoco amico; ~**ship** n amicizia

frieze [fri:z] n fregio

fright [fraɪt] n paura, spavento; **to take** ~ spaventarsi; ~**en** vt spaventare, far paura a; ~**ened** adj spaventato(a); ~**ening** adj spaventoso(a), pauroso(a); ~**ful** adj orribile

frill [frɪl] n balza

fringe [frɪndʒ] n (decoration, BRIT: of hair) frangia; (edge: of forest etc) margine m; ~ **benefits** npl vantaggi mpl

frisk [frɪsk] vt perquisire

frisky ['frɪskɪ] adj vivace, vispo(a)

fritter ['frɪtə*] n frittella; ~ **away** vt sprecare

frivolous ['frɪvələs] adj frivolo(a)

frizzy ['frɪzɪ] adj crespo(a)

fro [frəu] see **to**

frock [frɔk] n vestito

frog [frɔg] n rana; ~**man** (irreg) n uomo m rana inv

frolic ['frɔlɪk] vi sgambettare

─────────────────
KEYWORD
─────────────────

from [frɔm] prep 1 (indicating starting place, origin etc) da; **where do you come ~?, where are you ~?** da dove viene?, di dov'è?; ~ **London to Glasgow** da Londra a Glasgow; **a letter ~ my sister** una lettera da mia sorella; **tell him ~ me that ...** gli dica da parte mia che ...

2 (indicating time) da; ~ **one o'clock to** or **until** or **till two** dall'una alle due; ~ **January (on)** da gennaio, a partire da gennaio

3 (indicating distance) da; **the hotel is**

1 km ~ the beach l'albergo è a 1 km dalla spiaggia

4 (indicating price, number etc) da; **prices range ~ £10 to £50** i prezzi vanno dalle 10 alle 50 sterline

5 (indicating difference) da; **he can't tell red ~ green** non sa distinguere il rosso dal verde

6 (because of, on the basis of): ~ **what he says** da quanto dice lui; **weak ~ hunger** debole per la fame

─────────────────

front [frʌnt] n (of house, dress) davanti m inv; (of train) testa; (of book) copertina; (promenade: also: **sea ~**) lungomare m; (MIL, POL, METEOR) fronte m; (fig: appearances) fronte f ♦ adj primo(a); anteriore, davanti inv; **in ~ of** davanti a; ~ **door** n porta d'entrata; (of car) sportello anteriore; ~**ier** ['frʌntɪə*] n frontiera; ~ **page** n prima pagina; ~ **room** (BRIT) n salotto; ~**wheel drive** n trasmissione f anteriore

frost [frɔst] n gelo; (also: **hoar~**) brina; ~**bite** n congelamento; ~**ed** adj (glass) smerigliato(a); ~**y** adj (weather, look) gelido(a)

froth ['frɔθ] n spuma; schiuma

frown [fraun] vi accigliarsi

froze [frəuz] pt of **freeze**; **frozen** pp of **freeze**

fruit [fru:t] n inv (also fig) frutto; (collectively) frutta; ~**erer** n fruttivendolo; ~**erer's (shop)** n: **at the ~erer's (shop)** dal fruttivendolo; ~**ful** adj fruttuoso(a); ~**ion** [fru:'ɪʃən] n: **to come to ~ion** realizzarsi; ~ **juice** n succo di frutta; ~ **machine** (BRIT) n macchina f mangiasoldi inv; ~ **salad** n macedonia

frustrate [frʌs'treɪt] vt frustrare

fry [fraɪ] (pt, pp **fried**) vt friggere; see also **small**; ~**ing pan** n padella

ft. abbr = **foot**; **feet**

fudge [fʌdʒ] n (CULIN) specie di caramella a base di latte, burro e zucchero

fuel [fjuəl] n (for heating) combustibile m; (for propelling) carburante m; ~ **tank** n deposito *m* nafta *inv*; (*on vehicle*) serbatoio (della benzina)

fugitive ['fju:dʒɪtɪv] *n* fuggitivo/a, profugo/a

fulfil [ful'fil] *vt* (*function*) compiere; (*order*) eseguire; (*wish, desire*) soddisfare, appagare; **~ment** (*US* **fulfillment**) *n* (*of wishes*) soddisfazione *f*, appagamento; **sense of ~ment** soddisfazione

full [ful] *adj* pieno(a); (*details, skirt*) ampio(a) ♦ *adv*: **to know ~ well that** sapere benissimo che; **I'm ~ (up)** sono pieno; **a ~ two hours** due ore intere; **at ~ speed** a tutta velocità; **in ~** per intero; **~ board** (*BRIT*) *n* pensione *f* completa; **~ employment** *n* piena occupazione; **~-length** *adj* (*film*) a lungometraggio; (*coat, novel*) lungo(a); (*portrait*) in piedi; **~ moon** *n* luna piena; **~-scale** *adj* (*attack, war*) su larga scala; (*model*) in grandezza naturale; **~ stop** *n* punto; **~-time** *adj, adv* (*work*) a tempo pieno; **~y** *adv* interamente, pienamente, completamente; (*at least*) almeno; **~y-fledged** *adj* (*teacher, member etc*) a tutti gli effetti; **~y licensed** *adj* (*hotel, restaurant*) autorizzato(a) alla vendita di alcolici

fumble ['fʌmbl] *vi*: **to ~ with sth** armeggiare con qc

fume [fju:m] *vi* essere furioso(a); **~s** *npl* esalazioni *fpl*, vapori *mpl*

fun [fʌn] *n* divertimento, spasso; **to have ~** divertirsi; **for ~** per scherzo; **to make ~ of** prendersi gioco di

function ['fʌŋkʃən] *n* funzione *f*; cerimonia, ricevimento ♦ *vi* funzionare; **~al** *adj* funzionale

fund [fʌnd] *n* fondo, cassa; (*source*) fondo; (*store*) riserva; **~s** *npl* (*money*) fondi *mpl*

fundamental [fʌndə'mɛntl] *adj* fondamentale

funeral ['fju:nərəl] *n* funerale *m*; **~ parlour** *n* impresa di pompe funebri; **~ service** *n* ufficio funebre

fun fair (*BRIT*) *n* luna park *m inv*

fungus ['fʌŋgəs] (*pl* **fungi**) *n* fungo; (*mould*) muffa

funnel ['fʌnl] *n* imbuto; (*of ship*) ciminiera

funny ['fʌnɪ] *adj* divertente, buffo(a); (*strange*) strano(a), bizzarro(a)

fur [fə:*] *n* pelo; pelliccia; (*BRIT: in kettle etc*) deposito calcare; **~ coat** *n* pelliccia

furious ['fjuəriəs] *adj* furioso(a); (*effort*) accanito(a)

furlong ['fə:lɔŋ] *n* = 201.17 *m* (*termine ippico*)

furnace ['fə:nɪs] *n* fornace *f*

furnish ['fə:nɪʃ] *vt* ammobiliare; (*supply*) fornire; **~ings** *npl* mobili *mpl*, mobilia

furniture ['fə:nɪtʃə*] *n* mobili *mpl*; **piece of ~** mobile *m*

furrow ['fʌrəu] *n* solco

furry ['fə:rɪ] *adj* (*animal*) peloso(a)

further ['fə:ðə*] *adj* supplementare, altro(a); nuovo(a); più lontano(a) ♦ *adv* più lontano; (*more*) di più; (*moreover*) inoltre ♦ *vt* favorire, promuovere; **college of ~ education** *n* istituto statale con corsi specializzati (*di formazione professionale, aggiornamento professionale etc*); **~more** [fə:ðə'mɔː*] *adv* inoltre, per di più

furthest ['fə:ðɪst] *superl of* **far**

fury ['fjuərɪ] *n* furore *m*

fuse [fju:z] *n* fusibile *m*; (*for bomb etc*) miccia, spoletta ♦ *vt* fondere ♦ *vi* fondersi; **to ~ the lights** (*BRIT: ELEC*) far saltare i fusibili; **~ box** *n* cassetta dei fusibili

fuselage ['fju:zəlɑ:ʒ] *n* fusoliera

fuss [fʌs] *n* agitazione *f*; (*complaining*) storie *fpl*; **to make a ~** fare delle storie; **~y** *adj* (*person*) puntiglioso(a), esigente; che fa le storie; (*dress*) carico(a) di fronzoli; (*style*) elaborato(a)

future ['fju:tʃə*] *adj* futuro(a) ♦ *n* futuro, avvenire *m*; (*LING*) futuro; **in ~** in futuro

fuze [fju:z] (*US*) = **fuse**

fuzzy ['fʌzɪ] *adj* (*PHOT*) indistinto(a), sfocato(a); (*hair*) crespo(a)

G, g

G [dʒiː] *n* (*MUS*) sol *m*

G7 *abbr* (= *Group of Seven*) G7

gabble ['gæbl] *vi* borbottare; farfugliare

gable ['geɪbl] *n* frontone *m*

gadget ['gædʒɪt] *n* aggeggio

Gaelic ['geɪlɪk] *adj* gaelico(a) ♦ *n* (*LING*) gaelico

gag [gæg] *n* bavaglio; (*joke*) facezia, scherzo ♦ *vt* imbavagliare

gaiety ['geɪtɪ] *n* gaiezza

gaily ['geɪlɪ] *adv* allegramente

gain [geɪn] *n* guadagno, profitto ♦ *vt* guadagnare ♦ *vi* (*clock, watch*) andare avanti; (*benefit*): **to ~ (from)** trarre beneficio (da); **to ~ 3lbs (in weight)** aumentare di 3 libbre; **to ~ on sb** (*in race etc*) guadagnare su qn

gal. *abbr* = **gallon**

galaxy ['gæləksɪ] *n* galassia

gale [geɪl] *n* vento forte; burrasca

gallant ['gælənt] *adj* valoroso(a); (*towards ladies*) galante, cortese

gall bladder ['gɔːl-] *n* cistifellea

gallery ['gælərɪ] *n* galleria

gallon ['gælən] *n* gallone *m* (= *8 pints; BRIT* = *4.543l; US* = *3.785l*)

gallop ['gæləp] *n* galoppo ♦ *vi* galoppare

gallows ['gæləuz] *n* forca

gallstone ['gɔːlstəun] *n* calcolo biliare

galore [gə'lɔːʳ] *adv* a iosa, a profusione

galvanize ['gælvənaɪz] *vt* galvanizzare

gambit ['gæmbɪt] *n* (*fig*): **(opening)** ~ prima mossa

gamble ['gæmbl] *n* azzardo, rischio calcolato ♦ *vt, vi* giocare; **to ~ on** (*fig*) giocare su; **~r** *n* giocatore/trice d'azzardo; **gambling** *n* gioco d'azzardo

game [geɪm] *n* gioco; (*event*) partita; (*TENNIS*) game *m inv*; (*CULIN, HUNTING*) selvaggina ♦ *adj* (*ready*): **to be ~ (for sth/to do)** essere pronto(a) (a qc/a fare); **big ~** selvaggina grossa; **~keeper** *n* guardacaccia *m inv*

gammon ['gæmən] *n* (*bacon*) quarto di maiale; (*ham*) prosciutto affumicato

gamut ['gæmət] *n* gamma

gang [gæŋ] *n* banda, squadra ♦ *vi*: **to ~ up on sb** far combutta contro qn

gangrene ['gæŋgriːn] *n* cancrena

gangster ['gæŋstəʳ] *n* gangster *m inv*

gangway ['gæŋweɪ] *n* passerella; (*BRIT: of bus*) corridoio

gaol [dʒeɪl] (*BRIT*) *n, vt* = **jail**

gap [gæp] *n* (*space*) buco; (*in time*) intervallo; (*difference*): ~ **(between)** divario (tra)

gape [geɪp] *vi* (*person*) restare a bocca aperta; (*shirt, hole*) essere spalancato(a); **gaping** *adj* spalancato(a)

garage ['gærɑːʒ] *n* garage *m inv*

garbage ['gɑːbɪdʒ] *n* (*US*) immondizie *fpl*, rifiuti *mpl*; (*inf*) sciocchezze *fpl*; ~ **can** (*US*) *n* bidone *m* della spazzatura

garbled ['gɑːbld] *adj* deformato(a); ingarbugliato(a)

garden ['gɑːdn] *n* giardino; ~**s** *npl* (*public park*) giardini pubblici; ~**er** *n* giardiniere/a; ~**ing** *n* giardinaggio

gargle ['gɑːgl] *vi* fare gargarismi

garish ['gɛərɪʃ] *adj* vistoso(a)

garland ['gɑːlənd] *n* ghirlanda; corona

garlic ['gɑːlɪk] *n* aglio

garment ['gɑːmənt] *n* indumento

garnish ['gɑːnɪʃ] *vt* (*food*) guarnire

garrison ['gærɪsn] *n* guarnigione *f*

garter ['gɑːtəʳ] *n* giarrettiera

gas [gæs] *n* gas *m inv*; (*US: gasoline*) benzina ♦ *vt* asfissiare con il gas; ~ **cooker** (*BRIT*) *n* cucina a gas; ~ **cylinder** *n* bombola del gas; ~ **fire** (*BRIT*) *n* radiatore *m* a gas

gash [gæʃ] *n* sfregio ♦ *vt* sfregiare

gasket ['gæskɪt] *n* (*AUT*) guarnizione *f*

gas mask *n* maschera *f* antigas *inv*

gas meter *n* contatore *m* del gas

gasoline ['gæsəliːn] (*US*) *n* benzina

gasp [gɑːsp] *n* respiro affannoso, ansito ♦ *vi* ansare, ansimare; (*in surprise*) restare senza fiato

gas station (*US*) *n* distributore *m* di benzina

gassy ['gæsɪ] adj gassoso(a)

gate [geɪt] n cancello; (at airport) uscita; **~crash** (BRIT) vt partecipare senza invito a; **~way** n porta

gather ['gæðə*] vt (flowers, fruit) cogliere; (pick up) raccogliere; (assemble) radunare; raccogliere; (understand) capire; (SEWING) increspare ♦ vi (assemble) radunarsi; **to ~ speed** acquistare velocità; **~ing** n adunanza

gauche [gəʊʃ] adj goffo(a), maldestro(a)

gaudy ['gɔːdɪ] adj vistoso(a)

gauge [geɪdʒ] n (instrument) indicatore m ♦ vt misurare; (fig) valutare

gaunt [gɔːnt] adj scarno(a); (grim, desolate) desolato(a)

gauntlet ['gɔːntlɪt] n guanto; (fig): **to run the ~ through an angry crowd** passare sotto il fuoco di una folla ostile; **to throw down the ~** gettare il guanto

gauze [gɔːz] n garza

gave [geɪv] pt of **give**

gay [geɪ] adj (homosexual) omosessuale; (cheerful) gaio(a), allegro(a); (colour) vivace, vivo(a)

gaze [geɪz] n sguardo fisso ♦ vi: **to ~ at** guardare fisso

GB abbr = **Great Britain**

GCE (BRIT) n abbr (= General Certificate of Education) ≈ maturità

GCSE (BRIT) n abbr = General Certificate of Secondary Education

gear [gɪə*] n attrezzi mpl, equipaggiamento; (TECH) ingranaggio; (AUT) marcia ♦ vt (fig: adapt): **to ~ sth to** adattare qc a; **in top** or (US) **high/low ~** in quarta (or quinta)/ seconda; **in ~** in marcia; **~ box** n scatola del cambio; **~ lever** (US **~ shift**) n leva del cambio

geese [giːs] npl of **goose**

gel [dʒel] n gel m inv

gem [dʒem] n gemma

Gemini ['dʒemɪnaɪ] n Gemelli mpl

gender ['dʒendə*] n genere m

general ['dʒenərl] n generale m ♦ adj generale; **in ~** in genere; **~ delivery** (US) n fermo posta m; **~ election** n elezioni

fpl generali; **~ly** adv generalmente; **~ practitioner** n medico generico

generate ['dʒenəreɪt] vt generare

generation [dʒenə'reɪʃən] n generazione f

generator ['dʒenəreɪtə*] n generatore m

generosity [dʒenə'rɔsɪtɪ] n generosità

generous ['dʒenərəs] adj generoso(a); (copious) abbondante

genetic engineering [dʒɪ'netɪk-] n ingegneria genetica

genetic fingerprinting [dʒɪ'netɪk-] n rilevamento delle impronte genetiche

Geneva [dʒɪ'niːvə] n Ginevra

genial ['dʒiːnɪəl] adj geniale, cordiale

genitals ['dʒenɪtlz] npl genitali mpl

genius ['dʒiːnɪəs] n genio

Genoa ['dʒenəuə] n Genova

gent [dʒent] n abbr = **gentleman**

genteel [dʒen'tiːl] adj raffinato(a), distinto(a)

gentle ['dʒentl] adj delicato(a); (person) dolce

gentleman ['dʒentlmən] n signore m; (well-bred man) gentiluomo

gently ['dʒentlɪ] adv delicatamente

gentry ['dʒentrɪ] n nobiltà minore

gents [dʒents] n W.C. m (per signori)

genuine ['dʒenjuɪn] adj autentico(a); sincero(a)

geography [dʒɪ'ɔgrəfɪ] n geografia

geology [dʒɪ'ɔlədʒɪ] n geologia

geometric(al) [dʒɪə'metrɪk(l)] adj geometrico(a)

geometry [dʒɪ'ɔmətrɪ] n geometria

geranium [dʒɪ'reɪnjəm] n geranio

geriatric [dʒerɪ'ætrɪk] adj geriatrico(a)

germ [dʒəːm] n (MED) microbo; (BIOL, fig) germe m

German ['dʒəːmən] adj tedesco(a) ♦ n tedesco/a; (LING) tedesco; **~ measles** (BRIT) n rosolia

Germany ['dʒəːmənɪ] n Germania

gesture ['dʒestjə*] n gesto

KEYWORD

get [get] (pt, pp **got**, (US) pp **gotten**) vi
1 (become, be) diventare, farsi; **to ~ old**

invecchiare; **to ~ tired** stancarsi; **to ~ drunk** ubriacarsi; **to ~ killed** venire or rimanere ucciso(a); **when do I ~ paid?** quando mi pagate?; **it's ~ting late** si sta facendo tardi

2 (*go*): **to ~ to/from** andare a/da; **to ~ home** arrivare or tornare a casa; **how did you ~ here?** come sei venuto?

3 (*begin*) mettersi a, cominciare a; **to ~ to know sb** incominciare a conoscere qn; **let's ~ going** or **started** muoviamoci

4 (*modal aux vb*): **you've got to do it** devi farlo

♦ *vt* 1: **to ~ sth done** (*do*) fare qc; (*have done*) far fare qc; **to ~ one's hair cut** farsi tagliare i capelli; **to ~ sb to do sth** far fare qc a qn

2 (*obtain: money, permission, results*) ottenere; (*find: job, flat*) trovare; (*fetch: person, doctor*) chiamare; (: *object*) prendere; **to ~ sth for sb** prendere or procurare qc a qn; **~ me Mr Jones, please** (*TEL*) mi passi il signor Jones, per favore; **can I ~ you a drink?** le posso offrire da bere?

3 (*receive: present, letter, prize*) ricevere; (*acquire: reputation*) farsi; **how much did you ~ for the painting?** quanto le hanno dato per il quadro?

4 (*catch*) prendere; (*hit: target etc*) colpire; **to ~ sb by the arm/throat** afferrare qn per un braccio/alla gola; **~ him!** prendetelo!

5 (*take, move*) portare; **to ~ sth to sb** far avere qc a qn; **do you think we'll ~ it through the door?** pensi che riusciremo a farlo passare per la porta?

6 (*catch, take: plane, bus etc*) prendere

7 (*understand*) afferrare; (*hear*) sentire; **I've got it!** ci sono arrivato!, ci sono!; **I'm sorry, I didn't ~ your name** scusi, non ho capito (or sentito) il suo nome

8 (*have, possess*): **to have got** avere; **how many have you got?** quanti ne ha?

get about *vi* muoversi; (*news*) diffondersi

get along *vi* (*agree*) andare d'accordo; (*depart*) andarsene; (*manage*) = **get by**

get at *vt fus* (*attack*) prendersela con; (*reach*) raggiungere, arrivare a

get away *vi* partire, andarsene; (*escape*) scappare

get away with *vt fus* cavarsela; farla franca

get back *vi* (*return*) ritornare, tornare ♦ *vt* riottenere, riavere

get by *vi* (*pass*) passare; (*manage*) farcela

get down *vi, vt fus* scendere ♦ *vt* far scendere; (*depress*) buttare giù

get down to *vt fus* (*work*) mettersi a (fare)

get in *vi* entrare; (*train*) arrivare; (*arrive home*) ritornare, tornare

get into *vt fus* entrare in; **to ~ into a rage** incavolarsi

get off *vi* (*from train etc*) scendere; (*depart: person, car*) andare via; (*escape*) cavarsela ♦ *vt* (*remove: clothes, stain*) levare ♦ *vt fus* (*train, bus*) scendere da

get on *vi* (*at exam etc*) andare; (*agree*): **to ~ on (with)** andare d'accordo (con) ♦ *vt fus* montare in; (*horse*) montare su

get out *vi* uscire; (*of vehicle*) scendere ♦ *vt* tirar fuori, far uscire

get out of *vt fus* uscire da; (*duty etc*) evitare

get over *vt fus* (*illness*) riaversi da

get round *vt fus* aggirare; (*fig: person*) rigirare

get through *vi* (*TEL*) avere la linea

get through to *vt fus* (*TEL*) parlare a

get together *vi* riunirsi ♦ *vt* raccogliere; (*people*) adunare

get up *vi* (*rise*) alzarsi ♦ *vt fus* salire su per

get up to *vt fus* (*reach*) raggiungere; (*prank etc*) fare

getaway ['gɛtəweɪ] *n* fuga

geyser ['giːzə*] *n* (*BRIT*) scaldabagno; (*GEO*) geyser *m inv*

Ghana ['gɑːnə] *n* Ghana *m*

ghastly ['gɑːstlɪ] *adj* orribile, orrendo(a); (*pale*) spettrale

gherkin ['gɜːkɪn] *n* cetriolino

ghetto blaster ['gɛtəublɑːstə*] *n* maxistereo *m inv* portatile

ghost [gəust] *n* fantasma *m*, spettro

giant ['dʒaɪənt] n gigante m ♦ adj
gigantesco(a), enorme

gibberish ['dʒɪbərɪʃ] n parole fpl senza
senso

gibe [dʒaɪb] n = **jibe**

giblets ['dʒɪblɪts] npl frattaglie fpl

Gibraltar [dʒɪ'brɔːltə*] n Gibilterra

giddy ['gɪdɪ] adj (dizzy): **to be ~** aver le
vertigini

gift [gɪft] n regalo; (donation, ability) dono;
~ed adj dotato(a); **~ token** n buono m
omaggio inv; **~ voucher** n = **~ token**

gigantic [dʒaɪ'gæntɪk] adj gigantesco(a)

giggle ['gɪgl] vi ridere scioccamente

gill [dʒɪl] n (measure) = 0.25 pints (BRIT
= 0.148l, US = 0.118l)

gills [gɪlz] npl (of fish) branchie fpl

gilt [gɪlt] n doratura ♦ adj dorato(a); **~-
edged** adj (COMM) della massima
sicurezza

gimmick ['gɪmɪk] n trucco

gin [dʒɪn] n (liquor) gin m inv

ginger ['dʒɪndʒə*] n zenzero; **~ ale**, **~
beer** n bibita gassosa allo zenzero;
~bread n pan m di zenzero

gingerly ['dʒɪndʒəlɪ] adv cautamente

gipsy ['dʒɪpsɪ] n zingaro/a

giraffe [dʒɪ'rɑːf] n giraffa

girder ['gɜːdə*] n trave f

girl [gɜːl] n ragazza; (young unmarried
woman) signorina; (daughter) figlia, figliola;
~friend n (of girl) amica; (of boy) ragazza;
~ish adj da ragazza

giro ['dʒaɪrəʊ] n (bank ~) versamento
bancario; (post office ~) postagiro; (BRIT:
welfare cheque) assegno del sussidio di
assistenza sociale

gist [dʒɪst] n succo

give [gɪv] (pt **gave**, pp **given**) vt dare ♦ vi
cedere; **to ~ sb sth**, **~ sth to sb** dare qc a
qn; **I'll ~ you £5 for it** te lo pago 5
sterline; **to ~ a cry/sigh** emettere un
grido/sospiro; **to ~ a speech** fare un
discorso; **~ away** vt dare via; (disclose)
rivelare; (bride) condurre all'altare; **~ back**
vt rendere; **~ in** vi cedere ♦ vt consegnare;
~ off vt emettere; **~ out** vt distribuire;

annunciare; **~ up** vi rinunciare ♦ vt
rinunciare a; **to ~ up smoking** smettere di
fumare; **to ~ o.s. up** arrendersi; **~ way** vi
cedere; (BRIT: AUT) dare la precedenza

glacier ['glæsɪə*] n ghiacciaio

glad [glæd] adj lieto(a), contento(a)

gladly ['glædlɪ] adv volentieri

glamorous ['glæmərəs] adj affascinante,
seducente

glamour ['glæmə*] n fascino

glance [glɑːns] n occhiata, sguardo ♦ vi: **to
~ at** dare un'occhiata a; **to ~ off** (bullet)
rimbalzare su; **glancing** adj (blow) che
colpisce di striscio

gland [glænd] n ghiandola

glare [glɛə*] n (of anger) sguardo furioso; (of
light) riverbero, luce f abbagliante; (of
publicity) chiasso ♦ vi abbagliare; **to ~ at**
guardare male; **glaring** adj (mistake)
madornale

glass [glɑːs] n (substance) vetro; (tumbler)
bicchiere m; **~es** npl (spectacles) occhiali
mpl; **~ware** n vetrame m; **~y** adj (eyes)
vitreo(a)

glaze [gleɪz] vt (door) fornire di vetri;
(pottery) smaltare ♦ n smalto; **~d** adj (eyes)
vitreo(a); (pottery) smaltato(a)

glazier ['gleɪzɪə*] n vetraio

gleam [gliːm] vi luccicare

glean [gliːn] vt (information) racimolare

glee [gliː] n allegrezza, gioia

glen [glɛn] n valletta

glib [glɪb] adj dalla parola facile; facile

glide [glaɪd] vi scivolare; (AVIAT, birds)
planare; **~r** n (AVIAT) aliante m; **gliding** n
(AVIAT) volo a vela

glimmer ['glɪmə*] n barlume m

glimpse [glɪmps] n impressione f fugace
♦ vt vedere al volo

glint [glɪnt] vi luccicare

glisten ['glɪsn] vi luccicare

glitter ['glɪtə*] vi scintillare

gloat [gləʊt] vi: **to ~ (over)** gongolare di
piacere (per)

global ['gləʊbl] adj globale; **~ warming** n
effetto m serra inv

globe [gləʊb] n globo, sfera

gloom [glu:m] *n* oscurità, buio; (*sadness*) tristezza, malinconia; **~y** *adj* scuro(a), fosco(a), triste

glorious ['glɔ:rɪəs] *adj* glorioso(a); magnifico(a)

glory ['glɔ:rɪ] *n* gloria; splendore *m*

gloss [glɔs] *n* (*shine*) lucentezza; (*also:* ~ **paint**) vernice *f* a olio; ~ **over** *vt fus* scivolare su

glossary ['glɔsərɪ] *n* glossario

glossy ['glɔsɪ] *adj* lucente

glove [glʌv] *n* guanto; ~ **compartment** *n* (*AUT*) vano portaoggetti

glow [gləu] *vi* ardere; (*face*) essere luminoso(a)

glower ['glauə*] *vi*: **to ~ (at sb)** guardare (qn) in cagnesco

glucose ['glu:kəus] *n* glucosio

glue [glu:] *n* colla ♦ *vt* incollare

glum [glʌm] *adj* abbattuto(a)

glut [glʌt] *n* eccesso

glutton ['glʌtn] *n* ghiottone/a; **a ~ for work** un(a) patito(a) del lavoro

gnat [næt] *n* moscerino

gnaw [nɔ:] *vt* rodere

go [gəu] (*pt* **went**, *pp* **gone**; *pl* **~es**) *vi* andare; (*depart*) partire, andarsene; (*work*) funzionare; (*time*) passare; (*break etc*) rompersi; (*be sold*): **to ~ for £10** essere venduto per 10 sterline; (*fit, suit*): **to ~ with** andare bene con; (*become*): **to ~ pale** diventare pallido(a); **to ~ mouldy** ammuffire ♦ *n*: **to have a ~ (at)** provare; **to be on the ~** essere in moto; **whose ~ is it?** a chi tocca?; **he's going to do** sta per fare; **to ~ for a walk** andare a fare una passeggiata; **to ~ dancing/shopping** andare a ballare/fare la spesa; **just then the bell went** proprio allora suonò il campanello; **how did it ~?** com'è andato?; **to ~ round the back/by the shop** passare da dietro/davanti al negozio; ~ **about** *vi* (*also: ~ rumour*) correre, circolare ♦ *vt fus*: **how do I ~ about this?** qual'è la prassi per questo?; ~ **ahead** *vi* andare avanti; ~ **along** *vi* andare, avanzare ♦ *vt fus* percorrere; **to ~ along with** (*plan, idea*)

appoggiare; ~ **away** *vi* partire, andarsene; ~ **back** *vi* tornare, ritornare; ~ **back on** *vt fus* (*promise*) non mantenere; ~ **by** *vi* (*years, time*) scorrere ♦ *vt fus* attenersi a, seguire (alla lettera); prestar fede a; ~ **down** *vi* scendere; (*ship*) affondare; (*sun*) tramontare ♦ *vt fus* scendere; ~ **for** *vt fus* (*fetch*) andare a prendere; (*like*) andar matto(a) per; (*attack*) attaccare; saltare addosso a; ~ **in** *vi* entrare; ~ **in for** *vt fus* (*competition*) iscriversi a; (*be interested in*) interessarsi di; ~ **into** *vt fus* entrare in; (*investigate*) indagare, esaminare; (*embark on*) lanciarsi in; ~ **off** *vi* partire, andar via; (*food*) guastarsi; (*explode*) esplodere, scoppiare; (*event*) passare ♦ *vt fus*: **I've gone off chocolate** la cioccolata non mi piace più; **the gun went off** il fucile si scaricò; ~ **on** *vi* continuare; (*happen*) succedere; **to ~ on doing** continuare a fare; ~ **out** *vi* uscire; (*couple*): **they went out for 3 years** sono stati insieme per 3 anni; (*fire, light*) spegnersi; ~ **over** *vi* (*ship*) ribaltarsi ♦ *vt fus* (*check*) esaminare; ~ **through** *vt fus* (*town etc*) attraversare; (*files, papers*) passare in rassegna; (*examine: list etc*) leggere da cima a fondo; ~ **up** *vi* salire; ♦ *vt fus* fare a meno di

goad [gəud] *vt* spronare

go-ahead *adj* intraprendente ♦ *n* via *m*

goal [gəul] *n* (*SPORT*) gol *m*, rete *f*; (*: place*) porta; (*fig: aim*) fine *m*, scopo; **~keeper** *n* portiere *m*; **~-post** *n* palo (della porta)

goat [gəut] *n* capra

gobble ['gɔbl] *vt* (*also:* ~ **down**, ~ **up**) ingoiare

go-between *n* intermediario/a

god [gɔd] *n* dio; **G~** *n* Dio; **~child** *n* figlioccio/a; **~daughter** *n* figlioccia; **~dess** *n* dea; **~father** *n* padrino; **~-forsaken** *adj* desolato(a), sperduto(a); **~mother** *n* madrina; **~send** *n* dono del cielo; **~son** *n* figlioccio

goggles ['gɔglz] *npl* occhiali *mpl* (di protezione)

going ['gəuɪŋ] *n* (*conditions*) andare *m*, stato del terreno ♦ *adj*: **the ~ rate** la tariffa in vigore

gold [gəuld] n oro ♦ adj d'oro; **~en** adj
(made of ~) d'oro; (~ in colour) dorato(a);
~fish n pesce m dorato or rosso; **~mine**
n (also fig) miniera d'oro; **~-plated** adj
placcato(a) oro inv; **~smith** n orefice m,
orafo

golf [gɔlf] n golf m; **~ ball** n (for game)
pallina da golf; (on typewriter) pallina; **~
club** n circolo da golf; (stick) bastone m or
mazza da golf; **~ course** n campo di golf;
~er n giocatore/trice di golf

gondola ['gɔndələ] n gondola

gone [gɔn] pp of **go** ♦ adj partito(a)

gong [gɔn] n gong m inv

good [gud] adj buono(a); (kind) buono(a),
gentile; (child) bravo(a) ♦ n bene m; **~s** npl
(COMM etc) beni mpl; merci fpl; **~!** bene!,
ottimo!; **to be ~ at** essere bravo(a) in; **to
be ~ for** andare bene per; **it's ~ for you** fa
bene; **would you be ~ enough to ...?**
avrebbe la gentilezza di ...?; **a ~ deal (of)**
molto(a), una buona quantità (di); **a ~
many** molti(e); **to make ~** (loss, damage)
compensare; **it's no ~ complaining**
brontolare non serve a niente; **for ~** per
sempre, definitivamente; **~ morning!** buon
giorno!; **~ afternoon/evening!** buona
sera!; **~ night!** buona notte!; **~bye** excl
arrivederci!; **G~ Friday** n Venerdì Santo;
~-looking adj bello(a); **~-natured** adj
affabile; **~ness** n (of person) bontà; **for
~ness sake!** per amor di Dio!; **~ness
gracious!** santo cielo!, mamma mia!; **~s
train** (BRIT) n treno m merci inv; **~will** n
amicizia, benevolenza

goose [guːs] (pl **geese**) n oca

gooseberry ['guzbəri] n uva spina; **to play
~** (BRIT) tenere la candela

gooseflesh ['guːsfleʃ] n pelle f d'oca

goose pimples npl pelle f d'oca

gore [gɔː*] vt incornare ♦ n sangue m
(coagulato)

gorge [gɔːdʒ] n gola ♦ vt: **to ~ o.s. (on)**
ingozzarsi (di)

gorgeous ['gɔːdʒəs] adj magnifico(a)

gorilla [gəˈrɪlə] n gorilla m inv

gorse [gɔːs] n ginestrone m

gory ['gɔːrɪ] adj sanguinoso(a)

go-slow (BRIT) n rallentamento dei lavori
(per agitazione sindacale)

gospel ['gɔspl] n vangelo

gossip ['gɔsɪp] n chiacchiere fpl;
pettegolezzi mpl; (person) pettegolo/a ♦ vi
chiacchierare

got [gɔt] pt, pp of **get**; **~ten** (US) pp of **get**

gout [gaut] n gotta

govern ['gʌvən] vt governare

governess ['gʌvənɪs] n governante f

government ['gʌvnmənt] n governo

governor ['gʌvənə*] n (of state, bank)
governatore m; (of school, hospital)
amministratore m; (BRIT: of prison)
direttore/trice

gown [gaun] n vestito lungo; (of teacher,
BRIT: of judge) toga

G.P. n abbr = **general practitioner**

grab [græb] vt afferrare, arraffare; (property,
power) impadronirsi di ♦ vi: **to ~ at** cercare
di afferrare

grace [greɪs] n grazia ♦ vt onorare; **5 days'
~** dilazione f di 5 giorni; **~ful** adj elegante,
aggraziato(a); **gracious** ['greɪʃəs] adj
grazioso(a); misericordioso(a)

grade [greɪd] n (COMM) qualità f inv; classe
f; categoria; (in hierarchy) grado; (SCOL:
mark) voto; (US: school class) classe ♦ vt
classificare; ordinare; graduare; **~
crossing** (US) n passaggio a livello; **~
school** (US) n scuola elementare

gradient ['greɪdɪənt] n pendenza,
inclinazione f

gradual ['grædjuəl] adj graduale; **~ly** adv
man mano, a poco a poco

graduate [n 'grædjuɪt, vb 'grædjueɪt] n (of
university) laureato/a; (US: of high school)
diplomato/a ♦ vi laurearsi; diplomarsi;
graduation [-'eɪʃən] n (ceremony)
consegna delle lauree (or dei diplomi)

graffiti [grəˈfiːtɪ] npl graffiti mpl

graft [grɑːft] n (AGR, MED) innesto; (bribery)
corruzione f; (BRIT: hard work): **it's hard ~** è
un lavoraccio ♦ vt innestare

grain [greɪn] n grano; (of sand) granello; (of

wood) venatura
gram [græm] *n* grammo
grammar ['græmə*] *n* grammatica; ~
school (*BRIT*) *n* ≈ liceo
grammatical [grə'mætɪkl] *adj*
grammaticale
gramme [græm] *n* = **gram**
grand [grænd] *adj* grande, magnifico(a);
grandioso(a); **~children** *npl* nipoti *mpl*;
~dad (*inf*) *n* nonno; **~daughter** *n* nipote
f; **~eur** ['grændjə*] *n* grandiosità; **~father**
n nonno; **~ma** (*inf*) *n* nonna; **~mother** *n*
nonna; **~pa** (*inf*) *n* = **~dad**; **~parents** *npl*
nonni *mpl*; **~ piano** *n* pianoforte *m* a
coda; **~son** *n* nipote *m*; **~stand** *n* (*SPORT*)
tribuna
granite ['grænɪt] *n* granito
granny ['grænɪ] (*inf*) *n* nonna
grant [grɑ:nt] *vt* accordare; (*a request*)
accogliere; (*admit*) ammettere, concedere
♦ *n* (*SCOL*) borsa; (*ADMIN*) sussidio,
sovvenzione *f*; **to take sth for ~ed** dare qc
per scontato; **to take sb for ~ed** dare per
scontata la presenza di qn
granulated ['grænjuleɪtɪd] *adj*: **~ sugar**
zucchero cristallizzato
granule ['grænju:l] *n* granello
grape [greɪp] *n* chicco d'uva, acino
grapefruit ['greɪpfru:t] *n* pompelmo
graph [grɑ:f] *n* grafico; **~ic** *adj* grafico(a);
(*vivid*) vivido(a); **~ics** *n* grafica ♦ *npl*
illustrazioni *fpl*
grapple ['græpl] *vi*: **to ~ with** essere alle
prese con
grasp [grɑ:sp] *vt* afferrare ♦ *n* (*grip*) presa;
(*fig*) potere *m*; comprensione *f*; **~ing** *adj*
avido(a)
grass [grɑ:s] *n* erba; **~hopper** *n* cavalletta;
~-roots *adj* di base
grate [greɪt] *n* graticola (del focolare) ♦ *vi*
cigolare, stridere ♦ *vt* (*CULIN*) grattugiare
grateful ['greɪtful] *adj* grato(a),
riconoscente
grater ['greɪtə*] *n* grattugia
grating ['greɪtɪŋ] *n* (*iron bars*) grata ♦ *adj*
(*noise*) stridente, stridulo(a)
gratitude ['grætɪtju:d] *n* gratitudine *f*

gratuity [grə'tju:ɪtɪ] *n* mancia
grave [greɪv] *n* tomba ♦ *adj* grave, serio(a)
gravel ['grævl] *n* ghiaia
gravestone ['greɪvstəʊn] *n* pietra tombale
graveyard ['greɪvjɑ:d] *n* cimitero
gravity ['grævɪtɪ] *n* (*PHYSICS*) gravità;
pesantezza; (*seriousness*) gravità, serietà
gravy ['greɪvɪ] *n* intingolo della carne; salsa
gray [greɪ] *adj* = **grey**
graze [greɪz] *vi* pascolare, pascere ♦ *vt*
(*touch lightly*) sfiorare; (*scrape*) escoriare
♦ *n* (*MED*) escoriazione *f*
grease [gri:s] *n* (*fat*) grasso; (*lubricant*)
lubrificante *m* ♦ *vt* ingrassare; lubrificare;
~proof paper (*BRIT*) *n* carta oleata;
greasy *adj* grasso(a), untuoso(a)
great [greɪt] *adj* grande; (*inf*) magnifico(a),
meraviglioso(a); **G~ Britain** *n* Gran
Bretagna; **~-grandfather** *n* bisnonno; **~-
grandmother** *n* bisnonna; **~ly** *adv*
molto; **~ness** *n* grandezza
Greece [gri:s] *n* Grecia
greed [gri:d] *n* (*also*: **~iness**) avarizia; (*for
food*) golosità, ghiottoneria; **~y** *adj*
avido(a); goloso(a), ghiotto(a)
Greek [gri:k] *adj* greco(a) ♦ *n* greco/a;
(*LING*) greco
green [gri:n] *adj* verde; (*inexperienced*)
inesperto(a), ingenuo(a) ♦ *n* verde *m*;
(*stretch of grass*) prato; (*on golf course*)
green *m inv*; **~s** *npl* (*vegetables*) verdura; **~
belt** *n* (*round town*) cintura di verde; **~
card** *n* (*BRIT: AUT*) carta verde; (*US: ADMIN*)
permesso di soggiorno e di lavoro; **~ery** *n*
verde *m*; **~grocer** (*BRIT*) *n* fruttivendolo/a,
erbivendolo/a; **~house** *n* serra; **~house
effect** *n* effetto serra; **~house gas** *n* gas
responsabile dell'effetto serra; **~ish** *adj*
verdastro(a)
Greenland ['gri:nlənd] *n* Groenlandia
greet [gri:t] *vt* salutare; **~ing** *n* saluto;
~ing(s) card *n* cartolina d'auguri
gregarious [grə'gɛərɪəs] *adj* (*person*)
socievole
grenade [grə'neɪd] *n* (*also*: **hand ~**) granata
grew [gru:] *pt of* **grow**
grey [greɪ] *adj* grigio(a); **~haired** *adj* dai

capelli grigi; **~hound** *n* levriere *m*
grid [grɪd] *n* grata; (*ELEC*) rete *f*
gridlock ['grɪdlɒk] *n* (*traffic jam*) paralisi *f
inv* del traffico; **~ed** *adj* paralizzato(a) dal
traffico; (*talks etc*) in fase di stallo
grief [gri:f] *n* dolore *m*
grievance ['gri:vəns] *n* lagnanza
grieve [gri:v] *vi* addolorarsi; rattristarsi ♦ *vt*
addolorare; **to ~ for sb** (*dead person*)
piangere qn
grievous ['gri:vəs] *adj*: **~ bodily harm** (*LAW*)
aggressione *f*
grill [grɪl] *n* (*on cooker*) griglia; (*also: mixed
~*) grigliata mista ♦ *vt* (*BRIT*) cuocere ai ferri;
(*inf: question*) interrogare senza sosta
grille [grɪl] *n* grata; (*AUT*) griglia
grim [grɪm] *adj* sinistro(a), brutto(a)
grimace [grɪ'meɪs] *n* smorfia ♦ *vi* fare
smorfie; fare boccacce
grime [graɪm] *n* sudiciume *m*
grin [grɪn] *n* sorriso smagliante ♦ *vi* fare un
gran sorriso
grind [graɪnd] (*pt, pp ground*) *vt* macinare;
(*make sharp*) arrotare ♦ *n* (*work*) sgobbata
grip [grɪp] *n* impugnatura; presa; (*holdall*)
borsa da viaggio ♦ *vt* (*object*) afferrare;
(*attention*) catturare; **to come to ~s with**
affrontare; cercare di risolvere
gripping ['grɪpɪŋ] *adj* avvincente
grisly ['grɪzlɪ] *adj* macabro(a), orrido(a)
gristle ['grɪsl] *n* cartilagine *f*
grit [grɪt] *n* ghiaia; (*courage*) fegato ♦ *vt*
(*road*) coprire di sabbia; **to ~ one's teeth**
stringere i denti
groan [grəun] *n* gemito ♦ *vi* gemere
grocer ['grəusə*] *n* negoziante *m* di generi
alimentari; **~ies** *npl* provviste *fpl*; **~'s
(shop)** *n* negozio di (generi) alimentari
groggy ['grɒgɪ] *adj* barcollante
groin [grɔɪn] *n* inguine *m*
groom [gru:m] *n* palafreniere *m*; (*also:
bride~*) sposo ♦ *vt* (*horse*) strigliare; (*fig*):
to ~ sb for avviare qn a; **well-~ed** (*person*)
curato(a)
groove [gru:v] *n* scanalatura, solco
grope [grəup] *vi*: **to ~ for** cercare a tastoni
gross [grəus] *adj* grossolano(a); (*COMM*)

lordo(a); **~ly** *adv* (*greatly*) molto
grotesque [grəu'tɛsk] *adj* grottesco(a)
grotto ['grɒtəu] *n* grotta
grotty ['grɒtɪ] (*inf*) *adj* terribile
ground [graund] *pt, pp of* **grind** ♦ *n* suolo,
terra; (*land*) terreno; (*SPORT*) campo;
(*reason: gen pl*) ragione *f*; (*US: also: ~ wire*)
terra ♦ *vt* (*plane*) tenere a terra; (*US: ELEC*)
mettere la presa a terra a; **~s** *npl* (*of coffee
etc*) fondi *mpl*; (*gardens etc*) terreno,
giardini *mpl*; **on/to the ~** per/a terra; **to
gain/lose ~** guadagnare/perdere terreno;
~ cloth (*US*) *n* **= ~sheet**; **~ing** *n* (*in
education*) basi *fpl*; **~less** *adj* infondato(a);
~sheet (*BRIT*) *n* telone *m* impermeabile; **~
staff** *n* personale *m* di terra; **~work** *n*
preparazione *f*
group [gru:p] *n* gruppo ♦ *vt* (*also: ~
together*) raggruppare ♦ *vi* (*also: ~
together*) raggrupparsi
grouse [graus] *n inv* (*bird*) tetraone *m* ♦ *vi*
(*complain*) brontolare
grove [grəuv] *n* boschetto
grovel ['grɒvl] *vi* (*fig*): **to ~ (before)**
strisciare (di fronte a)
grow [grəu] (*pt grew, pp grown*) *vi*
crescere; (*increase*) aumentare; (*develop*)
svilupparsi; (*become*): **to ~ rich/weak**
arricchirsi/indebolirsi ♦ *vt* coltivare, far
crescere; **~ up** *vi* farsi grande, crescere;
~er *n* coltivatore/trice; **~ing** *adj* (*fear,
amount*) crescente
growl [graul] *vi* ringhiare
grown [grəun] *pp of* **grow**; **~-up** *n* adulto/
a, grande *m/f*
growth [grəuθ] *n* crescita, sviluppo; (*what
has grown*) crescita; (*MED*) escrescenza,
tumore *m*
grub [grʌb] *n* larva; (*inf: food*) roba (da
mangiare)
grubby ['grʌbɪ] *adj* sporco(a)
grudge [grʌdʒ] *n* rancore *m* ♦ *vt*: **to ~ sb
sth** dare qc a qn di malavoglia; invidiare qc
a qn; **to bear sb a ~ (for)** serbar rancore a
qn (per)
gruelling ['gruəlɪŋ] (*US* **grueling**) *adj*
estenuante

gruesome ['gru:səm] *adj* orribile

gruff [grʌf] *adj* rozzo(a)

grumble ['grʌmbl] *vi* brontolare, lagnarsi

grumpy ['grʌmpɪ] *adj* scorbutico(a)

grunt [grʌnt] *vi* grugnire

G-string *n* tanga *m inv*

guarantee [gærən'ti:] *n* garanzia ♦ *vt* garantire

guard [gɑ:d] *n* guardia; (*one man*) guardia, sentinella; (*BRIT: RAIL*) capotreno; (*on machine*) schermo protettivo; (*also:* **fire~**) parafuoco ♦ *vt* fare la guardia a; (*protect*): **to ~ (against)** proteggere (da); **to be on one's ~** stare in guardia; ~ **against** *vt fus* guardarsi da; **~ed** *adj* (*fig*) cauto(a), guardingo(a); **~ian** *n* custode *m*; (*of minor*) tutore/trice; **~'s van** (*BRIT*) *n* (*RAIL*) vagone *m* di servizio

guerrilla [gə'rɪlə] *n* guerrigliero

guess [gɛs] *vi* indovinare ♦ *vt* indovinare; (*US*) credere, pensare ♦ *n*: **to take** *or* **have a ~** provare a indovinare; **~work** *n*: **I got the answer by ~work** ho azzeccato la risposta

guest [gɛst] *n* ospite *m/f*; (*in hotel*) cliente *m/f*; **~-house** *n* pensione *f*; ~ **room** *n* camera degli ospiti

guffaw [gʌ'fɔ:] *vi* scoppiare in una risata sonora

guidance ['gaɪdəns] *n* guida, direzione *f*

guide [gaɪd] *n* (*person, book etc*) guida; (*BRIT: also:* **girl ~**) giovane esploratrice *f* ♦ *vt* guidare; **~book** *n* guida; ~ **dog** *n* cane *m* guida *inv*; **~lines** *npl* (*fig*) indicazioni *fpl*, linee *fpl* direttive

guild [gɪld] *n* arte *f*, corporazione *f*; associazione *f*

guillotine ['gɪləti:n] *n* ghigliottina; (*for paper*) taglierina

guilt [gɪlt] *n* colpevolezza; **~y** *adj* colpevole

guinea pig ['gɪnɪ-] *n* cavia

guise [gaɪz] *n* maschera

guitar [gɪ'tɑ:ʳ] *n* chitarra

gulf [gʌlf] *n* golfo; (*abyss*) abisso

gull [gʌl] *n* gabbiano

gullible ['gʌlɪbl] *adj* credulo(a)

gully ['gʌlɪ] *n* burrone *m*; gola; canale *m*

gulp [gʌlp] *vi* deglutire; (*from emotion*) avere il nodo in gola ♦ *vt* (*also:* ~ **down**) tracannare, inghiottire

gum [gʌm] *n* (*ANAT*) gengiva; (*glue*) colla; (*also:* **~drop**) caramella gommosa; (*also:* **chewing ~**) chewing-gum *m* ♦ *vt*: **to ~ (together)** incollare; **~boots** (*BRIT*) *npl* stivali *mpl* di gomma

gumption ['gʌmpʃən] *n* spirito d'iniziativa, buonsenso

gun [gʌn] *n* fucile *m*; (*small*) pistola, rivoltella; (*rifle*) carabina; (*shotgun*) fucile da caccia; (*cannon*) cannone *m*; **~boat** *n* cannoniera; **~fire** *n* spari *mpl*; **~man** *n* bandito armato; **~point** *n*: **at ~point** sotto minaccia di fucile; **~powder** *n* polvere *f* da sparo; **~shot** *n* sparo

gurgle ['gə:gl] *vi* gorgogliare

gush [gʌʃ] *vi* sgorgare; (*fig*) abbandonarsi ad effusioni

gusset ['gʌsɪt] *n* gherone *m*

gust [gʌst] *n* (*of wind*) raffica; (*of smoke*) buffata

gusto ['gʌstəu] *n* entusiasmo

gut [gʌt] *n* intestino, budello; **~s** *npl* (*ANAT*) interiora *fpl*; (*courage*) fegato

gutter ['gʌtəʳ] *n* (*of roof*) grondaia; (*in street*) cunetta

guy [gaɪ] *n* (*inf: man*) tipo, elemento; (*also:* **~rope**) cavo *or* corda di fissaggio; (*figure*) effigie di Guy Fawkes

---

Guy Fawkes' Night

i *Il 5 novembre si festeggia con falò e fuochi d'artificio la* **Guy Fawkes' Night**, *la notte in cui, nel 1605, fallì la Congiura delle Polveri contro Giacomo I;* **Guy Fawkes** *era il nome di uno dei cospiratori.*

---

guzzle ['gʌzl] *vt* trangugiare

gym [dʒɪm] *n* (*also:* **gymnasium**) palestra; (*also:* **gymnastics**) ginnastica

gymnast ['dʒɪmnæst] *n* ginnasta *m/f*; **~ics** [-'næstɪks] *n, npl* ginnastica

gym shoes *npl* scarpe *fpl* da ginnastica

gym slip (*BRIT*) *n* grembiule *m* da scuola

(*per ragazze*)

gynaecologist [gaɪnɪ'kɔlədʒɪst] (*US* **gynecologist**) *n* ginecologo/a

gypsy ['dʒɪpsɪ] *n* = **gipsy**

gyrate [dʒaɪ'reɪt] *vi* girare

H, h

haberdashery ['hæbə'dæʃərɪ] (*BRIT*) *n* merceria

habit ['hæbɪt] *n* abitudine *f*; (*costume*) abito; (*REL*) tonaca

habitual [hə'bɪtjuəl] *adj* abituale; (*drinker, liar*) inveterato(a)

hack [hæk] *vt* tagliare, fare a pezzi ♦ *n* (*pej: writer*) scribacchino/a

hacker ['hækə*] *n* (*COMPUT*) pirata *m* informatico

hackney cab ['hæknɪ-] *n* carrozza a nolo

hackneyed ['hæknɪd] *adj* comune, trito(a)

had [hæd] *pt, pp of* **have**

haddock ['hædək] (*pl* ~ *or* ~**s**) *n* eglefino

hadn't ['hædnt] = **had not**

haemorrhage ['hemərɪdʒ] (*US* **hemorrhage**) *n* emorragia

haemorrhoids ['hemərɔɪdz] (*US* **hemorrhoids**) *npl* emorroidi *fpl*

haggard ['hægəd] *adj* smunto(a)

haggle ['hægl] *vi* mercanteggiare

Hague [heɪg] *n*: **The** ~ L'Aia

hail [heɪl] *n* grandine *f*; (*of criticism etc*) pioggia ♦ *vt* (*call*) chiamare; (*flag down: taxi*) fermare; (*greet*) salutare ♦ *vi* grandinare; ~**stone** *n* chicco di grandine

hair [hɛə*] *n* capelli *mpl*; (*single hair: on head*) capello; (: *on body*) pelo; **to do one's** ~ pettinarsi; ~**brush** *n* spazzola per capelli; ~**cut** *n* taglio di capelli; ~**do** ['hɛədu:] *n* acconciatura, pettinatura; ~**dresser** *n* parrucchiere/a; ~**-dryer** *n* asciugacapelli *m inv*; ~ **grip** *n* forcina; ~**net** *n* retina per capelli; ~**pin** *n* forcina; ~**pin bend** (*US* ~**pin curve**) *n* tornante *m*; ~**raising** *adj* orripilante; ~ **removing cream** *n* crema depilatoria; ~ **spray** *n* lacca per capelli; ~**style** *n* pettinatura,

acconciatura; ~**y** *adj* irsuto(a); peloso(a); (*inf: frightening*) spaventoso(a)

hake [heɪk] *n* (*pl* ~ *or* ~**s**) *n* nasello

half [hɑ:f] *n* (*pl* **halves**) *n* mezzo, metà *f inv* ♦ *adj* mezzo(a) ♦ *adv* a mezzo, a metà; ~ **an hour** mezz'ora; ~ **a dozen** mezza dozzina; ~ **a pound** mezza libbra; **two and a** ~ due e mezzo; **a week and a** ~ una settimana e mezza; ~ (**of it**) la metà; ~ (**of**) la metà di; **to cut sth in** ~ tagliare qc in due; ~ **asleep** mezzo(a) addormentato(a); ~**-baked** *adj* (*scheme*) che non sta in piedi; ~ **board** (*BRIT*) *n* mezza pensione; ~**-caste** ['hɑ:fkɑ:st] *n* meticcio/a; ~ **fare** *n* tariffa a metà prezzo; ~**-hearted** *adj* tiepido(a); ~**-hour** *n* mezz'ora; ~**-mast**: **at** ~**-mast** *adv* (*flag*) a mezz'asta; ~**penny** ['heɪpnɪ] (*BRIT*) *n* mezzo penny *m inv*; ~**-price** *adj, adv* a metà prezzo; ~ **term** (*BRIT*) *n* (*SCOL*) vacanza a *or* di metà trimestre; ~**-time** *n* (*SPORT*) intervallo; ~**way** *adv* a metà strada

halibut ['hælɪbət] *n inv* ippoglosso

hall [hɔ:l] *n* sala, salone *m*; (*entrance way*) entrata; ~ **of residence** (*BRIT*) *n* casa dello studente

hallmark ['hɔ:lmɑ:k] *n* marchio di garanzia; (*fig*) caratteristica

hallo [hə'ləʊ] *excl* = **hello**

Hallowe'en [hæləʊ'i:n] *n* vigilia d'Ognissanti

Hallowe'en

i Negli Stati Uniti e in Scozia il 31 ottobre si festeggia **Hallowe'en**, *la notte delle streghe e dei fantasmi; i bambini, travestiti da fantasmi e con lanterne ricavate da zucche, bussano alle porte e raccolgono dolci e piccoli doni.*

---

hallucination [həlu:sɪ'neɪʃən] *n* allucinazione *f*

hallway ['hɔ:lweɪ] *n* corridoio; (*entrance*) ingresso

halo ['heɪləʊ] *n* (*of saint etc*) aureola

halt [hɔ:lt] *n* fermata ♦ *vt* fermare ♦ *vi* fermarsi

halve [hɑːv] vt (apple etc) dividere a metà; (expense) ridurre di metà

halves [hɑːvz] npl of **half**

ham [hæm] n prosciutto

Hamburg ['hæmbəːg] n Amburgo f

hamburger ['hæmbəːgə*] n hamburger m inv

hamlet ['hæmlɪt] n paesetto

hammer ['hæmə*] n martello ♦ vt martellare ♦ vi: **to ~ on** or **at the door** picchiare alla porta

hammock ['hæmək] n amaca

hamper ['hæmpə*] vt impedire ♦ n cesta

hamster ['hæmstə*] n criceto

hand [hænd] n mano f; (of clock) lancetta; (handwriting) scrittura; (at cards) mano; (: game) partita; (worker) operaio/a ♦ vt dare, passare; **to give sb a ~** dare una mano a qn; **at ~** a portata di mano; **in ~** a disposizione; (work) in corso; **on ~** (person) disponibile; (services) pronto/a a intervenire; **to ~** (information etc) a portata di mano; **on the one ~ ...,** **on the other ~** da un lato ..., dall'altro; **~ in** vt consegnare; **~ out** vt distribuire; **~ over** vt passare; cedere; **~bag** n borsetta; **~book** n manuale m; **~brake** n freno a mano; **~cuffs** npl manette fpl; **~ful** n manciata, pugno

handicap ['hændɪkæp] n handicap m inv ♦ vt handicappare; **to be physically ~ped** essere handicappato/a; **to be mentally ~ped** essere un(a) handicappato/a mentale

handicraft ['hændɪkrɑːft] n lavoro d'artigiano

handiwork ['hændɪwəːk] n opera

handkerchief ['hæŋkətʃɪf] n fazzoletto

handle ['hændl] n (of door etc) maniglia; (of cup etc) ansa; (of knife etc) impugnatura; (of saucepan) manico; (for winding) manovella ♦ vt toccare, maneggiare; (deal with) occuparsi di; (treat: people) trattare; **"~ with care"** "fragile"; **to fly off the ~** (fig) perdere le staffe, uscire dai gangheri; **~bar(s)** n(pl) manubrio

hand: **~ luggage** n bagagli mpl a mano;

~made adj fatto(a) a mano; **~out** n (money, food) elemosina; (leaflet) volantino; (at lecture) prospetto; **~rail** n corrimano; **~set** n (TEL) ricevitore m; **please replace the ~set** riagganciare il ricevitore; **~shake** n stretta di mano

handsome ['hænsəm] adj bello(a); (profit, fortune) considerevole

handwriting ['hændraɪtɪŋ] n scrittura

handy ['hændɪ] adj (person) bravo(a); (close at hand) a portata di mano; (convenient) comodo(a)

hang [hæŋ] (pt, pp hung) vt appendere; (criminal: pt, pp hanged) impiccare ♦ vi (painting) essere appeso(a); (hair) scendere; (drapery) cadere; **to get the ~ of sth** (inf) capire come qc funziona; **~ about** or **around** vi bighellonare, ciondolare; **~ on** vi (wait) aspettare; **~ up** vi (TEL) riattaccare ♦ vt appendere

hangar ['hæŋə*] n hangar m inv

hanger ['hæŋə*] n gruccia

hanger-on n parassita m

hang-gliding ['-glaɪdɪŋ] n volo col deltaplano

hangover ['hæŋəuvə*] n (after drinking) postumi mpl di sbornia

hang-up n complesso

hanker ['hæŋkə*] vi: **to ~ after** bramare

hankie ['hæŋkɪ] n abbr = **handkerchief**

hanky ['hæŋkɪ] n abbr = **handkerchief**

haphazard [hæp'hæzəd] adj a casaccio, alla carlona

happen ['hæpən] vi accadere, succedere; (chance): **to ~ to do sth** fare qc per caso; **as it ~s** guarda caso; **~ing** n avvenimento

happily ['hæpɪlɪ] adv felicemente; fortunatamente

happiness ['hæpɪnɪs] n felicità, contentezza

happy ['hæpɪ] adj felice, contento(a); **~ with** (arrangements etc) soddisfatto(a) di; **to be ~ to do** (willing) fare volentieri; **~ birthday!** buon compleanno!; **~-go-lucky** adj spensierato(a); **~ hour** n orario in cui i bar hanno prezzi ridotti

harangue [hə'ræŋ] vt arringare

harass ['hærəs] vt molestare; **~ment** n

molestia

harbour ['hɑːbə*] (*US* **harbor**) *n* porto ♦ *vt* (*hope, fear*) nutrire; (*criminal*) dare rifugio a

hard [hɑːd] *adj* duro(a) ♦ *adv* (*work*) sodo; (*think, try*) bene; **to look ~ at** guardare fissamente; esaminare attentamente; **no ~ feelings!** senza rancore!; **to be ~ of hearing** essere duro(a) d'orecchio; **to be ~ done by** essere trattato(a) ingiustamente; **~back** *n* libro rilegato; **~ cash** *n* denaro in contanti; **~ disk** *n* (*COMPUT*) disco rigido; **~en** *vt, vi* indurire; **~-headed** *adj* pratico(a); **~ labour** *n* lavori forzati *mpl*

hardly ['hɑːdlɪ] *adv* (*scarcely*) appena; **it's ~ the case** non è proprio il caso; **~ anyone/anywhere** quasi nessuno/da nessuna parte; **~ ever** quasi mai

hardship ['hɑːdʃɪp] *n* avversità *f inv*; privazioni *fpl*

hard shoulder (*BRIT*) *n* (*AUT*) corsia d'emergenza

hard-up (*inf*) *adj* al verde

hardware ['hɑːdwɛə*] *n* ferramenta *fpl*; (*COMPUT*) hardware *m*; (*MIL*) armamenti *mpl*; **~ shop** *n* (negozio di) ferramenta *fpl*

hard-wearing [-'wɛərɪŋ] *adj* resistente; (*shoes*) robusto(a)

hard-working [-'wəːkɪŋ] *adj* lavoratore(trice)

hardy ['hɑːdɪ] *adj* robusto(a); (*plant*) resistente al gelo

hare [hɛə*] *n* lepre *f*; **~-brained** *adj* folle; scervellato(a)

harm [hɑːm] *n* male *m*; (*wrong*) danno ♦ *vt* (*person*) fare male a; (*thing*) danneggiare; **out of ~'s way** al sicuro; **~ful** *adj* dannoso(a); **~less** *adj* innocuo(a); inoffensivo(a)

harmonica [hɑːˈmɔnɪkə] *n* armonica

harmonious [hɑːˈməunɪəs] *adj* armonioso(a)

harmony ['hɑːmənɪ] *n* armonia

harness ['hɑːnɪs] *n* (*for horse*) bardatura, finimenti *mpl*; (*for child*) briglie *fpl*; (*safety ~*) imbracatura ♦ *vt* (*horse*) bardare; (*resources*) sfruttare

harp [hɑːp] *n* arpa ♦ *vi*: **to ~ on about** insistere tediosamente su

harpoon [hɑːˈpuːn] *n* arpione *m*

harrowing ['hærəuɪŋ] *adj* straziante

harsh [hɑːʃ] *adj* (*life, winter*) duro(a); (*judge, criticism*) severo(a); (*sound*) rauco(a); (*light*) violento(a)

harvest ['hɑːvɪst] *n* raccolto; (*of grapes*) vendemmia ♦ *vt* fare il raccolto di, raccogliere; vendemmiare

has [hæz] *vb see* **have**

hash [hæʃ] *n* (*CULIN*) specie di spezzatino fatto con carne già cotta; (*fig: mess*) pasticcio

hasn't ['hæznt] = **has not**

hassle ['hæsl] (*inf*) *n* sacco di problemi

haste [heɪst] *n* fretta; precipitazione *f*; **~n** ['heɪsn] *vt* affrettare ♦ *vi*: **to ~ (to)** affrettarsi (a); **hastily** *adv* in fretta; precipitosamente; **hasty** *adj* affrettato(a); precipitoso(a)

hat [hæt] *n* cappello

hatch [hætʃ] *n* (*NAUT: also*: **~way**) boccaporto; (*also*: **service ~**) portello di servizio ♦ *vi* (*bird*) uscire dal guscio; (*egg*) schiudersi

hatchback ['hætʃbæk] *n* (*AUT*) tre (*or* cinque) porte *f inv*

hatchet ['hætʃɪt] *n* accetta

hate [heɪt] *vt* odiare, detestare ♦ *n* odio; **~ful** *adj* odioso(a), detestabile

hatred ['heɪtrɪd] *n* odio

haughty ['hɔːtɪ] *adj* altero(a), arrogante

haul [hɔːl] *vt* trascinare, tirare ♦ *n* (*of fish*) pescata; (*of stolen goods etc*) bottino; **~age** *n* trasporto; autotrasporto; **~ier** (*US* **~er**) *n* trasportatore *m*

haunch [hɔːntʃ] *n* anca; (*of meat*) coscia

haunt [hɔːnt] *vt* (*subj: fear*) pervadere; (: *person*) frequentare ♦ *n* rifugio; **this house is ~ed** questa casa è abitata da un fantasma

KEYWORD

have [hæv] (*pt, pp* **had**) *aux vb* **1** (*gen*) avere; essere; **to ~ arrived/gone** essere arrivato(a)/andato(a); **to ~ eaten/slept** avere mangiato/dormito; **he has been**

kind/promoted è stato gentile/promosso; **having finished** *or* **when he had finished, he left** dopo aver finito, se n'è andato
2 (*in tag questions*): **you've done it, ~n't you?** l'ha fatto, (non è) vero?; **he hasn't done it, has he?** non l'ha fatto, vero?
3 (*in short answers and questions*): **you've made a mistake – no I ~n't/so I ~** ha fatto un errore — ma no, niente affatto/sì, è vero; **we ~n't paid – yes we ~!** non abbiamo pagato — ma sì che abbiamo pagato!; **I've been there before, ~ you?** ci sono già stato, e lei?

♦ *modal aux vb* (*be obliged*): **to ~ (got) to do sth** dover fare qc; **I ~n't got** *or* **I don't ~ to wear glasses** non ho bisogno di portare gli occhiali

♦ *vt* **1** (*possess, obtain*) avere; **he has (got) blue eyes/dark hair** ha gli occhi azzurri/i capelli scuri; **do you ~** *or* **you got a car/phone?** ha la macchina/il telefono?; **may I ~ your address?** potrebbe darmi il suo indirizzo?; **you can ~ it for £5** te lo lascio per 5 sterline
2 (*+noun: take, hold etc*): **to ~ breakfast/a swim/a bath** fare colazione/una nuotata/un bagno; **to ~ lunch** pranzare; **to ~ dinner** cenare; **to ~ a drink** bere qualcosa; **to ~ a cigarette** fumare una sigaretta
3: to ~ sth done far fare qc; **to ~ one's hair cut** farsi tagliare i capelli; **to ~ sb do sth** far fare qc a qn
4 (*experience, suffer*) avere; **to ~ a cold/flu** avere il raffreddore/l'influenza; **she had her bag stolen** le hanno rubato la borsa
5 (*inf: dupe*): **you've been had!** ci sei cascato!

have out *vt*: **to ~ it out with sb** (*settle a problem etc*) mettere le cose in chiaro con qn

haven ['heɪvn] *n* porto; (*fig*) rifugio
haven't ['hævnt] = **have not**
havoc ['hævək] *n* caos *m*
hawk [hɔ:k] *n* falco
hay [heɪ] *n* fieno; **~ fever** *n* febbre *f* da fieno; **~stack** *n* pagliaio

haywire ['heɪwaɪə*] (*inf*) *adj*: **to go ~** impazzire
hazard ['hæzəd] *n* azzardo, ventura; pericolo, rischio ♦ *vt* (*guess etc*) azzardare; **~ous** *adj* pericoloso(a); **~ (warning) lights** *npl* (*AUT*) luci *fpl* di emergenza
haze [heɪz] *n* foschia
hazelnut ['heɪzlnʌt] *n* nocciola
hazy ['heɪzɪ] *adj* fosco(a); (*idea*) vago(a)
he [hi:] *pronoun* lui, egli; **it is ~ who ...** è lui che ....

head [hɛd] *n* testa; (*leader*) capo; (*of school*) preside *m/f* ♦ *vt* (*list*) essere in testa a; (*group*) essere a capo di; **~s (or tails)** testa (o croce), pari (o dispari); **~ first** a capofitto, di testa; **~ over heels in love** pazzamente innamorato(a); **to ~ the ball** colpire una palla di testa; **~ for** *vt fus* dirigersi verso; **~ache** *n* mal *m* di testa; **~dress** (*BRIT*) *n* (*of bride*) acconciatura; **~ing** *n* titolo; intestazione *f*; **~lamp** (*BRIT*) *n* = **~light**; **~land** *n* promontorio; **~light** *n* fanale *m*; **~line** *n* titolo; **~long** *adv* (*fall*) a capofitto; (*rush*) precipitosamente; **~master/mistress** *n* preside *m/f*; **~ office** *n* sede *f* (centrale); **~-on** *adj* (*collision*) frontale; **~phones** *npl* cuffia; **~quarters** *npl* ufficio centrale; (*MIL*) quartiere *m* generale; **~-rest** *n* poggiacapo; **~room** *n* (*in car*) altezza dell'abitacolo; (*under bridge*) altezza limite; **~scarf** *n* foulard *m inv*; **~strong** *adj* testardo(a); **~ waiter** *n* capocameriere *m*; **~way** *n*: **to make ~way** fare progressi; **~wind** *n* controvento; **~y** *adj* (*experience, period*) inebriante
heal [hi:l] *vt, vi* guarire
health [hɛlθ] *n* salute *f*; **~ centre** (*BRIT*) *n* poliambulatorio; **~ food(s)** *n*(*pl*) cibo macrobiotico; **~ food store** *n* negozio di alimenti dietetici e macrobiotici; **the H~ Service** (*BRIT*) *n* ≈ il Servizio Sanitario Statale; **~y** *adj* (*person*) sano(a), in buona salute; (*climate*) salubre; (*appetite, economy etc*) sano(a)
heap [hi:p] *n* mucchio ♦ *vt* (*stones, sand*): **to ~ (up)** ammucchiare; (*plate, sink*): **to ~**

sth with riempire qc di; **~s of** (*inf*) un mucchio di

hear [hɪə*] (*pt, pp* **heard**) *vt* sentire; (*news*) ascoltare ♦ *vi* sentire; **to ~ about** avere notizie di; sentire parlare di; **to ~ from sb** ricevere notizie da qn; **~ing** *n* (*sense*) udito; (*of witnesses*) audizione *f*; (*of a case*) udienza; **~ing aid** *n* apparecchio acustico; **~say** *n* dicerie *fpl*, chiacchiere *fpl*

hearse [hə:s] *n* carro funebre

heart [hɑ:t] *n* cuore *m*; **~s** *npl* (*CARDS*) cuori *mpl*; **to lose ~** scoraggiarsi; **to take ~** farsi coraggio; **at ~** in fondo; **by ~** (*learn, know*) a memoria; **~ attack** *n* attacco di cuore; **~beat** *n* battito del cuore; **~breaking** *adj* straziante; **~broken** *adj*: **to be ~broken** avere il cuore spezzato; **~burn** *n* bruciore *m* di stomaco; **~ failure** *n* arresto cardiaco; **~felt** *adj* sincero(a)

hearth [hɑ:θ] *n* focolare *m*

heartland ['hɑ:tlænd] *n* regione *f* centrale

heartless ['hɑ:tlɪs] *adj* senza cuore

hearty ['hɑ:tɪ] *adj* caloroso(a); robusto(a), sano(a); vigoroso(a)

heat [hi:t] *n* calore *m*; (*fig*) ardore *m*; fuoco; (*SPORT: also*: **qualifying ~**) prova elimina-toria ♦ *vt* scaldare; **~ up** *vi* (*liquids*) scaldarsi; (*room*) riscaldarsi ♦ *vt* riscaldare; **~ed** *adj* riscaldato(a); (*argument*) acceso(a); **~er** *n* radiatore *m*; (*stove*) stufa

heath [hi:θ] (*BRIT*) *n* landa

heathen ['hi:ðn] *n* pagano/a

heather ['hɛðə*] *n* erica

heating ['hi:tɪŋ] *n* riscaldamento

heatstroke ['hi:tstrəuk] *n* colpo di sole

heatwave ['hi:tweɪv] *n* ondata di caldo

heave [hi:v] *vt* (*pull*) tirare (con forza); (*push*) spingere (con forza); (*lift*) sollevare (con forza) ♦ *vi* sollevarsi; (*retch*) aver conati di vomito ♦ *n* (*push*) grande spinta; **to ~ a sigh** emettere un sospiro

heaven ['hɛvn] *n* paradiso, cielo; **~ly** *adj* divino(a), celeste

heavily ['hɛvɪlɪ] *adv* pesantemente; (*drink, smoke*) molto

heavy ['hɛvɪ] *adj* pesante; (*sea*) grosso(a); (*rain, blow*) forte; (*weather*) afoso(a);

(*drinker, smoker*) gran (*before noun*); **~ goods vehicle** *n* veicolo per trasporti pesanti; **~weight** *n* (*SPORT*) peso massimo

Hebrew ['hi:bru:] *adj* ebreo(a) ♦ *n* (*LING*) ebraico

Hebrides ['hɛbrɪdi:z] *npl*: **the ~** le Ebridi

heckle ['hɛkl] *vt* interpellare e dare noia a (*un oratore*)

hectic ['hɛktɪk] *adj* movimentato(a)

he'd [hi:d] = **he would**; **he had**

hedge [hɛdʒ] *n* siepe *f* ♦ *vi* essere elusivo(a); **to ~ one's bets** (*fig*) coprirsi dai rischi

hedgehog ['hɛdʒhɔg] *n* riccio

heed [hi:d] *vt* (*also*: **take ~ of**) badare a, far conto di; **~less** *adj*: **~less (of)** sordo(a) (a)

heel [hi:l] *n* (*ANAT*) calcagno; (*of shoe*) tacco ♦ *vt* (*shoe*) rifare i tacchi a

hefty ['hɛftɪ] *adj* (*person*) robusto(a); (*parcel*) pesante; (*profit*) grosso(a)

heifer ['hɛfə*] *n* giovenca

height [haɪt] *n* altezza; (*high ground*) altura; (*fig: of glory*) apice *m*; (: *of stupidity*) colmo; **~en** *vt* (*fig*) accrescere

heir [ɛə*] *n* erede *m*; **~ess** *n* erede *f*; **~loom** *n* mobile *m* (*or* gioiello *or* quadro) di famiglia

held [hɛld] *pt, pp of* **hold**

helicopter ['hɛlɪkɔptə*] *n* elicottero

heliport ['hɛlɪpɔ:t] *n* eliporto

helium ['hi:lɪəm] *n* elio

hell [hɛl] *n* inferno; **~!** (*inf*) porca miseria!, accidenti!

he'll [hi:l] = **he will**; **he shall**

hellish ['hɛlɪʃ] (*inf*) *adj* infernale

hello [hə'ləu] *excl* buon giorno!; ciao! (*to sb one addresses as "tu"*); (*surprise*) ma guarda!

helm [hɛlm] *n* (*NAUT*) timone *m*

helmet ['hɛlmɪt] *n* casco

help [hɛlp] *n* aiuto; (*charwoman*) donna di servizio ♦ *vt* aiutare; **~!** aiuto!; **~ yourself (to bread)** si serva (del pane); **he can't ~ it** non ci può far niente; **~er** *n* aiutante *m/f*, assistente *m/f*; **~ful** *adj* di grande aiuto; (*useful*) utile; **~ing** *n* porzione *f*; **~less** *adj* impotente; debole

hem [hɛm] n orlo ♦ vt fare l'orlo a; ~ in vt cingere

hemisphere ['hɛmɪsfɪə*] n emisfero

hemorrhage ['hɛmərɪdʒ] (US) n = haemorrhage

hemorrhoids ['hɛmərɔɪdz] (US) npl = haemorroids

hen [hɛn] n gallina; (female bird) femmina

hence [hɛns] adv (therefore) dunque; 2 years ~ di qui a 2 anni; ~forth adv d'ora in poi

henpecked ['hɛnpɛkt] adj dominato dalla moglie

hepatitis [hɛpə'taɪtɪs] n epatite f

her [həː*] pron (direct) la, l' +vowel; (indirect) le; (stressed, after prep) lei ♦ adj il(la) suo(a), i(le) suoi(sue); see also me; my

herald ['hɛrəld] n araldo ♦ vt annunciare

heraldry ['hɛrəldrɪ] n araldica

herb [həːb] n erba

herd [həːd] n mandria

here [hɪə*] adv qui, qua ♦ excl ehi!; ~! (at roll call) presente!; ~ is/are ecco; ~ he/she is eccolo/eccola; ~after adv in futuro; dopo questo; ~by adv (in letter) con la presente

hereditary [hɪ'rɛdɪtrɪ] adj ereditario(a)

heresy ['hɛrəsɪ] n eresia

heretic ['hɛrətɪk] n eretico/a

heritage ['hɛrɪtɪdʒ] n eredità; (fig) retaggio

hermetically [həː'mɛtɪklɪ] adv: ~ sealed ermeticamente chiuso(a)

hermit ['həːmɪt] n eremita m

hernia ['həːnɪə] n ernia

hero ['hɪərəu] (pl ~es) n eroe m

heroin ['hɛrəuɪn] n eroina

heroine ['hɛrəuɪn] n eroina

heron ['hɛrən] n airone m

herring ['hɛrɪŋ] n aringa

hers [həːz] pron il(la) suo(a), i(le) suoi(sue); see also mine¹

herself [həː'sɛlf] pron (reflexive) si; (emphatic) lei stessa; (after prep) se stessa, sé; see also oneself

he's [hiːz] = he is; he has

hesitant ['hɛzɪtənt] adj esitante, indeciso(a)

hesitate ['hɛzɪteɪt] vi: to ~ (about/to do)

esitare (su/a fare); hesitation [-'teɪʃən] n esitazione f

heterosexual ['hɛtərəu'sɛksjuəl] adj, n eterosessuale m/f

hexagonal [hɛk'sægənəl] adj esagonale

heyday ['heɪdeɪ] n: the ~ of i bei giorni di, l'età d'oro di

HGV n abbr = heavy goods vehicle

hi [haɪ] excl ciao!

hiatus [haɪ'eɪtəs] n vuoto; (LING) iato

hibernate ['haɪbəneɪt] vi ibernare

hiccough ['hɪkʌp] vi singhiozzare; ~s npl: to have ~s avere il singhiozzo

hiccup ['hɪkʌp] = hiccough

hid [hɪd] pt of hide; ~den ['hɪdn] pp of hide

hide [haɪd] (pt hid, pp hidden) n (skin) pelle f ♦ vt: to ~ sth (from sb) nascondere qc (a qn) ♦ vi: to ~ (from sb) nascondersi (da qn); ~-and-seek n rimpiattino

hideous ['hɪdɪəs] adj laido(a); orribile

hiding ['haɪdɪŋ] n (beating) bastonata; to be in ~ (concealed) tenersi nascosto(a)

hierarchy ['haɪərɑːkɪ] n gerarchia

hi-fi ['haɪfaɪ] n stereo ♦ adj ad alta fedeltà, hi-fi inv

high [haɪ] adj alto(a); (speed, respect, number) grande; (wind) forte; (voice) acuto(a) ♦ adv alto, in alto; 20m ~ alto(a) 20m; ~brow adj, n intellettuale m/f; ~chair n seggiolone m; ~er education n studi mpl superiori; ~-handed adj prepotente; ~-heeled adj con i tacchi alti; ~ jump n (SPORT) salto in alto; the H~lands npl le Highlands scozzesi; ~light n (fig: of event) momento culminante; (in hair) colpo di sole ♦ vt mettere in evidenza; ~ly adv molto; to speak ~ly of parlare molto bene di; ~ly strung adj teso(a) di nervi, eccitabile; ~ness n: Her H~ness Sua Altezza; ~-pitched adj acuto(a); ~-rise block n palazzone m; ~ school n scuola secondaria; (US) istituto superiore d'istruzione; ~ season (BRIT) n alta stagione; ~ street (BRIT) n strada principale

highway ['haɪweɪ] n strada maestra; H~ Code (BRIT) n codice m della strada

hijack [ˈhaɪdʒæk] vt dirottare; **~er** n dirottatore/trice

hike [haɪk] vi fare un'escursione a piedi ♦ n escursione f a piedi; **~r** n escursionista m/f; **hiking** n escursioni fpl a piedi

hilarious [hɪˈleərɪəs] adj (*behaviour, event*) spassosissimo(a)

hill [hɪl] n collina, colle m; (*fairly high*) montagna; (*on road*) salita; **~side** n fianco della collina; **~ walking** n escursioni fpl in collina; **~y** adj collinoso(a); montagnoso(a)

hilt [hɪlt] n (*of sword*) elsa; **to the ~** (*fig: support*) fino in fondo

him [hɪm] pron (*direct*) lo, l' +*vowel*; (*indirect*) gli; (*stressed, after prep*) lui; *see also* **me**; **~self** pron (*reflexive*) si; (*emphatic*) lui stesso; (*after prep*) se stesso, sé; *see also* **oneself**

hinder [ˈhɪndə*] vt ostacolare; **hindrance** [ˈhɪndrəns] n ostacolo, impedimento

hindsight [ˈhaɪndsaɪt] n: **with ~** con il senno di poi

Hindu [ˈhɪnduː] n indù m/f inv

hinge [hɪndʒ] n cardine m ♦ vi (*fig*): **to ~ on** dipendere da

hint [hɪnt] n (*suggestion*) allusione f; (*advice*) consiglio; (*sign*) accenno ♦ vt: **to ~ that** lasciar capire che ♦ vi: **to ~ at** alludere a

hip [hɪp] n anca, fianco

hippopotamus [hɪpəˈpɔtəməs] (pl **~es** or **hippopotami**) n ippopotamo

hire [ˈhaɪə*] vt (*BRIT: car, equipment*) noleggiare; (*worker*) assumere, dare lavoro a ♦ n nolo, noleggio; **for ~** da nolo; (*taxi*) libero(a); **~(d) car** (*BRIT*) n macchina a nolo; **~ purchase** (*BRIT*) n acquisto (*or* vendita) rateale

his [hɪz] adj, pron il(la) suo(sua), i(le) suoi(sue); *see also* **my**; **mine¹**

hiss [hɪs] vi fischiare; (*cat, snake*) sibilare

historic(al) [hɪˈstɔrɪk(l)] adj storico(a)

history [ˈhɪstərɪ] n storia

hit [hɪt] (*pt, pp* **hit**) vt colpire, picchiare; (*knock against*) battere; (*reach: target*) raggiungere; (*collide with: car*) urtare contro; (*fig: affect*) colpire; (*find: problem etc*) incontrare ♦ n colpo; (*success, song*)

successo; **to ~ it off with sb** andare molto d'accordo con qn; **~-and-run driver** n pirata m della strada

hitch [hɪtʃ] vt (*fasten*) attaccare; (*also:* **~ up**) tirare su ♦ n (*difficulty*) intoppo, difficoltà f inv; **to ~ a lift** fare l'autostop

hitch-hike vi fare l'autostop; **~r** n autostoppista m/f; **hitch-hiking** n autostop m

hi-tech [ˈhaɪˈtek] adj di alta tecnologia ♦ n alta tecnologia

hitherto [hɪðəˈtuː] adv in precedenza

HIV abbr: **HIV-negative/-positive** adj sieronegativo(a)/sieropositivo(a)

hive [haɪv] n alveare m

H.M.S. abbr = **His(Her) Majesty's Ship**

hoard [hɔːd] n (*of food*) provviste fpl; (*of money*) gruzzolo ♦ vt ammassare

hoarding [ˈhɔːdɪŋ] (*BRIT*) n (*for posters*) tabellone m per affissioni

hoarse [hɔːs] adj rauco(a)

hoax [həʊks] n scherzo; falso allarme

hob [hɔb] n piastra (con fornelli)

hobble [ˈhɔbl] vi zoppicare

hobby [ˈhɔbɪ] n hobby m inv, passatempo

hobo [ˈhəʊbəʊ] (*US*) n vagabondo

hockey [ˈhɔkɪ] n hockey m

hoe [həʊ] n zappa

hog [hɔg] n maiale m ♦ vt (*fig*) arraffare; **to go the whole ~** farlo fino in fondo

hoist [hɔɪst] n paranco ♦ vt issare

hold [həʊld] (*pt, pp* **held**) vt tenere; (*contain*) contenere; (*keep back*) trattenere; (*believe*) mantenere; considerare; (*possess*) avere, possedere; detenere ♦ vi (*withstand pressure*) tenere; (*be valid*) essere valido(a) ♦ n presa; (*control*): **to have a ~ over** avere controllo su; (*NAUT*) stiva; **~ the line!** (*TEL*) resti in linea!; **to ~ one's own** (*fig*) difendersi bene; **to catch** *or* **get (a) ~ of** afferrare; **~ back** vt trattenere; (*secret*) tenere celato(a); **~ down** vt (*person*) tenere a terra; (*job*) tenere; **~ off** vt tener lontano; **~ on** vi tener fermo; (*wait*) aspettare; **~ on!** (*TEL*) resti in linea!; **~ on to** vt fus tenersi stretto(a) a; (*keep*) conservare; **~ out** vt offrire ♦ vi (*resist*) resistere; ~ **up** vt (raise) alzare; (support) sostenere; (delay) ritardare; (rob) assaltare; ~**all** (BRIT) n borsone m; ~**er** n (container) contenitore m; (of ticket, title) possessore/ posseditrice; (of office etc) incaricato/a; (of record) detentore/trice; ~**ing** n (share) azioni fpl, titoli mpl; (farm) podere m, tenuta; ~**up** n (robbery) rapina a mano armata; (delay) ritardo; (BRIT: in traffic) blocco

hole [həʊl] n buco, buca

holiday ['hɔlədɪ] n vacanza; (day off) giorno di vacanza; (public) giorno festivo; **on ~** in vacanza; ~ **camp** (BRIT) n (also: ~ **centre**) ≈ villaggio (di vacanze); ~**maker** (BRIT) n villeggiante m/f; ~ **resort** n luogo di villeggiatura

holiness ['həʊlɪnɪs] n santità

Holland ['hɔlənd] n Olanda

hollow ['hɔləʊ] adj cavo/a; (container, claim) vuoto/a; (laugh, sound) cupo/a ♦ n cavità f inv; (in land) valletta, depressione f ♦ vt: **to ~ out** scavare

holly ['hɔlɪ] n agrifoglio

holocaust ['hɔləkɔːst] n olocausto

holster ['həʊlstəʳ] n fondina (di pistola)

holy ['həʊlɪ] adj santo/a; (bread) benedetto/a, consacrato/a; (ground) consacrato/a

homage ['hɔmɪdʒ] n omaggio; **to pay ~ to** rendere omaggio a

home [həʊm] n casa; (country) patria; (institution) casa, ricovero ♦ cpd familiare; (cooking etc) casalingo/a; (ECON, POL) nazionale, interno/a; (SPORT) di casa ♦ adv a casa; in patria; (right in: nail etc) fino in fondo; **at ~** a casa; (in situation) a proprio agio; **to go** (or **come**) ~ tornare a casa (or in patria); **make yourself at ~** si metta a suo agio; ~ **address** n indirizzo di casa; ~**land** n patria; ~**less** adj senza tetto; spatriato/a; ~**ly** adj semplice, alla buona; accogliente; ~-**made** adj casalingo/a); **H~ Office** (BRIT) n ministero degli Interni; ~ **rule** n autogoverno; **H~ Secretary** (BRIT) n ministro degli Interni; ~**sick** adj: **to be ~sick** avere la nostalgia; ~ **town** n città f

inv natale; ~**ward** ['həʊmwəd] adj (journey) di ritorno; ~**work** n compiti mpl (per casa)

homicide ['hɔmɪsaɪd] (US) n omicidio

homoeopathic [həʊmɪə'pæθɪk] (US **homeopathic**) adj omeopatico/a)

homosexual [hɔməʊ'seksjʊəl] adj, n omosessuale m/f

honest ['ɔnɪst] adj onesto/a); sincero/a); ~**ly** adv onestamente; sinceramente; ~**y** n onestà

honey ['hʌnɪ] n miele m; ~**comb** n favo; ~**moon** n luna di miele, viaggio di nozze; ~**suckle** n (BOT) caprifoglio

honk [hɔŋk] vi suonare il clacson

honorary ['ɔnərərɪ] adj onorario/a); (duty, title) onorifico/a)

honour ['ɔnəʳ] (US **honor**) vt onorare ♦ n onore m; ~**able** adj onorevole; ~**s degree** n (SCOL) laurea specializzata

hood [hʊd] n cappuccio; (on cooker) cappa; (BRIT: AUT) capote f; (US: AUT) cofano

hoodlum ['huːdləm] n teppista m/f

hoof [huːf] (pl **hooves**) n zoccolo

hook [hʊk] n gancio; (for fishing) amo ♦ vt uncinare; (dress) agganciare

hooligan ['huːlɪgən] n giovinastro, teppista m

hoop [huːp] n cerchio

hooray [huː'reɪ] excl = **hurray**

hoot [huːt] vi (AUT) suonare il clacson; (siren) ululare; (owl) gufare; ~**er** n (BRIT: AUT) clacson m inv; (NAUT) sirena

Hoover ® ['huːvəʳ] (BRIT) n aspirapolvere m inv ♦ vt: **h~** pulire con l'aspirapolvere

hooves [huːvz] npl of **hoof**

hop [hɔp] vi saltellare, saltare; (on one foot) saltare su una gamba

hope [həʊp] vt: **to ~ that/to do** sperare che/di fare ♦ vi sperare ♦ n speranza; **I ~ so/not** spero di sì/no; ~**ful** adj (person) pieno/a) di speranza; (situation) promettente; ~**fully** adv con speranza; ~**fully he will recover** speriamo che si riprenda; ~**less** adj senza speranza, disperato/a); (useless) inutile

hops [hɔps] npl luppoli mpl

horde [hɔːd] n orda

horizon [həˈraɪzn] n orizzonte m; **~tal** [hɔrɪˈzɒntl] adj orizzontale

hormone [ˈhɔːməun] n ormone m

horn [hɔːn] n (ZOOL, MUS) corno; (AUT) clacson m inv

hornet [ˈhɔːnɪt] n calabrone m

horoscope [ˈhɔrəskəup] n oroscopo

horrendous [həˈrendəs] adj orrendo(a)

horrible [ˈhɔrɪbl] adj orribile, tremendo(a)

horrid [ˈhɔrɪd] adj orrido(a); (person) odioso(a)

horrify [ˈhɔrɪfaɪ] vt scandalizzare

horror [ˈhɔrə*] n orrore m; **~ film** n film m inv dell'orrore

hors d'œuvre [ɔːˈdəːvrə] n antipasto

horse [hɔːs] n cavallo; **~back: on ~back** adj, adv a cavallo; **~ chestnut** n ippocastano; **~man** (irreg) n cavaliere m; **~power** n cavallo (vapore); **~-racing** n ippica; **~radish** n rafano; **~shoe** n ferro di cavallo; **~woman** (irreg) n amazzone f

horticulture [ˈhɔːtɪkʌltʃə*] n orticoltura

hose [həuz] n (also: **~pipe**) tubo; (also: **garden ~**) tubo per annaffiare

hosiery [ˈhəuʒərɪ] n maglieria

hospice [ˈhɔspɪs] n ricovero, ospizio

hospitable [hɔsˈpɪtəbl] adj ospitale

hospital [ˈhɔspɪtl] n ospedale m

hospitality [hɔspɪˈtælɪtɪ] n ospitalità

host [həust] n ospite m; (REL) ostia; (large number): **a ~ of** una schiera di

hostage [ˈhɔstɪdʒ] n ostaggio/a

hostel [ˈhɔstl] n ostello; (also: **youth ~**) ostello della gioventù

hostess [ˈhəustɪs] n ospite f; (BRIT: air ~) hostess f inv

hostile [ˈhɔstaɪl] adj ostile

hostility [hɔˈstɪlɪtɪ] n ostilità f inv

hot [hɔt] adj caldo(a); (as opposed to only warm) molto caldo(a); (spicy) piccante; (fig) accanito(a); ardente; violento(a), focoso(a); **to be ~** (person) aver caldo; (object) essere caldo(a); (weather) far caldo; **~bed** n (fig) focolaio; **~ dog** n hot dog m inv

hotel [həuˈtel] n albergo; **~ier** n albergatore/trice

hot: ~house n serra; **~ line** n (POL)

telefono rosso; **~ly** adv violentemente; **~plate** n (on cooker) piastra riscaldante; **~pot** n (BRIT) n stufato coperto da uno strato di patate; **~-water bottle** n borsa dell'acqua calda

hound [haund] vt perseguitare ♦ n segugio

hour [ˈauə*] n ora; **~ly** adj all'ora

house [n haus, pl ˈhauzɪz, vb hauz] n (also firm) casa; (POL) camera; (THEATRE) sala; pubblico; spettacolo; (dynasty) casata ♦ vt (person) ospitare, alloggiare; **on the ~** (fig) offerto(a) dalla casa; **~ arrest** n arresti mpl domiciliari; **~boat** n house boat f inv; **~bound** adj confinato(a) in casa; **~breaking** n furto con scasso; **~hold** n famiglia; casa; **~keeper** n governante f; **~keeping** n (work) governo della casa; (money) soldi mpl per le spese di casa; **~warming party** n festa per inaugurare la casa nuova; **~wife** (irreg) n massaia, casalinga; **~work** n faccende fpl domestiche

housing [ˈhauzɪŋ] n alloggio; **~ development** (BRIT **~ estate**) n zona residenziale con case popolari e/o private

hovel [ˈhɔvl] n casupola

hover [ˈhɔvə*] vi (bird) librarsi; **~craft** n hovercraft m inv

how [hau] adv come; **~ are you?** come sta?; **~ do you do?** piacere!; **~ far is it to the river?** quanto è lontano il fiume?; **~ long have you been here?** da quando è qui?; **~ lovely!/awful!** che bello!/orrore!; **~ many?** quanti(e)?; **~ much?** quanto(a)?; **~ much milk?** quanto latte?; **~ many people?** quante persone?; **~ old are you?** quanti anni ha?; **~ever** adv in qualsiasi modo or maniera che; (+adjective) per quanto +sub; (in questions) come ♦ conj comunque, però

howl [haul] vi ululare; (baby, person) urlare

H.P. abbr = hire purchase; horsepower

h.p. n abbr = H.P.

HQ n abbr = headquarters

hub [hʌb] n (of wheel) mozzo; (fig) fulcro

hubcap [ˈhʌbkæp] n coprimozzo

huddle [ˈhʌdl] vi: **to ~ together** rannicchiarsi l'uno contro l'altro

hue [hju:] *n* tinta

huff [hʌf] *n*: **in a ~** stizzito(a)

hug [hʌg] *vt* abbracciare; *(shore, kerb)* stringere

huge [hju:dʒ] *adj* enorme, immenso(a)

hulk [hʌlk] *n (ship)* nave *f* in disarmo; *(building, car)* carcassa; *(person)* mastodonte *m*

hull [hʌl] *n (of ship)* scafo

hullo [hə'ləu] *excl* = **hello**

hum [hʌm] *vt (tune)* canticchiare ♦ *vi* canticchiare; *(insect, plane, tool)* ronzare

human ['hju:mən] *adj* umano(a) ♦ *n* essere *m* umano

humane [hju:'mein] *adj* umanitario(a)

humanitarian [hju:mænɪ'tɛərɪən] *adj* umanitario(a)

humanity [hju:'mænɪtɪ] *n* umanità

humble ['hʌmbl] *adj* umile, modesto(a) ♦ *vt* umiliare

humdrum ['hʌmdrʌm] *adj* monotono(a), tedioso(a)

humid ['hju:mɪd] *adj* umido(a)

humiliate [hju:'mɪlɪeɪt] *vt* umiliare; **humiliation** [-'eɪʃən] *n* umiliazione *f*

humility [hju:'mɪlɪtɪ] *n* umiltà

humorous ['hju:mərəs] *adj* umoristico(a); *(person)* buffo(a)

humour ['hju:mə*] (US **humor**) *n* umore *m* ♦ *vt* accontentare

hump [hʌmp] *n* gobba

hunch [hʌntʃ] *n (premonition)* intuizione *f*; **~ed** *adj* incurvato(a)

hundred ['hʌndrəd] *num* cento; **~s of** centinaia *fpl* di; **~weight** *n (BRIT)* = 50.8 kg; 112 lb; *(US)* = 45.3 kg; 100 lb

hung [hʌŋ] *pt, pp of* **hang**

Hungary ['hʌŋɡərɪ] *n* Ungheria

hunger ['hʌŋɡə*] *n* fame *f* ♦ *vi*: **to ~ for** desiderare ardentemente; **~ strike** *n* sciopero della fame

hungry ['hʌŋɡrɪ] *adj* affamato(a); *(avid)*: **~ for** avido(a) di; **to be ~** aver fame

hunk [hʌŋk] *n (of bread etc)* bel pezzo

hunt [hʌnt] *vt (seek)* cercare; *(SPORT)* cacciare ♦ *vi*: **to ~ (for)** andare a caccia (di) ♦ *n* caccia; **~er** *n* cacciatore *m*; **~ing** *n* caccia

hurdle ['hə:dl] *n (SPORT, fig)* ostacolo

hurl [hə:l] *vt* lanciare con violenza

hurrah [hu'rɑ:] *excl* = **hurray**

hurray [hu'reɪ] *excl* urra!, evviva!

hurricane ['hʌrɪkən] *n* uragano

hurried ['hʌrɪd] *adj* affrettato(a); *(work)* fatto(a) in fretta; **~ly** *adv* in fretta

hurry ['hʌrɪ] *n* fretta ♦ *vi (also: ~ up)* affrettarsi ♦ *vt (also: ~ up: person)* affrettare; *(: work)* far in fretta; **to be in a ~** aver fretta

hurt [hə:t] *(pt, pp* **hurt**) *vt (cause pain to)* far male a; *(injure, fig)* ferire ♦ *vi* far male; **~ful** *adj (remark)* che ferisce

hurtle ['hə:tl] *vi*: **to ~ past/down** passare/ scendere a razzo

husband ['hʌzbənd] *n* marito

hush [hʌʃ] *n* silenzio, calma ♦ *vt* zittire; **~!** zitto(a)!; **~ up** *vt (scandal)* mettere a tacere

husk [hʌsk] *n (of wheat)* cartoccio; *(of rice, maize)* buccia

husky ['hʌskɪ] *adj* roco(a) ♦ *n* cane *m* eschimese

hustle ['hʌsl] *vt* spingere, incalzare ♦ *n*: **~ and bustle** trambusto

hut [hʌt] *n* rifugio; *(shed)* ripostiglio

hutch [hʌtʃ] *n* gabbia

hyacinth ['haɪəsɪnθ] *n* giacinto

hybrid ['haɪbrɪd] *n* ibrido

hydrant ['haɪdrənt] *n (also*: **fire ~**) idrante *m*

hydraulic [haɪ'drɔ:lɪk] *adj* idraulico(a)

hydroelectric [haɪdrəu'lektrɪk] *adj* idroelettrico(a)

hydrofoil ['haɪdrəufɔɪl] *n* aliscafo

hydrogen ['haɪdrədʒən] *n* idrogeno

hyena [haɪ'i:nə] *n* iena

hygiene ['haɪdʒi:n] *n* igiene *f*

hymn [hɪm] *n* inno; cantica

hype [haɪp] *(inf) n* campagna pubblicitaria

hypermarket ['haɪpəmɑ:kɪt] *(BRIT) n* ipermercato

hyphen ['haɪfn] *n* trattino

hypnotize ['hɪpnətaɪz] *vt* ipnotizzare

hypocrisy [hɪ'pɔkrɪsɪ] *n* ipocrisia

hypocrite ['hɪpəkrɪt] *n* ipocrita *m/f*; **hypocritical** [-'krɪtɪkl] *adj* ipocrita

hypothermia [haɪpəʊ'θɜːmɪə] *n* ipotermia
hypothesis [haɪ'pɒθɪsɪs] (*pl* **hypotheses**) *n* ipotesi *f inv*
hypothetical [haɪpəʊ'θetɪkl] *adj* ipotetico(a)
hysterical [hɪ'sterɪkl] *adj* isterico(a)
hysterics [hɪ'sterɪks] *npl* accesso di isteria; (*laughter*) attacco di riso

I, i

I [aɪ] *pron* io
ice [aɪs] *n* ghiaccio; (*on road*) gelo; (*~ cream*) gelato ♦ *vt* (*cake*) glassare ♦ *vi* (*also: ~ over*) ghiacciare; (*also: ~ up*) gelare; **~berg** *n* iceberg *m inv*; **~box** *n* (*US*) frigorifero; (*BRIT*) reparto ghiaccio; (*insulated box*) frigo portatile; **~ cream** *n* gelato; **~ hockey** *n* hockey *m* su ghiaccio
Iceland ['aɪslənd] *n* Islanda
ice: **~ lolly** (*BRIT*) *n* ghiacciolo; **~ rink** *n* pista di pattinaggio; **~ skating** *n* pattinaggio sul ghiaccio
icicle ['aɪsɪkl] *n* ghiacciolo
icing ['aɪsɪŋ] *n* (*CULIN*) glassa; **~ sugar** (*BRIT*) *n* zucchero a velo
icy ['aɪsɪ] *adj* ghiacciato(a); (*weather, temperature*) gelido(a)
I'd [aɪd] = **I would**; **I had**
idea [aɪ'dɪə] *n* idea
ideal [aɪ'dɪəl] *adj* ideale ♦ *n* ideale *m*
identical [aɪ'dentɪkl] *adj* identico(a)
identification [aɪdentɪfɪ'keɪʃən] *n* identificazione *f*; (**means of**) **~** carta d'identità
identify [aɪ'dentɪfaɪ] *vt* identificare
Identikit picture ® [aɪ'dentɪkɪt-] *n* identikit *m inv*
identity [aɪ'dentɪtɪ] *n* identità *f inv*; **~ card** *n* carta d'identità
ideology [aɪdɪ'ɒlədʒɪ] *n* ideologia
idiom ['ɪdɪəm] *n* idioma *m*; (*phrase*) espressione *f* idiomatica
idiot ['ɪdɪət] *n* idiota *m/f*; **~ic** [-'ɒtɪk] *adj* idiota
idle ['aɪdl] *adj* inattivo(a); (*lazy*) pigro(a),

ozioso(a); (*unemployed*) disoccupato(a); (*question, pleasures*) ozioso(a) ♦ *vi* (*engine*) girare al minimo
idol ['aɪdl] *n* idolo; **~ize** *vt* idoleggiare
i.e. *adv abbr* (= *that is*) cioè
if [ɪf] *conj* se; **~ I were you ...** se fossi in te ..., io al tuo posto ...; **~ so** se è così; **~ not** se no; **~ only** se solo *or* soltanto
ignite [ɪg'naɪt] *vt* accendere ♦ *vi* accendersi
ignition [ɪg'nɪʃən] *n* (*AUT*) accensione *f*; **to switch on/off the ~** accendere/spegnere il motore; **~ key** *n* (*AUT*) chiave *f* dell'accensione
ignorant ['ɪgnərənt] *adj* ignorante; **to be ~ of** (*subject*) essere ignorante in; (*events*) essere ignaro(a) di
ignore [ɪg'nɔː*] *vt* non tener conto di; (*person, fact*) ignorare
I'll [aɪl] = **I will**; **I shall**
ill [ɪl] *adj* (*sick*) malato(a); (*bad*) cattivo(a) ♦ *n* male *m* ♦ *adv*: **to speak** *etc* **~ of sb** parlare *etc* male di qn; **to take** *or* **be taken ~** ammalarsi; **~-advised** *adj* (*decision*) poco giudizioso(a); (*person*) mal consigliato(a); **~-at-ease** *adj* a disagio
illegal [ɪ'liːgl] *adj* illegale
illegible [ɪ'ledʒɪbl] *adj* illeggibile
illegitimate [ɪlɪ'dʒɪtɪmət] *adj* illegittimo(a)
ill-fated [ɪl'feɪtɪd] *adj* nefasto(a)
ill feeling *n* rancore *m*
illiterate [ɪ'lɪtərət] *adj* analfabeta, illetterato(a); (*letter*) scorretto(a)
ill-mannered [ɪl'mænəd] *adj* maleducato(a)
illness ['ɪlnɪs] *n* malattia
ill-treat *vt* maltrattare
illuminate [ɪ'luːmɪneɪt] *vt* illuminare; **illumination** [-'neɪʃən] *n* illuminazione *f*; **illuminations** *npl* (*decorative*) luminarie *fpl*
illusion [ɪ'luːʒən] *n* illusione *f*
illustrate ['ɪləstreɪt] *vt* illustrare
illustration [ɪlə'streɪʃən] *n* illustrazione *f*
I'm [aɪm] = **I am**
image ['ɪmɪdʒ] *n* immagine *f*; (*public face*) immagine (pubblica); **~ry** *n* immagini *fpl*
imaginary [ɪ'mædʒɪnərɪ] *adj* immaginario(a)
imagination [ɪmædʒɪ'neɪʃən] *n* immaginazione *f*, fantasia

imaginative [ɪ'mædʒɪnətɪv] *adj* immaginoso(a)

imagine [ɪ'mædʒɪn] *vt* immaginare

imbalance [ɪm'bæləns] *n* squilibrio

imbue [ɪm'bju:] *vt*: **to ~ sb/sth with** permeare qn/qc di

imitate ['ɪmɪteɪt] *vt* imitare; **imitation** [-'teɪʃən] *n* imitazione *f*

immaculate [ɪ'mækjulət] *adj* immacolato(a); (*dress, appearance*) impeccabile

immaterial [ɪmə'tɪərɪəl] *adj* immateriale, indifferente

immature [ɪmə'tjuə*] *adj* immaturo(a)

immediate [ɪ'mi:dɪət] *adj* immediato(a); **~ly** *adv* (*at once*) subito, immediatamente; **~ly next to** proprio accanto a

immense [ɪ'mens] *adj* immenso(a); enorme

immerse [ɪ'mə:s] *vt* immergere

immersion heater [ɪ'mə:ʃən-] (*BRIT*) *n* scaldaacqua *m inv* a immersione

immigrant ['ɪmɪgrənt] *n* immigrante *m/f*; immigrato/a

immigration [ɪmɪ'greɪʃən] *n* immigrazione *f*

imminent ['ɪmɪnənt] *adj* imminente

immoral [ɪ'mɔrl] *adj* immorale

immortal [ɪ'mɔ:tl] *adj, n* immortale *m/f*

immune [ɪ'mju:n] *adj*: **~ (to)** immune (da); **immunity** *n* immunità

impact ['ɪmpækt] *n* impatto

impair [ɪm'peə*] *vt* danneggiare

impart [ɪm'pɑ:t] *vt* (*make known*) comunicare; (*bestow*) impartire

impartial [ɪm'pɑ:ʃl] *adj* imparziale

impassable [ɪm'pɑ:səbl] *adj* insuperabile; (*road*) impraticabile

impassive [ɪm'pæsɪv] *adj* impassibile

impatience [ɪm'peɪʃəns] *n* impazienza

impatient [ɪm'peɪʃənt] *adj* impaziente; **to get** *or* **grow ~** perdere la pazienza

impeccable [ɪm'pekəbl] *adj* impeccabile

impede [ɪm'pi:d] *vt* impedire

impediment [ɪm'pedɪmənt] *n* impedimento; (*also*: **speech ~**) difetto di pronuncia

impending [ɪm'pendɪŋ] *adj* imminente

imperative [ɪm'perətɪv] *adj* imperativo(a);

necessario(a), urgente; (*voice*) imperioso(a)

imperfect [ɪm'pə:fɪkt] *adj* imperfetto(a); (*goods etc*) difettoso(a) ♦ *n* (*LING: also*: **~ tense**) imperfetto

imperial [ɪm'pɪərɪəl] *adj* imperiale; (*measure*) legale

impersonal [ɪm'pə:sənl] *adj* impersonale

impersonate [ɪm'pə:səneɪt] *vt* impersonare; (*THEATRE*) fare la mimica di

impertinent [ɪm'pə:tɪnənt] *adj* insolente, impertinente

impervious [ɪm'pə:vɪəs] *adj* (*fig*): **~ to** insensibile a; impassibile di fronte a

impetuous [ɪm'petjuəs] *adj* impetuoso(a), precipitoso(a)

impetus ['ɪmpətəs] *n* impeto

impinge on [ɪm'pɪndʒ-] *vt fus* (*person*) colpire; (*rights*) ledere

implement [*n* 'ɪmplɪmənt, *vb* 'ɪmplɪment] *n* attrezzo; (*for cooking*) utensile *m* ♦ *vt* effettuare

implicit [ɪm'plɪsɪt] *adj* implicito(a); (*complete*) completo(a)

imply [ɪm'plaɪ] *vt* insinuare; suggerire

impolite [ɪmpə'laɪt] *adj* scortese

import [*vb* ɪm'pɔ:t, *n* 'ɪmpɔ:t] *vt* importare ♦ *n* (*COMM*) importazione *f*

importance [ɪm'pɔ:tns] *n* importanza

important [ɪm'pɔ:tnt] *adj* importante; **it's not ~** non ha importanza

importer [ɪm'pɔ:tə*] *n* importatore/trice

impose [ɪm'pəuz] *vt* imporre ♦ *vi*: **to ~ on sb** sfruttare la bontà di qn

imposing [ɪm'pəuzɪŋ] *adj* imponente

imposition [ɪmpə'zɪʃən] *n* (*of tax etc*) imposizione *f*; **to be an ~ on** (*person*) abusare della gentilezza di

impossibility [ɪmpɔsə'bɪlɪtɪ] *n* impossibilità

impossible [ɪm'pɔsɪbl] *adj* impossibile

impotent ['ɪmpətnt] *adj* impotente

impound [ɪm'paund] *vt* confiscare

impoverished [ɪm'pɔvərɪʃt] *adj* impoverito(a)

impracticable [ɪm'præktɪkəbl] *adj* inattuabile

impractical [ɪm'præktɪkl] *adj* non pratico(a)

impress [ɪm'pres] *vt* impressionare; (*mark*)

imprimere, stampare; **to ~ sth on sb** far
capire qc a qn
impression [ɪmˈpreʃən] *n* impressione *f*; **to
be under the ~ that** avere l'impressione
che
impressive [ɪmˈpresɪv] *adj* notevole
imprint [ˈɪmprɪnt] *n* (*of hand etc*) impronta;
(*PUBLISHING*) sigla editoriale
imprison [ɪmˈprɪzn] *vt* imprigionare;
~ment *n* imprigionamento
improbable [ɪmˈprɔbəbl] *adj* improbabile;
(*excuse*) inverosimile
impromptu [ɪmˈprɔmptjuː] *adj*
improvvisato(a)
improper [ɪmˈprɔpə*] *adj* scorretto(a);
(*unsuitable*) inadatto(a), improprio(a);
sconveniente, indecente
improve [ɪmˈpruːv] *vt* migliorare ♦ *vi*
migliorare; (*pupil etc*) fare progressi;
~ment *n* miglioramento; progresso
improvise [ˈɪmprəvaɪz] *vt, vi* improvvisare
impudent [ˈɪmpjudnt] *adj* impudente,
sfacciato(a)
impulse [ˈɪmpʌls] *n* impulso; **on ~**
d'impulso, impulsivamente
impulsive [ɪmˈpʌlsɪv] *adj* impulsivo(a)

KEYWORD
---

in [ɪn] *prep* **1** (*indicating place, position*) in; **~
the house/garden** in casa/giardino; **~ the
box** nella scatola; **~ the fridge** nel
frigorifero; **I have it ~ my hand** ce l'ho in
mano; **~ town/the country** in città/
campagna; **~ school** a scuola; **~ here/
there** qui/lì dentro
2 (*with place names: of town, region,
country*) **~ London** a Londra; **~ England** in
Inghilterra; **~ the United States** negli Stati
Uniti; **~ Yorkshire** nello Yorkshire
3 (*indicating time: during, in the space of*)
in; **~ spring/summer** in primavera/estate;
~ 1999 nel 1999; **~ May** in *or* a maggio;
I'll see you ~ July ci vediamo a luglio; **~
the afternoon** nel pomeriggio; **at
4 o'clock ~ the afternoon** alle 4 del
pomeriggio; **I did it ~ 3 hours/days** l'ho
fatto in 3 ore/giorni; **I'll see you ~ 2

weeks** *or* **~ 2 weeks' time** ci vediamo tra
2 settimane
4 (*indicating manner etc*) a; **~ a loud/soft
voice** a voce alta/bassa; **~ pencil** a matita;
~ English/French in inglese/francese; **the
boy ~ the blue shirt** il ragazzo con la
camicia blu
5 (*indicating circumstances*): **~ the sun** al
sole; **~ the shade** all'ombra; **~ the rain**
sotto la pioggia; **a rise ~ prices** un
aumento dei prezzi
6 (*indicating mood, state*): **~ tears** in
lacrime; **~ anger** per la rabbia; **~ despair**
disperato(a); **~ good condition** in buono
stato, in buone condizioni; **to live ~ luxury**
vivere nel lusso
7 (*with ratios, numbers*): **1 ~ 10** 1 su 10; **20
pence ~ the pound** 20 pence per sterlina;
they lined up ~ twos si misero in fila a due
a due
8 (*referring to people, works*) in; **the
disease is common ~ children** la malattia
è comune nei bambini; **~ (the works of)
Dickens** in Dickens
9 (*indicating profession etc*) in; **to be ~
teaching** fare l'insegnante, insegnare; **to
be ~ publishing** essere nell'editoria
10 (*after superlative*) di; **the best ~ the
class** il migliore della classe
11 (*with present participle*): **~ saying this**
dicendo questo, nel dire questo
♦ *adv*: **to be ~** (*person: at home, work*)
esserci; (*train, ship, plane*) essere
arrivato(a); (*in fashion*) essere di moda; **to
ask sb ~** invitare qn ad entrare; **to run/
limp** *etc* **~** entrare di corsa/zoppicando *etc*
♦ *n*: **the ~s and outs of the problem** tutti
i particolari del problema

---

in. *abbr* = **inch**
inability [ɪnəˈbɪlɪtɪ] *n*: **~ (to do)** incapacità
(di fare)
inaccurate [ɪnˈækjurət] *adj* inesatto(a),
impreciso(a)
inadequate [ɪnˈædɪkwət] *adj* insufficiente
inadvertently [ɪnədˈvəːtntlɪ] *adv* senza
volerlo

inadvisable [ɪnəd'vaɪzəbl] adj consigliabile

inane [ɪ'neɪn] adj vacuo(a), stupido(a)

inanimate [ɪn'ænɪmət] adj inanimato(a)

inappropriate [ɪnə'prəʊprɪət] adj non adatto(a); (word, expression) improprio(a)

inarticulate [ɪnɑː'tɪkjʊlət] adj (person) che si esprime male; (speech) inarticolato(a)

inasmuch as [ɪnəz'mʌtʃæz] adv in quanto che; (insofar as) poiché

inaudible [ɪn'ɔːdɪbl] adj che non si riesce a sentire

inauguration [ɪnɔːgju'reɪʃən] n inaugurazione f; insediamento in carica

in-between [ɪn] adj fra i (or le) due

inborn [ɪn'bɔːn] adj innato(a)

inbred [ɪn'brɛd] adj innato(a); (family) connaturato(a)

Inc. (US) abbr (= incorporated) S.A

incapable [ɪn'keɪpəbl] adj incapace

incapacitate [ɪnkə'pæsɪteɪt] vt: to ~ sb from doing rendere qn incapace di fare

incense [n 'ɪnsɛns, vb ɪn'sɛns] n incenso ♦ vt (anger) infuriare

incentive [ɪn'sɛntɪv] n incentivo

incessant [ɪn'sɛsnt] adj incessante; ~ly adv di continuo, senza sosta

inch [ɪntʃ] n pollice m (= 25 mm; 12 in a foot); within an ~ of a un pelo da; he didn't give an ~ non ha ceduto di un millimetro

incidence ['ɪnsɪdns] n (of crime, disease) incidenza

incident ['ɪnsɪdnt] n incidente m; (in book) episodio

incidental [ɪnsɪ'dɛntl] adj accessorio(a), d'accompagnamento; (unplanned) incidentale; ~ to marginale a; ~ly [-'dɛntəlɪ] adv (by the way) a proposito

inclination [ɪnklɪ'neɪʃən] n inclinazione f

incline [n 'ɪnklaɪn, vb ɪn'klaɪn] n pendenza, pendio ♦ vt inclinare ♦ vi (surface) essere inclinato(a); to be ~d to do tendere a fare; essere propenso(a) a fare

include [ɪn'kluːd] vt includere, comprendere; including prep compreso(a), incluso(a)

inclusive [ɪn'kluːsɪv] adj incluso(a), compreso(a); ~ of tax etc tasse etc comprese

incoherent [ɪnkəʊ'hɪərənt] adj incoerente

income ['ɪnkʌm] n reddito; ~ tax n imposta sul reddito

incoming [ɪn'kʌmɪŋ] adj (flight, mail) in arrivo; (government) subentrante; (tide) montante

incompetent [ɪn'kɒmpɪtnt] adj incompetente, incapace

incomplete [ɪnkəm'pliːt] adj incompleto(a)

incongruous [ɪn'kɒŋgruəs] adj poco appropriato(a); (remark, act) incongruo(a)

inconsiderate [ɪnkən'sɪdərət] adj sconsiderato(a)

inconsistency [ɪnkən'sɪstənsɪ] n incoerenza

inconsistent [ɪnkən'sɪstənt] adj incoerente; ~ with non coerente con

inconspicuous [ɪnkən'spɪkjuəs] adj incospicuo(a); (colour) poco appariscente; (dress) dimesso(a)

inconvenience [ɪnkən'viːnjəns] n inconveniente m; (trouble) disturbo ♦ vt disturbare

inconvenient [ɪnkən'viːnjənt] adj scomodo(a)

incorporate [ɪn'kɔːpəreɪt] vt incorporare; (contain) contenere; ~d adj: ~d company (US) società f inv anonima

incorrect [ɪnkə'rɛkt] adj scorretto(a); (statement) inesatto(a)

increase [n 'ɪnkriːs, vb ɪn'kriːs] n aumento ♦ vi, vt aumentare

increasing [ɪn'kriːsɪŋ] adj (number) crescente; ~ly adv sempre più

incredible [ɪn'krɛdɪbl] adj incredibile

increment ['ɪnkrɪmənt] n aumento, incremento

incriminate [ɪn'krɪmɪneɪt] vt compromettere

incubator ['ɪnkjubeɪtə*] n incubatrice f

incumbent [ɪn'kʌmbənt] adj: to be ~ on sb spettare a qn

incur [ɪn'kə:*] vt (expenses) incorrere; (anger, risk) esporsi a; (debt) contrarre; (loss) subire

indebted [ɪn'dɛtɪd] adj: to be ~ to sb (for) essere obbligato(a) verso qn (per)

indecent [ɪn'diːsnt] *adj* indecente; ~
assault (*BRIT*) *n* aggressione *f* a scopo di
violenza sessuale; ~ **exposure** *n* atti *mpl*
osceni in luogo pubblico

indecisive [ɪndɪ'saɪsɪv] *adj* indeciso(a)

indeed [ɪn'diːd] *adv* infatti; veramente; **yes
~!** certamente!

indefinite [ɪn'defɪnɪt] *adj* indefinito(a);
(*answer*) vago(a); (*period, number*)
indeterminato(a); ~**ly** *adv* (*wait*)
indefinitamente

indemnity [ɪn'demnɪtɪ] *n* (*insurance*)
assicurazione *f*; (*compensation*) indennità,
indennizzo

independence [ɪndɪ'pendns] *n*
indipendenza

Independence Day
---

i Negli Stati Uniti il 4 luglio si festeggia
l'Independence Day, giorno in cui,
nel 1776, 13 colonie britanniche
proclamarono la propria indipendenza dalla
Gran Bretagna ed entrarono ufficialmente a
far parte degli Stati Uniti d'America.

independent [ɪndɪ'pendnt] *adj*
indipendente

index ['ɪndeks] (*pl* ~**es**) *n* (*in book*) indice *m*;
(: *in library etc*) catalogo; (*pl* **indices**: *ratio,
sign*) indice *m*; ~ **card** *n* scheda; ~ **finger**
n (dito) indice *m*; ~-**linked** (*US* ~**ed**) *adj*
legato(a) al costo della vita

India ['ɪndɪə] *n* India; ~**n** *adj, n* indiano(a)

indicate ['ɪndɪkeɪt] *vt* indicare; **indication**
[-'keɪʃən] *n* indicazione *f*, segno

indicative [ɪn'dɪkətɪv] *adj*: ~ **of** indicativo(a)
di

indicator ['ɪndɪkeɪtə*] *n* indicatore *m*; (*AUT*)
freccia

indices ['ɪndɪsiːz] *npl* of **index**

indictment [ɪn'daɪtmənt] *n* accusa

indifference [ɪn'dɪfrəns] *n* indifferenza

indifferent [ɪn'dɪfrənt] *adj* indifferente;
(*poor*) mediocre

indigenous [ɪn'dɪdʒɪnəs] *adj* indigeno(a)

indigestion [ɪndɪ'dʒestʃən] *n* indigestione *f*

indignant [ɪn'dɪgnənt] *adj*: ~ (**at sth/with**

sb) indignato(a) (per qc/contro qn)

indignity [ɪn'dɪgnɪtɪ] *n* umiliazione *f*

indigo ['ɪndɪgəu] *n* indaco

indirect [ɪndɪ'rekt] *adj* indiretto(a)

indiscreet [ɪndɪ'skriːt] *adj* indiscreto(a);
(*rash*) imprudente

indiscriminate [ɪndɪ'skrɪmɪnət] *adj*
indiscriminato(a)

indisputable [ɪndɪ'spjuːtəbl] *adj*
incontestabile, indiscutibile

individual [ɪndɪ'vɪdjuəl] *n* individuo ♦ *adj*
individuale; (*characteristic*) particolare,
originale

indoctrination [ɪndɔktrɪ'neɪʃən] *n*
indottrinamento

Indonesia [ɪndə'niːzɪə] *n* Indonesia

indoor ['ɪndɔː*] *adj* da interno; (*plant*)
d'appartamento; (*swimming pool*)
coperto(a); (*sport, games*) fatto(a) al
coperto; ~**s** [ɪn'dɔːz] *adv* all'interno

induce [ɪn'djuːs] *vt* persuadere; (*bring
about, MED*) provocare

indulge [ɪn'dʌldʒ] *vt* (*whim*) compiacere,
soddisfare; (*child*) viziare ♦ *vi*: **to ~ in sth**
concedersi qc; abbandonarsi a qc; ~**nce** *n*
lusso (che uno si permette); (*leniency*)
indulgenza; ~**nt** *adj* indulgente

industrial [ɪn'dʌstrɪəl] *adj* industriale;
(*injury*) sul lavoro; ~ **action** *n* azione *f*
rivendicativa; ~ **estate** (*BRIT*) *n* zona
industriale; ~ **park** (*US*) *n* = ~ **estate**

industrious [ɪn'dʌstrɪəs] *adj* industrioso(a),
assiduo(a)

industry ['ɪndəstrɪ] *n* industria; (*diligence*)
operosità

inedible [ɪn'edɪbl] *adj* immangiabile;
(*poisonous*) non commestibile

ineffective [ɪnɪ'fektɪv] *adj* inefficace;
incompetente

ineffectual [ɪnɪ'fektʃuəl] *adj* inefficace;
incompetente

inefficient [ɪnɪ'fɪʃənt] *adj* inefficiente

inept [ɪ'nept] *adj* inetto(a)

inequality [ɪnɪ'kwɔlɪtɪ] *n* ineguaglianza

inescapable [ɪnɪ'skeɪpəbl] *adj* inevitabile

inevitable [ɪn'evɪtəbl] *adj* inevitabile;
inevitably *adv* inevitabilmente

inexact [ɪnɪgˈzækt] *adj* inesatto(a)

inexcusable [ɪnɪksˈkjuːzəbl] *adj* ingiustificabile

inexpensive [ɪnɪkˈspensɪv] *adj* poco costoso(a)

inexperienced [ɪnɪksˈpɪərɪənst] *adj* inesperto(a), senza esperienza

infallible [ɪnˈfælɪbl] *adj* infallibile

infamous [ˈɪnfəməs] *adj* infame

infancy [ˈɪnfənsɪ] *n* infanzia

infant [ˈɪnfənt] *n* bambino/a; ~ school (*BRIT*) scuola elementare (*per bambini dall'età di 5 a 7 anni*)

infantry [ˈɪnfəntrɪ] *n* fanteria

infatuated [ɪnˈfætjueɪtɪd] *adj*: ~ with infatuato(a) di

infatuation [ɪnfætjuˈeɪʃən] *n* infatuazione *f*

infect [ɪnˈfekt] *vt* infettare; ~ion [ɪnˈfekʃən] *n* infezione *f*; ~ious [ɪnˈfekʃəs] *adj* (*disease*) infettivo(a), contagioso(a); (*person, fig: enthusiasm*) contagioso(a)

infer [ɪnˈfəː*] *vt* inferire, dedurre

inferior [ɪnˈfɪərɪə*] *adj* inferiore; (*goods*) di qualità scadente ♦ *n* inferiore *m/f*; (*in rank*) subalterno/a; ~ity [ɪnfɪərɪˈɔrətɪ] *n* inferiorità; ~ity complex *n* complesso di inferiorità

infertile [ɪnˈfəːtaɪl] *adj* sterile

in-fighting [ˈɪnfaɪtɪŋ] *n* lotte *fpl* intestine

infiltrate [ˈɪnfɪltreɪt] *vt* infiltrarsi in

infinite [ˈɪnfɪnɪt] *adj* infinito(a)

infinitive [ɪnˈfɪnɪtɪv] *n* infinito

infinity [ɪnˈfɪnɪtɪ] *n* infinità; (*also MATH*) infinito

infirmary [ɪnˈfəːmərɪ] *n* ospedale *m*; (*in school, factory*) infermeria

inflamed [ɪnˈfleɪmd] *adj* infiammato(a)

inflammable [ɪnˈflæməbl] *adj* infiammabile

inflammation [ɪnfləˈmeɪʃən] *n* infiammazione *f*

inflatable [ɪnˈfleɪtəbl] *adj* gonfiabile

inflate [ɪnˈfleɪt] *vt* (*tyre, balloon*) gonfiare; (*fig*) esagerare; gonfiare; inflation [ɪnˈfleɪʃən] *n* (*ECON*) inflazione *f*; inflationary [ɪnˈfleɪʃnərɪ] *adj* inflazionistico(a)

inflict [ɪnˈflɪkt] *vt*: to ~ on infliggere a

influence [ˈɪnfluəns] *n* influenza ♦ *vt* influenzare; under the ~ of alcohol sotto l'effetto dell'alcool

influential [ɪnfluˈenʃl] *adj* influente

influenza [ɪnfluˈenzə] *n* (*MED*) influenza

influx [ˈɪnflʌks] *n* afflusso

inform [ɪnˈfɔːm] *vt*: to ~ sb (of) informare qn (di) ♦ *vi*: to ~ on sb denunciare qn

informal [ɪnˈfɔːml] *adj* informale; (*announcement, invitation*) non ufficiale; ~ity [-ˈmælɪtɪ] *n* informalità; carattere *m* non ufficiale

informant [ɪnˈfɔːmənt] *n* informatore/trice

information [ɪnfəˈmeɪʃən] *n* informazioni *fpl*; particolari *mpl*; a piece of ~ un'informazione; ~ desk *n* banco *m* informazioni *inv*; ~ office *n* ufficio *m* informazioni *inv*

informative [ɪnˈfɔːmətɪv] *adj* istruttivo(a)

informer [ɪnˈfɔːmə*] *n* (*also*: police ~) informatore/trice

infringe [ɪnˈfrɪndʒ] *vt* infrangere ♦ *vi*: to ~ on calpestare; ~ment *n* infrazione *f*

infuriating [ɪnˈfjuərɪeɪtɪŋ] *adj* molto irritante

ingenious [ɪnˈdʒiːnjəs] *adj* ingegnoso(a)

ingenuity [ɪndʒɪˈnjuːɪtɪ] *n* ingegnosità

ingenuous [ɪnˈdʒenjuəs] *adj* ingenuo(a)

ingot [ˈɪŋgət] *n* lingotto

ingrained [ɪnˈgreɪnd] *adj* radicato(a)

ingratiate [ɪnˈgreɪʃɪeɪt] *vt*: to ~ o.s. with sb ingraziarsi qn

ingredient [ɪnˈgriːdɪənt] *n* ingrediente *m*; elemento

inhabit [ɪnˈhæbɪt] *vt* abitare

inhabitant [ɪnˈhæbɪtnt] *n* abitante *m/f*

inhale [ɪnˈheɪl] *vt* inalare ♦ *vi* (*in smoking*) aspirare

inherent [ɪnˈhɪərənt] *adj*: ~ (in *or* to) inerente (a)

inherit [ɪnˈherɪt] *vt* ereditare; ~ance *n* eredità

inhibit [ɪnˈhɪbɪt] *vt* (*PSYCH*) inibire; ~ion [-ˈbɪʃən] *n* inibizione *f*

inhospitable [ɪnhɔsˈpɪtəbl] *adj* inospitale

inhuman [ɪnˈhjuːmən] *adj* inumano(a)

initial [ɪˈnɪʃl] *adj* iniziale ♦ *n* iniziale *f* ♦ *vt* siglare; ~s *npl* (*of name*) iniziali *fpl*; (*as signature*) sigla; ~ly *adv* inizialmente, all'inizio

initiate [ɪ'nɪʃɪeɪt] vt (start) avviare; intraprendere; iniziare; (person) iniziare; **to ~ sb into a secret** mettere qn a parte di un segreto; **to ~ proceedings against sb** (LAW) intentare causa contro qn

initiative [ɪ'nɪʃətɪv] n iniziativa

inject [ɪn'dʒɛkt] vt (liquid) iniettare; (patient): **to ~ sb with sth** fare a qn un'iniezione di qc; (funds) immettere; **~ion** [ɪn'dʒɛkʃən] n iniezione f, puntura

injure ['ɪndʒə*] vt ferire; (damage: reputation etc) nuocere a; **~d** adj ferito(a)

injury ['ɪndʒərɪ] n ferita; **~ time** n (SPORT) tempo di ricupero

injustice [ɪn'dʒʌstɪs] n ingiustizia

ink [ɪŋk] n inchiostro

inkling ['ɪŋklɪŋ] n sentore m, vaga idea

inlaid ['ɪnleɪd] adj incrostato(a); (table etc) intarsiato(a)

inland [adj 'ɪnlənd, adv ɪn'lænd] adj interno(a) ♦ adv all'interno; **I~ Revenue** (BRIT) n Fisco

in-laws ['ɪnlɔːz] npl suoceri mpl; famiglia del marito (or della moglie)

inlet ['ɪnlɛt] n (GEO) insenatura, baia

inmate ['ɪnmeɪt] n (in prison) carcerato/a; (in asylum) ricoverato/a

inn [ɪn] n locanda

innate [ɪ'neɪt] adj innato(a)

inner ['ɪnə*] adj interno(a), interiore; **~ city** n centro di una zona urbana; **~ tube** n camera d'aria

innings ['ɪnɪŋz] n (CRICKET) turno di battuta

innocence ['ɪnəsns] n innocenza

innocent ['ɪnəsnt] adj innocente

innocuous [ɪ'nɔkjuəs] adj innocuo(a)

innuendo [ɪnjuː'ɛndəʊ] (pl **~es**) n insinuazione f

innumerable [ɪ'njuːmrəbl] adj innumerevole

in-patient n ricoverato/a

input ['ɪnpʊt] n input m

inquest ['ɪnkwɛst] n inchiesta

inquire [ɪn'kwaɪə*] vi informarsi ♦ vt domandare, informarsi su; **~ about** vt fus informarsi di or su; **~ into** vt fus fare indagini su; **inquiry** n domanda; (LAW) indagine f, investigazione f; **"inquiries"** "informazioni"; **inquiry office** (BRIT) n ufficio m informazioni inv

inquisitive [ɪn'kwɪzɪtɪv] adj curioso(a)

ins. abbr = inches

insane [ɪn'seɪn] adj matto(a), pazzo(a); (MED) alienato(a)

insanity [ɪn'sænɪtɪ] n follia; (MED) alienazione f mentale

inscription [ɪn'skrɪpʃən] n iscrizione f; dedica

insect ['ɪnsɛkt] n insetto; **~icide** [ɪn'sɛktɪsaɪd] n insetticida m; **~ repellent** n insettifugo

insecure [ɪnsɪ'kjuə*] adj malsicuro(a); (person) insicuro(a)

insemination [ɪnsɛmɪ'neɪʃən] n: **artificial ~** fecondazione f artificiale

insensible [ɪn'sɛnsɪbl] adj (unconscious) privo(a) di sensi

insensitive [ɪn'sɛnsɪtɪv] adj insensibile

insert [ɪn'sɜːt] vt inserire, introdurre; **~ion** [ɪn'sɜːʃən] n inserzione f

in-service adj (training, course) durante l'orario di lavoro

inshore [ɪn'ʃɔː*] adj costiero(a) ♦ adv presso la riva; verso la riva

inside ['ɪn'saɪd] n interno, parte f interiore ♦ adj interno(a), interiore ♦ adv dentro, all'interno ♦ prep dentro, all'interno di; (of time): **~ 10 minutes** entro 10 minuti; **~s** npl (inf: stomach) ventre m; **~ forward** n (SPORT) mezzala, interno; **~ lane** n (AUT) corsia di marcia; **~ out** adv (turn) a rovescio; (know) in fondo; **~r dealing** n insider dealing m inv; **~r trading** n insider trading m inv

insight ['ɪnsaɪt] n acume m, perspicacia; (glimpse, idea) percezione f

insignia [ɪn'sɪgnɪə] npl insegne fpl

insignificant [ɪnsɪg'nɪfɪknt] adj insignificante

insincere [ɪnsɪn'sɪə*] adj insincero(a)

insinuate [ɪn'sɪnjʊeɪt] vt insinuare

insist [ɪn'sɪst] vi insistere; **to ~ on doing** insistere per fare; **to ~ that** insistere perché +sub; (claim) sostenere che; **~ent** adj insistente

insole ['ɪnsəʊl] n soletta

insolent ['ɪnsələnt] adj insolente

insomnia [ɪn'sɒmnɪə] n insonnia

inspect [ɪn'spɛkt] vt ispezionare; (BRIT: ticket) controllare; **~ion** [ɪn'spɛkʃən] n ispezione f; controllo; **~or** n ispettore/trice; (BRIT: on buses, trains) controllore m

inspire [ɪn'spaɪə*] vt ispirare

install [ɪn'stɔːl] vt installare; **~ation** [ɪnstə'leɪʃən] n installazione f

instalment [ɪn'stɔːlmənt] (US **installment**) n rata; (of TV serial etc) puntata; **in ~s** (pay) a rate; (receive) una parte per volta; (: publication) a fascicoli

instance ['ɪnstəns] n esempio, caso; **for ~** per or ad esempio; **in the first ~** in primo luogo

instant ['ɪnstənt] n istante m, attimo ♦ adj immediato(a); urgente; (coffee, food) in polvere; **~ly** adv immediatamente, subito

instead [ɪn'stɛd] adv invece; **~ of** invece di

instep ['ɪnstɛp] n collo del piede; (of shoe) collo della scarpa

instil [ɪn'stɪl] vt: **to ~ (into)** inculcare (in)

instinct ['ɪnstɪŋkt] n istinto

institute ['ɪnstɪtjuːt] n istituto ♦ vt istituire, stabilire; (inquiry) avviare; (proceedings) iniziare

institution [ɪnstɪ'tjuːʃən] n istituzione f; (educational ~, mental ~) istituto

instruct [ɪn'strʌkt] vt: **to ~ sb in sth** insegnare qc a qn; **to ~ sb to do** dare ordini a qn di fare; **~ion** [ɪn'strʌkʃən] n istruzione f; **~ions (for use)** istruzioni per l'uso; **~or** n istruttore/trice; (for skiing) maestro/a

instrument ['ɪnstrəmənt] n strumento; **~al** [-'mɛntl] adj (MUS) strumentale; **to be ~al in** essere d'aiuto in; **~ panel** n quadro m portastrumenti inv

insufferable [ɪn'sʌfərəbl] adj insopportabile

insufficient [ɪnsə'fɪʃnt] adj insufficiente

insular ['ɪnsjʊlə*] adj insulare; (person) di mente ristretta

insulate ['ɪnsjʊleɪt] vt isolare; **insulation** [-'leɪʃən] n isolamento

insulin ['ɪnsjʊlɪn] n insulina

insult [n 'ɪnsʌlt, vb ɪn'sʌlt] n insulto, affronto ♦ vt insultare; **~ing** adj offensivo(a), ingiurioso(a)

insuperable [ɪn'sjuːprəbl] adj insormontabile, insuperabile

insurance [ɪn'ʃʊərəns] n assicurazione f; **fire/life ~** assicurazione contro gli incendi/sulla vita; **~ policy** n polizza d'assicurazione

insure [ɪn'ʃʊə*] vt assicurare

intact [ɪn'tækt] adj intatto(a)

intake ['ɪnteɪk] n (TECH) immissione f; (of food) consumo; (BRIT: of pupils etc) afflusso

integral ['ɪntɪgrəl] adj integrale; (part) integrante

integrate ['ɪntɪgreɪt] vt integrare ♦ vi integrarsi

integrity [ɪn'tɛgrɪtɪ] n integrità

intellect ['ɪntəlɛkt] n intelletto; **~ual** [-'lɛktjʊəl] adj, n intellettuale m/f

intelligence [ɪn'tɛlɪdʒəns] n intelligenza; (MIL etc) informazioni fpl; **~ service** n servizio segreto

intelligent [ɪn'tɛlɪdʒənt] adj intelligente

intend [ɪn'tɛnd] vt (gift etc): **to ~ sth for** destinare qc a; **to ~ to do** aver l'intenzione di fare; **~ed** adj (effect) voluto(a)

intense [ɪn'tɛns] adj intenso(a); (person) di forti sentimenti; **~ly** adv intensamente; profondamente

intensive [ɪn'tɛnsɪv] adj intensivo(a); **~ care unit** n reparto terapia intensiva

intent [ɪn'tɛnt] n intenzione f ♦ adj: **~ (on)** intento(a) (a), immerso(a) (in); **to all ~s and purposes** a tutti gli effetti; **to be ~ on doing sth** essere deciso a fare qc

intention [ɪn'tɛnʃən] n intenzione f; **~al** adj intenzionale, deliberato(a); **~ally** adv apposta

intently [ɪn'tɛntlɪ] adv attentamente

interact [ɪntər'ækt] vi interagire

interactive adj (COMPUT) interattivo(a)

interchange ['ɪntətʃeɪndʒ] n (exchange)

scambio; (*on motorway*) incrocio pluridirezionale; **~able** [-'tʃeɪndʒəbl] *adj* intercambiabile

intercom ['ɪntəkɒm] *n* interfono

intercourse ['ɪntəkɔːs] *n* rapporti *mpl*

interest ['ɪntrɪst] *n* interesse *m*; (*COMM: stake, share*) interessi *mpl* ♦ *vt* interessare; **~ed** *adj* interessato(a); **to be ~ed in** interessarsi di; **~ing** *adj* interessante; **~ rate** *n* tasso di interesse

interface ['ɪntəfeɪs] *n* (*COMPUT*) interfaccia

interfere [ɪntə'fɪə*] *vi*: **to ~ in** (*quarrel, other people's business*) immischiarsi in; **to ~ with** (*object*) toccare; (*plans, duty*) interferire con

interference [ɪntə'fɪərəns] *n* interferenza

interim ['ɪntərɪm] *adj* provvisorio(a) ♦ *n*: **in the ~** nel frattempo

interior [ɪn'tɪərɪə*] *n* interno; (*of country*) entroterra ♦ *adj* interno(a); (*minister*) degli Interni; **~ designer** *n* arredatore/trice

interlock [ɪntə'lɒk] *vi* ingranarsi

interlude ['ɪntəluːd] *n* intervallo; (*THEATRE*) intermezzo

intermediate [ɪntə'miːdɪət] *adj* intermedio(a)

intermission [ɪntə'mɪʃən] *n* pausa; (*THEATRE, CINEMA*) intermissione *f*, intervallo

intern [*vb* ɪn'tɜːn, *n* 'ɪntɜːn] *vt* internare ♦ *n* (*US*) medico interno

internal [ɪn'tɜːnl] *adj* interno(a); **~ly** *adv*: **"not to be taken ~ly"** "per uso esterno"; **I~ Revenue Service** (*US*) *n* Fisco

international [ɪntə'næʃənl] *adj* internazionale ♦ *n* (*BRIT: SPORT*) incontro internazionale

interplay ['ɪntəpleɪ] *n* azione e reazione *f*

interpret [ɪn'tɜːprɪt] *vt* interpretare ♦ *vi* fare da interprete; **~er** *n* interprete *m/f*

interrelated [ɪntərɪ'leɪtɪd] *adj* correlato(a)

interrogate [ɪn'terəʊgeɪt] *vt* interrogare; **interrogation** [-'geɪʃən] *n* interrogazione *f*; (*of suspect etc*) interrogatorio

interrupt [ɪntə'rʌpt] *vt*, *vi* interrompere; **~ion** [-'rʌpʃən] *n* interruzione *f*

intersect [ɪntə'sekt] *vi* (*roads*) incrociarsi; **~ion** [-'sekʃən] *n* intersezione *f*; (*of roads*) incrocio

intersperse [ɪntə'spɜːs] *vt*: **to ~ with** costellare di

intertwine [ɪntə'twaɪn] *vi* intrecciarsi

interval ['ɪntəvl] *n* intervallo; **at ~s** a intervalli

intervene [ɪntə'viːn] *vi* (*time*) intercorrere; (*event, person*) intervenire; **intervention** [-'venʃən] *n* intervento

interview ['ɪntəvjuː] *n* (*RADIO, TV etc*) intervista; (*for job*) colloquio ♦ *vt* intervistare; avere un colloquio con; **~er** *n* intervistatore/trice

intestine [ɪn'testɪn] *n* intestino

intimacy ['ɪntɪməsɪ] *n* intimità

intimate [*adj* 'ɪntɪmət, *vb* 'ɪntɪmeɪt] *adj* intimo(a); (*knowledge*) profondo(a) ♦ *vt* lasciar capire

into ['ɪntuː] *prep* dentro, in; **come ~ the house** entra in casa; **he worked late ~ the night** lavorò fino a tarda notte; **~ Italian** in italiano

intolerable [ɪn'tɒlərəbl] *adj* intollerabile

intolerance [ɪn'tɒlərns] *n* intolleranza

intolerant [ɪn'tɒlərnt] *adj*: **~ of** intollerante di

intoxicated [ɪn'tɒksɪkeɪtɪd] *adj* inebriato(a)

intractable [ɪn'træktəbl] *adj* intrattabile

intransitive [ɪn'trænsɪtɪv] *adj* intransitivo(a)

intravenous [ɪntrə'viːnəs] *adj* endovenoso(a)

in-tray *n* contenitore *m* per la corrispondenza in arrivo

intricate ['ɪntrɪkət] *adj* intricato(a), complicato(a)

intrigue [ɪn'triːg] *n* intrigo ♦ *vt* affascinare; **intriguing** *adj* affascinante

intrinsic [ɪn'trɪnsɪk] *adj* intrinseco(a)

introduce [ɪntrə'djuːs] *vt* introdurre; **to ~ sb (to sb)** presentare qn (a qn); **to ~ sb to** (*pastime, technique*) iniziare qn a; **introduction** [-'dʌkʃən] *n* introduzione *f*; (*of person*) presentazione *f*; (*to new experience*) iniziazione *f*; **introductory** *adj* introduttivo(a)

intrude [ɪn'truːd] *vi* (*person*): **to ~ (on)** intromettersi (in); **~r** *n* intruso/a

intuition [ɪntjuː'ɪʃən] *n* intuizione *f*

inundate ['ɪnʌndeɪt] *vt*: **to ~ with** inondare di

invade [ɪn'veɪd] *vt* invadere

invalid [*n* 'ɪnvəlɪd, *adj* ɪn'vælɪd] *n* malato/a; *(with disability)* invalido/a ♦ *adj (not valid)* invalido(a), non valido(a)

invaluable [ɪn'væljuəbl] *adj* prezioso(a); inestimabile

invariably [ɪn'vɛərɪəblɪ] *adv* invariabilmente; sempre

invasion [ɪn'veɪʒən] *n* invasione *f*

invent [ɪn'vɛnt] *vt* inventare; **~ion** [ɪn'vɛnʃən] *n* invenzione *f*; **~ive** *adj* inventivo(a); **~or** *n* inventore *m*

inventory ['ɪnvəntrɪ] *n* inventario

invert [ɪn'vɜːt] *vt* invertire; *(cup, object)* rovesciare; **~ed commas** (*BRIT*) *npl* virgolette *fpl*

invest [ɪn'vɛst] *vt* investire ♦ *vi*: **to ~ (in)** investire (in)

investigate [ɪn'vɛstɪɡeɪt] *vt* investigare, indagare; *(crime)* fare indagini su; **investigation** [-'ɡeɪʃən] *n* investigazione *f*; *(of crime)* indagine *f*

investment [ɪn'vɛstmənt] *n* investimento

investor [ɪn'vɛstə*] *n* investitore/trice; azionista *m/f*

invidious [ɪn'vɪdɪəs] *adj* odioso(a); *(task)* spiacevole

invigilator [ɪn'vɪdʒɪleɪtə*] *n (in exam)* sorvegliante *m/f*

invigorating [ɪn'vɪɡəreɪtɪŋ] *adj* stimolante; vivificante

invisible [ɪn'vɪzɪbl] *adj* invisibile

invitation [ɪnvɪ'teɪʃən] *n* invito

invite [ɪn'vaɪt] *vt* invitare; *(opinions etc)* sollecitare; **inviting** *adj* invitante, attraente

invoice ['ɪnvɔɪs] *n* fattura ♦ *vt* fatturare

involuntary [ɪn'vɔləntrɪ] *adj* involontario(a)

involve [ɪn'vɔlv] *vt (entail)* richiedere, comportare; *(associate)*: **to ~ sb (in)** implicare qn (in); coinvolgere qn (in); **~d** *adj* involuto(a), complesso(a); **to be ~d in** essere coinvolto(a) in; **~ment** *n* implicazione *f*; coinvolgimento

inward ['ɪnwəd] *adj (movement)* verso l'interno; *(thought, feeling)* interiore,

intimo(a); **~(s)** *adv* verso l'interno

I/O *abbr* (*COMPUT*: = *input/output*) I/O

iodine ['aɪəudiːn] *n* iodio

ioniser ['aɪənaɪzə*] *n* ionizzatore *m*

iota [aɪ'əutə] *n (fig)* briciolo

IOU *n abbr* (= *I owe you*) pagherò *m inv*

IQ *n abbr* (= *intelligence quotient*) quoziente *m* d'intelligenza

IRA *n abbr* (= *Irish Republican Army*) IRA *f*

Iran [ɪ'rɑːn] *n* Iran *m*; **~ian** *adj*, *n* iraniano(a)

Iraq [ɪ'rɑːk] *n* Iraq *m*; **~i** *adj*, *n* iracheno(a)

irate [aɪ'reɪt] *adj* adirato(a)

Ireland ['aɪələnd] *n* Irlanda

iris ['aɪrɪs] *(pl* **~es)** *n* iride *f*; (*BOT*) giaggiolo, iride

Irish ['aɪrɪʃ] *adj* irlandese ♦ *npl*: **the ~** gli Irlandesi; **~man** (*irreg*) *n* irlandese *m*; **~ Sea** *n* Mar *m* d'Irlanda; **~woman** (*irreg*) *n* irlandese *f*

irksome ['əːksəm] *adj* seccante

iron ['aɪən] *n* ferro; *(for clothes)* ferro da stiro ♦ *adj* di *or* in ferro ♦ *vt (clothes)* stirare; **~ out** *vt (crease)* appianare; *(fig)* spianare; far sparire

ironic(al) [aɪ'rɔnɪk(l)] *adj* ironico(a)

ironing ['aɪənɪŋ] *n (act)* stirare *m*; *(clothes)* roba da stirare; **~ board** *n* asse *f* da stiro

ironmonger's (shop) ['aɪənmʌŋɡəz-] (*BRIT*) *n* negozio di ferramenta

irony ['aɪrənɪ] *n* ironia

irrational [ɪ'ræʃənl] *adj* irrazionale

irregular [ɪ'rɛɡjulə*] *adj* irregolare

irrelevant [ɪ'rɛləvənt] *adj* non pertinente

irreplaceable [ɪrɪ'pleɪsəbl] *adj* insostituibile

irrepressible [ɪrɪ'prɛsəbl] *adj* irrefrenabile

irresistible [ɪrɪ'zɪstɪbl] *adj* irresistibile

irrespective [ɪrɪ'spɛktɪv]: **~ of** *prep* senza riguardo a

irresponsible [ɪrɪ'spɔnsɪbl] *adj* irresponsabile

irrigate ['ɪrɪɡeɪt] *vt* irrigare; **irrigation** [-'ɡeɪʃən] *n* irrigazione *f*

irritable ['ɪrɪtəbl] *adj* irritabile

irritate ['ɪrɪteɪt] *vt* irritare; **irritating** *adj* (*person, sound etc*) irritante; **irritation** [-'teɪʃən] *n* irritazione *f*

IRS (*US*) *n abbr* = **Internal Revenue Service**

is [ız] *vb see* **be**

Islam ['ızla:m] *n* Islam *m*

island ['aılənd] *n* isola; **~er** *n* isolano/a

isle [aıl] *n* isola

isn't ['ıznt] = **is not**

isolate ['aısəleıt] *vt* isolare; **~d** *adj* isolato(a); **isolation** [-'leıʃən] *n* isolamento

Israel ['ızreıl] *n* Israele *m*; **~i** [ız'reılı] *adj, n* israeliano/a

issue ['ıʃju:] *n* questione *f*, problema *m*; (*of banknotes etc*) emissione *f*; (*of newspaper etc*) numero ♦ *vt* (*statement*) rilasciare; (*rations, equipment*) distribuire; (*book*) pubblicare; (*banknotes, cheques, stamps*) emettere; **at ~** in gioco, in discussione; **to take ~ with sb (over sth)** prendere posizione contro qn (riguardo a qc); **to make an ~ of sth** fare un problema di qc

isthmus ['ısməs] *n* istmo

KEYWORD

it [ıt] *pron* **1** (*specific: subject*) esso(a); (: *direct object*) lo(la), l'; (: *indirect object*) gli(le); **where's my book? — ~'s on the table** dov'è il mio libro? — è sulla tavola; **I can't find ~** non lo (*or* la) trovo; **give ~ to me** dammelo (*or* dammela); **about/from/ of ~** ne; **I spoke to him about ~** gliene ho parlato; **what did you learn from ~?** quale insegnamento ne hai tratto?; **I'm proud of ~** ne sono fiero; **did you go to ~?** ci sei andato?; **put the book in ~** mettici il libro

2 (*impers*): **~'s raining** piove; **~'s Friday tomorrow** domani è venerdì; **~'s 6 o'clock** sono le 6; **who is ~? — ~'s me** chi è? — sono io

---

Italian [ı'tæljən] *adj* italiano(a) ♦ *n* italiano/a; (*LING*) italiano; **the ~s** gli Italiani

italics [ı'tælıks] *npl* corsivo

Italy ['ıtəlı] *n* Italia

itch [ıtʃ] *n* prurito ♦ *vi* (*person*) avere il prurito; (*part of body*) prudere; **to ~ to do sth** aver una gran voglia di fare qc; **~y** *adj* che prude; **to be ~y** = **to ~**

it'd ['ıtd] = **it would**; **it had**

item ['aıtəm] *n* articolo; (*on agenda*) punto; (*also: news ~*) notizia; **~ize** *vt* specificare, dettagliare

itinerant [ı'tınərənt] *adj* ambulante

itinerary [aı'tınərərı] *n* itinerario

it'll ['ıtl] = **it will**; **it shall**

its [ıts] *adj* il(la) suo(a), i(le) suoi(sue)

it's [ıts] = **it is**; **it has**

itself [ıt'self] *pron* (*emphatic*) esso(a) stesso(a); (*reflexive*) si

ITV (*BRIT*) *n abbr* (= *Independent Television*) rete televisiva in concorrenza con la BBC

I.U.D. *n abbr* (= *intra-uterine device*) spirale *f*

I've [aıv] = **I have**

ivory ['aıvərı] *n* avorio

ivy ['aıvı] *n* edera

J, j

jab [dʒæb] *vt* dare colpetti a ♦ *n* (*MED: inf*) puntura; **to ~ sth into** affondare *or* piantare qc dentro

jack [dʒæk] *n* (*AUT*) cricco; (*CARDS*) fante *m*; **~ up** *vt* sollevare col cricco

jackal ['dʒækl] *n* sciacallo

jackdaw ['dʒækdɔ:] *n* taccola

jacket ['dʒækıt] *n* giacca; (*of book*) copertura

jack-knife *vi*: **the lorry ~d** l'autotreno si è piegato su se stesso

jack plug *n* (*ELEC*) jack *m inv*

jackpot ['dʒækpɔt] *n* primo premio (in denaro)

jade [dʒeıd] *n* (*stone*) giada

jaded ['dʒeıdıd] *adj* sfinito(a), spossato(a)

jagged ['dʒægıd] *adj* seghettato(a); (*cliffs etc*) frastagliato(a)

jail [dʒeıl] *n* prigione *f* ♦ *vt* mandare in prigione

jam [dʒæm] *n* marmellata; (*also: traffic ~*) ingorgo; (*inf*) pasticcio ♦ *vt* (*passage etc*) ingombrare, ostacolare; (*mechanism, drawer etc*) bloccare; (*RADIO*) disturbare con interferenze ♦ *vi* incepparsi; **to ~ sth into** forzare qc dentro; infilare qc a forza dentro

Jamaica [dʒə'meɪkə] n Giamaica

jangle ['dʒæŋgl] vi risuonare; (bracelet) tintinnare

janitor ['dʒænɪtə*] n (caretaker) portiere m; (: SCOL) bidello

January ['dʒænjuərɪ] n gennaio

Japan [dʒə'pæn] n Giappone m; **~ese** [dʒæpə'niːz] adj giapponese ♦ n inv giapponese m/f; (LING) giapponese m

jar [dʒɑː*] n (glass) barattolo, vasetto ♦ vi (sound) stridere; (colours etc) stonare

jargon ['dʒɑːgən] n gergo

jasmin(e) ['dʒæzmɪn] n gelsomino

jaundice ['dʒɔːndɪs] n itterizia

jaunt [dʒɔːnt] n gita

javelin ['dʒævlɪn] n giavellotto

jaw [dʒɔː] n mascella

jay [dʒeɪ] n ghiandaia

jaywalker ['dʒeɪwɔːkə*] n pedone(a) indisciplinato(a)

jazz [dʒæz] n jazz m; **~ up** vt rendere vivace

jealous ['dʒɛləs] adj geloso(a); **~y** n gelosia

jeans [dʒiːnz] npl (blue-)jeans mpl

jeer [dʒɪə*] vi: **to ~ (at)** fischiare; beffeggiare

jelly ['dʒɛlɪ] n gelatina; **~fish** n medusa

jeopardy ['dʒɛpədɪ] n: **in ~** in pericolo

jerk [dʒəːk] n sobbalzo, scossa; sussulto; (inf: idiot) tonto/a ♦ vt dare una scossa a ♦ vi (vehicles) sobbalzare

jersey ['dʒəːzɪ] n maglia; (fabric) jersey m

jest [dʒɛst] n scherzo

Jesus ['dʒiːzəs] n Gesù m

jet [dʒɛt] n (of gas, liquid) getto; (AVIAT) aviogetto; **~-black** adj nero(a) come l'ebano, corvino(a); **~ engine** n motore m a reazione; **~ lag** n (problemi mpl dovuti allo) sbalzo dei fusi orari

jettison ['dʒɛtɪsn] vt gettare in mare

jetty ['dʒɛtɪ] n molo

Jew [dʒuː] n ebreo

jewel ['dʒuːəl] n gioiello; **~ler** (US **~er**) n orefice m, gioielliere/a; **~(l)er's (shop)** n oreficeria, gioielleria; **~lery** (US **~ery**) n gioielli mpl

Jewess ['dʒuːɪs] n ebrea

Jewish ['dʒuːɪʃ] adj ebreo(a), ebraico(a)

jibe [dʒaɪb] n beffa

jiffy ['dʒɪfɪ] (inf) n: **in a ~** in un batter d'occhio

jig [dʒɪg] n giga

jigsaw ['dʒɪgsɔː] n (also: **~ puzzle**) puzzle m inv

jilt [dʒɪlt] vt piantare in asso

jingle ['dʒɪŋgl] n (for advert) sigla pubblicitaria ♦ vi tintinnare, scampanellare

jinx [dʒɪŋks] n iettatura; (person) iettatore/trice

jitters ['dʒɪtəz] (inf) npl: **to get the ~** aver fifa

job [dʒɔb] n lavoro; (employment) impiego, posto; **it's not my ~** (duty) non è compito mio; **it's a good ~ that ...** meno male che ...; **just the ~!** proprio quello che ci vuole; **~ centre** (BRIT) n ufficio di collocamento; **~less** adj senza lavoro, disoccupato(a)

jockey ['dʒɔkɪ] n fantino, jockey m inv ♦ vi: **to ~ for position** manovrare per una posizione di vantaggio

jog [dʒɔg] vt urtare ♦ vi (SPORT) fare footing, fare jogging; **to ~ sb's memory** rinfrescare la memoria a qn; **to ~ along** trottare; (fig) andare avanti piano piano; **~ging** n footing m, jogging m

join [dʒɔɪn] vt unire, congiungere; (become member of) iscriversi a; (meet) raggiungere; riunirsi a ♦ vi (roads, rivers) confluire ♦ n giuntura; **~ in** vi partecipare ♦ vt fus unirsi a; **~ up** vi incontrarsi; (MIL) arruolarsi

joiner ['dʒɔɪnə*] (BRIT) n falegname m

joint [dʒɔɪnt] n (TECH) giuntura; giunto; (ANAT) articolazione f, giuntura; (BRIT: CULIN) arrosto; (inf: place) locale m; (: of cannabis) spinello ♦ adj comune; **~ account** n (at bank etc) conto in partecipazione, conto comune

joist [dʒɔɪst] n trave f

joke [dʒəuk] n scherzo; (funny story) barzelletta; (also: **practical ~**) beffa ♦ vi scherzare; **to play a ~ on sb** fare uno scherzo a qn; **~r** n (CARDS) matta, jolly m inv

jolly ['dʒɔlɪ] adj allegro(a), gioioso(a) ♦ adv (BRIT: inf) veramente, proprio

jolt [dʒəult] n scossa, sobbalzo ♦ vt urtare

Jordan ['dʒɔːdən] *n* (*country*) Giordania; (*river*) Giordano

jostle ['dʒɔsl] *vt* spingere coi gomiti

jot [dʒɔt] *n*: **not one ~** nemmeno un po'; **~ down** *vt* annotare in fretta, buttare giù; **~ter** (*BRIT*) *n* blocco

journal ['dʒəːnl] *n* giornale *m*; rivista; diario; **~ism** *n* giornalismo; **~ist** *n* giornalista *m/f*

journey ['dʒəːni] *n* viaggio; (*distance covered*) tragitto

joy [dʒɔi] *n* gioia; **~ful** *adj* gioioso(a), allegro(a); **~rider** *n* chi ruba un'auto per farvi un giro; **~stick** *n* (*AVIAT*) barra di comando; (*COMPUT*) joystick *m inv*

JP *n abbr* = **Justice of the Peace**

Jr *abbr* = **junior**

jubilant ['dʒuːbɪlnt] *adj* giubilante; trionfante

jubilee ['dʒuːbɪliː] *n* giubileo; **silver ~** venticinquesimo anniversario

judge [dʒʌdʒ] *n* giudice *m/f* ♦ *vt* giudicare; **judg(e)ment** *n* giudizio

judiciary [dʒuːˈdɪʃəri] *n* magistratura

judo ['dʒuːdəu] *n* judo

jug [dʒʌg] *n* brocca, bricco

juggernaut ['dʒʌgənɔːt] (*BRIT*) *n* (*huge truck*) bestione *m*

juggle ['dʒʌgl] *vi* fare giochi di destrezza; **~r** *n* giocoliere/a

juice [dʒuːs] *n* succo

juicy ['dʒuːsi] *adj* succoso(a)

jukebox ['dʒuːkbɔks] *n* juke-box *m inv*

July [dʒuːˈlai] *n* luglio

jumble ['dʒʌmbl] *n* miscuglio ♦ *vt* (*also: ~ up*) mischiare; **~ sale** (*BRIT*) *n* vendita di beneficenza

---
jumble sale

i Una **jumble sale** *è un mercatino di oggetti di seconda mano organizzato in chiese, scuole o in circoli ricreativi, i cui proventi vengono devoluti in beneficenza.*

---

jumbo (jet) ['dʒʌmbəu-] *n* jumbo-jet *m inv*

jump [dʒʌmp] *vi* saltare, balzare; (*start*) sobbalzare; (*increase*) rincarare ♦ *vt* saltare ♦ *n* salto, balzo; sobbalzo

jumper ['dʒʌmpə*] *n* (*BRIT: pullover*) maglione *m*, pullover *m inv*; (*US: dress*) scamiciato; **~ cables** (*US*) *npl* = **jump leads**

jump leads (*BRIT*) *npl* cavi *mpl* per batteria

jumpy ['dʒʌmpi] *adj* nervoso(a), agitato(a)

Jun. *abbr* = **junior**

junction ['dʒʌŋkʃən] *n* (*BRIT: of roads*) incrocio; (*of rails*) nodo ferroviario

juncture ['dʒʌŋktʃə*] *n*: **at this ~** in questa congiuntura

June [dʒuːn] *n* giugno

jungle ['dʒʌŋgl] *n* giungla

junior ['dʒuːnɪə*] *adj*, *n*: **he's ~ to me (by 2 years), he's my ~ (by 2 years)** è più giovane di me (di 2 anni); **he's ~ to me** (*seniority*) è al di sotto di me, ho più anzianità di lui; **~ school** (*BRIT*) *n* scuola elementare (*da 8 a 11 anni*)

junk [dʒʌŋk] *n* cianfrusaglie *fpl*; (*cheap goods*) robaccia; **~ food** *n* porcherie *fpl*

junkie ['dʒʌŋki] (*inf*) *n* drogato/a

junk mail *n* stampe *fpl* pubblicitarie

junk shop *n* chincaglieria

Junr *abbr* = **junior**

juror ['dʒuərə*] *n* giurato/a

jury ['dʒuəri] *n* giuria

just [dʒʌst] *adj* giusto(a) ♦ *adv*: **he's ~ done it/left** lo ha appena fatto/è appena partito; **~ right** proprio giusto; **~ 2 o'clock** le 2 precise; **she's ~ as clever as you** è in gamba proprio quanto te; **it's ~ as well that ...** meno male che ...; **~ as I arrived** proprio mentre arrivavo; **it was ~ before/ enough/here** era poco prima/appena assai/proprio qui; **it's ~ me** sono solo io; **~ missed/caught** appena perso/preso; **~ listen to this!** senta un po' questo!

justice ['dʒʌstɪs] *n* giustizia; **J~ of the Peace** *n* giudice *m* conciliatore

justify ['dʒʌstɪfaɪ] *vt* giustificare

jut [dʒʌt] *vi* (*also: ~ out*) sporgersi

juvenile ['dʒuːvənaɪl] *adj* giovane, giovanile; (*court*) dei minorenni; (*books*) per ragazzi ♦ *n* giovane *m/f*, minorenne *m/f*

juxtapose ['dʒʌkstəpəuz] *vt* giustapporre

K, k

K *abbr* (= *one thousand*) mille; (= *kilobyte*) K
Kampuchea [kæmpu'tʃɪə] *n* Cambogia
kangaroo [kæŋgə'ruː] *n* canguro
karate [kə'rɑːtɪ] *n* karatè *m*
kebab [kə'bæb] *n* spiedino
keel [kiːl] *n* chiglia; **on an even ~** (*fig*) in uno stato normale
keen [kiːn] *adj* (*interest, desire*) vivo(a); (*eye, intelligence*) acuto(a); (*competition*) serrato(a); (*edge*) affilato(a); (*eager*) entusiasta; **to be ~ to do** *or* **on doing sth** avere una gran voglia di fare qc; **to be ~ on sth** essere appassionato(a) di qc; **to be ~ on sb** avere un debole per qn
keep [kiːp] (*pt, pp* **kept**) *vt* tenere; (*hold back*) trattenere; (*feed: one's family etc*) mantenere, sostentare; (*a promise*) mantenere; (*chickens, bees, pigs etc*) allevare ♦ *vi* (*food*) mantenersi; (*remain: in a certain state or place*) restare ♦ *n* (*of castle*) maschio; (*food etc*): **enough for his ~** abbastanza per vitto e alloggio; (*inf*): **for ~s** per sempre; **to ~ doing sth** continuare a fare qc; fare qc di continuo; **to ~ sb from doing** impedire a qn di fare; **to ~ sb busy/a place tidy** tenere qn occupato(a)/ un luogo in ordine; **to ~ sth to o.s.** tenere qc per sé; **to ~ sth (back) from sb** celare qc a qn; **to ~ time** (*clock*) andar bene; **~ on** *vi*: **to ~ on doing** continuare a fare; **to ~ on (about sth)** continuare a insistere (su qc); **~ out** *vt* tener fuori; **"~ out"** "vietato l'accesso"; **~ up** *vt* continuare, mantenere ♦ *vi*: **to ~ up with** tener dietro a, andare di pari passo con; (*work etc*) farcela a seguire; **~er** *n* custode *m/f*, guardiano/a; **~-fit** *n* ginnastica; **~ing** *n* (*care*) custodia; **in ~ing with** in armonia con; in accordo con; **~sake** *n* ricordo
kennel ['kɛnl] *n* canile *m*; **to put a dog in ~s** mettere un cane al canile
kept [kɛpt] *pt, pp of* **keep**
kerb [kəːb] (*BRIT*) *n* orlo del marciapiede

kernel ['kəːnl] *n* nocciolo
kettle ['kɛtl] *n* bollitore *m*
kettle drum *n* timpano
key [kiː] *n* (*gen, MUS*) chiave *f*; (*of piano, typewriter*) tasto ♦ *adj* chiave *inv* ♦ *vt* (*also*: **~ in**) digitare; **~board** *n* tastiera; **~ed up** *adj* (*person*) agitato(a); **~hole** *n* buco della serratura; **~hole surgery** *n* chirurgia non invasiva; **~note** *n* (*MUS*) tonica; (*fig*) nota dominante; **~ring** *n* portachiavi *m inv*
khaki ['kɑːkɪ] *adj* cachi ♦ *n* cachi *m*
kick [kɪk] *vt* calciare, dare calci a; (*inf: habit etc*) liberarsi di ♦ *vi* (*horse*) tirar calci ♦ *n* calcio; (*thrill*): **he does it for ~s** lo fa giusto per il piacere di farlo; **~ off** *vi* (*SPORT*) dare il primo calcio
kid [kɪd] *n* (*inf: child*) ragazzino/a; (*animal, leather*) capretto ♦ *vi* (*inf*) scherzare
kidnap ['kɪdnæp] *vt* rapire, sequestrare; **~per** *n* rapitore/trice; **~ping** *n* sequestro (di persona)
kidney ['kɪdnɪ] *n* (*ANAT*) rene *m*; (*CULIN*) rognone *m*
kill [kɪl] *vt* uccidere, ammazzare ♦ *n* uccisione *f*; **~er** *n* uccisore *m*, killer *m inv*; assassino/a; **~ing** *n* assassinio; **to make a ~ing** (*inf*) fare un bel colpo; **~joy** *n* guastafeste *m/f inv*
kiln [kɪln] *n* forno
kilo ['kiːləu] *n* chilo; **~byte** *n* (*COMPUT*) kilobyte *m inv*; **~gram(me)** ['kɪləʊɡræm] *n* chilogrammo; **~metre** ['kɪləmiːtə*] (*US* **~meter**) *n* chilometro; **~watt** ['kɪləʊwɔt] *n* chilowatt *m inv*
kilt [kɪlt] *n* gonnellino scozzese
kin [kɪn] *n see* **next**; **kith**
kind [kaɪnd] *adj* gentile, buono(a) ♦ *n* sorta, specie *f*; (*species*) genere *m*; **to be two of a ~** essere molto simili; **in ~** (*COMM*) in natura
kindergarten ['kɪndəɡɑːtn] *n* giardino d'infanzia
kind-hearted [-'hɑːtɪd] *adj* di buon cuore
kindle ['kɪndl] *vt* accendere, infiammare
kindly ['kaɪndlɪ] *adj* pieno(a) di bontà, benevolo(a) ♦ *adv* con bontà, gentilmente; **will you ~ ...** vuole ... per favore
kindness ['kaɪndnɪs] *n* bontà, gentilezza

king [kɪŋ] *n* re *m inv*; **~dom** *n* regno, reame *m*; **~fisher** *n* martin *m inv* pescatore; **~-size** *adj* super *inv*; gigante

kiosk ['ki:ɔsk] *n* edicola, chiosco; (*BRIT: TEL*) cabina (telefonica)

kipper ['kɪpə*] *n* aringa affumicata

kiss [kɪs] *n* bacio ♦ *vt* baciare; **to ~ (each other)** baciarsi; **~ of life** *n* respirazione *f* bocca a bocca

kit [kɪt] *n* equipaggiamento, corredo; (*set of tools etc*) attrezzi *mpl*; (*for assembly*) scatola di montaggio

kitchen ['kɪtʃɪn] *n* cucina; **~ sink** *n* acquaio

kite [kaɪt] *n* (*toy*) aquilone *m*

kitten ['kɪtn] *n* gattino/a, micino/a

kitty ['kɪtɪ] *n* (*money*) fondo comune

knack [næk] *n*: **to have the ~ of** avere l'abilità di

knapsack ['næpsæk] *n* zaino, sacco da montagna

knead [ni:d] *vt* impastare

knee [ni:] *n* ginocchio; **~cap** *n* rotula

kneel [ni:l] (*pt, pp* **knelt**) *vi* (*also:* **~ down**) inginocchiarsi

knew [nju:] *pt of* **know**

knickers ['nɪkəz] (*BRIT*) *npl* mutandine *fpl*

knife [naɪf] (*pl* **knives**) *n* coltello ♦ *vt* accoltellare, dare una coltellata a

knight [naɪt] *n* cavaliere *m*; (*CHESS*) cavallo; **~hood** (*BRIT*) *n* (*title*): **to get a ~hood** essere fatto cavaliere

knit [nɪt] *vt* fare a maglia ♦ *vi* lavorare a maglia; (*broken bones*) saldarsi; **to ~ one's brows** aggrottare le sopracciglia; **~ting** *n* lavoro a maglia; **~ting machine** *n* macchina per maglieria; **~ting needle** *n* ferro (da calza); **~wear** *n* maglieria

knives [naɪvz] *npl of* **knife**

knob [nɔb] *n* bottone *m*; manopola

knock [nɔk] *vt* colpire; urtare; (*fig: inf*) criticare ♦ *vi* (*at door etc*): **to ~ at/on** bussare a ♦ *n* bussata; colpo, botta; **~ down** *vt* abbattere; **~ off** *vi* (*inf: finish*) smettere (di lavorare) ♦ *vt* (*from price*) far abbassare; (*inf: steal*) sgraffignare; **~ out** *vt* stendere; (*BOXING*) mettere K.O.; (*defeat*) battere; **~ over** *vt* (*person*) investire;

(*object*) far cadere; **~er** *n* (*on door*) battente *m*; **~out** *n* (*BOXING*) knock out *m inv* ♦ *cpd* a eliminazione

knot [nɔt] *n* nodo ♦ *vt* annodare

know [nəu] (*pt* **knew**, *pp* **known**) *vt* sapere; (*person, author, place*) conoscere; **to ~ how to do** sapere fare; **to ~ about** *or* **of sth/sb** conoscere qc/qn; **~-all** *n* sapientone/a; **~-how** *n* tecnica; pratica; **~ing** *adj* (*look etc*) d'intesa; **~ingly** *adv* (*purposely*) consapevolmente; (*smile, look*) con aria d'intesa

knowledge ['nɔlɪdʒ] *n* consapevolezza; (*learning*) conoscenza, sapere *m*; **~able** *adj* ben informato(a)

known [nəun] *pp of* **know**

knuckle ['nʌkl] *n* nocca

Koran [kɔ'rɑ:n] *n* Corano

Korea [kə'rɪə] *n* Corea

kosher ['kəuʃə*] *adj* kasher *inv*

L, l

L (*BRIT*) *abbr* = **learner driver**

lab [læb] *n abbr* (= **laboratory**) laboratorio

label ['leɪbl] *n* etichetta, cartellino; (*brand: of record*) casa ♦ *vt* etichettare

labor *etc* ['leɪbə*] (*US*) = **labour** *etc*

laboratory [lə'bɔrətəri] *n* laboratorio

labour ['leɪbə*] (*US* **labor**) *n* (*task*) lavoro; (*workmen*) manodopera; (*MED*): **to be in ~** avere le doglie ♦ *vi*: **to ~ (at)** lavorare duro (a); **L~, the L~ party** (*BRIT*) il partito laburista, i laburisti; **hard ~** lavori *mpl* forzati; **~ed** *adj* (*breathing*) affannoso(a); **~er** *n* manovale *m*; **farm ~er** lavoratore *m* agricolo

lace [leɪs] *n* merletto, pizzo; (*of shoe etc*) laccio ♦ *vt* (*shoe: also:* **~ up**) allacciare

lack [læk] *n* mancanza ♦ *vt* mancare di; **through** *or* **for ~ of** per mancanza di; **to be ~ing** mancare; **to be ~ing in** mancare di

lackadaisical [lækə'deɪzɪkl] *adj* disinteressato(a), noncurante

lacquer ['lækə*] *n* lacca

lad [læd] *n* ragazzo, giovanotto

ladder ['lædə*] *n* scala; (*BRIT: in tights*) smagliatura

laden ['leɪdn] *adj*: ~ **(with)** carico(a) *or* caricato(a) (di)

ladle ['leɪdl] *n* mestolo

lady ['leɪdɪ] *n* signora; dama; **L~ Smith** lady Smith; **the ladies' (room)** i gabinetti per signore; **~bird** (*US* **~bug**) *n* coccinella; **~like** *adj* da signora, distinto(a); **~ship** *n*: **your ~ship** signora contessa (*or* baronessa *etc*)

lag [læg] *n* (*of time*) lasso, intervallo ♦ *vi* (*also*: ~ **behind**) trascinarsi ♦ *vt* (*pipes*) rivestire di materiale isolante

lager ['lɑːgə*] *n* lager *m inv*

lagoon [lə'guːn] *n* laguna

laid [leɪd] *pt, pp of* **lay**; ~ **back** (*inf*) *adj* rilassato(a), tranquillo(a); ~ **up** *adj*: ~ **up (with)** costretto(a) a letto (da)

lain [leɪn] *pp of* **lie**

lair [leə*] *n* covo, tana

lake [leɪk] *n* lago

lamb [læm] *n* agnello

lame [leɪm] *adj* zoppo(a); (*excuse etc*) zoppicante

lament [lə'mɛnt] *n* lamento ♦ *vt* lamentare, piangere

laminated ['læmɪneɪtɪd] *adj* laminato(a)

lamp [læmp] *n* lampada

lamppost ['læmppəʊst] (*BRIT*) *n* lampione *m*

lampshade ['læmpʃeɪd] *n* paralume *m*

lance [lɑːns] *vt* (*MED*) incidere

land [lænd] *n* (*as opposed to sea*) terra (ferma); (*country*) paese *m*; (*soil*) terreno; suolo; (*estate*) terreni *mpl*, terra *fpl* ♦ *vi* (*from ship*) sbarcare; (*AVIAT*) atterrare; (*fig: fall*) cadere ♦ *vt* (*passengers*) sbarcare; (*goods*) scaricare; **to ~ sb with sth** affibbiare qc a qn; ~ **up** *vi* andare a finire; **~fill site** *n* discarica; **~ing** *n* atterraggio; (*of staircase*) pianerottolo; **~ing gear** *n* carrello di atterraggio; **~lady** *n* padrona *or* proprietaria di casa; **~locked** *adj* senza sbocco sul mare; **~lord** *n* padrone *m or* proprietario di casa; (*of pub etc*) padrone *m*; **~mark** *n* punto di riferimento; (*fig*) pietra miliare; **~owner** *n* proprietario(a)

terriero(a); **~scape** *n* paesaggio; **~slide** *n* (*GEO*) frana; (*fig: POL*) valanga

lane [leɪn] *n* stradina; (*AUT, in race*) corsia; **"get in lane"** "immettersi in corsia"

language ['læŋgwɪdʒ] *n* lingua; (*way one speaks*) linguaggio; **bad ~** linguaggio volgare; ~ **laboratory** *n* laboratorio linguistico

languid ['læŋgwɪd] *adj* languido(a)

lank [læŋk] *adj* (*hair*) liscio(a) e opaco(a)

lanky ['læŋkɪ] *adj* allampanato(a)

lantern ['læntn] *n* lanterna

lap [læp] *n* (*of track*) giro; (*of body*): **in** *or* **on one's ~** in grembo ♦ *vt* (*also*: ~ **up**) papparsi, leccare ♦ *vi* (*waves*) sciabordare; ~ **up** *vt* (*fig*) bearsi di

lapel [lə'pɛl] *n* risvolto

Lapland ['læplænd] *n* Lapponia

lapse [læps] *n* lapsus *m inv*; (*longer*) caduta ♦ *vi* (*law*) cadere; (*membership, contract*) scadere; **to ~ into bad habits** pigliare cattive abitudini; ~ **of time** spazio di tempo

laptop (computer) ['læp,tɔp-] *n* laptop *m inv*

larch [lɑːtʃ] *n* larice *m*

lard [lɑːd] *n* lardo

larder ['lɑːdə*] *n* dispensa

large [lɑːdʒ] *adj* grande; (*person, animal*) grosso(a); **at ~** (*free*) in libertà; (*generally*) in generale; nell'insieme; **~ly** *adv* in gran parte

largesse [lɑː'ʒɛs] *n* generosità

lark [lɑːk] *n* (*bird*) allodola; (*joke*) scherzo, gioco

laryngitis [lærɪn'dʒaɪtɪs] *n* laringite *f*

laser ['leɪzə*] *n* laser *m*; ~ **printer** *n* stampante *f* laser *inv*

lash [læʃ] *n* frustata; (*also*: **eye~**) ciglio ♦ *vt* frustare; (*tie*): ~ **to ~/together** legare a/insieme; ~ **out** *vi*: **to ~ out (at** *or* **against sb)** attaccare violentemente (qn)

lass [læs] *n* ragazza

lasso [læ'suː] *n* laccio

last [lɑːst] *adj* ultimo(a); (*week, month, year*) scorso(a), passato(a) ♦ *adv* per ultimo ♦ *vi* durare; ~ **week** la settimana scorsa; ~ **night** ieri sera, la notte scorsa; **at ~** finalmente, alla fine; ~ **but one** penultimo(a); ~-**ditch** *adj* (*attempt*) estremo(a); ~**ing** *adj* durevole; ~**ly** *adv* infine, per finire; ~-**minute** *adj* fatto(a) (*or* preso(a) *etc*) all'ultimo momento

latch [lætʃ] *n* chiavistello

late [leɪt] *adj* (*not on time*) in ritardo; (*far on in day etc*) tardi *inv*; tardo(a); (*former*) ex; (*dead*) defunto(a) ♦ *adv* tardi; (*behind time, schedule*) in ritardo; **of** ~ di recente; **in the** ~ **afternoon** nel tardo pomeriggio; **in** ~ **May** verso la fine di maggio; ~**comer** *n* ritardatario/a; ~**ly** *adv* recentemente

later ['leɪtə*] *adj* (*date etc*) posteriore; (*version etc*) successivo(a) ♦ *adv* più tardi; ~ **on** più avanti

lateral ['lætərl] *adj* laterale

latest ['leɪtɪst] *adj* ultimo(a), più recente; **at the** ~ al più tardi

lathe [leɪð] *n* tornio

lather ['lɑ:ðə*] *n* schiuma di sapone ♦ *vt* insaponare

Latin ['lætɪn] *n* latino ♦ *adj* latino(a); ~ **America** *n* America Latina; ~-**American** *adj*, *n* sudamericano(a)

latitude ['lætɪtju:d] *n* latitudine *f*; (*fig*) libertà d'azione

latter ['lætə*] *adj* secondo(a); più recente ♦ *n*: **the** ~ quest'ultimo, il secondo; ~**ly** *adv* recentemente, negli ultimi tempi

lattice ['lætɪs] *n* traliccio; graticolato

laudable ['lɔ:dəbl] *adj* lodevole

laugh [lɑ:f] *n* risata ♦ *vi* ridere; ~ **at** *vt fus* (*misfortune etc*) ridere di; ~ **off** *vt* prendere alla leggera; ~**able** *adj* ridicolo(a); ~**ing stock** *n*: **the** ~**ing stock of** lo zimbello di; ~**ter** *n* riso; risate *fpl*

launch [lɔ:ntʃ] *n* (*of rocket, COMM*) lancio; (*of new ship*) varo; (*also*: **motor** ~) lancia ♦ *vt* (*rocket, COMM*) lanciare; (*ship, plan*) varare; ~ **into** *vt fus* lanciarsi in; ~**(ing) pad** *n* rampa di lancio

launder ['lɔ:ndə*] *vt* lavare e stirare

launderette [lɔ:n'drɛt] (*BRIT*) *n* lavanderia (automatica)

Laundromat ® ['lɔ:ndrəmæt] (*US*) *n* lavanderia automatica

laundry ['lɔ:ndrɪ] *n* lavanderia; (*clothes*) biancheria; (: *dirty*) panni *mpl* da lavare

laurel ['lɔrl] *n* lauro

lava ['lɑ:və] *n* lava

lavatory ['lævətərɪ] *n* gabinetto

lavender ['lævəndə*] *n* lavanda

lavish ['lævɪʃ] *adj* copioso(a); abbondante; (*giving freely*): ~ **with** prodigo(a) di, largo(a) in ♦ *vt*: **to** ~ **sth on sb** colmare qn di qc

law [lɔ:] *n* legge *f*; **civil/criminal** ~ diritto civile/penale; ~-**abiding** *adj* ubbidiente alla legge; ~ **and order** *n* l'ordine *m* pubblico; ~ **court** *n* tribunale *m*, corte *f* di giustizia; ~**ful** *adj* legale; lecito(a); ~**less** *adj* che non conosce nessuna legge

lawn [lɔ:n] *n* tappeto erboso; ~ **mower** *n* tosaerba *m or f inv*; ~ **tennis** *n* tennis *m* su prato

law school *n* facoltà *f inv* di legge

lawsuit ['lɔ:su:t] *n* processo, causa

lawyer ['lɔ:jə*] *n* (*for sales, wills etc*) ≈ notaio; (*partner, in court*) ≈ avvocato/essa

lax [læks] *adj* rilassato(a); negligente

laxative ['læksətɪv] *n* lassativo

lay [leɪ] (*pt, pp* **laid**) *pt of* **lie** ♦ *adj* laico(a); (*not expert*) profano(a) ♦ *vt* posare, mettere; (*eggs*) fare; (*trap*) tendere; (*plans*) fare, elaborare; **to** ~ **the table** apparecchiare la tavola; ~ **aside** *or* **by** *vt* mettere da parte; ~ **down** *vt* mettere giù; (*rules etc*) formulare, fissare; **to** ~ **down the law** dettar legge; **to** ~ **down one's life** dare la propria vita; ~ **off** *vt* (*workers*) licenziare; ~ **on** *vt* (*provide*) fornire; ~ **out** *vt* (*display*) presentare, disporre; ~**about** *n* sfaccendato/a, fannullone/a; ~-**by** (*BRIT*) *n* piazzola di sosta

layer ['leɪə*] *n* strato

layman ['leɪmən] *n* laico; profano

layout ['leɪaut] *n* lay-out *m inv*, disposizione *f*; (*PRESS*) impaginazione *f*

laze [leɪz] *vi* oziare

lazy ['leɪzɪ] *adj* pigro(a)

lb. *abbr* = **pound** (*weight*)

lead[1] [li:d] (*pt, pp* **led**) *n* (*front position*) posizione *f* di testa; (*distance, time ahead*) vantaggio; (*clue*) indizio; (*ELEC*) filo (elettrico); (*for dog*) guinzaglio; (*THEATRE*) parte *f* principale ♦ *vt* guidare, condurre; (*induce*) indurre; (*be leader of*) essere a capo di ♦ *vi* condurre; (*SPORT*) essere in testa; **in the ~** in testa; **to ~ the way** fare strada; **~ away** *vt* condurre via; **~ back** *vt*: **to ~ back to** ricondurre a; **~ on** *vt* (*tease*) tenere sulla corda; **~ to** *vt fus* condurre a; portare a; **~ up to** *vt fus* portare a

lead[2] [lɛd] *n* (*metal*) piombo; (*in pencil*) mina; **~ed petrol** *n* benzina con piombo

leaden ['lɛdn] *adj* (*sky, sea*) plumbeo(a)

leader ['liːdə*] *n* capo; leader *m inv*; (*in newspaper*) articolo di fondo; (*SPORT*) chi è in testa; **~ship** *n* direzione *f*; capacità di comando

leading ['liːdɪŋ] *adj* primo(a); principale; **~ light** *n* (*person*) personaggio di primo piano; **~ man/lady** *n* (*THEATRE*) primo attore/prima attrice

lead singer *n* cantante alla testa di un gruppo

leaf [liːf] (*pl* **leaves**) *n* foglia ♦ *vi*: **to ~ through sth** sfogliare qc; **to turn over a new ~** cambiar vita

leaflet ['liːflɪt] *n* dépliant *m inv*; (*POL, REL*) volantino

league [liːg] *n* lega; (*FOOTBALL*) campionato; **to be in ~ with** essere in lega con

leak [liːk] *n* (*out*) fuga; (*in*) infiltrazione *f*; (*security ~*) fuga d'informazioni ♦ *vi* (*roof, bucket*) perdere; (*liquid*) uscire; (*shoes*) lasciar passare l'acqua ♦ *vt* (*information*) divulgare; **~ out** *vi* uscire; (*information*) trapelare

lean [liːn] (*pt, pp* **leaned** *or* **leant**) *adj* magro(a) ♦ *vt*: **to ~ sth on sth** appoggiare qc su qc ♦ *vi* (*slope*) pendere; (*rest*): **to ~ against** appoggiarsi contro; essere appoggiato(a) a; **to ~ on** appoggiarsi a; **~ back/forward** *vi* sporgersi indietro/in avanti; **~ out** *vi* sporgersi; **~ over** *vi* inclinarsi; **~ing** *n*: **~ing (towards)** propensione *f* (per)

leap [liːp] (*pt, pp* **leaped** *or* **leapt**) *n* salto, balzo ♦ *vi* saltare, balzare; **~frog** *n* gioco della cavallina; **~ year** *n* anno bisestile

learn [ləːn] (*pt, pp* **learned** *or* **learnt**) *vt, vi* imparare; **to ~ about sth** (*hear, read*) apprendere qc; **to ~ to do sth** imparare a fare qc; **~ed** ['ləːnɪd] *adj* erudito(a), dotto(a); **~er** *n* principiante *m/f*; apprendista *m/f*; (*BRIT: also:* **~er driver**) guidatore/trice principiante; **~ing** *n* erudizione *f*, sapienza

lease [liːs] *n* contratto d'affitto ♦ *vt* affittare

leash [liːʃ] *n* guinzaglio

least [liːst] *adj*: **the ~** (+noun) il(la) più piccolo(a), il(la) minimo(a); (*smallest amount of*) il(la) meno ♦ *adv* (+verb) meno; **the ~** (+adjective): **the ~ beautiful girl** la ragazza meno bella; **the ~ possible effort** il minimo sforzo possibile; **I have the ~ money** ho meno denaro di tutti; **at ~** almeno; **not in the ~** affatto, per nulla

leather ['lɛðə*] *n* cuoio

leave [liːv] (*pt, pp* **left**) *vt* lasciare; (*go away from*) partire da ♦ *vi* partire, andarsene; (*bus, train*) partire ♦ *n* (*time off*) congedo; (*MIL, also: consent*) licenza; **to be left** rimanere; **there's some milk left over** c'è rimasto del latte; **on ~** in congedo; **~ behind** *vt* (*person, object*) lasciare; (*: forget*) dimenticare; **~ out** *vt* omettere, tralasciare; **~ of absence** *n* congedo

leaves [liːvz] *npl of* **leaf**

Lebanon ['lɛbənən] *n* Libano

lecherous ['lɛtʃərəs] *adj* lascivo(a), lubrico(a)

lecture ['lɛktʃə*] *n* conferenza; (*SCOL*) lezione *f* ♦ *vi* fare conferenze; fare lezioni ♦ *vt* (*scold*): **to ~ sb on** *or* **about sth** rimproverare qn *or* fare una ramanzina a qn per qc; **to give a ~ on** tenere una conferenza su

lecturer ['lɛktʃərə*] (*BRIT*) *n* (*at university*) professore/essa, docente *m/f*

led [lɛd] *pt, pp of* **lead**

ledge [lɛdʒ] *n* (*of window*) davanzale *m*; (*on wall etc*) sporgenza; (*of mountain*) cornice *f*, cengia

ledger ['lɛdʒə*] n libro maestro, registro
lee [li:] n lato sottovento
leech [li:tʃ] n sanguisuga
leek [li:k] n porro
leer [lɪə*] vi: **to ~ at sb** gettare uno sguardo voglioso (or maligno) su qn
leeway ['li:weɪ] n (fig): **to have some ~** avere una certa libertà di azione
left [lɛft] pt, pp of **leave** ♦ adj sinistro(a) ♦ adv a sinistra ♦ n sinistra; **on the ~, to the ~** a sinistra; **the L~** (POL) la sinistra; **~-hand drive** n guida a sinistra; **~-handed** adj mancino(a); **~-hand side** n lato or fianco sinistro; **~-luggage locker** n armadietto per deposito bagagli; **~ luggage (office)** (BRIT) n deposito m bagagli inv; **~overs** npl avanzi mpl, resti mpl; **~-wing** adj (POL) di sinistra
leg [lɛg] n gamba; (of animal) zampa; (of furniture) piede m; (CULIN: of chicken) coscia; (of journey) tappa; **1st/2nd ~** (SPORT) partita di andata/ritorno
legacy ['lɛgəsɪ] n eredità f inv
legal ['li:gl] adj legale; **~ holiday** (US) n giorno festivo, festa nazionale; **~ tender** n moneta legale
legend ['lɛdʒənd] n leggenda
legislation [lɛdʒɪs'leɪʃən] n legislazione f; **legislature** ['lɛdʒɪslətʃə*] n corpo legislativo
legitimate [lɪ'dʒɪtɪmət] adj legittimo(a)
leg-room n spazio per le gambe
leisure ['lɛʒə*] n agio, tempo libero; ricreazioni fpl; **at ~** con comodo; **~ centre** n centro di ricreazione; **~ly** adj tranquillo(a); fatto(a) con comodo or senza fretta
lemon ['lɛmən] n limone m; **~ade** [-'neɪd] n limonata; **~ tea** n tè m inv al limone
lend [lɛnd] (pt, pp lent) vt: **to ~ sth (to sb)** prestare qc (a qn); **~ing library** n biblioteca che consente prestiti di libri
length [lɛŋθ] n lunghezza; (distance) distanza; (section: of road, pipe etc) pezzo, tratto; (of time) periodo; **at ~** (at last) finalmente, alla fine; (lengthily) a lungo; **~en** vt allungare, prolungare ♦ vi

allungarsi; **~ways** adv per il lungo; **~y** adj molto lungo(a)
lenient ['li:nɪənt] adj indulgente, clemente
lens [lɛnz] n lente f; (of camera) obiettivo
Lent [lɛnt] n Quaresima
lent [lɛnt] pt, pp of **lend**
lentil ['lɛntl] n lenticchia
Leo ['li:əu] n Leone m
leotard ['li:ətɑ:d] n calzamaglia
leprosy ['lɛprəsɪ] n lebbra
lesbian ['lɛzbɪən] n lesbica
less [lɛs] adj, pron, adv meno ♦ prep: **~ tax/10% discount** meno tasse/il 10% di sconto; **~ than ever** meno che mai; **~ than half** meno della metà; **~ and ~** sempre meno; **the ~ he works ...** meno lavora ....
lessen ['lɛsn] vi diminuire, attenuarsi ♦ vt diminuire, ridurre
lesser ['lɛsə*] adj minore, più piccolo(a); **to a ~ extent** in grado or misura minore
lesson ['lɛsn] n lezione f; **to teach sb a ~** dare una lezione a qn
let [lɛt] (pt, pp let) vt lasciare; (BRIT: lease) dare in affitto; **to ~ sb do sth** lasciar fare qc a qn, lasciare che qn faccia qc; **to ~ sb know sth** far sapere qc a qn; **~'s go** andiamo; **~ him come** lo lasci venire; **"to ~"** "affittasi"; **~ down** vt (lower) abbassare; (dress) allungare; (hair) sciogliere; (tyre) sgonfiare; (disappoint) deludere; **~ go** vt, vi mollare; **~ in** vt lasciare entrare; (visitor etc) far entrare; **~ off** vt (allow to go) lasciare andare; (firework etc) far partire; **~ on** (inf) vi dire; **~ out** vt lasciare uscire; (scream) emettere; **~ up** vi diminuire
lethal ['li:θl] adj letale, mortale
lethargic [lɛ'θɑ:dʒɪk] adj letargico(a)
letter ['lɛtə*] n lettera; **~ bomb** n lettera esplosiva; **~box** n (BRIT) n buca delle lettere; **~ing** n iscrizione f; caratteri mpl
lettuce ['lɛtɪs] n lattuga, insalata
let-up n pausa
leukaemia [lu:'ki:mɪə] (US **leukemia**) n leucemia
level ['lɛvl] adj piatto(a), piano(a); orizzontale ♦ adv: **to draw ~ with** mettersi

alla pari di ♦ *n* livello ♦ *vt* livellare,
spianare; **to be ~ with** essere alla pari di;
A ~s (*BRIT*) *npl* ≈ esami *mpl* di maturità;
O ~s (*BRIT*) *npl* esami fatti in Inghilterra
all'età di 16 anni; **on the ~** piatto(a); (*fig*)
onesto(a); **~ off** *or* **out** *vi* (*prices etc*)
stabilizzarsi; **~ crossing** (*BRIT*) *n* passaggio
a livello; **~-headed** *adj* equilibrato(a)

lever ['liːvə*] *n* leva; **~age** *n*: **~age** (**on** *or*
with) forza (su); (*fig*) ascendente *m* (su)

levy ['levɪ] *n* tassa, imposta ♦ *vt* imporre

lewd [luːd] *adj* osceno(a), lascivo(a)

liability [laɪə'bɪlɪtɪ] *n* responsabilità *f inv*;
(*handicap*) peso; **liabilities** *npl* debiti *mpl*;
(*on balance sheet*) passivo

liable ['laɪəbl] *adj* (*subject*): **~ to** soggetto(a)
a; passibile di; (*responsible*): **~ (for)**
responsabile (di); (*likely*): **~ to do**
propenso(a) a fare

liaise [liː'eɪz] *vi*: **to ~ (with)** mantenere i
contatti (con)

liaison [liː'eɪzɔn] *n* relazione *f*; (*MIL*)
collegamento

liar ['laɪə*] *n* bugiardo/a

libel ['laɪbl] *n* libello, diffamazione *f* ♦ *vt*
diffamare

liberal ['lɪbərl] *adj* liberale; (*generous*): **to be
~ with** distribuire liberalmente

liberation [lɪbə'reɪʃən] *n* liberazione *f*

liberty ['lɪbətɪ] *n* libertà *f inv*; **at ~** (*criminal*)
in libertà; **at ~ to do** libero(a) di fare

Libra ['liːbrə] *n* Bilancia

librarian [laɪ'brɛərɪən] *n* bibliotecario/a

library ['laɪbrərɪ] *n* biblioteca

Libya ['lɪbɪə] *n* Libia; **~n** *adj*, *n* libico(a)

lice [laɪs] *npl of* **louse**

licence ['laɪsns] (*US* **license**) *n*
autorizzazione *f*, permesso; (*COMM*) licenza;
(*RADIO*, *TV*) canone *m*, abbonamento; (*also*:
driving ~, (*US*) **driver's ~**) patente *f* di
guida; (*excessive freedom*) licenza; **~
number** *n* numero di targa; **~ plate** *n*
targa

license ['laɪsns] *n* (*US*) = **licence** ♦ *vt* dare
una licenza a; **~d** *adj* (*for alcohol*) che ha la
licenza di vendere bibite alcoliche

lick [lɪk] *vt* leccare; (*inf: defeat*) stracciare; **to**

~ one's lips (*fig*) leccarsi i baffi

licorice ['lɪkərɪs] (*US*) *n* = **liquorice**

lid [lɪd] *n* coperchio; (*eye~*) palpebra

lie [laɪ] (*pt* **lay**, *pp* **lain**) *vi* (*rest*) giacere; star
disteso(a); (*of object: be situated*) trovarsi,
essere; (*tell lies*: *pt*, *pp* **lied**) mentire, dire
bugie ♦ *n* bugia, menzogna; **to ~ low** (*fig*)
latitare; **~ about** *or* **around** *vi* (*things*)
essere in giro; (*person*) bighellonare; **~-
down** (*BRIT*) *n*: **to have a ~-down** sdraiarsi,
riposarsi; **~-in** (*BRIT*) *n*: **to have a ~-in**
rimanere a letto

lieu [luː]: **in ~ of** *prep* invece di, al posto di

lieutenant [lef'tɛnənt, (*US*) luː'tɛnənt] *n*
tenente *m*

life [laɪf] (*pl* **lives**) *n* vita ♦ *cpd* di vita; della
vita; a vita; **to come to ~** rianimarsi; **~
assurance** (*BRIT*) *n* = **~ insurance**;
~belt (*BRIT*) *n* salvagente *m*; **~boat** *n*
scialuppa di salvataggio; **~guard** *n*
bagnino; **~ imprisonment** *n* carcere *m* a
vita; **~ insurance** *n* assicurazione *f* sulla
vita; **~ jacket** *n* giubbotto di salvataggio;
~less *adj* senza vita; **~like** *adj* verosimile;
rassomigliante; **~long** *adj* per tutta la vita;
~ preserver (*US*) *n* salvagente *m*;
giubbotto di salvataggio; **~ sentence** *n*
ergastolo; **~-size(d)** *adj* a grandezza
naturale; **~ span** *n* (durata della) vita;
~style *n* stile *m* di vita; **~ support
system** *n* respiratore *m* automatico;
~time *n*: **in his ~time** durante la sua vita;
once in a ~time una volta nella vita

lift [lɪft] *vt* sollevare; (*ban*, *rule*) levare ♦ *vi*
(*fog*) alzarsi ♦ *n* (*BRIT: elevator*) ascensore
m; **to give sb a ~** (*BRIT*) dare un passaggio
a qn; **~-off** *n* decollo

light [laɪt] (*pt*, *pp* **lighted** *or* **lit**) *n* luce *f*,
lume *m*; (*daylight*) luce *f*, giorno; (*lamp*)
lampada; (*AUT: rear ~*) fanale *m* di posizione;
(: *headlamp*) fanale *m*; (*for cigarette etc*):
have you got a ~? ha da accendere?; **~s**
npl (*AUT: traffic ~s*) semaforo ♦ *vt* (*candle*,
cigarette, *fire*) accendere; (*room*): **to be lit
by** essere illuminato(a) da ♦ *adj* (*room*,
colour) chiaro(a); (*not heavy*, *also fig*)
leggero(a); **to come to ~** venire alla luce,

emergere; **~ up** *vi* illuminarsi ♦ *vt*
illuminare; **~ bulb** *n* lampadina; **~en** *vt*
(*make less heavy*) alleggerire; **~er** *n* (*also:*
cigarette ~er) accendino; **~-headed** *adj*
stordito(a); **~-hearted** *adj* gioioso(a),
gaio(a); **~house** *n* faro; **~ing** *n*
illuminazione *f*; **~ly** *adv* leggermente; **to
get off ~ly** cavarsela a buon mercato; **~
meter** *n* (*PHOT*) esposimetro; **~ness** *n*
chiarezza; (*in weight*) leggerezza

lightning ['laɪtnɪŋ] *n* lampo, fulmine *m*; **~
conductor** (*US* **~ rod**) *n* parafulmine *m*

light pen *n* penna ottica

lightweight ['laɪtweɪt] *adj* (*suit*) leggero(a)
♦ *n* (*BOXING*) peso leggero

light year *n* anno *m* luce *inv*

like [laɪk] *vt* (*person*) volere bene a; (*activity,
object, food*): **I ~ swimming/that book/
chocolate** mi piace nuotare/quel libro/il
cioccolato ♦ *prep* come ♦ *adj* simile,
uguale ♦ *n*: **the ~** uno(a) uguale; **his ~s
and dislikes** i suoi gusti; **I would ~, I'd ~
a coffee?** gradirebbe un caffè?; **to be/look ~
sb/sth** somigliare a qn/qc; **what does it
look/taste ~?** che aspetto/gusto ha?;
what does it sound ~? come fa?; **that's
just ~ him** è proprio da lui; **do it ~ this**
fallo così; **it is nothing ~ ...** non è affatto
come ...; **~able** *adj* simpatico(a)

likelihood ['laɪklɪhud] *n* probabilità

likely ['laɪklɪ] *adj* probabile; plausibile; **he's
~ to leave** probabilmente partirà, è
probabile che parta; **not ~!** neanche per
sogno!

likeness ['laɪknɪs] *n* somiglianza

likewise ['laɪkwaɪz] *adv* similmente, nello
stesso modo

liking ['laɪkɪŋ] *n*: **~ (for)** debole *m* (per); **to
be to sb's ~** piacere a qn

lilac ['laɪlək] *n* lilla *m inv*

lily ['lɪlɪ] *n* giglio; **~ of the valley** *n*
mughetto

limb [lɪm] *n* arto

limber up ['lɪmbə*-] *vi* riscaldarsi i muscoli

limbo ['lɪmbəu] *n*: **to be in ~** (*fig*) essere
lasciato(a) nel dimenticatoio

lime [laɪm] *n* (*tree*) tiglio; (*fruit*) limetta;
(*GEO*) calce *f*

limelight ['laɪmlaɪt] *n*: **in the ~** (*fig*) alla
ribalta, in vista

limerick ['lɪmərɪk] *n* poesiola umoristica di
5 *versi*

limestone ['laɪmstəun] *n* pietra calcarea;
(*GEO*) calcare *m*

limit ['lɪmɪt] *n* limite *m* ♦ *vt* limitare; **~ed**
adj limitato(a), ristretto(a); **to be ~ed to**
limitarsi a; **~ed (liability) company**
(*BRIT*) *n* ≈ società *f inv* a responsabilità
limitata

limp [lɪmp] *n*: **to have a ~** zoppicare ♦ *vi*
zoppicare ♦ *adj* floscio(a), flaccido(a)

limpet ['lɪmpɪt] *n* patella

line [laɪn] *n* linea; (*rope*) corda; (*for fishing*)
lenza; (*wire*) filo; (*of poem*) verso; (*row,
series*) fila, riga; coda; (*on face*) ruga ♦ *vt*
(*clothes*): **to ~ (with)** foderare (di); (*box*): **to
~ (with)** rivestire *or* foderare (di); (*subj:
trees, crowd*) fiancheggiare; **~ of business**
settore *m or* ramo d'attività; **in ~ with** in
linea con; **~ up** *vi* allinearsi, mettersi in fila
♦ *vt* mettere in fila; (*event, celebration*)
preparare

lined [laɪnd] *adj* (*face*) rugoso(a); (*paper*) a
righe, rigato(a)

linen ['lɪnɪn] *n* biancheria, panni *mpl*; (*cloth*)
tela di lino

liner ['laɪnə*] *n* nave *f* di linea; (*for bin*)
sacchetto

linesman ['laɪnzmən] *n* guardalinee *m inv*

line-up *n* allineamento, fila; (*SPORT*)
formazione *f* di gioco

linger ['lɪŋgə*] *vi* attardarsi; indugiare;
(*smell, tradition*) persistere

lingerie ['lænʒəri:] *n* biancheria intima
femminile

linguistics [lɪŋ'gwɪstɪks] *n* linguistica

lining ['laɪnɪŋ] *n* fodera

link [lɪŋk] *n* (*of a chain*) anello; (*relationship*)
legame *m*; (*connection*) collegamento ♦ *vt*
collegare, unire, congiungere; (*associate*):
to ~ with *or* **to** collegare a; **~s** *npl* (*GOLF*)
pista *or* terreno da golf; **~ up** *vt* collegare,
unire ♦ *vi* riunirsi; associarsi

lino ['laɪnəʊ] n = linoleum

linoleum [lɪ'nəʊlɪəm] n linoleum m inv

lion ['laɪən] n leone m; ~ess n leonessa

lip [lɪp] n labbro; (of cup etc) orlo

liposuction ['lɪpəʊsʌkʃən] n liposuzione f

lip: ~read vi leggere sulle labbra; ~ salve n burro di cacao; ~ service n: to pay ~ service to sth essere favorevole a qc solo a parole; ~stick n rossetto

liqueur [lɪ'kjuə*] n liquore m

liquid ['lɪkwɪd] n liquido ♦ adj liquido(a)

liquidize ['lɪkwɪdaɪz] vt (CULIN) passare al frullatore; ~r n frullatore m (a brocca)

liquor ['lɪkə*] n alcool m

liquorice ['lɪkərɪs] (BRIT) n liquirizia

liquor store (US) n negozio di liquori

lisp [lɪsp] n pronuncia blesa della "s"

list [lɪst] n lista, elenco ♦ vt (write down) mettere in lista; fare una lista di; (enumerate) elencare; ~ed building (BRIT) n edificio sotto la protezione delle Belle Arti

listen ['lɪsn] vi ascoltare; to ~ to ascoltare; ~er n ascoltatore/trice

listless ['lɪstlɪs] adj apatico(a)

lit [lɪt] pt, pp of light

liter ['liːtə*] (US) n = litre

literacy ['lɪtərəsɪ] n il sapere leggere e scrivere

literal ['lɪtərl] adj letterale; ~ly adv alla lettera, letteralmente

literary ['lɪtərərɪ] adj letterario(a)

literate ['lɪtərət] adj che sa leggere e scrivere

literature ['lɪtərɪtʃə*] n letteratura; (brochures etc) materiale m

lithe [laɪð] adj agile, snello(a)

litigation [lɪtɪ'geɪʃən] n causa

litre ['liːtə*] (US liter) n litro

litter ['lɪtə*] n (rubbish) rifiuti mpl; (young animals) figliata; ~ bin (BRIT) n cestino per rifiuti; ~ed adj: ~ed with coperto(a) di

little ['lɪtl] adj (small) piccolo(a); (not much) poco(a) ♦ adv poco; a ~ un po' (di); a ~ bit un pochino; ~ by ~ a poco a poco; ~ finger n mignolo

live¹ [lɪv] vi vivere; (reside) vivere, abitare;

~ down vt far dimenticare (alla gente); ~ on vt fus (food) vivere di; ~ together vi vivere insieme, convivere; ~ up to vt fus tener fede a, non venir meno a

live² [laɪv] adj (animal) vivo(a); (wire) sotto tensione; (bullet, missile) inesploso(a); (broadcast) diretto(a); (performance) dal vivo

livelihood ['laɪvlɪhʊd] n mezzi mpl di sostentamento

lively ['laɪvlɪ] adj vivace, vivo(a)

liven up ['laɪvn'ʌp] vt (discussion, evening) animare ♦ vi ravvivarsi

liver ['lɪvə*] n fegato

lives [laɪvz] npl of life

livestock ['laɪvstɔk] n bestiame m

livid ['lɪvɪd] adj livido(a); (furious) livido(a) di rabbia, furibondo(a)

living ['lɪvɪŋ] adj vivo(a), vivente ♦ n: to earn or make a ~ guadagnarsi la vita; ~ conditions npl condizioni fpl di vita; ~ room n soggiorno; ~ standards npl tenore m di vita; ~ wage n salario sufficiente per vivere

lizard ['lɪzəd] n lucertola

load [ləʊd] n (weight) peso; (thing carried) carico ♦ vt (also: ~ up): to ~ (with) (lorry, ship) caricare (di); (gun, camera, COMPUT) caricare (con); a ~ of, ~s of (fig) un sacco di; ~ed adj (vehicle): ~ed (with) carico(a) (di); (question) capzioso(a); (inf: rich) carico(a) di soldi

loaf [ləʊf] (pl loaves) n pane m, pagnotta

loan [ləʊn] n prestito ♦ vt dare in prestito; on ~ in prestito

loath [ləʊθ] adj: to be ~ to do essere restio(a) a fare

loathe [ləʊð] vt detestare, aborrire

loaves [ləʊvz] npl of loaf

lobby ['lɔbɪ] n atrio, vestibolo; (POL: pressure group) gruppo di pressione ♦ vt fare pressione su

lobster ['lɔbstə*] n aragosta

local ['ləʊkl] adj locale ♦ n (BRIT: pub) ≈ bar m inv all'angolo; the ~s npl (local inhabitants) la gente della zona; ~ anaesthetic n anestesia locale; ~

authority n ente m locale; ~ **call** n (TEL) telefonata urbana; ~ **government** n amministrazione f locale

locality [ləu'kælɪtɪ] n località f inv; (position) posto, luogo

locally ['ləukəlɪ] adv da queste parti; nel vicinato

locate [ləu'keɪt] vt (find) trovare; (situate) collocare; situare

location [ləu'keɪʃən] n posizione f; **on ~** (CINEMA) all'esterno

loch [lɔx] n lago

lock [lɔk] n (of door, box) serratura; (of canal) chiusa; (of hair) ciocca, riccio ♦ vt (with key) chiudere a chiave ♦ vi (door etc) chiudersi; (wheels) bloccarsi, incepparsi; ~ **in** vt chiudere dentro (a chiave); ~ **out** vt chiudere fuori; ~ **up** vt (criminal, mental patient) rinchiudere; (house) chiudere (a chiave) ♦ vi chiudere tutto (a chiave)

locker ['lɔkə*] n armadietto

locket ['lɔkɪt] n medaglione m

locksmith ['lɔksmɪθ] n magnano

lockup ['lɔkʌp] (US) n prigione f; guardina

locum ['ləukəm] n (MED) medico sostituto

locust ['ləukəst] n locusta

lodge [lɔdʒ] n casetta, portineria; (hunting ~) casino di caccia ♦ vi (person): **to ~ (with)** essere a pensione (presso or da); (bullet etc) conficcarsi ♦ vt (appeal etc) presentare, fare; **to ~ a complaint** presentare un reclamo; **~r** n affittuario/a; (with room and meals) pensionante m/f

lodgings ['lɔdʒɪŋz] npl camera d'affitto; camera ammobiliata

loft [lɔft] n solaio, soffitta

lofty ['lɔftɪ] adj alto(a); (haughty) altezzoso(a)

log [lɔg] n (of wood) ceppo; (book) = **logbook** ♦ vt registrare

logbook ['lɔgbuk] n (NAUT, AVIAT) diario di bordo; (AUT) libretto di circolazione

loggerheads ['lɔgəhɛdz] npl: **at ~ (with)** ai ferri corti (con)

logic ['lɔdʒɪk] n logica; **~al** adj logico(a)

loin [lɔɪn] n (CULIN) lombata

loiter ['lɔɪtə*] vi attardarsi

loll [lɔl] vi (also: **~ about**) essere stravaccato(a)

lollipop ['lɔlɪpɔp] n lecca lecca m inv; ~ **man / lady** (BRIT: irreg) n impiegato/a che aiuta i bambini ad attraversare la strada

---
lollipop man / lady

ⓘ In Gran Bretagna il **lollipop man** e la **lollipop lady** sono persone incaricate di aiutare i bambini ad attraversare la strada in prossimità delle scuole; usano una paletta la cui forma ricorda quella di un lecca lecca, in inglese **lollipop**.

London ['lʌndən] n Londra; **~er** n londinese m/f

lone [ləun] adj solitario(a)

loneliness ['ləunlɪnɪs] n solitudine f, isolamento

lonely ['ləunlɪ] adj solo(a); solitario(a), isolato(a)

long [lɔŋ] adj lungo(a) ♦ adv a lungo, per molto tempo ♦ vi: **to ~ for sth/to do** desiderare qc/di fare; non veder l'ora di aver qc/di fare; **so** or **as ~ as** (while) finché; (provided that) sempre che +sub; **don't be ~!** fai presto!; **how ~ is this river/course?** quanto è lungo questo fiume/corso?; **6 metres ~** lungo 6 metri; **6 months ~** che dura 6 mesi, di 6 mesi; **all night ~** tutta la notte; **he no ~er comes** non viene più; ~ **before** molto tempo prima; **before ~** (+future) presto, fra poco; (+past) poco tempo dopo; **at ~ last** finalmente; ~**-distance** adj (race) di fondo; (call) interurbano(a); ~**-haired** adj dai capelli lunghi; ~**hand** n scrittura normale; ~**ing** n desiderio, voglia, brama

longitude ['lɔŋgɪtjuːd] n longitudine f

long: ~ jump n salto in lungo; ~**-life** adj (milk) a lunga conservazione; (batteries) di lunga durata; ~**-lost** adj perduto(a) da tempo; ~**-range** adj a lunga portata; ~**-sighted** adj presbite; ~**-standing** adj di vecchia data; ~**-suffering** adj estremamente paziente; infinitamente tollerante; ~**-term** adj a lungo termine; ~

wave 'n onde fpl lunghe; **~-winded** adj prolisso(a), interminabile

loo [lu:] (BRIT: inf) n W.C. m inv, cesso

look [luk] vi guardare; (seem) sembrare, parere; (building etc): **to ~ south/on to the sea** dare a sud/sul mare ♦ n sguardo; (appearance) aspetto, aria; **~s** npl (good ~s) bellezza; **~ after** vt fus occuparsi di, prendere cura di; (keep an eye on) guardare, badare a; **~ at** vt fus guardare; **~ back** vi: **to ~ back on** (event etc) ripensare a; **~ down on** vt fus (fig) guardare dall'alto, disprezzare; **~ for** vt fus cercare; **~ forward to** vt fus non veder l'ora di; (in letters): **we ~ forward to hearing from you** in attesa di una vostra gentile risposta; **~ into** vt fus esaminare; **~ on** vi fare da spettatore; **~ out** vi (beware): **to ~ out (for)** stare in guardia (per); **~ out for** vt fus cercare; **~ round** vi (turn) girarsi, voltarsi; (in shop) dare un'occhiata; **~ to** vt fus (rely on) contare su; **~ up** vi alzare gli occhi; (improve) migliorare ♦ vt (word) cercare; (friend) andare a trovare; **~ up to** vt fus avere rispetto per; **~-out** n posto d'osservazione; guardia; **to be on the ~-out (for)** stare in guardia (per)

loom [lu:m] n telaio ♦ vi (also: ~ up) apparire minaccioso(a); (event) essere imminente

loony ['lu:nɪ] (inf) n pazzo/a

loop [lu:p] n cappio ♦ vt: **to ~ sth round sth** passare qc intorno a qc; **~hole** n via d'uscita; scappatoia

loose [lu:s] adj (knot) sciolto(a); (screw) allentato(a); (stone) cadente; (clothes) ampio(a), largo(a); (animal) in libertà, scappato(a); (life, morals) dissoluto(a) ♦ n: **to be on the ~** essere in libertà; **~ change** n spiccioli mpl, moneta; **~ chippings** npl (on road) ghiaino; **~ end** n: **to be at a ~ end** (BRIT) or **at ~ ends** (US) non saper che fare; **~ly** adv lento stringere; approssimativamente; **~n** vt sciogliere; (belt etc) allentare

loot [lu:t] n bottino ♦ vt saccheggiare

lop [lɔp] vt (also: ~ off) tagliare via, recidere

lop-sided ['lɔp'saɪdɪd] adj non equilibrato(a), asimmetrico(a)

lord [lɔːd] n signore m; **L~ Smith** lord Smith; **the L~** il Signore; **good L~!** buon Dio!; **the (House of) L~s** (BRIT) la Camera dei Lord; **~ship** n: **your L~ship** Sua Eccellenza

lore [lɔːʳ] n tradizioni fpl

lorry ['lɔrɪ] (BRIT) n camion m inv; **~ driver** (BRIT) n camionista m

lose [lu:z] (pt, pp **lost**) vt perdere ♦ vi perdere; **to ~ (time)** (clock) ritardare; **~r** n perdente m/f

loss [lɔs] n perdita; **to be at a ~** essere perplesso(a)

lost [lɔst] pt, pp of **lose** ♦ adj perduto(a); **~ property** (US ~ **and found**) n oggetti mpl smarriti

lot [lɔt] n (at auctions) lotto; (destiny) destino, sorte f; **the ~** tutto(a) quanto(a); tutti(e) quanti(e); **a ~** molto; **a ~ of** una gran quantità di, un sacco di; **~s of** molto(a); **to draw ~s (for sth)** tirare a sorte (per qc)

lotion ['ləʊʃən] n lozione f

lottery ['lɔtərɪ] n lotteria

loud [laud] adj forte, alto(a); (gaudy) vistoso(a), sgargiante ♦ adv (speak etc) forte; **out ~** (read etc) ad alta voce; **~hailer** (BRIT) n portavoce m inv; **~ly** adv fortemente, ad alta voce; **~speaker** n altoparlante m

lounge [laundʒ] n salotto, soggiorno; (at airport, station) sala d'attesa; (BRIT: also: ~ **bar**) bar m inv con servizio a tavolino ♦ vi oziare; **~ about** or **around** vi starsene colle mani in mano

louse [laus] (pl **lice**) n pidocchio

lousy ['lauzɪ] (inf) adj orrendo(a), schifoso(a); **to feel ~** stare da cani

lout [laut] n zoticone m

lovable ['lʌvəbl] adj simpatico(a), carino(a); amabile

love [lʌv] n amore m ♦ vt amare; voler bene a; **to ~ to do: I ~ to do** mi piace fare; **to be/fall in ~ with** essere innamorato(a)/

innamorarsi di; **to make ~** fare l'amore; **"15 ~"** (TENNIS) "15 a zero"; **~ affair** n relazione f; **~ life** n vita sentimentale

lovely ['lʌvlɪ] adj bello(a); (delicious: smell, meal) buono(a)

lover ['lʌvə*] n amante m/f; (person in love) innamorato/a; (amateur): **a ~ of** un(un')amante di; un(un')appassionato(a) di

loving ['lʌvɪŋ] adj affettuoso(a)

low [ləʊ] adj basso(a) ♦ adv in basso ♦ n (METEOR) depressione f; **to be ~ on** (supplies etc) avere scarsità di; **to feel ~** sentirsi giù; **~-alcohol** adj a basso contenuto alcolico; **~-calorie** adj a basso contenuto calorico; **~-cut** adj (dress) scollato(a); **~er** adj (bottom: of 2 things) più basso; (less important) meno importante ♦ vt calare; (prices, eyes, voice) abbassare; **~-fat** adj magro(a); **~lands** npl (GEO) pianura; **~ly** adj umile, modesto(a)

loyal ['lɔɪəl] adj fedele, leale; **~ty** n fedeltà, lealtà

lozenge ['lɔzɪndʒ] n (MED) pastiglia

L.P. n abbr = **long-playing record**

L-plates (BRIT) npl contrassegno P principiante

L-plates

---

i Le **L-plates** sono delle tabelle bianche con una L rossa che in Gran Bretagna i guidatori principianti, learner drivers, devono applicare alla propria autovettura finché non ottengono la patente.

Ltd abbr (= limited) ≈ S.r.l.

lubricate ['lu:brɪkeɪt] vt lubrificare

luck [lʌk] n fortuna, sorte f; **bad ~** sfortuna, mala sorte; **good ~!** buona fortuna!; **~ily** adv fortunatamente, per fortuna; **~y** adj fortunato(a); (number etc) che porta fortuna

ludicrous ['lu:dɪkrəs] adj ridicolo(a)

lug [lʌg] (inf) vt trascinare

luggage ['lʌgɪdʒ] n bagagli mpl; **~ rack** n portabagagli m inv

lukewarm ['lu:kwɔ:m] adj tiepido(a)

lull [lʌl] n intervallo di calma ♦ vt: **to ~ sb to sleep** cullare qn finché si addormenta; **to be ~ed into a false sense of security** illudersi che tutto vada bene

lullaby ['lʌləbaɪ] n ninnananna

lumbago [lʌm'beɪgəʊ] n lombaggine f

lumber ['lʌmbə*] n (wood) legname m; (junk) roba vecchia; **~ with** vt: **to be ~ed with sth** doversi sorbire qc; **~jack** n boscaiolo

luminous ['lu:mɪnəs] adj luminoso(a)

lump [lʌmp] n pezzo; (in sauce) grumo; (swelling) gonfiore m; (also: sugar ~) zolletta ♦ vt (also: ~ together) riunire, mettere insieme; **a ~ sum** una somma globale; **~y** adj (sauce) pieno(a) di grumi; (bed) bitorzoluto(a)

lunatic ['lu:nətɪk] adj pazzo(a), matto(a)

lunch [lʌntʃ] n pranzo, colazione f

luncheon ['lʌntʃən] n pranzo; **~ voucher** (BRIT) n buono m pasto inv

lunch time n ora di pranzo

lung [lʌŋ] n polmone m

lunge [lʌndʒ] vi (also: ~ forward) fare un balzo in avanti; **to ~ at** balzare su

lurch [lə:tʃ] vi vacillare, barcollare ♦ n scatto improvviso; **to leave sb in the ~** piantare in asso qn

lure [luə*] n richiamo; lusinga ♦ vt attirare (con l'inganno)

lurid ['luərɪd] adj sgargiante; (details etc) impressionante

lurk [lə:k] vi stare in agguato

luscious ['lʌʃəs] adj succulento(a); delizioso(a)

lush [lʌʃ] adj lussureggiante

lust [lʌst] n lussuria; cupidigia; desiderio; (fig): **~ for** sete f di

lusty ['lʌstɪ] adj vigoroso(a), robusto(a)

Luxembourg ['lʌksəmbə:g] n (state) Lussemburgo m; (city) Lussemburgo f

luxuriant [lʌg'zjuərɪənt] adj lussureggiante; (hair) folto(a)

luxurious [lʌg'zjuərɪəs] adj sontuoso(a), di lusso

luxury ['lʌkʃərɪ] n lusso ♦ cpd di lusso

lying ['laɪɪŋ] n bugie fpl, menzogne fpl

♦ *adj* bugiardo(a)

lynch [lɪntʃ] *vt* linciare

lyrical ['lɪrɪkl] *adj* lirico(a); (*fig*) entusiasta

lyrics ['lɪrɪks] *npl* (*of song*) parole *fpl*

M, m

m. *abbr* = **metre; mile; million**

M.A. *abbr* = **Master of Arts**

mac [mæk] (*BRIT*) *n* impermeabile *m*

macaroni [mækə'rəʊnɪ] *n* maccheroni *mpl*

machine [mə'ʃiːn] *n* macchina ♦ *vt* (*TECH*) lavorare a macchina; (*dress etc*) cucire a macchina; ~ **gun** *n* mitragliatrice *f*; ~**ry** *n* macchinario, macchine *fpl*; (*fig*) macchina

mackerel ['mækrl] *n inv* sgombro

mackintosh ['mækɪntɒʃ] (*BRIT*) *n* impermeabile *m*

mad [mæd] *adj* matto(a), pazzo(a); (*foolish*) sciocco(a); (*angry*) furioso(a); **to be ~ about** (*keen*) andare pazzo(a) per

madam ['mædəm] *n* signora

madden ['mædn] *vt* fare infuriare

made [meɪd] *pt, pp of* **make**

Madeira [mə'dɪərə] *n* (*GEO*) Madera; (*wine*) madera

made-to-measure (*BRIT*) *adj* fatto(a) su misura

madly ['mædlɪ] *adv* follemente

madman ['mædmən] (*irreg*) *n* pazzo, alienato

madness ['mædnɪs] *n* pazzia

magazine [mægə'ziːn] *n* (*PRESS*) rivista; (*RADIO, TV*) rubrica

maggot ['mægət] *n* baco, verme *m*

magic ['mædʒɪk] *n* magia ♦ *adj* magico(a); ~**al** *adj* magico(a); ~**ian** [mə'dʒɪʃən] *n* mago/a

magistrate ['mædʒɪstreɪt] *n* magistrato; giudice *m/f*

magnet ['mægnɪt] *n* magnete *m*, calamita; ~**ic** [-'netɪk] *adj* magnetico(a)

magnificent [mæg'nɪfɪsnt] *adj* magnifico(a)

magnify ['mægnɪfaɪ] *vt* ingrandire; ~**ing glass** *n* lente *f* d'ingrandimento

magnitude ['mægnɪtjuːd] *n* grandezza; importanza

magpie ['mægpaɪ] *n* gazza

mahogany [mə'hɒgənɪ] *n* mogano

maid [meɪd] *n* domestica; (*in hotel*) cameriera

maiden ['meɪdn] *n* fanciulla ♦ *adj* (*aunt etc*) nubile; (*speech, voyage*) inaugurale; ~ **name** *n* nome *m* da nubile *or* da ragazza

mail [meɪl] *n* posta ♦ *vt* spedire (per posta); ~**box** (*US*) *n* cassetta delle lettere; ~**ing list** *n* elenco d'indirizzi; ~-**order** *n* vendita (*or* acquisto) per corrispondenza

maim [meɪm] *vt* mutilare

main [meɪn] *adj* principale ♦ *n* (*pipe*) conduttura principale; **the ~s** *npl* (*ELEC*) la linea principale; **in the ~** nel complesso, nell'insieme; ~**frame** *n* (*COMPUT*) mainframe *m inv*; ~**land** *n* continente *m*; ~**ly** *adv* principalmente, soprattutto; ~ **road** *n* strada principale; ~**stay** *n* (*fig*) sostegno principale; ~**stream** *n* (*fig*) corrente *f* principale

maintain [meɪn'teɪn] *vt* mantenere; (*affirm*) sostenere; **maintenance** ['meɪntənəns] *n* manutenzione *f*; (*alimony*) alimenti *mpl*

maize [meɪz] *n* granturco, mais *m*

majestic [mə'dʒestɪk] *adj* maestoso(a)

majesty ['mædʒɪstɪ] *n* maestà *f inv*

major ['meɪdʒə*] *n* (*MIL*) maggiore *m* ♦ *adj* (*greater, MUS*) maggiore; (*in importance*) principale, importante

Majorca [mə'jɔːkə] *n* Maiorca

majority [mə'dʒɒrɪtɪ] *n* maggioranza

make [meɪk] (*pt, pp* **made**) *vt* fare; (*manufacture*) fare, fabbricare; (*cause to be*): **to ~ sb sad** *etc* rendere qn triste *etc*; (*force*): **to ~ sb do sth** costringere qn a fare qc, far fare qc a qn; (*equal*): **2 and 2 ~ 4** 2 più 2 fa 4 ♦ *n* fabbricazione *f*; (*brand*) marca; **to ~ a fool of sb** far fare a qn la figura dello scemo; **to ~ a profit** realizzare un profitto; **to ~ a loss** subire una perdita; **to ~ it** (*arrive*) arrivare; (*achieve sth*) farcela; **what time do you ~ it?** che ora fai?; **to ~ do with** arrangiarsi con; ~ **for** *vt fus* (*place*) avviarsi verso; ~ **out** *vt* (*write out*) scrivere; (: *cheque*) emettere; (*understand*)

capire; (see) distinguere; (: numbers)
decifrare; **~ up** vt (constitute) formare;
(invent) inventare; (parcel) fare ♦ vi
conciliarsi; (with cosmetics) truccarsi; **~ up
for** vt fus compensare; ricuperare; **~-
believe** n: **a world of ~-believe** un
mondo di favole; **it's just ~-believe** è tutta
un'invenzione; **~r** n (of programme etc)
creatore/trice; (manufacturer) fabbricante
m; **~shift** adj improvvisato(a); **~-up** n
trucco; **~-up remover** n struccatore m

making ['meɪkɪŋ] n (fig): **in the ~** in
formazione; **to have the ~s of** (actor,
athlete etc) avere la stoffa di

maladjusted [mælə'dʒʌstɪd] adj
disadattato(a)

malaria [mə'leərɪə] n malaria

Malaysia [mə'leɪzɪə] n Malaysia

male [meɪl] n (BIOL) maschio ♦ adj maschile;
maschio(a)

malfunction [mæl'fʌŋkʃən] n funzione f
difettosa

malice ['mælɪs] n malevolenza; **malicious**
[mə'lɪʃəs] adj malevolo(a); (LAW) doloso(a)

malignant [mə'lɪgnənt] adj (MED)
maligno(a)

mall [mɔːl] n (also: **shopping ~**) centro
commerciale

mallet ['mælɪt] n maglio

malnutrition [mælnjuː'trɪʃən] n
denutrizione f

malpractice [mæl'præktɪs] n prevaricazione
f; negligenza

malt [mɔːlt] n malto

Malta ['mɔːltə] n Malta

mammal ['mæml] n mammifero

mammoth ['mæməθ] adj enorme,
gigantesco(a)

man [mæn] (pl **men**) n uomo ♦ vt fornire
d'uomini; stare a; **an old ~** un vecchio; **~
and wife** marito e moglie

manage ['mænɪdʒ] vi farcela ♦ vt (be in
charge of) occuparsi di; gestire; **to ~ to do
sth** riuscire a far qc; **~able** adj
maneggevole; fattibile; **~ment** n
amministrazione f, direzione f; **~r** n
direttore m; (of shop, restaurant) gerente

m; (of artist, SPORT) manager m inv; **~ress**
[-ə'res] n direttrice f; gerente f; **~rial**
[-ə'dʒɪərɪəl] adj dirigenziale; **managing
director** n amministratore m delegato

mandarin ['mændərɪn] n (person, fruit)
mandarino

mandatory ['mændətərɪ] adj obbli-
gatorio(a); ingiuntivo(a)

mane [meɪn] n criniera

maneuver etc [mə'nuːvə*] (US) =
manoeuvre etc

manfully ['mænfəlɪ] adv valorosamente

mangle ['mæŋgl] vt straziare; mutilare

mango ['mæŋgəu] (pl **~es**) n mango

mangy ['meɪndʒɪ] adj rognoso(a)

manhandle ['mænhændl] vt malmenare

manhole ['mænhəul] n botola stradale

manhood ['mænhud] n età virile; virilità

man-hour n ora di lavoro

manhunt ['mænhʌnt] n caccia all'uomo

mania ['meɪnɪə] n mania; **~c** ['meɪnɪæk] n
maniaco/a

manic ['mænɪk] adj (behaviour, activity)
maniacale

manicure ['mænɪkjuə*] n manicure f inv; **~
set** n trousse f inv della manicure

manifest ['mænɪfest] vt manifestare ♦ adj
manifesto(a), palese

manifesto [mænɪ'festəu] n manifesto

manipulate [mə'nɪpjuleɪt] vt manipolare

mankind [mæn'kaɪnd] n umanità, genere m
umano

manly ['mænlɪ] adj virile; coraggioso(a)

man-made adj sintetico(a); artificiale

manner ['mænə*] n maniera, modo;
(behaviour) modo di fare; (type, sort): **all ~
of things** ogni genere di cosa; **~s** npl
(conduct) maniere fpl; **bad ~s**
maleducazione f; **~ism** n vezzo, tic m inv

manoeuvre [mə'nuːvə*] (US **maneuver**) vt
manovrare ♦ vi far manovre ♦ n manovra

manor ['mænə*] n (also: **~ house**) maniero

manpower ['mænpauə*] n manodopera

mansion ['mænʃən] n casa signorile

manslaughter ['mænslɔːtə*] n omicidio
preterintenzionale

mantelpiece ['mæntlpiːs] n mensola del

caminetto

manual ['mænjuəl] adj manuale ♦ n manuale m

manufacture [mænju'fæktʃə*] vt fabbricare ♦ n fabbricazione f, manifattura; **~r** n fabbricante m

manure [mə'njuə*] n concime m

manuscript ['mænjuskrɪpt] n manoscritto m

many ['mɛnɪ] adj molti(e) ♦ pron molti(e); **a great ~** moltissimi(e), un gran numero (di); **~ a time** molte volte

map [mæp] n carta (geografica); **~ out** vt tracciare un piano di

maple ['meɪpl] n acero m

mar [mɑ:*] vt sciupare

marathon ['mærəθən] n maratona

marauder [mə'rɔːdə*] n saccheggiatore m

marble ['mɑ:bl] n marmo; (toy) pallina, bilia

March [mɑ:tʃ] n marzo

march [mɑ:tʃ] vi marciare; sfilare ♦ n marcia

mare [mɛə*] n giumenta

margarine [mɑ:dʒə'riːn] n margarina

margin ['mɑ:dʒɪn] n margine m; **~al (seat)** n (POL) seggio elettorale ottenuto con una stretta maggioranza

marigold ['mærɪɡəʊld] n calendola

marina [mə'riːnə] n marina

marine [mə'riːn] adj (animal, plant) marino(a); (forces, engineering) marittimo(a) ♦ n (BRIT) fante m di marina; (US) marine m inv

marital ['mærɪtl] adj maritale, coniugale; **~ status** stato coniugale

mark [mɑ:k] n segno; (stain) macchia; (of skid etc) traccia; (BRIT: SCOL) voto; (SPORT) bersaglio; (currency) marco ♦ vt segnare; (stain) macchiare; (indicate) indicare; (BRIT: SCOL) dare un voto a; correggere; **to ~ time** segnare il passo; **~ed** adj spiccato(a), chiaro(a); **~er** n (sign) segno; (bookmark) segnalibro

market ['mɑ:kɪt] n mercato ♦ vt (COMM) mettere in vendita; **~ garden** (BRIT) n orto industriale; **~ing** n marketing m; **~ place** n piazza del mercato; (COMM) piazza, mercato; **~ research** n indagine f or ricerca di mercato

marksman ['mɑ:ksmən] n tiratore m scelto

marmalade ['mɑ:məleɪd] n marmellata d'arance

maroon [mə'ruːn] vt (also fig): **to be ~ed (in or at)** essere abbandonato(a) (in) ♦ adj bordeaux inv

marquee [mɑ:'kiː] n padiglione m

marquess ['mɑ:kwɪs] n = **marquis**

marquis ['mɑ:kwɪs] n marchese m

marriage ['mærɪdʒ] n matrimonio; **~ certificate** n certificato di matrimonio

married ['mærɪd] adj sposato(a); (life, love) coniugale, matrimoniale

marrow ['mærəʊ] n midollo; (vegetable) zucca

marry ['mærɪ] vt sposare, sposarsi con; (subj: vicar, priest etc) dare in matrimonio ♦ vi (also: **get married**) sposarsi

Mars [mɑ:z] n (planet) Marte m

marsh [mɑ:ʃ] n palude f

marshal ['mɑ:ʃl] n maresciallo; (US: fire) capo; (: police) capitano ♦ vt (thoughts, support) ordinare; (soldiers) adunare

martyr ['mɑ:tə*] n martire m/f; **~dom** n martirio

marvel ['mɑ:vl] n meraviglia ♦ vi: **to ~ (at)** meravigliarsi (di); **~lous** (US **~ous**) adj meraviglioso(a)

Marxist ['mɑ:ksɪst] adj, n marxista m/f

marzipan ['mɑ:zɪpæn] n marzapane m

mascara [mæs'kɑːrə] n mascara m

masculine ['mæskjulɪn] adj maschile; (woman) mascolino(a)

mash [mæʃ] vt passare, schiacciare; **~ed potatoes** npl purè m di patate

mask [mɑ:sk] n maschera ♦ vt mascherare

mason ['meɪsn] n (also: **stone~**) scalpellino; (also: **free~**) massone m; **~ry** n muratura

masquerade [mæskə'reɪd] vi: **to ~ as** farsi passare per

mass [mæs] n moltitudine f, massa; (PHYSICS) massa; (REL) messa ♦ cpd di massa ♦ vi ammassarsi; **the ~es** npl (ordinary people) le masse; **~es of** (inf) una montagna di

massacre ['mæsəkə*] n massacro

massage ['mæsɑ:ʒ] n massaggio

masseur [mæ'sə:*] n massaggiatore m; **masseuse** [-'sə:z] n massaggiatrice f

massive ['mæsɪv] adj enorme, massiccio(a)

mass media npl mass media mpl

mass-production n produzione f in serie

mast [mɑːst] n albero

master ['mɑːstə*] n padrone m; (ART etc, teacher: in primary school) maestro; (: in secondary school) professore m; (title for boys): **M~ X** Signorino X ♦ vt domare; (learn) imparare a fondo; (understand) conoscere a fondo; ~ **key** n chiave f maestra; ~**ly** adj magistrale; ~**mind** n mente f superiore ♦ vt essere il cervello di; **M~ of Arts/Science** n Master m inv in lettere/scienze; ~**piece** n capolavoro; ~**y** n dominio; padronanza

mat [mæt] n stuoia; (also: **door~**) stoino, zerbino; (also: **table ~**) sottopiatto ♦ adj = **matt**

match [mætʃ] n fiammifero; (game) partita, incontro; (fig) uguale m/f; matrimonio; partito ♦ vt intonare; (go well with) andare benissimo con; (equal) uguagliare; (correspond to) corrispondere a; (pair: also: ~ **up**) accoppiare ♦ vi combaciare; **to be a good ~** andare bene; ~**box** n scatola per fiammiferi; ~**ing** adj ben assortito(a)

mate [meɪt] n compagno/a di lavoro; (inf: friend) amico/a; (animal) compagno/a; (in merchant navy) secondo ♦ vi accoppiarsi

material [mə'tɪərɪəl] n (substance) materiale m, materia; (cloth) stoffa ♦ adj materiale; ~**s** npl (equipment) materiali mpl

maternal [mə'tə:nl] adj materno(a)

maternity [mə'tə:nɪtɪ] n maternità; ~ **dress** n vestito m pre-maman inv; ~ **hospital** n ≈ clinica ostetrica

math [mæθ] (US) n = **maths**

mathematical [mæθə'mætɪkl] adj matematico(a)

mathematics [mæθə'mætɪks] n matematica

maths [mæθs] (US **math**) n matematica

matinée ['mætɪneɪ] n matinée f inv

mating call ['meɪtɪŋ-] n richiamo sessuale

matriculation [mətrɪkju'leɪʃən] n immatricolazione f

matrimonial [mætrɪ'məunɪəl] adj matrimoniale, coniugale

matrimony ['mætrɪmənɪ] n matrimonio

matron ['meɪtrən] n (in hospital) capoinfermiera; (in school) infermiera

mat(t) [mæt] adj opaco(a)

matted ['mætɪd] adj ingarbugliato(a)

matter ['mætə*] n questione f; (PHYSICS) materia, sostanza; (content) contenuto; (MED: pus) pus m ♦ vi importare; **it doesn't ~** non importa, (I don't mind) non fa niente; **what's the ~?** che cosa c'è?; **no ~ what** qualsiasi cosa accada; **as a ~ of course** come cosa naturale; **as a ~ of fact** in verità; ~**-of-fact** adj prosaico(a)

mattress ['mætrɪs] n materasso

mature [mə'tjuə*] adj maturo(a); (cheese) stagionato(a) ♦ vi maturare; stagionare

maul [mɔːl] vt lacerare

mauve [məuv] adj malva inv

maxim ['mæksɪm] n massima

maximum ['mæksɪməm] (pl **maxima**) adj massimo(a) ♦ n massimo

May [meɪ] n maggio

may [meɪ] (conditional: **might**) vi (indicating possibility): **he ~ come** può darsi che venga; (be allowed to): ~ **I smoke?** posso fumare?; (wishes): ~ **God bless you!** Dio la benedica!; **you ~ as well go** tanto vale che tu te ne vada

maybe ['meɪbɪ] adv forse, può darsi; ~ **he'll ...** può darsi che lui ... +sub, forse lui ....

May Day n il primo maggio

mayhem ['meɪhem] n cagnara

mayonnaise [meɪə'neɪz] n maionese f

mayor [mεə*] n sindaco; ~**ess** n sindaco (donna); moglie f del sindaco

maze [meɪz] n labirinto, dedalo

M.D. abbr = **Doctor of Medicine**

me [miː] pron mi, m' +vowel or silent "h"; (stressed, after prep) me; **he heard ~** mi ha or m'ha sentito; **give ~ a book** dammi (or mi dia) un libro; **it's ~** sono io; **with ~** con me; **without ~** senza di me

meadow ['medəu] n prato

meagre ['miːgə*] (US **meager**) adj magro(a)

meal [miːl] *n* pasto; (*flour*) farina; **~time** *n* l'ora di mangiare

mean [miːn] (*pt, pp* **meant**) *adj* (*with money*) avaro(a), gretto(a); (*unkind*) meschino(a), maligno(a); (*shabby*) misero(a); (*average*) medio(a) ♦ *vt* (*signify*) significare, voler dire; (*intend*): **to ~ to do** aver l'intenzione di fare ♦ *n* mezzo; (*MATH*) media; **~s** *npl* (*way, money*) mezzi *mpl*; **by ~s of** per mezzo di; **by all ~s** ma certo, prego; **to be meant for** essere destinato(a) a; **do you ~ it?** dice sul serio?; **what do you ~?** che cosa vuol dire?

meander [mɪ'ændə*] *vi* far meandri

meaning ['miːnɪŋ] *n* significato, senso; **~ful** *adj* significativo(a); **~less** *adj* senza senso

means [miːnz] *npl* mezzi *mpl*; **by ~ of** per mezzo di; (*person*) a mezzo di; **by all ~** ma certo, prego

meant [mɛnt] *pt, pp of* **mean**

meantime ['miːntaɪm] *adv* (*also:* **in the ~**) nel frattempo

meanwhile ['miːnwaɪl] *adv* nel frattempo

measles ['miːzlz] *n* morbillo

measure ['mɛʒə*] *vt, vi* misurare ♦ *n* misura; (*also:* **tape ~**) metro; **~ments** *npl* (*size*) misure *fpl*

meat [miːt] *n* carne *f*; **cold ~** affettato; **~ball** *n* polpetta di carne; **~ pie** *n* pasticcio di carne in crosta

Mecca ['mɛkə] *n* (*also fig*) la Mecca

mechanic [mɪ'kænɪk] *n* meccanico; **~al** *adj* meccanico(a); **~s** *n* meccanica ♦ *npl* meccanismo

mechanism ['mɛkənɪzm] *n* meccanismo

medal ['mɛdl] *n* medaglia; **~lion** [mɪ'dælɪən] *n* medaglione *m*; **~list** (*US* **~ist**) *n* (*SPORT*): **to be a gold ~list** essere medaglia d'oro

meddle ['mɛdl] *vi*: **to ~ in** immischiarsi in, mettere le mani in; **to ~ with** toccare

media ['miːdɪə] *npl* media *mpl*

mediaeval [mɛdɪ'iːvl] *adj* = **medieval**

median ['miːdɪən] (*US*) *n* (*also:* **~ strip**) banchina *f* spartitraffico

mediate ['miːdɪeɪt] *vi* fare da mediatore/trice

Medicaid ® ['mɛdɪkeɪd] (*US*) *n* assistenza

medica ai poveri

medical ['mɛdɪkl] *adj* medico(a) ♦ *n* visita medica

Medicare ® ['mɛdɪkeə*] (*US*) *n* assistenza medica agli anziani

medication [mɛdɪ'keɪʃən] *n* medicinali *mpl*, farmaci *mpl*

medicine ['mɛdsɪn] *n* medicina

medieval [mɛdɪ'iːvl] *adj* medievale

mediocre [miːdɪ'əukə*] *adj* mediocre

meditate ['mɛdɪteɪt] *vi*: **to ~ (on)** meditare (su)

Mediterranean [mɛdɪtə'reɪnɪən] *adj* mediterraneo(a); **the ~ (Sea)** il (mare) Mediterraneo

medium ['miːdɪəm] (*pl* **media**) *adj* medio(a) ♦ *n* (*means*) mezzo; (*pl* **mediums**: *person*) medium *m inv*; **~ wave** *n* onde *fpl* medie

meek [miːk] *adj* dolce, umile

meet [miːt] (*pt, pp* **met**) *vt* incontrare; (*for the first time*) fare la conoscenza di; (*go and fetch*) andare a prendere; (*fig*) affrontare; soddisfare; raggiungere ♦ *vi* incontrarsi; (*in session*) riunirsi; (*join: objects*) unirsi; **~ with** *vt fus* incontrare; **~ing** *n* incontro; (*session: of club etc*) riunione *f*; (*interview*) intervista; **she's at a ~ing** (*COMM*) è in riunione

megabyte ['mɛgəbaɪt] *n* (*COMPUT*) megabyte *m inv*

megaphone ['mɛgəfəun] *n* megafono

melancholy ['mɛlənkəlɪ] *n* malinconia ♦ *adj* malinconico(a)

mellow ['mɛləu] *adj* (*wine, sound*) ricco(a); (*light*) dolce; (*colour*) caldo(a) ♦ *vi* (*person*) addolcirsi

melody ['mɛlədɪ] *n* melodia

melon ['mɛlən] *n* melone *m*

melt [mɛlt] *vi* (*gen*) sciogliersi, struggersi; (*metals*) fondersi ♦ *vt* sciogliere, struggere; fondere; **~ down** *vt* fondere; **~down** *n* (*in nuclear reactor*) fusione *f* (dovuta a surriscaldamento); **~ing pot** *n* (*fig*) crogiolo

member ['mɛmbə*] *n* membro; **M~ of the European Parliament** (*BRIT*) *n* eurodeputato; **M~ of Parliament** (*BRIT*) *n* deputato; **~ship** n iscrizione f; (numero d')iscritti mpl, membri mpl; **~ship card** n tessera (di iscrizione)

memento [mə'mɛntəu] n ricordo, souvenir m inv

memo ['mɛməu] n appunto; (COMM etc) comunicazione f di servizio

memoirs ['mɛmwɑːz] npl memorie fpl, ricordi mpl

memoranda [mɛmə'rændə] npl of **memorandum**

memorandum [mɛmə'rændəm] (pl **memoranda**) n appunto; (COMM etc) comunicazione f di servizio

memorial [mɪ'mɔːrɪəl] n monumento commemorativo ♦ adj commemorativo(a)

memorize ['mɛməraɪz] vt memorizzare

memory ['mɛmərɪ] n (also COMPUT) memoria; (recollection) ricordo

men [mɛn] npl of **man**

menace ['mɛnəs] n minaccia ♦ vt minacciare

mend [mɛnd] vt aggiustare, riparare; (darn) rammendare ♦ n: **on the ~** in via di guarigione; **to ~ one's ways** correggersi

menial ['miːnɪəl] adj da servo, domestico(a); umile

meningitis [mɛnɪn'dʒaɪtɪs] n meningite f

menopause ['mɛnəupɔːz] n menopausa

menstruation [mɛnstru'eɪʃən] n mestruazione f

mental ['mɛntl] adj mentale

mentality [mɛn'tælɪtɪ] n mentalità f inv

menthol ['mɛnθɒl] n mentolo

mention ['mɛnʃən] n menzione f ♦ vt menzionare, far menzione di; **don't ~ it!** non c'è di che!, prego!

menu ['mɛnjuː] n (set ~, COMPUT) menù m inv; (printed) carta

MEP n abbr = **Member of the European Parliament**

merchandise ['məːtʃəndaɪz] n merci fpl

merchant ['məːtʃənt] n mercante m, commerciante m; **~ bank** (BRIT) n banca d'affari; **~ navy** (US **~ marine**) n marina mercantile

merciful ['məːsɪful] adj pietoso(a), clemente

merciless ['məːsɪlɪs] adj spietato(a)

mercury ['məːkjurɪ] n mercurio

mercy ['məːsɪ] n pietà; (REL) misericordia; **at the ~ of** alla mercè di

mere [mɪə*] adj semplice; **by a ~ chance** per mero caso; **~ly** adv semplicemente, non ... che

merge [məːdʒ] vt unire ♦ vi fondersi, unirsi; (COMM) fondersi; **~r** n (COMM) fusione f

meringue [mə'ræŋ] n meringa

merit ['mɛrɪt] n merito, valore m ♦ vt meritare

mermaid ['məːmeɪd] n sirena

merry ['mɛrɪ] adj gaio(a), allegro(a); **M~ Christmas!** Buon Natale!; **~-go-round** n carosello

mesh [mɛʃ] n maglia; rete f

mesmerize ['mɛzməraɪz] vt ipnotizzare; affascinare

mess [mɛs] n confusione f, disordine m; (fig) pasticcio; (dirt) sporcizia; (MIL) mensa; **~ about** (inf) vi (also: **~ around**) trastullarsi; **~ about with** (inf) vt fus (also: **~ around with**) gingillarsi con; (plans) fare un pasticcio di; **~ up** vt sporcare; fare un pasticcio di; rovinare

message ['mɛsɪdʒ] n messaggio

messenger ['mɛsɪndʒə*] n messaggero/a,

Messrs ['mɛsəz] abbr (on letters) Spett.

messy ['mɛsɪ] adj sporco(a); disordinato(a)

met [mɛt] pt, pp of **meet**

metal ['mɛtl] n metallo; **~lic** [-'tælɪk] adj metallico(a)

metaphor ['mɛtəfə*] n metafora

meteorology [miːtɪə'rɒlədʒɪ] n meteorologia

meter ['miːtə*] n (instrument) contatore m; (parking ~) parchimetro; (US: unit) = **metre**

method ['mɛθəd] n metodo; **~ical** [mɪ'θɒdɪkl] adj metodico(a)

Methodist ['mɛθədɪst] n metodista m/f

meths [mɛθs] (BRIT) n = **methylated spirit**

methylated spirit ['mɛθɪleɪtɪd-] (BRIT) n alcool m denaturato

metre ['miːtə*] (US **meter**) n metro

metric ['mɛtrɪk] adj metrico(a)

metropolitan [mɛtrə'pɒlɪtən] adj

metropolitano(a); **the M~ Police** (BRIT) n la polizia di Londra

mettle ['mɛtl] n: **to be on one's ~** essere pronto(a) a dare il meglio di se stesso(a)

mew [mjuː] vi (cat) miagolare

mews [mjuːz] (BRIT) n: **~ flat** appartamento ricavato da un'antica scuderia

Mexico ['mɛksɪkəu] n Messico

miaow [miːˈau] vi miagolare

mice [maɪs] npl of **mouse**

micro... ['maɪkrəu] prefix micro...; **~chip** n microcircuito integrato; **~(computer)** n microcomputer m inv; **~phone** n microfono; **~scope** n microscopio; **~wave** n (also: **~wave oven**) forno a microonde

mid [mɪd] adj: **~ May** metà maggio; **~ afternoon** metà pomeriggio; **in ~ air** a mezz'aria; **~day** n mezzogiorno

middle ['mɪdl] n mezzo; centro; (waist) vita ♦ adj di mezzo; **in the ~ of the night** nel bel mezzo della notte; **~-aged** adj di mezza età; **the M~ Ages** npl il Medioevo; **~-class** adj ≈ borghese; **the ~ class(es)** n(pl) ≈ la borghesia; **M~ East** n Medio Oriente m; **~man** (irreg) n intermediario; agente m rivenditore; **~ name** n secondo nome m; **~-of-the-road** adj moderato(a); **~weight** n (BOXING) peso medio

middling ['mɪdlɪŋ] adj medio(a)

midge [mɪdʒ] n moscerino

midget ['mɪdʒɪt] n nano/a

Midlands ['mɪdləndz] npl contee del centro dell'Inghilterra

midnight ['mɪdnaɪt] n mezzanotte f

midriff ['mɪdrɪf] n diaframma m

midst [mɪdst] n: **in the ~ of** in mezzo a

midsummer [mɪdˈsʌmə*] n mezza or piena estate f

midway [mɪdˈweɪ] adj, adv: **~ (between)** a mezza strada (fra); **~ (through)** a metà (di)

midweek [mɪdˈwiːk] adv a metà settimana

midwife ['mɪdwaɪf] (pl **midwives**) n levatrice f

might [maɪt] vb see **may** ♦ n potere m, forza; **~y** adj forte, potente

migraine ['miːgreɪn] n emicrania

migrant ['maɪgrənt] adj (bird) migratore(trice); (worker) emigrato(a)

migrate [maɪˈgreɪt] vi (bird) migrare; (person) emigrare

mike [maɪk] n abbr (= microphone) microfono

Milan [mɪˈlæn] n Milano f

mild [maɪld] adj mite; (person, voice) dolce; (flavour) delicato(a); (illness) leggero(a); (interest) blando(a) ♦ n (beer) birra leggera

mildew ['mɪldjuː] n muffa

mildly ['maɪldlɪ] adv mitemente; dolcemente; delicatamente; leggermente; blandamente; **to put it ~** a dire poco

mile [maɪl] n miglio; **~age** n distanza in miglia, ≈ chilometraggio

mileometer [maɪˈlɔmɪtə*] n ≈ conta-chilometri m inv

milestone ['maɪlstəun] n pietra miliare

milieu ['miːljəː] n ambiente m

militant ['mɪlɪtnt] adj militante

military ['mɪlɪtərɪ] adj militare

milk [mɪlk] n latte m ♦ vt (cow) mungere; (fig) sfruttare; **~ chocolate** n cioccolato al latte; **~man** (irreg) n lattaio; **~ shake** n frappé m inv; **~y** adj lattiginoso(a); (colour) latteo(a); **M~y Way** n Via Lattea

mill [mɪl] n mulino; (small: for coffee, pepper etc) macinino; (factory) fabbrica; (spinning ~) filatura ♦ vt macinare ♦ vi (also: ~ about) brulicare

miller ['mɪlə*] n mugnaio

milli... ['mɪlɪ] prefix: **~gram(me)** n milligrammo; **~metre** (US **~meter**) n millimetro

million ['mɪljən] n milione m; **~aire** n milionario, ≈ miliardario

milometer [maɪˈlɔmɪtə*] n = **mileometer**

mime [maɪm] n mimo ♦ vt, vi mimare

mimic ['mɪmɪk] n imitatore/trice ♦ vt fare la mimica di

min. abbr = **minute(s)**; **minimum**

mince [mɪns] vt tritare, macinare ♦ n (BRIT: CULIN) carne f tritata or macinata; **~meat** n frutta secca tritata per uso in pasticceria; (US) carne f tritata or macinata; **~ pie** n *specie di torta con frutta secca*; **~r** *n* tritacarne *m inv*

mind [maɪnd] *n* mente *f* ♦ *vt (attend to, look after)* badare a, occuparsi di; *(be careful)* fare attenzione a, stare attento(a) a; *(object to)*: **I don't ~ the noise** il rumore non mi dà alcun fastidio; **I don't ~** non m'importa; **it is on my ~** mi preoccupa; **to my ~** secondo me, a mio parere; **to be out of one's ~** essere uscito(a) di mente; **to keep** *or* **bear sth in ~** non dimenticare qc; **to make up one's ~** decidersi; **~ you, ...** sì, però va detto che ...; *(don't worry)* non fa niente; *(don't worry)* non preoccuparti; **"~ the step"** "attenzione allo scalino"; **~er** *n (child ~er)* bambinaia; *(bodyguard)* guardia del corpo; **~ful** *adj*: **~ful of** attento(a) a; memore di; **~less** *adj* idiota

mine[1] [maɪn] *pron* il(la) mio(a), *pl* i(le) miei(mie); **that book is ~** quel libro è mio; **yours is red, ~ is green** il tuo è rosso, il mio è verde; **a friend of ~** un mio amico

mine[2] [maɪn] *n* miniera; *(explosive)* mina ♦ *vt (coal)* estrarre; *(ship, beach)* minare; **~field** *n (also fig)* campo minato

miner ['maɪnə*] *n* minatore *m*

mineral ['mɪnərəl] *adj* minerale ♦ *n* minerale *m*; **~s** *npl (BRIT: soft drinks)* bevande *fpl* gasate; **~ water** *n* acqua minerale

mingle ['mɪŋgl] *vi*: **to ~ with** mescolarsi a, mischiarsi con

miniature ['mɪnətʃə*] *adj* in miniatura ♦ *n* miniatura

minibus ['mɪnɪbʌs] *n* minibus *m inv*

minim ['mɪnɪm] *n (MUS)* minima

minimum ['mɪnɪməm] *(pl* **minima***)* *n* minimo ♦ *adj* minimo(a)

mining ['maɪnɪŋ] *n* industria mineraria

miniskirt ['mɪnɪskəːt] *n* minigonna

minister ['mɪnɪstə*] *n (BRIT: POL)* ministro; *(REL)* pastore *m* ♦ *vi*: **to ~ to sb** assistere qn; **to ~ to sb's needs** provvedere ai bisogni di qn

ministry ['mɪnɪstrɪ] *n (BRIT: POL)* ministero; *(REL)*: **to go into the ~** diventare pastore

mink [mɪŋk] *n* visone *m*

minnow ['mɪnəu] *n* pesciolino d'acqua dolce

minor ['maɪnə*] *adj* minore, di poca importanza; *(MUS)* minore ♦ *n (LAW)* minorenne *m/f*

minority [maɪ'nɔrɪtɪ] *n* minoranza

mint [mɪnt] *n (plant)* menta; *(sweet)* pasticca di menta ♦ *vt (coins)* battere; **the (Royal) M~** *(BRIT)*, **the (US) M~** *(US)* la Zecca; **in ~ condition** come nuovo(a) di zecca

minus ['maɪnəs] *n (also:* **~ sign***)* segno meno ♦ *prep* meno

minute [*adj* maɪ'njuːt, *n* 'mɪnɪt] *adj* minuscolo(a); *(detail)* minuzioso(a) ♦ *n* minuto; **~s** *npl (of meeting)* verbale *m*

miracle ['mɪrəkl] *n* miracolo

mirage ['mɪrɑːʒ] *n* miraggio

mirror ['mɪrə*] *n* specchio; *(in car)* specchietto

mirth [məːθ] *n* ilarità

misadventure [mɪsəd'vɛntʃə*] *n* disavventura; **death by ~** morte *f* accidentale

misapprehension ['mɪsæprɪ'hɛnʃən] *n* malinteso

misappropriate [mɪsə'prəuprɪeɪt] *vt* appropriarsi indebitamente di

misbehave [mɪsbɪ'heɪv] *vi* comportarsi male

miscarriage ['mɪskærɪdʒ] *n (MED)* aborto spontaneo; **~ of justice** errore *m* giudiziario

miscellaneous [mɪsɪ'leɪnɪəs] *adj (items)* vario(a); *(selection)* misto(a)

mischance [mɪs'tʃɑːns] *n* sfortuna

mischief ['mɪstʃɪf] *n (naughtiness)* birichineria; *(maliciousness)* malizia; **mischievous** *adj* birichino(a)

misconception ['mɪskən'sɛpʃən] *n* idea sbagliata

misconduct [mɪs'kɔndʌkt] *n* cattiva condotta; **professional ~** reato professionale

misdemeanour [mɪsdɪ'miːnə*] *(US* **misdemeanor***)* *n* misfatto; infrazione *f*

miser ['maɪzə*] *n* avaro

miserable ['mɪzərəbl] *adj* infelice;
(*wretched*) miserabile; (*weather*)
deprimente; (*offer, failure*) misero(a)

miserly ['maɪzəlɪ] *adj* avaro(a)

misery ['mɪzərɪ] *n* (*unhappiness*) tristezza;
(*wretchedness*) miseria

misfire [mɪs'faɪə*] *vi* far cilecca; (*car engine*)
perdere colpi

misfit ['mɪsfɪt] *n* (*person*) spostato/a

misfortune [mɪs'fɔːtʃən] *n* sfortuna

misgiving [mɪs'gɪvɪŋ] *n* apprensione *f*; **to
have ~s about** avere dei dubbi per quanto
riguarda

misguided [mɪs'gaɪdɪd] *adj* sbagliato(a);
poco giudizioso(a)

mishandle [mɪs'hændl] *vt* (*mismanage*)
trattare male

mishap ['mɪshæp] *n* disgrazia

misinterpret [mɪsɪn'təːprɪt] *vt* interpretare
male

misjudge [mɪs'dʒʌdʒ] *vt* giudicare male

mislay [mɪs'leɪ] (*irreg*) *vt* smarrire

mislead [mɪs'liːd] (*irreg*) *vt* sviare; **~ing** *adj*
ingannevole

mismanage [mɪs'mænɪdʒ] *vt* gestire male

misplace [mɪs'pleɪs] *vt* smarrire

misprint ['mɪsprɪnt] *n* errore *m* di stampa

Miss [mɪs] *n* Signorina

miss [mɪs] *vt* (*fail to get*) perdere; (*fail to hit*)
mancare; (*fail to see*): **you can't ~ it** non
puoi non vederlo; (*regret the absence of*): **I
~ him** sento la sua mancanza ♦ *vi* mancare
♦ *n* (*shot*) colpo mancato; **~ out** (*BRIT*) *vt*
omettere

misshapen [mɪs'ʃeɪpən] *adj* deforme

missile ['mɪsaɪl] *n* (*MIL*) missile *m*; (*object
thrown*) proiettile *m*

missing ['mɪsɪŋ] *adj* perso(a), smarrito(a);
(*person*) scomparso(a); (: *after disaster, MIL*)
disperso(a); (*removed*) mancante; **to be ~**
mancare

mission ['mɪʃən] *n* missione *f*; **~ary** *n*
missionario/a

mist [mɪst] *n* nebbia, foschia ♦ *vi* (*also*: **~
over, ~ up**) annebbiarsi; (: *BRIT: windows*)
appannarsi

mistake [mɪs'teɪk] (*irreg*: *like* **take**) *n*

sbaglio, errore *m* ♦ *vt* sbagliarsi di;
fraintendere; **to make a ~** fare uno sbaglio,
sbagliare; **by ~** per sbaglio; **to ~ for**
prendere per; **mistaken** *pp of* **mistake**
♦ *adj* (*idea etc*) sbagliato(a); **to be
mistaken** sbagliarsi

mister ['mɪstə*] (*inf*) *n* signore *m*; *see* **Mr**

mistletoe ['mɪsltəu] *n* vischio

mistook [mɪs'tuk] *pt of* **mistake**

mistress ['mɪstrɪs] *n* padrona; (*lover*)
amante *f*; (*BRIT: SCOL*) insegnante *f*

mistrust [mɪs'trʌst] *vt* diffidare di

misty ['mɪstɪ] *adj* nebbioso(a), brumoso(a)

misunderstand [mɪsʌndə'stænd] (*irreg*) *vt*,
vi capire male, fraintendere; **~ing** *n*
malinteso, equivoco

misuse [*n* mɪs'juːs, *vb* mɪs'juːz] *n* cattivo uso;
(*of power*) abuso ♦ *vt* far cattivo uso di;
abusare di

mitigate ['mɪtɪgeɪt] *vt* mitigare

mitt(en) ['mɪt(n)] *n* mezzo guanto;
manopola

mix [mɪks] *vt* mescolare ♦ *vi* (*people*): **to ~
with** avere a che fare con ♦ *n* mescolanza;
preparato; **~ up** *vt* mescolare; (*confuse*)
confondere; **~ed** *adj* misto(a); **~ed-up** *adj*
(*confused*) confuso(a); **~er** *n* (*for food*:
electric) frullatore *m*; (: *hand*) frullino;
(*person*): **he is a good ~er** è molto
socievole; **~ture** *n* mescolanza; (*blend: of
tobacco etc*) miscela; (*MED*) sciroppo; **~-up**
n confusione *f*

moan [məun] *n* gemito ♦ *vi* (*inf: complain*):
to ~ (about) lamentarsi (di)

moat [məut] *n* fossato

mob [mɔb] *n* calca ♦ *vt* accalcarsi intorno a

mobile ['məubaɪl] *adj* mobile ♦ *n*
(*decoration*) mobile *m*; **~ home** *n* grande
roulotte *f inv* (utilizzata come domicilio); **~
phone** *n* telefono portatile, telefonino

mock [mɔk] *vt* deridere, burlarsi di ♦ *adj*
falso(a); **~ery** *n* derisione *f*; **to make a
~ery of** burlarsi di; (*exam*) rendere una
farsa; **~-up** *n* modello

mod [mɔd] *adj* see **convenience**

mode [məud] *n* modo

model ['mɔdl] *n* modello; (*person: for*

fashion) indossatore/trice; (: *for artist*) modello/a ♦ *adj* (*small-scale: railway etc*) in miniatura; (*child, factory*) modello *inv* ♦ *vt* modellare ♦ *vi* fare l'indossatore (*or* l'indossatrice); **to ~ clothes** presentare degli abiti

modem ['məudem] *n* modem *m inv*

moderate [*adj* 'mɔdərət, *vb* 'mɔdəreɪt] *adj* moderato(a) ♦ *vi* moderarsi, placarsi ♦ *vt* moderare

modern ['mɔdən] *adj* moderno(a); **~ize** *vt* modernizzare

modest ['mɔdɪst] *adj* modesto(a); **~y** *n* modestia

modify ['mɔdɪfaɪ] *vt* modificare

mogul ['məugl] *n* (*fig*) magnate *m*, pezzo grosso

mohair ['məuhɛə*] *n* mohair *m*

moist [mɔɪst] *adj* umido(a); **~en** ['mɔɪsn] *vt* inumidire; **~ure** ['mɔɪstʃə*] *n* umidità; (*on glass*) goccioline *fpl* di vapore; **~urizer** ['mɔɪstʃəraɪzə*] *n* idratante *f*

molar ['məulə*] *n* molare *m*

mold [məuld] (*US*) *n*, *vt* = **mould**

mole [məul] *n* (*animal, fig*) talpa; (*spot*) neo

molest [məu'lest] *vt* molestare

mollycoddle ['mɔlɪkɔdl] *vt* coccolare, vezzeggiare

molt [məult] (*US*) *vi* = **moult**

molten ['məultən] *adj* fuso(a)

mom [mɔm] (*US*) *n* = **mum**

moment ['məumənt] *n* momento, istante *m*; **at that ~** in quel momento; **at the ~** al momento, in questo momento; **~ary** *adj* momentaneo(a), passeggero(a); **~ous** [-'mentəs] *adj* di grande importanza

momentum [məu'mentəm] *n* (*PHYSICS*) momento; (*fig*) impeto; **to gather ~** aumentare di velocità

mommy ['mɔmɪ] (*US*) *n* = **mummy**

Monaco ['mɔnəkəu] *n* Principato di Monaco

monarch ['mɔnək] *n* monarca *m*; **~y** *n* monarchia

monastery ['mɔnəstərɪ] *n* monastero

Monday ['mʌndɪ] *n* lunedì *m inv*

monetary ['mʌnɪtərɪ] *adj* monetario(a)

money ['mʌnɪ] *n* denaro, soldi *mpl*; **~ belt**

n marsupio (*per soldi*); **~ order** *n* vaglia *m inv*; **~-spinner** (*inf*) *n* miniera d'oro (*fig*)

mongol ['mɔngəl] *adj*, *n* (*MED*) mongoloide *m/f*

mongrel ['mʌngrəl] *n* (*dog*) cane *m* bastardo

monitor ['mɔnɪtə*] *n* (*TV, COMPUT*) monitor *m inv* ♦ *vt* controllare

monk [mʌŋk] *n* monaco

monkey ['mʌŋkɪ] *n* scimmia; **~ nut** (*BRIT*) *n* nocciolina americana; **~ wrench** *n* chiave *f* a rullino

mono ['mɔnəu] *adj* (*recording*) (in) mono *inv*

monopoly [mə'nɔpəlɪ] *n* monopolio

monotone ['mɔnətəun] *n* pronunzia (*or* voce *f*) monotona

monotonous [mə'nɔtənəs] *adj* monotono(a)

monsoon [mɔn'su:n] *n* monsone *m*

monster ['mɔnstə*] *n* mostro

monstrous ['mɔnstrəs] *adj* mostruoso(a); (*huge*) gigantesco(a)

month [mʌnθ] *n* mese *m*; **~ly** *adj* mensile ♦ *adv* al mese; ogni mese

monument ['mɔnjumənt] *n* monumento

moo [mu:] *vi* muggire, mugghiare

mood [mu:d] *n* umore *m*; **to be in a good/bad ~** essere di buon/cattivo umore; **~y** *adj* (*variable*) capriccioso(a), lunatico(a); (*sullen*) imbronciato(a)

moon [mu:n] *n* luna; **~light** *n* chiaro di luna; **~lighting** *n* lavoro nero; **~lit** *adj*: **a ~lit night** una notte rischiarata dalla luna

Moor [muə*] *n* moro/a

moor [muə*] *n* brughiera ♦ *vt* (*ship*) ormeggiare ♦ *vi* ormeggiarsi

moorland ['muələnd] *n* brughiera

moose [mu:s] *n inv* alce *m*

mop [mɔp] *n* lavapavimenti *m inv*; (*also*: **~ of hair**) zazzera ♦ *vt* lavare con lo straccio; (*face*) asciugare; **~ up** *vt* asciugare con uno straccio

mope [məup] *vi* fare il broncio

moped ['məuped] *n* (*BRIT*) ciclomotore *m*

moral ['mɔrl] *adj* morale ♦ *n* morale *f*; **~s** *npl* (*principles*) moralità

morality [mə'rælɪtɪ] *n* moralità
morass [mə'ræs] *n* palude *f*, pantano
morbid [ˈmɔːbɪd] *adj* morboso(a)

KEYWORD

more [mɔː*] *adj* **1** (*greater in number etc*)
più; **~ people/letters than we expected**
più persone/lettere di quante ne
aspettavamo; **I have ~ wine/money than
you** ho più vino/soldi di te; **I have ~ wine
than beer** ho più vino che birra
2 (*additional*) altro(a), ancora; **do you
want (some) ~ tea?** vuole dell'altro tè?,
vuole ancora del tè?; **I have no** *or* **I don't
have any ~ money** non ho più soldi
♦ *pron* **1** (*greater amount*) più; **~ than 10**
più di 10; **it cost ~ than we expected** ha
costato più di quanto ci aspettavamo
2 (*further or additional amount*) ancora; **is
there any ~?** ce n'è ancora?; **there's no ~**
non ce n'è più; **a little ~** ancora un po';
many/much ~ molti(e)/molto(a) di più
♦ *adv*: **~ dangerous/easily (than)** più
pericoloso/facilmente (di); **~ and ~** sempre
di più; **it cost ~ than we expected** sempre più
difficile; **~ or less** più o meno; **~ than ever**
più che mai

moreover [mɔː'rəuvə*] *adv* inoltre, di più
morgue [mɔːg] *n* obitorio
morning [ˈmɔːnɪŋ] *n* mattina, mattino;
(*duration*) mattinata ♦ *cpd* del mattino; **in
the ~** la mattina; **7 o'clock in the ~** le 7 di
or della mattina; **~ sickness** *n* nausee *fpl*
mattutine
Morocco [məˈrɔkəu] *n* Marocco
moron [ˈmɔːrɔn] (*inf*) *n* deficiente *m/f*
morose [məˈrəus] *adj* cupo(a), tetro(a)
Morse [mɔːs] *n* (*also*: **~ code**) alfabeto
Morse
morsel [ˈmɔːsl] *n* boccone *m*
mortal [ˈmɔːtl] *adj* mortale ♦ *n* mortale *m*
mortgage [ˈmɔːgɪdʒ] *n* prestito ipotecario, (*loan*)
prestito ipotecario ♦ *vt* ipotecare; **~
company** (*US*) *n* società *f inv* di credito
immobiliare
mortuary [ˈmɔːtjuərɪ] *n* camera mortuaria;

obitorio
mosaic [məuˈzeɪk] *n* mosaico
Moscow [ˈmɔskəu] *n* Mosca
Moslem [ˈmɔzləm] *adj*, *n* = **Muslim**
mosque [mɔsk] *n* moschea
mosquito [mɔsˈkiːtəu] (*pl* **~es**) *n* zanzara
moss [mɔs] *n* muschio
most [məust] *adj* (*almost all*) la maggior
parte di; (*largest*, *greatest*): **who has (the)
~ money?** chi ha più soldi di tutti? ♦ *pron*
la maggior parte ♦ *adv* più; (*work, sleep
etc*) di più; (*very*) molto, estremamente;
the ~ (*also*: +*adjective*) il(la) più; **~ of** la
maggior parte di; **~ of them** quasi tutti; **I
saw (the) ~** ho visto più io; **at the (very) ~**
al massimo; **to make the ~ of** trarre il
massimo vantaggio da; **a ~ interesting
book** un libro estremamente interessante;
~ly *adv* per lo più
MOT (*BRIT*) *n abbr* (= *Ministry of Transport*):
the ~ (test) revisione annuale obbligatoria
degli autoveicoli
motel [məuˈtɛl] *n* motel *m inv*
moth [mɔθ] *n* farfalla notturna; tarma
mother [ˈmʌðə*] *n* madre *f* ♦ *vt* (*care for*)
fare da madre a; **~hood** *n* maternità; **~-
in-law** *n* suocera; **~ly** *adj* materno(a); **~-
of-pearl** [mʌðərəv'pɔːl] *n* madreperla; **~-
to-be** [mʌðətə'biː] *n* futura mamma; **~
tongue** *n* madrelingua
motion [ˈməuʃən] *n* movimento, moto;
(*gesture*) gesto; (*at meeting*) mozione *f*
♦ *vt*, *vi*: **to ~ (to) sb to do** fare cenno a qn
di fare; **~less** *adj* immobile; **~ picture** *n*
film *m inv*
motivated [ˈməutɪveɪtɪd] *adj* motivato(a)
motive [ˈməutɪv] *n* motivo
motley [ˈmɔtlɪ] *adj* eterogeneo(a), molto
vario(a)
motor [ˈməutə*] *n* motore *m*; (*BRIT: inf:
vehicle*) macchina ♦ *cpd* automobilistico(a);
~bike *n* moto *f inv*; **~boat** *n* motoscafo;
~car (*BRIT*) *n* automobile *f*; **~cycle** *n*
motocicletta; **~cyclist** *n* motociclista *m/f*;
~ing (*BRIT*) *n* turismo automobilistico; **~ist**
n automobilista *m/f*; **~ racing** (*BRIT*) *n*
corse *fpl* automobilistiche; **~way** (*BRIT*) *n*

autostrada

mottled ['mɔtld] *adj* chiazzato(a), marezzato(a)

motto ['mɔtəu] (*pl* **~es**) *n* motto

mould [məuld] (*US* **mold**) *n* forma, stampo; (*mildew*) muffa ♦ *vt* formare; (*fig*) foggiare; **~y** *adj* ammuffito(a); (*smell*) di muffa

moult [məult] (*US* **molt**) *vi* far la muta

mound [maund] *n* rialzo, collinetta; (*heap*) mucchio

mount [maunt] *n* (*GEO*) monte *m* ♦ *vt* montare; (*horse*) montare a ♦ *vi* (*increase*) aumentare; **~ up** *vi* (*build up*) accumularsi

mountain ['mauntɪn] *n* montagna ♦ *cpd* di montagna; **~ bike** *n* mountain bike *f inv*; **~eer** [-'nɪə*] *n* alpinista *m/f*; **~eering** [-'nɪərɪŋ] *n* alpinismo; **~ous** *adj* montagnoso(a); **~ rescue team** *n* squadra di soccorso alpino; **~side** *n* fianco della montagna

mourn [mɔːn] *vt* piangere, lamentare ♦ *vi*: **to ~ (for sb)** piangere (la morte di qn); **~er** *n* parente *m/f or* amico/a del defunto; **~ing** *n* lutto; **in ~ing** in lutto

mouse [maus] (*pl* **mice**) *n* topo; (*COMPUT*) mouse *m inv*; **~trap** *n* trappola per i topi

mousse [muːs] *n* mousse *f inv*

moustache [məs'tɑːʃ] (*US* **mustache**) *n* baffi *mpl*

mousy ['mausɪ] *adj* (*hair*) né chiaro(a) né scuro(a)

mouth [mauθ, *pl* mauðz] *n* bocca; (*of river*) bocca, foce *f*; (*opening*) orifizio; **~ful** *n* boccata; **~ organ** *n* armonica; **~piece** *n* (*of musical instrument*) imboccatura, bocchino; (*spokesman*) portavoce *m/f inv*; **~wash** *n* collutorio; **~-watering** *adj* che fa venire l'acquolina in bocca

movable ['muːvəbl] *adj* mobile

move [muːv] *n* (*movement*) movimento; (*in game*) mossa; (: *turn to play*) turno; (*change: of house*) trasloco; (: *of job*) cambiamento ♦ *vt* muovere, spostare; (*emotionally*) commuovere; (*POL: resolution etc*) proporre ♦ *vi* (*gen*) muoversi, spostarsi; (*also: ~ house*) cambiar casa, traslocare; **to get a ~ on** affrettarsi, sbrigarsi; **to ~ sb to**

do sth indurre *or* spingere qn a fare qc; **to ~ towards** andare verso; **~ about** *or* **around** *vi* spostarsi; **~ along** *vi* muoversi avanti; **~ away** *vi* allontanarsi, andarsene; **~ back** *vi* (*return*) ritornare; **~ forward** *vi* avanzare; **~ in** *vi* (*to a house*) entrare (in una nuova casa); (*police etc*) intervenire; **~ on** *vi* riprendere la strada; **~ out** *vi* (*of house*) sgombrare; **~ over** *vi* spostarsi; **~ up** *vi* avanzare

moveable ['muːvəbl] *adj* = **movable**

movement ['muːvmənt] *n* (*gen*) movimento; (*gesture*) gesto; (*of stars, water, physical*) moto

movie ['muːvɪ] *n* film *m inv*; **the ~s** il cinema

moviecamera *n* cinepresa

moving ['muːvɪŋ] *adj* mobile; (*causing emotion*) commovente

mow [məu] (*pt* **mowed**, *pp* **mowed** *or* **mown**) *vt* (*grass*) tagliare; (*corn*) mietere; **~ down** *vt* falciare; **~er** *n* (*also: **lawn-mower**) tagliaerba *m inv*

MP *n abbr* = **Member of Parliament**

m.p.h. *n abbr* = **miles per hour** (60 m.p.h. = 96 km/h)

Mr ['mɪstə*] (*US* **Mr.**) *n*: **~ X** Signor X, Sig. X

Mrs ['mɪsɪz] (*US* **Mrs.**) *n*: **~ X** Signora X, Sig.ra X

Ms [mɪz] (*US* **Ms.**) *n* (= *Miss or Mrs*): **~ X** ≈ Signora X, Sig.ra X

M.Sc. *abbr* = **Master of Science**

KEYWORD

much [mʌtʃ] *adj, pron* molto(a); **he's done so ~ work** ha lavorato così tanto; **I have as ~ money as you** ho tanti soldi quanti ne hai tu; **how ~ is it?** quant'è?; **it costs too ~** costa troppo; **as ~ as you want** quanto vuoi

♦ *adv* 1 (*greatly*) molto, tanto; **thank you very ~** molte grazie; **he's very ~ the gentleman** è il vero gentiluomo; **I read as ~ as I can** leggo quanto posso; **as ~ as you** tanto quanto te

2 (*by far*) molto; **it's ~ the biggest company in Europe** è di gran lunga la più

grossa società in Europa

3 (*almost*) grossomodo, praticamente;
they're ~ the same sono praticamente
uguali

---

muck [mʌk] *n* (*dirt*) sporcizia; **~ about** *or*
around (*inf*) *vi* fare lo stupido; (*waste
time*) gingillarsi; **~ up** (*inf*) *vt* (*ruin*)
rovinare

mud [mʌd] *n* fango

muddle ['mʌdl] *n* confusione *f*, disordine
m; pasticcio ♦ *vt* (*also:* **~ up**) confondere;
~ through *vi* cavarsela alla meno peggio

muddy ['mʌdɪ] *adj* fangoso(a)

mudguard ['mʌdgɑːd] *n* parafango

muesli ['mjuːzlɪ] *n* muesli *m*

muffin ['mʌfɪn] *n* specie di pasticcino soffice
da tè

muffle ['mʌfl] *vt* (*sound*) smorzare, attutire;
(*against cold*) imbacuccare

muffler ['mʌflə*] (*US*) *n* (*AUT*) marmitta;
(: *on motorbike*) silenziatore *m*

mug [mʌg] *n* (*cup*) tazzone *m*; (*for beer*)
boccale *m*; (*inf: face*) muso; (: *fool*) scemo/
a ♦ *vt* (*assault*) assalire; **~ging** *n* assalto

muggy ['mʌgɪ] *adj* afoso(a)

mule [mjuːl] *n* mulo

multi-level ['mʌltɪ-] (*US*) *adj* = **multistorey**

multiple ['mʌltɪpl] *adj* multiplo(a);
molteplice ♦ *n* multiplo; **~ sclerosis** *n*
sclerosi *f* a placche

multiplex cinema ['mʌltɪpleks-] *n* cinema
m inv multisala *inv*

multiplication [mʌltɪplɪ'keɪʃən] *n*
moltiplicazione *f*

multiply ['mʌltɪplaɪ] *vt* moltiplicare ♦ *vi*
moltiplicarsi

multistorey ['mʌltɪ'stɔːrɪ] (*BRIT*) *adj*
(*building, car park*) a più piani

mum [mʌm] (*BRIT: inf*) *n* mamma ♦ *adj*: **to
keep ~** non aprire bocca

mumble ['mʌmbl] *vt, vi* borbottare

mummy ['mʌmɪ] *n* (*BRIT: mother*) mamma;
(*embalmed*) mummia

mumps [mʌmps] *n* orecchioni *mpl*

munch [mʌntʃ] *vt, vi* sgranocchiare

mundane [mʌn'deɪn] *adj* terra a terra *inv*

municipal [mjuː'nɪsɪpl] *adj* municipale

mural ['mjuərl] *n* dipinto murale

murder ['məːdə*] *n* assassinio, omicidio ♦ *vt*
assassinare; **~er** *n* omicida *m*, assassino;
~ous *adj* omicida

murky ['məːkɪ] *adj* tenebroso(a)

murmur ['məːmə*] *n* mormorio ♦ *vt, vi*
mormorare

muscle ['mʌsl] *n* muscolo; (*fig*) forza; **~ in**
vi immischiarsi

muscular ['mʌskjulə*] *adj* muscolare;
(*person, arm*) muscoloso(a)

muse [mjuːz] *vi* meditare, sognare ♦ *n*
musa

museum [mjuː'zɪəm] *n* museo

mushroom ['mʌʃrum] *n* fungo ♦ *vi*
crescere in fretta

music ['mjuːzɪk] *n* musica; **~al** *adj* musicale;
(*person*) portato(a) per la musica ♦ *n*
(*show*) commedia musicale; **~al
instrument** *n* strumento musicale; **~ hall**
n teatro di varietà; **~ian** [-'zɪʃən] *n*
musicista *m/f*

Muslim ['mʌzlɪm] *adj, n* musulmano(a)

muslin ['mʌzlɪn] *n* mussola

mussel ['mʌsl] *n* cozza

must [mʌst] *aux vb* (*obligation*): **I ~ do it**
devo farlo; (*probability*): **he ~ be there by
now** dovrebbe essere arrivato ormai; **I ~
have made a mistake** devo essermi
sbagliato ♦ *n*: **it's a ~** è d'obbligo

mustache ['mʌstæʃ] (*US*) *n* = **moustache**

mustard ['mʌstəd] *n* senape *f*, mostarda

muster ['mʌstə*] *vt* radunare

mustn't ['mʌsnt] = **must not**

musty ['mʌstɪ] *adj* che sa di muffa *or* di
rinchiuso

mute [mjuːt] *adj, n* muto(a)

muted ['mjuːtɪd] *adj* smorzato(a)

mutiny ['mjuːtɪnɪ] *n* ammutinamento

mutter ['mʌtə*] *vt, vi* borbottare, brontolare

mutton ['mʌtn] *n* carne *f* di montone

mutual ['mjuːtʃuəl] *adj* mutuo(a),
reciproco(a); **~ly** *adv* reciprocamente

muzzle ['mʌzl] *n* muso; (*protective device*)
museruola; (*of gun*) bocca ♦ *vt* mettere la
museruola a

my [maɪ] *adj* il(la) mio(a), *pl* i(le) miei(mie); **~ house** la mia casa; **~ books** i miei libri; **~ brother** mio fratello; **I've washed ~ hair/cut ~ finger** mi sono lavato i capelli/tagliato il dito

myself [maɪˈsɛlf] *pron* (*reflexive*) mi; (*emphatic*) io stesso(a); (*after prep*) me; *see also* **oneself**

mysterious [mɪsˈtɪərɪəs] *adj* misterioso(a)

mystery [ˈmɪstərɪ] *n* mistero

mystify [ˈmɪstɪfaɪ] *vt* mistificare; (*puzzle*) confondere

mystique [mɪsˈtiːk] *n* fascino

myth [mɪθ] *n* mito

mythology [mɪˈθɔlədʒɪ] *n* mitologia

N, n

n/a *abbr* = **not applicable**

nag [næg] *vt* tormentare ♦ *vi* brontolare in continuazione; **~ging** *adj* (*doubt, pain*) persistente

nail [neɪl] *n* (*human*) unghia; (*metal*) chiodo ♦ *vt* inchiodare; **to ~ sb down to (doing) sth** costringere qn a (fare) qc; **~brush** *n* spazzolino da *or* per unghie; **~file** *n* lima da *or* per unghie; **~ polish** *n* smalto da *or* per unghie; **~ polish remover** *n* acetone *m*, solvente *m*; **~ scissors** *npl* forbici *fpl* da *or* per unghie; **~ varnish** (*BRIT*) *n* = **~ polish**

naïve [naɪˈiːv] *adj* ingenuo(a)

naked [ˈneɪkɪd] *adj* nudo(a)

name [neɪm] *n* nome *m*; (*reputation*) nome, reputazione *f* ♦ *vt* (*baby etc*) chiamare; (*plant, illness*) nominare; (*person, object*) identificare; (*price, date*) fissare; **what's your ~?** come si chiama?; **by ~** di nome; **she knows them all by ~** li conosce tutti per nome; **~ly** *adv* cioè; **~sake** *n* omonimo

nanny [ˈnænɪ] *n* bambinaia

nap [næp] *n* (*sleep*) pisolino; (*of cloth*) peluria; **to be caught ~ping** essere preso alla sprovvista

nape [neɪp] *n*: **~ of the neck** nuca

napkin [ˈnæpkɪn] *n* (*also*: **table ~**) tovagliolo

nappy [ˈnæpɪ] (*BRIT*) *n* pannolino; **~ rash** *n* arrossamento (causato dal pannolino)

narcissus [nɑːˈsɪsəs] (*pl* **narcissi**) *n* narciso

narcotic [nɑːˈkɔtɪk] *n* narcotico ♦ *adj* narcotico(a)

narrative [ˈnærətɪv] *n* narrativa

narrow [ˈnærəu] *adj* stretto(a); (*fig*) limitato(a), ristretto(a) ♦ *vi* restringersi; **to have a ~ escape** farcela per un pelo; **to ~ sth down to** ridurre qc a; **~ly** *adv* per un pelo; (*time*) per poco; **~-minded** *adj* meschino(a)

nasty [ˈnɑːstɪ] *adj* (*person, remark: unpleasant*) cattivo(a); (: *rude*) villano(a); (*smell, wound, situation*) brutto(a)

nation [ˈneɪʃən] *n* nazione *f*

national [ˈnæʃənl] *adj* nazionale ♦ *n* cittadino/a; **~ dress** *n* costume *m* nazionale; **N~ Health Service** (*BRIT*) *n* servizio nazionale di assistenza sanitaria, ≈ S.S.N. *m*; **N~ Insurance** (*BRIT*) *n* ≈ Previdenza Sociale; **~ism** *n* nazionalismo; **~ity** [-ˈnælɪtɪ] *n* nazionalità *f inv*; **~ize** *vt* nazionalizzare; **~ly** *adv* a livello nazionale; **~ park** *n* parco nazionale

---

National Trust

Fondato nel 1895, il **National Trust** *è un'organizzazione che si occupa della tutela e della salvaguardia di luoghi di interesse storico o ambientale*

---

nationwide [ˈneɪʃənwaɪd] *adj* diffuso(a) in tutto il paese ♦ *adv* in tutto il paese

native [ˈneɪtɪv] *n* abitante *m/f* del paese ♦ *adj* indigeno(a); (*country*) natio(a); (*ability*) innato(a); **a ~ of Russia** un nativo della Russia; **a ~ speaker of French** una persona di madrelingua francese; **N~ American** *n* discendente di tribù dell'America settentrionale; **~ language** *n* madrelingua

Nativity [nəˈtɪvɪtɪ] *n*: **the ~** la Natività

NATO [ˈneɪtəu] *n abbr* (= *North Atlantic Treaty Organization*) N.A.T.O. *f*

natural [ˈnætʃrəl] *adj* naturale; (*ability*)

innato(a); (*manner*) semplice; ~ **gas** *n* gas
m metano; **~ly** *adv* naturalmente; (*by
nature*: *gifted*) di natura
nature ['neɪtʃə*] *n* natura; (*character*)
natura, indole *f*; **by ~** di natura
naught [nɔːt] *n* = **nought**
naughty ['nɔːtɪ] *adj* (*child*) birichino(a),
cattivello(a); (*story*, *film*) spinto(a)
nausea ['nɔːsɪə] *n* (*MED*) nausea; (*fig*:
disgust) schifo
nautical ['nɔːtɪkl] *adj* nautico(a)
naval ['neɪvl] *adj* navale; ~ **officer** *n*
ufficiale *m* di marina
nave [neɪv] *n* navata centrale
navel ['neɪvl] *n* ombelico
navigate ['nævɪgeɪt] *vt* percorrere
navigando ♦ *vi* navigare; (*AUT*) fare da
navigatore; **navigation** [-'geɪʃən] *n*
navigazione *f*; **navigator** *n* (*NAUT*, *AVIAT*)
ufficiale *m* di rotta; (*explorer*) navigatore *m*;
(*AUT*) copilota *m/f*
navvy ['nævɪ] (*BRIT*) *n* manovale *m*
navy ['neɪvɪ] *n* marina; **~(-blue)** *adj* blu
scuro *inv*
Nazi ['nɑːtsɪ] *n* nazista *m/f*
NB *abbr* (= *nota bene*) N.B.
near [nɪə*] *adj* vicino(a); (*relation*)
prossimo(a) ♦ *adv* vicino ♦ *prep* (*also*: ~ **to**)
vicino a, presso; (: *time*) verso ♦ *vt*
avvicinarsi a; **~by** [nɪə'baɪ] *adj* vicino(a)
♦ *adv* vicino; **~ly** *adv* quasi; **I ~ly fell** per
poco non sono caduto; ~ **miss** *n*: **that
was a ~ miss** c'è mancato poco; **~side** *n*
(*AUT*: *in Britain*) lato sinistro; (: *in US*, *Europe
etc*) lato destro; **~-sighted** [nɪə'saɪtɪd] *adj*
miope
neat [niːt] *adj* (*person*, *room*) ordinato(a);
(*work*) pulito(a); (*solution*, *plan*) ben
indovinato(a), azzeccato(a); (*spirits*)
liscio(a); **~ly** *adv* con ordine; (*skilfully*)
abilmente
necessarily ['nɛsɪsrɪlɪ] *adv* necessariamente
necessary ['nɛsɪsrɪ] *adj* necessario(a)
necessity [nɪ'sɛsɪtɪ] *n* necessità *f inv*
neck [nɛk] *n* collo; (*of garment*) colletto ♦ *vi*
(*inf*) pomiciare, sbaciucchiarsi; ~ **and ~**
testa a testa

necklace ['nɛklɪs] *n* collana
neckline ['nɛklaɪn] *n* scollatura
necktie ['nɛktaɪ] *n* cravatta
née [neɪ] *adj*: ~ **Scott** nata Scott
need [niːd] *n* bisogno ♦ *vt* aver bisogno di;
to ~ to do dover fare; aver bisogno di fare;
you don't ~ to go non devi andare, non
c'è bisogno che tu vada
needle ['niːdl] *n* ago; (*on record player*)
puntina ♦ *vt* punzecchiare
needless ['niːdlɪs] *adj* inutile
needlework ['niːdlwəːk] *n* cucito
needn't ['niːdnt] = **need not**
needy ['niːdɪ] *adj* bisognoso(a)
negative ['nɛgətɪv] *n* (*LING*) negazione *f*;
(*PHOT*) negativo ♦ *adj* negativo(a); ~
equity *n* situazione in cui l'ammontare
del mutuo su un immobile supera il suo
valore sul mercato
neglect [nɪ'glɛkt] *vt* trascurare ♦ *n* (*of
person*, *duty*) negligenza; (*of child*, *house
etc*) scarsa cura; **state of ~** stato di
abbandono
negligence ['nɛglɪdʒəns] *n* negligenza
negligible ['nɛglɪdʒɪbl] *adj* insignificante,
trascurabile
negotiable [nɪ'gəʊʃɪəbl] *adj* (*cheque*)
trasferibile
negotiate [nɪ'gəʊʃɪeɪt] *vi*: **to ~ (with)**
negoziare (con) ♦ *vt* (*COMM*) negoziare;
(*obstacle*) superare; **negotiation** [-'eɪʃən] *n*
negoziato, trattativa
Negro ['niːgrəʊ] (*pl* **~es**) *n* negro(a)
neigh [neɪ] *vi* nitrire
neighbour ['neɪbə*] (*US* **neighbor**) *n*
vicino/a; **~hood** *n* vicinato; **~ing** *adj*
vicino(a); **~ly** *adj*: **he is a ~ly person** è un
buon vicino
neither ['naɪðə*] *adj*, *pron* né l'uno(a) né
l'altro(a), nessuno(a) dei(delle) due ♦ *conj*
neanche, nemmeno, neppure ♦ *adv*: ~
good nor bad né buono né cattivo; **I
didn't move and ~ did Claude** io non mi
mossi e nemmeno Claude; **...,** ~ **did I
refuse ...,** ma non ho nemmeno rifiutato
neon light ['niːɔn-] *n* luce *f* al neon
nephew ['nɛvjuː] *n* nipote *m*

nerve [nəːv] *n* nervo; (*fig*) coraggio; (*impudence*) faccia tosta; **a fit of ~s** una crisi di nervi; **~-racking** *adj* che spezza i nervi

nervous ['nəːvəs] *adj* nervoso(a); (*anxious*) agitato(a), in apprensione; **~ breakdown** *n* esaurimento nervoso

nest [nɛst] *n* nido ♦ *vi* fare il nido, nidificare; **~ egg** *n* (*fig*) gruzzolo

nestle ['nɛsl] *vi* accoccolarsi

net [nɛt] *n* rete *f* ♦ *adj* netto(a) ♦ *vt* (*fish etc*) prendere con la rete; (*profit*) ricavare un utile netto di; **~ball** *n* specie di pallacanestro

Netherlands ['nɛðələndz] *npl*: **the ~** i Paesi Bassi

nett [nɛt] *adj* = **net**

netting ['nɛtɪŋ] *n* (*for fence etc*) reticolato

nettle ['nɛtl] *n* ortica

network ['nɛtwəːk] *n* rete *f*

neurotic [njuə'rɔtɪk] *adj*, *n* nevrotico(a)

neuter ['njuːtə*] *adj* neutro(a) ♦ *vt* (*cat etc*) castrare

neutral ['njuːtrəl] *adj* neutro(a); (*person, nation*) neutrale ♦ *n* (*AUT*): **in ~** in folle; **~ize** *vt* neutralizzare

never ['nɛvə*] *adv* (non...) mai; **~ again** mai più; **I'll ~ go there again** non ci vado più; **~ in my life** mai in vita mia; *see also* **mind**; **~-ending** *adj* interminabile; **~theless** [nɛvəðə'lɛs] *adv* tuttavia, ciò nonostante, ciò nondimeno

new [njuː] *adj* nuovo(a); (*brand new*) nuovo(a) di zecca; **N~ Age** *n* New Age *f inv*; **~born** *adj* neonato(a); **~comer** ['njuːkʌmə*] *n* nuovo(a) venuto(a); **~-fangled** ['njuːfæŋgld] (*pej*) *adj* stramoderno(a); **~-found** *adj* nuovo(a); **~ly** *adv* di recente; **~ly-weds** *npl* sposini *mpl*, sposi *mpl* novelli

news [njuːz] *n* notizie *fpl*; (*RADIO*) giornale *m* radio; (*TV*) telegiornale *m*; **a piece of ~** una notizia; **~ agency** *n* agenzia di stampa; **~agent** (*BRIT*) *n* giornalaio; **~caster** *n* (*RADIO*, *TV*) annunciatore/trice; **~ flash** *n* notizia *f* lampo *inv*; **~letter** *n* bollettino; **~paper** *n* giornale *m*; **~print** *n*

carta da giornale; **~reader** *n* = **~caster**; **~reel** *n* cinegiornale *m*; **~ stand** *n* edicola

newt [njuːt] *n* tritone *m*

New Year *n* Anno Nuovo; **~'s Day** *n* il Capodanno; **~'s Eve** *n* la vigilia di Capodanno

New York [-'jɔːk] *n* New York *f*

New Zealand [-'ziːlənd] *n* Nuova Zelanda; **~er** *n* neozelandese *m/f*

next [nɛkst] *adj* prossimo(a) ♦ *adv* accanto; (*in time*) dopo; **the ~ day** il giorno dopo, l'indomani; **~ time** la prossima volta; **~ year** l'anno prossimo; **when do we meet ~?** quando ci rincontriamo?; **~ to** accanto a; **~ to nothing** quasi niente; **~ please!** (*avanti*) il prossimo!; **~ door** *adv*, *adj* accanto *inv*; **~-of-kin** *n* parente *m/f* prossimo(a)

NHS *n abbr* = **National Health Service**

nib [nɪb] *n* (*of pen*) pennino

nibble ['nɪbl] *vt* mordicchiare

Nicaragua [nɪkə'ræɡjuə] *n* Nicaragua *m*

nice [naɪs] *adj* (*holiday, trip*) piacevole; (*flat, picture*) bello(a); (*person*) simpatico(a), gentile; **~ly** *adv* bene

niceties ['naɪsɪtɪz] *npl* finezze *fpl*

nick [nɪk] *n* tacca; tacca ♦ *vt* (*inf*) rubare; **in the ~ of time** appena in tempo

nickel ['nɪkl] *n* nichel *m*; (*US*) moneta da cinque centesimi di dollaro

nickname ['nɪkneɪm] *n* soprannome *m*

niece [niːs] *n* nipote *f*

Nigeria [naɪ'dʒɪərɪə] *n* Nigeria

niggling ['nɪɡlɪŋ] *adj* insignificante; (*annoying*) irritante

night [naɪt] *n* notte *f*; (*evening*) sera; **at ~** la sera; **by ~** di notte; **the ~ before last** l'altro ieri notte (*or* sera); **~cap** *n* bicchierino prima di andare a letto; **~ club** *n* locale *m* notturno; **~dress** *n* camicia da notte; **~fall** *n* crepuscolo; **~gown** *n* = **~dress**; **~ie** ['naɪtɪ] *n* = **~dress**

nightingale ['naɪtɪŋɡeɪl] *n* usignolo

nightlife ['naɪtlaɪf] *n* vita notturna

nightly ['naɪtlɪ] *adj* di ogni notte *or* sera; (*by night*) notturno(a) ♦ *adv* ogni notte *or* sera

nightmare ['naɪtmɛə*] *n* incubo

night: ~ **porter** *n* portiere *m* di notte; ~ **school** *n* scuola serale; ~ **shift** *n* turno di notte; ~**-time** *n* notte *f*

nil [nɪl] *n* nulla *m*; (*BRIT: SPORT*) zero

Nile [naɪl] *n*: **the** ~ il Nilo

nimble ['nɪmbl] *adj* agile

nine [naɪn] *num* nove; ~**teen** *num* diciannove; ~**ty** *num* novanta

ninth [naɪnθ] *adj* nono(a)

nip [nɪp] *vt* pizzicare; (*bite*) mordere

nipple ['nɪpl] *n* (*ANAT*) capezzolo

nitrogen ['naɪtrədʒən] *n* azoto

KEYWORD

no [nəu] (*pl* ~**es**) *adv* (*opposite of "yes"*) no; **are you coming? – ~ (I'm not)** viene? — no (non vengo); **would you like some more? – ~ thank you** ne vuole ancora un po'? — no, grazie

♦ *adj* (*not any*) nessuno(a); **I have ~ money/time/books** non ho soldi/tempo/libri; ~ **student would have done it** nessuno studente lo avrebbe fatto; **"~ parking"** "divieto di sosta"; **"~ smoking"** "vietato fumare"

♦ *n* no *m inv*

---

nobility [nəu'bɪlɪtɪ] *n* nobiltà

noble ['nəubl] *adj* nobile

nobody ['nəubədɪ] *pron* nessuno

nod [nɔd] *vi* accennare col capo, fare un cenno; (*in agreement*) annuire con un cenno del capo; (*sleep*) sonnecchiare ♦ *vt*: **to ~ one's head** fare di sì col capo ♦ *n* cenno; ~ **off** *vi* assopirsi

noise [nɔɪz] *n* rumore *m*; (*din, racket*) chiasso; **noisy** *adj* (*street, car*) rumoroso(a); (*person*) chiassoso(a)

nominal ['nɔmɪnl] *adj* nominale; (*rent*) simbolico(a)

nominate ['nɔmɪneɪt] *vt* (*propose*) proporre come candidato; (*elect*) nominare

nominee [nɔmɪ'niː] *n* persona nominata; candidato/a

non... [nɔn] *prefix* non...; ~**-alcoholic** *adj* analcolico(a)

nonchalant ['nɔnʃələnt] *adj* disinvolto(a), noncurante

non-committal ['nɔnkə'mɪtl] *adj* evasivo(a)

nondescript ['nɔndɪskrɪpt] *adj* qualunque *inv*

none [nʌn] *pron* (*not one thing*) niente; (*not one person*) nessuno(a); ~ **of you** nessuno(a) di voi; **I've ~ left** non ne ho più; **he's ~ the worse for it** non ne ha risentito

nonentity [nɔ'nentɪtɪ] *n* persona insignificante

nonetheless [nʌnðə'les] *adv* nondimeno

non-existent [-ɪg'zɪstənt] *adj* inesistente

non-fiction *n* saggistica

nonplussed [nɔn'plʌst] *adj* sconcertato(a)

nonsense ['nɔnsəns] *n* sciocchezze *fpl*

non: ~**-smoker** *n* non fumatore/trice; ~**-smoking** *adj* (*person*) che non fuma; (*area, section*) per non fumatori; ~**-stick** *adj* antiaderente, antiadesivo(a); ~**-stop** *adj* continuo(a); (*train, bus*) direttissimo(a) ♦ *adv* senza sosta

noodles ['nuːdlz] *npl* taglierini *mpl*

nook [nuk] *n*: ~**s and crannies** angoli *mpl*

noon [nuːn] *n* mezzogiorno

no one ['nəuwʌn] *pron* = **nobody**

noose [nuːs] *n* nodo scorsoio; (*hangman's*) cappio

nor [nɔː*] *conj* = **neither** ♦ *adv see* **neither**

norm [nɔːm] *n* norma

normal ['nɔːml] *adj* normale; ~**ly** *adv* normalmente

north [nɔːθ] *n* nord *m*, settentrione *m* ♦ *adj* nord *inv*, del nord, settentrionale ♦ *adv* verso nord; **N~ America** *n* America del Nord; ~**-east** *n* nord-est *m*; ~**erly** ['nɔːðəlɪ] *adj* (*point, direction*) verso nord; ~**ern** ['nɔːðən] *adj* del nord, settentrionale; **N~ern Ireland** *n* Irlanda del Nord; **N~ Pole** *n* Polo Nord; **N~ Sea** *n* Mare *m* del Nord; ~**ward(s)** ['nɔːθwəd(z)] *adv* verso nord; ~**-west** *n* nord-ovest *m*

Norway ['nɔːweɪ] *n* Norvegia

Norwegian [nɔː'wiːdʒən] *adj* norvegese ♦ *n* norvegese *m/f*; (*LING*) norvegese *m*

nose [nəuz] *n* naso; (*of animal*) muso ♦ *vi*:

to ~ about aggirarsi; **~bleed** *n* emorragia nasale; **~-dive** *n* picchiata; **~y** (*inf*) *adj* = **nosy**

nostalgia [nɔs'tældʒɪə] *n* nostalgia

nostril ['nɔstrɪl] *n* narice *f*; (*of horse*) frogia

nosy ['nəʊzɪ] (*inf*) *adj* curioso(a)

not [nɔt] *adv* non; **he is ~** *or* **isn't here** non è qui, non c'è; **you must ~** *or* **you mustn't do that** non devi fare quello; **it's too late, isn't it** *or* **is it ~?** è troppo tardi, vero?; **~ that I don't like him** non che (lui) non mi piaccia; **~ yet/now** non ancora/ora; *see also* **all**; **only**

notably ['nəʊtəblɪ] *adv* (*markedly*) notevolmente; (*particularly*) in particolare

notary ['nəʊtərɪ] *n* notaio

notch [nɔtʃ] *n* tacca; (*in saw*) dente *m*

note [nəʊt] *n* nota; (*letter, banknote*) biglietto ♦ *vt* (*also:* **~ down**) prendere nota di; **to take ~s** prendere appunti; **~book** *n* taccuino; **~d** ['nəʊtɪd] *adj* celebre; **~pad** *n* bloc-notes *m inv*; **~paper** *n* carta da lettere

nothing ['nʌθɪŋ] *n* nulla *m*, niente *m*; (*zero*) zero; **he does ~** non fa niente; **~ new/ much** *etc* niente di nuovo/speciale *etc*; **for ~** per niente

notice ['nəʊtɪs] *n* avviso; (*of leaving*) preavviso ♦ *vt* notare, accorgersi di; **to take ~ of** fare attenzione a; **to bring sth to sb's ~** far notare qc a qn; **at short ~** con un breve preavviso; **until further ~** fino a nuovo avviso; **to hand in one's ~** licenziarsi; **~able** *adj* evidente; **~ board** (*BRIT*) *n* tabellone *m* per affissi

notify ['nəʊtɪfaɪ] *vt*: **to ~ sth to sb** far sapere qc a qn; **to ~ sb of sth** avvisare qn di qc

notion ['nəʊʃən] *n* idea; (*concept*) nozione *f*

notorious [nəʊ'tɔ:rɪəs] *adj* famigerato(a)

nougat ['nu:gɑ:] *n* torrone *m*

nought [nɔ:t] *n* zero

noun [naʊn] *n* nome *m*, sostantivo

nourish ['nʌrɪʃ] *vt* nutrire

novel ['nɔvl] *n* romanzo ♦ *adj* nuovo(a); **~ist** *n* romanziere/a; **~ty** *n* novità *f inv*

November [nəʊ'vɛmbə*] *n* novembre *m*

novice ['nɔvɪs] *n* principiante *m/f*; (*REL*) novizio/a

now [naʊ] *adv* ora, adesso ♦ *conj*: **~ (that)** adesso che, ora che; **by ~** ormai; **just ~** proprio ora; **right ~** subito, immediatamente; **~ and then, ~ and again** ogni tanto; **from ~ on** da ora in poi; **~adays** ['naʊədeɪz] *adv* oggidì

nowhere ['nəʊwɛə*] *adv* in nessun luogo, da nessuna parte

nozzle ['nɔzl] *n* (*of hose etc*) boccaglio; (*of fire extinguisher*) lancia

nuance ['nju:ɑ:ns] *n* sfumatura

nuclear ['nju:klɪə*] *adj* nucleare

nucleus ['nju:klɪəs] (*pl* **nuclei**) *n* nucleo

nude [nju:d] *adj* nudo(a) ♦ *n* (*ART*) nudo; **in the ~** tutto(a) nudo(a)

nudge [nʌdʒ] *vt* dare una gomitata a

nudist ['nju:dɪst] *n* nudista *m/f*

nuisance ['nju:sns] *n*: **it's a ~** è una seccatura; **he's a ~** è uno scocciatore

null [nʌl] *adj*: **~ and void** nullo(a)

numb [nʌm] *adj*: **~ (with)** intorpidito(a) (da); (*with fear*) impietrito(a) (da); **~ with cold** intirizzito(a) (dal freddo)

number ['nʌmbə*] *n* numero ♦ *vt* numerare; (*include*) contare; **a ~ of** un certo numero di; **to be ~ed among** venire annoverato(a) tra; **they were 10 in ~** erano in tutto 10; **~ plate** (*BRIT*) *n* (*AUT*) targa

numeral ['nju:mərəl] *n* numero, cifra

numerate ['nju:mərɪt] *adj*: **to be ~** avere nozioni di aritmetica

numerical [nju:'mɛrɪkl] *adj* numerico(a)

numerous ['nju:mərəs] *adj* numeroso(a)

nun [nʌn] *n* suora, monaca

nurse [nə:s] *n* infermiere/a; (*also:* **~maid**) bambinaia ♦ *vt* (*patient, cold*) curare; (*baby: BRIT*) cullare; (*: US*) allattare, dare il latte a

nursery ['nə:sərɪ] *n* (*room*) camera dei bambini; (*institution*) asilo; (*for plants*) vivaio; **~ rhyme** *n* filastrocca; **~ school** *n* scuola materna; **~ slope** (*BRIT*) *n* (*SKI*) pista per principianti

nursing ['nə:sɪŋ] *n* (*profession*) professione *f* di infermiere (*or* di infermiera); (*care*) cura; **~ home** *n* casa di cura

nurture ['nəːtʃə*] *vt* allevare; nutrire
nut [nʌt] *n* (*of metal*) dado; (*fruit*) noce *f*; **~crackers** *npl* schiaccianoci *m inv*
nutmeg ['nʌtmɛg] *n* noce *f* moscata
nutritious [njuː'trɪʃəs] *adj* nutriente
nuts [nʌts] (*inf*) *adj* matto(a)
nutshell ['nʌtʃɛl] *n*: **in a ~** in poche parole
nylon ['naɪlɔn] *n* nailon *m* ♦ *adj* di nailon

O, o

oak [əuk] *n* quercia ♦ *adj* di quercia
O.A.P. (*BRIT*) *n abbr* = **old age pensioner**
oar [ɔː*] *n* remo
oasis [əu'eɪsɪs] (*pl* **oases**) *n* oasi *f inv*
oath [əuθ] *n* giuramento; (*swear word*) bestemmia
oatmeal ['əutmiːl] *n* farina d'avena
oats [əuts] *npl* avena
obedience [ə'biːdɪəns] *n* ubbidienza
obedient [ə'biːdɪənt] *adj* ubbidiente
obey [ə'beɪ] *vt* ubbidire a; (*instructions, regulations*) osservare
obituary [ə'bɪtjuərɪ] *n* necrologia
object [*n* 'ɔbdʒɪkt, *vb* əb'dʒɛkt] *n* oggetto; (*purpose*) scopo, intento; (*LING*) complemento oggetto ♦ *vi*: **to ~ to** (*attitude*) disapprovare; (*proposal*) protestare contro, sollevare delle obiezioni contro; **expense is no ~** non si bada a spese; **to ~ that** obiettare che; **I ~!** mi oppongo!; **~ion** [əb'dʒɛkʃən] *n* obiezione *f*; **~ionable** [əb'dʒɛkʃənəbl] *adj* antipatico(a); (*language*) scostumato(a); **~ive** *n* obiettivo
obligation [ɔblɪ'geɪʃən] *n* obbligo, dovere *m*; **without ~** senza impegno
oblige [ə'blaɪdʒ] *vt* (*force*): **to ~ sb to do** costringere qn a fare; (*do a favour*) fare una cortesia a; **to be ~d to sb for sth** essere grato a qn per qc; **obliging** *adj* servizievole, compiacente
oblique [ə'bliːk] *adj* obliquo(a); (*allusion*) indiretto(a)
obliterate [ə'blɪtəreɪt] *vt* cancellare
oblivion [ə'blɪvɪən] *n* oblio
oblivious [ə'blɪvɪəs] *adj*: **~ of** incurante di;

inconscio(a) di
oblong ['ɔblɔŋ] *adj* oblungo(a) ♦ *n* rettangolo
obnoxious [əb'nɔkʃəs] *adj* odioso(a); (*smell*) disgustoso(a), ripugnante
oboe ['əubəu] *n* oboe *m*
obscene [əb'siːn] *adj* osceno(a)
obscure [əb'skjuə*] *adj* oscuro(a) ♦ *vt* oscurare; (*hide: sun*) nascondere
observant [əb'zəːvnt] *adj* attento(a)
observation [ɔbzə'veɪʃən] *n* osservazione *f*; (*by police etc*) sorveglianza
observatory [əb'zəːvətrɪ] *n* osservatorio
observe [əb'zəːv] *vt* osservare; (*remark*) fare osservare; **~r** *n* osservatore/trice
obsess [əb'sɛs] *vt* ossessionare; **~ive** *adj* ossessivo(a)
obsolescence [ɔbsə'lɛsns] *n* obsolescenza
obsolete ['ɔbsəliːt] *adj* obsoleto(a)
obstacle ['ɔbstəkl] *n* ostacolo
obstinate ['ɔbstɪnɪt] *adj* ostinato(a)
obstruct [əb'strʌkt] *vt* (*block*) ostruire, ostacolare; (*halt*) fermare; (*hinder*) impedire
obtain [əb'teɪn] *vt* ottenere; **~able** *adj* ottenibile
obvious ['ɔbvɪəs] *adj* ovvio(a), evidente; **~ly** *adv* ovviamente; certo
occasion [ə'keɪʒən] *n* occasione *f*; (*event*) avvenimento; **~al** *adj* occasionale; **~ally** *adv* ogni tanto
occupation [ɔkju'peɪʃən] *n* occupazione *f*; (*job*) mestiere *m*, professione *f*; **~al hazard** *n* rischio del mestiere
occupier ['ɔkjupaɪə*] *n* occupante *m/f*
occupy ['ɔkjupaɪ] *vt* occupare; **to ~ o.s. in doing** occuparsi a fare
occur [ə'kəː*] *vi* accadere, capitare; **to ~ to sb** venire in mente a qn; **~rence** *n* caso, fatto; presenza
ocean ['əuʃən] *n* oceano
o'clock [ə'klɔk] *adv*: **it is 5 ~** sono le 5
OCR *n abbr* (= *optical character recognition*) lettura ottica; (= *optical character reader*) lettore *m* ottico
octave ['ɔktɪv] *n* ottavo
October [ɔk'təubə*] *n* ottobre *m*
octopus ['ɔktəpəs] *n* polpo, piovra

odd [ɔd] *adj* (*strange*) strano(a), bizzarro(a); (*number*) dispari *inv*; (*not of a set*) spaiato(a); **60-~** 60 e oltre; **at ~ times** di tanto in tanto; **the ~ one out** l'eccezione *f*; **~ity** *n* bizzarria; (*person*) originale *m*; **~-job man** *n* tuttofare *m inv*; **~ jobs** *npl* lavori *mpl* occasionali; **~ly** *adv* stranamente; **~ments** *npl* (*COMM*) rimanenze *fpl*; **~s** *npl* (*in betting*) quota; **~s and ends** *npl* avanzi *mpl*; **it makes no ~s** non importa; **at ~s** in contesa

odometer [ɔ'dɔmɪtə*] *n* odometro

odour ['auda*] (*US* **odor**) *n* odore *m*; (*unpleasant*) cattivo odore

---

KEYWORD

of [ɔv, əv] *prep* 1 (*gen*) di; **a boy ~ 10** un ragazzo di 10 anni; **a friend ~ ours** un nostro amico; **that was kind ~ you** è stato molto gentile da parte sua

2 (*expressing quantity, amount, dates etc*) di; **a kilo ~ flour** un chilo di farina; **how much ~ this do you need?** quanto gliene serve?; **there were 3 ~ them** (*people*) erano in 3; (*objects*) ce n'erano 3; **3 ~ us went** 3 di noi sono andati; **the 5th ~ July** il 5 luglio

3 (*from, out of*) di, in; **made ~ wood** (*fatto*) di *or* in legno

---

KEYWORD

off [ɔf] *adv* 1 (*distance, time*): **it's a long way ~** è lontano; **the game is 3 days ~** la partita è tra 3 giorni

2 (*departure, removal*) via; **to go ~ to Paris** andarsene a Parigi; **I must be ~** devo andare via; **to take ~ one's coat** togliersi il cappotto; **the button came ~** il bottone è venuto via *or* si è staccato; **10% ~** con lo sconto del 10%

3 (*not at work*): **to have a day ~** avere un giorno libero; **to be ~ sick** essere assente per malattia

♦ *adj* (*engine*) spento(a); (*tap*) chiuso(a); (*cancelled*) sospeso(a); (*BRIT: food*) andato(a) a male; **on the ~ chance** nel caso; **to have**

an ~ day non essere in forma

♦ *prep* 1 (*motion, removal etc*) da; (*distant from*) a poca distanza da; **a street ~ the square** una strada che parte dalla piazza

2: **to be ~ meat** non mangiare più la carne

---

offal ['ɔfl] *n* (*CULIN*) frattaglie *fpl*

off-colour (*BRIT*) *adj* (*ill*) malato(a), indisposto(a)

offence [ə'fɛns] (*US* **offense**) *n* (*LAW*) contravvenzione *f*; (*: more serious*) reato; **to take ~ at** offendersi per

offend [ə'fɛnd] *vt* (*person*) offendere; **~er** *n* delinquente *m/f*; (*against regulations*) contravventore/trice

offense [ə'fɛns] (*US*) *n* = **offence**

offensive [ə'fɛnsɪv] *adj* offensivo(a); (*smell etc*) sgradevole, ripugnante ♦ *n* (*MIL*) offensiva

offer ['ɔfə*] *n* offerta, proposta ♦ *vt* offrire; **"on ~"** (*COMM*) "in offerta speciale"; **~ing** *n* offerta

offhand [ɔf'hænd] *adj* disinvolto(a), noncurante ♦ *adv* su due piedi

office ['ɔfɪs] *n* (*place*) ufficio; (*position*) carica; **doctor's ~** (*US*) studio; **to take ~** entrare in carica; **~ automation** *n* automazione *f* d'ufficio; burotica; **~ block** (*US* **~ building**) *n* complesso di uffici; **~ hours** *npl* orario d'ufficio; (*US: MED*) orario di visite

officer ['ɔfɪsə*] *n* (*MIL etc*) ufficiale *m*; (*also*: **police ~**) agente *m* di polizia; (*of organization*) funzionario

office worker *n* impiegato/a d'ufficio

official [ə'fɪʃl] *adj* (*authorized*) ufficiale ♦ *n* ufficiale *m*; (*civil servant*) impiegato/a statale; funzionario

officiate [ə'fɪʃɪeɪt] *vi* presenziare

officious [ə'fɪʃəs] *adj* invadente

offing ['ɔfɪŋ] *n*: **in the ~** (*fig*) in vista

off: **~-licence** (*BRIT*) *n* (*shop*) spaccio di bevande alcoliche; **~-line** *adj, adv* (*COMPUT*) off-line *inv*, fuori linea; (*: switched off*) spento(a); **~-peak** *adj* (*ticket, heating etc*) a tariffa ridotta; (*time*) non di punta; **~-putting** (*BRIT*) *adj* sgradevole, antipatico(a); **~-road vehicle** n fuoristrada m inv; **~-season** adj, adv fuori stagione

---
off-licence

In Gran Bretagna e in Irlanda, gli **off-licence** sono rivendite di vini, liquori e superalcolici, spesso aperti fino a tarda ora.

---

offset ['ɔfset] (irreg) vt (counteract) controbilanciare, compensare

offshoot ['ɔfʃuːt] n (fig) diramazione f

offshore [ɔf'ʃɔːʳ] adj (breeze) di terra; (island) vicino alla costa; (fishing) costiero(a)

offside ['ɔf'saɪd] adj (SPORT) fuori gioco; (AUT: in Britain) destro(a); (: in Italy etc) sinistro(a)

offspring ['ɔfsprɪŋ] n inv prole f, discendenza

off: **~stage** adv dietro le quinte; **~-the-peg** (US **~-the-rack**) adv prêt-à-porter; **~-white** adj bianco sporco inv

often ['ɔfn] adv spesso; **how ~ do you go?** quanto spesso ci vai?

oh [əu] excl oh!

oil [ɔɪl] n olio; (petroleum) petrolio; (for central heating) nafta ♦ vt (machine) lubrificare; **~can** n oliatore m a mano; (for storing) latta di olio; **~field** n giacimento petrolifero; **~ filter** n (AUT) filtro dell'olio; **~ painting** n quadro a olio; **~ refinery** [-rɪ'faɪnərɪ] n raffineria di petrolio; **~ rig** n derrick m inv; (at sea) piattaforma per trivellazioni subacquee; **~ tanker** n (ship) petroliera; (truck) autocisterna per petrolio; **~ well** n pozzo petrolifero; **~y** adj unto(a), oleoso(a); (food) grasso(a)

ointment ['ɔɪntmənt] n unguento

O.K. ['əu'keɪ] excl d'accordo! ♦ adj non male inv ♦ vt approvare; **is it ~?, are you ~?** tutto bene?

okay ['əu'keɪ] excl, adj, vt = **O.K.**

old [əuld] adj vecchio(a); (ancient) antico(a), vecchio(a); (person) vecchio(a), anziano(a); **how ~ are you?** quanti anni ha?; **he's 10 years ~** ha 10 anni; **~er brother** fratello

maggiore; **~ age** n vecchiaia; **~ age pensioner** (BRIT) n pensionato/a; **~-fashioned** adj antiquato(a), fuori moda; (person) all'antica

olive ['ɔlɪv] n (fruit) oliva; (tree) olivo ♦ adj (also: **~-green**) verde oliva inv; **~ oil** n olio d'oliva

Olympic [əu'lɪmpɪk] adj olimpico(a); **the ~ Games, the ~s** i giochi olimpici, le Olimpiadi

omelet(te) ['ɔmlɪt] n omelette f inv

omen ['əumen] n presagio, augurio

ominous ['ɔmɪnəs] adj minaccioso(a); (event) di malaugurio

omit [əu'mɪt] vt omettere

KEYWORD
---

on [ɔn] prep 1 (indicating position) su; **~ the wall** sulla parete; **~ the left** a or sulla sinistra

2 (indicating means, method, condition etc): **~ foot** a piedi; **~ the train/plane** in treno/aereo; **~ the telephone** al telefono; **~ the radio/television** alla radio/televisione; **to be ~ drugs** drogarsi; **~ holiday** in vacanza

3 (of time): **~ Friday** venerdì; **~ Fridays** il or di venerdì; **~ June 20th** il 20 giugno; **~ Friday, June 20th** venerdì, 20 giugno; **a week ~ Friday** venerdì a otto; **~ his arrival** al suo arrivo; **~ seeing this** vedendo ciò

4 (about, concerning) su, di; **information ~ train services** informazioni sui collegamenti ferroviari; **a book ~ Goldoni/physics** un libro su Goldoni/di or sulla fisica

♦ adv 1 (referring to dress, covering): **to have one's coat ~** avere indosso il cappotto; **to put one's coat ~** mettersi il cappotto; **what's she got ~?** cosa indossa?; **she put her boots/gloves/hat ~** si mise gli stivali/i guanti/il cappello; **screw the lid ~ tightly** avvita bene il coperchio

2 (further, continuously): **to walk ~, go ~** etc continuare, proseguire etc; **to read ~** continuare a leggere; **~ and off** ogni tanto

♦ adj 1 (in operation: machine, TV, light)

acceso(a); (: *tap*) aperto(a); (: *brake*) inserito(a); **is the meeting still ~?** (*in progress*) la riunione è ancora in corso?; (*not cancelled*) è confermato l'incontro?; **there's a good film ~ at the cinema** danno un buon film al cinema

2 (*inf*): **that's not ~!** (*not acceptable*) non si fa così!; (*not possible*) non se ne parla neanche!

once [wʌns] *adv* una volta ♦ *conj* non appena, quando; **~ he had left/it was done** dopo che se n'era andato/fu fatto; **at ~** subito; (*simultaneously*) a un tempo; **~ a week** una volta per settimana; **~ more** ancora una volta; **~ and for all** una volta per sempre; **~ upon a time** c'era una volta

oncoming ['ɒnkʌmɪŋ] *adj* (*traffic*) che viene in senso opposto

[KEYWORD]

one [wʌn] *num* uno(a); **~ hundred and fifty** centocinquanta; **~ day** un giorno ♦ *adj* 1 (*sole*) unico(a); **the ~ book which** l'unico libro che; **the ~ man who** l'unico che 2 (*same*) stesso(a); **they came in the ~ car** sono venuti nella stessa macchina ♦ *pron* 1: **this ~** questo/a; **that ~** quello/a; **I've already got ~/a red ~** ne ho già uno/uno rosso; **~ by ~** uno per uno 2: **~ another** l'un l'altro; **to look at ~ another** guardarsi; **to help ~ another** aiutarsi l'un l'altro *or* a vicenda 3 (*impersonal*) si; **~ never knows** non si sa mai; **to cut ~'s finger** tagliarsi un dito; **~ needs to eat** bisogna mangiare

one: **~-day excursion** (*US*) *n* biglietto giornaliero di andata e ritorno; **~-man** *adj* (*business*) diretto(a) *etc* da un solo uomo; **~-man band** *n* suonatore ambulante con vari strumenti; **~-off** (*BRIT: inf*) *n* fatto eccezionale

oneself [wʌn'sɛlf] *pron* (*reflexive*) si; (*after prep*) se stesso(a), sé; **to do sth (by) ~** fare qc da sé; **to hurt ~** farsi male; **to keep sth for ~** tenere qc per sé; **to talk to ~** parlare

da solo

one: **~-sided** *adj* (*argument*) unilaterale; **~-to-~** *adj* (*relationship*) univoco(a); **~-way** *adj* (*street, traffic*) a senso unico

ongoing ['ɒngəʊɪŋ] *adj* in corso; in attuazione

onion ['ʌnjən] *n* cipolla

on-line *adj, adv* (COMPUT) on-line *inv*

onlooker ['ɒnlʊkə*] *n* spettatore/trice

only ['əʊnlɪ] *adv* solo, soltanto ♦ *adj* solo(a), unico(a) ♦ *conj* solo che, ma; **an ~ child** un figlio unico; **not ~ ... but also** non solo ... ma anche

onset ['ɒnsɛt] *n* inizio

onshore ['ɒnʃɔː*] *adj* (*wind*) di mare

onslaught ['ɒnslɔːt] *n* attacco, assalto

onto ['ɒntʊ] *prep* = **on to**

onus ['əʊnəs] *n* onere *m*, peso

onward(s) ['ɒnwəd(z)] *adv* (*move*) in avanti; **from that time ~** da quella volta in poi

ooze [uːz] *vi* stillare

open ['əʊpn] *adj* aperto(a); (*road*) libero(a); (*meeting*) pubblico(a) ♦ *vt* aprire ♦ *vi* (*eyes, door, debate*) aprirsi; (*flower*) sbocciare; (*shop, bank, museum*) aprire; (*book etc: commence*) cominciare; **in the ~ (air)** all'aperto; **~ on to** *vt fus* (*subj: room, door*) dare su; **~ up** *vt* aprire; (*blocked road*) sgombrare ♦ *vi* (*shop, business*) aprire; **~ing** *adj* (*speech*) di apertura ♦ *n* apertura; (*opportunity*) occasione *f*, opportunità *f inv*; sbocco; **~ hours** *npl* orario d'apertura; **~ learning centre** *n* sistema educativo nel quale lo studente ha maggiore controllo e gestione delle modalità di apprendimento; **~ly** *adv* apertamente; **~-minded** *adj* che ha la mente aperta; **~-necked** *adj* col collo slacciato; **~-plan** *adj* senza pareti divisorie

Open University

La **Open University**, *fondata in Gran Bretagna nel 1969, organizza corsi universitari per corrispondenza, basati anche su lezioni trasmesse per radio e per televisione e su corsi estivi.*

opera ['ɔpərə] n opera

operate ['ɔpəreɪt] vt (machine) azionare, far funzionare; (system) usare ♦ vi funzionare; (drug) essere efficace; to ~ on sb (for) (MED) operare qn (di)

operatic [ɔpə'rætɪk] adj dell'opera, lirico(a)

operating ['ɔpəreɪtɪŋ] adj: ~ table tavolo operatorio; ~ theatre sala operatoria

operation [ɔpə'reɪʃən] n operazione f; to be in ~ (machine) essere in azione or funzionamento; (system) essere in vigore; to have an ~ (MED) subire un'operazione; ~al adj in funzione; d'esercizio

operative ['ɔpərətɪv] adj (measure) operativo(a)

operator ['ɔpəreɪtə*] n (of machine) operatore/trice; (TEL) centralinista m/f

opinion [ə'pɪnɪən] n opinione f, parere m; in my ~ secondo me, a mio avviso; ~ated adj dogmatico(a); ~ poll n sondaggio di opinioni

opium ['əupɪəm] n oppio

opponent [ə'pəunənt] n avversario/a

opportunist [ɔpə'tjuːnɪst] n opportunista m/f

opportunity [ɔpə'tjuːnɪtɪ] n opportunità f inv, occasione f; to take the ~ of doing cogliere l'occasione per fare

oppose [ə'pəuz] vt opporsi a; ~d to contrario(a) a; as ~d to in contrasto con; opposing adj opposto(a); (team) avversario/a

opposite ['ɔpəzɪt] adj opposto(a); (house etc) di fronte ♦ adv di fronte, dirimpetto ♦ prep di fronte a ♦ n: the ~ il contrario, l'opposto; the ~ sex l'altro sesso

opposition [ɔpə'zɪʃən] n opposizione f

opt [ɔpt] vi: to ~ for optare per; to ~ to do scegliere di fare; ~ out vi: to ~ out of ritirarsi da

optical ['ɔptɪkl] adj ottico(a)

optician [ɔp'tɪʃən] n ottico

optimist ['ɔptɪmɪst] n ottimista m/f; ~ic [-'mɪstɪk] adj ottimistico(a)

optimum ['ɔptɪməm] adj ottimale

option ['ɔpʃən] n scelta; (SCOL) materia facoltativa; (COMM) opzione f; ~al adj

facoltativo(a); (COMM) a scelta

or [ɔː*] conj o, oppure; (with negative): he hasn't seen ~ heard anything non ha visto né sentito niente; ~ else se no, altrimenti; oppure

oral ['ɔːrəl] adj orale ♦ n esame m orale

orange ['ɔrɪndʒ] n (fruit) arancia ♦ adj arancione

orbit ['ɔːbɪt] n orbita ♦ vt orbitare intorno a

orbital (motorway) ['ɔːbɪtl-] n raccordo anulare

orchard ['ɔːtʃəd] n frutteto

orchestra ['ɔːkɪstrə] n orchestra; (US: seating) platea

orchid ['ɔːkɪd] n orchidea

ordain [ɔː'deɪn] vt (REL) ordinare; (decide) decretare

ordeal [ɔː'diːl] n prova, travaglio

order ['ɔːdə*] n ordine m; (COMM) ordinazione f ♦ vt ordinare; in ~ in ordine; (of document) in regola; in (working) ~ funzionante; in ~ to do per fare; in ~ that affinché +sub; on ~ (COMM) in ordinazione; out of ~ non in ordine; (not working) guasto; to ~ sb to do ordinare a qn di fare; ~ form n modulo d'ordinazione; ~ly n (MIL) attendente m; (MED) inserviente m ♦ adj (room) in ordine; (mind) metodico(a); (person) ordinato(a), metodico(a)

ordinary ['ɔːdnrɪ] adj normale, comune; (pej) mediocre; out of the ~ diverso dal solito, fuori dell'ordinario

Ordnance Survey ['ɔːdnəns-] (BRIT) n istituto cartografico britannico

ore [ɔː*] n minerale m grezzo

organ ['ɔːgən] n organo; ~ic [ɔː'gænɪk] adj organico(a); (of food) biologico(a)

organization [ɔːgənaɪ'zeɪʃən] n organizzazione f

organize ['ɔːgənaɪz] vt organizzare; to get ~d organizzarsi; ~r n organizzatore/trice

orgasm ['ɔːgæzəm] n orgasmo

orgy ['ɔːdʒɪ] n orgia

Orient ['ɔːrɪənt] n: the ~ l'Oriente m; oriental [-'entl] adj, n orientale m/f

origin ['ɔrɪdʒɪn] n origine f

original [ə'rɪdʒɪnl] adj originale; (earliest)

originario(a) ♦ n originale m; **~ly** adv (at first) all'inizio

originate [əˈrɪdʒɪneɪt] vi: **to ~ from** essere originario(a) di; (suggestion) provenire da; **to ~ in** avere origine in

Orkneys [ˈɔːknɪz] npl: **the ~** (also: **the Orkney Islands**) le Orcadi

ornament [ˈɔːnəmənt] n ornamento; (trinket) ninnolo; **~al** [-ˈmɛntl] adj ornamentale

ornate [ɔːˈneɪt] adj molto ornato(a)

orphan [ˈɔːfn] n orfano/a

orthodox [ˈɔːθədɔks] adj ortodosso(a)

orthopaedic [ɔːθəˈpiːdɪk] (US **orthopedic**) adj ortopedico(a)

ostensibly [ɔsˈtɛnsɪblɪ] adv all'apparenza

ostentatious [ɔstɛnˈteɪʃəs] adj pretenzioso(a); ostentato(a)

ostrich [ˈɔstrɪtʃ] n struzzo

other [ˈʌðəʳ] adj altro(a) ♦ pron: **the ~** (one) l'altro(a); **~s** (~ people) altri mpl; **~ than** altro che; a parte; **~wise** adv, conj altrimenti

otter [ˈɔtəʳ] n lontra

ouch [autʃ] excl ohi!, ahi!

ought [ɔːt] (pt **ought**) aux vb: **I ~ to do it** dovrei farlo; **this ~ to have been corrected** questo avrebbe dovuto essere corretto; **he ~ to win** dovrebbe vincere

ounce [auns] n oncia (= 28.35 g; 16 in a pound)

our [ˈauəʳ] adj il(la) nostro(a), pl i(le) nostri(e); see also **my**; **~s** pron il(la) nostro(a), pl i(le) nostri(e); see also **mine**; **~selves** pron pl (reflexive) ci; (after preposition) noi; (emphatic) noi stessi(e); see also **oneself**

oust [aust] vt cacciare, espellere

KEYWORD

out [aut] adv (gen) fuori; **~ here/there** qui/ là fuori; **to speak ~ loud** parlare forte; **to have a night ~** uscire una sera; **the boat was 10 km ~** la barca era a 10 km dalla costa; **3 days ~ from Plymouth** a 3 giorni da Plymouth

♦ adj: **to be ~** (gen) essere fuori;

(unconscious) aver perso i sensi; (style, singer) essere fuori moda; **before the week was ~** prima che la settimana fosse finita; **to be ~ to do sth** avere intenzione di fare qc; **to be ~ in one's calculations** aver sbagliato i calcoli

♦ **out of** prep 1 (outside, beyond) fuori di; **to go ~ of the house** uscire di casa; **to look ~ of the window** guardare fuori dalla finestra

2 (because of) per

3 (origin) da; **to drink ~ of a cup** bere da una tazza

4 (from among): **~ of 10** su 10

5 (without) senza; **~ of petrol** senza benzina

out-and-out adj (liar, thief etc) vero(a) e proprio(a)

outback [ˈautbæk] n (in Australia) interno, entroterra

outboard [ˈautbɔːd] n: **~ (motor)** (motore m) fuoribordo

outbreak [ˈautbreɪk] n scoppio; epidemia

outburst [ˈautbəːst] n scoppio

outcast [ˈautkɑːst] n esule m/f; (socially) paria m inv

outcome [ˈautkʌm] n esito, risultato

outcrop [ˈautkrɔp] n (of rock) affioramento

outcry [ˈautkraɪ] n protesta, clamore m

outdated [autˈdeɪtɪd] adj (custom, clothes) fuori moda; (idea) sorpassato(a)

outdo [autˈduː] (irreg) vt sorpassare

outdoor [autˈdɔːʳ] adj all'aperto; **~s** adv fuori; all'aria aperta

outer [ˈautəʳ] adj esteriore; **~ space** n spazio cosmico

outfit [ˈautfɪt] n (clothes) completo; (: for sport) tenuta

outgoing [ˈautgəuɪŋ] adj (character) socievole; **~s** (BRIT) npl (expenses) spese fpl, uscite fpl

outgrow [autˈgrəu] (irreg) vt: **he has ~n his clothes** tutti i vestiti gli sono diventati piccoli

outhouse [ˈauthaus] n costruzione f annessa

outing ['autɪŋ] *n* gita; escursione *f*

outlaw ['autlɔ:] *n* fuorilegge *m/f* ♦ *vt* bandire

outlay ['autleɪ] *n* spese *fpl*; (*investment*) sborsa, spesa

outlet ['autlet] *n* (*for liquid etc*) sbocco, scarico; (*US: ELEC*) presa di corrente; (*also:* **retail ~**) punto di vendita

outline ['autlaɪn] *n* contorno, profilo; (*summary*) abbozzo, grandi linee *fpl* ♦ *vt* (*fig*) descrivere a grandi linee

outlive [aut'lɪv] *vt* sopravvivere a

outlook ['autluk] *n* prospettiva, vista

outlying ['autlaɪɪŋ] *adj* periferico(a)

outmoded [aut'məudɪd] *adj* passato(a) di moda; antiquato(a)

outnumber [aut'nʌmbə*] *vt* superare in numero

out-of-date *adj* (*passport*) scaduto(a); (*clothes*) fuori moda *inv*

out-of-the-way *adj* (*place*) fuori mano *inv*

outpatient ['autpeɪʃənt] *n* paziente *m/f* esterno(a)

outpost ['autpəust] *n* avamposto

output ['autput] *n* produzione *f*; (*COMPUT*) output *m inv*

outrage ['autreɪdʒ] *n* oltraggio; scandalo ♦ *vt* oltraggiare; **~ous** [-'reɪdʒəs] *adj* oltraggioso(a); scandaloso(a)

outreach worker ['autri:tʃ-] *n* assistente sociale che opera direttamente nei luoghi di aggregazione di emarginati, tossicodipendenti ecc

outright [*adv* aut'raɪt, *adj* 'autraɪt] *adv* completamente; schiettamente; apertamente; sul colpo ♦ *adj* completo(a); schietto(a) e netto(a)

outset ['autset] *n* inizio

outside [aut'saɪd] *n* esterno, esteriore *m* ♦ *adj* esterno(a), esteriore ♦ *adv* fuori, all'esterno ♦ *prep* fuori di, all'esterno di; **at the ~** (*fig*) al massimo; **~ lane** *n* (*AUT*) corsia di sorpasso; **~ line** *n* (*TEL*) linea esterna; **~r** *n* (*in race etc*) outsider *m inv*; (*stranger*) estraneo/a

outsize ['autsaɪz] *adj* (*clothes*) per taglie forti

outskirts ['autskə:ts] *npl* sobborghi *mpl*

outspoken [aut'spəukən] *adj* molto franco(a)

outstanding [aut'stændɪŋ] *adj* eccezionale, di rilievo; (*unfinished*) non completo(a); non evaso(a); non regolato(a)

outstay [aut'steɪ] *vt*: **to ~ one's welcome** diventare un ospite sgradito

outstretched [aut'stretʃt] *adj* (*hand*) teso(a); (*body*) disteso(a)

outstrip [aut'strɪp] *vt* (*competitors, demand*) superare

out-tray *n* contenitore *m* per la corrispondenza in partenza

outward ['autwəd] *adj* (*sign, appearances*) esteriore; (*journey*) d'andata

outweigh [aut'weɪ] *vt* avere maggior peso di

outwit [aut'wɪt] *vt* superare in astuzia

oval ['əuvl] *adj* ovale ♦ *n* ovale *m*

ovary ['əuvərɪ] *n* ovaia

oven ['ʌvn] *n* forno; **~proof** *adj* da forno

over ['əuvə*] *adv* al di sopra ♦ *adj* (*or adv*) (*finished*) finito(a), terminato(a); (*too*) troppo; (*remaining*) che avanza ♦ *prep* su; sopra; (*above*) al di sopra di; (*on the other side of*) di là di; (*more than*) più di; (*during*) durante; **~ here** qui; **~ there** là; **all ~** (*everywhere*) dappertutto; (*finished*) finito(a); **~ and ~ (again)** più e più volte; **~ and above** oltre (a); **to ask sb ~** invitare qn (a passare)

overall [*adj, n* 'əuvərɔ:l, *adv* əuvər'ɔ:l] *adj* totale ♦ *n* (*BRIT*) grembiule *m* ♦ *adv* nell'insieme, complessivamente; **~s** *npl* (*worker's ~s*) tuta (da lavoro)

overawe [əuvər'ɔ:] *vt* intimidire

overbalance [əuvə'bæləns] *vi* perdere l'equilibrio

overboard [əuvə'bɔ:d] *adv* (*NAUT*) fuori bordo, in mare

overbook [əuvəˈbuk] *vt*: **the hotel was ~ed** le prenotazioni all'albergo superavano i posti disponibili

overcast [ˈəuvəkɑːst] *adj* (*sky*) coperto(a)

overcharge [əuvəˈtʃɑːdʒ] *vt*: **to ~ sb for sth** far pagare troppo caro a qn per qc

overcoat [ˈəuvəkəut] *n* soprabito, cappotto

overcome [əuvəˈkʌm] (*irreg*) *vt* superare; sopraffare

overcrowded [əuvəˈkraudɪd] *adj* sovraffollato(a)

overdo [əuvəˈduː] (*irreg*) *vt* esagerare; (*overcook*) cuocere troppo

overdose [ˈəuvədəus] *n* dose *f* eccessiva

overdraft [ˈəuvədrɑːft] *n* scoperto (di conto)

overdrawn [əuvəˈdrɔːn] *adj* (*account*) scoperto(a)

overdue [əuvəˈdjuː] *adj* in ritardo

overestimate [əuvərˈestɪmeɪt] *vt* sopravvalutare

overflow [*vb* əuvəˈfləu, *n* ˈəuvəfləu] *vi* traboccare ♦ *n* (*also*: **~ pipe**) troppopieno

overgrown [əuvəˈgrəun] *adj* (*garden*) ricoperto(a) di vegetazione

overhaul [*vb* əuvəˈhɔːl, *n* ˈəuvəhɔːl] *vt* revisionare ♦ *n* revisione *f*

overhead [*adv* əuvəˈhed, *adj*, *n* ˈəuvəhed] *adv* di sopra ♦ *adj* aereo(a); (*lighting*) verticale ♦ *n* (*US*) = **~s**; **~s** *npl* spese *fpl* generali

overhear [əuvəˈhɪə*] (*irreg*) *vt* sentire (per caso)

overheat [əuvəˈhiːt] *vi* (*engine*) surriscaldare

overjoyed [əuvəˈdʒɔɪd] *adj* pazzo(a) di gioia

overlap [əuvəˈlæp] *vi* sovrapporsi

overleaf [əuvəˈliːf] *adv* a tergo

overload [əuvəˈləud] *vt* sovraccaricare

overlook [əuvəˈluk] *vt* (*have view of*) dare su; (*miss*) trascurare; (*forgive*) passare sopra a

overnight [əuvəˈnaɪt] *adv* (*happen*) durante la notte; (*fig*) tutto ad un tratto ♦ *adj* di notte; **he stayed there ~** ci ha passato la notte

overpass [ˈəuvəpɑːs] *n* cavalcavia *m inv*

overpower [əuvəˈpauə*] *vt* sopraffare; **~ing** *adj* irresistibile; (*heat, stench*) soffocante

overrate [əuvəˈreɪt] *vt* sopravvalutare

override [əuvəˈraɪd] (*irreg: like* **ride**) *vt* (*order, objection*) passar sopra a; (*decision*) annullare; **overriding** *adj* preponderante

overrule [əuvəˈruːl] *vt* (*decision*) annullare; (*claim*) respingere

overrun [əuvəˈrʌn] (*irreg: like* **run**) *vt* (*country*) invadere; (*time limit*) superare

overseas [əuvəˈsiːz] *adv* oltremare; (*abroad*) all'estero ♦ *adj* (*trade*) estero(a); (*visitor*) straniero(a)

overshadow [əuvəˈʃædəu] *vt* far ombra su; (*fig*) eclissare

overshoot [əuvəˈʃuːt] (*irreg*) *vt* superare

oversight [ˈəuvəsaɪt] *n* omissione *f*, svista

oversleep [əuvəˈsliːp] (*irreg*) *vt* dormire troppo a lungo

overstep [əuvəˈstep] *vt*: **to ~ the mark** superare ogni limite

overt [əuˈvəːt] *adj* palese

overtake [əuvəˈteɪk] (*irreg*) *vt* sorpassare

overthrow [əuvəˈθrəu] (*irreg*) *vt* (*government*) rovesciare

overtime [ˈəuvətaɪm] *n* (*lavoro*) straordinario

overtone [ˈəuvətəun] *n* sfumatura

overture [ˈəuvətʃuə*] *n* (*MUS*) ouverture *f inv*; (*fig*) approccio

overturn [əuvəˈtəːn] *vt* rovesciare ♦ *vi* rovesciarsi

overweight [əuvəˈweɪt] *adj* (*person*) troppo grasso(a)

overwhelm [əuvəˈwelm] *vt* sopraffare; sommergere; schiacciare; **~ing** *adj* (*victory, defeat*) schiacciante; (*heat, desire*) intenso(a)

overwrought [əuvəˈrɔːt] *adj* molto agitato(a)

owe [əu] *vt*: **to ~ sb sth, to ~ sth to sb** dovere qc a qn; **owing to** *prep* a causa di

owl [aul] *n* gufo

own [əun] *vt* possedere ♦ *adj* proprio(a); **a room of my ~** la mia propria camera; **to get one's ~ back** vendicarsi; **on one's ~** tutto(a) solo(a); **~ up** *vi* confessare; **~er** *n* proprietario/a; **~ership** *n* possesso

ox [ɔks] (*pl* **oxen**) *n* bue *m*

oxen ['ɔksn] *npl of* **ox**

oxtail ['ɔksteɪl] *n*: **~ soup** minestra di coda di bue

oxygen ['ɔksɪdʒən] *n* ossigeno; **~ mask/tent** *n* maschera/tenda ad ossigeno

oyster ['ɔɪstə*] *n* ostrica

oz. *abbr* = **ounce(s)**

ozone ['əuzəun] *n* ozono; **~-friendly** *adj* che non danneggia l'ozono; **~ hole** *n* buco nell'ozono

P, p

p [piː] *abbr* = **penny; pence**

P.A. *n abbr* = **personal assistant; public address system**

p.a. *abbr* = **per annum**

pa [pɑː] (*inf*) *n* papà *m inv*, babbo

pace [peɪs] *n* passo; (*speed*) passo; velocità ♦ *vi*: **to ~ up and down** camminare su e giù; **to keep ~ with** camminare di pari passo a; (*events*) tenersi al corrente di; **~maker** *n* (*MED*) segnapasso; (*SPORT: also*: **~ setter**) battistrada *m inv*

pacific [pə'sɪfɪk] *n*: **the P~ (Ocean)** il Pacifico, l'Oceano Pacifico

pacify ['pæsɪfaɪ] *vt* calmare, placare

pack [pæk] *n* pacco; (*US: of cigarettes*) pacchetto; (*back~*) zaino; (*of hounds*) muta; (*of thieves etc*) banda; (*of cards*) mazzo ♦ *vt* (*in suitcase etc*) mettere; (*box*) riempire; (*cram*) stipare, pigiare; **to ~ (one's bags)** fare la valigia; **to ~ sb off** spedire via qn; **~ it in!** (*inf*) dacci un taglio!

package ['pækɪdʒ] *n* pacco; balla; (*also*: **~ deal**) pacchetto; forfait *m inv*; **~ holiday** *n* vacanza organizzata; **~ tour** *n* viaggio organizzato

packed lunch *n* pranzo al sacco

packet ['pækɪt] *n* pacchetto

packing ['pækɪŋ] *n* imballaggio; **~ case** *n* cassa da imballaggio

pact [pækt] *n* patto, accordo; trattato

pad [pæd] *n* blocco; (*to prevent friction*) cuscinetto; (*inf: flat*) appartamentino ♦ *vt* imbottire; **~ding** *n* imbottitura

paddle ['pædl] *n* (*oar*) pagaia; (*US: for table tennis*) racchetta da ping-pong ♦ *vi* sguazzare ♦ *vt*: **to ~ a canoe etc** vogare con la pagaia; **paddling pool** (*BRIT*) *n* piscina per bambini

paddock ['pædək] *n* prato recintato; (*at racecourse*) paddock *m inv*

padlock ['pædlɔk] *n* lucchetto

paediatrics [piːdɪ'ætrɪks] (*US* **pediatrics**) *n* pediatria

pagan ['peɪgən] *adj, n* pagano(a)

page [peɪdʒ] *n* pagina; (*also*: **~ boy**) paggio ♦ *vt* (*in hotel etc*) (far) chiamare

pageant ['pædʒənt] *n* spettacolo storico; grande cerimonia; **~ry** *n* pompa

pager ['peɪdʒə*] *n* (*TEL*) cercapersone *m inv*

paging device ['peɪdʒɪŋ-] *n* (*TEL*) cercapersone *m inv*

paid [peɪd] *pt, pp of* **pay** ♦ *adj* (*work, official*) rimunerato(a); **to put ~ to** (*BRIT*) mettere fine a

pail [peɪl] *n* secchio

pain [peɪn] *n* dolore *m*; **to be in ~** soffrire, aver male; **to take ~s to do** mettercela tutta per fare; **~ed** *adj* addolorato(a), afflitto(a); **~ful** *adj* doloroso(a), che fa male; difficile, penoso(a); **~fully** *adv* (*fig: very*) fin troppo; **~killer** *n* analgico, antidolorifico; **~less** *adj* indolore

painstaking ['peɪnzteɪkɪŋ] *adj* (*person*) sollecito(a); (*work*) accurato(a)

paint [peɪnt] *n* vernice *f*, colore *m* ♦ *vt* dipingere; (*walls, door etc*) verniciare; **to ~ the door blue** verniciare la porta di azzurro; **~brush** *n* pennello; **~er** *n* (*artist*) pittore *m*; (*decorator*) imbianchino; **~ing** *n* pittura, verniciatura; (*picture*) dipinto, quadro; **~work** *n* tinta; (*of car*) vernice *f*

pair [peə*] *n* (*of shoes, gloves etc*) paio; (*of people*) coppia; duo *m inv*; **a ~ of scissors/trousers** un paio di forbici/pantaloni

pajamas [pɪ'dʒɑːməz] (*US*) *npl* pigiama *m*

Pakistan [pɑːkɪ'stɑːn] *n* Pakistan *m*; **~i** *adj, n* pakistano(a)

pal [pæl] (*inf*) *n* amico/a, compagno/a

palace ['pæləs] *n* palazzo

palatable ['pælɪtəbl] adj gustoso(a)
palate ['pælɪt] n palato
palatial [pə'leɪʃəl] adj sontuoso(a),
sfarzoso(a)
pale [peɪl] adj pallido(a) ♦ n: to be beyond
the ~ aver oltrepassato ogni limite
Palestine ['pælɪstaɪn] n Palestina;
Palestinian [-'tɪnɪən] adj, n palestinese
m/f
palette ['pælɪt] n tavolozza
palings ['peɪlɪŋz] npl (fence) palizzata
pallet ['pælɪt] n (for goods) paletta
pallid ['pælɪd] adj pallido(a), smorto(a)
pallor ['pælə*] n pallore m
palm [pɑːm] n (ANAT) palma, palmo; (also: ~
tree) palma ♦ vt: to ~ sth off on sb (inf)
rifilare qc a qn; P~ Sunday n Domenica
delle Palme
paltry ['pɔːltrɪ] adj irrisorio(a); insignificante
pamper ['pæmpə*] vt viziare, coccolare
pamphlet ['pæmflət] n dépliant m inv
pan [pæn] n (also: sauce~) casseruola; (also:
frying ~) padella
panache [pə'næʃ] n stile m
pancake ['pænkeɪk] n frittella
pancreas ['pæŋkrɪəs] n pancreas m inv
panda ['pændə] n panda m inv; ~ car (BRIT)
n auto f della polizia
pandemonium [pændɪ'məunɪəm] n
pandemonio
pander ['pændə*] vi: to ~ to lusingare;
concedere tutto a
pane [peɪn] n vetro
panel ['pænl] n (of wood, cloth etc) pannello;
(RADIO, TV) giuria; ~ling (US ~ing) n
rivestimento a pannelli
pang [pæŋ] n: a ~ of regret un senso di
rammarico; hunger ~s morsi mpl della
fame
panic ['pænɪk] n panico ♦ vi perdere il
sangue freddo; ~ky adj (person)
pauroso(a); ~-stricken adj (person)
preso(a) dal panico, in preda al panico;
(look) terrorizzato(a)
pansy ['pænzɪ] n (BOT) viola del pensiero,
pensée f inv; (inf: pej) femminuccia
pant [pænt] vi ansare

panther ['pænθə*] n pantera
panties ['pæntɪz] npl slip m, mutandine fpl
pantihose ['pæntɪhəuz] (US) n collant m inv
pantomime ['pæntəmaɪm] (BRIT) n
pantomima

---
pantomime

🛈 In Gran Bretagna la **pantomime** è una
sorta di libera interpretazione delle
favole più conosciute, che vengono messe in
scena a teatro durante il periodo natalizio.
È uno spettacolo per tutta la famiglia che
prevede la partecipazione del pubblico.

---

pantry ['pæntrɪ] n dispensa
pants [pænts] npl mutande fpl, slip m; (US:
trousers) pantaloni mpl
papal ['peɪpəl] adj papale, pontificio(a)
paper ['peɪpə*] n carta; (also: wall~) carta
da parati, tappezzeria; (also: news~)
giornale m; (study, article) saggio; (exam)
prova scritta ♦ adj di carta ♦ vt tappezzare;
~s npl (also: identity ~s) carte fpl,
documenti mpl; ~back n tascabile m;
edizione f economica; ~ bag n sacchetto
di carta; ~ clip n graffetta, clip f inv; ~
hankie n fazzolettino di carta; ~weight n
fermacarte m inv; ~work n lavoro
amministrativo
papier-mâché ['pæpɪeɪ'mæʃeɪ] n cartapesta
par [pɑː*] n parità, pari f; (GOLF) norma; on
a ~ with alla pari con
parachute ['pærəʃuːt] n paracadute m inv
parade [pə'reɪd] n parata ♦ vt (fig) fare
sfoggio di ♦ vi sfilare in parata
paradise ['pærədaɪs] n paradiso
paradox ['pærədɔks] n paradosso; ~ically
[-'dɔksɪklɪ] adv paradossalmente
paraffin ['pærəfɪn] (BRIT) n: ~ (oil) paraffina
paragon ['pærəgən] n modello di perfezione
or di virtù
paragraph ['pærəgrɑːf] n paragrafo
parallel ['pærəlel] adj parallelo(a); (fig)
analogo(a) ♦ n (line) parallela; (fig, GEO)
parallelo
paralyse ['pærəlaɪz] (US paralyze) vt
paralizzare

paralysis [pəˈrælɪsɪs] n paralisi f inv

paralyze [ˈpærəlaɪz] (US) vt = **paralyse**

paramount [ˈpærəmaunt] adj: **of ~ importance** di capitale importanza

paranoid [ˈpærənɔɪd] adj paranoico(a)

paraphernalia [pærəfəˈneɪlɪə] n attrezzi mpl, roba

parasol [ˈpærəsɔl] n parasole m

paratrooper [ˈpærətruːpə*] n paracadutista m (soldato)

parcel [ˈpɑːsl] n pacco, pacchetto ♦ vt (also: **~ up**) impaccare

parched [pɑːtʃt] adj (person) assetato(a)

parchment [ˈpɑːtʃmənt] n pergamena

pardon [ˈpɑːdn] n perdono; grazia ♦ vt perdonare; (LAW) graziare; **~ me!** mi scusi!; **I beg your ~!** scusi!; **I beg your ~?** (BRIT), **~ me?** (US) prego?

parent [ˈpɛərənt] n genitore m; **~s** npl (mother and father) genitori mpl; **~al** [pəˈrɛntl] adj dei genitori

parentheses [pəˈrɛnθɪsiːz] npl of **parenthesis**

parenthesis [pəˈrɛnθɪsɪs] (pl **parentheses**) n parentesi f inv

Paris [ˈpærɪs] n Parigi f

parish [ˈpærɪʃ] n parrocchia; (BRIT: civil) ≈ municipio

park [pɑːk] n parco ♦ vt, vi parcheggiare

parka [ˈpɑːkə] n eskimo

parking [ˈpɑːkɪŋ] n parcheggio; **"no ~"** "sosta vietata"; **~ lot** (US) n posteggio, parcheggio; **~ meter** n parchimetro; **~ ticket** n multa per sosta vietata

parliament [ˈpɑːləmənt] n parlamento

parliamentary [pɑːləˈmɛntəri] adj parlamentare

parlour [ˈpɑːlə*] (US **parlor**) n salotto

parochial [pəˈrəukɪəl] (pej) adj provinciale

parole [pəˈrəul] n: **on ~** in libertà per buona condotta

parrot [ˈpærət] n pappagallo

parry [ˈpærɪ] vt parare

parsley [ˈpɑːslɪ] n prezzemolo

parsnip [ˈpɑːsnɪp] n pastinaca

parson [ˈpɑːsn] n prete m; (Church of England) parroco

part [pɑːt] n parte f; (of machine) pezzo; (US: in hair) scriminatura ♦ adj in parte ♦ adv = **partly** ♦ vt separare ♦ vi (people) separarsi; **to take ~ in** prendere parte a; **for my ~** per parte mia; **to take sth in good ~** prendere bene qc; **to take sb's ~** parteggiare per or prendere le parti di qn; **for the most ~** in generale; nella maggior parte dei casi; **~ with** vt fus separarsi da; rinunciare a; **~ exchange** (BRIT) n: **in ~ exchange** in pagamento parziale

partial [ˈpɑːʃl] adj parziale; **to be ~ to** avere un debole per

participate [pɑːˈtɪsɪpeɪt] vi: **to ~ (in)** prendere parte (a), partecipare (a); **participation** [-ˈpeɪʃən] n partecipazione f

participle [ˈpɑːtɪsɪpl] n participio

particle [ˈpɑːtɪkl] n particella

particular [pəˈtɪkjulə*] adj particolare; speciale; (fussy) difficile; meticoloso(a); **in ~** in particolare, particolarmente; **~ly** adv particolarmente; in particolare; **~s** npl particolari mpl, dettagli mpl; (information) informazioni fpl

parting [ˈpɑːtɪŋ] n separazione f; (BRIT: in hair) scriminatura ♦ adj d'addio

partisan [pɑːtɪˈzæn] n partigiano/a ♦ adj partigiano(a); di parte

partition [pɑːˈtɪʃən] n (POL) partizione f; (wall) tramezzo

partly [ˈpɑːtlɪ] adv parzialmente; in parte

partner [ˈpɑːtnə*] n (COMM) socio/a; (wife, husband etc, SPORT) compagno/a; (at dance) cavaliere/dama; **~ship** n associazione f; (COMM) società f inv

partridge [ˈpɑːtrɪdʒ] n pernice f

part-time adj, adv a orario ridotto

party [ˈpɑːtɪ] n (POL) partito; (group) gruppo; (LAW) parte f; (celebration) ricevimento; serata; festa ♦ cpd (POL) del partito, di partito; **~ dress** n vestito della festa

pass [pɑːs] vt (gen) passare; (place) passare davanti a; (exam) passare, superare; (candidate) promuovere; (overtake, surpass) sorpassare, superare; (approve) approvare ♦ vi passare ♦ n (permit) lasciapassare m inv; permesso; (in mountains) passo, gola;

(*SPORT*) passaggio; (*SCOL*): **to get a ~** prendere la sufficienza; **~ away** *vi* morire; **~ by** *vi* passare ♦ *vt* trascurare; **~ on** *vt* passare; **~ out** *vi* svenire; **~ up** *vt* (*opportunity*) lasciarsi sfuggire, perdere; **~able** *adj* (*road*) praticabile; (*work*) accettabile

passage ['pæsɪdʒ] *n* (*gen*) passaggio; (*also*: **~way**) corridoio; (*in book*) brano, passo; (*by boat*) traversata

passbook ['pɑːsbʊk] *n* libretto di risparmio

passenger ['pæsɪndʒə*] *n* passeggero/a

passer-by [pɑːsə'baɪ] *n* passante *m/f*

passing ['pɑːsɪŋ] *adj* (*fig*) fuggevole; **to mention sth in ~** accennare a qc di sfuggita; **~ place** *n* (*AUT*) piazzola di sosta

passion ['pæʃən] *n* passione *f*; amore *m*; **~ate** *adj* appassionato/a

passive ['pæsɪv] *adj* (*also LING*) passivo/a; **~ smoking** *n* fumo passivo

Passover ['pɑːsəʊvə*] *n* Pasqua ebraica

passport ['pɑːspɔːt] *n* passaporto; **~ control** *n* controllo *m* passaporti *inv*; **~ office** *n* ufficio *m* passaporti *inv*

password ['pɑːswɜːd] *n* parola d'ordine

past [pɑːst] *prep* (*further than*) oltre, di là di; dopo; (*later than*) dopo ♦ *adj* passato/a; (*president etc*) ex *inv* ♦ *n* passato; **he's ~ forty** ha più di quarant'anni; **ten ~ eight** le otto e dieci; **for the ~ few days** da qualche giorno; in questi ultimi giorni; **to run ~** passare di corsa

pasta ['pæstə] *n* pasta

paste [peɪst] *n* (*glue*) colla; (*CULIN*) pâté *m inv*; pasta ♦ *vt* collare

pastel ['pæstl] *adj* pastello *inv*

pasteurized ['pæstəraɪzd] *adj* pastorizzato/a

pastille ['pæstl] *n* pastiglia

pastime ['pɑːstaɪm] *n* passatempo

pastry ['peɪstrɪ] *n* pasta

pasture ['pɑːstʃə*] *n* pascolo

pasty¹ ['pæstɪ] *n* pasticcio di carne

pasty² ['peɪstɪ] *adj* (*face etc*) smorto/a

pat [pæt] *vt* accarezzare, dare un colpetto (affettuoso) a

patch [pætʃ] *n* (*of material, on tyre*) toppa; (*eye ~*) benda; (*spot*) macchia ♦ *vt* (*clothes*) rattoppare; **(to go through) a bad ~** (attraversare) un brutto periodo; **~ up** *vt* rappezzare; (*quarrel*) appianare; **~y** *adj* irregolare

pâté ['pæteɪ] *n* pâté *m inv*

patent ['peɪtnt] *n* brevetto ♦ *vt* brevettare ♦ *adj* patente, manifesto(a); **~ leather** *n* cuoio verniciato

paternal [pə'tɜːnl] *adj* paterno(a)

path [pɑːθ] *n* sentiero, viottolo; viale *m*; (*fig*) via, strada; (*of planet, missile*) traiettoria

pathetic [pə'θetɪk] *adj* (*pitiful*) patetico(a); (*very bad*) penoso(a)

pathological [pæθə'lɒdʒɪkl] *adj* patologico(a)

pathway ['pɑːθweɪ] *n* sentiero

patience ['peɪʃns] *n* pazienza; (*BRIT: CARDS*) solitario

patient ['peɪʃnt] *n* paziente *m/f*; malato/a ♦ *adj* paziente

patio ['pætɪəʊ] *n* terrazza

patriot ['peɪtrɪət] *n* patriota *m/f*; **~ic** [pætrɪ'ɒtɪk] *adj* patriottico(a); **~ism** *n* patriottismo

patrol [pə'trəʊl] *n* pattuglia ♦ *vt* pattugliare; **~ car** *n* autoradio *f inv* (della polizia); **~man** (*US: irreg*) *n* poliziotto

patron ['peɪtrən] *n* (*in shop*) cliente *m/f*; (*of charity*) benefattore/trice; **~ of the arts** mecenate *m/f*; **~ize** ['pætrənaɪz] *vt* essere cliente abituale di; (*fig*) trattare dall'alto in basso

patter ['pætə*] *n* picchiettio; (*sales talk*) propaganda di vendita ♦ *vi* picchiettare; **a ~ of footsteps** un rumore di passi

pattern ['pætən] *n* modello; (*design*) disegno, motivo

pauper ['pɔːpə*] *n* indigente *m/f*

pause [pɔːz] *n* pausa ♦ *vi* fare una pausa, arrestarsi

pave [peɪv] *vt* pavimentare; **to ~ the way for** aprire la via a

pavement ['peɪvmənt] (*BRIT*) *n* marciapiede

m

pavilion [pə'vɪlɪən] *n* (*SPORT*) *edificio annesso a campo sportivo*

paving ['peɪvɪŋ] *n* pavimentazione *f*; ~ **stone** *n* lastra di pietra

paw [pɔ:] *n* zampa

pawn [pɔ:n] *n* (*CHESS*) pedone *m*; (*fig*) pedina ♦ *vt* dare in pegno; ~**broker** *n* prestatore *m* su pegno; ~**shop** *n* monte *m* di pietà

pay [peɪ] (*pt, pp* **paid**) *n* stipendio; paga ♦ *vt* pagare ♦ *vi* (*be profitable*) rendere; **to ~ attention** (**to**) fare attenzione (a); **to ~ sb a visit** far visita a qn; **to ~ one's respects to sb** porgere i propri rispetti a qn; ~ **back** *vt* rimborsare; ~ **for** *vt fus* pagare; ~ **in** *vt* versare; ~ **off** *vt* (*debt*) saldare; (*person*) pagare; (*employee*) pagare e licenziare ♦ *vi* (*scheme, decision*) dare dei frutti; ~ **up** *vt* saldare; ~**able** *adj* pagabile; ~**ee** *n* beneficiario/a; ~ **envelope** (*US*) *n* = ~ **packet**; ~**ing** *adj*: ~**ing guest** ospite *m/f* pagante, pensionante *m/f*; ~**ment** *n* pagamento; versamento; saldo; ~ **packet** (*BRIT*) *n* busta *f* paga *inv*; ~ **phone** *n* cabina telefonica; ~**roll** *n* ruolo (organico); ~ **slip** *n* foglio *m* paga *inv*; ~ **television** *n* televisione *f* a pagamento, pay-tv *f inv*

PC *n abbr* = **personal computer**; *adv abbr* = **politically correct**

p.c. *abbr* = **per cent**

pea [pi:] *n* pisello

peace [pi:s] *n* pace *f*; ~**ful** *adj* pacifico(a), calmo(a)

peach [pi:tʃ] *n* pesca

peacock ['pi:kɔk] *n* pavone *m*

peak [pi:k] *n* (*of mountain*) cima, vetta; (*mountain itself*) picco; (*of cap*) visiera; (*fig*) apice *m*, culmine *m*; ~ **hours** *npl* ore *fpl* di punta; ~ **period** *n* = ~ **hours**

peal [pi:l] *n* (*of bells*) scampanio, carillon *m inv*; ~**s of laughter** scoppi *mpl* di risa

peanut ['pi:nʌt] *n* arachide *f*, nocciolina americana; ~ **butter** *n* burro di arachidi

pear [pɛə*] *n* pera

pearl [pə:l] *n* perla

peasant ['pɛznt] *n* contadino/a

peat [pi:t] *n* torba

pebble ['pebl] *n* ciottolo

peck [pek] *vt* (*also*: ~ **at**) beccare ♦ *n* colpo di becco; (*kiss*) bacetto; ~**ing order** *n* ordine *m* gerarchico; ~**ish** (*BRIT: inf*) *adj*: **I feel ~ish** ho un languorino

peculiar [pɪ'kju:lɪə*] *adj* strano(a), bizzarro(a); peculiare; ~ **to** peculiare di

pedal ['pedl] *n* pedale *m* ♦ *vi* pedalare

pedantic [pɪ'dæntɪk] *adj* pedantesco(a)

peddler ['pedlə*] *n* (*also*: **drug ~**) spacciatore/trice

pedestal ['pedəstl] *n* piedestallo

pedestrian [pɪ'destrɪən] *n* pedone/a ♦ *adj* pedonale; (*fig*) prosaico(a), pedestre; ~ **crossing** (*BRIT*) *n* passaggio pedonale; ~ **precinct** (*BRIT*), ~ **zone** (*US*) *n* zona pedonale

pediatrics [pi:dɪ'ætrɪks] (*US*) *n* = **paediatrics**

pedigree ['pedɪgri:] *n* (*of animal*) pedigree *m inv*; (*fig*) background *m inv* ♦ *cpd* (*animal*) di razza

pee [pi:] (*inf*) *vi* pisciare

peek [pi:k] *vi* guardare furtivamente

peel [pi:l] *n* buccia; (*of orange, lemon*) scorza ♦ *vt* sbucciare ♦ *vi* (*paint etc*) staccarsi

peep [pi:p] *n* (*BRIT: look*) sguardo furtivo, sbirciata; (*sound*) pigolio ♦ *vi* (*BRIT*) guardare furtivamente; ~ **out** *vi* mostrarsi furtivamente; ~**hole** *n* spioncino

peer [pɪə*] *vi*: **to ~ at** scrutare ♦ *n* (*noble*) pari *m inv*; (*equal*) pari *m/f inv*, uguale *m/f*; (*contemporary*) contemporaneo/a; ~**age** *n* dignità di pari; pari *mpl*

peeved [pi:vd] *adj* stizzito(a)

peevish ['pi:vɪʃ] *adj* stizzoso(a)

peg [peg] *n* caviglia; (*for coat etc*) attaccapanni *m inv*; (*BRIT: also*: **clothes ~**) molletta

Peking [pi:'kɪŋ] *n* Pechino *f*

pelican ['pelɪkən] *n* pellicano; ~ **crossing** (*BRIT*) *n* (*AUT*) attraversamento pedonale con semaforo a controllo manuale

pellet ['pelɪt] *n* pallottola, pallina

pelt [pelt] *vt*: **to ~ sb (with)** bombardare qn

(con) ♦ *vi* (*rain*) piovere a dirotto; (*inf: run*) filare ♦ *n* pelle *f*

pelvis ['pelvɪs] *n* pelvi *f inv*, bacino

pen [pɛn] *n* penna; (*for sheep*) recinto

penal ['pi:nl] *adj* penale; **~ize** *vt* punire; (*SPORT, fig*) penalizzare

penalty ['pɛnltɪ] *n* penalità *f inv*; sanzione *f* penale; (*fine*) ammenda; (*SPORT*) penalizzazione *f*; **~ (kick)** *n* (*SPORT*) calcio di rigore

penance ['pɛnəns] *n* penitenza

pence [pɛns] (*BRIT*) *npl of* **penny**

pencil ['pɛnsl] *n* matita; **~ case** *n* astuccio per matite; **~ sharpener** *n* temperamatite *m inv*

pendant ['pɛndnt] *n* pendaglio

pending ['pɛndɪŋ] *prep* in attesa di ♦ *adj* in sospeso

pendulum ['pɛndjuləm] *n* pendolo

penetrate ['pɛnɪtreɪt] *vt* penetrare

penfriend ['pɛnfrɛnd] (*BRIT*) *n* corrispondente *m/f*

penguin ['pɛŋgwɪn] *n* pinguino

penicillin [pɛnɪ'sɪlɪn] *n* penicillina

peninsula [pə'nɪnsjulə] *n* penisola

penis ['pi:nɪs] *n* pene *m*

penitentiary [pɛnɪ'tɛnʃərɪ] (*US*) *n* carcere *m*

penknife ['pɛnnaɪf] *n* temperino

pen name *n* pseudonimo

penniless ['pɛnɪlɪs] *adj* senza un soldo

penny ['pɛnɪ] (*pl* **pennies** *or* **pence** (*BRIT*)) *n* penny *m*; (*US*) centesimo

penpal ['pɛnpæl] *n* corrispondente *m/f*

pension ['pɛnʃən] *n* pensione *f*; **~er** (*BRIT*) *n* pensionato/a

pensive ['pɛnsɪv] *adj* pensoso(a)

penthouse ['pɛnthaus] *n* appartamento (di lusso) nell'attico

pent-up ['pɛntʌp] *adj* (*feelings*) represso(a)

people ['pi:pl] *npl* gente *f*; persone *fpl*; (*citizens*) popolo ♦ *n* (*nation, race*) popolo; **4/several ~ came** 4/parecchie persone sono venute; **~ say that ...** si dice che ....

pep [pɛp] (*inf*): **~ up** *vt* vivacizzare; (*food*) rendere più gustoso(a)

pepper ['pɛpə*] *n* pepe *m*; (*vegetable*) peperone *m* ♦ *vt* (*fig*): **to ~ with** spruzzare

di; **~mint** *n* (*sweet*) pasticca di menta

peptalk ['pɛptɔ:k] (*inf*) *n* discorso di incoraggiamento

per [pə:*] *prep* per; a; **~ hour** all'ora; **~ kilo** *etc* il chilo *etc*; **~ day** al giorno; **~ annum** *adv* all'anno; **~ capita** *adj, adv* pro capite *inv*

perceive [pə'si:v] *vt* percepire; (*notice*) accorgersi di

per cent [pə'sɛnt] *adv* per cento

percentage [pə'sɛntɪdʒ] *n* percentuale *f*

perception [pə'sɛpʃən] *n* percezione *f*; sensibilità; perspicacia

perceptive [pə'sɛptɪv] *adj* percettivo(a); perspicace

perch [pə:tʃ] *n* (*fish*) pesce *m* persico; (*for bird*) sostegno, ramo ♦ *vi* appollaiarsi

percolator ['pə:kəleɪtə*] *n* (*also*: **coffee ~**) caffettiera a pressione; caffettiera elettrica

percussion [pə'kʌʃən] *n* percussione *f*; (*MUS*) strumenti *mpl* a percussione

perennial [pə'rɛnɪəl] *adj* perenne

perfect [*adj, n* 'pə:fɪkt, *vb* pə'fɛkt] *adj* perfetto(a) ♦ *n* (*also*: **~ tense**) perfetto, passato prossimo ♦ *vt* perfezionare; mettere a punto; **~ly** *adv* perfettamente, alla perfezione

perforate ['pə:fəreɪt] *vt* perforare; **perforation** [-'reɪʃən] *n* perforazione *f*

perform [pə'fɔ:m] *vt* (*carry out*) eseguire; fare; (*symphony etc*) suonare; (*play, ballet*) dare; (*opera*) fare ♦ *vi* suonare; recitare; **~ance** *n* esecuzione *f*; (*at theatre etc*) rappresentazione *f*, spettacolo; (*of an artist*) interpretazione *f*; (*of player etc*) performance *f*; (*of car, engine*) prestazione *f*; **~er** *n* artista *m/f*

perfume ['pə:fju:m] *n* profumo

perhaps [pə'hæps] *adv* forse

peril ['pɛrɪl] *n* pericolo

perimeter [pə'rɪmɪtə*] *n* perimetro

period ['pɪərɪəd] *n* periodo; (*HISTORY*) epoca; (*SCOL*) lezione *f*; (*full stop*) punto; (*MED*) mestruazioni *fpl* ♦ *adj* (*costume, furniture*) d'epoca; **~ic(al)** [-'ɔdɪk(l)] *adj* periodico(a); **~ical** [-'ɔdɪkl] *n* periodico

peripheral [pə'rɪfərəl] *adj* periferico(a) ♦ *n*

(COMPUT) unità f inv periferica

perish ['perɪʃ] vi perire, morire; (decay) deteriorarsi; **~able** adj deperibile

perjury ['pəːdʒərɪ] n spergiuro

perk [pəːk] (inf) n vantaggio; **~ up** vi (cheer up) rianimarsi

perm [pəːm] n (for hair) permanente f

permanent ['pəːmənənt] adj permanente

permeate ['pəːmɪeɪt] vi penetrare ♦ vt permeare

permissible [pə'mɪsɪbl] adj permissibile, ammissibile

permission [pə'mɪʃən] n permesso

permissive [pə'mɪsɪv] adj permissivo(a)

permit [n 'pəːmɪt, vb pə'mɪt] n permesso ♦ vt permettere; **to ~ sb to do** permettere a qn di fare

perpendicular [pəːpən'dɪkjulə*] adj perpendicolare ♦ n perpendicolare f

perplex [pə'plɛks] vt lasciare perplesso(a)

persecute ['pəːsɪkjuːt] vt perseguitare

persevere [pəːsɪ'vɪə*] vi perseverare

Persian ['pəːʃən] adj persiano(a) ♦ n (LING) persiano; **the (~) Gulf** n il Golfo Persico

persist [pə'sɪst] vi: **to ~ (in doing)** persistere (nel fare); ostinarsi (a fare); **~ent** adj persistente; ostinato(a)

person ['pəːsn] n persona; **in ~** di or in persona, personalmente; **~al** adj personale; individuale; **~al assistant** n segretaria personale; **~al column** n ≈ messaggi mpl personali; **~al computer** n personal computer m inv; **~ality** [-'nælɪtɪ] n personalità f inv; **~ally** adv personalmente; **to take sth ~ally** prendere qc come una critica personale; **~al organizer** n (Filofax ®) Fulltime ®; (electronic) agenda elettronica; **~al stereo** n Walkman ® m inv

personnel [pəːsə'nɛl] n personale m

perspective [pə'spɛktɪv] n prospettiva

Perspex ® ['pəːspɛks] (BRIT) n tipo di resina termoplastica

perspiration [pəːspɪ'reɪʃən] n traspirazione f, sudore m

persuade [pə'sweɪd] vt: **to ~ sb to do sth** persuadere qn a fare qc

perturb [pə'təːb] vt turbare

pervert [n 'pəːvəːt, vb pə'vəːt] n pervertito/a ♦ vt pervertire

pessimism ['pesɪmɪzəm] n pessimismo

pessimist ['pesɪmɪst] n pessimista m/f; **~ic** [-'mɪstɪk] adj pessimistico(a)

pest [pest] n animale m (or insetto) pestifero; (fig) peste f

pester ['pestə*] vt tormentare, molestare

pet [pet] n animale m domestico ♦ cpd favorito(a) ♦ vt accarezzare; **teacher's ~** favorito/a del maestro

petal ['petl] n petalo

peter ['piːtə*]: **to ~ out** vi esaurirsi; estinguersi

petite [pə'tiːt] adj piccolo(a) e aggraziato(a)

petition [pə'tɪʃən] n petizione f

petrified ['petrɪfaɪd] adj (fig) morto(a) di paura

petrol ['petrəl] (BRIT) n benzina; **two/four-star ~** ≈ benzina normale/super; **~ can** n tanica per benzina

petroleum [pə'trəulɪəm] n petrolio

petrol: ~ pump (BRIT) n (in car, at garage) pompa di benzina; **~ station** (BRIT) n stazione f di rifornimento; **~ tank** (BRIT) n serbatoio della benzina

petticoat ['petɪkəut] n sottana

petty ['petɪ] adj (mean) meschino(a); (unimportant) insignificante; **~ cash** n piccola cassa; **~ officer** n sottufficiale m di marina

petulant ['petjulənt] adj irritabile

pew [pjuː] n panca (di chiesa)

pewter ['pjuːtə*] n peltro

phallic ['fælɪk] adj fallico(a)

phantom ['fæntəm] n fantasma m

pharmaceutical [fɑːmə'sjuːtɪkl] adj farmaceutico(a)

pharmacy ['fɑːməsɪ] n farmacia

phase [feɪz] n fase f, periodo ♦ vt: **to ~ sth in/out** introdurre/eliminare qc progressivamente

Ph.D. n abbr = **Doctor of Philosophy**

pheasant ['feznt] n fagiano

phenomena [fə'nɔmɪnə] npl of **phenomenon**

phenomenon [fə'nɔmɪnən] (*pl* **phenomena**) *n* fenomeno

Philippines ['fɪlɪpiːnz] *npl*: **the ~** le Filippine

philosophical [fɪlə'sɔfɪkl] *adj* filosofico(a)

philosophy [fɪ'lɔsəfɪ] *n* filosofia

phobia ['fəubjə] *n* fobia

phone [fəun] *n* telefono ♦ *vt* telefonare; **to be on the ~** avere il telefono; (*be calling*) essere al telefono; **~ back** *vt, vi* richiamare; **~ up** *vt* telefonare a ♦ *vi* telefonare; **~ book** *n* guida del telefono, elenco telefonico; **~ booth** *n* = **~ box**; **~ box** *n* cabina telefonica; **~ call** *n* telefonata; **~card** *n* scheda telefonica; **~-in** *n* (*BRIT: RADIO, TV*) trasmissione *f* a filo diretto con gli ascoltatori

phonetics [fə'nɛtɪks] *n* fonetica

phoney ['fəunɪ] *adj* falso(a), fasullo(a)

phosphorus ['fɔsfərəs] *n* fosforo

photo ['fəutəu] *n* foto *f inv*

photo... ['fəutəu] *prefix*: **~copier** *n* fotocopiatrice *f*; **~copy** *n* fotocopia ♦ *vt* fotocopiare; **~graph** *n* fotografia ♦ *vt* fotografare; **~grapher** [fə'tɔgrəfə*] *n* fotografo; **~graphy** [fə'tɔgrəfɪ] *n* fotografia

phrase [freɪz] *n* espressione *f*; (*LING*) locuzione *f*; (*MUS*) frase *f* ♦ *vt* esprimere; **~ book** *n* vocabolarietto

physical ['fɪzɪkl] *adj* fisico(a); **~ education** *n* educazione *f* fisica; **~ly** *adv* fisicamente

physician [fɪ'zɪʃən] *n* medico

physicist ['fɪzɪsɪst] *n* fisico

physics ['fɪzɪks] *n* fisica

physiology [fɪzɪ'ɔlədʒɪ] *n* fisiologia

physique [fɪ'ziːk] *n* fisico; costituzione *f*

pianist ['piːənɪst] *n* pianista *m/f*

piano [pɪ'ænəu] *n* pianoforte *m*

piccolo ['pɪkələu] *n* ottavino

pick [pɪk] *n* (*tool: also:* **~-axe**) piccone *m* ♦ *vt* scegliere; (*gather*) cogliere; (*remove*) togliere; (*lock*) far scattare; **take your ~** scelga; **the ~ of** il fior fiore di; **to ~ one's nose** mettersi le dita nel naso; **to ~ one's teeth** pulirsi i denti con lo stuzzicadenti; **to ~ a quarrel** attaccar briga; **~ at** *vt fus*: **to ~ at one's food** piluccare; **~ on** *vt fus*

(*person*) avercela con; **~ out** *vt* scegliere; (*distinguish*) distinguere; **~ up** *vi* (*improve*) migliorarsi ♦ *vt* raccogliere; (*POLICE, RADIO*) prendere; (*collect*) passare a prendere; (*AUT: give lift to*) far salire; (*person: for sexual encounter*) rimorchiare; (*learn*) imparare; **to ~ up speed** acquistare velocità; **to ~ o.s. up** rialzarsi

picket ['pɪkɪt] *n* (*in strike*) scioperante *m/f* che fa parte di un picchetto; picchetto ♦ *vt* picchettare

pickle ['pɪkl] *n* (*also:* **~s:** *as condiment*) sottaceti *mpl*; (*fig: mess*) pasticcio ♦ *vt* mettere sottaceto; mettere in salamoia

pickpocket ['pɪkpɔkɪt] *n* borsaiolo

pickup ['pɪkʌp] *n* (*small truck*) camioncino

picnic ['pɪknɪk] *n* picnic *m inv*

picture ['pɪktʃə*] *n* quadro; (*painting*) pittura; (*photograph*) foto(grafia) *f*; (*drawing*) disegno; (*film*) film *m inv* ♦ *vt* raffigurarsi; **~s** (*BRIT*) *npl* (*cinema*): **the ~s** il cinema; **~ book** *n* libro illustrato

picturesque [pɪktʃə'rɛsk] *adj* pittoresco(a)

pie [paɪ] *n* torta; (*of meat*) pasticcio

piece [piːs] *n* pezzo; (*of land*) appezzamento; (*item*): **a ~ of furniture/advice** un mobile/consiglio ♦ *vt*: **to ~ together** mettere insieme; **to take to ~s** smontare; **~meal** *adv* pezzo a pezzo, a spizzico; **~work** *n* (*lavoro a*) cottimo

pie chart *n* grafico a torta

pier [pɪə*] *n* molo; (*of bridge etc*) pila

pierce [pɪəs] *vt* forare; (*with arrow etc*) trafiggere

piercing ['pɪəsɪŋ] *adj* (*cry*) acuto(a); (*eyes*) penetrante; (*wind*) pungente

pig [pɪg] *n* maiale *m*, porco

pigeon ['pɪdʒən] *n* piccione *m*; **~hole** *n* casella

piggy bank ['pɪgɪ-] *n* salvadanaro

pigheaded ['pɪg'hɛdɪd] *adj* caparbio(a), cocciuto(a)

piglet ['pɪglɪt] *n* porcellino

pigskin ['pɪgskɪn] *n* cinghiale *m*

pigsty ['pɪgstaɪ] *n* porcile *m*

pigtail ['pɪgteɪl] *n* treccina

pike [paɪk] *n* (*fish*) luccio

pilchard ['pɪltʃəd] n specie di sardina

pile [paɪl] n (pillar, of books) pila; (heap) mucchio; (of carpet) pelo ♦ vt (also: ~ up) ammucchiare ♦ vi (also: ~ up) ammucchiarsi; **to ~ into** (car) stiparsi or ammucchiarsi in

piles [paɪlz] npl emorroidi fpl

pile-up ['paɪlʌp] n (AUT) tamponamento a catena

pilfering ['pɪlfərɪŋ] n rubacchiare m

pilgrim ['pɪlgrɪm] n pellegrino/a; ~**age** n pellegrinaggio

pill [pɪl] n pillola; **the ~** la pillola

pillage ['pɪlɪdʒ] vt saccheggiare

pillar ['pɪlə*] n colonna; ~ **box** (BRIT) n cassetta postale

pillion ['pɪljən] n: **to ride ~** (on motor cycle) viaggiare dietro

pillow ['pɪləu] n guanciale m; ~**case** n federa

pilot ['paɪlət] n pilota m/f ♦ cpd (scheme etc) pilota inv ♦ vt pilotare; ~ **light** n fiamma pilota

pimp [pɪmp] n mezzano

pimple ['pɪmpl] n foruncolo

pin [pɪn] n spillo; (TECH) perno ♦ vt attaccare con uno spillo; ~**s and needles** formicolio; **to ~ sb down** (fig) obbligare qn a pronunziarsi; **to ~ sth on sb** (fig) addossare la colpa di qc a qn

pinafore ['pɪnəfɔː*] n (also: ~ **dress**) grembiule m (senza maniche)

pinball ['pɪnbɔːl] n flipper m inv

pincers ['pɪnsəz] npl pinzette fpl

pinch [pɪntʃ] n pizzicotto, pizzico ♦ vt pizzicare; (inf: steal) grattare; **at a ~** in caso di bisogno

pincushion ['pɪnkuʃən] n puntaspilli m inv

pine [paɪn] n (also: ~ **tree**) pino ♦ vi: **to ~ for** struggersi dal desiderio di; ~ **away** vi languire

pineapple ['paɪnæpl] n ananas m inv

ping [pɪŋ] n (noise) tintinnio; ~**-pong** ® n ping-pong ®

pink [pɪŋk] adj rosa inv ♦ n (colour) rosa m inv; (BOT) garofano

PIN (number) [pɪn-] n abbr codice m

segreto

pinpoint ['pɪnpɔɪnt] vt indicare con precisione

pint [paɪnt] n pinta (BRIT = 0.57l; US = 0.47l); (BRIT: inf) ≈ birra da mezzo

pioneer [paɪə'nɪə*] n pioniere/a

pious ['paɪəs] adj pio(a)

pip [pɪp] n (seed) seme m; (BRIT: time signal on radio) segnale m orario

pipe [paɪp] n tubo; (for smoking) pipa ♦ vt portare per mezzo di tubazione; ~**s** npl (also: **bag~s**) cornamusa (scozzese); ~ **cleaner** n scovolino; ~ **dream** n vana speranza; ~**line** n conduttura; (for oil) oleodotto; ~**r** n piffero; suonatore/trice di cornamusa

piping ['paɪpɪŋ] adv: ~ **hot** caldo bollente

pique [piːk] n picca

pirate ['paɪərət] n pirata m ♦ vt riprodurre abusivamente

Pisces ['paɪsiːz] n Pesci mpl

piss [pɪs] (inf) vi pisciare; ~**ed** (inf) adj (drunk) ubriaco(a) fradicio(a)

pistol ['pɪstl] n pistola

piston ['pɪstən] n pistone m

pit [pɪt] n buca, fossa; (also: **coal ~**) miniera; (quarry) cava ♦ vt: **to ~ sb against sb** opporre qn a qn; ~**s** npl (AUT) box m

pitch [pɪtʃ] n (BRIT: SPORT) campo; (MUS) tono; (tar) pece f; (fig) grado, punto ♦ vt (throw) lanciare ♦ vi (fall) cascare; **to ~ a tent** piantare una tenda; ~**ed battle** n battaglia campale

pitfall ['pɪtfɔːl] n trappola

pith [pɪθ] n (of plant) midollo; (of orange) parte f interna della scorza; (fig) essenza, succo; vigore m

pithy ['pɪθɪ] adj conciso(a); vigoroso(a)

pitiful ['pɪtɪful] adj (touching) pietoso(a)

pitiless ['pɪtɪlɪs] adj spietato(a)

pittance ['pɪtns] n miseria, magro salario

pity ['pɪtɪ] n pietà ♦ vt aver pietà di; **what a ~!** che peccato!

pivot ['pɪvət] n perno

pizza ['piːtsə] n pizza

placard ['plækɑːd] n affisso

placate [plə'keɪt] vt placare, calmare

place [pleɪs] *n* posto, luogo; (*proper position, rank, seat*) posto; (*house*) casa, alloggio; (*home*): **at/to his ~** a casa sua ♦ *vt* (*object*) posare, mettere; (*identify*) riconoscere; individuare; **to take ~** aver luogo; succedere; **to change ~s with sb** scambiare il posto con qn; **out of ~** (*not suitable*) inopportuno(a); **in the first ~** in primo luogo; **to ~ an order** dare un'ordinazione; **to be ~d** (*in race, exam*) classificarsi

placid ['plæsɪd] *adj* placido(a), calmo(a)

plagiarism ['pleɪdʒjərɪzəm] *n* plagio

plague [pleɪg] *n* peste *f* ♦ *vt* tormentare

plaice [pleɪs] *n inv* pianuzza

plaid [plæd] *n* plaid *m inv*

plain [pleɪn] *adj* (*clear*) chiaro(a), palese; (*simple*) semplice; (*frank*) franco(a), aperto(a); (*not handsome*) bruttino(a); (*without seasoning etc*) scondito(a); naturale; (*in one colour*) tinta unita *inv* ♦ *adv* francamente, chiaramente ♦ *n* pianura; **~ chocolate** *n* cioccolato fondente; **~ clothes** *npl*: **in ~ clothes** (*police*) in borghese; **~ly** *adv* chiaramente; (*frankly*) francamente

plaintiff ['pleɪntɪf] *n* attore/trice

plaintive ['pleɪntɪv] *adj* (*cry, voice*) dolente, lamentoso(a)

plait [plæt] *n* treccia

plan [plæn] *n* pianta; (*scheme*) progetto, piano ♦ *vt* (*think in advance*) progettare; (*prepare*) organizzare ♦ *vi* far piani *or* progetti; **to ~ to do** progettare di fare

plane [pleɪn] *n* (*AVIAT*) aereo; (*tree*) platano; (*tool*) pialla; (*ART, MATH etc*) piano ♦ *adj* piano(a), piatto(a) ♦ *vt* (*with tool*) piallare

planet ['plænɪt] *n* pianeta *m*

plank [plæŋk] *n* tavola, asse *f*

planner ['plænə*] *n* pianificatore/trice

planning ['plænɪŋ] *n* progettazione *f*; **family ~** pianificazione *f* delle nascite; **~ permission** *n* permesso di costruzione

plant [plɑːnt] *n* pianta; (*machinery*) impianto; (*factory*) fabbrica ♦ *vt* piantare; (*bomb*) mettere

plantation [plæn'teɪʃən] *n* piantagione *f*

plaque [plæk] *n* placca

plaster ['plɑːstə*] *n* intonaco; (*also*: **~ of Paris**) gesso; (*BRIT: also*: **sticking ~**) cerotto ♦ *vt* intonacare; ingessare; (*cover*): **to ~ with** coprire di; **~ed** (*inf*) *adj* ubriaco(a) fradicio(a)

plastic ['plæstɪk] *n* plastica ♦ *adj* (*made of ~*) di *or* in plastica; **~ bag** *n* sacchetto di plastica

Plasticine ® ['plæstɪsiːn] *n* plastilina ®

plastic surgery *n* chirurgia plastica

plate [pleɪt] *n* (*dish*) piatto; (*in book*) tavola; (*dental ~*) dentiera; **gold/silver ~** vasellame *m* d'oro/d'argento

plateau ['plætəʊ] (*pl* **~s** *or* **~x**) *n* altipiano

plateaux ['plætəʊz] *npl of* **plateau**

plate glass *n* vetro piano

platform ['plætfɔːm] *n* (*stage, at meeting*) palco; (*RAIL*) marciapiede *m*; (*BRIT: of bus*) piattaforma

platinum ['plætɪnəm] *n* platino

platitude ['plætɪtjuːd] *n* luogo comune

platoon [plə'tuːn] *n* plotone *m*

platter ['plætə*] *n* piatto

plausible ['plɔːzɪbl] *adj* plausibile, credibile; (*person*) convincente

play [pleɪ] *n* gioco; (*THEATRE*) commedia ♦ *vt* (*game*) giocare a; (*team, opponent*) giocare contro; (*instrument, piece of music*) suonare; (*record, tape*) ascoltare; (*role, part*) interpretare ♦ *vi* giocare; suonare; recitare; **to ~ safe** giocare sul sicuro; **~ down** *vt* minimizzare; **~ up** *vi* (*cause trouble*) fare i capricci; **~boy** *n* playboy *m inv*; **~er** *n* giocatore/trice; (*THEATRE*) attore/trice; (*MUS*) musicista *m/f*; **~ful** *adj* giocoso(a); **~ground** *n* (*in school*) cortile *m* per la ricreazione; (*in park*) parco *m* giochi *inv*; **~group** *n* giardino d'infanzia; **~ing card** *n* carta da gioco; **~ing field** *n* campo sportivo; **~mate** *n* compagno/a di gioco; **~-off** *n* (*SPORT*) bella; **~pen** *n* box *m inv*; **~thing** *n* giocattolo; **~time** *n* (*SCOL*) ricreazione *f*; **~wright** *n* drammaturgo/a

plc *abbr* (= *public limited company*) società per azioni a responsabilità limitata quotata in borsa

plea [pliː] *n* (*request*) preghiera, domanda; (*LAW*) (argomento di) difesa; ~ **bargaining** *n* (*LAW*) patteggiamento (della pena)

plead [pliːd] *vt* patrocinare; (*give as excuse*) adduire a pretesto ♦ *vi* (*LAW*) perorare la causa; (*beg*): **to ~ with sb** implorare qn

pleasant ['plɛznt] *adj* piacevole, gradevole; **~ries** *npl* (*polite remarks*): **to exchange ~ries** scambiarsi i convenevoli

please [pliːz] *excl* per piacere!, per favore!; (*acceptance*): **yes, ~** sì, grazie ♦ *vt* piacere a ♦ *vi* piacere; (*think fit*): **do as you ~** faccia come le pare; **~ yourself!** come ti (*or* le) pare!; **~d** *adj*: **~d (with)** contento(a) (di); **~d to meet you!** piacere!; **pleasing** *adj* piacevole, che fa piacere

pleasure ['plɛʒə*] *n* piacere *m*; "**it's a ~**" "prego"

pleat [pliːt] *n* piega

pledge [plɛdʒ] *n* pegno; (*promise*) promessa ♦ *vt* impegnare; promettere

plentiful ['plɛntɪful] *adj* abbondante, copioso(a)

plenty ['plɛntɪ] *n*: **~ of** tanto(a), molto(a); un'abbondanza di

pleurisy ['pluərɪsɪ] *n* pleurite *f*

pliable ['plaɪəbl] *adj* flessibile; (*fig: person*) malleabile

pliant [plaɪənt] *adj* = **pliable**

pliers ['plaɪəz] *npl* pinza

plight [plaɪt] *n* situazione *f* critica

plimsolls ['plɪmsəlz] (*BRIT*) *npl* scarpe *fpl* da tennis

plinth [plɪnθ] *n* plinto; piedistallo

plod [plɔd] *vi* camminare a stento; (*fig*) sgobbare

plonk [plɔŋk] (*inf*) *n* (*BRIT: wine*) vino da poco ♦ *vt*: **to ~ sth down** buttare giù qc bruscamente

plot [plɔt] *n* congiura, cospirazione *f*; (*of story, play*) trama; (*of land*) lotto ♦ *vt* (*mark out*) fare la pianta di; rilevare; (: *diagram etc*) tracciare; (*conspire*) congiurare, cospirare ♦ *vi* congiurare

plough [plau] (*US* **plow**) *n* aratro ♦ *vt* (*earth*) arare; **to ~ money into** (*company*

etc) investire denaro in; ~ **through** *vt fus* (*snow etc*) procedere a fatica in; **~man's lunch** (*BRIT*) *n* pasto a base di pane, formaggio e birra

ploy [plɔɪ] *n* stratagemma *m*

pluck [plʌk] *vt* (*fruit*) cogliere; (*musical instrument*) pizzicare; (*bird*) spennare; (*hairs*) togliere ♦ *n* coraggio, fegato; **to ~ up courage** farsi coraggio

plug [plʌg] *n* tappo; (*ELEC*) spina; (*AUT: also*: **spark(ing) ~**) candela ♦ *vt* (*hole*) tappare; (*inf: advertise*) spingere; ~ **in** *vt* (*ELEC*) attaccare a una presa

plum [plʌm] *n* (*fruit*) susina

plumb [plʌm] *vt*: **to ~ the depths** (*fig*) toccare il fondo

plumber ['plʌmə*] *n* idraulico

plumbing ['plʌmɪŋ] *n* (*trade*) lavoro di idraulico; (*piping*) tubature *fpl*

plummet ['plʌmɪt] *vi*: **to ~ (down)** cadere a piombo

plump [plʌmp] *adj* grassoccio(a) ♦ *vi*: **to ~ for** (*inf: choose*) decidersi per; ~ **up** *vt* (*cushion etc*) sprimacciare

plunder ['plʌndə*] *n* saccheggio ♦ *vt* saccheggiare

plunge [plʌndʒ] *n* tuffo; (*fig*) caduta ♦ *vt* immergere ♦ *vi* (*fall*) cadere, precipitare; (*dive*) tuffarsi; **to take the ~** saltare il fosso; **plunging** *adj* (*neckline*) profondo(a)

pluperfect [pluː'pəːfɪkt] *n* piucchepperfetto

plural ['pluərl] *adj* plurale ♦ *n* plurale *m*

plus [plʌs] *n* (*also*: ~ **sign**) segno più ♦ *prep* più; **ten/twenty ~** piùr di dieci/venti

plush [plʌʃ] *adj* lussuoso(a)

ply [plaɪ] *vt* (*a trade*) esercitare ♦ *vi* (*ship*) fare il servizio ♦ *n* (*of wool, rope*) capo; **to ~ sb with drink** dare di bere continuamente a qn; **~wood** *n* legno compensato

P.M. *n abbr* = **prime minister**

p.m. *adv abbr* (= *post meridiem*) del pomeriggio

pneumatic drill [njuː'mætɪk-] *n* martello pneumatico

pneumonia [njuː'məunɪə] *n* polmonite *f*

poach [pəutʃ] *vt* (*cook: egg*) affogare; (: *fish*) cuocere in bianco; (*steal*) cacciare (*or* pescare) di frodo ♦ *vi* fare il bracconiere; **~er** *n* bracconiere *m*

P.O. Box *n abbr* = **Post Office Box**

pocket ['pɔkɪt] *n* tasca ♦ *vt* intascare; **to be out of ~** (*BRIT*) rimetterci; **~book** (*US*) *n* (*wallet*) portafoglio; **~ knife** *n* temperino; **~ money** *n* paghetta, settimana

pod [pɔd] *n* guscio

podgy ['pɔdʒɪ] *adj* grassoccio(a)

podiatrist [pɔ'diːətrɪst] (*US*) *n* callista *m/f*, pedicure *m/f*

poem ['pəʊɪm] *n* poesia

poet ['pəʊɪt] *n* poeta/essa; **~ic** [-'ɛtɪk] *adj* poetico(a); **~ry** *n* poesia

poignant ['pɔɪnjənt] *adj* struggente

point [pɔɪnt] *n* (*gen*) punto; (*tip: of needle etc*) punta; (*in time*) punto, momento; (*SCOL*) voto; (*main idea, important part*) nocciolo; (*ELEC*) presa (di corrente); (*also*: **decimal ~**): **2 ~ 3 (2.3)** 2 virgola 3 (2,3) ♦ *vt* (*show*) indicare; (*gun etc*): **to ~ sth at** puntare qc contro ♦ *vi*: **to ~ at** mostrare a dito; **~s** *npl* (*AUT*) puntine *fpl*; (*RAIL*) scambio; **to be on the ~ of doing sth** essere sul punto di *or* stare per fare qc; **to make a ~** fare un'osservazione; **to get/ miss the ~** capire/non capire; **to come to the ~** venire al fatto; **there's no ~ (in doing)** è inutile (fare); **~ out** *vt* far notare; **~ to** *vt fus* indicare; (*fig*) dimostrare; **~-blank** *adv* (*also*: **at ~-blank range**) a bruciapelo; (*fig*) categoricamente; **~ed** *adj* (*shape*) aguzzo(a), appuntito(a); (*remark*) specifico(a); **~edly** *adv* in maniera inequivocabile; **~er** *n* (*needle*) lancetta; (*fig*) indicazione *f*, consiglio; **~less** *adj* inutile, vano(a); **~ of view** *n* punto di vista

poise [pɔɪz] *n* (*composure*) portamento; **~d** *adj*: **to be ~d to do** tenersi pronto(a) a fare

poison ['pɔɪzn] *n* veleno ♦ *vt* avvelenare; **~ing** *n* avvelenamento; **~ous** *adj* velenoso(a)

poke [pəʊk] *vt* (*fire*) attizzare; (*jab with finger, stick etc*) punzecchiare; (*put*): **to ~ sth in(to)** spingere qc dentro; **~ about** *vi* frugare

poker ['pəʊkə*] *n* attizzatoio; (*CARDS*) poker *m*

poky ['pəʊkɪ] *adj* piccolo(a) e stretto(a)

Poland ['pəʊlənd] *n* Polonia

polar ['pəʊlə*] *adj* polare; **~ bear** *n* orso bianco

Pole [pəʊl] *n* polacco/a

pole [pəʊl] *n* (*of wood*) palo; (*ELEC, GEO*) polo; **~ bean** (*US*) *n* (*runner bean*) fagiolino; **~ vault** *n* salto con l'asta

police [pə'liːs] *n* polizia ♦ *vt* mantenere l'ordine in; **~ car** *n* macchina della polizia; **~man** (*irreg*) *n* poliziotto, agente *m* di polizia; **~ station** *n* posto di polizia; **~woman** (*irreg*) *n* donna *f* poliziotto *inv*

policy ['pɔlɪsɪ] *n* politica; (*also*: **insurance ~**) polizza (d'assicurazione)

polio ['pəʊlɪəʊ] *n* polio *f*

Polish ['pəʊlɪʃ] *adj* polacco(a) ♦ *n* (*LING*) polacco

polish ['pɔlɪʃ] *n* (*for shoes*) lucido; (*for floor*) cera; (*for nails*) smalto; (*shine*) lucentezza, lustro; (*fig: refinement*) raffinatezza ♦ *vt* lucidare; (*fig: improve*) raffinare; **~ off** *vt* (*food*) mangiarsi; **~ed** *adj* (*fig*) raffinato(a)

polite [pə'laɪt] *adj* cortese; **~ness** *n* cortesia

political [pə'lɪtɪkl] *adj* politico(a); **~ly** *adv* politicamente; **~ly correct** politicamente corretto(a)

politician [pɔlɪ'tɪʃən] *n* politico

politics ['pɔlɪtɪks] *n* politica ♦ *npl* (*views, policies*) idee *fpl* politiche

poll [pəʊl] *n* scrutinio; (*votes cast*) voti *mpl*; (*also*: **opinion ~**) sondaggio (d'opinioni) ♦ *vt* ottenere

pollen ['pɔlən] *n* polline *m*

polling day ['pəʊlɪŋ-] (*BRIT*) *n* giorno delle elezioni

polling station ['pəʊlɪŋ-] (*BRIT*) *n* sezione *f* elettorale

pollute [pə'luːt] *vt* inquinare

pollution [pə'luːʃən] *n* inquinamento

polo ['pəʊləʊ] *n* polo; **~-necked** *adj* a collo alto risvoltato; **~ shirt** *n* polo *f inv*

polyester [pɔlɪ'ɛstə*] *n* poliestere *m*

polystyrene [pɔlɪ'staɪriːn] *n* polistirolo

polytechnic [pɔlɪ'tɛknɪk] *n* (*college*) istituto

superiore ad indirizzo tecnologico

polythene ['pɔliθi:n] *n* politene *m*; ~ **bag** *n* sacco di plastica

pomegranate ['pɔmɪgrænɪt] *n* melagrana

pomp [pɔmp] *n* pompa, fasto

pompom ['pɔmpɔm] *n* pompon *m inv*

pompon ['pɔmpɔn] *n* = **pompom**

pompous ['pɔmpəs] *adj* pomposo(a)

pond [pɔnd] *n* pozza; stagno

ponder ['pɔndə*] *vt* ponderare, riflettere su; ~**ous** *adj* ponderoso(a), pesante

pong [pɔŋ] (*BRIT: inf*) *n* puzzo

pony ['pəunɪ] *n* pony *m inv*; ~**tail** *n* coda di cavallo; ~ **trekking** (*BRIT*) *n* escursione *f* a cavallo

poodle ['pu:dl] *n* barboncino, barbone *m*

pool [pu:l] *n* (*puddle*) pozza; (*pond*) stagno; (*also*: **swimming ~**) piscina; (*fig: of light*) cerchio; (*billiards*) *specie di biliardo a buca* ♦ *vt* mettere in comune; ~**s** *npl* (*football ~s*) ≈ totocalcio; **typing ~** servizio comune di dattilografia

poor [puə*] *adj* povero(a); (*mediocre*) mediocre, cattivo(a) ♦ *npl*: **the ~** i poveri; ~ **in** povero(a) di; ~**ly** *adv* poveramente; male ♦ *adj* indisposto(a), malato(a)

pop [pɔp] *n* (*noise*) schiocco; (*MUS*) musica pop; (*drink*) bibita gassata; (*US: inf: father*) babbo ♦ *vt* (*put*) mettere (in fretta) ♦ *vi* scoppiare; (*cork*) schioccare; ~ **in** *vi* passare; ~ **out** *vi* fare un salto fuori; ~ **up** *vi* apparire, sorgere; ~**corn** *n* pop-corn *m*

pope [pəup] *n* papa *m*

poplar ['pɔplə*] *n* pioppo

popper ['pɔpə*] *n* bottone *m* a pressione

poppy ['pɔpɪ] *n* papavero

Popsicle ® ['pɔpsɪkl] (*US*) *n* (*ice lolly*) ghiacciolo

populace ['pɔpjuləs] *n* popolino

popular ['pɔpjulə*] *adj* popolare; (*fashionable*) in voga; ~**ity** [-'lærɪtɪ] *n* popolarità

population [pɔpju'leɪʃən] *n* popolazione *f*

porcelain ['pɔ:slɪn] *n* porcellana

porch [pɔ:tʃ] *n* veranda

porcupine ['pɔ:kjupaɪn] *n* porcospino

pore [pɔ:*] *n* poro ♦ *vi*: **to ~ over** essere

immerso(a) in

pork [pɔ:k] *n* carne *f* di maiale

pornographic [pɔ:nə'græfɪk] *adj* pornografico(a)

pornography [pɔ:'nɔgrəfɪ] *n* pornografia

porpoise ['pɔ:pəs] *n* focena

porridge ['pɔrɪdʒ] *n* porridge *m*

port [pɔ:t] *n* (*gen, wine*) porto; (*NAUT: left side*) babordo; ~ **of call** (porto di) scalo

portable ['pɔ:təbl] *adj* portatile

porter ['pɔ:tə*] *n* (*for luggage*) facchino, portabagagli *m inv*; (*doorkeeper*) portiere *m*, portinaio

portfolio [pɔ:t'fəulɪəu] *n* (*case*) cartella; (*POL, FINANCE*) portafoglio; (*of artist*) raccolta dei propri lavori

porthole ['pɔ:thəul] *n* oblò *m inv*

portion ['pɔ:ʃən] *n* porzione *f*

portrait ['pɔ:treɪt] *n* ritratto

portray [pɔ:'treɪ] *vt* fare il ritratto di; (*character on stage*) rappresentare; (*in writing*) ritrarre

Portugal ['pɔ:tjugl] *n* Portogallo

Portuguese [pɔ:tju'gi:z] *adj* portoghese ♦ *n inv* portoghese *m/f*; (*LING*) portoghese *m*

pose [pəuz] *n* posa ♦ *vi* posare; (*pretend*): **to ~ as** atteggiarsi a, posare a ♦ *vt* porre

posh [pɔʃ] (*inf*) *adj* elegante; (*family*) per bene

position [pə'zɪʃən] *n* posizione *f*; (*job*) posto ♦ *vt* sistemare

positive ['pɔzɪtɪv] *adj* positivo(a); (*certain*) sicuro(a), certo(a); (*definite*) preciso(a); definitivo(a)

posse ['pɔsɪ] (*US*) *n* drappello

possess [pə'zɛs] *vt* possedere; ~**ion** [pə'zɛʃən] *n* possesso; ~**ions** *npl* (*belongings*) beni *mpl*; ~**ive** *adj* possessivo(a)

possibility [pɔsɪ'bɪlɪtɪ] *n* possibilità *f inv*

possible ['pɔsɪbl] *adj* possibile; **as big as ~** il più grande possibile

possibly ['pɔsɪblɪ] *adv* (*perhaps*) forse; **if you ~ can** se le è possibile; **I cannot ~ come** proprio non posso venire

post [pəust] *n* (*BRIT*) posta; (*: collection*) levata; (*job, situation*) posto; (*MIL*) postazione *f*; (*pole*) palo ♦ *vt* (*BRIT: send by post*) impostare; (*: appoint*): **to ~ to** assegnare a; **~age** *n* affrancatura; **~age stamp** *n* francobollo; **~al order** *n* vaglia *m inv* postale; **~box** (*BRIT*) *n* cassetta postale; **~card** *n* cartolina; **~ code** (*BRIT*) *n* codice *m* (di avviamento) postale

poster ['pəʊstə*] *n* manifesto, affisso

poste restante [pəʊst'restã:nt] (*BRIT*) *n* fermo posta *m*

postgraduate ['pəʊst'grædjʊət] *n* laureato/a che continua gli studi

posthumous ['pɔstjʊməs] *adj* postumo(a)

postman ['pəʊstmən] (*irreg*) *n* postino

postmark ['pəʊstmɑːk] *n* bollo *or* timbro postale

post-mortem [-'mɔːtəm] *n* autopsia

post office *n* (*building*) ufficio postale; (*organization*): **the Post Office** ≈ le Poste e Telecomunicazioni; **Post Office Box** *n* casella postale

postpone [pəs'pəʊn] *vt* rinviare

postscript ['pəʊstskrɪpt] *n* poscritto

posture ['pɔstʃə*] *n* portamento; (*pose*) posa, atteggiamento

postwar ['pəʊst'wɔː*] *adj* del dopoguerra

posy ['pəʊzɪ] *n* mazzetto di fiori

pot [pɔt] *n* (*for cooking*) pentola; casseruola; (*tea~*) teiera; (*coffee~*) caffettiera; (*for plants, jam*) vaso; (*inf: marijuana*) erba ♦ *vt* (*plant*) piantare in vaso; **a ~ of tea for two** tè per due; **to go to ~** (*inf: work, performance*) andare in malora

potato [pə'teɪtəʊ] (*pl ~es*) *n* patata; **~ peeler** *n* sbucciapatate *m inv*

potent ['pəʊtnt] *adj* potente, forte

potential [pə'tɛnʃl] *adj* potenziale ♦ *n* possibilità *fpl*

pothole ['pɔthəʊl] *n* (*in road*) buca; (*BRIT: underground*) caverna; **potholing** (*BRIT*) *n*: **to go potholing** fare speleologia

potluck [pɔt'lʌk] *n*: **to take ~** tentare la sorte

potted ['pɔtɪd] *adj* (*food*) in conserva; (*plant*) in vaso; (*account etc*) condensato(a)

potter ['pɔtə*] *n* vasaio ♦ *vi*: **to ~ around, ~ about** (*BRIT*) lavoracchiare; **~y** *n* ceramiche

fpl; (*factory*) fabbrica di ceramiche

potty ['pɔtɪ] *adj* (*inf: mad*) tocco(a) ♦ *n* (*child's*) vasino

pouch [paʊtʃ] *n* borsa; (*ZOOL*) marsupio

poultry ['pəʊltrɪ] *n* pollame *m*

pounce [paʊns] *vi*: **to ~ (on)** piombare (su)

pound [paʊnd] *n* (*weight*) libbra; (*money*) (lira) sterlina ♦ *vt* (*beat*) battere; (*crush*) pestare, polverizzare ♦ *vi* (*beat*) battere, martellare; **~ sterling** *n* sterlina (inglese)

pour [pɔː*] *vt* versare ♦ *vi* riversarsi; (*rain*) piovere a dirotto; **~ away** *vt* vuotare; **~ in** *vi* affluire in gran quantità; **~ off** *vt* vuotare; **~ out** *vi* (*people*) uscire a fiumi ♦ *vt* vuotare; versare; (*fig*) sfogare; **~ing** *adj*: **~ing rain** pioggia torrenziale

pout [paʊt] *vi* sporgere le labbra; fare il broncio

poverty ['pɔvətɪ] *n* povertà, miseria; **~-stricken** *adj* molto povero(a), misero(a)

powder ['paʊdə*] *n* polvere *f* ♦ *vt*: **to ~ one's face** incipriarsi il viso; **~ compact** *n* portacipria *m inv*; **~ed milk** *n* latte *m* in polvere; **~ room** *n* toilette *f inv* (per signore)

power ['paʊə*] *n* (*strength*) potenza, forza; (*ability, POL: of party, leader*) potere *m*; (*ELEC*) corrente *f*; **to be in ~** (*POL etc*) essere al potere; **~ cut** (*BRIT*) *n* interruzione *f or* mancanza di corrente; **~ed** *adj*: **~ed by** azionato(a) da; **~ failure** *n* interruzione *f* della corrente elettrica; **~ful** *adj* potente, forte; **~less** *adj* impotente; **~less to do** impossibilitato(a) a fare; **~ point** (*BRIT*) *n* presa di corrente; **~ station** *n* centrale *f* elettrica

p.p. *abbr* (= *per procurationem*): **~ J. Smith** per J. Smith; (= *pages*) p.p.

PR *abbr* = **public relations**

practicable ['præktɪkəbl] *adj* (*scheme*) praticabile

practical ['præktɪkl] *adj* pratico(a); **~ity** [-'kælɪtɪ] (*no pl*) *n* (*of situation etc*) lato pratico; **~ joke** *n* beffa; **~ly** *adv* praticamente

practice ['præktɪs] *n* pratica; (*of profession*) esercizio; (*at football etc*) allenamento;

(*business*) gabinetto; clientela ♦ *vt, vi* (*US*) = **practise**; **in ~** (*in reality*) in pratica; **out of ~** fuori esercizio

practise ['præktɪs] (*US* **practice**) *vt* (*work at: piano, one's backhand etc*) esercitarsi a; (*train for: skiing, running etc*) allenarsi a; (*a sport, religion*) praticare; (*method*) usare; (*profession*) esercitare ♦ *vi* esercitarsi; (*train*) allenarsi; (*lawyer, doctor*) esercitare; **practising** *adj* (*Christian etc*) praticante; (*lawyer*) che esercita la professione

practitioner [præk'tɪʃənə*] *n* professionista *m/f*

pragmatic [præg'mætɪk] *adj* pragmatico(a)

prairie ['prɛərɪ] *n* prateria

praise [preɪz] *n* elogio, lode *f* ♦ *vt* elogiare, lodare; ~**worthy** *adj* lodevole

pram [præm] (*BRIT*) *n* carrozzina

prank [præŋk] *n* burla

prawn [prɔːn] *n* gamberetto

pray [preɪ] *vi* pregare

prayer [prɛə*] *n* preghiera

preach [priːtʃ] *vt, vi* predicare

precarious [prɪ'kɛərɪəs] *adj* precario(a)

precaution [prɪ'kɔːʃən] *n* precauzione *f*

precede [prɪ'siːd] *vt* precedere

precedent ['presɪdənt] *n* precedente *m*

precept ['priːsept] *n* precetto

precinct ['priːsɪŋkt] *n* (*US*) circoscrizione *f*; ~**s** *npl* (*of building*) zona recintata; **pedestrian ~** (*BRIT*) zona pedonale; **shopping ~** (*BRIT*) centro commerciale (chiuso al traffico)

precious ['preʃəs] *adj* prezioso(a)

precipitate [prɪ'sɪpɪteɪt] *vt* precipitare

precise [prɪ'saɪs] *adj* preciso(a); ~**ly** *adv* precisamente

precocious [prɪ'kəuʃəs] *adj* precoce

precondition [priːkən'dɪʃən] *n* condizione *f* necessaria

predecessor ['priːdɪsesə*] *n* predecessore/a

predicament [prɪ'dɪkəmənt] *n* situazione *f* difficile

predict [prɪ'dɪkt] *vt* predire; ~**able** *adj* prevedibile

predominantly [prɪ'dɒmɪnəntlɪ] *adv* in maggior parte; soprattutto

predominate [prɪ'dɒmɪneɪt] *vi* predominare

pre-empt [priː'empt] *vt* pregiudicare

preen [priːn] *vt*: **to ~ itself** (*bird*) lisciarsi le penne; **to ~ o.s.** agghindarsi

prefab ['priːfæb] *n* casa prefabbricata

preface ['prefəs] *n* prefazione *f*

prefect ['priːfekt] *n* (*BRIT: in school*) studente/essa con funzioni disciplinari; (*French etc, Admin*) prefetto

prefer [prɪ'fɜː*] *vt* preferire; **to ~ doing** *or* **to do** preferire fare; ~**ably** ['prefrəblɪ] *adv* preferibilmente; ~**ence** ['prefrəns] *n* preferenza; ~**ential** [prefə'renʃəl] *adj* preferenziale

prefix ['priːfɪks] *n* prefisso

pregnancy ['pregnənsɪ] *n* gravidanza

pregnant ['pregnənt] *adj* incinta *af*

prehistoric ['priːhɪs'tɒrɪk] *adj* preistorico(a)

prejudice ['predʒudɪs] *n* pregiudizio; (*harm*) torto, danno; ~**d** *adj*: ~**d (against)** prevenuto(a) (contro); ~**d (in favour of)** ben disposto(a) (verso)

preliminary [prɪ'lɪmɪnərɪ] *adj* preliminare

premarital [priː'mærɪtl] *adj* prematrimoniale

premature ['premətʃuə*] *adj* prematuro(a)

premenstrual syndrome [priː'menstruəl-] *n* (*MED*) sindrome *f* premestruale

premier ['premɪə*] *adj* primo(a) ♦ *n* (*POL*) primo ministro

première ['premɪɛə*] *n* prima

premise ['premɪs] *n* premessa; ~**s** *npl* (*of business, institution*) locale *m*; **on the ~s** sul posto

premium ['priːmɪəm] *n* premio; **to be at a ~** essere ricercatissimo; ~ **bond** (*BRIT*) *n* obbligazione *f* a premio

premonition [premə'nɪʃən] *n* premonizione *f*

preoccupied [priː'ɒkjupaɪd] *adj* preoccupato(a)

prep [prep] *n* (*SCOL: study*) studio

prepaid [priː'peɪd] *adj* pagato(a) in anticipo

preparation [prepə'reɪʃən] *n* preparazione *f*; ~**s** *npl* (*for trip, war*) preparativi *mpl*

preparatory [prɪ'pærətərɪ] *adj*
preparatorio(a); **~ school** *n* scuola
elementare privata

prepare [prɪ'peə*] *vt* preparare ♦ *vi*: **to ~**
for prepararsi a; **~d to** pronto(a) a

preposition [prepə'zɪʃən] *n* preposizione *f*

preposterous [prɪ'pɔstərəs] *adj* assurdo(a)

prep school *n* = **preparatory school**

prerequisite [priː'rekwɪzɪt] *n* requisito
indispensabile

prescribe [prɪ'skraɪb] *vt* (*MED*) prescrivere

prescription [prɪ'skrɪpʃən] *n* prescrizione *f*;
(*MED*) ricetta

presence ['prezns] *n* presenza; **~ of mind**
presenza di spirito

present [*adj, n* 'preznt, *vb* prɪ'zent] *adj*
presente; (*wife, residence, job*) attuale ♦ *n*
(*actuality*): **the ~** il presente; (*gift*) regalo
♦ *vt* presentare; (*give*): **to ~ sb with sth**
offrire qc a qn; **to give sb a ~** fare un
regalo a qn; **at ~** al momento; **~ation**
[-'teɪʃən] *n* presentazione *f*; (*ceremony*)
consegna ufficiale; **~-day** *adj* attuale,
d'oggigiorno; **~er** *n* (*RADIO, TV*)
presentatore/trice; **~ly** *adv* (*soon*) fra poco,
presto; (*at present*) al momento

preservative [prɪ'zɜːvətɪv] *n* conservante *m*

preserve [prɪ'zɜːv] *vt* (*keep safe*) preservare,
proteggere; (*maintain*) conservare; (*food*)
mettere in conserva ♦ *n* (*often pl: jam*)
marmellata; (*: fruit*) frutta sciroppata

preside [prɪ'zaɪd] *vi*: **to ~ (over)** presiedere
(a)

president ['prezɪdənt] *n* presidente *m*; **~ial**
[-'denʃl] *adj* presidenziale

press [pres] *n* (*newspapers etc*): **the P~** la
stampa; (*tool, machine*) pressa; (*for wine*)
torchio ♦ *vt* (*push*) premere, pigiare;
(*squeeze*) spremere; (*: hand*) stringere;
(*clothes: iron*) stirare; (*pursue*) incalzare;
(*insist*): **to ~ sth on sb** far accettare qc da
qn ♦ *vi* premere; accalcare; **we are ~ed**
for time ci manca il tempo; **to ~ for sth**
insistere per avere qc; **~ on** *vi* continuare;
~ conference *n* conferenza *f* stampa *inv*;
~ing *adj* urgente; **~ stud** (*BRIT*) *n* bottone
m a pressione; **~-up** (*BRIT*) *n* flessione *f*

sulle braccia

pressure ['preʃə*] *n* pressione *f*; **to put ~**
on sb (to do) mettere qn sotto pressione
(affinché faccia); **~ cooker** *n* pentola a
pressione; **~ gauge** *n* manometro; **~**
group *n* gruppo di pressione

prestige [pres'tiːʒ] *n* prestigio

presumably [prɪ'zjuːməblɪ] *adv*
presumibilmente

presume [prɪ'zjuːm] *vt* supporre

presumption [prɪ'zʌmpʃən] *n* presunzione
f

presumptuous [prɪ'zʌmpʃəs] *adj*
presuntuoso(a)

pretence [prɪ'tens] (*US* **pretense**) *n* (*claim*)
pretesa; **to make a ~ of doing** far finta di
fare; **under false ~s** con l'inganno

pretend [prɪ'tend] *vt* (*feign*) fingere ♦ *vi* far
finta; **to ~ to do** far finta di fare

pretense [prɪ'tens] (*US*) *n* = **pretence**

pretentious [prɪ'tenʃəs] *adj* pretenzioso(a)

pretext ['priːtekst] *n* pretesto

pretty ['prɪtɪ] *adj* grazioso(a), carino(a)
♦ *adv* abbastanza, assai

prevail [prɪ'veɪl] *vi* (*win, be usual*) prevalere;
(*persuade*): **to ~ (up)on sb to do**
persuadere qn a fare; **~ing** *adj* dominante

prevalent ['prevələnt] *adj* (*belief*)
predominante; (*customs*) diffuso(a);
(*fashion*) corrente; (*disease*) comune

prevent [prɪ'vent] *vt*: **to ~ sb from doing**
impedire a qn di fare; **to ~ sth from**
happening impedire che qc succeda;
~ative *adj* = **~ive**; **~ion** [-'venʃən] *n*
prevenzione *f*; **~ive** *adj* preventivo(a)

preview ['priːvjuː] *n* (*of film*) anteprima

previous ['priːvɪəs] *adj* precedente;
anteriore; **~ly** *adv* prima

prewar ['priː'wɔː*] *adj* anteguerra *inv*

prey [preɪ] *n* preda ♦ *vi*: **to ~ on** far preda
di; **it was ~ing on his mind** lo stava
ossessionando

price [praɪs] *n* prezzo ♦ *vt* (*goods*) fissare il
prezzo di; valutare; **~less** *adj*
inapprezzabile; **~ list** *n* listino (dei) prezzi

prick [prɪk] *n* puntura ♦ *vt* pungere; **to ~ up**
one's ears drizzare gli orecchi

prickle ['prɪkl] n (of plant) spina; (sensation) pizzicore m

prickly ['prɪklɪ] adj spinoso(a); ~ **heat** n sudamina

pride [praɪd] n orgoglio; superbia ♦ vt: **to ~ o.s. on** essere orgoglioso(a) di; vantarsi di

priest [priːst] n prete m, sacerdote m; ~**hood** n sacerdozio

prim [prɪm] adj pudico(a); contegnoso(a)

primarily ['praɪmərɪlɪ] adv principalmente, essenzialmente

primary ['praɪmərɪ] adj primario(a); (first in importance) primo(a) ♦ n (US: election) primarie fpl; ~ **school** n (BRIT) scuola elementare

prime [praɪm] adj primario(a), fondamentale; (excellent) di prima qualità ♦ vt (wood) preparare; (fig) mettere al corrente ♦ n: **in the ~ of life** nel fiore della vita; P~ **Minister** n primo ministro

primeval [praɪˈmiːvl] adj primitivo(a)

primitive ['prɪmɪtɪv] adj primitivo(a)

primrose ['prɪmrəʊz] n primavera

primus (stove) ® ['praɪməs(-)] (BRIT) n fornello a petrolio

prince [prɪns] n principe m

princess [prɪnˈsɛs] n principessa

principal ['prɪnsɪpl] adj principale ♦ n (headmaster) preside m

principle ['prɪnsɪpl] n principio; **in ~** in linea di principio; **on ~** per principio

print [prɪnt] n (mark) impronta; (letters) caratteri mpl; (fabric) tessuto stampato; (ART, PHOT) stampa ♦ vt imprimere; (publish) stampare, pubblicare; (write in capitals) scrivere in stampatello; **out of ~** esaurito(a); ~**ed matter** n stampe fpl; ~**er** n tipografo; (machine) stampante f; ~**ing** n stampa; ~**-out** n (COMPUT) tabulato

prior ['praɪə*] adj precedente; (claim etc) più importante; ~ **to doing** prima di fare

priority [praɪˈɒrɪtɪ] n priorità f inv; precedenza

prise [praɪz] vt: **to ~ open** forzare

prison ['prɪzn] n prigione f ♦ cpd (system) carcerario(a); (conditions, food) nelle or delle prigioni; ~**er** n prigioniero/a

pristine ['prɪstiːn] adj immacolato(a)

privacy ['prɪvəsɪ] n solitudine f, intimità

private ['praɪvɪt] adj privato(a); personale ♦ n soldato semplice; **"~"** (on envelope) "riservata"; (on door) "privato"; **in ~** in privato; ~ **enterprise** n iniziativa privata; ~ **eye** n investigatore m privato; ~**ly** adv in privato; (within oneself) dentro di sé; ~ **property** n proprietà privata; **privatize** vt privatizzare

privet ['prɪvɪt] n ligustro

privilege ['prɪvɪlɪdʒ] n privilegio

privy ['prɪvɪ] adj: **to be ~ to** essere al corrente di

prize [praɪz] n premio ♦ adj (example, idiot) perfetto(a); (bull, novel) premiato(a) ♦ vt apprezzare, pregiare; ~**-giving** n premiazione f; ~**winner** n premiato/a

pro [prəʊ] n (SPORT) professionista m/f ♦ prep pro; **the ~s and cons** il pro e il contro

probability [prɒbəˈbɪlɪtɪ] n probabilità f inv; **in all ~** con tutta probabilità

probable ['prɒbəbl] adj probabile; **probably** adv probabilmente

probation [prəˈbeɪʃən] n: **on ~** (employee) in prova; (LAW) in libertà vigilata

probe [prəʊb] n (MED, SPACE) sonda; (enquiry) indagine f, investigazione f ♦ vt sondare, esplorare; indagare

problem ['prɒbləm] n problema m

procedure [prəˈsiːdʒə*] n (ADMIN, LAW) procedura; (method) metodo, procedimento

proceed [prəˈsiːd] vi (go forward) avanzare, andare avanti; (go about it) procedere; (continue): **to ~ (with)** continuare; **to ~ to** andare a; passare a; **to ~ to do** mettersi a fare; ~**ings** npl misure fpl; (LAW) procedimento; (meeting) riunione f; (records) rendiconti mpl; atti mpl; ~**s** ['prəʊsiːdz] npl profitto, incasso

process ['prəʊsɛs] n processo; (method) metodo, sistema m ♦ vt trattare; (information) elaborare; ~**ing** n trattamento; elaborazione f

procession [prəˈsɛʃən] n processione f,

corteo; **funeral** ~ corteo funebre

pro-choice [prəʊ'tʃɔɪs] *adj* per la libertà di scelta di gravidanza

proclaim [prə'kleɪm] *vt* proclamare, dichiarare

procrastinate [prəʊ'kræstɪneɪt] *vi* procrastinare

prod [prɒd] *vt* dare un colpetto a; pungolare ♦ *n* colpetto

prodigal ['prɒdɪgl] *adj* prodigo(a)

prodigy ['prɒdɪdʒɪ] *n* prodigio

produce [*n* 'prɒdju:s, *vb* prə'dju:s] *n* (AGR) prodotto, prodotti *mpl* ♦ *vt* produrre; (*to show*) esibire, mostrare; (*cause*) cagionare, causare; ~**r** *n* (THEATRE) regista *m/f*; (AGR, CINEMA) produttore *m*

product ['prɒdʌkt] *n* prodotto

production [prə'dʌkʃən] *n* produzione *f*; ~ **line** *n* catena di lavorazione

productivity [prɒdʌk'tɪvɪtɪ] *n* produttività

profane [prə'feɪn] *adj* profano(a); (*language*) empio(a)

profess [prə'fes] *vt* (*claim*) dichiarare; (*opinion etc*) professare

profession [prə'feʃən] *n* professione *f*; ~**al** *n* professionista *m/f* ♦ *adj* professionale; (*work*) da professionista

professor [prə'fesə*] *n* professore *m* (*titolare di una cattedra*); (US) professore/essa

proficiency [prə'fɪʃənsɪ] *n* competenza, abilità

profile ['prəʊfaɪl] *n* profilo

profit ['prɒfɪt] *n* profitto; beneficio ♦ *vi*: **to ~ (by** *or* **from)** approfittare (di); ~**ability** [-'bɪlɪtɪ] *n* redditività; ~**able** *adj* redditizio(a)

profound [prə'faʊnd] *adj* profondo(a)

profusely [prə'fju:slɪ] *adv* con grande effusione

programme ['prəʊgræm] (US **program**) *n* programma *m* ♦ *vt* programmare; ~**r** (US **programer**) *n* programmatore/trice

progress [*n* 'prəʊgres, *vb* prə'gres] *n* progresso ♦ *vi* avanzare, procedere; **in** ~ in corso; **to make** ~ far progressi; ~**ive** [-'gresɪv] *adj* progressivo(a); (*person*) progressista

prohibit [prə'hɪbɪt] *vt* proibire, vietare; ~**ion** [prəʊɪ'bɪʃən] *n* proibizione *f*, divieto; (US): **P~ion** proibizionismo; ~**ive** *adj* (*price etc*) proibitivo(a)

project [*n* 'prɒdʒekt, *vb* prə'dʒekt] *n* (*plan*) piano; (*venture*) progetto; (SCOL) studio ♦ *vt* proiettare ♦ *vi* (*stick out*) sporgere

projectile [prə'dʒektaɪl] *n* proiettile *m*

projector [prə'dʒektə*] *n* proiettore *m*

pro-life [prəʊ'laɪf] *adj* per il diritto alla vita

prolific [prə'lɪfɪk] *adj* (*artist etc*) fecondo(a)

prolong [prə'lɒŋ] *vt* prolungare

Prom

i In Gran Bretagna i **Prom** (promenade concert) *sono concerti di musica classica, i più noti dei quali sono quelli eseguiti nella Royal Albert Hall a Londra. Un tempo il pubblico seguiva i concerti in piedi, passeggiando. Negli Stati Uniti, invece, con* **prom** *si intende il ballo studentesco di un'università o di un college.*

---

prom [prɒm] *n abbr* = **promenade**; (US: *ball*) ballo studentesco

promenade [prɒmə'nɑːd] *n* (*by sea*) lungomare *m*; ~ **concert** *n* concerto (*con posti in piedi*)

prominent ['prɒmɪnənt] *adj* (*standing out*) prominente; (*important*) importante

promiscuous [prə'mɪskjʊəs] *adj* (*sexually*) di facili costumi

promise ['prɒmɪs] *n* promessa ♦ *vt, vi* promettere; **to ~ sb sth, ~ sth to sb** promettere qc a qn; **to ~ (sb) that/to do sth** promettere (a qn) che/di fare qc; **promising** *adj* promettente

promote [prə'məʊt] *vt* promuovere; (*venture, event*) organizzare; ~**r** *n* promotore/trice; (*of sporting event*) organizzatore/trice; **promotion** [-'məʊʃən] *n* promozione *f*

prompt [prɒmpt] *adj* rapido(a), svelto(a); puntuale; (*reply*) sollecito(a) ♦ *adv* (*punctually*) in punto ♦ *n* (COMPUT) prompt *m* ♦ *vt* incitare; provocare; (THEATRE) suggerire a; **to ~ sb to do** incitare qn a fare; **~ly** *adv* prontamente; puntualmente

prone [prəun] *adj (lying)* prono(a); **~ to** propenso(a) a, incline a

prong [prɔŋ] *n* rebbio, punta

pronoun ['prəunaun] *n* pronome *m*

pronounce [prə'nauns] *vt* pronunciare

pronunciation [prənʌnsɪ'eɪʃən] *n* pronuncia

proof [pru:f] *n* prova; *(of book)* bozza; *(PHOT)* provino ♦ *adj:* **~ against** a prova di

prop [prɔp] *n* sostegno, appoggio ♦ *vt (also:* **~ up)** sostenere, appoggiare; *(lean):* **to ~ sth against** appoggiare qc contro or a

propaganda [prɔpə'gændə] *n* propaganda

propel [prə'pɛl] *vt* spingere (in avanti), muovere; **~ler** *n* elica

propensity [prə'pɛnsɪtɪ] *n* tendenza

proper ['prɔpə*] *adj (suited, right)* adatto(a), appropriato(a); *(seemly)* decente; *(authentic)* vero(a); *(inf: real)* noun +vero(a) e proprio(a); **~ly** ['prɔpəlɪ] *adv (eat, study)* bene; *(behave)* come si deve; **~ noun** *n* nome *m* proprio

property ['prɔpətɪ] *n (things owned)* beni *mpl*; *(land, building)* proprietà *f inv*; *(CHEM etc: quality)* proprietà; **~ owner** *n* proprietario/a

prophecy ['prɔfɪsɪ] *n* profezia

prophesy ['prɔfɪsaɪ] *vt* predire

prophet ['prɔfɪt] *n* profeta *m*

proportion [prə'pɔ:ʃən] *n* proporzione *f*; *(share)* parte *f*; **~al** *adj* proporzionale; **~ate** *adj* proporzionato(a)

proposal [prə'pəuzl] *n* proposta; *(plan)* progetto; *(of marriage)* proposta di matrimonio

propose [prə'pəuz] *vt* proporre, suggerire ♦ *vi* fare una proposta di matrimonio; **to ~ to do** proporsi di fare, aver l'intenzione di fare

proposition [prɔpə'zɪʃən] *n* proposizione *f*; *(offer)* proposta

proprietor [prə'praɪətə*] *n* proprietario/a

propriety [prə'praɪətɪ] *n (seemliness)* decoro, rispetto delle convenienze sociali

pro rata ['prəu'rɑ:tə] *adv* in proporzione

prose [prəuz] *n* prosa

prosecute ['prɔsɪkju:t] *vt* processare;

prosecution [-'kju:ʃən] *n* processo; *(accusing side)* accusa; **prosecutor** *n (also: public prosecutor)* ≈ procuratore *m* della Repubblica

prospect [*n* 'prɔspɛkt, *vb* prə'spɛkt] *n* prospettiva; *(hope)* speranza ♦ *vi:* **to ~ for** cercare; **~s** *npl (for work etc)* prospettive *fpl*; **~ive** [-'spɛktɪv] *adj* possibile; futuro(a)

prospectus [prə'spɛktəs] *n* prospetto, programma *m*

prosperity [prɔ'spɛrɪtɪ] *n* prosperità

prostitute ['prɔstɪtju:t] *n* prostituta; **male ~** uomo che si prostituisce

protect [prə'tɛkt] *vt* proteggere, salvaguardare; **~ed species** *n* specie *f* protetta; **~ion** *n* protezione *f*; **~ive** *adj* protettivo(a)

protégé ['prəutəʒeɪ] *n* protetto

protein ['prəuti:n] *n* proteina

protest [*n* 'prəutɛst, *vb* prə'tɛst] *n* protesta ♦ *vt, vi* protestare

Protestant ['prɔtɪstənt] *adj, n* protestante *m/f*

protester [prə'tɛstə*] *n* dimostrante *m/f*

prototype ['prəutətaɪp] *n* prototipo

protracted [prə'træktɪd] *adj* tirato(a) per le lunghe

protrude [prə'tru:d] *vi* sporgere

proud [praud] *adj* fiero(a), orgoglioso(a); *(pej)* superbo(a)

prove [pru:v] *vt* provare, dimostrare ♦ *vi:* **to ~ (to be) correct** *etc* risultare vero(a) *etc*; **to ~ o.s.** mostrare le proprie capacità

proverb ['prɔvə:b] *n* proverbio

provide [prə'vaɪd] *vt* fornire, provvedere; **to ~ sb with sth** fornire or provvedere qn di qc; **~ for** *vt fus* provvedere a; *(future event)* prevedere; **~d (that)** *conj* purché +*sub*, a condizione che +*sub*

providing [prə'vaɪdɪŋ] *conj* purché +*sub*, a condizione che +*sub*

province ['prɔvɪns] *n* provincia; **provincial** [prə'vɪnʃəl] *adj* provinciale

provision [prə'vɪʒən] *n (supply)* riserva; *(supplying)* provvista; rifornimento; *(stipulation)* condizione *f*; **~s** *npl (food)* provviste *fpl*; **~al** *adj* provvisorio(a)

proviso [prə'vaɪzəʊ] *n* condizione *f*

provocative [prə'vɒkətɪv] *adj* (*aggressive*) provocatorio(a); (*thought-provoking*) stimolante; (*seductive*) provocante

provoke [prə'vəʊk] *vt* provocare; incitare

prowess ['praʊɪs] *n* prodezza

prowl [praʊl] *vi* (*also:* ~ **about,** ~ **around**) aggirarsi ♦ *n*: **to be on the** ~ aggirarsi; **~er** *n* tipo sospetto (*che s'aggira con l'intenzione di rubare, aggredire etc*)

proximity [prɒk'sɪmɪtɪ] *n* prossimità

proxy ['prɒksɪ] *n*: **by** ~ per procura

prude [pruːd] *n* puritano/a

prudent ['pruːdnt] *adj* prudente

prudish ['pruːdɪʃ] *adj* puritano(a)

prune [pruːn] *n* prugna secca ♦ *vt* potare

pry [praɪ] *vi*: **to** ~ **into** ficcare il naso in

PS *abbr* (= *postscript*) P.S.

psalm [sɑːm] *n* salmo

pseudonym ['sjuːdənɪm] *n* pseudonimo

psyche ['saɪkɪ] *n* psiche *f*

psychiatric [saɪkɪ'ætrɪk] *adj* psichiatrico(a)

psychiatrist [saɪ'kaɪətrɪst] *n* psichiatra *m/f*

psychic ['saɪkɪk] *adj* (*also:* ~**al**) psichico(a); (*person*) dotato(a) di qualità telepatiche

psychoanalyst [saɪkəʊ'ænəlɪst] *n* psicanalista *m/f*

psychological [saɪkə'lɒdʒɪkl] *adj* psicologico(a)

psychologist [saɪ'kɒlədʒɪst] *n* psicologo/a

psychology [saɪ'kɒlədʒɪ] *n* psicologia

psychopath ['saɪkəʊpæθ] *n* psicopatico/a

P.T.O. *abbr* (= *please turn over*) v.r.

pub [pʌb] *n abbr* (= *public house*) pub *m inv*

┌─────────┐
│ **pub** │
└─────────┘

🛈 In Gran Bretagna e in Irlanda i **pub** *sono locali dove vengono servite bevande alcoliche ed analcoliche e dove spesso è possibile anche mangiare, giocare a biliardo o a freccette e guardare la televisione.*

pubic ['pjuːbɪk] *adj* pubico(a), del pube

public ['pʌblɪk] *adj* pubblico(a) ♦ *n* pubblico; **in** ~ in pubblico; ~ **address system** *n* impianto di amplificazione

publican ['pʌblɪkən] *n* proprietario di un pub

publication [pʌblɪ'keɪʃən] *n* pubblicazione *f*

public: ~ **company** *n* società *f inv* per azioni (*costituita tramite pubblica sottoscrizione*); ~ **convenience** (*BRIT*) *n* gabinetti *mpl*; ~ **holiday** *n* giorno festivo, festa nazionale; ~ **house** (*BRIT*) *n* pub *m inv*

publicity [pʌb'lɪsɪtɪ] *n* pubblicità

publicize ['pʌblɪsaɪz] *vt* rendere pubblico(a)

publicly ['pʌblɪklɪ] *adv* pubblicamente

public: ~ **opinion** *n* opinione *f* pubblica; ~ **relations** *n* pubbliche relazioni *fpl*; ~ **school** *n* (*BRIT*) scuola privata; (*US*) scuola statale; ~**-spirited** *adj* che ha senso civico; ~ **transport** *n* mezzi *mpl* pubblici

publish ['pʌblɪʃ] *vt* pubblicare; ~**er** *n* editore *m*; ~**ing** *n* (*industry*) editoria; (*of a book*) pubblicazione *f*

pub lunch *n* pranzo semplice ed economico servito nei pub

puce [pjuːs] *adj* marroncino rosato *inv*

pucker ['pʌkə*] *vt* corrugare

pudding ['pʊdɪŋ] *n* budino; (*BRIT: dessert*) dolce *m*; **black** ~, (*US*) **blood** ~ sanguinaccio

puddle ['pʌdl] *n* pozza, pozzanghera

puff [pʌf] *n* sbuffo ♦ *vt*: **to** ~ **one's pipe** tirare sboccate di fumo ♦ *vi* (*pant*) ansare; ~ **out** *vt* (*cheeks etc*) gonfiare; ~ **pastry** *n* pasta sfoglia; ~**y** *adj* gonfio(a)

pull [pʊl] *n* (*tug*): **to give sth a** ~ tirare su qc ♦ *vt* tirare; (*muscle*) strappare; (*trigger*) premere ♦ *vi* tirare; **to** ~ **to pieces** fare a pezzi; **to** ~ **one's punches** (*BOXING*) risparmiare l'avversario; **to** ~ **one's weight** dare il proprio contributo; **to** ~ **o.s. together** ricomporsi, riprendersi; **to** ~ **sb's leg** prendere in giro qn; ~ **apart** *vt* (*break*) fare a pezzi; ~ **down** *vt* (*house*) demolire; (*tree*) abbattere; ~ **in** *vi* (*AUT: at the kerb*) accostarsi; (*RAIL*) entrare in stazione; ~ **off** *vt* (*clothes*) togliere; (*deal etc*) portare a compimento; ~ **out** *vi* partire; (*AUT: come out of line*) spostarsi sulla mezzeria ♦ *vt* staccare; far uscire; (*withdraw*) ritirare; ~

over vi (AUT) accostare; **~ through** vi farcela; **~ up** vi (stop) fermarsi ♦ vt (raise) sollevare; (uproot) sradicare

pulley ['pulɪ] n puleggia, carrucola

pullover ['puləuvə*] n pullover m inv

pulp [pʌlp] n (of fruit) polpa

pulpit ['pulpɪt] n pulpito

pulsate [pʌl'seɪt] vi battere, palpitare

pulse [pʌls] n polso; (BOT) legume m

pummel ['pʌml] vt dare pugni a

pump [pʌmp] n pompa; (shoe) scarpetta ♦ vt pompare; **~ up** vt gonfiare

pumpkin ['pʌmpkɪn] n zucca

pun [pʌn] n gioco di parole

punch [pʌntʃ] n (blow) pugno; (tool) punzone m; (drink) ponce m ♦ vt (hit): **to ~ sb/sth** dare un pugno a qn/qc; **~ line** (of joke) battuta finale; **~-up** (BRIT: inf) n rissa

punctual ['pʌŋktjuəl] adj puntuale

punctuation [pʌŋktju'eɪʃən] n interpunzione f, punteggiatura

puncture ['pʌŋktʃə*] n foratura ♦ vt forare

pundit ['pʌndɪt] n sapientone/a

pungent ['pʌndʒənt] adj pungente

punish ['pʌnɪʃ] vt punire; **~ment** n punizione f

punk [pʌŋk] n (also: **~ rocker**) punk m/f inv; (also: **~ rock**) musica punk, punk rock m; (US: inf: hoodlum) teppista m

punt [pʌnt] n (boat) barchino

punter ['pʌntə*] (BRIT) n (gambler) scommettitore/trice; (: inf) cliente m/f

puny ['pju:nɪ] adj gracile

pup [pʌp] n cucciolo/a

pupil ['pju:pl] n allievo/a, (ANAT) pupilla

puppet ['pʌpɪt] n burattino

puppy ['pʌpɪ] n cucciolo/a, cagnolino/a

purchase ['pə:tʃɪs] n acquisto, compera ♦ vt comprare; **~r** n compratore/trice

pure [pjuə*] adj puro(a)

purée ['pjuəreɪ] n (of potatoes) purè m; (of tomatoes) passato; (of apples) crema

purely ['pjuəlɪ] adv puramente

purge [pə:dʒ] n (MED) purga; (POL) epurazione f ♦ vt purgare

puritan ['pjuərɪtən] adj, n puritano(a)

purity ['pjuərɪtɪ] n purezza

purple ['pə:pl] adj di porpora; viola inv

purpose ['pə:pəs] n intenzione f, scopo; **on ~** apposta; **~ful** adj deciso(a), risoluto(a)

purr [pə:*] vi fare le fusa

purse [pə:s] n (BRIT) borsellino; (US) borsetta ♦ vt contrarre

purser ['pə:sə*] n (NAUT) commissario di bordo

pursue [pə'sju:] vt inseguire; (fig: activity etc) continuare con; (: aim etc) perseguire

pursuit [pə'sju:t] n inseguimento; (fig) ricerca; (pastime) passatempo

push [puʃ] n spinta; (effort) grande sforzo; (drive) energia ♦ vt spingere; (button) premere; (thrust): **to ~ sth (into)** ficcare qc (in); (fig) fare pubblicità a ♦ vi spingere; premere; **to ~ for** (fig) insistere per; **~ aside** vt scostare; **~ off** (inf) vi filare; **~ on** vi (continue) continuare; **~ through** vi farsi largo spingendo ♦ vt (measure) far approvare; **~ up** vt (total, prices) far salire; **~chair** (BRIT) n passeggino; **~er** n (drug ~er) spacciatore/trice; **~over** (inf) n: **it's a ~over** è un lavoro da bambini; **~-up** (US) n (press-up) flessione f sulle braccia; **~y** (pej) adj opportunista

puss [pus] (inf) n = **pussy(-cat)**

pussy(-cat) ['pusɪ(-)] (inf) n micio

put [put] (pt, pp **put**) vt mettere, porre; (say) dire, esprimere; (a question) fare; (estimate) stimare; **~ about** or **around** vt (rumour) diffondere; **~ across** vt (ideas etc) comunicare; far capire; **~ away** vt (return) mettere a posto; **~ back** vt (replace) rimettere (a posto); (postpone) rinviare; (delay) ritardare; **~ by** vt (money) mettere da parte; **~ down** vt (parcel etc) posare, mettere giù; (pay) versare; (in writing) mettere per iscritto; (revolt, animal) sopprimere; (attribute) attribuire; **~ forward** vt (ideas) avanzare, proporre; **~ in** vt (application, complaint) presentare; (time, effort) mettere; **~ off** vt (postpone) rimandare, rinviare; (discourage) dissuadere; **~ on** vt (clothes, lipstick etc) mettere; (light etc) accendere; (play etc) mettere in scena;

(*food, meal*) mettere su; (*brake*) mettere; **to ~ on weight** ingrassare; **to ~ on airs** darsi delle arie; **~ out** vt mettere fuori; (*one's hand*) porgere; (*light etc*) spegnere; (*person: inconvenience*) scomodare; **~ through** vt (*TEL: call*) passare; (: *person*) mettere in comunicazione; (*plan*) far approvare; **~ up** vt (*raise*) sollevare, alzare; (: *umbrella*) aprire; (: *tent*) montare; (*pin up*) affiggere; (*hang*) appendere; (*build*) costruire, erigere; (*increase*) aumentare; (*accommodate*) alloggiare; **~ up with** vt fus sopportare

putt [pʌt] *n* colpo leggero; **~ing green** *n* green *m inv*; campo da putting

putty ['pʌtɪ] *n* stucco

puzzle ['pʌzl] *n* enigma *m*, mistero; (*jigsaw*) puzzle *m*; (*also:* **crossword ~**) parole *fpl* incrociate, cruciverba *m inv* ♦ *vt* confondere, rendere perplesso(a) ♦ *vi* scervellarsi

pyjamas [pɪ'dʒɑ:məz] (*BRIT*) *npl* pigiama *m*

pylon ['paɪlən] *n* pilone *m*

pyramid ['pɪrəmɪd] *n* piramide *f*

Pyrenees [pɪrɪ'ni:z] *npl*: **the ~** i Pirenei

Q, q

quack [kwæk] *n* (*of duck*) qua qua *m inv*; (*pej: doctor*) dottoruccio/a

quad [kwɔd] *n abbr* = **quadrangle; quadruplet**

quadrangle ['kwɔdræŋgl] *n* (*courtyard*) cortile *m*

quadruple [kwɔ'drupl] *vt* quadruplicare ♦ *vi* quadruplicarsi

quadruplets [kwɔ'dru:plɪts] *npl* quattro gemelli *mpl*

quail [kweɪl] *n* (*ZOOL*) quaglia ♦ *vi* (*person*): **to ~ at** *or* **before** perdersi d'animo davanti a

quaint [kweɪnt] *adj* bizzarro(a); (*old-fashioned*) antiquato(a); grazioso(a), pittoresco(a)

quake [kweɪk] *vi* tremare ♦ *n abbr* = **earthquake**

Quaker ['kweɪkə*] *n* quacchero/a

qualification [kwɔlɪfɪ'keɪʃən] *n* (*degree etc*) qualifica, titolo; (*ability*) competenza, qualificazione *f*; (*limitation*) riserva, restrizione *f*

qualified ['kwɔlɪfaɪd] *adj* qualificato(a); (*able*): **~ to** competente in, qualificato(a) a; (*limited*) condizionato(a)

qualify ['kwɔlɪfaɪ] *vt* abilitare; (*limit: statement*) modificare, precisare ♦ *vi*: **to ~ (as)** qualificarsi (come); **to ~ (for)** acquistare i requisiti necessari (per); (*SPORT*) qualificarsi (per *or* a)

quality ['kwɔlɪtɪ] *n* qualità *f inv*

---

quality press

ℹ️ *Il termine* **quality press** *si riferisce ai quotidiani e ai settimanali che offrono un'informazione più seria ed approfondita rispetto ai* **tabloid**, *i giornali popolari; vedi anche* **tabloid press**.

---

qualm [kwɑ:m] *n* dubbio; scrupolo

quandary ['kwɔndrɪ] *n*: **in a ~** in un dilemma

quantity ['kwɔntɪtɪ] *n* quantità *f inv*

quantity surveyor [-sə'veɪə*] *n* geometra *m* (*specializzato nel calcolare la quantità e il costo del materiale da costruzione*)

quarantine ['kwɔrnti:n] *n* quarantena

quarrel ['kwɔrl] *n* lite *f*, disputa ♦ *vi* litigare

quarry ['kwɔrɪ] *n* (*for stone*) cava; (*animal*) preda

quart [kwɔ:t] *n* ≈ litro

quarter ['kwɔ:tə*] *n* quarto; (*US: coin*) quarto di dollaro; (*of year*) trimestre *m*; (*district*) quartiere *m* ♦ *vt* dividere in quattro; (*MIL*) alloggiare; **~s** *npl* (*living ~s*) alloggio; (*MIL*) alloggi *mpl*, quadrato; **a ~ of an hour** un quarto d'ora; **~ final** *n* quarto di finale; **~ly** *adj* trimestrale ♦ *adv* trimestralmente

quartet(te) [kwɔ:'tet] *n* quartetto

quartz [kwɔ:ts] *n* quarzo

quash [kwɔʃ] *vt* (*verdict*) annullare

quaver ['kweɪvə*] *n* (*BRIT: MUS*) croma ♦ *vi* tremolare

quay [ki:] *n* (*also:* **~side**) banchina

queasy ['kwi:zɪ] adj (stomach) delicato(a); **to feel ~** aver la nausea

queen [kwi:n] n (gen) regina; (CARDS etc) regina, donna; **~ mother** n regina madre

queer [kwɪə*] adj strano(a), curioso(a) ♦ n (inf) finocchio

quell [kwɛl] vt domare

quench [kwɛntʃ] vt: **to ~ one's thirst** dissetarsi

query ['kwɪərɪ] n domanda, questione f ♦ vt mettere in questione

quest [kwɛst] n cerca, ricerca

question ['kwɛstʃən] n domanda, questione f ♦ vt (person) interrogare; (plan, idea) mettere in questione or in dubbio; **it's a ~ of doing** si tratta di fare; **beyond ~** fuori di dubbio; **out of the ~** fuori discussione, impossibile; **~able** adj discutibile; **~ mark** n punto interrogativo

questionnaire [kwɛstʃə'nɛə*] n questionario

queue [kju:] n (BRIT) n coda, fila ♦ vi fare la coda

quibble ['kwɪbl] vi cavillare

quiche [ki:ʃ] n torta salata a base di uova, formaggio, prosciutto o altro

quick [kwɪk] adj rapido(a), veloce; (reply) pronto(a); (mind) pronto(a), acuto(a) ♦ n: **cut to the ~** (fig) toccato(a) sul vivo; **be ~!** fa presto!; **~en** vt accelerare, affrettare ♦ vi accelerare, affrettarsi; **~ly** adv rapidamente, velocemente; **~sand** n sabbie fpl mobili; **~-witted** adj pronto(a) d'ingegno

quid [kwɪd] (BRIT: inf) n inv sterlina

quiet ['kwaɪət] adj tranquillo(a), quieto(a); (ceremony) semplice ♦ n tranquillità, calma ♦ vt, vi (US) = **~en; keep ~!** sta zitto!; **~en** (also: **~en down**) vi calmarsi, chetarsi ♦ vt calmare, chetare; **~ly** adv tranquillamente, calmamente; sommessamente

quilt [kwɪlt] n trapunta; (continental ~) piumino

quin [kwɪn] n abbr = **quintuplet**

quintuplets [kwɪn'tju:plɪts] npl cinque gemelli mpl

quip [kwɪp] n frizzo

quirk [kwə:k] n ghiribizzo

quit [kwɪt] (pt, pp **quit** or **quitted**) vt mollare; (premises) lasciare, partire da ♦ vi (give up) mollare; (resign) dimettersi

quite [kwaɪt] adv (rather) assai; (entirely) completamente, del tutto; **I ~ understand** capisco perfettamente; **that's not ~ big enough** non è proprio sufficiente; **~ a few of them** non pochi di loro; **~ (so)!** esatto!

quits [kwɪts] adj: **~ (with)** pari (con); **let's call it ~** adesso siamo pari

quiver ['kwɪvə*] vi tremare, fremere

quiz [kwɪz] n (game) quiz m inv; indovinello ♦ vt interrogare; **~zical** adj enigmatico(a)

quota ['kwəʊtə] n quota

quotation [kwəʊ'teɪʃən] n citazione f; (of shares etc) quotazione f; (estimate) preventivo; **~ marks** npl virgolette fpl

quote [kwəʊt] n citazione f ♦ vt (sentence) citare; (price) dare, fissare; (shares) quotare ♦ vi: **to ~ from** citare; **~s** npl = **quotation marks**

R, r

rabbi ['ræbaɪ] n rabbino

rabbit ['ræbɪt] n coniglio; **~ hutch** n conigliera

rabble ['ræbl] (pej) n canaglia, plebaglia

rabies ['reɪbi:z] n rabbia

RAC (BRIT) n abbr = **Royal Automobile Club**

rac(c)oon [rə'ku:n] n procione m

race [reɪs] n razza; (competition, rush) corsa ♦ vt (horse) far correre ♦ vi correre; (engine) imballarsi; **~ car** (US) n = **racing car**; **~ car driver** (US) n = **racing driver**; **~course** n campo di corse, ippodromo; **~horse** n cavallo da corsa; **~track** n pista

racial ['reɪʃl] adj razziale

racing ['reɪsɪŋ] n corsa; **~ car** (BRIT) n macchina da corsa; **~ driver** (BRIT) n corridore m automobilista

racism ['reɪsɪzəm] n razzismo; **racist** adj, n razzista m/f

rack [ræk] n rastrelliera; (also: **luggage ~**) rete f, portabagagli m inv; (also: **roof ~**)

portabagagli; (dish ~) scolapiatti m inv
♦ vt: ~ed by torturato(a) da; to ~ one's
brains scervellarsi
racket ['rækɪt] n (for tennis) racchetta;
(noise) fracasso; baccano; (swindle)
imbroglio, truffa; (organized crime) racket
m inv
racoon [rə'ku:n] n = raccoon
racquet ['rækɪt] n racchetta
racy ['reɪsɪ] adj brioso(a); piccante
radar ['reɪdɑ:*] n radar m
radial ['reɪdɪəl] adj (also: ~-ply) radiale
radiant ['reɪdɪənt] adj raggiante; (PHYSICS)
radiante
radiate ['reɪdɪeɪt] vt (heat) irraggiare,
irradiare ♦ vi (lines) irradiarsi
radiation [reɪdɪ'eɪʃən] n irradiamento;
(radioactive) radiazione f
radiator ['reɪdɪeɪtə*] n radiatore m
radical ['rædɪkl] adj radicale
radii ['reɪdɪaɪ] npl of **radius**
radio ['reɪdɪəʊ] n radio f inv; on the ~ alla
radio
radioactive [reɪdɪəʊ'æktɪv] adj
radioattivo(a)
radio station n stazione f radio inv
radish ['rædɪʃ] n ravanello
radius ['reɪdɪəs] n (pl **radii**) n raggio
RAF n abbr = **Royal Air Force**
raffle ['ræfl] n lotteria
raft [rɑ:ft] n zattera; (also: **life ~**) zattera di
salvataggio
rafter ['rɑ:ftə*] n trave f
rag [ræg] n straccio, cencio; (pej: newspaper)
giornalaccio, bandiera; (for charity)
iniziativa studentesca a scopo benefico; **~s**
npl (torn clothes) stracci mpl, brandelli mpl;
~ doll n bambola di pezza
rage [reɪdʒ] n (fury) collera, furia ♦ vi
(person) andare su tutte le furie; (storm)
infuriare; **it's all the ~** fa furore
ragged ['rægɪd] adj (edge) irregolare;
(clothes) logoro(a); (appearance) pezzente
raid [reɪd] n (MIL) incursione f; (criminal)
rapina; (by police) irruzione f ♦ vt fare
un'incursione in; rapinare; fare irruzione in
rail [reɪl] n (on stair) ringhiera; (on bridge,

balcony) parapetto; (of ship) battagliola; **~s**
npl (for train) binario, rotaie fpl; **by ~** per
ferrovia; **~ing(s)** n(pl) ringhiere fpl; **~road**
(US) n = **~way**; **~way** (BRIT) n ferrovia;
~way line (BRIT) n linea ferroviaria;
~wayman (BRIT: irreg) n ferroviere m;
~way station (BRIT) n stazione f
ferroviaria
rain [reɪn] n pioggia ♦ vi piovere; **in the ~**
sotto la pioggia; **it's ~ing** piove; **~bow** n
arcobaleno; **~coat** n impermeabile m;
~drop n goccia di pioggia; **~fall** n
pioggia; (measurement) piovosità; **~forest**
n foresta pluviale; **~y** adj piovoso(a)
raise [reɪz] n aumento ♦ vt (lift) alzare;
sollevare; (increase) aumentare; (a protest,
doubt, question) sollevare; (cattle, family)
allevare; (crop) coltivare; (army, funds)
raccogliere; (loan) ottenere; **to ~ one's
voice** alzare la voce
raisin ['reɪzn] n uva secca
rake [reɪk] n (tool) rastrello ♦ vt (garden)
rastrellare
rally ['rælɪ] n (POL etc) riunione f; (AUT) rally
m inv; (TENNIS) scambio ♦ vt riunire,
radunare ♦ vi (sick person, Stock Exchange)
riprendersi; **~ round** vt fus raggrupparsi
intorno a; venire in aiuto di
RAM [ræm] n abbr (= random access
memory) memoria ad accesso casuale
ram [ræm] n montone m, ariete m ♦ vt
conficcare; (crash into) cozzare, sbattere
contro; percuotere; speronare
ramble ['ræmbl] n escursione f ♦ vi (pej:
also: **~ on**) divagare; **~r** n escursionista
m/f; (BOT) rosa rampicante; **rambling** adj
(speech) sconnesso(a); (house) tutto(a) a
nicchie e corridoi; (BOT) rampicante
ramp [ræmp] n rampa; **on/off ~** (US: AUT)
raccordo di entrata/uscita
rampage [ræm'peɪdʒ] n: **to go on the ~**
scatenarsi in modo violento
rampant ['ræmpənt] adj (disease etc) che
infierisce
rampart ['ræmpɑ:t] n bastione m
ram raiding n il rapinare un negozio o
una banca sfondandone la vetrina con

un'auto-ariete

ramshackle ['ræmʃækl] *adj* (*house*) cadente; (*car etc*) sgangherato(a)

ran [ræn] *pt of* **run**

ranch [rɑːntʃ] *n* ranch *m inv*; **~er** *n* proprietario di un ranch; cowboy *m inv*

rancid ['rænsɪd] *adj* rancido(a)

rancour ['ræŋkə*] (*US* **rancor**) *n* rancore *m*

random ['rændəm] *adj* fatto(a) or detto(a) per caso; (*COMPUT, MATH*) casuale ♦ *n*: **at ~** a casaccio; **~ access** *n* (*COMPUT*) accesso casuale

randy ['rændɪ] (*BRIT: inf*) *adj* arrapato(a); lascivo(a)

rang [ræŋ] *pt of* **ring**

range [reɪndʒ] *n* (*of mountains*) catena; (*of missile, voice*) portata; (*of proposals, products*) gamma; (*MIL: also:* **shooting ~**) campo di tiro; (*also:* **kitchen ~**) fornello, cucina economica ♦ *vt* disporre ♦ *vi*: **to ~ over** coprire; **to ~ from ... to** andare da ... a

ranger ['reɪndʒə*] *n* guardia forestale

rank [ræŋk] *n* fila; (*status, MIL*) grado; (*BRIT: also:* **taxi ~**) posteggio di taxi ♦ *vi*: **to ~ among** essere tra ♦ *adj* puzzolente; vero(a) e proprio(a); **the ~ and file** (*fig*) la gran massa

ransack ['rænsæk] *vt* rovistare; (*plunder*) saccheggiare

ransom ['rænsəm] *n* riscatto; **to hold sb to ~** (*fig*) esercitare pressione su qn

rant [rænt] *vi* vociare

rap [ræp] *vt* bussare a; picchiare su ♦ *n* (*music*) rap *m inv*

rape [reɪp] *n* violenza carnale, stupro; (*BOT*) ravizzone *m* ♦ *vt* violentare; **~(seed) oil** *n* olio di ravizzone

rapid ['ræpɪd] *adj* rapido(a); **~s** *npl* (*GEO*) rapida; **~ly** *adv* rapidamente

rapist ['reɪpɪst] *n* violentatore *m*

rapport [ræ'pɔː*] *n* rapporto

rare [rɛə*] *adj* raro(a); (*CULIN: steak*) al sangue

rarely ['rɛəlɪ] *adv* raramente

raring ['rɛərɪŋ] *adj*: **to be ~ to go** (*inf*) non veder l'ora di cominciare

rascal ['rɑːskl] *n* mascalzone *m*

rash [ræʃ] *adj* imprudente, sconsiderato(a) ♦ *n* (*MED*) eruzione *f*; (*of events etc*) scoppio

rasher ['ræʃə*] *n* fetta sottile (di lardo *or* prosciutto)

raspberry ['rɑːzbərɪ] *n* lampone *m*

rasping ['rɑːspɪŋ] *adj* stridulo(a)

rat [ræt] *n* ratto

rate [reɪt] *n* (*proportion*) tasso, percentuale *f*; (*speed*) velocità *f inv*; (*price*) tariffa ♦ *vt* giudicare; stimare; **~s** *npl* (*BRIT: property tax*) imposte *fpl* comunali; (*fees*) tariffe *fpl*; **to ~ sb/sth as** valutare qn/qc come; **~able value** (*BRIT*) *n* valore *m* imponibile *or* locativo (di una proprietà); **~payer** (*BRIT*) *n* contribuente *m/f* (che paga le imposte comunali)

rather ['rɑːðə*] *adv* piuttosto; **it's ~ expensive** è piuttosto caro; (*too*) è un po' caro; **there's ~ a lot** ce n'è parecchio; **I would** *or* **I'd ~ go** preferirei andare

rating ['reɪtɪŋ] *n* (*assessment*) valutazione *f*; (*score*) punteggio di merito

ratio ['reɪʃɪəu] *n* proporzione *f*, rapporto

ration ['ræʃən] *n* (*gen pl*) razioni *fpl* ♦ *vt* razionare

rational ['ræʃənl] *adj* razionale, ragionevole; (*solution, reasoning*) logico(a); **~e** [-'nɑːl] *n* fondamento logico; giustificazione *f*; **~ize** *vt* razionalizzare

rat race *n* carrierismo, corsa al successo

rattle ['rætl] *n* tintinnio; (*louder*) strepito; (*for baby*) sonaglino ♦ *vi* risuonare, tintinnare; fare un rumore di ferraglia ♦ *vt* scuotere (con strepito); **~snake** *n* serpente *m* a sonagli

raucous ['rɔːkəs] *adj* rumoroso(a), fragoroso(a)

ravage ['rævɪdʒ] *vt* devastare; **~s** *npl* danni *mpl*

rave [reɪv] *vi* (*in anger*) infuriarsi; (*with enthusiasm*) andare in estasi; (*MED*) delirare ♦ (*BRIT: inf*) *n* (*party*) rave *m inv*

raven ['reɪvən] *n* corvo

ravenous ['rævənəs] *adj* affamato(a)

ravine [rə'viːn] *n* burrone *m*

raving ['reɪvɪŋ] *adj*: **~ lunatic** pazzo(a)

furioso(a)

ravishing ['rævɪʃɪŋ] *adj* incantevole

raw [rɔ:] *adj* (*uncooked*) crudo(a); (*not processed*) greggio(a); (*sore*) vivo(a); (*inexperienced*) inesperto(a); (*weather, day*) gelido(a); ~ **deal** (*inf*) *n* bidonata; ~ **material** *n* materia prima

ray [reɪ] *n* raggio; **a ~ of hope** un barlume di speranza

rayon ['reɪɔn] *n* raion *m*

raze [reɪz] *vt* radere, distruggere

razor ['reɪzə*] *n* rasoio; ~ **blade** *n* lama di rasoio

Rd *abbr* = **road**

re [ri:] *prep* con riferimento a

reach [ri:tʃ] *n* portata; (*of river etc*) tratto ♦ *vt* raggiungere; arrivare a ♦ *vi* stendersi; **out of/within ~** fuori/a portata di mano; **within ~ of the shops/station** vicino ai negozi/alla stazione; ~ **out** *vt* (*hand*) allungare ♦ *vi*: **to ~ out for** stendere la mano per prendere

react [ri:'ækt] *vi* reagire; ~**ion** [-'ækʃən] *n* reazione *f*

reactor [ri:'æktə*] *n* reattore *m*

read [ri:d, *pt, pp* red] (*pt, pp* **read**) *vi* leggere ♦ *vt* leggere; (*understand*) intendere, interpretare; (*study*) studiare; ~ **out** *vt* leggere ad alta voce; ~**able** *adj* (*writing*) leggibile; (*book etc*) che si legge volentieri; ~**er** *n* lettore/trice; (*BRIT: at university*) professore con funzioni preminenti di ricerca; ~**ership** *n* (*of paper etc*) numero di lettori

readily ['redɪlɪ] *adv* volentieri; (*easily*) facilmente; (*quickly*) prontamente

readiness ['redɪnɪs] *n* prontezza; **in ~** (*prepared*) pronto(a)

reading ['ri:dɪŋ] *n* lettura; (*understanding*) interpretazione *f*; (*on instrument*) indicazione *f*

readjust [ri:ə'dʒʌst] *vt* riaggiustare ♦ *vi* (*person*): **to ~ (to)** riadattarsi (a)

ready ['redɪ] *adj* pronto(a); (*willing*) pronto(a), disposto(a); (*available*) disponibile ♦ *n*: **at the ~** (*MIL*) pronto a sparare; **to get ~** *vi* prepararsi ♦ *vt*

preparare; ~**-made** *adj* prefabbricato(a); (*clothes*) confezionato(a); ~ **reckoner** *n* prontuario di calcolo; ~**-to-wear** *adj* prêt-à-porter *inv*

reaffirm [ri:ə'fə:m] *vt* riaffermare

real [rɪəl] *adj* reale; vero(a); **in ~ terms** in realtà; ~ **estate** *n* beni *mpl* immobili; ~**ism** *n* (*also ART*) realismo; ~**ist** *n* realista *m/f*; ~**istic** [-'lɪstɪk] *adj* realistico(a)

reality [ri:'ælɪtɪ] *n* realtà *f inv*

realization [rɪəlaɪ'zeɪʃən] *n* presa di coscienza; realizzazione *f*

realize ['rɪəlaɪz] *vt* (*understand*) rendersi conto di

really ['rɪəlɪ] *adv* veramente, davvero; ~**!** (*indicating annoyance*) oh, insomma!

realm [relm] *n* reame *m*, regno

Realtor ® ['rɪəltɔ:*] (*US*) *n* agente *m* immobiliare

reap [ri:p] *vt* mietere; (*fig*) raccogliere

reappear [ri:ə'pɪə*] *vi* ricomparire, riapparire

rear [rɪə*] *adj* di dietro; (*AUT: wheel etc*) posteriore ♦ *n* didietro, parte *f* posteriore ♦ *vt* (*cattle, family*) allevare ♦ *vi* (*also*: ~ **up**: *animal*) impennarsi

rearmament [ri:'ɑ:məmənt] *n* riarmo

rearrange [ri:ə'reɪndʒ] *vt* riordinare

rear-view: ~ **mirror** *n* (*AUT*) specchio retrovisore

reason ['ri:zn] *n* ragione *f*; (*cause, motive*) ragione, motivo ♦ *vi*: **to ~ with sb** far ragionare qn; **it stands to ~ that** è ovvio che; ~**able** *adj* ragionevole; (*not bad*) accettabile; ~**ably** *adv* ragionevolmente; ~**ed** *adj*: **a well-~ed argument** una forte argomentazione; ~**ing** *n* ragionamento

reassurance [ri:ə'ʃuərəns] *n* rassicurazione *f*

reassure [ri:ə'ʃuə*] *vt* rassicurare; **to ~ sb of** rassicurare qn di *or* su

rebate ['ri:beɪt] *n* (*on tax etc*) sgravio

rebel [*n* 'rebl, *vb* rɪ'bel] *n* ribelle *m/f* ♦ *vi* ribellarsi; ~**lion** *n* ribellione *f*; ~**lious** *adj* ribelle

rebound [*vb* rɪ'baund, *n* 'ri:baund] *vi* (*ball*) rimbalzare ♦ *n*: **on the ~** di rimbalzo

rebuff [rɪ'bʌf] n secco rifiuto

rebuke [rɪ'bjuːk] vt rimproverare

rebut [rɪ'bʌt] vt rifiutare

recall [rɪ'kɔːl] vt richiamare; (remember) ricordare, richiamare alla mente ♦ n richiamo

recap ['riːkæp], **recapitulate** [riːkə'pɪtjuleɪt] vt ricapitolare ♦ vi riassumere

rec'd abbr = **received**

recede [rɪ'siːd] vi allontanarsi; ritirarsi; calare; **receding** adj (forehead, chin) sfuggente; **he's got a receding hairline** sta stempiando

receipt [rɪ'siːt] n (document) ricevuta; (act of receiving) ricevimento; **~s** npl (COMM) introiti mpl

receive [rɪ'siːv] vt ricevere; (guest) ricevere, accogliere

receiver [rɪ'siːvə*] n (TEL) ricevitore m; (RADIO, TV) apparecchio ricevente; (of stolen goods) ricettatore/trice; (COMM) curatore m fallimentare

recent ['riːsnt] adj recente; **~ly** adv recentemente

receptacle [rɪ'septɪkl] n recipiente m

reception [rɪ'sepʃən] n ricevimento; (welcome) accoglienza; (TV etc) ricezione f; **~ desk** n (in hotel) reception f inv; (in hospital, at doctor's) accettazione f; (in offices etc) portineria; **~ist** n receptionist m/f inv

receptive [rɪ'septɪv] adj ricettivo(a)

recess [rɪ'ses] n (in room, secret place) alcova; (POL etc: holiday) vacanze fpl; **~ion** [-'seʃən] n recessione f

recharge [riː'tʃɑːdʒ] vt (battery) ricaricare

recipe ['resɪpɪ] n ricetta

recipient [rɪ'sɪpɪənt] n beneficiario/a; (of letter) destinatario/a

recital [rɪ'saɪtl] n recital m inv

recite [rɪ'saɪt] vt (poem) recitare

reckless ['rekləs] adj (driver etc) spericolato(a); (spending) folle

reckon ['rekən] vt (count) calcolare; (think): **I ~ that ...** penso che ...; **~ on** vt fus contare su; **~ing** n conto; stima

reclaim [rɪ'kleɪm] vt (demand back) richiedere, reclamare; (land) bonificare; (materials) recuperare; **reclamation** [reklə'meɪʃən] n bonifica

recline [rɪ'klaɪn] vi stare sdraiato(a); **reclining** adj (seat) ribaltabile

recognition [rekəg'nɪʃən] n riconoscimento; **transformed beyond ~** irriconoscibile

recognize ['rekəgnaɪz] vt: **to ~ (by/as)** riconoscere (a or da/come)

recoil [rɪ'kɔɪl] vi (person): **to ~ from doing sth** rifuggire dal fare qc ♦ n (of gun) rinculo

recollect [rekə'lekt] vt ricordare; **~ion** [-'lekʃən] n ricordo

recommend [rekə'mend] vt raccomandare; (advise) consigliare

reconcile ['rekənsaɪl] vt (two people) riconciliare; (two facts) conciliare, quadrare; **to ~ o.s. to** rassegnarsi a

recondition [riːkən'dɪʃən] vt rimettere a nuovo

reconnoitre [rekə'nɔɪtə*] (US **reconnoiter**) vt (MIL) fare una ricognizione di

reconstruct [riːkən'strʌkt] vt ricostruire

record [n 'rekɔːd, vb rɪ'kɔːd] n ricordo, documento; (of meeting etc) nota, verbale m; (register) registro; (file) pratica, dossier m inv; (COMPUT) record m inv; (also: **criminal ~**) fedina penale sporca; (MUS: disc) disco; (SPORT) record m inv, primato ♦ vt (set down) prendere nota di, registrare; (MUS: song etc) registrare; **in ~ time** a tempo di record; **off the ~** adj ufficioso(a) ♦ adv ufficiosamente; **~ card** n (in file) scheda; **~ed delivery** n (BRIT) (POST): **~ed delivery letter** etc lettera etc raccomandata; **~er** n (MUS) flauto diritto; **~ holder** n (SPORT) primatista m/f; **~ing** n (MUS) registrazione f; **~ player** n giradischi m inv

recount [rɪ'kaunt] vt raccontare, narrare

re-count ['riːkaunt] n (POL: of votes) nuovo computo

recoup [rɪ'kuːp] vt ricuperare

recourse [rɪ'kɔːs] n: **to have ~ to** ricorrere a, far ricorso a

recover [rɪ'kʌvə*] vt ricuperare ♦ vi: **to ~**

(from) riprendersi (da)

recovery [rɪ'kʌvərɪ] *n* ricupero; ristabilimento; ripresa

recreation [rɛkrɪ'eɪʃən] *n* ricreazione *f*; svago; **~al** *adj* ricreativo(a); **~al drug** *n* *sostanza stupefacente usata a scopo ricreativo*

recrimination [rɪkrɪmɪ'neɪʃən] *n* recriminazione *f*

recruit [rɪ'kruːt] *n* recluta; (*in company*) nuovo(a) assunto(a) ♦ *vt* reclutare

rectangle ['rɛktæŋgl] *n* rettangolo; **rectangular** [-'tæŋgjulə*] *adj* rettangolare

rectify ['rɛktɪfaɪ] *vt* (*error*) rettificare; (*omission*) riparare

rector ['rɛktə*] *n* (*REL*) parroco (*anglicano*); **~y** *n* presbiterio

recuperate [rɪ'kjuːpəreɪt] *vi* ristabilirsi

recur [rɪ'kəː*] *vi* riaccadere; (*symptoms*) ripresentarsi; **~rent** *adj* ricorrente, periodico(a)

recycle [riː'saɪkl] *vt* riciclare

red [rɛd] *n* rosso; (*POL: pej*) rosso/a ♦ *adj* rosso(a); **in the ~** (*account*) scoperto; (*business*) in deficit; **~ carpet treatment** *n* cerimonia col gran pavese; **R~ Cross** *n* Croce *f* Rossa; **~currant** *n* ribes *m inv*; **~den** *vt* arrossare ♦ *vi* arrossire

redeem [rɪ'diːm] *vt* (*debt*) riscattare; (*sth in pawn*) ritirare; (*fig, also REL*) redimere; **~ing** *adj*: **~ing feature** unico aspetto positivo

redeploy [riːdɪ'plɔɪ] *vt* (*resources*) riorganizzare

red-haired [-'hɛəd] *adj* dai capelli rossi

red-handed [-'hændɪd] *adj*: **to be caught ~** essere preso(a) in flagrante *or* con le mani nel sacco

redhead ['rɛdhɛd] *n* rosso/a

red herring *n* (*fig*) falsa pista

red-hot *adj* arroventato(a)

redirect [riːdaɪ'rɛkt] *vt* (*mail*) far seguire

red light *n*: **to go through a ~** (*AUT*) passare col rosso; **red-light district** *n* quartiere *m* a luci rosse

redo [riː'duː] (*irreg*) *vt* rifare

redouble [riː'dʌbl] *vt*: **to ~ one's efforts** raddoppiare gli sforzi

redress [rɪ'drɛs] *vt* riparare

Red Sea *n*: **the ~** il Mar Rosso

redskin ['rɛdskɪn] *n* pellerossa *m/f*

red tape *n* (*fig*) burocrazia

reduce [rɪ'djuːs] *vt* ridurre; (*lower*) ridurre, abbassare; **"~ speed now"** (*AUT*) "rallentare"; **at a ~d price** scontato(a); **reduction** [rɪ'dʌkʃən] *n* riduzione *f*; (*of price*) ribasso; (*discount*) sconto

redundancy [rɪ'dʌndənsɪ] *n* licenziamento

redundant [rɪ'dʌndnt] *adj* (*worker*) licenziato(a); (*detail, object*) superfluo(a); **to be made ~** essere licenziato (per eccesso di personale)

reed [riːd] *n* (*BOT*) canna; (*MUS: of clarinet etc*) ancia

reef [riːf] *n* (*at sea*) scogliera

reek [riːk] *vi*: **to ~ (of)** puzzare (di)

reel [riːl] *n* bobina, rocchetto; (*FISHING*) mulinello; (*CINEMA*) rotolo; (*dance*) danza *veloce scozzese* ♦ *vi* (*sway*) barcollare; **~ in** *vt* tirare su

ref [rɛf] (*inf*) *n abbr* (= *referee*) arbitro

refectory [rɪ'fɛktərɪ] *n* refettorio

refer [rɪ'fəː*] *vt*: **to ~ sth to** (*dispute, decision*) deferire qc a; **to ~ sb to** (*inquirer, MED: patient*) indirizzare qn a; (*reader: to text*) rimandare qn a ♦ *vi*: **~ to** (*allude to*) accennare a; (*consult*) rivolgersi a

referee [rɛfə'riː] *n* arbitro; (*BRIT: for job application*) referenza ♦ *vt* arbitrare

reference ['rɛfrəns] *n* riferimento; (*mention*) menzione *f*, allusione *f*; (*for job application*) referenza; **with ~ to** (*COMM: in letter*) in *or* con riferimento a; **~ book** *n* libro di consultazione; **~ number** *n* numero di riferimento

referenda [rɛfə'rɛndə] *npl of* **referendum**

referendum [rɛfə'rɛndəm] (*pl* **referenda**) *n* referendum *m inv*

refill [*vb* riː'fɪl, *n* 'riːfɪl] *vt* riempire di nuovo; (*pen, lighter etc*) ricaricare ♦ *n* (*for pen etc*) ricambio

refine [rɪ'faɪn] *vt* raffinare; **~d** *adj* (*person, taste*) raffinato(a)

reflect [rɪ'flɛkt] *vt* (*light, image*) riflettere; (*fig*) rispecchiare ♦ *vi* (*think*) riflettere, considerare; **it ~s badly/well on him** si ripercuote su di lui in senso negativo/positivo; **~ion** [-'flekʃən] *n* riflessione *f*; (*image*) riflesso; (*criticism*): **~ion on** giudizio su; attacco a; **on ~ion** pensandoci sopra

reflex ['riːfleks] *adj* riflesso(a) ♦ *n* riflesso; **~ive** [rɪ'fleksɪv] *adj* (LING) riflessivo(a)

reform [rɪ'fɔːm] *n* (*of sinner etc*) correzione *f*; (*of law etc*) riforma ♦ *vt* correggere; riformare; **~atory** (*US*) *n* riformatorio

refrain [rɪ'freɪn] *vi*: **to ~ from doing** trattenersi dal fare ♦ *n* ritornello

refresh [rɪ'freʃ] *vt* rinfrescare; (*subj: food, sleep*) ristorare; **~er course** (*BRIT*) *n* corso di aggiornamento; **~ing** *adj* (*drink*) rinfrescante; (*sleep*) riposante, ristoratore(trice); **~ments** *npl* rinfreschi *mpl*

refrigerator [rɪ'frɪdʒəreɪtə*] *n* frigorifero

refuel [riː'fjuəl] *vi* far rifornimento (di carburante)

refuge ['refjuːdʒ] *n* rifugio; **to take ~ in** rifugiarsi in

refugee [refju'dʒiː] *n* rifugiato/a, profugo/a

refund [*n* 'riːfʌnd, *vb* rɪ'fʌnd] *n* rimborso ♦ *vt* rimborsare

refurbish [riː'fəːbɪʃ] *vt* rimettere a nuovo

refusal [rɪ'fjuːzəl] *n* rifiuto; **to have first ~ on** avere il diritto d'opzione su

refuse [*n* 'refjuːs, *vb* rɪ'fjuːz] *n* rifiuti *mpl* ♦ *vt, vi* rifiutare; **to ~ to do** rifiutare di fare; **~ collection** *n* raccolta di rifiuti

refute [rɪ'fjuːt] *vt* confutare

regain [rɪ'geɪn] *vt* riguadagnare; riacquistare, ricuperare

regal ['riːgl] *adj* regale; **~ia** [rɪ'geɪliə] *n* insegne *fpl* regie

regard [rɪ'gɑːd] *n* riguardo, stima ♦ *vt* considerare, stimare; **to give one's ~s to** porgere i suoi saluti a; **"with kindest ~s"** "cordiali saluti"; **~ing, as ~s, with ~ to** riguardo a; **~less** *adv* lo stesso; **~less of** a dispetto di, nonostante

regenerate [rɪ'dʒenəreɪt] *vt* rigenerare

régime [reɪ'ʒiːm] *n* regime *m*

regiment ['redʒmənt] *n* reggimento; **~al** [-'mentl] *adj* reggimentale

region ['riːdʒən] *n* regione *f*; **in the ~ of** (*fig*) all'incirca di; **~al** *adj* regionale

register ['redʒɪstə*] *n* registro; (*also:* **electoral ~**) lista elettorale ♦ *vt* registrare; (*vehicle*) immatricolare; (*letter*) assicurare; (*subj: instrument*) segnare ♦ *vi* iscriversi; (*at hotel*) firmare il registro; (*make impression*) entrare in testa; **~ed** (*BRIT*) *adj* (*letter*) assicurato(a); **~ed trademark** *n* marchio depositato

registrar ['redʒɪstrɑː*] *n* ufficiale *m* di stato civile; segretario

registration [redʒɪs'treɪʃən] *n* (*act*) registrazione *f*; iscrizione *f*; (*AUT: also:* **~ number**) numero di targa

registry ['redʒɪstrɪ] *n* ufficio del registro; **~ office** (*BRIT*) *n* anagrafe *f*; **to get married in a ~ office** ≈ sposarsi in municipio

regret [rɪ'gret] *n* rimpianto, rincrescimento ♦ *vt* rimpiangere; **~fully** *adv* con rincrescimento; **~table** *adj* deplorevole

regular ['regjulə*] *adj* regolare; (*usual*) abituale, normale; (*soldier*) dell'esercito regolare ♦ *n* (*client etc*) cliente *m/f* abituale; **~ly** *adv* regolarmente

regulate ['regjuleɪt] *vt* regolare; **regulation** [-'leɪʃən] *n* regolazione *f*; (*rule*) regola, regolamento

rehabilitation ['riːhəbɪlɪ'teɪʃən] *n* (*of offender*) riabilitazione *f*; (*of disabled*) riadattamento

rehearsal [rɪ'həːsəl] *n* prova

rehearse [rɪ'həːs] *vt* provare

reign [reɪn] *n* regno ♦ *vi* regnare

reimburse [riːɪm'bəːs] *vt* rimborsare

rein [reɪn] *n* (*for horse*) briglia

reindeer ['reɪndɪə*] *n inv* renna

reinforce [riːɪn'fɔːs] *vt* rinforzare; **~d concrete** *n* cemento armato; **~ment** *n* rinforzo; **~ments** *npl* (*MIL*) rinforzi *mpl*

reinstate [riːɪn'steɪt] *vt* reintegrare

reiterate [riː'ɪtəreɪt] *vt* reiterare, ripetere

reject [*n* 'riːdʒekt, *vb* rɪ'dʒekt] *n* (*COMM*) scarto ♦ *vt* rifiutare, respingere; (*COMM: goods*) scartare; **~ion** [rɪ'dʒekʃən] *n* rifiuto

rejoice [rɪ'dʒɔɪs] *vi*: **to ~ (at *or* over)** provare diletto in

rejuvenate [rɪ'dʒuːvəneɪt] *vt* ringiovanire
relapse [rɪ'læps] *n* (*MED*) ricaduta
relate [rɪ'leɪt] *vt* (*tell*) raccontare; (*connect*) collegare ♦ *vi*: **to ~ to** (*connect*) riferirsi a; (*get on with*) stabilire un rapporto con; **relating to** che riguarda, rispetto a; ~**d** *adj*: ~**d (to)** imparentato(a) (con); collegato(a) *or* connesso(a) (a)
relation [rɪ'leɪʃən] *n* (*person*) parente *m/f*; (*link*) rapporto, relazione *f*; ~**ship** *n* rapporto; (*personal ties*) rapporti *mpl*, relazioni *fpl*; (*also*: **family ~ship**) legami *mpl* di parentela
relative ['relətɪv] *n* parente *m/f* ♦ *adj* relativo(a); (*respective*) rispettivo(a); ~**ly** *adv* relativamente; (*fairly, rather*) abbastanza
relax [rɪ'læks] *vi* rilasciarsi; (*person: unwind*) rilassarsi ♦ *vt* rilasciare; (*mind, person*) rilassare; ~**ation** [riːlæk'seɪʃən] *n* rilasciamento; rilassamento; (*entertainment*) ricreazione *f*, svago; ~**ed** *adj* rilassato(a); ~**ing** *adj* rilassante
relay ['riːleɪ] *n* (*SPORT*) corsa a staffetta ♦ *vt* (*message*) trasmettere
release [rɪ'liːs] *n* (*from prison*) rilascio; (*from obligation*) liberazione *f*; (*of gas etc*) emissione *f*; (*of film etc*) distribuzione *f*; (*record*) disco; (*device*) disinnesto ♦ *vt* (*prisoner*) rilasciare; (*from obligation, wreckage etc*) liberare; (*book, film*) fare uscire; (*news*) rendere pubblico(a); (*gas etc*) emettere; (*TECH: catch, spring etc*) disinnestare
relegate ['relɪgeɪt] *vt* relegare; (*BRIT: SPORT*): **to be ~d** essere retrocesso(a)
relent [rɪ'lent] *vi* cedere; ~**less** *adj* implacabile
relevant ['relɪvənt] *adj* pertinente; (*chapter*) in questione; ~ **to** pertinente a
reliability [rɪlaɪə'bɪlɪtɪ] *n* (*of person*) serietà; (*of machine*) affidabilità
reliable [rɪ'laɪəbl] *adj* (*person, firm*) fidato(a), che dà affidamento; (*method*) sicuro(a); (*machine*) affidabile; **reliably** *adv*: **to be reliably informed** sapere da fonti sicure

reliance [rɪ'laɪəns] *n*: ~ **(on)** fiducia (in); bisogno (di)
relic ['relɪk] *n* (*REL*) reliquia; (*of the past*) resto
relief [rɪ'liːf] *n* (*from pain, anxiety*) sollievo; (*help, supplies*) soccorsi *mpl*; (*ART, GEO*) rilievo
relieve [rɪ'liːv] *vt* (*pain, patient*) sollevare; (*bring help*) soccorrere; (*take over from: gen*) sostituire; (: *guard*) rilevare; **to ~ sb of sth** (*load*) alleggerire qn di qc; **to ~ o.s.** fare i propri bisogni
religion [rɪ'lɪdʒən] *n* religione *f*; **religious** *adj* religioso(a)
relinquish [rɪ'lɪŋkwɪʃ] *vt* abbandonare; (*plan, habit*) rinunziare a
relish ['relɪʃ] *n* (*CULIN*) condimento; (*enjoyment*) gran piacere *m* ♦ *vt* (*food etc*) godere; **to ~ doing** adorare fare
relocate ['riːləʊ'keɪt] *vt* trasferire ♦ *vi* trasferirsi
reluctance [rɪ'lʌktəns] *n* riluttanza
reluctant [rɪ'lʌktənt] *adj* riluttante, mal disposto(a); ~**ly** *adv* di mala voglia, a malincuore
rely [rɪ'laɪ]: **to ~ on** *vt fus* contare su; (*be dependent*) dipendere da
remain [rɪ'meɪn] *vi* restare, rimanere; ~**der** *n* resto; (*COMM*) rimanenza; ~**ing** *adj* che rimane; ~**s** *npl* resti *mpl*
remand [rɪ'mɑːnd] *n*: **on ~** in detenzione preventiva ♦ *vt*: **to ~ in custody** rinviare in carcere; trattenere a disposizione della legge; ~ **home** (*BRIT*) *n* riformatorio, casa di correzione
remark [rɪ'mɑːk] *n* osservazione *f* ♦ *vt* osservare, dire; ~**able** *adj* notevole; eccezionale
remedial [rɪ'miːdɪəl] *adj* (*tuition, classes*) di riparazione; (*exercise*) correttivo(a)
remedy ['remədɪ] *n*: ~ **(for)** rimedio (per) ♦ *vt* rimediare a
remember [rɪ'membə*] *vt* ricordare, ricordarsi di; ~ **me to him** salutalo da parte mia; **remembrance** *n* memoria; ricordo; **Remembrance Day** *n* 11 novembre, *giorno della commemorazione dei caduti in*

guerra

┌─────────────────────────┐
│ **Remembrance Day** │
└─────────────────────────┘

ⓘ *In Gran Bretagna, il* **Remembrance Day** *è un giorno di commemorazione dei caduti in guerra. Si celebra ogni anno la domenica più vicina all'11 novembre, anniversario della firma dell'armistizio con la Germania nel 1918.*

remind [rɪˈmaɪnd] *vt*: **to ~ sb of sth** ricordare qc a qn; **to ~ sb to do** ricordare a qn di fare; **~er** *n* richiamo; (*note etc*) promemoria *m inv*

reminisce [remɪˈnɪs] *vi*: **to ~ (about)** abbandonarsi ai ricordi (di)

reminiscent [remɪˈnɪsnt] *adj*: **~ of** che fa pensare a, che richiama

remiss [rɪˈmɪs] *adj* negligente

remission [rɪˈmɪʃən] *n* remissione *f*

remit [rɪˈmɪt] *vt* (*send: money*) rimettere; **~tance** *n* rimessa

remnant [ˈremnənt] *n* resto, avanzo; **~s** *npl* (*COMM*) scampoli *mpl*; fine *f* serie

remorse [rɪˈmɔːs] *n* rimorso; **~ful** *adj* pieno(a) di rimorsi; **~less** *adj* (*fig*) spietato(a)

remote [rɪˈməut] *adj* remoto(a), lontano(a); (*person*) distaccato(a); **~ control** *n* telecomando; **~ly** *adv* remotamente; (*slightly*) vagamente

remould [ˈriːməuld] (*BRIT*) *n* (*tyre*) gomma rivestita

removable [rɪˈmuːvəbl] *adj* (*detachable*) staccabile

removal [rɪˈmuːvəl] *n* (*taking away*) rimozione *f*; soppressione *f*; (*BRIT: from house*) trasloco; (*from office: dismissal*) destituzione *f*; (*MED*) ablazione *f*; **~ van** (*BRIT*) *n* furgone *m* per traslochi

remove [rɪˈmuːv] *vt* togliere, rimuovere; (*employee*) destituire; (*stain*) far sparire; (*doubt, abuse*) sopprimere, eliminare; **~rs** (*BRIT*) *npl* (*company*) ditta *or* impresa *f* di traslochi

Renaissance [rɪˈneɪsɑːns] *n*: **the ~** il Rinascimento

render [ˈrendə*] *vt* rendere; **~ing** *n* (*MUS etc*) interpretazione *f*

rendez-vous [ˈrɔndɪvuː] *n* appuntamento; (*place*) luogo d'incontro; (*meeting*) incontro

renegade [ˈrenɪɡeɪd] *n* rinnegato/a

renew [rɪˈnjuː] *vt* rinnovare; (*negotiations*) riprendere; **~able** *adj* rinnovabile; **~al** *n* rinnovo; ripresa

renounce [rɪˈnauns] *vt* rinunziare a

renovate [ˈrenəveɪt] *vt* rinnovare; (*art work*) restaurare; **renovation** [-ˈveɪʃən] *n* rinnovamento; restauro

renown [rɪˈnaun] *n* rinomanza; **~ed** *adj* rinomato(a)

rent [rent] *n* affitto ♦ *vt* (*take for ~*) prendere in affitto; (*also: ~ out*) dare in affitto; **~al** *n* (*for television, car*) fitto

renunciation [rɪnʌnsɪˈeɪʃən] *n* rinunzia

rep [rep] *n abbr* (*COMM*: = *representative*) rappresentante *m/f*; (*THEATRE*: = *repertory*) teatro di repertorio

repair [rɪˈpɛə*] *n* riparazione *f* ♦ *vt* riparare; **in good/bad ~** in buone/cattive condizioni; **~ kit** *n* corredo per riparazioni

repatriate [riːˈpætrɪeɪt] *vt* rimpatriare

repay [riːˈpeɪ] (*irreg*) *vt* (*money, creditor*) rimborsare, ripagare; (*sb's efforts*) ricompensare; (*favour*) ricambiare; **~ment** *n* pagamento; rimborso

repeal [rɪˈpiːl] *n* (*of law*) abrogazione *f* ♦ *vt* abrogare

repeat [rɪˈpiːt] *n* (*RADIO, TV*) replica ♦ *vt* ripetere; (*pattern*) riprodurre; (*promise, attack, also COMM: order*) rinnovare ♦ *vi* ripetere; **~edly** *adv* ripetutamente, spesso

repel [rɪˈpel] *vt* respingere; (*disgust*) ripugnare a; **~lent** *adj* repellente ♦ *n*: **insect ~lent** prodotto *m* anti-insetti *inv*

repent [rɪˈpent] *vi*: **to ~ (of)** pentirsi (di); **~ance** *n* pentimento

repertoire [ˈrepətwɑː*] *n* repertorio

repertory [ˈrepətərɪ] *n* (*also*: **~ theatre**) teatro di repertorio

repetition [repɪˈtɪʃən] *n* ripetizione *f*

repetitive [rɪˈpetɪtɪv] *adj* (*movement*) che si ripete; (*work*) monotono(a); (*speech*) pieno(a) di ripetizioni

replace [rɪ'pleɪs] *vt* (*put back*) rimettere a posto; (*take the place of*) sostituire; **~ment** *n* rimessa; sostituzione *f*; (*person*) sostituto/a

replay [rɪ'pleɪ] *n* (*of match*) partita ripetuta; (*of tape, film*) replay *m inv*

replenish [rɪ'plenɪʃ] *vt* (*glass*) riempire; (*stock etc*) rifornire

replete [rɪ'pliːt] *adj* (*well-fed*) sazio(a)

replica ['replɪkə] *n* replica, copia

reply [rɪ'plaɪ] *n* risposta ♦ *vi* rispondere; **~ coupon** *n* buono di risposta

report [rɪ'pɔːt] *n* rapporto; (*PRESS etc*) cronaca; (*BRIT: also:* **school ~**) pagella; (*of gun*) sparo ♦ *vt* riportare; (*PRESS etc*) fare una cronaca su; (*bring to notice: occurrence*) segnalare; (*: person*) denunciare ♦ *vi* (*make a report*) fare un rapporto (*or* una cronaca); (*present o.s.*): **to ~ (to sb)** presentarsi (a qn); **~ card** *n* (*US, SCOTTISH*) pagella; **~edly** *adv* stando a quanto si dice; **he ~edly told them to ...** avrebbe detto loro di ...; **~er** *n* reporter *m inv*

repose [rɪ'pəuz] *n*: **in ~** (*face, mouth*) in riposo

reprehensible [reprɪ'hensɪbl] *adj* riprovevole

represent [reprɪ'zent] *vt* rappresentare; **~ation** [-'teɪʃən] *n* rappresentazione *f*; (*petition*) rappresentanza; **~ations** *npl* (*protest*) protesta; **~ative** *n* rappresentante *m/f*; (*US: POL*) deputato/a ♦ *adj* rappresentativo(a)

repress [rɪ'pres] *vt* reprimere; **~ion** [-'prɛʃən] *n* repressione *f*

reprieve [rɪ'priːv] *n* (*LAW*) sospensione *f* dell'esecuzione della condanna; (*fig*) dilazione *f*

reprimand ['reprɪmɑːnd] *n* rimprovero ♦ *vt* rimproverare

reprint ['riːprɪnt] *n* ristampa

reprisal [rɪ'praɪzl] *n* rappresaglia

reproach [rɪ'prəutʃ] *n* rimprovero ♦ *vt*: **to ~ sb for sth** rimproverare qn di qc; **~ful** *adj* di rimprovero

reproduce [riːprə'djuːs] *vt* riprodurre ♦ *vi* riprodursi; **reproduction** [-'dʌkʃən] *n* riproduzione *f*

reproof [rɪ'pruːf] *n* riprovazione *f*

reprove [rɪ'pruːv] *vt*: **to ~ (for)** biasimare (per)

reptile ['reptaɪl] *n* rettile *m*

republic [rɪ'pʌblɪk] *n* repubblica; **~an** *adj*, *n* repubblicano(a)

repudiate [rɪ'pjuːdɪeɪt] *vt* (*accusation*) respingere

repulse [rɪ'pʌls] *vt* respingere

repulsive [rɪ'pʌlsɪv] *adj* ripugnante, ripulsivo(a)

reputable ['repjutəbl] *adj* di buona reputazione; (*occupation*) rispettabile

reputation [repju'teɪʃən] *n* reputazione *f*

reputed [rɪ'pjuːtɪd] *adj* reputato(a); **~ly** *adv* secondo quanto si dice

request [rɪ'kwest] *n* domanda; (*formal*) richiesta ♦ *vt*: **to ~ (of** *or* **from sb)** chiedere (a qn); **~ stop** *n* (*BRIT*) fermata facoltativa *or* a richiesta

require [rɪ'kwaɪə*] *vt* (*need: subj: person*) aver bisogno di; (*: thing, situation*) richiedere; (*want*) volere; esigere; (*order*): **to ~ sb to do sth** ordinare a qn di fare qc; **~ment** *n* esigenza; bisogno; requisito

requisition [rekwɪ'zɪʃən] *n*: **~ (for)** richiesta (di) ♦ *vt* (*MIL*) requisire

rescue ['reskjuː] *n* salvataggio; (*help*) soccorso ♦ *vt* salvare; **~ party** *n* squadra di salvataggio; **~r** *n* salvatore/trice

research [rɪ'sɜːtʃ] *n* ricerca, ricerche *fpl* ♦ *vt* fare ricerche su; **~er** *n* ricercatore/trice

resemblance [rɪ'zembləns] *n* somiglianza

resemble [rɪ'zembl] *vt* assomigliare a

resent [rɪ'zent] *vt* risentirsi di; **~ful** *adj* pieno(a) di risentimento; **~ment** *n* risentimento

reservation [rezə'veɪʃən] *n* (*booking*) prenotazione *f*; (*doubt*) dubbio; (*protected area*) riserva; (*BRIT: on road: also:* **central ~**) spartitraffico *m inv*

reserve [rɪ'zɜːv] *n* riserva ♦ *vt* (*seats etc*) prenotare; **~s** *npl* (*MIL*) riserve *fpl*; **in ~** in serbo; **~d** *adj* (*shy*) riservato(a)

reservoir ['rezəvwɑː*] *n* serbatoio

reshuffle [riː'ʃʌfl] n: **Cabinet ~** (POL) rimpasto governativo

reside [rɪ'zaɪd] vi risiedere

residence ['rezɪdəns] n residenza; **~ permit** (BRIT) n permesso di soggiorno

resident ['rezɪdənt] n residente m/f; (in hotel) cliente m/f fisso(a) ♦ adj residente; (doctor) fisso(a); (course, college) a tempo pieno con pernottamento; **~ial** [-'denʃəl] adj di residenza; (area) residenziale

residue ['rezɪdjuː] n resto; (CHEM, PHYSICS) residuo

resign [rɪ'zaɪn] vt (one's post) dimettersi da ♦ vi dimettersi; **to ~ o.s. to** rassegnarsi a; **~ation** [rezɪg'neɪʃən] n dimissioni fpl; rassegnazione f; **~ed** adj rassegnato(a)

resilience [rɪ'zɪlɪəns] n (of material) elasticità, resilienza; (of person) capacità di recupero

resilient [rɪ'zɪlɪənt] adj elastico(a); (person) che si riprende facilmente

resin ['rezɪn] n resina

resist [rɪ'zɪst] vt resistere a; **~ance** n resistenza

resolution [rezə'luːʃən] n risoluzione f

resolve [rɪ'zɔlv] n risoluzione f ♦ vi (decide): **to ~ to do** decidere di fare ♦ vt (problem) risolvere

resort [rɪ'zɔːt] n (town) stazione f; (recourse) ricorso ♦ vi: **to ~ to** aver ricorso a; **in the last ~** come ultima risorsa

resounding [rɪ'zaundɪŋ] adj risonante; (fig) clamoroso(a)

resource [rɪ'sɔːs] n risorsa; **~s** npl (coal, iron etc) risorse fpl; **~ful** adj pieno(a) di risorse, intraprendente

respect [rɪs'pekt] n rispetto ♦ vt rispettare; **~s** npl (greetings) ossequi mpl; **with ~ to** rispetto a, riguardo a; **in this ~** per questo riguardo; **~able** adj rispettabile; **~ful** adj rispettoso(a)

respective [rɪs'pektɪv] adj rispettivo(a)

respite ['respaɪt] n respiro, tregua

respond [rɪs'pɔnd] vi rispondere

response [rɪs'pɔns] n risposta

responsibility [rɪspɔnsɪ'bɪlɪtɪ] n responsabilità f inv

responsible [rɪs'pɔnsɪbl] adj (trustworthy) fidato(a); (job) di (grande) responsabilità; **~ (for)** responsabile (di)

responsive [rɪs'pɔnsɪv] adj che reagisce

rest [rest] n riposo; (stop) sosta, pausa; (MUS) pausa; (object: to support sth) appoggio, sostegno; (remainder) resto, avanzi mpl ♦ vi riposarsi; (remain) rimanere, restare; (be supported): **to ~ on** appoggiarsi su ♦ vt (far) riposare; (lean): **to ~ sth on/against** appoggiare qc su/contro; **the ~ of them** gli altri; **it ~s with him to decide** sta a lui decidere

restaurant ['restərɔŋ] n ristorante m; **~ car** (BRIT) n vagone m ristorante

restful ['restful] adj riposante

rest home n casa di riposo

restitution [restɪ'tjuːʃən] n: **to make ~ to sb for sth** compensare qn di qc

restive ['restɪv] adj agitato(a), impaziente

restless ['restlɪs] adj agitato(a), irrequieto(a)

restoration [restə'reɪʃən] n restauro; restituzione f

restore [rɪ'stɔː*] vt (building, to power) restaurare; (sth stolen) restituire; (peace, health) ristorare

restrain [rɪs'treɪn] vt (feeling, growth) contenere, frenare; (person): **to ~ (from doing)** trattenere (dal fare); **~ed** adj (style) contenuto(a), sobrio(a); (person) riservato(a); **~t** n (restriction) limitazione f; (moderation) ritegno; (of style) contenutezza

restrict [rɪs'trɪkt] vt restringere, limitare; **~ion** [-kʃən] n: **~ion (on)** restrizione f (di), limitazione f

rest room (US) n toletta

restructure [riː'strʌktʃə*] vt ristrutturare

result [rɪ'zʌlt] n risultato ♦ vi: **to ~ in** avere per risultato; **as a ~ of** in or di conseguenza a, in seguito a

resume [rɪ'zjuːm] vt, vi (work, journey) riprendere

résumé ['reɪzjumeɪ] n riassunto; (US) curriculum m inv vitae

resumption [rɪ'zʌmpʃən] n ripresa

resurgence [rɪ'sə:dʒəns] *n* rinascita
resurrection [rɛzə'rɛkʃən] *n* risurrezione *f*
resuscitate [rɪ'sʌsɪteɪt] *vt* (MED) risuscitare;
  resuscitation [-'teɪʃən] *n* rianimazione *f*
retail ['ri:teɪl] *adj, adv* al minuto ♦ *vt*
  vendere al minuto; ~**er** *n* commerciante
  m/f al minuto, dettagliante *m/f*; ~ **price** *n*
  prezzo al minuto
retain [rɪ'teɪn] *vt* (*keep*) tenere, serbare; ~**er**
  n (*fee*) onorario
retaliate [rɪ'tælɪeɪt] *vi*: **to** ~ **(against)**
  vendicarsi (di); **retaliation** [-'eɪʃən] *n*
  rappresaglie *fpl*
retarded [rɪ'tɑ:dɪd] *adj* ritardato(a)
retch [rɛtʃ] *vi* aver conati di vomito
retire [rɪ'taɪə*] *vi* (*give up work*) andare in
  pensione; (*withdraw*) ritirarsi, andarsene;
  (*go to bed*) andare a letto, ritirarsi; ~**d** *adj*
  (*person*) pensionato(a); ~**ment** *n* pensione
  f; (*act*) pensionamento; **retiring** *adj*
  (*leaving*) uscente; (*shy*) riservato(a)
retort [rɪ'tɔ:t] *vi* rimbeccare
retrace [ri:'treɪs] *vt*: **to** ~ **one's steps**
  tornare sui passi
retract [rɪ'trækt] *vt* (*statement*) ritrattare;
  (*claws, undercarriage, aerial*) ritrarre, ritirare
retrain [ri:'treɪn] *vt* (*worker*) riaddestrare
retread ['ri:trɛd] *n* (*tyre*) gomma rigenerata
retreat [rɪ'tri:t] *n* ritirata; (*place*) rifugio ♦ *vi*
  battere in ritirata
retribution [rɛtrɪ'bju:ʃən] *n* castigo
retrieval [rɪ'tri:vəl] *n* (*see vb*) ricupero;
  riparazione *f*
retrieve [rɪ'tri:v] *vt* (*sth lost*) ricuperare,
  ritrovare; (*situation, honour*) salvare; (*error,
  loss*) rimediare a; ~**r** *n* cane *m* da riporto
retrospect ['rɛtrəspɛkt] *n*: **in** ~ guardando
  indietro; ~**ive** [-'spɛktɪv] *adj*
  retrospettivo(a); (*law*) retroattivo(a)
return [rɪ'tə:n] *n* (*going or coming back*)
  ritorno; (*of sth stolen etc*) restituzione *f*;
  (*FINANCE: from land, shares*) profitto, reddito
  ♦ *cpd* (*journey, match*) di ritorno; (*BRIT:
  ticket*) di andata e ritorno ♦ *vi* tornare,
  ritornare ♦ *vt* rendere, restituire; (*bring
  back*) riportare; (*send back*) mandare
  indietro; (*put back*) rimettere; (*POL:*

candidate) eleggere; ~**s** *npl* (COMM) incassi
  mpl; profitti *mpl*; **in** ~ **(for)** in cambio (di);
  by ~ **of post** a stretto giro di posta; **many
  happy** ~**s (of the day)!** cento di questi
  giorni!
reunion [ri:'ju:nɪən] *n* riunione *f*
reunite [ri:ju:'naɪt] *vt* riunire
rev [rɛv] *n abbr* (AUT: = *revolution*) giro ♦ *vt*
  (*also*: ~ *up*) imballare
revamp ['ri:'væmp] *vt* (*firm*) riorganizzare
reveal [rɪ'vi:l] *vt* (*make known*) rivelare,
  svelare; (*display*) rivelare, mostrare; ~**ing**
  adj rivelatore(trice); (*dress*) scollato(a)
revel ['rɛvl] *vi*: **to** ~ **in sth/in doing**
  dilettarsi di qc/a fare
revelation [rɛvə'leɪʃən] *n* rivelazione *f*
revenge [rɪ'vɛndʒ] *n* vendetta ♦ *vt*
  vendicare; **to take** ~ **on** vendicarsi di
revenue ['rɛvənju:] *n* reddito
reverberate [rɪ'və:bəreɪt] *vi* (*sound*)
  rimbombare; (*light*) riverberarsi; (*fig*)
  ripercuotersi
revere [rɪ'vɪə*] *vt* venerare
reverence ['rɛvərəns] *n* venerazione *f*,
  riverenza
Reverend ['rɛvərənd] *adj* (*in titles*)
  reverendo(a)
reverie ['rɛvərɪ] *n* fantasticheria
reversal [rɪ'və:sl] *n* capovolgimento
reverse [rɪ'və:s] *n* contrario, opposto; (*back,
  defeat*) rovescio; (AUT: *also*: ~ **gear**) marcia
  indietro ♦ *adj* (*order, direction*) contrario(a),
  opposto(a) ♦ *vt* (*turn*) invertire, rivoltare;
  (*change*) capovolgere, rovesciare; (LAW:
  judgment) cassare; (*car*) fare marcia indietro
  con ♦ *vi* (BRIT: AUT, *person etc*) fare marcia
  indietro; ~**d charge call** (BRIT) *n* (TEL)
  telefonata con addebito al ricevente;
  reversing lights (BRIT) *npl* (AUT) luci *fpl*
  per la retromarcia
revert [rɪ'və:t] *vi*: **to** ~ **to** tornare a
review [rɪ'vju:] *n* rivista; (*of book, film*)
  recensione *f*; (*of situation*) esame *m* ♦ *vt*
  passare in rivista; fare la recensione di; fare
  il punto di; ~**er** *n* recensore/a
revise [rɪ'vaɪz] *vt* (*manuscript*) rivedere,
  correggere; (*opinion*) emendare,

modificare; (*study: subject, notes*) ripassare;
revision [rɪ'vɪʒən] *n* revisione *f*; ripasso
revitalize [riː'vaɪtəlaɪz] *vt* ravvivare
revival [rɪ'vaɪvəl] *n* ripresa; ristabilimento;
(*of faith*) risveglio
revive [rɪ'vaɪv] *vt* (*person*) rianimare;
(*custom*) far rivivere; (*hope, courage,
economy*) ravvivare; (*play, fashion*)
riesumare ♦ *vi* (*person*) rianimarsi; (*hope*)
ravvivarsi; (*activity*) riprendersi
revolt [rɪ'vəʊlt] *n* rivolta, ribellione *f* ♦ *vi*
rivoltarsi, ribellarsi ♦ *vt* (far) rivoltare; ~**ing**
adj ripugnante
revolution [revə'luːʃən] *n* rivoluzione *f*; (*of
wheel etc*) rivoluzione, giro; ~**ary** *adj, n*
rivoluzionario/a
revolve [rɪ'vɒlv] *vi* girare
revolver [rɪ'vɒlvə*] *n* rivoltella
revolving [rɪ'vɒlvɪŋ] *adj* girevole
revue [rɪ'vjuː] *n* (*THEATRE*) rivista
revulsion [rɪ'vʌlʃən] *n* ripugnanza
reward [rɪ'wɔːd] *n* ricompensa, premio ♦ *vt*:
to ~ (for) ricompensare (per); ~**ing** *adj*
(*fig*) gratificante
rewind [riː'waɪnd] (*irreg*) *vt* (*watch*)
ricaricare; (*ribbon etc*) riavvolgere
rewire [riː'waɪə*] *vt* (*house*) rifare l'impianto
elettrico di
reword [riː'wɜːd] *vt* formulare *or* esprimere
con altre parole
rheumatism ['ruːmətɪzəm] *n* reumatismo
Rhine [raɪn] *n*: **the ~** il Reno
rhinoceros [raɪ'nɒsərəs] *n* rinoceronte *m*
rhododendron [rəʊdə'dendrən] *n*
rododendro
Rhone [rəʊn] *n*: **the ~** il Rodano
rhubarb ['ruːbɑːb] *n* rabarbaro
rhyme [raɪm] *n* rima; (*verse*) poesia
rhythm ['rɪðm] *n* ritmo
rib [rɪb] *n* (*ANAT*) costola ♦ *vt* (*tease*)
punzecchiare
ribbon ['rɪbən] *n* nastro; **in ~s** (*torn*) a
brandelli
rice [raɪs] *n* riso; ~ **pudding** *n* budino di
riso
rich [rɪtʃ] *adj* ricco(a); (*clothes*) sontuoso(a);
(*abundant*): ~ **in** ricco(a) di; **the ~** *npl*

(*wealthy people*) i ricchi; ~**es** *npl* ricchezze
fpl; ~**ly** *adv* riccamente; (*dressed*)
sontuosamente; (*deserved*) pienamente
rickets ['rɪkɪts] *n* rachitismo
ricochet ['rɪkəʃeɪ] *vi* rimbalzare
rid [rɪd] (*pt, pp* **rid**) *vt*: **to ~ sb of** sbarazzare
or liberare qn di; **to get ~ of** sbarazzarsi di
ridden ['rɪdn] *pp of* **ride**
riddle ['rɪdl] *n* (*puzzle*) indovinello ♦ *vt*: **to
be ~d with** (*holes*) essere crivellato(a) di;
(*doubts*) essere pieno(a) di
ride [raɪd] (*pt* **rode**, *pp* **ridden**) *n* (*on horse*)
cavalcata; (*outing*) passeggiata; (*distance
covered*) cavalcata; corsa ♦ *vi* (*as sport*)
cavalcare; (*go somewhere: on horse, bicycle*)
andare (a cavallo *or* in bicicletta *etc*);
(*journey: on bicycle, motorcycle, bus*) andare,
viaggiare ♦ *vt* (*a horse*) montare, cavalcare;
to take sb for a ~ (*fig*) prendere in giro
qn; fregare qn; **to ~ a horse/bicycle/
camel** montare a cavallo/in bicicletta/in
groppa a un cammello; ~**r** *n* cavalcatore/
trice; (*in race*) fantino; (*on bicycle*) ciclista
m/f; (*on motorcycle*) motociclista *m/f*
ridge [rɪdʒ] *n* (*of hill*) cresta; (*of roof*) colmo;
(*on object*) riga (in rilievo)
ridicule ['rɪdɪkjuːl] *n* ridicolo; scherno ♦ *vt*
mettere in ridicolo
ridiculous [rɪ'dɪkjuləs] *adj* ridicolo(a)
riding ['raɪdɪŋ] *n* equitazione *f*; ~ **school** *n*
scuola di equitazione
rife [raɪf] *adj* diffuso(a); **to be ~ with**
abbondare di
riffraff ['rɪfræf] *n* canaglia
rifle ['raɪfl] *n* carabina ♦ *vt* vuotare; ~
through *vt fus* frugare tra; ~ **range** *n*
campo di tiro; (*at fair*) tiro a segno
rift [rɪft] *n* fessura, crepatura; (*fig:
disagreement*) incrinatura, disaccordo
rig [rɪg] *n* (*also*: **oil ~**: *on land*) derrick *m inv*;
(: *at sea*) piattaforma di trivellazione ♦ *vt*
(*election etc*) truccare; ~ **out** (*BRIT*) *vt*: **to ~
out as/in** vestire da/in; ~ **up** *vt* allestire;
~**ging** *n* (*NAUT*) attrezzatura
right [raɪt] *adj* giusto(a); (*suitable*)
appropriato(a); (*not left*) destro(a) ♦ *n*
giusto; (*title, claim*) diritto; (*not left*) destra

♦ adv (answer) correttamente; (not on the left) a destra ♦ vt raddrizzare; (fig) riparare ♦ excl bene!; **to be ~** (person) aver ragione; (answer) essere giusto(a) or corretto(a); **by ~s** di diritto; **on the ~** a destra; **to be in the ~** aver ragione, essere nel giusto; **~ now** proprio adesso; subito; **~ away** subito; **~ angle** n angolo retto; **~eous** ['raɪtʃəs] adj retto(a), virtuoso(a); (anger) giusto(a), giustificato(a); **~ful** adj (heir) legittimo(a); **~-handed** adj (person) che adopera la mano destra; **~-hand man** n braccio destro; **~-hand side** n il lato destro; **~ly** adv bene, correttamente; (with reason) a ragione; **~ of way** n diritto di passaggio; (AUT) precedenza; **~-wing** adj (POL) di destra

rigid ['rɪdʒɪd] adj rigido(a); (principle) rigoroso(a)

rigmarole ['rɪgmərəʊl] n tiritera; commedia

rile [raɪl] vt irritare, seccare

rim [rɪm] n orlo; (of spectacles) montatura; (of wheel) cerchione m

rind [raɪnd] n (of bacon) cotenna; (of lemon etc) scorza

ring [rɪŋ] (pt rang, pp rung) n anello; (of people, objects) cerchio; (of spies) giro; (of smoke etc) spirale m; (arena) pista, arena; (for boxing) ring m inv; (sound of bell) scampanio ♦ vi (person, bell, telephone) suonare; (also: ~ **out**: voice, words) risuonare; (TEL) telefonare; (ears) fischiare ♦ vt (BRIT: TEL) telefonare a; (bell, doorbell) suonare; **to give sb a ~** (BRIT: TEL) dare un colpo di telefono a qn; **~ back** vt, vi (TEL) richiamare; **~ off** (BRIT) vi (TEL) mettere giù, riattaccare; **~ up** (BRIT) vt (TEL) telefonare a; **~ing** n (of bell) scampanio; (of telephone) squillo; (in ears) ronzio; **~ing tone** (BRIT) n (TEL) segnale m di libero; **~leader** n (of gang) capobanda m

ringlets ['rɪŋlɪts] npl boccoli mpl

ring road (BRIT) n raccordo anulare

rink [rɪŋk] n (also: **ice ~**) pista di pattinaggio

rinse [rɪns] n risciacquatura; (hair tint) cachet m inv ♦ vt sciacquare

riot ['raɪət] n sommossa, tumulto; (of colours)

orgia ♦ vi tumultuare; **to run ~** creare disordine; **~ous** adj tumultuoso(a); (living) sfrenato(a); (party) scatenato(a)

rip [rɪp] n strappo ♦ vt strappare ♦ vi strapparsi; **~cord** n cavo di sfilamento

ripe [raɪp] adj (fruit, grain) maturo(a); (cheese) stagionato(a); **~n** vt maturare ♦ vi maturarsi

ripple ['rɪpl] n increspamento, ondulazione f; mormorio ♦ vi incresparsi

rise [raɪz] (pt rose, pp risen) n (slope) salita, pendio; (hill) altura; (increase: in wages: BRIT) aumento; (: in prices, temperature) rialzo, aumento; (fig: to power etc) ascesa ♦ vi alzarsi, levarsi; (prices) aumentare; (waters, river) crescere; (sun, wind, person: from chair, bed) levarsi; (also: ~ **up**: building) ergersi; (: rebel) insorgere; ribellarsi; (in rank) salire; **to give ~ to** provocare, dare origine a; **to ~ to the occasion** essere all'altezza; **risen** ['rɪzn] pp of **rise**; **rising** adj (increasing: number) sempre crescente; (: prices) in aumento; (tide) montante; (sun, moon) nascente, che sorge

risk [rɪsk] n rischio; pericolo ♦ vt rischiare; **to take** or **run the ~ of doing** correre il rischio di fare; **at ~** in pericolo; **at one's own ~** a proprio rischio e pericolo; **~y** adj rischioso(a)

risqué ['riːskeɪ] adj (joke) spinto(a)

rissole ['rɪsəʊl] n crocchetta

rite [raɪt] n rito; **last ~s** l'estrema unzione

ritual ['rɪtjʊəl] adj rituale ♦ n rituale m

rival ['raɪvl] n rivale m/f; (in business) concorrente m/f ♦ adj rivale; che fa concorrenza ♦ vt essere in concorrenza con; **to ~ sb/sth in** competere con qn/qc in; **~ry** n rivalità; concorrenza

river ['rɪvə*] n fiume m ♦ cpd (port, traffic) fluviale; **up/down ~** a monte/valle; **~bank** n argine m; **~bed** n letto di fiume

rivet ['rɪvɪt] n ribattino, rivetto ♦ vt (fig) concentrare, fissare

Riviera [rɪvɪ'eərə] n: **the (French) ~** la Costa Azzurra; **the Italian ~** la Riviera

road [rəʊd] n strada; (small) cammino; (in town) via ♦ cpd stradale; **major/minor ~**

strada con/senza diritto di precedenza; ~ **accident** n incidente m stradale; ~**block** n blocco stradale; ~**hog** n guidatore m egoista e spericolato; ~ **map** n carta stradale; ~ **rage** n comportamento aggressivo al volante; ~ **safety** n sicurezza sulle strade; ~**side** n margine m della strada; ~**sign** n cartello stradale; ~ **user** n chi usa la strada; ~**way** n carreggiata; ~**works** npl lavori mpl stradali; ~**worthy** adj in buono stato di marcia

roam [rəum] vi errare, vagabondare

roar [rɔ:ʳ] n ruggito; (of crowd) tumulto; (of thunder, storm) muggito; (of laughter) scoppio ♦ vi ruggire; tumultuare; muggire; **to ~ with laughter** scoppiare dalle risa; **to do a ~ing trade** fare affari d'oro

roast [rəust] n arrosto ♦ vt arrostire; (coffee) tostare, torrefare; ~ **beef** n arrosto di manzo

rob [rɔb] vt (person) rubare; (bank) svaligiare; **to ~ sb of sth** derubare qn di qc; (fig: deprive) privare qn di qc; ~**ber** n ladro; (armed) rapinatore m; ~**bery** n furto; rapina

robe [rəub] n (for ceremony etc) abito; (also: **bath ~**) accappatoio; (US: also: **lap ~**) coperta

robin ['rɔbɪn] n pettirosso

robot ['rəubɔt] n robot m inv

robust [rəu'bʌst] adj robusto(a); (economy) solido(a)

rock [rɔk] n (substance) roccia; (boulder) masso; roccia; (in sea) scoglio; (US: pebble) ciottolo; (BRIT: sweet) zucchero candito ♦ vt (swing gently: cradle) dondolare; (: child) cullare; (shake) scrollare, far tremare ♦ vi dondolarsi; scrollarsi, tremare; **on the ~s** (drink) col ghiaccio; (marriage etc) in crisi; ~ **and roll** n rock and roll m; ~**-bottom** adj bassissimo(a); ~**ery** n giardino roccioso

rocket ['rɔkɪt] n razzo

rock fall n parete f della roccia

rocking ['rɔkɪŋ]: ~ **chair** n sedia a dondolo; ~ **horse** n cavallo a dondolo

rocky ['rɔkɪ] adj (hill) roccioso(a); (path) sassoso(a); (marriage etc) instabile

rod [rɔd] n (metallic, TECH) asta; (wooden) bacchetta; (also: **fishing ~**) canna da pesca

rode [rəud] pt of **ride**

rodent ['rəudnt] n roditore m

rodeo ['rəudɪəu] n rodeo

roe [rəu] n (species: also: ~ **deer**) capriolo; (of fish, also: **hard ~**) uova fpl di pesce; **soft ~** latte m di pesce

rogue [rəug] n mascalzone m

role [rəul] n ruolo

roll [rəul] n rotolo; (of banknotes) mazzo; (also: **bread ~**) panino; (register) lista; (sound: of drums etc) rullo ♦ vt rotolare; (also: ~ **up**: string) aggomitolare; (also: ~ **up**: sleeves) rimboccare; (cigarettes) arrotolare; (eyes) roteare; (also: ~ **out**: pastry) stendere; (lawn, road etc) spianare ♦ vi rotolare; (wheel) girare; (drum) rullare; (vehicle: also: ~ **along**) avanzare; (ship) rollare; ~ **about** or **around** vi rotolare qua e là; (person) rotolarsi; ~ **by** vi (time) passare; ~ **over** vi rivoltarsi; ~ **up** (inf) vi (arrive) arrivare ♦ vt (carpet) arrotolare; ~ **call** n appello; ~**er** n rullo; (wheel) rotella; (for hair) bigodino; ~**er blades** npl pattini mpl in linea; ~**er coaster** n montagne fpl russe; ~**er skates** npl pattini mpl a rotelle

rolling ['rəulɪŋ] adj (landscape) ondulato(a); ~ **pin** n matterello; ~ **stock** n (RAIL) materiale m rotabile

ROM [rɔm] n abbr (= read only memory) memoria di sola lettura

Roman ['rəumən] adj, n romano(a); ~ **Catholic** adj, n cattolico(a)

romance [rə'mæns] n storia (or avventura or film m inv) romantico(a); (charm) poesia; (love affair) idillio

Romania [rəu'meɪnɪə] n = **Rumania**

Roman numeral n numero romano

romantic [rə'mæntɪk] adj romantico(a); sentimentale

Rome [rəum] n Roma

romp [rɔmp] n gioco rumoroso ♦ vi (also: ~ **about**) far chiasso, giocare in un modo rumoroso

rompers ['rɔmpəz] npl pagliaccetto

roof [ru:f] n tetto; (of tunnel, cave) volta ♦ vt

coprire (con un tetto); ~ **of the mouth** palato; ~**ing** *n* materiale *m* per copertura; ~ **rack** *n* (*AUT*) portabagagli *m inv*

rook [ruk] *n* (*bird*) corvo nero; (*CHESS*) torre *f*

room [ru:m] *n* (*in house*) stanza; (*bed~, in hotel*) camera; (*in school etc*) sala; (*space*) posto, spazio; ~**s** *npl* (*lodging*) alloggio; "~**s to let**" (*BRIT*), "~**s for rent**" (*US*) "si affittano camere"; **there is ~ for improvement** si potrebbe migliorare; ~**ing house** (*US*) *n* casa in cui si affittano camere o appartamentini ammobiliati; ~**mate** *n* compagno/a di stanza; ~ **service** *n* servizio da camera; ~**y** *adj* spazioso(a); (*garment*) ampio(a)

roost [ru:st] *vi* appollaiarsi

rooster ['ru:stə*] *n* gallo

root [ru:t] *n* radice *f* ♦ *vi* (*plant, belief*) attecchire; ~ **about** *vi* (*fig*) frugare; ~ **for** *vt fus* fare il tifo per; ~ **out** *vt* estirpare

rope [rəup] *n* corda, fune *f*; (*NAUT*) cavo ♦ *vt* (*box*) legare; (*climbers*) legare in cordata; (*area: also:* ~ **off**) isolare cingendo con cordoni; **to know the ~s** (*fig*) conoscere i trucchi del mestiere; ~ **in** *vt* (*fig*) coinvolgere; ~ **ladder** *n* scala a corda

rosary ['rəuzərı] *n* rosario; roseto

rose [rəuz] *pt of* **rise** ♦ *n* rosa; (*also:* ~ **bush**) rosaio; (*on watering can*) rosetta

rosé ['rəuzeı] *n* vino rosato

rosebud ['rəuzbʌd] *n* bocciolo di rosa

rosebush ['rəuzbuʃ] *n* rosaio

rosemary ['rəuzmərı] *n* rosmarino

rosette [rəu'zet] *n* coccarda

roster ['rɔstə*] *n*: **duty** ~ ruolino di servizio

rostrum ['rɔstrəm] *n* tribuna

rosy ['rəuzı] *adj* roseo(a)

rot [rɔt] *n* (*decay*) putrefazione *f*; (*inf: nonsense*) stupidaggini *fpl* ♦ *vt, vi* imputridire, marcire

rota ['rəutə] *n* tabella dei turni

rotary ['rəutərı] *adj* rotante

rotate [rəu'teıt] *vt* (*revolve*) far girare; (*change round: jobs*) fare a turno ♦ *vi* (*revolve*) girare; **rotating** *adj* (*movement*) rotante

rotten ['rɔtn] *adj* (*decayed*) putrido(a),

marcio(a); (*dishonest*) corrotto(a); (*inf: bad*) brutto(a); (: *action*) vigliacco(a); **to feel ~** (*ill*) sentirsi da cani

rouble ['ru:bl] (*US* **ruble**) *n* rublo

rouge [ru:ʒ] *n* belletto

rough [rʌf] *adj* (*skin, surface*) ruvido(a); (*terrain, road*) accidentato(a); (*voice*) rauco(a); (*person, manner: coarse*) rozzo(a), aspro(a); (: *violent*) brutale; (*district*) malfamato(a); (*weather*) cattivo(a); (*sea*) mosso(a); (*plan*) abbozzato(a); (*guess*) approssimativo(a) ♦ *n* (*GOLF*) macchia; **to ~ it** far vita dura; **to sleep ~** (*BRIT*) dormire all'addiaccio; ~**age** *n* alimenti *mpl* ricchi di cellulosa; ~**-and-ready** *adj* rudimentale; ~**cast** *n* intonaco grezzo; ~ **copy** *n* brutta copia; ~**ly** *adv* (*handle*) rudemente, brutalmente; (*make*) grossolanamente; (*speak*) bruscamente; (*approximately*) approssimativamente; ~**ness** *n* ruvidità; (*of manner*) rozzezza

roulette [ru:'let] *n* roulette *f*

Roumania [ru:'meınıə] *n* = **Rumania**

round [raund] *adj* rotondo(a); (*figures*) tondo(a) ♦ *n* (*BRIT: of toast*) fetta; (*duty: of policeman, milkman etc*) giro; (: *of doctor*) visite *fpl*; (*game: of cards, golf, in competition*) partita; (*of ammunition*) cartuccia; (*BOXING*) round *m inv*; (*of talks*) serie *f inv* ♦ *vt* (*corner*) girare; (*bend*) prendere ♦ *prep* intorno a ♦ *adv*: **all ~** tutt'attorno; **to go the long way ~** fare il giro più lungo; **all the year ~** tutto l'anno; **it's just ~ the corner** (*also fig*) è dietro l'angolo; ~ **the clock** ininterrottamente; **to go ~ to sb's house** andare da qn; **go ~ the back** passi dietro; **enough to go ~** abbastanza per tutti; ~ **of applause** applausi *mpl*; ~ **of drinks** giro di bibite; ~ **of sandwiches** sandwich *m inv*; ~ **off** *vt* (*speech etc*) finire; ~ **up** *vt* radunare; (*criminals*) fare una retata di; (*prices*) arrotondare; ~**about** *n* (*BRIT: AUT*) rotatoria; (: *at fair*) giostra ♦ *adj* (*route, means*) indiretto(a); ~**ers** *npl* (*game*) *gioco simile al baseball*; ~**ly** *adv* (*fig*) chiaro e tondo; ~ **trip** *n* (viaggio di) andata e ritorno; **~up** *n* raduno; (*of criminals*) retata

rouse [rauz] *vt* (*wake up*) svegliare; (*stir up*) destare; provocare; risvegliare; **rousing** *adj* (*speech, applause*) entusiastico(a)

route [ru:t] *n* itinerario; (*of bus*) percorso

routine [ru:ˈti:n] *adj* (*work*) corrente, abituale; (*procedure*) solito(a) ♦ *n* (*pej*) routine *f*, tran tran *m*; (*THEATRE*) numero

rove [rəuv] *vt* vagabondare per

row¹ [rəu] *n* (*line*) riga, fila; (*KNITTING*) ferro; (*behind one another: of cars, people*) fila; (*in boat*) remata ♦ *vi* (*in boat*) remare; (*as sport*) vogare ♦ *vt* (*boat*) manovrare a remi; **in a ~** (*fig*) di fila

row² [rau] *n* (*racket*) baccano, chiasso; (*dispute*) lite *f*; (*scolding*) sgridata ♦ *vi* (*argue*) litigare

rowboat [ˈrəubəut] (*US*) *n* barca a remi

rowdy [ˈraudɪ] *adj* chiassoso(a); turbolento(a) ♦ *n* teppista *m/f*

rowing [ˈrəuɪŋ] *n* canottaggio; **~ boat** (*BRIT*) *n* barca a remi

royal [ˈrɔɪəl] *adj* reale; **R~ Air Force** *n* aeronautica militare britannica

royalty [ˈrɔɪəltɪ] *n* (*royal persons*) (membri *mpl* della) famiglia reale; (*payment: to author*) diritti *mpl* d'autore

r.p.m. *abbr* (= *revolutions per minute*) giri/min

R.S.V.P. *abbr* (= *répondez s'il vous plaît*) R.S.V.P.

Rt Hon. (*BRIT*) *abbr* (= *Right Honourable*) ≈ Onorevole

rub [rʌb] *n*: **to give sth a ~** strofinare qc; (*sore place*) massaggiare qc ♦ *vt* strofinare; massaggiare; (*hands: also:* **~ together**) sfregarsi; **to ~ sb up** (*BRIT*) *or* **~ sb the wrong way** (*US*) lisciare qn contro pelo; **~ off** *vi* andare via; **~ off on** *vt fus* lasciare una traccia su; **~ out** *vt* cancellare

rubber [ˈrʌbə*] *n* gomma; **~ band** *n* elastico; **~ plant** *n* ficus *m inv*

rubbish [ˈrʌbɪʃ] *n* (*from household*) immondizie *fpl*, rifiuti *mpl*; (*fig: pej*) cose *fpl* senza valore, robaccia; sciocchezze *fpl*; **~ bin** (*BRIT*) *n* pattumiera; **~ dump** *n* (*in town*) immondezzaio

rubble [ˈrʌbl] *n* macerie *fpl*; (*smaller*) pietrisco

ruble [ˈru:bl] (*US*) *n* = **rouble**

ruby [ˈru:bɪ] *n* rubino

rucksack [ˈrʌksæk] *n* zaino

rudder [ˈrʌdə*] *n* timone *m*

ruddy [ˈrʌdɪ] *adj* (*face*) rubicondo(a); (*inf: damned*) maledetto(a)

rude [ru:d] *adj* (*impolite: person*) scortese, rozzo(a); (*: word, manners*) grossolano(a), rozzo(a); (*shocking*) indecente; **~ness** *n* scortesia; grossolanità

ruffle [ˈrʌfl] *vt* (*hair*) scompigliare; (*clothes, water*) increspare; (*fig: person*) turbare

rug [rʌg] *n* tappeto; (*BRIT: for knees*) coperta

rugby [ˈrʌgbɪ] *n* (*also:* **~ football**) rugby *m*

rugged [ˈrʌgɪd] *adj* (*landscape*) aspro(a); (*features, determination*) duro(a); (*character*) brusco(a)

ruin [ˈru:ɪn] *n* rovina ♦ *vt* rovinare; **~s** *npl* (*of building, castle etc*) rovine *fpl*, ruderi *mpl*; **~ous** *adj* rovinoso(a); (*expenditure*) inverosimile

rule [ru:l] *n* regola, regola; (*regulation*) regolamento, regola; (*government*) governo; (*~r*) riga ♦ *vt* (*country*) governare; (*person*) dominare ♦ *vi* regnare; decidere; (*LAW*) dichiarare; **as a ~** normalmente; **~ out** *vt* escludere; **~d** *adj* (*paper*) vergato(a); **~r** *n* (*sovereign*) sovrano/a; (*for measuring*) regolo, riga; **ruling** *adj* (*party*) al potere; (*class*) dirigente ♦ *n* (*LAW*) decisione *f*

rum [rʌm] *n* rum *m*

Rumania [ru:ˈmeɪnɪə] *n* Romania

rumble [ˈrʌmbl] *n* rimbombo; brontolio ♦ *vi* rimbombare; (*stomach, pipe*) brontolare

rummage [ˈrʌmɪdʒ] *vi* frugare

rumour [ˈru:mə*] (*US* **rumor**) *n* voce *f* ♦ *vt*: **it is ~ed that** corre voce che

rump [rʌmp] *n* groppa; **~ steak** *n* bistecca di girello

rumpus [ˈrʌmpəs] (*inf*) *n* baccano; (*quarrel*) rissa

run [rʌn] (*pt* **ran**, *pp* **run**) *n* corsa; (*outing*) gita (in macchina); (*distance travelled*) percorso, tragitto; (*SKI*) pista; (*CRICKET,*

BASEBALL) meta; (series) serie f; (THEATRE)
periodo di rappresentazione; (in tights,
stockings) smagliatura ♦ vt (distance)
correre; (operate: business) gestire, dirigere;
(: competition, course) organizzare; (: hotel)
gestire; (: house) governare; (COMPUT)
eseguire; (water, bath) far scorrere; (force
through: rope, pipe): **to ~ sth through** far
passare qc attraverso; (pass: hand, finger):
to ~ sth over passare qc su; (PRESS: feature)
presentare ♦ vi correre; (flee) scappare;
(pass: road etc) passare; (work: machine,
factory) funzionare, andare; (bus, train:
operate) far servizio; (: travel) circolare;
(continue: play, contract) durare; (slide:
drawer; flow: river, bath) scorrere; (colours,
washing) stemperarsi; (in election)
presentarsi candidato; (nose) colare; **there
was a ~ on ...** c'era una corsa a ...; **in the
long ~** a lungo andare; **on the ~** in fuga;
to ~ a race partecipare ad una gara; **I'll ~
you to the station** la porto alla stazione; **to
~ a risk** correre un rischio; **~ about** or
around vi (children) correre qua e là; **~
across** vt fus (find) trovare per caso; **~
away** vi fuggire; **~ down** vt (production)
ridurre gradualmente; (factory) rallentare
l'attività di; (AUT) investire; (criticize)
criticare; **to be ~ down** (person: tired)
essere esausto(a); **~ in** (BRIT) vt (car)
rodare, fare il rodaggio di; **~ into** vt fus
(meet: person) incontrare per caso;
(: trouble) incontrare, trovare; (collide with)
andare a sbattere contro; **~ off** vi fuggire
♦ vt (water) far scolare; (copies) fare; **~ out**
vi (person) uscire di corsa; (liquid) colare;
(lease) scadere; (money) esaurirsi; **~ out of**
vt fus rimanere a corto di; **~ over** vt (AUT)
investire, mettere sotto ♦ vt fus (revise)
rivedere; **~ through** vt fus (instructions)
dare una scorsa a; (rehearse: play)
riprovare, ripetere; **~ up** vt (debt) lasciar
accumulare; **to ~ up against** (difficulties)
incontrare; **~away** adj (person)
fuggiasco(a); (horse) in libertà; (truck) fuori
controllo

rung [rʌŋ] pp of **ring** ♦ n (of ladder) piolo

runner ['rʌnə*] n (in race) corridore m;
(: horse) partente m/f; (on sledge) pattino;
(for drawer etc) guida; **~ bean** (BRIT) n
fagiolo rampicante; **~-up** n secondo(a)
arrivato(a)

running ['rʌnɪŋ] n corsa; direzione f;
organizzazione f; funzionamento ♦ adj
(water) corrente; (commentary)
simultaneo(a); **to be in/out of the ~ for
sth** essere/non essere più in lizza per qc; **6
days ~** 6 giorni di seguito; **~ costs** npl
costi mpl d'esercizio; (of car) spese fpl di
mantenimento

runny ['rʌnɪ] adj che cola

run-of-the-mill adj solito(a), banale

runt [rʌnt] n (also pej) omuncolo; (ZOOL)
animale m più piccolo del normale

run-through n prova

run-up n: **~ to** (election etc) periodo che
precede

runway ['rʌnweɪ] n (AVIAT) pista (di decollo)

rupture ['rʌptʃə*] n (MED) ernia

rural ['rʊərəl] adj rurale

ruse [ruːz] n trucco

rush [rʌʃ] n corsa precipitosa; (hurry) furia,
fretta; (sudden demand): **~ for** corsa a;
(current) flusso; (of emotion) impeto; (BOT)
giunco ♦ vt mandare o spedire
velocemente; (attack: town etc) prendere
d'assalto ♦ vi precipitarsi; **~ hour** n ora di
punta

rusk [rʌsk] n biscotto

Russia ['rʌʃə] n Russia; **~n** adj russo(a) ♦ n
russo/a; (LING) russo

rust [rʌst] n ruggine f ♦ vi arrugginirsi

rustic ['rʌstɪk] adj rustico(a)

rustle ['rʌsl] vi frusciare ♦ vt (paper) far
frusciare

rustproof ['rʌstpruːf] adj inossidabile

rusty ['rʌstɪ] adj arrugginito(a)

rut [rʌt] n solco; (ZOOL) fregola; **to get into a
~** (fig) adagiarsi troppo

ruthless ['ruːθlɪs] adj spietato(a)

rye [raɪ] n segale f; **~ bread** n pane m di
segale

S, s

Sabbath ['sæbəθ] n (*Jewish*) sabato; (*Christian*) domenica

sabotage ['sæbətɑːʒ] n sabotaggio ♦ vt sabotare

saccharin(e) ['sækərɪn] n saccarina

sachet ['sæʃeɪ] n bustina

sack [sæk] n (*bag*) sacco ♦ vt (*dismiss*) licenziare, mandare a spasso; (*plunder*) saccheggiare; **to get the ~** essere mandato a spasso; **~ing** n tela di sacco; (*dismissal*) licenziamento

sacrament ['sækrəmənt] n sacramento

sacred ['seɪkrɪd] adj sacro(a)

sacrifice ['sækrɪfaɪs] n sacrificio ♦ vt sacrificare

sad [sæd] adj triste

saddle ['sædl] n sella ♦ vt (*horse*) sellare; **to be ~d with sth** (*inf*) avere qc sulle spalle; **~bag** n (*on bicycle*) borsa

sadistic [sə'dɪstɪk] adj sadico(a)

sadness ['sædnɪs] n tristezza

s.a.e. n abbr = **stamped addressed envelope**

safe [seɪf] adj sicuro(a); (*out of danger*) salvo(a), al sicuro; (*cautious*) prudente ♦ n cassaforte f; **~ from** al sicuro da; **~ and sound** sano(a) e salvo(a); **(just) to be on the ~ side** per non correre rischi; **~-conduct** n salvacondotto; **~-deposit** n (*vault*) caveau m inv; (*box*) cassetta di sicurezza; **~guard** n salvaguardia ♦ vt salvaguardare; **~keeping** n custodia; **~ly** adv sicuramente; sano(a) e salvo(a); prudentemente; **~ sex** n sesso sicuro

safety ['seɪftɪ] n sicurezza; **~ belt** n cintura di sicurezza; **~ pin** n spilla di sicurezza; **~ valve** n valvola di sicurezza

saffron ['sæfrən] n zafferano

sag [sæg] vi incurvarsi; afflosciarsi

sage [seɪdʒ] n (*herb*) salvia; (*man*) saggio

Sagittarius [sædʒɪ'tɛərɪəs] n Sagittario

Sahara [sə'hɑːrə] n: **the ~ (Desert)** il (deserto del) Sahara

said [sed] pt, pp of **say**

sail [seɪl] n (*on boat*) vela; (*trip*): **to go for a ~** fare un giro in barca a vela ♦ vt (*boat*) condurre, governare ♦ vi (*travel: ship*) navigare; (: *passenger*) viaggiare per mare; (*set off*) salpare; (*sport*) fare della vela; **they ~ed into Genoa** entrarono nel porto di Genova; **~ through** vt fus (*fig*) superare senza difficoltà; **~boat** (*US*) n barca a vela; **~ing** n (*sport*) vela; **to go ~ing** fare della vela; **~ing boat** n barca a vela; **~ing ship** n veliero; **~or** n marinaio

saint [seɪnt] n santo/a; **~ly** adj santo(a)

sake [seɪk] n: **for the ~ of** per, per amore di

salad ['sæləd] n insalata; **~ bowl** n insalatiera; **~ cream** (*BRIT*) n (tipo di) maionese f; **~ dressing** n condimento per insalata

salami [sə'lɑːmɪ] n salame m

salary ['sælərɪ] n stipendio

sale [seɪl] n vendita; (*at reduced prices*) svendita, liquidazione f; (*auction*) vendita all'asta; **"for ~"** "in vendita"; **on ~** in vendita; **on ~ or return** da vendere o rimandare; **~room** n sala delle aste; **~s assistant** (*US* **~s clerk**) n commesso/a; **~sman/swoman** (*irreg*) n commesso/a; (*representative*) rappresentante m/f

salmon ['sæmən] n inv salmone m

saloon [sə'luːn] n (*US*) saloon m inv, bar m inv; (*BRIT: AUT*) berlina; (*ship's lounge*) salone m

salt [sɔlt] n sale m ♦ vt salare; **~ cellar** n saliera; **~water** adj di mare; **~y** adj salato(a)

salute [sə'luːt] n saluto ♦ vt salutare

salvage ['sælvɪdʒ] n (*saving*) salvataggio; (*things saved*) beni mpl salvati or recuperati ♦ vt salvare, mettere in salvo

salvation [sæl'veɪʃən] n salvezza; **S~ Army** n Esercito della Salvezza

same [seɪm] adj stesso(a), medesimo(a) ♦ pron: **the ~** lo(la) stesso(a), gli(le) stessi(e); **the ~ book as** lo stesso libro di (o che); **at the ~ time** allo stesso tempo; **all** or **just the ~** tuttavia; **to do the ~ as sb** fare come qn; **the ~ to you!** altrettanto a te!

sample ['sɑ:mpl] n campione m ♦ vt (food) assaggiare; (wine) degustare

sanction ['sæŋkʃən] n sanzione f ♦ vt sancire, sanzionare

sanctity ['sæŋktɪtɪ] n santità

sanctuary ['sæŋktjʊərɪ] n (holy place) santuario; (refuge) rifugio; (for wildlife) riserva

sand [sænd] n sabbia ♦ vt (also: ~ **down**) cartavetrare

sandal ['sændl] n sandalo

sandbox ['sændbɒks] (US) n = **sandpit**

sandcastle ['sændkɑ:sl] n castello di sabbia

sandpaper ['sændpeɪpə*] n carta vetrata

sandpit ['sændpɪt] n (for children) buca di sabbia

sandstone ['sændstəun] n arenaria

sandwich ['sændwɪtʃ] n tramezzino, panino, sandwich m inv ♦ vt: **~ed between** incastrato(a) fra; **cheese/ham ~ sandwich** al formaggio/prosciutto; ~ **course** (BRIT) n corso di formazione professionale

sandy ['sændɪ] adj sabbioso(a); (colour) color sabbia inv, biondo(a) rossiccio(a)

sane [seɪn] adj (person) sano(a) di mente; (outlook) sensato(a)

sang [sæŋ] pt of **sing**

sanitary ['sænɪtərɪ] adj (system, arrangements) sanitario(a); (clean) igienico(a); ~ **towel** (US ~ **napkin**) n assorbente m (igienico)

sanitation [sænɪ'teɪʃən] n (in house) impianti mpl sanitari; (in town) fognature fpl; ~ **department** (US) n nettezza urbana

sanity ['sænɪtɪ] n sanità mentale; (common sense) buon senso

sank [sæŋk] pt of **sink**

Santa Claus [sæntə'klɔ:z] n Babbo Natale

sap [sæp] n (of plants) linfa ♦ vt (strength) fiaccare

sapling ['sæplɪŋ] n alberello

sapphire ['sæfaɪə*] n zaffiro

sarcasm ['sɑ:kæzm] n sarcasmo

sardine [sɑ:'di:n] n sardina

Sardinia [sɑ:'dɪnɪə] n Sardegna

sash [sæʃ] n fascia

sat [sæt] pt, pp of **sit**

Satan ['seɪtən] n Satana m

satchel ['sætʃl] n cartella

satellite ['sætəlaɪt] adj satellite ♦ n satellite m; ~ **dish** n antenna parabolica; ~ **television** n televisione f via satellite

satin ['sætɪn] n raso ♦ adj di raso

satire ['sætaɪə*] n satira

satisfaction [sætɪs'fækʃən] n soddisfazione f

satisfactory [sætɪs'fæktərɪ] adj soddisfacente

satisfy ['sætɪsfaɪ] vt soddisfare; (convince) convincere; ~**ing** adj soddisfacente

Saturday ['sætədɪ] n sabato

sauce [sɔ:s] n salsa; (containing meat, fish) sugo; ~**pan** n casseruola

saucer ['sɔ:sə*] n sottocoppa m, piattino

Saudi ['saʊdɪ]: ~ **Arabia** n Arabia Saudita; ~ **(Arabian)** adj, n arabo(a) saudita

sauna ['sɔ:nə] n sauna

saunter ['sɔ:ntə*] vi andare a zonzo, bighellonare

sausage ['sɔsɪdʒ] n salsiccia; ~ **roll** n rotolo di pasta sfoglia ripieno di salsiccia

sauté ['səuteɪ] adj: ~ **potatoes** patate fpl saltate in padella

savage ['sævɪdʒ] adj (cruel, fierce) selvaggio(a), feroce; (primitive) primitivo(a) ♦ n selvaggio/a ♦ vt attaccare selvaggiamente

save [seɪv] vt (person, belongings, COMPUT) salvare; (money) risparmiare, mettere da parte; (time) risparmiare; (food) conservare; (avoid: trouble) evitare; (SPORT) parare ♦ vi (also: ~ **up**) economizzare ♦ n (SPORT) parata ♦ prep salvo, a eccezione di

saving ['seɪvɪŋ] n risparmio ♦ adj: **the ~ grace of** l'unica cosa buona di; ~**s** npl (money) risparmi mpl; ~**s account** n libretto di risparmio; ~**s bank** n cassa di risparmio

saviour ['seɪvjə*] (US **savior**) n salvatore m

savour ['seɪvə*] (US **savor**) vt gustare; ~**y** adj (dish: not sweet) salato(a)

saw [sɔ:] (pt **sawed**, pp **sawed** or **sawn**) pt of **see** ♦ n (tool) sega ♦ vt segare; ~**dust** n segatura; ~**mill** n segheria; **sawn** pp of

saw; **~n-off shotgun** n fucile m a canne
mozze
saxophone ['sæksəfəun] n sassofono
say [seɪ] (pt, pp **said**) n: **to have one's ~**
fare sentire il proprio parere; **to have a** or
some ~ avere voce in capitolo ♦ vt dire;
could you ~ that again? potrebbe
ripeterlo?; **that goes without ~ing** va da
sé; **~ing** n proverbio, detto
scab [skæb] n crosta; (pej) crumiro/a
scaffold ['skæfəuld] n (gallows) patibolo;
~ing n impalcatura
scald [skɔːld] n scottatura ♦ vt scottare
scale [skeɪl] n scala; (of fish) squama ♦ vt
(mountain) scalare; **~s** npl (for weighing)
bilancia; **on a large ~** su vasta scala; **~ of**
charges tariffa; **~ down** vt ridurre
(proporzionalmente)
scallop ['skɔləp] n (ZOOL) pettine m;
(SEWING) smerlo
scalp [skælp] n cuoio capelluto ♦ vt
scotennare
scalpel ['skælpl] n bisturi m inv
scampi ['skæmpɪ] npl scampi mpl
scan [skæn] vt scrutare; (glance at quickly)
scorrere, dare un'occhiata a; (TV)
analizzare; (RADAR) esplorare ♦ n (MED)
ecografia
scandal ['skændl] n scandalo; (gossip)
pettegolezzi mpl
Scandinavia [skændɪ'neɪvɪə] n Scandinavia;
~n adj, n scandinavo(a)
scant [skænt] adj scarso(a); **~y** adj
insufficiente; (swimsuit) ridotto(a)
scapegoat ['skeɪpgəut] n capro espiatorio
scar [skɑː] n cicatrice f ♦ vt sfregiare
scarce [skɛəs] adj scarso(a); (copy, edition)
raro(a); **to make o.s. ~** (inf) squagliarsela;
~ly adv appena; **scarcity** n scarsità,
mancanza
scare [skɛə*] n spavento; panico ♦ vt
spaventare, atterrire; **there was a bomb ~**
at the bank hanno evacuato la banca per
paura di un attentato dinamitardo; **to ~ sb**
stiff spaventare a morte qn; **~ off** or
away vt mettere in fuga; **~crow** n
spaventapasseri m inv; **~d** adj: **to be ~d**

aver paura
scarf [skɑːf] (pl **scarves** or **~s**) n (long)
sciarpa; (square) fazzoletto da testa, foulard
m inv
scarlet ['skɑːlɪt] adj scarlatto(a); **~ fever** n
scarlattina
scarves [skɑːvz] npl of **scarf**
scary ['skɛərɪ] adj che spaventa
scathing ['skeɪðɪŋ] adj aspro(a)
scatter ['skætə*] vt spargere; (crowd)
disperdere ♦ vi disperdersi; **~brained** adj
sbadato(a)
scavenger ['skævəndʒə*] n (person)
accattone/a
scenario [sɪ'nɑːrɪəu] n (THEATRE, CINEMA)
copione m; (fig) situazione f
scene [siːn] n (THEATRE, fig etc) scena; (of
crime, accident) scena, luogo; (sight, view)
vista, veduta; **~ry** n (THEATRE) scenario;
(landscape) panorama m; **scenic** adj
scenico(a); panoramico(a)
scent [sɛnt] n profumo; (sense of smell)
olfatto, odorato; (fig: track) pista
sceptical ['skɛptɪkəl] (US **skeptical**) adj
scettico(a)
sceptre ['sɛptə*] (US **scepter**) n scettro
schedule ['ʃɛdjuːl, (US) 'skɛdjuːl] n
programma m, piano; (of trains) orario; (of
prices etc) lista, tabella ♦ vt fissare; **on ~** in
orario; **to be ahead of/behind ~** essere in
anticipo/ritardo sul previsto; **~d flight** n
volo di linea
scheme [skiːm] n piano, progetto;
(method) sistema m; (dishonest plan, plot)
intrigo, trama; (arrangement) disposizione
f, sistemazione f; (pension ~ etc)
programma m ♦ vi fare progetti; (intrigue)
complottare; **scheming** adj intrigante ♦ n
intrighi mpl, macchinazioni fpl
schism ['skɪzəm] n scisma m
scholar ['skɔlə*] n erudito/a; (pupil)
scolaro/a; **~ship** n erudizione f; (grant)
borsa di studio
school [skuːl] n (primary, secondary) scuola;
(university: US) università f inv ♦ cpd
scolare, scolastico(a) ♦ vt (animal)
addestrare; **~ age** n età scolare; **~bag** n

cartella; **~book** n libro scolastico; **~boy** n
scolaro; **~children** npl scolari mpl; **~girl**
n scolara; **~ing** n istruzione f; **~master** n
(*primary*) maestro; (*secondary*) insegnante
m; **~mistress** n maestra; insegnante f;
~teacher n insegnante m/f, docente m/f;
(*primary*) maestro/a

sciatica [sar'ætɪkə] n sciatica

science ['saɪəns] n scienza; **~ fiction** n
fantascienza; **scientific** [-'tɪfɪk] adj
scientifico(a); **scientist** n scienziato/a

scissors ['sɪzəz] npl forbici fpl

scoff [skɔf] vt (*BRIT: inf: eat*) trangugiare,
ingozzare ♦ vi: **to ~ (at)** (*mock*) farsi beffe
(di)

scold [skəuld] vt rimproverare

scone [skɒn] n focaccina da tè

scoop [skuːp] n mestolo; (*for ice cream*)
cucchiaio dosatore; (*PRESS*) colpo
giornalistico, notizia (in) esclusiva; **~ out** vt
scavare; **~ up** vt tirare su, sollevare

scooter ['skuːtə*] n (*motor cycle*) motoretta,
scooter m inv; (*toy*) monopattino

scope [skəup] n (*capacity: of plan,
undertaking*) portata; (*: of person*) capacità
fpl; (*opportunity*) possibilità fpl

scorch [skɔːtʃ] vt (*clothes*) strinare,
bruciacchiare; (*earth, grass*) seccare,
bruciare

score [skɔː*] n punti mpl, punteggio; (*MUS*)
partitura, spartito; (*twenty*) venti ♦ vt (*goal,
point*) segnare, fare; (*success*) ottenere ♦ vi
segnare; (*FOOTBALL*) fare un goal; (*keep
score*) segnare i punti; **~s of** (*very many*) un
sacco di; **on that ~** a questo riguardo; **to ~
6 out of 10** prendere 6 su 10; **~ out** vt
cancellare con un segno; **~board** n
tabellone m segnapunti

scorn [skɔːn] n disprezzo ♦ vt disprezzare

scornful ['skɔːnful] adj sprezzante

Scorpio ['skɔːpɪəu] n Scorpione m

scorpion ['skɔːpɪən] n scorpione m

Scot [skɒt] n scozzese m/f

Scotch [skɒtʃ] n whisky m scozzese, scotch
m

scot-free adv: **to get off ~** farla franca

Scotland ['skɒtlənd] n Scozia

Scots [skɒts] adj scozzese; **~man/woman**
(*irreg*) n scozzese m/f

Scottish ['skɒtɪʃ] adj scozzese

scoundrel ['skaundrl] n farabutto/a; (*child*)
furfantello/a

scour ['skauə*] vt (*search*) battere,
perlustrare

scout [skaut] n (*MIL*) esploratore m; (*also:
boy ~*) giovane esploratore, scout m inv; **~
around** vi cercare in giro; **girl ~** (*US*) n
giovane esploratrice f

scowl [skaul] vi acciagliarsi, aggrottare le
sopracciglia; **to ~ at** guardare torvo

scrabble ['skræbl] vi (*claw*): **to ~ (at)** graffiare, grattare; (*also: ~ around: search*)
cercare a tentoni ♦ n: **S~** ® Scarabeo ®

scraggy ['skrægɪ] adj scarno(a), molto
magro(a)

scram [skræm] (*inf*) vi filare via

scramble ['skræmbl] n arrampicata ♦ vi
inerpicarsi; **to ~ out** etc uscire etc in fretta;
to ~ for azzuffarsi per; **~d eggs** npl uova
fpl strapazzate

scrap [skræp] n pezzo, pezzetto; (*fight*)
zuffa; (*also: ~ iron*) rottami mpl di ferro,
ferraglia ♦ vt demolire; (*fig*) scartare ♦ vi:
to ~ (with sb) fare a botte (con qn); **~s** npl
(*waste*) scarti mpl; **~book** n album m inv
di ritagli; **~ dealer** n commerciante m di
ferraglia

scrape [skreɪp] vt, vi raschiare, grattare ♦ n:
to get into a ~ cacciarsi in un guaio; **~
through** vi farcela per un pelo; **~
together** vt (*money*) raggranellare; **~r** n
raschietto

scrap: ~ heap n: **on the ~ heap** (*fig*) nel
dimenticatoio; **~ merchant** (*BRIT*) n
commerciante m di ferraglia; **~ paper** n
cartaccia

scratch [skrætʃ] n graffio ♦ cpd: **~ team**
squadra raccogliticcia ♦ vt graffiare, rigare
♦ vi grattare; (*paint, car*) graffiare; **to start
from ~** cominciare or partire da zero; **to be
up to ~** essere all'altezza

scrawl [skrɔːl] n scarabocchio ♦ vi
scarabocchiare

scrawny ['skrɔːnɪ] adj scarno(a), pelle e

ossa *inv*

scream [skri:m] *n* grido, urlo ♦ *vi* urlare, gridare

scree [skri:] *n* ghiaione *m*

screech [skri:tʃ] *vi* stridere

screen [skri:n] *n* schermo; (*fig*) muro, cortina, velo ♦ *vt* schermare, fare schermo a; (*from the wind etc*) riparare; (*film*) proiettare; (*book*) adattare per lo schermo; (*candidates etc*) selezionare; ~**ing** *n* (*MED*) dépistage *m inv*; ~**play** *n* sceneggiatura

screw [skru:] *n* vite *f* ♦ *vt* avvitare; ~ **up** *vt* (*paper etc*) spiegazzare; (*inf: ruin*) rovinare; **to ~ up one's eyes** strizzare gli occhi; ~**driver** *n* cacciavite *m*

scribble ['skrɪbl] *n* scarabocchio ♦ *vt* scribacchiare in fretta ♦ *vi* scarabocchiare

script [skrɪpt] *n* (*CINEMA etc*) copione *m*; (*in exam*) elaborato *or* compito d'esame

scripture(s) ['skrɪptʃə(z)] *n(pl)* sacre Scritture *fpl*

scroll [skrəul] *n* rotolo di carta

scrounge [skraundʒ] (*inf*) *vt*: **to ~ sth (off *or* from sb)** scroccare qc (a qn) ♦ *n*: **on the ~** a sbafo

scrub [skrʌb] *n* (*land*) boscaglia ♦ *vt* pulire strofinando; (*reject*) annullare

scruff [skrʌf] *n*: **by the ~ of the neck** per la collottola

scruffy ['skrʌfɪ] *adj* sciatto(a)

scrum(mage) ['skrʌm(ɪdʒ)] *n* mischia

scruple ['skru:pl] *n* scrupolo

scrutiny ['skru:tɪnɪ] *n* esame *m* accurato

scuff [skʌf] *vt* (*shoes*) consumare strasciecando

scuffle ['skʌfl] *n* baruffa, tafferuglio

sculptor ['skʌlptə*] *n* scultore *m*

sculpture ['skʌlptʃə*] *n* scultura

scum [skʌm] *n* schiuma; (*pej: people*) feccia

scupper ['skʌpə*] (*BRIT: inf*) *vt* far naufragare

scurry ['skʌrɪ] *vi* sgambare, affrettarsi; ~ **off** *vi* andarsene a tutta velocità

scuttle ['skʌtl] *n* (*also: coal ~*) secchio del carbone ♦ *vt* (*ship*) autoaffondare ♦ *vi* (*scamper*): **to ~ away, ~ off** darsela a gambe, scappare

scythe [saɪð] *n* falce *f*

SDP (*BRIT*) *n abbr* = **Social Democratic Party**

sea [si:] *n* mare *m* ♦ *cpd* marino(a), del mare; (*bird, fish*) di mare; (*route, transport*) marittimo(a); **by ~** (*travel*) per mare; **on the ~** (*boat*) in mare; (*town*) di mare; **to be all at ~** (*fig*) non sapere che pesci pigliare; **out to ~** al largo; **(out) at ~** in mare; ~**board** *n* costa; ~**food** *n* frutti *mpl* di mare; ~ **front** *n* lungomare *m*; ~**gull** *n* gabbiano

seal [si:l] *n* (*animal*) foca; (*stamp*) sigillo; (*impression*) impronta del sigillo ♦ *vt* sigillare; ~ **off** *vt* (*close*) sigillare; (*forbid entry to*) bloccare l'accesso a

sea level *n* livello del mare

seam [si:m] *n* cucitura; (*of coal*) filone *m*

seaman ['si:mən] (*irreg*) *n* marinaio

seance ['seɪɔns] *n* seduta spiritica

seaplane ['si:pleɪn] *n* idrovolante *m*

seaport ['si:pɔ:t] *n* porto di mare

search [sə:tʃ] *n* ricerca; (*LAW: at sb's home*) perquisizione *f* ♦ *vt* frugare ♦ *vi*: **to ~ for** ricercare; **in ~ of** alla ricerca di; ~ **through** *vt fus* frugare; ~**ing** *adj* minuzioso(a); penetrante; ~**light** *n* proiettore *m*; ~ **party** *n* squadra di soccorso; ~ **warrant** *n* mandato di perquisizione

seashore ['si:ʃɔ:*] *n* spiaggia

seasick ['si:sɪk] *adj* che soffre il mal di mare

seaside ['si:saɪd] *n* spiaggia; ~ **resort** *n* stazione *f* balneare

season ['si:zn] *n* stagione *f* ♦ *vt* condire, insaporire; ~**al** *adj* stagionale; ~**ed** *adj* (*fig*) con esperienza; ~**ing** *n* condimento; ~ **ticket** *n* abbonamento

seat [si:t] *n* sedile *m*; (*in bus, train: place*) posto; (*PARLIAMENT*) seggio; (*buttocks*) didietro; (*of trousers*) fondo ♦ *vt* far sedere; (*have room for*) avere *or* essere fornito(a) di posti a sedere per; **to be ~ed** essere seduto(a); ~ **belt** *n* cintura di sicurezza

sea water *n* acqua di mare

seaweed ['si:wi:d] *n* alghe *fpl*

seaworthy ['si:wə:ðɪ] *adj* atto(a) alla navigazione

sec. *abbr* = **second(s)**

secluded [sɪ'klu:dɪd] *adj* isolato(a), appartato(a)

seclusion [sɪ'klu:ʒən] *n* isolamento

second¹ [sɪ'kɔnd] (BRIT) *vt* (*worker*) distaccare

second² ['sɛkənd] *num* secondo(a) ♦ *adv* (*in race etc*) al secondo posto ♦ *n* (*unit of time*) secondo; (AUT: *also*: **~ gear**) seconda; (COMM: *imperfect*) scarto; (BRIT: SCOL: *degree*) laurea con punteggio discreto ♦ *vt* (*motion*) appoggiare; **~ary** *adj* secondario(a); **~ary school** *n* scuola secondaria; **~-class** *adj* di seconda classe ♦ *adv* in seconda classe; **~er** *n* sostenitore/trice; **~hand** *adj* di seconda mano, usato(a); **~ hand** *n* (*on clock*) lancetta dei secondi; **~ly** *adv* in secondo luogo; **~-rate** *adj* scadente; **~ thoughts** *npl* ripensamenti *mpl*; **on ~ thoughts** (BRIT) *or* **thought** (US) ripensandoci bene

secrecy ['si:krəsɪ] *n* segretezza

secret ['si:krɪt] *adj* segreto(a) ♦ *n* segreto; **in ~** in segreto

secretarial [sɛkrɪ'tɛərɪəl] *adj* di segretario(a)

secretariat [sɛkrɪ'tɛərɪət] *n* segretariato

secretary ['sɛkrətrɪ] *n* segretario/a; **S~ of State (for)** (BRIT: POL) ministro (di)

secretive ['si:krətɪv] *adj* riservato(a)

sect [sɛkt] *n* setta; **~arian** [-'tɛərɪən] *adj* settario(a)

section ['sɛkʃən] *n* sezione *f*

sector ['sɛktə*] *n* settore *m*

secure [sɪ'kjuə*] *adj* sicuro(a); (*firmly fixed*) assicurato(a), ben fermato(a); (*in safe place*) al sicuro ♦ *vt* (*fix*) fissare, assicurare; (*get*) ottenere, assicurarsi

security [sɪ'kjuərɪtɪ] *n* sicurezza; (*for loan*) garanzia

sedate [sɪ'deɪt] *adj* posato(a); calmo(a) ♦ *vt* calmare

sedation [sɪ'deɪʃən] *n* (MED) effetto dei sedativi

sedative ['sɛdɪtɪv] *n* sedativo, calmante *m*

seduce [sɪ'dju:s] *vt* sedurre; **seduction** [-'dʌkʃən] *n* seduzione *f*; **seductive** [-'dʌktɪv] *adj* seducente

see [si:] (*pt* **saw**, *pp* **seen**) *vt* vedere; (*accompany*): **to ~ sb to the door** accompagnare qn alla porta ♦ *vi* vedere; (*understand*) capire ♦ *n* sede *f* vescovile; **to ~ that** (*ensure*) badare che +*sub*, fare in modo che +*sub*; **~ you soon!** a presto!; **~ about** *vt fus* occuparsi di; **~ off** *vt* salutare alla partenza; **~ through** *vt* portare a termine ♦ *vt fus* non lasciarsi ingannare da; **~ to** *vt fus* occuparsi di

seed [si:d] *n* seme *m*; (*fig*) germe *m*; (TENNIS *etc*) testa di serie; **to go to ~** fare seme; (*fig*) scadere; **~ling** *n* piantina di semenzaio; **~y** *adj* (*shabby: person*) sciatto(a); (: *place*) cadente

seeing ['si:ɪŋ] *conj*: **~ (that)** visto che

seek [si:k] (*pt*, *pp* **sought**) *vt* cercare

seem [si:m] *vi* sembrare, parere; **there ~s to be ...** sembra che ci sia ...; **~ingly** *adv* apparentemente

seen [si:n] *pp of* **see**

seep [si:p] *vi* filtrare, trapelare

seesaw ['si:sɔ:] *n* altalena a bilico

seethe [si:ð] *vi* ribollire; **to ~ with anger** fremere di rabbia

see-through *adj* trasparente

segregate ['sɛgrɪgeɪt] *vt* segregare, isolare

seize [si:z] *vt* (*grasp*) afferrare; (*take possession of*) impadronirsi di; (LAW) sequestrare; **~ (up)on** *vt fus* ricorrere a; **~ up** *vi* (TECH) grippare

seizure ['si:ʒə*] *n* (MED) attacco; (LAW) confisca, sequestro

seldom ['sɛldəm] *adv* raramente

select [sɪ'lɛkt] *adj* scelto(a) ♦ *vt* scegliere, selezionare; **~ion** [-'lɛkʃən] *n* selezione *f*, scelta

self [sɛlf] *n*: **the ~** l'io *m* ♦ *prefix* auto...; **~-assured** *adj* sicuro(a) di sé; **~-catering** (BRIT) *adj* in cui ci si cucina da sé; **~-centred** (US **~-centered**) *adj* egocentrico(a); **~-confidence** *n* sicurezza di sé; **~-conscious** *adj* timido(a); **~-contained** (BRIT) *adj* (*flat*) indipendente; **~-control** *n* autocontrollo; **~-defence** (US **~-defense**) *n* autodifesa; (LAW) legittima difesa; **~-discipline** *n* autodisciplina; **~-employed** *adj* che lavora in proprio; **~-evident** *adj* evidente; **~-governing** *adj* autonomo(a); **~-indulgent** *adj* indulgente verso se stesso(a); **~-interest** *n* interesse personale; **~ish** *adj* egoista; **~ishness** *n* egoismo; **~less** *adj* dimentico(a) di sé, altruista; **~-pity** *n* autocommiserazione *f*; **~-portrait** *n* autoritratto; **~-possessed** *adj* controllato(a); **~-preservation** *n* istinto di conservazione; **~-respect** *n* rispetto di sé, amor proprio; **~-righteous** *adj* soddisfatto(a) di sé; **~-sacrifice** *n* abnegazione *f*; **~-satisfied** *adj* compiaciuto(a) di sé; **~-service** *n* autoservizio, self-service *m*; **~-sufficient** *adj* autosufficiente; **~-taught** *adj* autodidatta

sell [sɛl] (*pt, pp* **sold**) *vt* vendere ♦ *vi* vendersi; **to ~ at** *or* **for 1000 lire** essere in vendita a 1000 lire; **~ off** *vt* svendere, liquidare; **~ out** *vi*: **to ~ out (of sth)** esaurire (qc); **the tickets are all sold out** i biglietti sono esauriti; **~-by date** *n* data di scadenza; **~er** *n* venditore/trice; **~ing price** *n* prezzo di vendita

Sellotape ® ['sɛləʊteɪp] (*BRIT*) *n* nastro adesivo, scotch ® *m*

selves [sɛlvz] *npl of* **self**

semaphore ['sɛməfɔ:*] *n* segnalazioni *fpl* con bandierine; (*RAIL*) semaforo (ferroviario)

semblance ['sɛmbləns] *n* parvenza, apparenza

semen ['si:mən] *n* sperma *m*

semester [sɪ'mɛstə*] (*US*) *n* semestre *m*

semi... ['sɛmɪ] *prefix* semi...; **~circle** *n* semicerchio; **~colon** *n* punto e virgola; **~detached (house)** (*BRIT*) *n* casa gemella; **~final** *n* semifinale *f*

seminar ['sɛmɪnɑ:*] *n* seminario

seminary ['sɛmɪnərɪ] *n* (*REL*) seminario

semiskilled ['sɛmɪ'skɪld] *adj* (*worker*) parzialmente qualificato(a); (*work*) che richiede una qualificazione parziale

semi-skimmed ['sɛmɪ'skɪmd] *adj* (*milk*) parzialmente scremato(a)

senate ['sɛnɪt] *n* senato; **senator** *n*

senatore/trice

send [sɛnd] (*pt, pp* **sent**) *vt* mandare; **~ away** *vt* (*letter, goods*) spedire; (*person*) mandare via; **~ away for** *vt fus* richiedere per posta, farsi spedire; **~ back** *vt* rimandare; **~ for** *vt fus* mandare a chiamare, far venire; **~ off** *vt* (*goods*) spedire; (*BRIT: SPORT: player*) espellere; **~ out** *vt* (*invitation*) diramare; **~ up** *vt* (*person, price*) far salire; (*BRIT: parody*) mettere in ridicolo; **~er** *n* mittente *m/f*; **~-off** *n*: **to give sb a good ~-off** festeggiare la partenza di qn

senior ['si:nɪə*] *adj* (*older*) più vecchio(a); (*of higher rank*) di grado più elevato; **~ citizen** *n* persona anziana; **~ity** [-'ɔrɪtɪ] *n* anzianità

sensation [sɛn'seɪʃən] *n* sensazione *f*; **~al** *adj* sensazionale; (*marvellous*) eccezionale

sense [sɛns] *n* senso; (*feeling*) sensazione *f*, senso; (*meaning*) senso, significato; (*wisdom*) buonsenso ♦ *vt* sentire, percepire; **it makes ~** ha senso; **~less** *adj* sciocco(a); (*unconscious*) privo(a) di sensi

sensible ['sɛnsɪbl] *adj* sensato(a), ragionevole

sensitive ['sɛnsɪtɪv] *adj* sensibile; (*skin, question*) delicato(a)

sensual ['sɛnsjuəl] *adj* sensuale

sensuous ['sɛnsjuəs] *adj* sensuale

sent [sɛnt] *pt, pp of* **send**

sentence ['sɛntns] *n* (*LING*) frase *f*; (*LAW: judgment*) sentenza; (: *punishment*) condanna ♦ *vt*: **to ~ sb to death/to 5 years** condannare qn a morte/a 5 anni

sentiment ['sɛntɪmənt] *n* sentimento; (*opinion*) opinione *f*; **~al** [-'mɛntl] *adj* sentimentale

sentry ['sɛntrɪ] *n* sentinella

separate [*adj* 'sɛprɪt, *vb* 'sɛpəreɪt] *adj* separato(a) ♦ *vt* separare ♦ *vi* separarsi; **~ly** *adv* separatamente; **~s** *npl* (*clothes*) coordinati *mpl*; **separation** [-'reɪʃən] *n* separazione *f*

September [sɛp'tɛmbə*] *n* settembre *m*

septic ['sɛptɪk] *adj* settico(a); (*wound*) infettato(a); **~ tank** *n* fossa settica

sequel ['si:kwl] *n* conseguenza; (*of story*) seguito; (*of film*) sequenza

sequence ['si:kwəns] *n* (*series*) serie *f*; (*order*) ordine *m*

sequin ['si:kwin] *n* lustrino, paillette *f inv*

serene [sə'ri:n] *adj* sereno(a), calmo(a)

sergeant ['sɑ:dʒənt] *n* sergente *m*; (*POLICE*) brigadiere *m*

serial ['siəriəl] *n* (*PRESS*) romanzo a puntate; (*RADIO, TV*) trasmissione *f* a puntate, serial *m inv*; **~ize** *vt* pubblicare (*or* trasmettere) a puntate; **~ killer** *n* serial-killer *m/f inv*; **~ number** *n* numero di serie

series ['siəri:z] *n inv* serie *f inv*; (*PUBLISHING*) collana

serious ['siəriəs] *adj* serio(a), grave; **~ly** *adv* seriamente

sermon ['sə:mən] *n* sermone *m*

serrated [si'reitid] *adj* seghettato(a)

serum ['siərəm] *n* siero

servant ['sə:vənt] *n* domestico/a

serve [sə:v] *vt* (*employer etc*) servire, essere a servizio di; (*purpose*) servire a; (*customer, food, meal*) servire; (*apprenticeship*) fare; (*prison term*) scontare ♦ *vi* (*also TENNIS*) servire; (*be useful*): **to ~ as/for/to do** servire da/per/per fare ♦ *n* (*TENNIS*) servizio; **it ~s him right** ben gli sta, se l'è meritata; **~ out**, **~ up** *vt* (*food*) servire

service ['sə:vis] *n* servizio; (*AUT: maintenance*) assistenza, revisione *f* ♦ *vt* (*car, washing machine*) revisionare; **the S~s** le forze armate; **to be of ~ to sb** essere d'aiuto a qn; **~ included/not included** servizio compreso/escluso; **~able** *adj* pratico(a), utile; **~ area** *n* (*on motorway*) area di servizio; **~ charge** (*BRIT*) *n* servizio; **~man** (*irreg*) *n* militare *m*; **~ station** *n* stazione *f* di servizio

serviette [sə:vi'et] (*BRIT*) *n* tovagliolo

session ['sefən] *n* (*sitting*) seduta, sessione *f*; (*SCOL*) anno scolastico (*or* accademico)

set [set] (*pt*, *pp* **set**) *n* serie *f inv*; (*of cutlery etc*) servizio; (*RADIO, TV*) apparecchio; (*TENNIS*) set *m inv*; (*group of people*) mondo, ambiente *m*; (*CINEMA*) scenario; (*THEATRE: stage*) scene *fpl*; (*: scenery*)

scenario; (*MATH*) insieme *m*; (*HAIRDRESSING*) messa in piega ♦ *adj* (*fixed*) stabilito(a), determinato(a); (*ready*) pronto(a) ♦ *vt* (*place*) posare, mettere; (*arrange*) sistemare; (*fix*) fissare; (*adjust*) regolare; (*decide: rules etc*) stabilire, fissare ♦ *vi* (*sun*) tramontare; (*jam, jelly*) rapprendersi; (*concrete*) fare presa; **to be ~ on doing** essere deciso a fare; **to ~ to music** mettere in musica; **to ~ on fire** dare fuoco a; **to ~ free** liberare; **to ~ sth going** mettere in moto qc; **to ~ sail** prendere il mare; **~ about** *vt fus* (*task*) intraprendere, mettersi a; **~ aside** *vt* mettere da parte; **~ back** *vt* (*in time*): **to ~ back (by)** mettere indietro (di); (*inf: cost*): **it ~ me back £5** mi è costato la bellezza di 5 sterline; **~ off** *vi* partire ♦ *vt* (*bomb*) far scoppiare; (*cause to start*) mettere in moto; (*show up well*) dare risalto a; **~ out** *vi* partire ♦ *vt* (*arrange*) disporre; (*state*) esporre, presentare; **to ~ out to do** proporsi di fare; **~ up** *vt* (*organization*) fondare, costituire; **~back** *n* (*hitch*) contrattempo, inconveniente *m*; **~ menu** *n* menù *m inv* fisso

settee [se'ti:] *n* divano, sofà *m inv*

setting ['setiŋ] *n* (*background*) ambiente *m*; (*of controls*) posizione *f*; (*of sun*) tramonto; (*of jewel*) montatura

settle ['setl] *vt* (*argument, matter*) appianare; (*accounts*) regolare; (*MED: calm*) calmare ♦ *vi* (*bird, dust etc*) posarsi; (*sediment*) depositarsi; (*also*: **~ down**) sistemarsi, stabilirsi; calmarsi; **to ~ for sth** accontentarsi di qc; **to ~ on sth** decidersi per qc; **~ in** *vi* sistemarsi; **~ up** *vi*: **to ~ up with sb** regolare i conti con qn; **~ment** *n* (*payment*) pagamento, saldo; (*agreement*) accordo; (*colony*) colonia; (*village etc*) villaggio, comunità *f inv*; **~r** *n* colonizzatore/trice

setup ['setʌp] *n* (*arrangement*) sistemazione *f*; (*situation*) situazione *f*

seven ['sevn] *num* sette; **~teen** *num* diciassette; **~th** *num* settimo(a); **~ty** *num* settanta

sever ['sevə*] *vt* recidere, tagliare; (*relations*)

troncare

several ['sɛvərl] *adj, pron* alcuni(e), diversi(e); **~ of us** alcuni di noi

severance ['sɛvərəns] *n* (*of relations*) rottura; **~ pay** *n* indennità di licenziamento

severe [sɪ'vɪə*] *adj* severo(a); (*serious*) serio(a), grave; (*hard*) duro(a); (*plain*) semplice, sobrio(a); **severity** [sɪ'vɛrɪtɪ] *n* severità; gravità; (*of weather*) rigore *m*

sew [səu] (*pt* **sewed**, *pp* **sewn**) *vt, vi* cucire; **~ up** *vt* ricucire

sewage ['su:ɪdʒ] *n* acque *fpl* di scolo

sewer ['su:ə*] *n* fogna

sewing ['səuɪŋ] *n* cucitura; cucito; **~ machine** *n* macchina da cucire

sewn [səun] *pp* of **sew**

sex [sɛks] *n* sesso; **to have ~ with** avere rapporti sessuali con; **~ist** *adj, n* sessista *m/f*

sexual ['sɛksjuəl] *adj* sessuale

sexy ['sɛksɪ] *adj* provocante, sexy *inv*

shabby ['ʃæbɪ] *adj* malandato(a); (*behaviour*) vergognoso(a)

shack [ʃæk] *n* baracca, capanna

shackles ['ʃæklz] *npl* ferri *mpl*, catene *fpl*

shade [ʃeɪd] *n* ombra; (*for lamp*) paralume *m*; (*of colour*) tonalità *f inv*; (*small quantity*): **a ~ (more/too large)** un po' (di più/troppo grande) ♦ *vt* ombreggiare, fare ombra a; **in the ~** all'ombra

shadow ['ʃædəu] *n* ombra ♦ *vt* (*follow*) pedinare; **~ cabinet** (*BRIT*) *n* (*POL*) governo *m* ombra *inv*; **~y** *adj* ombreggiato(a), ombroso(a); (*dim*) vago(a), indistinto(a)

shady ['ʃeɪdɪ] *adj* ombroso(a); (*fig: dishonest*) losco(a), equivoco(a)

shaft [ʃɑ:ft] *n* (*of arrow, spear*) asta; (*AUT, TECH*) albero; (*of mine*) pozzo; (*of lift*) tromba; (*of light*) raggio

shaggy ['ʃægɪ] *adj* ispido(a)

shake [ʃeɪk] (*pt* **shook**, *pp* **shaken**) *vt* scuotere; (*bottle, cocktail*) agitare ♦ *vi* tremare; **to ~ one's head** (*in refusal, dismay*) scuotere la testa; **to ~ hands with sb** stringere *or* dare la mano a qn; **~ off** *vt* scrollare (via); (*fig*) sbarazzarsi di; **~ up** *vt*

scuotere; **~n** *pp of* **shake**; **shaky** *adj* (*hand, voice*) tremante; (*building*) traballante

shall [ʃæl] *aux vb*: **I ~ go** andrò; **~ I open the door?** apro io la porta?; **I'll get some, ~ I?** ne prendo un po', va bene?

shallow ['ʃæləu] *adj* poco profondo(a); (*fig*) superficiale

sham [ʃæm] *n* finzione *f*, messinscena; (*jewellery, furniture*) imitazione *f*

shambles ['ʃæmblz] *n* confusione *f*, baraonda, scompiglio

shame [ʃeɪm] *n* vergogna ♦ *vt* far vergognare; **it is a ~ (that/to do)** è un peccato (che +*sub*/fare); **what a ~!** che peccato!; **~ful** *adj* vergognoso(a); **~less** *adj* sfrontato(a); (*immodest*) spudorato(a)

shampoo [ʃæm'pu:] *n* shampoo *m inv* ♦ *vt* fare lo shampoo a; **~ and set** *n* shampoo e messa in piega

shamrock ['ʃæmrɔk] *n* trifoglio (*simbolo nazionale dell'Irlanda*)

shandy ['ʃændɪ] *n* birra con gassosa

shan't [ʃɑ:nt] = **shall not**

shanty town ['ʃæntɪ-] *n* bidonville *f inv*

shape [ʃeɪp] *n* forma ♦ *vt* formare; (*statement*) formulare; (*sb's ideas*) condizionare; **to take ~** prendere forma; **~ up** *vi* (*events*) andare, mettersi; (*person*) cavarsela; **-shaped** *suffix*: **heart-shaped** a forma di cuore; **~less** *adj* senza forma, informe; **~ly** *adj* ben proporzionato(a)

share [ʃɛə*] *n* (*thing received, contribution*) parte *f*; (*COMM*) azione *f* ♦ *vt* dividere; (*have in common*) condividere, avere in comune; **~ out** *vi* dividere; **~holder** *n* azionista *m/f*

shark [ʃɑ:k] *n* squalo, pescecane *m*

sharp [ʃɑ:p] *adj* (*razor, knife*) affilato(a); (*point*) acuto(a), acuminato(a); (*nose, chin*) aguzzo(a); (*outline, contrast*) netto(a); (*cold, pain*) pungente; (*voice*) stridulo(a); (*person: quick-witted*) sveglio(a); (: *unscrupulous*) disonesto(a); (*MUS*): **C ~ do diesis** ♦ *n* (*MUS*) diesis *m inv* ♦ *adv*: **at 2 o'clock ~** alle due in punto; **~en** *vt* affilare; (*pencil*) fare la punta a; (*fig*) acuire; **~ener** *n* (*also*: **pencil**

~ener) temperamatite *m inv*; **~-eyed** *adj* dalla vista acuta; **~ly** *adv* (*turn, stop*) bruscamente; (*stand out, contrast*) nettamente; (*criticize, retort*) duramente, aspramente

shatter ['fætə*] *vt* mandare in frantumi, frantumare; (*fig: upset*) distruggere; (: *ruin*) rovinare ♦ *vi* frantumarsi, andare in pezzi

shave [feɪv] *vt* radere, rasare ♦ *vi* radersi, farsi la barba ♦ *n*: **to have a ~** farsi la barba; **~r** *n* (*also:* **electric ~r**) rasoio elettrico

shaving ['feɪvɪŋ] *n* (*action*) rasatura; **~s** *npl* (*of wood etc*) trucioli *mpl*; **~ brush** *n* pennello da barba; **~ cream** *n* crema da barba; **~ foam** *n* = **~ cream**

shawl [fɔːl] *n* scialle *m*

she [fiː] *pron* ella, lei; **~-cat** gatta; **~-elephant** elefantessa

sheaf [fiːf] (*pl* **sheaves**) *n* covone *m*; (*of papers*) fascio

shear [fɪə*] (*pt* **~ed**, *pp* **~ed** *or* **shorn**) *vt* (*sheep*) tosare; **~s** *npl* (*for hedge*) cesoie *fpl*

sheath [fiːθ] *n* fodero, guaina; (*contraceptive*) preservativo

sheaves [fiːvz] *npl of* **sheaf**

shed [fɛd] (*pt, pp* **shed**) *n* capannone *m* ♦ *vt* (*leaves, fur etc*) perdere; (*tears, blood*) versare; (*workers*) liberarsi di

she'd [fiːd] = **she had**; **she would**

sheen [fiːn] *n* lucentezza

sheep [fiːp] *n inv* pecora; **~dog** *n* cane *m* da pastore; **~skin** *n* pelle *f* di pecora

sheer [fɪə*] *adj* (*utter*) vero(a) (e proprio(a)); (*steep*) a picco, perpendicolare; (*almost transparent*) sottile ♦ *adv* a picco

sheet [fiːt] *n* (*on bed*) lenzuolo; (*of paper*) foglio; (*of glass, ice*) lastra; (*of metal*) foglio, lamina; **~ lightning** *n* lampo diffuso

sheik(h) [feɪk] *n* sceicco

shelf [fɛlf] (*pl* **shelves**) *n* scaffale *m*, mensola

shell [fɛl] *n* (*on beach*) conchiglia; (*of egg, nut etc*) guscio; (*explosive*) granata; (*of building*) scheletro ♦ *vt* (*peas*) sgranare; (*MIL*) bombardare; **~ suit** *n* (*lightweight*) tuta di acetato; (*heavier*) tuta di trilobato

she'll [fiːl] = **she will**; **she shall**

shellfish ['fɛlfɪf] *n inv* (*crab etc*) crostaceo; (*scallop etc*) mollusco; (*pl: as food*) crostacei; molluschi

shelter ['fɛltə*] *n* riparo, rifugio ♦ *vt* riparare, proteggere; (*give lodging to*) dare rifugio *or* asilo a ♦ *vi* ripararsi, mettersi al riparo; **~ed** *adj* riparato(a); **~ed housing** (*BRIT*) *n* alloggi dotati di strutture per anziani o handicappati

shelve [fɛlv] *vt* (*fig*) accantonare, rimandare; **~s** *npl of* **shelf**

shepherd ['fɛpəd] *n* pastore *m* ♦ *vt* (*guide*) guidare; **~'s pie** (*BRIT*) *n* timballo di carne macinata e purè di patate

sheriff ['fɛrɪf] (*US*) *n* sceriffo

sherry ['fɛrɪ] *n* sherry *m inv*

she's [fiːz] = **she is**; **she has**

Shetland ['fɛtlənd] *n* (*also:* **the ~s, the ~ Isles**) le isole Shetland, le Shetland

shield [fiːld] *n* scudo; (*trophy*) scudetto; (*protection*) schermo ♦ *vt*: **to ~ (from)** riparare (da), proteggere (da *or* contro)

shift [fɪft] *n* (*change*) cambiamento; (*of workers*) turno ♦ *vt* spostare, muovere; (*remove*) rimuovere ♦ *vi* spostarsi, muoversi; **~ work** *n* lavoro a squadre; **~y** *adj* ambiguo(a); (*eyes*) sfuggente

shilling ['fɪlɪŋ] (*BRIT*) *n* scellino (= *12 old pence; 20 in a pound*)

shimmer ['fɪmə*] *vi* brillare, luccicare

shin [fɪn] *n* tibia

shine [faɪn] (*pt, pp* **shone**) *n* splendore *m*, lucentezza ♦ *vi* (ri)splendere, brillare ♦ *vt* far brillare, far risplendere; (*torch*): **to ~ sth on** puntare qc verso

shingle ['fɪŋgl] *n* (*on beach*) ciottoli *mpl*; **~s** *n* (*MED*) herpes zoster *m*

shiny ['faɪnɪ] *adj* lucente, lucido(a)

ship [fɪp] *n* nave *f* ♦ *vt* trasportare (via mare); (*send*) spedire (via mare); **~building** *n* costruzione *f* navale; **~ment** *n* carico; **~ping** *n* (*ships*) naviglio; (*traffic*) navigazione *f*; **~shape** *adj* in perfetto ordine; **~wreck** *n* relitto; (*event*) naufragio ♦ *vt*: **to be ~wrecked** naufragare, fare naufragio; **~yard** *n* cantiere *m* navale

shire ['ʃaɪə*] (*BRIT*) *n* contea

shirt [ʃəːt] *n* camicia; **in ~ sleeves** in maniche di camicia

shit [ʃɪt] (*inf!*) *excl* merda (*!*)

shiver ['ʃɪvə*] *n* brivido ♦ *vi* rabbrividire, tremare

shoal [ʃəʊl] *n* (*of fish*) banco; (*fig*) massa

shock [ʃɔk] *n* (*impact*) urto, colpo; (*ELEC*) scossa; (*emotional*) colpo, shock *m inv*; (*MED*) shock ♦ *vt* colpire, scioccare; scandalizzare; **~ absorber** *n* ammortizzatore *m*; **~ing** *adj* scioccante, traumatizzante; scandaloso(a)

shoddy ['ʃɔdɪ] *adj* scadente

shoe [ʃuː] (*pt, pp* **shod**) *n* scarpa; (*also:* **horse~**) ferro di cavallo ♦ *vt* (*horse*) ferrare; **~brush** *n* spazzola per scarpe; **~lace** *n* stringa; **~ polish** *n* lucido per scarpe; **~shop** *n* calzoleria; **~string** *n* (*fig*): **on a ~string** con quattro soldi

shone [ʃɔn] *pt, pp of* **shine**

shook [ʃʊk] *pt of* **shake**

shoot [ʃuːt] (*pt, pp* **shot**) *n* (*on branch, seedling*) germoglio ♦ *vt* (*game*) cacciare, andare a caccia di; (*person*) sparare a; (*execute*) fucilare; (*film*) girare ♦ *vi* (*with gun*): **to ~ (at)** sparare (a), fare fuoco (su); (*with bow*): **to ~ (at)** tirare (su); (*FOOTBALL*) sparare, tirare (forte); **~ down** *vt* (*plane*) abbattere; **~ in/out** *vi* entrare/uscire come una freccia; **~ up** *vi* (*fig*) salire alle stelle; **~ing** *n* (*shots*) sparatoria; (*HUNTING*) caccia; **~ing star** *n* stella cadente

shop [ʃɔp] *n* negozio; (*workshop*) officina ♦ *vi* (*also:* **go ~ping**) fare spese; **~ assistant** (*BRIT*) *n* commesso/a; **~ floor** *n* officina; (*BRIT: fig*) operai *mpl*, maestranze *fpl*; **~keeper** *n* negoziante *m/f*, bottegaio/a; **~lifting** *n* taccheggio; **~per** *n* compratore/trice; **~ping** *n* (*goods*) spesa, acquisti *mpl*; **~ping bag** *n* borsa per la spesa; **~ping centre** (*US* **~ping center**) *n* centro commerciale; **~-soiled** *adj* sciupato(a) a forza di stare in vetrina; **~ steward** (*BRIT*) *n* (*INDUSTRY*) rappresentante *m* sindacale; **~ window** *n* vetrina

shore [ʃɔː*] *n* (*of sea*) riva, spiaggia; (*of lake*) riva ♦ *vt*: **to ~ (up)** puntellare; **on ~** a riva

shorn [ʃɔːn] *pp of* **shear**

short [ʃɔːt] *adj* (*not long*) corto(a); (*soon finished*) breve; (*person*) basso(a); (*curt*) brusco(a), secco(a); (*insufficient*) insufficiente ♦ *n* (*also:* **~ film**) cortometraggio; (*a pair of*) **~s** (i) calzoncini; **to be ~ of sth** essere a corto di *or* mancare di qc; **in ~** in breve; **~ of doing** a meno che non si faccia; **everything ~ of** tutto fuorché; **it is ~ for** è l'abbreviazione *or* il diminutivo di; **to cut ~** (*speech, visit*) accorciare, abbreviare; **to fall ~ of** venir meno a; non soddisfare; **to run ~ of** rimanere senza; **to stop ~** fermarsi di colpo; **to stop ~ of** non arrivare fino a; **~age** *n* scarsezza, carenza; **~bread** *n* biscotto di pasta frolla; **~-change** *vt*: **to ~-change sb** imbrogliare qn sul resto; **~-circuit** *n* cortocircuito; **~coming** *n* difetto; **~(crust) pastry** (*BRIT*) *n* pasta frolla; **~cut** *n* scorciatoia; **~en** *vt* accorciare, ridurre; **~fall** *n* deficit *m*; **~hand** (*BRIT*) *n* stenografia; **~hand typist** (*BRIT*) *n* stenodattilografo/a; **~ list** (*BRIT*) *n* (*for job*) rosa dei candidati; **~-lived** *adj* di breve durata; **~ly** *adv* fra poco; **~-sighted** (*BRIT*) *adj* miope; **~-staffed** *adj* a corto di personale; **~-stay** *adj* (*car park*) a tempo limitato; **~ story** *n* racconto, novella; **~-tempered** *adj* irascibile; **~-term** *adj* (*effect*) di *or* a breve durata; (*borrowing*) a breve scadenza; **~ wave** *n* (*RADIO*) onde *fpl* corte

shot [ʃɔt] *pt, pp of* **shoot** ♦ *n* sparo, colpo; (*try*) prova; (*FOOTBALL*) tiro; (*injection*) iniezione *f*; (*PHOT*) foto *f inv*; **like a ~** come un razzo; (*very readily*) immediatamente; **~gun** *n* fucile *m* da caccia

should [ʃʊd] *aux vb*: **I ~ go now** dovrei andare ora; **he ~ be there now** dovrebbe essere arrivato ora; **I ~ go if I were you** se fossi in te andrei; **I ~ like to** mi piacerebbe

shoulder ['ʃəʊldə*] *n* spalla; (*BRIT: of road*): **hard ~** banchina ♦ *vt* (*fig*) addossarsi, prendere sulle proprie spalle; **~ bag** *n* borsa a tracolla; ~ **blade** *n* scapola

shouldn't ['ʃʊdnt] = **should not**

shout [ʃaʊt] *n* urlo, grido ♦ *vt* gridare ♦ *vi* (*also*: ~ **out**) urlare, gridare; ~ **down** *vt* zittire gridando; ~**ing** *n* urli *mpl*

shove [ʃʌv] *vt* spingere; (*inf: put*): **to ~ sth in** ficcare qc in; ~ **off** (*inf*) sloggiare, smammare

shovel ['ʃʌvl] *n* pala ♦ *vt* spalare

show [ʃəʊ] (*pt* ~**ed**, *pp* **shown**) *n* (*of emotion*) dimostrazione *f*, manifestazione *f*; (*semblance*) apparenza; (*exhibition*) mostra, esposizione *f*; (THEATRE, CINEMA) spettacolo ♦ *vt* far vedere, mostrare; (*courage etc*) dimostrare, dar prova di; (*exhibit*) esporre ♦ *vi* vedersi, essere visibile; **for** ~ per fare scena; **on** ~ (*exhibits etc*) esposto(a); ~ **in** *vt* (*person*) far entrare; ~ **off** *vi* (*pej*) esibirsi, mettersi in mostra ♦ *vt* (*display*) mettere in risalto; (*pej*) mettere in mostra; ~ **out** *vt* (*person*) accompagnare alla porta; ~ **up** *vi* (*stand out*) essere ben visibile; (*inf: turn up*) farsi vedere ♦ *vt* mettere in risalto; ~ **business** *n* industria dello spettacolo; ~**down** *n* prova di forza

shower ['ʃaʊə*] *n* (*rain*) acquazzone *m*; (*of stones etc*) pioggia; (*also*: ~**bath**) doccia ♦ *vi* fare la doccia ♦ *vt*: **to ~ sb with** (*gifts, abuse etc*) coprire qn di; (*missiles*) lanciare contro qn una pioggia di; **to have a ~** fare la doccia; ~**proof** *adj* impermeabile

showing ['ʃəʊɪŋ] *n* (*of film*) proiezione *f*

show jumping *n* concorso ippico (di salto ad ostacoli)

shown [ʃəʊn] *pp of* **show**

show-off (*inf*) *n* (*person*) esibizionista *m/f*

showpiece ['ʃəʊpi:s] *n* pezzo forte

showroom ['ʃəʊrum] *n* sala d'esposizione

shrank [ʃræŋk] *pt of* **shrink**

shrapnel ['ʃræpnl] *n* shrapnel *m*

shred [ʃred] *n* (*gen pl*) brandello ♦ *vt* fare a brandelli; (CULIN) sminuzzare, tagliuzzare; ~**der** *n* (*vegetable* ~*der*) grattugia; (*document* ~*der*) distruttore *m* di documenti

shrewd [ʃru:d] *adj* astuto(a), scaltro(a)

shriek [ʃri:k] *n* strillo ♦ *vi* strillare

shrill [ʃrɪl] *adj* acuto(a), stridulo(a), stridente

shrimp [ʃrɪmp] *n* gamberetto

shrine [ʃraɪn] *n* reliquario; (*place*) santuario

shrink [ʃrɪŋk] (*pt* **shrank**, *pp* **shrunk**) *vi* restringersi; (*fig*) ridursi; (*also*: ~ **away**) ritrarsi ♦ *vt* (*wool*) far restringere ♦ *n* (*inf: pej*) psicanalista *m/f*; **to ~ from doing sth** rifuggire dal fare qc; ~**wrap** *vt* confezionare con pellicola di plastica

shrivel ['ʃrɪvl] (*also*: ~ **up**) *vt* raggrinzare, avvizzire ♦ *vi* raggrinzirsi, avvizzire

shroud [ʃraʊd] *n* lenzuolo funebre ♦ *vt*: ~**ed in mystery** avvolto(a) nel mistero

Shrove Tuesday ['ʃrəʊv-] *n* martedì *m* grasso

shrub [ʃrʌb] *n* arbusto; ~**bery** *n* arbusti *mpl*

shrug [ʃrʌg] *n* scrollata di spalle ♦ *vt*, *vi*: **to ~ (one's shoulders)** alzare le spalle, fare spallucce; ~ **off** *vt* passare sopra a

shrunk [ʃrʌŋk] *pp of* **shrink**

shudder ['ʃʌdə*] *n* brivido ♦ *vi* rabbrividire

shuffle ['ʃʌfl] *vt* (*cards*) mescolare; **to ~ (one's feet)** strascicare i piedi

shun [ʃʌn] *vt* sfuggire, evitare

shunt [ʃʌnt] *vt* (RAIL: *direct*) smistare; (: *divert*) deviare; (*object*) spostare

shut [ʃʌt] (*pt*, *pp* **shut**) *vt* chiudere ♦ *vi* chiudersi, chiudere; ~ **down** *vt*, *vi* chiudere definitivamente; ~ **off** *vt* fermare, bloccare; ~ **up** *vi* (*inf: keep quiet*) stare zitto(a), fare silenzio ♦ *vt* (*close*) chiudere; (*silence*) far tacere; ~**ter** *n* imposta; (PHOT) otturatore *m*

shuttle ['ʃʌtl] *n* spola, navetta; (*space* ~) navetta (spaziale); (*also*: ~ **service**) servizio *m* navetta *inv*

shuttlecock ['ʃʌtlkɔk] *n* volano

shuttle diplomacy *n la gestione dei rapporti diplomatici caratterizzata da frequenti viaggi e incontri dei rappresentanti del governo*

shy [ʃaɪ] *adj* timido(a)

Sicily ['sɪsɪlɪ] *n* Sicilia

sick [sɪk] *adj* (*ill*) malato(a); (*vomiting*): **to be ~** vomitare; (*humour*) macabro(a); **to feel ~** avere la nausea; **to be ~ of** (*fig*) averne abbastanza di; ~ **bay** *n* infermeria; ~**en** *vt*

nauseare ♦ vi: **to be ~ening for sth** (*cold etc*) covare qc
sickle ['sɪkl] n falcetto
sick: ~ **leave** n congedo per malattia; **~ly** adj malaticcio(a); (*causing nausea*) nauseante; **~ness** n malattia; (*vomiting*) vomito; ~ **pay** n sussidio per malattia
side [saɪd] n lato; (*of lake*) riva; (*team*) squadra ♦ cpd (*door, entrance*) laterale ♦ vi: **to ~ with sb** parteggiare per qn, prendere le parti di qn; **by the ~ of** a fianco di; (*road*) sul ciglio di; **~ by ~** fianco a fianco; **from ~ to ~** da una parte all'altra; **to take ~s (with)** schierarsi (con); **~board** n credenza; **~burns** (*BRIT* **~boards**) npl (*whiskers*) basette fpl; **~ effect** n (*MED*) effetto collaterale; **~light** n (*AUT*) luce f di posizione; **~line** n (*SPORT*) linea laterale; (*fig*) attività secondaria; **~long** adj obliquo(a); ~ **order** n contorno (*pietanza*); ~ **show** n attrazione f; **~step** vt (*question*) eludere; (*problem*) scavalcare; ~ **street** n traversa; **~track** vt (*fig*) distrarre; **~walk** (*US*) n marciapiede m; **~ways** adv (*move*) di lato, di fianco
siding ['saɪdɪŋ] n (*RAIL*) binario di raccordo
siege [siːdʒ] n assedio
sieve [sɪv] n setaccio ♦ vt setacciare
sift [sɪft] vt passare al crivello; (*fig*) vagliare
sigh [saɪ] n sospiro ♦ vi sospirare
sight [saɪt] n (*faculty*) vista; (*spectacle*) spettacolo; (*on gun*) mira ♦ vt avvistare; **in ~** in vista; **on ~** a vista; **out of ~** non visibile; **~seeing** n giro turistico; **to go ~seeing** visitare una località
sign [saɪn] n segno; (*with hand etc*) segno, gesto; (*notice*) insegna, cartello ♦ vt firmare; (*player*) ingaggiare; ~ **on** vi (*MIL*) arruolarsi; (*as unemployed*) iscriversi sulla lista (dell'ufficio di collocamento) ♦ vt (*MIL*) arruolare; (*employee*) assumere; ~ **over** vt: **to ~ sth over to sb** cedere qc con scrittura legale a qn; ~ **up** vi (*MIL*) arruolarsi; (*for course*) iscriversi ♦ vt (*player*) ingaggiare; (*recruits*) reclutare
signal ['sɪgnl] n segnale m ♦ vi (*AUT*) segnalare, mettere la freccia ♦ vt (*person*)

fare segno a; (*message*) comunicare per mezzo di segnali; **~man** (*irreg*) n (*RAIL*) deviatore m
signature ['sɪgnətʃə*] n firma; ~ **tune** n sigla musicale
signet ring ['sɪgnət-] n anello con sigillo
significance [sɪg'nɪfɪkəns] n significato; importanza
significant [sɪg'nɪfɪkənt] adj significativo(a)
sign language n linguaggio dei muti
signpost ['saɪnpəust] n cartello indicatore
silence ['saɪləns] n silenzio ♦ vt far tacere, ridurre al silenzio; **~r** n (*on gun, BRIT: AUT*) silenziatore m
silent ['saɪlnt] adj silenzioso(a); (*film*) muto(a); **to remain ~** tacere, stare zitto; ~ **partner** n (*COMM*) socio inattivo
silhouette [sɪluː'et] n silhouette f inv
silicon chip ['sɪlɪkən-] n piastrina di silicio
silk [sɪlk] n seta ♦ adj di seta; **~y** adj di seta
silly ['sɪlɪ] adj stupido(a), sciocco(a)
silt [sɪlt] n limo
silver ['sɪlvə*] n argento; (*money*) monete da 5, 10 o 50 pence; (*also:* **~ware**) argenteria ♦ adj d'argento; ~ **paper** (*BRIT*) n carta argentata, (carta) stagnola; **~-plated** adj argentato(a); **~smith** n argentiere m; **~y** adj (*colour*) argenteo(a); (*sound*) argentino(a)
similar ['sɪmɪlə*] adj: ~ **(to)** simile (a); **~ly** adv allo stesso modo; così pure
simmer ['sɪmə*] vi cuocere a fuoco lento
simple ['sɪmpl] adj semplice; **simplicity** [-'plɪsɪtɪ] n semplicità; **simply** adv semplicemente
simultaneous [sɪməl'teɪnɪəs] adj simultaneo(a)
sin [sɪn] n peccato ♦ vi peccare
since [sɪns] adv da allora ♦ prep da ♦ conj (*time*) da quando; (*because*) poiché, dato che; ~ **then, ever ~** da allora
sincere [sɪn'sɪə*] adj sincero(a); **~ly** adv: **yours ~ly** (*in letters*) distinti saluti; **sincerity** [-'serɪtɪ] n sincerità
sinew ['sɪnjuː] n tendine m
sing [sɪŋ] (*pt* **sang**, *pp* **sung**) vt, vi cantare
singe [sɪndʒ] vt bruciacchiare

singer ['sɪŋə*] *n* cantante *m/f*

singing ['sɪŋɪŋ] *n* canto

single ['sɪŋgl] *adj* solo(a), unico(a); (*unmarried: man*) celibe; (: *woman*) nubile; (*not double*) semplice ♦ *n* (BRIT: also: ~ **ticket**) biglietto di (sola) andata; (*record*) 45 giri *m*; **~s** *n* (TENNIS) singolo; ~ **out** *vt* scegliere; (*distinguish*) distinguere; ~ **bed** *n* letto singolo; **~-breasted** *adj* a un petto; ~ **file** *n*: **in ~ file** in fila indiana; **~-handed** *adv* senza aiuto, da solo(a); **~-minded** *adj* tenace, risoluto(a); ~ **parent** *n* (*mother*) ragazza *f* madre *inv*; (*father*) ragazzo *m* padre *inv*; ~ **room** *n* camera singola; **~-track road** *n* strada a una carreggiata

singly ['sɪŋglɪ] *adv* separatamente

singular ['sɪŋgjulə*] *adj* (*exceptional*, LING) singolare ♦ *n* (LING) singolare *m*

sinister ['sɪnɪstə*] *adj* sinistro(a)

sink [sɪŋk] (*pt* **sank**, *pp* **sunk**) *n* lavandino, acquaio ♦ *vt* (*ship*) (fare) affondare, colare a picco; (*foundations*) scavare; (*piles etc*): **to ~ sth into** conficcare qc in ♦ *vi* affondare, andare a fondo; (*ground etc*) cedere, avvallarsi; **my heart sank** mi sentii venir meno; ~ **in** *vi* penetrare

sinner ['sɪnə*] *n* peccatore/trice

sinus ['saɪnəs] *n* (ANAT) seno

sip [sɪp] *n* sorso ♦ *vt* sorseggiare

siphon ['saɪfən] *n* sifone *m*; ~ **off** *vt* travasare (con un sifone)

sir [sə*] *n* signore *m*; **S~ John Smith** Sir John Smith; **yes ~** sì, signore

sirloin ['sə:lɔɪn] *n* controfiletto

sissy ['sɪsɪ] (*inf*) *n* femminuccia

sister ['sɪstə*] *n* sorella; (*nun*) suora; (BRIT: *nurse*) infermiera *f* caposala *inv*; **~-in-law** *n* cognata

sit [sɪt] (*pt*, *pp* **sat**) *vi* sedere, sedersi; (*assembly*) essere in seduta; (*for painter*) posare ♦ *vt* (*exam*) sostenere, dare; ~ **down** *vi* sedersi; ~ **in on** *vt fus* assistere a; ~ **up** *vi* tirarsi su a sedere; (*not go to bed*) stare alzato(a) fino a tardi

sitcom ['sɪtkɔm] *n abbr* (= *situation comedy*) commedia di situazione; (TV)

teleﬁlm *m inv* comico d'interni

site [saɪt] *n* posto; (*also*: **building ~**) cantiere *m* ♦ *vt* situare

sit-in *n* (*demonstration*) sit-in *m inv*

sitting ['sɪtɪŋ] *n* (*of assembly etc*) seduta; (*in canteen*) turno; ~ **room** *n* soggiorno

situated ['sɪtjueɪtɪd] *adj* situato(a)

situation [sɪtju'eɪʃən] *n* situazione *f*; (*job*) lavoro; (*location*) posizione *f*; **''~s vacant''** (BRIT) "offerte *fpl* di impiego"

six [sɪks] *num* sei; **~teen** *num* sedici; **~th** *num* sesto(a); **~ty** *num* sessanta

size [saɪz] *n* dimensioni *fpl*; (*of clothing*) taglia, misura; (*of shoes*) numero; (*glue*) colla; ~ **up** *vt* giudicare, farsi un'idea di; **~able** *adj* considerevole

sizzle ['sɪzl] *vi* sfrigolare

skate [skeɪt] *n* pattino; (*fish: pl inv*) razza ♦ *vi* pattinare; **~board** *n* skateboard *m inv*; **~r** *n* pattinatore/trice; **skating** *n* pattinaggio; **skating rink** *n* pista di pattinaggio

skeleton ['skɛlɪtn] *n* scheletro; ~ **staff** *n* personale *m* ridotto

skeptical ['skɛptɪkl] (US) *adj* = **sceptical**

sketch [skɛtʃ] *n* (*drawing*) schizzo, abbozzo; (THEATRE) scenetta comica, sketch *m inv* ♦ *vt* abbozzare, schizzare; ~ **book** *n* album *m inv* per schizzi; **~y** *adj* incompleto(a), lacunoso(a)

skewer ['skju:ə*] *n* spiedo

ski [ski:] *n* sci *m inv* ♦ *vi* sciare; ~ **boot** *n* scarpone *m* da sci

skid [skɪd] *n* slittamento ♦ *vi* slittare

skier ['ski:ə*] *n* sciatore/trice

skiing ['ski:ɪŋ] *n* sci *m*

ski jump *n* (*ramp*) trampolino; (*event*) salto con gli sci

skilful ['skɪlful] (US **skillful**) *adj* abile

ski lift ['ski:lɪft] *n* sciovia

skill [skɪl] *n* abilità *f inv*, capacità *f inv*; **~ed** *adj* esperto(a); (*worker*) qualiﬁcato(a), specializzato(a); **~ful** (US) *adj* = **skilful**

skim [skɪm] *vt* (*milk*) scremare; (*glide over*) sfiorare ♦ *vi*: **to ~ through** (*fig*) scorrere, dare una scorsa a; **~med milk** *n* latte *m* scremato

skimp [skɪmp] *vt* (*work: also:* **~ on**) fare alla carlona; (*cloth etc*) lesinare; **~y** *adj* misero(a); striminzito(a); frugale

skin [skɪn] *n* pelle *f* ♦ *vt* (*fruit etc*) sbucciare; (*animal*) scuoiare, spellare; **~ cancer** *n* cancro alla pelle; **~-deep** *adj* superficiale; **~ diving** *n* nuoto subacqueo; **~ny** *adj* molto magro(a), pelle e ossa *inv*; **~tight** *adj* (*dress etc*) aderente

skip [skɪp] *n* saltello, balzo; (*BRIT: container*) benna ♦ *vi* saltare; (*with rope*) saltare la corda ♦ *vt* saltare

ski pole *n* racchetta (da sci)

skipper ['skɪpə*] *n* (*NAUT, SPORT*) capitano

skipping rope ['skɪpɪŋ-] (*BRIT*) *n* corda per saltare

skirmish ['skɜːmɪʃ] *n* scaramuccia

skirt [skɜːt] *n* gonna, sottana ♦ *vt* fiancheggiare, costeggiare; **~ing board** (*BRIT*) *n* zoccolo

ski slope *n* pista da sci

ski suit *n* tuta da sci

skit [skɪt] *n* parodia; scenetta satirica

ski tow *n* sciovia, ski-lift *m inv*

skittle ['skɪtl] *n* birillo; **~s** *n* (*game*) (gioco dei) birilli *mpl*

skive [skaɪv] (*BRIT: inf*) *vi* fare il lavativo

skull [skʌl] *n* cranio, teschio

skunk [skʌŋk] *n* moffetta

sky [skaɪ] *n* cielo; **~light** *n* lucernario; **~scraper** *n* grattacielo

slab [slæb] *n* lastra; (*of cake, cheese*) fetta

slack [slæk] *adj* (*loose*) allentato(a); (*slow*) lento(a); (*careless*) negligente; **~en** (*also:* **~en off**) *vi* rallentare, diminuire ♦ *vt* allentare; (*speed*) diminuire; **~s** *npl* (*trousers*) pantaloni *mpl*

slag heap [slæg-] *n* ammasso di scorie

slag off [slæg-] (*BRIT: inf*) *vt* sparlare di

slam [slæm] *vt* (*door*) sbattere; (*throw*) scaraventare; (*criticize*) stroncare ♦ *vi* sbattere

slander ['slɑːndə*] *n* calunnia; diffamazione *f*

slang [slæŋ] *n* gergo, slang *m*

slant [slɑːnt] *n* pendenza, inclinazione *f*; (*fig*) angolazione *f*, punto di vista; **~ed** *adj*

in pendenza, inclinato(a); (*eyes*) obliquo(a); **~ing** *adj* = **~ed**

slap [slæp] *n* manata, pacca; (*on face*) schiaffo ♦ *vt* dare una manata a; schiaffeggiare ♦ *adv* (*directly*) in pieno; **~ a coat of paint on it** dagli una mano di vernice; **~dash** *adj* negligente; (*work*) raffazzonato(a); **~stick** *n* (*comedy*) farsa grossolana; **~-up** (*BRIT*) *adj*: **a ~-up meal** un pranzo (*or* una cena) coi fiocchi

slash [slæʃ] *vt* tagliare; (*face*) sfregiare; (*fig: prices*) ridurre drasticamente, tagliare

slat [slæt] *n* (*of wood*) stecca; (*of plastic*) lamina

slate [sleɪt] *n* ardesia; (*piece*) lastra di ardesia ♦ *vt* (*fig: criticize*) stroncare, distruggere

slaughter ['slɔːtə*] *n* strage *f*, massacro ♦ *vt* (*animal*) macellare; (*people*) trucidare, massacrare

slave [sleɪv] *n* schiavo/a ♦ *vi* (*also:* **~ away**) lavorare come uno schiavo; **~ry** *n* schiavitù *f*; **slavish** *adj* servile; (*copy*) pedissequo(a)

slay [sleɪ] (*pt* **slew**, *pp* **slain**) *vt* (*formal*) uccidere

sleazy ['sliːzɪ] *adj* trasandato(a)

sledge [sledʒ] *n* slitta; **~hammer** *n* mazza, martello da fabbro

sleek [sliːk] *adj* (*hair, fur*) lucido(a), lucente; (*car, boat*) slanciato(a), affusolato(a)

sleep [sliːp] (*pt, pp* **slept**) *n* sonno ♦ *vi* dormire; **to go to ~** addormentarsi; **~ around** *vi* andare a letto con tutti; **~ in** *vi* (*oversleep*) dormire fino a tardi; **~er** (*BRIT*) *n* (*RAIL: on track*) traversina; (*: train*) treno di vagoni letto; **~ing bag** *n* sacco a pelo; **~ing car** *n* vagone *m* letto *inv*, carrozza *f* letto *inv*; **~ing partner** (*BRIT*) *n* (*COMM*) socio inattivo; **~ing pill** *n* sonnifero; **~less** *adj*: **a ~less night** una notte in bianco; **~walker** *n* sonnambulo/a; **~y** *adj* assonnato(a), sonnolento(a); (*fig*) addormentato(a)

sleet [sliːt] *n* nevischio

sleeve [sliːv] *n* manica; (*of record*) copertina

sleigh [sleɪ] *n* slitta

sleight [slaɪt] *n*: **~ of hand** gioco di destrezza

slender ['slɛndə*] *adj* snello(a), sottile; (*not enough*) scarso(a), esiguo(a)

slept [slɛpt] *pt, pp of* **sleep**

slew [slu:] *pt of* **slay** ♦ *vi* (BRIT) girare

slice [slaɪs] *n* fetta ♦ *vt* affettare, tagliare a fette

slick [slɪk] *adj* (*skilful*) brillante; (*clever*) furbo(a) ♦ *n* (*also:* **oil ~**) chiazza di petrolio

slide [slaɪd] (*pt, pp* **slid**) *n* scivolone *m*; (*in playground*) scivolo; (PHOT) diapositiva; (BRIT: *also:* **hair ~**) fermaglio (per capelli) ♦ *vt* far scivolare ♦ *vi* scivolare; **~ rule** *n* regolo calcolatore; **sliding** *adj* (*door*) scorrevole; **sliding scale** *n* scala mobile

slight [slaɪt] *adj* (*slim*) snello(a), sottile; (*frail*) delicato(a), fragile; (*trivial*) insignificante; (*small*) piccolo(a) ♦ *n* offesa, affronto; **not in the ~est** affatto, neppure per sogno; **~ly** *adv* lievemente, un po'

slim [slɪm] *adj* magro(a), snello(a) ♦ *vi* dimagrire; fare (*or* seguire) una dieta dimagrante

slime [slaɪm] *n* limo, melma; viscidume *m*

slimming ['slɪmɪŋ] *adj* (*diet*) dimagrante; (*food*) ipocalorico(a)

sling [slɪŋ] (*pt, pp* **slung**) *n* (MED) fascia al collo; (*for baby*) marsupio ♦ *vt* lanciare, tirare

slip [slɪp] *n* scivolata, scivolone *m*; (*mistake*) errore *m*, sbaglio; (*underskirt*) sottoveste *f*; (*of paper*) striscia di carta; tagliando, scontrino ♦ *vt* (*slide*) far scivolare ♦ *vi* (*slide*) scivolare; (*move smoothly*): **to ~ into/out of** scivolare in/fuori da; (*decline*) declinare; **to ~ sth on/off** infilarsi/togliersi qc; **to give sb the ~** sfuggire qn; **a ~ of the tongue** un lapsus linguae; **~ away** *vi* svignarsela; **~ in** *vt* infilare ♦ *vi* (*error*) scivolare; **~ out** *vi* scivolare fuori; **~ up** *vi* sbagliarsi; **~ped disc** *n* spostamento delle vertebre

slipper ['slɪpə*] *n* pantofola

slippery ['slɪpərɪ] *adj* scivoloso(a)

slip road (BRIT) *n* (*to motorway*) rampa di accesso

slip-up *n* granchio (*fig*)

slipway ['slɪpweɪ] *n* scalo di costruzione

slit [slɪt] (*pt, pp* **slit**) *n* fessura, fenditura; (*cut*) taglio ♦ *vt* fendere; tagliare

slither ['slɪðə*] *vi* scivolare, sdrucciolare

sliver ['slɪvə*] *n* (*of glass, wood*) scheggia; (*of cheese etc*) fettina

slob [slɒb] (*inf*) *n* sciattone/a

slog [slɒg] (BRIT) *n* faticata ♦ *vi* lavorare con accanimento, sgobbare

slogan ['sləugən] *n* motto, slogan *m inv*

slope [sləup] *n* pendio; (*side of mountain*) versante *m*; (*ski ~*) pista; (*of roof*) pendenza; (*of floor*) inclinazione *f* ♦ *vi*: **to ~ down** declinare; **to ~ up** essere in salita; **sloping** *adj* inclinato(a)

sloppy ['slɒpɪ] *adj* (*work*) tirato(a) via; (*appearance*) sciatto(a)

slot [slɒt] *n* fessura ♦ *vt*: **to ~ sth into** infilare qc in

sloth [sləuθ] *n* (*laziness*) pigrizia, accidia

slot machine *n* (BRIT: *vending machine*) distributore *m* automatico; (*for gambling*) slot-machine *f inv*

slouch [slautʃ] *vi* (*when walking*) camminare dinoccolato(a); **she was ~ing in a chair** era sprofondata in una poltrona

Slovenia [sləu'vi:nɪə] *n* Slovenia

slovenly ['slʌvənlɪ] *adj* sciatto(a), trasandato(a)

slow [sləu] *adj* lento(a); (*watch*): **to be ~** essere indietro ♦ *adv* lentamente ♦ *vt, vi* (*also:* **~ down, ~ up**) rallentare; **"~"** (*road sign*) "rallentare"; **~ly** *adv* lentamente; **~ motion** *n*: **in ~ motion** al rallentatore

sludge [slʌdʒ] *n* fanghiglia

slug [slʌg] *n* lumaca; (*bullet*) pallottola; **~gish** *adj* lento(a); (*trading*) stagnante

sluice [slu:s] *n* chiusa

slum [slʌm] *n* catapecchia

slumber ['slʌmbə*] *n* sonno

slump [slʌmp] *n* crollo, caduta; (*economic*) depressione *f*, crisi *f inv* ♦ *vi* crollare

slung [slʌŋ] *pt, pp of* **sling**

slur [slɜ:*] *n* (*fig*): **~ (on)** calunnia (su) ♦ *vt* pronunciare in modo indistinto

slush [slʌʃ] *n* neve *f* mista a fango; **~ fund** *n* fondi *mpl* neri

slut [slʌt] *n* donna trasandata, sciattona

sly [slaɪ] *adj* (*smile, remark*) sornione(a); (*person*) furbo(a)

smack [smæk] *n* (*slap*) pacca; (*on face*) schiaffo ♦ *vt* schiaffeggiare; (*child*) picchiare ♦ *vi*: **to ~ of** puzzare di

small [smɔːl] *adj* piccolo(a); **~ ads** (*BRIT*) *npl* piccola pubblicità; **~ change** *n* moneta, spiccioli *mpl*; **~-holder** *n* piccolo proprietario; **~ hours** *npl*: **in the ~ hours** alle ore piccole; **~pox** *n* vaiolo; **~ talk** *n* chiacchiere *fpl*

smart [smɑːt] *adj* elegante, (*fashionable*) alla moda; (*clever*) intelligente; (*quick*) sveglio(a) ♦ *vi* bruciare; **~ card** *n* carta intelligente; **~en up** *vi* farsi bello(a) ♦ *vt* (*people*) fare bello(a); (*things*) abbellire

smash [smæʃ] *n* (*also*: **~-up**) scontro, collisione *f*; (*~ hit*) successone *m* ♦ *vt* frantumare, fracassare; (*SPORT: record*) battere ♦ *vi* frantumarsi, andare in pezzi; **~ing** (*inf*) *adj* favoloso(a), formidabile

smattering [ˈsmætərɪŋ] *n*: **a ~ of** un'infarinatura di

smear [smɪə*] *n* macchia; (*MED*) striscio ♦ *vt* spalmare; (*make dirty*) sporcare; **~ campaign** *n* campagna diffamatoria

smell [smɛl] (*pt, pp* **smelt** *or* **smelled**) *n* odore *m*; (*sense*) olfatto, odorato ♦ *vt* sentire (l')odore di ♦ *vi* (*food etc*): **to ~ (of)** avere odore (di); (*pej*) puzzare, avere un cattivo odore; **~y** *adj* puzzolente

smile [smaɪl] *n* sorriso ♦ *vi* sorridere

smirk [smɜːk] *n* sorriso furbo; sorriso compiaciuto

smog [smɔg] *n* smog *m*

smoke [sməʊk] *n* fumo ♦ *vt, vi* fumare; **~d** *adj* (*bacon, glass*) affumicato(a); **~r** *n* (*person*) fumatore/trice; (*RAIL*) carrozza per fumatori; **~ screen** *n* (*MIL*) cortina fumogena *or* di fumo; (*fig*) copertura; **smoking** *n* fumo; **"no smoking"** (*sign*) "vietato fumare"; **smoking compartment** (*BRIT*), **smoking car** (*US*) *n* scompartimento (per) fumatori; **smoky** *adj* fumoso(a); (*taste*) affumicato(a)

smolder [ˈsməʊldə*] (*US*) *vi* = **smoulder**

smooth [smuːð] *adj* liscio(a); (*sauce*) omogeneo(a); (*flavour, whisky*) amabile; (*movement*) regolare; (*person*) mellifluo(a) ♦ *vt* (*also*: **~ out**) lisciare, spianare; (: *difficulties*) appianare

smother [ˈsmʌðə*] *vt* soffocare

smoulder [ˈsməʊldə*] (*US* **smolder**) *vi* covare sotto la cenere

smudge [smʌdʒ] *n* macchia; sbavatura ♦ *vt* imbrattare, sporcare

smug [smʌg] *adj* soddisfatto(a), compiaciuto(a)

smuggle [ˈsmʌgl] *vt* contrabbandare; **~r** *n* contrabbandiere/a; **smuggling** *n* contrabbando

smutty [ˈsmʌtɪ] *adj* (*fig*) osceno(a), indecente

snack [snæk] *n* spuntino; **~ bar** *n* tavola calda, snack bar *m inv*

snag [snæg] *n* intoppo, ostacolo imprevisto

snail [sneɪl] *n* chiocciola

snake [sneɪk] *n* serpente *m*

snap [snæp] *n* (*sound*) schianto, colpo secco; (*photograph*) istantanea ♦ *adj* improvviso(a) ♦ *vt* (*far*) schioccare; (*break*) spezzare di netto ♦ *vi* spezzarsi con un rumore secco; (*fig: person*) parlare con tono secco; **to ~ shut** chiudersi di scatto; **~ at** *vt fus* (*subj: dog*) cercare di mordere; **~ off** *vt* (*break*) schiantare; **~ up** *vt* afferrare; **~py** (*inf*) *adj* (*answer, slogan*) d'effetto; **make it ~py!** (*hurry up*) sbrigati!, svelto!; **~shot** *n* istantanea

snare [snɛə*] *n* trappola

snarl [snɑːl] *vi* ringhiare

snatch [snætʃ] *n* (*small amount*) frammento ♦ *vt* strappare (con violenza); (*fig*) rubare

sneak [sniːk] (*pt* (*US*) **snuck**) *vi*: **to ~ in/out** entrare/uscire di nascosto ♦ *n* spione/a; **to ~ up on sb** avvicinarsi quatto quatto a qn; **~ers** *npl* scarpe *fpl* da ginnastica

sneer [snɪə*] *vi* sogghignare; **to ~ at** farsi beffe di

sneeze [sniːz] *n* starnuto ♦ *vi* starnutire

sniff [snɪf] *n* fiutata, annusata ♦ *vi* tirare su col naso ♦ *vt* fiutare, annusare

snigger [ˈsnɪgə*] *vi* ridacchiare, ridere sotto i baffi

snip [snɪp] *n* pezzettino; (*bargain*) (buon) affare *m*, occasione *f* ♦ *vt* tagliare

sniper ['snaɪpə*] *n* (*marksman*) franco tiratore *m*, cecchino

snippet ['snɪpɪt] *n* frammento

snob [snɔb] *n* snob *m/f inv*; **~bery** *n* snobismo; **~bish** *adj* snob *inv*

snooker ['snu:kə*] *n* tipo di gioco del biliardo

snoop ['snu:p] *vi*: **to ~ about** curiosare

snooze [snu:z] *n* sonnellino, pisolino ♦ *vi* fare un sonnellino

snore [snɔ:*] *vi* russare

snorkel ['snɔ:kl] *n* (*of swimmer*) respiratore *m* a tubo

snort [snɔ:t] *n* sbuffo ♦ *vi* sbuffare

snout [snaut] *n* muso

snow [snəu] *n* neve *f* ♦ *vi* nevicare; **~ball** *n* palla di neve ♦ *vi* (*fig*) crescere a vista d'occhio; **~bound** *adj* bloccato(a) dalla neve; **~drift** *n* cumulo di neve (ammucchiato dal vento); **~drop** *n* bucaneve *m inv*; **~fall** *n* nevicata; **~flake** *n* fiocco di neve; **~man** (*irreg*) *n* pupazzo di neve; **~plough** (*US* **~plow**) *n* spazzaneve *m inv*; **~shoe** *n* racchetta da neve; **~storm** *n* tormenta

snub [snʌb] *vt* snobbare ♦ *n* offesa, affronto; **~-nosed** *adj* dal naso camuso

snuff [snʌf] *n* tabacco da fiuto

snug [snʌg] *adj* comodo(a); (*room, house*) accogliente, comodo(a)

snuggle ['snʌgl] *vi*: **to ~ up to sb** stringersi a qn

KEYWORD

so [səu] *adv* 1 (*thus, likewise*) così; **if ~** se è così, quand'è così; **I didn't do it – you did ~!** non l'ho fatto io — sì che l'hai fatto!; **~ do I, ~ am I** *etc* anch'io; **it's 5 o'clock – ~ it is!** sono le 5 — davvero!; **I hope ~** lo spero; **I think ~** penso di sì; **~ far** finora, fin qui; (*in past*) fino ad allora

2 (*in comparisons etc: to such a degree*) così; **~ big (that)** così grande (che); **she's not ~ clever as her brother** lei non è (così) intelligente come suo fratello

3: **~ much** *adj* tanto(a) ♦ *adv* tanto; **I've got ~ much work/money** ho tanto lavoro/tanti soldi; **I love you ~ much** ti amo tanto; **~ many** tanti(e)

4 (*phrases*): **10 or ~** circa 10; **~ long!** (*inf: goodbye*) ciao!, ci vediamo!

♦ *conj* 1 (*expressing purpose*): **~ as to do** in modo *or* così da fare; **we hurried ~ as not to be late** ci affrettammo per non fare tardi; **~ (that)** affinché +*sub*, perché +*sub*

2 (*expressing result*): **he didn't arrive ~ I left** non è venuto così me ne sono andata; **~ you see, I could have gone** vedi, sarei potuto andare

---

soak [səuk] *vt* inzuppare; (*clothes*) mettere a mollo ♦ *vi* (*clothes etc*) essere a mollo; **~ in** *vi* penetrare; **~ up** *vt* assorbire

soap [səup] *n* sapone *m*; **~flakes** *npl* sapone *m* in scaglie; **~ opera** *f inv*; **~ powder** *n* detersivo; **~y** *adj* insaponato(a)

soar [sɔ:*] *vi* volare in alto; (*price etc*) salire alle stelle; (*building*) ergersi

sob [sɔb] *n* singhiozzo ♦ *vi* singhiozzare

sober ['səubə*] *adj* sobrio(a); (*not drunk*) non ubriaco(a); (*moderate*) moderato(a); **~ up** *vt* far passare la sbornia a ♦ *vi* farsi passare la sbornia

so-called ['səu'kɔ:ld] *adj* cosiddetto(a)

soccer ['sɔkə*] *n* calcio

sociable ['səuʃəbl] *adj* socievole

social ['səuʃl] *adj* sociale ♦ *n* festa, serata; **~ club** *n* club *m inv* sociale; **~ism** *n* socialismo; **~ist** *adj, n* socialista *m/f*; **~ize** *vi*: **to ~ize (with)** socializzare (con); **~ security** (*BRIT*) *n* previdenza sociale; **~ work** *n* servizio sociale; **~ worker** *n* assistente *m/f* sociale

society [sə'saɪətɪ] *n* società *f inv*; (*club*) società, associazione *f*; (*also*: **high ~**) alta società

sociology [səusɪ'ɔlədʒɪ] *n* sociologia

sock [sɔk] *n* calzino

socket ['sɔkɪt] *n* cavità *f inv*; (*of eye*) orbita; (*BRIT*: *ELEC*: *also*: **wall ~**) presa di corrente

sod [sɔd] *n* (*of earth*) zolla erbosa; (*BRIT*: *inf!*)

bastardo/a (!)

soda ['səudə] n (CHEM) soda; (also: ~ **water**) acqua di seltz; (US: also: ~ **pop**) gassosa

sodium ['səudiəm] n sodio

sofa ['səufə] n sofà m inv

soft [sɔft] adj (not rough) morbido(a); (not hard) soffice; (not loud) sommesso(a); (not bright) tenue; (kind) gentile; ~ **drink** n analcolico; **~en** ['sɔfn] vt ammorbidire; addolcire; attenuare ♦ vi ammorbidirsi; addolcirsi; attenuarsi; **~ly** adv dolcemente; morbidamente; **~ness** n dolcezza; morbidezza

software ['sɔftwɛə*] n (COMPUT) software m

soggy ['sɔgɪ] adj inzuppato(a)

soil [sɔɪl] n terreno ♦ vt sporcare

solar ['səulə*] adj solare; ~ **panel** n pannello solare; ~ **power** n energie solare

sold [səuld] pt, pp of **sell**; ~ **out** adj (COMM) esaurito(a)

solder ['səuldə*] vt saldare ♦ n saldatura

soldier ['səuldʒə*] n soldato, militare m

sole [səul] n (of foot) pianta (del piede); (of shoe) suola; (fish: pl inv) sogliola ♦ adj solo(a), unico(a)

solemn ['sɔləm] adj solenne

sole trader n (COMM) commerciante m in proprio

solicit [sə'lɪsɪt] vt (request) richiedere, sollecitare ♦ vi (prostitute) adescare i passanti

solicitor [sə'lɪsɪtə*] (BRIT) n (for wills etc) ≈ notaio; (in court) ≈ avvocato

solid ['sɔlɪd] adj solido(a); (not hollow) pieno(a); (meal) sostanzioso(a) ♦ n solido

solidarity [sɔlɪ'dærɪtɪ] n solidarietà

solitaire [sɔlɪ'tɛə*] n (games, gem) solitario

solitary ['sɔlɪtərɪ] adj solitario(a); ~ **confinement** n (LAW) isolamento

solo ['səuləu] n assolo; **~ist** n solista m/f

soluble ['sɔljubl] adj solubile

solution [sə'lu:ʃən] n soluzione f

solve [sɔlv] vt risolvere

solvent ['sɔlvənt] adj (COMM) solvibile ♦ n (CHEM) solvente m

sombre ['sɔmbə*] (US **somber**) adj scuro(a); (mood, person) triste

---

KEYWORD

some [sʌm] adj 1 (a certain amount or number of): ~ **tea/water/cream** del tè/dell'acqua/della panna; ~ **children/apples** dei bambini/delle mele

2 (certain: in contrasts) certo(a); ~ **people say that ...** alcuni dicono che ..., certa gente dice che ...

3 (unspecified) un(a) certo(a), qualche; ~ **woman was asking for you** una tale chiedeva di lei; ~ **day** un giorno; ~ **day next week** un giorno della prossima settimana

♦ pron 1 (a certain number) alcuni(e), certi(e); **I've got ~** (books etc) ne ho alcuni; ~ **(of them) have been sold** alcuni sono stati venduti

2 (a certain amount) un po'; **I've got ~** (money, milk) ne ho un po'; **I've read ~ of the book** ho letto parte del libro

♦ adv: ~ **10 people** circa 10 persone

---

somebody ['sʌmbədɪ] pron = **someone**

somehow ['sʌmhau] adv in un modo o nell'altro, in qualche modo; (for some reason) per qualche ragione

someone ['sʌmwʌn] pron qualcuno

someplace ['sʌmpleɪs] (US) adv = **somewhere**

somersault ['sʌməsɔ:lt] n capriola; salto mortale ♦ vi fare una capriola (or un salto mortale); (car) cappottare

something ['sʌmθɪŋ] pron qualcosa, qualche cosa; ~ **nice** qualcosa di bello; ~ **to do** qualcosa da fare

sometime ['sʌmtaɪm] adv (in future) una volta o l'altra; (in past): ~ **last month** durante il mese scorso

sometimes ['sʌmtaɪmz] adv qualche volta

somewhat ['sʌmwɔt] adv piuttosto

somewhere ['sʌmwɛə*] adv in or da qualche parte

son [sʌn] n figlio

song [sɔŋ] n canzone f

sonic ['sɔnɪk] adj (boom) sonico(a)

son-in-law n genero

sonnet ['sɒnɪt] *n* sonetto

sonny ['sʌnɪ] (*inf*) *n* ragazzo mio

soon [su:n] *adv* presto, fra poco; (*early, a short time after*) presto; ~ **afterwards** poco dopo; *see also* **as**; ~**er** *adv* (*time*) prima; (*preference*): **I would** ~**er do** preferirei fare; ~**er or later** prima o poi

soot [sut] *n* fuliggine *f*

soothe [su:ð] *vt* calmare

sophisticated [sə'fɪstɪkeɪtɪd] *adj* sofisticato(a); raffinato(a); complesso(a)

sophomore ['sɒfəmɔ:*] (*US*) *n* studente/ essa del secondo anno

sopping ['sɒpɪŋ] *adj* (*also:* ~ **wet**) bagnato(a) fradicio(a)

soppy ['sɒpɪ] (*pej*) *adj* sentimentale

soprano [sə'prɑ:nəu] *n* (*voice*) soprano *m*; (*singer*) soprano *m/f*

sorcerer ['sɔ:sərə*] *n* stregone *m*, mago

sore [sɔ:*] *adj* (*painful*) dolorante ♦ *n* piaga; ~**ly** *adv* (*tempted*) fortemente

sorrow ['sɒrəu] *n* dolore *m*; ~**ful** *adj* doloroso(a)

sorry ['sɒrɪ] *adj* spiacente; (*condition, excuse*) misero(a); ~! scusa! (*or* scusi! *or* scusate!); **to feel** ~ **for sb** rincrescersi per qn

sort [sɔ:t] *n* specie *f*, genere *m* ♦ *vt* (*also:* ~ **out**: *papers*) classificare; ordinare; (: *letters etc*) smistare; (: *problems*) risolvere; ~**ing office** *n* ufficio *m* smistamento *inv*

SOS *n abbr* (= *save our souls*) S.O.S. *m inv*

so-so *adv* così così

sought [sɔ:t] *pt, pp of* **seek**

soul [səul] *n* anima; ~**ful** *adj* pieno(a) di sentimento

sound [saund] *adj* (*healthy*) sano(a); (*safe, not damaged*) solido(a), in buono stato; (*reliable, not superficial*) solido(a); (*sensible*) giudizioso(a), di buon senso ♦ *adv*: ~ **asleep** profondamente addormentato ♦ *n* suono; (*noise*) rumore *m*; (*GEO*) stretto ♦ *vt* (*alarm*) suonare ♦ *vi* suonare; (*fig: seem*) sembrare; **to** ~ **like** rassomigliare a; ~ **out** *vt* sondare; ~ **barrier** *n* muro del suono; ~**bite** *n* dichiarazione breve ed incisiva (*trasmessa per radio o per TV*); ~ **effects** *npl* effetti sonori; ~**ly** *adv* (*sleep*)

profondamente; (*beat*) duramente; ~**proof** *adj* insonorizzato(a), isolato(a) acusticamente; ~**track** *n* (*of film*) colonna sonora

soup [su:p] *n* minestra; brodo; zuppa; ~ **plate** *n* piatto fondo; ~**spoon** *n* cucchiaio da minestra

sour ['sauə*] *adj* aspro(a); (*fruit*) acerbo(a); (*milk*) acido(a); (*fig*) arcigno(a); acido(a); **it's** ~ **grapes** è soltanto invidia

source [sɔ:s] *n* fonte *f*, sorgente *f*; (*fig*) fonte

south [sauθ] *n* sud *m*, meridione *m*, mezzogiorno ♦ *adj* del sud, sud *inv*, meridionale ♦ *adv* verso sud; **S~ Africa** *n* Sudafrica *m*; **S~ African** *adj, n* sudafricano(a); **S~ America** *n* Sudamerica *m*, America del sud; **S~ American** *adj, n* sudamericano(a); ~**east** *n* sud-est *m*; ~**erly** ['sʌðəlɪ] *adj* del sud; ~**ern** ['sʌðən] *adj* del sud, meridionale; esposto(a) a sud; **S~ Pole** *n* Polo Sud; ~**ward(s)** *adv* verso sud; ~**west** *n* sud-ovest *m*

souvenir [su:və'nɪə*] *n* ricordo, souvenir *m inv*

sovereign ['sɒvrɪn] *adj, n* sovrano(a)

soviet ['səuvɪət] *adj* sovietico(a); **the S~ Union** l'Unione *f* Sovietica

sow[1] [səu] (*pt* ~**ed**, *pp* **sown**) *vt* seminare

sow[2] [sau] *n* scrofa

sown [səun] *pp of* **sow**

soy [sɔɪ] (*US*) *n* = **soya**

soya ['sɔɪə] (*US* **soy**) *n*: ~ **bean** *n* seme *m* di soia; ~ **sauce** *n* salsa di soia

spa [spɑ:] *n* (*resort*) stazione *f* termale; (*US: also:* **health** ~) centro di cure estetiche

space [speɪs] *n* spazio; (*room*) posto; spazio; (*length of time*) intervallo ♦ *cpd* spaziale ♦ *vt* (*also:* ~ **out**) distanziare; ~**craft** *n inv* veicolo spaziale; ~**man/woman** (*irreg*) *n* astronauta *m/f*, cosmonauta *m/f*; ~**ship** *n* = ~**craft**; **spacing** *n* spaziatura

spacious ['speɪʃəs] *adj* spazioso(a), ampio(a)

spade [speɪd] *n* (*tool*) vanga; pala; (*child's*) paletta; ~**s** *npl* (*CARDS*) picche *fpl*

Spain [speɪn] n Spagna

span [spæn] n (of bird, plane) apertura alare; (of arch) campata; (in time) periodo; durata ♦ vt attraversare; (fig) abbracciare

Spaniard ['spænjəd] n spagnolo/a

spaniel ['spænjəl] n spaniel m inv

Spanish ['spænɪʃ] adj spagnolo(a) ♦ n (LING) spagnolo; **the ~** npl gli Spagnoli

spank [spæŋk] vt sculacciare

spanner ['spænə*] (BRIT) n chiave f inglese

spare [spɛə*] adj di riserva, di scorta; (surplus) in più, d'avanzo ♦ n (part) pezzo di ricambio ♦ vt (do without) fare a meno di; (afford to give) concedere; (refrain from hurting, using) risparmiare; **to ~** (surplus) d'avanzo; **~ part** n pezzo di ricambio; **~ time** n tempo libero; **~ wheel** n (AUT) ruota di scorta

sparingly ['spɛərɪŋlɪ] adv moderatamente

spark [spɑːk] n scintilla; **~(ing) plug** n candela

sparkle ['spɑːkl] n scintillio, sfavillio ♦ vi scintillare, sfavillare; **sparkling** adj scintillante, sfavillante; (conversation, wine, water) frizzante

sparrow ['spærəu] n passero

sparse [spɑːs] adj sparso(a), rado(a)

spartan ['spɑːtən] adj (fig) spartano(a)

spasm ['spæzəm] n (MED) spasmo; (fig) accesso, attacco; **~odic** [spæz'mɔdɪk] adj spasmodico(a); (fig) intermittente

spastic ['spæstɪk] n spastico/a

spat [spæt] pt, pp of **spit**

spate [speɪt] n (fig): **~ of** diluvio or fiume m di

spawn [spɔːn] vi deporre le uova ♦ n uova fpl

speak [spiːk] (pt **spoke**, pp **spoken**) vt (language) parlare; (truth) dire ♦ vi parlare; **to ~ to sb/of or about sth** parlare a qn/di qc; **~ up!** parla più forte!; **~er** n (in public) oratore/trice; (also: **loud~er**) altoparlante m; (POL): **the S~er** il presidente della Camera dei Comuni (BRIT) or dei Rappresentanti (US)

spear [spɪə*] n lancia ♦ vt infilzare; **~head** vt (attack etc) condurre

spec [spɛk] (inf) n: **on ~** sperando bene

special ['spɛʃl] adj speciale; **~ist** n specialista m/f; **~ity** [spɛʃɪ'ælɪtɪ] n specialità f inv; **~ize** vi: **to ~ize (in)** specializzarsi (in); **~ly** adv specialmente, particolarmente; **~ needs** adj: **~ needs children** bambini mpl con difficoltà di apprendimento; **~ty** n = **speciality**

species ['spiːʃiːz] n inv specie f inv

specific [spə'sɪfɪk] adj specifico(a); preciso(a); **~ally** adv esplicitamente; (especially) appositamente

specimen ['spɛsɪmən] n esemplare m, modello; (MED) campione m

speck [spɛk] n puntino, macchiolina; (particle) granello

speckled ['spɛkld] adj macchiettato(a)

specs [spɛks] (inf) npl occhiali mpl

spectacle ['spɛktəkl] n spettacolo; **~s** npl (glasses) occhiali mpl; **spectacular** [-'tækjulə*] adj spettacolare

spectator [spɛk'teɪtə*] n spettatore m

spectra ['spɛktrə] npl of **spectrum**

spectre ['spɛktə*] (US **specter**) n spettro

spectrum ['spɛktrəm] (pl **spectra**) n spettro

speculation [spɛkju'leɪʃən] n speculazione f; congettura fpl

speech [spiːtʃ] n (faculty) parola; (talk, THEATRE) discorso; (manner of speaking) parlata; **~less** adj ammutolito(a), muto(a)

speed [spiːd] n velocità f inv; (promptness) prontezza; **at full or top ~** a tutta velocità; **~ up** vi, vt accelerare; **~boat** n motoscafo; **~ily** adv velocemente; prontamente; **~ing** n (AUT) eccesso di velocità; **~ limit** n limite m di velocità; **~ometer** [spɪ'dɔmɪtə*] n tachimetro; **~way** n (sport) corsa motociclistica (su pista); **~y** adj veloce, rapido(a); pronto(a)

spell [spɛl] (pt, pp **spelt** (BRIT) or **~ed**) n (also: **magic ~**) incantesimo; (period of time) (breve) periodo ♦ vt (in writing) scrivere (lettera per lettera); (aloud) dire lettera per lettera; (fig) significare; **to cast a ~ on sb** fare un incantesimo a qn; **he can't ~** fa errori di ortografia; **~bound** adj

incantato(a); affascinato(a); **~ing** n
ortografia; **spelt** (BRIT) pt, pp of **spell**
spend [spɛnd] (pt, pp **spent**) vt (money)
spendere; (time, life) passare; **~thrift** n
spendaccione/a; **spent** pt, pp of **spend**
sperm [spə:m] n sperma m
sphere [sfɪə*] n sfera
spice [spaɪs] n spezia ♦ vt aromatizzare
spicy [ˈspaɪsɪ] adj piccante
spider [ˈspaɪdə*] n ragno
spike [spaɪk] n punta
spill [spɪl] (pt, pp **spilt** or **~ed**) vt versare,
rovesciare ♦ vi versarsi, rovesciarsi; **~ over**
vi (liquid) versarsi; (crowd) riversarsi; **spilt**
pt, pp of **spill**
spin [spɪn] (pt, pp **spun**) n (revolution of
wheel) rotazione f; (AVIAT) avvitamento;
(trip in car) giretto ♦ vt (wool etc) filare;
(wheel) far girare ♦ vi girare
spinach [ˈspɪnɪtʃ] n spinacio; (as food)
spinaci mpl
spinal [ˈspaɪnl] adj spinale; **~ cord** n
midollo spinale
spin doctor n pierre addetto alla difesa di
provvedimenti impopolari con interviste,
interventi in TV ecc.
spin-dryer (BRIT) n centrifuga
spine [spaɪn] n spina dorsale; (thorn) spina
spinning [ˈspɪnɪŋ] n filatura; **~ top** n
trottola
spin-off n (product) prodotto secondario
spinster [ˈspɪnstə*] n nubile f; zitella
spiral [ˈspaɪərl] n spirale f ♦ vi (fig) salire a
spirale; **~ staircase** n scala a chiocciola
spire [ˈspaɪə*] n guglia
spirit [ˈspɪrɪt] n spirito; (ghost) spirito,
fantasma m; (mood) stato d'animo, umore
m; (courage) coraggio; **~s** npl (drink)
alcolici mpl; **in good ~s** di buon umore;
~ed adj vivace, vigoroso(a); (horse)
focoso(a); **~ level** n livella a bolla (d'aria)
spiritual [ˈspɪrɪtjuəl] adj spirituale
spit [spɪt] (pt, pp **spat**) n (for roasting)
spiedo; (saliva) sputo; saliva ♦ vi sputare;
(fire, fat) scoppiettare
spite [spaɪt] n dispetto ♦ vt contrariare, far
dispetto a; **in ~ of** nonostante, malgrado;

~ful adj dispettoso(a)
spittle [ˈspɪtl] n saliva; sputo
splash [splæʃ] n spruzzo; (sound) splash m
inv; (of colour) schizzo ♦ vt spruzzare ♦ vi
(also: **~ about**) sguazzare
spleen [spli:n] n (ANAT) milza
splendid [ˈsplɛndɪd] adj splendido(a),
magnifico(a)
splint [splɪnt] n (MED) stecca
splinter [ˈsplɪntə*] n scheggia ♦ vi
scheggiarsi
split [splɪt] (pt, pp **split**) n spaccatura; (fig:
division, quarrel) scissione f ♦ vt spaccare;
(party) dividere; (work, profits) spartire,
ripartire ♦ vi (divide) dividersi; **~ up** vi
(couple) separarsi, rompere; (meeting)
sciogliersi
spoil [spɔɪl] (pt, pp **spoilt** or **~ed**) vt
(damage) rovinare, guastare; (mar)
sciupare; (child) viziare; **~s** npl bottino;
~sport n guastafeste m/f inv; **spoilt** pt,
pp of **spoil**
spoke [spəuk] pt of **speak** ♦ n raggio
spoken [ˈspəukn] pp of **speak**
spokesman [ˈspəuksmən] (irreg) n
portavoce m inv
spokeswoman [ˈspəukswumən] (irreg) n
portavoce f inv
sponge [spʌndʒ] n spugna; (also: **~ cake**)
pan m di spagna ♦ vt spugnare, pulire con
una spugna ♦ vi: **to ~ off** or **on** scroccare
a; **~ bag** (BRIT) n nécessaire m inv
sponsor [ˈspɔnsə*] n (RADIO, TV, SPORT etc)
sponsor m inv; (POL: of bill) promotore/trice
♦ vt sponsorizzare; (bill) presentare; **~ship**
n sponsorizzazione f
spontaneous [spɔnˈteɪnɪəs] adj
spontaneo(a)
spooky [ˈspu:kɪ] (inf) adj che fa
accapponare la pelle
spool [spu:l] n bobina
spoon [spu:n] n cucchiaio; **~-feed** vt
nutrire con il cucchiaio; (fig) imboccare;
~ful n cucchiaiata
sport [spɔ:t] n sport m inv; (person) persona
di spirito ♦ vt sfoggiare; **~ing** adj
sportivo(a); **to give sb a ~ing chance** dare

a qn una possibilità (di vincere); ~ **jacket**
(US) n = ~**s jacket**; ~**s car** n automobile f
sportiva; ~**s jacket** (BRIT) n giacca
sportiva; ~**sman** (irreg) n sportivo;
~**smanship** n spirito sportivo; ~**swear** n
abiti mpl sportivi; ~**swoman** (irreg) n
sportiva; ~**y** adj sportivo(a)

spot [spɔt] n punto; (mark) macchia; (dot:
on pattern) pallino; (pimple) foruncolo;
(place) posto; (RADIO, TV) spot m inv; (small
amount): **a ~ of** un po' di ♦ vt (notice)
individuare, distinguere; **on the ~** sul
posto; (immediately) su due piedi; (in
difficulty) nei guai; ~ **check** n controllo
senza preavviso; ~**less** adj immacolato(a);
~**light** n proiettore m; (AUT) faro ausiliario;
~**ted** adj macchiato(a); a puntini, a pallini;
~**ty** adj (face) foruncoloso(a)

spouse [spauz] n sposo/a

spout [spaut] n (of jug) beccuccio; (of pipe)
scarico ♦ vi zampillare

sprain [spreɪn] n storta, distorsione f ♦ vt:
to ~ one's ankle storcersi una caviglia

sprang [spræŋ] pt of **spring**

sprawl [sprɔːl] vi sdraiarsi (in modo
scomposto); (place) estendersi
(disordinatamente)

spray [spreɪ] n spruzzo; (container)
nebulizzatore m, spray m inv; (of flowers)
mazzetto ♦ vt spruzzare; (crops) irrorare

spread [spred] (pt, pp **spread**) n diffusione
f; (distribution) distribuzione f; (CULIN) pasta
(da spalmare); (inf: food) banchetto ♦ vt
(cloth) stendere, distendere; (butter etc)
spalmare; (disease, knowledge) propagare,
diffondere ♦ vi stendersi, distendersi;
spalmarsi; propagarsi, diffondersi; ~ **out** vi
(move apart) separarsi; ~**-eagled**
['spredɪːgld] adj a gambe e braccia aperte;
~**sheet** n foglio elettronico ad espansione

spree [spriː] n: **to go on a ~** fare baldoria

sprightly ['spraɪtlɪ] adj vivace

spring [sprɪŋ] (pt **sprang**, pp **sprung**) n
(leap) salto, balzo; (coiled metal) molla;
(season) primavera; (of water) sorgente f
♦ vi saltare, balzare; ~ **up** vi (problem)
presentarsi; ~**board** n trampolino; ~-

clean(ing) n grandi pulizie fpl di
primavera; ~**time** n primavera

sprinkle ['sprɪŋkl] vt spruzzare; spargere; **to
~ water** etc **on, ~ with water** etc spruzzare
dell'acqua etc su; ~**r** n (for lawn) irrigatore
m; (to put out fire) sprinkler m inv

sprint [sprɪnt] n scatto ♦ vi scattare; ~**er** n
(SPORT) velocista m/f

sprout [spraut] vi germogliare; ~**s** npl (also:
Brussels ~s) cavolini mpl di Bruxelles

spruce [spruːs] n inv abete m rosso ♦ adj
lindo(a); azzimato(a)

sprung [sprʌŋ] pp of **spring**

spun [spʌn] pt, pp of **spin**

spur [spəː*] n sperone m; (fig) sprone m,
incentivo ♦ vt (also: ~ **on**) spronare; **on the
~ of the moment** lì per lì

spurious ['spjuərɪəs] adj falso(a)

spurn [spəːn] vt rifiutare con disprezzo,
sdegnare

spurt [spəːt] n (of water) getto; (of energy)
scatto ♦ vi sgorgare

spy [spaɪ] n spia ♦ vi: **to ~ on** spiare ♦ vt
(see) scorgere; ~**ing** n spionaggio

sq. abbr = **square**

squabble ['skwɔbl] vi bisticciarsi

squad [skwɔd] n (MIL) plotone m; (POLICE)
squadra

squadron ['skwɔdrn] n (MIL) squadrone m;
(AVIAT, NAUT) squadriglia

squalid ['skwɔlɪd] adj squallido(a)

squall [skwɔːl] n raffica; burrasca

squalor ['skwɔlə*] n squallore m

squander ['skwɔndə*] vt dissipare

square [skweə*] n quadrato; (in town)
piazza ♦ adj quadrato(a); (inf: ideas,
person) di vecchio stampo ♦ vt (arrange)
regolare; (MATH) elevare al quadrato;
(reconcile) conciliare; **all ~** pari; **a ~ meal**
un pasto abbondante; **2 metres ~** di 2
metri per 2; **1 ~ metre** 1 metro quadrato;
~**ly** adv diritto; fermamente

squash [skwɔʃ] n (SPORT) squash m; (BRIT:
drink): **lemon/orange ~** sciroppo di
limone/arancia; (US) zucca; (SPORT) squash
m ♦ vt schiacciare

squat [skwɔt] adj tarchiato(a), tozzo(a) ♦ vi

(also: ~ down) accovacciarsi; **~ter** *n* occupante *m/f* abusivo(a)

squeak [skwi:k] *vi* squittire

squeal [skwi:l] *vi* strillare

squeamish ['skwi:mɪʃ] *adj* schizzinoso(a); disgustato(a)

squeeze [skwi:z] *n* pressione *f; (also ECON)* stretta ♦ *vt* premere; *(hand, arm)* stringere; ~ **out** *vt* spremere

squelch [skwɛltʃ] *vi* fare ciac; sguazzare

squid [skwɪd] *n* calamaro

squiggle ['skwɪgl] *n* ghirigoro

squint [skwɪnt] *vi* essere strabico(a) ♦ *n:* **he has a ~** è strabico

squirm [skwə:m] *vi* contorcersi

squirrel ['skwɪrəl] *n* scoiattolo

squirt [skwə:t] *vi* schizzare; zampillare ♦ *vt* spruzzare

Sr *abbr* = **senior**

St *abbr* = **saint; street**

stab [stæb] *n (with knife etc)* pugnalata; *(of pain)* fitta; *(inf: try):* **to have a ~ at (doing) sth** provare a (fare) qc ♦ *vt* pugnalare

stable ['steɪbl] *n (for horses)* scuderia; *(for cattle)* stalla ♦ *adj* stabile

stack [stæk] *n* catasta, pila ♦ *vt* accatastare, ammucchiare

stadium ['steɪdɪəm] *n* stadio

staff [stɑ:f] *n (work force: gen)* personale *m;* *(: BRIT: SCOL)* personale insegnante ♦ *vt* fornire di personale

stag [stæg] *n* cervo

stage [steɪdʒ] *n* palcoscenico; *(profession):* **the ~** il teatro, la scena; *(point)* punto; *(platform)* palco ♦ *vt (play)* allestire, mettere in scena; *(demonstration)* organizzare; **in ~s** per gradi; a tappe; **~coach** *n* diligenza; ~ **manager** *n* direttore *m* di scena

stagger ['stægə*] *vi* barcollare ♦ *vt (person)* sbalordire; *(hours, holidays)* scaglionare; **~ing** *adj (amazing)* sbalorditivo(a)

stagnate [stæg'neɪt] *vi* stagnare

stag party *n* festa di addio al celibato

staid [steɪd] *adj* posato(a), serio(a)

stain [steɪn] *n* macchia; *(colouring)* colorante *m* ♦ *vt* macchiare; *(wood)* tingere; **~ed**

glass window *n* vetrata; **~less** *adj (steel)* inossidabile; ~ **remover** *n* smacchiatore *m*

stair [stɛə*] *n (step)* gradino; **~s** *npl (flight of ~s)* scale *fpl,* scala; **~case** *n* scale *fpl,* scala; **~way** *n* = **~case**

stake [steɪk] *n* palo, piolo; *(COMM)* interesse *m; (BETTING)* puntata, scommessa ♦ *vt (bet)* scommettere; *(risk)* rischiare; **to be at ~** essere in gioco

stale [steɪl] *adj (bread)* raffermo(a); *(food)* stantio(a); *(air)* viziato(a); *(beer)* svaporato(a); *(smell)* di chiuso

stalemate ['steɪlmeɪt] *n* stallo; *(fig)* punto morto

stalk [stɔ:k] *n* gambo, stelo ♦ *vt* inseguire; ~ **off** *vi* andarsene impettito(a)

stall [stɔ:l] *n* bancarella; *(in stable)* box *m inv* di stalla ♦ *vt (AUT)* far spegnere; *(fig)* bloccare ♦ *vi (AUT)* spegnersi, fermarsi; *(fig)* temporeggiare; **~s** *npl (BRIT: in cinema, theatre)* platea

stallion ['stælɪən] *n* stallone *m*

stalwart ['stɔ:lwət] *adj* fidato(a); risoluto(a)

stamina ['stæmɪnə] *n* vigore *m,* resistenza

stammer ['stæmə*] *n* balbuzie *f* ♦ *vi* balbettare

stamp [stæmp] *n (postage ~)* francobollo; *(implement)* timbro; *(mark, also fig)* marchio, impronta; *(on document)* bollo; timbro ♦ *vi (also:* ~ **one's foot)** battere il piede ♦ *vt* battere; *(letter)* affrancare; *(mark with a ~)* timbrare; ~ **album** *n* album *m inv* per francobolli; ~ **collecting** *n* filatelia

stampede [stæm'pi:d] *n* fuggi fuggi *m inv*

stance [stæns] *n* posizione *f*

stand [stænd] *(pt, pp* **stood)** *n (position)* posizione *f; (for taxis)* posteggio; *(structure)* supporto, sostegno; *(at exhibition)* stand *m inv; (in shop)* banco; *(at market)* bancarella; *(booth)* chiosco; *(SPORT)* tribuna ♦ *vi* stare in piedi; *(rise)* alzarsi in piedi; *(be placed)* trovarsi ♦ *vt (place)* mettere, porre; *(tolerate, withstand)* resistere, sopportare; *(treat)* offrire; **to make a ~** prendere posizione; **to ~ for parliament** *(BRIT)* presentarsi come candidato (per il parlamento); ~ **by** *vi* (*be ready*) tenersi pronto(a) ♦ *vt fus* (*opinion*) sostenere; ~ **down** *vi* (*withdraw*) ritirarsi; ~ **for** *vt fus* (*signify*) rappresentare, significare; (*tolerate*) sopportare, tollerare; ~ **in for** *vt fus* sostituire; ~ **out** *vi* (*be prominent*) spiccare; ~ **up** *vi* (*rise*) alzarsi in piedi; ~ **up for** *vt fus* difendere; ~ **up to** *vt fus* tener testa a, resistere a

standard ['stændəd] *n* modello, standard *m inv*; (*level*) livello; (*flag*) stendardo ♦ *adj* (*size etc*) normale, standard *inv*; **~s** *npl* (*morals*) principi *mpl*, valori *mpl*; ~ **lamp** (*BRIT*) *n* lampada a stelo; ~ **of living** *n* livello di vita

stand-by *n* riserva, sostituto; **to be on ~** (*gen*) tenersi pronto(a); (*doctor*) essere di guardia; ~ **ticket** *n* (*AVIAT*) biglietto senza garanzia

stand-in *n* sostituto/a

standing ['stændıŋ] *adj* diritto(a), in piedi; (*permanent*) permanente ♦ *n* rango, condizione *f*, posizione *f*; **of many years' ~** che dura da molti anni; ~ **joke** *n* barzelletta; ~ **order** (*BRIT*) *n* (*at bank*) ordine *m* di pagamento (permanente); ~ **room** *n* posto all'impiedi

standpoint ['stændpɔint] *n* punto di vista

standstill ['stændstil] *n*: **at a ~** fermo(a); (*fig*) a un punto morto; **to come to a ~** fermarsi; giungere a un punto morto

stank [stæŋk] *pt of* **stink**

staple ['steipl] *n* (*for papers*) graffetta ♦ *adj* (*food etc*) di base ♦ *vt* cucire; **~r** *n* cucitrice *f*

star [stɑ:*] *n* stella; (*celebrity*) divo/a ♦ *vi*: **to ~ (in)** essere il (*or* la) protagonista (di) ♦ *vt* (*CINEMA*) essere interpretato(a) da

starboard ['stɑ:bəd] *n* dritta

starch [stɑ:tʃ] *n* amido

stardom ['stɑ:dəm] *n* celebrità

stare [stɛə*] *n* sguardo fisso ♦ *vi*: **to ~ at** fissare

starfish ['stɑ:fiʃ] *n* stella di mare

stark [stɑ:k] *adj* (*bleak*) desolato(a) ♦ *adv*: ~ **naked** completamente nudo(a)

starling ['stɑ:lıŋ] *n* storno

starry ['stɑ:rı] *adj* stellato(a); ~-**eyed** *adj* (*innocent*) ingenuo(a)

start [stɑ:t] *n* inizio; (*of race*) partenza; (*sudden movement*) sobbalzo; (*advantage*) vantaggio ♦ *vt* cominciare, iniziare; (*car*) mettere in moto ♦ *vi* cominciare; (*on journey*) partire, mettersi in viaggio; (*jump*) sobbalzare; **to ~ doing** *or* **to do sth** (in)cominciare a fare qc; ~ **off** *vi* cominciare; (*leave*) partire; ~ **up** *vi* cominciare; (*car*) avviarsi ♦ *vt* iniziare; (*car*) avviare; **~er** *n* (*AUT*) motorino d'avviamento; (*SPORT: official*) starter *m inv*; (*BRIT: CULIN*) primo piatto; ~**ing point** *n* punto di partenza

startle ['stɑ:tl] *vt* far trasalire; **startling** *adj* sorprendente

starvation [stɑ:'veiʃən] *n* fame *f*, inedia

starve [stɑ:v] *vi* morire di fame; soffrire la fame ♦ *vt* far morire di fame, affamare

state [steit] *n* stato ♦ *vt* dichiarare, affermare; annunciare; **the S~s** (*USA*) gli Stati Uniti; **to be in a ~** essere agitato(a); ~**ly** *adj* maestoso(a), imponente; ~**ly home** *n* residenza nobiliare (*d'interesse storico e artistico*); ~**ment** *n* dichiarazione *f*; ~**sman** (*irreg*) *n* statista *m*

static ['stætik] *n* (*RADIO*) scariche *fpl* ♦ *adj* statico(a)

station ['steiʃən] *n* stazione *f* ♦ *vt* collocare, disporre

stationary ['steiʃənəri] *adj* fermo(a), immobile

stationer ['steiʃənə*] *n* cartolaio/a; ~'**s (shop)** *n* cartoleria; ~**y** *n* articoli *mpl* di cancelleria

station master *n* (*RAIL*) capostazione *m*

station wagon (*US*) *n* giardinetta

statistic [stə'tistik] *n* statistica; ~**s** *n* (*science*) statistica

statue ['stætju:] *n* statua

status ['steitəs] *n* posizione *f*, condizione *f* sociale; prestigio; stato; ~ **symbol** *n* simbolo di prestigio

statute ['stætju:t] *n* legge *f*; **statutory** *adj* stabilito(a) dalla legge, statutario(a)

staunch [stɔ:ntʃ] *adj* fidato(a), leale
stay [steɪ] *n* (*period of time*) soggiorno, permanenza ♦ *vi* rimanere; (*reside*) alloggiare, soggiornare, stare; (*spend some time*) trattenersi, soggiornare; **to ~ put** non muoversi; **to ~ the night** fermarsi per la notte; **~ behind** *vi* restare indietro; **~ in** *vi* (*at home*) stare in casa; **~ on** *vi* restare, rimanere; **~ out** *vi* (*of house*) rimanere fuori (di casa); **~ up** *vi* (*at night*) rimanere alzato(a); **~ing power** *n* capacità di resistenza
stead [stɛd] *n*: **in sb's ~** al posto di qn; **to stand sb in good ~** essere utile a qn
steadfast ['stɛdfɑ:st] *adj* fermo(a), risoluto(a)
steadily ['stɛdɪlɪ] *adv* (*firmly*) saldamente; (*constantly*) continuamente; (*fixedly*) fisso; (*walk*) con passo sicuro
steady ['stɛdɪ] *adj* (*not wobbling*) fermo(a); (*regular*) costante; (*person, character*) serio(a); (: *calm*) calmo(a), tranquillo(a) ♦ *vt* stabilizzare; calmare
steak [steɪk] *n* (*meat*) bistecca; (*fish*) trancia
steal [sti:l] (*pt* **stole**, *pp* **stolen**) *vt* rubare ♦ *vi* rubare; (*move*) muoversi furtivamente
stealth [stɛlθ] *n*: **by ~** furtivamente; **~y** *adj* furtivo(a)
steam [sti:m] *n* vapore *m* ♦ *vt* (*CULIN*) cuocere a vapore ♦ *vi* fumare; **~ engine** *n* macchina a vapore; (*RAIL*) locomotiva a vapore; **~er** *n* piroscafo, vapore *m*; **~roller** *n* rullo compressore; **~ship** *n* = **~er**; **~y** *adj* (*room*) pieno(a) di vapore; (*window*) appannato(a)
steel [sti:l] *n* acciaio ♦ *adj* di acciaio; **~works** *n* acciaieria
steep [sti:p] *adj* ripido(a), scosceso(a); (*price*) eccessivo(a) ♦ *vt* inzuppare; (*washing*) mettere a mollo
steeple ['sti:pl] *n* campanile *m*
steer [stɪə*] *vt* guidare ♦ *vi* (*NAUT*: *person*) governare; (*car*) guidarsi; **~ing** *n* (*AUT*) sterzo; **~ing wheel** *n* volante *m*
stem [stɛm] *n* (*of flower, plant*) stelo; (*of tree*) fusto; (*of glass*) gambo; (*of fruit, leaf*) picciolo ♦ *vt* contenere, arginare; **~ from**

vt fus provenire da, derivare da
stench [stɛntʃ] *n* puzzo, fetore *m*
stencil ['stɛnsl] *n* (*of metal, cardboard*) stampino, mascherina; (*in typing*) matrice *f* ♦ *vt* disegnare con stampino
stenographer [stɛ'nɔgrəfə*] (*US*) *n* stenografo/a
step [stɛp] *n* passo; (*stair*) gradino, scalino; (*action*) mossa, azione *f* ♦ *vi*: **to ~ forward/back** fare un passo avanti/indietro; **~s** *npl* (*BRIT*) = **stepladder**; **to be in/out of ~ (with)** stare/non stare al passo (con); **~ down** *vi* (*fig*) ritirarsi; **~ on** *vt fus* calpestare; **~ up** *vt* aumentare; intensificare; **~brother** *n* fratellastro; **~daughter** *n* figliastra; **~father** *n* patrigno; **~ladder** *n* scala a libretto; **~mother** *n* matrigna; **~ping stone** *n* pietra di un guado; **~sister** *n* sorellastra; **~son** *n* figliastro
stereo ['stɛrɪəʊ] *n* (*system*) sistema *m* stereofonico; (*record player*) stereo *m inv* ♦ *adj* (*also*: **~phonic**) stereofonico(a)
sterile ['stɛraɪl] *adj* sterile; **sterilize** ['stɛrɪlaɪz] *vt* sterilizzare
sterling ['stɜ:lɪŋ] *adj* (*gold, silver*) di buona lega ♦ *n* (*ECON*) (lira) sterlina; **a pound ~** una lira sterlina
stern [stɜ:n] *adj* severo(a) ♦ *n* (*NAUT*) poppa
stew [stju:] *n* stufato ♦ *vt* cuocere in umido
steward ['stju:əd] *n* (*AVIAT, NAUT, RAIL*) steward *m inv*; (*in club etc*) dispensiere *m*; **~ess** *n* assistente *f* di volo, hostess *f inv*
stick [stɪk] (*pt, pp* **stuck**) *n* bastone *m*; (*of rhubarb, celery*) gambo; (*of dynamite*) candelotto ♦ *vt* (*glue*) attaccare; (*thrust*): **to ~ sth into** conficcare *or* piantare *or* infiggere qc in; (*inf*: *put*) ficcare; (*inf*: *tolerate*) sopportare ♦ *vi* attaccarsi; (*remain*) restare, rimanere; **~ out** *vi* sporgere, spuntare; **~ up** *vi* sporgere, spuntare; **~ up for** *vt fus* difendere; **~er** *n* cartellino adesivo; **~ing plaster** *n* cerotto adesivo
stick-up (*inf*) *n* rapina a mano armata
sticky ['stɪkɪ] *adj* attaccaticcio(a), vischioso(a); (*label*) adesivo(a); (*fig*: *situation*) difficile

stiff [stɪf] *adj* rigido(a), duro(a); *(muscle)* legato(a), indolenzito(a); *(difficult)* difficile, arduo(a); *(cold)* freddo(a), formale; *(strong)* forte; *(high: price)* molto alto(a) ♦ *adv*: **bored ~** annoiato(a) a morte; **~en** *vt* irrigidire; rinforzare ♦ *vi* irrigidirsi; indurirsi; **~ neck** *n* torcicollo

stifle ['staɪfl] *vt* soffocare

stigma ['stɪgmə] *n (fig)* stigma *m*

stile [staɪl] *n* cavalcasiepe *m*; cavalcasteccato

stiletto [stɪ'lεtəu] *(BRIT)* *n (also: ~* **heel)** tacco a spillo

still [stɪl] *adj* fermo(a); silenzioso(a) ♦ *adv (up to this time, even)* ancora; *(nonetheless)* tuttavia, ciò nonostante; **~born** *adj* nato(a) morto(a); **~ life** *n* natura morta

stilt [stɪlt] *n* trampolo *m*; *(pile)* palo

stilted ['stɪltɪd] *adj* freddo(a), formale; artificiale

stimulate ['stɪmjuleɪt] *vt* stimolare

stimuli ['stɪmjulaɪ] *npl of* **stimulus**

stimulus ['stɪmjuləs] *(pl* **stimuli)** *n* stimolo

sting [stɪŋ] *(pt, pp* **stung)** *n* puntura; *(organ)* pungiglione *m* ♦ *vt* pungere

stingy ['stɪndʒɪ] *adj* spilorcio(a), tirchio(a)

stink [stɪŋk] *(pt* **stank**, *pp* **stunk)** *n* fetore *m*, puzzo ♦ *vi* puzzare; **~ing** *(inf)* *adj* *(fig)*: **a ~ing ...** uno schifo di ..., un(a) maledetto(a) ....

stint [stɪnt] *n* lavoro, compito ♦ *vi*: **to ~ on** lesinare su

stir [stə:*] *n* agitazione *f*, clamore *m* ♦ *vt* mescolare; *(fig)* risvegliare ♦ *vi* muoversi; **~ up** *vt* provocare, suscitare

stirrup ['stɪrəp] *n* staffa

stitch [stɪtʃ] *n (SEWING)* punto; *(KNITTING)* maglia; *(MED)* punto (di sutura); *(pain)* fitta ♦ *vt* cucire, attaccare; suturare

stoat [stəut] *n* ermellino

stock [stɔk] *n* riserva, provvista; *(COMM)* giacenza, stock *m inv*; *(AGR)* bestiame *m*; *(CULIN)* brodo; *(descent)* stirpe *f*; *(FINANCE)* titoli *mpl*, azioni *fpl* ♦ *adj (fig: reply etc)* consueto(a); classico(a) ♦ *vt (have in stock)* avere, vendere; **~s and shares** valori *mpl* di borsa; **in ~** in magazzino; **out of ~** esaurito(a); **~ up** *vi*: **to ~ up (with)** fare

provvista (di)

stockbroker ['stɔkbrəukə*] *n* agente *m* di cambio

stock cube *(BRIT)* *n* dado

stock exchange *n* Borsa (valori)

stocking ['stɔkɪŋ] *n* calza

stock: ~ market *n* Borsa, mercato finanziario; **~pile** *n* riserva ♦ *vt* accumulare riserve di; **~taking** *(BRIT)* *n (COMM)* inventario

stocky ['stɔkɪ] *adj* tarchiato(a), tozzo(a)

stodgy ['stɔdʒɪ] *adj* pesante, indigesto(a)

stoke [stəuk] *vt* alimentare

stole [stəul] *pt of* **steal** ♦ *n* stola

stolen ['stəuln] *pp of* **steal**

stomach ['stʌmək] *n* stomaco; *(belly)* pancia ♦ *vt* sopportare, digerire; **~ ache** *n* mal *m* di stomaco

stone [stəun] *n* pietra; *(pebble)* sasso, ciottolo; *(in fruit)* nocciolo; *(MED)* calcolo; *(BRIT: weight)* = 6.348 kgs.; 14 libbre ♦ *adj* di pietra ♦ *vt* lapidare; *(fruit)* togliere il nocciolo a; **~-cold** *adj* gelido(a); **~-deaf** *adj* sordo(a) come una campana; **~work** *n* muratura; **stony** *adj* sassoso(a), *(fig)* di pietra

stood [stud] *pt, pp of* **stand**

stool [stu:l] *n* sgabello

stoop [stu:p] *vi (also:* **have a ~)** avere una curvatura; *(also: ~* **down)** chinarsi, curvarsi

stop [stɔp] *n* arresto; *(stopping place)* fermata; *(in punctuation)* punto ♦ *vt* arrestare, fermare; *(break off)* interrompere; *(also:* **put a ~ to)** porre fine a ♦ *vi* fermarsi; *(rain, noise etc)* cessare, finire; **to ~ doing sth** cessare *or* finire di fare qc; **to ~ dead** fermarsi di colpo; **~ off** *vi* sostare brevemente; **~ up** *vt (hole)* chiudere, turare; **~gap** *n* tappabuchi *m inv*; **~lights** *npl (AUT)* stop *mpl*; **~over** *n* breve sosta; *(AVIAT)* scalo

stoppage ['stɔpɪdʒ] *n* arresto, fermata; *(of pay)* trattenuta; *(strike)* interruzione *f* del lavoro

stopper ['stɔpə*] *n* tappo

stop press *n* ultimissime *fpl*

stopwatch ['stɔpwɔtʃ] *n* cronometro

storage ['stɔːrɪdʒ] *n* immagazzinamento; ~ **heater** *n* radiatore *m* elettrico che accumula calore

store [stɔː*] *n* provvista, riserva; (*depot*) deposito; (*BRIT: department* ~) grande magazzino; (*US: shop*) negozio ♦ *vt* immagazzinare; **~s** *npl* (*provisions*) rifornimenti *mpl*, scorte *fpl*; **in** ~ di riserva; in serbo; ~ **up** *vt* conservare; mettere in serbo; **~room** *n* dispensa

storey ['stɔːrɪ] (*US* **story**) *n* piano

stork [stɔːk] *n* cicogna

storm [stɔːm] *n* tempesta, temporale *m*, burrasca; uragano ♦ *vi* (*fig*) infuriarsi ♦ *vt* prendere d'assalto; **~y** *adj* tempestoso(a), burrascoso(a)

story ['stɔːrɪ] *n* storia; favola; racconto; (*US*) = **storey**; **~book** *n* libro di racconti

stout [staut] *adj* solido(a), robusto(a); (*friend, supporter*) tenace; (*fat*) corpulento(a), grasso(a) ♦ *n* birra scura

stove [stəuv] *n* (*for cooking*) fornello; (*: small*) fornelletto; (*for heating*) stufa

stow [stəu] *vt* (*also:* ~ **away**) mettere via; **~away** *n* passeggero(a) clandestino(a)

straddle ['strædl] *vt* stare a cavalcioni di; (*fig*) essere a cavallo di

straggle ['strægl] *vi* crescere (*or* estendersi) disordinatamente; trascinarsi; rimanere indietro; **straggly** *adj* (*hair*) in disordine

straight [streɪt] *adj* dritto(a); (*frank*) onesto(a), franco(a); (*simple*) semplice ♦ *adv* diritto; (*drink*) liscio; **to put** *or* **get** ~ mettere in ordine, mettere ordine in; ~ **away**, ~ **off** (*at once*) immediatamente; **~en** *vt* (*also:* **~en out**) raddrizzare; **~-faced** *adj* impassibile, imperturbabile; **~forward** *adj* semplice; onesto(a), franco(a)

strain [streɪn] *n* (*TECH*) sollecitazione *f*; (*physical*) sforzo; (*mental*) tensione *f*; (*MED*) strappo; distorsione *f*; (*streak, trace*) tendenza; elemento ♦ *vt* tendere; (*muscle*) sforzare; (*ankle*) storcere; (*resources*) pesare su; (*food*) colare; passare; **~s** *npl* (*MUS*) note *fpl*; **~ed** *adj* (*muscle*) stirato(a); (*laugh etc*) forzato(a); (*relations*) teso(a); **~er** *n*

passino, colino

strait [streɪt] *n* (*GEO*) stretto; **~s** *npl*: **to be in dire ~s** (*fig*) essere nei guai; **~jacket** *n* camicia di forza; **~-laced** *adj* bacchettone(a)

strand [strænd] *n* (*of thread*) filo; **~ed** *adj* nei guai; senza mezzi di trasporto

strange [streɪndʒ] *adj* (*not known*) sconosciuto(a); (*odd*) strano(a), bizzarro(a); **~ly** *adv* stranamente; **~r** *n* sconosciuto/a; estraneo/a

strangle ['stræŋgl] *vt* strangolare; **~hold** *n* (*fig*) stretta (mortale)

strap [stræp] *n* cinghia; (*of slip, dress*) spallina, bretella

strategic [strə'tiːdʒɪk] *adj* strategico(a)

strategy ['strætɪdʒɪ] *n* strategia

straw [strɔː] *n* paglia; (*drinking* ~) cannuccia; **that's the last ~!** è la goccia che fa traboccare il vaso!

strawberry ['strɔːbərɪ] *n* fragola

stray [streɪ] *adj* (*animal*) randagio(a); (*bullet*) vagante; (*scattered*) sparso(a) ♦ *vi* perdersi

streak [striːk] *n* striscia; (*of hair*) mèche *f inv* ♦ *vt* striare, screziare ♦ *vi*: **to ~ past** passare come un fulmine

stream [striːm] *n* ruscello; corrente *f*; (*of people, smoke etc*) fiume *m* ♦ *vt* (*SCOL*) dividere in livelli di rendimento ♦ *vi* scorrere; **to ~ in/out** entrare/uscire a fiotti

streamer ['striːmə*] *n* (*of paper*) stella filante

streamlined ['striːmlaɪnd] *adj* aerodinamico(a), affusolato(a)

street [striːt] *n* strada, via; **~car** (*US*) *n* tram *m inv*; ~ **lamp** *n* lampione *m*; ~ **plan** *n* pianta (di una città); **~wise** (*inf*) *adj* esperto(a) dei bassifondi

strength [strɛŋθ] *n* forza; **~en** *vt* rinforzare; fortificare; consolidare

strenuous ['strɛnjuəs] *adj* vigoroso(a), energico(a); (*tiring*) duro(a), pesante

stress [strɛs] *n* (*force, pressure*) pressione *f*; (*mental strain*) tensione *f*; (*accent*) accento ♦ *vt* insistere su, sottolineare; accentare

stretch [stretʃ] *n* (*of sand etc*) distesa ♦ *vi* stirarsi; (*extend*): **to ~ to** *or* **as far as**

estendersi fino a ♦ *vt* tendere, allungare; (*spread*) distendere; (*fig*) spingere (al massimo); ~ **out** *vi* allungarsi, estendersi ♦ *vt* (*arm etc*) allungare, tendere; (*to spread*) distendere

stretcher ['strɛtʃə*] *n* barella, lettiga

strewn [stru:n] *adj*: ~ **with** cosparso(a) di

stricken ['strɪkən] *adj* (*person*) provato(a); (*city, industry etc*) colpito(a); ~ **with** (*disease etc*) colpito(a) da

strict [strɪkt] *adj* (*severe*) rigido(a), severo(a); (*precise*) preciso(a), stretto(a); ~**ly** *adv* severamente, rigorosamente; strettamente

stridden ['strɪdn] *pp of* **stride**

stride [straɪd] (*pt* **strode**, *pp* **stridden**) *n* passo lungo ♦ *vi* camminare a grandi passi

strife [straɪf] *n* conflitto; litigi *mpl*

strike [straɪk] (*pt, pp* **struck**) *n* sciopero; (*of oil etc*) scoperta; (*attack*) attacco ♦ *vt* colpire; (*oil etc*) scoprire, trovare (*bargain*) fare; (*fig*): **the thought or it ~s me that ...** mi viene in mente che ... ♦ *vi* scioperare; (*attack*) attaccare; (*clock*) suonare; **on ~** (*workers*) in sciopero; **to ~ a match** accendere un fiammifero; ~ **down** *vt* (*fig*) atterrare; ~ **up** *vt* (*MUS, conversation*) attaccare; **to ~ up a friendship with** fare amicizia con; ~**r** *n* scioperante *m/f*; (*SPORT*) attaccante *m*; **striking** *adj* che colpisce

string [strɪŋ] (*pt, pp* **strung**) *n* spago; (*row*) fila; sequenza; catena; (*MUS*) corda ♦ *vt*: **to ~ out** disporre di fianco; **to ~ together** (*words, ideas*) mettere insieme; **the ~s** *npl* (*MUS*) gli archi; **to pull ~s for sb** (*fig*) raccomandare qn; ~ **bean** *n* fagiolino; ~**(ed) instrument** *n* (*MUS*) strumento a corda

stringent ['strɪndʒənt] *adj* rigoroso(a)

strip [strɪp] *n* striscia ♦ *vt* spogliare; (*paint*) togliere; (*also*: ~ **down**: *machine*) smontare ♦ *vi* spogliarsi; ~ **cartoon** *n* fumetto

stripe [straɪp] *n* striscia, riga; (*MIL, POLICE*) gallone *m*; ~**d** *adj* a strisce or righe

strip lighting *n* illuminazione *f* al neon

stripper ['strɪpə*] *n* spogliarellista *m/f*

strip-search ['strɪpsə:tʃ] *vt*: **to ~ sb** perquisire qn facendolo(a) spogliare ♦ *n*

perquisizione (*facendo spogliare il perquisto*)

striptease ['strɪpti:z] *n* spogliarello

strive [straɪv] (*pt* **strove**, *pp* **striven**) *vi*: **to ~ to do** sforzarsi di fare; **striven** ['strɪvn] *pp of* **strive**

strode [strəud] *pt of* **stride**

stroke [strəuk] *n* colpo; (*SWIMMING*) bracciata; (: *style*) stile *m*; (*MED*) colpo apoplettico ♦ *vt* accarezzare; **at a ~** in un attimo

stroll [strəul] *n* giretto, passeggiatina ♦ *vi* andare a spasso; ~**er** (*US*) *n* passeggino

strong [strɔŋ] *adj* (*gen*) forte; (*sturdy: table, fabric etc*) robusto(a); **they are 50 ~** sono in 50; ~**box** *n* cassaforte *f*; ~**hold** *n* (*also fig*) roccaforte *f*; ~**ly** *adv* fortemente, con forza; energicamente; vivamente; ~**room** *n* camera di sicurezza

strove [strəuv] *pt of* **strive**

struck [strʌk] *pt, pp of* **strike**

structural ['strʌktʃərəl] *adj* strutturale

structure ['strʌktʃə*] *n* struttura; (*building*) costruzione *f*, fabbricato

struggle ['strʌgl] *n* lotta ♦ *vi* lottare

strum [strʌm] *vt* (*guitar*) strimpellare

strung [strʌŋ] *pt, pp of* **string**

strut [strʌt] *n* sostegno, supporto ♦ *vi* pavoneggiarsi

stub [stʌb] *n* mozzicone *m*; (*of ticket etc*) matrice *f*, talloncino ♦ *vt*: **to ~ one's toe** urtare or sbattere il dito del piede; ~ **out** *vt* schiacciare

stubble ['stʌbl] *n* stoppia; (*on chin*) barba ispida

stubborn ['stʌbən] *adj* testardo(a), ostinato(a)

stuck [stʌk] *pt, pp of* **stick** ♦ *adj* (*jammed*) bloccato(a); ~**-up** *adj* presuntuoso(a)

stud [stʌd] *n* bottoncino; borchia; (*also*: ~ **earring**) orecchino a pressione; (*also*: ~ **farm**) scuderia, allevamento di cavalli; (*also*: ~ **horse**) stallone *m* ♦ *vt* (*fig*): ~**ded with** tempestato(a) di

student ['stju:dənt] *n* studente/essa ♦ *cpd* studentesco(a); universitario(a); degli studenti; ~ **driver** (*US*) *n* conducente *m/f* principiante

studio ['stju:dɪəʊ] *n* studio; ~ **flat** (*US ~* **apartment**) *n* monolocale *m*

studious ['stju:dɪəs] *adj* studioso(a); (*studied*) studiato(a), voluto(a); ~**ly** *adv* (*carefully*) deliberatamente, di proposito

study ['stʌdɪ] *n* studio ♦ *vt* studiare; esaminare ♦ *vi* studiare

stuff [stʌf] *n* roba; (*substance*) sostanza, materiale *m* ♦ *vt* imbottire; (*CULIN*) farcire; (*dead animal*) impagliare; (*inf: push*) ficcare; ~**ing** *n* imbottitura; (*CULIN*) ripieno; ~**y** *adj* (*room*) mal ventilato(a), senz'aria; (*ideas*) antiquato(a)

stumble ['stʌmbl] *vi* inciampare; **to ~ across** (*fig*) imbattersi in; **stumbling block** *n* ostacolo, scoglio

stump [stʌmp] *n* ceppo; (*of limb*) moncone *m* ♦ *vt*: **to be ~ed** essere sconcertato(a)

stun [stʌn] *vt* stordire; (*amaze*) sbalordire

stung [stʌŋ] *pt, pp of* **sting**

stunk [stʌŋk] *pp of* **stink**

stunning ['stʌnɪŋ] *adj* sbalorditivo(a); (*girl etc*) fantastico(a)

stunt [stʌnt] *n* bravata; trucco pubblicitario; ~**man** (*irreg*) *n* cascatore *m*

stupefy ['stju:pɪfaɪ] *vt* stordire; intontire; (*fig*) stupire

stupendous [stju:'pɛndəs] *adj* stupendo(a), meraviglioso(a)

stupid ['stju:pɪd] *adj* stupido(a); ~**ity** [-'pɪdɪtɪ] *n* stupidità *f inv*, stupidaggine *f*

stupor ['stju:pə*] *n* torpore *m*

sturdy ['stɜ:dɪ] *adj* robusto(a), vigoroso(a); solido(a)

stutter ['stʌtə*] *n* balbuzie *f* ♦ *vi* balbettare

sty [staɪ] *n* (*of pigs*) porcile *m*

stye [staɪ] *n* (*MED*) orzaiolo

style [staɪl] *n* stile *m*; (*distinction*) eleganza, classe *f*; **stylish** *adj* elegante

stylus ['staɪləs] *n* (*of record player*) puntina

suave [swɑ:v] *adj* untuoso(a)

sub... [sʌb] *prefix* sub..., sotto...; ~**conscious** *adj* subcosciente ♦ *n* subcosciente *m*; ~**contract** *vt* subappaltare

subdue [səb'dju:] *vt* sottomettere, soggiogare; ~**d** *adj* pacato(a); (*light*)

attenuato(a)

subject [*n* 'sʌbdʒɪkt, *vb* səb'dʒɛkt] *n* soggetto; (*citizen etc*) cittadino/a; (*SCOL*) materia ♦ *vt*: **to ~ to** sottomettere a; esporre a; **to be ~ to** (*law*) essere sottomesso(a) a; (*disease*) essere soggetto(a) a; ~**ive** [-'dʒɛktɪv] *adj* soggettivo(a); ~ **matter** *n* argomento; contenuto

sublet [sʌb'lɛt] *vt* subaffittare

submachine gun ['sʌbmə'ʃi:n-] *n* mitra *m inv*

submarine [sʌbmə'ri:n] *n* sommergibile *m*

submerge [səb'mɜːdʒ] *vt* sommergere; immergere ♦ *vi* immergersi

submission [səb'mɪʃən] *n* sottomissione *f*; (*claim*) richiesta

submissive [səb'mɪsɪv] *adj* remissivo(a)

submit [səb'mɪt] *vt* sottomettere ♦ *vi* sottomettersi

subnormal [sʌb'nɔːməl] *adj* subnormale

subordinate [sə'bɔːdɪnət] *adj, n* subordinato(a)

subpoena [səb'piːnə] *n* (*LAW*) citazione *f*, mandato di comparizione

subscribe [səb'skraɪb] *vi* contribuire; **to ~ to** (*opinion*) approvare, condividere; (*fund*) sottoscrivere a; (*newspaper*) abbonarsi a; essere abbonato a; ~**r** *n* (*to periodical, telephone*) abbonato/a

subscription [səb'skrɪpʃən] *n* sottoscrizione *f*; abbonamento

subsequent ['sʌbsɪkwənt] *adj* successivo(a), seguente; conseguente; ~**ly** *adv* in seguito, successivamente

subside [səb'saɪd] *vi* cedere, abbassarsi; (*flood*) decrescere; (*wind*) calmarsi; ~**nce** [-'saɪdns] *n* cedimento, abbassamento

subsidiary [səb'sɪdɪərɪ] *adj* sussidiario(a); accessorio(a) ♦ *n* filiale *f*

subsidize ['sʌbsɪdaɪz] *vt* sovvenzionare

subsidy ['sʌbsɪdɪ] *n* sovvenzione *f*

subsistence [səb'sɪstəns] *n* esistenza; mezzi *mpl* di sostentamento; ~ **allowance** *n* indennità *f inv* di trasferta

substance ['sʌbstəns] *n* sostanza

substantial [səb'stænʃl] *adj* solido(a);

(*amount, progress etc*) notevole; (*meal*) sostanzioso(a)

substantiate [səb'stænʃɪeɪt] *vt* comprovare

substitute ['sʌbstɪtjuːt] *n* (*person*) sostituto/a; (*thing*) succedaneo, surrogato ♦ *vt*: **to ~ sth/sb for** sostituire qc/qn a

subterfuge ['sʌbtəfjuːdʒ] *n* sotterfugio

subterranean [sʌbtə'reɪnɪən] *adj* sotterraneo(a)

subtitle ['sʌbtaɪtl] *n* (*CINEMA*) sottotitolo; **~d** *adj* sottotitolato(a)

subtle ['sʌtl] *adj* sottile; **~ty** *n* sottigliezza

subtotal [sʌb'təutl] *n* somma parziale

subtract [səb'trækt] *vt* sottrarre; **~ion** [-'trækʃən] *n* sottrazione *f*

suburb ['sʌbəːb] *n* sobborgo; **the ~s** la periferia; **~an** [sə'bəːbən] *adj* suburbano(a); **~ia** *n* periferia, sobborghi *mpl*

subversive [səb'vəːsɪv] *adj* sovversivo(a)

subway ['sʌbweɪ] *n* (*US: underground*) metropolitana; (*BRIT: underpass*) sottopassaggio

succeed [sək'siːd] *vi* riuscire; avere successo ♦ *vt* succedere a; **to ~ in doing** riuscire a fare; **~ing** *adj* (*following*) successivo(a)

success [sək'ses] *n* successo; **~ful** *adj* (*venture*) coronato(a) da successo, riuscito(a); **to be ~ful (in doing)** riuscire (a fare); **~fully** *adv* con successo

succession [sək'seʃən] *n* successione *f*

successive [sək'sesɪv] *adj* successivo(a); consecutivo(a)

succumb [sə'kʌm] *vi* soccombere

such [sʌtʃ] *adj* tale; (*of that kind*): **~ a book** un tale libro, un libro del genere; **~ books** tali libri, libri del genere; (*so much*): **~ courage** tanto coraggio ♦ *adv* talmente, così; **~ a long trip** un viaggio così lungo; **~ a lot of** talmente or così tanto(a); **~ as** (*like*) come; **as ~** come or in quanto tale; **~-and-~** *adj* tale (*after noun*)

suck [sʌk] *vt* succhiare; (*breast, bottle*) poppare; **~er** *n* (*ZOOL, TECH*) ventosa; (*inf*) gonzo/a, babbeo/a

suction ['sʌkʃən] *n* succhiamento; (*TECH*) aspirazione *f*

sudden ['sʌdn] *adj* improvviso(a); **all of a ~**

improvvisamente, all'improvviso; **~ly** *adv* bruscamente, improvvisamente, di colpo

suds [sʌdz] *npl* schiuma (di sapone)

sue [suː] *vt* citare in giudizio

suede [sweɪd] *n* pelle *f* scamosciata

suet ['suɪt] *n* grasso di rognone

suffer ['sʌfə*] *vt* soffrire, patire; (*bear*) sopportare, tollerare ♦ *vi* soffrire; **to ~ from** soffrire di; **~er** *n* malato/a; **~ing** *n* sofferenza

suffice [sə'faɪs] *vi* essere sufficiente, bastare

sufficient [sə'fɪʃənt] *adj* sufficiente; **~ money** abbastanza soldi; **~ly** *adv* sufficientemente, abbastanza

suffocate ['sʌfəkeɪt] *vi* (*have difficulty breathing*) soffocare; (*die through lack of air*) asfissiare

sugar ['ʃugə*] *n* zucchero ♦ *vt* zuccherare; **~ beet** *n* barbabietola da zucchero; **~ cane** *n* canna da zucchero

suggest [sə'dʒest] *vt* proporre, suggerire; indicare; **~ion** [-'dʒestʃən] *n* suggerimento, proposta; indicazione *f*; **~ive** (*pej*) *adj* indecente

suicide ['suɪsaɪd] *n* (*person*) suicida *m/f*; (*act*) suicidio; *see also* **commit**

suit [suːt] *n* (*man's*) vestito; (*woman's*) completo, tailleur *m inv*; (*LAW*) causa; (*CARDS*) seme *m*, colore *m* ♦ *vt* andar bene a *or* per; essere adatto(a) a *or* per; (*adapt*): **to ~ sth to** adattare qc a; **well ~ed** ben assortito(a); **~able** *adj* adatto(a); appropriato(a); **~ably** *adv* (*dress*) in modo adatto; (*impressed*) favorevolmente

suitcase ['suːtkeɪs] *n* valigia

suite [swiːt] *n* (*of rooms*) appartamento; (*MUS*) suite *f inv*; (*furniture*): **bedroom/ dining room ~** arredo *or* mobilia per la camera da letto/sala da pranzo

suitor ['suːtə*] *n* corteggiatore *m*, spasimante *m*

sulfur ['sʌlfə*] (*US*) *n* = **sulphur**

sulk [sʌlk] *vi* fare il broncio; **~y** *adj* imbronciato(a)

sullen ['sʌlən] *adj* scontroso(a); cupo(a)

sulphur ['sʌlfə*] (*US* **sulfur**) *n* zolfo

sultana [sʌl'tɑːnə] *n* (*fruit*) uva (secca)

sultanina

sultry ['sʌltrɪ] adj afoso(a)

sum [sʌm] n somma; (SCOL etc) addizione f; **~ up** vt, vi riassumere

summarize ['sʌməraɪz] vt riassumere, riepilogare

summary ['sʌmərɪ] n riassunto

summer ['sʌmə*] n estate f ♦ cpd d'estate, estivo(a); **~ holidays** npl vacanze fpl estive; **~house** n (in garden) padiglione m; **~time** n (season) estate f; **~ time** n (by clock) ora legale (estiva)

summit ['sʌmɪt] n cima, sommità; (POL) vertice m

summon ['sʌmən] vt chiamare, convocare; **~ up** vt raccogliere, fare appello a; **~s** n ordine m di comparizione ♦ vt citare

sump [sʌmp] (BRIT) n (AUT) coppa dell'olio

sumptuous ['sʌmptjuəs] adj sontuoso(a)

sun [sʌn] n sole m; **~bathe** vi prendere un bagno di sole; **~block** n protezione f solare totale; **~burn** n (painful) scottatura; **~burnt** adj abbronzato(a); (painfully) scottato(a)

Sunday ['sʌndɪ] n domenica; **~ school** n ≈ scuola di catechismo

sundial ['sʌndaɪəl] n meridiana

sundown ['sʌndaun] n tramonto

sundry ['sʌndrɪ] adj vari(e), diversi(e); **all and ~** tutti quanti; **sundries** npl articoli diversi, cose diverse

sunflower ['sʌnflauə*] n girasole m

sung [sʌŋ] pp of **sing**

sunglasses ['sʌnglɑ:sɪz] npl occhiali mpl da sole

sunk [sʌŋk] pp of **sink**

sun: ~light n (luce f del) sole m; **~lit** adj soleggiato(a); **~ny** adj assolato(a), soleggiato(a), (fig) allegro(a), felice; **~rise** n levata del sole, alba; **~ roof** n (AUT) tetto apribile; **~screen** n (protective ingredient) filtro solare; (cream) crema solare protettiva; **~set** n tramonto; **~shade** n parasole m; **~shine** n (luce f del) sole m; **~stroke** n insolazione f, colpo di sole; **~tan** n abbronzatura; **~tan lotion** n lozione f solare; **~tan oil** n olio solare

super ['su:pə*] (inf) adj fantastico(a)

superannuation [su:pərænju'eɪʃən] n contributi mpl pensionistici; pensione f

superb [su:'pə:b] adj magnifico(a)

supercilious [su:pə'sɪlɪəs] adj sprezzante, sdegnoso(a)

superficial [su:pə'fɪʃəl] adj superficiale

superhuman [su:pə'hju:mən] adj sovrumano(a)

superimpose ['su:pərɪm'pəuz] vt sovrapporre

superintendent [su:pərɪn'tendənt] n direttore/trice; (POLICE) ≈ commissario (capo)

superior [su'pɪərɪə*] adj, n superiore m/f; **~ity** [-'ɔrɪtɪ] n superiorità

superlative [su'pə:lətɪv] adj superlativo(a), supremo(a) ♦ n (LING) superlativo

superman ['su:pəmæn] (irreg) n superuomo

supermarket ['su:pəmɑ:kɪt] n supermercato

supernatural [su:pə'nætʃərəl] adj soprannaturale ♦ n soprannaturale m

superpower ['su:pəpauə*] n (POL) superpotenza

supersede [su:pə'si:d] vt sostituire, soppiantare

superstitious [su:pə'stɪʃəs] adj superstizioso(a)

supertanker ['su:pətæŋkə*] n superpetroliera

supervise ['su:pəvaɪz] vt (person etc) sorvegliare; (organization) soprintendere a; **supervision** [-'vɪʒən] n sorveglianza; supervisione f; **supervisor** n sorvegliante m/f; soprintendente m/f; (in shop) capocommesso/a

supine ['su:paɪn] adj supino(a)

supper ['sʌpə*] n cena

supplant [sə'plɑ:nt] vt (person, thing) soppiantare

supple ['sʌpl] adj flessibile; agile

supplement [n 'sʌplɪmənt, vb sʌplɪ'ment] n supplemento ♦ vt completare, integrare; **~ary** [-'mentərɪ] adj supplementare

supplier [sə'plaɪə*] n fornitore m

supply [sə'plaɪ] vt (provide) fornire; (equip):

to ~ (with) approvvigionare (di); attrezzare (con) ♦ *n* riserva, provvista; *(supplying)* approvvigionamento; *(TECH)* alimentazione *f*; **supplies** *npl (food)* viveri *mpl*; *(MIL)* sussistenza; **~ teacher** *(BRIT) n* supplente *m/f*

support [sə'pɔːt] *n (moral, financial etc)* sostegno, appoggio; *(TECH)* supporto ♦ *vt* sostenere; *(financially)* mantenere; *(uphold)* sostenere, difendere; **~er** *n (POL etc)* sostenitore/trice, fautore/trice; *(SPORT)* tifoso/a

suppose [sə'pəuz] *vt* supporre; immaginare; **to be ~d to do** essere tenuto(a) a fare; **~dly** [sə'pəuzıdlı] *adv* presumibilmente; **supposing** *conj* se, ammesso che +*sub*

suppository [sə'pɔzɪtərɪ] *n* supposta

suppress [sə'prɛs] *vt* reprimere; sopprimere; occultare

supreme [su'priːm] *adj* supremo(a)

surcharge ['sɜːtʃɑːdʒ] *n* supplemento

sure [ʃuə*] *adj* sicuro(a); *(definite, convinced)* sicuro(a), certo(a); **~!** *(of course)* senz'altro!, certo!; **~ enough** infatti; **to make ~ of sth/that** assicurarsi di qc/che; **~-footed** *adj* dal passo sicuro; **~ly** *adv* sicuramente; certamente

surf [sɜːf] *n (waves)* cavalloni *mpl*; *(foam)* spuma

surface ['sɜːfɪs] *n* superficie *f* ♦ *vt (road)* asfaltare ♦ *vi* risalire alla superficie; *(fig: news, feeling)* venire a galla; **~ mail** *n* posta ordinaria

surfboard ['sɜːfbɔːd] *n* tavola per surfing

surfeit ['sɜːfɪt] *n*: **a ~ of** un eccesso di; un'indigestione di

surfing ['sɜːfɪŋ] *n* surfing *m*

surge [sɜːdʒ] *n (strong movement)* ondata; *(of feeling)* impeto ♦ *vi* gonfiarsi; *(people)* riversarsi

surgeon ['sɜːdʒən] *n* chirurgo

surgery ['sɜːdʒərɪ] *n* chirurgia; *(BRIT: room)* studio *or* gabinetto medico, ambulatorio; *(: also:* **~ hours)** orario delle visite *or* di consultazione; **to undergo ~** subire un intervento chirurgico

surgical ['sɜːdʒɪkl] *adj* chirurgico(a); **~**

spirit *(BRIT) n* alcool *m* denaturato

surname ['sɜːneɪm] *n* cognome *m*

surpass [sɜː'pɑːs] *vt* superare

surplus ['sɜːpləs] *n* eccedenza; *(ECON)* surplus *m inv* ♦ *adj* eccedente, d'avanzo

surprise [sə'praɪz] *n* sorpresa; *(astonishment)* stupore *m* ♦ *vt* sorprendere; stupire; **surprising** *adj* sorprendente, stupefacente; **surprisingly** *adv (easy, helpful)* sorprendentemente

surrender [sə'rɛndə*] *n* resa, capitolazione *f* ♦ *vi* arrendersi

surreptitious [sʌrəp'tɪʃəs] *adj* furtivo(a)

surrogate ['sʌrəgɪt] *n* surrogato; **~ mother** *n* madre *f* provetta

surround [sə'raund] *vt* circondare; *(MIL etc)* accerchiare; **~ing** *adj* circostante; **~ings** *npl* dintorni *mpl*; *(fig)* ambiente *m*

surveillance [sɜː'veɪləns] *n* sorveglianza, controllo

survey [*n* 'sɜːveɪ, *vb* sɜː'veɪ] *n* quadro generale; *(study)* esame *m*; *(in housebuying etc)* perizia; *(of land)* rilevamento, rilievo topografico ♦ *vt* osservare; esaminare; valutare; rilevare; **~or** *n* perito; geometra *m*; *(of land)* agrimensore *m*

survival [sə'vaɪvl] *n* sopravvivenza; *(relic)* reliquia, vestigio

survive [sə'vaɪv] *vi* sopravvivere ♦ *vt* sopravvivere a; **survivor** *n* superstite *m/f*, sopravvissuto/a

susceptible [sə'sɛptəbl] *adj*: **~ (to)** sensibile (a); *(disease)* predisposto(a) (a)

suspect [*adj, n* 'sʌspɛkt, *vb* səs'pɛkt] *adj* sospetto(a) ♦ *n* persona sospetta ♦ *vt* sospettare; *(think likely)* supporre; *(doubt)* dubitare

suspend [səs'pɛnd] *vt* sospendere; **~ed sentence** *n* condanna con la condizionale; **~er belt** *n* reggicalze *m inv*; **~ers** *npl (BRIT)* giarrettiere *fpl*; *(US)* bretelle *fpl*

suspense [səs'pɛns] *n* apprensione *f*; *(in film etc)* suspense *m*; **to keep sb in ~** tenere qn in sospeso

suspension [səs'pɛnʃən] *n (gen AUT)* sospensione *f*; *(of driving licence)* ritiro temporaneo; ~ **bridge** n ponte m sospeso

suspicion [səs'pɪʃən] n sospetto

suspicious [səs'pɪʃəs] adj (*suspecting*) sospettoso(a); (*causing suspicion*) sospetto(a)

sustain [səs'teɪn] vt sostenere; sopportare; (*LAW: charge*) confermare; (*suffer*) subire; ~**able** adj sostenibile; ~**ed** adj (*effort*) prolungato(a)

sustenance ['sʌstɪnəns] n nutrimento; mezzi mpl di sostentamento

swab [swɔb] n (*MED*) tampone m

swagger ['swægə*] vi pavoneggiarsi

swallow ['swɔləu] n (*bird*) rondine f ♦ vt inghiottire; (*fig: story*) bere; ~ **up** vt inghiottire

swam [swæm] pt of **swim**

swamp [swɔmp] n palude f ♦ vt sommergere

swan [swɔn] n cigno

swap [swɔp] vt: **to ~ (for)** scambiare (con)

swarm [swɔ:m] n sciame m ♦ vi (*bees*) sciamare; (*people*) brulicare; (*place*): **to be ~ing with** brulicare di

swastika ['swɔstɪkə] n croce f uncinata, svastica

swat [swɔt] vt schiacciare

sway [sweɪ] vi (*tree*) ondeggiare; (*person*) barcollare ♦ vt (*influence*) influenzare, dominare

swear [sweə*] (pt **swore**, pp **sworn**) vi (*curse*) bestemmiare, imprecare ♦ vt (*promise*) giurare; ~**word** n parolaccia

sweat [swet] n sudore m, traspirazione f ♦ vi sudare

sweater ['swetə*] n maglione m

sweatshirt ['swetʃə:t] n felpa

sweaty ['swetɪ] adj sudato(a); bagnato(a) di sudore

Swede [swi:d] n svedese m/f

swede [swi:d] (*BRIT*) n rapa svedese

Sweden ['swi:dn] n Svezia

Swedish ['swi:dɪʃ] adj svedese ♦ n (*LING*) svedese m

sweep [swi:p] (pt, pp **swept**) n spazzata; (*also:* **chimney** ~) spazzacamino ♦ vt spazzare, scopare; (*current*) spazzare ♦ vi

(*hand*) muoversi con gesto ampio; (*wind*) infuriare; ~ **away** vt spazzare via; trascinare via; ~ **past** vi sfrecciare accanto; passare accanto maestosamente; ~ **up** vt, vi spazzare; ~**ing** adj (*gesture*) ampio(a); circolare; **a ~ing statement** un'affermazione generica

sweet [swi:t] n (*BRIT: pudding*) dolce m; (*candy*) caramella ♦ adj dolce; (*fresh*) fresco(a); (*fig*) piacevole; delicato(a), grazioso(a); gentile; ~**corn** n granturco dolce; ~**en** vt addolcire; zuccherare; ~**heart** n innamorato/a; ~**ness** n sapore m dolce; dolcezza; ~ **pea** n pisello odoroso

swell [swel] (pt ~**ed**, pp **swollen**, ~**ed**) n (*of sea*) mare m lungo ♦ adj (*US: inf: excellent*) favoloso(a) ♦ vt gonfiare, ingrossare; aumentare ♦ vi gonfiarsi, ingrossarsi; (*sound*) crescere; (*also:* ~ **up**) gonfiarsi; ~**ing** n (*MED*) tumefazione f, gonfiore m

sweltering ['sweltərɪŋ] adj soffocante

swept [swept] pt, pp of **sweep**

swerve [swə:v] vi deviare; (*driver*) sterzare; (*boxer*) scartare

swift [swɪft] n (*bird*) rondone m ♦ adj rapido(a), veloce

swig [swɪg] (*inf*) n (*drink*) sorsata

swill [swɪl] vt (*also:* ~ **out**, ~ **down**) risciacquare

swim [swɪm] (pt **swam**, pp **swum**) n: **to go for a ~** andare a fare una nuotata ♦ vi nuotare; (*SPORT*) fare del nuoto; (*head, room*) girare ♦ vt (*river, channel*) attraversare or percorrere a nuoto; (*length*) nuotare; ~**mer** n nuotatore/trice; ~**ming** n nuoto; ~**ming cap** n cuffia; ~**ming costume** (*BRIT*) n costume m da bagno; ~**ming pool** n piscina; ~**ming trunks** npl costume m da bagno (da uomo); ~**suit** n costume m da bagno

swindle ['swɪndl] n truffa ♦ vt truffare

swine [swaɪn] (*inf!*) n inv porco (!)

swing [swɪŋ] (pt, pp **swung**) n altalena; (*movement*) oscillazione f; (*MUS*) ritmo; swing m ♦ vt dondolare, far oscillare; (*also:* ~ **round**) far girare ♦ vi oscillare, dondo-

nostre più sincere condoglianze

lare; (*also*: ~ **round**: *object*) roteare; (: *person*) girarsi, voltarsi; **to be in full ~** (*activity*) essere in piena attività; (*party etc*) essere nel pieno; ~ **door** (*US* ~**ing door**) *n* porta battente

swingeing ['swɪndʒɪŋ] *adj* (*BRIT*: *defeat*) violento(a); (: *cuts*) enorme

swipe [swaɪp] *vt* (*hit*) colpire con forza; dare uno schiaffo a; (*inf*: *steal*) sgraffignare

swirl [swə:l] *vi* turbinare, far mulinello

Swiss [swɪs] *adj*, *n inv* svizzero(a)

switch [swɪtʃ] *n* (*for light, radio etc*) interruttore *m*; (*change*) cambiamento ♦ *vt* (*change*) cambiare; scambiare; ~ **off** *vt* spegnere; ~ **on** *vt* accendere; (*engine, machine*) mettere in moto, avviare; ~**board** *n* (*TEL*) centralino

Switzerland ['swɪtsələnd] *n* Svizzera

swivel ['swɪvl] *vi* (*also*: ~ **round**) girare

swollen ['swəʊlən] *pp* of **swell**

swoon [swu:n] *vi* svenire

swoop [swu:p] *n* incursione *f* ♦ *vi* (*also*: ~ *down*) scendere in picchiata, piombare

swop [swɔp] *n*, *vt* = **swap**

sword [sɔ:d] *n* spada; ~**fish** *n* pesce *m* spada *inv*

swore [swɔ:*] *pt* of **swear**

sworn [swɔ:n] *pp* of **swear** ♦ *adj* giurato(a)

swot [swɔt] *vi* sgobbare

swum [swʌm] *pp* of **swim**

swung [swʌŋ] *pt*, *pp* of **swing**

syllable ['sɪləbl] *n* sillaba

syllabus ['sɪləbəs] *n* programma *m*

symbol ['sɪmbl] *n* simbolo

symmetry ['sɪmɪtrɪ] *n* simmetria

sympathetic [sɪmpə'θetɪk] *adj* (*showing pity*) compassionevole; (*kind*) comprensivo(a); ~ **towards** ben disposto(a) verso

sympathize ['sɪmpəθaɪz] *vi*: **to ~ with** (*person*) compatire; partecipare al dolore di; (*cause*) simpatizzare per; ~**r** *n* (*POL*) simpatizzante *m/f*

sympathy ['sɪmpəθɪ] *n* compassione *f*; **sympathies** *npl* (*support, tendencies*) simpatie *fpl*; **in ~ with** (*strike*) per solidarietà con; **with our deepest ~** con le

symphony ['sɪmfənɪ] *n* sinfonia

symptom ['sɪmptəm] *n* sintomo; indizio

synagogue ['sɪnəgɔg] *n* sinagoga

syndicate ['sɪndɪkɪt] *n* sindacato

synopses [sɪ'nɔpsi:z] *npl of* **synopsis**

synopsis [sɪ'nɔpsɪs] (*pl* **synopses**) *n* sommario, sinossi *f inv*

syntheses ['sɪnθəsi:z] *npl of* **synthesis**

synthesis ['sɪnθəsɪs] (*pl* **syntheses**) *n* sintesi *f inv*

synthetic [sɪn'θetɪk] *adj* sintetico(a)

syphon ['saɪfən] *n*, *vb* = **siphon**

Syria ['sɪrɪə] *n* Siria

syringe [sɪ'rɪndʒ] *n* siringa

syrup ['sɪrəp] *n* sciroppo; (*also*: **golden ~**) melassa raffinata

system ['sɪstəm] *n* sistema *m*; (*order*) metodo; (*ANAT*) organismo; ~**atic** [-'mætɪk] *adj* sistematico(a); metodico(a); ~ **disk** *n* (*COMPUT*) disco del sistema; ~**s analyst** *n* analista *m* di sistemi

T, t

ta [tɑ:] (*BRIT*: *inf*) *excl* grazie!

tab [tæb] *n* (*loop on coat etc*) laccetto; (*label*) etichetta; **to keep ~s on** (*fig*) tenere d'occhio

tabby ['tæbɪ] *n* (*also*: ~ **cat**) (gatto) soriano, gatto tigrato

table ['teɪbl] *n* tavolo, tavola; (*MATH, CHEM etc*) tavola ♦ *vt* (*BRIT*: *motion etc*) presentare; **to lay** *or* **set the ~** apparecchiare *or* preparare la tavola; ~**cloth** *n* tovaglia; ~ **d'hôte** [ta:bl'dəʊt] *adj* (*meal*) a prezzo fisso; ~ **lamp** *n* lampada da tavolo; ~**mat** *n* sottopiatto; ~ **of contents** *n* indice *m*; ~**spoon** *n* cucchiaio da tavola; (*also*: ~**spoonful**: *as measurement*) cucchiaiata

tablet ['tæblɪt] *n* (*MED*) compressa; (*of stone*) targa

table: ~ **tennis** *n* tennis *m* da tavolo, ping-pong ® *m*; ~ **wine** *n* vino da tavola

tabloid press

i *Il termine* **tabloid press** *si riferisce ai giornali popolari, che hanno un formato ridotto e pubblicano le notizie in modo sensazionalistico; vedi anche* **quality press.**

tacit [ˈtæsɪt] *adj* tacito(a)

tack [tæk] *n* (*nail*) bulletta; (*fig*) approccio ♦ *vt* imbullettare; imbastire ♦ *vi* bordeggiare

tackle [ˈtækl] *n* attrezzatura, equipaggiamento; (*for lifting*) paranco; (*FOOTBALL*) contrasto; (*RUGBY*) placcaggio ♦ *vt* (*difficulty*) affrontare; (*FOOTBALL*) contrastare; (*RUGBY*) placcare

tacky [ˈtækɪ] *adj* appiccicaticcio(a); (*pej*) scadente

tact [tækt] *n* tatto; **~ful** *adj* delicato(a), discreto(a)

tactical [ˈtæktɪkl] *adj* tattico(a)

tactics [ˈtæktɪks] *n, npl* tattica

tactless [ˈtæktlɪs] *adj* che manca di tatto

tadpole [ˈtædpəʊl] *n* girino

tag [tæg] *n* etichetta; **~ along** *vi* seguire

tail [teɪl] *n* coda; (*of shirt*) falda ♦ *vt* (*follow*) seguire, pedinare; **~ away** *vi* = **~ off**; **~ off** *vi* (*in size, quality etc*) diminuire gradatamente; **~back** (*BRIT*) *n* (*AUT*) ingorgo; **~ end** *n* (*of train, procession etc*) coda; (*of meeting etc*) fine *f*; **~gate** *n* (*AUT*) portellone *m* posteriore

tailor [ˈteɪlə*] *n* sarto; **~ing** *n* (*cut*) stile *m*; (*craft*) sartoria; **~-made** *adj* (*also fig*) fatto(a) su misura

tailwind [ˈteɪlwɪnd] *n* vento di coda

tainted [ˈteɪntɪd] *adj* (*food*) guasto(a); (*water, air*) infetto(a); (*fig*) corrotto(a)

take [teɪk] (*pt* **took**, *pp* **taken**) *vt* prendere; (*gain: prize*) ottenere, vincere; (*require: effort, courage*) occorrere, volerci; (*tolerate*) accettare, sopportare; (*hold: passengers etc*) contenere; (*accompany*) accompagnare; (*bring, carry*) portare; (*exam*) sostenere, presentarsi a; **to ~ a photo/a shower** fare una fotografia/una doccia; **I ~ it that** suppongo che; **~ after** *vt fus* assomigliare

a; **~ apart** *vt* smontare; **~ away** *vt* portare via; togliere; **~ back** *vt* (*return*) restituire; riportare; (*one's words*) ritirare; **~ down** *vt* (*building*) demolire; (*letter etc*) scrivere; **~ in** *vt* (*deceive*) imbrogliare, abbindolare; (*understand*) capire; (*include*) comprendere, includere; (*lodger*) prendere, ospitare; **~ off** *vi* (*AVIAT*) decollare; (*go away*) andarsene ♦ *vt* (*remove*) togliere; **~ on** *vt* (*work*) accettare, intraprendere; (*employee*) assumere; (*opponent*) sfidare, affrontare; **~ out** *vt* portare fuori; (*remove*) togliere; (*licence*) prendere, ottenere; **to ~ sth out of sth** (*drawer, pocket etc*) tirare qc fuori da qc; estrarre qc da qc; **~ over** *vt* (*business*) rilevare ♦ *vi*: **to ~ over from sb** prendere le consegne *or* il controllo da qn; **~ to** *vt fus* (*person*) prendere in simpatia; (*activity*) prendere gusto a; **~ up** *vt* (*dress*) accorciare; (*occupy: time, space*) occupare; (*engage in: hobby etc*) mettersi a; **to ~ sb up on sth** accettare qc da qn; **~away** (*BRIT*) *n* (*shop etc*) ≈ rosticceria; (*food*) pasto per asporto; **~off** *n* (*AVIAT*) decollo; **~out** (*US*) *n* = **~away**; **~over** *n* (*COMM*) assorbimento

takings [ˈteɪkɪŋz] *npl* (*COMM*) incasso

talc [tælk] *n* (*also:* **~um powder**) talco

tale [teɪl] *n* racconto, storia; **to tell ~s** (*fig: to teacher, parent etc*) fare la spia

talent [ˈtælnt] *n* talento; **~ed** *adj* di talento

talk [tɔːk] *n* discorso; (*gossip*) chiacchiere *fpl*; (*conversation*) conversazione *f*; (*interview*) discussione *f* ♦ *vi* parlare; **~s** *npl* (*POL etc*) colloqui *mpl*; **to ~ about** parlare di; **to ~ sb out of/into doing** dissuadere qn da/convincere qn a fare; **to ~ shop** parlare di lavoro *or* di affari; **~ over** *vt* discutere; **~ative** *adj* loquace, ciarliero(a); **~ show** *n* conversazione *f* televisiva, talk show *m* *inv*

tall [tɔːl] *adj* alto(a); **to be 6 feet ~** ≈ essere alto 1 metro e 80; **~ story** *n* panzana, frottola

tally [ˈtælɪ] *n* conto, conteggio ♦ *vi*: **to ~ (with)** corrispondere (a)

talon [ˈtælən] *n* artiglio

tambourine [tæmbə'ri:n] *n* tamburello

tame [teɪm] *adj* addomesticato(a); (*fig: story, style*) insipido(a), scialbo(a)

tamper ['tæmpə*] *vi*: **to ~ with** manomettere

tampon ['tæmpɔn] *n* tampone *m*

tan [tæn] *n* (*also*: **sun~**) abbronzatura ♦ *vi* abbronzarsi ♦ *adj* (*colour*) marrone rossiccio *inv*

tang [tæŋ] *n* odore *m* penetrante; sapore *m* piccante

tangent ['tændʒənt] *n*: **to go off at a ~** (*fig*) partire per la tangente

tangerine [tændʒə'ri:n] *n* mandarino

tangle ['tæŋgl] *n* groviglio; **to get into a ~** aggrovigliarsi; (*fig*) combinare un pasticcio

tank [tæŋk] *n* serbatoio; (*for fish*) acquario; (*MIL*) carro armato

tanker ['tæŋkə*] *n* (*ship*) nave *f* cisterna *inv*; (*truck*) autobotte *f*, autocisterna

tanned [tænd] *adj* abbronzato(a)

tantalizing ['tæntəlaɪzɪŋ] *adj* allettante

tantamount ['tæntəmaunt] *adj*: **~ to** equivalente a

tantrum ['tæntrəm] *n* accesso di collera

tap [tæp] *n* (*on sink etc*) rubinetto; (*gentle blow*) colpetto ♦ *vt* dare un colpetto a; (*resources*) sfruttare, utilizzare; (*telephone*) mettere sotto controllo; **on ~** (*fig: resources*) a disposizione; **~ dancing** *n* tip tap *m*

tape [teɪp] *n* nastro; (*also*: **magnetic ~**) nastro (magnetico); (*sticky ~*) nastro adesivo ♦ *vt* (*record*) registrare (su nastro); (*stick*) attaccare con nastro adesivo; **~ deck** *n* piastra; **~ measure** *n* metro a nastro

taper ['teɪpə*] *n* candelina ♦ *vi* assottigliarsi

tape recorder *n* registratore *m* (a nastro)

tapestry ['tæpɪstrɪ] *n* arazzo; tappezzeria

tar [tɑː*] *n* catrame *m*

target ['tɑːgɪt] *n* bersaglio; (*fig: objective*) obiettivo

tariff ['tærɪf] *n* tariffa

tarmac ['tɑːmæk] *n* (*BRIT: on road*) macadam *m* al catrame; (*AVIAT*) pista di decollo

tarnish ['tɑːnɪʃ] *vt* offuscare, annerire; (*fig*) macchiare

tarpaulin [tɑː'pɔːlɪn] *n* tela incatramata

tarragon ['tærəgən] *n* dragoncello

tart [tɑːt] *n* (*CULIN*) crostata; (*BRIT: inf: pej: woman*) sgualdrina ♦ *adj* (*flavour*) aspro(a), agro(a); **~ up** (*inf*) *vt* agghindare

tartan ['tɑːtn] *n* tartan *m inv*

tartar ['tɑːtə*] *n* (*on teeth*) tartaro; **~(e) sauce** *n* salsa tartara

task [tɑːsk] *n* compito; **to take to ~** rimproverare; **~ force** *n* (*MIL, POLICE*) unità operativa

taste [teɪst] *n* gusto; (*flavour*) sapore *m*, gusto; (*sample*) assaggio; (*fig: glimpse, idea*) idea ♦ *vt* gustare; (*sample*) assaggiare ♦ *vi*: **to ~ of** *or* **like** (*fish etc*) sapere *or* avere sapore di; **you can ~ the garlic (in it)** (ci) si sente il sapore dell'aglio; **in good/bad ~** di buon/cattivo gusto; **~ful** *adj* di buon gusto; **~less** *adj* (*food*) insipido(a); (*remark*) di cattivo gusto; **tasty** *adj* saporito(a), gustoso(a)

tatters ['tætəz] *npl*: **in ~** a brandelli

tattoo [tə'tu:] *n* tatuaggio; (*spectacle*) parata militare ♦ *vt* tatuare

tatty ['tætɪ] *adj* malridotto(a)

taught [tɔːt] *pt, pp of* **teach**

taunt [tɔːnt] *n* scherno ♦ *vt* schernire

Taurus ['tɔːrəs] *n* Toro

taut [tɔːt] *adj* teso(a)

tax [tæks] *n* (*on goods*) imposta; (*on services*) tassa; (*on income*) imposte *fpl*, tasse *fpl* ♦ *vt* tassare; (*fig: strain: patience etc*) mettere alla prova; **~able** *adj* (*income*) imponibile; **~ation** [-'seɪʃən] *n* tassazione *f*; tasse *fpl*, imposte *fpl*; **~ avoidance** *n* elusione *f* fiscale; **~ disc** (*BRIT*) *n* (*AUT*) ≈ bollo; **~ evasion** *n* evasione *f* fiscale; **~-free** *adj* esente da imposte

taxi ['tæksɪ] *n* taxi *m inv* ♦ *vi* (*AVIAT*) rullare; **~ driver** *n* tassista *m/f*; **~ rank** (*BRIT*) *n* = **~ stand**; **~ stand** *n* posteggio dei taxi

tax: **~ payer** *n* contribuente *m/f*; **~ relief** *n* agevolazioni *fpl* fiscali; **~ return** *n* dichiarazione *f* dei redditi

TB *n abbr* = **tuberculosis**

tea [ti:] *n* tè *m inv*; (*BRIT: snack: for children*)

merenda; **high ~** (BRIT) cena leggera (*presa nel tardo pomeriggio*); **~ bag** n intervallo per il tè; **~ break** (BRIT) n intervallo per il tè

teach [tiːtʃ] (*pt, pp* **taught**) *vt*: **to ~ sb sth, ~ sth to sb** insegnare qc a qn ♦ *vi* insegnare; **~er** n insegnante *m/f*; (*in secondary school*) professore/essa; (*in primary school*) maestro/a; **~ing** n insegnamento

tea cosy n copriteiera *m inv*

teacup ['tiːkʌp] n tazza da tè

teak [tiːk] n teak *m*

tea leaves npl foglie *fpl* di tè

team [tiːm] n squadra; (*of animals*) tiro; **~work** n lavoro di squadra

teapot ['tiːpɒt] n teiera

tear[1] [tɛə*] (*pt* **tore**, *pp* **torn**) n strappo ♦ *vt* strappare ♦ *vi* strapparsi; **~ along** *vi* (*rush*) correre all'impazzata; **~ up** *vt* (*sheet of paper etc*) strappare

tear[2] [tɪə*] n lacrima; **in ~s** in lacrime; **~ful** adj piangente, lacrimoso(a); **~ gas** n gas *m* lacrimogeno

tearoom ['tiːruːm] n sala da tè

tease [tiːz] *vt* canzonare; (*unkindly*) tormentare

tea set n servizio da tè

teaspoon ['tiːspuːn] n cucchiaino da tè; (*also: ~ful: as measurement*) cucchiaino

teat [tiːt] n capezzolo

teatime ['tiːtaɪm] n ora del tè

tea towel (BRIT) n strofinaccio (per i piatti)

technical ['tɛknɪkl] adj tecnico(a); **~ college** (BRIT) n ≈ istituto tecnico; **~ity** [-'kælɪtɪ] n tecnicità; (*detail*) dettaglio tecnico; (*legal*) cavillo

technician [tɛk'nɪʃən] n tecnico/a

technique [tɛk'niːk] n tecnica

technological [tɛknə'lɒdʒɪkl] adj tecnologico(a)

technology [tɛk'nɒlədʒɪ] n tecnologia

teddy (bear) ['tɛdɪ-] n orsacchiotto

tedious ['tiːdɪəs] adj noioso(a), tedioso(a)

tee [tiː] n (GOLF) tee *m inv*

teem [tiːm] *vi*: **to ~ with** brulicare di; **it is ~ing (with rain)** piove a dirotto

teenage ['tiːneɪdʒ] adj (*fashions etc*) per

giovani, per adolescenti; **~r** n adolescente *m/f*

teens [tiːnz] npl: **to be in one's ~** essere adolescente

tee-shirt ['tiːʃəːt] n = **T-shirt**

teeter ['tiːtə*] *vi* barcollare, vacillare

teeth [tiːθ] npl of **tooth**

teethe [tiːð] *vi* mettere i denti

teething ring ['tiːðɪŋ-] n dentaruolo

teething troubles ['tiːðɪŋ-] npl (*fig*) difficoltà *fpl* iniziali

teetotal ['tiː'təutl] adj astemio(a)

tele: **~conferencing** n teleconferenza; **~gram** n telegramma *m*; **~graph** n telegrafo; **~pathy** [tə'lɛpəθɪ] n telepatia

telephone ['tɛlɪfəun] n telefono ♦ *vt* (*person*) telefonare a; (*message*) comunicare per telefono; **~ booth** (BRIT **~ box**) n cabina telefonica; **~ call** n telefonata; **~ directory** n elenco telefonico; **~ number** n numero di telefono; **telephonist** [tə'lɛfənɪst] (BRIT) n telefonista *m/f*

telescope ['tɛlɪskəup] n telescopio

television ['tɛlɪvɪʒən] n televisione *f*; **on ~** alla televisione; **~ set** n televisore *m*

telex ['tɛlɛks] n telex *m inv* ♦ *vt* trasmettere per telex; **to ~ sb** contattare qn via telex

tell [tɛl] (*pt, pp* **told**) *vt* dire; (*relate: story*) raccontare; (*distinguish*): **to ~ sth from** distinguere qc da ♦ *vi* (*talk*): **to ~ (of)** parlare (di); (*have effect*) farsi sentire, avere effetto; **to ~ sb to do** dire a qn di fare; **~ off** *vt* rimproverare, sgridare; **~er** n (*in bank*) cassiere/a; **~ing** adj (*remark, detail*) rivelatore(trice); **~tale** adj (*sign*) rivelatore(trice)

telly ['tɛlɪ] (BRIT: inf) n abbr (= *television*) tivù *f inv*

temerity [tə'mɛrɪtɪ] n temerarietà

temp [tɛmp] n abbr (= *temporary*) segretaria temporanea

temper ['tɛmpə*] n (*nature*) carattere *m*; (*mood*) umore *m*; (*fit of anger*) collera ♦ *vt* (*moderate*) temperare, moderare; **to be in a ~** essere in collera; **to lose one's ~** andare in collera

temperament ['tɛmprəmənt] n (*nature*)

temperamento; **~al** [-'mentl] *adj* capriccioso(a)

temperate ['tɛmprət] *adj* moderato(a); (*climate*) temperato(a)

temperature ['tɛmprətʃə*] *n* temperatura; **to have** *or* **run a ~** avere la febbre

tempest ['tɛmpɪst] *n* tempesta

template ['tɛmplɪt] *n* sagoma

temple ['tɛmpl] *n* (*building*) tempio; (*ANAT*) tempia

temporary ['tɛmpərərɪ] *adj* temporaneo(a); (*job, worker*) avventizio(a), temporaneo(a)

tempt [tɛmpt] *vt* tentare; **to ~ sb into doing** indurre qn a fare; **~ation** [-'teɪʃən] *n* tentazione *f*; **~ing** *adj* allettante

ten [tɛn] *num* dieci

tenacity [tə'næsɪtɪ] *n* tenacia

tenancy ['tɛnənsɪ] *n* affitto; condizione *f* di inquilino

tenant ['tɛnənt] *n* inquilino/a

tend [tɛnd] *vt* badare a, occuparsi di ♦ *vi*: **to ~ to do** tendere a fare

tendency ['tɛndənsɪ] *n* tendenza

tender ['tɛndə*] *adj* tenero(a); (*sore*) dolorante ♦ *n* (*COMM: offer*) offerta; (*money*): **legal ~** moneta in corso legale ♦ *vt* offrire

tendon ['tɛndən] *n* tendine *m*

tenement ['tɛnəmənt] *n* casamento

tennis ['tɛnɪs] *n* tennis *m*; **~ ball** *n* palla da tennis; **~ court** *n* campo da tennis; **~ player** *n* tennista *m/f*; **~ racket** *n* racchetta da tennis; **~ shoes** *npl* scarpe *fpl* da tennis

tenor ['tɛnə*] *n* (*MUS*) tenore *m*

tenpin bowling ['tɛnpɪn-] *n* bowling *m*

tense [tɛns] *adj* teso(a) ♦ *n* (*LING*) tempo *m*

tension ['tɛnʃən] *n* tensione *f*

tent [tɛnt] *n* tenda

tentative ['tɛntətɪv] *adj* esitante, incerto(a); (*conclusion*) provvisorio(a)

tenterhooks ['tɛntəhuks] *npl*: **on ~** sulle spine

tenth [tɛnθ] *num* decimo(a)

tent: **~ peg** *n* picchetto da tenda; **~ pole** *n* palo da tenda; montante *m*

tenuous ['tɛnjuəs] *adj* tenue

tenure ['tɛnjuə*] *n* (*of property*) possesso; (*of job*) permanenza; titolarità

tepid ['tɛpɪd] *adj* tiepido(a)

term [tə:m] *n* termine *m*; (*SCOL*) trimestre *m*; (*LAW*) sessione *f* ♦ *vt* chiamare, definire; **~s** *npl* (*conditions*) condizioni *fpl*; (*COMM*) prezzi *mpl*, tariffe *fpl*; **in the short/long ~** a breve/lunga scadenza; **to be on good ~s with sb** essere in buoni rapporti con qn; **to come to ~s with** (*problem*) affrontare

terminal ['tə:mɪnl] *adj* finale, terminale; (*disease*) terminale ♦ *n* (*ELEC*) morsetto; (*COMPUT*) terminale *m*; (*AVIAT, for oil, ore etc*) terminal *m inv*; (*BRIT: also:* **coach ~**) capolinea *m*

terminate ['tə:mɪneɪt] *vt* mettere fine a

termini ['tə:mɪnaɪ] *npl of* **terminus**

terminus ['tə:mɪnəs] (*pl* **termini**) *n* (*for buses*) capolinea *m*; (*for trains*) stazione *f* terminale

terrace ['tɛrəs] *n* terrazza; (*BRIT: row of houses*) fila di case a schiera; **the ~s** *npl* (*BRIT: SPORT*) le gradinate; **~d** *adj* (*garden*) a terrazze

terracotta ['tɛrə'kɔtə] *n* terracotta

terrain [tɛ'reɪn] *n* terreno

terrible ['tɛrɪbl] *adj* terribile; **terribly** *adv* terribilmente; (*very badly*) malissimo

terrier ['tɛrɪə*] *n* terrier *m inv*

terrific [tə'rɪfɪk] *adj* incredibile, fantastico(a); (*wonderful*) formidabile, eccezionale

terrify ['tɛrɪfaɪ] *vt* terrorizzare

territory ['tɛrɪtərɪ] *n* territorio

terror ['tɛrə*] *n* terrore *m*; **~ism** *n* terrorismo; **~ist** *n* terrorista *m/f*

Terylene ® ['tɛrəli:n] *n* terital ® *m*, terilene ® *m*

test [tɛst] *n* (*trial, check, of courage etc*) prova; (*MED*) esame *m*; (*CHEM*) analisi *f inv*; (*exam: of intelligence etc*) test *m inv*; (: *in school*) compito in classe; (*also:* **driving ~**) esame *m* di guida ♦ *vt* provare; esaminare; analizzare; sottoporre ad esame; **to ~ sb in history** esaminare qn in storia

testament ['tɛstəmənt] *n* testamento; **the Old/New T~** il Vecchio/Nuovo testamento

testicle ['tɛstɪkl] *n* testicolo

testify ['testɪfaɪ] *vi* (*LAW*) testimoniare, deporre; **to ~ to sth** (*LAW*) testimoniare qc; (*gen*) comprovare *or* dimostrare qc

testimony ['testɪmənɪ] *n* (*LAW*) testimonianza, deposizione *f*

test match *n* (*CRICKET, RUGBY*) partita internazionale

test tube *n* provetta

tetanus ['tetənəs] *n* tetano

tether ['teðə*] *vt* legare ♦ *n*: **at the end of one's ~** al limite (della pazienza)

text [tekst] *n* testo; **~book** *n* libro di testo

textiles ['tekstaɪlz] *npl* tessuti *mpl*; (*industry*) industria tessile

texture ['tekstʃə*] *n* tessitura; (*of skin, paper etc*) struttura

Thames [temz] *n*: **the ~** il Tamigi

than [ðæn, ðən] *conj* (*in comparisons*) che; (*with numerals, pronouns, proper names*) di; **more ~ 10/once** più di 10/una volta; **I have more/less ~ you** ne ho più/meno di te; **I have more pens ~ pencils** ho più penne che matite; **she is older ~ you think** è più vecchia di quanto tu (non) pensi

thank [θæŋk] *vt* ringraziare; **~ you (very much)** grazie (tante); **~s** *npl* ringraziamenti *mpl*, grazie *fpl* ♦ *excl* grazie!; **~s to** grazie a; **~ful** *adj*: **~ful (for)** riconoscente (per); **~less** *adj* ingrato(a); **T~sgiving (Day)** *n* giorno del ringraziamento

i Negli Stati Uniti ogni quarto giovedì di novembre ricorre il *Thanksgiving (Day)*, festa in ricordo della celebrazione con cui i Padri Pellegrini, fondatori della colonia di Plymouth in Massachussets, ringraziarono Dio del buon raccolto del 1621.

KEYWORD

that [ðæt] (*pl* **those**) *adj* (*demonstrative*) quel(quell', quello) *m*; quella(quell') *f*; **~ man/woman/book** quell'uomo/quella donna/quel libro (*not "this"*) quell'uomo/

quella donna/quel libro là; **~ one** quello(a) là

♦ *pron* **1** (*demonstrative*) ciò; (*not "this one"*) quello(a); **who's ~?** chi è?; **what's ~?** cos'è quello?; **is ~ you?** sei tu?; **I prefer this to ~** preferisco questo a quello; **~'s what he said** questo è ciò che ha detto; **what happened after ~?** che è successo dopo?; **~ is (to say)** cioè

2 (*relative: direct*) che; (: *indirect*) cui; **the book (~) I read** il libro che ho letto; **the box (~) I put it in** la scatola in cui l'ho messo; **the people (~) I spoke to** le persone con cui *or* con le quali ho parlato

3 (*relative: of time*) in cui; **the day (~) he came** il giorno in cui è venuto

♦ *conj* che; **he thought ~ I was ill** pensava che io fossi malato

♦ *adv* (*demonstrative*) così; **I can't work ~ much** non posso lavorare (così) tanto; **~ high** così alto; **the wall's about ~ high and ~ thick** il muro è alto circa così e spesso circa così

thatched [θætʃt] *adj* (*roof*) di paglia; **~ cottage** *n* cottage *m inv* col tetto di paglia

thaw [θɔː] *n* disgelo ♦ *vi* (*ice*) sciogliersi; (*food*) scongelarsi ♦ *vt* (*food: also*: **~ out**) (fare) scongelare

KEYWORD

the [ðiː, ðə] *def art* **1** (*gen*) il(lo, l') *m*; la(l') *f*; i(gli) *mpl*; le *fpl*; **~ boy/girl/ink** il ragazzo/ la ragazza/l'inchiostro; **~ books/pencils** i libri/le matite; **~ history of ~ world** la storia del mondo; **give it to ~ postman** dallo al postino; **I haven't ~ time/money** non ho tempo/soldi; **~ rich and ~ poor** i ricchi e i poveri

2 (*in titles*): **Elizabeth ~ First** Elisabetta prima; **Peter ~ Great** Pietro il grande

3 (*in comparisons*): **~ more he works, ~ more he earns** più lavora più guadagna

theatre ['θɪətə*] (*US* **theater**) *n* teatro; (*also*: **lecture ~**) aula magna; (*also*: **operating ~**)

sala operatoria; ~-goer n frequentatore/
trice di teatri

theatrical [θɪ'ætrɪkl] adj teatrale

theft [θeft] n furto

their [ðeə*] adj il(la) loro, pl i(le) loro; ~s
pron il(la) loro, pl i(le) loro; see also my;
mine

them [ðem, ðəm] pron (direct) li(le); (indirect)
gli, loro (after vb); (stressed, after prep:
people) loro; (: people, things) essi(e); see
also me

theme [θi:m] n tema m; ~ park n parco di
divertimenti (intorno a un tema centrale); ~
song n tema musicale

themselves [ðəm'selvz] pl pron (reflexive)
si; (emphatic) loro stessi(e); (after prep) se
stessi(e)

then [ðen] adv (at that time) allora; (next)
poi, dopo; (and also) e poi ♦ conj
(therefore) perciò, dunque, quindi ♦ adj:
the ~ president il presidente di allora; by ~
allora; from ~ on da allora in poi

theology [θɪ'ɔlədʒɪ] n teologia

theorem ['θɪərəm] n teorema m

theoretical [θɪə'retɪkl] adj teorico(a)

theory ['θɪərɪ] n teoria

therapy ['θerəpɪ] n terapia

KEYWORD

there [ðeə*] adv 1: ~ is, ~ are c'è, ci sono;
~ are 3 of them (people) sono in 3; (things)
ce ne sono 3; ~ is no-one here non c'è
nessuno qui; ~ has been an accident c'è
stato un incidente

2 (referring to place) là, lì; up/in/down ~
lassù/là dentro/laggiù; he went ~ on
Friday ci è andato venerdì; I want that
book ~ voglio quel libro là or lì; ~ he is!
eccolo!

3: ~, ~ (esp to child) su, su

---

thereabouts [ðeərə'bauts] adv (place) nei
pressi, da quelle parti; (amount) giù di lì,
all'incirca

thereafter [ðeər'ɑ:ftə*] adv da allora in poi

thereby [ðeə'baɪ] adv con ciò

therefore ['ðeəfɔ:*] adv perciò, quindi

---

there's [ðeəz] = there is; there has

thermal ['θə:ml] adj termico(a)

thermometer [θə'mɔmɪtə*] n termometro

Thermos ® ['θə:məs] n (also: ~ flask)
thermos ® m inv

thesaurus [θɪ'sɔ:rəs] n dizionario dei
sinonimi

these [ði:z] pl pron, adj questi(e)

theses ['θi:si:z] npl of thesis

thesis ['θi:sɪs] (pl theses) n tesi f inv

they [ðeɪ] pl pron essi(esse); (people only)
loro; ~ say that ... (it is said that) si dice
che ...; ~'d = they had; they would; ~'ll
= they shall; they will; ~'re = they are;
~'ve = they have

thick [θɪk] adj spesso(a); (crowd)
compatto(a); (stupid) ottuso(a), lento(a)
♦ n: in the ~ of nel folto di; it's 20 cm ~
ha uno spessore di 20 cm; ~en vi ispessire
♦ vt (sauce etc) ispessire, rendere più
denso(a); ~ly adv (spread) a strati spessi;
(cut) a fette grosse; (populated)
densamente; ~ness n spessore m; ~set
adj tarchiato(a), tozzo(a)

thief [θi:f] (pl thieves) n ladro/a

thieves [θi:vz] npl of thief

thigh [θaɪ] n coscia

thimble ['θɪmbl] n ditale m

thin [θɪn] adj sottile; (person) magro(a);
(soup) poco denso(a) ♦ vt: to ~ (down)
(sauce, paint) diluire

thing [θɪŋ] n cosa; (object) oggetto; (mania):
to have a ~ about essere fissato(a) con; ~s
npl (belongings) cose fpl; poor ~
poverino(a); the best ~ would be to la
cosa migliore sarebbe di; how are ~s?
come va?

think [θɪŋk] (pt, pp thought) vi pensare,
riflettere ♦ vt pensare, credere; (imagine)
immaginare; to ~ of pensare a; what did
you ~ of them? cosa ne ha pensato?; to ~
about sth/sb pensare a qc/qn; I'll ~ about
it ci penserò; to ~ of doing pensare di fare;
I ~ so/not penso di sì/no; to ~ well of
avere una buona opinione di; ~ out vt
(plan) elaborare; (solution) trovare; ~ over
vt riflettere su; ~ through vt riflettere a

fondo su; ~ **up** *vt* ideare; ~ **tank** *n* commissione *f* di esperti

third [θəːd] *num* terzo(a) ♦ *n* terzo/a; (*fraction*) terzo, terza parte *f*; (*AUT*) terza; (*BRIT: SCOL: degree*) laurea col minimo dei voti; ~**ly** *adv* in terzo luogo; ~ **party insurance** (*BRIT*) *n* assicurazione *f* contro terzi; ~-**rate** *adj* di qualità scadente; **the T~ World** *n* il Terzo Mondo

thirst [θəːst] *n* sete *f*; ~**y** (*person*) assetato(a), che ha sete

thirteen [θəːˈtiːn] *num* tredici

thirty [ˈθəːtɪ] *num* trenta

KEYWORD

this [ðɪs] (*pl* **these**) *adj* (*demonstrative*) questo(a); ~ **man/woman/book** quest'uomo/questa donna/questo libro; (*not ''that''*) quest'uomo/questa donna/ questo libro qui; ~ **one** questo a qui ♦ *pron* (*demonstrative*) questo(a); (*not ''that one''*) questo(a) qui; **who/what is ~?** chi è/che cos'è questo?; **I prefer ~ to that** preferisco questo a quello; ~ **is where I live** io abito qui; ~ **is what he said** questo è ciò che ha detto; ~ **is Mr Brown** (*in introductions, photo*) questo è il signor Brown; (*on telephone*) sono il signor Brown ♦ *adv* (*demonstrative*): ~ **high/long** *etc* alto/lungo *etc* così; **I didn't know things were ~ bad** non sapevo andasse così male

thistle [ˈθɪsl] *n* cardo

thong [θɔŋ] *n* cinghia

thorn [θɔːn] *n* spina; ~**y** *adj* spinoso(a)

thorough [ˈθʌrə] *adj* (*search*) minuzioso(a); (*knowledge, research*) approfondito(a), profondo(a); (*person*) coscienzioso(a); (*cleaning*) a fondo; ~**bred** (*horse*) purosangue *m/f inv*; ~**fare** *n* strada transitabile; **''no ~fare''** ''divieto di transito''; ~**ly** *adv* (*search*) minuziosamente; (*wash, study*) a fondo; (*very*) assolutamente

those [ðəuz] *pl pron* quelli(e) ♦ *pl adj* quei(quegli) *mpl*; quelle *fpl*

though [ðəu] *conj* benché, sebbene ♦ *adv*

comunque

thought [θɔːt] *pt, pp of* **think** ♦ *n* pensiero; (*opinion*) opinione *f*; ~**ful** *adj* pensieroso(a), pensoso(a); (*considerate*) premuroso(a); ~**less** *adj* sconsiderato(a); (*behaviour*) scortese

thousand [ˈθauzənd] *num* mille; **one ~** mille; ~**s of** migliaia di; ~**th** *num* millesimo(a)

thrash [θræʃ] *vt* picchiare; bastonare; (*defeat*) battere; ~ **about** *vi* dibattersi; ~ **out** *vt* dibattere

thread [θred] *n* filo; (*of screw*) filetto ♦ *vt* (*needle*) infilare; ~**bare** *adj* consumato(a), logoro(a)

threat [θret] *n* minaccia; ~**en** *vi* (*storm*) minacciare ♦ *vt*: **to ~en sb with/to do** minacciare qn con/di fare

three [θriː] *num* tre; ~-**dimensional** *adj* tridimensionale; (*film*) stereoscopico(a); ~-**piece suit** *n* completo (con gilè); ~-**piece suite** *n* salotto comprendente un divano e due poltrone; ~-**ply** *adj* (*wool*) a tre fili

threshold [ˈθreʃhəuld] *n* soglia

threw [θruː] *pt of* **throw**

thrifty [ˈθrɪftɪ] *adj* economico(a)

thrill [θrɪl] *n* brivido ♦ *vt* (*audience*) elettrizzare; **to be ~ed** (*with gift etc*) essere elettrizzato(a); ~**er** *n* thriller *m inv*; ~**ing** *adj* (*book*) pieno(a) di suspense; (*news, discovery*) elettrizzante

thrive [θraɪv] (*pt* **thrived**, *pp* **thrived**) *vi* crescere *or* svilupparsi bene; (*business*) prosperare; **he ~s on it** gli fa bene, ne gode; **thriving** *adj* fiorente

throat [θrəut] *n* gola; **to have a sore ~** avere (un *or* il) mal di gola

throb [θrɔb] (*heart*) *n* palpitare; pulsare; vibrare

throes [θrəuz] *npl*: **in the ~ of** alle prese con; in preda a

thrombosis [θrɔmˈbəusɪs] *n* trombosi *f*

throne [θrəun] *n* trono

throng [θrɔŋ] *n* moltitudine *f* ♦ *vt* affollare

throttle [ˈθrɔtl] *n* (*AUT*) valvola a farfalla ♦ *vt* strangolare

through [θruː] *prep* attraverso; (*time*) per,

durante; (*by means of*) per mezzo di; (*owing to*) a causa di ♦ *adj* (*ticket, train, passage*) diretto(a) ♦ *adv* attraverso; **to put sb ~ to sb** (*TEL*) passare qn a qn; **to be ~** (*TEL*) ottenere la comunicazione; (*have finished*) essere finito(a); **"no ~ road"** (*BRIT*) "strada senza sbocco"; **~out** *prep* (*place*) dappertutto in; (*time*) per *or* durante tutto(a) ♦ *adv* dappertutto; sempre

throw [θrəʊ] (*pt* **threw**, *pp* **thrown**) *n* (*SPORT*) lancio, tiro ♦ *vt* tirare, gettare; (*SPORT*) lanciare, tirare; (*rider*) disarcionare; (*fig*) confondere; **to ~ a party** dare una festa; **~ away** *vt* gettare *or* buttare via; **~ off** *vt* sbarazzarsi di; **~ out** *vt* buttare fuori; (*reject*) respingere; **~ up** *vi* vomitare; **~away** *adj* da buttare; **~-in** *n* (*SPORT*) rimessa in gioco; **thrown** *pp of* **throw**

thru [θruː] (*US*) *prep, adj, adv* = **through**

thrush [θrʌʃ] *n* tordo

thrust [θrʌst] (*pt, pp* **thrust**) *vt* spingere con forza; (*push in*) conficcare

thud [θʌd] *n* tonfo

thug [θʌg] *n* delinquente *m*

thumb [θʌm] *n* (*ANAT*) pollice *m*; **to ~ a lift** fare l'autostop; **~ through** *vt fus* (*book*) sfogliare; **~tack** (*US*) *n* puntina da disegno

thump [θʌmp] *n* colpo forte; (*sound*) tonfo ♦ *vt* (*person*) picchiare; (*object*) battere su ♦ *vi* picchiare; battere

thunder [ˈθʌndə*] *n* tuono ♦ *vi* tuonare; (*train etc*): **to ~ past** passare con un rombo; **~bolt** *n* fulmine *m*; **~clap** *n* rombo di tuono; **~storm** *n* temporale *m*; **~y** *adj* temporalesco(a)

Thursday [ˈθɜːzdɪ] *n* giovedì *m inv*

thus [ðʌs] *adv* così

thwart [θwɔːt] *vt* contrastare

thyme [taɪm] *n* timo

thyroid [ˈθaɪrɔɪd] *n* (*also:* **~ gland**) tiroide *f*

tiara [tɪˈɑːrə] *n* (*woman's*) diadema *m*

Tiber [ˈtaɪbə*] *n*: **the ~** il Tevere

tick [tɪk] *n* (*sound: of clock*) tic tac *m inv*; (*mark*) segno; spunta; (*ZOOL*) zecca; (*BRIT: inf*): **in a ~** in un attimo ♦ *vi* fare tic tac ♦ *vt* spuntare; **~ off** *vt* spuntare; (*person*) sgridare; **~ over** *vi* (*engine*) andare al

minimo; (*fig*) andare avanti come al solito

ticket [ˈtɪkɪt] *n* biglietto; (*in shop: on goods*) etichetta; (*parking ~*) multa; (*for library*) scheda; **~ collector** *n* bigliettaio; **~ office** *n* biglietteria

tickle [ˈtɪkl] *vt* fare il solletico a; (*fig*) solleticare ♦ *vi*: **it ~s** mi (*or* gli *etc*) fa il solletico; **ticklish** [-lɪʃ] *adj* che soffre il solletico; (*problem*) delicato(a)

tidal [ˈtaɪdl] *adj* di marea; (*estuary*) soggetto(a) alla marea; **~ wave** *n* onda anomala

tidbit [ˈtɪdbɪt] (*US*) *n* (*food*) leccornia; (*news*) notizia ghiotta

tiddlywinks [ˈtɪdlɪwɪŋks] *n* gioco della pulce

tide [taɪd] *n* marea; (*fig: of events*) corso; **high/low ~** alta/bassa marea; **~ over** *vt* dare una mano a

tidy [ˈtaɪdɪ] *adj* (*room*) ordinato(a), lindo(a); (*dress, work*) curato(a), in ordine; (*person*) ordinato(a) ♦ *vt* (*also:* **~ up**) riordinare, mettere in ordine

tie [taɪ] *n* (*string etc*) legaccio; (*BRIT: also:* **neck~**) cravatta; (*fig: link*) legame *m*; (*SPORT: draw*) pareggio ♦ *vt* (*parcel*) legare; (*ribbon*) annodare ♦ *vi* (*SPORT*) pareggiare; **to ~ sth in a bow** annodare qc; **to ~ a knot in sth** fare un nodo a qc; **~ down** *vt* legare; (*to price etc*) costringere ad accettare; **~ up** *vt* (*parcel, dog*) legare; (*boat*) ormeggiare; (*arrangements*) concludere; **to be ~d up** (*busy*) essere occupato(a) *or* preso(a)

tier [tɪə*] *n* fila; (*of cake*) piano, strato

tiger [ˈtaɪgə*] *n* tigre *f*

tight [taɪt] *adj* (*rope*) teso(a), tirato(a); (*money*) poco(a); (*clothes, budget, bend etc*) stretto(a); (*control*) severo(a), fermo(a); (*inf: drunk*) sbronzo(a) ♦ *adv* (*squeeze*) fortemente; (*shut*) ermeticamente; **~s** (*BRIT*) *npl* collant *m inv*; **~en** *vt* (*rope*) tendere; (*screw*) stringere; (*control*) rinforzare ♦ *vi* tendersi; stringersi; **~-fisted** *adj* avaro(a); **~ly** *adv* (*grasp*) bene, saldamente; **~rope** *n* corda (da acrobata)

tile [taɪl] *n* (*on roof*) tegola; (*on wall or floor*) piastrella, mattonella; ~d adj di tegole; a piastrelle, a mattonelle

till [tɪl] n registratore m di cassa ♦ vt (land) coltivare ♦ prep, conj = **until**

tiller ['tɪlə*] n (NAUT) barra del timone

tilt [tɪlt] vt inclinare, far pendere ♦ vi inclinarsi, pendere

timber ['tɪmbə*] n (material) legname m

time [taɪm] n tempo; (epoch: often pl) epoca, tempo; (by clock) ora; (moment) momento; (occasion) volta; (MUS) tempo ♦ vt (race) cronometrare; (programme) calcolare la durata di; (fix moment for) programmare; (remark etc) dire (or fare) al momento giusto; **a long ~** molto tempo; **for the ~ being** per il momento; **4 at a ~** 4 per or alla volta; **from ~ to ~** ogni tanto; **at ~s** a volte; **in ~** (soon enough) in tempo; (after some ~) col tempo; (MUS) a tempo; **in a week's ~** fra una settimana; **in no ~** in un attimo; **any ~** in qualsiasi momento; **on ~** puntualmente; **5 ~s 5** 5 volte 5, 5 per 5; **what ~ is it?** che ora è?, che ore sono?; **to have a good ~** divertirsi; **~ bomb** n bomba a orologeria; **~less** adj eterno(a); **~ly** adj opportuno(a); **~ off** n tempo libero; **~r** n (~ switch) temporizzatore m; (in kitchen) contaminuti m inv; **~ scale** n periodo; **~-share** adj: **~-share apartment/villa** appartamento/villa in multiproprietà; **~ switch** (BRIT) n temporizzatore m; **~table** n orario; **~ zone** n fuso orario

timid ['tɪmɪd] adj timido(a); (easily scared) pauroso(a)

timing ['taɪmɪŋ] n (SPORT) cronometraggio; (fig) scelta del momento opportuno

timpani ['tɪmpənɪ] npl timpani mpl

tin [tɪn] n stagno; (also: ~ **plate**) latta; (container) scatola; (BRIT: can) barattolo (di latta), lattina; **~foil** n stagnola

tinge [tɪndʒ] n sfumatura ♦ vt: **~d with** tinto(a) di

tingle ['tɪŋgl] vi pizzicare

tinker ['tɪŋkə*]: **~ with** vt fus armeggiare intorno a; cercare di riparare

tinned [tɪnd] (BRIT) adj (food) in scatola

tin opener [-'əʊpnə*] (BRIT) n apriscatole m inv

tinsel ['tɪnsl] n decorazioni fpl natalizie (argentate)

tint [tɪnt] n tinta; **~ed** adj (hair) tinto(a); (spectacles, glass) colorato(a)

tiny ['taɪnɪ] adj minuscolo(a)

tip [tɪp] n (end) punta; (gratuity) mancia; (BRIT: for rubbish) immondezzaio; (advice) suggerimento ♦ vt (waiter) dare la mancia a; (tilt) inclinare; (overturn: also: ~ **over**) capovolgere; (empty: also: ~ **out**) scaricare; **~-off** n (hint) soffiata; **~ped** (BRIT) adj (cigarette) col filtro

Tipp-Ex ® ['tɪpeks] n correttore m

tipsy ['tɪpsɪ] adj brillo(a)

tiptoe ['tɪptəʊ] n: **on ~** in punta di piedi

tiptop ['tɪp'tɔp] adj: **in ~ condition** in ottime condizioni

tire ['taɪə*] n (US) = **tyre** ♦ vt stancare ♦ vi stancarsi; **~d** adj stanco(a); **to be ~d of** essere stanco or stufo di; **~less** adj instancabile; **~some** adj noioso(a); **tiring** adj faticoso(a)

tissue ['tɪʃuː] n tessuto; (paper handkerchief) fazzoletto di carta; ~ **paper** n carta velina

tit [tɪt] n (bird) cinciallegra; **to give ~ for tat** rendere pan per focaccia

titbit ['tɪtbɪt] (BRIT) n (food) leccornia; (news) notizia ghiotta

title ['taɪtl] n titolo; ~ **deed** n (LAW) titolo di proprietà; ~ **role** n ruolo or parte f principale

TM abbr = **trademark**

KEYWORD

to [tuː, tə] prep **1** (direction) a; **to go ~ France/London/school** andare in Francia/a Londra/a scuola; **to go ~ Paul's/the doctor's** andare da Paul/dal dottore; **the road ~ Edinburgh** la strada per Edimburgo; ~ **the left/right** a sinistra/destra

2 (as far as) (fino) a; **from here ~ London** da qui a Londra; **to count ~ 10** contare fino a 10; **from 40 ~ 50 people** da 40 a 50 persone

3 (*with expressions of time*): **a quarter ~ 5** le 5 meno un quarto; **it's twenty ~ 3** sono le 3 meno venti

4 (*for, of*): **the key ~ the front door** la chiave della porta d'ingresso; **a letter ~ his wife** una lettera per la moglie

5 (*expressing indirect object*) a; **to give sth ~ sb** dare qc a qn; **to talk ~ sb** parlare a qn; **to be a danger ~ sb/sth** rappresentare un pericolo per qn/qc

6 (*in relation to*) a; **3 goals ~ 2** 3 goal a 2; **30 miles ~ the gallon** ≈ 11 chilometri con un litro

7 (*purpose, result*): **to come ~ sb's aid** venire in aiuto a qn; **to sentence sb ~ death** condannare a morte qn; **~ my surprise** con mia sorpresa

♦ *with vb* 1 (*simple infinitive*): **~ go/eat** *etc* andare/mangiare *etc*

2 (*following another vb*): **to want/try/start ~ do** volere/cercare di/cominciare a fare

3 (*with vb omitted*): **I don't want ~** non voglio (farlo); **you ought ~** devi (farlo)

4 (*purpose, result*) per; **I did it ~ help you** l'ho fatto per aiutarti

5 (*equivalent to relative clause*): **I have things ~ do** ho da fare; **the main thing is ~ try** la cosa più importante è provare

6 (*after adjective etc*): **ready ~ go** pronto a partire; **too old/young ~ ...** troppo vecchio/giovane per ...

♦ *adv*: **to push the door ~** accostare la porta

---

toad [təʊd] *n* rospo; **~stool** *n* fungo (velenoso)

toast [təʊst] *n* (*CULIN*) pane *m* tostato; (*drink, speech*) brindisi *m inv* ♦ *vt* (*CULIN*) tostare; (*drink to*) brindare a; **a piece** *or* **slice of ~** una fetta di pane tostato; **~er** *n* tostapane *m inv*

tobacco [təˈbækəʊ] *n* tabacco; **~nist** *n* tabaccaio/a; **~nist's (shop)** *n* tabaccheria

toboggan [təˈbɒgən] *n* toboga *m inv*

today [təˈdeɪ] *adv* oggi ♦ *n* (*also fig*) oggi *m*

toddler [ˈtɒdləʳ] *n* bambino/a che impara a camminare

toe [təʊ] *n* dito del piede; (*of shoe*) punta; **to ~ the line** (*fig*) stare in riga, conformarsi; **~nail** *n* unghia del piede

toffee [ˈtɒfɪ] *n* caramella; **~ apple** *n* mela caramellata

toga [ˈtəʊgə] *n* toga

together [təˈgɛðəʳ] *adv* insieme; (*at same time*) allo stesso tempo; **~ with** insieme a

toil [tɔɪl] *n* travaglio, fatica ♦ *vi* affannarsi; sgobbare

toilet [ˈtɔɪlət] *n* (*BRIT: lavatory*) gabinetto ♦ *cpd* (*bag, soap etc*) da toletta; **~ paper** *n* carta igienica; **~ries** *npl* articoli *mpl* da toletta; **~ roll** *n* rotolo di carta igienica; **~ water** *n* acqua di colonia

token [ˈtəʊkən] *n* (*sign*) segno; (*substitute coin*) gettone *m*; **book/record/gift ~** (*BRIT*) buono-libro/disco/regalo

told [təʊld] *pt, pp of* **tell**

tolerable [ˈtɒlərəbl] *adj* (*bearable*) tollerabile; (*fairly good*) passabile

tolerant [ˈtɒlərnt] *adj*: **~ (of)** tollerante (nei confronti di)

tolerate [ˈtɒləreɪt] *vt* sopportare; (*MED, TECH*) tollerare

toll [təʊl] *n* (*tax, charge*) pedaggio ♦ *vi* (*bell*) suonare; **the accident ~ on the roads** il numero delle vittime della strada

tomato [təˈmɑːtəʊ] (*pl* **~es**) *n* pomodoro

tomb [tuːm] *n* tomba

tomboy [ˈtɒmbɔɪ] *n* maschiaccio

tombstone [ˈtuːmstəʊn] *n* pietra tombale

tomcat [ˈtɒmkæt] *n* gatto

tomorrow [təˈmɒrəʊ] *adv* domani ♦ *n* (*also fig*) domani *m inv*; **the day after ~** dopodomani; **~ morning** domani mattina

ton [tʌn] *n* tonnellata (*BRIT = 1016 kg; US = 907 kg; metric = 1000 kg*); **~s of** (*inf*) un mucchio *or* sacco di

tone [təʊn] *n* tono ♦ *vi* (*also: ~ in*) intonarsi; **~ down** *vt* (*colour, criticism, sound*) attenuare; **~ up** *vt* (*muscles*) tonificare; **~-deaf** *adj* che non ha orecchio (musicale)

tongs [tɒŋz] *npl* tenaglie *fpl*; (*for coal*) molle *fpl*; (*for hair*) arricciacapelli *m inv*

tongue [tʌŋ] *n* lingua; **~ in cheek** (*say, speak*) ironicamente; **~-tied** *adj* (*fig*) muto(a); **~-twister** *n* scioglilingua *m inv*

tonic ['tɒnɪk] *n* (MED) tonico; (also: **~ water**) acqua tonica

tonight [tə'naɪt] *adv* stanotte; (this evening) stasera ♦ *n* questa notte; questa sera

tonnage ['tʌnɪdʒ] *n* (NAUT) tonnellaggio, stazza

tonsil ['tɒnsl] *n* tonsilla; **~litis** [-'laɪtɪs] *n* tonsillite *f*

too [tuː] *adv* (excessively) troppo; (also) anche; **~ much** *adv* troppo ♦ *adj* troppo(a); **~ many** troppi(e)

took [tuk] *pt of* **take**

tool [tuːl] *n* utensile *m*, attrezzo; **~ box** *n* cassetta *f* portautensili

toot [tuːt] *n* (of horn) colpo di clacson; (of whistle) fischio ♦ *vi* suonare; (with car horn) suonare il clacson

tooth [tuːθ] (*pl* **teeth**) *n* (ANAT, TECH) dente *m*; **~ache** *n* mal di denti; **~brush** *n* spazzolino da denti; **~paste** *n* dentifricio; **~pick** *n* stuzzicadenti *m inv*

top [tɒp] *n* (of mountain, page, ladder) cima; (of box, cupboard, table) sopra *m inv*, parte *f* superiore; (lid: of box, jar) coperchio; (: of bottle) tappo; (blouse etc) sopra *m inv*; (toy) trottola ♦ *adj* più alto(a); (in rank) primo(a); (best) migliore ♦ *vt* (exceed) superare; (be first in) essere in testa a; **on ~ of** sopra, in cima a; (in addition to) oltre a; **from ~ to bottom** da cima a fondo; **~ up** (US **~ off**) *vt* riempire; (salary) integrare; **~ floor** *n* ultimo piano; **~ hat** *n* cilindro; **~- heavy** *adj* (object) con la parte superiore troppo pesante

topic ['tɒpɪk] *n* argomento; **~al** *adj* d'attualità

top: ~less *adj* (bather etc) col seno scoperto; **~-level** *adj* (talks) ad alto livello; **~most** *adj* il(la) più alto(a)

topple ['tɒpl] *vt* rovesciare, far cadere ♦ *vi* cadere; traballare

top-secret *adj* segretissimo(a)

topsy-turvy ['tɒpsɪ'tɜːvɪ] *adj, adv* sottosopra *inv*

torch [tɔːtʃ] *n* torcia; (BRIT: electric) lampadina tascabile

tore [tɔː*] *pt of* **tear¹**

torment [*n* 'tɔːmɛnt, *vb* tɔː'mɛnt] *n* tormento ♦ *vt* tormentare

torn [tɔːn] *pp of* **tear¹**

torpedo [tɔː'piːdəʊ] (*pl* **~es**) *n* siluro

torrent ['tɒrnt] *n* torrente *m*

torrid ['tɒrɪd] *adj* torrido(a); (love affair) infuocato(a)

tortoise ['tɔːtəs] *n* tartaruga; **~shell** ['tɔːtəʃel] *adj* di tartaruga

torture ['tɔːtʃə*] *n* tortura ♦ *vt* torturare

Tory ['tɔːrɪ] (BRIT: POL) *adj* dei tories, conservatore(trice) ♦ *n* tory *m/f inv*, conservatore/trice

toss [tɒs] *vt* gettare, lanciare; (one's head) scuotere; **to ~ a coin** fare a testa o croce; **to ~ up for sth** fare a testa o croce per qc; **to ~ and turn** (in bed) girarsi e rigirarsi

tot [tɒt] *n* (BRIT: drink) bicchierino; (child) bimbo/a

total ['təʊtl] *adj* totale ♦ *n* totale *m* ♦ *vt* (add up) sommare; (amount to) ammontare a

totally ['təʊtəlɪ] *adv* completamente

touch [tʌtʃ] *n* tocco; (sense) tatto; (contact) contatto ♦ *vt* toccare; **a ~ of** (fig) un tocco di; un pizzico di; **to get in ~ with** mettersi in contatto con; **to lose ~** (friends) perdersi di vista; **~ on** *vt fus* (topic) sfiorare, accennare a; **~ up** *vt* (paint) ritoccare; **~- and-go** *adj* incerto(a); **~down** *n* atterraggio; (on sea) ammaraggio; (US: FOOTBALL) meta; **~ed** *adj* commosso(a); **~ing** *adj* commovente; **~line** *n* (SPORT) linea laterale; **~y** *adj* (person) suscettibile

tough [tʌf] *adj* duro(a); (resistant) resistente; **~en** *vt* rinforzare

toupee ['tuːpeɪ] *n* parrucchino

tour ['tuə*] *n* viaggio; (also: **package ~**) viaggio organizzato or tutto compreso; (of town, museum) visita; (by artist) tournée *f inv* ♦ *vt* visitare; **~ guide** *n* guida turistica; **~ing** *n* turismo

tourism ['tuərɪzəm] *n* turismo

tourist ['tuərɪst] *n* turista *m/f* ♦ *adv* (travel) in classe turistica ♦ *cpd* turistico(a); **~ office** *n* pro loco *f inv*

tournament [ˈtuənəmənt] n torneo

tousled [ˈtauzld] adj (hair) arruffato(a)

tout [taut] vi: **to ~ for** procacciare, raccogliere; cercare clienti per ♦ n (also: **ticket ~**) bagarino

tow [təu] vt rimorchiare; **"on ~"** (BRIT), **"in ~"** (US) "veicolo rimorchiato"

toward(s) [təˈwɔːd(z)] prep verso; (of attitude) nei confronti di; (of purpose) per

towel [ˈtauəl] n asciugamano; (also: **tea ~**) strofinaccio; **~ling** n (fabric) spugna; **~ rail** (US **~ rack**) n portasciugamano

tower [ˈtauə*] n torre f; **~ block** (BRIT) n palazzone m; **~ing** adj altissimo(a), imponente

town [taun] n città f inv; **to go to ~** andare in città; (fig) mettercela tutta; **~ centre** n centro (città); **~ council** n consiglio comunale; **~ hall** n ≈ municipio; **~ plan** n pianta della città; **~ planning** n urbanistica

towrope [ˈtəurəup] n (cavo da) rimorchio

tow truck (US) n carro m attrezzi inv

toxic [ˈtɔksik] adj tossico(a)

toy [tɔi] n giocattolo; **~ with** vt fus giocare con; (idea) accarezzare, trastullarsi con; **~ shop** n negozio di giocattoli

trace [treis] n traccia ♦ vt (draw) tracciare; (follow) seguire; (locate) rintracciare; **tracing paper** n carta da ricalco

track [træk] n (of person, animal) traccia; (on tape, SPORT, path: gen) pista; (: of bullet etc) traiettoria; (: of suspect, animal) pista, tracce fpl; (RAIL) binario, rotaie fpl ♦ vt seguire le tracce di; **to keep ~ of** seguire; **~ down** vt (prey) scovare; snidare; (sth lost) rintracciare; **~suit** n tuta sportiva

tract [trækt] n (GEO) tratto, estensione f

tractor [ˈtræktə*] n trattore m

trade [treid] n commercio; (skill, job) mestiere m ♦ vi commerciare ♦ vt: **to ~ sth (for sth)** barattare qc (con qc); **to ~ with/ in** commerciare con/in; **~ in** vt (old car etc) dare come pagamento parziale; **~ fair** n fiera commerciale; **~mark** n marchio di fabbrica; **~ name** n marca, nome m depositato; **~r** n commerciante m/f;

~sman (irreg) n fornitore m; (shopkeeper) negoziante m; **~ union** n sindacato; **~ unionist** sindacalista m/f

tradition [trəˈdiʃən] n tradizione f; **~al** adj tradizionale

traffic [ˈtræfik] n traffico ♦ vi: **to ~ in** (pej: liquor, drugs) trafficare in; **~ circle** (US) n isola rotatoria; **~ jam** n ingorgo (del traffico); **~ lights** npl semaforo; **~ warden** n addetto/a al controllo del traffico e del parcheggio

tragedy [ˈtrædʒədi] n tragedia

tragic [ˈtrædʒik] adj tragico(a)

trail [treil] n (tracks) tracce fpl, pista; (path) sentiero; (of smoke etc) scia ♦ vt trascinare, strascicare; (follow) seguire ♦ vi essere al traino; (dress etc) strusciare; (plant) arrampicarsi; strisciare; (in game) essere in svantaggio; **~ behind** vi essere al traino; **~er** n (AUT) rimorchio; (US) roulotte f inv; (CINEMA) prossimamente m inv; **~er truck** (US) n (articulated lorry) autoarticolato

train [trein] n treno; (of dress) coda, strascico ♦ vt (apprentice, doctor etc) formare; (sportsman) allenare; (dog) addestrare; (memory) esercitare; (point: gun etc): **to ~ sth on** puntare qc contro ♦ vi formarsi; allenarsi; **one's ~ of thought** il filo dei propri pensieri; **~ed** adj qualificato(a); allenato(a); addestrato(a); **~ee** [treiˈniː] n (in trade) apprendista m/f; **~er** n (SPORT) allenatore/trice; (: shoe) scarpa da ginnastica; (of dogs etc) addestratore/trice; **~ing** n formazione f; allenamento; addestramento; **in ~ing** (SPORT) in allenamento; **~ing college** n istituto professionale; (for teachers) ≈ istituto magistrale; **~ing shoes** npl scarpe fpl da ginnastica

trait [treit] n tratto

traitor [ˈtreitə*] n traditore m

tram [træm] (BRIT) n (also: **~car**) tram m inv

tramp [træmp] n (person) vagabondo/a; (inf: pej: woman) sgualdrina

trample [ˈtræmpl] vt: **to ~ (underfoot)** calpestare

trampoline [ˈtræmpəliːn] n trampolino

tranquil ['træŋkwɪl] *adj* tranquillo(a); ~**lizer** *n* (*MED*) tranquillante *m*

transact [træn'zækt] *vt* (*business*) trattare; ~**ion** [-'zækʃən] *n* transazione *f*

transatlantic ['trænzət'læntɪk] *adj* transatlantico(a)

transfer [*n* 'trænsfə*, *vb* træns'fə*] *n* (*gen, also SPORT*) trasferimento; (*POL: of power*) passaggio; (*picture, design*) decalcomania; (: *stick-on*) autoadesivo ♦ *vt* trasferire; passare; **to ~ the charges** (*BRIT: TEL*) fare una chiamata a carico del destinatario; ~ **desk** *n* (*AVIAT*) banco *m* transiti *inv*

transform [træns'fɔ:m] *vt* trasformare

transfusion [træns'fju:ʒən] *n* trasfusione *f*

transient ['trænzɪənt] *adj* transitorio(a), fugace

transistor [træn'zɪstə*] *n* (*ELEC*) transistor *m inv*; (*also:* ~ **radio**) radio *f inv* a transistor

transit ['trænzɪt] *n*: **in ~** in transito

transitive ['trænzɪtɪv] *adj* (*LING*) transitivo(a)

translate [trænz'leɪt] *vt* tradurre; **translation** [-'leɪʃən] *n* traduzione *f*; **translator** *n* traduttore/trice

transmission [trænz'mɪʃən] *n* trasmissione *f*

transmit [trænz'mɪt] *vt* trasmettere; ~**ter** *n* trasmettitore *m*

transparency [træns'pærənsɪ] *n* trasparenza; (*BRIT: PHOT*) diapositiva

transparent [træns'pærnt] *adj* trasparente

transpire [træn'spaɪə*] *vi* (*happen*) succedere; (*turn out*): **it ~d that** si venne a sapere che

transplant [*vb* træns'plɑ:nt, *n* 'trænsplɑ:nt] *vt* trapiantare ♦ *n* (*MED*) trapianto

transport [*n* 'trænspɔ:t, *vb* træns'pɔ:t] *n* trasporto ♦ *vt* trasportare; ~**ation** [-'teɪʃən] *n* (*mezzo di*) trasporto; ~ **café** (*BRIT*) *n* trattoria per camionisti

trap [træp] *n* (*snare, trick*) trappola; (*carriage*) calesse *m* ♦ *vt* prendere in trappola, intrappolare; ~ **door** *n* botola

trapeze [trə'pi:z] *n* trapezio

trappings ['træpɪŋz] *npl* ornamenti *mpl*; indoratura, sfarzo

trash [træʃ] (*pej*) *n* (*goods*) ciarpame *m*;

(*nonsense*) sciocchezze *fpl*; ~ **can** (*US*) *n* secchio della spazzatura

trauma ['trɔ:mə] *n* trauma *m*; ~**tic** [-'mætɪk] *adj* traumatico(a)

travel ['trævl] *n* viaggio; viaggi *mpl* ♦ *vi* viaggiare ♦ *vt* (*distance*) percorrere; ~ **agency** *n* agenzia (di) viaggi; ~ **agent** *n* agente *m* di viaggio; ~**ler** (*US* ~**er**) *n* viaggiatore/trice; ~**ler's cheque** (*US* ~**er's check**) *n* assegno turistico; ~**ling** (*US* ~**ing**) *n* viaggi *mpl*; ~ **sickness** *n* mal *m* d'auto (*or* di mare *or* d'aria)

travesty ['trævəstɪ] *n* parodia

trawler ['trɔ:lə*] *n* peschereccio (a strascico)

tray [treɪ] *n* (*for carrying*) vassoio; (*on desk*) vaschetta

treacherous ['tretʃərəs] *adj* infido(a)

treachery ['tretʃərɪ] *n* tradimento

treacle ['tri:kl] *n* melassa

tread [tred] (*pt* **trod**, *pp* **trodden**) *n* passo; (*sound*) rumore *m* di passi; (*of stairs*) pedata; (*of tyre*) battistrada *m inv* ♦ *vi* camminare; ~ **on** *vt fus* calpestare

treason ['tri:zn] *n* tradimento

treasure ['treʒə*] *n* tesoro ♦ *vt* (*value*) tenere in gran conto, apprezzare molto; (*store*) custodire gelosamente

treasurer ['treʒərə*] *n* tesoriere/a

treasury ['treʒərɪ] *n*: **the T~** (*BRIT*), **the T~ Department** (*US*) il ministero del Tesoro

treat [tri:t] *n* regalo ♦ *vt* trattare; (*MED*) curare; **to ~ sb to sth** offrire qc a qn

treatment ['tri:tmənt] *n* trattamento

treaty ['tri:tɪ] *n* patto, trattato

treble ['trebl] *adj* triplo(a), triplice ♦ *vt* triplicare ♦ *vi* triplicarsi; ~ **clef** *n* chiave *f* di violino

tree [tri:] *n* albero; ~ **trunk** *n* tronco d'albero

trek [trek] *n* escursione *f* a piedi; escursione *f* in macchina; (*tiring walk*) camminata sfiancante ♦ *vi* (*as holiday*) fare dell'escursionismo

trellis ['trelɪs] *n* graticcio

tremble ['trembl] *vi* tremare

tremendous [trɪ'mendəs] *adj* (*enormous*) enorme; (*excellent*) meraviglioso(a), formidabile

tremor ['tremə*] n tremore m, tremito; (also: **earth ~**) scossa sismica

trench [trentʃ] n trincea

trend [trend] n (tendency) tendenza; (of events) corso; (fashion) moda; **~y** adj (idea) di moda; (clothes) all'ultima moda

trespass ['trespəs] vi: **to ~ on** entrare abusivamente in; **"no ~ing"** "proprietà privata", "vietato l'accesso"

trestle ['tresl] n cavalletto

trial ['traɪəl] n (LAW) processo; (test: of machine etc) collaudo; **~s** npl (unpleasant experiences) dure prove fpl; **on ~** (LAW) sotto processo; **by ~ and error** a tentoni; **~ period** periodo di prova

triangle ['traɪæŋgl] n (MATH, MUS) triangolo

tribe [traɪb] n tribù f inv; **~sman** (irreg) n membro di tribù

tribunal [traɪ'bjuːnl] n tribunale m

tributary ['trɪbjuːtəri] n (river) tributario, affluente m

tribute ['trɪbjuːt] n tributo, omaggio; **to pay ~ to** rendere omaggio a

trick [trɪk] n trucco; (joke) tiro; (CARDS) presa ♦ vt imbrogliare, ingannare; **to play a ~ on sb** giocare un tiro a qn; **that should do the ~** vedrai che funziona; **~ery** n inganno

trickle ['trɪkl] n (of water etc) rivolo, gocciolio ♦ vi gocciolare

tricky ['trɪki] adj difficile, delicato(a)

tricycle ['traɪsɪkl] n triciclo

trifle ['traɪfl] n sciocchezza; (BRIT: CULIN) ≈ zuppa inglese ♦ adv: **a ~ long** un po' lungo; **trifling** adj insignificante

trigger ['trɪgə*] n (of gun) grilletto; **~ off** vt dare l'avvio a

trim [trɪm] adj (house, garden) ben tenuto(a); (figure) snello(a) ♦ n (haircut etc) spuntata, regolata; (embellishment) finiture fpl; (on car) guarnizioni fpl ♦ vt spuntare; (decorate): **to ~ (with)** decorare (con); (NAUT: a sail) orientare; **~mings** npl decorazioni fpl; (extras: gen CULIN) guarnizione f

trinket ['trɪŋkɪt] n gingillo; (piece of jewellery) ciondolo

trip [trɪp] n viaggio; (excursion) gita, escursione f; (stumble) passo falso ♦ vi inciampare; (go lightly) camminare con passo leggero; **on a ~** in viaggio; **~ up** vi inciampare ♦ vt fare lo sgambetto a

tripe [traɪp] n (CULIN) trippa; (pej: rubbish) sciocchezze fpl, fesserie fpl

triple ['trɪpl] adj triplo(a)

triplets ['trɪplɪts] npl bambini(e) trigemini(e)

triplicate ['trɪplɪkət] n: **in ~** in triplice copia

tripod ['traɪpɔd] n treppiede m

trite [traɪt] adj banale, trito(a)

triumph ['traɪʌmf] n trionfo ♦ vi: **to ~ (over)** trionfare (su)

trivia ['trɪvɪə] npl banalità fpl

trivial ['trɪvɪəl] adj insignificante; (commonplace) banale

trod [trɔd] pt of **tread**; **~den** pp of **tread**

trolley ['trɔli] n carrello; **~ bus** n filobus m inv

trombone [trɔm'bəun] n trombone m

troop [truːp] n gruppo; (MIL) squadrone m; **~s** npl (MIL) truppe fpl; **~ in/out** vi entrare/uscire a frotte; **~ing the colour** n (ceremony) sfilata della bandiera

trophy ['trəufi] n trofeo

tropic ['trɔpik] n tropico; **~al** adj tropicale

trot [trɔt] n trotto ♦ vi trottare; **on the ~** (BRIT: fig) di fila, uno(a) dopo l'altro(a)

trouble ['trʌbl] n difficoltà f inv, problema m; difficoltà fpl, problemi; (worry) preoccupazione f; (bother, effort) sforzo; (POL) conflitti mpl, disordine m; (MED): **stomach** etc **~** disturbi mpl gastrici etc ♦ vt disturbare; (worry) preoccupare ♦ vi: **to ~ to do** disturbarsi a fare; **~s** npl (POL etc) disordini mpl; **to be in ~** avere dei problemi; **it's no ~!** di niente!; **what's the ~?** cosa c'è che non va?; **~d** adj (person) preoccupato(a), inquieto(a); (epoch, life) agitato(a), difficile; **~maker** n elemento disturbatore, agitatore/trice; (child) discolo/a; **~shooter** n (in conflict) conciliatore m; **~some** adj fastidioso(a), seccante

trough [trɔf] n (also: **drinking ~**) abbeveratoio; (also: **feeding ~**) trogolo, mangiatoia; (*channel*) canale *m*

trousers ['trauzəz] *npl* pantaloni *mpl*, calzoni *mpl*; **short ~** calzoncini *mpl*

trousseau ['tru:səu] (*pl* **~x** *or* **~s**) *n* corredo da sposa

trousseaux ['tru:səuz] *npl of* **trousseau**

trout [traut] *n inv* trota

trowel ['trauəl] *n* cazzuola

truant ['truənt] (*BRIT*) *n*: **to play ~** marinare la scuola

truce [tru:s] *n* tregua

truck [trʌk] *n* autocarro, camion *m inv*; (*RAIL*) carro merci aperto; (*for luggage*) carrello *m* portabagagli *inv*; **~ driver** *n* camionista *m/f*; **~ farm** (*US*) *n* orto industriale

true [tru:] *adj* vero(a); (*accurate*) accurato(a), esatto(a); (*genuine*) reale; (*faithful*) fedele; **to come ~** avverarsi

truffle ['trʌfl] *n* tartufo

truly ['tru:lɪ] *adv* veramente; (*truthfully*) sinceramente; (*faithfully*): **yours ~** (*in letter*) distinti saluti

trump [trʌmp] *n* (*also:* **~ card**) atout *m inv*

trumpet ['trʌmpɪt] *n* tromba

truncheon ['trʌntʃən] *n* sfollagente *m inv*

trundle ['trʌndl] *vt* far rotolare rumorosamente ♦ *vi*: **to ~ along** rotolare rumorosamente

trunk [trʌŋk] *n* (*of tree, person*) tronco; (*of elephant*) proboscide *f*; (*case*) baule *m*; (*US: AUT*) bagagliaio; **~s** *npl* (*also:* **swimming ~s**) calzoncini *mpl* da bagno

truss [trʌs] *vt*: **~ (up)** (*CULIN*) legare

trust [trʌst] *n* fiducia; (*LAW*) amministrazione *f* fiduciaria; (*COMM*) trust *m inv* ♦ *vt* (*rely on*) contare su; (*hope*) sperare; (*entrust*): **to ~ sth to sb** affidare qc a qn; **~ed** *adj* fidato(a); **~ee** [trʌs'ti:] *n* (*LAW*) amministratore(trice) fiduciario(a); (*of school etc*) amministratore/trice; **~ful** *adj* fiducioso(a); **~ing** *adj* = **~ful**; **~worthy** *adj* fidato(a), degno(a) di fiducia

truth [tru:θ, *pl* tru:ðz] *n* verità *f inv*; **~ful** *adj* (*person*) sincero(a); (*description*) veritiero(a), esatto(a)

try [traɪ] *n* prova, tentativo; (*RUGBY*) meta

♦ *vt* (*LAW*) giudicare; (*test: also:* **~ out**) provare; (*strain*) mettere alla prova ♦ *vi* provare; **to have a ~** fare un tentativo; **to ~ to do** (*seek*) cercare di fare; **~ on** *vt* (*clothes*) provare; **~ing** *adj* (*day, experience*) logorante, pesante; (*child*) difficile, insopportabile

tsar [zɑː*] *n* zar *m inv*

T-shirt ['tiː-] *n* maglietta

T-square ['tiː-] *n* riga a T

tub [tʌb] *n* tinozza; mastello; (*bath*) bagno

tuba ['tjuːbə] *n* tuba

tubby ['tʌbɪ] *adj* grassoccio(a)

tube [tjuːb] *n* tubo; (*BRIT: underground*) metropolitana, metrò *m inv*; (*for tyre*) camera d'aria; **~ station** (*BRIT*) *n* stazione *f* della metropolitana

tubular ['tjuːbjulə*] *adj* tubolare

TUC (*BRIT*) *n abbr* (= *Trades Union Congress*) confederazione *f* dei sindacati britannici

tuck [tʌk] *vt* (*put*) mettere; **~ away** *vt* riporre; (*building*): **to be ~ed away** essere in un luogo isolato; **~ in** *vt* mettere dentro; (*child*) rimboccare ♦ *vi* (*eat*) mangiare di buon appetito; abbuffarsi; **~ up** *vt* (*child*) rimboccare le coperte a; **~ shop** *n* negozio di pasticceria (*in una scuola*)

Tuesday ['tjuːzdɪ] *n* martedì *m inv*

tuft [tʌft] *n* ciuffo

tug [tʌg] *n* (*ship*) rimorchiatore *m* ♦ *vt* tirare con forza; **~-of-war** *n* tiro alla fune

tuition [tjuːˈɪʃən] *n* (*BRIT*) lezioni *fpl*; (*: private ~*) lezioni *fpl* private; (*US: school fees*) tasse *fpl* scolastiche

tulip ['tjuːlɪp] *n* tulipano

tumble ['tʌmbl] *n* (*fall*) capitombolo ♦ *vi* capitombolare, ruzzolare; **to ~ to sth** (*inf*) realizzare qc; **~down** *adj* cadente, diroccato(a); **~ dryer** (*BRIT*) *n* asciugatrice *f*

tumbler ['tʌmblə*] *n* bicchiere *m* (*senza stelo*)

tummy ['tʌmɪ] (*inf*) *n* pancia; **~ upset** *n* mal *m* di pancia

tumour ['tjuːmə*] (*US* **tumor**) *n* tumore *m*

tuna ['tjuːnə] *n inv* (*also*: **~ fish**) tonno

tune [tjuːn] *n* (*melody*) melodia, aria ♦ *vt* (*MUS*) accordare; (*RADIO, TV, AUT*) regolare, mettere a punto; **to be in/out of ~** (*instrument*) essere accordato(a)/scordato(a); (*singer*) essere intonato(a)/stonato(a); **~ in** *vi*: **to ~ in (to)** (*RADIO, TV*) sintonizzarsi (su); **~ up** *vi* (*musician*) accordare lo strumento; **~ful** *adj* melodioso(a); **~r** *n*: **piano ~r** accordatore *m*

tunic ['tjuːnɪk] *n* tunica

Tunisia [tjuː'nɪzɪə] *n* Tunisia

tunnel ['tʌnl] *n* galleria ♦ *vi* scavare una galleria

turban ['təːbən] *n* turbante *m*

turbulence ['təːbjuləns] *n* (*AVIAT*) turbolenza

tureen [tə'riːn] *n* zuppiera

turf [təːf] *n* terreno erboso; (*clod*) zolla ♦ *vt* coprire di zolle erbose; **~ out** (*inf*) *vt* buttar fuori

Turin [tjuə'rɪn] *n* Torino *f*

Turk [təːk] *n* turco/a

Turkey ['təːkɪ] *n* Turchia

turkey ['təːkɪ] *n* tacchino

Turkish ['təːkɪʃ] *adj* turco(a) ♦ *n* (*LING*) turco

turmoil ['təːmɔɪl] *n* confusione *f*, tumulto

turn [təːn] *n* giro; (*change*) cambiamento; (*in road*) curva; (*tendency: of mind, events*) tendenza; (*performance*) numero; (*chance*) turno; (*MED*) crisi *f inv*, attacco ♦ *vt* girare, voltare; (*change*): **to ~ sth into** trasformare qc in ♦ *vi* girare; (*person: look back*) girarsi, voltarsi; (*reverse direction*) girare; (*change*) cambiare; (*milk*) andare a male; (*become*) diventare; **a good ~** un buon servizio; **it gave me quite a ~** mi ha fatto prendere un bello spavento; **"no left ~"** (*AUT*) "divieto di svolta a sinistra"; **it's your ~** tocca a lei; **in ~** a sua volta; a turno; **to take ~s (at sth)** fare (qc) a turno; **~ away** *vi* girarsi (dall'altra parte) ♦ *vt* mandare via; **~ back** *vi* ritornare, tornare indietro ♦ *vt* far tornare indietro; (*clock*) spostare indietro; **~ down** *vt* (*refuse*) rifiutare;

(*reduce*) abbassare; (*fold*) ripiegare; **~ in** *vi* (*inf: go to bed*) andare a letto ♦ *vt* (*fold*) voltare in dentro; **~ off** *vi* (*from road*) girare, voltare ♦ *vt* (*light, radio, engine etc*) spegnere; **~ on** *vt* (*light, radio etc*) accendere; **~ out** *vt* (*light, gas*) chiudere; spegnere ♦ *vi* (*voters*) presentarsi; **to ~ out to be ...** rivelarsi ..., risultare ...; **~ over** *vi* (*person*) girarsi ♦ *vt* girare; **~ round** *vi* girare; (*person*) girarsi; **~ up** *vi* (*person*) arrivare, presentarsi; (*lost object*) saltar fuori ♦ *vt* (*collar, sound*) alzare; **~ing** *n* (*in road*) curva; **~ing point** *n* (*fig*) svolta decisiva

turnip ['təːnɪp] *n* rapa

turnout ['təːnaut] *n* presenza, affluenza

turnover ['təːnəuvə*] *n* (*COMM*) turnover *m inv*; (*CULIN*): **apple** *etc* **~** sfogliatella alle melle *ecc*

turnpike ['təːnpaɪk] (*US*) *n* autostrada a pedaggio

turnstile ['təːnstaɪl] *n* tornella

turntable ['təːnteɪbl] *n* (*on record player*) piatto

turn-up (*BRIT*) *n* (*on trousers*) risvolto

turpentine ['təːpəntaɪn] *n* (*also*: **turps**) acqua ragia

turquoise ['təːkwɔɪz] *n* turchese *m* ♦ *adj* turchese

turret ['tʌrɪt] *n* torretta

turtle ['təːtl] *n* testuggine *f*; **~neck (sweater)** *n* maglione *m* con il collo alto

Tuscany ['tʌskənɪ] *n* Toscana

tusk [tʌsk] *n* zanna

tutor ['tjuːtə*] *n* (*in college*) docente *m/f* (*responsabile di un gruppo di studenti*); (*private teacher*) precettore *m*; **~ial** [-'tɔːrɪəl] *n* (*SCOL*) lezione *f* con discussione (*a un gruppo limitato*)

tuxedo [tʌk'siːdəu] (*US*) *n* smoking *m inv*

TV [tiː'viː] *n abbr* (= *television*) tivù *f inv*

twang [twæŋ] *n* (*of instrument*) suono vibrante; (*of voice*) accento nasale

tweed [twiːd] *n* tweed *m inv*

tweezers ['twiːzəz] *npl* pinzette *fpl*

twelfth [twelfθ] *num* dodicesimo(a)

twelve [twelv] *num* dodici; **at ~ (o'clock)** alle dodici, a mezzogiorno; (*midnight*) a mezzanotte

twentieth ['twɛntɪɪθ] *num* ventesimo(a)

twenty ['twɛntɪ] *num* venti

twice [twaɪs] *adv* due volte; **~ as much** due volte tanto; **~ a week** due volte alla settimana

twiddle ['twɪdl] *vt, vi*: **to ~ (with) sth** giocherellare con qc; **to ~ one's thumbs** *(fig)* girarsi i pollici

twig [twɪg] *n* ramoscello ♦ *vt, vi (inf)* capire

twilight ['twaɪlaɪt] *n* crepuscolo

twin [twɪn] *adj, n* gemello(a) ♦ *vt*: **to ~ one town with another** fare il gemellaggio di una città con un'altra; **~-bedded room** *n* stanza con letti gemelli; **~ beds** *npl* letti *mpl* gemelli

twine [twaɪn] *n* spago, cordicella ♦ *vi* attorcigliarsi

twinge [twɪndʒ] *n (of pain)* fitta; **a ~ of conscience/regret** un rimorso/rimpianto

twinkle ['twɪŋkl] *vi* scintillare; *(eyes)* brillare

twirl [twəːl] *vt* far roteare ♦ *vi* roteare

twist [twɪst] *n* torsione *f*; *(in wire, flex)* piega; *(in road)* curva; *(in story)* colpo di scena ♦ *vt* attorcigliare; *(ankle)* slogare; *(weave)* intrecciare; *(roll around)* arrotolare; *(fig)* distorcere ♦ *vi (road)* serpeggiare

twit [twɪt] *(inf)* n cretino(a)

twitch [twɪtʃ] *n* tiratina; *(nervous)* tic *m inv* ♦ *vi* contrarsi

two [tuː] *num* due; **to put ~ and ~ together** *(fig)* fare uno più uno; **~-door** *adj (AUT)* a due porte; **~-faced** *(pej) adj (person)* falso(a); **~fold** *adv*: **to increase ~fold** aumentare del doppio; **~-piece (suit)** *n* due pezzi *m inv*; **~-piece (swimsuit)** *n* (costume *m* da bagno a) due pezzi *m inv*; **~some** *n (people)* coppia; **~-way** *adj (traffic)* a due sensi

tycoon [taɪˈkuːn] *n*: **(business) ~** magnate *m*

type [taɪp] *n (category)* genere *m*; *(model)* modello; *(example)* tipo; *(TYP)* tipo, carattere *m* ♦ *vt (letter etc)* battere (a macchina), dattilografare; **~-cast** *adj (actor)* a ruolo fisso; **~face** *n* carattere *m* tipografico; **~script** *n* dattiloscritto;

~writer *n* macchina da scrivere; **~written** *adj* dattiloscritto(a), battuto(a) a macchina

typhoid ['taɪfɔɪd] *n* tifoidea

typhoon [taɪˈfuːn] *n* tifone *m*

typical ['tɪpɪkl] *adj* tipico(a)

typify ['tɪpɪfaɪ] *vt* caratterizzare; *(person)* impersonare

typing ['taɪpɪŋ] *n* dattilografia

typist ['taɪpɪst] *n* dattilografo/a

tyrant ['taɪərnt] *n* tiranno

tyre ['taɪə*] *(US* **tire)** *n* pneumatico, gomma; **~ pressure** *n* pressione *f* (delle gomme)

tzar [zɑː*] *n* = **tsar**

U, u

U-bend ['juː'-] *n (in pipe)* sifone *m*

ubiquitous [juːˈbɪkwɪtəs] *adj* onnipresente

udder ['ʌdə*] *n* mammella

UFO ['juːfəu] *n abbr (= unidentified flying object)* UFO *m inv*

ugh [əːh] *excl* puah!

ugly ['ʌglɪ] *adj* brutto(a)

UHT *abbr (= ultra heat treated)* UHT *inv*, a lunga conservazione

UK *n abbr* = **United Kingdom**

ulcer ['ʌlsə*] *n* ulcera; *(also:* **mouth ~**) afta

Ulster ['ʌlstə*] *n* Ulster *m*

ulterior [ʌlˈtɪərɪə*] *adj* ulteriore; **~ motive** *n* secondo fine *m*

ultimate ['ʌltɪmət] *adj* ultimo(a), finale; *(authority)* massimo(a), supremo(a); **~ly** *adv* alla fine; in definitiva, in fin dei conti

ultrasound [ʌltrəˈsaund] *n (MED)* ultrasuono

umbilical cord [ʌmbɪˈlaɪkl-] *n* cordone *m* ombelicale

umbrella [ʌmˈbrɛlə] *n* ombrello

umpire ['ʌmpaɪə*] *n* arbitro

umpteen [ʌmpˈtiːn] *adj* non so quanti(e); **for the ~th time** per l'ennesima volta

UN *n abbr (= United Nations)* ONU *f*

unable [ʌnˈeɪbl] *adj*: **to be ~ to** non potere, essere nell'impossibilità di; essere incapace di

unaccompanied [ʌnəˈkʌmpənɪd] *adj* *(child, lady)* non accompagnato(a)

unaccustomed [ʌnəˈkʌstəmd] *adj*: **to be ~ to sth** non essere abituato a qc

unanimous [juːˈnænɪməs] *adj* unanime; **~ly** *adv* all'unanimità

unarmed [ʌnˈɑːmd] *adj* (*without a weapon*) disarmato(a); (*combat*) senz'armi

unattached [ʌnəˈtætʃt] *adj* senza legami, libero(a)

unattended [ʌnəˈtɛndɪd] *adj* (*car, child, luggage*) incustodito(a)

unattractive [ʌnəˈtræktɪv] *adj* poco attraente

unauthorized [ʌnˈɔːθəraɪzd] *adj* non autorizzato(a)

unavoidable [ʌnəˈvɔɪdəbl] *adj* inevitabile

unaware [ʌnəˈwɛə*] *adj*: **to be ~ of** non sapere, ignorare; **~s** *adv* di sorpresa, alla sprovvista

unbalanced [ʌnˈbælənst] *adj* squilibrato(a)

unbearable [ʌnˈbɛərəbl] *adj* insopportabile

unbeknown(st) [ʌnbɪˈnəun(st)] *adv*: **~ to** all'insaputa di

unbelievable [ʌnbɪˈliːvəbl] *adj* incredibile

unbend [ʌnˈbɛnd] (*irreg*: *like* **bend**) *vi* distendersi ♦ *vt* (*wire*) raddrizzare

unbias(s)ed [ʌnˈbaɪəst] *adj* (*person, report*) obiettivo(a), imparziale

unborn [ʌnˈbɔːn] *adj* non ancora nato(a)

unbreakable [ʌnˈbreɪkəbl] *adj* infrangibile

unbroken [ʌnˈbrəukən] *adj* intero(a); (*series*) continuo(a); (*record*) imbattuto(a)

unbutton [ʌnˈbʌtn] *vt* sbottonare

uncalled-for [ʌnˈkɔːld-] *adj* (*remark*) fuori luogo *inv*; (*action*) ingiustificato(a)

uncanny [ʌnˈkænɪ] *adj* misterioso(a), strano(a)

unceasing [ʌnˈsiːsɪŋ] *adj* incessante

unceremonious [ˈʌnserɪˈməunɪəs] *adj* (*abrupt, rude*) senza tante cerimonie

uncertain [ʌnˈsəːtn] *adj* incerto(a); dubbio(a); **~ty** *n* incertezza

unchanged [ʌnˈtʃeɪndʒd] *adj* invariato(a)

uncivilized [ʌnˈsɪvɪlaɪzd] *adj* (*gen*) selvaggio(a); (*fig*) incivile, barbaro(a)

uncle [ˈʌŋkl] *n* zio

uncomfortable [ʌnˈkʌmfətəbl] *adj* scomodo(a); (*uneasy*) a disagio, agitato(a);

(*unpleasant*) fastidioso(a)

uncommon [ʌnˈkɔmən] *adj* raro(a), insolito(a), non comune

uncompromising [ʌnˈkɔmprəmaɪzɪŋ] *adj* intransigente, inflessibile

unconcerned [ʌnkənˈsəːnd] *adj*: **to be ~ (about)** non preoccuparsi (di *or* per)

unconditional [ʌnkənˈdɪʃənl] *adj* incondizionato(a), senza condizioni

unconscious [ʌnˈkɔnʃəs] *adj* privo(a) di sensi, svenuto(a); (*unaware*) inconsapevole, inconscio(a) ♦ *n*: **the ~** l'inconscio; **~ly** *adv* inconsciamente

uncontrollable [ʌnkənˈtrəuləbl] *adj* incontrollabile; indisciplinato(a)

unconventional [ʌnkənˈvɛnʃənl] *adj* poco convenzionale

uncouth [ʌnˈkuːθ] *adj* maleducato(a), grossolano(a)

uncover [ʌnˈkʌvə*] *vt* scoprire

undecided [ʌndɪˈsaɪdɪd] *adj* indeciso(a)

under [ˈʌndə*] *prep* sotto; (*less than*) meno di; **al** disotto di; (*according to*) secondo, in conformità a ♦ *adv* (al) disotto; **~ there** là sotto; **~ repair** in riparazione

under... [ˈʌndə*] *prefix* sotto..., sub...; **~-age** *adj* minorenne; **~carriage** (*BRIT*) *n* carrello (d'atterraggio); **~charge** *vt* far pagare di meno a; **~clothes** *npl* biancheria (intima); **~coat** *n* (*paint*) mano *f* di fondo; **~cover** *adj* segreto(a), clandestino(a); **~current** *n* corrente *f* sottomarina; **~cut** *vt irreg* vendere a prezzo minore di; **~developed** *adj* sottosviluppato(a); **~dog** *n* oppresso/a; **~done** *adj* (*CULIN*) al sangue; (*pej*) poco cotto(a); **~estimate** *vt* sottovalutare; **~fed** *adj* denutrito(a); **~foot** *adv* sotto i piedi; **~go** *vt irreg* subire; (*treatment*) sottoporsi a; **~graduate** *n* studente(essa) universitario(a); **~ground** *n* (*BRIT*: *railway*) metropolitana; (*POL*) movimento clandestino ♦ *adj* sotterraneo(a); (*fig*) clandestino(a) ♦ *adv* sottoterra; **to go ~ground** (*fig*) darsi alla macchia; **~growth** *n* sottobosco; **~hand(ed)** *adj* (*fig*) furtivo(a), subdolo(a); **~lie** *vt irreg* essere

alla base di; **~line** *vt* sottolineare; **~mine**
vt minare; **~neath** [ʌndəˈniːθ] *adv* sotto,
disotto ♦ *prep* sotto, al di sotto di; **~paid**
adj sottopagato(a); **~pants** *npl* mutande
fpl, slip *m inv*; **~pass** (*BRIT*) *n*
sottopassaggio; **~privileged** *adj* non
abbiente; meno favorito(a); **~rate** *vt*
sottovalutare; **~shirt** (*US*) *n* maglietta;
~shorts (*US*) *npl* mutande *fpl*, slip *m inv*;
~side *n* disotto; **~skirt** (*BRIT*) *n* sottoveste
f

understand [ʌndəˈstænd] (*irreg: like* **stand**)
vt, vi capire, comprendere; **I ~ that …**
sento che …; credo di capire che …; **~able**
adj comprensibile; **~ing** *adj*
comprensivo(a) ♦ *n* comprensione *f*;
(*agreement*) accordo

understatement [ʌndəˈsteɪtmənt] *n*:
that's an ~! a dire poco!

understood [ʌndəˈstud] *pt, pp of*
understand ♦ *adj* inteso(a); (*implied*)
sottinteso(a)

understudy [ˈʌndəstʌdɪ] *n* sostituto/a,
attore/trice supplente

undertake [ʌndəˈteɪk] (*irreg: like* **take**) *vt*
intraprendere; **to ~ to do sth** impegnarsi a
fare qc

undertaker [ˈʌndəteɪkə*] *n* impresario di
pompe funebri

undertaking [ʌndəˈteɪkɪŋ] *n* impresa;
(*promise*) promessa

undertone [ˈʌndətəun] *n*: **in an ~** a mezza
voce, a voce bassa

underwater [ʌndəˈwɔːtə*] *adv* sott'acqua
♦ *adj* subacqueo(a)

underwear [ˈʌndəwɛə*] *n* biancheria
(intima)

underworld [ˈʌndəwəːld] *n* (*of crime*)
malavita

underwriter [ˈʌndəraɪtə*] *n* (*INSURANCE*)
sottoscrittore/trice

undesirable [ʌndɪˈzaɪərəbl] *adj* sgradevole

undies [ˈʌndɪz] (*inf*) *npl* biancheria intima
da donna

undo [ʌnˈduː] *vt irreg* disfare; **~ing** *n* rovina,
perdita

undoubted [ʌnˈdautɪd] *adj* sicuro(a),

certo(a); **~ly** *adv* senza alcun dubbio

undress [ʌnˈdrɛs] *vi* spogliarsi

undue [ʌnˈdjuː] *adj* eccessivo(a)

undulating [ˈʌndjuleɪtɪŋ] *adj* ondeggiante;
ondulato(a)

unduly [ʌnˈdjuːlɪ] *adv* eccessivamente

unearth [ʌnˈəːθ] *vt* dissotterrare; (*fig*)
scoprire

unearthly [ʌnˈəːθlɪ] *adj* (*hour*) impossibile

uneasy [ʌnˈiːzɪ] *adj* a disagio; (*worried*)
preoccupato(a); (*peace*) precario(a)

uneconomic(al) [ˈʌniːkəˈnɔmɪk(l)] *adj*
antieconomico(a)

unemployed [ʌnɪmˈplɔɪd] *adj*
disoccupato(a) ♦ *npl*: **the ~** i disoccupati

unemployment [ʌnɪmˈplɔɪmənt] *n*
disoccupazione *f*

unending [ʌnˈɛndɪŋ] *adj* senza fine

unerring [ʌnˈəːrɪŋ] *adj* infallibile

uneven [ʌnˈiːvn] *adj* ineguale; irregolare

unexpected [ʌnɪkˈspɛktɪd] *adj* inatteso(a),
imprevisto(a); **~ly** *adv* inaspettatamente

unfailing [ʌnˈfeɪlɪŋ] *adj* (*supply, energy*)
inesauribile; (*remedy*) infallibile

unfair [ʌnˈfɛə*] *adj*: **~ (to)** ingiusto(a) (nei
confronti di)

unfaithful [ʌnˈfeɪθful] *adj* infedele

unfamiliar [ʌnfəˈmɪlɪə*] *adj* sconosciuto(a),
strano(a); **to be ~ with** non avere
familiarità con

unfashionable [ʌnˈfæʃnəbl] *adj* (*clothes*)
fuori moda; (*district*) non alla moda

unfasten [ʌnˈfɑːsn] *vt* slacciare; sciogliere

unfavourable [ʌnˈfeɪvərəbl] (*US*
unfavorable) *adj* sfavorevole

unfeeling [ʌnˈfiːlɪŋ] *adj* insensibile, duro(a)

unfinished [ʌnˈfɪnɪʃt] *adj* incompleto(a)

unfit [ʌnˈfɪt] *adj* (*ill*) malato(a), in cattiva
salute; (*incompetent*): **~ (for)** incompetente
(in); (*: work, MIL*) inabile (a)

unfold [ʌnˈfəuld] *vt* spiegare ♦ *vi* (*story,
plot*) svelarsi

unforeseen [ʌnfɔːˈsiːn] *adj* imprevisto(a)

unforgettable [ʌnfəˈgɛtəbl] *adj*
indimenticabile

unfortunate [ʌnˈfɔːtʃnət] *adj* sfortunato(a);
(*event, remark*) infelice; **~ly** *adv*

sfortunatamente, purtroppo

unfounded [ʌnˈfaundɪd] *adj* infondato(a)

unfriendly [ʌnˈfrɛndlɪ] *adj* poco amichevole, freddo(a)

ungainly [ʌnˈgeɪnlɪ] *adj* goffo(a), impacciato(a)

ungodly [ʌnˈgɔdlɪ] *adj*: **at an ~ hour** a un'ora impossibile

ungrateful [ʌnˈgreɪtful] *adj* ingrato(a)

unhappiness [ʌnˈhæpɪnɪs] *n* infelicità

unhappy [ʌnˈhæpɪ] *adj* infelice; **~ about/ with** (*arrangements etc*) insoddisfatto(a) di

unharmed [ʌnˈhɑːmd] *adj* incolume, sano(a) e salvo(a)

unhealthy [ʌnˈhɛlθɪ] *adj* (*gen*) malsano(a); (*person*) malaticcio(a)

unheard-of [ʌnˈhɜːdɔv] *adj* inaudito(a), senza precedenti

unhurt [ʌnˈhɜːt] *adj* illeso(a)

uniform [ˈjuːnɪfɔːm] *n* uniforme *f*, divisa ♦ *adj* uniforme

uninhabited [ʌnɪnˈhæbɪtɪd] *adj* disabitato(a)

unintentional [ʌnɪnˈtɛnʃənəl] *adj* involontario(a)

union [ˈjuːnjən] *n* unione *f*; (*also*: **trade ~**) sindacato ♦ *cpd* sindacale, dei sindacati; **U~ Jack** *n* bandiera nazionale britannica

unique [juːˈniːk] *adj* unico(a)

unit [ˈjuːnɪt] *n* unità *f inv*; (*section: of furniture etc*) elemento; (*team, squad*) reparto, squadra

unite [juːˈnaɪt] *vt* unire ♦ *vi* unirsi; **~d** *adj* unito(a); unificato(a); (*efforts*) congiunto(a); **U~d Kingdom** *n* Regno Unito; **U~d Nations (Organization)** *n* (Organizzazione *f* delle) Nazioni Unite; **U~d States (of America)** *n* Stati *mpl* Uniti (d'America)

unit trust (*BRIT*) *n* fondo d'investimento

unity [ˈjuːnɪtɪ] *n* unità

universal [juːnɪˈvəːsl] *adj* universale

universe [ˈjuːnɪvəːs] *n* universo

university [juːnɪˈvəːsɪtɪ] *n* università *f inv*

unjust [ʌnˈdʒʌst] *adj* ingiusto(a)

unkempt [ʌnˈkɛmpt] *adj* trasandato(a); spettinato(a)

unkind [ʌnˈkaɪnd] *adj* scortese; crudele

unknown [ʌnˈnəun] *adj* sconosciuto(a)

unlawful [ʌnˈlɔːful] *adj* illecito(a), illegale

unleaded [ʌnˈlɛdɪd] *adj* (*petrol, fuel*) verde, senza piombo

unleash [ʌnˈliːʃ] *vt* (*fig*) scatenare

unless [ʌnˈlɛs] *conj* a meno che (non) +*sub*

unlike [ʌnˈlaɪk] *adj* diverso(a) ♦ *prep* a differenza di, contrariamente a

unlikely [ʌnˈlaɪklɪ] *adj* improbabile

unlisted [ʌnˈlɪstɪd] (*US*) *adj* (*TEL*): **to be ~** non essere sull'elenco

unload [ʌnˈləud] *vt* scaricare

unlock [ʌnˈlɔk] *vt* aprire

unlucky [ʌnˈlʌkɪ] *adj* sfortunato(a); (*object, number*) che porta sfortuna

unmarried [ʌnˈmærɪd] *adj* non sposato(a); (*man only*) scapolo, celibe; (*woman only*) nubile

unmistak(e)able [ʌnmɪsˈteɪkəbl] *adj* inconfondibile

unmitigated [ʌnˈmɪtɪgeɪtɪd] *adj* non mitigato(a), assoluto(a), vero(a) e proprio(a)

unnatural [ʌnˈnætʃrəl] *adj* innaturale; contro natura

unnecessary [ʌnˈnɛsəsərɪ] *adj* inutile, superfluo(a)

unnoticed [ʌnˈnəutɪst] *adj*: **(to go) ~** (passare) inosservato(a)

UNO [ˈjuːnəu] *n abbr* (= *United Nations Organization*) ONU *f*

unobtainable [ʌnəbˈteɪnəbl] *adj* (*TEL*) non ottenibile

unobtrusive [ʌnəbˈtruːsɪv] *adj* discreto(a)

unofficial [ʌnəˈfɪʃl] *adj* non ufficiale; (*strike*) non dichiarato(a) dal sindacato

unpack [ʌnˈpæk] *vi* disfare la valigia (*or* le valigie) ♦ *vt* disfare

unpalatable [ʌnˈpælətəbl] *adj* sgradevole

unparalleled [ʌnˈpærəleld] *adj* incomparabile, impareggiabile

unpleasant [ʌnˈplɛznt] *adj* spiacevole

unplug [ʌnˈplʌg] *vt* staccare

unpopular [ʌnˈpɔpjulə*] *adj* impopolare

unprecedented [ʌnˈprɛsɪdəntɪd] *adj* senza precedenti

unpredictable [ʌnprɪ'dɪktəbl] *adj* imprevedibile

unprofessional [ʌnprə'feʃənl] *adj* poco professionale

unqualified [ʌn'kwɔlɪfaɪd] *adj* (*teacher*) non abilitato(a); (*success*) assoluto(a), senza riserve

unquestionably [ʌn'kwestʃənəblɪ] *adv* indiscutibilmente

unravel [ʌn'rævl] *vt* dipanare, districare

unreal [ʌn'rɪəl] *adj* irreale

unrealistic [ʌnrɪə'lɪstɪk] *adj* non realistico(a)

unreasonable [ʌn'riːznəbl] *adj* irragionevole

unrelated [ʌnrɪ'leɪtɪd] *adj*: **~ (to)** senza rapporto (con); non imparentato(a) (con)

unreliable [ʌnrɪ'laɪəbl] *adj* (*person, machine*) che non dà affidamento; (*news, source of information*) inattendibile

unremitting [ʌnrɪ'mɪtɪŋ] *adj* incessante

unreservedly [ʌnrɪ'zəːvɪdlɪ] *adv* senza riserve

unrest [ʌn'rest] *n* agitazione *f*

unroll [ʌn'rəul] *vt* srotolare

unruly [ʌn'ruːlɪ] *adj* indisciplinato(a)

unsafe [ʌn'seɪf] *adj* pericoloso(a), rischioso(a)

unsaid [ʌn'sed] *adj*: **to leave sth ~** passare qc sotto silenzio

unsatisfactory ['ʌnsætɪs'fæktərɪ] *adj* che lascia a desiderare, insufficiente

unsavoury [ʌn'seɪvərɪ] (*US* **unsavory**) *adj* (*fig: person, place*) losco(a)

unscathed [ʌn'skeɪðd] *adj* incolume

unscrew [ʌn'skruː] *vt* svitare

unscrupulous [ʌn'skruːpjuləs] *adj* senza scrupoli

unsettled [ʌn'setld] *adj* (*person*) turbato(a); indeciso(a); (*weather*) instabile

unshaven [ʌn'ʃeɪvn] *adj* non rasato(a)

unsightly [ʌn'saɪtlɪ] *adj* brutto(a), sgradevole a vedersi

unskilled [ʌn'skɪld] *adj* non specializzato(a)

unspeakable [ʌn'spiːkəbl] *adj* (*indescribable*) indicibile; (*awful*) abominevole

unstable [ʌn'steɪbl] *adj* (*gen*) instabile;

(*mentally*) squilibrato(a)

unsteady [ʌn'stedɪ] *adj* instabile, malsicuro(a)

unstuck [ʌn'stʌk] *adj*: **to come ~** scollarsi; (*fig*) fare fiasco

unsuccessful [ʌnsək'sesful] *adj* (*writer, proposal*) che non ha successo; (*marriage, attempt*) mal riuscito(a), fallito(a); **to be ~** (*in attempting sth*) non avere successo

unsuitable [ʌn'suːtəbl] *adj* inadatto(a); inopportuno(a); sconveniente

unsure [ʌn'ʃuə*] *adj* incerto(a); **to be ~ of o.s.** essere insicuro(a)

unsuspecting [ʌnsə'spektɪŋ] *adj* che non sospetta nulla

unsympathetic [ʌnsɪmpə'θetɪk] *adj* (*person*) antipatico(a); (*attitude*) poco incoraggiante

untapped [ʌn'tæpt] *adj* (*resources*) non sfruttato(a)

unthinkable [ʌn'θɪŋkəbl] *adj* impensabile, inconcepibile

untidy [ʌn'taɪdɪ] *adj* (*room*) in disordine; (*appearance*) trascurato(a); (*person*) disordinato(a)

untie [ʌn'taɪ] *vt* (*knot, parcel*) disfare; (*prisoner, dog*) slegare

until [ʌn'tɪl] *prep* fino a; (*after negative*) prima di ♦ *conj* finché, fino a quando; (*in past, after negative*) prima che +*sub*, prima di +*infinitive*; **~ he comes** finché *or* fino a quando non arriva; **~ now** finora; **~ then** fino ad allora

untimely [ʌn'taɪmlɪ] *adj* intempestivo(a), inopportuno(a); (*death*) prematuro(a)

untold [ʌn'təuld] *adj* (*story*) mai rivelato(a); (*wealth*) incalcolabile; (*joy, suffering*) indescrivibile

untoward [ʌntə'wɔːd] *adj* sfortunato(a), sconveniente

unused [ʌn'juːzd] *adj* nuovo(a)

unusual [ʌn'juːʒuəl] *adj* insolito(a), eccezionale, raro(a)

unveil [ʌn'veɪl] *vt* scoprire; svelare

unwanted [ʌn'wɔntɪd] *adj* (*clothing*) smesso(a); (*child*) non desiderato(a)

unwavering [ʌn'weɪvərɪŋ] *adj* fermo(a),

incrollabile

unwelcome [ʌn'wɛlkəm] adj non gradito(a)

unwell [ʌn'wɛl] adj indisposto(a); **to feel ~** non sentirsi bene

unwieldy [ʌn'wi:ldɪ] adj poco maneggevole

unwilling [ʌn'wɪlɪŋ] adj: **to be ~ to do** non voler fare; **~ly** adv malvolentieri

unwind [ʌn'waɪnd] (irreg: like **wind**1) vt svolgere, srotolare ♦ vi (relax) rilassarsi

unwise [ʌn'waɪz] adj poco saggio(a)

unwitting [ʌn'wɪtɪŋ] adj involontario(a)

unworkable [ʌn'wə:kəbl] adj (plan) inattuabile

unworthy [ʌn'wə:ðɪ] adj indegno(a)

unwrap [ʌn'ræp] vt disfare; aprire

unwritten [ʌn'rɪtn] adj (agreement) tacito(a); (law) non scritto(a)

KEYWORD

up [ʌp] prep: **he went ~ the stairs/the hill** è salito su per le scale/sulla collina; **the cat was ~ a tree** il gatto era su un albero; **they live further ~ the street** vivono un po' più su nella stessa strada

♦ adv 1 (upwards, higher) su, in alto; **~ in the sky/the mountains** su nel cielo/in montagna; **~ there** lassù; **~ above** su in alto

2: **to be ~** (out of bed) essere alzato(a); (prices, level) essere salito(a)

3: **~ to** (as far as) fino a; **~ to now** finora

4: **to be ~ to** (depending on): **it's ~ to you** sta a lei, dipende da lei; (equal to): **he's not ~ to it** (job, task etc) non ne è all'altezza; (inf: be doing): **what is he ~ to?** cosa sta combinando?

♦ n: **~s and downs** alti e bassi mpl

---

upbringing ['ʌpbrɪŋɪŋ] n educazione f

update [ʌp'deɪt] vt aggiornare

upgrade [ʌp'greɪd] vt (house, job) migliorare; (employee) avanzare di grado

upheaval [ʌp'hi:vl] n sconvolgimento; tumulto

uphill [ʌp'hɪl] adj in salita; (fig: task) difficile
♦ adv: **to go ~** andare in salita, salire

uphold [ʌp'həuld] (irreg: like **hold**) vt approvare; sostenere

upholstery [ʌp'həulstərɪ] n tappezzeria

upkeep ['ʌpki:p] n manutenzione f

upon [ə'pɔn] prep su

upper ['ʌpə*] adj superiore ♦ n (of shoe) tomaia; **~-class** adj dell'alta borghesia; **~ hand** n: **to have the ~ hand** avere il coltello dalla parte del manico; **~most** adj il(la) più alto(a); predominante

upright ['ʌpraɪt] adj diritto(a); verticale; (fig) diritto(a), onesto(a)

uprising ['ʌpraɪzɪŋ] n insurrezione f, rivolta

uproar ['ʌprɔ:*] n tumulto, clamore m

uproot [ʌp'ru:t] vt sradicare

upset [n 'ʌpset, vb, adj ʌp'set] (irreg: like **set**) n (to plan etc) contrattempo; (stomach ~) disturbo ♦ vt (glass etc) rovesciare; (plan, stomach) scombussolare; (person: offend) contrariare; (: grieve) addolorare; sconvolgere ♦ adj contrariato(a); addolorato(a); (stomach) scombussolato(a)

upshot ['ʌpʃɔt] n risultato

upside down ['ʌpsaɪd-] adv sottosopra

upstairs [ʌp'stɛəz] adv, adj di sopra, al piano superiore ♦ n piano di sopra

upstart ['ʌpstɑ:t] n parvenu m inv

upstream [ʌp'stri:m] adv a monte

uptake ['ʌpteɪk] n: **he is quick/slow on the ~** è pronto/lento di comprendonio

uptight [ʌp'taɪt] (inf) adj teso(a)

up-to-date adj moderno(a); aggiornato(a)

upturn ['ʌptə:n] n (in luck) svolta favorevole; (COMM: in market) rialzo

upward ['ʌpwəd] adj ascendente; verso l'alto; **~(s)** adv in su, verso l'alto

urban ['ə:bən] adj urbano(a); **~ clearway** n strada di scorrimento (in cui è vietata la sosta)

urbane [ə:'beɪn] adj civile, urbano(a), educato(a)

urchin ['ə:tʃɪn] n monello

urge [ə:dʒ] n impulso; stimolo; forte desiderio ♦ vt: **to ~ sb to do** esortare qn a fare, spingere qn a fare; raccomandare a qn di fare

urgency ['ə:dʒənsɪ] n urgenza; (of tone)

insistenza

urgent ['ɜːdʒənt] *adj* urgente; (*voice*) insistente

urinate ['juərɪneɪt] *vi* orinare

urine ['juərɪn] *n* orina

urn [ɜːn] *n* urna; (*also:* **tea ~**) bollitore *m* per il tè

us [ʌs] *pron* ci; (*stressed, after prep*) noi; *see also* **me**

US(A) *n abbr* (= *United States (of America)*) USA *mpl*

usage ['juːzɪdʒ] *n* uso

use [*n* juːs, *vb* juːz] *n* uso; impiego, utilizzazione *f* ♦ *vt* usare, utilizzare, servirsi di; **in ~** in uso; **out of ~** fuori uso; **to be of ~** essere utile, servire; **it's no ~** non serve, è inutile; **she ~d to do it** lo faceva (una volta), era solita farlo; **to be ~d to** avere l'abitudine di; **~ up** *vt* consumare; esaurire; **~d** *adj* (*object, car*) usato(a); **~ful** *adj* utile; **~fulness** *n* utilità; **~less** *adj* inutile; (*person*) inetto(a); **~r** *n* utente *m/f*; **~r-friendly** *adj* (*computer*) di facile uso

usher ['ʌʃə*] *n* usciere *m*; **~ette** *n* (*in cinema*) maschera

USSR *n* (*HIST*): **the ~** l'URSS *f*

usual ['juːʒuəl] *adj* solito(a); **as ~** come al solito, come d'abitudine; **~ly** *adv* di solito

utensil [juːˈtɛnsl] *n* utensile *m*; **kitchen ~s** utensili da cucina

uterus ['juːtərəs] *n* utero

utility [juːˈtɪlɪtɪ] *n* utilità; (*also:* **public ~**) servizio pubblico; **~ room** *n* locale adibito alla stiratura dei panni etc

utmost ['ʌtməust] *adj* estremo(a) ♦ *n*: **to do one's ~** fare il possibile *or* di tutto

utter ['ʌtə*] *adj* assoluto(a), totale ♦ *vt* pronunciare, proferire; emettere; **~ance** *n* espressione *f*; parole *fpl*; **~ly** *adv* completamente, del tutto

U-turn ['juːˈtɜːn] *n* inversione *f* a U

V, v

v. *abbr* = **verse**; **versus**; **volt**; (= *vide*) vedi, vedere

vacancy ['veɪkənsɪ] *n* (*BRIT: job*) posto libero; (*room*) stanza libera; **"no vacancies"** "completo"

vacant ['veɪkənt] *adj* (*job, seat etc*) libero(a); (*expression*) assente

vacate [vəˈkeɪt] *vt* lasciare libero(a)

vacation [vəˈkeɪʃən] (*esp US*) *n* vacanze *fpl*

vaccinate ['væksɪneɪt] *vt* vaccinare

vaccination [væksɪˈneɪʃən] *n* vaccinazione *f*

vacuum ['vækjum] *n* vuoto; **~ cleaner** *n* aspirapolvere *m inv*; **~ flask** (*BRIT*) *n* thermos ® *m inv*; **~-packed** *adj* confezionato(a) sottovuoto

vagina [vəˈdʒaɪnə] *n* vagina

vagrant ['veɪɡrnt] *n* vagabondo/a

vague [veɪɡ] *adj* vago(a); (*blurred: photo, memory*) sfocato(a); **~ly** *adv* vagamente

vain [veɪn] *adj* (*useless*) inutile, vano(a); (*conceited*) vanitoso(a); **in ~** inutilmente, invano

valentine ['væləntaɪn] *n* (*also:* **~ card**) cartolina *or* biglietto di San Valentino; (*person*) innamorato/a

valet ['væleɪ] *n* cameriere *m* personale

valiant ['væliənt] *adj* valoroso(a), coraggioso(a)

valid ['vælɪd] *adj* valido(a), valevole; (*excuse*) valido(a)

valley ['vælɪ] *n* valle *f*

valour ['vælə*] (*US* **valor**) *n* valore *m*

valuable ['væljuəbl] *adj* (*jewel*) di (grande) valore; (*time, help*) prezioso(a); **~s** *npl* oggetti *mpl* di valore

valuation [væljuˈeɪʃən] *n* valutazione *f*, stima

value ['væljuː] *n* valore *m* ♦ *vt* (*fix price*) valutare, dare un prezzo a; (*cherish*) apprezzare, tenere a; **~ added tax** (*BRIT*) *n* imposta sul valore aggiunto; **~d** *adj* (*appreciated*) stimato(a), apprezzato(a)

valve [vælv] *n* valvola

van [væn] *n* (AUT) furgone *m*; (BRIT: RAIL) vagone *m*

vandal ['vændl] *n* vandalo/a; **~ism** *n* vandalismo

vanilla [va'nɪlə] *n* vaniglia ♦ *cpd* (ice cream) alla vaniglia

vanish ['vænɪʃ] *vi* svanire, scomparire

vanity ['vænɪtɪ] *n* vanità

vantage ['vɑːntɪdʒ] *n*: **~ point** posizione *f* or punto di osservazione; (fig) posizione vantaggiosa

vapour ['veɪpə*] (US **vapor**) *n* vapore *m*

variable ['vɛərɪəbl] *adj* variabile; (mood) mutevole

variance ['vɛərɪəns] *n*: **to be at ~ (with)** essere in disaccordo (con); (facts) essere in contraddizione (con)

varicose ['værɪkəus] *adj*: **~ veins** vene *fpl* varicose

varied ['vɛərɪd] *adj* vario(a), diverso(a)

variety [va'raɪətɪ] *n* varietà *f inv*; (quantity) quantità, numero; **~ show** *n* varietà *m inv*

various ['vɛərɪəs] *adj* vario(a), diverso(a); (several) parecchi(e), molti(e)

varnish ['vɑːnɪʃ] *n* vernice *f*; (nail ~) smalto ♦ *vt* verniciare; mettere lo smalto su

vary ['vɛərɪ] *vt, vi* variare, mutare

vase [vɑːz] *n* vaso

Vaseline ® ['væsɪliːn] *n* vaselina

vast [vɑːst] *adj* vasto(a); (amount, success) enorme

VAT [væt] *n abbr* (= value added tax) I.V.A. *f*

vat [væt] *n* tino

Vatican ['vætɪkən] *n*: **the ~** il Vaticano

vault [vɔːlt] *n* (of roof) volta; (tomb) tomba; (in bank) camera blindata ♦ *vt* (also: **~ over**) saltare (d'un balzo)

vaunted ['vɔːntɪd] *adj*: **much-~** tanto celebrato(a)

VCR *n abbr* = **video cassette recorder**

VD *n abbr* = **venereal disease**

VDU *n abbr* = **visual display unit**

veal [viːl] *n* vitello

veer [vɪə*] *vi* girare; virare

vegan ['viːgən] *n* vegetaliano(a)

vegeburger ['vedʒɪbɜːgə*] *n* hamburger *m* inv vegetariano

vegetable ['vedʒtəbl] *n* verdura, ortaggio ♦ *adj* vegetale

vegetarian [vedʒɪ'tɛərɪən] *adj, n* vegetariano(a)

vehement ['viːɪmənt] *adj* veemente, violento(a)

vehicle ['viːɪkl] *n* veicolo

veil [veɪl] *n* velo; **~ed** *adj* (fig: threat) velato(a)

vein [veɪn] *n* vena; (on leaf) nervatura

velvet ['velvɪt] *n* velluto ♦ *adj* di velluto

vending machine ['vendɪŋ-] *n* distributore *m* automatico

vendor ['vendə*] *n* venditore/trice

veneer [və'nɪə*] *n* impiallacciatura; (fig) vernice *f*

venereal [vɪ'nɪərɪəl] *adj*: **~ disease** malattia venerea

Venetian [vɪ'niːʃən] *adj* veneziano(a); **~ blind** *n* (tenda alla) veneziana

vengeance ['vendʒəns] *n* vendetta; **with a ~** (fig) davvero; furiosamente

Venice ['venɪs] *n* Venezia

venison ['venɪsn] *n* carne *f* di cervo

venom ['venəm] *n* veleno

vent [vent] *n* foro, apertura; (in dress, jacket) spacco ♦ *vt* (fig: one's feelings) sfogare, dare sfogo a

ventilate ['ventɪleɪt] *vt* (room) dare aria a, arieggiare; **ventilator** *n* ventilatore *m*

ventriloquist [ven'trɪləkwɪst] *n* ventriloquo/a

venture ['ventʃə*] *n* impresa (rischiosa) ♦ *vt* rischiare, azzardare ♦ *vi* avventurarsi; **business ~** iniziativa commerciale

venue ['venjuː] *n* luogo (designato) per l'incontro

verb [vɜːb] *n* verbo; **~al** *adj* verbale; (translation) orale

verbatim [vɜː'beɪtɪm] *adj, adv* parola per parola

verdict ['vɜːdɪkt] *n* verdetto

verge [vɜːdʒ] (BRIT) *n* bordo, orlo; **"soft ~s"** (BRIT: AUT) banchine *fpl* cedevoli; **on the ~ of doing** sul punto di fare; **~ on** *vt fus* rasentare

veritable ['vɛrɪtəbl] adj vero(a)

vermin ['və:mɪn] npl animali mpl nocivi; (insects) insetti mpl parassiti

vermouth ['və:məθ] n vermut m inv

versatile ['və:sətaɪl] adj (person) versatile; (machine, tool etc) (che si presta a) molti usi

verse [və:s] n versi mpl; (stanza) stanza, strofa; (in bible) versetto

version ['və:ʃən] n versione f

versus ['və:səs] prep contro

vertical ['və:tɪkl] adj verticale ♦ n verticale m; ~ly adv verticalmente

vertigo ['və:tɪgəu] n vertigine f

verve [və:v] n brio; entusiasmo

very ['vɛrɪ] adv molto ♦ adj: the ~ book which proprio il libro che; the ~ last proprio l'ultimo; at the ~ least almeno; ~ much moltissimo

vessel ['vɛsl] n (ANAT) vaso; (NAUT) nave f; (container) recipiente m

vest [vɛst] n (BRIT) maglia; (: sleeveless) canottiera; (US: waistcoat) gilè m inv

vested interests ['vɛstɪd-] npl (COMM) diritti mpl acquisiti

vet [vɛt] n abbr (BRIT: = veterinary surgeon) veterinario ♦ vt esaminare minuziosamente

veteran ['vɛtərn] n (also: war ~) veterano

veterinary ['vɛtrɪnəri] adj veterinario(a); ~ surgeon (US veterinarian) n veterinario

veto ['vi:təu] (pl ~es) n veto ♦ vt opporre il veto a

vex [vɛks] vt irritare, contrariare; ~ed adj (question) controverso(a), dibattuto(a)

via ['vaɪə] prep (by way of) via; (by means of) tramite

viable ['vaɪəbl] adj attuabile; vitale

viaduct ['vaɪədʌkt] n viadotto

vibrant ['vaɪbrənt] adj (lively, bright) vivace; (voice) vibrante

vibrate [vaɪ'breɪt] vi: to ~ (with) vibrare (di); (resound) risonare (di)

vicar ['vɪkə*] n pastore m; ~age n presbiterio

vicarious [vɪ'kɛərɪəs] adj indiretto(a)

vice [vaɪs] n (evil) vizio; (TECH) morsa

vice- [vaɪs] prefix vice...

vice squad n (squadra del) buon costume f

vice versa ['vaɪsɪ'və:sə] adv viceversa

vicinity [vɪ'sɪnɪtɪ] n vicinanze fpl

vicious ['vɪʃəs] adj (remark, dog) cattivo(a); (blow) violento(a); ~ circle n circolo vizioso

victim ['vɪktɪm] n vittima

victor ['vɪktə*] n vincitore m

Victorian [vɪk'tɔːrɪən] adj vittoriano(a)

victory ['vɪktərɪ] n vittoria

video ['vɪdɪəu] cpd video... ♦ n (~ film) video m inv; (also: ~ cassette) videocassetta; (also: ~ cassette recorder) videoregistratore m; ~ tape n videotape m inv; ~ wall n schermo m multivideo inv

vie [vaɪ] vi: to ~ with competere con, rivaleggiare con

Vienna [vɪ'ɛnə] n Vienna

Vietnam [vjɛt'næm] n Vietnam m; ~ese adj, n inv vietnamita m/f

view [vju:] n vista, veduta; (opinion) opinione f ♦ vt (look at: also fig) considerare; (house) visitare; on ~ (in museum etc) esposto(a); in full ~ of sotto gli occhi di; in ~ of the weather/the fact that considerato il tempo/che; in my ~ a mio parere; ~er n spettatore/trice; ~finder n mirino; ~point n punto di vista; (place) posizione f

vigil ['vɪdʒɪl] n veglia

vigorous ['vɪgərəs] adj vigoroso(a)

vile [vaɪl] adj (action) vile; (smell) disgustoso(a), nauseante; (temper) pessimo(a)

villa ['vɪlə] n villa

village ['vɪlɪdʒ] n villaggio; ~r n abitante m/f di villaggio

villain ['vɪlən] n (scoundrel) canaglia; (BRIT: criminal) criminale m; (in novel etc) cattivo

vindicate ['vɪndɪkeɪt] vt comprovare; giustificare

vindictive [vɪn'dɪktɪv] adj vendicativo(a)

vine [vaɪn] n vite f; (climbing plant) rampicante m

vinegar ['vɪnɪgə*] n aceto

vineyard ['vɪnjɑːd] n vigna, vigneto

vintage ['vɪntɪdʒ] n (year) annata, produzione ♦ cpd d'annata; ~ **car** n auto f inv d'epoca; ~ **wine** n vino d'annata

vinyl ['vaɪnl] n vinile m

violate ['vaɪəleɪt] vt violare

violence ['vaɪələns] n violenza

violent ['vaɪələnt] adj violento(a)

violet ['vaɪələt] adj (colour) viola inv, violetto(a) ♦ n (plant) violetta; (colour) violetto

violin [vaɪə'lɪn] n violino; ~ist n violinista m/f

VIP n abbr (= very important person) V.I.P. m/f inv

virgin ['vəːdʒɪn] n vergine f ♦ adj vergine inv

Virgo ['vəːgəu] n (sign) Vergine f

virile ['vɪraɪl] adj virile

virtually ['vəːtjuəlɪ] adv (almost) praticamente

virtual reality ['vəːtʃuəl -] n (COMPUT) realtà virtuale

virtue ['vəːtjuː] n virtù f inv; (advantage) pregio, vantaggio; **by ~ of** grazie a

virtuous ['vəːtjuəs] adj virtuoso(a)

virus ['vaɪərəs] n (also COMPUT) virus m inv

visa ['viːzə] n visto

vis-à-vis [viːzə'viː] prep rispetto a, nei riguardi di

visibility [vɪzɪ'bɪlɪtɪ] n visibilità

visible ['vɪzəbl] adj visibile

vision ['vɪʒən] n (sight) vista; (foresight, in dream) visione f

visit ['vɪzɪt] n visita; (stay) soggiorno ♦ vt (person; US also: ~ **with**) andare a trovare; (place) visitare; ~**ing hours** npl (in hospital etc) orario delle visite; ~**or** n visitatore/trice; (guest) ospite m/f; ~**or centre** n centro informazioni per visitatori di museo, zoo, parco ecc

visor ['vaɪzə*] n visiera

visual ['vɪzjuəl] adj visivo(a); visuale; ottico(a); ~ **aid** n sussidio visivo; ~ **display unit** n visualizzatore m

visualize ['vɪzjuəlaɪz] vt immaginare, figurarsi; (foresee) prevedere

visually-impaired ['vɪzjuəlɪ-] adj videoleso(a)

vital ['vaɪtl] adj vitale; ~**ly** adv estremamente; ~ **statistics** npl (fig) misure fpl

vitamin ['vɪtəmɪn] n vitamina

vivacious [vɪ'veɪʃəs] adj vivace

vivid ['vɪvɪd] adj vivido(a); ~**ly** adv (describe) vividamente; (remember) con precisione

V-neck ['viːnɛk] n maglione m con lo scollo a V

vocabulary [vəu'kæbjulərɪ] n vocabolario

vocal ['vəukl] adj (MUS) vocale; (communication) verbale; ~ **cords** npl corde fpl vocali

vocation [vəu'keɪʃən] n vocazione f; ~**al** adj professionale

vociferous [və'sɪfərəs] adj rumoroso(a)

vodka ['vɔdkə] n vodka f inv

vogue [vəug] n moda; (popularity) popolarità, voga

voice [vɔɪs] n voce f ♦ vt (opinion) esprimere

void [vɔɪd] n vuoto ♦ adj (invalid) nullo(a); (empty): ~ **of** privo(a) di

volatile ['vɔlətaɪl] adj volatile; (fig) volubile

volcano [vɔl'keɪnəu] (pl ~**es**) n vulcano

volition [və'lɪʃən] n: **of one's own ~** di sua volontà

volley ['vɔlɪ] n (of gunfire) salva; (of stones, questions etc) raffica; (TENNIS etc) volata; ~**ball** n pallavolo f

volt [vəult] n volt m inv; ~**age** n tensione f, voltaggio

voluble ['vɔljubl] adj loquace, ciarliero(a)

volume ['vɔljuːm] n volume m

voluntarily ['vɔləntrɪlɪ] adv volontariamente; gratuitamente

voluntary ['vɔləntərɪ] adj volontario(a); (unpaid) gratuito(a), non retribuito(a)

volunteer [vɔlən'tɪə*] n volontario/a ♦ vt offrire volontariamente ♦ vi (MIL) arruolarsi volontario; **to ~ to do** offrire (volontariamente) di fare

voluptuous [və'lʌptjuəs] adj voluttuoso(a)

vomit ['vɔmɪt] n vomito ♦ vt, vi vomitare

vote [vəut] n voto, suffragio; (cast) voto; (franchise) diritto di voto ♦ vt: **to be ~d**

chairman *etc* venir eletto presidente *etc*; (*propose*): **to ~ that** approvare la proposta che ♦ *vi* votare; **~ of thanks** discorso di ringraziamento; **~r** *n* elettore/trice; **voting** *n* scrutinio

vouch [vautʃ]: **to ~ for** *vt fus* farsi garante di

voucher ['vautʃə*] *n* (*for meal, petrol etc*) buono

vow [vau] *n* voto, promessa solenne ♦ *vt*: **to ~ to do/that** giurare di fare/che

vowel ['vauəl] *n* vocale *f*

voyage ['vɔɪdʒ] *n* viaggio per mare, traversata

V-sign ['viː-] (*BRIT*) *n* gesto volgare con le dita

vulgar ['vʌlgə*] *adj* volgare

vulnerable ['vʌlnərəbl] *adj* vulnerabile

vulture ['vʌltʃə*] *n* avvoltoio

W, w

wad [wɔd] *n* (*of cotton wool, paper*) tampone *m*; (*of banknotes etc*) fascio

waddle ['wɔdl] *vi* camminare come una papera

wade [weɪd] *vi*: **to ~ through** camminare a stento in; (*fig: book*) leggere con fatica

wafer ['weɪfə*] *n* (*CULIN*) cialda

waffle ['wɔfl] *n* (*CULIN*) cialda; (*inf*) ciance *fpl* ♦ *vi* cianciare

waft [wɔft] *vt* portare ♦ *vi* diffondersi

wag [wæg] *vt* agitare, muovere ♦ *vi* agitarsi

wage [weɪdʒ] *n* (*also*: **~s**) salario, paga ♦ *vt*: **to ~ war** fare la guerra; **~ earner** *n* salariato/a; **~ packet** *n* busta *f* paga *inv*

wager ['weɪdʒə*] *n* scommessa

wag(g)on ['wægən] *n* (*horse-drawn*) carro; (*BRIT: RAIL*) vagone *m* (merci)

wail [weɪl] *n* gemito; (*of siren*) urlo ♦ *vi* gemere; urlare

waist [weɪst] *n* vita, cintola; **~coat** (*BRIT*) *n* panciotto, gilè *m inv*; **~line** *n* (giro di) vita

wait [weɪt] *n* attesa ♦ *vi* aspettare, attendere; **to lie in ~ for** stare in agguato a; **to ~ for** aspettare; **I can't ~ to** (*fig*) non vedo l'ora di; **~ behind** *vi* rimanere (ad

aspettare); **~ on** *vt fus* servire; **~er** *n* cameriere *m*; **~ing** *n*: **"no ~ing"** (*BRIT: AUT*) "divieto di sosta"; **~ing list** *n* lista di attesa; **~ing room** *n* sala d'aspetto *or* d'attesa; **~ress** *n* cameriera

waive [weɪv] *vt* rinunciare a, abbandonare

wake [weɪk] (*pt* **woke, ~d**, *pp* **woken, ~d**) *vt* (*also*: **~ up**) svegliare ♦ *vi* (*also*: **~ up**) svegliarsi ♦ *n* (*for dead person*) veglia funebre; (*NAUT*) scia; **waken** *vt, vi* = **wake**

Wales [weɪlz] *n* Galles *m*

walk [wɔːk] *n* passeggiata; (*short*) giretto; (*gait*) passo, andatura; (*path*) sentiero; (*in park etc*) sentiero, vialetto ♦ *vi* camminare; (*for pleasure, exercise*) passeggiare ♦ *vt* (*distance*) fare *or* percorrere a piedi; (*dog*) accompagnare, portare a passeggiare; **10 minutes' ~ from** 10 minuti di cammino *or* a piedi da; **from all ~s of life** di tutte le condizioni sociali; **~ out** *vi* (*audience*) andarsene; (*workers*) scendere in sciopero; **~ out on** (*inf*) *vt fus* piantare in asso; **~er** *n* (*person*) camminatore/trice; **~ie-talkie** ['wɔːkɪ'tɔːkɪ] *n* walkie-talkie *m inv*; **~ing** *n* camminare *m*; **~ing shoes** *npl* pedule *fpl*; **~ing stick** *n* bastone *m* da passeggio; **W~man** ® ['wɔːkmən] *m inv*; **~out** *n* (*of workers*) sciopero senza preavviso *or* a sorpresa; **~over** (*inf*) *n* vittoria facile, gioco da ragazzi; **~way** *n* passaggio pedonale

wall [wɔːl] *n* muro; (*internal, of tunnel, cave*) parete *f*; **~ed** *adj* (*city*) fortificato(a); (*garden*) cintato(a)

wallet ['wɔlɪt] *n* portafoglio

wallflower ['wɔːlflauə*] *n* violacciocca; **to be a ~** (*fig*) fare da tappezzeria

wallow ['wɔləu] *vi* sguazzare

wallpaper ['wɔːlpeɪpə*] *n* carta da parati ♦ *vt* (*room*) mettere la carta da parati in

wally ['wɔlɪ] (*inf*) *n* imbecille *m/f*

walnut ['wɔːlnʌt] *n* noce *f*; (*tree, wood*) noce *m*

walrus ['wɔːlrəs] (*pl* ~ *or* **~es**) *n* tricheco

waltz [wɔːlts] *n* valzer *m inv* ♦ *vi* ballare il valzer

wand [wɔnd] *n* (*also*: **magic ~**) bacchetta

(magica)

wander ['wɒndə*] vi (person) girare senza meta, girovagare; (thoughts) vagare ♦ vt girovagare per

wane [weɪn] vi calare

wangle ['wæŋgl] (BRIT: inf) vt procurare con l'astuzia

want [wɒnt] vt volere; (need) aver bisogno di ♦ n: **for ~ of** per mancanza di; **~s** npl (needs) bisogni mpl; **to ~ to do** volere fare; **to ~ sb to do** volere che qn faccia; **~ed** adj (criminal) ricercato(a); **"~ed"** (in adverts) "cercasi"; **~ing** adj: **to be found ~ing** non risultare all'altezza

war [wɔ:*] n guerra; **to make ~ (on)** far guerra a

ward [wɔ:d] n (in hospital: room) corsia; (: section) reparto; (POL) circoscrizione f; (LAW: child: also: **~ of court**) pupillo/a; **~ off** vt parare, schivare

warden ['wɔ:dn] n (of park, game reserve, youth hostel) guardiano/a; (BRIT: of institution) direttore/trice; (BRIT: also: **traffic ~**) addetto/a al controllo del traffico e del parcheggio

warder ['wɔ:də*] (BRIT) n guardia carceraria

wardrobe ['wɔ:drəub] n (cupboard) guardaroba m inv, armadio; (clothes) guardaroba; (CINEMA, THEATRE) costumi mpl

warehouse ['wɛəhaus] n magazzino

wares [wɛəz] npl merci fpl

warfare ['wɔ:fɛə*] n guerra

warhead ['wɔ:hɛd] n (MIL) testata

warily ['wɛərɪlɪ] adv cautamente, con prudenza

warlike ['wɔ:laɪk] adj bellicoso(a)

warm [wɔ:m] adj caldo(a); (thanks, welcome, applause) caloroso(a); (person) cordiale; **it's ~** fa caldo; **I'm ~** ho caldo; **~ up** vi scaldarsi, riscaldarsi ♦ vt scaldare, riscaldare; (engine) far scaldare; **~-hearted** adj affettuoso(a); **~ly** adv (applaud, welcome) calorosamente; (dress) con abiti pesanti; **~th** n calore m

warn [wɔ:n] vt: **to ~ sb that/(not) to do/of** avvertire or avvisare qn che/di (non) fare/di; **~ing** n avvertimento; (notice) avviso;

(signal) segnalazione f; **~ing light** n spia luminosa; **~ing triangle** n (AUT) triangolo

warp [wɔ:p] vi deformarsi ♦ vt (fig) corrompere

warrant ['wɒrnt] n (voucher) buono; (LAW: to arrest) mandato di cattura; (: to search) mandato di perquisizione

warranty ['wɒrəntɪ] n garanzia

warren ['wɒrən] n (of rabbits) tana; (fig: of streets etc) dedalo

warrior ['wɒrɪə*] n guerriero/a

Warsaw ['wɔ:sɔ:] n Varsavia

warship ['wɔ:ʃɪp] n nave f da guerra

wart [wɔ:t] n verruca

wartime ['wɔ:taɪm] n: **in ~** in tempo di guerra

wary ['wɛərɪ] adj prudente

was [wɒz] pt of **be**

wash [wɒʃ] vt lavare ♦ vi lavarsi; (sea): **to ~ over/against sth** infrangersi su/contro qc ♦ n lavaggio; (of ship) scia; **to give sth a ~** lavare qc, dare una lavata a qc; **to have a ~** lavarsi; **~ away** vt (stain) togliere lavando; (subj: river) trascinare via; **~ off** vi andare via con il lavaggio; **~ up** vi (BRIT) lavare i piatti; (US) darsi una lavata; **~able** adj lavabile; **~basin** (US **~bowl**) n lavabo; **~cloth** (US) n pezzuola (per lavarsi); **~er** n (TECH) rondella; **~ing** n (linen etc) bucato; **~ing machine** n lavatrice f; **~ing powder** (BRIT) n detersivo (in polvere)

Washington ['wɒʃɪŋtən] n Washington f

wash: **~ing up** n rigovernatura, lavatura dei piatti; **~ing-up liquid** n detersivo liquido (per stoviglie); **~-out** (inf) n disastro; **~room** n gabinetto

wasn't ['wɒznt] = **was not**

wasp [wɒsp] n vespa

wastage ['weɪstɪdʒ] n spreco; (in manufacturing) scarti mpl; **natural ~** diminuzione f di manodopera (per pensionamento, decesso etc)

waste [weɪst] n spreco; (of time) perdita; (rubbish) rifiuti mpl; (also: **household ~**) immondizie fpl ♦ adj (material) di scarto; (food) avanzato(a); (land) incolto(a) ♦ vt sprecare; **~s** npl (area of land) distesa desolata; ~ **away** vi deperire; ~ **disposal unit** (BRIT) n eliminatore m di rifiuti; ~**ful** adj sprecone(a); (process) dispendioso(a); ~ **ground** (BRIT) n terreno incolto or abbandonato; ~**paper basket** n cestino per la carta straccia; ~**pipe** n tubo di scarico

watch [wɔtʃ] n (also: **wrist ~**) orologio (da polso); (act of watching, vigilance) sorveglianza; (guard: MIL, NAUT) guardia; (NAUT: spell of duty) quarto ♦ vt (look at) osservare; (: match, programme) guardare; (spy on, guard) sorvegliare, tenere d'occhio; (be careful of) fare attenzione a ♦ vi osservare, guardare; (keep guard) fare or montare la guardia; ~ **out** vi fare attenzione; ~**dog** n (also fig) cane m da guardia; ~**ful** adj attento(a), vigile; ~**maker** n orologiaio/a; ~**man** (irreg) n see **night**; ~ **strap** n cinturino da orologio

water ['wɔːtə*] n acqua ♦ vt (plant) annaffiare ♦ vi (eyes) lacrimare; (mouth): **to make sb's mouth ~** far venire l'acquolina in bocca a qn; **in British ~s** nelle acque territoriali britanniche; ~ **down** vt (milk) diluire; (fig: story) edulcorare; ~ **cannon** n idrante m; ~ **closet** (BRIT) n water m inv; ~**colour** n acquerello; ~**cress** n crescione m; ~**fall** n cascata; ~ **heater** n scaldabagno; (fig: story) spartiacque m; ~**ing can** n annaffiatoio; ~**lily** n ninfea; ~**line** n (NAUT) linea di galleggiamento; ~**logged** adj saturo(a) d'acqua; imbevuto(a) d'acqua; (football pitch etc) allagato(a); ~ **main** n conduttura dell'acqua; ~**melon** n anguria, cocomero; ~**proof** adj impermeabile; ~**shed** n (GEO, fig) spartiacque m; ~**skiing** n sci m acquatico; ~**tight** adj stagno(a); ~**way** n corso d'acqua navigabile; ~**works** npl impianto idrico; ~**y** adj (colour) slavato(a); (coffee) acquoso(a); (eyes) umido(a)

watt [wɔt] n watt m inv

wave [weɪv] n onda; (of hand) gesto, segno; (in hair) ondulazione f; (fig: surge) ondata ♦ vi fare un cenno con la mano; (branches, grass) ondeggiare; (flag) sventolare ♦ vt (hand) fare un gesto con; (handkerchief)

sventolare; (stick) brandire; ~**length** n lunghezza d'onda

waver ['weɪvə*] vi esitare; (voice) tremolare

wavy ['weɪvɪ] adj ondulato(a); ondeggiante

wax [wæks] n cera ♦ vt dare la cera a; (car) lucidare ♦ vi (moon) crescere; ~**works** npl cere fpl ♦ n museo delle cere

way [weɪ] n via, strada; (path, access) passaggio; (distance) distanza; (direction) parte f, direzione f; (manner) modo, stile m; (habit) abitudine f; **which ~? – this ~** da che parte or in quale direzione? – da questa parte or per di qua; **on the ~** (en route) per strada; **to be on one's ~** essere in cammino or sulla strada; **to be in the ~** bloccare il passaggio; (fig) essere tra i piedi or d'impiccio; **to go out of one's ~ to do** (fig) mettercela tutta or fare di tutto per fare; **under ~** (project) in corso; **to lose one's ~** perdere la strada; **in a ~** in un certo senso; **in some ~s** sotto certi aspetti; **no ~!** (inf) neanche per idea!; **by the ~ ...** a proposito ...; **"~ in"** (BRIT) "entrata", "ingresso"; **"~ out"** (BRIT) "uscita"; **the ~ back** la strada del ritorno; **"give ~"** (BRIT: AUT) "dare la precedenza"

waylay [weɪ'leɪ] (irreg: like **lay**) vt tendere un agguato a; attendere al passaggio

wayward ['weɪwəd] adj capriccioso(a); testardo(a)

W.C. ['dʌblju'siː] (BRIT) n W.C. m inv, gabinetto

we [wiː] pl pron noi

weak [wiːk] adj debole; (health) precario(a); (beam etc) fragile; (tea) leggero(a); ~**en** vi indebolirsi ♦ vt indebolire; ~**ling** ['wiːklɪŋ] n smidollato(a); debole m/f; ~**ness** n debolezza; (fault) punto debole, difetto; **to have a ~ness for** avere un debole per

wealth [wɛlθ] n (money, resources) ricchezza, ricchezze fpl; (of details) abbondanza, profusione f; ~**y** adj ricco(a)

wean [wiːn] vt svezzare

weapon ['wɛpən] n arma

wear [wɛə*] (pt **wore**, pp **worn**) n (use) uso; (damage through use) logorio, usura; (clothing): **sports/baby ~** abbigliamento sportivo/per neonati ♦ vt (clothes) portare; (put on) mettersi; (damage: through use) consumare ♦ vi (last) durare; (rub etc through) consumarsi; **evening ~** abiti mpl or tenuta da sera; **~ away** vt consumare; erodere ♦ vi consumarsi; essere eroso(a); **~ down** vt consumare; (strength) esaurire; **~ off** vi sparire lentamente; **~ out** vt consumare; (person, strength) esaurire; **~ and tear** n usura, consumo

weary ['wɪərɪ] adj stanco(a) ♦ vi: **to ~ of** stancarsi di

weasel ['wiːzl] n (ZOOL) donnola

weather ['wɛðə*] n tempo ♦ vt (storm, crisis) superare; **under the ~** (fig: ill) poco bene; **~-beaten** adj (face, skin) segnato(a) dalle intemperie; (building) logorato(a) dalle intemperie; **~cock** n banderuola; **~ forecast** n previsioni fpl del tempo, bollettino meteorologico; **~man** (irreg inf) n meteorologo; **~ vane** n = **~cock**

weave [wiːv] (pt **wove**, pp **woven**) vt (cloth) tessere; (basket) intrecciare; **~r** n tessitore/trice; **weaving** n tessitura

web [wɛb] n (of spider) ragnatela; (on foot) palma; (fabric, also fig) tessuto

wed [wɛd] (pt, pp **wedded**) vt sposare ♦ vi sposarsi

we'd [wiːd] = **we had**; **we would**

wedding ['wɛdɪŋ] n matrimonio; **silver/golden ~ (anniversary)** n nozze fpl d'argento/d'oro; **~ day** n giorno delle nozze or del matrimonio; **~ dress** n abito nuziale; **~ ring** n fede f

wedge [wɛdʒ] n (of wood etc) zeppa; (of cake) fetta ♦ vt (fix) fissare con zeppe; (pack tightly) incastrare

Wednesday ['wɛnzdɪ] n mercoledì m inv

wee [wiː] (SCOTTISH) adj piccolo(a)

weed [wiːd] n erbaccia ♦ vt diserbare; **~killer** n diserbante m; **~y** adj (person) allampanato(a)

week [wiːk] n settimana; **a ~ today/on Friday** oggi/venerdì a otto; **~day** n giorno feriale; (COMM) giornata lavorativa; **~end** n fine settimana m or f inv, weekend m inv; **~ly** adv ogni settimana, settimanalmente

♦ adj settimanale ♦ n settimanale m

weep [wiːp] (pt, pp **wept**) vi (person) piangere; **~ing willow** n salice m piangente

weigh [weɪ] vt, vi pesare; **to ~ anchor** salpare l'ancora; **~ down** vt (branch) piegare; (fig: with worry) opprimere, caricare; **~ up** vt valutare

weight [weɪt] n peso; **to lose/put on ~** dimagrire/ingrassare; **~ing** n (allowance) indennità; **~ lifter** n pesista m; **~y** adj pesante; (fig) importante, grave

weir [wɪə*] n diga

weird [wɪəd] adj strano(a), bizzarro(a); (eerie) soprannaturale

welcome ['wɛlkəm] adj benvenuto(a) ♦ n accoglienza, benvenuto ♦ vt dare il benvenuto a; (be glad of) rallegrarsi di; **thank you – you're ~!** grazie – prego!

weld [wɛld] n saldatura ♦ vt saldare

welfare ['wɛlfɛə*] n benessere m; **~ state** n stato assistenziale

well [wɛl] n pozzo ♦ adv bene ♦ adj: **to be ~** (person) stare bene ♦ excl allora!; ma!; ebbene!; **as ~** anche; **as ~ as** così come; oltre a; **~ done!** bravo(a)!; **get ~ soon!** guarisci presto!; **to do ~** andare bene; **~ up** vi sgorgare

we'll [wiːl] = **we will**; **we shall**

well: ~-behaved adj ubbidiente; **~-being** n benessere m; **~-built** adj (person) ben fatto(a); **~-deserved** adj meritato(a); **~-dressed** adj ben vestito(a), vestito(a) bene; **~-heeled** (inf) adj (wealthy) agiato(a), facoltoso(a)

wellingtons ['wɛlɪŋtənz] npl (also: **wellington boots**) stivali mpl di gomma

well: ~-known adj noto(a), famoso(a); **~-mannered** adj ben educato(a); **~-meaning** adj ben intenzionato(a); **~-off** adj benestante, danaroso(a); **~-read** adj colto(a); **~-to-do** adj abbiente, benestante; **~-wisher** n ammiratore/trice

Welsh [wɛlʃ] adj gallese ♦ n (LING) gallese m; **the ~** npl i Gallesi; **~man/woman** (irreg) n gallese m/f; **~ rarebit** n crostino al formaggio

went [wɛnt] *pt of* **go**

wept [wɛpt] *pt, pp of* **weep**

were [wəːʳ] *pt of* **be**

we're [wɪəʳ] = **we are**

weren't [wəːnt] = **were not**

west [wɛst] *n* ovest *m*, occidente *m*, ponente *m* ♦ *adj* (a) ovest *inv*, occidentale ♦ *adv* verso ovest; **the W~** l'Occidente *m*; **the W~ Country** (*BRIT*) *n* il sud-ovest dell'Inghilterra; **~erly** *adj* (*point*) a ovest; (*wind*) occidentale, da ovest; **~ern** *adj* occidentale, dell'ovest ♦ *n* (*CINEMA*) western *m inv*; **W~ Germany** *n* Germania Occidentale; **W~ Indian** *adj* delle Indie Occidentali ♦ *n* abitante *m/f* delle Indie Occidentali; **W~ Indies** *npl* Indie *fpl* Occidentali; **~ward(s)** *adv* verso ovest

wet [wɛt] *adj* umido(a), bagnato(a); (*soaked*) fradicio(a); (*rainy*) piovoso(a) ♦ *n* (*BRIT: POL*) politico moderato; **to get ~** bagnarsi; "**~ paint**" "vernice fresca"; **~ suit** *n* tuta da sub

we've [wiːv] = **we have**

whack [wæk] *vt* picchiare, battere

whale [weɪl] *n* (*ZOOL*) balena

wharf [wɔːf] (*pl* **wharves**) *n* banchina

wharves [wɔːvz] *npl of* **wharf**

KEYWORD

what [wɔt] *adj* **1** (*in direct/indirect questions*) che; quale; **~ size is it?** che taglia è?; **~ colour is it?** di che colore è?; **~ books do you want?** quali *or* che libri vuole?

2 (*in exclamations*) che; **~ a mess!** che disordine!

♦ *pron* **1** (*interrogative*) che cosa, cosa, che; **~ are you doing?** che *or* (che) cosa fai?; **~ are you talking about?** di che cosa parli?; **~ is it called?** come si chiama?; **~ about me?** e io?; **~ about doing ...?** e se facessimo ...?

2 (*relative*) ciò che, quello che; **I saw ~ you did/was on the table** ho visto quello che hai fatto/quello che era sul tavolo

3 (*indirect use*) (che) cosa; **he asked me ~ she had said** mi ha chiesto che cosa avesse detto; **tell me ~ you're thinking about** dimmi a cosa stai pensando

♦ *excl* (*disbelieving*) cosa!, come!

---

whatever [wɔtˈɛvəʳ] *adj*: **~ book** qualunque *or* qualsiasi libro +*sub* ♦ *pron*: **do ~ is necessary/you want** faccia qualunque *or* qualsiasi cosa sia necessaria/lei voglia; **~ happens** qualunque cosa accada; **no reason ~** *or* **whatsoever** nessuna ragione affatto *or* al mondo; **nothing ~** proprio niente

whatsoever [wɔtsəuˈɛvəʳ] *adj* = **whatever**

wheat [wiːt] *n* grano, frumento

wheedle [ˈwiːdl] *vt*: **to ~ sb into doing sth** convincere qn a fare qc (con lusinghe); **to ~ sth out of sb** ottenere qc da qn (con lusinghe)

wheel [wiːl] *n* ruota; (*AUT: also*: **steering ~**) volante *m*; (*NAUT*) (ruota del) timone *m* ♦ *vt* spingere ♦ *vi* (*birds*) roteare; (*also*: **~ round**) girare; **~barrow** *n* carriola; **~chair** *n* sedia a rotelle; **~ clamp** *n* (*AUT*) morsa che blocca la ruota di una vettura in sosta vietata

wheeze [wiːz] *vi* ansimare

KEYWORD

when [wɛn] *adv* quando; **~ did it happen?** quando è successo?

♦ *conj* **1** (*at, during, after the time that*) quando; **she was reading ~ I came in** quando sono entrato lei leggeva; **that was ~ I needed you** era allora che avevo bisogno di te

2 (*on, at which*): **on the day ~ I met him** il giorno in cui l'ho incontrato; **one day ~ it was raining** un giorno che pioveva

3 (*whereas*) quando, mentre; **you said I was wrong ~ in fact I was right** mi hai detto che avevo torto, quando in realtà avevo ragione

---

whenever [wɛnˈɛvəʳ] *adv* quando mai

♦ *conj* quando; (*every time that*) ogni volta che

where [wɛəʳ] *adv, conj* dove; **this is ~** è qui che; **~abouts** *adv* dove ♦ *n*: **sb's**

~**abouts** luogo dove qn si trova; ~**as** *conj*
mentre; ~**by** *pron* per cui; **wherever**
[-'ɛvə*] *conj* dovunque +*sub*; (*interrogative*)
dove mai; ~**withal** *n* mezzi *mpl*

whet [wɛt] *vt* (*appetite etc*) stimolare

whether ['wɛðə*] *conj* se; **I don't know ~ to**
accept or not non so se accettare o no;
it's doubtful ~ è poco probabile che; ~
you go or not che lei vada o no

KEYWORD

which [wɪtʃ] *adj* 1 (*interrogative: direct,*
indirect) quale; ~ **picture do you want?**
quale quadro vuole?; ~ **one?** quale?; ~ **one**
of you did it? chi di voi lo ha fatto?
2: **in ~ case** nel qual caso
♦ *pron* 1 (*interrogative*) quale; ~ **(of these)**
are yours? quali di questi sono suoi?; ~ **of**
you are coming? chi di voi viene?
2 (*relative*) che; (: *indirect*) cui, il (la) quale;
the apple ~ you ate/~ is on the table la
mela che hai mangiato/che è sul tavolo;
the chair on ~ you are sitting la sedia
sulla quale *or* su cui sei seduto; **he said he**
knew, ~ is true ha detto che lo sapeva, il
che è vero; **after ~** dopo di che

whichever [wɪtʃ'ɛvə*] *adj*: **take ~ book you**
prefer prenda qualsiasi libro che preferisce;
~ **book you take** qualsiasi libro prenda

whiff [wɪf] *n* soffio; sbuffo; odore *m*

while [waɪl] *n* momento ♦ *conj* mentre; (*as*
long as) finché; (*although*) sebbene +*sub*;
per quanto +*sub*; **for a ~** per un po'; ~
away *vt* (*time*) far passare

whim [wɪm] *n* capriccio

whimper ['wɪmpə*] *n* piagnucolio ♦ *vi*
piagnucolare

whimsical ['wɪmzɪkl] *adj* (*person*)
capriccioso(a); (*look*) strano(a)

whine [waɪn] *n* gemito ♦ *vi* gemere;
uggiolare; piagnucolare

whip [wɪp] *n* frusta; (*for riding*) frustino; (*POL:*
person) capogruppo (*che sovrintende alla*
disciplina dei colleghi di partito) ♦ *vt*
frustare; (*cream, eggs*) sbattere; ~**ped**
cream *n* panna montata; ~**-round** (*BRIT*)

n colletta

whirl [wə:l] *vt* (*far*) girare rapidamente; (*far*)
turbinare ♦ *vi* (*dancers*) volteggiare; (*leaves,*
water) sollevarsi in vortice; ~**pool** *n*
mulinello; ~**wind** *n* turbine *m*

whirr [wə:*] *vi* ronzare; rombare; frullare

whisk [wɪsk] *n* (*CULIN*) frusta; frullino ♦ *vt*
sbattere, frullare; **to ~ sb away** *or* **off**
portar via qn a tutta velocità

whiskers ['wɪskəz] *npl* (*of animal*) baffi *mpl*;
(*of man*) favoriti *mpl*

whisky ['wɪskɪ] (*US, IRELAND* **whiskey**) *n*
whisky *m inv*

whisper ['wɪspə*] *n* sussurro ♦ *vt, vi*
sussurrare

whist [wɪst] *n* whist *m*

whistle ['wɪsl] *n* (*sound*) fischio; (*object*)
fischietto ♦ *vi* fischiare

white [waɪt] *adj* bianco(a); (*with fear*)
pallido(a) ♦ *n* bianco; (*person*) bianco/a; ~
coffee (*BRIT*) *n* caffellatte *m inv*; ~**-collar**
worker *n* impiegato; ~ **elephant** *n* (*fig*)
oggetto (*or* progetto) costoso ma inutile;
W~ House *n* Casa Bianca; ~ **lie** *n* bugia
pietosa; ~**ness** *n* bianchezza; ~ **paper** *n*
(*POL*) libro bianco; ~**wash** *n* (*paint*) bianco
di calce ♦ *vt* imbiancare; (*fig*) coprire

whiting ['waɪtɪŋ] *n inv* (*fish*) merlango

Whitsun ['wɪtsn] *n* Pentecoste *f*

whittle ['wɪtl] *vt*: **to ~ away,** ~ **down**
ridurre, tagliare

whizz [wɪz] *vi*: **to ~ past** *or* **by** passare
sfrecciando; ~ **kid** (*inf*) *n* prodigio

KEYWORD

who [hu:] *pron* 1 (*interrogative*) chi; ~ **is it?,**
~**'s there?** chi è?
2 (*relative*) che; **the man ~ spoke to me**
l'uomo che ha parlato con me; **those ~**
can swim quelli che sanno nuotare

whodunit [hu:'dʌnɪt] (*inf*) *n* giallo

whoever [hu:'ɛvə*] *pron*: ~ **finds it**
chiunque lo trovi; **ask ~ you like** lo chieda
a chiunque vuole; ~ **she marries** chiunque
sposerà, non importa chi sposerà; ~ **told**
you that? chi mai gliel'ha detto?

whole [həʊl] *adj* (*complete*) tutto(a), completo(a); (*not broken*) intero(a), intatto(a) ♦ *n* (*all*): **the ~ of** tutto(a) il(la); (*entire unit*) tutto; (*not broken*) tutto; **the ~ of the town** tutta la città, la città intera; **on the ~, as a ~** nel complesso, nell'insieme; **~ food(s)** *n(pl)* cibo integrale; **~hearted** *adj* sincero(a); **~meal** *adj* (*bread, flour*) integrale; **~sale** *n* commercio *or* vendita all'ingrosso ♦ *adj* all'ingrosso; (*destruction*) totale; **~saler** *n* grossista *m/f*; **~some** *adj* sano(a); salutare; **~wheat** *adj* = **~meal**; **wholly** *adv* completamente, del tutto

KEYWORD

whom [huːm] *pron* **1** (*interrogative*) chi; **~ did you see?** chi hai visto?; **to ~ did you give it?** a chi lo hai dato?
2 (*relative*) che, *prep* +il (la) quale (*check syntax of Italian verb used*); **the man ~ I saw/to ~ I spoke** l'uomo che ho visto/al quale ho parlato

whooping cough ['huːpɪŋ-] *n* pertosse *f*
whore [hɔː*] (*inf: pej*) *n* puttana

KEYWORD

whose [huːz] *adj* **1** (*possessive: interrogative*) di chi; **~ book is this?, ~ is this book?** di chi è questo libro?; **~ daughter are you?** di chi sei figlia?
2 (*possessive: relative*): **the man ~ son you rescued** l'uomo il cui figlio hai salvato; **the girl ~ sister you were speaking to** la ragazza alla cui sorella stavi parlando ♦ *pron* di chi; **~ is this?** di chi è questo?; **I know ~ it is** so di chi è

why [waɪ] *adv, conj* perché ♦ *excl* (*surprise*) ma guarda un po'!; (*remonstrating*) ma (via)!; (*explaining*) ebbene!; **~ not?** perché no?; **~ not do it now?** perché non farlo adesso?; **that's not ~ I'm here** non è questo il motivo per cui sono qui; **the reason ~** il motivo per cui; **~ever** *adv* perché mai
wicked ['wɪkɪd] *adj* cattivo(a), malvagio(a);

maligno(a); perfido(a)
wickerwork ['wɪkəwɜːk] *adj* di vimini ♦ *n* articoli *mpl* di vimini
wicket ['wɪkɪt] *n* (CRICKET) porta; area tra le due porte
wide [waɪd] *adj* largo(a); (*area, knowledge*) vasto(a); (*choice*) ampio(a) ♦ *adv*: **to open ~** spalancare; **to shoot ~** tirare a vuoto *or* fuori bersaglio; **~-angle lens** *n* grandangolare *m*; **~-awake** *adj* completamente sveglio(a); **~ly** *adv* (*differing*) molto, completamente; (*travelled, spaced*) molto; (*believed*) generalmente; **~n** *vt* allargare, ampliare; **~ open** *adj* spalancato(a); **~spread** *adj* (*belief etc*) molto *or* assai diffuso(a)
widow ['wɪdəʊ] *n* vedova; **~ed** *adj*: **to be ~ed** restare vedovo(a); **~er** *n* vedovo
width [wɪdθ] *n* larghezza
wield [wiːld] *vt* (*sword*) maneggiare; (*power*) esercitare
wife [waɪf] (*pl* **wives**) *n* moglie *f*
wig [wɪg] *n* parrucca
wiggle ['wɪgl] *vt* dimenare, agitare
wild [waɪld] *adj* selvatico(a); selvaggio(a); (*sea, weather*) tempestoso(a); (*idea, life*) folle; stravagante; (*applause*) frenetico(a); **~erness** ['wɪldənɪs] *n* deserto; **~life** *n* natura; **~ly** *adv* selvaggiamente; (*applaud*) freneticamente; (*hit, guess*) a casaccio; (*happy*) follemente; **~s** *npl* regione *f* selvaggia
wilful ['wɪlful] (*US* **willful**) *adj* (*person*) testardo(a), ostinato(a); (*action*) intenzionale; (*crime*) premeditato(a)

KEYWORD

will [wɪl] (*pt, pp* **~ed**) *aux vb* **1** (*forming future tense*): **I ~ finish it tomorrow** lo finirò domani; **I ~ have finished it by tomorrow** lo finirò entro domani; **~ you do it? – yes I ~/no I won't** lo farai? – sì (lo farò)/no (non lo farò)
2 (*in conjectures, predictions*): **he ~ *or* he'll be there by now** dovrebbe essere arrivato ora; **that ~ be the postman** sarà il postino
3 (*in commands, requests, offers*): **~ you be**

quiet! vuoi stare zitto?; **~ you come?** vieni anche tu?; **~ you help me?** mi aiuti?, mi puoi aiutare?; **~ you have a cup of tea?** vorrebbe una tazza di tè?; **I won't put up with it!** non lo accetterò!
♦ *vt*: **to ~ sb to do** volere che qn faccia; **he ~ed himself to go on** continuò grazie a un grande sforzo di volontà
♦ *n* volontà; testamento

willful ['wɪlful] (*US*) *adj* = **wilful**
willing ['wɪlɪŋ] *adj* volonteroso(a); **~ to do** disposto(a) a fare; **~ly** *adv* volentieri; **~ness** *n* buona volontà
willow ['wɪləu] *n* salice *m*
will power *n* forza di volontà
willy-nilly ['wɪlɪ'nɪlɪ] *adv* volente o nolente
wilt [wɪlt] *vi* appassire
win [wɪn] (*pt, pp* **won**) *n* (*in sports etc*) vittoria ♦ *vt* (*battle, prize, money*) vincere; (*popularity*) conquistare ♦ *vi* vincere; **~ over** *vt* convincere; **~ round** (*BRIT*) *vt* convincere
wince [wɪns] *vi* trasalire
winch [wɪntʃ] *n* verricello, argano
wind¹ [waɪnd] (*pt, pp* **wound**) *vt* attorcigliare; (*wrap*) avvolgere; (*clock, toy*) caricare ♦ *vi* (*road, river*) serpeggiare; **~ up** *vt* (*clock*) caricare; (*debate*) concludere
wind² [wɪnd] *n* vento; (*MED*) flatulenza; (*breath*) respiro, fiato ♦ *vt* (*take breath away*) far restare senza fiato; **~ power** energia eolica; **~fall** *n* (*money*) guadagno insperato
winding ['waɪndɪŋ] *adj* (*road*) serpeggiante; (*staircase*) a chiocciola
wind instrument *n* (*MUS*) strumento a fiato
windmill ['wɪndmɪl] *n* mulino a vento
window ['wɪndəu] *n* finestra; (*in car, train*) finestrino; (*in shop etc*) vetrina; (*also:* **~ pane**) vetro; **~ box** *n* cassetta da fiori; **~ cleaner** *n* (*person*) pulitore *m* di finestre; **~ envelope** *n* busta a finestra; **~ ledge** *n* davanzale *m*; **~ pane** *n* vetro; **~-shopping** *n*: **to go ~-shopping** andare a vedere le vetrine; **~sill** *n* davanzale *m*

windpipe ['wɪndpaɪp] *n* trachea
windscreen ['wɪndskriːn] *n* parabrezza *m inv*; **~ washer** *n* lavacristallo; **~ wiper** *n* tergicristallo
windshield ['wɪndʃiːld] (*US*) *n* = **windscreen**
windswept ['wɪndswɛpt] *adj* spazzato(a) dal vento
windy ['wɪndɪ] *adj* ventoso(a); **it's ~** c'è vento
wine [waɪn] *n* vino; **~ bar** *n* enoteca (*per degustazione*); **~ cellar** *n* cantina; **~ glass** *n* bicchiere *m* da vino; **~ list** *n* lista dei vini; **~ merchant** *n* commerciante *m* di vini; **~ tasting** *n* degustazione *f* dei vini; **~ waiter** *n* sommelier *m inv*
wing [wɪŋ] *n* ala; (*AUT*) fiancata; **~s** *npl* (*THEATRE*) quinte *fpl*; **~er** *n* (*SPORT*) ala
wink [wɪŋk] *n* ammiccamento ♦ *vi* ammiccare, fare l'occhiolino; (*light*) baluginare
winner ['wɪnə*] *n* vincitore/trice
winning ['wɪnɪŋ] *adj* (*team, goal*) vincente; (*smile*) affascinante; **~s** *npl* vincite *fpl*
winter ['wɪntə*] *n* inverno; **~ sports** *npl* sport *mpl* invernali
wintry ['wɪntrɪ] *adj* invernale
wipe [waɪp] *n* pulita, passata ♦ *vt* pulire (strofinando); (*erase: tape*) cancellare; **~ off** *vt* cancellare; (*stains*) togliere strofinando; **~ out** *vt* (*debt*) pagare, liquidare; (*memory*) cancellare; (*destroy*) annientare; **~ up** *vt* asciugare
wire ['waɪə*] *n* filo; (*ELEC*) filo elettrico; (*TEL*) telegramma *m* ♦ *vt* (*house*) fare l'impianto elettrico di; (*also:* **~ up**) collegare, allacciare; (*person*) telegrafare a
wireless ['waɪəlɪs] (*BRIT*) *n* (*set*) (apparecchio *m*) radio *f inv*
wiring ['waɪərɪŋ] *n* impianto elettrico
wiry ['waɪərɪ] *adj* magro(a) e nerboruto(a); (*hair*) ispido(a)
wisdom ['wɪzdəm] *n* saggezza; (*of action*) prudenza; **~ tooth** *n* dente *m* del giudizio
wise [waɪz] *adj* saggio(a); prudente; giudizioso(a)
...wise [waɪz] *suffix*: **time~** per quanto

riguarda il tempo, in termini di tempo

wish [wɪʃ] n (*desire*) desiderio; (*specific desire*) richiesta ♦ vt desiderare, volere; **best ~es** (*on birthday etc*) i migliori auguri; **with best ~es** (*in letter*) cordiali saluti, con i migliori saluti; **to ~ sb goodbye** dire arrivederci a qn; **he ~ed me well** mi augurò di riuscire; **to ~ to do/sb to do** desiderare o volere fare/che qn faccia; **to ~ for** desiderare; **~ful** adj: **it's ~ful thinking** è prendere i desideri per realtà

wishy-washy [ˈwɪʃiˈwɒʃi] (*inf*) adj (*colour*) slavato(a); (*ideas, argument*) insulso(a)

wisp [wɪsp] n ciuffo, ciocca; (*of smoke*) filo

wistful [ˈwɪstful] adj malinconico(a)

wit [wɪt] n (*also*: **~s**) intelligenza; presenza di spirito; (*wittiness*) spirito, arguzia; (*person*) bello spirito

witch [wɪtʃ] n strega

┌──────────────┐
│ **KEYWORD** │
└──────────────┘

with [wɪð, wɪθ] prep **1** (*in the company of*) con; **I was ~ him** ero con lui; **we stayed ~ friends** siamo stati da amici; **I'll be ~ you in a minute** vengo subito
2 (*descriptive*) con; **a room ~ a view** una stanza con vista sul mare (*or* sulle montagne *etc*); **the man ~ the grey hat/ blue eyes** l'uomo con il cappello grigio/gli occhi blu
3 (*indicating manner, means, cause*): **~ tears in her eyes** con le lacrime agli occhi; **red ~ anger** rosso dalla rabbia; **to shake ~ fear** tremare di paura
4: **I'm ~ you** (*I understand*) la seguo; **to be ~ it** (*inf: up-to-date*) essere alla moda; (: *alert*) essere sveglio(a)

withdraw [wɪθˈdrɔː] (*irreg: like* **draw**) vt ritirare; (*money from bank*) ritirare; prelevare ♦ vi ritirarsi; **~al** n ritiro; prelievo; (*of army*) ritirata; **~al symptoms** (*MED*) crisi f di astinenza; **~n** adj (*person*) distaccato(a)

wither [ˈwɪðə*] vi appassire

withhold [wɪθˈhəuld] (*irreg: like* **hold**) vt (*money*) trattenere; (*permission*): **to ~ (from)** rifiutare (a); (*information*): **to ~**

(from) nascondere (a)

within [wɪðˈɪn] prep all'interno; (*in time, distances*) entro ♦ adv all'interno, dentro; **~ reach (of)** alla portata (di); **~ sight (of)** in vista (di); **~ a mile of** entro un miglio da; **~ the week** prima della fine della settimana

without [wɪðˈaut] prep senza; **to go ~ sth** fare a meno di qc

withstand [wɪθˈstænd] (*irreg: like* **stand**) vt resistere a

witness [ˈwɪtnɪs] n (*person, also* LAW) testimone m/f ♦ vt (*event*) essere testimone di; (*document*) attestare l'autenticità di; **~ box** (US **~ stand**) n banco dei testimoni

witticism [ˈwɪtɪsɪzm] n spiritosaggine f

witty [ˈwɪti] adj spiritoso(a)

wives [waɪvz] npl of **wife**

wizard [ˈwɪzəd] n mago

wk abbr = **week**

wobble [ˈwɒbl] vi tremare; (*chair*) traballare

woe [wəu] n dolore m; disgrazia

woke [wəuk] pt of **wake**; **woken** pp of **wake**

wolf [wulf] (*pl* **wolves**) n lupo

wolves [wulvz] npl of **wolf**

woman [ˈwumən] (*pl* **women**) n donna; **~ doctor** n dottoressa; **women's lib** (*inf*) n movimento femminista

womb [wuːm] n (*ANAT*) utero

women [ˈwɪmɪn] npl of **woman**

won [wʌn] pt, pp of **win**

wonder [ˈwʌndə*] n meraviglia ♦ vi: **to ~ whether/why** domandarsi se/perché; **to ~ at** essere sorpreso(a) di; meravigliarsi di; **to ~ about** domandarsi di; pensare a; **it's no ~ that** c'è poco or non c'è da meravigliarsi che +sub; **~ful** adj meraviglioso(a)

won't [wəunt] = **will not**

wood [wud] n legno; (*timber*) legname m; (*forest*) bosco; **~ carving** n scultura in legno, intaglio; **~ed** adj boschivo(a); boscoso(a); **~en** adj di legno; (*fig*) rigido(a); inespressivo(a); **~pecker** n picchio; **~wind** npl (MUS): **the ~wind** i legni; **~work** n (*craft, subject*) falegnameria; **~worm** n tarlo del legno

wool [wul] n lana; **to pull the ~ over sb's**

eyes (*fig*) imbrogliare qn; ~len (*US* ~en) *adj* di lana; (*industry*) laniero(a); ~lens *npl* indumenti *mpl* di lana; ~ly (*US* ~y) *adj* di lana; (*fig*: *ideas*) confuso(a)

word [wə:d] *n* parola; (*news*) notizie *fpl* ♦ *vt* esprimere, formulare; **in other ~s** in altre parole; **to break/keep one's ~** non mantenere/mantenere la propria parola; **to have ~s with sb** avere un diverbio con qn; ~ing *n* formulazione *f*; ~ **processing** *n* elaborazione *f* di testi, word processing *m*; ~ **processor** *n* word processor *m inv*

wore [wɔ:*] *pt of* wear

work [wə:k] *n* lavoro; (*ART, LITERATURE*) opera ♦ *vi* lavorare; (*mechanism, plan etc*) funzionare; (*medicine*) essere efficace ♦ *vt* (*clay, wood etc*) lavorare; (*mine etc*) sfruttare; (*machine*) far funzionare; (*cause*: *effect, miracle*) fare; **to be out of ~** essere disoccupato(a); ~s *n* (*BRIT: factory*) fabbrica ♦ *npl* (*of clock, machine*) meccanismo; **to ~ loose** allentarsi; ~ **on** *vt fus* lavorare a; (*person*) lavorarsi; (*principle*) basarsi su; ~ **out** *vi* (*plans etc*) riuscire, andare bene ♦ *vt* (*problem*) risolvere; (*plan*) elaborare; **it ~s out at £100** fa 100 sterline; ~ **up** *vt*: **to get ~ed up** andare su tutte le furie; eccitarsi; ~able *adj* (*solution*) realizzabile; ~aholic *n* maniaco/a del lavoro; ~er *n* lavoratore/trice, operaio/a; ~force *n* forza lavoro; ~ing class *n* classe *f* operaia; ~ing-class *adj* operaio(a); ~ing order *n*: **in ~ing order** funzionante; ~man (*irreg*) *n* operaio; ~manship *n* abilità; ~sheet *n* foglio col programma di lavoro; ~shop *n* officina; (*practical session*) gruppo di lavoro; ~ **station** *n* stazione *f* di lavoro; ~-to-rule (*BRIT*) *n* sciopero bianco

world [wə:ld] *n* mondo ♦ *cpd* (*champion*) del mondo; (*power, war*) mondiale; **to think the ~ of sb** (*fig*) pensare un gran bene di qn; ~ly *adj* di questo mondo; (*knowledgeable*) di mondo; ~-wide *adj* universale; **W~-Wide Web** *n* World Wide Web *m*

worm [wə:m] *n* (*also*: **earth~**) verme *m*

worn [wɔ:n] *pp of* wear ♦ *adj* usato(a); ~-

out *adj* (*object*) consumato(a), logoro(a); (*person*) sfinito(a)

worried ['wʌrɪd] *adj* preoccupato(a)

worry ['wʌrɪ] *n* preoccupazione *f* ♦ *vt* preoccupare ♦ *vi* preoccuparsi

worse [wə:s] *adj* peggiore ♦ *adv, n* peggio; **a change for the ~** un peggioramento; ~n *vt, vi* peggiorare; ~ **off** *adj* in condizioni (economiche) peggiori

worship ['wə:ʃɪp] *n* culto ♦ *vt* (*God*) adorare, venerare; (*person*) adorare; **Your W~** (*BRIT: to mayor*) signor sindaco; (: *to judge*) signor giudice

worst [wə:st] *adj* il(la) peggiore ♦ *adv, n* peggio; **at ~** al peggio, per male che vada

worth [wə:θ] *n* valore *m* ♦ *adj*: **to be ~** valere; **it's ~ it** ne vale la pena; **it is ~ one's while (to do)** vale la pena (fare); ~less *adj* di nessun valore; ~while *adj* (*activity*) utile; (*cause*) lodevole

worthy ['wə:ðɪ] *adj* (*person*) degno(a); (*motive*) lodevole; ~ **of** degno di

KEYWORD

would [wud] *aux vb* 1 (*conditional tense*): **if you asked him he ~ do it** se glielo chiedesse lo farebbe; **if you had asked him he ~ have done it** se glielo avesse chiesto lo avrebbe fatto

2 (*in offers, invitations, requests*): ~ **you like a biscuit?** vorrebbe *or* vuole un biscotto?; ~ **you ask him to come in?** lo faccia entrare, per cortesia; ~ **you open the window please?** apra la finestra, per favore

3 (*in indirect speech*): **I said I ~ do it** ho detto che l'avrei fatto

4 (*emphatic*): **it WOULD have to snow today!** doveva proprio nevicare oggi!

5 (*insistence*): **she ~n't do it** non ha voluto farlo

6 (*conjecture*): **it ~ have been midnight** sarà stato mezzanotte; **it ~ seem so** sembrerebbe proprio di sì

7 (*indicating habit*): **he ~ go there on Mondays** andava lì ogni lunedì

would-be (*pej*) *adj* sedicente

wouldn't ['wudnt] = **would not**

wound[1] [waund] *pt, pp of* **wind**[1]

wound[2] [wu:nd] *n* ferita ♦ *vt* ferire

wove [wəuv] *pt of* **weave**; **woven** *pp of* **weave**

wrangle ['ræŋgl] *n* litigio

wrap [ræp] *vt* avvolgere; (*pack: also*: ~ **up**) incartare; **~per** *n* (*on chocolate*) carta; (*BRIT: of book*) copertina; **~ping paper** *n* carta da pacchi; (*for gift*) carta da regali

wreak [ri:k] *vt* (*havoc*) portare, causare; **to ~ vengeance on** vendicarsi su

wreath [ri:θ, *pl* ri:ðz] *n* corona

wreck [rɛk] *n* (*sea disaster*) naufragio; (*ship*) relitto; (*pej: person*) rottame *m* ♦ *vt* demolire; (*ship*) far naufragare; (*fig*) rovinare; **~age** *n* rottami *mpl*; (*of building*) macerie *fpl*; (*of ship*) relitti *mpl*

wren [rɛn] *n* (*ZOOL*) scricciolo

wrench [rɛntʃ] *n* (*TECH*) chiave *f*; (*tug*) torsione *f* brusca; (*fig*) strazio ♦ *vt* strappare; storcere; **to ~ sth from** strappare qc a *or* da

wrestle ['rɛsl] *vi*: **to ~ (with sb)** lottare (con qn); **~r** *n* lottatore/trice; **wrestling** *n* lotta

wretched ['rɛtʃid] *adj* disgraziato(a); (*inf: weather, holiday*) orrendo(a), orribile; (: *child, dog*) pestifero(a)

wriggle ['rɪgl] *vi* (*also*: ~ **about**) dimenarsi; (: *snake, worm*) serpeggiare, muoversi serpeggiando

wring [rɪŋ] (*pt, pp* **wrung**) *vt* torcere; (*wet clothes*) strizzare; (*fig*): **to ~ sth out of** strappare qc a

wrinkle ['rɪŋkl] *n* (*on skin*) ruga; (*on paper etc*) grinza ♦ *vt* (*nose*) torcere; (*forehead*) corrugare ♦ *vi* (*skin, paint*) raggrinzirsi

wrist [rɪst] *n* polso; **~watch** *n* orologio da polso

writ [rɪt] *n* ordine *m*; mandato

write [raɪt] (*pt* **wrote**, *pp* **written**) *vt, vi* scrivere; ~ **down** *vt* annotare; (*put in writing*) mettere per iscritto; ~ **off** *vt* (*debt, plan*) cancellare; ~ **out** *vt* mettere per iscritto; (*cheque, receipt*) scrivere; ~ **up** *vt* redigere; **~-off** *n* perdita completa; **~r** *n*

autore/trice, scrittore/trice

writhe [raɪð] *vi* contorcersi

writing ['raɪtɪŋ] *n* scrittura; (*of author*) scritto, opera; **in ~** per iscritto; ~ **paper** *n* carta da lettere

written ['rɪtn] *pp of* **write**

wrong [rɔŋ] *adj* sbagliato(a); (*not suitable*) inadatto(a); (*wicked*) cattivo(a); (*unfair*) ingiusto(a) ♦ *adv* in modo sbagliato, erroneamente ♦ *n* (*injustice*) torto ♦ *vt* fare torto a; **you are ~ to do it** ha torto a farlo; **you are ~ about that, you've got it ~** si sbaglia; **to be in the ~** avere torto; **what's ~?** cosa c'è che non va?; **to go ~** (*person*) sbagliarsi; (*plan*) fallire, non riuscire; (*machine*) guastarsi; **~ful** *adj* illegittimo(a); ingiusto(a); **~ly** *adv* (*incorrectly, by mistake*) in modo sbagliato; ~ **number** *n* (*TEL*): **you've got the ~ number** ha sbagliato numero

wrote [rəut] *pt of* **write**

wrought iron [rɔ:t-] *n* ferro battuto

wrung [rʌŋ] *pt, pp of* **wring**

X, x

Xmas ['ɛksməs] *n abbr* = **Christmas**

X-ray ['ɛksreɪ] *n* raggio X; (*photograph*) radiografia ♦ *vt* radiografare

xylophone ['zaɪləfəun] *n* xilofono

Y, y

yacht [jɔt] *n* panfilo, yacht *m inv*; **~ing** *n* yachting *m*, sport *m* della vela

Yank [jæŋk] (*pej*) *n* yankee *m/f inv*

Yankee ['jæŋkɪ] (*pej*) *n* = **Yank**

yap [jæp] *vi* (*dog*) guaire

yard [jɑ:d] *n* (*of house etc*) cortile *m*; (*measure*) iarda (= 914 mm; 3 feet); **~stick** *n* (*fig*) misura, criterio

yarn [jɑ:n] *n* filato; (*tale*) lunga storia

yawn [jɔ:n] *n* sbadiglio ♦ *vi* sbadigliare; **~ing** *adj* (*gap*) spalancato(a)

yd. *abbr* = **yard(s)**

yeah [jɛə] (*inf*) *adv* sì

year [jɪə*] *n* anno; (*referring to harvest, wine etc*) annata; **he is 8 ~s old** ha 8 anni; **an eight-~-old child** un(a) bambino(a) di otto anni; **~ly** *adj* annuale ♦ *adv* annualmente

yearn [jəːn] *vi*: **to ~ for sth/to do** desiderare ardentemente qc/di fare

yeast [jiːst] *n* lievito

yell [jɛl] *n* urlo ♦ *vi* urlare

yellow [ˈjɛləu] *adj* giallo(a)

yelp [jɛlp] *vi* guaire, uggiolare

yeoman [ˈjəumən] *n*: **~ of the guard** guardiano della Torre di Londra

yes [jɛs] *adv* sì ♦ *n* sì *m inv*; **to say/answer ~** dire/rispondere di sì

yesterday [ˈjɛstədɪ] *adv* ieri ♦ *n* ieri *m inv*; **~ morning/evening** ieri mattina/sera; **all day ~** ieri per tutta la giornata

yet [jɛt] *adv* ancora; già ♦ *conj* ma, tuttavia; **it is not finished ~** non è ancora finito; **the best ~** finora il migliore; **as ~** finora

yew [juː] *n* tasso (*albero*)

yield [jiːld] *n* produzione *f*, resa; reddito ♦ *vt* produrre, rendere; (*surrender*) cedere ♦ *vi* cedere; (*US: AUT*) dare la precedenza

YMCA *n abbr* (= *Young Men's Christian Association*) Y.M.C.A. *m*

yoga [ˈjəugə] *n* yoga *m*

yog(h)ourt [ˈjəugət] *n* = **yog(h)urt**

yog(h)urt [ˈjəugət] *n* iogurt *m inv*

yoke [jəuk] *n* (*also fig*) giogo

yolk [jəuk] *n* tuorlo, rosso d'uovo

KEYWORD
---

you [juː] *pron* **1** (*subject*) tu; (: *polite form*) lei; (: *pl*) voi; (: *very formal*) loro; **~ Italians enjoy your food** a voi Italiani piace mangiare bene; **~ and I will go** tu ed io *or* lei ed io andiamo

2 (*object: direct*) ti; la; vi; loro (*after vb*); (: *indirect*) ti; le; vi; loro (*after vb*); **I know ~** ti *or* la *or* vi conosco; **I gave it to ~** te l'ho dato; gliel'ho dato; ve l'ho dato; l'ho dato loro

3 (*stressed, after prep, in comparisons*) te; lei; voi; loro; **I told YOU to do it** ho detto *a TE* (*or a LEI etc*) di farlo; **she's younger**

than ~ è più giovane di te (*or* lei *etc*)

4 (*impers: one*) si; **fresh air does ~ good** l'aria fresca fa bene; **~ never know** non si sa mai

---

you'd [juːd] = **you had**; **you would**

you'll [juːl] = **you will**; **you shall**

young [jʌŋ] *adj* giovane ♦ *npl* (*of animal*) piccoli *mpl*; (*people*): **the ~** i giovani, la gioventù; **~er** *adj* più giovane; (*brother*) minore, più giovane; **~ster** *n* giovanotto, ragazzo; (*child*) bambino/a

your [jɔː*] *adj* il(la) tuo(a), *pl* i(le) tuoi(tue); il(la) suo(a), *pl* i(le) suoi(sue); il(la) vostro(a), *pl* i(le) vostri(e); il(la) loro, *pl* i(le) loro; *see also* **my**

you're [juə*] = **you are**

yours [jɔːz] *pron* il(la) tuo(a), *pl* i(le) tuoi(tue); (*polite form*) il(la) suo(a), *pl* i(le) suoi(sue); (*pl*) il(la) vostro(a), *pl* i(le) vostri(e); (: *very formal*) il(la) loro, *pl* i(le) loro; *see also* **mine**; **faithfully**; **sincerely**

yourself [jɔːˈsɛlf] *pron* (*reflexive*) ti; si; (*after prep*) te; sé; (*emphatic*) tu stesso(a); lei stesso(a); **yourselves** *pl pron* (*reflexive*) vi; (*after prep*) voi; (*emphatic*) voi stessi(e); loro stessi(e); *see also* **oneself**

youth [juːθ, *pl* juːðz] *n* gioventù *f*; (*young man*) giovane *m*, ragazzo; **~ club** *n* centro giovanile; **~ful** *adj* giovane; da giovane; giovanile; **~ hostel** *n* ostello della gioventù

you've [juːv] = **you have**

Yugoslav [ˈjuːgəuˈslɑːv] *adj*, *n* jugoslavo(a)

Yugoslavia [ˈjuːgəuˈslɑːvɪə] *n* Jugoslavia

yuppie [ˈjʌpɪ] (*inf*) *n*, *adj* yuppie *m/f inv*

YWCA *n abbr* (= *Young Women's Christian Association*) Y.W.C.A. *m*

Z, z

zany [ˈzeɪnɪ] *adj* un po' pazzo(a)

zap [zæp] *vt* (*COMPUT*) cancellare

zeal [ziːl] *n* zelo; entusiasmo

zebra [ˈziːbrə] *n* zebra; **~ crossing** (*BRIT*) *n* (passaggio pedonale a) strisce *fpl*, zebre *fpl*

zero ['zɪərəu] *n* zero
zest [zɛst] *n* gusto; (*CULIN*) buccia
zigzag ['zɪgzæg] *n* zigzag *m inv* ♦ *vi* zigzagare
Zimbabwe [zɪm'bɑːbwɪ] *n* Zimbabwe *m*
zinc [zɪŋk] *n* zinco
zip [zɪp] *n* (*also*: ~ **fastener,** (*US*) ~**per**) chiusura *f or* cerniera *f* lampo *inv* ♦ *vt* (*also*: ~ **up**) chiudere con una cerniera lampo; ~ **code** (*US*) *n* codice *m* di avviamento postale

zodiac ['zəudɪæk] *n* zodiaco
zombie ['zɒmbɪ] *n* (*fig*): **like a** ~ come un morto che cammina
zone [zəun] *n* (*also MIL*) zona
zoo [zuː] *n* zoo *m inv*
zoology [zuː'ɔlədʒɪ] *n* zoologia
zoom [zuːm] *vi*: **to** ~ **past** sfrecciare; ~ **lens** *n* zoom *m inv*, obiettivo a focale variabile
zucchini [zuː'kiːnɪ] (*US*) *npl* (*courgettes*) zucchine *fpl*

ITALIAN VERBS

1 Gerundio *2* Participio passato *3* Presente *4* Imperfetto *5* Passato remoto *6* Futuro *7* Condizionale *8* Congiuntivo presente *9* Congiuntivo passato *10* Imperativo

andare *3* vado, vai, va, andiamo, andate, vanno *6* andrò *etc* *8* vada *10* va'!, vada!, andate!, vadano!

apparire *2* apparso *3* appaio, appari *o* apparisci, appare *o* apparisce, appaiono *o* appariscono *5* apparvi *o* apparsi, appartisti, apparve *o* apparì *o* apparse, apparvero *o* apparirono *o* apparsero *8* appaia *o* apparisca

aprire *2* aperto *3* apro *5* aprii *o* apersi, apristi *8* apra

AVERE *3* ho, hai, ha, abbiamo, avete, hanno *5* ebbi, avesti, ebbe, avemmo, aveste, ebbero *6* avrò *etc* *8* abbia *etc* *10* abbi!, abbia!, abbiate!, abbiano!

bere *1* bevendo *2* bevuto *3* bevo *etc* *4* bevevo *etc* *8* beva *etc* *9* bevessi *etc*

cadere *5* caddi, cadesti *6* cadrò *etc*

cogliere *2* colto *3* colgo, colgono *5* colsi, cogliesti *8* colga

correre *2* corso *5* corsi, corresti

cuocere *2* cotto *3* cuocio, cociamo, cuociono *5* cossi, cocesti

dare *3* do, dai, dà, diamo, date, danno *5* diedi *o* detti, desti *6* darò *etc* *8* dia *etc* *9* dessi *etc* *10* da'!, dia!, date!, diano!

dire *1* dicendo *2* detto *3* dico, dici, dice, diciamo, dite, dicono *4* dicevo *etc* *5* dissi, dicesti *6* dirò *etc* *8* dica, diciamo, diciate, dicano *9* dicessi *etc* *10* di'!, dica!, dite!, dicano!

dolere *3* dolgo, duoli, duole, dolgono *5* dolsi, dolesti *6* dorrò *etc* *8* dolga

dovere *3* devo *o* debbo, devi, deve, dobbiamo, dovete, devono *o* debbono *6* dovrò *etc* *8* debba, dobbiamo, dobbiate, devano *o* debbano

ESSERE *2* stato *3* sono, sei, è, siamo, siete, sono *4* ero, eri, era, eravamo, eravate, erano *5* fui, fosti, fu, fummo, foste, furono *6* sarò *etc* *8* sia *etc* *9* fossi, fossi, fosse, fossimo, foste, fossero *10* sii!, sia!, siate!, siano!

fare *1* facendo *2* fatto *3* faccio, fai, fa, facciamo, fate, fanno *4* facevo *etc* *5* feci, facesti *6* farò *etc* *8* faccia *etc* *9* facessi *etc* *10* fa'!, faccia!, fate!, facciano!

FINIRE *1* finendo *2* finito *3* finisco, finisci, finisce, finiamo, finite, finiscono *4* finivo, finivi, finiva, finivamo, finivate, finivano *5* finii, finisti, finì, finimmo, finiste, finirono *6* finirò, finirai, finirà, finiremo, finirete, finiranno *7* finirei, finiresti, finirebbe, finiremmo, finireste, finirebbero *8* finisca, finisca, finisca, finiamo, finiate, finiscano *9* finissi, finissi, finisse, finissimo, finiste, finissero *10* finisci!, finisca!, finite!, finiscano!

giungere *2* giunto *5* giunsi, giungesti

leggere *2* letto *5* lessi, leggesti

mettere *2* messo *5* misi, mettesti

morire *2* morto *3* muoio, muori, muore, moriamo, morite, muoiono *6* morirò *o* morrò *etc* *8* muoia

muovere *2* mosso *5* mossi, movesti

nascere *2* nato *5* nacqui, nascesti

nuocere *2* nuociuto *3* nuoccio, nuoci, nuoce, nociamo *o* nuociamo, nuocete, nuocciono *4* nuocevo *etc* *5* nocqui, nuocesti *6* nuocerò *etc* *7* nuoccia

offrire *2* offerto *3* offro *5* offersi *o* offrii, offristi *8* offra

parere *2* parso *3* paio, paiamo, paiono *5* parvi *o* parsi, paresti *6* parrò *etc* *8* paia, paiamo, paiate, paiano

PARLARE *1* parlando *2* parlato *3* parlo, parli, parla, parliamo, parlate, parlano *4* parlavo, parlavi, parlava, parlavamo, parlavate, parlavano *5* parlai, parlasti, parlò, parlammo, parlaste, parlarono *6* parlerò, parlerai, parlerà, parleremo, parlerete, parleranno *7* parlerei, parleresti, parlerebbe, parleremmo, parlereste, parlerebbero 8 parli, parli, parli, parliamo, parliate, parlino 9 parlassi, parlassi, parlasse, parlassimo, parlaste, parlassero 10 parla!, parli!, parliamo!, parliate!, parlino!

piacere 2 piaciuto 3 piaccio, piacciamo, piacciono 5 piacqui, piacesti 8 piaccia *etc*

porre 1 ponendo 2 posto 3 pongo, poni, pone, poniamo, ponete, pongono 4 ponevo *etc* 5 posi, ponesti 6 porrò *etc* 8 ponga, poniamo, poniate, pongano 9 ponessi *etc*

potere 3 posso, puoi, può, possiamo, potete, possono 6 potrò *etc* 8 possa, possiamo, possiate, possano

prendere 2 preso 5 presi, prendesti

ridurre 1 riducendo 2 ridotto 3 riduco *etc* 4 riducevo *etc* 5 ridussi, riducesti 6 ridurrò *etc* 8 riduca *etc* 9 riducessi *etc*

riempire 1 riempiendo 3 riempio, riempi, riempie, riempiono

rimanere 2 rimasto 3 rimango, rimangono 5 rimasi, rimanesti 6 rimarrò *etc* 8 rimanga

rispondere 2 risposto 5 risposi, rispondesti

salire 3 salgo, sali, salgono 8 salga

sapere 3 so, sai, sa, sappiamo, sapete, sanno 5 seppi, sapesti 6 saprò *etc* 8 sappia *etc* 10 sappi!, sappia!, sappiate!, sappiano!

scrivere 2 scritto 5 scrissi, scrivesti

sedere 3 siedo, siedi, siede, siedono 8 sieda

spegnere 2 spento 3 spengo, spengono 5 spensi, spegnesti 8 spenga

stare 2 stato 3 sto, stai, sta, stiamo, state, stanno 5 stetti, stesti 6 starò *etc*

8 stia *etc* 9 stessi *etc* 10 sta'!, stia!, state!, stiano!

tacere 2 taciuto 3 taccio, tacciono 5 tacqui, tacesti 8 taccia

tenere 3 tengo, tieni, tiene, tengono 5 tenni, tenesti 6 terrò *etc* 8 tenga

trarre 1 traendo 2 tratto 3 traggo, trai, trae, traiamo, traete, traggono 4 traevo *etc* 5 trassi, traesti 6 trarrò *etc* 8 tragga 9 traessi *etc*

udire 3 odo, odi, ode, odono 8 oda

uscire 3 esco, esci, esce, escono 8 esca

valere 2 valso 3 valgo, valgono 5 valsi, valesti 6 varrò *etc* 8 valga

vedere 2 visto *o* veduto 5 vidi, vedesti 6 vedrò *etc*

VENDERE 1 vendendo 2 venduto 3 vendo, vendi, vende, vendiamo, vendete, vendono 4 vendevo, vendevi, vendeva, vendevamo, vendevate, vendevano 5 vendei *o* vendetti, vendesti, vendé *o* vendette, vendemmo, vendeste, venderono *o* vendettero 6 venderò, venderai, venderà, venderemo, venderete, venderanno 7 venderei, venderesti, venderebbe, venderemmo, vendereste, venderebbero 8 venda, venda, venda, vendiamo, vendiate, vendano 9 vendessi, vendessi, vendesse, vendessimo, vendeste, vendessero 10 vendi!, venda!, vendete!, vendano!

venire 2 venuto 3 vengo, vieni, viene, vengono 5 venni, venisti 6 verrò *etc* 8 venga

vivere 2 vissuto 5 vissi, vivesti

volere 3 voglio, vuoi, vuole, vogliamo, volete, vogliono 5 volli, volesti 6 vorrò *etc* 8 voglia *etc* 10 vogli!, voglia!, vogliate!, vogliano!

VERBI INGLESI

present	pt	pp	present	pt	pp
arise	arose	arisen	feed	fed	fed
awake	awoke	awoken	feel	felt	felt
be (am, is, are; being)	was, were	been	fight	fought	fought
			find	found	found
bear	bore	born(e)	flee	fled	fled
beat	beat	beaten	fling	flung	flung
become	became	become	fly (flies)	flew	flown
begin	began	begun	forbid	forbade	forbidden
behold	beheld	beheld	forecast	forecast	forecast
bend	bent	bent	forego	forewent	foregone
beseech	besought	besought	foresee	foresaw	foreseen
beset	beset	beset	foretell	foretold	foretold
bet	bet, betted	bet, betted	forget	forgot	forgotten
bid	bid, bade	bid, bidden	forgive	forgave	forgiven
bind	bound	bound	forsake	forsook	forsaken
bite	bit	bitten	freeze	froze	frozen
bleed	bled	bled	get	got	got, (US) gotten
blow	blew	blown			
break	broke	broken	give	gave	given
breed	bred	bred	go (goes)	went	gone
bring	brought	brought	grind	ground	ground
build	built	built	grow	grew	grown
burn	burnt, burned	burnt, burned	hang	hung, hanged	hung, hanged
burst	burst	burst	have (has; having)	had	had
buy	bought	bought			
can	could	(been able)	hear	heard	heard
cast	cast	cast	hide	hid	hidden
catch	caught	caught	hit	hit	hit
choose	chose	chosen	hold	held	held
cling	clung	clung	hurt	hurt	hurt
come	came	come	keep	kept	kept
cost	cost	cost	kneel	knelt, kneeled	knelt, kneeled
creep	crept	crept			
cut	cut	cut	know	knew	known
deal	dealt	dealt	lay	laid	laid
dig	dug	dug	lead	led	led
do (3rd person:he/ she/it does)	did	done	lean	leant, leaned	leant, leaned
			leap	leapt, leaped	leapt, leaped
draw	drew	drawn			
dream	dreamed, dreamt	dreamed, dreamt	learn	learnt, learned	learnt, learned
drink	drank	drunk	leave	left	left
drive	drove	driven	lend	lent	lent
dwell	dwelt	dwelt	let	let	let
eat	ate	eaten	lie (lying)	lay	lain
fall	fell	fallen	light	lit, lighted	lit, lighted

618

present	pt	pp	present	pt	pp
lose	lost	lost	spell	spelt, spelled	spelt, spelled
make	made	made			
may	might	—	spend	spent	spent
mean	meant	meant	spill	spilt, spilled	spilt, spilled
meet	met	met			
mistake	mistook	mistaken	spin	spun	spun
mow	mowed	mown, mowed	spit	spat	spat
must	(had to)	(had to)	split	split	split
pay	paid	paid	spoil	spoiled, spoilt	spoiled, spoilt
put	put	put			
quit	quit, quitted	quit, quitted	spread	spread	spread
			spring	sprang	sprung
read	read	read	stand	stood	stood
rid	rid	rid	steal	stole	stolen
ride	rode	ridden	stick	stuck	stuck
ring	rang	rung	sting	stung	stung
rise	rose	risen	stink	stank	stunk
run	ran	run	stride	strode	stridden
saw	sawed	sawn	strike	struck	struck, stricken
say	said	said			
see	saw	seen	strive	strove	striven
seek	sought	sought	swear	swore	sworn
sell	sold	sold	sweep	swept	swept
send	sent	sent	swell	swelled	swollen, swelled
set	set	set			
shake	shook	shaken	swim	swam	swum
shall	should	—	swing	swung	swung
shear	sheared	shorn, sheared	take	took	taken
shed	shed	shed	teach	taught	taught
shine	shone	shone	tear	tore	torn
shoot	shot	shot	tell	told	told
show	showed	shown	think	thought	thought
shrink	shrank	shrunk	throw	threw	thrown
shut	shut	shut	thrust	thrust	thrust
sing	sang	sung	tread	trod	trodden
sink	sank	sunk	wake	woke	woken
sit	sat	sat	waylay	waylaid	waylaid
slay	slew	slain	wear	wore	worn
sleep	slept	slept	weave	wove, weaved	woven, weaved
slide	slid	slid			
sling	slung	slung	wed	wedded, wed	wedded, wed
slit	slit	slit			
smell	smelt, smelled	smelt, smelled	weep	wept	wept
			win	won	won
sow	sowed	sown, sowed	wind	wound	wound
speak	spoke	spoken	wring	wrung	wrung
speed	sped, speeded	sped, speeded	write	wrote	written

I NUMERI

NUMBERS

uno(a)	1	one
due	2	two
tre	3	three
quattro	4	four
cinque	5	five
sei	6	six
sette	7	seven
otto	8	eight
nove	9	nine
dieci	10	ten
undici	11	eleven
dodici	12	twelve
tredici	13	thirteen
quattordici	14	fourteen
quindici	15	fifteen
sedici	16	sixteen
diciassette	17	seventeen
diciotto	18	eighteen
diciannove	19	nineteen
venti	20	twenty
ventuno	21	twenty-one
ventidue	22	twenty-two
ventitré	23	twenty-three
ventotto	28	twenty-eight
trenta	30	thirty
quaranta	40	forty
cinquanta	50	fifty
sessanta	60	sixty
settanta	70	seventy
ottanta	80	eighty
novanta	90	ninety
cento	100	a hundred, one hundred
cento uno	101	a hundred and one
duecento	200	two hundred
mille	1 000	a thousand, one thousand
milleduecentodue	1 202	one thousand two hundred and two
cinquemila	5 000	five thousand
un milione	1 000 000	a million, one million

primo(a), 1º	first, 1st
secondo(a), 2º	second, 2nd
terzo(a), 3º	third, 3rd
quarto(a)	fourth, 4th
quinto(a)	fifth, 5th
sesto(a)	sixth, 6th

I NUMERI

settimo(a)
ottavo(a)
nono(a)
decimo(a)
undicesimo(a)
dodicesimo(a)
tredicesimo(a)
quattordicesimo(a)
quindicesimo(a)
sedicesimo(a)
diciassettesimo(a)
diciottesimo(a)
diciannovesimo(a)
ventesimo(a)
ventunesimo(a)
ventiduesimo(a)
ventitreesimo(a)
ventottesimo(a)
trentesimo(a)
centesimo(a)
centunesimo(a)
millesimo(a)
milionesimo(a)

Frazioni etc

mezzo
terzo
due terzi
quarto
quinto
zero virgola cinque, 0,5
tre virgola quattro, 3,4
dieci per cento
cento per cento

Esempi

abita al numero dieci
si trova nel capitolo sette, a
  pagina sette
abita al terzo piano
arrivò quarto
scala uno a venticinquemila

NUMBERS

seventh
eighth
ninth
tenth
eleventh
twelfth
thirteenth
fourteenth
fifteenth
sixteenth
seventeenth
eighteenth
nineteenth
twentieth
twenty-first
twenty-second
twenty-third
twenty-eighth
thirtieth
hundredth
hundred-and-first
thousandth
millionth

Fractions etc

half
third
two thirds
quarter
fifth
(nought) point five, 0.5
three point four, 3.4
ten per cent
a hundred per cent

Examples

he lives at number 10
it's in chapter 7, on page 7

he lives on the 3rd floor
he came in 4th
scale 1:25,000

L'ORA

THE TIME

che ora è?, che ore sono?

what time is it?

è ..., sono ...

it is ...

mezzanotte	midnight, twelve p.m.
l'una (della mattina)	one o'clock (in the morning), one (a.m.)
l'una e cinque	five past one
l'una e dieci	ten past one
l'una e un quarto, l'una e quindici	a quarter past one, one fifteen
l'una e venticinque	twenty-five past one, one twenty-five
l'una e mezzo *or* mezza, l'una e trenta	half-past one, one thirty
le due meno venticinque, l'una e trentacinque	twenty-five to two, one thirty-five
le due meno venti, l'una e quaranta	twenty to two, one forty
le due meno un quarto, l'una e quarantacinque	a quarter to two, one forty-five
le due meno dieci, l'una e cinquanta	ten to two, one fifty
mezzogiorno	twelve o'clock, midday, noon
l'una, le tredici	one o'clock (in the afternoon), one (p.m.)
le sette (di sera), le diciannove	seven o'clock (in the evening), seven (p.m.)

a che ora?

at what time?

a mezzanotte	at midnight
all'una, alle tredici	at one o'clock
fra venti minuti	in twenty minutes
venti minuti fa	twenty minutes ago